세계사상전집053
Aurelius Augustinus
DE CIVITATE DEI
신국론 I
아우구스티누스/ 추인해 추적현 옮김

동서문화사

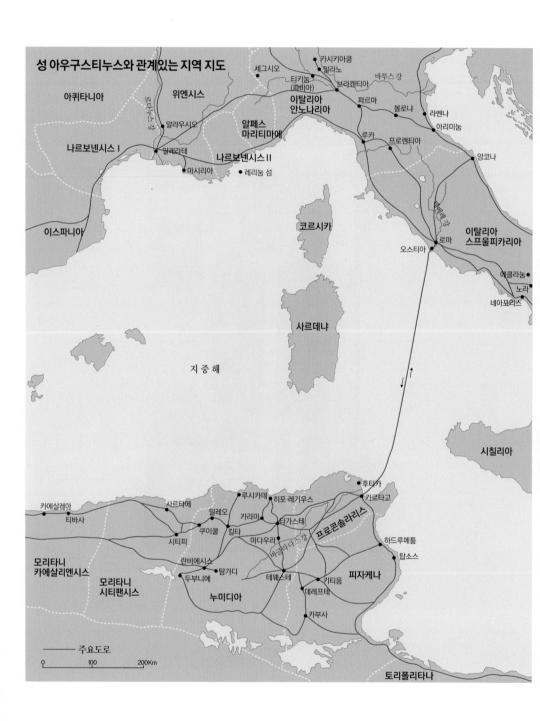

성 아우구스티누스와 관계있는 지역 지도

아퀴타니아

위엔시스

세그시오

카시키아쿰
밀라노

티키눔
(파비아)
보라캔티아

바투스 강

이탈리아
안노나리아

파르마

볼로냐

라벤나

아리미눔

알페스
마리티마애

알라우시오

루카

프로렌티아

나르보넨시스 I

알레라테

나르보넨시스 II

앙코나

마시리아

레리눔 섬

이스파니아

코르시카

이탈리아
스프울피카리아

오스티아

로마

에클라눔

노라

네아폴리스

사르데냐

지 중 해

시칠리아

카에살레아

티바사

사르다에

루시카데

히포·레기우스

후티카

카르타고

밀레오

카라마

쿠이쿨

킬타

타가스테

프로콘솔라리스

하드루메툼

모리타니
카에살리엔시스

시티피

마두라

바그라다스 강

탑소스

모리타니
시티팬시스

란비에시스

탐가디

두부니에

테웨스테

기티움

피자케나

데레프테

카부사

누미디아

— 주요도로

0   100   200Km

토리폴리타나

아우구스티누스 생애와 사상과 《신국론》

1. 다정다감한 젊은시절

진실한 영혼의 고백

"오, 주여, 제 안에서 역사하시어 그 기록을 드러내 주소서!" 이렇게 신에게 호소했던 유명한 아프리카의 히포 주교, 성 아우구스티누스는 397년에서 398년으로 넘어가는 시기에(43~44세) 오로지 신에의 순수함으로 《고백록》을 쓰기 시작한다. 그보다 약 1천 년 전에 그리스 철학자 헤라클레이토스는 "나는 나 자신을 탐구한다"고 했다. 그리스 고전기에 델포이 아폴론 신전 정면에는 "너 자신을 알라"는 가르침이 적혀 있었고, 소크라테스는 이 가르침을 실행하여 양심을 깨우고 아테네 시민들에게도 설교했다. 헬레니즘 시대가 되자 스토아 철학은 금욕으로써, 에피쿠로스 철학은 쾌락으로써 '외계의 변동에 흔들리지 않는 인간 개인의 안심입명(安心立命 : 안심에 의하여 몸을 천명에 맡기고 생사 이해에 당면하여 태연함)의 경지'를 지향했다.

예수가 "하느님의 나라는 그대들 안에 있다"고 말했을 때 그리스도교는 인간 영혼의 끝없는 가치를 뚜렷이 밝혔다. 그러나 그 영혼은 성 아우구스티누스에 의하면 "당신(하느님) 안에서 안식을 얻을 때까지는 평안해질 수 없다"고 한다. 다시 말해서 인간의 가치는 이성이나 양심을 중시하는 그리스식 자율 정신에 있는 것이 아니다. 인간은 하느님에 의해 창조되어 인간의 시조 아담의 원죄를 짊어지고 있으면서도 하느님의 독생자 예수 그리스도께서 십자가에 매달려 그 죄를 씻어 주신 덕분에 구원을 얻었다는 사실을 믿는 데에 그 가치가 있다.

아우구스티누스는 인생 전반에 파란만장한 정신적 편력을 겪은 뒤 극적으로 회심하여 그리스도의 구원을 확신하게 되었다. 이런 영혼의 드라마가 《고백록》에 그려져 있다. 이 책에서는 죄의 고백과, 하느님께 바치는 감사와 찬미가 드러난다. 그러면 격렬한 시대의 폭풍우 속에서 교회에 헌신하면서 일흔다섯 살까지 살았던 그의 생애를 살펴보자.

카르타고의 신에게 바쳐진 서원의 비석으로, 이 교도의 풍습

아우구스티누스가 젊은 시절 방문했다고 여겨지는 카르타고의 고대 목욕탕 유적

그리스도를 예배하는 성 아우구스티누스   11세기 초 《고백록》 사본 속표지. 프랑스, 아라스미술관 소장.
《고백록》은 간행된 직후보다도 중세 시대에 널리 애독됐으며 이때 많은 사본이 만들어졌다. 이 고전의 명성은 근현대에 더더욱 높아졌다.

수도자 독방에서 열심히 글을 쓰는 성 아우구스티누스 산드로 보티첼리 작품. 피렌체, 우피치 미술관 소장. 르네상스 회화의 거장 보티첼리는 그리스도교 주제의 명상적·환상적 회화도 그렸으며 성 아우구스티누스에게도 깊은 관심을 보였다.

아우구스티누스 집안

아우구스티누스는 354년 11월 13일 로마 제정 말기 누미디아 주의 소도시 타가스테, 곧 오늘날 알제리 북동부 수크아라스에서 태어났다. 그는 처음부터 끝까지 아프리카인이었다. 그는 베르베르족이면서 212년 카라칼라 황제의 안토니누스 칙령에 의해 노예를 제외한 로마제국 전 주민에게 주어진 로마 시민권을 소유한 로마인이기도 했다.

이 지방 중심도시는 카르타고였다. 카르타고는 페니키아인이 건설한 대해군·상업국으로, '지중해의 여왕'이라고도 불렸다. 기원전 146년 로마에 의해 멸망되어 폐허로 변했지만, 카이사르의 뜻으로 재건되어 이윽고 로마와 알렉산드리아 다음가는 대도시로 발전했다. 아우구스티누스의 아버지 파트리키우스는 타가스테 중산층에 속하는 이교도였다. '로마의 평화'가 이어지던 시대였다면 도시 자치에도 관여하면서 소유지에서 나오는 수입으로 편하게 먹고살 수 있는 신분이었다. 그러나 이 시대에는 로마 제국도 사정이 좋지 않았다. 그의 아버지는 속주 주민에게 부과되는 무거운 세금 분배와 징세, 부역 실행 등 수많은 책임을 짊어져야 했다. 로마 지방 당국과 일반인 사이에서 몹시 난처한 처지에 놓여 있었으며, 이 신분에서 벗어날 수도 없었다.

아우구스티누스는 아버지에게서 아프리카인다운 뜨거운 정욕과 세속적 야심을 이어받았다. 어머니 모니카는 아버지와는 달리 독실한 그리스도교 신자였다. 사려 깊고 의지가 강한 여성이었다. 어머니도 자식의 입신출세를 바랐지만, 아들이 정신적으로 괴로워하는 것을 보는 동안 그녀의 신앙심도 점점 깊어져 갔다. 아우구스티누스의 마음속에는 이러한 부모에게서 물려받은 관능과 신앙이라는 상반된 성격이 존재했다.

현재 마다우르크에 있는 고대 마다우로스 유적

학교 가는 어린 아들을 배웅하는 모니카

부모가 어린 아우구스티누스를 문법 교사에게 맡기는 장면—타가스테에서

학구열과 정욕이 싹트다

아우구스티누스는 고향 타가스테에서 초등교육을 마치고 나서 열세 살 때 24km 떨어진 도시 마다우로스로 갔다. 그는 그곳에서 문법과 수사학을 공부했다. 그의 뛰어난 학문 실력에 부모는 자랑스러움을 느끼고 그에게 기대를 걸었다. 그곳에서 그는 어머니가 심어 준 소년 시절의 신앙에서 점차 멀어져, 관능적인 기쁨에 관심을 갖는 조숙한 문학청년이 되었다. 그는 베르길리우스의 시 《아이네이스》에 매료되었다. 사랑 때문에 자살한 디도의 죽음에 눈물지으며 감격하기도 했다.

유학 2년째에 그는 고향으로 돌아왔다. 학문을 완성하려면 카르타고에서 계속 공부를 해야 했지만, 아버지의 자금력으로는 학비를 조달하기 어려웠다. 그래서 그는 1년 동안 집에서 세월만 보냈다. 이렇게 쉬는 동안 정욕의 가시나무가 그의 몸속에서 무성히 자라났다. 게다가 한창 청춘인 그의 성숙한 신체를 욕탕에서 본 그의 아버지는 당장 손자가 태어나기라도 할 것처럼 뛸 듯이 기뻐하며 어머니에게 그 사실을 알렸다. 파트리키우스는 아직 그리스도교 세례 지원자였다. 그나마도 최근에 그렇게 된 것이었다. 어머니 모니카는 깜짝 놀랐다.

키케로(BC 106~43)

아들이 '당신(하느님)에게 등을 돌린 채 얼굴을 그쪽으로 돌리지 않는' 자들의 사악한 길을 걷게 될까봐 두려웠다. 어머니는 아들을 너무 걱정한 나머지 "간음하면 안 된다. 특히 유부녀와 불륜을 저질러서는 안 된다"고 아들을 은근히 타일렀다. 그러나 아들은 나약하게만 여겨지는 그 충고에 따르기를 꺼렸다.

그렇게 1년 남짓 세월을 헛되이 보낸 뒤, 아우구스티누스는 아버지의 친구 로마니아누스로부터 학자금 원조를 받아 카르타고에서 최고교육을 받게 되었다. 370년, 그의 나이 열여섯 살이었다. 그는 가장 박학한 웅변가가 되어 출세할 생각이었다.

▲ 대학입학 허가를 받은 아우구
스티누스를 묘사한 넬리의 프레스
코화
구비오의 성 아우구스티누스
성당에 있는 작품 일부.

▶ 대학입학 허가를 받는 아우구
스티누스를 묘사한 고촐리의 프레
스코화
산 지미냐노의 성 아우구스티
누스 성당에 있는 작품 일부.

▶ 카르타고의 고대 목욕탕 유적 인
근의 페니키아(카르타고)의 신에
게 바치는 봉헌비

한 여성과의 관능적 관계

"나는 카르타고에 왔다. 와 보니 이곳저곳에서 추한 정사(情事)의 가마솥이 부글부글 끓고 있었다. 나는 아직 사랑을 해 본 적이 없었지만, 사랑을 사랑하고 있었다. 그리고 그다지 결핍을 느끼지 않는 나 자신을 미워하고 있었는데, 그것은 내 마음속에 결핍이 숨어 있었기 때문이다. 나는 사랑을 사랑하면서, 무엇을 사랑하면 좋을지 찾아 헤매었다. 함정 없는 안전한 길은 좋아하지 않았다."

《고백록》에 이렇게 적혀 있듯이 카르타고에 도착한 아우구스티누스는 향학심과 진리 탐구열에 불타면서도, 다른 한편으로는 곧 이 대도시의 향락적인 자극에 사로잡혀 버렸다. 마다우로스에서 생겨났던 문학을 사랑하는 마음이 이곳에서는 연극에 대한 열정으로 바뀌었다. 이 시대 극장에서 자주 연기되던 관능적인 연기를 보다 보니, 더 이상 자신을 한낱 관객으로 놔둘 수 없게 되었다.

'사랑하고 사랑받는' 것은 사랑하는 사람의 신체까지 한껏 소유하여 즐겼을 때 한층 감미로워진다. 그래서 그는 우정의 샘을 지저분한 육욕으로 더럽히고, 그 찬란한 빛을 정욕으로 얼룩진 지옥의 어둠으로 지우고, 더구나 더럽고 비열한 인간이면서도 허영에 빠져서 우아하고 세련된 인간인 척했다고 한다. 그러다가 이윽고 그가 간절히 바라던 정사에 몸을 던졌다.

아우구스티누스와 어머니 모니카

그는 한 여성을 만나 동거하면서 관능적 관계를 맺었다. 그는 사랑하는 이 여성을 성실히 지켜 주려고 했다. 아마 그녀와 평생을 함께할 생각이었을 것이다. 이 여성은 그리스도교도였다고 하는데, 신분이 낮아서 합법적으로는 결혼할 수 없었다. 아우구스티누스는 열여덟 살 때 한 아들의 아버지가 되었다. 그는 이 아이를 '죄의 아이'라고 불렀지만, '아데오다투스(하느님께서 주신 자)'라고 이름 붙인 것으로 보아 젊은 아버지의 애정이 얼마나 컸는지 짐작할 수 있다. 그러나 이로써 그의 마음속 전부가 만족감으로 채워진 것은 아니었다.

▲천사의 계시를 받으
며, 주교의 설득에 아들
을 맡기는 모니카
넬리의 프레스코화.
구비오의 성 아우구
스티누스 성당.

▶ 히포 만의 고기잡이
풍경
고대 도시 별장에서
발견된 이 모자이크
화는 로마의 지배를
받던 아프리카의 일
상 풍경을 보여준다.

키케로에게서 철학을 발견

"그때 아직 풋내기였던 나는 웅변술을 배워서 누구보다도 뛰어난 웅변가가 되려고 했다. 그런데 이것은 인간의 허영심을 채우겠다는 덧없는 목적을 위한 것으로, 비난받아 마땅했다. 관례적인 학습 순서에 따라서 나는 마침내 키케로라는 인물의 책을 접하게 되었다."

이 무렵 아버지 파트리키우스가 병으로 세상을 떠났다. 열아홉 살이 된 아우구스티누스는 정신적 전환기를 맞이했다. 당시 수사학을 배우는 데 꼭 필요했던 키케로의 저작들을 차례차례 읽다가 그는 우연히 《철학의 권유》를 펼쳐 들었다. 오늘날에는 단편만이 남아 있는 이 작품은 철학을 권유하는 책이었다. 이 책을 읽고 나서 아우구스티누스는 이렇게 적었다.

"이 책이 내 마음을 바꿔 놓았다. 그것은 주여, 내 기도를 당신에게 향하게 하였고, 기원과 소망을 지금까지와는 전혀 다른 것으로 만들어 놓았다. 돌연 모든 헛된 희망이 덧없는 것으로 전락했다. 나는 믿을 수 없을 정도로 엄청난 정열을 불태우며 불멸의 지혜를 사모하고, 당신 품으로 돌아가려고 일어나기 시작했다. ……나의 주여, 내가 얼마나 열망했는지, 이 지상을 떠나 당신 품으로 서둘러 돌아가기를 얼마나 열망했는지."

지혜를 사랑하는 학문인 철학은 아우구스티누스에게 높은 세계를 추구하는 정신을 일깨워 주었다. 이것이 첫 번째 회심이었다.

교사가 된 아우구스티누스

그러나 《철학의 권유》에는 그가 어릴 적부터 어머니에게서 배운 그리스도의 이름이 실려 있지 않았다. 이 책은 그의 마음을 완전히 사로잡지는 못했다. 그는 성서를 읽기 시작했으나 크게 실망하고 말았다. 성서의 소박한 문체는 키케로의 훌륭한 문체에 비하면 너무나 볼품없었기 때문이다. 성서 내용은 꼭 옛날이야기 같았다. 이성을 바탕으로 진리를 탐구하여 발견하려고 했던 아우구스티누스로서는 성서 내용을 도무지 믿을 수가 없었다.

▲주교로부터 칭찬
을 받는 성 모니카
의 모습
브레사논, 노바
첼라 수도원 도서
관 소장.

▶ 교사가 된 아우
구스티누스
넬리의 프레스코
화.

마니교에 매혹 로마로

성서에 실망한 아우구스티누스를 사로잡은 것이 바로 마니교였다. 페르시아 조로아스터교의 맥을 이은 마니교는 빛과 어둠, 선과 악, 영혼과 물질의 대립에 대한 깨달음을 가르치고, 이지(理智)를 갈고닦음으로써 종교의 깊은 뜻을 터득할 수 있다고 했다. 성서 내용을 교묘하게 받아들인 이 종교는 자기네 종교야말로 진정한 그리스도교라고 주장했으며 당시 세계에 널리 퍼져 있었다. 마니교는 "인간의 죄악은 자기책임이 아니라 실재하는 악과 그에 속한 육체 때문에 존재하는 것"이라고 하여 양심의 부담을 덜어 주었다. 아우구스티누스는 마니교에 흠뻑 빠졌다.

374년에 학업을 마친 그는 내연의 처와 아들을 데리고 타가스테로 돌아왔다. 그는 수사학 교사로서 출세함과 동시에 많은 친구들을 마니교에 끌어들였다. 어머니 모니카는 억장이 무너지는 것 같았다. 그녀는 주교를 찾아가 눈물을 흘리며 "내 아들을 미혹에서 깨어나게 해 달라"고 간청했다. 젊을 때 마니교에 열중했던 적이 있었던 주교는 이런 말로 어머니를 달랬다. "아드님을 한동안 그냥 내버려 두십시오. 그리고 오로지 그를 위해 하느님께 기도하십시오. …… 이런 눈물의 아들은 결코 파멸하지 않습니다."

두 번째 카르타고 생활은 7년 가까이 이어졌다. 수사학 교사 아우구스티누스는 마니교를 여전히 믿으면서도 온갖 학문에 몰두했고 점성술에도 관심을 보였다. 그러나 그는 또 아리스토텔레스에게서 자연현상의 합리적 해설을 배웠다. 또한 그의 양심은 인간이 저지르는 죄를 그 사람의 수호성(守護星) 탓으로 돌리는 마니교 주장에 만족하지 못했다. 그는 회의를 품었다. 카르타고에서 교사 노릇을 하는 데에도 싫증이 났다. 그는 유망한 생활을 꿈꾸며 로마에 가기로 결심했다. 그때 어머니 모니카는 아들을 염려하여 카르타고에 와 있었다. 그는 그의 계획에 어머니가 찬성하지 않으리라는 생각에 무정하게도 어머니를 속였다. 로마로 떠나는 친구를 배웅하겠다며 그대로 로마행 배에 올라탄 것이다.

마니교 경전 사본

▶ 아프리카를 떠나 로마로
향하는 아우구스티누스
15세기 익명의 독일인 화
가의 그림. 브레사논, 노바
첼라 수도원 소장.

▼ 로마 학교에서 수사학과
철학서를 읽는 아우구스티
누스
고촐리 그림. 산 지미냐노,
성 아우구스티누스 성당
소장.

밀라노 국립학교 교수

일곱 언덕의 도시에 도착한 아우구스티누스는 마니교도 집에 손님으로 묵었는데, 곧이어 열병에 걸려 사경을 헤매었다. 다행히 병은 나았으나 로마 생활은 순탄치 않았다. 그의 수업을 들으러 온 학생들은 수업료를 낼 때가 되면 우르르 다른 교수한테 가 버렸다. 결국 아우구스티누스는 변론시험을 쳐서 합격했다. 그는 로마 장관이자 로마 전통의 수호자로서도 유명한 심마쿠스의 추천을 받아, 북부 이탈리아 밀라노에 새로 생긴 국립학교에서 수사학 강좌를 담당하게 되었다. 심마쿠스는 382년 그라티아누스 황제가 철거한 원로원의 '승리의 여신상'을 복원할 것을 이교도 대표로서 강력히 요청했으며, 이 문제를 둘러싸고 그리스도교측 우두머리인 밀라노 주교 암브로시우스와 대결한 적이 있었다. 이런 상황에서 심마쿠스의 비호를 받아 밀라노로 부임한 아우구스티누스가 암브로시우스 덕분에 그리스도교로 돌아갈 계기를 얻게 되었으니, 참으로 얄궂은 역사의 장난이라 하겠다.

밀라노는 로마제국 북쪽 국경의 군사적 위기 때문에 점점 더 중요해졌다. 황제도 이 무렵에는 '황금의 로마'를 뒤로 하고 거의 이곳 궁정에서 지냈다.

385년 11월 22일, 아우구스티누스는 발렌티니아누스 2세의 뜻에 따라 그해 송사(頌辭)를 낭독하는 역할을 맡아 준비를 하고 있었다. 이에 대해 그는 이렇게 적었다. "그것은 송사를 통해 거짓말을 잔뜩 늘어놓고, 거짓말쟁이인 내가 그게 거짓인 줄 뻔히 아는 사람들 마음에 들기 위해서 하는 것이었다." 그의

로마에서 철학을 가르치는 아우구스티누스

마음은 근심으로 가득했으며 몸도 점차 야위어 갔다. 그런데 어느 날 밀라노 거리를 지나가다가 신나게 떠들고 있는 비루한 거지를 발견했다. 그 모습을 본 아우구스티누스는 한숨을 내쉬었다. 그 거지가 헛된 지위를 바라고 거짓말을 늘어놓는 자기보다도 행복하다는 생각이 들었다.

▲ 밀라노로 출발하는 아우구스티누스
고촐리 그림. 산 지미냐노, 성 아우구스티누스
성당.

▶ 학교 앞에 아우구스티누스를 환영하기 위해 말
을 타고 나온 밀라노 사람들

▼ 밀라노에 도착한 아우구스티누스
고촐리가 그린 일련의 역사화에서, 성 바울로
가 다마스쿠스에서 그랬듯이 아우구스티누스
는 밀라노에서 극적으로 회개한다.

2. 참회의 길

아우구스티누스의 불안한 정신

아우구스티누스는 과거를 곰곰이 돌이켜보았다. 그는 열아홉 살 시절로부터 오랜 세월이 흘렀다는 것을 깨닫고 깜짝 놀랐다. 그때의 그는 《철학의 권유》를 읽고 지혜 탐구열에 불탔었다. 진리만 찾아낼 수 있다면 헛된 욕망이나 어리석은 기만은 전부 다 버리겠노라고 결심했다. 그런데 그는 벌써 서른이 되었건만 여전히 진흙탕 속에서 신음하고 있었다. 번잡하고 덧없는 현세의 향락을 추구하면서 '내일은 진리를 발견할 수 있겠지' 안이하게 생각하고 있었다. 그는 또 이렇게 생각했다.

'오직 진리를 탐구하는 데에만 정신을 집중하자. 삶은 비참하다. 죽음은 언제 찾아올지 모른다. ……이 세상에서 게을리한다면 대체 어디에서 배울 수 있단 말인가. ……하지만 죽음으로 감각과 더불어 모든 근심 걱정이 사라진다면 어떨까. 그렇다면 왜 우리는 이 세상의 소망을 버리고, 하느님과 지복의 삶을 탐구하기 위해 몸과 마음을 다 바치기를 망설이는 것인가.

아니, 잠깐만. 이 세상의 것은 즐거워. 독특한 달콤함을 갖고 있지. ……실제로 조금만 더 참으면 영예로운 지위에 오를 수 있을 거야…… 유력한 선배님도 적지 않아. 그렇게 초조해하지 않아도 주지사 정도는 쉽게 될 수 있을 거야.……'

이렇게 아우구스티누스는 그때그때 자기 마음을 이리저리 쫓아 버리면서 세월을 보냈다. 그는 지복의 삶을 사랑하면서도 제자리(하느님)에 있는 지복의 삶을 두려워했다. 그는 그것을 피하면서도 열렬히 추구했다. 그런데 이때 새로운 정신적 지평이 열리기 시작했다. 암브로시우스와 신플라톤 철학에 의해서.

로마와 밀라노에서 가르치는 아우구스티누스 캄피오네 작품. 파비아의 산 피에트로 인 치엘도로 성당에 있는 성 아우구스티누스의 관 측면 장식 부조.

플라톤 플로티노스

▶ 밀라노에 도착한 아우구스티누스
넬리 그림.

▼ 아우구스티누스를 반가이 맞이하는 밀라노 사
람들
넬리 그림.

밀라노의 지도자 암브로시우스

암브로시우스는 갈리아 총독의 아들로, 로마에서 법학을 공부하고 에밀리아 리구리아 주 총독이 되어 밀라노에서 근무했다. 374년 아리우스파의 밀라노 주교 아욱센티우스가 죽자, 인격과 식견으로 높이 추앙받던 그는 신자들의 열렬한 요청으로 급히 세례를 받고 주교 자리에 올랐다. 그는 신학계와 종교계에서 가톨릭교회의 대표적인 존재가 되었다. 앞서 말한 '승리의 여신'상을 둘러싼 논쟁에서도 "위대한 신비로 가는 길은 하나밖에 없다"며 여신상 설치 부활을 주장하는 심마쿠스에 대항해 "심마쿠스의 주장은 종교관용의 이름으로 특권을 회복하려는 것"이라고 반론하여 마침내 승리했다. 그러나 두 사람은 논적인 동시에 서로를 높이 평가했다.

성 암브로시우스 모자이크. 밀라노,
성 암브로시우스 대성당.

심마쿠스의 추천으로 밀라노에 온 아우구스티누스를 "이 하느님의 사람(암브로시우스)은 자애로운 아버지와 같은 태도로" 맞이했으며, 그의 도착을 주교에 걸맞은 훌륭한 태도로 기뻐했다. 이 대목에서 암브로시우스의 넓은 도량을 읽을 수 있다.

아우구스티누스는 암브로시우스의 설교를 일요일마다 듣게 되었다. 처음에는 웅변과 학식에만 초점을 두어 비평적인 태도로 일관할 뿐 내용 자체에는 무관심했으나, 점차 그 속에 담긴 성서의 가르침에 이끌리게 되었다. 암브로시우스는 성서에 깊숙이 숨겨진 심오한 의미를 밝혀내려고 했다. 그는 "문자는 죽이고, 성령은 살리라"는 성 바울의 말을 즐겨 인용했다.

《구약성서》의 많은 구문은 종종 비유적으로 해석됨으로써, 그동안 옛날이야기로 치부되거나 경시되었던 잘못도 사라지게 되었다. 특히 바울의 복음을 통해 은총의 길로 인도되어 갔다.

▲ 성 마르티누스의 장례 미사를 집전하는 성 암브로시우스 모자이크. 밀라노, 성 암브로시우스 대성당.

▶ 성 암브로시우스의 설교를 듣는 아우구스티누스
넬리의 프레스코화. 구비오, 성 아우구스티누스 성당.

그녀와의 이별

비슷한 시기에 아우구스티누스는 신플라톤 철학에서 깊은 영향을 받았다. 빅토리누스가 라틴어로 번역한 프로티노스의 《엔네아데스》를 여러 편 읽었다. 그는 비로소 마니교의 이원론을 극복하고 '보이지 않는 세계'의 실재를 알게 되었다. 그는 《고백록》에서 이렇게 말했다. "나는 그 책들에서 나 자신으로 되돌아오도록 재촉받았으며, 당신의 인도로 마음속 깊숙이 들어갔다. ……나는 그곳으로 들어가서 뭔가 영혼의 눈과 같은 것을 통해 그야말로 그 영혼의 눈을 뛰어넘은 곳, 곧 정신을 뛰어넘은 곳에서 불변의 빛을 보았다." 곧 마음속으로 깊이 들어가자 그 가장 깊은 곳은 마음을 넘은 곳에서 신과 만날 수 있는 길을 보여 주었다. 게다가 그것은 프로티노스의 '일자(一者)'라기보다는 성서에 계시된 하느님을 제시했다. 이처럼 아우구스티누스의 정신세계는 한결 깊어지고 지적 깨달음은 더욱 발전했지만, 도덕적·의지적 결단을 주었으며 육욕의 고민을 해결해 주지는 못했다.

그러는 사이에 어머니 모니카가 밀라노에 왔다. 천한 여성과 내연의 관계를 맺는 것을 못마땅하게 생각했던 그녀는 국립학교 교수인 아들의 지위에 걸맞은 귀부인을 정실로 맞아들여야 한다고 생각했다. 그녀는 내연녀와의 관계를 정리하라고 아우구스티누스를 끊임없이 설득했다. 그는 어머니의 끈질긴 주장에 굴복하여, 15년이나 사랑과 정절을 바쳤던 내연녀와 마지못해 결별했다. 끝내 이름조차 알려지지 않은 이 여성은 그와 깨끗하게 헤어진 뒤, 평생 정절을 지키겠다며 아데오다투스를 남기고 아프리카로 돌아갔다.

한편 아우구스티누스는 새 약혼자가 너무 어려서 2년이나 기다려야 했다. 그는 그새를 참지 못하고 다른 애인을 만들었다.

파비아의 산 피에트로 인 치엘도로 성당에 있는 성 아우구스티누스 관 측면 대리석 부조
'암부로시우스의 설교를 듣는 아우구스티누스'

암브로시우스의 설교를 듣는 아우구스티
누스
'암브로시우스 설교를 듣는 아우구스티
누스'는 많은 화가들이 즐겨 다룬 소재
이다.

오른쪽은 베르고뇨네 그림. 토리노 미술
관 소장.

아래 브레사논, 노바 첼라 수도원 소장.

벗들과 철학에 몰두

이런 가운데 아우구스티누스는 친구들과 인생의 번뇌에 대해 이야기했다. 그리고 거기에서 벗어나 모두의 재산을 모아 공유재산으로 만들고 공동생활을 하자고 계획했다.

그즈음 그의 정신적 스승은 암브로시우스의 철학 선생으로 뒷날 그 후계자로 들어간 사제 심프리키아누스였다. 그는 아우구스티누스가 빅토리누스의 번역본으로 프로티노스의 책을 읽었다는 소식에 무척 기뻐하며, 로마에 있을 때 친했던 빅토리누스가 어떻게 회개했는지 그 과정을 들려주었다.

그는 후년에 성서를 읽고 점차 영혼이 열려 어느 날 심프리키아누스에게 "자네만 알게. 사실 나는 이미 그리스도 교도라네"라고 은밀히 자신의 비밀을 털어놓는 것이었다. 심프리키아누스가 "교회에서 자네를 보지 않는 한은 믿을 수 없군"이라고 대답하자, 빅토리아누스는 "그럼 교회 벽이 그리스도 교도를 만든단 말인가?" 하고 비아냥거리며 반론했다.

바울로의 편지를 읽고 있는 아우구스티누스

그러나 빅토리누스는 계속해서 성서를 탐독했으며, 마침내 지난날의 비겁함과 체면을 떨치고 심프리키아누스에게 "자, 교회로 가세. 나는 그리스도 교도가 되고 싶네"라고 말했다. 그리고 세례를 받고 대중 앞에서 신앙 고백을 했다. '배교자' 율리아누스에게 박해받을 때는 공직을 버리고 신앙의 정적을 지켰다. 이 이야기는 아우구스티누스에게 큰 감명을 주었다.

어느 날, 같은 고향 출신 그리스도 교도인 폰티아누스가 그를 찾아왔다. 폰티아누스는 이집트의 유명한 수도사 안토니우스의 엄숙한 생애를 이야기했다.

▲천사의 계시 아래
에서의 모니카, 친
구와 담소하는 아우
구스티누스
넬리의 프레스코화.

▶아우구스티누스
와 심프리키아누
스, 천사의 계시
파비아의 산 피에
트로 인 치엘도로
성당에 있는 성 아
우구스티누스 관
측면 장식 부조.

밀라노 정원에서 회개하다

폰티아누스가 떠난 뒤 아우구스티누스의 마음속에서는 높은 하늘을 우러르는 마음과 낮은 땅에 머무르려는 육욕이 격렬하게 싸웠다. 머리가 복잡해진 그는 알리피우스에게 몇 마디 남긴 뒤 혼자 정원으로 달려갔다. 그는 무화과나무 아래 몸을 던지고 눈물을 쏟으면서 신을 향해 외쳤다. "왜 지금 이 순간에 부정한 저를 끝내지 않으시나이까!"

그때 문득 옆집 정원에서 아이들의 노랫소리가 들려왔다. "들어서 읽어라, 들어서 읽어라." 그는 눈물을 훔치고 성서를 집어 들어, 열린 첫 부분을 묵묵히 읽어내려갔다.

"진탕 먹고 마시고 취하거나 음행과 방종에 빠지거나 분쟁과 시기를 일삼거나 하지 말고 언제나 대낮으로 생각하고 단정하게 살아갑시다. 주 예수 그리스도로 온몸을 무장하십시오. 그리고 육체의 정욕을 만족시키려는 생각은 아예 하지 마십시오."—사도 바울이 로마인들에게 보내는 편지의 한 구절을 거기까지 읽자 그는 더 읽으려고 하지 않았다. 읽을 필요도 없었다. 순식간에 그의 마음이 평안해졌다. 암흑과도 같던 망설임은 한순간에 사라졌다. 그토록 끈질기게 그를 괴롭혔던 육욕의 포승줄은 끊어져 버렸다.

그는 서둘러 어머니 모니카에게 자신의 회개 사실을 고백했다. 그녀는 기쁜 나머지 그 자리에 쓰러져 와락 울음을 터뜨렸다. 마침내 그녀의 오랜 열망이 이뤄졌다. 이제 아들도 그녀와 같은 신앙 위에 섰다. 아우구스티누스는 여자와 속세와의 모든 인연을 끊었다고 고백했다. 격정에 지배되던 번민의 시기는

지나가고, 조용하고 작은 행복이 찾아왔다. 서른두 살이던 386년 늦여름에 일어난 일이었다. 알리피우스도 이때 회개했다.

키케로의 《국가론》 위에다 성 아우구스티누스의 글을 기록한 재생 양피지 바티칸도서관 소장.

▶천사의 계시
익명의 독일 화가의 그림. 브레
사논, 노바 첼라 수도원 소장.

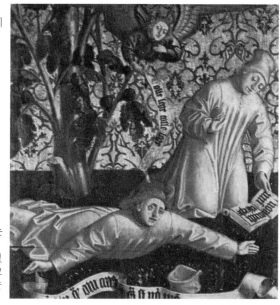

▼ 밀라노 정원에서 회개하는
아우구스티누스
아우구스티누스 뒤에서 서 있
는 이는 알리피우스. 안젤리코
파 화가의 그림. 셰르부르 미술
관 소장.

3. 주교로 임명되기까지

카시키아쿰에서 은둔

밀라노 정원에서 회개한 지 얼마 지나지 않아 포도 수확 휴가(8월 23일부터 10월 15일까지)를 기다렸다가 아우구스티누스는 정식으로 공직에서 사임했다. 병에 걸려서 임무를 수행할 수 없다는 것이 사직 이유였는데, 실제로 그는 가슴 통증 때문에 큰 목소리로 길게 말할 수 없는 상태였다. 물론 이것은 그의 오랜 정신적 고뇌와 무관하지 않았다. 또한, 그는 두 번째 애인과 막 헤어진 참이었을 뿐만 아니라, 어머니의 중재로 어린 처녀와도 파혼했다.

그리하여 그는 조용한 삶 속으로 물러나 회개 체험을 정리하고 점점 더 신앙의 길에 몰두하면서, 세례를 받기 위해 심신을 정결히 하기로 했다. 암브로시우스에게는 그간의 사정과 희망을 전달하고, 어떤 책을 읽어야 하며 무엇을 해야 할지 조언을 구했다.

카시키아쿰 근교의 전원 풍경

그가 은거한 곳은 친구인 베레쿤두스가 제공해 준 코모 호수 인근 카시키아쿰(현재 카사고)에 있는 별장이었다. 롬바르디아 평원 북부 브리안차에 있는 그곳에서는 북쪽으로 알프스의 위용이 바라다보였다. 그는 이곳에서 농장을 감독한다는 명목으로 이듬해 봄까지 조용하고 쾌적한 생활을 했다.

그는 어린 제자들을 가르치기 위해서 날마다 오전에 두세 시간은 베르길리우스와 같은 문학책을 읽었다.

일상적인 대화를 나누다가 느닷없이 문제가 제기되어 다같이 토론하는 일도 있었다.

▲ 카시키아쿰 근교의 풍경

■ 동료들에게 둘러싸인 아우구스티누스
고촐리의 프레스코화 세부. 산 지미냐노 성 아우구스티누스 성당.

아우구스티누스, 세례를 받다

그는 카시키아쿰에서 《아카데미아파 반론》, 《행복한 삶에 대하여》, 《질서론》, 《독어론》을 집필했다. 처음 세 권의 대화편은 제자들과 나눈 토론을 기록한 것으로, 그 내용으로 보아 보통 '철학적 문서'로 분류한다. 거기서 다룬 문제는 진리와 그 인식 문제 및 행복한 삶은 어떻게 가능한가 하는 것이다. 행복한 삶은 진리 인식과 불가분한 관계에 있으며, 그렇기에 행복하려면 먼저 진리를 인식할 수 있어야 한다. 따라서 가장 먼저 해야 할 일은 아카데미아파의 회의론을 극복하는 일이다.

그는 여기서 확실히 인식할 수 있는 진리가 있다는 증거로 '존재'의 진리를 들었다. "나는 나 자신이 누구인지 모르지만, 내가 생각하고 의심하고 살아 있다는 사실, 곧 내 존재를 의심할 수는 없다" 말했다. 이 사상은 데카르트의 코기토 에르고 숨(나는 생각한다. 고로 존재한다)의 기초를 다졌다고 평가된다. 단, 데카르트는 존재가 생각한다고 주장한 데 반해 아우구스티누스는 생각이라는 존재를 존재 그 자체의 빛 속에서 발견했다.

《질서론》은 우주 질서와 신과의 관계 및 악의 존재와의 관계에 대해 어떤 계기로 밤늦게 오갔던 대화에서 탄생했다. 《독어론》은 아우구스티누스가 혼자 가을 들녘을 산책하면서, 특히 고요한 밤에 신에게 기도하고 천상의 빛에서 도움을 구하면서 오로지 '신과 영혼'을 알려고 했던 자기와의 대화이다.

이듬해인 387년 3월, 브리안차의 평원에도 봄의 기운이 느껴지기 시작할 무

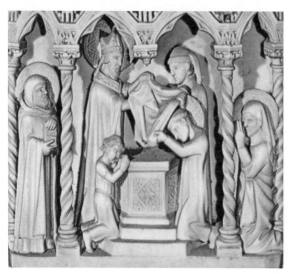

렵, 아우구스티누스는 사람들과 함께 밀라노로 돌아와서 세례자 명부에 이름을 적었다. 4월 24일, 부활절 전날 새벽에 알리피우스, 아데오다투스도 함께 암브로시우스에게 세례를 받았다.

아우구스티누스의 세례
파비아의 산 피에트로 인 치엘도로 성당에 있는 관 측면 장식 부조.

▶ 아우구스티누스의
세례
넬리의 프레스코화. 구
비오, 성 아우구스티누
스 성당 소장

▼ 아우구스티누스의
세례
15세기 익명의 독일화
가 작품. 브레사논 노
바 첼라 수도원 소장.

어머니 모니카의 죽음

세례를 받은 뒤 아우구스티누스는 밀라노에 더 머무를 필요를 느끼지 않았다. 그는 가족과 친구들과 함께 아프리카로 돌아가기로 했다. 그는 아프리카로 건너가기 위해 5월 초에 일행을 데리고 추억의 도시 밀라노를 떠나 오스티아 항구에 도착해 숙소에서 배를 기다렸다.

어느 화창한 초여름 저녁, 모니카와 아우구스티누스는 창가에 기대 시원한 바닷바람을 맞으며 활짝 갠 하늘을 바라보고 있었다. 끝없이 평화로운 고요함, 들려오는 소리라고는 있는 듯 없는 듯한 노 젓는 소리뿐. 새빨간 양귀비와 아욱이 남쪽 고향 아프리카의 뜨겁고 풍요로운 대기를 연상시켰다. 이러한 평안 속에서 어머니와 아들이 나눈 대화는 눈에 보이지 않고 귀에 들리지 않으며 마음속으로도 그릴 수 없는 천국과 영생에 관한 것이었다. 그러한 대화를 나누면서 이 세상이 모든 쾌락과 더불어 덧없이 느껴지기 시작했을 때 모니카가 말했다.

"아들아, 이제 이 세상에서 내게 기쁨을 주는 것은 더 이상 아무것도 없구나. ……이 세상에서 이룰 것은 이미 충분히 이뤘으니까. 이 세상에서 조금 더 살고 싶다고 생각하는 이유가 딱 하나 있었단다. 죽기 전에, 가톨릭 신자가 된 네 모습을 보는 것이었지. 하느님은 그 소원을 들어주셨다. 네가 지상의 행복을 버리고 하느님의 종이 된 모습까지 보았으니까. 그러니 이 세상에서 무엇을 더 원하겠니?"

성 아우구스티누스와 어머니 성 모니카
14세기 석관 기단 부조

그로부터 닷새 뒤 모니카는 갑자기 열병으로 쓰러져 앓다가, 9일째, 자기를 아무 데나 묻어 달라는 유언을 남기고 죽었다. 향년 쉰여섯이었다.

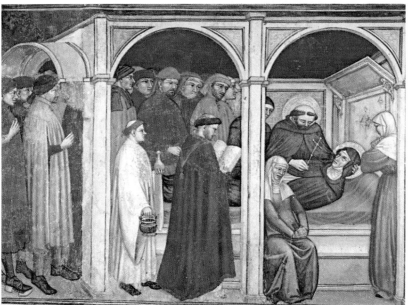

성 모니카의 죽음을 묘사한 그림 고촐리(위), 넬리(아래)의 프레스코화.

아프리카로 돌아가다

어머니 모니카의 장례를 치른 뒤 아우구스티누스는 곧바로 아프리카로 가지 않고 로마로 가서 약 1년 반을 머물렀다. 무엇 때문이었을까? 그의 소원은 아프리카로 돌아가서 가족과 친구들과 함께 카시키아쿰에서 경험한 집단생활, 다시 말해 기도와 연구와 토론으로 보내는 조용한 나날을 시작하는 것이었다. 그는 이 오래된 도시에서만이 아니라, 긴 그리스도교의 역사와 힘 있는 주교가 있으며 많은 순교자가 잠들어 있는 로마에서 더 많은 것을 배우고 싶었다.

로마에 머무는 동안 그는 《영혼불멸에 대하여》, 《음악론》, 《영혼의 위대함에 대하여》를 썼으며, 《자유의지론》과 《가톨릭교회의 관습과 마니교도의 관습에 대하여》를 집필했다

388년 초가을, 아우구스티누스는 로마를 뒤로하고 고향 아프리카로 향했다. 그것을 끝으로 그는 회개의 땅이자 어머니가 묻힌 이탈리아를 두 번 다시 보는 일은 없었다. 카르타고에서 잠시 머문 뒤 타가스테로 돌아온 그는 그곳에서 새로운 생활의 첫발을 내딛으려고 했다.

모니카의 장례식
파비아의 산 피에트로 인 치엘도로 성당. 성 아우구스티누스 관 부조 일부.

그는 아버지가 남긴 얼마 안 되는 유산을 정리하고 동지 몇 명과 수도생활을 시작하기로 했다. 아데오다투스, 알리피우스 등 외에 마찬가지로 이탈리아부터 동행한 동향인 에보디우스가 있었다. 타가스테에서는 《83개의 문제집》, 《마니교도들에 반대하는 창세기론》, 《교사론》, 《참된 종교에 대하여》를 집필했다. 마지막은 그가 쓴 최초의 본격 신학서로, 신의 계시로서의 그리스도와 세계·역사·인간이 얼마나 관련되어 있는지를 논한 책이다.

▲ 성 모니카의 무덤
로마, 성 아우구스티누스 성당

▶ 고대 오스티아에서 발견된 성 모니카 묘비의
비문 일부(5세기)
(오스티아 : 로마 남서쪽 고대 로마 도시 유적)

▼ 오스티아의 바실리카 양식의 그리스도 교회당
유적

아들 아데오다투스와 함께

《교사론》은 아우구스티누스가 타가스테에서 시작한 수도원풍 공동체에서 같이 생활한 아들 아데오다투스와 나눈 대화편이다. 타가스테로 돌아왔을 때 아데오다투스는 열여섯 살의 어린 나이였지만 그 재주와 지혜는 학식 있는 많은 어른들보다도 뛰어났다. 아우구스티누스는 《고백록》에서 이렇게 말하며 이 아들을 선물로 주신 하느님께 감사했다. "나는 이 아이에게서 내 실수 말고는 무엇도 책임질 것이 없나이다. 우리는 이 아이를 당신의 가르침 속에서 키워 왔는데, 그렇게 하도록 영감을 주신 분은 다름 아닌 바로 당신이십니다."

아우구스티누스는 《교사론》에서 이야기한 것은 다 아들이 가르쳐 준 것이라며 아들에게 영광을 돌린다. "나는 이 아이에게서 더 많은 놀라운 것을 보았나이다. 그 재능이 두려울 정도였으니, 당신(하느님) 아닌 그 누가 이처럼 위대한 일을 할 수 있으리오"라고 말했다.

《교사론》은, 귀로 들은 말은 그 무엇도 가르칠 점이 없고, 사람들은 교사에게서 아무것도 배우지 않는다. 교사와 제자가 있는 듯 보이지만, 참된 교사는 영원히 스러지지 않는 신성한 지혜인 그리스도뿐이라고 결론한다.

그러나 이 영특한 아데오다투스는 열일곱 살에 눈을 감는다. 그 아버지가 아들을 얻은 때와 같은 나이였다. "당신은 이 아이의 목숨을 이 땅에서 서둘러 거두어 가셨나이다. 그리하여 더욱 안심하고 이 아이를 기억할 수 있습니다."고 뇌하고 방황하던 그의 청춘 시절에 비하면 때 묻지 않은 상태로 요절한 아들에 대한 슬픔을 달래며 아우구스티누스는 말했다.

수도사들에게 종교 규칙을 내리는 아우구스티누스
파비아의 산 피에트로 인 치엘도로 교회의 성 아우구스티누스의 관 측면 장식 부조.

▲ 성 아우구스티
누스의 카르타고
귀환
넬리의 프레스
코화.

▶ 카르타고에 있
는 이교도의 봉헌
비

"아우구스티누스를 사제로!"

391년 초, 며칠 다녀올 생각으로 히포에 갔다가 뜻밖에도 아우구스티누스는 남은 삶을 이 도시에서 지내게 되었다. 그로 인해 타가스테의 수도생활도 2년 만에 해산되었다. 그 2년 동안에도 그는 그 생활에 전념하지 못했다. 그의 명성과 덕망이 높아질수록, 그를 사제로 추대해야 한다는 목소리가 곳곳에서 들려왔다. 세례를 받은 지 아직 몇 해 되지 않았고, 하느님의 진리를 더욱 깊이 있게 배우기 위해 노력하던 그에게 성직이라는 중임은 감당하기 어려운 짐이었다. 그래서 어쩔 수 없이 타가스테에서 다른 도시로 갈 일이 있을 때도 사제직이 공석인 도시는 피해 다녔다. 그런데 391년 초, 히포에 사는 친구이자 그리스도교도인 지방고관이 퇴임하여 수도생활을 하고 싶다며 아우구스티누스에게 도움을 청했다. 그는 친구의 결심을 굳히기 위해 곧바로 히포로 갔다.

그러나 그 부유한 고관은 복음서의 부유한 청년과 마찬가지로 신앙 이야기에 열성적이고 이해도 깊었지만 실행에 옮기기를 망설였다. 아우구스티누스는 자신의 경험을 참고로 잠시 때를 기다리기로 했다. 그는 히포에 머물면서 안식일마다 민중들 틈에 섞여 몰래 집회에 참석했다.

그러던 어느 안식일에 주교 발레리우스가 그날 설교를 마치고 모인 사람들을 향해 말했다.

히포 총독 파키우스 아프리카누스의 기념비 명문

"나는 나이가 많은데다, 그리스에서 태어나 라틴어를 능숙하게 구사하지 못하오. 그래서 나를 도와 줄 사제를 한 사람 임명하고자 하오."

암브로시우스의 예를 통해 알 수 있듯이, 그 시절에는 주교도 대중의 뜻에 따라 선출되었다. 사람들은 주교의 말이 끝나자 아우구스티누스를 억지로 주교 앞으로 데려가 외쳤다. "아우구스티누스를 사제로! 아우구스티누스를 사제로!"

히든 교회의 사제로 서품되는 아우구스티누스   넬리의 프레스코화.

아우구스티누스 주교 서품

아우구스티누스는 사제가 되자마자 평화교회 채마밭에 두 번째 아우구스티누스 수도원을 만들었다. 그곳에는 아리피우스와 에보디우스 같은 옛 친구들 말고도, 그의 제자이자 최초로 아우구스티누스 전기를 쓴 포시디우스 등 많은 사람이 모였다. 뒷날 알리피우스는 타가스테, 에보디우스는 우잘리스, 포시디우스는 칼라마의 주교가 되었다.

발레리우스는 사제가 된 아우구스티누스에게 설교를 부탁했다. 아우구스티누스는 마음의 준비를 할 때까지 잠시 기다려 달라고 애원했지만 결국 391년 부활제에 첫 설교를 하게 된다. 당시에는 오직 주교만이 성어(聖語)를 말할 수 있는 권한을 가졌으므로 누미디아 주의 몇몇 주교들은 발레리우스를 비난했다. 그러나 동방교회에는 사제도 설교하는 관습이 있음을 알고 있던 발레리우스는 대중을 위하는 마음으로 주교들의 비난에 귀기울이지 않았다. 이윽고 이러한 방식은 다른 주교구(區)에서도 이루어지게 되었다.

아우구스티누스는 설교 말고 다른 일로도 바빴다. 392년 8월 28일, 29일 이틀에 걸쳐 그는 히포의 소시우스 욕장 강당에서 마니교의 주교 포르투나투스와 공개토론을 벌였다. 그 뒤 포르투나투스는 가톨릭 측 주장을 깨뜨리지도, 마니교 진리를 증명하지도 못한 채 히포에서 모습을 감추었다.

주교로 서품되는 아우구스티누스 넬리의 프레스코화.

395년, 발레리우스는 노령과 건강을 이유로 아우구스티누스를 특별히 보좌 주교로 임명할 것을 아우렐리우스에게 청원했다. 이듬해 396년에 발레리우스 가 죽자 아우구스티누스는 주교로 서품되었다.

주교로 서품되는 아우구스티누스 장 위그가 그린 작품. 바르셀로나, 카탈루냐 미술관 소장.

도나투스파와의 싸움

주교가 되기 전부터 아우구스티누스는 긴 논쟁을 벌여야 했다. 약 30년에 걸친 도나투스파와의 싸움이다. 이 문제의 발단은 4세기 초로 거슬러 올라간다. 311년, 카에킬리아누스가 카르타고 주교로 임명되었다. 그러나 그를 서품한 압퉁가의 펠릭스가 디오클레티아누스 황제가 그리스도교를 박해할 때 성서를 관헌에 넘긴 배신자라는 이유로, 일부 주교가 이 서품을 무효라고 주장하며 마요리누스를 주교로 세웠다. 마요리누스가 죽은 뒤 지도력이 있는 도나투스가 뒤를 이으면서 도나투스파라는 유력한 분파가 형성되었다.

도나투스파는, 그리스도교회에 속한 자는 거룩해야 한다고 주장했다. 순교를 두려워하고 신앙을 버린 사람은 교회 일원으로 인정하지 않았을 뿐더러, 그들을 받아들인 사람도 같은 죄를 물어 신자 자격을 박탈했다. 따라서 한 번 신앙을 버린 자가 다시 교회로 돌아오는 경우뿐 아니라, 가톨릭교회에서 도나투스파 교회로 옮기는 경우에도 다시 세례를 받아야 했다. 또한 도나투스파는 아프리카인의 반(反)로마적인 민족감정에 호소하여 민중의 지지를 얻고, 가톨릭교회의 횡포와 부패를 공격하며 자신들만이 참된 교회라고 주장했다.

도나투스파와 논쟁하는 아우구스티누스 오른쪽의 책을 펼쳐든 인물이 아우구스티누스.

아우구스티누스가 활약한 시대에는 아프리카 전역에서 가톨릭과 도나투스파의 세력이 거의 비슷했다. 소도시에까지 두 파의 교회가 진출하여 각 3백 명 이상의 주교가 대립하는 상황이었다.

아우구스티누스는 도나투스파에 어떻게 맞섰을까. 그는 로마 시민인 동시에 아프리카인이기도 했다. 따라서 그는 식민지 아프리카의 반로마 감정도 이해했고, 가톨릭교회가 부패한 사실도 잘 알고 있었다.

그리스도의 발을 씻어주는 아우구스티누스

카르타고의 성 키프리누스 교회당 유적

이성보다 더 고귀한 사랑

그러나 아우구스티누스는 아프리카인이 아닌 그리스도의 종으로서 판단했다. 그리스도는 잘못을 뉘우치는 자에게는 끝없는 관용을 베풀라고 가르치셨다. 하느님의 심판 앞에서 의인은 아무도 없으며 우리 모두 똑같은 죄인이라고 가르치셨다. 심판은 하느님에게 맡기고 사랑과 관용을 베풀라고 가르치셨다. 따라서 아우구스티누스에게 교회는 하나여야 했다.

아우구스티누스에게 교회는 성스러운 곳이었다. 그러나 그는 현실의 교회가 완전하고 성스럽지 않으며, 그곳에는 복음서에 나오는 좋은 보리와 독보리의 비유처럼, 선과 악이 섞여 있다는 사실 또한 인정했다. 교회가 이 세상에 존재하는 한, 교회 안에는 언제나 이 세상의 죄와 더러움이 있다. 그러나 그것이 교회의 성스러운 본질을 부정하는 것은 아니다. 오히려 서로가 결점을 참고 사랑함으로써 신성이 더욱 커진다는 뜻이다. 교회는 축복의 그릇인 동시에, 성찬식과 세례식을 올리고 성령이 인도하는 곳, 구원받은 자들의 교제 자리이다. 따라서 교회는 성스러운 존재이며 신도들이 교류하는 집단이다. 더욱이 이 교류는 하나의 교회 안에 머무르지 않고 다른 교회와도 교류한다. 이것이 교회의 보편성이다. 또한 성령의 작용으로 사랑과 같은 성스러운 것을 이끌어 내기도 한다. 사랑이야말로 신과 사람, 교회와 교회, 교회와 사람, 사람과 사람의 교제를 가능하게 한다. 교회는 사랑에 의한 교제이다. 사랑은 이성보다 고귀하다. 교회는 겉보기로는 성찬식과 세례식을 올리는 기관이지만, 내적으로는 사랑으로 하나 되고 맺어지는 곳이다.

이단자 폴투니우스에게 승리한 아우구스티누스
고촐리 그림.

그런데 분파는 이 일치를 망가뜨리므로, 분파활동은 하느님과 그리스도와 교회에서 스스로를 떼어놓는 결과를 가져온다. 이것이 바로 도나투스파의 문제인 것이다. 그들은 성스러운 것은 죄 있는 것과 함께 있을 수 없다고 주장한다. 아우구스티누스의 주장에 따르면 그것은 관용이 아니다.

히포의 바실리카 파키스(평화회당) 유적

히포의 발굴지 유적에서 바라본 풍경

용서 없는 탄압

도나투스파는 단순히 이상을 주창하는 데 머무르지 않았다. 그들은 실제로 목숨을 걸고 신앙과 성스러움을 지켰으므로 많은 순교자를 배출했다. 하지만 신앙과 교회의 이상과 현실을 구별하지 않았기 때문에 둘의 관계에 대한 배려가 부족했고, 독선으로 치달아 분열을 불러일으켰다.

도나투스파와 대화를 통해 화해와 설득을 시도한 아우구스티누스는 어중간하게 타협할 수는 없었다. 그는 결국 "사람들을 억지로라도 데려다가 내 집을 채우도록 하여라"(루가 14 : 23)라는 성서 구절대로, 도나투스파 신도를 다시 가톨릭교회로 데려오기 위해서는 강권의 개입이 불가피하다고 판단한다.

411년 6월 26일, 호노리우스 황제의 명으로 카르타고에 파견된 호민관 마르켈리누스의 사회로 도나투스파 주교 279명과 가톨릭 주교 246명이 공개토론을

이단자와 논쟁하는 아우구스티누스
잼 유크 그림. 바르셀로나, 카탈루냐 미술관 소장.

벌이게 되었다. 그 결과 가톨릭 주교 측에서 도나투스파의 이론을 완전히 깨뜨렸고, 호노리우스 황제는 도나투스파를 이단으로 단죄하였다. 그들은 아프리카 원주민의 반로마 감정을 유지하며 강권 탄압을 버텨 냈다. 그들은 7세기, 아라비아 사람인 이슬람 교도가 아프리카를 지배할 때까지 살아남았다.

이 도나투스파와의 논쟁을 통해 아우구스티누스의 교회관과 성찬식론·세례식론 등은 깊이를 더하긴 했지만, 가톨릭교회의 현실 변호에 지나치게 빠진 데다 도나투스파 탄압에 강권개입을 용인하는 등 뒷맛은 좋지 않았다.

파비아의 산 피에트로 인 치엘도로 성당의 성
아우구스티누스 관 측면 장식 부조
위는 기도드리는 아우구스티누스. 오른쪽
은 이단자와 논쟁하는 아우구스티누스.

▼ 마니교도를 논박하는 아우구스티누스

서고트족, '영원한 도시' 로마 약탈

　머나먼 남러시아에서 서쪽으로 진격해 마침내 이탈리아까지 침입한 서고트족은 족장 알라리크의 지휘 아래 두 번이나 수도 로마의 성벽까지 쳐들어왔으나 그때마다 격퇴되었다. 그러나 410년 8월 24일, 결국 그들은 한밤 어둠을 틈타 살라리아 문을 넘어 시내로 돌격한다. 사흘 동안 서고트군은 '영원한 도시'로 이름 높던 '로마'를 짓밟고 주택을 약탈하고 시민을 살해하고 부녀자를 폭행했다. 그러나 알라리크는 아리우스파 그리스도교 신도였으므로 그리스도 교회당으로 피신한 사람은 건드리지 않았다. 서고트군은 전리품을 수레에 산처럼 쌓아 남쪽으로 이동하여 아프리카로 건너갈 예정이었으나, 남이탈리아에서 알라리크가 병사한다. 외적에 의한 로마 함락은 기원전 387년 갈리아족이 급습한 이래 약 800년 동안 일어난 일이 없었다. 카르타고의 명장 한니발도 로마의 성문 앞에서는 발길을 돌렸다. 그런 만큼 로마 약탈 소식은 로마 제국 전체에 큰 충격을 주었다. 아우구스티누스는 "동방의 여러 부족이 로마 몰락을 슬퍼하고, 땅 끝에 이르기는 온 도시와 마을이 당황하고 슬퍼했다"라고 기록했다.

　그런데 로마 원로원의 귀족 중심 이교도들이 그리스도 교도를 공격하기 시작했다. 로마의 신들을 섬

서고트족의 로마 약탈 폴리아지 그림.

기던 시절에 로마는 연전연승을 거두었는데, 로마 황제들이 강도와 함께 십자가에 걸린 갈릴리 사람 예수를 구세주라고 믿는 미치광이들을 보호하고 난 뒤부터 모든 일이 어그러지기 시작했다는 것이다. 특히 전 황제 테오도시우스가 그리스도교를 국교로 삼아 옛 신들의 분노가 폭발하여 마침내 알라리크가 신벌을 내리러 온 것이라고 주장했다.

▲ 로마인과 서고트족의 전투
트라야누스 황제 원주의 부조 일부.

▶ 아우구스티누스와 이교도 간 토론 대결을
벌인 카르타고의 공중목욕탕 유적

▼ 이교도와 논쟁하는 아우구스티누스(왼쪽)
아이들에게 세례를 주는 아우구스티누스(오
른쪽)

《신국론》을 쓰다

　이교도의 비난에 반론하고 나아가 그리스도교의 견해를 밝히기 위해 아우구스티누스는 바쁜 가운데에도 짬을 이용하여 《신국론》을 집필한다. 《신국론》은 413년부터 426년까지의 13년 동안, 그가 쉰아홉 살부터 일흔둘이 될 때까지 쓴 22권짜리 대작으로, 그의 수많은 저술 가운데 양적으로나 질적으로 가장 위대한 대표작이다.

　그는 먼저 서고트족 침입은 그리스도교의 책임이 아님을 역사적 사실을 들어 증명한다. 만약 신들이 정말로 제국을 지켰다면 로마는 일찍이 전쟁에 패한 적이 한 번도 없어야 한다. 그러나 역사를 보면 이제까지 로마가 가끔 패한 사실이 기록되어 있다. 로마는 도덕적으로 타락했기 때문에 패한 것이다. 한편 그리스도교는 서고트족까지 감화하여 그들의 잔학한 행위를 누그러뜨리지 않았는가. 로마가 옛 영광을 되찾으려면 하느님 앞에서 회개해야 한다. 옛 신들의 시대는 끝났다. 아우구스티누스는 말한다. "로마여, 회개하라!"

《신국론》 세밀화　프랑스 사본. 파리, 국립도서관 소장.

　아우구스티누스는 《신국론》에서 '신국(神國)'과 '지국(地國)'을 대립시킨다. "두 사랑이 두 나라를 만들었다. 신을 업신여기고 자신을 사랑하는 사랑이 지국을 만들었고, 자신을 낮추고 신을 사랑하는 사랑이 신국을 만들었다." 여기서 '신국'은 그리스도 교회가 아니며 '지국' 또한 로마제국이 아니다. 신국 시민과 지국 시민이 이 세상에서 한데 어우러져 역사를 만든다. 그러나 세상이 끝날 때 '지국'은 '신국'에 의해 멸망한다. 세상의 마지막 날은 영원한 안식일이며, 그날에는 온 시민이 신을 보고 기뻐하고, 사랑하며 찬미한다. 이로써 영원한 나라가 실현된다.

《신국론》에 관련된 세밀화 캔터베리 학파의 사본. 피렌체, 라우렌치아나 도서관 소장..

펠라기우스와의 논쟁

아우구스티누스는 412년부터 새로운 논쟁에 휩싸여 18년 뒤 그가 죽을 때까지 이어진다. 그것은 펠라기우스 논쟁이다.

펠라기우스는 브리타니아 출신의 수도사로 로마에 와서 학식과 엄격한 생활로 명성을 얻었는데, 알라리크가 로마를 함락하자 아프리카로 건너갔다.

펠라기우스는 아우구스티누스처럼 모든 것을 신에게 맡기는 태도가 인간의 도덕적 책임을 없애고, 인간을 도덕적으로 태만하게 하고, 부패하게 만들 위험이 있다고 공격한다. 그에 의하면 신이 인간에게 준 자유의지는 아담의 유죄로 한때 손상되었지만, 그리스도의 도움으로 회복되어 인간은 좋은 일도 나쁜 일도 할 수 있다. 인간이 선을 고를 수 있는 것은 그리스도의 은혜에 모든 것을 맡기는 것이 아니라, 회복된 자유의지에 의한 행복서에 그리스도가 모범으로서 보인 도덕의 가르침을 지키는 데 있다고 설명한다.

아우구스티누스는 《죄인의 보복과 용서에 대해서》《영혼과 문자에 대해서》

서제에서의 성 히에로니무스(부분)

《자연본성과 은혜에 대해서》《펠라기우스파의 두 편지 비판》《율리아누스 비판(미완성)》 등으로 답하고, 《신국론》이 완성된 426년 이후도 《성인의 예정에 대해서》《참고 견딘 보람에 대하여》 등을 썼다. 아우구스티누스에 의하면 인간의지는 아담의 유죄에 근거한 원죄 때문에 자기 힘으로는 어떤 선도 의지할 수 없다. 신의 은혜 없이 인간은 단 하나의 선도 이룰 수 없다. 따라서 인간이 이룰 수 있는 것은 오로지 신의 자비에 기대할 수 있다. 신의 은혜가 모든 것에 앞선다. 이렇게 418년, 펠라기우스 설은 카르타고의 공의회에서 이단으로 결의되었다.

샤를르 2세의 도서
관에 있는 성 히에
노니무스의 역사화
로마, 산 파오르
포리 레 므레 성
당 소장.

수도사 펠라기우스

성 아우구스티누스

결혼과 정욕

아우구스티누스는 교황 조시모가 원해 모리타니아(모로코) 사절에서 돌아왔다. 집을 비웠을 때 온 많은 편지 중에서도 가장 그의 마음을 사로잡은 것은 귀족 발레리우스의 편지였다. 거기에는 가톨릭 신자는 결혼의 적이고, 원죄의 교리와 함께 결혼관계를 파괴한다는 펠라기우스파의 비난이 들어 있었다. 아우구스티누스는 바로 반론의 열의로 419년《결혼과 정욕》을 썼다.

'결혼은 좋은 것이다. 그것은 단지 아이를 얻기 위한 것만이 아니라 두 성 사이에 안정된 사회의 상태가 있고, 서로의 사랑만이 결혼생활을 유지한'고 그는 적었다. 그러나 동시에 젊은 시절 정욕으로 괴로워하던 그는 성과 원죄를 하나로 본 최초의 사람들 가운데 하나이었다.

부모로부터 물려받은 나쁜 성 충동은 자손에게 유전된다는 것이 그의 생각이다. 아우구스티누스는 육체 관계가 결혼생활의 전부가 아니라는 그의 생각이 옳다는 것을 위해 마리아와 요셉의 예를 들었다. 진정한 성스러운 결혼은 부부의 성 쾌락으로 더럽혀져서는 안 된다고 했다.

아우구스티누스의 집에는 예전에 한 번도 여자가 산 적이 없었다. 과부가 되고, 오랫동안 신을 섬긴 그의 누이, 마찬가지로 신을 섬긴 조카들도 집에 들어올 수 없었다. 어떤 부인이 비밀 문제로 상담하러 와도 혼자서는 이야기하지 않았다.

고위 성직자 자리에 앉아 있는 아우구스티누스

▶ 두 사람의 수도사 사이에 있는 주교 아우구스티누스
15세기 익명의 독일 화가가 그림, 노바첼라 수도원 소장.

▼ 튀니지의 도시 불라 레기아 고대 도시유적
아우구스티누스는 도나투스파와의 논쟁을 위해 이 땅에 머물며 매춘에 대해 논쟁을 펼쳤다.

아우구스티누스 사랑

그러나 아우구스티누스는 새로운 사랑의 견해를 만들어 냈다. 그것은 그리스적 에로스도 아니고 원시 그리스도교적인 아가페도 아닌, 그것들을 합친 것이다. 그것은 카리타스라 불린다. 그는 카리타스에 대해 말할 때, 첫 번째로 신에 대한 사랑을 생각한다. 그것은 그리스도교의 종교적 중심에서만이 아니라 그 윤리적인 중심이기도 하다. 그리스도교에 명 받은 단 하나는 사랑이다. 그래서 그는 '사랑하세요, 그래서 바라는 것을 이루세요'라고 말할 수 있었다. 아우구스티누스는 기꺼이 "우리가 받은 성령께서 우리의 마음속에 하느님의 사랑을 부어 주셨기 때문입니다"(로마 5 : 5)를 인용한다. 하느님이 성령으로 우리 마음속에 사랑을 부어 주시고 그것을 명령을 하는 것이다.

아우구스티누스에게 사랑이란 본질적으로는 중성적인 욕구이고, 그 성질은 그것이 향한 대상에 의해 결정된다. "사랑하라. 그러나 사랑하는 것을 마음에 두어라. 하느님에 대한 사랑과 이웃에 대한 사랑은 카리타스라 한다. 이 세상을 사랑하는 것과 부질없는 것을 사랑하는 것은 쿠피디타스라 한다. 영원한 것을 위해 이 세상의 부와 명예에 등을 돌리는 것은 현명한 결단을 내리는 것이다."

그러나 아우구스티누스에게 신에 대한 사랑과 자기애란 긴장관계를 가지면서도 이 모든 것을 버리는 것은 아니다. '우리는 자기 자신이 아니라 하느님을 사랑해야 한다.' 그러나 이 명령에 따라 우리 사랑을 모두 신에게 쏟는다면 이것이야말로 자신을 사랑하는 최상의 길이라고 나는 확신한다. 이웃에 대한 사랑은 자기애와 관련이 있다. "자신을 사랑하듯이 당신의 이웃을 사랑하라"라고 하기 때문이다.

이교도를 공격하는 아우구스티누스
랑프랑스키 그림. 성 아우구스티누스 성당 소장.

▶ 수도사들에게 규율을 가르
치는 아우구스티누스
C. 칼리아리 그림. 베네치아,
아카데미아 미술관 소장.

▼ 이교도의 주장을 논박하
는 아우구스티누스(일부)
핀투 리 키오 그림. 로마, 산타
마리아 델 포폴로 성당 소장.

헤라클리우스를 후계자로 지명

"아우구스티누스 주교여, 언제나 명인으로!" …… 그것은 426년 9월 26일, 히포의 파치스에서 외친 대중의 소리였다. 이날 아우구스티누스는 중대한 결의를 말했다.

"이 세상에서 우리는 모두 죽습니다. 아이는 소년으로, 소년은 청년으로, 청년은 장년으로, 그리고 장년은 노년이 되는 것을 예측할 수 있지만, 죽음은 확실하지 않습니다. 그러나 노년에는 이제 앞으로가 없습니다. 신의 뜻에 따라 나는 이 도시에 왔지만, 이제는 나이가 들었습니다. 그래서 여기에 있는 모든 사람에게 헤라클리우스 사제를 나의 후계자로 세우는 것이 나의 뜻이고, 또 그것이 신의 뜻이라고 믿는다는 것을 성명하는 바입니다."

서른일곱에 히포의 사제가 되고, 마흔둘에 주교가 된 아우구스티누스도 이미 일흔둘이 되었다. 그 오랜 세월, 설교에 교회에 그리고 수많은 저작에 온 힘을 쏟은 아우구스티누스에게 모든 신자는 의지해 왔기 때문에 그의 은퇴성명은 큰 충격을 주었다. 대중의 외침은 그의 주교 유임을 애타게 바라는 목소리였다.

집필 중인 아우구스티누스(부분)
마라타 그림. 로마, 산타마리아 델 포폴로 성당 소장.

그러나 그의 바람은 이루어졌다. 단 헤라클리우스를 바로 주교로 하지는 않고, 살아 있는 동안 아우구스티누스는 주교직에 있지만, 교회의 번거로운 일은 모두 헤라클리우스가 맡게 된다. "하느님이 여생을 나에게 주신다면 나는 그것을 성서 연구와 저작에 바치겠다. 나의 여가를 부러워하지 마라. 그것은 아주 바쁜 여가이니"라고 그는 말을 맺었다.

▶ 법열상태에 들어간
아우구스티누스
고촐리 그림. 산 지
미냐노, 성 아우구
스티누스 성당 소장.

▼ 고르곤 가면 장식
이 있는 히포의 샘
유적

열정적 저작활동

아우구스티누스의 영향력은, 교회에서 차지하고 있던 지위가 아니라, 저작활동에서 비롯된 것이다. 그는 수많은 책을 썼다. 그 자신이 만든 불완전한 작품 리스트만 해도 93권이나 된다. 이것에 더하여, 300여통 편지, 8,000회 정도 했다고 추측되는 설교 중에 400편 이상이 남아 있다. 아우구스티누스가 학식이 있는 이교도 마르쿠스 바로에 대하여 "바로의 독서량은 엄청나서, 그럼에도 글을 쓸 시간이 있었다라는 것에 대해서는 놀라움을 금할 수 없으나, 그의 저작 수도 너무 많아서 모든 저작물을 읽을 수 있는 사람은 거의 없을 것이다"(《신국론》)라고 말했는데, 오히려 자신에게 어울리는 말일 것이다.

아우구스티누스는 종종 밤 늦게까지 교대로 일하는 속기사들에게 가르침을 베풀었다(아우구스티누스 《서간집》). 많은 필사생들도 고용했다. 주 몇 번의 설

아우구스티누스 앞에 나타난 삼위일체 비의
신학적 주저 《삼위일체론》은 399년부터 422년에
걸쳐 완성되었다.

교는 그가 직접 기록하거나 속기사가 기록했다. 매일 설교할 때도 있었다. 편지는 많은 복사본을 만든 다음에 발송했다. 그는 한 자리에 서 있지 않고 이리저리 걸음을 옮기며 말하였는데, 가만히 서 있을 수 없었던 활력 넘치는 그의 정신 세계의 표현이자 그의 산문 리듬이 반영된 것이었다.

그러나 그의 저서 대부분은 신학서 《삼위일체론》을 빼면 여러 가지 논쟁과 어려운 문제에 대처하기 위해 쓴 것이다. 《고백록》조차도 자신을 변명하거나 자랑하기 위해서가 아니라 신자들을 위해서 쓴 것이었다. 말하자면 그들이 아우구스티누스가 범한 죄를 한탄하고, 그에게 은혜를 준 하느님을 기리게 하기 위함이었다.

▲ 주교 자리에 앉아 있는 아우구스티누스
15세기 익명의 독일인 화가 그림.

▶ 바실리카 파키스에 있는 바닥과 무덤에 있
는 모자이크

▼ 설교하는 성 아우구스티누스 칼 뱅 로
그림. 파리, 노트르담 데 빅투아르 성당.

아우구스티누스의 나날

아우구스티누스의 일상생활은 어떠했을까? 그의 옷, 신발, 가구 등은 간소했지만, 너무 사치스럽지도 너무 빈약하지도 않게 적당한 겉모습을 유지했다. 사람은 사치로 자신을 과시하거나 빈곤함으로 비굴해진다. 사람은 이 두 가지 경우에 그 원인을 그리스도가 아니라 자신에게서 찾기 때문이다. 그의 식탁은 간소했지만, 때로는 손님이나 환자를 위해 고기도 올렸다. 게다가 포도주는 늘 준비되어 있다. 그것은 그가 사도 바울의 다음과 같은 말을 이해하고 배웠기 때문이다. "하느님께서 만드신 것은 모두 다 좋은 것이고 감사하는 마음으로 받으면 하나도 버릴 것이 없습니다. 그것은 하느님의 말씀과 신도들의 기도를 통하여 거룩하게 되기 때문입니다."(1디모 4 : 4~5)

그의 숟가락은 은으로 만든 것이었지만, 식기는 흙이나 나무, 대리석으로 만든 것이었다. 그가 자유롭게 선택한 것이다. 그는 간소하게 살았지만, 늘 손님을 잘 대접했다. 그 식탁에서 그가 좋아하는 것은 단지 먹고 마시는 것만이 아니라 낭독하거나 토론하거나 하는 것이었다. 그 식탁에는 다음과 같은 경구가

히포의 바실리카 하키스 세례당 유적

새겨져 있었다. "여기에 없는 사람의 명예를 해하는 것을 좋아하는 사람은 이 식탁에 자신이 어울리지 않다는 것을 생각하도록."

따라서 그는 같이 식사를 하는 사람들에게, 좋지 않은 이야기로 남을 중상하는 말은 피해야 한다고 충고했다. 어느 날 친한 사제들이 그 경구를 잊고 다른 사람의 명예를 깎아 내리는 말을 했을 때, 아우구스티누스는 엄격한 표정으로 그들을 혼내고 이 문구를 식탁에서 지우든지, 아니면 이 자리에서 물러가라고 했다. 이것은 그의 제자 포시디우스가 목격자로서 적고 있다.

▶ 조토파 화가가 그린 성 아우구스티누스
피렌체, 산타마리아 노베라 성당 지하실.

▼ 4인의 성교부들 중 성 아우구스티누스(부분)
미하엘 파허 그림.

반달족 아프리카 침입하다

아우구스티누스는 《신국론》 말미에 영원한 안식일을 묘사했는데, 그의 만년에도 영원한 안식과는 거리가 멀었다. 429년 여름부터 가이세리크를 수장으로 한 반달족 8만 대군이 마우레타니아에 상륙해 학살, 약탈, 방화를 하면서 누미디아를 향해 진격했다. 로마제국의 보니파키우스는 고트족 용병을 주력으로 하는 군대로 방위에 힘쓰지만, 반달족을 막을 수는 없었다. 그해 겨울, 히포도 결국 반달족의 포위 아래에 놓이고, 해상도 반달 함대로 봉쇄되었다.

아우구스티누스는 아프리카에서 그가 평생 해 온 일이 무너져 가는 것을 눈앞에서 보았다. 모든 도시는 폐허가 되고 어떤 사람들은 학살당하고 어떤 사람들은 도산했다. 교회에는 성직자도 없어지고 수녀나 수도사들도 뿔뿔이 흩어졌다. 어떤 사람들은 고문으로 죽고 어떤 사람들은 칼에 찔려 죽었다. 그러나 어떤 사람들은 체포되어 몸과 마음이 다치고 신앙을 잃어 적의 편이 되었다. 아프리카 거의 모든 교회는 파괴되고 불타, 남은 것은 카르타고, 히포, 킬타 세 곳뿐이었다.

아우구스티누스는 이러한 재난 속에서 플로티노스의 말, 곧 "가치 있는 사람

은 나뭇조각 하나 돌멩이 하나를 잃어도 죽는 것이 당연하고 그 죽음도 중요한 것이다"라고 읊조리고, 혼자 위로했다. 그러나 또 다른 도시에서 히포로 피난 온 주교들과 함께 눈앞에 놓인 신의 심판에 대해 말하고 함께 슬퍼하고 신에게 기도했다.

로마인과 야만족의 싸움 로마, 콘스탄티누스 개선문 부조

핀투리키오가 그린 성 아우구스티누스 로마, 산타마리아 델 포폴로 성당 소장.

오! 슬픔의 시간이여

아우구스티누스의 마지막 해는 고난으로 가득 찼다. 반달족의 포위 아래에 놓인 히포는 피난민으로 넘쳐났다. 아우구스티누스의 건강은 나날이 쇠약해졌지만 정신은 조금도 흐려지지 않았다. 그는 이러한 시련은 죄인들에 대한 하느님의 당연한 벌이라고 생각하고, "야훼여, 당신은 공정하시며 당신의 결정은 언제나 옳사옵니다."(시편 119 : 137)를 되풀이했다. 어느 날, 그는 식탁에 함께 한 성직자들에게 말했다.

"내가 이 재난으로 하느님에게 다음과 같이 비는 것을 아십시오. 곧 적이 포위한 도시를 적의 손으로 해방하실지, 아니면 그렇지 않은 편이 좋을지에 대해 하느님이 생각한다면 자신의 뜻을 이루기 위해 강해지거나 아니면 나를 이 세상에서 받아들여 달라고."

아우구스티누스는 이렇게 말한 뒤, 성직자들도 히포에 사는 모든 사람들도 하느님에게 같은 것을 빌게 되었다. 그리고 드디어 아우구스티누스는 적이 포위한 지 3개월째 되는 날 열병으로 병상에 눕고 마지막 투병을 시작했다.

그가 병상에서 움직일 수도 없었을 때, 어떤 사람이 자신의 친척인 환자를 데리고 와서 아우구스티누스가 환자에게 안수해 주기를 원했다. 그때 아우구스티누스는 만약 자신이 그런 힘이 있다면 먼저 자신을 위해 그 힘을 쓸 것이라고 답하며 거절했다. 그러나 그 사람은 자신이 여기에 온 것은 꿈에서 "아우구스티누스 주교 앞으로 가서 그가 환자의 손에 안수하면 병이 나을 것이다"라는 말을 들었기 때문이라고 했다. 아우구스티누스는 이 말을 듣자마자 안수했는데 환자의 병이 바로 나았다.

해변에서 어린 아이와 함께 있는 아우구스티누스

▲ 설교하는 성 아우구스
티누스
넬리의 프레스코화. 구
비오, 성 아우구스티누
스 성당.

▶ 성 히에로니무스(오른
쪽)와 성 요한(왼쪽)
성 아우구스티누스에게
바친 구에르치노의 그
림. 로마, 성 아우구스티
누스 성당 소장.

위험 속에서의 성직자 길

히포가 반달인에게 포위되기 직전, 아우구스티누스는 티아바의 주교 호노라투스로부터 '주교와 그 밖의 성직자가 적이 쳐들어올 때 교회를 떠나야 할지 말지'에 대한 아우구스티누스의 의견을 묻는 편지를 받았다. 그에 대한 아우구스티누스의 답변은 다음과 같았다.

'안전한 곳으로 피신하길 바라는 일반 신자들을 억지로 붙들어서는 안 되오. 그 밖에 그리스도의 사랑을 믿고 따르는 우리 성직자들은 자신이 섬기는 교회를 버려서는 안 될 것이오.'

하지만 이 조언은 "이 마을에서 박해를 당하거든 저 마을로 도망가라"(마태 10 : 23)고 하신 주님의 말씀에 어긋난다고 당신은 적으셨군요. 하지만 주님이 이렇게 말씀하실 때, 자신의 따뜻한 피로 속죄한 어린 양들이 버려지길 바라신 것은 아니라오. 주님이 갓난아이였을 때, 부모님 품에 안겨 이집트로 도망

죽음을 맞이하는 아우구스티누스

갔을 때에는 아직 신자들이 모이지 않았기에, 교회를 버린 것이라 할 수 없소. 또한 사도 바울이 적들에게 잡히지 않으려고 광주리에 담겨 창문으로 줄을 타고 성벽을 내려가(2고린 11 : 33) 도망쳤을 때도, 그곳에 있던 교회가 거기에 살던 형제들을 알고 계셨소. 하지만 어린 양들에게 영혼의 생명인 양식을 빼앗아 도망치는 성직자는 늑대가 오는 것을 보고 달아나 버리는 나쁜 양치기나 다름없소. "그리스도가 우리를 위해 목숨을 바친 것처럼 우리 역시 형제들을 위해 목숨을 바쳐야 합니다."(요한 3 : 16)

성 아우구스티누스 초상화   로마, 라테라노 대성당 프레스코화(6세기).

아우구스티누스 죽음

한편, 이 거룩한 아우구스티누스는 하느님과 가톨릭교회를 위해 봉사하며, 그에게 주어진 75년의 긴 생애 중 거의 40년간, 사제직과 주교직에 종사했다. 그는 담소를 나눌 때도 세례받은 독실한 그리스도 신자나 사제들에게도 속죄를 다 하지 않고 이 세상을 떠나서는 안 된다고 입버릇처럼 말했다. 그는 병으로 목숨이 다하는 날까지 열정적으로, 끊임없이 복음을 전파하였다. 이처럼 "마지막까지 하느님의 말씀을 전파하며 훌륭한 노년을 살다가 자신의 선조들과 함께 잠들었다." 아우구스티누스는 430년 8월 28일 일흔다섯의 나이로, 반달인의 지상 공격이 한창일 때 천국의 부르심을 받았다. 그는 아무런 유언도 남기지 않았다. 하느님의 가난뱅이로서 아무것도 가진 것이 없었다.

아우구스티누스가 죽고 1년 뒤, 결국 히포는 반달인의 공격으로 일부가 파괴되었다. 다만, 교회 도서관이 불타는 것은 면했다. 그곳에는 아우구스티누스와 다른 성직자들의 저서가 보관되어 있었다. 그리고 어느 시인의 말처럼 아우구스티누스는 그의 저서를 통해 영원할 것임을 분명히 밝혔다.

"아, 수행자여, 시인은 죽은 뒤에도 계속 살게 될 것을 안다오. 당신이 지금 읽는 작품을 보오. 그 작품은 나의 시라오."

성 아우구스티누스의 장례식 고촐리 그림. 산 지미냐노, 성 아우구스티누스 성당.

▶ 성 아우구스티누
스의 죽음
넬리의 프레스코화.
구비오, 성 아우구
스티누스 성당.

▼ 성 아우구스티누
스의 장례식
넬리의 프레스코화.

아우구스티누스와 현대

이제까지 살펴본 대로, 아우구스티누스가 살아생전에 배우고, 사랑하고, 고뇌하고, 깨닫고, 가르치고, 싸워 왔던 4~5세기는 오랜 번영을 자랑하며 지중해 전 지역을 지배하던 로마제국이 서서히 쇠퇴의 길을 걸으며 붕괴의 위험에 허덕이던 시대이다. 서유럽 세계에서의 신학은 정치·사회 사상의 밑바탕이 되었고, 그러한 사상에 그의 영향력은 실로 압도적이었다. 역사에서도 그의 에스파냐(스페인) 사람 제자로 성직자인 오로시우스가 스승의 권유에 따라《이교도 대항사》를 집필했고, 12세기의 오스트리아 프라이징의 주교 오토도 천국과 지상의《두 나라의 역사》를 썼는데, 두 사람 모두 아우구스티누스의 역사관에 바탕을 두고 있다.

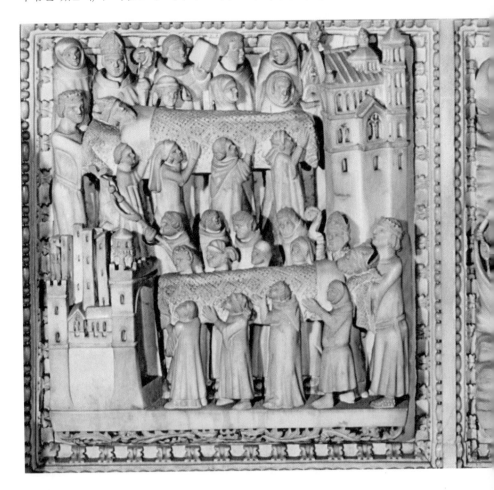

그러나 아우구스티누스의 영향은 중세에 국한되지 않는다. 16세기, 루터는 성시와 아우구스티누스에 이끌려 종교개혁을 시작했다고 한다. 아우구스티누스와는 반대로, 교회로부터 세속사회로 신의 부름을 받은 루터는, 세속사회 안에서 새로운 교회를 만들었다. 가톨릭교회 안에서도 17세기에 네덜란드 얀센이 아우구스티누스를 재발견하고 얀센파를 형성하였으며, 파스칼도 그의 입장을 옹호하였다. 더욱이 19세기 후반에는 루터를 비롯해 근대 그리스도교의 통렬한 비판자로 등장한 키르케고르도 신의 부름으로 개신교회에서 '실존'의 황무지로 향했는데, 거기에도 아우구스티누스의 정신은 살아 있었다. 아우구스티누스는 끝없이 '영원'에서 '현대'를 주시하라고 말하고 있다.

성 아우구스티누스가 죽은 뒤 에피소드를 그린 부조 파비아의 산 피에트로 인 치엘도로 성당.
위는 파비아의 죄수를 해방시키자 아우구스티누스를 따라온 죄수.
왼쪽은 파비아 주교 페트로스와 리우트프란드 왕이 아프리카에서 사르데냐로 옮긴 성인의 유골을 파비아로 운구하여 장례를 치르는 모습.

황금 천상(天上)에서 아우구스티누스회 신부들이 지켜 왔던 산 피에트로 인 치엘도로 성당은 일반적으로 간략하고도 재미있게 '황금 천상에서(인 치엘도로)'라고 불린다. 그리스도교 철학자 보에티우스의 유해와 더불어, 가톨릭교회 최고 권위자 성 아우구스티누스의 유골이 이 성당에 보존되어 있다.

로마는 알라리크 왕이 이끄는 고트족의 침입과 엄청난 대재해의 충격으로 파괴되었다. 우리가 흔히 이교도라 부르는 수많은 거짓 신들을 숭배하는 자들이 로마의 파괴를 그리스도교도 탓으로 돌리려고 여느 때보다 더 격렬하게 참된 하느님을 저주하기 시작했다. 이에 우리는 하느님 나라에 대한 열의에 불타올라 이교도들이 신을 모독하는 것을 반박하기 위해 《신국론(神國論)》을 쓰기로 결심했다. 그런데 이 일은 몇 년이나 걸렸으니, 먼저 해결해야 하는 다른 수많은 일들이 있었기 때문이다. 그럼에도 이 《신국론》이라는 대작은 결국 총 22권으로 완결되었다. 처음 5권은 번영을 이루기 위해서는 이교도들처럼 다신(多神)을 숭배해야 하는데 그것이 금지되는 바람에 이러한 잘못이 거듭 일어난다는 식으로 인간 행복을 왜곡하는 주장을 반박한다. 다음 5권은, 이러한 잘못은 과거의 인간 역사에 없었던 것이 아니며 앞으로도 때와 장소와 사람에 따라 크고 작은 여러 가지 모습으로 나타나리라는 점을 인정하면서도, 그 때문에 희생되는 다신 숭배가 사후의 삶을 위해 쓸모가 있다고 주장하는 사람들을 상대로 한다. 그러므로 그리스도교에 반대하는 앞의 허망한 두 주장을 이 10권으로 반박하는 셈이다.

오로지 타인의 주장만 반박했지 자기 주장은 없지 않느냐는 비난을 피하고자 총 12권으로 이루어진 이 책 제2부에서는 우리 주장을 다루었다. 물론 필요하다면 앞 10권에서도 우리 주장을 펼칠 것이고, 나중 12권에서도 반대 주장을 내세울 것이다. 나중 12권 가운데 처음 4권은 두 나라—하나는 하느님 나라, 또 하나는 지상의 나라—의 기원을, 다음 4권은 나라들의 신앙 또는 발전을, 마지막 4권은 나라들의 운명을 다룬다. 이렇듯 총 22권은 두 나라에 대한 이야기이다. 그러나 책 제목은 좋은 쪽을 따서 《신국론》으로 붙였다.

아우구스티누스 《재론고》 제2권 제69장에서

성경책명 약자표

구약성경

창세	창세기	출애	출애굽기	레위	레위기	민수	민수기
신명	신명기	여호	여호수아	판관	사사기	룻기	룻기
1사무	사무엘상	2사무	사무엘하	1열왕	열왕기상	2열왕	열왕기하
1역대	역대상	2역대	역대하	에즈	에스라	느헤	느헤미야
에스	에스더	욥기	욥기	시편	시편	잠언	잠언
전도	전도서	아가	아가	이사	이사야	예레	에레미야
애가	예레미야 애가	에제	에스겔	다니	다니엘	호세	호세아
요엘	요엘	아모	아모스	오바	오바댜	요나	요나
미가	미가	나훔	나훔	하바	하박국	스바	스바냐
하깨	학개	즈가	스가랴	말라	말라기		

신약성경

마태	마태복음	마르	마가복음	루가	누가복음	요한	요한복음
사도	사도행전	로마	로마서	1고린	고린도전서	2고린	고린도후서
갈라	갈라디아서	에페	에베소서	필립	빌립보서	골로	골로새서
1데살	데살로니가전서	2데살	데살로니가후서	1디모	디모데전서	2디모	디모데후서
1베드	베드로전서	2베드	베드로후서	1요한	요한1서	2요한	요한2서
3요한	요한3서	유다	유다서	묵시	요한계시록	토비	토비트
유딧	유딧	에스 (외)	에스델 (제2경전/외경)	지혜	지혜서	집회	집회서
바룩	바룩	다니 (외)	다니엘 (제2경전/외경)	1마카	마카베오상	2마카	마카베오하

신국론 I II

차례

신국론 I

제11권

신국론 Ⅱ

제13권

제1권

로마를 야만족이 침입했을 때 교회는 피란소가 되었다. 그리스도교인들도 피해를 입었지만 그렇다고 멸망한 것은 아니었다. 성폭행을 당한 그리스도교 여성들은 스스로 목숨을 끊지 않았다.

머리글

영광에 넘치는 하느님 나라는, 시간의 흐름 안에 '신앙에 따라 살면서'[1] 불신한 자들 사이에 머물지만, 저승에서는 흔들림 없는 영원한 자리에 굳건히 서 있다. 하느님 나라는 '마침내 정의가 심판으로 바뀔 때까지'[2] '참고 기다릴 따름이다.'[3] 마침내 그때에 이르면 최후의 승리와 완전한 평화 속에 영원한 하느님 나라가 완전히 이루어질 것이다. 사랑하는 아들, 말리켈리누스[4]여, 바로 너, 내가 제안했고, 내가 그리 하기로 약속한 일의 주제이다. 나는 이제 쓰려는 이 책에서 하느님의 나라(두 모습)에 대해 논하고, 그 건설자보다도 자신들의 신들을 선택한 사람들에 맞서서 이를 변호하고자 한다. 그로써 나는 당신에 대한 약속을 다함이 된다. 이것은 참으로 크고 애씀이 많은 일이나, '하느님은 우리를 도우시는 주이시다.'[5]

실제로 나는 거만한 자들에게 겸허함의 덕이 얼마나 크나큰가를 이해시키

---

[1] 하바 2 : 4, 로마 1 : 17, 갈라 3 : 11, 히브리서 10 : 3.

[2] 시편 94 : 15.

[3] 로마 8 : 25.

[4] Marcellinus(?~304) 아우구스티누스의 제자. 가톨릭교회와 도나투스파 사이에 벌어진 논쟁을 해결하고자 카르타고에서 회의를 주재하라고 로마 황제 호노리우스(Honorius)가 그를 파견했다. 그는 그리스도교에 관심이 있는 아프리카 총독 볼루시아누스를 개종시키려고 노력했지만, 볼루시아누스는 그리스도교가 로마 제국의 위신을 떨어뜨렸다는 생각을 하고 있었다. 마르켈리우스는 스승인 아우구스티누스에게 도움을 청했다. 이것이 아우구스티누스가 《신국론》을 집필한 계기가 되었다.

[5] 시편 62 : 8.

기 위해서, 얼마만큼 많은 힘이 필요한 가를 알고 있다. 하느님의 은혜로 주어진 고귀함은 인간적 고귀함과는 달라서, 시간과 함께 바뀌는 이 세상의 모든 위업을 넘어선다. 그러나 거기에 이르는 것은 오직 겸허의 덕으로만 가능하다. 우리가 논하고자 하는 이 나라 왕이자 건설자이신 신은, 그 백성의 책(성서) 안에서 다음과 같이 하느님의 율법을 계시했기 때문이다. "하느님은 거만한 사람에게는 맞서시고 겸허한 사람들에게는 은혜를 주신다."[6] 이 결정은 하느님에게만 속하는 일이지만 거만한 생각으로 부풀어 오른 악령까지도 이 도리를 자기 것으로 만들려 한다. 그래서 로마 백성들은 아래와 같은 말로써 스스로를 칭찬하며 좋아했다.

"복종하는 자를 용서하고 거만한 자들을 때려눕힌다."[7]

이런 까닭으로 지배의 열망에 사로잡혀 다른 민족을 노예로 삼아 섬기게 하면서, 자신은 도리어 그 지배욕의 노예가 된 다른 나라에 대해서도 나는 침묵할 수가 없다. 그러므로 이 책의 목적과 필요에 따라, 또 힘이 주어지는 한 정성을 다하여 논하려 한다.

제1장 은혜를 저버린 이교도들

참으로 이 땅의 나라에서 하느님의 나라에 적대하는 자가 일어났다. 우리는 그들에 맞서 하느님의 나라를 감싸 주어야만 한다. 그들 가운데 많은 사람들이 경건하지 못했던 행실을 뉘우치고 하느님의 나라에 들어와 이에 마땅히 어울리는 백성이 되었지만, 아직도 많은 사람들이 하느님 나라에 대한 강한 증오심에 불타, 구세주의 크나큰 은총에 감사할 줄을 모른다. 그러나 이들이 적의 칼을 피해 하느님 나라로 들어와, 그들이 자랑스럽게 여기는 삶을 얻지 못했다면, 오늘날 하느님 나라에 적대하여 혀를 놀릴 수는 없었으리라. 실제로 그리스도 덕택으로 만족(蠻族)[8]으로부터 목숨을 건진 로마인까지도 그리스도의 이름에 대해서 적의를 품고 있지 않은가. 이 사실은 순교자를 모시는 성역과 사도들의 교회당이 증명하고 있다. 그들은 로마 도시가 파괴당할 때 피란해 온

---

*6 잠언 3 : 34, 야고보서 4 : 6 1베드 5 : 5.
*7 베르길리우스 《아이네이스》 6, 853.
*8 이하 '만족'이라고 할 때 보통 알라리크가 지휘하는 고트족을 가리킨다.

사람들을, 그리스도인이든 아니든 모두 받아들였다.*9

만족들은 이 성역 밖에서는 손을 피로 물들이면서 온갖 만용을 부렸으나, 광폭한 살육도 그 속에까지는 미치지 못했다. 더욱이 적들 가운데에서도 자비심이 있는 자들은 다른 곳에서 시민들을 살려주었으며, 자비심 없는 다른 군사들의 습격을 피하게 하려고 사람들을 그곳으로 달아나게 했다. 다른 곳에서는 매우 잔혹한 행위와 난동을 부린 자들도 그곳에서는 얌전해졌다. 전쟁이라는 이름 아래 모두 인정되던 일도 그곳에 이르면 더는 하지 않게 되었다. 마음껏 폭력을 휘두르고 싶었던 그들의 마음이 모두 억제되었으며, 사람들을 포로로 잡고 싶을 만큼 들끓던 욕망도 가라앉았다.*10

그리스도교를 얕잡아보고 그 나라(로마)가 만들어낸 불행을 그리스도교의 잘못으로 돌리던 많은 사람들이 이렇게 적의 손아귀에서 벗어났다. 그러나 그들은 그 덕택으로 살아가고 있음에도, 그리스도의 영예로 주어진 그 혜택을 그리스도의 덕으로 돌리지 않고 자기들의 행운으로 돌린다. 만약 그들이 어느 만큼 올바른 판단력을 지녔다면, 적으로부터 받은 잔혹한 행위 또한 하느님의 섭리로 돌려야 마땅하리라. 하느님의 섭리는 때때로 인간의 부패한 도덕을 전쟁으로 고쳐 바로잡고, 또 그만큼 크기의 고통에 따라 인간생활을 올바르고 칭찬할 만하게 훈련시킨다. 또는 이미 이루어진 훌륭한 생활을 보다 좋은 상태로 높이거나, 이 지상에 머무는 동안에도 지상의 것이 아닌 더 훌륭한 목적을 위해 그것을 유지시키는 것이다.

실로 그리스도의 이름 때문에, 곳곳에서—또는 특별히 그리스도의 이름에 바쳐지고, 많은 민중을 받아들이기 위해 깊은 연민으로 선택된 넓은 장소에서—잔혹한 만족도 전쟁의 규율에 맞서 감히 살육을 삼갔다. 로마인은 이 사실을 그리스도교 시대로 돌려 하느님께 감사해야 마땅하리라. 또 영원한 불의 벌을 벗어나기 위해 마음으로부터 하느님께 기대며 도움을 구해야 한다. 그러나 그들 대부분은 닥쳐오는 멸망을 피하기 위해 거짓으로 그리스도의 이름을 이

---

*9 오로시우스 《이교도 대항사》 7, 39)도 알라리크가 그리스도교의 교회당에 손을 대지 않도록, 또 그곳에 도망간 사람들을 죽이지 않도록 병사들에게 명령했다는 것을 적고 있다.

*10 교회에 난을 피한 여인들 중에는 마르케라와 프린키피아라고 하는 히에로니무스의 지인도 있었다. 그러나 마르케라는 로마 겁탈 뒤 얼마 지나지 않아 죽었다. 히에로니무스 《서간집》 127.

용한 것이다. 실제로 당신도 알고 있듯이, 현재 그리스도의 종들을 헐뜯고 욕하는 이들 가운데 많은 수는, 한때 저 무서운 살육에서 벗어나기 위해 그리스도의 종이라는 가면을 쓰고 있었다. 그들은 오늘까지도 배은망덕한 거만과 불손하기 짝이 없는 사악한 광기로, 그리스도의 이름에 반항하고 있다. 이전에 그들은 거짓말을 하고 교활한 방법으로 그리스도의 이름 아래로 도망쳤지만 그것은 잠시 동안의 빛을 즐김에 지나지 않았으며, 이윽고 영원히 이어지는 암흑의 벌을 받게 될 것이다.

제2장 예전에 일어난 전쟁들을 살펴보면 승리자가 패배자들이 믿는 신들을 존중해 그들을 죽이지 않은 적이 없었다

기록에 따르면 로마 창설 이전이나 로마가 탄생해 지배를 확립한 뒤에도, 참으로 많은 전쟁이 일어났다. 그러나 어떤 나라가 타민족에게 점령당했을 때, 그들을 점령한 적군이 신들의 사당으로 달아난 사람들을 보고 가엾게 여겼다거나, 또는 만족이 어떤 도시를 습격했을 때, 신역에 있는 자들을 발견하고는 죽여서는 안 된다고 명령한 지휘자가 있었는가?[11] 아이네이아스는, 프리아모스가 제단 앞에서,

'스스로 성별했던 불을 자신의 피로 더럽히는[12] 것을 보지 않았는가?

디오메데스와 율리시스는

'요새의 수비병을 베어 죽였으며

피에 젖은 손으로 성상(聖像)을 움켜쥐고

처녀신의 순결한 리본에 닿는 것을 두려워하지 않았다[13] 하지 않았는가.

그러나 이어서 일어난 다음의 일은 진실이 아니다.

'그때 이래 다나이(그리스인)의 희망은 시들어 사라지고 말았다.[14]

---

[11] 아리아노스의 《알렉산드로스 대왕 원정기》 2, 24에는 알렉산드로스 대왕이 헤라클레스의 신전으로 도망친 츠로의 주민을 죽이지 않았었다는 것이 기록되어 있고, 또한 플루타르코스의 《영웅전》 '아게실라오스' 19에는 아게실라오스가 코로네아 싸움 뒤 아테네 신전으로 도망친 사람들을 죽이지 않았다는 것이 기록되어 있는데 이들은 예외적인 사례에 지나지 않는다.

[12] 베르길리우스 《아이네이스》 2, 501-502.

[13] 베르길리우스 《아이네이스》 2, 166 이하.

[14] 베르길리우스 《아이네이스》 2, 169-170.

그 뒤 승리한 그리스인들은 트로이를 칼과 불로 파괴했으며, 뒤이어 제단 아래로 달아난 프리아모스를 학살했기 때문이다. 트로이가 망한 까닭은 미네르바를 잃었기 때문이 아니다. 도대체 그 미네르바는 스스로 파멸하기 위해 먼저 무엇을 잃었는가? 아마도 자신의 호위병이 아니었을까? 이것은 틀림없는 사실이다. 호위병들을 죽이고 나서야 그리스인은 미네르바를 가지고 갈 수가 있었다. 트로이의 신상들이 사람들을 보호한 것이 아니라 사람들이 신상을 지켰다. 자기 호위병조차 지킬 수 없었던 신상에 어떻게 조국과 국민을 지켜달라고 기원할 수가 있었단 말인가?

제3장 로마인은 트로이를 지켜주지 못한 신들이 아직도 자신들을 도와주리라 믿는다. 참으로 어리석은 일이다

보라, 도시를 지켜주리라고 로마인이 믿었던 신들이 어떠했는가를. 아, 얼마나 가엾은 잘못인가? 그러나 우리가 그들의 신들에 대해서 이렇게 말하면, 그들은 우리에게 크게 화를 낸다. 하지만 같은 이야기를 적은 작가들에 대해서는 도무지 분개하지 않는다. 오히려 그 작가들의 글을 배우기 위해 돈을 내고, 더 나아가 이것을 가르치는 교사들에게도 공금과 명예를 주는 게 매우 마땅하다고 여긴다. 이를테면 베르길리우스는 분명히 위대하며 모든 시인들 가운데서도 가장 훌륭한 사람으로, 그의 글이 순수한 영혼에 흡수되면 쉽사리 잊히는 일이 없다고 해, 어린이들이 이것을 많이 읽고 있다. 호라티우스의 시는 이에 대해서 다음처럼 말한다.

'갓 만들어진 토기에 일단 냄새가 스며들면
그 냄새는 오래도록 남는 법이다.[15]
베르길리우스의 시에서 유노(유피테르의 아내)는 트로이인들에게 적의를 품었고, 바람의 왕 아이올로스로 하여금 그들에게 바람을 날려 달라고 부추기며 이렇게 말했다.
'나에게 적대하는 종족이
티레니아 바다를 건너
이리온(트로이)과 정복한 집의 신들을

---

[15] 호라티우스 《서간집》 1, 2, 69.

이탈리아로 실어나르고 있다.*16

그렇다면 로마가 다른 민족에게 정복당하지 않으려고 이미 자신이 정복한 트로이의 신들에게 자신을 맡긴 것은 과연 현명한 행동이었을까.*17 물론 이 유노는 마치 화가 난 여자처럼, 자기가 무슨 말을 하는지도 모르고, 위와 같이 이야기했을 수도 있다.

그러나 신앙심이 깊은 사람이라고 불리는 아이네이아스조차 다음과 같이 말하고 있지 않은가.

선채 안에 있는 포에부스의 제사장 오트리스의 아들 판투스는 그 손에,
제기(祭器)와 정복당한 신들과
어린 손자들을 스스로 끌고 미친 듯 문 쪽으로 세차게 달려갔다.*18

그는 조금의 망설임 없이 신들을 '정복했다'고 말하는데, 그에 대해서

트로이는 성물(聖物)과 그 집의 신들을 그대에 맡긴다.*19

이렇게 말했다. 자신을 이들 신들에게 맡긴다는 것보다는 오히려 신들이 자기에게 맡겨진 것이라고 말하는 것이다.

베르길리우스는 이 신들을 '정복했다' 말하며, 또 이들 정복된 신들이 어떻게든 살아남으려고 인간에 맡겨졌다고 한다. 그렇다면, 로마를 이 수호신에게 맡기는 것을 지혜롭다고 생각하거나, 만약 이들 수호신을 잃지 않았다면 만족에게 짓밟히지 않았을 거라는 생각은 얼마나 어리석은가. 실제로 정복당한 신들을 보호자나 옹호자로서 섬기는 일은 좋은 신령이 아니라 악령*20을 모시는 것이 아닌가.

그러므로 이 신들이 먼저 멸망하지 않았더라면, 로마는 이와 같은 재난을 만나지 않았을 것이라는 생각은 옳지 않다. 오히려 로마가 그때까지 이들 신들을 지켜주지 않았더라면, 먼 옛날에 이미 이 신들은 멸망했으리라는 생각이 한결 현명하지 않을까? 잘 생각해보면 정복된 수호신 아래 자기들은 정복당할 리가 없다거나, 또한 수호신들을 잃었기에 자기들이 망했다는 생각이, 얼마나

---

*16 베르길리우스 《아이네이스》 1, 67.
*17 로마의 신들은 트로이로부터 권청(勸請)되었다. 제3권 제2장 참조.
*18 베르길리우스 《아이네이스》 2, 319–321.
*19 베르길리우스 《아이네이스》 2, 293.
*20 '모든 악(재앙)'(미뉴판) 외 '나쁜 조짐', '악령' 등 사본에 따라 차이가 있다.

헛된 억측인가를 깨닫지 못할 사람이 있을까? 사실 멸망의 오직 한 원인은 망하게 될 것을 수호신으로 삼으려 하는 데에 있었다. 시인들이 '정복된 신들'에 대해서 쓰거나 노래한 까닭은, 그들이 거짓말하기를 좋아해서가 아니라, 진리가 생각이 깊은 그들로 하여금 그처럼 고백하도록 만들었기 때문이다.

그러나 이러한 일들은 다른 곳에서 꼼꼼하게 살펴보는 것이 더 알맞으므로,[*21] 지금은 은혜를 모르는 사람들에 대해서 마음먹은 것을 될 수 있는 대로 짧게 이야기하고자 한다. 그들은 자기들의 잘못된 행동 때문에 마땅히 받아야 했던 불행을, 그리스도에게 덮어씌워 신을 모독하는 것이다.

그들은 이교도였을 때, 그리스도 때문에 목숨을 건졌다는 것은 전혀 생각하지 않고, 광기어린 모독과 간사한 마음으로 가득차 그리스도의 이름에 거역해 떠들어댄다.

이전에 그들은 살기 위해 그리스도의 이름을 고백했으며, 축성된 장소에서는 공포 때문에 혀를 놀리지 않았다. 안전한 장소에서는 그리스도의 덕으로 적으로부터 위해 받는 일 없이 안전하게 지내다가 그곳을 나오자마자 그리스도에 대해서 증오로 가득 찬 저주의 말을 토해내곤 했던 것이다.

제4장 트로이의 유노 피란소와 그리스도 교회를 비교

앞서 말한 바와 같이 로마 시민의 어머니인 트로이는 신들의 성소가 있었음에도, 그곳 주민을 그리스인들의 불과 칼로부터 지킬 수 없었다. 더욱이 그 그리스인들도 같은 신들을 섬겼다.

그래서 다음처럼 말해진다.

유노 궁의 광장에서는
고르고 고른 수호병인
포이닉스와 율리시스가
전리품을 감시하고 있었다.
그곳에는 트로이의 불타는 궁전 성당에서 옮겨져 나온
보물이나 신들의 탁자,
순금의 혼주기(混酒器)와

[*21] 제3권과 제4권에서 다루게 된다.

빼앗은 의복이 쌓였고
소년들과 겁을 먹은 어머니들이
긴 열을 지어 그 주위에 서 있었다.*22

이처럼 위대한 여신을 위해 바쳐진 성소가 선택되기는 했지만, 그곳은 끌려 나오지 않기 위해 숨는 곳이 아니라, 오히려 (승리자가) 포로를 가두어둘 수 있는 곳이었다. 그 피란소는 공동 신이나 하찮은 신의 성소가 아니라, 모든 신들의 여왕인 유피테르의 누이이자 아내(유노)의 성소였다. 그것을 우리 사도들의 교회당과 견주어 보라. 전자(유노의 신전)에는 불타는 신전이나 신들(신상)로부터 빼앗은 전리품이 반입되었는데, 그것은 정복된 백성에게 돌려주기 위함이 아니라, 승리자들에게 나누어주기 위함이었다. 이와 달리 후자(사도들의 교회)에는, 다른 곳에서 발견되었더라도 본디 그곳에 소속되어야 한다고 여겨지면 적군들도 종교적 예의를 갖추어 되돌려 보냈다. 전자의 경우 자유는 잃어버렸으나 후자에서는 지켜졌다. 전자에서는 포로가 되어 가두어졌으나 후자는 사람들을 붙잡아 포로로 삼는 일이 금지되었다. 전자에서 사람들은 자신을 다스리는 적의 노예가 되어 가두어졌으나 후자에서는 너그러운 적에 의해 자유로 이끌려졌다. 마지막으로, 저 유노의 신전은 경솔하고 생각이 모자란 그리스인들의 탐욕과 거만으로 선택되었으나, 그리스도의 교회당(사도들의 교회)은 비록 거친 만족이지만 그들의 동정과 겸손으로 선택되었다. 만일 그리스인들이 승리가 한창인 가운데에서도 공동 신의 신전을 파괴하지 않고, 전쟁에 져서 그곳으로 달아난 불쌍한 트로이인들을 죽이거나 포로로 삼지 않았다고 한다면 베르길리우스는 시인들의 방식에 따라서 거짓말을 한 셈이 된다. 하지만 그는 나라들을 망하게 한 적의 행동을 그대로 적었다.

제5장 패배자 처우에 대한 카토의 연설

사실(史實)에 충실하기로 이름난 살루스티우스가 쓴 것처럼, 카토 또한 원로원에서 모반인들에 대해 연설했을 때, 이제까지 말해온 바와 같은 사실을 지적해서 주의를 환기했다.

'소년소녀들은 붙잡히고 아이는 안고 있는 부모로부터 떨어지고, 이미 결혼

---

*22 베르길리우스 《아이네이스》 2, 761-767.

한 여자들도 승리자 마음대로 취급되고, 신전이나 집은 빼앗기고 학살과 방화가 일어났다. 마지막으로 여기저기서 군대와 시체와 유혈과 비탄의 소리로 가득 찼다.[*23]

만일 여기에서 그가 신전에 대해 침묵했더라면, 우리는 적도 신들의 자리에는 손을 대지 않는 것이 관례였다고 생각할 수 있을지도 모른다. 하지만 로마 신전도, 다른 민족의 적으로부터가 아닌 최고의 집안을 자랑하는 원로원 의원이자, 로마 시민인 카틸리나[*24]와 그 무리로부터 이와 같은 꼴을 당할까봐 두려워했다. 참으로 그들은 조국을 팔아넘기는 극악한 자들이었다.

제6장 이교도 신전은 한 번도 패배자들을 위한 피란소가 된 적이 없다

우리는 왜 전쟁을 일으켜 저마다 섬기는 신전으로 피한 사람들까지도 가차 없이 학살한 민족들을 찾아내서 이야기를 계속할까? 나는, "우리는 로마인의 행동을 주의해서 살펴야 한다" 말하고 싶다. 로마인들에 대한 특별한 칭찬으로서 다음처럼 말해지고 있기 때문이다.

'복종하는 자를 용서하고
거만한 자들을 타도한다.'[*25]

그들은 자기들이 받은 불의에 대해서도 복수보다는 오히려 용서했다고 일컬어진다.[*26] 그들은 보다 널리 지배하기 위해 많은 강대한 도시와 싸우고, 이를 습격해 멸망시켰다. 그러나 우리는 (역사 책 안에서) 그들이 신전만을 특별 취급해서 거기로 달아난 자에게는 자유를 주었다는 이야기를 찾지 못했다. 그렇지 않으면 그런 일이 있었지만 그들의 행동을 그린 작가들이 침묵했던 것일까? 그러나 작가들은 칭찬의 씨앗을 열심히 찾고 있었으므로 그들이 경건의 가장 알맞은 본보기라고 판단할 만한 사실을 생략하지는 않았으리라.

뛰어난 로마인 마르쿠스 마르켈루스는 더 없이 아름다운 시라쿠사의 도

---

*23 살루스티우스 《카틸리나 음모》 51, 9. 단, 이 살루스티우스의 책에서 이 말은 카이사르가 한 말로 기록되어 있다.

*24 기원전 108년쯤~기원전 62년. 기원전 64년, 집정관(콘술)이 되려고 나섰으나 낙선했다. 그러자 가난한 귀족으로 할 일 없는 패거리를 모아 국가전복의 음모를 꾸미다가 발각되었다. 이듬해 키케로의 공격을 받다 에트루리아로 달아났으나 극국 패해 죽었다.

*25 베르길리우스 《아이네이스》 6, 853. 이 책 머리글을 참조.

*26 살루스티우스 《카틸리나 음모》 9, 5.

시를 점령했다. 전하는 이야기에 따르면 그는 도시가 파괴될 것을 생각하며 울었고, 그곳에서 유혈 충돌이 일어나기 전에 먼저 눈물을 흘렸다고 전한다.*27 또한 적 안에서 수치스러운 일이 일어나지 않도록 걱정했다. 이 승리자는 성채를 공격하도록 명령을 내리기 전에, 자유인에게 위해를 가해서는 안 된다는 포고를 냈기 때문이다. 하지만 이 도시는 전쟁으로 파괴되었으며, 이토록 신심이 깊은 장군조차 신전으로 달아난 자에게 상처를 입혀서는 안 된다는 명령을 내렸다는 사실은, 그 어디에도 기록되어 있지 않다.*28 그가 울었다는 것이나, 적의 체면을 더럽히는 일을 하지 않도록 하는 포고를 낸 일에 대해서는 기록되어 있으므로, 만약에 그가 실제로 위와 같은 명령을 내렸다면 그것이 기록되지 않는 일은 결코 없었으리라.

타렌툼의 도시를 파괴한 파비우스는 신상 약탈을 단념해서 많은 칭찬을 받았다. 서기관이 빼앗은 많은 신들의 상을 어떻게 다루면 좋겠느냐고 물었을 때, 그는 기지 섞인 자제심을 보여주었기 때문이다. 그는 그 신상들이 어떤 모양을 하고 있는가를 물었는데, 그 신상들 거의가 클 뿐만 아니라 무장한 모습이라는 보고를 받고 "분노한 신들은 타렌툼인에게 돌려주자" 말했다.*29

이렇듯 로마인들의 사적(事跡)을 기록한 작가들은, 마르켈루스의 눈물과 파비우스의 웃음에 대해서도, 또 마르켈루스의 신심 깊고 자비에 넘친 처치나 파비우스의 기지가 담긴 자기억제에 대해서 붓을 놓을 수가 없었다. 만일 어떤 신들에게 경의를 나타내어, 사람들의 생명을 빼앗지 않고, 특정한 신전 안에서 사람을 죽이거나 포로로 삼는 일을 막았다면 정말로 그들이 이에 대해서 침묵을 지켰겠는가?

제7장 야만족이 보여준 호의담긴 처사는 이제까지 본 적 없다

따라서 최근에 로마에서 일어난 저 재앙*30 때 모든 겁탈, 살육, 방화, 폭행

---

*27 리비우스 《로마사》 25, 24, 11. 마르켈루스가 한니발에 이겨서 시라쿠사를 점령한 것은 기원전 212년의 일이다.

*28 리비우스 《로마사》 25, 25, 7.

*29 리비우스 《로마사》 27, 18, 8. 플루타르코스 《영웅전》 '파비우스' 22. 파비우스가 제2 포에니 전쟁 때 타렌툼을 공략한 것은 기원전 209년이다.

*30 해설에도 적고 있는 것처럼 알라리크의 로마 침입은 410년 8월 24일이고, 아우구스티누스가 이 책의 집필을 시작한 것은 3년 후인 413년이다.

은 전쟁의 관례에 따라 이루어진 것이다. 그러나 여태껏 볼 수 없었던 일도 일어났다. 야만스러운 잔혹함이 갑자기 누그러진 것이다. 몇 가지 큰 교회당을 골라, 넘칠 만큼의 민중이 그곳에서 도움 받는 일이 일어났다. 거기에서는 누구 하나 매를 맞는 사람도 없으며 빼앗기는 일도 없고, 오히려 연민의 마음을 지닌 적에 의해서 많은 사람이 도움을 받아 그곳으로 인도되었다. 또 그곳에서는 잔인한 적에게 잡혀 포로가 된 이도 없었다. 이것을 그리스도의 이름에, 또 그리스도교 시대로 돌리지 않는 사람은 모두 장님이나 다름없으며 그것을 알고도 칭찬하지 않는 사람은 모두 은혜를 모르는 사자들이다. 또 칭찬하는 사람에게 비난을 퍼붓는 사람들은 모두 제정신이 아니다. 생각 있는 사람이라면 이것을 만족들의 난폭 탓으로 돌리는 일은 절대로 없으리라. 옛날에 선지자를 통해 하신 다음과 같은 말씀에는 그들이 잔혹, 비정한 마음을 두려워하게 하여 억제하고 기적으로 진정시켰다고 한다. "나는 지팡이를 가지고 그들의 불의를 벌하고 채찍을 가지고 그들의 죄를 벌할 것이다. 그러나 나의 연민을 그들로부터 거두지는 않으리라."[*31]

제8장 행복과 불행은 착한 사람에게도 나쁜 사람에게도 똑같이 주어진다

어떤 사람은 이렇게 말할지도 모른다, "어째서 이와 같은 신의 자비는 경건하지 못한 사람들이나 은혜를 모르는 사람에게도 미치는가." 이에 대해서 우리는 "착한 사람 위에도 악한 사람 위에도 날마다 태양을 뜨게 하고 올바른 자에게나 올바르지 않은 자 위에도 비를 내려주시는"[*32] 그분이 자비를 베풀기 때문이라는 말 외에 달리 그 까닭을 생각할 수 있을까? 실제로 그들 가운데 어떤 사람들은 이와 같은 말을 깊이 생각하고 회개하여 불경건을 떠나 자신을 올바르게 한다. 하지만 다른 사람들은 사도의 말처럼, "자신의 완고하고 회개하지 않는 마음에 따라서, 하느님의 자애와 관용을 가볍게 여기고, 하느님의 의로운 심판의 계시일을 위해 하느님의 노여움을 자신에게 쌓고 있다. 하느님은 각자에게 그 행위에 따라 보답을 하신다."[*33] 그러나 하느님의 채찍이 선인을 훈련해 인내로 이끄는 것처럼, 하느님의 인내는 악인을 회개로 이끈다. 마찬가지로

*31 시편 89 : 32–33.
*32 마태 5 : 45.
*33 로마 2 : 4–6. 아우구스티누스는 '사도'라는 말로 일반적으로 바울을 가리키고 있다.

하느님의 엄격함이 악을 벌하기 위해 붙잡듯이, 하느님의 자비는 착한 사람을 기르기 위해 가슴에 품는 것이다.

부정한 사람들이 누릴 수 없는 행복을, 앞으로 올바른 사람들을 위해 갖추고, 또 선인이 그것으로 고통받는 일이 없는 불행을 불경건한 자들을 위해 갖추는 것이 하느님 섭리에 맞는다. 그러나 하느님은 이 세상 화복을 둘에게 똑같이 주시기를 바라셨다. 이는 악인 또한 행복을 누리고 있음을 알고, 선인이 세상의 순간적 선을 야비한 근성으로 탐하는 것을 막기 위함이며, 또한 불행을 비열한 방법으로 피하는 일이 없도록 하기 위함이다. 착한 사람도 자주 불행으로 고통받기 때문이다.

그러나 가장 중요한 문제는, 행운이나 불행을 어떻게 쓰면 좋은가 하는 것이다. 착한 사람은 이 세상 행복으로 높아지는 일도 없고, 불행으로 타격을 받지도 않는다. 그러나 악인은 행복으로 타락하고 그 때문에 그들에게는 단순한 불행이 벌의 원천이 된다. 하느님은 이런 행복과 불행을 나눔으로써 한결 뚜렷하게 당신의 작용을 세상에 나타내신다. 만약 지금 모든 죄에 뚜렷하게 벌이 가해진다고 하면, 최후의 심판을 위해서는 아무것도 남아 있지 않으리라 여겨지기 때문이다. 그러나 현재 어떠한 죄도 하느님에 의해 분명하게 벌을 받지 않는다고 한다면, 하느님의 섭리를 전혀 믿을 수가 없다. 행운에 대해서도 마찬가지다. 만약 하느님이 행운을 구하는 사람들에게 매우 뚜렷한 너그러움을 가지고 분명히 허락하지 않는다면, 우리는 "그러한 것은 하느님의 것이 아니다" 말할지도 모른다. 그러나 하느님이 구하는 모든 사람에게 그것을 주신다면, 우리는 그러한 보답을 받지 않는다면 하느님을 섬겨야 할 필요가 없다고 여길 것이며 또 이와 같은 (하느님에의) 봉사는 우리를 경건하게 하기는커녕 오히려 이기적이고 탐욕스럽게 만들 것이다.

이러한 까닭으로 선인도 악인도 똑같이 고통을 받는다. 그러나 둘 모두 고통을 받지만, 그들 사이에는 차이가 있다. 고통은 비슷해도, 고통을 받는 자는 비슷하지 않으며 똑같은 고통을 겪는다해도 덕과 악덕은 다르기 때문이다. 한 예로 같은 불에 의해서도 황금은 빨갛게 빛나는데, 짚은 연기를 낸다. 같은 탈곡기에서도 짚은 바스러지지만, 알갱이는 걸러져 나온다. 또 같은 압착기로 짜도 기름과 그 찌꺼기가 섞이는 일은 없다. 마찬가지로 같은 불행의 충격이라도 선인에게는 그를 맑게 하는 시험이 되지만 악인에게는 벌하고 혼란케 해 멸망에 이르게 한다. 그렇기 때문에 똑같은 고통 속에 있어도 악인은 하느님을 싫어하고 더럽히지만, 선인은 하느님에게 기도하고 찬미하는 것이다. 따라서 어떠한 고통을 당하느냐가 아니라, 어떤 사람이 고통을 당하는가 하는 것이 중요하다. 오물을 휘저으면 나쁜 냄새가 나는데 같은 동작이라도 향료를 저으면 좋은 냄새가 나기 때문이다.

제9장 왜 착한 사람도 나쁜 사람도 다함께 괴로운가

이처럼 그리스도인들은 모든 일이 황폐한 가운데에서 고통을 받았다. 그러나 오히려 이를 신앙적으로 받아들인 그들에게는 이러한 상황들이 진보에 도움이 되었던 것은 아니었을까?

첫째로, 그리스도인들은 하느님이 노해 세계를 그토록 많은 재앙으로 채우시게 된 까닭인 죄악에 대해 겸허하게 생각하기 때문이다. 그리스도인들은 극악스럽고 파렴치한 자들로부터 멀리 떨어져 있다. 하지만 그들이 받는 이 세상에서의 벌을 전혀 받지 않아도 될 만큼 나쁜 일에 관련이 없다고 생각하지는 않는다. 제 아무리 훌륭하게 살고 있다고 해도 자주 육욕에 굴복하는 일이 있으며 비록 극악스러운 범죄나 수치스러운 탐욕, 또는 독신(瀆神)하는 죄를 범하지 않는다 해도, 죄는 반드시 저지르기 때문이다. 무거운 죄는 저지르는 일이 드물지만, 죄가 가벼울 때에는 가벼운 만큼 곧잘 범하게 되는 것이다. 더 나아가 이제까지 한 말은 따지지 않는다 해도, 이전에 하느님이 선지자를 통해 경고하고 예언한 것처럼[34] 하느님은 어떤 사람들의 가공할 만한 거만, 사치, 탐욕, 저주할 불의 및 불경건한 행위 때문에 땅을 벌하셨다. 이와 같은 자들에 대해서 정당한 판단을 내릴 수 있는 분을 과연 쉽게 찾을 수 있을까? 또 그들에 대해 대처하면서 살고 있는 사람이 누가 있을까?

인간은 가끔 악인들을 타이르기도 하고 나무라기도 하지만, 야단 치는 일을 비겁하게 피하기도 한다. 귀찮거나 괴롭기 때문이다. 또는 욕심 때문에 오늘도 여전히 무언가 얻기를 간절히 바라거나, 약점 때문에 갖고 있는 이 세상 것을 잃을까봐, 악인들이 화내는 것을 두려워하거나, 그들과 적대관계를 갖는 것을 피하려고 하기 때문이다. 즉 이 세상의 일을 얻는 것에 방해를 받거나 이미 가

---

*34 이사야 24장 참조. '땅이 깨지고'는 19절.

진 것에 대해 손해를 입지 않기 위함이다.

이런 까닭으로 선인들은 악인들의 생활을 혐오하며, 이 세상에서의 삶을 마친 뒤에는 악인들에게 마련된 벌을 함께 받지는 않는다 해도, 용서받을 수 있는 가벼운 죄는 자기들 또한 범하고 있다 여긴다. 악인들을 두려워하고 악이 받아야 할 죄를 모른 척했기에 선인들은 악과 함께 이 세상에서 매를 맞아 마땅한 것이다—비록 영원히 벌을 받지는 않는다 해도. 선인들이 하느님에 의해서 악인들과 함께 고통받을 때 이 인생을 괴롭다고 느끼는 것은 마땅하다. 그들도 인생의 즐거움을 사랑했으므로 죄를 범하는 악인들에 대해 엄격하게 대처하려고 하지 않았던 것이다.

실제로 나쁜 행위를 하는 자들을 꾸짖거나 나무랄 생각을 하면서도 행하지 않는 것은 보다 더 좋은 기회가 오길 바라거나 또는 나쁜 행위를 한 사람들이 그 충고 때문에 더 나빠질까 걱정되기 때문이리라. 아니면, 혹 회개하여 경건한 생활을 열심히 하더라도, 습관적으로 약한 사람들을 방해하고 괴롭혀서 신앙 생활을 가로막을까 두려워하기 때문이다. 누군가 나쁜 행위를 이끄는 일을 단념한다면, 그것은 이기심이 아니라, 사랑의 분별에 따른 것으로 여겨진다. 하지만 악인들과 다른 생활을 하고, 그들의 행위를 몹시 싫어하는 사람들이, 훈계하고 질책해야 할 타인의 죄를 그냥 보아 넘기고 용서한다면 이는 마땅히 비난받아야 한다. 그들이 악인을 화나게 하기를 피하는 까닭은, 선인들이 합법적이고 양심적으로 가진 것에 대해 악인으로부터 손해 입는 것을 두려워하기 때문이다. 즉 그들은 이 세상에 머물면서도 천상의 나라에 대한 희망을 거리낌 없이 드러내고 있는 사람치고는 허용된 것보다 더 많이 탐욕하는 것이다.

확실히 다음과 같은 약한 사람들도 존재한다. 즉 결혼하거나 아이들을 갖고 싶어 하며 집과 가족을 지닌 사람들이다. 사도는 아내들은 남편들에게, 남편들은 아내들에게, 자식들은 부모들에게, 부모들은 자식들에게, 종들은 주인들에게, 주인들은 종들에게 어떻게 살아야 하는가를 교회에서 이야기하고 가르치도록 권고하고 있다.*35 그러나 이들 가운데는 지상에서 얻을 수 있는 많은 변화하는 것들을 가지려 하고, 그것을 잃으면 슬퍼하는 사람들도 있다. 그들은 그것들 때문에 더럽고 사악하기 짝이 없이 생활하는 사람들을 싫어하면서도

---

*35 골로 3 : 18–22 참조.

그들에게 굳이 불쾌한 말로 화를 내게 만들지는 않는다.

그러나 이런 사람들뿐만 아니라 다음과 같은 사람들도 있다. 보다 수준 높은 생활을 유지해 결혼 생활에 얽매이지 않고, 간소한 의식으로 만족하지만, 가끔 자기 명성이나 안전에 대한 악인들의 간계나 공격을 두려워해 그들을 나무라기를 삼가는 사람들이다. 이와 같은 사람들은 악인들의 위협이나 무도함에 양보해 그들처럼 행동할 만큼 두려워하지는 않는다. 그러나 함께 저지르려하지는 않지만 꾸짖거나 말리려 하지도 않는다. 몇몇 사람들을 꾸짖음으로써 그 부정을 바로 잡을 수 있을 때에도 그렇게 하지 않는다. 그것은, 만일 부정을 바로잡을 수 없을 때, 자기들의 명성이나 안전이 위태로워지거나 무너지게 되기 때문이다. 또한 자신들의 명성이나 안전이 사람들을 교화하는 수단으로써 필요하다고 생각해서가 아니라, 오히려 아부하는 말을 좋아하고, 인간의 심판,*36 대중의 비판, 육체의 고문이나 살해를 두려워하는 약점 때문이다. 즉 그들이 악인을 이끌지 않는 까닭은 이기심 때문이지 사랑의 의무 때문이 아니다.

이러한 까닭으로 도덕적 타락을 이 세상에서의 고통으로써 처벌하는 것이 좋다고 하셨을 때, 선인들도 악인들과 함께 매를 맞지만, 그 원인이 나에게는 작게 여겨지지 않는다. 실제로 선인들은 더불어 매를 맞지만, 그것은 그들이 나란히 나쁜 생활을 해서가 아니라, 악인들과 함께 이 세상의 삶을 사랑했기 때문이다. 본디 멸시해야 할 이 세상의 삶을 악인들과 같은 크기로 사랑하지는 않으나, 그래도 함께 사랑하고 있다. 선인들은 세상을 사랑함으로써 악인들을 꾸짖고 이끌어서 영원한 생명의 길로 이끌지 않으면 안 된다. 만일 악인들이 선인들과 함께 영원한 생명을 얻기를 거부한다 해도, 인내심을 가지고 그들을 사랑해야 한다. 왜냐하면 살아 있는 한, 그 의지가 개선될 것인지의 여부는 늘 불확실하기 때문이다.

이 점에 대해서 선인들은 악인들보다 한결 무거운 책임을 지고 있다. 선지자는 이와 같은 선인에 대해 다음처럼 말한다. "과연 그 사람은 자기 죄 때문에 죽지만, 나는 그 피의 책임을 파수꾼의 손에서 찾으리라."*37 지켜보는 자들,*38

---

*36 글자 그대로 옮기면 '인간의 날'인데 이 말은 하느님에 의해 종말의 심판을 뜻하는 '주의 날'을 본떠서 만들어진 말이다. 1고린 4 : 3 참조.

*37 에제 33 : 6.

*38 '지켜보는 자'라고 옮긴 speculator는 뜻대로라면 그리스어의 episkopos에 해당된다. 후자는

즉 민중의 파수꾼들은 죄를 가차 없이 질책하기 위해서 교회 안에서 뽑혔기 때문이다.

따라서 비록 그와 같은 직무에 임명되지 않았다 해도, 이 세상 삶의 필요에 따라 맺어진 사람들 안에서 충고나 주의를 주어야 할 많은 일들이 벌어지고 있음을 알면서도, 그것을 그냥 지나치는 사람은 이런 책임을 피할 수 없다. 그런 사람은 이 세상의 삶에서 사랑은 해도 되나 필요 이상으로 사랑해서는 안 된다고 생각하기에 그들을 화나게 하는 일을 피하는 것이다.

또 선인들이 이 세상의 불행에서 고통받는 또 하나의 이유가 있는데, 그것은 욥이 고통을 받은 것과 같다. 인간의 생각이 시험 받음으로써, 자기가 얼마만큼 신앙의 힘으로 보답 없이 하느님을 사랑하고 있는가를 알기 위함이다.

제10장 기독교 신자는 이 세상 모든 것을 잃어도 참된 재산은 잃지 않는다

위와 같은 일을 올바르게 고찰하고, 또한 충분히 이해한 뒤 경건한 신자에게 이익이 되지 않는 어떠한 불행이 일어나는가에 대해 잘 생각해야 한다. "하느님을 사랑하는 사람들에게는 만사가 다 같이 작용해서 이익이 된다는 것을 우리는 알고 있다"*39한 사도의 말을 무의미한 것으로 받아들여서는 안 되기 때문이다. 그들은 모든 것을 잃었다. 그러나 신앙을 잃었을까? 경건함마저 잃었을까? 하느님 앞에서는 값진 내적 인간이 가진 재산을 잃었을까? 이러한 것들은 그리스도인의 자력(資力)이며, 그것을 넉넉하게 가진 사도는 다음처럼 말한다.

"그러나 신심이 있고 족함을 안다는 것은 큰 이득이다. 왜냐하면 나는 아무것도 가지지 않고 세상에 왔으나 무엇 하나 가지고 떠날 수가 없기 때문이다. 오직 의식이 있으면 그것으로 충분하다. 왜냐하면 부자가 되기를 원하는 자는 유혹과 덫, 그리고 사람들을 멸망에 이르게 하는 무분별하고 무서운 많은 욕망에 빠지기 때문이다. 탐욕은 모든 악의 뿌리이다. 어떤 사람들은 그것을 강하게 구했기에 신앙으로부터 떠나 많은 고통 속으로 자신을 빠뜨렸다."*40

따라서 그 약탈로 지상의 부를 잃은 사람들이, 겉으로는 가난하지만 내적으로는 풍부한 사람 사도 바울의 말과 같은 방식으로 부를 갖는다면, 즉 이 세상

교회 용어로는 '감독', '사교', '주교'라고 옮겨지는 말이다.
*39 로마 8 : 28.
*40 1디모 6 : 6-10.

을 마치 사용하지 않는 것처럼 사용한다면,[*41] 심한 시험을 받았으나 쓰러지지 않은 사람(욥)이 말하듯이, 이야기할 수 있으리라. "나는 알몸으로 어머니 뱃속에서 나왔다. 벌거벗은 상태로 흙으로 돌아가는 것이다. 야훼가 주시고 야훼가 거두신 것이다. 야훼의 뜻대로 된 것이다. 야훼의 이름이 찬송을 받으실지니이다."[*42] 이처럼 착한 종은 야훼의 마음 그 자체를 큰 힘으로 삼는다. 그리고 그것에 따라 정신적으로 풍요로운 자가 되며, 또 죽으면 곧바로 사라질 것들을 살아 있는 동안 포기해도 후회하지는 않을 것이다.

그러나 비록 이런 지상의 재산을 그리스도보다도 중요시하지 않는다 해도, 작은 욕망 때문에 그것에 집착하는 약한 자들은 재물을 잃고서야 자기들이 그것을 사랑함으로써 얼마나 큰 죄를 저질렀는가를 깨달으리라. 사실, 앞서 인용한 사도의 말처럼, 그들은 "고통 안에 자기를 빠뜨릴" 만큼 고통받은 것이다. 매우 오랫동안 말씀의 의미를 소홀히 여긴 사람들에게는 체험으로써 그것을 채울 필요가 있었다. "부자가 되기를 원하는 자는 유혹에 빠진다 운운"[*43] 이런 사도의 말은 틀림없이 부에 대한 욕망을 비난한 것이지 능력 그 자체를 비난한 것은 아니었기 때문이다. 그래서 그는 다른 데서 다음과 같이 명한다.

"이 세상에서 부자인 자들에게 명하시오. 거만한 생각을 품지 말고, 믿을 수 없는 재물에 희망을 두지 말고, 오히려 우리에게 모든 사물을 풍부하게 갖추어 주시고 즐겁게 해 주시는 하느님에게 희망을 두도록. 또 착한 일을 행하고, 선한 사업에 풍요를 이루고, 아낌없이 나눔을 행하고, 이렇게 해서 참다운 생명을 얻기 위해 미래에 대비, 좋은 바탕을 자신들을 위해 구축하라고."[*44]

자기의 재물로 이런 일들을 실행한 사람들은, 재산에 가벼운 손실이 있지만, 그것에 대한 보상으로 기쁨이라는 보다 큰 이익을 얻어 위로받는다. 그들은 또 걱정하면서 소유하고, 쉽게 잃을 수 있는 것 때문에 슬프기보다, 아낌없이 베풀 때 오히려 안전하게 보유할 수 있음에서 기쁨을 받는다. 이 지상에서 잃을 수 있는 것은, 사람이 지상에서 천국으로 가져가는 것을 부끄럽게 여기는 것들이기 때문이다. 우리 주님께서는 이렇게 말씀하셨다. "당신들은 자기를 위해 벌

---

*41 1고린 7 : 31 참조.

*42 욥기 1 : 21.

*43 1디모 6 : 9.

*44 1디모 6 : 17–19.

레가 먹거나 녹이 슬거나 도둑이 파헤쳐서 훔쳐내는 것과 같은 지상의 재물을 끌어모아서는 안 된다. 오히려 자기를 위해 도둑이 가까이 가지 못하고, 벌레도 먹지 않는 하늘에 보물을 모아 두라. 당신의 보물이 있는 곳에서는 당신의 마음도 있기 때문이다."*45 주님의 이런 타이름을 받아들이는 사람들은, 고난을 받을 때에도 참된 충고자이자 보물의 가장 충실하고 확실한 파수꾼(그리스도)을 멸시하지 않고 올바르게 이해하고 있음을 증명하는 것이다.

만약 많은 사람들이 적이 가까이 오지 않는 곳에 재물을 두는 것을 기뻐한다면, 하느님의 권고에 따라 절대로 적이 올 수 없는 곳에 재물을 옮겨놓은 사람들은 확실하고 안전하다며 기뻐하게 될 것이다.

그렇기에 넘치는 부를 버리고 스스로 무일푼이 되어, 오히려 더없이 성스러운 사람이 된 놀라의 주교, 우리의 파울리누스*46는, 이 도시가 만족의 습격을 받고 붙잡혔을 때—우리가 뒤에 들은 바에 따르면—마음속으로 다음처럼 기도했다고 한다. "주여, 금은 때문에 괴로움을 주지 마십시오. 제가 가지고 있는 것이 어디에 있는가를 당신은 알고 계시니까." 이런 기도를 한 까닭은 그 재난이 세상에 닥칠 것을 예고하신 분(그리스도)이 그에게 숨겨두라고 권고한 곳에 자기의 모든 재물을 두었기 때문이다. 이렇게 재물을 저장하는 일에 대해 자기 주인(그리스도)의 권고에 따른 사람들은 만족의 습격을 받았을 때 지상의 부까지도 잃지 않았다. 그러나 이에 따르지 않고 후회한 사람들은 비록 이런 지혜에 따르지 않았지만, 틀림없이 이 경험으로써 앞으로는 어떻게 할 것인가를 배운 것이다.

확실히 선량한 그리스도인이라 해도, 고문의 고통을 이겨내지 못해 자기 재산을 적에게 내준 일도 있다. 하지만 그들은 자기 자신을 선량한 자로 만든 선(자체)을 포기하거나 잃을 수는 없었다. 만일 그들이 '불의의 재물'을 빼앗기는 것보다, 오히려 고통을 바랐다면, 그들은 선량하지 않았으리라. 그러나 재물을

---

*45 마태 6 : 19-21.

*46 353/4-431. 보르도의 부유한 귀족 출신. 390년 세례 받음. 결혼 후 재산을 교회와 가난한 사람에게 주었고, 394년, 바르셀로나에서 민중의 추천을 받아 사제가 되었다. 그 뒤 놀라(나폴리 동북)에 살면서 409년 사제가 되었다. 아우구스티누스와의 사이에 주고받은 편지가 남아 있다 (아우구스티누스 《서간집》 6, 27, 30, 31). 알라리크의 침입 후, 곧 체포되었다. 그러나 알라리크에 붙잡혔을 때에는 아직 주교가 된 것이 아니고, 여기에서 '놀라의 주교'라고 씌어 있는 것은 아우구스티누스가 집필할 무렵이라는 설도 있다.

위해 그토록 고난을 감수한 사람들이라면 차라리 그만큼 그리스도를 위해 고난받도록 훈계를 들었어야 했으리라. 즉 금이나 은을 사랑하기를 그만 두고 자신을 위해 고통받은 사람들을 영원한 행복으로 풍요롭게 만들어 주시는 그리스도를 사랑하는 것을 배워야만 했다. 금이나 은 때문에 받는 고통은 거짓말로 그것을 감추든, 또는 진실을 말하여 그것을 건네주든, 가장 불쌍하게 여길 일이다. 왜냐하면 고문이 한창일 때, 그 누구도 그리스도를 고백함으로써 그를 잃은 적은 없었기 때문이다. 또 그리스도를 부인하지 않고서는 어느 누구라도 금전을 간직할 수가 없었다. 이처럼 영원토록 변함 없을 선을 사랑해야 한다는 것을 가르친 고문은, 확실히 지상의 그 어떤 재산보다도 이로웠다. 그 재산은 아무런 유익한 열매도 없으며, 그것에 대한 사랑으로 소유자를 고통스럽게 하기 때문이다.

그러나 아무것도 가지지 않은 사람들도 고문을 받았다. 그들이 하는 말을 믿지 않았기 때문이다. 아마도 그들은 가능하다면 재산을 갖고 싶다고 생각한 것이지, 자발적으로 재산을 포기하라는 성스러운 권고에 따라 가난했던 것은 아니다. 그들에게는 자산이 아니라, 그것을 가지고 싶다는 욕망 때문에 그와 같은 고통을 맛보아야 한다는 것을 알아야만 했다. 하지만 보다 더 착한 생활을 유지하기를 간절히 바랐던 나는, 금이나 은을 갖지 못한 사람들 가운데서도 재산을 가졌다고 의심 받아 고문당한 이가 있었는지에 대한 여부는 알지 못한다. 비록 그러한 일이 일어났다고 해도, 그런 고문이 한창일 때 청빈을 고백한 사람은, 그리스도를 고백함과 같다. 그렇기 때문에 가난을 고백한 사람이, 비록 적에게 믿음을 얻지 못해 고문을 받았다고 해도, 하늘의 보답을 받지 못한다는 말은 할 수 없다.

적대자들은, "많은 그리스도인도 오랜 굶주림으로 고통을 받지 않는가" 말한다. 그러나 신앙에 의지해 사는 착한 사람들은, 깊은 신심으로 참고 견딤으로써 이것을 이익으로 바꾸었다. 즉 굶주림으로 죽은 사람들은 이 세상의 악으로부터, 이를테면 육체의 병으로부터 벗어났다. 그러나 굶주림으로 죽지 않은 사람들은, 좀 더 검소하게 사는 법을 배움과 동시에 오랜 기간 동안 단식을 체험한 것이다.*47

---

*47 알라리크의 침입에 의한 로마의 참상에 대해서는 '수도의 멸망에 대해서'라는 제목의 아우구스티누스의 설교에서도 볼 수 있다.

제11장 인생은 언젠가 끝이 온다

사람들은 이렇게 말할지도 모른다. "그리스도인조차 많은 수가 학살되고, 많은 사람들이 무서운 병으로 사라지지 않았는가" 이것이 견딜 수 없는 일임에 틀림없지만, 죽음은 이 세상에 태어난 모든 사람들이 반드시 겪어야만 하는 일이다. 언젠가는 죽어야 할 운명에 처하지 않은 사람은 한 사람도 없다. 긴 인생이나 짧은 인생이나 끝이 있다는 점은 같다. 어떠한 것이 동시에 존재를 마감했을 때, 그 가운데 어느 쪽이 좋고 어느 쪽이 나쁜가, 또 어느 쪽이 길고 어느 쪽이 짧은가 하는 것에는 아무런 의미가 없기 때문이다.*48 하지만 먼저 생을 끝마친 다음 다시 죽는 일은 없으므로 어떻게 죽어서 생을 끝마친다 한들 거기에 무슨 차이가 있겠는가? 그러나 죽어야 할 인간은 저마다 이 인생에서 일어나는 사건 속에서, 무수한 죽음에 의해 여러 방식으로 위협받고 있으며, 그 가운데 어떠한 것이 닥칠지 모른다. 그러므로 나는 이렇게 묻고 싶다. "죽음으로써 한 번만 죽음을 경험하는 것이 좋은가, 그렇지 않으면 계속 살아감으로써 모든 죽음을 두려워하는 것이 좋은가" 나는 사람이 한 번 죽어서 그 뒤로는 전혀 죽음의 공포를 갖지 않는 것보다는 늘 죽음을 두려워하면서도 오래 사는 쪽을 서슴없이*49 고른다는 것을 알고 있다. 그러나 육체의 감각이 겁을 먹고 피하는 것과, 정신의 이성이 사랑으로 단호하게 확신하는 것과는 다르다. 좋은 생활이 죽음을 앞선다면 죽음을 나쁘다고만 생각할 일이 아니다. 죽음에 이어서 일어나는 것 말고는 죽음을 악으로 만드는 것은 없기 때문이다. 이처럼 사람은 반드시 죽어야 하므로, 죽음의 원인보다는 죽고 난 뒤 어디로 가야 하는가를 진지하게 생각해야 한다. 따라서 그리스도인들은 자색 옷이나 고운 베옷을 입은 믿음 없는 부자보다도, 개들에게 핥음을 당하면서도 신심 깊게 죽어간 가난한 사람의 죽음이 한결 낫다*50는 것을 알고 있다. 그러니 아무리 무서운 방식으로 죽음이 닥쳐왔다고 해도, 그것은 훌륭하게 살다가 죽은 사람들에게 어떤 해로움을 끼칠 수 있었겠는가?

---

*48 이것은 스토아학파의 죽음에 대한 패러독스이다.
*49 미뉴판에서는 '더욱 천천히'라고 되어 있다.
*50 루가 16 : 19 참조.

제12장 그리스도인의 시체가 땅에 묻히지 않았더라도 구원 받는 데 아무런 문제가 없다

저 학살이 있던 때에는 산더미 같은 시체를 앞에 두고도 매장할 수 없었다. 그러나 경건한 신앙은 이를 조금도 두려워하지 않고, 맹수까지도 부활할 신체—그 머리카락은 한 올도 상실되는 일은 없다*[51]—에는 아무런 해도 가할 수가 없다는 예언을 믿는다. 만약 적들이 살해된 자의 육체에 가한 상처가 죽은 뒤의 삶에 장해가 된다면, 진리(그리스도)는 결코 다음처럼 이야기하지는 않았으리라. "몸은 죽여도 영혼은 죽일 수 없는 자들을 두려워하지 말아라."*[52] 그러나 이 말을 "육체를 죽이는 자들은 오직 육체만을 죽일 뿐이므로 죽기 전에 그들을 두려워할 필요는 없다. 그러나 죽은 뒤 살해된 그 육체를 매장하는 것을 그들이 허락하지 않을지도 모른다는 것을 두려워해야 한다" 이렇게 풀이할 만큼 어리석은 사람은 없으리라.*[53] 그러나 만일 죽이는 자들이 시체에 대해 매우 큰 영향을 줄 수 있다고 한다면, "몸을 죽여도 그 뒤에 그 이상 아무것도 할 수 없는 자들"*[54]이라는 그리스도의 한 말은 거짓이 된다. 그러나 진리가 거짓을 말하는 일은 절대로 있을 수가 없다. 죽이는 자들은 죽일 때 무엇인가를 한다는데, 그것은 죽임을 당할 때 육체 안에 감각이 있기 때문이다. 그러나 죽임을 당한 육체 안에는 어떤 감각도 남아 있지 않으므로, 그들은 죽인 뒤에는 아무것도 할 수가 없다.

그러므로 많은 그리스도인들의 육체가 땅에 묻히지 않았지만, 누구도 그들을 하늘과 땅으로부터 분리시킬 수는 없었다. 창조한 것을 어디에서부터 부활시킬 것인가를 아시는 그분은 자신의 존재로 하늘과 땅을 모조리 채우고 계신다. 시편에서는 다음과 같이 말한다. "그들은 당신 종의 시체를 하늘의 새에게 먹이로 주고, 당신 성도의 살을 땅의 짐승에게 주고, 그 피를 예루살렘 주위에 물처럼 흐르게 하여, 이를 파묻은 자는 없었다."*[55] 그러나 이 말은 이런 일을 저지른 자들의 잔혹함을 드러내기 위함이지, 이 같은 꼴을 당한 사람들의

---

*51 루가 21:18 참조.

*52 마태 10:28.

*53 고대인은 죽은 뒤 매장되지 않으면 영혼은 영원히 방황한다고 생각하여 매장과 장례가 이루어지지 않는 것을 매우 두려워했다.

*54 루가 12:4.

*55 시편 79:2-3.

불행을 과장하기 위함이 아니다. 이러한 일이 인간의 눈에는 잔혹하게 여겨지지만, '그의 경건한 자들의 죽음은 야훼께서 보시기에 귀중한'*56 것이기 때문이다.

더 나아가 이 모든 것, 즉 매장의 걱정, 묘의 상태, 성대한 장의는 죽은 자를 돕는다기보다는 오히려 살아 있는 자들을 위로하기 위함이다. 만약 훌륭한 묘가 신심 없는 자를 위해 무엇인가 쓸모가 있다면, 빈약한 묘나 묘가 없는 사실은 경건한 사람에게는 손해가 되리라. 장례식에 참가하는 하인이 많다는 것은, 자색 옷을 입은 부자의 장례가 사람들의 눈에는 호화롭게 비쳤다는 것이다. 그러나 천사들의 봉사를 받는 부스럼투성이인 가난한 사람이 주님의 눈에는 더욱 훌륭하게 보였다.*57 천사들은 그 가난한 사람을 대리석 무덤으로 데려 가진 않았지만 아브라함의 품안으로 끌어올렸다.

우리가 이제까지 그들에 맞서 하느님의 나라를 변호하려고 시도한 그 적대자들은 지금 말한 것을 비웃는다. 그들 가운데 철학자들*58까지도 무덤의 일로 걱정하는 것을 멸시한다. 또 가끔 볼 수 있듯이, 군인들은 조국을 위해 죽음으로 나아가려고 할 때, 죽은 뒤 어디에 누워 있는가 또는 어떠한 야수의 먹이가 될 것인가 따위는 전혀 신경 쓰지 않는다. 이에 대해서 시인들은 교묘하게도 다음처럼 노래함으로써 갈채를 받을 수 있었다.

'관이 없는 자는 하늘이 이를 덮어준다*59

하물며 이교도들은 그리스도인의 육체가 매장되지 않았다고 그것을 모욕해서는 안 된다. 그리스도인의 육체와 지체(肢體)는, 일정한 시간에 모두 모아 다시 만들어지기로 약속되어 있다. 그것은 흙에서 모아질 뿐만 아니라, 분해한 시체가 사라진 곳, 다른 여러 원소들의 가장 깊고 안전한 곳으로부터 모아지는 것이다.*60

---

*56 시편 116 : 15.
*57 루가 16 : 22 참조.
*58 특히 시노페의 디오게네스와 그의 제자들을 가리킨다. 세네카 《영혼의 평정》 14 및 《서간집》 92, 키케로 《투스쿨룸에서의 논쟁》 1, 43 참조.
*59 루카누스 《파르살리아》 7, 819.
*60 이 장의 전체 논지에 대해서는 아우구스티누스가 421년쯤에 집필한 《죽은 자를 위한 공양》 참조.

제13장 그리스도인이 죽은 뒤 묻혀야만 하는 이유

고인의 시체, 특히 영혼이 모든 선한 일을 위한 도구나 기구로서 신앙 생활에 거룩하게 쓰였던 의인들의 시체를 모욕하거나 방치해서는 안 된다. 부모의 옷이나 반지, 기타 물건이 자손에게 가치가 있는 것이고 특히 그들이 부모에게 깊은 애정을 가지고 있다면 그 가치는 한결 더 커지기 마련이다. 우리가 입고 있는 어떤 옷보다도 가깝고, 친밀한 육체는 결코 가볍게 다룰 일이 아니다. 육체는 외부에서 제공된 장식이나 호신구가 아니라, 인간 본성의 일부이기 때문이다. 이런 이유로 옛 의인들의 장례식은 장중하고 경건하게 치러졌으며, 장송은 성대하고, 매장도 정중하게 이루어졌다.*61 그들은 살아있을 때 매장하는 방식, 또는 자신의 시체를 예를 갖추어 옮기는 방법 등에 대해 아들들에게 몸소 지시했다.*62 토비트는, 천사가 증언하듯이, 죽은 자를 매장함으로써 하느님 앞에 공적을 쌓도록 명령을 받았다.*63 주님도 사흘째에 살아나시도록 되어 있었는데, 신심 깊은 여자가 선행을 했고 주님은 제자들에게 그것을 알리도록 명령하셨다. 그때 여자는 값진 향유를 주의 몸에 부었는데, 그것은 예를 갖추어 그리스도를 매장하기 위해 한 행위였다.*64 또 복음서는 주의 시체를 십자가에서 내려 정중하고 공손하게 천을 덮고, 그것을 매장하기 위해 마음을 쓴 사람들을 칭찬의 말로 기록했다.*65

그러나 이들 권위 있는 문서가 시체에 어떤 감각이 내재하고 있다고 가르치지는 않는다. 오히려 부활의 신앙을 강화하기 위해, 죽은 사람의 육체도 하느님 섭리 아래 있다는 것, 또 이와 같은 경건한 장례식도 그분께 기쁜 일이라는 사실을 보여준다. 죽은 인간의 몸일지라도 예를 갖추는 것이 하느님 앞에서 헛된 일이 아니라고 한다면, 우리가 살아 있는 사람들에게 베푸는 자비에 하느님께서 얼마나 큰 보답을 주시겠는가를 가르치는 것이다.

그밖에도 성스러운 족장들은 자기들의 시체를 매장하거나 옮기는 일에 대해서 가르쳤다. 그들은 이런 지시들이 예언의 영이 말한 것으로서 이해되기를 바

---

*61 창세 23 : 3-20, 25 : 9-10, 35 : 29, 49 : 29-32, 50 : 1-13 참조.
*62 창세 47 : 29-30, 50 : 5 참조.
*63 토비 2 : 9, 12 : 12 참조.
*64 마태 26 : 7-13 참조.
*65 요한 19 : 38-42 참조.

랐다.[66] 이미 말한 것으로도 충분하므로 이에 대해 여기서는 더 이야기하지 않기로 한다.

음식이나 의복처럼 생활에 꼭 필요한 것들이 없거나 그것 때문에 괴로운 일을 겪어도, 사람들 내면의 굳은 인내와 용기는 앗아갈 수 없고, 그들의 영혼으로부터 자란 경건함을 없앨 수도 없다. 오히려 참아내는 훈련을 받은 이들의 덕이나 경건이 더욱 넉넉해진다면, 하물며 죽은 자의 시체를 장사지내거나 매장하기 위해 일반적으로 해야 할 배려가 이루어지지 않았다 해도, 그것이 경건한 사람들을 위해 준비된 은밀한 장소에서 이미 쉬고 있는 사람들을 불행하게 하지는 않으리라. 그러므로 저 큰 수도와 그 밖의 도시들이 약탈되었을 때, 그리스도 인의 시체에 대해서 예의를 갖추지 못한 일이 많았다고 해도, 그것을 다하지 못한 생존자에게 죄는 없다. 또 죽은 자는 그것을 느낄 수가 없으므로, 그다지 고통을 겪지는 않았으리라.

제14장 신은 포로가 된 그리스도인들에게 위로의 손길을 내미신다

그러나 많은 그리스도인들이 납치되었다고 사람들은 말한다. 만일 그들이 하느님이 없는 장소로 끌려갔다면 이것은 참으로 비참하기 짝이 없는 일일 것이다. 그러나 성서에는 이와 같은 재난에 대해서도 큰 위로가 되는 말씀이 있다. 세 소년도 붙잡히고, 다니엘도 붙잡혔으며, 그 밖의 선지자들도 붙잡혔다. 그러나[67] 하느님은 위로의 주인임에는 변함이 없었다. 큰 물고기 배 안에 있던 선지자(요나)를 버리지 않은 하느님[68]은 이교도들의 지배 아래서도 그 신자들을 버리지 않았다. 이교도들은 야만적이었으나 그래도 인정은 가지고 있었다. 우리의 논쟁 상대들은 요나의 이야기를 믿지 않고 오히려 비웃는다. 하지만 그들은 자기들 문학작품에 씌어 있는 메딤나 아리온의 이야기는 믿는다. 그는 유명한 하프 연주자로 배에서 바다로 던져졌을 때, 돌고래 등에 올라 해변에 이르렀다고 한다.[69] 선지자 요나에 대한 우리의 이야기는 확실히 그것보다는 믿기

---

*66 창세 49 : 29–30, 50 : 24–25 참조.
*67 다니 1 : 6.
*68 요나 2 : 1–2 참조.
*69 헤로도투스 《역사》 1, 24, 오비디우스 《변신이야기》 2, 113, 겔리우스 《아티카 야화》 16, 19 참조. 돌고래는 노래를 좋아했기 때문에 아리온을 태우고 타이나론 곳으로 데려다주었다고 한다.

가 어렵다. 그러나 한결 기적적이기 때문에 믿기 어려우며, 보다 힘이 차 있기 때문에 더욱 기적적이 아닐 수 없다.

제15장 레굴루스의 경우

그 이교도들 또한 종교적인 이유 때문에 붙잡혀서 포로가 된 실례가 있으며, 더욱이 자기네 유명 인사들 가운데 훌륭한 귀감을 가지고 있다. 로마 시민의 지휘관 마르쿠스 레굴루스는 카르타고인의 포로가 되었다.*[70] 카르타고인은 로마인을 포로로 두기보다는 자기 패거리들(로마인의 포로가 되어 있던 사람들)을 로마에게서 돌려받기를 바랐기 때문에, 자기들의 사자와 함께 이 뛰어난 인물 레굴루스를 로마로 보내 이를 요청했다. 그는 떠나기 앞서, 만약 카르타고인이 바라는 대로 일이 진행되지 않을 때에는, 카르타고로 돌아올 것을 굳게 맹세했다. 로마로 간 그는 원로원에서 이와는 반대되는 말을 했다. 포로 교환은 로마 국가를 위함이 아니라고 판단했기 때문이다. 이렇게 설득한 뒤 그는 적국으로 되돌아갔다. 동포들이 강요한 것은 아니었지만, 이미 서약을 했기 때문에 스스로 약속을 지킨 것이다. 끝내 카르타고인들은 정교한 고문 기구로 그를 죽이고 말았다. 그는 좁은 나무 상자 안에 갇혔는데 그 안쪽은 곳곳에 날카로운 못이 고정되어 있어서 어느 쪽으로 기대도 참을 수 없이 아팠으므로 그대로 서 있지 않으면 안 되었다. 이렇게 해서 그들은 난폭한 짓을 직접 가하지는 않았지만 그를 잠들지 못하게 함으로써 목적을 이루었다.*[71]

이교도들이 이와 같은 불행한 꼴을 겪은 사람의 위대한 덕을 찬탄한 것은 마땅한 일이었다. 그때 레굴루스는 신들에게 맹세를 걸고 서약했다. 우리를 비

---

*70 마르쿠스 아틸리우스 레굴루스는 기원전 267년 집정관이 되었으나 제1차 포에니 전쟁(기원전 256년) 때에는 집정관 겸 아프리카의 로마군 지휘관이었다. 이 전쟁이 한창일 때 카르타고는 화평을 위한 회담을 제안했으나 레굴루스는 상대가 도저히 받아들일 수 없는 가혹한 조건을 꺼내 그 제안을 사실상 거절했다. 다시 시작된 전쟁에서 패한 레굴루스는 붙잡혀 포로가 되었다. 그 뒤 파노르무스의 싸움(기원전 250년)에서 카르타고가 패하자 레굴루스는 포로교환을 위해 사절과 함께 로마로 보내졌다. 그는 원로원에서 계속 전쟁할 것을 주장한 뒤 동포의 설득에도 카르타고로 돌아가 고문으로 죽었다. 아우구스티누스가 이 장에서 말하고 있는 일이 실제로 일어났는지에 대해서는 역사가들 사이에 논란이 있는데 대부분은 이를 긍정하고 있다. 리비우스《로마사 요약서》16, 호라티우스《송가》3, 5 등에 따라 로마인들뿐 아니라 고대 그리스도교도 사이에서도 그 영웅적 행동이 높이 평가되었다.
*71 키케로《도덕적 의무에 대하여》19 참조.

난하는 사람은 그 신들의 예배가 금지되었으므로 오늘날과 같은 재앙이 인류에게 닥쳤다고 생각한다. 이 세상의 삶의 번영을 위해 그 신들에게 예배를 드린 것이다. 그러나 만일 신들이 레굴루스처럼 맹세를 지킨 자들에게도 그와 같은 벌을 인정했다고 한다면, 맹세를 깬 자에 대해서는 어떠한 벌을 내렸을까?

그러나 이제까지의 논의에서 다음과 같은 두 가지 결론을 이끌어 낼 수는 없을까? 확실히 레굴루스는 신들을 철저히 섬겼으므로, 맹세한 일을 충실하게 지키려고 조국에 머무르지 않았으며, 또 거기에서 다른 나라로 달아나지도 않고, 흉포하기 짝이 없는 적에게 돌아갔다. 만약 그렇게 하는 것이 이 세상의 삶에 이롭다고 생각했다면, 그는 틀림없이 잘못을 저지른 셈이다. 그 결과 그와 같은 무서운 일을 당했기 때문이다. 실제로 그는 이 일로 신들이 그 예배자들에게 이 세상의 행복을 주는 것이 아님을 가르쳤다. 그는 헌신적으로 신들을 섬겼으나 패배했고 포로가 되어 끌려갔다. 그리고 신들에게 맹세한 대로 했기에 이제껏 들어본 적도 없는 잔혹한 방법으로 고문받아 목숨을 잃고 말았다.

그러나 만약 신들을 섬긴 보수로서 죽은 뒤의 행복이 주어진다면, 사람들은 왜, 이 신들을 섬기지 않았음으로 도시에 재앙이 일어났다면서 그리스도교 시대를 비방하는가? 신들을 충실히 섬긴 사람들도 레굴루스 못지않게 불행한 꼴을 당했기 때문이다. 놀라울 만큼 광기에 사로잡힌 사람이 아니고서야, 도대체 누가 명명백백한 사실을 거슬러 "신들의 힘은 개개인을 지키는 것보다는 오히려 다수의 사람들은 지키는 데에 적합하므로, 한 사람의 인간이 불행한 꼴을 당함은 있을 수 있지만, 신들을 섬기는 나라 전체가 불행할 꼴을 당함은 있을 수 없다"고 주장할 것인가? 그러나 이는 옳지 않다. 집단은 개개인으로 이루어졌기 때문이다.

이에 대해 이교도들은 다음과 같이 말하리라. "마르쿠스 레굴루스는 붙잡혀 있는 동안 가혹한 고문을 받았으나, 정신의 덕으로 행복할 수 있었다. (따라서) 우리는 나라도 행복하게 만들 수 있는 참다운 덕을 구해야 한다."[*72]고. 나라는 인간의 집합체이므로, 나라도 인간도 그 행복의 원천은 변하지 않는다. 여하간 나는 레굴루스 안에 어떠한 덕이 있었던가에 대해서는 논하지 않으므로, 지금은 오직 이렇게 말하는 것만으로 충분하다. "이 사건을 보더라도 그들은 신체

[*72] 스토아 철학의 주장.

적인 선이나, 외부로부터 인간에 가해지는 여러 사물의 선이 가져오는 행복 때문에 신들을 섬기는 게 아니라는 사실을 인정할 수밖에 없다. 확실히 그는 서약을 한 신들을 화나게 하느니보다는 오히려 이들 행복을 잃는 것을 바랐기 때문이다."

그러나 레굴루스와 같은 시민을 자랑으로 여기면서, 그와 같은 나라를 갖기를 두려워하는 사람들에게, 우리는 어떻게 반론해야 할 것인가? 만약 그들이 이것을 두려워하지 않는다면, 레굴루스와 마찬가지로 열심히 신들을 섬기는 나라에도, 그에게 일어난 것과 같은 일이 일어날 수 있다고 인정해야 하며 그리스도교 시대를 비방할 일이 아니다.

붙잡힌 그리스도인들에 대해 일어난 논의가 이런 토론의 실마리가 되었다. 가장 건전한 우리 종교를 뻔뻔스러운 태도로 비웃는 자들은, 이와 같은 일을 잘 생각하고 침묵해야 한다. 만약 이 신들을 열심히 섬겼던 자가, 신들에 대한 맹세를 충실하게 지켰고, 달리 조국이 없는데도 다른 나라를 택하지 않았으며 적에게 붙잡혀 오랫동안 잔혹한 고문 도구로 고문을 받아, 죽어갔던 일이 그들 신들이 비난받을 일이 아니었다고 한다면, 참다운 신앙으로 하늘나라를 소망하면서 자기 고향에 있어도 기류자라는 것을 알고 있는 성도들[73]이 붙잡혔다고 해서, 그리스도 교도의 이름을 비난할 까닭은 없으리라.[74]

제16장 성폭행을 당한 그리스도교 여성 문제

적대자들은 그리스도 신자들이 붙잡힌 것을 이용해, 침략군이 단순한 여성이나 처녀뿐 아니라 수도녀에게까지 능욕을 가한 사실을 들추어내 신랄하게 비난할 수 있다고 생각한다. 그러나 여기에서 우리는 신앙이나 경건, 또는 정절이라고 일컬어지고 있는 덕 그 자체에 대해 이야기하는 것보다 오히려 (문제를) 수치와 도리 사이를 좁게 한정해서 논하는 편이 좋으리라. 여기에서는 바깥 사람들에게 대답하는 데에 고민하는 것보다도 오히려 우리 동료들에게 위로를 주는 데에 의미를 두어야 한다.

먼저, 올바른 생활의 바탕이 될 덕을 세우고, 그것이 정신의 자리에서 육체

---

*73 1베드 2 : 11 참조.
*74 '수도의 멸망에 대해서'라고 하는 설교(2 : 2)에서 아우구스티누스는 붙잡혀서 옥중에 있는 그리스도 신자의 존재가 다른 죄수의 위로와 격려에 유익했다는 것을 말하고 있다.

의 각 부분을 지배해, 맑아진 의지를 써서 육체를 깨끗하게 해야 한다. 자기 의지가 늘 흔들림 없다면 타인이 육체에 대해서 무슨 일을 하든, 본인이 자살같은 죄를 범하지 않고서는 피해자에게 책임이 없다. 그러나 단순히 고통을 포함한 행위뿐 아니라 정욕을 포함한 행위도 타인의 육체에 대해서 이루어지는 경우가 있다. 이 경우 더럽힘 당한 자가 굳은 마음으로 지키고 있는 순결을 빼앗지 않는다고 해도 수치심을 일으키게 된다.

이 말을 하는 까닭은, 사람들이 육체의 쾌감을 수반하지 않고서는 일어날 수 없는 일이라도 마음으로부터 원해서 했다고 믿지 않기를 바라기 때문이다.

제17장 벌이나 불명예를 두려워한 나머지 스스로 목숨을 끊은 사람들의 문제

위에서 말한 수치를 당하지 않기 위해 자살한 여자들에 대해서, 일반적인 인정을 가지고 있는 사람이라면, 그 누가 이런 일을 이해할 수 없겠는가? 또 타인의 파렴치한 행위를 피하지 않고 자살을 거부한 여자들에 대해, 범죄라고 주장하는 사람이 있는데, 그들은 모두 생각 없는 자들이라는 비난을 피할 수 없으리라. 비록 죄인일지라도, 법률이 죽이는 것을 인정하지 않는 한, 개인적 권리로 그 사람을 죽이는 일은 허락되지 않는다. 그렇다면 자살하는 사람은 틀림없이 사람을 죽이는 자가 되기 때문이다. 그리고 자살할 때, 스스로 목숨을 끊지 않으면 안 된다고 생각한 이유가 작으면 작을수록 그 자살자의 죄는 크다.

사실 우리가 유대가 한 짓을 혐오하는 것은 마땅하다. 진리(그리스도)도, 그가 목을 매었을 때, 속죄한 것이 아니라 오히려 죄가 늘어났다고 판단을 내리셨다.[75] 그는 신의 자비에 절망했으므로 자포자기함으로써, 구원을 받기 위한 회개[76]에 여지를 남기지 않았기 때문이다. (유대가 위와 같다고 하면) 하물며 유대와 같은 극형을 가지고 벌을 받을 이유를 자기 안에 가지지 않는 사람은 자살을 단념하지 않으면 안 된다. 유대는 자살함으로써 극악한 사람을 죽인 셈이며, 단순히 그리스도의 죽음뿐 아니라, 자기 자신의 죽음에 대해서도 죄책이 있는 사람으로서 지상에서의 생명을 끊었기 때문이다. 그는 자기 죄과 때문이라고 하지만, 또 하나의 죄과에 의해서도 죽은 것이다. 그런데도 어째서 아무런 나쁜 일도 하지 않은 사람이 스스로에게 악을 행해 자기를 죽임으로써, 죄

---

*75 마태 27 : 3-5 참조.
*76 2고린 7 : 10 참조.

가 없는 인간을 죽이지 않으면 안 되는가. 그것은 다른 죄가 있는 사람에게 그와 같은 일을 시키지 않게 하기 위함인가? 아니면 다른 사람에게 죄를 범하는 기회를 주지 않기 위해, 자기에게 죄를 범하기 위함인가?

제18장 다른 사람의 성적 욕망과 자신의 순결 사이의 문제

"그러나 타인의 정욕에 의해 더럽혀지지는 않을까 하는 걱정이 있다"(고 사람들은 말할지 모른다). 하지만 그것이 타인의 정욕이라면, 그것이 자기를 더럽히는 일은 없으리라. 그러나 만약 정욕이 자신을 더럽혔다면, 그것은 타인의 정욕이 아닐 것이다. 순결은 정신의 덕이며 용기를 친구로서 두고 있다. 그리고 이 용기로써 순결은 악에 동의하지 않고 어떠한 악이든, 참고 견디려고 결의한다. 그러나 기품과 순결을 지닌 사람이라도, 자기 육체에서 일어나는 일을 자유롭게 처리할 힘을 가지지 못하고, 오직 정신에 의해 시인하거나 부정하는 일만할 수 있는 데 지나지 않는다. 그러므로 만약 자기 육체가 붙잡혀서 폭력을 당하고, 거기에서 자기의 것이 아닌 타인의 정욕이 힘을 발휘해 그 생각이 이루어졌다고 해도, 분별력이 있는 사람이라면 누가 순결을 잃었다고 여길 것인가? 만약 이러한 방식으로 순결이 상실된다면, 순결은 절대로 사람이 잘 살아가게 하는 정신의 선에 속하는 덕이 아니라, 오히려 여러 능력, 아름다움, 건강, 체력 같은 육체의 선으로 여겨지리라. 이들 특성은 비록 (그 자체가) 약해지는 일은 있어도, 선하고 의로운 삶을 사는 방식은 결코 약해지지 않는다.

그런데 만약에 순결이 이와 같다면, 그것을 잃지 않기 위해 육체의 위험을 저지르면서까지 고생할 필요가 있는가? 그것이 정신의 선이라고 한다면, 비록 육체에 폭행을 당해도 결코 잃는 일은 없을 것이다. 또 성스러운 욕망의 억제라는 선이 육욕의 더러움에 굴복하지 않을 때에는, 육체 그 자체도 깨끗하게 되며, 또한 그 때문에 굳은 뜻을 가지고 육욕에 굴복하지 않겠다고 굳세게 밀고 나간다면, 육체 그 자체로부터도 깨끗함이 사라지는 일은 없다. 육체를 깨끗하게 사용하려는 의지와 그 안에 있는 능력이 굳게 지켜지고 있기 때문이다.

육체는 그 지체에 손상이 없다거나 타인과의 접촉으로 더러워지지 않았다고 해서 깨끗한 것은 아니다. 왜냐하면, 여러 사건으로 지체는 상처를 입으면서도 여전히 폭행에 굴복하지 않을 수도 있으며, 의사가 치료를 위해서 보기에도 비참한 시술을 하는 일도 곧잘 있기 때문이다. 산파는 정말로 처녀인가 아닌가를 손으로 확인하려고, 악에 의해서, 또는 미숙한 기술에 의해서, 또는 우연으로 처녀막을 못 쓰게 만드는 일도 있다. 나는 비록 지체의 건전성이 상실되었다고 해서 육체의 순결이 어느 쯤 상실되었다고 생각할 만큼 어리석은 사람은 없으리라고 생각한다. 그러므로 육체를 순결하게 유지할 수 있는 정신의 결의만 굳으면, 타인의 정욕의 폭력도, 자기억제로 참을성 있고 굳게 지켜지고 있는 절욕을 육체로부터 빼앗을 수는 없다.

이와 달리 만약 정신적으로 타락한 어떤 여성이 하느님 앞에서 결의한 것을 저버리고 유혹자에게로 달려가 몸을 더럽혔을 경우, 육체를 깨끗하게 유지하고 있던 정신의 순결이 손상되어 사라졌음에도 여전히 육체가 깨끗하다고 말할 수가 있을까? 결코 그렇지가 않다. 오히려 우리는 이런 잘못에 대해 다음과 같이 생각해야 하리라. 비록 육체가 폭행을 받아도, 정신의 순결만 있으면 육체의 순결을 잃어버리는 일은 없다. 마찬가지로 육체가 더럽혀지지 않아도, 정신의 순결이 상처를 입으면 육체의 순결 또한 잃는 것이다. 그러므로 동의 없이 폭행을 당해 타인의 죄를 강요받은 여성은, 자살함으로써 자기에게 벌을 주어야 할 이유가 전혀 없다. 그러니 사건이 일어나기 전에 미리 죽음으로써 자신을 벌할 이유는 더더욱 없다. 비록 타인에 의해 행하여진 파렴치한 행위가 실제로 이루어지는가의 여부가 뚜렷하지 않을 때, 자신을 죽이는 살인 행위는 용서되어서는 안 된다.

제19장 성폭행을 당해 스스로 목숨을 끊은 루크레티아

육체에 폭행을 당해도 정절을 결의하고 그 악에 절대로 동의하지 않았을 경우, 그것은 폭력을 써서 성교를 한 남자의 파렴치한 행위뿐이지 폭력 때문에 자기 의지와 달리 성교한 여성의 죄는 아니라고 우리는 주장한다. 이 주장의 뚜렷한 근거에 대해서도 적대자들은 감히 반대할 것인가? 그들에 대해서 우리는, 붙잡혀서 폭행을 당한 그리스도인 여성들은 정신뿐 아니라 육체도 깨끗하다는 사실을 똑똑히 말한다.

그런데 그들은 옛 로마의 귀부인 루크레티아를 정숙하고 명예가 높은 사람으로 칭송한다.*77 타르퀴니우스 왕의 아들은 정욕에 사로잡혀 그녀의 육체를

---

*77 루크레티아의 사건은 리비우스의 《로마사》 1, 57-58에 자세히 나와 있다. 리비우스도 여기에서 아우구스티누스가 소개하고 있는 것 같은 견해, 즉 폭행을 받아 육신이 더럽힘을 당

난폭하게도 짓눌러 마음대로 다루었으나, 그녀는 이 극악무도한 젊은이의 범죄를 남편인 콜라티누스와 친척인 브루투스에게 알려 복수를 맹세하게 했다. 그들은 매우 뛰어나고 용감한 인물이었다. 그 뒤 그녀는 자신이 받은 추행을 견딜 수 없어서 자살하고 말았다.

이에 대해 우리는 무엇이라고 말해야 좋은가? 이 여성을 간악한 여자라고 단정할 것인가, 그렇지 않으면 정숙하다고 판단해야 하는가? 누가 이것을 어려운 문제라고 여길 것인가? 어떤 사람은 이에 대해서 특이한 말을 했는데 그것은 적절하기노 하고 진실이기도 하다. "묘한 이야기이지만, 두 사람이 그 자리에 있었으나 간음을 저지른 것은 한 사람뿐이다."*78 이는 매우 훌륭하며 지당한 말이다. 이 사람은 두 육체의 결합에서, 한 쪽의 가장 더러운 사욕과 다른 한 쪽의 정숙한 의지를 보았으며, 또 일이 육체의 결합으로 이루어진 것이 아니라, 두 개의 전혀 다른 정신에 의해 이루어졌다는 점에 주목했기 때문이다.

그러나 간음을 저지른 자보다 간음을 저지르지 않은 여성 쪽이 엄하게 벌을 받는 것은 어찌된 일인가? 이런 일을 저지른 아들은 아버지와 함께 조국으로부터 쫓겨났을 뿐이지만 이 여성은 가장 큰 고통으로 극형을 받은 것이나 다름없기 때문이다. 만약 강제로 폭행 당하는 일이 부정(不貞)이 아니라면, 이 정숙한 여성을 벌하는 정의는 정의가 아닐 것이다. 나는 당신네 로마 법률과 재판관에게 호소한다. 당신들은 이제까지 범죄가 일어났을 때, 범인으로 선고되지 않은 자를 처벌한 일은 결코 없었다. 따라서 만일 누군가가 이러한 범죄로 재판 받기 위해서, 당신네들의 법정에 호소해, 그 여성이 정숙하고 죄가 없었는데 정신적으로 살해되었음이 밝혀졌다면, 당신들은 그녀를 죽인 사람을 엄격하게 벌하지 않을까?

이 일을 한 것이 바로 루크레티아였다. 그토록 칭찬을 받은 그 정숙한 루크레티아가, 폭력으로 침범당한 죄없는 루크레티아를 죽게 한 것이다. 자, 이제 판결을 내려주기 바란다. 만약에 처벌해야 할 상대가 없어서 그리 할 수 없다면 왜 당신네들은 죄 없고 정숙한 여자를 죽인 자를 그토록 칭찬하는가? 당신네

해도 마음만 순결하면 문제가 없다는 견해를 보이고 있는데, 이와 같은 생각은 고대인의 경우, 오히려 예외이며, 일반적으로 루크레티아처럼 강간을 당하면 여자 자신의 피가 더러워지므로 어떤 처치를 취해야 한다고 생각했다.

*78 누구의 말인지 분명하지가 않다.

시인이 노래한 것과 같은 지하세계 재판관 앞에서 그녀를 변호할 이유를 가지고 있지 않은 것이다. 즉 그녀는

"자기 몸에 손을 써서

아무 죄도 없는 데도 죽음을 구하여

이 세상을 덧없이 여기고

스스로 자신의 영혼을 버린"[79]

자들 안에 놓여 있기 때문이다.

비록 그녀가 지상의 세상으로 돌아오기를 원해도

"운명은 이제 용서하지 않는다.

불길한 파도가 이는 슬픈 늪에 가로막혀서"[80]

하지만 그녀는 죄가 없는 것이 아니라, 오히려 자기 죄를 의식해 자살했으므로 아마도 지상 세계에 있지는 않으리라. 왜냐하면 (그녀만이 알았던 일이지만) 비록 그 젊은이가 억지로 강요했다고 해도, 그녀가 자기도 모르는 정욕으로 은연중에 이에 동의해, 그것 때문에 죽음으로써 속죄하지 않으면 안 된다고 생각할 만큼 자기를 벌하려고 괴로워했다면 어떻게 되겠는가? 만일 그렇다고 해도 거짓 신들에게라도 속죄와 회개를 할 수 있었다면, 절대로 자살을 해서는 안 되었다.

사실이 그러하다면 "두 사람이 그 자리에 있었지만 간음을 저지른 것은 한 사람뿐이다" 하는 말은 거짓이다. 오히려 두 사람이 간음을 범한 것이다. 한 사람은 노골적인 폭행으로 다른 한 사람은 남모를 동의로 그렇게 한 것이라면, 무죄였는데 자살한 것이 아니므로 상식 있는 변호인들에 따라 "죄가 없는데도 부정하게도 내 몸에 손을 쓰는" 자들과 함께 지하에 있으리라는 말은 듣지 않게 될 것이다. 하지만 그렇게 되면 다음과 같은 모순에 빠지게 된다. 즉 살인죄가 아니라면, 간통죄가 될 것이고, 만약 간통죄를 입힐 수 없으면 살인죄가 커지는 것이다. 따라서 다음과 같은 모순을 벗어날 길은 전혀 없다. "만약에 그녀가 간통했다면 왜 칭찬을 받는가? 만약에 그녀가 정숙했다면 왜 자살을 했는가?"

---

*79 베르길리우스 《아이네이스》 6, 434–436.

*80 베르길리우스 《아이네이스》 6, 439. 미뉴 판에서는 "운명이 방해하고 슬픈 늪과 수영을 허용하지 않는 파도가 묶는다"로 되어 있다.

그러나 순결에 대해서는 전혀 생각하지 않고, 붙잡혀서 폭행을 당한 그리스도인 여성을 비웃는 자를 논박하기 위해서는, 그 여성의 숭고한 실례를 꺼내는 것으로 충분하다. "두 사람이 거기에 있었는데 간음을 범한 것은 한 사람뿐이다." 왜냐하면 그들은 루크레티아를 간통에 동의해서 몸을 더럽힌 여자라고 결코 생각하지 않기 때문이다.

따라서 동의로 간통을 저지르지 않았다고 해도 강간을 당해 자살한 것은, 정절에 대한 사랑이 아니라, 오히려 수치심에서 비롯된 약점 때문이다. 그녀는 비록 함께 한 일이 아니라지만, 자기 몸에 타인이 저지른 추행을 부끄럽게 여겼기 때문이다. 그녀는 그밖에 체면을 중히 여기는 로마 여성이었으므로, 만일 그대로 살아간다면, 억지로 폭행을 당한 것이 아니라 자발적으로 한 것이라고 여겨지지 않을까 두려워한 것이다. 그래서 양심의 결백을 보여줄 수 없었던 사람들의 눈에, 마음의 증표로서 그와 같은 벌을 (내 몸에 내렸다는 것을) 보이지 않으면 안 되겠다고 생각했으리라. 즉 그녀는 타인이 그녀의 몸에 가한 추행을 참고 살아간다면 자기도 같은 패거리라고 여겨지지 않을까 하는 생각에 견딜 수가 없었던 것이다.

그러나 같은 일을 당하고도 계속 삶을 살아간 그리스도인 여성들은 그렇게는 하지 않았으며, 남의 죄를 자기 몸에 되돌리는 일 또한 하지 않았다. 만약 적이 정욕을 품고 그녀들에게 음란한 짓을 저질렀다는 이유로, 창피를 견디지 못해 자기 몸에 살인이라는 죄를 범한다면, 타인의 범죄에 자기의 죄를 덧붙이는 일이 되기 때문이다. 즉 그녀들은 자기 내부의 정결에 대한 자부심과 양심의 증명을 가지고 있는 셈이다. 더욱이 하느님 앞에서 그것을 지닌 것이므로 그 이상의 것을 구하지 않는다. 그녀들에게는 하느님 앞에서 올바르게 행동하는 것만으로 충분하며 그 이상의 것은 필요치 않다. 그것은 남들이 의혹의 눈으로 보는 데에서 생기는 굴욕을 잘못된 방법으로 피하려다가 하느님의 율법의 권위에서 일탈하는 일이 없게 하기 위함이다.

제20장 자살은 하느님의 율법으로 금지되어 있다

성스러운 성경 안에는, 우리가 영원한 생명을 얻기 위해, 또는 불행을 피하거나 없애기 위해 자살을 명하거나 허가하는 하느님의 말은 그 어디에서도 찾아볼 수가 없다. 이것은 결코 근거가 없는 일이 아니다. 율법에 나오는 "죽여서는 안 된다"*81는 말은 자살을 금지한다고 이해해야 한다. 거짓 증언을 금지해 "당신 이웃에 대해서 거짓 증언을 해서는 안 된다"*82 하는 경우와 달리 "당신의 이웃"이라는 말 범위를 한정짓지 않았기 때문이다. 하지만 "당신의 이웃을 자기 자신처럼 사랑해야 한다"*83 할 때, 진정으로 사랑하는 자는 이웃에 대한 사랑을 자기 자신으로부터 시작하는 것으로 받아들이므로, 누구나 자기 자신에 대해서 거짓증언을 했을 때, 이 죄와는 관련이 없다고 생각해서는 안 된다.

또 거짓증언을 금하는 그 말씀에서, 본디 이웃에 대해 금지되어 있는 것이지만, 자기 자신에 대해 위증인이 되는 것은 금지되어 있지 않다고 이해함은 옳지 않다. 따라서 이웃에 대해 위증하는 것과 마찬가지로, 자신에 대해 거짓 고백하는 자에게도 위증죄가 적용된다면, "죽여서는 안 된다"는 율법에 대해서는 비록 누구라는 말이 들어 있지 않아도, 이 타이름의 대상에는 예외가 없다고 이해된다. 따라서 자살도 허락되어 있지 않다고 받아들여야 한다.

그런데 어떤 사람들은 이 계명을 야수나 가축에게까지 확대해서, 이 타이름 때문에 이들 동물도 죽여서는 안 된다고 주장한다. 그렇다면 왜 식물이나 대지에 뿌리를 내리고 살고 있는 것에도 이것을 적용하지 않는가?*84 식물들도 비록 감각은 없지만 살아 있고, 따라서 죽을 수도 있으며 힘으로 죽일 수도 있다. 이런 이유로 사도도 이와 같은 식물의 종자를 예로 들어 이렇게 말한다. "당신이 뿌리는 것은 죽지 않으면 살 수 없지 않은?"*85 또 시편에도 다음과 같이 씌어 있다. "(하느님은) 우박으로 포도나무를 죽였다"*86 그러나 그렇다고 해서 "죽여서는 안 된다"라는 구절에서, 덤불을 잘라내는 일도 금지되어 있다는 결론을 이끌거나, 또 마니교도들의 어리석기 짝이 없는 잘못된 견해에 동조해도 좋은 것인가? 우리는 "죽여서는 안 된다"는 말을 읽을 때, 이들의 잠꼬대 같

---

*81 출애 20 : 13.

*82 출애 20 : 16.

*83 마태 22 : 39.

*84 마니교는 동물을 죽이는 것은 물론, 나무를 자르는 일, 과실에서 씨를 없애는 일, 곡물의 이삭을 베는 일, 정원이나 밭의 잡초를 뽑는 것도 금했다. 마니교에게는 인간에 의해 뽑힌 야채는 고통을 받고 있고 또한 무화과나무의 하얀 즙은 눈물이었다. 《마니교도의 습관에 관하여》 2, 17, 54, 55, 62, 《여러 이단》 46, 《파우스투스 논박론》 6, 4, 《고백록》 3, 18 참조.

*85 1고린 15 : 36.

*86 시편 78 : 47.

은 풀이를 취하지 않는다. 우리는 이 말을 관목에는 적용하지 않는데, 관목에는 감각이 없기 때문이다. 또 날거나 헤엄치거나 움직이거나 기어 다니는, 이성을 가지지 않는 동물에도 적용하지 않는다. 이들 동물은 이성을 갖춘 우리 동료가 아니기 때문이다. 이들 동물에는 우리와 공통된 이성을 갖는 일이 허용되어 있지 않다. (이런 까닭으로 창조주의 완전하고도 올바른 질서 부여에 의해서 이들 동물의 삶과 죽음은 우리의 필요에 종속되는 것이다).

그러므로 우리는 "죽여서는 안 된다"는 말을 인간에게만 적용되는 말로 해석하지 않으면 안 된다. 그것은, 자기를 죽이는 자는 곧 사람을 죽이는 자이기 때문이다.

제21장 사람을 죽여도 용서받는 경우

그러나 하느님께서는 사람을 죽여서는 안 된다는 일에 대해 몇 가지 예외를 두었다. 그것은 하느님이 정한 율법이나, 또는 특정한 사람에게 내려진 명령에 따라 죽일 때이다. (그러나 이 경우 그 사람의 의지로 죽이는 것이 아니다, 칼이 그것을 사용하는 사람에게는 도구인 것처럼, 하느님 또한 명령을 내린 자에게 봉사의 의무를 다하고 있는 것이다. 그렇기 때문에 하느님의 명령으로 전쟁을 하거나, 또는 국가 권력의 행사로서 가장 올바른 이성의 지시인 국가의 법률에 따라 범죄인을 사형에 처하는 사람들은 '죽여서는 안 된다'는 계명을 결코 어긴 것이 아니다. 때문에 아브라함이 나쁜 뜻을 품어서가 아니라 그저 순순히 따르려는 마음에서 아들을 죽이려고 했을 때, 잔혹한 죄를 범한다는 가책을 짊어지지 않았을 뿐만 아니라 오히려 경건하다는 칭찬까지도 받은 것이다.*87 또 에프타는 싸움에서 이기고 돌아올 때 맨 처음 만나는 사람을 하느님에게 번제(燔祭)로서 바치기로 맹세했었기에, 자신을 맞이하러 나온 딸을 죽였다. 또 삼손이 집을 무너뜨려 적과 함께 깔려 죽은 것은*88 그를 통해서 기적을 행한 성령이 남몰래 이를 명령했다는 것 말고는 다른 까닭이 있을 수 없다. 따라서 일반적으로 옳은 법률이, 또는 특별히 정의의 원천인 하느님 자신이 죽일 것을 명령한 이들 경우를 제외하고는, 자기 자신 또는 그 누구건, 사람을 죽이는 자는 모두 살인죄를 짓게 된다.

---

*87 창세 22 : 15–18 참조.
*88 판관 16 : 25–31 참조.

제22장 스스로 목숨을 끊었다고 정신이 강한 것은 아니다

자살한 사람은, 아마도 정신력이 강하다는 점에서는 놀라움을 살지 모르지만, 지혜의 건전성이라는 점에서는 칭찬받지 못한다. 그리고 더 자세히 살펴보면, 사람이 심한 처사나 다른 이의 죄를 견디지 못해 스스로 몸을 망치는 경우, 그를 정신이 강한 사람이라고 말하는 것은 옳지 않으리라. 자기 육체의 가혹한 속박 또는 민중의 어리석은 의견을 참을 수가 없다면 그저 마음이 약하다고밖에 볼 수 없다. 고뇌에 찬 인생으로부터 도피하지 않고 오히려 그것을 견뎌내는 정신이나, 또는 곧잘 오류의 암흑에 싸여 있는 인간적 판단, 특히 대중의 그러한 판단을 양심의 빛과 청염으로 멸시할 수 있는 정신을 더욱 강하다고 보는 것은 마땅하다. 이런 이유로, 만약 우리가 자신에게 죽음을 강제하는 일이 위대한 정신으로 일어난다면, 테오프라스토스*[89]는 강한 정신의 소유자라 할 수 있다. 사람들의 이야기에 따르면, 그는 영혼의 불멸에 대해 논한 플라톤의 책《파이돈》을 읽고 성벽에서 몸을 던짐으로써, 이 세상 삶에서 더 훌륭하다고 믿어지는 삶으로 옮겨 갔다고 한다. 그런데 이 경우는 견딜 수가 없어서 스스로 목숨을 끊어야 할 불행이나 죄가 닥친 것이 아니라, 오로지 강한 정신 때문에 죽기로 마음먹고 이 세상의 삶을 속박하는 달콤한 사슬을 부수려고 마음을 정한 것이다. 하지만 그가 읽은 그 책을 쓴 플라톤 자신이, 그와 같은 일은 강한 짓이라고는 해도 결코 좋은 일은 아님에 대한 증인이었다. 만약 플라톤이, 영혼의 불멸을 알게 되었을 때, 자살은 결코 해서는 안 될 뿐만 아니라 오히려 금지해야 한다고 판단하지 않았더라면, 그가 맨 먼저 그것을 실행하고 또 그것을 남에게 명령했을 것이기 때문이다.

그러나 적대자는 다음과 같이 말할지도 모른다. "적에게 사로잡히지 않으려고 목숨을 끊은 사람도 많지 않은가." 그러나 우리는 오직 그러한 일이 있었는가의 여부를 문제로 삼는 것이 아니라, 그것이 참으로 해야 할 일이었는가를 문제 삼고 있다. 건전한 이성이야말로 실례에 앞서야 한다. 하기야 몇 가지 실례는 건전한 이성에 일치하고는 있지만, 경건이라고 하는 점에서 한결 뛰어난 실례야말로 더욱 본받을 만한 것이다. 족장들도 선지자들도, 또 사도들도 자살은

---

*89 그리스의 철학자로 아리스토텔레스의 제자. 기원전 3세기 전반 사람. 키니코스 학파의 철학자. 칼리마코스《단시집》23, 세크스토스 엔페이리코스《여러 학자 반박론》1, 48, 키케로《투스쿨룸에서의 논쟁》1, 34 : 84. 락탄티우스《신의 교훈》3, 18, 9 참조.

하지 않았다. 주 그리스도도 사도들에게 만일 박해를 만나면 도시에서 도시로 몸을 피하라고 권고하셨다.*⁹⁰ 그때 방해자의 손아귀에 들어가지 않기 위해 자신에게 손을 대라고 권할 수도 있었으리라. 그러나 주께서는 이 세상에서 옮아가는 사람들에게 영원한 주거가 갖추어질 것이라고 약속하면서도,*⁹¹ 그와 같은 자살로 이 세상에서 옮아가는 일은 명령하지도 권고하지도 않았다. '하느님을 모르는 이방인들'*⁹²이 어떠한 실례를 들어서 반대하든,*⁹³ 그것이 유일한 신을 섬기는 사람들에게 허용되지 않는다는 것은 분명하다.

제23장 우티카의 카토

그러나 우리가 앞에서 충분히 다루었다고 생각하는 루크레티아를 제외하고는, 논적들은 그 권위에 호소할 수 있는 실례를 쉽게 찾아낼 수 없으리라. 우티카에서 자살한 카토 말고는 권위 있는 사료가 남아 있는 경우를 찾기가 어렵다.*⁹⁴ 그것은 카토 한 사람만이 목숨을 끊어서가 아니라, 학식 있는 성실한 사람이었기에 그가 한 일은 옳았고, 또 여전히 옳다고 생각해도 아무런 지장이 없다고 여겨지기 때문이다.

이 행위에 대해 내가 무엇보다 말하고 싶은 것은, 학식 있는 그의 친구조차 자살하지 말도록 권고했다는 점이다. 그들은, 자살은 강한 마음에서 생기는 행위가 아니라, 오히려 나약한 마음에서 생기는 행위이며 보기 흉한 일을 피하는 고상함보다는 오히려 그것을 견딜 수 없는 약점이 드러난다고 여겼다.

카토 자신도 그가 가장 사랑하는 아들에 대해서는 그와 같은 판단을 내렸

---

*90 마태 10 : 23 참조.

*91 요한 14 : 2 참조.

*92 1데살 4 : 5.

*93 자살의 시비에 대해서는 많은 철학자가 논했으나 대표적 의견으로서는 플라톤(《법률 873c》와 아리스토텔레스 《니코마코스 윤리학》 1116)는 부인했고, 키니코스 학파는 무조건 이를 인정했고 (디오게네스 라에르티우스 《위대한 철학자들의 생애와 사상》 4, 3, 6, 18, 24 등), 스토아 학파는 그럴 만한 이유가 있을 때에는 인정했고(키케로 《투스쿨룸에서의 논쟁》 1, 83, 세네카 《서간집》 24 등), 신플라톤 학파는 일반적으로 부인했다 (플로티노스 《엔네아데스》 1, 4, 7.

*94 세네카 《서간집》 24, 6–8 ; 67, 7 이하, 70, 19 ; 95, 72, 《섭리》 2, 10, 《영혼의 평정》 16, 디오 카시우스 《로마사》 42, 10–13, 플루타르코스 《영웅전》 '소 카토' 65–70 참조.

다.*95 하지만 만약 카이사르의 승리 아래에서 사는 것이 보기 흉했다면, 왜 그는 아들에게 카이사르의 호의에 모든 것을 기대도록 명령해서 그 보기 흉한 일을 하게 했을까? 그는 왜 아들에게도 함께 죽도록 강제하지 않았는가? 토르카투스*96는, 자기 명령을 어기면서 적에게 싸움을 건 아들이 승리를 거두었음에도, (명령을 어겼다는 이유로) 이를 죽인 일을 칭찬받았다. 그렇다면, 싸움에 진 카토가 자기 몸은 아깝게 생각하지 않았는데, 마찬가지로 싸움에 진 아들의 몸을 아깝게 생각한 까닭은 무엇인가? 영예를 바라고 승자 아래에서 사는 것보다도 명령을 어겨서라도 승자가 되는 것이 더욱 보기 흉한 일이었을까? 카토는 승자 카이사르 아래에서 산다는 것이 결코 보기 흉한 일이 아니라 판단한 것이다. 만약 그렇지 않았다면, 그는 칼을 뽑아 아들을 이 보기 흉한 삶으로부터 해방시켰으리라. 이것은 그가 아들을 사랑하고 있었기 때문에, 카이사르가 아들을 너그럽게 다루어 줄 것을 기대하고 바란 것과 함께 다른 한편으로는 카이사르 자신이 말했다고 전해지는 것처럼,*97 카이사르가 자신도 너그럽게 다루어 명예를 얻게 되는 것을 질투하고 있었다는 것이다. 좀 더 간단하게 말하자면, 카이사르에게 자비를 받는 일을 부끄럽게 여겼다는 것 말고 무엇이겠는가?

제24장 레굴루스는 카토보다 뛰어나지만 욥보다는 못하다

그럼에도 우리의 적대자인 저 패거리들은, 우리가 성스러운 사람 욥이나 그 밖의 성자들을 카토보다 높이 평가하는 것을 인정하지 않으리라. 욥은 스스로 죽음을 선택함으로써 모든 고통을 면하는 것보다 오히려 자기의 육체에서 그 무서운 재앙을 참으려고 애썼다. 또 최고 권위에 의해 가장 높게 여겨지고, 가장 믿을 수 있는 우리의 책(성서)에 적혀 있는 그 밖의 성자들은, 스스로에게 위해를 가하는 것보다는 오히려 적에 붙잡혀서 그 압박을 견디는 일을 바랐다.*98 그러나 나는, 그들의 책에서 이와 같은 사람을 고른다고 하면 마르쿠스

---

*95 디오 카시우스 《로마사》 43, 10 참조.
*96 라틴 전쟁(기원전 340년) 때의 집정관. 리비우스 《로마사》 7, 7, 겔리우스 《아티카 야화》 9, 13 참조.
*97 플루타르코스 《영웅전》 '소 카토' 72, '율리우스 카이사르' 54.
*98 이스라엘인의 바빌론 포로 및 사도행전 등에 기록되어 있는 베드로나 바울의 체포, 투옥을 가리킨다.

카토보다는 마르쿠스 레굴루스를 고르고 싶다.*[99]

카토는 한 번도 카이사르에게 이긴 적이 없고, 패하여 예속의 몸이 된다는 것은 천한 일이라 여기고 있었으므로, 실제로 노예 되기를 두려워해 자살했기 때문이다. 그러나 레굴루스는 이미 카르타고인에 승리를 거두고, 또 로마군 지휘관으로서, 신민들을 괴롭게 하는 승리가 아니라, 오히려 적으로부터도 칭찬을 받는 승리를 로마의 지배를 위해 쟁취했다. 그 뒤 카르타고인에게 패배했을 때도 자살해서 그들의 손을 벗어나는 것보다는 오히려 노예로서 섬기면서도 그들 아래 있기를 바랐다. 그는 카르타고인들의 멍에 아래에서 인내를, 로마인들에 대한 애정 속에서 참고 견딤으로써, 싸움에 진 육체를 적으로부터, 패배하지 않은 마음을 동포로부터 거두지 않았다. 그가 자살하지 않은 까닭은, 이 세상의 생명에 애착을 가지고 있었기 때문이 아니다. 그는 맹세와 약속을 충실히 지키기 위해, 망설임 없이 적에게로 돌아감으로써 이것을 증명했다. 더욱이 그는 싸움터에서 무력을 가지고 한 것보다도 원로원에서 한 그 말로 적의 화를 돋우고 말았다.

이처럼 그는 이 세상의 삶을 매우 가볍게 여겼는데, 스스로 생명을 끊기보다는 오히려 잔혹한 적에게 어떠한 벌도 달게 받아서 자기의 생명을 끝내기를 바랐다. 그것으로써 사람이 스스로 목숨을 끊는 것은 틀림없이 큰 죄악이라는 점을 분명히 했다. 덕으로 빛나는 모든 훌륭한 인물들 가운데에서 레굴루스 이상 가는 사람을 로마인은 가지고 있지 않다. 그는 행복으로도 타락하지 않았다. 그와 같은 큰 승리 안에서도 매우 근엄하게 살았기 때문이다.*[100] 또한 그는 불행으로 타격을 받지도 않았는데, 그와 같은 가혹한 (고문과 죽음의) 파멸을 향해 단호히 돌아갔기 때문이다.

더 나아가 지상의 조국과 신들을 지켜 용기와 명성을 날린 인물이 있다. 비록 거짓 신들이지만, 그들은 두 마음을 품고 섬긴 것이 아니라 맹세한 일에 매우 충실했다. 전쟁 습관과 규범에 따라, 패배한 적에게 가차 없는 보복을 할 수가 있었으나, 자기들이 적에게 패배했을 때, 자신에 대해 자살이라는 가차 없

---

*99 아우구스티누스는 레굴루스의 사건을 즐겨 인용한다. 이미 이 책 15장에서 논했는데 이 책 제2권 23장, 제3권 18장 1, 20장 ; 《서간집》 125, 3, 《율리아누스 반박론》 4, 3 등에도 나온다.

*100 리비우스 《로마사 요약서》 18, 발레리우스 막시무스 《저명 언행록》 4, 4 참조.

는 처사를 하지는 않았다. 그들은 결코 죽음을 두려워하지 않았으나, 자살보다는 오히려 싸움에 이긴 자들의 거친 처치를 참는 쪽을 골랐다. 만약 로마의 인사들이 이와 같았다면 하물며 참다운 신을 섬기고 천상의 조국을 사모하는 그리스도인들은, 더욱 이 (자살이라고 하는) 행위를 피할 일이다. 비록 그들이 하느님이 정하신 바에 따라, 시험받거나 교정되기 위해 한때나마 적에게 복종하는 일이 있다 해도, 더없이 높으신 분이면서 그들을 위해 그와 같은 천한 모습으로 오신 분이 그런 천한 상태에 있는 자기 백성들을 버리시지는 않으리라. 특히 싸움에 진 적에게 가차 없는 처사를 할 만한 군사적 권능이나 전쟁 법규를 갖고 있지 않은 그리스도인을 하느님은 버리시지 않을 것이다. 따라서 적이 죄인이라고 해서, 또는 자기에 대해서 죄를 저지르려 한다고 해서, 정작 자신은 감히 적을 죽이려고 하지 않는데, 적이 자기에 대해서 죄를 범했다거나 또는 죄를 저지르지 않게 하기 위함이라는 이유로 자살한다는 것은 얼마나 큰 잘못인가?

제25장 죄를 피하려 죄를 지으면 안 된다

육체는 먼저 정욕의 공격에 굴복하면, 쾌락의 큰 매력 때문에 정신까지 죄에 동의하도록 유혹하므로, 이를 두려워하고 피하지 않으면 안 된다. 그러면 사람들은 다음처럼 말할 것이다. "누구나, 타인의 죄 때문이 아니라, 자기 죄 때문에, 그와 같은 죄를 저지르기 전에 자살하지 않으면 안 된다"고. 하지만 자기 육체의 욕구가 아니라, 하느님과 그 지혜에 따르는 정신이, 타인의 정욕에 선동되어 자기 육의 정욕에 동의하는 일은 결코 없으리라. 진리가 똑똑히 알려주는 것처럼, 자기를 포함해서 사람을 죽인다는 일은 기피해야 할 행위이며, 저주할 죄악이다. 그렇다면, 다음과 같이 말할 만큼 정신나간 사람이 있을까? "뒷날 죄를 저지르지 않기 위해 지금 죄를 저지르자. 뒷날 간음의 죄에 빠지지 않기 위해 지금 살인을 해야지". 비록 죄가 없는 상태보다 죄를 범하는 쪽을 선택할 만큼, 부정한 사람이 있다고 해도, 현재의 확실한 살인보다는 미래의 불확실한 간음 쪽이 바람직하지 않을까? 구원에 이르게 하는 회개의 가능성이 남아 있지 않은 범죄보다는, 회개함으로써 치유되는 파렴치한 행위가 바람직한 것이 아닐까?

내가 이런 말을 한 까닭은, 타인의 죄가 아니라 자신의 죄를 피하기 위해, 타인의 정욕의 지배 아래서 일어난 자기의 정욕에도 동의하지 않기 위해 스스로 목숨을 끊어야 한다고 생각하는 남자들, 또는 여자들을 위함이다. 또 더 나아가, 하느님을 믿고, 하느님에 희망을 걸고, 하느님의 도움으로 지탱되는 그리스도 인의 마음은 그와 같은 일에서 멀리 떨어져 있어야 한다. 내가 "그러한 것으로부터"라 말한 것은, 그와 같은 육의 쾌락에 무릎꿇고 수치스러운 일에 동의하는 일로부터라는 뜻이다. 만약 죽어야 할 지체(肢體) 안에 아직도 깃들어 있는 욕망의 불순종이 우리 의지의 법칙과는 별도로, 그 자신의 법칙에 따라 움직인다면, 그것에 동의하지 않는 자의 육체 안에는, 잠든 육체의 경우와 마찬가지로 책망이 없는 것이다.

제26장 성폭행을 피하려 스스로 목숨을 끊은 성녀

그들은 이렇게 말한다. "그러나 몇 사람의 성녀들은, 박해 때 자기들의 정숙을 더럽히는 자들로부터 벗어나려고, 익사의 위험이 있는 강에 몸을 던져 끝내 죽어버렸는데, 이를 가톨릭교회에서는 순교자라 하여 그 묘는 늘 많은 사람들에 의해 장식되어 있지 않은가?" 나는 그녀들에 대해서 감히 경솔하게 판단을 내리지는 않는다.*101 하느님의 권위가 무엇인가 믿을 만한 증언을 가지고 교회를 설득, 이처럼 그녀들을 기억하고 존중하도록 시켰는지도 모르기 때문이다. 어쩌면 그럴지도 모른다. 그러나 삼손에 대해서 믿을 수밖에 없듯이,*102 그녀들이 그렇게 한 까닭은, 인간적으로 속았기 때문이 아니라 하느님에게 명받았기 때문이며, 또 잘못해서 한 일이 아니라 하느님께 순종한 일이라고 하면 어찌 되는가? 하느님이 아무런 애매함 없이 명령하실 때, 누가 하느님에 대한 순종을 죄라고 비난할 것인가? 누가 그 경건한 복종을 나무랄 수 있는가?

그러나 아브라함이 아들을 번제로서 하느님에게 바친 일이 칭찬을 받았다는 이유로 어떤 사람이 같은 일을 하려 한다면, 그것은 틀림없이 죄를 저지르는 것이다. 실제로 병사가 합법적으로 세워진 권위에 복종해서 사람을 죽일 때,

---

*101 여기에서 문제가 되어 있는, 박해 때 강에 몸을 던진 성녀들에 대해서는 확실하지는 않으나, 다른 방법으로 자살한 영성에 대해서는 유세비우스 《교회사》 6, 42, 7 ; 8, 12, 암브로시우스 《동정》 3, 7, 33에서 볼 수 있고, 높이 평가되고 있다. 그러나 아우구스티누스는 조금의 의문을 보이는 것이다.

*102 이 책 21장 참조.

그 나라 법률은 그에게 살인죄를 묻지 않는다. 오히려 그렇게 하지 않는다면 명령을 파기하고 지키지 않았다고 해서 죄를 짊어지게 될 것이다. 그러나 그 자신의 의지와 권위로 사람을 죽였다면, 그는 사람의 피를 흘리게 한 죄를 범한 것이 된다. 명령을 받지 않고 실행했을 때 벌을 받는 것과 같은 이유로, 명령을 받아도 실행하지 않는다면 벌을 받을 것이다.

지휘관의 명령에 대해서도 이러한데, 하물며 창조주의 명령에 대해서는 어떠하겠는가? 그러므로 자살을 해서는 안 된다는 말을 들은 사람도, 절대적인 분이 명령을 했을 때에는 자살을 해도 상관 없다. 단, 하느님의 명령에는 불확실한 일은 없음을 알아야만 한다.

우리는 타인의 양심에 대해서는 그 사람의 말을 듣고 추측할 뿐, 숨은 일에 대해서까지 판정을 내릴 자격은 없다. "사람의 생각은 그 사람 속에 있는 마음만이 알 수 있듯이 하느님의 생각은 하느님의 성령만이 안다."*103 우리가 주장하는 일, 확신하는 일, 또 모든 수단을 다해서 사람들에게 호소하려는 것은 다음과 같다. 누구나 이 세상의 고뇌에서 벗어나기 위해 스스로 목숨을 끊어서는 안 된다. 영원히 이어지는 고뇌에 빠지지 않기 위함이다. 그 누구도 타인의 죄 때문에 자살해서는 안 된다. 그것은 타인의 죄로 더럽혀지지 않았는데, 가장 무거운 죄를 자기 죄로 갖지 않도록 하기 위해서이다. 누구나 자기 과거의 죄 때문에 자살을 해서는 안 된다. 회개함으로써 이들 죄로부터 치유를 받은 뒤에도 살아가야만 하기 때문이다. 그 누구도 죽은 뒤의 좋은 삶을 바라고 자살을 해서는 안 된다. 죽은 뒤의 좋은 삶은, 자기 죽음에 대해서 책망이 있는 사람들을 받아들이지 않기 때문이다.

제27장 세례를 받은 바로 뒤라면 자살이 허락되는가

자살이 바람직하다고 여겨지는 한 이유로서, 사람을 유혹하는 쾌락 또는 난동이 불러오는 고통을 참지 못하고 죄에 빠져들지 않기 위해서를 들 수가 있다. 이에 대해서는 다음에 말하기로 한다. 만일 우리가 이 이유를 인정한다면, 우리가 물속에서 거룩하게 거듭나게 하는 씻음에 의해 모든 죄를 사함을 받은 그때에, 오히려 자살이 권고된다는 결론에 이를 것이다. 과거의 모든 죄가 지워

---

*103 1고린 2 : 11.

졌을 때야말로 앞으로의 모든 죄를 피할 수 있는 좋은 기회이기 때문이다. 만약 스스로 죽는 것이 옳다고 하면, 왜 이와 같은 가장 알맞은 때에 자살을 하지 않는 것일까?

왜 사람은 세례를 받을 때 자기 생명을 아깝게 생각하는가? 사람은 모든 위험을 피하기 위해 자살을 손쉽게 할 수가 있는데, 먼저 구출된 머리를 왜 이 인생의 많은 위험 속에 다시 밀어 넣는가? "모험을 좋아하는 자는 모험으로 망할 것이다"*104고 씌어 있다. 왜 사람은 이 인생으로부터 떠나는 것이 허락되어 있는데도 거기에 머물러서 많은 위험을 사랑하는가. 또는 비록 이런 위험을 사랑하지는 않는다 해도 왜 그것들을 떠맡는가? 그렇지 않으면 다음과 같은 생각은 마음이 터무니없는 오류에 뒤틀려 진리의 고찰에서 벗어났다는 것일까? 즉 어떤 사람이 자기를 포로로 잡은 자의 압력에 굴복해서 죄에 빠질까 두려워, 자살을 하지 않을 수 없을 때에도, 이 세상을 견디며 살아가지 않으면 안된다고 여겨야 한다. 이 세상은 한 사람의 지배자에게 당하는 유혹뿐 아니라, 그것을 받지 않고서는 인생을 살아갈 수 없을 만큼 무수한 유혹으로 가득 차있다. 우리는 세례를 받은 사람에 대해서 죄의 사함을 받은 바로 뒤에 자살하라고 설득할 수가 있는데, 그들에게 완전한 순결이나 과부의 자제, 또는 결혼 생활에 충실하라는 말로써 시간을 들여 격려하는 것은 도대체 무슨 까닭인가? 자살하는 편이 죄를 범하는 모든 위험에서 멀리 떨어지는 것보다 더 적절한 수단이 아닌가? 또 우리는 자살하도록 설득함으로써 그들을 보다 건전하고 깨끗한 상태로 주님께 보낼 수 있는 게 아닐까?

하지만 사람이 이와 같은 생각에 이르고, 남도 설득해야 한다고 생각한다면, 그 사람은 어리석다는 말로는 부족하며 정신이 나간 사람이다. 그 사람이 타인에게 다음과 같이 말하는 것은 얼마나 뻔뻔한 일인가? "당신은 이교적인 습관 때문에 수치를 모르는 지배자 아래에서 살고 있으므로, 여러 작은 죄에 무거운 죄를 덧붙이지 않기 위해 자살하시오" 만일 이와 같은 사정이라면, 극악인이 아니고서야 누가 다음처럼 말할 수 있는가? "당신은 이렇게 많은 더러운 쾌락으로 사람을 유혹하고, 이렇게 많은 잘못과 공포가 사람을 위협하는 세상에 살고 있으므로, 다시 그와 같은 죄, 또는 더 무거운 죄를 저지르지 않기 위

---

*104 집회 3 : 26.

해 모든 죄가 용서된 지금 자살하시오"라고. 이런 말은 잘못된 일이므로 자살한다는 것은 전적으로 옳지 않다. 만약 자살하기 위한 이유가 있다면, 이 보다 정당한 이유가 없다는 것은 틀림없다. 그러나 이 이유는 정당하지 않으므로 그 어떤 말로도 자살을 정당화할 수는 없는 것이다.

제28장 힘든 시련을 견디면 받는 영적 선물

오, 그리스도에 충실한 여자들이여. 이런 까닭으로 당신들의 정숙이 적의 노리개가 되었다 해도 삶을 무거운 짐으로 삼으면 안 된다. 만약 당신네들이 범한 자들의 죄에 동의하지 않았다는 것에 올바른 양심으로 확신하고 있으면 참되고 커다란 위로를 얻고 있는 것이다. 당신이 "왜 그들은 (그와 같은 일을 하도록) 용서되어 있는가" 묻는다면 나는 이렇게 대답할 것이다. "세계의 창조자이며 지배자인 그분의 섭리는 깊고, 또 그 '심판은 측량하기 어려우며 그 길은 헤아릴 수 없다'"*105 고.

그러나 당신네들은 순결과 절제와 정결의 선물에 거만해 하고, 사람들의 칭찬을 기뻐하면서 이에 대해 타인을 질투한 일이 없었는지를 스스로 묻지 않으면 안 된다. 나는 내가 모르는 일로 비난하지 않으며, 또 위와 같은 물음을 받고 당신네들의 마음이 무엇이라고 대답하는가도 들을 수 없다. 그러나 만약 당신네들의 마음이 "그렇다" 대답한다면, 남의 환심을 사기 위해 (가지고 싶다고) 간절히 바란 것을 잃었다는 것, 또 남들에게 부끄러워서 차마 보일 수 없던 것이 자기들에게 남아 있다는 사실에 놀라서는 안 된다. 당신네들이 죄를 범하는 자들에게 동의하지 않았다면, 하느님의 은혜를 잃지 않도록 하느님의 도움이 거기에 더해질 것이다. 그리고 인간의 명예를 사랑하는 일이 없도록, 인간에 의해 가해지는 모욕이 그것에 이어지리라. 소심한 여자들이여, 당신네들은 이 두 가지 일로 위로를 받으시오. 전자는 시험되고, 후자는 응징을 받을 것이다. 또 전자는 의롭게 여겨지고, 후자는 가르침을 받으리라

그러나 마음에 물으면 이렇게 대답하는 여자들이 있다. 즉, "자기들은 처녀의 순결이나 과부 상태 또는 결혼생활의 정숙한 선물에 대해서 결코 자랑한

---

*105 로마 11 : 33.

일 없으며, 오히려 '낮은 자들과 마음을 합해'*106 '섬기고 떨며'*107 하느님의 선물을 기뻐했다. 또 자기들과 같은 사람의 청결함과 정숙한 점에서 뛰어난 사람을 시기하는 일은 없었다. 오히려 인간의 칭찬을 돌보지 않고, 남달리 뛰어난 소수가 되는 것보다, 자기들과 같은 여자의 수가 늘어나는 것을 바랐다. 인간의 칭찬이라는 것은 (다른 사람으로 하여금) 칭찬하지 않을 수 없게 만드는 장점이 적으면 적을수록 더욱 많이 주어진다."

이러한 사람들 가운데 야만적인 정욕으로 짓밟힌 사람이 있다고 해도, 그들은 하느님이 그들을 용서하셨다고 해서 불평하지 않는다. 하느님이 그와 같은 죄를 또다시 간과하리라고는 믿지 않는 것이다. 하느님은 그들의 소행은 용인하고 있지만, 벌을 받지 않고 그것을 할 수 있는 사람은 없기 때문이다. 말하자면 나쁜 욕망 덩어리는, 최후의 날에 숨은 심판 때문에 오늘은 자유롭게 행동하도록 허용되어 있지만, 그것은 곧 밝혀질 마지막 심판을 위해 보류된 것이다.

그러나 정숙이라는 이 선물에 마음이 부풀어 거만해지지 않도록 주의해야 한다. 육체 안에 있는 적대적인 힘을 억누르고 있는 이런 여자들도, 만일 그 겁탈로 인해 이와 같은 창피를 당하는 일을 벗어나 있다면 거만하기 짝이 없는 어떤 숨은 약점을 가지고 있던 것이다. 그래서 "사악이 그 지성을 못 쓰게 하지 않도록"*108 어떤 사람들이 죽음에게 빼앗긴 것처럼, 행운이 그녀들의 정숙을 못 쓰게 만들지 않도록, 그 어떤 것이 폭력으로 그녀들로부터 빼앗은 것이다. 능욕 당하지 않았다는 이유로 자기 육신을 자랑하던 여자들도, 또는 적의 폭력으로 더럽혀지지 않았더라면 아마도 자랑할 수 있었을 여자들도, 정숙을 빼앗긴 것이 아니라 겸허를 배운 것이다. 전자는 본디 가지고 있는 자만이 제거되고, 후자는 그때 생긴 자만이 억제된 것이다.

그러나 나는 다음과 같은 점은 그냥 지나칠 수가 없다. 폭행을 당한 여자들은, 절제라는 덕이 육체에 대한 선의 하나이며, 육체가 다른 사람의 정욕으로 더럽혀지지 않을 경우에만 존속된다는 것을 이해하고 있어도, 그것이 하느님의 도움을 받은 건전한 의지 안에 존재하며 육체와 영을 깨끗하게 한다는 것, 또 그것은 의지에 반해서 되돌릴 수 없는 선이 아니라는 점을 이해할 수가 없

---

*106 로마 12 : 16 참조.
*107 시편 2 : 11, 필립 2 : 12 참조.
*108 지혜 4 : 11.

는 것이다. 그러나 그녀들은 아마도 이러한 오해를 버렸으리라. 왜냐하면, 그녀들은 어떠한 양심으로 자기들이 하느님을 섬겨왔는가를 생각하고, 또 하느님이 그와 같이 자기 자신을 섬기고 기도로 갈구하는 사람들을 결코 버리시지는 않음을 변함없는 신앙으로 알기 때문이다. 또 하느님이 정숙을 얼마나 기뻐하시는가에 대해서 의심할 수가 없을 때, 필연적으로 다음과 같은 일을 알게 된다. 즉 하느님이 그녀들에게 맡기고, 또한 그녀들 안에 존속하기를 바라는 청결함이, 만약 그와 같은 방식으로 빼앗길 수 있는 것이라면, 하느님은 그와 같은 재앙이 자신의 성도들의 몸에 일어나기를 결코 바라지 않으신다.

제29장 이교도들의 비난에 대한 답변

그런 까닭으로 더없이 높으시고 참된 하느님에 속하는 모든 가족은, 늘 변하는 세상적 희망에 기대지 않고, 속는 일 없는 위로를 가지며, 이 시간적인 삶 그 자체를 결코 뉘우치는 일도 없다. 그것은 그들이 시간적인 삶 안에서 영원한 삶을 목적으로 교육받았기 때문이다. 그들은 또 지상의 선을 말하자면 기숙하는 사람처럼 이를 누리며 그것들에 사로잡히는 일이 없다. 단, 지상의 악에게 시험당하거나 교정되기는 한다. 그러나 하느님의 가족의 성실함[109]을 비웃는 자들은, 가끔 그 어떤 시간적인 재앙이 그들에게 닥치면 그들에게, "너의 신은 어디에 있는가"[110] 말한다. 그러나 그 친구들도 같은 꼴을 당하는 경우에는 자기들도 그들의 신이 어디에 있는가를 답해야 하리라. 그 친구들도 그런 재앙을 피하기 위해 신들을 섬기며, 또 그것 때문에 예배를 해야 한다고 주장하기 때문이다.[111]

왜냐하면, 더없이 높으시고 진실한 하느님에 속하는 가족은 다음처럼 대답할 것이기 때문이다. "우리의 신은 어디에나 계시고, 어디에서나 전체로서 계시며, 결코 어떤 장소에 갇혀 있지는 않다. 하느님은 보이지 않는 방식으로 임하시며 움직이지 않고 떠날 수가 있다. 하느님이 불행으로 우리를 괴롭히실 때, 하느님은 우리의 공적을 음미하시거나 우리의 죄를 응징하시는 가운데 하나이

---

* 109 미뉴판에서는 '시련'으로 되어 있다.
* 110 시편 42 : 3.
* 111 로마가 적에게 포위되자 원로원 의원들은 신들에게 희생을 바치자고 제안했다. 조시모스 《새로운 역사》 5, 41, 소조메노스 《교회사》 9, 6.

시다. 하느님은 또한 시간적인 재앙을 깊은 믿음을 갖고 참은 보상으로 우리를 위해 영원한 보수를 마련해 주신다. 그러나 당신들의 신들은 어떠한가? 우리의 신은 모든 신들 위에 계시며 모두가 두려워할 분이다. 이교도의 신들은 모두 사탄이기 때문이다. 그러나 모든 하늘을 만드신 우리 하느님*¹¹²에 대해서는 이야기도 하지 않는 당신네들은 도대체 누구인가?

제30장 이교도들이 바라는 소원은 물질적 번영뿐이다

이전에 카르타고 전쟁의 공포 속에서 프리기아의 제례를 도입하기 위해 가장 훌륭한 사람을 찾고 있었을 때,*¹¹³ 원로원은 만장일치로 그 무렵 자기들 신관이었던 스키피오 나시카를 뽑았다. 만일 그가 오늘 살아 있다면, 당신네들은 아마 그의 얼굴을 똑바로 보지 못했으리라. 그는 당신네들이 이와 같은 어리석은 일을 하지 않도록 억제하였을 것이다.*¹¹⁴ 도대체 당신네들은 불행한 일을 당하면, 그것을 그리스도교 시대 탓으로 돌리며 불평하는데, 그것은, 번거로운 일에는 조금도 신경을 쓰지 않은 채 안심하고 사치를 누려 더없이 방종한 풍습에 젖어 있고 싶다는 이유 말고는 무엇인가? 당신네들은 평화를 유지하며, 온갖 종류의 자산으로 풍요롭기를 원하는데, 그것은 절도와 사려, 자제와 경건을 고상하게 사용하기 위함이 아니라 낭비하고 온갖 쾌락을 만족시키기 위한 것이며, 또 행운을 이용해서 적보다도 심한 죄악을 생활 습관 안에 들여놓기 위함이기 때문이다.

그러나 원로원의 판단에 따라 가장 훌륭한 인사로 여겨져, 당신네들의 신관이 된 스키피오*¹¹⁵는, 이와 같은 재앙이 당신네들을 덮치리라 위협하여, 그 무렵 로마 지배권을 다투던 카르타고의 파괴를 바라지 않고, 오히려 그 파괴를 결의한 카토에 반대하였다.*¹¹⁶ 그는 태평이 나약한 정신의 적이 되지 않을까 두려워했으며, 또한 시민을 학생이라고 한다면, 공포야말로 적당하고 필요한 양

---

*112 시편 96 : 4-5.

*113 기원전 204년, 키벨레의 신상이 로마에 반입되었다. 리비우스 《로마사》 29, 14.

*114 리비우스 《로마사》 29, 14 : 8. 키케로 《장점(腸占)》 13, 27, 스키피오 나시카에 대해서는 아우구스티누스는 살루스티우스의 《역사》의 서문에서 시사를 받은 것으로 여겨지고 있다.

*115 리비우스 《로마사 요약서》 49. 플로루스 《로마사 요약서》 1, 31.

*116 실제로 카토에 반대한 것은 신관 스키피오의 아들이다. 리비우스 《로마사 요약서》 48, 플루타르코스 《영웅전》 '대 카토' 27.

육 담당이라 생각했다. 그의 이런 생각은 틀리지 않았다. 그가 한 말이 진실이라는 사실은 그 자체로 증명되었다. 사실 카르타고의 멸망으로, 로마 국정은 심각한 공포에서 벗어났으나, 그 뒤의 번영으로부터 매우 심한 온갖 악이 잇따라 일어났다. 그 결과 서로의 화합이 심한 유혈을 수반한 반란으로 붕괴되었으며, 얼마 뒤 여러 악의 원인이 서로 결합해서 내란에 따른 심한 학살이 일어나, 많은 피가 흘렀으며, 저 가공할 탐욕에 입각한 몰수나 도둑질이 생겼다. 생활이 비교적 안정되던 때는 적에 의한 해악을 두려워하던 로마인들은, 평온한 생활이 사라지자 동포의 잔혹한 보복으로 고통받게 되었다. 인류가 가지고 있는 다른 악덕에 못지않게, 모든 로마인이 특히 강하게 가졌던 지배욕은 몇몇 권세가 손아귀에 들어갔다. 그 뒤로 짓밟히고 피곤에 지친 다른 사람들은 타격 받고 힘을 잃어버려 노예의 사슬 아래 억압을 당해야만 했다.

제31장 로마인의 지배욕은 악덕에서 비롯된다

거만하기 짝이 없는 정신 안에 있는 그 지배욕은 도대체 언제 가라앉을까? 잇따라 명예를 구해 독재적 주권을 획득할 때까지 계속될 것인가? 명예를 꾸준히 획득하는 능력은 야심이 강하지 않으면 작용하지 않는다. 그러나 야심은 탐욕과 사치로 부패한 시민에 있어서만 강하다. 실제로 탐욕스럽고 사치스러운 시민은 행운에서 태어나는 법이다. 나시카는 최대, 최강, 더욱이 가장 부유한 적국을 무찌르는 일에 반대했을 때, 그 행운을 충분히 신중하게 피하지 않으면 안 된다고 비난했다. 그것은 공포로 욕망이 억제되며, 욕망이 억제됨으로써 사치에 제동이 걸리고, 사치가 저지됨으로써 탐욕이 만연되지 않게 해 이들 악덕을 철저히 막음으로써, 나라에 이로운 덕이 강화, 증가되도록 해, 그 덕에 마땅한 자유가 영원토록 이어지게 하기 위함이다.

그때 원로원이 아무런 반대 없이 뽑은 가장 훌륭한 인간인 (이 일은 되풀이해서 말하지 않으면 안 되는 일이지만) 당신네들의 그 최고 신관이, 이런 기분과 욕망으로 극장을 세우려고 한 원로원에 반대해서 그 일을 그만두게 한 것도 그러한 까닭이다. 또 조국에 대한 깊은 신중함이 수반된 애정에서 비롯된 것이었다.*117 그는 또한 그리스풍의 사치가 조국의 강건한 습속 안에 몰래 스며들지 않도록 힘차게 연설했으며, 외국의 악습에 익숙해져 로마인 고유의 덕을 동요, 약화시키는 일에 동의하지 않도록 설득했다. 그 연설은, 절대적인 권위를 가지고 이루어졌기에, 그의 말에 감동한 원로원은 먼 앞날을 생각해서 로마 시민이 극장에서 연극을 볼 때 가지고 와서 사용한 의자*118를 금지하게 되었다,

만약 그가 신들이라 믿었던 것의 권위에 거역하는 일을 감히 저질렀다면, 그는 얼마나 열심히 로마 노시에서 연극을 추방하려고 했을까? 로마의 도시는, 신들을 인간에게 해를 끼치는 악령이라고 이해하지 않았다. 비록 그렇게 이해하고 있었다 해도, 신들은 멸시보다는 오히려 달래서 기분을 맞추어야 하는 것으로 여겼다. 하늘, 또는 하늘에 있는 것을 정확히 파악하기 위해서,*119 신앙으로 마음을 깨끗하게 하고, 겸허하고 경건한 마음으로 인간의 성질을 바꾸며 거만한 악령들의 지배로부터 벗어난 저 하늘에서 오는 가르침이, 아직 이방인에게는 뚜렷하게 밝혀지지 않았기 때문이다.

제32장 로마 연극의 시작

하지만 당신들 적대자는, 이 일에 대해 무지, 또는 무지를 가장하고 있다. 그러나 다음과 같은 일은 꼭 알아주기 바란다. 또 당신네들은, 이와 같은 여러 거짓 지배자로부터 해방시켜준 분에 맞서 불평하는데, 꼭 다음과 같은 일에도 주의해 주기 바란다. 연극이나 외설적 구경거리나 방자한 어리석은 행동이 로마에서 시작된 것은, 인간의 악덕 때문이 아니라, 당신네들 신들의 명령에 따른 것이었다. 이런 신들을 예배하는 것보다는 차라리 저 스키피오에게 신적인 영예를 돌림이 더 참을 만하리라. 이 신들은 신관보다 더 나은 존재가 아니기 때문이다.*120 만약 이렇게 오랫동안 잘못된 술을 마시고 취했어도, 여전히 마음

＊117 여기에서 아우구스티누스는 아버지와 아들을 혼동하고 있다. 기원전 155년, 스키피오 나시카 코르쿨룸은 원로원에서 석조 극장의 건축 계획을 중지하도록 설득했다(리비우스 《로마사 요약서》 48, 발레리우스 막시무스 《저명 언행록》 2, 46, 아피아누스 《로마지(誌)》 1, 28). 그것이 처음 건립된 것은 기원전 55년 폼페이우스에 의해서이다.
＊118 로마의 극장에서는 처음에 관객들은 선 채로 구경했다.
＊119 골로 3 : 2 참조.
＊120 이교의 신들보다도 신관 쪽이 훌륭하다는 것은, 테르툴리아누스도 지적하고 있다. 《변증》

속에 건전한 일을 생각할 수 있는 여유가 있다면, 주의해서 들어주기 바란다. 신들은 육체의 악역*121을 진정시키기 위해 연극을 공연하라고 명했지만,*122 신관은 마음의 악역을 피하기 위해 극장 그 자체의 건축을 금했다. 만약 당신네들이 정신의 빛을 받아 육체보다도 마음을 중요시한다면, 신들과 대제관 스키피오 가운데 정말로 예배해야 할 것을 선택하라.

그러나 저 육체의 악역이 가라앉은 까닭은, 그때까지 검술에만 익숙했던 호전적인 민족 안에, 미치광이 같은 연극 애호의 기분이 들어왔기 때문이 아니다. 오히려 그 악역이 곧 그칠 것임을 미리 안 사악한 영들이 교활한 방법을 썼다. 대다수 사람들이 기뻐함으로써 더욱 중대한 결과를 가져오는 악역을, 이를 기회삼아 육체 속이 아니라 풍속 안으로 가지고 들어오려 생각했기 때문이다. 이 악역은, 고통 받는 사람들 마음을 깊은 어둠으로 현혹하고, 몹시 추악한 것으로 바꾸었다. (아마 우리의 자손이 들어도 믿지 않을 것이지만) 최근에도 로마 시가 점령된 뒤 그곳에서 카르타고로 달아난 사람들은 악역의 포로가 되어 날마다 극장에서 앞다투어 배우를 응원하는 데만 열광했다.

제33장 로마인 타락은 국가가 무너져도 멈추지 않았다

오, 정신나간 자들이여, 이미 우리가 들은 바와 같이, 동방 여러 민족이 그대들의 파멸을 한탄하며 먼 땅의 여러 대국이 보란 듯이 애도의 뜻을 나타내고 있는데*123 당신들은 극장에 빼곡히 틀어박혀 이전에 없던 미친 짓을 하고 있구나! 이것은 잘못이라기보다 오히려 광란이다. 저 스키피오가 극장의 건설을 금지하고, 번영이 손쉽게 당신네들을 부패, 타락시키리라는 것을 알았을 때, 그래서 당신네들이 적의 위협으로부터 안전하게 되기를 바라지 않았을 때, 그가 우려한 바가 바로 이것이었다. 이런 정신의 퇴폐와 질병, 청렴과 순결의 상실을 당신네들을 위해 두려워했던 것이다. 그는 도덕은 붕괴되었는데 성벽이 튼튼하게 서 있는 것이 국가에게 결코 좋은 일이 아님을 알았기 때문이다. 그러나 당

11, 15.

*121 로마에서 악역이 유행한 것은 기원전 364−363년이다. 리비우스 《로마사》 7, 2 참조.

*122 리비우스 《로마사》 7, 2−3 참조.

*123 아우구스티누스가 여기에서 히에로니무스와 같은 생각을 하고 있다는 것은 확실하다. 히에로니무스 《서간집》 136, 2 (411년) ; 동 127, 12 (413년), 《에스겔서 강해》 3 : 머리말 참조. 히에로니무스는 로마에 많은 친구가 있었기 때문에 그 몰락을 매우 걱정하고 있었다.

신네들에게는 선견지명 있는 사람들의 경고보다도, 악령들 선동이 훨씬 가치 있는 것이었다. 그래서 자신이 저지를 나쁜 일을 자기들 책임으로 보지 않고, 오히려 자기들이 받은 재앙을 그리스도교 시대의 책임으로 돌리고 있다. 실제로 당신네들은 편안할 때 국가의 평화를 구하지 않고, 제멋대로의 사치를 좇았다. 그래서 번영을 빼앗겼을 때, 그 불행으로 자기 자신을 개선할 수가 없었다. 스키피오는 당신네들이 사치에 빠지는 일이 없도록 차라리 적의 위협에 노출되기를 바랐다. 그런데 당신네들은 적의 타격을 받고도 사치를 그만두지 않았으며, 화를 복으로 바꾸는 기회를 잃고, 비참하기 짝이 없는 상태에 빠져 가장 나쁜 자로서 이제까지 이르고 있는 것이다.

제34장 하느님이 가엾이 여겼기에 로마인은 전멸하지 않았다

당신네들은 오늘 하느님의 자비에 의해 살아 있다. 하느님은, 당신네들이 회개하고 교정되도록 너그럽게 다룸으로써 가르치신다. 또 은혜를 잊은 당신네들을 자신의 종이라 부르거나 순교자의 회당으로 들어가게 함으로써, 적의 손을 피할 수 있도록 하셨다. 로물루스와 레무스는 도시 인구를 늘리기 위해 피난소를 설치해, 누구나 거기로 달아나면 모든 위해를 면하게 했다고 전해진다.[124] 이것은 그리스도의 영예를 위해 이루어진 놀라운 선례이다. 로마 도시 파괴자들은, 이전에 그 건설자가 했던 일을 다시 시작한 것이다. 그러나 건설자들이 시민 수를 늘리기 위해 한 것과 같은 일을, 파괴자들이 그 적의 수를 줄이지 않기 위해 했다고 해도 과연 위대한 일이었을까?

제35장 하느님 나라 백성과 땅의 나라 국민은 섞이게 된다

이제까지 말해온 것이—이에 대해서는 좀 더 자세히, 좀 더 알맞게 대답할 수 있다고 해도—주 그리스도의 구속받은 가족과 그리스도를 왕으로 섬기며 순례하는 사람들의 나라가 그 적대자에게 주는 답변이다.

그러나 적대자들 안에도 앞으로 하느님 나라의 백성이 될 사람들이 숨어 있는 것은 마음에 새길 일이다. 따라서 그들과 맞설 때에도, 그들이 신앙을 고백할 때까지 그 적대심을 견디는 일을 무의미하다고 생각해서는 안 된다. 마찬가

---

*124 이 피난소는 카피톨륨 언덕의 두 높은 곳 사이의 낮은 장소에 있었다. 리비우스 《로마사》 1, 8.

지로 이 세상에 기류하는 하느님의 나라는, 비적(秘跡)을 공통으로 함으로써 결부되어 있지만, 성도들이 받는 영원한 행복을 함께 할 수 없는 자들도 섞여 있다. 그들은 숨어 있지만, 몇몇은 공공연하게 알려졌다. 그들은 하느님의 비적을 받고 있으면서도 하느님에 적대하는 자들과 함께 중얼거리는 짓을 서슴지 않는다.*125 그리고 어떤 때에는 적대자들과 나란히 극장을 채우고 또 어떤 때에는 우리와 함께 교회당을 채운다.

그러나 매우 뚜렷한 반항자들 가운데도, 비록 그들 자신은 모르지만, 우리의 친구가 되도록 예정된 사람들이 숨어 있다면, 이런 자들을 교정하는 일에 절망해서는 안 된다. 최후의 심판이 가를 때까지는, 이들 두 나라는 이 세상에서 서로 얽히고 섞켜 있는 것이다. 우리는 이들 두 나라의 개시와 전개, 그리고 정해진 종말에 대해서 깨달아야 한다. 우리는 하느님의 도움을 받아, 하느님 나라의 영광을 위해 이에 시작하리라. 그 영광은 다른 신들을 섬기는 나라들과 대비될 때 한층 빛날 것이다.

제36장 앞으로 다룰 주제들

그러나 로마 신들에게 희생을 바치는 것을 금하는 우리 종교에, 로마 국가의 재해 책임을 우리 종교에 돌리는 자들에 대해서 반론해야 할 일들이 아직 몇 가지 있다. 그들은 우리 종교가 로마 신들에게 제사지내는 일을 금했기 때문에 로마가 쇠퇴했다고 주장한다. 그러나 신들에게 바치는 희생이 금지되기 전에, 그 나라와 그 지배 아래 있는 여러 주가 어떤 해악을 얼마나 겪었는지를 충분히 떠올려 보아야 한다. 만일 그 무렵에 우리 종교가 그들에게 알려져 있었다면, 또는 그들에게 그 저주받을 모독을 금지했다면, 그들은 모든 재앙을 아무런 의심 없이 우리 책임으로 돌렸으리라.

다음에 확인해야 할 일은, 그들이 생각하는 신들이 그들을 조금도 돕지 않고, 오히려 기만으로 손해를 주었다는 사실과, 모든 나라를 자기 권능 아래 지배하시는 참다운 신이 제국을 발전시키기 위해 어떠한 도덕을 주고, 어떤 이유로 도우려고 했는가 하는 것이다. 마지막으로 매우 명백한 논거에 따라 논파되고 있음에도, 현세의 생활을 이롭게 하기 위함이 아닌, 죽은 뒤 미래의 삶을 위

---

*125 1고린 10 : 3-5 참조. 여기에서 비적은 구약을 포함한 넓은 뜻으로 생각된다.

해, 신들을 섬겨야 한다고 굳세게 주장하는 자들에게 반론할 것이다.

　내 생각이 틀리지 않다면, 이 마지막 문제는 한결 까다로우므로, 이에 대해 철학자들을 논박하기 위해서는 보다 더 정밀한 논의가 필요하리라.*126 철학자 가운데서도 특히 저명하며 많은 점에서 우리와 의견을 함께 하는 사람들이다. 그들은, 영혼의 불멸, 참다운 하느님이 세계를 만드셨다는 것, 그리고 그 하느님이 자신이 만든 세계 전체를 섭리로 지배하신다는 점에서 우리와 생각을 함께한다. 그러나 의견을 달리하는 점에 대해서는, 그들도 논박하지 않으면 안 되므로, 우리는 이 일을 하지 않을 수가 없다. 하느님이 주신 힘에 따라 경건치 못한 잘못을 논파한 뒤, 우리는 하느님 나라와 차가운 경건에 대해서, 또 끝없는 최고 행복이 약속되는 하느님 예배에 대해 이야기할 것이다. 이렇게 이 권은 여기에서 끝나고, 다음 권에서 이와 같은 점에 대해서 논하기로 한다.*127

＊126 미뉴판에서는 '한층 높은'으로 되어 있다.
＊127 제2권─제10권에서 논의된다.

제2권

이교도 신들 때문에 일어난 로마인의 도덕적 퇴폐. 그 신들은 연극에서 외설적인 연기를 허락했을 뿐만 아니라 그러기를 바랐다. 그런 도덕적 퇴폐는 개인과 사회 전체에 퍼졌다.

제1장 이해하지 않으려는 이교도들의 고집스런 어리석음

만일 사람의 이해력이 인간적 습성에 따라 약해져 있다고 해도, 그것이 진리의 뚜렷한 이법에 거스르지 않고, 오히려 건전한 가르침을 약으로 삼아 그때까지의 무거운 병의 치료를 이것에 맡겨, 마침내 경건한 신앙으로 신의 도움을 얻어 회복된다고 하자.

그렇다면 사물을 올바르게 판단하고 또 그것을 설명할 수 있는 사람에게는, 어떤 헛된 억측의 잘못이라도 이를 없애려는 데에 많은 말을 필요로 하지 않을 것이다.

그러나 어리석은 사람들의 병은 무겁고, 혐오스러우므로, 그들은 사람 사이에 어울리는 충분한 설명을 들은 뒤에도, 뚜렷한 것조차 제대로 알아볼 수 없는 심한 맹목 때문에, 또는 알아본 일까지도 받아들이지 않는 철저한 고집 때문에, 그 마음의 불합리한 충동을 마치 이성이나 진리 그 자체인 듯이 변호한다. 그러기 때문에, 우리는 분명한 사실을 많은 말로 설명할 수밖에 없다. 눈으로 보아서 알게 함이 아니라, 오히려 눈을 감은 채 손으로 만져 느끼도록 그것을 제시하는 것이다.

하지만 우리가 비판자들에게 늘 대답해야 한다고 생각한다면, 어떻게 해서 논쟁을 끝마치고 또 어떤 방법으로 이야기하면 좋을까? 이야기가 이해되지 않거나 비록 이해했다 해도 완고하고 반항적이어서 복종을 바라지 않는 사람들은, 우리를 비판하기 때문이다. 그들은 성서에 씌어 있듯이 '불의로 이야기하면서도 고집 세고 공허한' 것이다.*1 그들은 우리의 논의에 반대할 때, 뻔뻔스럽게도 자기가 한 말에 대해서는 깊이 고려하지 않겠다고 마음먹고 있다. 그러므로 그때마다 우리가 그들의 반론을 하나하나 말로써 깨뜨리려고 한다면, 그것이 얼마나 끝이 없고 귀찮으며 무익한 일인지 당신도 잘 알 것이다.

나의 아들 마르켈리누스여, 이런 우리의 이 일이 그리스도의 사랑 안에서 그대에게도, 그리고 다른 사람들에게도 효과적이고 충분히 효력 있기를 바란다. 하지만 그대나 다른 사람들이*2 나의 저작을 비판하기를 바라지 않는다. 비판자란, 이 책에 씌어 있는 것과 반대되는 논의를 들으면, 늘 그것에 대한 반론을 기대하는 사람들이다. 이 사도가 "늘 배우고는 있지만 언제까지고 진리에 이르지 않는다"*3 말한 그 천한 여자들과 똑같은 사람이 되지 않는 것이 좋다.

제2장 제1권의 요약

나는 이 책 전체의 표제가 되는 하느님 나라에 대해서 논하기 위해, 하느님의 도움을 받아 이를 시작했다. 전 권에서 이에 대해 이야기하기 시작했을 때, 가장 처음 반박해야 했던 상대는 현재 세계를 고통스럽게 하는 전쟁, 특히 최근에 일어난 야만족 때문에 로마 수도가 황폐해진 책임을 그리스도교로 돌리는 사람들이었다. 그들은 그리스도교가 사람들이 부정한 희생으로 악령을 섬기는 것을 금지했기에 그런 일이 일어났다고 주장한다. 그러나 그들은 오히려 그리스도교에게 감사해야 한다. 왜냐하면, 만족들까지도 바로 그리스도의 이름 때문에 전쟁의 규정과 관습을 어기면서까지 피란한 사람들에게 넓은 예배당을 개방했으며, 또 많은 경우 단순히 그리스도에 헌신한 참다운 종뿐 아니라, 순전히 공포 때문에 그리스도교인 듯이 꾸며 숨어든 사람도 아주 잘 대했기 때문이다. 만족들은, 전쟁 법규에 따라 그들을 해할 수 있었지만, 오히려 허용되지 않는 일이라고 판단했다.

왜 하느님의 은총이 이처럼 경건하지 못하고 은혜를 모르는 이들에게도 주어졌는가, 또 적에게 당한 가혹한 처사가 왜 경건한 자와 불경건한 자에게 똑같이 내려졌는가 하는 물음이 생기게 된다. 이 물음은 여러 부문에 걸쳐 있다.

---

*1 시편 94 : 4.
*2 이를테면 월시아누스와 같은 인물을 가리킨 것으로 보인다.
*3 2디모 3 : 7.

(왜냐하면 많은 사람들은, 평소에 주어지는 하느님의 선물이나 인간 때문에 벌어지는 재앙 모두에 대해 마음을 썩히기 때문이다. 이들 선물과 재앙은 착한 생활을 하는 사람에게나 나쁜 생활을 하는 사람에게도 가끔 섞여서 구별할 수 없는 방식으로 일어나기 때문이다). 그래서 나는 이 저작에 착수한 이상 꼭 이 문제를 풀고 싶다고 생각했는데, 꽤 늦어지고 말았다. 그것은 거의 적으로부터 폭행을 받아, 비록 튼튼한 신중함을 잃지는 않았지만 수줍은 생각으로 고통 받은 여자들—그녀들은 깨끗하고 신앙으로 정숙한 사람들이다—이 자기들 인생을 후회하지 않도록 위로하기 위함이었다. 그녀들에게는 경솔함을 뉘우쳐야 할 필연적인 이유가 없기 때문이다.

그래서 나는 앞서 말한 것처럼 불행한 꼴을 당한 그리스도인들, 특히 정숙하고 깨끗함에도 (폭행에 의해서) 수치스러운 꼴을 당한 여자들의 치욕을, 어리석기 짝이 없는 뻔뻔한 얼굴로 비난하는 사람들에 대해 조금 이야기한 것이다. 이런 극악무도한 자들은 많은 빛나는 업적이 칭찬을 받아 문자로 기록되어 널리 알려진 같은 로마인들보다도 한결 뒤떨어졌거나 로마인의 영광에 두드러지게 상반되는 자들이다. 실제로 그들은 조상들이 고생해서 이룩해 발전시킨 로마를, 비록 서 있기는 하지만 무너졌을 때보다 더 심한 상태로 만든 것이다. 무너진 폐허에는 돌이나 나무가 남는다. 그들의 생활 안에서는 성벽이나 방루나 장식은 조금도 붕괴되지 않았으나, 도덕의 흔적은 모조리 무너졌다. 도시의 집들을 불태우는 것보다 더욱 더러워진 욕망으로 자기들의 마음을 불태웠기 때문이다.

이러한 말로써 나는 제1권을 끝맺었다. 그래서 다음에는 그 나라가 건국 초부터 국내 또는 정복한 여러 주에서 어떠한 재앙을 당했는지에 대해 말해보기로 한다. 만약 그 무렵 그들이 섬기는 거짓과 기만의 신들에 맞서 복음의 가르침이 자유롭게 증명되고 널리 알려졌더라면, 그들은 이 모든 재앙을 그리스도교의 책임으로 돌렸으리라.

제3장 이교도들 비난에 반박하는 법
그러나 우리가 이제까지 한 이야기들은 어리석은 사람들에게 반박한 말이라는 점을 기억해 주기 바란다. 그들의 어리석음에서 널리 알려진 속담, '비가 오지 않는 것은 그리스도교도 때문이다*[4]라는 것이 생겨났다. 그들 가운데 자유 학과를 공부하고 역사를 좋아하는 사람들은, 이와 같은 사정을 잘 알고 있을 것이다. 그럼에도 모른 척하면서 무식한 사람들의 혼란과 적개심의 원인을 우리에게 돌리기 때문이다. 그들은 때와 장소를 두고 인간들이 받을 수밖에 없던 재앙이, 그리스도교도의 이름 때문에 일어났다는 것을 대중 사이에 정착시키려고 온 힘을 다하고 있다.*[5] 그리스도 교도의 이름이, 그들의 신들과는 달리 널리 알려져 곳곳에 퍼져 있었기 때문이었다.

따라서 그들은 그리스도가 육신으로 오기 전에, 그리스도의 이름—그들은 이것을 헛되이 질투하고 있다—이 그 영광으로 민중에게 알려지기 이전, 로마의 통치가 어떤 실패를 되풀이하여 얼마나 큰 아픔을 당해왔는가를 떠올려 봐야 한다.*[6] 또 자기들 신들이 그를 숭배하는 사람들이 이와 같은 재해를 당하지 않게 정말 지켜줄 수 있었는가를 돌이켜 보는 편이 좋으리라. 만일 오늘날 그 재앙이 닥쳐온다면, 그들은 억지로라도 그 책임을 우리에게 돌려야 한다고 주장할 것이다. 하지만 그리스도의 이름이 널리 알려져 그들을 화나게 하고, 그들의 희생 제사를 금지하기 이전에는, 왜 그들의 신들은 그 예배자들에게, 이런 재앙이 일어나도록 허용한 것일까?

제4장 신들은 이교도들에게 도덕적 경고를 내리지 않았다

첫째로, 도대체 왜, 그들의 신들은 도덕이 최악의 상태로 빠지는 것을 막기 위해 보살피지 않았을까? 참된 신이 자신을 섬기지 않은 사람들을 돌보지 않은 것은 마땅하다. 그런데 배은망덕한 인간들이 신들에 대한 예배가 금지되었다고 한탄하는데도, 어째서 그 신들은 자기들을 섬기는 사람들이 올바르게 살 수 있도록 그들을 돕지 않는가? 신들을 섬기는 사람들이 신들에 대한 의례를 지키기 위해 신경을 쓰는 것과 마찬가지로, 신들이 인간들의 행위에 신경을 쓰

---

*4 마찬가지 비난은 테르툴리아누스 《변증》 40, 2, 키프리아누스 《데메투리아누스에게》 3에서도 볼 수가 있다.
*5 아우구스티누스는 여기에서 로마의 정치가 심마쿠스(340년쯤–402년쯤)의 일을 지적한 것으로 여겨진다. 그는 384년 발렌티아누스 황제 앞에서 여기에 든 것과 같은 이유로 그리스도 교도를 비난했다. 이에 대해 오로시우스가 아우구스티누스의 요구에 의해서 심마쿠스의 비난을 반박하기 위해 《이교도 대항사》를 집필했다.
*6 마찬가지 반론은 테르툴리아누스 《변증》 40, 3–12에서도 볼 수가 있다.

는 것은 매우 마땅한 일이다.

이에 대해서 "나쁜 것은 저마다 의지에 따른 것이다" 대답하는 사람도 있을지 모른다. 확실히 누가 이것을 부정할 수 있단 말인가? 그러나 자기들을 섬기는 민중에게 올바른 생활을 위한 계명을 숨기지 않고, 명확한 설교로써 이것을 제시하며, 또 점치는 사람들을 통해 그들을 만나고, 죄인을 탄핵하고 악을 행하는 사람들에게 틀림없이 벌을 주며, 올바른 사람들에게는 보답을 약속하는 것은 (인간을 위하여) 배려할 신의 마땅한 도리였다. 그럼에도 신들의 신전에서 이런 일이 뚜렷한 (나팔의) 음색으로 울려 퍼지지 않은 것은 어째서인가?

우리도 젊었을 때, 때로는 신을 모독하는 연극을 보러 가서 악령에 사로잡힌 자들과 그의 연기를 보며 악단의 연주를 듣고 남신이나 여신들—하늘의 처녀나 만물의 어머니 베레킨티아[*7](키벨레)와 같은—에 바쳐진 천하기 짝이 없는 유희를 즐겼다. 해마다 거행되는 베레킨티아의 정화 제례에서는 그 가마 앞에서 난폭한 배우들이 보란 듯이 저속한 노래를 불렀는데, 그 노래는 신들의 어머니는 어떨지 모르나, 원로원 위원의 어머니나 고상한 사람들의 어머니는 물론 배우 자신의 어머니까지도 듣기 거북한 내용이었다. 아무리 타락한 사람이라도 부모에 대해서는 버릴 수 없는 인간적인 존경의 마음을 가지고 있다. 그런데 그 배우들은 비록 연극이기는 하지만 자택이나 자기 어머니 앞에서 보기에도 부끄러운, 파렴치하고 음란한 대사나 동작을 연습한다. 그리고 여러 신들의 어머니와 남녀 관중들이 떼를 지어 보는 곳에서, 노골적인 연기를 한다. 만약 이 관중이 호기심에 사로잡혀 무리를 지어 모였다면, 여기를 떠날 때에는 적어도 순박한 마음에 상처를 입고 혼란에 빠졌을 것이다. 이러한 것들이 신성한 의식이라고 한다면, 신성모독이란 도대체 무엇인가? 또는 이것을 정화 제례라

---

*7 베레킨티아는 키벨레 신의 별명으로 프리기아의 중심 성소(聖所)가 있었던 베레킨투스 산에서 유래되었다. 그러나 여기에서 '하늘의 처녀'라고 번역한 여신이 베레킨티아와 같은 여신인가 그렇지 않으면 다른 여신인가는 확실하지 않다. 후자라면 '처녀 카일레스티스'라고 번역될 것이다. 그러나 대부분의 연구가들은 둘 다 같은 여신이라고 보고 있다. 특히 카르타고에서 예배되고 있던 서 시리아의 여신 아시타르테는 키벨레와 동화되고 로마에서는 여신 유노와 혼동되어 동일시되었다. 처음에 이 여신이 로마에 도착한 날인 4월 4일이 제삿날이 되어 아르몬 강과 티벨 강의 합류 지점에서 해마다 그 신상(神像)을 씻는 행사가 있었는데 나중에 춘분 축제의 일부로서 3월 27일로 변경되었다. 테르툴리아누스 《변증》 24, 아우구스티누스 《시편 강해》 62, 7 ; 14, 98 참조.

한다면 더러움이란 대체 무엇을 말하는가? 옛날에는 이런 일을 '페르쿨라*8라고 불렀는데, 더러운 악령들이 축하 음식을 먹는 향연이라는 뜻이다. 실제로 저 더러워진 영들이 신을 빙자하고 있다는 사실을 모르거나 참다운 신과 사이 좋게 지내기보다 그러한 영들과의 화합을 원하고, 그 노여움을 무서워하며 생활하고 있는 사람이 아니면, 이런 비열한 짓을 기뻐하는 영(靈)들이 어떤 것인가를 그 누가 모른단 말인가?

제5장 그 신들이 어머니에게 바치는 외설적인 의식

부끄러워해야 할 풍습으로 변한 온갖 악덕들에 거스르기는커녕, 오히려 그것을 즐기는 일에 열중하는 이와 같은 사람들이 이 문제에 대한 판정자가 되는 것을 나는 절대로 바라지 않는다. 나는 원로원에서 가장 좋은 사람으로 뽑혀, 자기 손으로 저 악령(키벨레)의 상을 받아들고 시중으로 가져오게 한, 저 나시카 스키피오가 판정자가 되어주기를 바란다. 그리스인, 로마인, 그리고 다른 여러 민족들은 자기들을 위해 아주 큰 공헌을 했다고 인정되는 자들에게 신적인 영예를 주어, 죽지 않고 신들 안에 포함되었다고 믿는다.*9 만일 스키피오에게 자기 어머니가, 신적인 영예를 받을 만큼 국가를 위해 힘을 다했다고 인정되기를 바라는지 묻는다면 어떨까? 틀림없이 그는 가능하면 자기 어머니에게 그와 같은 큰 축복이 내리기를 원했으리라.

그러나 우리가 그녀에게 주어지는 신적 영예로서, 저 파렴치한 의식을 치르기를 바라는가의 여부를 계속 그에게 묻는다면, 그는 자기 어머니가 여신으로 삶을 이어 가며 그와 같은 파렴치한 말을 기꺼이 듣기 보다는, 오히려 죽어서 아무것도 느끼지 않는 쪽을 바란다고 외치지 않을까? 로마 시민의 원로원 의원으로써 용감한 인사들의 도시에 극장을 세우는 일을 반대하는 고매한 마음을 가진 사람, 어떤 여성이 보더라도 화를 낼 만한 의식을 가지고 여신에게 제사 지내는 것을 본다면, 그와 똑같이 자기 어머니가 섬김을 받는 일은 결코 바라지 않으리라. 또한 그녀의 숭배자들이 다른 누군가에게 던져지는 욕과 같

---

*8 페르쿨라는 본디 '운반하는 것'이란 뜻인데 '운반되는 것'도 의미한다.
*9 신들은 영웅이 신격화된 것이라는 학설은 기원전 300년쯤 시칠리아의 에우혜메로스에 의해 주장되었는데, 그의 저서 《신론》은 엔니우스에 의해 라틴어로 번역되었다. 이 책 제6권 7장, 제7권 27장에 에우혜메로스의 이름이 나온다. 키케로 《신의 본성에 대하여》 2, 24 참조.

은 (헛된) 찬사로 그녀에게 기도해 구하고, 그 결과 이 칭찬해야 할 여인의 정숙함이 신이 됨으로써 오히려 정숙치 못한 것으로 바뀌리라는 것 등, 생각해 보지도 않았을 것이다. 만일 그와 같은 일들이 그녀가 살아있을 때 일어났으며 그녀가 귀를 막고 남몰래 그 자리를 떠나지 않았다면, 그녀의 친척이나 남편, 아이들은 그녀 때문에 얼굴을 붉히지 않을 수 없었으리라.

따라서 아무리 극악인이라 해도 자기의 어머니로 삼는 것을 부끄러워할 그런 존재가 신들의 어머니 행세를 하며 로마인의 정신을 사로잡으려고, 가장 좋은 인사(스키피오 나시카)를 찾은 것이다. 그러나 그것은 그에게 충고를 주거나 돕기 위함이 아니라, 남몰래 속이기 위함이었다. 이 신들의 어머니와 비슷한 여자에 대해서 이렇게 씌어 있다. "그러나 음탕한 여자들은 남자들의 거룩한 영혼을 사로잡는다."*10 그 목적은 저 고결한 마음을 가진 나시카를 신의 증언으로 들어올리고 또 그 자신을 정말로 좋은 사람으로 여기게 해서, 참다운 경건과 종교를 구하지 못하게 하는 일이었다. 칭찬할 만한 재능도 참다운 종교 없이는, 모두 거만 탓으로 헛되고 타락하게 된다. 따라서 여신이 자기 의식 안에서 가장 좋은 사람들조차 술자리에서 피할 법할 그런, 그 여신이 가장 좋은 인사를 찾을 때 그 방법은 교활함에 지나지 않는 것이다.

제6장 이교도들이 비밀스럽게 올리는 의식은 부도덕의 온상이다

이처럼 여러 국민과 시민이 섬기던 그 신령들은, 나라와 백성들의 생활과 도덕을 위해 어떤 배려도 하지 않는다. 이 악령들은 나라와 시민이 가공할 악으로 채워져 최악의 사람이 되지 않도록, 엄격한 금령(禁令)으로 억제하기는커녕, 오히려 그렇게 되기를 허용했다. 악이란, 밭이나 포도, 집이나 가축, 또 정신에 종속된 육체에 생기는 불행이 아니며, 오히려 정신과 육의 지배자인 영혼 그 자체에 생긴다. 이 악령들이 이러한 금령을 내린 일이 있다면 보여서 증명해 주기 바란다.

그들은 아주 적은 수의 선택된 자들에게 귓속말로, 성실하고 정숙한 생활에 대해 가르친다면서 우리에게 자랑한다.*11 나도 어떠한 것인지 모르는 바는 아

---

*10 잠언 6 : 26.
*11 4세기에는 비교적(秘敎的) 의식이나 교의를 갖는 밀의종교(密儀宗敎), 특히 키벨레나 미트라스 등의 동방 종교 및 이시스나 세라피스 등의 이집트 종교가 부흥했다.

니다. 그러나 만일 그렇다고 해도 이전에 그와 같은 종교적 모임에 바쳐진 장소에서, 배우들의 천한 목소리와 몸짓으로 연극이 상연되지 않은 곳이 있거든 나에게 말하거나 떠올려 보기 바란다. 파렴치한 프가리아[12](그것은 사실 문자 그대로 도피이다. 그러나 그것은 수치와 고상으로부터의 도주이다)를 섬기지 않는 그런 곳 말이다. 신들이 (사람들의) 탐욕을 억제하고, 야심을 무찔러 음탕을 그만두도록 명령하며, 시민들도 그것에 귀를 기울이는 곳을 들어주길 바란다. 또 페르시우스가 크게 꾸짖는 대로 그것을 배우는 곳을 들어주기 바란다.

"배워라, 오, 가엾은 자들이여, 사물의 원인을 알아라.
우리는 무엇인가, 또 무엇을 위해 살도록 태어났는가
어떤 운명이 주어지고 또 어떻게 가면
안전한 길을 따라 종점에 닿을 수가 있는가.
부(富)는 어느 정도 있으면 좋은가, 무엇을 바라면 좋은가.
고생해서 번 돈은 어떤 쓸모가 있는가.
사랑하는 조국과 친구를 위해 얼마쯤 쓰면 좋은가.
신은 당신에게 어떻게 살라고 명하시는가?
또 당신은 이 세상에 어떤 역할을 맡고 있는가."[13]

신들의 가르침으로서 이러한 교훈을 늘 말하고, 예배자들이 신들의 학생으로서 끊임없이 그 말에 귀 기울이는 장소가 있으면 말하라. 우리 쪽에서는 그리스도교가 전해지고 있는 곳이라면 어디서나 이런 목적을 위해 교회를 세우고 있다는 것을 보여주리라.

제7장 철학자의 가르침도 신을 따라하는 인간의 타락을 막을 수 없었다

아마도 그들은 여러 학파와 철학자들이 하는 말을 가지고 나올 것이다. (이에 대해서 나는 다음처럼 대답하리라.) 먼저 이들이 하는 말은 로마(본디) 것이 아니라, 그리스 것이다. 비록 그리스가 로마의 속국이 되었으므로[14] 로마의 것이라 말해도, 이들이 하는 말은 신들이 준 교훈이 아니라, 날카로운 재능을 갖

---

*12 '도망' 또는 '도주'라는 뜻. 로마로부터의 '여러 왕의 도망'(기원전 510년)을 기념해서 2월 24일이 축하되었다. 오비디우스 《달력》 2, 68 이하 참조.
*13 페르시우스 《풍자시집》 3, 66-72.
*14 마케도니아가 로마의 속주가 된 것은 기원전 148년이다.

춘 사람들이 찾아낸 것이다. 그들은 어떻게 해서든 추론으로, 사물의 본성 안에 무엇이 숨어 있는가, 여러 풍속 가운데서 무엇을 구하고 무엇을 피해야 하는가, 추론의 여러 규칙 안에서 무엇이 확실한 논리적 결합으로 이루어져 있는가, 그렇지 않으면 모순되는가를 탐구하려고 애썼다. 그들 가운데 몇 사람은, 하느님의 도움으로 어떤 위대한 것을 발견했으나 그들도 인간의 약점으로 방해를 받아 미로에 빠졌다. 특히 경건의 길은 겸허로부터 높은 곳으로 올라가야 한다는 것을 여러 견해를 비교해 보여주기 위해서, 하느님의 섭리가 그들의 거만을 올바르게 억제했을 때 그들은 길을 잃고 오류에 빠졌다. 우리는 뒤에 진정한 주 하느님의 의지를 묻고 그것에 대해서 논의하기로 하자.[15]

그러나 만약 철학자들이 더없이 행복한 좋은 생활을 보내기 위해서는 무엇을 충분히 구해야 하는지 찾아냈다면, 철학자들에게 신적 영예를 돌리는 것이 한결 정당하리라. 악령들의 신전에서 갈루스인[16]들이 자해하고 거세된 자들이 제관이 되며, 성적 도착자가 희생으로 바쳐지고, 광인이 (자기 몸에) 상처를 입힌다. 그 밖에 온갖 잔혹한 일이나 파렴치한 일, 또는 파렴치하게도 잔혹한 일이나 잔혹하게도 파렴치한 일이, 이러한 신들의 성소(聖所)에서 늘 이루어진다. 그보다는 플라톤 신전에서 책을 읽는 쪽이 한결 낫고 훌륭한 일이다. 선조들이 만든 여러 법률이나 기율의 헛된 칭찬하는 것보다, 신들이 정한 법률을 사람들 앞에서 낭독하는 편이, 젊은이들에게 정의를 가르치기 위해서는 더 효과가 있으리라. 왜냐하면 이러한 신들을 예배하는 젊은이들은, 페르시우스의 말처럼, "독에 물들어 뜨거워진"[17] 정욕에 몰리면, 곧 플라톤의 가르침이나 카토의 생각보다도, 유피테르가 한 다음과 같은 일에 마음을 빼앗기기 때문이다. 테렌티우스 시에 따르면, 부도덕한 청년은 벽에 그려진 그림을 보았을 때 이렇게 말했다.

"그 그림에는 옛 사람 말처럼

---

* 15 제8-12권에서 논하게 된다.
* 16 키벨레의 사제들을 가리킨다. 그 이름은 프리기아의 베레킨투스 산 근처 갈로스 강에서 유래되었다고 알려지고 있다. 갈로스 강의 물에는 사람을 취하게 하고, 황홀 상태로 빠지게 하는 힘이 있다고 믿어지고 있었다. 그러나 한 설에서는 '가리' 또는 '가라타에'라고 불리는 켈트족에서 비롯된 것으로 알려지고 있다. 이들 사제들은 아티스를 모방해 스스로 거세했다.
* 17 페르시우스 《풍자시집》 3, 37.

어떻게 유피테르가

다나에의 태 안에 황금의 비를 뿌렸는가가

그려져 있다"*18

그는 자기의 파렴치한 행위가 확고한 권위로 변호됐다면서 자기는 신을 모방했다고 자만한 것이다.

"그렇다면 어떤 신인가"

그가 말하기로는,

"천궁을 천둥소리로 흔들어 움직이는 신.

나는 왜소한 인간이라서 도저히 그런 일을

할 수 없다는 것인가?

아니, 나는 한 것이다.

더욱이 나는 기뻐서 한 것이다"*19

제8장 외설적인 연기는 신들의 명령이다

그러나 "이와 같은 일은 신들의 제례 안에서가 아니라 신들이 만들어낸 이야기 안에서 전해지는 것이 아닌" 하고 사람들은 말할지도 모른다. 내가 하고 싶은 말은, 저 비교적(秘敎的)인 행사가 이러한 연극의 상연보다도 파렴치하다는 이야기가 아니다. 로마인들은 왜 시민들이 만들어낸 허구의 이야기를 주로 하는 연극을 신들의 제례 속으로 가져왔느냐는 것이다. 오히려 신들이 자기들의 영예를 위해 엄격하게 명했으며 공연을 하도록 강요했다는 점이다.

이는 부정할 수 없는 역사적 사실이다. 이 일에 대해서는 제1권에서 간단히 언급한 바 있다.*20 사실 극장의 연극 공연은, 이전에 역병이 유행했을 때 로마 대신관 권한으로 처음 시작되었다. 그러기 때문에 실제 생활에서, 인간이 중지를 모아서 공포한 법률을 모범으로 하느니보다는 오히려, 신적인 권위로 시작된 연극을 공연하고 따라야 한다고 생각하게 되는 것은 아닐까? 그러나 시인

---

* 18 테렌티우스 《환관》 584 이하. 다나에는, 아르고스 왕 아크리시오스와, 라케다이몬의 딸 에우리디케와의 딸. 그녀는 청동 방에 감금되었으나 제우스(유피테르)가 황금비로 변장해 그 태 안으로 들어가 그녀와 관계를 맺었다고 일컬어지고 있다.

* 19 테렌티우스 《환관》 590 이하. 이 시구는 아우구스티누스의 《고백록》 1, 16, 26에도 인용되어 있다.

* 20 제1권 32장 참조.

들이 유피테르를, 간통을 저지른 자로 그린 것이 잘못이라면, 죄 없는 신들은 인간들의 연극으로 날조되어 부당한 일을 당했으므로 마땅히 화를 내고 복수를 해야 했다.

그래도 여러 연극 가운데 참을 만한 것이 있었다. 그것들은 희극인 경우도 있고, 비극인 경우도 있었는데, 거의 시인들이 구경꾼 앞에서 상연하기 위해 만든 것으로, 그 가운데에는 파렴치한 것도 많이 있었으나, 적어도 다른 연극처럼 천한 대사는 없었다. 이런 참을 만한 연극은 고귀하고 자유로운 학문이라고 불렸으며, 나이 든 사람들은 소년들에게 그것을 읽거나 배우도록 권했다.*21

제9장 옛 로마인은 연극으로 인간을 풍자하지 못하게 했다

그런데 옛 로마인들은 이 문제를 어떻게 생각했던가? 키케로는 국가에 대해 쓴 책에서, 스키피오*22의 주장을 든다. "만약 생활 습관으로 인정되지 않았다면 희극으로 파렴치하게 보란 듯이 상연할 수가 없었으리라."*23 확실히 더 옛날 그리스인도 도덕을 문란케 하는 발언에 대해서는 일정한 약속을 가지고 있었다. 희극 안에서 누군가에 대해 언급할 때는 반드시 그 사람의 이름을 말해야만 했다. 그러기 때문에 그 책에서 아프리카누스*24는 이렇게 말한다. "희극의 표적이 되지 않은 사람이 있을까? 마음의 고민을 겪지 않은 사람이 있을까? 그 풍자를 비껴간 사람이 있을까? 사실 클레온,*25 클레오폰,*26 히페르보로스*27와 같은 무책임하고 국가를 분열시키는 선동가는 희극의 좋은 비방거리였다.*28 이런 부류의 신민들은 극작가에게 이름이 거론되는 것보다, 조사관에게 징계당해야 했지만, 우리는 먼저 참기로 한다. 그러나 화전(和戰) 양 시대에 걸쳐 오랫동안 최고의 권위를 가지고 나라를 지배한 페리클레스가, 시 구

---

*21 《고백록》 1 : 16에서 아우구스티누스는 연극 대본에 의한 언어 습득이 얼마나 도덕적으로 나쁜 영향을 미치는가를 말하고 있다.

*22 스키피오 소 아프리카누스 (기원전 185/4−129년), 제3차 포에니 전쟁의 통령(統領).

*23 이하 키케로 《국가론》 43, 10−11.

*24 이 장 주석22를 보라.

*25 기원전 422년 사망, 아테네의 가장 저명한 선동 정치가. 페리클레스에 반대했다.

*26 기원전 404년 사망. 아테네의 정치가. 클레온의 후계자. 과두정치를 하는 소수의 독재자에 맞섰고, 또 펠로폰네소스 전쟁 말기에 스파르타와의 화평에 반대했다.

*27 기원전 411년 사망. 아테네의 선동 정치가. 클레오폰과 정치행동을 함께 했다.

*28 아리스토파네스의 《아카르나이의 사람들》 (기원전 425년) 및 《기사》 (기원전 424년).

절로 조롱당하고 그 내용이 연극으로 상연된 일은 적절하지 못했다. 마찬가지로 우리의 (시인) 플라우투스*²⁹나 나이비우스*³⁰가 푸블리우스와 그나이우스 스키피오*³¹를 비방하거나, 또는 카이킬리우스*³²가 마르쿠스 카토*³³를 비방한 일도 온당하지는 않았다." 조금 뒤에는 이렇게 말한다. "반대로 우리의 12표법*³⁴은 매우 적은 수의 범죄에 한해서만 사형에 처하는데, 이 적은 수의 범죄 안에, 타인을 중상모략하는 노래를 부르거나 만드는 죄를 포함한다. 이는 매우 좋은 일이다. 왜냐하면 우리는 공적 생활을 위정자의 판단이나 법적인 여러 경정에 위임해야 하기 때문이다. 이런 것은 시인들의 상상에 맡길 일이 아니며 또 반론하거나 재판소에서 변명할 수 없다면 비난의 말에 귀를 기울여서는 안 된다."

이것은 키케로의 《국가론》 제4권에서 인용한 말이다. 우리는 이 말을 씌어 있는 그대로 옮겨야 한다고 판단했다. 좀 더 알기 쉽게 줄이거나 조금 바꾼 곳은 있지만. 위의 말은 내가 설명하려고 한 일을 나 자신보다 더 잘 나타내고 있다.

키케로는 이어서 다른 예도 들었다. 그리고 이 대목의 매듭으로, 옛 로마인은 현존하는 인물을 무대 위에서 칭찬하거나 중상하는 일을 좋지 않게 여겼다는 점을 지적한다. 그러나 앞서 말한 바와 같이 그리스인은 로마인보다도 신중함이 부족했으나, 말과 행동이 일치했기에, 이를 인정했다. 그들은 인간뿐 아니라 신들에 대한 중상도—그것이 시인들에 의해 날조된 것이건, 또는 신들의 실제의 수치스런 행위로 묘사되어 극장에서 상연되는 것이건—연극의 각본을 만드는 일이 자기들의 신들 뜻에 마땅하고, 신들이 기뻐한다는 것을 알고 있었다. 신들을 섬기는 사람들은, 그저 보고 웃기만 했을 뿐, 모방할 가치가 있다고 생

＊29 기원전 254년쯤–184년. 로마의 희극작가.

＊30 기원전 270년–201년쯤. 로마의 시인, 극작가. 그리스식으로 정치가를 비방했다고 해서 유폐되었다.

＊31 푸블리우스는 기원전 209년에 카르타고를 점령해서 '대아프리카누스'라고 불렸던 사람. 222년에 집정관이 되었다. 211년에 전사한 그나이우스의 조카.

＊32 기원전 167년쯤 사망. 로마의 희극작가. 푸라우투스의 후계자.

＊33 기원전 234–149년. 대카토로 알려져 있다. 그리스 문화를 배척하고 카르타고의 섬멸을 주장했다.

＊34 기원전 451 및 449년에 제정된 로마 최초의 성문법. 조문은 수백 조이지만 열두 장의 목제 게시판에 분재되어 있었기에 이렇게 불린다.

각하지는 않았다. 이처럼 신들이 자기들 명성을 소중히 하는 것을 바라지 않는
다고 믿으면서, 국가 지도자나 시민의 명예를 소중히 여긴다는 것은 그야말로
교만한 일이다.

제10장 신들은 스스로 파렴치한 행동을 했다고 생각하기를 바란다

그런데 어떤 사람들은 신들을 변호하기 위해 이런 신들 이야기들이 진실이
아니라, 허위이고 거짓으로 꾸며졌다고 주장한다. 그러나 만약 당신(스키피오)
이 종교의 경건을 문제로 삼는다면, 사실은 더 나빠진다. 당신은 악령들의 악의
를 떠올리면 된다. 사람을 기만하는 데에 그보다 더 교활하고 교묘한 일이 있
을까? 조국을 위해 힘을 다한 충성스런 정치가에 대해 중상이 이루어지면, 그
것이 진실에서 동떨어져서 실제 그의 생활과 인연이 없을수록 해로운 것이 아
닐까? 따라서 하느님에 대해 이토록 경우에 어긋나고 심한 부정이 이루어진다
면, 어느 만큼의 벌을 받아야 할까?

그런데 이런 사람들이 신들이라 여기는 사악한 영들은, 자기들이 끼어들지
않았던 파렴치한 행위도, 자기들이 저지른 듯 이야기되기를 바란다. 만들어낸
이야기로 인간의 정신에 덫을 놓거나, 자기들이 미리 받도록 정해진 형벌로 함
께 끌어들이기 위함이다. 어쩌면 이와 같은 죄를 범한 것은 (신들이 아니라) 인
간이며, 사악한 영들은 인간이 신들에게 하는 일을 기뻐하고 있을지도 모른다.
그 사악한 영들은 인간의 잘못을 기뻐하며, 인간이 아니라 자기들이 예배를 받
기 위해, 무수히 악랄하고 기만적인 책략을 부리는 것이다.[35] 인간이 그와 같
은 범죄를 저지르지 않았다 해도 기만에 찬 사령(邪靈)들은 신령 탓으로 돌리
기 위해, 기꺼이 인간에게 덮어씌울지도 모른다. 이렇게 해서 사악하고 파렴치
한 일을 행하기 위한 충분하고 필요한 보증이, 마치 천상에서 지상으로 보낸
것처럼 여겨진 것이다.

그리스인은 자기들을 이와 같은 신령의 노예라 여겼기에, 무대 위에서 상연
되는 신들에 대한 온갖 모욕을 보면서, 자기들이 같은 모욕을 시인들로부터 받
을 수도 있다는 생각을 하지 않을 수 없었다. 그들은 방법으로 신들과 비슷한
자가 되겠다는 소원을 품었기 때문이다. 그렇지 않다면 신들보다 더 좋은 평판

---

*35 베르길리우스 《아이네이스》 7, 338 참조.

을 얻어 그보다 더 훌륭한 자가 되어, 신들의 노여움을 불러올까봐 두려워했기 때문이리라.

제11장 그리스에서 배우는 신들을 기쁘게 하는 사람으로 존경받았다

또 그리스인이, 이런 만들어낸 이야기를 상연하는 배우들을 국가에서 적지 않은 명예를 누리기에 마땅하다 생각한 것도, 같은 맥락이다. 예를 들어, 키케로의 《국가론》에 씌어 있듯이,[36] 아테네의 가장 뛰어난 변론가 아이스키네스[37]는 젊었을 때 비극의 무대를 밟아, 뒤에 정계로 들어갔다. 또 아리스토데모스[38]라는 비극 배우가 있었는데, 아테네 사람들은 그를 전쟁과 중요한 일의 사절로서 자주 필리포스에게 보냈다. 그들은 이와 같은 예술과 연극이 신들에게까지 받아들여지는 것을 보면서, 그것을 연기하는 사람들을 낮은 지위에 놓거나 그 수효에 포함시킨다는 것은 불합리하다고 여겼기 때문이다.

그리스인에게 연극은 틀림없이 부도덕한 일이었으나, 그들의 신들에게는 완전히 일치하는 일이었다. 그들은 시인이나 배우들이 말로써 시민들의 생활을 야무지게 비판하는 일을 피하지 않았고, 또 신들의 생활이 자발적 의지로 비웃음을 받고 있다는 것을, 그들로써 인식한 것이다. 그래서 연극을 극장에서 연기하는 배우들을, 국가에 가볍게 여겨서는 안 될 사람으로 받아들였을 뿐만 아니라, 으뜸으로 존경해야 한다고 생각한 것이다. 그들은, 자기들이 섬기는 신령이 이런 연극을 보며 기뻐한다는 것을 알고 있었다. 실제로 신관들을 존경하는 까닭은 신들이 좋아하는 제물이 그 손을 통해 바쳐지기 때문인데, 그렇다면 배우들을 비방할 이유가 무엇이 있겠는가? 경의를 표해주기를 바라는 신들의 욕구를 채우지 못해 신들이 화를 낼 때에는, 신들의 경고를 듣고 달래주어야 한다는 것을 그들은 배우를 통해서 익혔기 때문이다.

---

*36 키케로 《국가론》 4, 13 참조.
*37 기원전 390쯤−330년 뒤. 데모스테네스의 반 마케도니아 정책에 반대해, 그로부터 연기가 서투른 배우라고 비웃음을 받았으나 이 비판은 부당한 것이었다. 데모스테네스 《드 코로나》 209, 겔리우스 《아티카 야화》 11, 9 참조.
*38 데모스테네스와 아이스키네스와 함께 올리투스 함락 뒤, 기원전 347년 마케도니아 왕 필리포스와 협상하기 위해 파견된 10인 사절의 한 사람.

더 나아가, 이러한 일들에 대해 가장 잘 안다고 일컬어지는 라베오*39는, 좋은 신령과 나쁜 신령을 다음과 같은 제례의 차이로 구별했다. 나쁜 신들은 피비린내 나는 희생이나 비통한 탄원으로 달랠 수 있다. 그러나 좋은 신들은 유희나 회식, 신전(神前) 향연*40처럼, 명랑하고 즐거운 경의 표시로 달랠 수 있다. 이러한 제례가 모두 어떠한 것인가에 대해서는, 만약에 하느님이 도우신다면, 뒤에 더 자세히 이야기하기로 한다.*41 지금 다루고 있는 문제에 한해서 말한다면, 모든 신들을 똑같이 선한 것으로 보고—왜냐하면 신보다는 오히려 더러워진 영인 이들은 모두 나쁜 것이므로, '나쁜 신들이 존재한다'는 말은 적절하지 않기 때문이다—모든 명예를 거기로 귀속시키거나, 또는 라베오가 생각한 것처럼 분명히 구별해서 좋은 신들과 나쁜 신들에게 저마다 다른 존경을 바치든가 둘 가운데 하나이다. 그리스인이, 희생을 바치는 사제들과 연극을 상연하는 배우들을 똑같이 존경한 일은 이치에 맞는다. 그렇게 함으로써 모든 신들이 연극을 좋아할 경우에는 배우들을 홀대해 모든 신들에게 잘못을 저지를까 두려웠고, 예를 들어 연극이, 좋은 신들만 마음에 드는 것이라면, 그런 신들에게만 잘못을 저지르는 셈인데, 이는 더욱 온당치 못하기 때문이다.

제12장 로마인은 연극에서 신들을 비방하는 것은 인정했지만 인간을 비방함은 용서치 않았다

《국가론》에서*42 스키피오가 자랑하는 것처럼, 로마인은 자기들의 생활과 평판을 시인들의 중상 모략에 맡기는 것을 싫어해, 그런 노래를 만든 자를 사형에 처한다는 규정까지 만들었다. 이것은 그들에게는 매우 정당한 규칙이었으나, 그들의 신들에 대해서는 거만하고 불경스러운 처사였다. 그들은 신들이 시인들의 중상이나 욕으로 상처를 입기는커녕, 오히려 기뻐하기까지 한다는 것을 알

---

*39 3세기 끝무렵에 활약한 코루넬리우스 라베오를 가리키는 것으로 여겨진다. 저작은 남아 있지 않으나 마크로비우스(400년쯤 로마 문법가, 역사가)나 아우구스티누스에 의해 자주 인용되고 있다. 로마의 종교적 전통과 제례에 조예가 깊고 더욱이 그것들을 신플라톤주의적으로 해석한 것으로 여겨진다.
*40 신상(神像)을 대(臺) 위에 눕혀 놓고 여러 가지 공물(供物)이 바쳐지는 일. 제3권 17장 참조.
*41 이 약속은 이루어지지 않았다.
*42 키케로 《국가론》.

고 있었다. 그래서 신들을 제쳐두고 자기들은 이런 비방을 받아서는 안 된다고 생각하고, 법률을 만들어 그런 비방으로부터 몸을 지켰다. 그러나 신들에게 바치는 성대한 의식에는 그와 같은 비방을 섞었다.

그렇다면 스키피오여, 당신은 자기들 신들이 모욕당하는 일에는 태연하면서도, 로마인은 어느 누구도 모욕을 당해서는 안 된다는 이유로, 로마 시인들에게서 비판의 권리를 빼앗은 일을 마땅하다 여기는가? 당신은 원로원이 카피톨리움[43]보다, 아니, 로마 하나가 하늘의 모든 것보다도 가치가 있다 말하며, 시인이 로마 시민들을 매도하는 일은 법률로 금지하지만, 어째서 당신의 신들에 대해서는, 원로원 의원도, 조사관도, 제1인자도 대 신관도 금지하지 않으니까, 안심하고 많은 욕을 퍼부어도 좋다고 생각하는가? 플라우투스, 또는 나이비우스가 푸블리우스와 그나이우스 스키피오를 비방하거나, 또는 카이킬리우스가 카토를 비방하는 일[44]은 잘못된 일이지만, 당신들의 (시인) 테렌티우스가 최고신 유피테르의 파렴치한 행위를 들어 젊은이를 비행으로 자극하는 일[45]은 과연 옳은가.

제13장 로마에서 배우는 천한 직업이었다

하지만 만일 스키피오가 살아 있다면, 아마도 이렇게 대답했으리라. "이러한 연극을 사람들 앞에서 이야기하거나 상영하는 일을 로마인의 풍습으로 정하고, 또한 자기들의 명예를 위해 봉납하도록 명한 것은 다름아닌 신들이다. 그런데 그 신들이 신성한 제례로 바란 이 연극을, 어떻게 우리가 거부할 수 있는가?"

이런 지시를 내리는 신들은 참다운 신들도 아니고, 국가가 신적 영예를 돌릴 만한 가치가 전혀 없는 것이라고 이해해서는 안 될 까닭이 있을까? 만일 로마인을 비난하는 연극의 상영을 요구하는 자들(신들)을 섬기는 일이 매우 적절치 못하고 결코 해서는 안 될 일이라면, (인간을) 속이려는 욕망에 사로잡혀, 칭찬을 받기 위해 자기들의 범죄를 공개할 것을 요구하는 자들(신들)을 어떻게 예배할 대상이라고 여길 수가 있는가? 또한 그러한 신들을 기피해야 할 영으로

---

*43 로마의 일곱 구릉의 하나로 유피테르 신전이 세워져 있었다.
*44 이 책 9장 참조.
*45 이 책 7장 주석18 참조.

여겨서 나쁜 이유가 있을까?

비록 해로운 미신에 사로잡혀 파렴치한 연극을 자기들에게 바치기를 바라는 신들을 섬기고 있지만, 로마인은 품위와 수치를 잊은 일은 없었다. 그래서 그리스인의 방식을 흉내 내어, 이러한 각본을 상연하는 배우에 영예를 돌리는 일은 결코 하지 않았다. 오히려 키케로의 책에서 스키피오가 말하는 것처럼, "그들은 모든 놀이나 연극을 멸시하였기에, 배우들에게는 다른 시민이 가지고 있는 영예가 없다고 여겼을 뿐만 아니라, 조사관의 경고로 씨족 명부에서도 없애려고 했다."[*46]

이것은 참으로 국가의 이름을 소중하게 여기는 매우 로마적인 정신이다. 나는 로마인의 올바른 판단이, 늘 그 선례를 따르기를 바란다. 사실 이것은 올바른 처치이다. 어떤 로마 시민이 배우가 되는 길을 선택했다면, 그는 명예 있는 직무에 앉을 수 없을 뿐만 아니라, 조사관의 경고에 따라서 자기 씨족의 일원이 되는 일조차도 금지되었다.[*47] 이것은 참으로 칭찬할 만하며 진정한 로마적 정신이라 할 수 있다. 그러나 나에게 대답해 주기 바란다. 배우를 모든 영예로부터 배제하는 일과, 연극을 신들의 영예 안에 넣는 일 사이에 뚜렷한 까닭이 있는가? 강직한 로마인은 오랫동안 연극을 몰랐다.[*48] 그들이 인간의 쾌락을 채우기 위해 원했을 때, 연극은 서서히 사람들의 습속을 악화해 갔다. 신들이 자신을 위해 연극의 상연을 요구했다면 어째서 신들을 예배하는 배우를 배척하는가? 그 연극을 무리하게 시킨 자가 존경 받는다면, 그에 따라 어리석은 공연을 하는 배우를 어째서 뻔뻔스럽게 비난하는가?

그리스인과 로마인은 이 점에서 의견을 달리해 서로 다투고 있다. 그리스인은, 자기들은 연극을 강요하는 신들을 숭배하므로 배우인 인간 또한 마땅히 존경해야 한다고 여긴다. 이와 달리 로마인은 배우들이 원로원 의원의 집회는 물론, 평민 구회(區會)를 모욕하는 것을 허용하지 않는다. 이 대립에서 문제점은 다음과 같은 방법으로 풀린다. 그리스인은 "만약 그와 같은 신들을 예배해야

[*46] 키케로 《국가론》 4, 10.

[*47] 로마에서는 배우는 전차 조종사나 검사(劍士)나 경기자와 함께 천한 직업에 속했고, 기원전 45년에는 정치에 관여하는 권리도 공직에 취직한 자격도 박탈되었다. 테르툴리아누스 《극장에 대하여》 22 참조.

[*48] 리비우스에 의하면 연극은 기원전 364년 에트루리아에서 로마로 들어왔다. 그 이전에는 유희는 있었으나 연극은 없었다. 《로마사》 7, 2.

한다면 그와 같은 인간도 마찬가지로 존경해야 한다" 주장한다. 로마인은 여기에 작은 전제를 더해 "그러나 그와 같은 인간은 절대로 존경해서는 안 된다" 말한다. 그러나 그리스도교도는 "그러므로 그와 같은 신들을 절대로 섬겨서는 안 된다"는 결론을 내린다.*49

제14장 플라톤은 신들보다 뛰어났다

다음으로 우리가 문제 삼는 것은 아래와 같다. 12표법은 시민 명예에 싱처를 입히는 일을 금지하는데, 그와 같은 이야기를 쓴 시인들은 신들에게 온갖 욕설을 퍼붓고 있다. 그런데도 왜 그들은 배우들과 마찬가지로 혐오할 존재로 여겨지지 않는가 하는 점이다. 신들에게 모욕을 주는 이야기를 쓴 작가는 존경을 받는데, 이것을 연기하는 배우를 멸시하는 일은 무슨 까닭인가? 아마도, 우리는 그리스인 플라톤에게 영예를 주지 않으면 안 될 것이다. 그는 이성에 근거를 두어 국가란 어떠한 것이어야 하는가를 규정하면서, 시인들은 진리를 거역하는 사람이므로 도시에서 추방되어야 한다고 생각했다.*50 실제로, 이 사람은 신들에 대한 모욕을 견디지 못했고, 그런 작품들로 시민들의 마음이 병들고 썩어 가는 일을 좋아하지 않았다.

자, 시인들이 시민들을 기만하는 일이 없도록 그들을 도시에서 쫓아내려고 한 플라톤의 인간성과, 인간의 영예를 위해 상연을 요구한 신들의 신성을 비교해 보라. 플라톤은 그런 각본을 쓰지 말아달라고 토론으로 설득하지 않았지만, 그리스 시인의 가벼움과 방종을 타일렀다. 그런데 신들은 그와 같은 연극을 상영하게 하려고, 중후하고 절제 있는 로마인에게 강제로 명령을 내린 것이다. 신들은 그런 연극이 상연될 뿐만 아니라, 자기들을 위해 바쳐지고 성별(聖別)되어 공손하게 과시되기를 바랐다. 국가는 어느 쪽에 신적 영예를 돌리는 것이 훌륭한가. 이들 외설스럽고 불경한 일을 금지한 플라톤인가. 그렇지 않으면 그가 진리를 설득할 수 없었던, 인간들을 속이며 기뻐한 악령들인가?

---

*49 아우구스티누스는 여기에서 3단 논법을 생각하고 있다. 즉, '만약에 그와 같은 신을 숭배해야 한다면'이라는 그리스인 주장의 전반이 대전제이고 여기에 로마인이 소전제를 더해, 그리스도인이 결론을 주었다는 것이다.

*50 플라톤 《국가》 3, 398a ; 8, 568b ; 10, 605a ; 607b. 키케로 《투스쿨룸에서의 논쟁》 2, 11, 27, 《국가》 4, 5 참조.

라베오*[51]는, 플라톤을 헤라클레스*[52]나 로물루스*[53]와 마찬가지로, 반신(半神) 안에 넣어야 한다고 생각했다. 그는 반신을 영웅보다도 더 훌륭하다고 보았으나 그들 모두를 함께 신령 안에 놓았다. 그러나 나는 그가 반신이라고 부른 플라톤이 영웅보다도 훌륭할 뿐만 아니라, 신들보다도 더 뛰어나다고 자신 있게 말할 수 있다.

그런데 플라톤은 모든 시인의 작품을 탄핵했으며, 로마인은 시인들에게서 사람들을 비방하는 자유를 빼앗았다. 이 점에서 로마인의 법률은 플라톤이 논한 것에 가깝다고 할 수 있다. 플라톤은 시인들이 나라 안에 사는 것을 금했고, 로마인은 비록 시인들까지는 아니어도 그들이 만들어낸 이야기를 연기하는 배우가 시민권을 갖는 것을 금했다. 만약 로마인이 이런 연극의 참다운 연출자인 신들에 대해 단호히 반대하는 용기를 가졌더라면, 그들은 아마 배우들을 모두 한 곳에 격리시켰으리라.

따라서 로마인은, 좋은 풍습을 세우고 나쁜 습속을 바꾸기 위한 법률을, 자기네 신들로부터 받을 수가 없었거나, 또는 받는 것을 기대하지 않았을 것이다. 그들은 법률에 따라 신들을 비난하고 꾸짖었다. 신들은 자기들의 영예를 위해 연극을 요구했지만, 로마인은 그것을 연기하는 사람들로부터 모든 영예를 빼앗았기 때문이다. 신들은 시인들이 자기들의 추태를 그린 이야기로 공연할 것을 명하고, 로마인은 시인들이 사람을 비난하는 경솔한 행위를 하지 않도록 이것을 금지했다. 그러나 반신(半神)인 플라톤은, 이와 같은 신들의 호색에 반대해, 로마인이 그 천성을 가지고 무엇을 이룰 것인가를 제시했다. 그는 시인들이 제멋대로 거짓말을 하거나, 가엾은 인간들에게 신들의 저질 행동을 마치 본받아야 할 표본인 것처럼 내세우면서, 잘 정돈된 나라 안에서 사는 것을 엄격하게 금지한 것이다.

우리는 플라톤을 신이나 반신이라 부르지 않고, 그를 위없으신 하느님의 성스러운 천사, 진실을 알리는 선지자, 사도의 한 사람, 그리스도의 순교자의 한 사람, 그리스도인의 한 사람과 견주지도 않는다. 왜 우리는 이렇게 말하는가?

＊51 이 제2권 제11장 주석39를 보라.
＊52 그리스 신화 가운데 최대의 영웅. 상당히 이른 시기에 로마로 들어가 '액땜의 신'으로서, 특히 상인의 숭배를 받았다.
＊53 레무스와 함께 로마 건국의 아버지라고 일컬어지는 신화적 인물.

그 이유는 하느님의 도움을 받아 이야기할 곳에서 설명하기로 한다. 그러나 어떤 사람들은 플라톤을 반신이라 여기고 싶어 한다. 나는 그를 비록 로물루스나 헤라클레스보다 나은 사람이라고는 생각하지 않지만, (헤라클레스가 형제를 죽였다거나, 무엇인가 파렴치한 행위를 했다는 것은 어떤 역사가도 시인도 전하거나 창작하거나 하지 않고 있다고는 하지만), 적어도 프리아푸스*[54]나 키노케팔루스,*[55] 또는 결국 페브리스*[56]―로마인은 이들 신령들을 일부는 외국으로부터 들여오고 일부는 자기들 본디의 것으로서 숭배하고 있다―보다 낫다고 생각한다.

이와 같은 신들이 어떻게 해서 좋은 명령이나 법률을 내려 정신이나 습속이 심한 악습의 침입을 받는 것을 막거나, 이미 안에 뿌리를 내린 악을 없애도록 배려할 수 있겠는가? 오히려 신들은 파렴치한 행위의 씨를 뿌리고, 그것을 기르기 위해 배려하며, 극장에서 드러내놓고 공연함으로써, 그와 같은 행위를 자기 자신의 행위, 또는 그와 비슷한 행위로써 민중에게 알리기를 바란 것이다. 그 결과, 인간의 가장 저질스러운 정욕이, 마치 신의 권위로 인정된 것처럼 불타올랐다. 이렇게 되면 키케로가 아무리 소리를 질러도 소용이 없으리라. 그는 시인들에 대해 다음처럼 말한다. "시인들은 민중의 외침이나 갈채를 그 어떤 위대한 인물이나 대학자들이 한 말처럼 여기는 모양이다. 그들은 얼마나 큰 암흑을 가져왔고, 얼마나 큰 두려움을 야기시켰으며, 얼마나 큰 욕망의 불을 북돋았는가."*[57]

제15장 로마인은 플라톤을 숭배하지 않고 유피테르, 마르스, 로물루스를 신으로 삼았다

하지만 그들에게 저 거짓 신들을 숭배해야만 하는 어떠한 근거가 있는가. 그것은 근거라기보다는 오히려 아부하는 마음이 아니었던가? 플라톤은, 어떻게

---

*54 디오니소스와 아프로디테의 아들. 생식력을 상징하며, 정원과 과수원의 신으로 되어 있다.

*55 이집트로부터 수입된 개의 머리를 한 신. 죽은 자를 심판받는 곳으로 인도하는 것으로 되어 있다. 또 그런 이유로 해서 헤르메스와도 동일시되었다.

*56 '열병'이 신격화된 것. 로마 초창기 티베르 강의 충적 평야에서 위생 상태가 나빠 자주 열병이 유행했다. 특히 9월 이후 가을에 심했다. 그래서 로마인은 열병을 무서운 여신으로 신격화해 이를 달래기 위해 제례를 지냈다.

*57 키케로《국가론》4, 9.

든 피해야 할 마음의 악 때문에 인간의 도덕이 타락하지 않도록 많은 토론을 했다. 때문에 사람들은 플라톤을 반신으로까지 여겼으나 사당을 세울 만큼은 아니라고 생각했다. 그러나 로물루스에 대해서는, 그들의 비밀된 가르침에서 말하듯이, 신보다는 반신으로 삼고 있음에도 오히려 그를 신들보다 뛰어나다고 보았다. 그들은 로물루스를 위해 신관까지 두었다. 이 신관은 하나의 사제로, 로마 종교의례에서는 그 원추형 모자[58]가 나타내는 바와 같이 특히 뛰어난 것으로 여겨진다. 로마에는 세 신들을 위해 둔 세 사람의 신관이 있는데, 유피테르에는 디알리스가, 마르스에게는 마르티알리스가, 로물루스에게는 퀴리날리스가 있었다. 퀴리날리스라는 이름은 로물루스가 시민들에게 특히 인기가 있었기에, 천상(天上)에 받아들여진 뒤, 퀴리누스[59]라 불린 데서 비롯되었다. 이 영예 때문에 로물루스는 유피테르의 형제인 넵투누스나 플루톤, 그리고 그들의 아버지인 사투르누스보다도 훌륭하게 여겨진다. 로마인은 유피테르를 위해 두었던 것과 같은 사제직을 두어 그 위대함을 나타냈으며, 아마도 마르스를 마치 로물루스의 아버지처럼 보아 마찬가지로 사제직을 둔 것이다.

제16장 로마인은 도덕이나 법률을 신들에게 받지 않고 그리스인에게서 받았다

그러나 만약 로마인이 자기네 신들에게서 살기 위한 법률을 받을 수가 있었다면, 로마 건설 뒤 세월이 어느 만큼 흐른 뒤,[60] 아테네 사람에게 솔로몬 법률을 빌리는 일은 하지 않았으리라. 단, 받은 상태로 두지 않고, 보다 더 좋게 고치려고 노력하기는 했다. 한편 리쿠르고스는 아폴론의 권위를 받아 스스로 라케다이몬(스파르타)인을 위해 법률을 만들었다고 주장했으나,[61] 로마인은 지

---

[58] 꼭대기에 양털로 감은 작은 막대를 단 신관의 모자.

[59] 뚜렷한 직능을 가지지 않지만 유피테르, 마르스와 함께 로마의 세 신 가운데 하나. 로물루스와 동화된 것은 비교적 후대의 일이라고 여겨지고 있다. 키케로《신의 본성에 대하여》2, 62,《도덕적 의무에 대하여》3, 41 참조.

[60] 리비우스에 의하면 로마 건설 뒤 300년째에 소론의 법을 배우기 위해 세 사람의 사절이 아테네에 파견되어, 귀국 후 열 명의 대관이 임명되어 법의 제정을 맡았다. 그리고 몇 가지 비극적 사건이 일어난 뒤 결국 12표법이 로마법의 토대로서 정해졌다는 것이다. 《로마사》 3, 31–34. 그러나 이 사실성(史實性)은 오늘날 역사가에 의해서 부정되고 있다.

[61] 키케로《점》1, 43 참조. 리쿠르고스는 전설상의 스파르타 법률 제정자.

혜롭게도 그것을 믿지 않았으며, 그 나라 법률을 받아들이지도 않았다. 로물루스 뒤를 이은 누마 폼필리우스는 법률을 제정했다고 하지만, 그 법률은 나라를 다스리기에 결코 충분하지가 않았다. 또 그는 많은 종교 의례도 정했으나 그가 이런 법률을 신령들로부터 받았다고는 전해지지 않는다. 따라서 마음의 악, 생활의 악, 도덕의 악은 매우 커서, 그들 가운데 가장 학식 있는 사람들도,*62 비록 도시는 서 있어도, 국가는 이들 악에 의해 멸망할 것이라고 믿을 정도였다. 그들의 신들은 자기를 섬기는 자에게 화가 미치지 않도록 조금두 보살피지 않으며, 오히려 앞에서 논한 것처럼, 온갖 방법으로 멸망을 부추기고 있는 것이다.

제17장 사비니인 딸들의 약탈과 그 밖의 부당한 행위

로마 시민이 신령들에게 법률을 받지 못한 까닭은, 아마도 살루스티우스의 말처럼, "그들 사이에서는 법률에 의하지 않고서도, 정의와 선이 자연히 행해고 있었기"*63 때문이었으리라. 그래서 나는 사비니*64 여성들을 강탈한 것은 이 (자연력에 의한) 정의와 도덕 때문이었다고 생각한다.*65 다른 나라 아가씨들을 그 양부모에게 허락을 구하지 않고 공연에 초대한다고 속인 채 데리고 와서, 힘으로 빼앗는 것보다 무엇이 더 정의이며 무엇이 더 선이란 말인가. 비록 사비니인이 요구를 거절한 것이 부당하다 해도, 딸들을 주지 않는다고 그녀들을 강탈한 것은 더욱 부당한 일이 아니었던가. 빼앗긴 아가씨들을 돌려줄 것을 요구한 종족과 전쟁을 하느니보다는, 이웃 (로마의) 남자들에게 자기 딸들을 내어주기를 거절한 종족과 전쟁하는 편이 차라리 더 정당했으리라. 따라서 로마인은 오히려 후자와 같은 전쟁을 했어야만 했다. 그랬다면 마르스가, 싸우고 있는 자기 아들(로롤무스)을 도와, 결혼을 거절당한 종족이 받은 모욕에 대해서 무력으로 복수하고, 이전부터 바랐던 여자들을 손에 넣게 하였으리라. 전쟁에 이긴 자가 아가씨들을 빼앗는 일은 어느 정도 마땅한 전쟁의 권리이기 때문이다. 그

---

*62 예를 들면 플라우투스. 《페르시아인》 4, 4, 11–14 참조.

*63 살루스티우스 《카틸리나 음모》 9, 1.

*64 로마와 이웃한 지역에 사비니인이라고 불리는 로마인과는 다른 종족이 살고 있었다. 사비니인의 아가씨 납치 사건은 로마 건국에 얽힌 전설로 로마인의 자손을 두기 위해 로물루스가 꾸민 것이라고 일컬어지고 있다. 리비우스 《로마사》 1, 9.

*65 이 문장과 이에 이어지는 대목은 아우구스티누스의 풍자이다.

러나 딸을 주지 않는다고 이를 빼앗고, 그 부모들—그들이 화를 내는 것은 마땅하다—과 부당하게 전쟁을 벌인 것은 결코 평화의 법칙에 온당치 않다.

그러나 이 일에서 다음과 같은 이롭고 기쁜 결과가 생겨났다. 즉 이 간사한 꾀는 뒷날 원형경기장의 구경거리로 기념되었음에도, 이러한 범행의 표본은 나라에 의해서도 주권자에 의해서도 시인되지 않았다. 또 로마인은 로물루스의 부녀약탈 행위를 흉내 내는 것을, 법률과 도덕으로 허용하지 않으면서도, 로물루스는 신으로 모셨다. 그래서 전자보다도 후자에서 더 쉽게 잘못을 저지른 것이다. 또 다음 일도 이 정의와 선에서 비롯되었다. 타르퀴니우스 왕*[66]을 그 아들과 함께 쫓아낸 뒤—이 왕의 아들이 루크레티아를 능욕했다—집정관 유니우스 브루투스*[67]는, 루크레티아의 남편이자 그의 동료이기도 한, 이 죄 없는 인물 루키우스 타르퀴니우스 콜라티누스에 대해서, 그의 이름이 타르퀴니우스이고, 그 왕의 친족이라는 이유로 정무관 직책을 물러나게 했으며, 군내에서 사는 것을 허락하지 않았다.*[68] 그는 시민의 찬성 또는 인내로 이 심한 처사를 행했는데, 콜라티누스도 브루투스 자신도 이 시민들에게서 집정관 직책을 받은 것이다.

다음과 같은 일 또한 이 정의와 선에서 비롯되었다. 마르쿠스 카밀루스*[69]는 그 무렵 뛰어난 영웅이었는데, 로마인의 비상한 강적이었던 베이이인을 쉽게 무찔러 번창하던 도시를 점령했다.*[70] 10년에 걸친 이 전쟁에서 로마군은 늘 악전고투를 해야만 했으므로, 로마는 스스로의 안전에 대해 불안에 떨고 있었다. 그런데 그의 능력에 질투심을 품은 경쟁 상대들의 간계와 호민관들이 제멋대로 한 주장으로 유죄 판결을 받았다. 또 자기가 구해준 나라가 얼마나 배은망덕한가를 잘 알고 있었기에, 틀림없이 처벌되리라 확신, 스스로 조국을 떠났

---

*66 로마의 마지막 왕. 재위 534-510년. 에트루리아인. 제6대 왕 세르비우스 툴리우스의 사위가 되었으나 왕을 살해하고 왕위를 빼앗았다. 뒤에 브루투스에 의해 로마에서 쫓겨났다.

*67 로마의 왕정을 폐지하고 공화정을 창시해 최초의 통령이 되었다(기원전 509년)고 전해지고 있다. 리비우스 《로마사》 1, 58.

*68 리비우스 《로마사》 2, 2.

*69 기원전 365년 사망. 로마의 장군. 베이이인과의 전쟁은 기원전 406-396년. 이 전쟁 뒤 정쟁으로 로마에서 쫓겨났다. 갈리아인이 로마를 점령했을 때 (기원전 387년) 송환, 독재관이 되어 조국을 구출하고, 로물루스를 잇는 로마 제2의 건설자가 되었다.

*70 리비우스 《로마사》 5, 21, 32, 46, 49-50.

다. 그러나 그는 나라 안에 없었음에도 1만 아에스의 벌금이 매겨졌다. 그러나 얼마 뒤, 배은망덕한 고국이 다시 갈리아인의 공격을 받게 되자 그는 또다시 구원자가 되었다. 그 나라(로마)를 괴롭힌 많은 사악이나 부정을 하나하나 기록하는 것은 귀찮은 일이다. 그곳에서는 권력을 가진 사람들은 어떻게 해서든 평민을 따르게 하려 했고, 평민은 그들을 따르기를 거부했다. 양쪽 지도자는 공정과 선에 대해 숙고하는 일보다는 상대에게 이기고 싶다는 열의와 야망에 따라 행동한 것이다.

제18장 로마인은 전쟁이 끝나면 도덕적으로 타락했다

그런 까닭으로 나는 먼저 내 이야기를 그만두고 살루스티우스를 증인으로 인용하고자 한다. 그는 로마인을 칭찬해, "그들 사이에서는 법률에 의하지 않아도 정의와 선이 자연히 실시되고 있었다" 말했는데, 우리는 오늘 이것을 출발점으로 논의를 시작하고 있었다. 그는 이렇게 말한 뒤, 국가는 왕제를 폐지한 뒤 믿을 수 없을 만큼 짧은 시간 안에 세력을 넓혔다고 그 시대를 찬미했다. 그러나 그는 《역사》 제1권에서, 국정이 왕에게서 집정관으로 옮아갔다. 그 뒤 짧은 중간시대를 거친 다음 유력자들이 부정을 저질렀고 또 그 때문에 평민이 귀족으로부터 떠났으며,[71] 그리고 그 밖의 다툼이 도시 안에서 일어났다는 것을 인정하고 있다. 즉 그는 제2차 포에니 전쟁에서 마지막 포에니 전쟁이 일어나기까지,[72] 로마 시민은 최고의 도덕적 수준과 화합을 유지하고 있었다고 기술했다. 그러면서 이 바람직한 상태는 로마인이 정의를 사랑했기 때문이 아니라, 카르타고가 건재한 한 평화가 유지되지 않으리라는 걱정이 있었기 때문이라고 말한다. (같은 이유로 저 나시카도 공포로 악덕을 억제하고, 부정을 탄압하며, 최고의 도덕적 수준을 유지하기 위해, 카르타고를 멸망시키는 데에 반대했다.)[73] 이어서 살루스티우스는 다음과 같이 말한다. "그러나 카르타고가 멸망한 뒤에도, 다툼, 탐욕, 야심을 비롯한, 순조로운 때에 일어나기 쉬운 악이 매우 증대했다."[74] 우리는 이와 같은 일로 이전에도 이런 악이 생겼으며, 또한 증대했다는

---

[71] 기원전 494년, 평민이 귀족으로부터 이탈하여 성산에 농성한 사건.
[72] 기원전 202년의 자마 결전에서 기원전 146년의 카르타고 함락에 이르기까지의 기간.
[73] 제1권 30장 참조.
[74] 살루스티우스 《역사》 단편 1, 11.

것을 이해할 수 있다. 그는 왜 이런 말을 했는가에 대해 다음처럼 말한다. "유력자들의 부정과 그 때문에 생긴 평민의 귀족으로부터의 분리, 또 그 밖의 다툼은 이미 처음부터 국내에 존재했다. 왕들을 쫓아낸 뒤 공정과 절도 있는 법률이 실시된 것은 타르퀴니우스에 대한 두려움이 있고, 에트루리아와의 고전이 이어지는 동안뿐이었다".

보라, 왕들이 쫓겨난 뒤 어느 정도 공정과 절도 있는 법률이 실시된 기간이 얼마나 짧았던가를. 왕위를 빼앗기고 수도에서 쫓겨난 타르퀴니우스 왕이 에트루리아인과 동맹을 맺어 로마인에게 싸움을 걸어 오리라는 걱정이 바로 그 원인이었다고 살루스티우스는 말한다.

이어서 그가 한 말에 주의하기 바란다.

"그 뒤, 귀족은 노예를 지배하듯이 평민을 부리고, 그 생명과 몸을 왕의 방식에 따라 다루었으며, 농지에서 쫓아내고, 재산이 없는 자들 위에 오직 한 사람 권력을 가진 자로서 군림했다. 끊임없는 전쟁과 함께 이러한 가혹한 처사, 특히 부채에 고통을 받은 평민은 납세와 군역(軍役)을 참고 견디다 못해 무장을 하고 성산(聖山)과 아벤티눔*75에서 농성해, 겨우 호민관과 그 밖의 권리를 획득했다. 이런 서로간의 불화나 다툼을 종식시킨 것은 제2차 포에니 전쟁이었다."*76

그때 이래, 즉 왕이 추방된 뒤 짧은 기간 동안, 로마인이 어떠한 상태였는가를 잘 알았으리라 생각한다. 이 무렵 로마인에 대해 살루스티우스는, "그들 사이에서는 법률 없이도 정의와 선이 자연히 이루어지고 있었다"고 말한다.

로마의 국정이 가장 훌륭했다고 칭찬 받는 그 시대가, 이제까지 말한 것이었다면, 그 뒤에 이어지는 시대를 우리는 말하고 어떻게 생각해야 좋을까? 같은 역사가의 말을 빌리자면, "(로마는) 가장 좋은 상태에서 최악의 파렴치하기 짝이 없는 상태로 서서히 바뀌었다"*77 한다. 이것은 그가 기록했듯이 카르타고가 멸망한 뒤의 일이기 때문이다. 이때가 어떠한 시대였는가에 대해 살루스티우스는 생각나는 대로 짧게 기술했는데, 우리는 그의 《역사》 안에서 그것을 읽을 수 있다. 그는, 순조로운 환경에서 생긴 많은 도덕적 악이 마침내 내란으로

---

*75 로마를 둘러싼 일곱 언덕의 하나.
*76 살루스티우스 《역사》 단편 1, 11.
*77 살루스티우스 《카틸리나 음모》 5, 9.

발전해 갔다고 알린다. 그의 말에 따르면, "그 무렵부터 선조 전래의 도덕은 옛날처럼 완만하게가 아니라, 급류처럼 급속히 떨어졌다. 특히 청년들은 음탕과 탐욕으로 타락하였기에 스스로 유산을 유지하거나, 타인으로 하여금 유지하게 할 수도 없는 사람들이 생겼다."[78] 이어 살루스티우스는 술라의 악덕과 국정에 대한 추악한 사건을 말했으며, 다른 저술가들도 서술 방식으로는 그보다 못하지만, 이에 동의한다.

그러나 당신도 알고 있는 바와 같이, 거기에 눈을 돌리는 사람은 누구나 하늘에 계시는 우리 왕(그리스도)이 오시기 전부터 그 나라가 도덕적으로 어찌할 수 없는 악의 덩어리였음을 바로 알 수 있으리라. 그리스도가 사람들 사이에서 가르치시기 이전에 이미 이런 일들이 있었기 때문이다. 그래서 그들은 앞서 말한 그 시대의, 비교적 참을 수 있는 가공할 많은 악을 함부로 자기 신들의 책임으로 돌리려 하지 않는다. 그러나 사실은 이런 악덕을 산더미처럼 발생시킨 원인이 된 생각을 그 신들이 악의가 있는 간계로 사람 마음에 심은 것이다. 그런데도 왜 그들은 오늘날 재앙의 책임을 그리스도 탓으로 돌리는가. 그리스도는 더 없는 구원에 찬 가르침으로, 사람을 속이는 거짓 신들을 섬기는 것을 금한다. 또 사람들이 갖는 이런 해롭고 파렴치한 욕망을 하느님의 권위로 억제하시고 죄로 정하며, 또 이 재앙으로 병들고 시들어가는 세상 곳곳에서 자신의 가족을 남들이 모르는 새에 끌어내신다. 이 가족을 바탕으로 그는 헛된 박수갈채에 의하지 않고, 진리의 심판으로 영광이 넘치는 영원한 나라를 세우시는 것이다.

제19장 성서의 가르침에 귀를 기울여라

보라, 로마의 국정을. 그것은 "가장 좋은 상태에서 가장 나쁘고 파렴치하기 짝이 없는 상태로 서서히 바뀌었다." (이렇게 말하는 것은, 내가 처음이 아니라, 우리가 수업료를 주고 배운[79] 로마 작가들이 그리스도가 닥쳐오기 훨씬 이전 한 말이다). 보라, 그리스도가 오시기 전에도, 카르타고가 파멸한 뒤에 "선조로부터 내려온 도덕은 옛날처럼 완만하게가 아니라 급류처럼 급속히 떨어졌으며, 특히 청년들은 음탕과 탐욕으로 타락한" 것이다.

---

*78 살루스티우스 《역사》 단편 1, 16.
*79 《고백록》 5, 12, 22 참조.

(우리를 비난하는 사람들은) 로마 시민에게 신들이 주셨다는 음탕과 탐욕에 대한 계명을 우리 앞에서 읽어주기 바란다. (그것을 할 수가 없다면) 최소한 정결이나 절제의 덕을 이야기하는 것은 그만두고, 또 수치스러운 행동이나 추한 행동을 시민들에게 요구하지 않기를 바란다. (그런데) 그들은 거짓 신에 호소해 그와 같은 추행을 당당하게 인정하려 드는 것이다.

선지자들이나 성스러운 복음서로써, 또 사도들의 행동이나 편지를 통해, 탐욕이나 음탕에 대한 많은 계명을, 어디에서나 그것을 듣기 위해 모인 시민에게 읽어주기 바란다. 이 계명은 철학자들의 토론처럼 시끄러운 것이 아니라, 신탁과 신의 구름 사이에서 울려옴을 알게 되리라. 이 얼마나 훌륭하고 또 거룩한 일인가.

그러나 로마인들은 그리스도 도래 이전에 음탕과 탐욕, 또 잔혹하고 추악한 풍습을 들여와서, "국정을 파렴치하기 짝이 없는 상태"로 만든 책임을 자기 신들 탓으로 돌리지 않는다. 오히려 오늘날 그 신들의 거만과 쾌락 때문에 고통받게 된 국정의 재앙을, "그리스도교의 책임이다"라고 큰 소리로 외치고 있다. 그러나 만약 "지상의 왕과 모든 나라 백성, 땅의 지배자들과 모든 재판관들, 젊은 남자와 여자들, 늙은 사람과 젊은 사람들",*80 분별 있는 나이에 이른 남자와 여자들, 그리고 바프티스마의 요한이 호소한 세수인과 병정들*81 (이들 모든 사람들)이, 올바르고 어울리는 도덕에 대한 그리스도의 가르침에 귀를 기울이며, 이를 실행하려고 마음먹는다면, 그 나라는 현존하는 세계를 행복으로 아름답게 꾸미고, 더없는 행복 속에서 다스리는 영원한 생명의 정점에 이르게 되리라.

이 말에 귀 기울이는 사람이 있는가 하면 무시하는 사람도 있다. 또 많은 사람들은 엄격하기는 하지만 이로운 덕을 좋아하지 않고 악덕을 좇는다. 그러나 그리스도의 종들은 왕, 지배자, 재판관을 비롯, 친위병이든, 속주의 군인이든, 부자이든 가난한 사람이든, 자유인이든 노예이든, 남자든 여자든, 불가피한 경우에는 파렴치하기 짝이 없는 최악의 국정도 참아내며, 그 인내를 통해 저 천사들의 한없이 성스럽고 깨끗한 의회와 하늘의 국정 안에 자기들의 빛나는 장소를 얻도록 명령 받았다. 그 의회나 하늘 국정에서는 하느님의 의지가 법이다.

---

*80 시편 148 : 11, 12.
*81 루가 3 : 12 이하.

제20장 이교도의 쾌락주의적 인생관

저런 신들을 숭배하고 애착을 느끼는 사람이나 신들의 수치스러운 행위를 모방하는 데에 기쁨을 느끼는 자들은 국정이 "최악의 파렴치한 상태"에 있어도 조금도 걱정하지 않는다. 그들은 이렇게 말한다. "국가는 건재하고 번영해 승리의 영광으로 빛나고 있다. 또 다행스럽게도 평화롭고 안정되어 있다. 그런데 무엇을 걱정할 필요가 있단 말인가. 오히려 우리가 걱정해야 할 것은 아무리 낭비해도 모자람 없을 부를 늘리는 일이다. 그 부로 강자는 약자를 자기에게 복종시키는 법이다. 가난한 자들은 충분히 먹기 위해, 또 부자의 비호 아래에서 평온하고 무사한 생활을 누리기 위해 부자의 말을 듣고, 부자는 가난한 자들을 예속민으로 삼아, 자기를 섬기게 하기 위해 그들을 혹사시킨다.

시민은 자기들에게 쓸모 있는 조언을 주는 집정관이 아니라, 쾌락을 충분히 만족시켜주는 자들을 칭찬해야 한다. 힘든 일을 명령해서는 안 되고, 더러운 쾌락을 금지해서는 안 된다. 왕은 시민의 도덕적 선을 도모하기보다는 어떻게 해서 그들을 복종시킬 것인가를 생각하고 지배해야 한다. 속주(屬州) 사람들은 도덕의 지도자가 아니라, 물질을 지배해서 자기들에게 사치스러운 생활을 공급하는 자로서, 지배자를 섬겨야 하며, 그들을 마음으로부터 존경하지 않고, 오히려 부정하고 가혹하게 자기들을 다루는 자로서 두려워해야 한다. 법률은 사람 생명에 손실을 준 자보다 타인의 포도밭에 손해를 끼친 자를 더 엄하게 벌해야 한다. 타인의 재산, 가옥, 신체에 대해서, 폐를 끼치거나 손해를 준 자가 아니면, 그 누구도 재판관에게 고발해서는 안 된다. 그러나 다른 일에서는, 그것이 자기 것이든, 또는 자기 가족이나 타인에 대한 일이든, 그 사람이 동의한다면 하고 싶은 일을 해도 상관없다.

창부와 즐기고 싶어 하는 모든 사람을 위해, 또는 특히 자기 힘으로 그러한 여자를 가질 수 없는 사람들을 위해 공창(公娼)이 많이 있어야 한다.

되도록 장대하고 화려한 건물을 지어 성대한 연회를 자주 열고, 누구나 자기 마음대로*82 밤낮없이 놀고, 마시고, 토하고 취해 쓰러지도록 해야 한다. 곳곳에서 춤추는 발소리가 들리고, 극장은 야비한 웃음과 창피한 쾌락의 열기로 들끓도록 해야 한다. 이런 행복을 마음에 들어 하지 않는 자는 공공의 적으로

---

*82 다른 판에서는 '자기에게 가능한 한'이라고 되어 있다.

삼아야 마땅하다. 이와 같은 행복을 바꾸거나 없애려는 자가 있으면 자유로운 민중은 그것이 누가 되었든, 그자의 입을 막고 사회적 지위를 빼앗아 처형해야 한다. 이런 행복을 얻도록 애쓰고 유지시키는 자야말로 참다운 신들로 여겨 믿어야 하리라. 신들이 원하는 대로 예배하고, 신들이 원하는 대로 연극을 구해야 한다. 신들은 그 연극을 자기들을 섬기는 자들과 함께 공연하거나 상연하게 할 수 있는 것이다. 이와 같은 행복이 적이나 악역, 그 밖에 어떠한 재해에 의해서도 방해를 받지 않도록 하는 것이 신들의 유일한 의무이다."[83]

정신이 건전한 사람이라면 이 국가를, 로마 제국이라고 꼬집어 말하지 않더라도, 사르다나팔로스[84]의 궁전에 비교하지 않는 사람이 있을까? 이 옛 왕은 오직 쾌락에 빠져, 살았던 나머지 마침내는 자기 묘비에 "살아 있을 때 정욕이 시키는 대로 삼킨 것을 가지고 나는 죽어간다[85] 이렇게 적게 했다. 만약 로마인이 이처럼 쾌락에 탐닉해 엄격하게 억제하지 않는 왕을 가졌더라면, 사람들은 이 왕에게, 옛 로마인이 로물루스를 위해 신전을 세우고 사제를 둔 것 이상의 일을 자진해서 했으리라.

제21장 키케로의 로마 국가론

로마 국정이 "최악의 파렴치하기 짝이 없는 상태"였다는 지적을 가볍게 여기는 사람들은 "최악의 파렴치하기 짝이 없는" 풍습의 오염과 치욕에 가득 찬 일에 대해서는 관심이 없고 오로지, 국가가 존속하는 데만 관심이 있는 것이다. 살루스티우스의 말처럼, 그것이 "최악의 파렴치하기 짝이 없는 상태"라는 것에 귀를 기울이지 않아도, 키케로가 이야기한 것처럼, 그 나라는 국가로서는 이미 망하고, 아무것도 남아 있지 않다는 것에는 귀를 기울여야 한다.

키케로는 카르타고를 멸망시킨 스키피오를 인용하는데, 스키피오는 국가에

---

*83 아우구스티누스 자신의 문장으로 여겨진다. 이에 대한 그리스도교적인 국가의 이상 상태에 대해서는 이 책 제5권 참조.

*84 니네베를 수도로 한, 기원전 822년쯤 아시리아 마지막 왕. 사치를 다한 생애를 보냈는데 수도의 함락에 앞서 왕비, 재보와 함께 궁전에서 불타 죽었다고 알려지고 있다. 후세에 자주 시의 소재가 되었다.

*85 키케로의 《투스쿨룸에서의 논쟁》 5, 35, 101 이하에 다음과 같은 비명이 인용되어 있다. "내가 지금 가진 것은 내가 생존 중에 먹은 것, 또 정욕이 만족할 때까지 퍼올린 것, 그러나 (그 밖의) 빛나는 많은 것은 포기했도다".

대해, 살루스티우스가 적어놓은 부패 때문에, 언젠가는 기어코 멸망하리라고 예감했다. 이 논의는 그라쿠스 집안의 한 사람[86]이 살해되었을 때 이루어졌는데 살루스티우스는 이 살인에서 심각한 내부 분쟁이 시작되었다고 적었다.[87] 키케로의 책에는 이 사람의 죽음이 기록되어 있다. 제2권 끝에서 스피키오는 이렇게 기록했다. "현악기나 피리를 불 때, 또 노래를 부르거나 소리를 낼 때, 여러 다른 소리 사이에도 조화가 유지되어야 한다. 그 조화가 바뀌거나 깨어지면, 세련된 귀를 가진 사람은 그 소리를 견딜 수 없다. 이런 조화는, 여러 다른 소리를 조정함으로써 듣기 좋은 완전한 소리가 되어 울리게 한다. 마찬가지로 온갖 계급으로 이루어진 나라도, 비례에 따라서 조정되어야 서로 다른 사람들이 화합된다. 또 음악가가 '노래의 조화'라 부르는 것이 국가의 화합, 즉 모든 공동체에 있어서의 가장 긴밀한 최상의 유대가 된다. 이 화합은 정의 없이는 절대로 이루어질 수 없다."[88]

이어서 그는 국가에서 정의가 얼마나 이로운 것이며, 또 그것이 없으면 얼마나 큰 장해가 일어나는가에 대해, 아주 길고 자상하게 이야기했다. 그러고 나서 이 논의 자리에 있던 한 사람, 필루스[89]에게 이 문제와 정의에 대해 더 자상하게 이야기해주기를 요구했다. 그 무렵에는 부정 없이는 국정을 운영할 수 없다는 의견이 일반적으로 두루 쓰였기 때문이다. 그래서 스키피오는 이 문제를 논의하고 해명할 것에 찬성하고 다음처럼 대답했다. "부정을 수반하지 않으면 국가를 다스릴 수 없다는 것은 거짓이다. 오히려 최고의 정의 없이는 국가를 다스릴 수 없다는 것이 전적으로 진실이라는 점을 확인해야만 한다. 그렇지 않으면 이제까지 그들이 국가에 대한 이야기는 무의미하며, 또한 그 이상 논의를 진행시킬 수는 없다."[90]

이 문제의 전개는 이튿날까지 늦춰져, 제3권에서 철저한 논의가 이루어졌다. 필루스가 부정을 따르지 않으면 국정을 운영할 수 없다고 생각하는 사람들의 주장을 감싸는 역할을 맡은 것이다. 하기야 그는 자기 자신은 그렇게 생각하지

---

[86] 기원전 132년, 스키피오 나시카나 그 밖의 반대자에 의해서 암살된 티베리우스 그라쿠스.
[87] 살루스티우스 《역사》 단편 1, 17.
[88] 키케로 《국가론》 2, 42-43.
[89] 뒤에 나오는 라에리우스나 스키피오 아프리카누스 등과 함께 문학 살롱을 만든 한 사람.
[90] 키케로 《국가론》 2, 44.

않다는 점을 믿어 달라며 그 결백을 변명하기는 했다. 하지만 그는 정의에 반대해서 부정을 열심히 감싸며 부정은 국정에 이롭지만, 정의는 무익하다는 것을 실례를 들어 증명하려 노력했다. 그 뒤에 라일리우스*91는 여러 사람들의 부탁을 받고 정의를 감싸며, 부정만큼 국가에게 큰 적은 없고, 또 고도의 정의 없이는 국정을 운영하는 일도, 국가의 존립도 절대로 불가능하다는 것을 할 수 있는 데까지 주장했다.

이 문제가 충분해 보일 만큼 토의되었을 때, 스키피오는 중단했던 문제로 돌아가, 국가에 대한 간결한 정의를 되풀이해서 말하고, 그 정당성을 주장했다. 그 정의에 따르면 국가는 시민의 것이었다. 시민은 다수자의 결합이 아니라, 법에 의한 도의와 이해로 결합된 연합이라고 규정했다.*92 이어서 그는 이 정의에 대해 논의하는 일이 얼마나 이로운가를 설명하고, 자신의 정의(定義)에 따라, 한 사람의 왕이든, 또는 소수의 인사이든, 또는 시민 전체이든, 법이 선하고 올바르게 운용될 때, 나라가 "공공의 것", 즉 "시민의 것"이라고*93 결론을 내렸다. 그러나 그가 그리스 식으로 "참주(僭主)"라 부른 왕이 부정하거나, 당파라 부른 우수한 인사들이 부정하거나, 또는 시민 자체―이에 대해서는 관용적인 명칭을 찾을 수가 없으므로 이것도 '참주'라고 부를 수밖에 없지만*94―가 부정할 때에는, 먼저 논의된 것처럼 국정의 타락이 아니라 앞서 정의로부터의 귀결이 나타내는 바와 같이 국가 그 자체가 존재하지 않는 것이다. 참주 또는 당파가 국가를 사물화하면 시민의 것이 되지 않고, 시민도 부정할 때에는 이미 그들을 시민이라 말할 수 없기 때문이다. 그 까닭은 앞서 시민에 대해 정의한 것처럼, 그런 시민들은 법에 의한 동의와 이해로 결합된 다수가 아니기 때문이다.

그러므로 로마 국정이 살루스티우스가 쓴 것과 같은 상태가 되었을 때, 그 자신이 말한 것처럼, 국가는 "최악의 파렴치하기 짝이 없는 상태"가 된 것이 아니다. 그 무렵 위대한 지도자들의 국가에 대한 논의에 따르면, 전혀 존재하지

*91 기원전 2세기의 로마 군인, 정치가. 스키피오 소 아프리카누스의 친구로, 그를 따라 아프리카로 건너가서 카르타고와 싸웠다. 키케로의 《우정에 대하여》의 주요 인물의 한 사람.
*92 키케로 《국가론》 1, 25 ; 42.
*93 라틴어의 '국가'는 글자의 뜻 그대로는 '공공의(지배하는) 것'을 의미한다. 그것은 '민중(시민)의 것'과 같은 뜻이다.
*94 공화정에서 제정(帝政)으로의 이행기에 민중이 귀족 계층과 대결해서 변혁과 독재를 요구한 사태를 가리키는 것으로도 생각할 수 있다.

않았던 것이다. 마찬가지로 키케로 제5권에서, 스키피오나 그 밖의 그 누군가가 아니라 스스로 다음처럼 말한다. 그는 먼저 시인 엔니우스*95의

　'로마라는 나라는 옛날의 도덕과 용사로 서 있다'

　하는 한 구절을 인용하고 나서 이렇게 말했다.

"이 간결한 시는 그 진실성 때문에 나에게는 신탁처럼 여겨진다. 국가가 도덕적으로 좋은 상태에 있지 않으면 이런 인물들도, 또 이런 인물들이 앞에 서 있지 않으면 도덕도 국가를 건설하거나, 이렇게 오랫동안 광범위에 걸쳐서*96 그 지배를 유지할 수 없기 때문이다. 옛 조상들의 도덕이 이들 뛰어난 인물들을 낳았으며, 또 위대한 인물들이 예부터의 도덕이나 선조들이 세운 습관을 유지한 것이다. 우리의 시대는 국가를 마치 훌륭한 그림처럼 생각했지만 그 그림은 낡아서 사라져가고 있다. 그런데도 그것을 이전과 같은 색으로 복원하려고 노력하지 않을 뿐만 아니라, 그 모양과 대체적인 윤곽조차 보존하려 들지 않는다. 도대체 그 옛 시인이, 로마가 서 있다고 말할 수 있었던 옛 도덕 가운데, 오늘날 무엇이 남아 있는가? 우리가 알고 있는 것처럼, 그것은 잊히고 사라져 단순히 존중받지 못할 뿐 아니라, 전혀 알려지지 않고 있다. 그렇다면 인물들에 대해서는 어떠한가? 그들이 없기 때문에 도덕 그 자체가 망하고 만 것이다. 이 인물들이 없다는 매우 큰 재앙에 대해 우리는 단지 책임이 있을 뿐 아니라 죽음에 해당하는 죄로서 이에 대해 변명하지 않으면 안 된다. 우리는 국가라는 이름만은 유지하고 있지만, 실체는 이미 옛날에 잃었으며, 그것도 그 어떤 우연이 아니라, 우리의 악덕 때문에 그렇게 된 것이다.*97

　이것이 키케로의 진술이다. 이것은 그의 책에서 국가 토론에 참가했던 아프리카누스가 죽고나서 꽤 많은 시간이 지난 뒤이지만, 그리스도가 도래하시기 이전의 일이었다.*98 만약 그리스도가 사람들 사이에 널리 알려지고, 힘을 얻은 뒤에 이와 같은 일이 생각되거나 말해졌다면, 이(로마) 사람들 가운데서, 그 책임을 그리스도교도에 돌려야 한다고 생각하지 않는 사람이 있었을까? (하지

---

*95 기원전 239–169. 로마의 시인. 제2차 포에니 전쟁에 참전했다.
*96 '올바르게' 또는 '부정하게'라고 되어 있는 사본도 있다.
*97 키케로 《국가론》 5, 1.
*98 스키피오 소 아프리카누스가 죽은 것은 기원전 129년, 키케로가 《국가론》을 쓴 것은 기원전 63년 또는 기원전 54–51년 사이이다.

만) 그렇다면, 왜 그들의 신들은 그 무렵 로마가 쇠퇴해 소멸하지 않도록 돌보지 않았을까? 그리스도가 유체를 입고 도래하기 훨씬 이전에, 키케로는 국가의 소멸을, 그토록 한탄하고 슬퍼했다. 그것을 칭찬하는 사람들은, 용사와 도덕이 건재했을 때에도, 그것이 어떠한 것이며, 그 안에 참다운 정의가 세워져 있었던가, 그렇지 않으면 그 무렵 이미 정의는 죽었으며 그저 (아름다운) 색으로 그려져만 있었던 게 아닌가를 물어야 하리라. 키케로는 로마 국가를 칭찬하면서 자기도 모르게 그렇게 말하고 있다.

그러나 이에 대해서는 하느님 마음에 알맞다면 뒷날에 다시 논하기로 하자.*⁹⁹ 나는 거기에서 키케로의 정의를 사용해, 로마에는 진정한 정의가 한 번도 존재하지 않았기 때문에, 결코 국가라 부를 수 없었다는 것을 증명해 보고 싶다. 키케로는 그 정의 안에서, 국가란 무엇인가, 시민이란 무엇인가를 스키피오의 입을 빌려서 짧게 제시했다. (그는 이것을 많은 의견—그 가운데는 그 자신의 의견과 그가 토론에서 말하게 한 사람들의 의견이 포함되어 있다—으로도 증명했다). 그러나 허용되는 여러 정의에 따르면, 로마도 나름대로 국가였으며, 또 고대 로마는 후세 로마보다 한결 잘 다스렸다. 그러나 참다운 정의는, 그리스도가 그 건설자이나 지배자인 국가—국가가 시민들의 것이라는 것을 부정할 수 없으므로 만약 우리가 그것을 국가라고 부르고 싶다면*¹⁰⁰—말고는 존재하지 않다.

그러나 이 이름이 일반적으로는 서로 다른 곳에서 다른 뜻으로 쓰여져 있어서 우리 용법으로부터 매우 동떨어진 것이라면, 참다운 정의는 틀림없이 하느님 나라에만 존재한다. 성서는 그 나라에 대해 이렇게 말한다—"갖가지 영광스러운 일이 당신에 대해 이야기되고 있는, 오, 하느님의 나라여"*¹⁰¹

제22장 정말 신들은 로마를 버린 걸까

오늘 문제로 삼고 있는 일에 대해 말하자면, 비록 로마가 이전에는 칭찬할 만한 국가였으며, 오늘날도 그러하다 해도, 가장 학식이 풍부한 로마 학자에 따르면, 로마는 그리스도 도래 훨씬 이전에 이미 "최악의 파렴치하기 짝이 없

---

*99 제19권 21장, 23장, 24장에서 논한다.
*100 제2권 21장 주석93 참조.
*101 시편 87 : 3.

는 상태"였다. 국가로서는 전혀 존재하지 않고, 극도로 타락한 풍습으로 완전히 망한 상태였던 것이다. 따라서 로마 수호신들은 자기들을 숭배하는 시민에게, 특히 생활과 도덕에 대한 계명을 주어야 했다. 시민들은 많은 신전이나 제사, 여러 희생, 다종다양한 의례, 많은 연례 축제, 그리고 빈번한 연극의 상연을 통해 그 신들을 섬겨왔기 때문이다. 그러나 그 악령들은 자기들 이익이되는 일 말고는 아무것도 하지 않았다. 그들은 로마인들이 어떻게 살고 있는가에 대해서는 관심이 없었으며 오히려 그들이 공포 때문에 복종하고, 자신들의 영예를 위해 시중을 들기만 하면 타락적인 생활을 해도 내버려두었다. 만약 그 신들이 계명을 주었다면 나에게 보이고 읽어주기 바란다. 그라쿠스형제는 반란으로 나라 전체를 혼란시켰을 때, 이 나라에 주어진 신들의 법률을 생각지 않았고, 마리우스*[102]와 킨나와 카르보는 내전을 일으켰을 때 그것을 철저히 무시했다. 매우 부정한 이유로 시작된 그 전쟁은 잔인한 방법으로 수행되어, 마지막에는 보다 더 잔혹한 방법으로 끝났다. 마침내는 술라도 신들의 법률을 무시했다. 술라의 생애나 행적에 대해서는, 살루스티우스나 그 밖의 역사가들이 기록하는데 (그것들을 읽고) 공포심을 갖지 않는 사람은 누가 있을까? 그때 그 국가가 망해버렸다는 것을 누가 인정하지 않을 것인가?

아마도 그들은 이와 같은 시민들의 타락한 습속에 대해 자기 신들을 변호하려고 보통 벨기리우스의 이런 말을 꺼내 우리에게 항변할 것이다.

"이전에 이 나라를 세우신 신들은 모두
성소와 제단을 버리고 떠났도다."*[103]

하지만 비록 이 말이 사실이라 해도, 그들이 그리스도교를 비난하고, 신들 또한 그리스도교를 싫어했기에 그들을 버린 것이라고 주장할 근거는 없다. 먼 옛날, 그들의 선조들도 그 습관에 따라서 많은 신들을 파리처럼 도시 제단에서 쫓아냈기 때문이다. 그러나 옛 도덕이 타락하기 훨씬 이전, 가리아 인이 로

---

*102 가이우스 마리우스. 로마의 장군. 기원전 157–기원전 86년. 아프리카의 유구르타 전쟁(기원전 111년)과 갈리아 인의 평정에 공적이 있었다. 술라가 폰토스 왕 미트리다테스 6세를 공격하던 중, 로마에서 술라파의 대학살을 감행했다 (기원전 87년). 킨나와 카르보는 그의 무장이다. 제3권 12장 참조.

*103 베르길리우스《아이네이스》2, 351 이하.

마을 점령해 불을 질렀을 때*104 이 신들의 무리*105는 어디에 있었던가. 그 자리에 있었는데도 그저 잠만 자고 있었단 말인가? 그때 도시 전체가 적의 손아귀에 들어가고 카피톨리움 언덕만이 남았는데, 그때 거위가 잠 자고 있는 신들을 깨우지 않았더라면, 카피톨리움 마저 적들에게 점령되었으리라.*106 이런 까닭으로 로마인은 거위를 위해 축제를 지내며, 짐승이나 새를 숭배하는 이집트인의 미신에 빠진 것이다.*107

그러나 나는 온갖 재앙으로 생기는 외적인 불행에 대해서는 한동안 논하지 않겠다. 그것들은 정신보다도 육체에 대한 것들이다. 지금 내가 문제로 삼고 있는 것은, 처음에는 천천히, 그러나 이어서 빠르게 진행하는 도덕적 부패이다. 그 부패는 매우 강해서 (그것이 침투하면), 비록 건물이나 성벽은 튼튼해도 국가는 폐허가 된다. 그러므로 그들의 위대한 저작가들도 "그때 국가는 이미 망해버렸다"고 서슴없이 말한 것이다. 만약 국가가 좋은 생활과 정의에 대한 신들의 계명을 멸시했다면, "신들이 모두 성소와 제단을 버렸기" 때문에 나라가 멸망에 이르렀다는 주장은 옳다. 그러나 만일 신들이 자기들을 섬기는 시민과 함께 살려고 하지 않았다면, 그것은 도대체 어떠한 신들이었는지 나는 묻고 싶다. 그 신들은 자기 시민들이 잘못된 생활을 하고 있는데도 선하게 사는 길을 가르치지 않았다.

제23장 이 세상의 행복과 불행은 신들의 의사가 아니라 참된 하느님의 숨겨진 섭리를 따름이다

그 신들은, 로마인들이 욕망을 채우도록 돕기는 했을망정 그것을 억제하도록 가르쳤다고는 여겨지지 않는다. 이것은 어찌 된 일인가? 이를테면, 비천한 출신으로 오롯이 자기 힘만으로 우뚝 일어선 마리우스는 내전을 일으키고 피로써 피를 씻은 인간인데도, 신들의 도움으로 일곱 번이나 집정관이 되었으며,

---

*104 기원전 390년의 일이다. 리비우스 《로마사》 5, 41 이하.

*105 아우구스티누스는 이 책에서 자주 '신들의 무리' '정령의 무리' '악령의 무리' 등의 표현을 사용하고 있다.

*106 카피톨리움 언덕의 거위의 울음소리로 로마가 구원을 받았다는 이야기는 유명하다. 플루타르코스 《로마의 요행》 12, 리비우스 《로마사》 5, 47 등이 전하고 있다.

*107 동물숭배에 대해서는 유베날리스(《풍자시집》 15)나 키케로(《투스쿨룸에서의 논쟁》 5, 27)도 야유를 하고 있다.

마지막으로 집정관이 되었을 때 늙어 죽었기 때문에 그 얼마 뒤 싸움에 이긴 술라의 손에 넘어가지 않을 수 있었다. 만일 신들이 그를 돕지 않았다면 다음과 같은 사실을 마땅히 인정해야 한다. 로마인이 특히 좋아하는 지금 이 세상에서의 행복이 이 인간에게 주어진 까닭은, 신들이 그에게 호의를 보냈기 때문이 아니라는 점, 또 신들의 노여움에도 마리우스와 같은 사람들에게 건강과 능력, 재산과 명예, 선망과 장수가 충분히 주어졌으며 그것들을 누렸다는 것이다. 그러나 신들이 호의를 보냈음에도 레굴루스와 같은 (훌륭한) 사람들은 포로 신세, 노예 신분, 빈곤, 불년, 고통으로 죽어갔다. 만약 그들이 위와 같은 사실에 동의한다면, 신들이 전혀 어떤 도움도 되지 않았다는 것, 또 신들을 제 아무리 숭배해도 소용없는 일이라는 것을 그들도 곧 인정하게 되리라.

시민이 정신의 덕과 성실하게 사는 법—사람은 그에 따라 마땅히 죽은 뒤에 보답을 바라지만—에 모두 어긋나는 일을 배우도록 신들이 지시했다면, 또 만약 변해가는 현세적 선에 대해 신들이 그들이 미워하는 자들에게 전혀 해를 주지 않고, 또 사랑하는 사람들을 전혀 돕지 않는다면, 사람들은 무엇 때문에 신들을 섬기는가? 그렇다면 신들이, 그와 같은 열성적인 숭배를 요구하는 것은 어떻게 된 일인가? 고통과 슬픔에 찬 이 시대에, 왜 신들이 (그리스도교를) 화가 나서 자기들을 떠났다고 불평하거나, 또는 신들 때문에 그리스도교를 부당하게 중상모략하는가. 그 신들이 은혜를 주거나 해를 가하는 능력을 지녔다면, 왜 신들은 그들 가운데 극악한 마리우스를 도왔으며 가장 좋은 사람인 레굴루스를 버렸는가? (그렇지 않으면) 이와 같은 일로는 신들 자신이 극악무도하다는 것을 모른단 말인가? 이런 이유로 신들을 더욱 두려워하고 섬겨야 한다는 생각은 옳지 않다. 레굴루스 또한 마리우스 못지 않게 열성적으로 신들을 숭배했기 때문이다.

그러나 신들이 레굴루스보다도 마리우스를 총애했다는 이유로, 극악하게 살아야 한다고 생각해서는 안 된다. 로마인 가운데서 누구보다 칭찬할 만한 메텔루스*[108]는 다섯 아이를 집정관으로 만들었으며 현세의 재물에서도 행복했지만, 극악인 카틸리나는 가난으로 고통을 받았으며, 자기 범죄로 일어난 전쟁

---

*108 퀸투스 카이킬리우스 메텔루스 마케도니쿠스. 기원전 115년 사망. 로마의 장군, 정치가. 마케도니아와 아카이아에 원정했다. 또 조사관이 되어 많은 적을 만들었다. 그라쿠스 형제의 정적.

에서 쓰러져 불행한 삶을 보냈기 때문이다. 가장 진실하고 확실한 행복은 (참다운) 하느님을 섬기는 착한 사람에게만 주어진다. 이 하느님에게서만 사람은 참다운 행복을 얻을 수 있다.

이런 까닭으로, 그 국가가 여러 악 때문에 스러져가고 있었을 때, 그들의 신들은 국가가 망하지 않도록 하기 위해 어떤 일도 하지 않았다. 그러기는커녕, 도덕을 타락시키고 부패시킴으로써 더 빨리 망하도록 부추겼다. 신들을 좋게 보고, 마치 시민의 불의에 화를 내서 몸을 뺀 것처럼 (사람들에게) 생각하게 두어서는 안 된다. 실제로 신들은 그 자리에 있었다. 신들의 본질을 폭로하고 그 죄를 인정하게 해야 한다. 신들은 (시민을) 가르치고 돕지도 못할 뿐만 아니라, 아무 말없이 숨어 있을 수도 없었다.

나는 다음과 같은 일에 대해서는 자세히 논하지 않겠다. 민투루나이*[109] 사람들은 마리우스를 불쌍히 여겨 마리카*[110]의 성스러운 숲에서 이 여신의 가호를 받을 수 있게 해주었다. 그리하여 마리우스는 절망 상태*[111]를 벗어나 무사히 자신의 잔인한 군대를 이끌고 수도로 갔다. 그곳에서 그가 승리를 위해 얼마나 많은 피를 흘렸는지, 또 얼마나 잔혹하였는지를 알고 싶은 사람은 그에 대한 기록을 읽기 바란다.

그러나 나는 이 일을 자세히 이야기하지 않겠다. 또 피로써 얻은 마리우스의 행복을, 마리카―나는 그것이 어떤 여신인지 모른다―에게 돌리지 않고 하느님의 숨은 섭리로 돌린다. 그것은 적대자들의 입을 막기 위해서이기도 하지만 또 열성에 내몰려 행동하지 않고, 오히려 이런 사실에서 냉정하게 눈을 돌리고 있는 사람들을 잘못으로부터 해방시키기 위함이다. 비록 이와 같은 일에 대해 악령이 무엇인가를 할 수 있다고 해도, 그 능력의 범위는 전능하신 분의 숨은 의지가 허용하는 한이기 때문이다. 그것은 마리우스 같은 악인에게도 곧잘 허락된 지상의 행복을, 우리가 악으로만 여기지 않기 위함이다. 다른 한편으로, 악령들의 반대에도 유일한 참다운 하느님을 예배하는 많은 경건한 사람

---

*109 로마의 동남, 라티움의 리리스 하구의 도시.

*110 민투르나이의 님프. 로마의 숲의 신 파누스와 성관계를 맺어 라틴인의 조상 라틴을 낳았다고 일컬어지고 있다.

*111 기원전 89년 술라가 로마에 진격하였을 때 마리우스는 민투루나이의 늪지로 도망가, 거기에서 일단 붙잡혔다.

들도, 지상의 행복이 허락된다는 점을 알기 때문이다. 따라서 이것을 무슨 나쁜 것처럼 여겨서는 안 된다. 또 이들 더러워진 영들을, 지상적인 화복 때문에 달래야 한다거나 두려워해야 한다고 생각해서는 안 된다. 지상의 악인과 마찬가지로 이들 악령도, 유일하고 참다운 하느님의 정하신 바에 따라서 허용된 범위가 아니라면, 마음대로 할 수 없기 때문이다. 이 하느님의 심판을 누구도 오롯이 이해할 수 없으며, 또 어느 누구도 그것을 비난한 권리가 없다.

제24장 신들은 포악한 술라를 구했다

술라 시대는 이루 말할 수 없이 심해서, 그의 시대에 비하면, 그가 해방시키기 이전이 좋았을 정도이다. 술라가 마리우스에 맞서 처음으로 수도에 진영을 갖추었을 때, 리비우스의 기록*112에 따르면, 점쟁이 포스투미우스는, 희생 동물의 내장이 길조(吉兆)를 나타냈기에 만약 술라가 신들의 도움을 얻어 그가 품은 뜻을 이룰 수 없으면 자기는 투옥되어 사형에 처해져도 좋다고 결의했을 정도였다. 실제로 신들은 이런저런 사건을 예언했지만 술라의 됨됨이를 바로잡는 데에는 어떤 말도 하지 않았다. 따라서 "성소와 제단을 버리고" 떠났다는 말은 거짓이다. 신들은 예언으로 큰 행복은 약속했지만*113 위협으로 그의 나쁜 욕망을 좌절시키지는 않았다.

이어서 그가 아시아에서 미트리다테스와 싸웠을 때, 유피테르는 루키우스 티우스를 통해 술라의 승리를 예언했다. 이 신탁이 이루어지기는 했다. 그 뒤 수도로 돌아 그가 자신과 친구들이 받은 모욕에 광분해 시민의 피를 흘리면서까지 앙갚음했을 때, 또 한 번 유티테르로부터 제6군단의 어떤 병사를 통해 신탁이 전해졌다. 이 신탁은, 먼저는 미트리다테스에 대한 승리를 예고했지만, 이때는 적의 손에서 국가를 회복하는 권능을 약속하는 것이었다. 단, 많은 피를 흘리지 않고서는 끝나지 않으리라고 했다. 술라는 그 병사에게 그 신이 어떠한 모습으로 나타났느냐 물었다. 병사가 그것을 알리자, 술라는 이전에 미트리다테스에게 거둔 승리에 대해 같은 신으로부터 신탁을 전한 사람에게 들은 것과

---

*112 리비우스 《로마사 요약서》 77. 여기에 적힌 사실은 키케로 《점》 1, 33, 72와 플루타르코스 《영웅전》 '술라'에서도 볼 수 있다.
*113 술라에게는 '페리쿠스'(행복한 자)라는 별명이 붙여졌는데 그는 이것을 미트리다테스에 대한 승리 후 자기의 칭호로 삼았다.

같은 모습을 떠올렸다.

　신들은 이처럼 좋은 소식을 전하기는 했지만, 그 신들 가운데 누구도 술라를 타일러서 비참한 내전에 따른 재앙을 막으려 들지는 않았다. 신들은 그 이유에 대해 어떻게 대답할 수 있는가? 그 재앙은 국가에 손해를 주는 것쯤이 아니라 국가 자체를 소멸시켜 버렸다. 내가 곧잘 이야기하고, 성서로부터도 알려지고, 또 사실 그 자체가 잘 드러난 바와 같이, 악령들은 자기들 이익이 되는 일만 한다. 이는 매우 뚜렷한 사실이다. 악령들은 자신이 신으로 여겨지고, 숭배되고, 제물을 받기를 원하는데, 그 제물을 바치는 자들은 악령들과 하나가 되어, 하느님 심판의 날에 악령들과 더불어 가장 무거운 형에 처해지는 것이다.

　이어서 타렌툼으로 온 술라는 거기에서 희생을 바쳤을 때, 송아지 간장 끝에서 금관과 비슷한 것을 보았다. 그때 점쟁이 포스투미우스는 (그의 질문에) 그것이 훌륭한 승리를 뜻한다 알리고, 또 술라 혼자 그 내장을 먹도록 했다.*[114] 얼마 뒤 루키우스 폰티우스라는 사람의 노예가 이렇게 외치며 예언했다. "나는 벨로나*[115]의 사자(使者)로서 왔다. 술라여, 승리는 당신 것이다." 그러고는 "카피톨리움(의 신전)은 불탄다"고 덧붙였다. 그는 이렇게 말하고 곧 진영을 나갔으나, 이튿날 다시 돌아와 한층 격렬한 투로 "카피톨리움은 불탄다" 외쳤다. 실제로 카피톨리움은 불타 버렸다.*[116] 악령에게는 일을 예견하고 그것을 곧바로 전하는 것은 쉬운 일이다. 하지만 잘 생각하기를 바란다─이것은 (우리의) 주제에 관계되는 중요한 문제지만─, 신자들의 의지를 악령들 지배로부터 해방시키는 구세주(그리스도)를 모독하는 자들이 열심히 복종하려는 신들이 어떠한 신들인가를. 그 사나이는 예언하며 외쳤다. "술라여, 승리는 당신 것이다" 그리고 자기가 신의 영에 따라 외치고 있다는 것을 믿게 하려고 가까운 미래에 일어날 일들도 예언했다. 그 일은 그 영이 영매(靈媒)로 사용한 이 사나이가 있던 곳에서 멀리 떨어진 곳에서 일어났다. 그러나 그는 "술라여, 경우에 어긋나는 일은 그만 두시오" 이렇게 외치지 않았다. (사실) 이 승리자는 그곳에서 그처럼 무서운 죄를 저질렀으며, 그에 대한 승리의 빛나는 표지로서 금관이

---

*114 플루타르코스 《영웅전》 '술라' 27.
*115 전쟁의 여신. 군신 마르스의 아내 또는 누이동생으로 여겨지며, 전차 조종사로서 상징물은 검이고 투구와 창과 횃불을 든 무서운 형상으로 표현된다.
*116 기원전 83년 6월 6일의 일이다.

송아지 간장에 나타난 것이다.

만약 이와 같은 표지를 주는 것이 불손한 악령이 아니라 올바른 신들이었다면, 신들은 그 내장에서, 오히려 술라 자신의 죄업과 앞으로 닥칠 재난을 부여주었으리라. 그 승리는 그의 위엄을 높이는 데에 소용이 없었으며 오히려 그 욕망을 이루는 데 장해가 되었기 때문이다. 술라의 욕망을 막는 자가 없었고, 일이 잘 되어 갔기에 기분이 좋기는 했지만, 육체적으로는 적을 무찔렀다 해도, 도덕적으로는 파멸에 이른 것이다. 그런데 이렇게 참으로 비참하고 한탄스러운 일에 대해 신들은 내장 점이나 새 점, 또 그 어떤 꿈이나 예언으로도 예고하지 않았다. 신들은 술라가 지는 것보다도 (도덕적으로) 교정되는 일을 두려워했기 때문이다. 마침내 신들은 동포에 대해 승리를 거둔 이 승리자가, 자신의 악덕에 패하여 그 포로가 되었으며, 또 그 악덕 때문에 악령에 단단히 묶여 복종하도록 열심히 노력한 것이다.

제25장 신들은 스스로 모범을 보이며 인간을 사악하게 만들었다

이들 사악한 악령들은, 자신을 본뜬 (인간의) 온갖 범죄 행위에 신적 권위를 주려고 얼마나 열중하고 있는가. 앞선 이야기에서 그것을 이해하지 못하고, 깨닫지 못하는 사람은, (참다운) 하느님의 자비로 이 신들과의 교섭으로부터 떨어지려고 하지 않고 오히려 그들을 닮으려는 자들이다. 캄파니아의 넓은 평원에서, 시민의 군대끼리 잔혹한 전투가 벌어진 일이 있는데, 그 조금 전에 똑같은 장소에서, 사악한 악령들이 서로 싸우는 모습을 볼 수가 있었다고 한다.[*117] 칼 부딪치는 소리가 요란하게 들렸으며, 이윽고 많은 영들이 며칠 동안 두 패로 나뉘어 싸우는 것을 보았다는 것이다. 이 싸움이 끝났을 때, 그것이 어떠한 전투였던가를 볼 수 있는, 사람과 말의 발자국 같은 것이 남아 있었다. 따라서 만약 신령들이 진실로 서로 싸웠다면, 인간의 내전도 마땅히 허용되리라. 그러나 이 신들의 나쁜 생각이나 비참함이 얼마나 심한 것이었는가도 생각해야 한다. 만약 신들끼리의 싸움이 가짜였다고 해도, 그와 같은 일을 한 목적은 이렇다. 신들을 따라서 로마인끼리 내전을 벌이는 것은 전혀 잘못된 일이 아니며, 오히려 그렇게 하는 것이 허용되었다고 여기도록 하기 위함이었다. 내전은 이미 시

---

*117 율리우스 오브세크엔스 《이상(異象)》 118에 의하면 이것은 카푸아와 월투르나 사이에서, 스키피오와 나르바누스가 집정관으로 있을 때 (기원전 85년) 일어났다고 한다.

작되었고, 또 그 이전에 잔혹한 전투에 따르는 심한 학살이 이루어졌기 때문이다. 많은 사람들을 감동시킨 다음과 같은 사실이 있다. 한 병사가 죽은 병사의 물건을 훔치려 했는데 그 시체가 (자기의) 형제라는 것을 알고 내전을 저주하며 그 형제의 시체 위에 겹치듯이 쓰러져 스스로 목숨을 끊은 일이다.*118

그렇기 때문에 그들이 신들이라 여기고 예배드리는 악령들은, 실제로는 (사람들에게) 해를 주며, 이와 같은 심한 재앙을 꺼리지 않고, 오히려 무자비한 전쟁열기가 (인간들 사이에서) 더욱 불타오르도록, 자기들이 서로 싸우는 모습까지 인간에게 보인 것이다. 사람들이 동포와의 이런 비참한 싸움을 흉내내지 않도록 막기는커녕 오히려 그들 자신이 앞장섬으로써 인간의 범죄 행위를 감쌌다.

사악한 영들은 이런 간계로 더 나아가—내가 앞에서 자세히 말한 것 같은 *119—자신들을 위해 연극을 상연, 제물로 바치라고 명령한 것이다. 그 연극에서는, 신들의 심한 파렴치한 행위가 극중 노래나 연기로 상연되는데, 신들이 그와 같은 일을 했다는 사실을 믿는 자나 믿지 않는 자도 모두, 연극이 거기에서 상연되는 것을 신들이 매우 기뻐하고 있다는 점에는 의견이 같다. 시인들이 신들끼리의 싸움을 쓴 것을 읽고, 이것이 신들을 비웃었다고는 여기지 않고 오히려 신들의 품위에 맞게 기록한 듯이 생각한다. 그러나 신들은 인간을 속일 목적으로 자기들 싸움을 극장에서의 연극뿐 아니라, 직접 싸움터에서 인간의 눈앞에서 펼쳐 보임으로써, 시인들의 노래가 사실임을 확증했다.

내가 위와 같은 일을 말하지 않을 수 없는 까닭은, 우리 주 예수 그리스도의 도래 이전에 이미 로마는 시민의 도덕이 가장 나쁜 상태가 됨으로써 국가로서는 소멸해 버려 존재하지 않게 되었음을, 로마 작가들이 아무런 망설임 없이 말과 문자로 전했기 때문이다. 그런데도 이교도들은 이 파멸을 자기 신들의 책임으로 돌리지 않는다. 그들은 이 세상 재앙을—올바른 자는 살든 죽든 그것으로 멸망하는 일은 없다—우리 그리스도 탓으로 돌린다. 우리의 그리스도는 잘못된 도덕에 반대해서, 최고의 도덕을 위한 가르침을 내리셨다. 하지만 그들의 신들은 그와 같은 가르침으로 자기들을 섬기는 백성과 그 국가가 망하지 않도록 보살피기는커녕 오히려 해로운 권위를 가지고 그 도덕을 부패시켜, 국

---

*118 리비우스 《로마사 요약서》 79.
*119 이 책 8장 이하.

가가 망하도록 이끈 것이다.

마치 신들이 덕의 친구이며, 인간의 악덕을 싫어했던 것처럼 "신들은 모두 성소와 제단을 버렸으므로" 그때 로마는 멸망했다고 말하는 이는 없으리라. 신들은 내장 점이나 새 점, 예언의 표지로 미래의 일을 예측하고, 전투에 힘을 보태는 자로서 자랑했으며, 또 그런 자들이 자신을 추천하기를 간절히 원했던 것으로 보아 그 신들은 틀림없이 그 자리에 있었기 때문이다. 만약 신들이 그 자리에서 떠났다면, 로마인은 내전에서 신들의 부추김으로 불타오르지 않았으리라. 오히려 그들 자신의 욕망으로 보나 더 온건하게 행동했을 것이다.

제26장 이교도의 외설적인 의식

이처럼 잔혹과 섞인 추한 것, 신령들의 못된 품행과 범죄적 행위는—그것들이 사실인가 또는 거짓으로 꾸며진 것인가를 가리지 않고—신령들이 원해서 정해진 공공 제례에서 바쳐져 널리 공개되었으며, 만인 앞에 따라야 하는 것으로 상연되었다. 이렇게 하지 않으면 신령들은 분노한다. 이 악령들은 그 욕망으로 자신이 더러운 영이라는 것을 인정하는 셈이다. 그리고 진실이든 허구이든 파렴치한 행위나 나쁜 짓으로, 또 어리석은 사람으로부터는 갈구되고, 지혜로운 사람들에게는 강요를 통해, 이런 행위를 연극으로 상연함으로써, 자기들이 (인간의) 죄 많고 더러운 생활의 원인이라는 것을 증명한다. 그런데도 이 악령들이 자기들의 성소나 비밀의 집에서, 말하자면 선택된 사람들에 대해, 어떤 훌륭한 도덕적 가르침을 주고 있다고 전해지는 것은 어찌 된 일인가?*120 만일 그것이 사실이라면, 우리는 인간에게 해를 주는 영들의 악의는 그런 점에서 한결 교활한 것임을 알아차리고 또 그렇게 확신하지 않으면 안 된다. 성실과 정숙의 힘은 매우 크다. 인간의 본성은 대부분 이 힘에 대한 찬미로 움직이기 때문에 품위에 대한 감각까지 모두 잃을 정도로, 수치스러운 악덕에 물들지는 않는다.

그러기 때문에, 우리가 성서를 통해 알듯이, 경험 말고 교활한 악령들은 '빛의 천사로 의장하지 않으면'*121 기만에 성공하지 못한다. 이런 까닭으로 더러운 불경건은 밖에서 시끄러운 소리를 내며 널리 민중의 귀에 들어가지만, 겉보

─────────────

*120 이 책 6장 참조..
*121 2고린 11 : 14.

기에 정숙하지 않은 것처럼 꾸민 참다운 정숙은 안에서 매우 적은 사람들 귀에 희미하게 들릴 뿐이다. 수치스러운 일은 공개되고 칭찬할 일은 남몰래 전해진다. 품위 있는 것은 숨겨졌지만 천한 것은 공개적이다. 나쁜 짓을 하면 모두가 그것을 보고 싶어 하지만, 좋은 말을 해도 그것을 듣는 사람은 거의 없다. 이는 마치 품위를 부끄러워하고, 품위 없음을 자랑하는 것과 같다. 이런 일들이 악령들의 신전 말고는 그 어디에서 일어난단 말인가? 기만된 숨은 집이 아니면 그 어디에 있는가? 저 비밀의 가르침은 소수의 품위 있는 사람들을 붙잡기 위해 주어지지만, 이 나쁜 모범은, 심하게 품행이 나쁜 많은 사람들이 올바르게 되는 일이 없도록 하기 위해 주어진다.

우리는 카일레스티스*[122]의 비밀 의례에 참가한 사람들이 언제 어디서 정숙의 가르침을 들었는지 모른다. 다만 이전에 그 상(像)이 신전에 놓여 있는 것을 본 적이 있다. 거기에는 군중이 곳곳에서 흘러들어와, 저마다 구경할 수 있는 곳에 서서 상연되는 연극을 보고 있었다. 우리도 그것을 주의 깊게 구경했는데, 한쪽에는 창부들의 행렬이, 다른 한쪽에는 처녀신이 있어서 사람들은 번갈아가며 이들을 바라보았다. 그 처녀신에게 기도가 올려지고나서 그 앞에서 천한 동작이 연출되었다. 거기에는 그와 같은 어릿광대 연극을 부끄러워하는 모습이 보이지 않았고 어느 여배우에게서도 수치는 찾아볼 수 없었다. 천한 연극을 위해 준비된 일이 하나하나 연기되었는데, 이 처녀의 신령이 무엇을 기뻐하는가는 분명했다. 그리고 거기에서 상연된 것을 보고나서는 기혼 여성까지도 이런 짓거리에 대해 더 많은 지식을 얻고 집으로 돌아가는 것이었다. 좀 더 정숙한 여자들은 배우의 혐오스러운 동작에 얼굴을 돌렸으나, 그래도 흘끗흘끗 보면서 음란한 농간을 배웠다. 그녀들은 남들 앞이라 창피해서 감히 눈을 똑바로 뜨고 이 수치스러운 연기를 보려고 하지는 않았으나, 자기들이 숭배하고 있는 것에 바쳐지는 의식을 정숙히 여겨 굳이 나무라지 않았다. 가정에서는 적어도 남모를 장소를 찾아서 이루어질 일이 신전에서는 거리낌 없이 배울 수 있도록 주어진 것이다. 만약 남다르게 수치심을 갖는 사람이 그 자리에 있었다면, 그 사람은, 군중이, 인간이, 제멋대로 해서는 안 될 인간적인 파렴치한 행위를 신들 앞에서, 더욱이 종교적인 장소에 배우고 있다는

---

*122 제2권 4장 주석7을 보라.

것과 또 그것을 연기하지 않으면 신들이 화를 낸다는 사실에 매우 놀라리라.

은밀한 자극으로 (인간의) 저열한 마음을 북돋우고, 간음을 부추겨, 그 간음을 먹이로 삼는 영이 있다. 그 영은 오늘 말한 것 같은 의식을 즐기고, 신전 안에 악령들의 상을 세워, 연극에서 이루어지는 악덕의 흉내를 좋아하며, 몇몇 착한 사람까지도 속이기 위해, 그럴듯한 말을 살며시 속삭이고, 셀 수 없이 많은 악인을 내 것으로 삼기 위해, 방탕으로 이끄는 연극을 공공연하게 내보이는 것이다.

제27장 국가가 외설적인 의식을 공인했다

중후한 성격의 철학자로 행세했던 키케로는 안찰관(按擦官)에 취임하려고 했을 때, 시민들이 듣고 있는 장소에서, 자기가 해야 할 직무 가운데는 연극을 상연해 모신(母神) 플로라*[123]를 달래는 일도 있다고 외쳤다.*[124] 이 연극은 음란할수록 그 목적에 충실하다고 여겨진다. 그는 또 집정관 취임 뒤 국가 위기를 맞아, 10일 동안 계속해서 연극을 해야 하며, 신들을 기쁘게 하는 일은 하나도 빼서는 안 된다고 다른 곳에서*[125] 말하고 있다. 그것은 마치, 이러한 신들을 음란함으로 기쁘게 하는 일이 자제함으로써 분노하도록 하는 편보다 좋으며, 또 이와 같은 추한 동작으로 달래기보다는, 고상한 행동으로 적의를 북돋우는 일이 좋지 않은 것처럼 말한 것과 같다. 인간이 범한 나쁜 일―그것으로 그들은 신들을 달랜 것이다―이 아무리 심하게 잔인무도해도, 추악하기 짝이 없는 나쁜 일로 달래어지는 신들 스스로가 행하는 나쁜 일만큼 심하지는 않기 때문이다. 적이 육체에 가하는 위협을 피하기 위해 마음속 덕을 정복하는 방법으로 신들과 화해를 이루었으며, 또 신들은 인간이 먼저 좋은 도덕을 몰아내지 않으면 성벽을 공격하는 자들과 싸워주지 않았다.

이런 신령들을 달래는 방식은 참으로 뻔뻔스럽고, 염치가 없으며, 더럽기 때문에, 그것을 행하는 자들은 로마인의 칭찬할 자질로부터 명예를 빼앗고, 그 자질을 동료들로부터 내쫓으며 더러운 자로 인정해 불명예스럽게 만든 것이다. 나는 이와 같은 신령을 달래는 방식은 부끄러운 것이며, 참다운 종교에서

＊123 사비니족 기원의 여신. 일곱 언덕의 하나인 퀴리날리스 위에 그 성소가 있었다.
＊124 키케로《베레스 탄핵 연설》5, 14, 36.
＊125 키케로《베레스 탄핵 연설》3, 8.

는 기피해야 한다고 말하고 싶다. 이처럼 신령을 달래는 방식, 또 신들을 자극해 유혹하는 이야기, 신들에게 돌리는 수치스러운 행위—그것이 실제로 이루어졌다고 하면 도리에 어긋나고 추한 것이며, 또 그 현장은 더욱 막되고 추한 것이다—를 나라 전체가 공중의 눈과 귀로 배운 것이다. 또 나라 전체가, 이런 추문을 신령들이 좋아한다는 이유로 사람들에게 보일 뿐만 아니라, 스스로 닮지 않으면 안 된다고 여겼다. 물론 선하고 고상한 일 또한 그들 앞에서 이야기되었음을 모르는 바는 아니지만, 그것은 아주 드문 몇몇 사람에게 몰래 전해졌으므로, 실행되지 않는 것보다 오히려 널리 알려짐을 두려워한 것이다.

제28장 그리스도교의 건전한 생각

저 사악한 영에게 억눌린 배은망덕한 자들은, 사람들이 그리스도 이름으로 더러운 지옥 멍에와 그 형벌을 모두 함께 받는 일에서 해방되어, 위험하기 짝이 없는 불경건의 밤으로부터 구원에 찬 경건한 빛 속으로 옮겨진 일에 대해 트집 잡고 불평한다. 그 까닭은 신민들이 교회에 모여 깨끗하고 진지한 예배를 하기 때문이다. 교회에서는 남녀를 품위 있게 구별하면서, 이 세상의 삶이 끝난 뒤에도 더없이 행복한 삶을 계속 살 수 있는 자가 되기 위해, 이 일시적 삶을 어떻게 잘 살아가야 하는가에 귀를 기울인다. 또 거기에서는 성서와 정의의 가르침이 모든 사람이 지켜보는 높은 단 위에서, 소리 높여 이야기된다. 그것을 듣고 행하는 자는 보답을 받고, 들어도 행하지 않는 자는 심판을 받는다. 이런 가르침을 비웃는 자들이 오더라도, 그들의 불손한 태도는 갑작스런 마음의 변화로 모조리 제거되든가, 또는 두려움과 부끄러움으로 억제된다. 참다운 하느님의 가르침이 이루어지고, 기적이 이야기되며, 선물이 찬양되고, 축복이 구해지는 곳에서는 천하고 음탕한 일이 볼거리나 모방을 위해 사람들에게 보여지는 일이 전혀 없기 때문이다.

제29장 로마인에게 바란다

이 종교를 강하게 구하라. 오, 칭찬할 만한 천성을 지닌 로마인이여. 오, 레굴루스나 스카이볼라,*126 스키피오, 파브리키우스*127 같은 사람들의 자손이여. (이교보다도) 오히려 이 종교를 강하게 구하라. 이 종교를, 저 악령들의 터무니없는 공허와 거짓으로 가득 찬 악의와 구별하라. 비록 당신 안에 타고난 칭찬할 만한 점이 있다 해도, 참다운 경건에 따르지 않으면 깨끗하게 되지도 완성되지도 않는다. 그러나 만일 불경건에 사로잡히면 그것은 못쓰게 되고 그대는 벌 받으리라. 그러나 지금은 당신이 좋는 것을 골라서 잡아라. 그것은 당신 안에서가 아니라, 전혀 잘못 없는 참다운 하느님의 칭찬을 받기 위함이다. 이전에 당신은 여러 국민들에게 영예를 받았으나, 하느님 섭리의 숨은 심판으로, 참다운 종교를 골라잡을 기회를 가지고 있지 않았기 때문이다.

눈을 떠라, 지금은 낮이다. 당신이 이전에 어떤 사람에 의해 눈을 뜬 것처럼. 그분의 완전한 덕은 물론, 참다운 신앙을 위해 받은 고난 또한 우리는 자랑한다. 그들은 적대하는 힘들과 곳곳에서 격투를 벌이며 용감하게 죽음으로써 그것들을 이기고, "그 피로써 우리를 위해 이 조국을 낳아준"*128 것이다. 우리는 이 조국으로 당신을 초대해 그 시민의 한 사람이 되도록 권고한다. 여기에는 피난처*129가 있어서 참다운 속죄가 주어진다. 당신의 타락한 아들들은 조용한 생활이 아니라, 안심하고 부정을 행할 수가 있는 시대를 구하기에, 그리스도와 그리스도인을 중상하고, 오늘날을 나쁜 시대라 비난한다. 하지만 그들이 하는 말을 들어서는 안 된다. 그러한 시대는 당신에게 만족을 준 일이 한 번도 없었으며 지상 조국 또한 그러하다. 그러나 이제는 천상 조국을 향해 손을 뻗어라. 이 조국을 위해 당신은 거의 고생할 필요 없이, 그곳에서 참되고 영원히 지배

---

*126 가이우스 무키우스 스카이볼라. 전설 상의 인물. 리비우스 《로마사》 2, 12에 따르면, 에트루리아의 포르셴나 왕을 죽이려고 하다가 붙잡혔을 때 죽음을 두려워하지 않는다는 것을 보이기 위해 불 속에 팔을 넣었다고 한다.

*127 기원전 4세기–3세기의 로마 군인. 타렌툼 전쟁(기원전 282–272년)의 첫 싸움에서 투리이 시를 구하였고, 헤라클레아의 회전(280년) 후, 포로교환을 위해 피루스에게 사자로 가서 뇌물을 받았으나 이를 거절하고, 그 후 피루스에게 그의 전의(典醫)에 주인 독살의 의도가 있다는 것을 알렸다. 플루타르코스 《영웅전》 '피루스' 20.

*128 베르길리우스 《아이네이스》 11, 24 이하.

*129 로물루스가 설치한 피난처를 가리킨다. 이에 대해서는 제1권 34장, 제4권 5장, 제5권 17장 참조.

하리라. 거기에는 베스타*130의 화로도 카피톨리움의 돌*131도 없으며, 오로지 하나뿐인 참다운 하느님만 계신다.

　　"하느님은 사물의 한계도 때도 정하지 않고
　　끝없는 다스림을 주실 것이다"*132

거짓과 시기에 가득 찬 신들을 찾아 구해서는 안 된다. 오히려 그들에게서 떠나 그들을 멸시하고 참다운 자유를 찾아 앞으로 나가라. 그들은 신이 아니라 악의에 찬 영이며, 당신의 영원한 행복은 그들에게는 벌이다. 당신이 오늘도 신이라 믿는 이 악령들은, 모든 인류에게 영원한 구원의 장소가 주어지는 것을 시기했다. 그러나 유노는 당신의 육에 의한 조상인 트로이인에게 로마 성채를 준 일을 그리 시기하지 않았던 것 같다.*133 그리고 당신도 연극으로 신들을 달래고, 또 연극을 연기한 인간을 뻔뻔스러운 사람으로 몰았을 때, 이런 영에게 매우 큰 심판을 내린 것이다. 자기들의 수치를 정화하고 또 칭찬받기 위해서, 당신 목에 멍에를 씌운 더러운 영에게 당신의 자유를 주장하라. 당신은 신들의 범죄를 연기하는 배우들을 공직으로부터 멀리 했다. 그렇다면 자기들 범죄를 기뻐하는 저 신들을 멀리할 수 있도록 참다운 신에게 갈구하라. 이 신들의 범죄는, 만일 그것이 정말이라면 참으로 부끄러운 일이며, 그것이 진실이 아니라면 매우 악의에 찬 일이다.

당신이 스스로 배우나 연출가의 시민 공동체 가담을 허용하지 않았던 것은 옳은 일이었다. 이제 좀 더 눈을 크게 떠 주기 바란다. 인간의 품위를 더럽히는 이런 연기는 결코 신의 존엄에 어울리는 일이 아니다. 그런 동작을 연기하는 사람들을, 당신은 로마 시민의 어떠한 계층에도 넣으려고 생각하지 않았는데, 같은 동작을 보고 기뻐하는 신들은 어째서 성스러운 하늘의 여러 힘 안에 넣으려고 하는가?

위에 있는 나라는 (로마와는) 비교 되지 않을 만큼 빛난다. 그곳에서는 승리가 바로 진리이며, 품위가 바로 성스러움이며, 평화가 곧 행복이며 생명이 곧 영원이다. 만약 당신이 당신 동료 가운데 이러한 사람을 넣기를 부끄럽게 여긴

---

*130 로마 신화에 나오는 불의 여신. 베스타의 불은 끊임없이 탔다.
*131 카피톨리움 신전에 세워진 유피테르의 오래된 석상. '유피테르의 돌'이리고 불렸다.
*132 베르길리우스 《아이네이스》 1, 278 이하.
*133 베르길리우스 《아이네이스》 4, 234, 테르툴리아누스 《변증》 25, 8 참조.

다면, 하물며 이와 같은 신들은 위에 존재하는 나라의 교류에 넣을 수조차 없다. 따라서 당신이 더없이 행복한 나라로 들어가기를 바란다면 악령들과의 교류를 끊어라. 수치스러운 행위로 달랠 수 있는 신들은 품위 있는 사람들의 예배를 받는데 어울리지 않는다. 조사관의 명령으로 저 배우들에게서 시민권을 빼앗은 것처럼, 그리스도교에 따른 정화로 그 신들을 예배로부터 멀리 하라.

그러나 악인들이 오직 누리고 싶어 하는 육적인 행복, 그리고 피하고 싶어 하는 육적인 불행에 대해서, 이들 악령들은 일반적으로 생각하고 권능을 가지고 있지 않다. (비록 가지고 있다고 해도 우리는 그것을 위해 악령들을 섬기기보다는 오히려 육적인 화복을 멸시할 일이다. 악령들을 숭배해도 그들이 우리에게 주기를 꺼리는 것을 얻는 일은 없기 때문이다.) 또 육적인 화복 때문에 악령들을 숭배해야 한다고 주장하는 사람들이 생각하는 그 힘을, 악령들은 갖고 있지 않다는 점은 다음에 살펴보겠다. 나는 이로써 이 권을 여기에서 마친다.

제3권

신들은 트로이를 지키지도 로마를 구하지도 못했다. 로마 역사로 보라! 신들의 무력함을.

제1장 이교도는 이 세상의 재앙만을 두려워한다

나는 무엇보다도 도덕과 정신적인 부분에서 조심해야 할 악을 이야기했다. 또 거짓 신들은 자신들을 섬기는 사람들이 그저 재앙에 짓밟히도록 내버려두었으며 오히려 더욱 악화시킨 점에 대해 충분히 이야기했다고 생각한다. 이제 이교도들이 꺼려하는 기근, 질병, 전쟁, 약탈, 감금, 학살처럼 제1권에서 이미 열거했던 악덕에 대해 이야기하겠다. 악한 이들은 이런 재앙만이 악이라고 여기지만, 이런 것들이 사람들을 나쁘게 만들지는 않는다. 악한 이들은 선을 칭송하면서도 자신들이 악한 채로 남아 있는 것은 부끄러워하지 않는다. 그들은 악하게 살아가는 것보다는 지저분하고 더러운 집에서 사는 것을 더 슬퍼한다.

하지만 저들의 신들은 기꺼이 섬김받을 때조차도 이교도들이 무서워하는 재앙을 막아주지는 못했다. 우리 주가 오시기 전에 여러 시대 온갖 장소에서 인류는 수없이 많은 재앙과 때로는 도저히 믿을 수 없는 그런 재난에 시달려왔다. 오직 한 민족 히브리인들과 그 민족이 아니더라도 매우 비밀스럽고 정의로운 하느님의 판단으로 은혜받을 만하다 여겨진 사람들 말고는, 대체 어떤 신들이 숭배를 받아왔던가? 저 따위 신들 말고 다른 신을 섬기기라도 했단 말인가? 나는 길게 늘어놓지 않기 위해 다른 민족들이 겪어온 엄청난 고난에 대해서는 말하지 않으려 한다. 오직 로마와 로마제국, 로마와 동맹으로 맺어지거나 굳은 약속으로 그에 속한 나라들만을 다룰 것이다. 또 그리스도께서 오시기 이전에 이미 합병이나 정복으로써 사실상 로마의 한 부분이 된 지역에서 벌어졌던 일만 이야기하겠다.

제2장 신들은 트로이가 멸망하도록 내버려뒀다

내가 첫 권에서 다룬 것을 그냥 지나치거나 숨김 없이 이야기한다면, 로마인의 기원지인 트로이나 일리움은, 왜 같은 신들을 찬미하며 숭배했던 그리스인들에게 정복되어 멸망했는가? 어떤 사람들은 프리암(Priam)이 아버지인 라오메돈(Laomedon)이 저지른 위증죄의 대가를 치른 것이라고 말한다.[*1] 그때 라오메돈이 아폴로와 넵튠에게 일을 부탁한 것은 사실이다.[*2] 라오메돈은 그들에게 보수를 주기로 약속했다가 그 약속을 깨버렸다고 전해진다. 나는 널리 알려진 예언가[*3]라는 아폴로가 그토록 엄청난 일에 힘을 쏟으면서 어찌 라오메돈이 약속을 깨뜨릴 거라는 생각은 전혀 못했는지 이해할 수 없다. 게다가 아폴로의 삼촌이요, 유피테르의 동생이며, 바다의 왕인 넵튠이 무슨 일이 벌어질지 몰랐다는 것 또한 말이 안 된다. 로마 건국 이전에 살았던 호메로스에 따르면 넵튠은 아이네이아스 후손에게서 로마가 건설된다는 신탁을 내렸으며 사실 그대로 이루어졌다. 그리고 아이네이아스가 아킬레스의 분노로 죽지 않도록 구름으로 감싸 구해준 일도 있다.

베르길리우스의 글에서 넵튠은,
자신이 쌓아올린 트로이의 성벽을
거짓 약속 때문에 모두 부수어 버린 것이다[*4]

그토록 위대하다는 신 아폴로와 넵튠은 라오메돈이 자신들에게 줄 대가를 빼돌리려는 것도 모른 채 은혜와 감사를 모르는 이들을 위해 트로이 성벽을 세운 것이다. 그런 신들을 속이는 것보다 믿는 편이 한결 더 무거운 죄는 아닌지 의심스럽다. 호메로스도 이 이야기를 믿지 않았는지 두 신 모두 라오메돈의 속임수에 기분이 언짢았음이 이야기 속에 암시되어 있다. 하지만 호메로스는 넵튠이 트로이인들에게는 적대적이었다고 하면서도 아폴로는 그들을 편들었다고 말한다.

[*1] 베르길리우스 《아이네이스》 4, 542 ; 《농경시》 1, 502. 참조.
[*2] 유피테르는 아폴로와 포세이돈에게 프리암의 아버지인 라오메돈을 도와서 트로이를 건설하도록 했다. 그 작업이 끝났을 때, 라오메돈은 그들에게 보수를 지불하지 않겠다고 했다. 호메로스는 트로이의 멸망 원인을 라오메돈의 신의 상실에 있다고 보았다(호메로스 《일리아드》 21, 441~457 ; 호라티우스 《카르미나(Carmina)》 4, 3, 18~24).
[*3] 호메로스 《일리아드》 20, 293~329.
[*4] 베르길리우스 《아이네이스》 5, 810f.

때문에 만일 로마인들이 이런 이야기를 믿는다면, 그런 신들을 받드는 것을 부끄럽게 여겨야 한다. 만약 그들이 그러한 이야기를 믿지 않는다면, 더는 "트로이인들의 거짓 맹세"를 입에 담지 말아야 하고, 또 어떻게 신들이 트로이의 거짓 약속은 미워하면서도 로마의 거짓 약속은 사랑했는지 설명해야 한다. 카틸리나의 음모는 그렇게 크고 부패한 로마에서 혀로는 거짓 맹세를 하고 손은 백성들의 피로 살아가는 자들 가운데 많은 수를 어떻게 자기편으로 만든 것인가?[*5] 그처럼 많은 원로원 의원이 재판에서 부패를 저지르면서도 거짓으로 맹세한다면 범죄가 아니겠는가? 국민들이 자기들 앞에 넘겨준 결정사항과 투표권을 부정한 일에 쓴 것은 범죄가 아니고 무엇인가? 크나큰 부패를 저지르면서도 맹세를 하는 고대 관습은 종교적인 경외심으로서 악행을 억누르기 위함이 아니라 이러저러한 죄악에 거짓 맹세까지 덧붙이는 일이다.

제3장 신들이 인간에게 간통하는 모범을 보였다

신[*6]들 덕분에 트로이가 유지되었다면, 이미 밝혀졌듯이 트로이가 그리스에게 정복당했을 때 거짓 맹세를 한 트로이인들에게 신들이 분노했다는 말은 도무지 이치에 맞지 않는다. 어떤 이들의 옹호와 변명처럼,[*7] 신들이 파리스(Paris)의 간통에 분노했기에 트로이에서 보호의 손길을 거둔 것은 아니다. 이 신들은 죄를 벌하기보다는 오히려 죄를 부추기고 지시하는 자들이기 때문이다. 살루스티우스는 "내가 전해 들은 바로는, 아이네이아스 지배 아래[*8] 있는 트로이인들은 자기 나라에서 도망쳐서 정처 없이 떠돌다가 처음으로 로마를 세우고 거기에 정착했다" 말한다. 그러므로 그때 신들이 파리스의 간통을 벌주려 했다면, 로마 인들은 더 큰 고통을 당하든지 적어도 함께 고통당해야 했으리라. 아이네이아스의 어머니가 바로 간통을 저지른 사람이기 때문이다. 그런데 어찌된 까닭으로 신들은 파리스가 저지른 죄는 미워하면서도, 자기들의 누이인 베누스(Venus)(다른 예는 줄이더라도)가 안키세스와 정을 통해 아이네이아스를 낳

---

*5 살루스티우스 《카틸리나 음모》 14.
*6 베르길리우스 《아이네이스》 2, 352.
*7 《아이네이스》 2, 601f.
*8 살루스티우스, 앞의 책 6. 1. 아이네이아스가 로마의 직접적인 창설자라는 전설은 나이비우스와 엔니우스도 받아들였다.

은 일에는 벌을 내리지 않았던가? 앞의 경우에는 메넬라우스(Menelaus)가 분노했지만, 뒤의 경우에는 불칸(Vulcan)이 모르는 척 해주었기 때문인가? 내 생각에 신들은 아내에게는 질투심을 느끼지 않는데 더욱이 인간들과도 흔히 아내를 공유하기도 했다.

아마 내가 신화를 비웃으며 매우 중요한 문제를 진지하게 다루지 않는다고 생각하는 사람이 있을지 모른다. 만일 그렇다면 아이네이아스가 베누스의 아들이 아니라고 생각해도 좋다. 나는 기꺼이 그 사실을 받아들이겠다. 그렇다면 로물루스는 정말로 마르스의 아들인가? 왜 하나는 인정하고 다른 하나는 그렇지 않은가? 아니면 남신들이 여인들과 동침하는 것은 괜찮고, 인간들과 여신들의 동침은 허락할 수 없다는 말인가? 베누스의 규칙에 마르스가 정당했다고 하면서 베누스가 남자 인간과 동침하는 것은 용납되지 못할 일이라 한다면, 이는 이해하기 어렵고 믿을 수도 없는 조건이리라. 하지만 두 경우 모두 로마의 권위 있는 문학가들이 확인한 것이다. 로물루스가 자신을 마르스의 아들이라 믿었듯이, 오늘날에는 카이사르가 베누스의 후손이라 믿기 때문이다.

제4장 신화에 대한 바로의 견해

어떤 이는 "당신은 이 모든 이야기를 믿는가?" 물을지도 모른다. 사실 나는 믿지 않는다. 그들 가운데 학식이 뛰어난 바로(Varro)*9도 자신 있게 말하지 않았지만, 이 이야기들이 모두 거짓임을 인정했다. 하지만 비록 거짓이라고는 해도 그는 용기 있는 사람들이 스스로 신의 후손이라고 믿는 편이 나라를 위해 이롭다고 주장한다. 신으로부터 태어났다고 믿는다면 인간의 정신은 자신감 있게 큰 일에 용감하게 뛰어들어 그것을 정력적으로 해냄으로써 조금 더 풍요로운 성공을 이룰 것이기 때문이다. 이처럼 나는 바로의 이런 견해를 할 수 있는 한 충실하게 내 말로 표현했다. 이제 당신은 신들에 대해서조차도 거짓말을 하는 것이 사람들에게 좋다고 여기는 사회에서, 종교적 전설이 여러 곳에 걸쳐 꾸

---

*9 마르쿠스 바로(Marcus Terentius Varro, 기원전 116~기원전 27) : 박식한 다작의 저자. 그러나 총 600권이 넘는 저서로 된 74부문의 저술 중 《농업론》과 《라틴어 문법론》에 대한 25권 중 6권, 그리고 "퀴닉 철학자의 비유" 중 600행쯤이 전해진다. 고대에 관한 그의 위대한 저술, 즉 "고대의 풍습"은 "인간들의 일"에 대한 25권과 "신들의 일"에 대한 16권으로 구분되었다. 아우구스티누스 또한 《신국론》에서 《신들에 대한 의식에 대하여》(De Culta Deorum)와 《로마인 민족론》(De Gente Populi Romani), 《철학에 대하여》(De Philosophia)를 인용하고 있다.

며지는 현상을 이해할 만하리라.

제5장 신들은 간통을 저지른 파리스에게 벌을 내렸지만 왜 로물루스의 어머니는 벌하지 않는 것일까

우리는 베누스가 인간인 안키세스와의 사이에서 아이네이아스를 낳았다든지, 마르스가 누미토르의 딸로부터 로물루스를 낳았다든지 하는 문제를 그냥 남겨둔다. 그 까닭은 성경도 이와 비슷하게 타락한 천사들이 사람의 딸들을 취해(창세 6 : 4) 그 무렵 땅은 용사, 즉 매우 힘센 사람들로 가득찼음을 넌지시 알려주기 때문이다. 이제부터 다음과 같은 어려운 문제로 나의 논의를 한정 짓고자 한다. 아이네이아스 어머니와 로물루스 아버지에 대한 내용이 사실이라면, 신들 사이에서는 아무런 문제가 없었던 간통이 인간들이 저질렀을 때에는 왜 그들을 언짢게 하는가? 그 내용이 거짓이라면 자신들의 허구적 간통 이야기에는 즐거워했던 신들이 인간들의 똑같은 사건에서만 화를 낼 수 있단 말인가?

만일 마르스의 부정을 믿지 못한다면 베누스의 부정도 묻지 말아야 하며, 로물루스의 어머니가 신과 동침했다는 변명 또한 용납해서는 안 된다. 실비아는 여신을 시중드는 여사제였으므로, 신들은 파리스의 간음행위에 트로이인들에게 했던 것보다 한결 더 잔인한 징벌로 이런 신성모독 행위에 대해 로마인들에게 되갚아 줘야 한다. 로마인들조차 고대에 간음행위가 드러난 신녀(神女)는 그냥 산 채로 묻었는데, 신에게 바치지 않은 보통 여인들이 그런 죄를 범하면 벌을 주기는 해도 사형에까지 처하지는 않았기 때문이다. 그렇게 그들은 인간의 잠자리보다 자기들이 신성하다고 여겼던 성소의 순결을 한결 더 성실히 지키고자 했다.

제6장 신들은 로물루스가 형제를 죽였음에도 벌하지 않았다

또 다른 예를 든다. 만일 신들이 인간들의 죄에 마음이 상해서 파리스를 벌주기 위해 트로이를 불과 칼의 응징에 내버렸다면, 로물루스가 동생을 죽인 사건은 웃음거리가 된 그리스인 남편이 트로이인들에게 맞선 것보다 훨씬 더 신들을 분노케 했어야 하리라. 갓 탄생한 나라에서 일어난 형제 살해죄는 이미 번영을 누리던 나라에서 일어난 간통보다 더욱더 신들의 노여움을 자극했어야 한다. 로물루스가 동생을 살해하도록 명령했든지, 아니면 직접 죽였든지 그 일은 우리가 오늘 이야기하는 문제와는 아무런 상관이 없다. 제 손으로 죽였을 가능성에 대해서는 많은 사람들이 부인하거나, 그저 체면상 의심하거나, 괴로워하며 모른 체한다. 때문에 우리는 그 주제에 대한 역사가들의 말을 조사하거나 깊이 생각하지는 않을 것이다. 로물루스의 동생은 죽임당했다. 적이나 외부인에게 살해당한 것이 아니라는 사실은 모두 인정한다. 하지만 로물루스가 명령했든 직접 죽였든, 파리스가 트로이인들의 우두머리인 것 이상으로 로물루스는 로마인들의 참된 지도자였다. 그렇다면 다른 남자의 아내를 빼앗아간 사람은 신들의 분노를 샀는데, 왜 동생을 죽인 자는 같은 신들의 보호를 받았는가?*10

이와 달리 로물루스가 동생을 죽이지 않았고 그 명령을 내리지도 않았다고 해보자. 그렇다면 복수를 해야만 했는데도, 그저 가만히 있었으므로 사회 전체가 경멸받을 만한 부끄러운 짓을 한 셈이다. 이는 동생을 죽인 것보다 더 나쁜 일이다. 나라를 세운 이를 죽인 꼴이 되기 때문이다. 형제 둘이 로마를 세웠는데 그 가운데 하나가 악의적 행동으로 죽임당함으로써 통치자가 될 수 없었다. 내가 보기에 트로이는 신들에게 버림받을 만큼 악행을 저지르지 않았고, 로마는 신들이 번영을 안겨주며 찾아갈 만큼 선을 행하지 않았다. 오히려 신들이 패배해 트로이에서 달아났으며 같은 방식으로 로마인들을 속이려고 그들에게로 도망친 것이 아닐까? 아니 신들은 트로이 땅에 앞으로 살아갈 사람들을 늘 쓰던 수법으로 속이기 위해 그곳에 머물렀을 것이다. 그리고 로마에서는 자기들의 간악한 속임수를 더 폭넓게 써서 훨씬 큰 영예를 얻었다며 기뻐했으리라.

제7장 신들은 또다시 트로이를 버렸다

로마가 내란으로 불길이 한창 치솟았을 때, 불행하게도 트로이는 가엾은 일리움이 마리우스 무리 가운데에서도 누구보다 흉악스러운 핌브리아(Fimbria)*11

---

*10 이교도 도덕주의자들은 이 이야기에 대해 애석해했다. 키케로 《도덕적 의무에 대하여》 3, 40 ; 리비우스, 앞의 책 1, 67 ; 호라티우스 《Epodes》 7, 17f. 참조.

*11 플라비우스 핌브리아 : 술라에 대항한 내란에서 마리우스 무리였다. 기원전 86년에 마리우스가 죽은 뒤 그는 아시아에서 지휘관으로 있으면서 트로이를 장악했다. 그러나 그의 군대

의 손에 과거 그리스인들에게 당한 것보다 훨씬 잔혹하고 모질게 당했다. 그들은 도대체 무슨 죄를 지었기에 그리 되었단 말인가? 앞서 그리스인들이 트로이를 차지했을 때에는 많은 사람들이 달아날 수 있었고, 만일 잡히더라도 노예살이일지언정 적어도 생명을 이어나갈 수는 있었다. 그러나 핌브리아는 처음부터 단 한 사람도 살려주지 말고 도시와 모든 시민들을 모조리 불살라버리라는 명령을 했다. 일리움은 그들이 저지른 악행으로 분노케 했던 그리스인들에게가 아니라, 패배 때문에 세력을 넓힌 로마인들에게 당한 것이다. 이런 일이 벌어지는 동안 두 도시국가가 똑같이 섬겼던 신들은 어떤 일도 하지 않았다. 더 정확히 말한다면 그런 일을 할 힘이 없었으리라. 그렇다면 트로이가 예전에 그리스인들에게 불타고 무너진 뒤 신들의 도움으로 다시 세워졌는데 이번에도 "그렇게 나라를 세웠던 신들이 모두 신전과 제단을 버려 두고 떠나갔도다" 말할 수 있을까?[*12]

만일 신들이 떠나가 버린 것이라면 나는 그 까닭을 묻고 싶다. 내가 생각하기로는 트로이 시민들은 칭찬받을 만했지만, 신들은 비난받아 마땅하다. 시민들은 피해를 입지 않은 도시를 술라에게 남겨주려고 핌브리아에 맞서 성문을 굳게 걸어 잠갔기 때문이다. 그러나 핌브리아는 격분해 불을 지르고 철저하게 트로이를 파괴했다. 그때까지 술라의 주장은 싸우고 있는 당파들 가운데서 가장 정당했다. 술라는 무력으로 국가를 다시 세우려고 했지만, 의도가 옳았기에 그 누구도 그런 선한 뜻이 비극적인 결과를 불러오리라고는 생각지 못했다. 트로이 시민들이 이보다 더 나은 일을 할 수 있었겠는가? 로마인들 가운데 더 옳은 당을 위해 트로이를 지키고 로마를 무너뜨리려는 자들에 맞서 성문을 걸어 잠근 행동보다 로마에 더 이롭고, 명예롭고, 의로운 방법이 있었을까? 아니면, 피를 나눈 이들과 칼부림이라도 했어야 한단 말인가?

하지만 이 일이 로마인에게 얼마나 큰 파멸을 불러왔는지 신들을 편드는 자라면 잘 알아두어야 할 것이다. 신들은 간음을 한 자들은 내버려둔 채, 일리움을 그리스인들의 불길 속으로 내던짐으로써 그 잿더미에서 더 깨끗한 로마가 생겨나기를 바랐을지도 모른다. 그러나 자신의 귀한 딸인 로마에 맞서지 않고, 오히려 로마 가운데 가장 바른 편에 서서 조금도 흔들림없는 참된 충성을 바

가 반란을 일으키자 기원전 84년에 자살했다.
*12 베르길리우스 《아이네이스》 2, 351f.

친 그 나라를 버린 까닭은 무엇인가? 왜 신들은 트로이가 그리스 영웅들이 아니라, 로마인 가운데에서도 누구보다 비열한 자에게 파괴되도록 내버려두었는가? 저 가련한 시민들은 술라 무리를 위해 일리움을 지켜내려 성문을 걸어 잠갔다. 만일 술라의 명분이 신의 뜻을 거스르는 일이어서 일리움을 그렇게 대했다면, 신은 왜 술라에게 그토록 많은 성공을 약속하고 예고했던 것일까? 이런 점들을 보면 신은 불행한 이들의 조력자가 아니라, 행운을 얻은 이들의 뒤를 좇으며 아첨하는 자라고 불러야 마땅하지 않겠는가?

그러므로 그때도 일리움은 신들에게 버림받아서 멸망한 것이 아니다. 언제나 기회를 호시탐탐 노리고 있는 악마들이 할 수 있는 일을 한 것뿐이다. 리비우스의 기록에 따르면 모든 신상(神像)이 성과 함께 무너져 불타고 있을 때 오직 미네르바의 신상만이 폐허로 변해 버린 신전 가운데서 어떤 피해도 입지 않고 서 있었다고 한다.*13 하지만 이는 신들을 찬양하기 위해,

언제나 트로이를 지켜 주셨던
우리 조상들의 신들*14

이렇게 말할 수 없다. 오히려 신들을 감싸기 위해서라면 이렇게 말해야 했다.

모든 신들이 신전과 제단을 버려 두고 떠나갔도다*15

미네르바 신상이 지켜져 남았다는 사실은 신들의 강력함을 보여주는 게 아니라, 신들이 그곳에 있었으면서도 어떤 일도 하지 않았음을 보여줄 뿐이기 때문이다.

제8장 로마를 지켜달라고 트로이 신들에게 비는 것은 불합리하다

트로이를 잃어버리고 자신들의 나약함을 드러냈던 트로이 신들에게 로마를 맡기는 것은 참으로 어리석은 일이리라. 핌브리아가 트로이를 무너뜨렸을 때 신들은 이미 로마에 깃들어 살았다고 말하는 사람이 있을지도 모르겠다. 하지만 그렇다면 미네르바 신상이 어떻게 서 있었겠는가? 더욱이 핌브리아가 트로이를 무너뜨릴 때 신들이 로마에 있었다면, 로마가 갈리아인들에게 공격받아 점령당하고 불타오를 때에는 트로이에 가 있었다는 말인가? 그렇다면 신들은

---

*13 리비우스 《로마사 요약서》 83.
*14 베르길리우스 《아이네이스》 9, 247.
*15 베르길리우스, 위의 책 2, 351f.

청각이 몹시 뛰어나고 동작이 재빨라 거위 울음소리를 듣고 아직 점령되지 않고 남아 있던 카피톨리움 언덕을 지키기 위해 서둘러 돌아온 것이리라. 돌아와서 지켜달라 재촉했던 다른 곳은 이미 늦었지만 말이다.

제9장 누마 시대의 오랜 평화는 신들 덕분이 아니다

사람들은 신들이 로물루스의 후계자인 누마 폼필리우스(Numa Pompilius)를 잘 보살펴 주었다고 믿는다. 그 덕분에 그가 통치하는 동안 줄곧 평화를 지켰으며, 전쟁이 터질 때면 열어놓는 야누스의 문을 내내 닫은 채로 지낼 수 있었다고 생각했다. 그리고 이 모든 게 누마가 로마인들을 위해 수많은 종교의식을 만들었기 때문이라 여겼다.

하지만 만일 그가 평화로운 때 나라에 도움이 되는 일을 할 만큼 지혜로웠고, 온갖 말썽의 근원인 호기심을 버리고 경건한 믿음으로 참된 하느님을 좇았더라면, 이러한 평화로운 시기는 기꺼이 축하받았으리라. 하지만 그에게 평화를 허락한 이는 신들이 아니었다. 오히려 신들은 그가 조금 더 바쁜 모습을 보였더라면, 그를 속이지 않았을 것이다. 신들은 그가 한가하게 지낼수록 그의 마음을 차지해 버렸기 때문이다. 바로(Varro)는 누마가 이런 신들을 그 자신과 로마와 연결짓기 위해 썼던 방법과 온갖 노력에 대해 우리에게 말해준다. 그들의 신이 아닌 하느님이 바라신다면, 우리는 이 문제에 대해 마땅한 곳에서 더 넉넉히 다룰 것이다. 하지만 현재 우리의 문제는 신들이 준 은총이다.

평화는 커다란 은총이 아닌가. 하지만 그것은 햇빛이나 비, 또는 살아가는 데 필요한 다른 것들과 마찬가지로 감사할 줄 모르는 이들과 사악한 이들 모두에게 주어지는 참된 하느님의 은총이다. 하지만 신들이 로마와 폼필리우스에게 이토록 커다란 선을 베풀었다면, 왜 신들은 뒷날 로마 제국이 더욱 칭송받을 만한 일을 했을 때 그것을 줄곧 베풀지 않았는가? 종교적 의식은 먼저 제정되고 나서 실행으로 옮겨질 때보다, 처음 정해질 때 더 효력이 있단 말인가? 하지만 누마가 그러한 의식을 로마 종교로 들여올 때까지 그 의식은 존재하지 않았다. 그 뒤 의식을 기리고 지켜온 까닭은 그로써 은혜를 입기 위함이었다. 누마가 다스린 43년, 또는 다른 사람들이 말하듯이 39년 동안은 평화를 누렸다. 하지만 의식이 정해지고 나서 그 의식으로 모셔진 신들이 로마의 지배자와 수호자가 되었는데도, 건립된 뒤부터 아우구스투스까지의 긴 세월 동안 1

차 포에니 전쟁이 끝난 뒤 오직 1년[16] 말고는 전쟁이 그치지 않았던 까닭은 무엇인가? 그 1년조차 아주 커다란 기적이라고 씌어 있지 않은가!

제10장 누마 시대 평화는 이웃 나라들의 사정 때문이다

그들은 로마가 끊임없이 전쟁을 치르지 않았다면 로마의 지배가 그리 길지 못했을 것이며 그토록 넓게 영토를 늘릴 수도 없었고 그리 영광스럽게 될 수도 없었으리라고 답할지도 모른다. 참으로 정당한 주장이다. 하지만 나라 땅을 넓히기 위해 어찌 평화를 잃어야만 한단 말인가? 사람 몸에 끊임없이 고통을 줘서 거인 같은 체구를 얻기보다는 보통 몸으로 건강하게 사는 편이 낫지 않은가? 몸집을 늘려도 평안에 이르는 일 없이 더욱더 고통에 시달리지 않던가? 평화가 이어진다 해서 어떤 해악이 있단 말인가? 아니 오히려 한결 좋은 일만 생기지 않았던가? 그때에 대해 살루스티우스는 다음처럼 짧게 말한다. "초기 왕들—이 말은 세상에서 지배권을 가진 사람에게 처음 붙여진 이름이었다—은 성향이 저마다 달랐다. 어떤 이들은 지성이 뛰어났고, 어떤 이들은 육체적인 힘을 휘둘렀다. 그 무렵 사람들은 욕심 없이 살았고 모두 자기가 지닌 것에 만족했다."

그러나 로마가 번영하면서 베르길리우스가 다음처럼 한탄할 수밖에 없는 사건이 일어나고 말았다.

차츰 타락하여 시대는 빛바래지고

다스릴 수 없는 전쟁의 광기와 온갖 탐욕스런 소유욕이 뒤를 이었다.[17]

하지만 로마인들은 그토록 많은 전쟁을 계획하고 실행한 일은 어쩔 수 없었다고 둘러댄다. 곧 적의 침입에 맞서야 했으며, 사람들에게 칭송받기 위해서가 아니라 생명과 자유를 지키기 위해서였다고 말이다. 사실 살루스티우스도 이 문제에 대해 다음처럼 이야기한다.

로마는 법률과 도덕이 갖추어지고 영토가 넓어진 데 힘입어 크게 번성하고 강력해졌을 때, 사람의 본성이 그러하듯이 풍족함으로부터 시기심이 일어났다. 그러자 이웃 왕들과 나라들이 로마를 공격했다. 몇몇 동맹국이

---

*16 기원전 235년이었다. 1차 포에니 전쟁은 241년에 끝났다. 평화 시에는 닫혀 있던 야누스 신전의 문들은 기원전 31년에 악티움 해전이 끝나고 나서야 다시 닫히게 되었다.

*17 베르길리우스 《아이네이스》 8, 326f.

도움을 주기도 했지만, 나머지는 두려움 때문에 위험에서 멀리 떨어져 있었다. 하지만 평화로울 때나 전쟁 때나 경계를 늦추지 않았던 로마인들은 서로 북돋으면서 적들과 맞서 싸웠고 힘으로 자유와 나라와 가족을 지켜냈다. 그렇게 용감하게 위험을 물리친 그들은 동맹국과 우호국에 지원군을 보내거나, 호의를 베품으로써 더 많은 신뢰를 쌓아나갔다.

이렇게 로마가 성장한 것은 훌륭한 일이다. 하지만 누마가 다스리는 동안 악한 이웃 국가가 침입해왔던가? 아니면 그와 같은 공격이 없었기에 저절로 평화가 지켜질 수 있었는가? 그 무렵 로마가 전쟁으로 괴롭힘 당하면서도 힘으로 맞서지 않았더라면, 전쟁으로 적을 정복하거나 무력으로 겁주지 않고 언제나 평화적으로 적을 조용히 만들 방법을 썼다면, 로마는 야누스의 문을 굳게 닫아 놓은 채로 평화롭게 군림했으리라.

만일 로마가 이런 일을 할 수 없었는데도 평화를 누렸다면 그것은 그들이 믿은 신들의 의지가 아니라 이웃 나라들이 전쟁을 일으키지 않았기 때문이다. 그런 신들은 염치없게도 다른 사람들의 선택이나 거절에 달려 있는 업적을 마치 자기들의 은총인 듯이 속여 사람들에게 주제넘게 팔려고 내놓은데 지나지 않는다. 이들 악마들은 자기들이 할 수 있는 한, 자신의 고유한 악덕으로써 악인들의 마음을 으르거나 부추기려 든다. 그러나 만일 악마들이 늘 그런 짓을 할 수 있으며 우리가 그 보다 은밀하고 강한 능력으로 악마들의 노력을 막으려는 어떤 방법도 찾을 수 없다면, 제아무리 직접적인 원인이 인간들 뜻에 달려 있다 할지라도 평화나 전쟁의 승리는 언제나 악마의 손아귀에 있을 것이다. 하지만 허구이거나 진실을 거의 담고 있지 않은 전설뿐만 아니라 더욱이 로마의 역사가 보여주듯이, 이런 일들은 곧잘 악마의 뜻과는 반대로 일어난다.

제11장 왜 누마는 새로운 신들을 불러들였는가

로마가 아카이아인들과 아리스토니쿠스 왕을 상대로 전쟁*[18]을 벌였을 때, 4일 동안 하염없이 눈물을 흘렸다고 전해지는 쿠마이의 아폴로상을 통해*[19] 알 수 있는 사실은 다름아닌 신들의 무기력함이다. 이상한 징조에 놀란 점술사들이 신상을 바다에 던지기로 결정했을 때, 쿠마이의 장로들은 이의를 제

---

*18 리비우스, 앞의 책, 43, 13.

*19 Julius Obsequens《Liber Prodigiorum》87 ; 키케로《예언에 대하여》1, 43, 98.

기했다. 안티오코스와 페르세우스와 전쟁했을[20] 때에도 그 신상에 비슷한 일이 일어났으며, 형세가 로마인들에게 이로우므로 원로원 결정에 따라 아폴로에게 선물을 바쳤다는 말도 했다. 그 뒤 한결 더 뛰어난 점술사들을 불러들였는데, 그들은 쿠마이가 그리스 식민지이고 아폴로는 자신의 출신지인 그리스에 닥칠 재앙과 슬픔을 눈물로 드러냈으므로 아폴로상이 흘리는 눈물은 로마인들에게 좋은 징조라고 밝혔다. 그로부터 얼마 뒤에 아리스토니쿠스가 패해 포로로 잡혔다는 보고가 들어왔다. 그것은 아폴로가 바라지 않았던 결과였다. 그래서 그는 대리석 신상에서 눈물을 흘리면서까지 그 슬픔을 넌지시 알렸다.

이를 보아도 알 수 있듯이 시인들이 시구로 표현하는 악령들의 행동은 아무런 근거가 없는 게 아니라 지어낸 이야기일망정 진실에 가깝다. 베르길리우스의 작품을 보더라도 디아나는 카밀라를 위해 슬퍼했으며, 헤라클레스는 죽을 운명이던 팔라스를 위해 눈물을 흘렸다.[21] 이로써 아마 누마 폼필리우스 또한 오랫동안 평화를 누리면서도 그것이 누구의 덕택인지 알지 못하고 물을 생각도 하지 않은 채, 로마의 안녕과 평화를 지켜달라고 어떤 신에게 빌어야 할지 줄곧 생각했던 것이다.

그는 참되고 전능하며 가장 으뜸이신 하느님이 이 땅을 돌보아 주신다는 생각은 도무지 하지 못하고, 아이네이아스가 가지고 온 트로이 신들이 트로이 왕국이나 아이네이아스 자신이 세운 라비니움 왕국을 오래 지켜줄 수 없었다는 사실만 생각했다. 그래서 예전에 로물루스와 함께 로마로 온 신들이나 뒷날 알바가 무너질 때 건너온 신들에게 다른 신들을 더하기로 했다. 그리고 이 신들을 피란민의 수호신이요 나약한 이의 조력자로 삼았다.

---

*20 아우구스티누스는 기원전 146년에 코린트 함락으로 종결된 아카이아 동맹에 대항한 전쟁과, 자기 형제인 유메네스에 의하여 페르가뭄 왕국이 로마인들에게 유산으로 넘겨지는 것을 막고자 했던 페르가뭄이 아리스토니쿠스에 대항한 전쟁을 혼동했던 것처럼 보인다. 아리스토니쿠스는 기원전 129년에 잡혀서 처형당했다. 시리아의 왕인("대") 안티오쿠스 3세는 소아시아와 그리스에서의 활동 때문에 로마와 충돌하게 되었다. 그는 기원전 190년에 소 스키피오 아프리카누스에게 패배했다. 마케도니아의 왕인 페르세우스(또는 페르세스)는 기원전 168년에 피드니아에서 아이밀리우스 파울루스에게 패배당했다.
*21 베르길리우스《아이네이스》11, 836f ; 10, 464f.

제12장 누마 시대 뒤 로마는 많은 신들을 불러들였지만 아무 이득도 없었다

폼필리우스가 그렇게 많은 의식을 들여왔음에도 로마인들은 그에 만족하지 않았다. 그것은 유피테르조차 아직 가장 좋은 신전이 없었기 때문이다. 타르퀴니우스 왕이 비로소 그곳에 카피톨*²²을 세웠고 아이스클라피우스는 에피다우루스를 떠나 로마로 감으로써*²³ 이 중요한 곳에서 자신의 뛰어난 의술을 선보일 수 있는 더 나은 터전을 마련하고자 했다. 나는 신들의 어머니*²⁴가 어떻게 페시누스에서 나오게 되었는지 알지 못한다. 자신들은 이미 카피톨 언덕에 자리잡았는데 어머니가 이름 없이 묻혀 있는 것은 마땅치 않다고 생각했을지 모른다. 하지만 그녀는 모든 신들의 어머니였으므로 몇몇 아들들을 쫓아 로마까지 갔을 뿐만 아니라, 다른 아들들이 자신을 따르도록 그냥 두었다.

참으로 그녀가 오랜 시간 뒤 이집트에서 나온 키노케팔루스의 어머니인지 궁금하다. 또 그녀가 여신 페브리스(Febris)*²⁵의 어머니인지는 그녀의 손자인 아이스클라피우스가 잘 알리라. 하지만 그녀의 계통이 어떠하든지 다른 나라에서 건너온 신들이 로마 시민인 여신을 출신이 천하다고 예의 없이 경멸하지는 않으리라.

그 누가 로마를 보호하도록 위임받은 신들을 빠짐없이 늘어놓을 수 있겠는가? 토착신도 있고, 다른 나라로부터 들여온 신도 있다. 하늘과 땅, 지하와 바다, 샘과 강의 신들도 있으며, 바로가 이야기하듯이 뚜렷한 신도 있으며, 또 불분명한 신*²⁶도 있다. 동물과 마찬가지로 이런 신들도 남성과 여성으로 나뉜다. 그렇다면 이와 같이 구름 떼처럼 많은 신들의 보살핌을 받던 로마는 내가 고작 몇 가지만 이야기했던 그 어마어마한 재앙들로부터 틀림없이 고통받지 말았어야 한다.

로마는 매우 큰 제단의 연기로 마치 봉화를 피운 듯이 자신을 지키려고 수많은 신들을 불러 모아놓고는 그들을 위해 신전과 제단을 비롯해 희생제를 바치고 사제를 제정하거나 임명, 유지했다. 때문에 그들은 마땅히 홀로 이 모든

---

*22 유피테르 카피톨리누스의 신전이다. 리비우스, 앞의 책 10, 47, 7.
*23 기원전 293년(리비우스, 앞의 책 10, 47).
*24 1권 30장 참조.
*25 키노케팔루스와 페브리스에 대해서는 2권 14장 참조.
*26 7권 17장 참조.

의식을 받을 자격을 지닌 참되고 가장 높은 하느님의 분노를 샀다. 사실 로마는 신들이 많지 않은 만큼 그 생활은 행복했는데, 나라가 차츰 커지게 되자 마치 큰 배에는 승무원이 더 많이 필요하다는 듯이, 더 많은 신을 가져야 한다고 여겼다. 내가 짐작하기로 로마는 자신이 이전에 행복한 시기를 보냈을 때 보호받았던 적은 수의 신들이 차츰 커져가는 위엄을 지켜줄 수 있다는 믿음을 갖지 못했던 것으로 보인다.

내가 앞서 말했던 누마 폼필리우스의 통치기간 말고는 왕들이 디스리던 때조차 로물루스 동생을 살해할 만큼 매우 사악한 불화가 있지 않은가!

제13장 사비니인과 부당한 싸움

남편 유피테르와 함께 "토가(toga : 고대 로마의 겉옷) 민족인 로마 아들들"[27] 을 길렀던 유노나 베누스는 무슨 까닭으로 바르고 품위있는 방법으로 사랑하는 아이네이아스 후손들에게 아내들을 찾아주지 못했는가? 로마인들은 아내가 부족했으므로 아내를 빼앗아온 뒤에, 장인되는 사람들과 전쟁을 치러야만 하는 절박함을 맞닥뜨리게 되었다. 잡혀온 가엾은 여인들은 남편들이 저지른 해악의 충격에서 채 벗어나기도 전에, 아버지의 피로써 지참금을 바쳐야만 했다. 사실, 로마인들은 이웃나라와의 전쟁에서 승리했다. 하지만 둘 모두 얼마나 큰 타격을 입고 친척과 이웃을 죽였던가? 카이사르의 딸이기도 한 폼페이우스의 아내[28]가 죽었을 때 루카누스(영어명 루칸)가 참으로 애절한 탄식과 함께,

나는 에마티아 벌판에서 벌어진 전쟁을 노래하노라.

거기서는 승리라는 이름으로 범죄조차 정당화되었다네![29]

이렇게 울부짖은 까닭은 장인인 카이사르와 사위 폼페이우스 사이의 전쟁 때문이었다.

로마인들은 승리 뒤, 장인의 피로 얼룩진 손으로 그 가엾은 소녀들을 강제로 안았다. 소녀들은 전쟁에서 이긴 남편들이 두려워서 죽은 부모를 위해 눈물조차 흘리지 못했고, 남편이 싸울 때는 누구를 위해 기도해야 할지도 몰랐다.

로마인들이 이런 결혼을 하도록 만든 이는 틀림없이 베누스가 아니라 벨로

---

*27 베르길리우스 《아이네이스》 1, 281f.

*28 율리아를 말함. 기원전 59년 폼페이우스와 결혼했다가 기원전 54년 사망함.

*29 루카누스 《파르살리아》 1, 1f.

나(Belona)였다. 지옥에서 나온 복수의 여신 알렉토(Allecto)*³⁰가 그때쯤 로마인들 편이 된 유노의 간청으로 아이네이아스에 맞서 떨쳐 일어났을 때보다 더 넓은 활동범위를 내려받았을는지 모른다. 안드로마케(Andromache)는 붙잡혔을 때, 이 로마의 신부들보다 행복했다. 비록 그녀는 노예였지만 피루스의 아내가 되었으며 그 뒤로 피루스는 더 이상 어떤 트로이인들도 죽이지 않았기 때문이다. 하지만 로마인들은 자기들이 안았던 신부의 아버지를 서슴없이 전쟁터에서 죽였다. 승리자의 포로가 된 안드로마케는 두려움없이 자기 백성의 죽음을 슬퍼할 수 있었다. 전사(戰士)들과 관련 있던 사비니족 여인들은, 남편이 집을 떠날 때에는 아버지가 살해당할까 걱정하고 남편이 돌아올 때에는 아버지의 죽음을 슬퍼했지만, 마음 놓고 자신들의 두려움이나 슬픔조차 드러낼 수 없었다. 그녀들은 이웃과 부모 형제의 죽음을 마음 깊은 곳에서 슬퍼하든지, 아니면 잔인하게도 남편의 승리를 기뻐하든지 둘 가운데 하나를 선택해야만 했다. 게다가 변화무쌍한 전쟁의 운 때문에, 그들 가운데 어떤 이들은 아버지의 칼에 남편을 잃기도 했으며 또다른 이들은 남편과 아버지가 서로 죽여 그 둘을 모두 잃기도 했다.

물론 로마인들에게도 이런 사태는 위험했다. 그들은 포위당해 굳게 잠긴 성문 뒤로 몸을 숨겼다. 그런데 속임수로 성문이 열리고 적들이 성 안으로 들어오게 되자, 포룸(고대 로마의 공공 광장의)은 장인과 사위 사이에 끔찍하고 드센 싸움터가 되어 버렸다. 그 뒤 여인을 빼앗은 자들은 패한 뒤 곳곳으로 흩어져 집으로 돌아가서는, 수치스럽고 한탄할 만했던 지난날 승리를 새로운 부끄러움으로 더럽혔다. 아군의 용맹에 더 이상 기대할 수 없게 된 루물루스는 유피테르에게 그들이 굳게 버틸 수 있도록 기도했다. 이로부터 유피테르는 고정자(Stator)라는 이름*³¹을 얻게 되었다. 만일 납치당한 여인들이 머리를 풀고 자기 아버지 앞에 몸을 던져서 승리의 무기가 아니라 부정(父情)에 호소함으로써 그들의 마땅한 분노를 누그러뜨리지 않았더라면, 이런 참혹한 불행은 끝없이 이어졌으리라. 자기 동생마저 동료로 인정하지 않았던 로물루스도 그때는 어쩔 수 없이 사비니족 왕인 티투스 타티우스(Titus Tatius)를 공동 통치자로 받아들였다. 그러나 자기 쌍둥이 동생과도 힘을 모으기를 싫어했던 그가 이방인을 얼마나 오래 참아낼

---

*30 베르길리우스, 앞의 책 7, 323f. 참조.
*31 리비우스, 앞의 책 1, 12. 참조.

수 있었겠는가? 마침내 타티우스는 죽임 당했고, 로물루스는 더 위대한 신이 되기 위해 왕권을 독차지했다.

이상한 결혼방식, 기이한 전쟁, 얄궂은 형제관계, 인척관계, 동맹관계, 그리고 기묘한 신들과의 관계를 보라. 그토록 많은 신들의 보호를 받았던 도시의 모습은 이러했다. 당신은 이 주제에 얼마나 잔인한 말을 할 수 있는지 알 것이다. 하지만 우리는 본디 목적을 위해 이제 다른 이야기로 넘어가자.

제14장 알바인과의 싸움에서 일어난 비극

누마 이후 다른 왕들이 다스리던 시기에 알바인들이 전쟁에 관련됨으로써 그들 자신뿐만 아니라 로마인들까지 얼마나 불행했던가? 사람들은 누마 시절의 오랜 평화에 싫증을 느꼈다. 로마와 알바의 군대가 얼마나 끝임없는 살상과 손실로써 평화를 끝장냈던가! 알바는 아이네이아스의 아들인 아스카니우스가 세웠기에 사실 로마에게는 트로이보다도 더 어머니 나라에 가까웠는데도, 로마 왕인 툴루스 호스틸리우스(Tullus Hostilius)는 전쟁을 일으켰다. 그렇게 시작된 전투로 둘 모두 큰 손실을 입고 고통받았으며, 마침내 싸움에 염증을 느끼게 되었다. 그래서 세쌍둥이의 결투로 전쟁을 끝내기로 했다. 로마에서는 호라티우스 집안 세 형제가 출전했고, 알바에서는 쿠리아티우스 집안 세 형제가 나왔다. 처음에는 호라티우스 집안 두 형제가 쿠리아티우스 집안 형제들에게 져서 죽임 당했으나, 끝에 남은 호라티우스가 쿠리아티우스 형제들을 모두 죽였다. 이렇게 로마는 승리했으나 이미 엄청난 재난을 당한 터라, 오직 병사 여섯 가운데 한 사람만이 무사히 집으로 돌아갈 수 있었다. 양측에서 누가 손실을 입었으며 누가 슬퍼했는가? 바로 유피테르의 손자이자 베누스의 자손인 아스카니우스의 후손들, 아이네이아스 족속이 아닌가? 이 전쟁은 어머니와 딸 사이라고 볼 수 있는 나라가 서로 싸웠기 때문에 내란보다도 더 끔찍했다.*32

세쌍둥이 형제의 마지막 승리를 결정하는 전투는 또다른 극악하고 참혹한 불행이 더해졌다. 지난날 두 나라는 우호적이던 때에(인척관계이자, 이웃이기도 하여) 호라티우스 집안 딸이 쿠리아티우스 집안 아들과 약혼했기 때문이다. 그녀는 오빠가 약혼자에게서 빼앗은 약탈물을 갖고 있는 모습을 보고 울음을 터

---

*32 루카누스 《파르살리아》 1, 1. 참조.

뜨렸는데, 이에 격분한 오빠는 여동생을 죽이고 말았다.

나는 이 소녀가 로마인들보다 한결 인간적이라고 생각한다. 나는 그녀가 이미 약혼했던 남자를 위해서 슬퍼했든지, 혹은 스스로 여동생을 결혼시키기로 약속한 사람을 자기 오빠가 죽였다는 사실에 슬퍼 눈물을 흘렸는지 정확히는 모르지만 비난받을 일은 아니라고 본다.

그렇지 않다면 우리는 왜 베르길리우스 작품에 나오듯이 자기 손으로 죽인 적에 대해 슬퍼했던 이네아스[*33]를 칭찬하는가? 마르켈루스가 시라쿠사를 무너뜨리기 직전에 그 도시의 번영과 으뜸의 영예를 생각하면서 모든 것이 사라지리라 생각했을 때, 왜 그는 눈물을 흘렸는가?[*34] 나는 인간적인 감정으로 스스로 정복한 적에 대해 눈물 흘린 사람이 칭찬받는다면, 연약한 소녀가 오빠 손에 살해당한 연인의 죽음을 슬퍼한다고 해서 그녀를 범죄자로 여겨져서는 안 된다고 생각한다. 그 소녀가 오빠 손에 죽임 당한 약혼자를 생각해 눈물 흘리는 동안, 로마는 어머니 도시에 어마어마한 타격을 가했고 모두가 똑같이 흘린 피의 대가로 승리를 얻은 것을 기뻐했다.

"영광" "승리" 이런 단어나 칭호가 참으로 무슨 소용이 있는가? 망상의 가리개를 찢어버리고, 범죄 행위 자체를 적나라하게 바로 보며, 범행의 가벼움과 무거움에 대해 잘 겨누어보고 판단하라. 그리고 트로이를 간통죄로 비난했듯이, 알바의 죄 또한 고발하라. 두 사건에는 유사점이나 비교점이 전혀 없다. 툴루즈의 전쟁은 오직,

　　오랫동안 승리와 인연이 없었던 사람들과

　　군대를 부추기기 위하여[*35]

일어났을 따름이다. 이런 억제되지 않은 야욕이 동맹관계나 인척관계가 있는 이웃과 전쟁을 치른 하나뿐인 동기였다. 살루스티우스는 이 악덕을 짧게 다루었다. 그는 사람들이 욕심 없이 살아가고 모두가 저마다 가진 것에 만족하던 옛 시절에 대해, 간략하지만 충심에서 나오는 찬사를 보낸 뒤 이렇게 말을 잇는다.

"하지만 아시아에서는 키루스가, 그리스에서는 스파르타인과 아테네인이, 도

---

*33 베르길리우스 《아이네이스》 10, 821~8.

*34 1권 6장 참조.

*35 베르길리우스 《아이네이스》 6, 814f.

시를 정복하고 다스릴 욕심이 전쟁을 벌일 충분한 이유가 된다고 여겼으며, 가장 높은 영광은 제국을 넓히는 데 있다고 생각하기 시작했다."[*36]

살루스티우스는 이렇게 계속 말하지만, 나는 여기에 그 말을 빌리는 것만으로 만족한다. 이런 지배욕은 추악한 악덕으로 온 인류를 지치게 했다. 알바에게 승리한 로마는 자기 죄악을 찬양하면서 영광이라고 노래하다가 오히려 이 욕망에 정복당했다. 성경이 말하듯이, "악한 욕망을 품고도 자랑스레 뽐내고 탐욕으로 악담하며 여호와에게조차 코웃음치기"(시편 10 : 3) 때문이다.

상황을 똑바로 보고 조사하기 위해서는 이런 거짓 가면을 벗고 기만적인 덧칠을 벗겨내야 한다. 그 누구라도 어떤 사람이 이리 저리 싸워서 정복했다는 이유만으로 "훌륭한" 인물이라 여겨서는 안 된다. 검투사들도 싸우고 승리함으로써 그 야만적인 관습으로 칭찬받는다. 하지만 나는 그런 무기로써 영예를 얻기보다는, 게으름 때문에 벌 받는 편이 낫다고 여긴다. 두 검투사가 싸우기 위해 경기장에 들어섰는데 아버지와 아들이라면, 누가 그런 참담한 광경을 눈뜨고 볼 수 있겠는가? 누가 그 경기를 그만두라고 말리지 않겠는가? 그렇다면 한쪽은 어머니이고 다른 한쪽은 딸인 두 나라가 전쟁을 치르는데, 그것을 어찌 영광스럽다고 말할 수 있겠는가? 게다가 전쟁터는 경기장이 아니다. 넓은 평원이 오직 두 검투사뿐 아니라 두 나라 수많은 사람들의 시체로 가득 메워지고 그 처참한 싸움의 광경을, 원형 경기장 안 사람들이 아니라 온 세상 사람들이 지켜본다. 그 시대 사람들은 물론이고, 그 소식이 이어지는 한 뒷날 사람들에게도 모욕적인 구경거리로 보여지는 형편에, 도대체 어떤 차이가 있단 말인가?

하지만 로마제국의 수호신이자 사실상 이런 전쟁의 관객이기도 한 신들은 호라티우스 집안 자매가 오빠의 칼에 맞아 로마의 세 번째 희생자로 추가되었는데도 만족하지 못했다. 그 뒤로 로마는 전성기를 맞이했지만 수많은 알바인들을 죽여야 했다. 뒷날 로마인들은 승리의 결과로서, 트로이 신들이 그리스인들에게 약탈당하고 아이네이아스가 왕국을 세운 라비니움을 떠난 뒤에 그곳에서 세 번째로 도피하고 있을 때 끝내 알바를 무너뜨리고 말았다. 이런 일을 두고 베르길리우스의 말처럼,

---

[*36] 살루스티우스 《카틸리나 음모》 2, 2.

> 이곳을 성스럽게 만들었던 신들이
> 성소와 제단을 버리고 모두 떠나갔다*37

지나치게 많은 신들이 떠나갔기에 알바가 파괴당했다고 말할 셈인가? 참으로 지난 행적으로 볼 때 신들이 이미 그곳을 떠났고, 뒤에 로마가 그들에게 몸을 내맡기도록 했다는 데에는 도무지 의심의 여지가 없다. 알바 왕인 아물리우스가 자신의 형제를 쫓아냄으로써 신들을 불쾌하게 만들었던 것이다. 이와 달리 왕인 로물루스가 동생을 살해했던 로마는 신들을 기쁘게 했다. 하지만 알바가 무너지기 전에 사람들이 로마 거주민들에게 합병되었으므로, 도시가 하나가 되었다고 사람들은 말한다. 사실 그렇다. 그럼에도 트로이 신들이 세 번째로 몸을 피한 아스카니우스가 딸 격인 도시에게 파괴되었다는 사실은 잊히지 않는다. 그리고 전쟁에서 살아남은 사람들에게 파괴되었다는 것 또한 남는다. 전쟁에서 살아남은 사람들이 둘을 한 민족으로 합한 일은, 이미 양측이 흘린 모든 피를 가련하게도 뭉친 셈이었다.

게다가 비록 큰 승리로 끝난 것처럼 보이지만 후대 왕들이 곧잘 벌였던 비슷한 전쟁들, 때때로 대량 학살로 끝나고 평화를 맺은 뒤에도 장인들과 사위들, 또 그들의 자녀들과 후손들 사이에 거듭되었던 전쟁들에 대해 또 말할 필요가 있을까? 우리는 후대 왕들이 절대로 전쟁의 문*38을 닫지 못했으며, 그들을 지켜주는 신들이 있었음에도 어느 누구도 평화스럽게 다스리지 못했다는 사실에서 이런 파국적인 역사에 대한 증거를 찾는다.

제15장 여러 왕들의 삶과 죽음

그렇다면 국왕들의 마지막은 어떠했는가? 로물루스는 아첨하는 자들의 전설에 따르면 신이 되어 하늘로 올라갔다고 한다. 이와 달리 로마 어느 역사가들은 그의 포학한 행동 때문에 원로원이 그를 능지처참했다고도 한다. 그리고 *39 율리우스 프로쿨루스(Julius Proculus)라는 사람을 사서 자기 꿈에 로물루스가 나타나 로마 사람들에게 자신을 신으로서 숭배하라 명령했다고 말하도록 했다. 이로써 원로원의 조치에 분노하던 시민들은 잠잠해지고 진정되었다는 것

---

*37 베르길리우스 《아이네이스》 2, 351f.
*38 9장 참조.
*39 리비우스 《로마사》 1, 16.

이다. 뒤이어 일식(日蝕)이 일어났는데 무지한 시민들은 이것이 태양운행의 정해진 법칙임을 깨닫지 못하고서, 로물루스의 신적 공적으로 돌렸다. 사실 주님께서 유대인들의 잔혹함과 불경건함으로 십자가에 못박혔을 때도 일식이 일어났다. 태양이 슬퍼했다 여겨지는 이런 현상은(루가 23 : 44 이하), 로물루스가 살해당해 태양이 빛을 잃음으로써 범죄행위를 지적했다는 증거로 해석할 수도 있었으리라. 주님에게 태양이 빛을 잃은 현상은 천체의 자연적인 법칙에 따른 것이 아니기 때문이다. 자연적인 일식현상은 달이 기울 때 일어나지만, 유대인의 유월절은 해마다 달이 찰 때에만 돌아온다.

키케로 또한 그의 저술인 《국가론》에서 스키피오의 입을 빌려 로물루스를 다음처럼 칭찬하면서, 그가 신들 사이에 받아들여진 것은 사실이라기보다는 상상이었음을 똑똑히 드러내 보여준다.

로물루스는 어마어마한 명성을 날렸기에 일식 기간에 느닷없이 사라졌을 때 그가 신들에게 받아들여졌으리라 여겨졌다. 어떤 특별한 능력이 나타난 것이 아니고서는, 인간인 자가 이 만큼 평가 받을 일은 있을 수 없기 때문이다.[40]

하지만 "그가 느닷없이 사라졌다"는 말은 혼란 속의 난동이나 암살기도로 불가사의하게 살해당했음을 나타낸다고 짐작된다. 다른 작가들도 일식뿐만 아니라 갑작스런 폭풍에 대해 암살의 기회를 제공했거나 그 자체로 로물루스의 종말을 뜻한다고 이야기했기 때문이다. 키케로는 같은 책[41]에서 로마의 세 번째 왕이자 번개에 맞아 죽은 툴루스 호스틸리우스를 다음처럼 말한다.

이런 죽음 때문에 그 또한 신들에게 받아들여졌다고는 믿어지지 않았다. 로마인들은 로물루스 때 증명됐거나 믿었던 현상을 아무에게나 헤프게 인정함으로써 신이 된다는 이야기가 통속화되는 일을 바라지 않았기 때문이다.

키케로는 또한 카틸리나를 탄핵하는 연설에서 "우리는 로마를 세운 로물루스의 위대함을 기리면서 그를 불멸의 존재요 신으로 높였다"[42] 틀림없이 말했다. 이 말은 로물루스가 실제로 신이 된 것이 아니라, 그의 덕성과 공적을 특별

---

[40] 키케로 《국가론》 2, 10, 20.
[41] 키케로, 앞의 책 2, 17.
[42] 《카틸리나 탄핵》 3, 1.

히 기리기 위해 그런 명예를 주고 그렇게 불렸음을 보여준다. 그는 또한 대화편인 《호르텐시우스》(*Hortensius*)[43]에서 태양의 주기적 일식에 대해 "일식 기간에는 로물루스가 죽었을 때 뒤덮었던 것과 같은 어두움이 드리워진다" 했다. 키케로는 로물루스를 찬미하라기보다는 오히려 논평했으므로, 여기서 인간으로서의 죽음에 대해 이야기하는 것을 조금도 두려워하지 않았다.

또한 병으로 죽은 누마 폼필리우스와 안쿠스 마르키우스 말고는 로마의 다른 왕들은 그 얼마나 끔찍스런 최후를 맞이했던가! 앞서 말했듯이 알바를 차지하고 무너뜨렸던 툴루스 호스틸리우스는 자신의 집과 함께 번개에 맞아 잿더미가 되어 버렸다. 프리스쿠스 타르퀴니우스(Priscus Tarquinius)는 선왕의 아들들에게 살해당했다. 세르비우스 툴리우스(Servius Tullius)는 그 뒤를 이어 왕위에 올랐던 사위 타르퀴니우스 수페르부스(Tarquinius Superbus)에게 무참히 죽임 당했다. 가장 훌륭한 로마 왕들에 대해 이러한 잔인한 살해사건이 벌어졌는데도, 파리스의 간통에 크게 노해 가엾은 트로이를 그리스인들의 불과 칼에 내던진 신들은 성소와 제단을 떠나지 않았다.[44] 오히려 자신이 죽인 장인의 뒤를 이어 왕이 되었다. 심지어 이 파렴치한 존속살해자는 살인으로 얻은 통치기간 중에 많은 전쟁에서 승리했으며, 거기서 얻은 약탈물로 카피톨 신전을 세웠다. 그러는 동안 신들은 결코 그의 곁에서 떠나지 않았으며, 오히려 신들의 왕인 유피테르는 존속살해자에 의해 세워진 바로 그 높은 성전에서 그들을 다스리며 전쟁을 일으키도록 부추겼다. 타르퀴니우스는 죄를 짓기 전에 카피톨을 세웠고, 범죄를 저지른 뒤에도 로마에서 쫓겨나지 않았다. 그는 끔찍한 범죄행위로 왕위에 오른 뒤에 카피톨을 지은 것이다.

뒷날 그가 폐위당하고 로마에서 추방당했던 것도 그 자신 때문이 아니라, 루크레티아 강간 사건 때문이었다. 그것은 자신의 죄가 아니라 아들의 죄였으며 그는 그 범죄를 알지도 못했을 뿐만 아니라, 그 자리에 있지조차 않았다. 그 무렵에 그는 아르데아(Ardea)를 에워싸고 로마인을 위해 싸우고 있었다. 우리는 만일 그가 자기 아들의 범죄를 알았더라면, 어떻게 행동했을지 알 수 없다. 그런데도 로마인들은 그의 생각을 묻거나 확인해보려 들지도 않고 왕위를 빼앗았다. 그래서 군대를 불러들여 그에게서 떨어지라 명하고, 성문을 닫아 들어오

---

[43] 이 가운데 단편만이 남아 있다.
[44] 베르길리우스 《아이네이스》 2, 351f.

지 못하도록 했다. 쫓겨난 그는 이웃나라 민족들을 부추겨 같은 로마인들에게 고통을 안겨주었다. 하지만 자신이 기댔던 사람들에게서 버림받고 왕위를 되찾을 희망을 모두 잃은 뒤에는 로마 이웃 마을 투스쿨룸에서 14년 동안 자기 아내와 함께 조용히 숨어 살며 만년을 보냈다.

그는 사위 손에 죽임 당한 장인보다는 한결 더 바람직한 최후를 맞았다. 로마인들은 이 타르퀴니우스를 "잔인한 왕"이나 "파렴치한 왕"이라 부르지 않고, "거만한 왕"이라고 불렀다. 그것은 아마도 자존심 때문에 그의 독재적인 태도에 분노했기 때문이리라. 그들은 그가 가장 위대한 왕이었던 자기 장인을 살해한 사실을 그다지 심각하게 받아들이지 않고, 그를 왕으로 인정했다. 나는 그런 범죄자에게 그토록 너그러웠던 것이 훨씬 더 악한 범죄라고 생각한다.

하지만 신들은 "성소와 제단을 버리지" 않았다.[45] 어떤 사람은 신들이 로마에 머문 까닭이 로마인들을 돕고 이롭게 하려는 의도보다는 그들을 벌주고, 가치 없는 승리로 유인하기 위함이었다고 변호한다. 가혹한 전쟁으로 로마를 응징하기 위함이었다면 그럴듯하다. 로마인들은 타르퀴니우스 수페르부스를 추방하기까지 243년이 걸렸다. 그 기간 동안 로마는 그토록 많은 피를 흘리고 온갖 재앙을 당하면서 승리했으나 로마 영토를 20마일도 채 넓히지 못했다. 그 넓이는 오늘날 조그마한 가이툴리아 도시에도 마치지 못한다.

제16장 집정관 제도의 비극적 발단

이제 다음으로 타르퀴니우스 및 에트루리아와의 전쟁 위협이 이어지는 동안, 살루스티우스가 말한[46] 정당하고 올바른 법으로 다스린 시기에 대해 생각해 보자. 에트루리아가 타르퀴니우스의 왕위 복귀를 도와주는 동안, 로마는 가공할 만한 전쟁에 휩싸여 크게 흔들렸다. 그러므로 살루스티우스가 이야기했듯이, 정당하고 올바른 법으로 로마를 다스렸지만, 그것은 공포로 인한 압박이지 정의에 바탕을 둔 것이 아니었다. 왕권이 폐지되고 처음으로 집정관이 생겨났던 그 짧은 시기는 얼마나 불행했던가! 사실 집정관들은 임기 1년도 모두 채우지 못했다. 집정관인 유니우스 브루투스(Junius Brutus)가 동료인 루키우스 타르퀴니우스 콜라티누스(Lucius Tarquinius Collatinus)를 직책에서 몰아내고 로마에

---

*45 베르길리우스 《아이네이스》 2, 351.
*46 살루스티우스 《역사》 1, 11 ; 2권 18장 참조.

서 쫓아냈기 때문이다. 그는 자기 아들들과 처남들이 타르퀴니우스의 복위를 음모했다 하여 그들을 사형시켰다. 하지만 루키우스를 쫓아낸 바로 뒤 전쟁터에서 적에게 상처를 입힘과 동시에 자신도 부상당해 쓰러졌다. 이 사건에 대해 베르길리우스는 겉으로는 무척 찬양했지만 곧 몸을 떨며 이처럼 기록했다.

그는 자신에게서 비롯된 반란의 씨앗들에게
찬란한 자유를 위해 피를 흘리게 했네*47
곧이어 그는 이렇게 부르짖는다.
오, 불행한 아버지로다! 훗날 사람들이
이 행동을 어떻게 생각할지라도

후대 사람들이 자기 좋은 대로 그의 행동을 판단할지라도, 즉 자기 아들들을 죽인 아버지를 높이고 찬양한다 할지라도 자신은 불행하다는 말이다. 그리고 베르길리우스는 그토록 불행한 아버지를 위로하려는 듯이 이렇게 덧붙인다.

그는 조국에 대한 사랑과 끝없는 명예심으로
모든 것을 억눌렀다네

브루투스는 자기 아들들을 죽였고, 적인 타르퀴니우스의 아들을 공격했었지만 반격당해 목숨을 잃었다. 그뿐 아니라 타르퀴니우스는 그보다 더 오래 살아남았다. 그로써 그의 동료이자 죄 없는 콜라티누스의 복수가 보이지 않는가? 그는 선량한 시민이었음에도 참주 타르퀴니우스와 같은 형벌을 받았기 때문이다. 그러나 브루투스 자신도 타르퀴니우스의 친척이었다고 전해온다. 그러나 콜라티누스는 혈통뿐만 아니라 이름마저 같아 타르퀸(타르퀴니우스)이라 불렸기에 불행을 당했다. 그렇다면 나라를 바꿀게 아니라 이름을 바꾸게 했어야 옳다. 단지 이름을 줄여서 루키우스 콜라티누스라 했다면 그는 별다른 손해 없이 살 수 있었으리라. 그러나 그는 오직 이 때문에 선량한 시민이지만 시민권을 잃고 최초의 집정관이지만 명예까지 박탈당했다.

공화국에 어떤 이익도 주지 못하는 이러한 가증스런 불의가 브루투스에게는 영광이 되었는가? 그가 "나라에 대한 사랑과 무한한 명예욕"으로 어쩔 수 없이 하게 된 것이 바로 이런 범죄행위인가? 독재자 타르퀴니우스가 추방당했을 때, 루크레티아의 남편인 루키우스 타르퀴니우스 콜라티누스는 브루투스와

---

*47 베르길리우스 《아이네이스》 6, 820f.

함께 집정관으로 뽑혔다. 그의 이름이 아니라, 성품을 눈여겨 보았던 민중은 얼마나 정당하게 행동했던가! 이와 달리 브루투스는 새 직책에 오른 당사자에게 썩 기분 좋은 일은 아니지만, 이름만 바꿀 수도 있었던 동료에게서 명예와 조국을 빼앗음으로써 얼마나 정의롭지 못하게 행동했던가!

"정당하고 올바른 법으로 다스려졌던 시절에" 이런 악행과 재앙이 일어났던 것이다. 브루투스 대신 집정관이 되었던 루크레티우스(Lucretius)도 임기를 마치기 전에 병으로 죽었다. 콜라티누스의 뒤를 이은 발레리우스(P. Valerius)와 루크레티우스의 숙음으로 생긴 공백을 메웠던 호라티우스(M. Horatius)에 가서야 다섯 집정관의 불행하고 죽음 많았던 한 해가 끝났다. 로마가 새로운 명예와 권력의 집정관제를 시작했을 때 상황은 이러했다.

제17장 집정관 제도 발족 뒤 일어난 많은 재앙에도 신들은 무력했다

시간이 흐르면서 그들의 두려움이 어느 쯤 가라앉았지만, 이는 전쟁이 그쳤기 때문이 아니라, 전쟁의 압박이 조금 줄었기 때문이었다. 국가가 "정의와 절제로 질서가 잡혔던"[48] 때는 끝나고, 살루스티우스가 다음처럼 짧게 묘사한 시기가 다가왔다.

그 무렵 귀족들은 평민을 노예처럼 억누르고, 옛 왕들이 했던 것처럼 그들의 생활과 신체를 규제했으며, 그들 소유의 농경지로부터 내쫓아버리는 한편 잃을 재산이 없는 사람들에게는 사납고 악독하게 행동하는 등 독재적인 지배를 하기 시작했다. 이런 억압적인 조치, 특히 채무에 억눌려 살면서 끊임없이 이어지는 전쟁을 위해 납세와 군역마저 담당해야 했던 평민들은 무기를 잡고 성산 아벤틴과 사케르를 점거해 호민관 제도를 비롯한 법적 권리들을 얻었다. 그들 사이의 불화와 분쟁이 끝난 것은 제2차 포에니 전쟁에 이르러서였다.[49]

하지만 내가 왜 이런 일들을 길게 쓰며 시간을 보내고, 다른 사람들로 하여금 이런 것들을 읽으며 시간을 허비하도록 하는 것인가? 공화국이 제2차 포에니 전쟁[50]에 이르는 긴 시간 동안, 전쟁이 끊이지 않아 밖으로부터 얼마나 괴

---

*48 살루스티우스 《역사》 1, 11.
*49 살루스티우스 《역사》 1. 11 ; 2권 18장 참조.
*50 기원전 218년.

롭힘 당했으며, 안에서는 시민들의 반란과 불화로 얼마나 비참했는지에 대해 살루스티우스는 간략히 알린다. 저들이 자랑하는 승리는 행복한 자의 참된 기쁨이 아니라, 비참한 자들의 텅 빈 위로요, 불안한 상태에 빠진 사람들의 재앙 위에 재앙을 더하도록 유혹하는 자극이었다.

우리가 이런 말을 해도 선하고 지각 있는 로마인들은 분노하지 않는다. 그들은 이런 말에 화를 내지 않을 것이 틀림없기 때문에, 따로 하소연하거나 충고할 필요는 없다. 우리의 말은 문체적으로나 시간적 여유적으로도 로마 저술가들보다 표현이 신랄하지 않고 오히려 덜 정교하며 덜 충격적이다. 그런데도 그들은 이런 저술가들의 글을 부지런히 읽으며 자녀들에게 그것을 배우도록 강요한다. 이 말에 화를 내는 사람들이 있다면 내가 옮겨 적은 다음과 같은 살루스티우스의 말을 듣고 과연 어떤 태도를 보이겠는가?

참으로 많은 소동과 반란, 끝에는 내란이 일어났다. 대중의 마음을 사로잡은 몇몇 유력 인물들은 귀족 혹은 평민의 권리를 지킨다는 그럴듯한 명분을 내세워 권력을 잡으려고 달려들었다. 모두가 똑같이 부패했기 때문에, 시민들은 국가에 대한 공헌과는 아무런 관계없이 선하다거나 악하다는 판단을 받았다. 그와 달리 부정한 방법으로 얻은 권위와 재물을 가진 사람들은 기존질서를 옹호했기 때문에 선인이라 보았다.[51]

그 무렵 역사가들은 자기들 나라의 나쁜 면에 대해 침묵하지 않는 것이 고귀한 자유라고 생각했다. 그러면서도 여러 글에서 로마에게 굉장한 찬사를 아끼지 않았는데, 이는 영원히 선택된 시민들의 참다운 도시를 알지 못했기 때문이다. 사람은 오로지 그 나라에서만 영원하고 행복한 생활을 누릴 수 있지만 마음 약하고 무지한 사람들은 오늘날 닥친 모든 재앙을 우리 그리스도에게 원인을 돌린다. 우리는 하느님 안에서 더 뛰어나고 또렷한 소망을 가지고 있기 때문에 한결 더 커다란 표현의 자유를 가지고 있음을 생각해야 한다. 우리는 그 저술가들이 읽고 칭찬하는 것보다 그들 신들에 대해 더 심하게 말하지 않았다. 앞서 말한 모든 내용은 그 지은이들로부터 빌린 것이지만, 그들처럼 함부로 이야기하지는 않았다.

그렇다면 교활한 속임수로 그 신들을 섬기도록 유혹받은 로마인들이 이러한

---

*51 살루스티우스 《역사》 12.

재앙들에 맞닥뜨렸을 때, 이 세상에서의 보잘것없고 기만적인 행복을 위해 마땅히 섬김받아야 한다고 생각되던 신들은 과연 어디에 있던 것인가? 또한 집정관 발레리우스(Valerius)가 쫓겨 난 자들과 노예들이 불태웠던 카피톨 신전을 지키다 죽임 당했을 때,*52 그 신들은 어디에 있었는가? 발레리우스는 어마어마한 수의 신령들이 "지존하며 강력한 신들의 왕" 유피테르를 보호할 수 있던 것보다, 더욱 쉽게 그의 신전을 훌륭하게 지켜냈다. 끊임없는 반란으로 인해 피폐해진 로마는 법률 개정을 위해*53 아테네로 사절단을 보냈는데, 그들이 돌아오기를 기다리던 잠깐의 평온한 시간에 끔찍스런 기근과 질병으로 온 땅이 황폐해졌다. 그때, 신들은 대체 어디에 있었는가?

끊임없이 이어진 기근으로 고통받던 사람들은 최초로 곡물공급 장관직을 만들었다. 기근은 더욱 심해졌기에 스푸리우스 멜리우스(Spurius Melius)는 왕위를 노리고 있다는 죄목으로 고소당했으며 그가 곡물공급 장관 시절 독재관직에 있었던 연로한 루키우스 퀸티우스(Quintius)*54의 명령을 받은 기병대장인 퀸투스 세르빌리우스(Quintus Servilius)에게 살해당했다. 이처럼 유례가 없을 만큼 위험한 난동이 일어났을 때, 신들은 대체 어디에 있었는가? 무서운 질병이 온 로마를 휩쓸었으며 오랫동안 지친 민중들은 쓸모없고 무능한 신들에게 이전에는 결코 행해본 적 없던 렉티스테르니아(Lectisternia),*55 즉 신들의 영예를 위한 이 거룩한 의식, 아니 오히려 모욕적인 단어에서 비롯된 이 의식을 행하려고 했다. 그때 참으로 신들은 어디에 있었는가?

로마 군대가 10년 동안 끝없이 베이이인들과 싸우고 거듭 큰 타격을 받아*56 겨우 푸리우스 카밀루스(Furius Cammillus)에게 도움을 받았을 때도, 뒷날 로마가 그 은혜를 저버린 채 그를 벌했을 때도, 신들은 어디에 있었던 것인가? 갈리아인들이 로마를 휘어잡아 불태우고 약탈했을 때,*57 신들은 어디에 있었는가? 또한 악명 높은 질병으로 수많은 시민들이 희생되고, 이 배은망덕한 나라를 처음에는 베이이인들에게서 구하고 뒤에는 갈리아인들로부터 지켰던 푸리

*52 리비우스 《로마사》 18.
*53 2권 16장 참조.
*54 기원전 439년에 80세였다. 리비우스, 앞의 책, 4, 12f.
*55 기원전 399년 ; 리비우스, 같은 책, 5, 13 ; 2권 11장 참조.
*56 기원전 407~396년 ; 리비우스, 같은 책, 5, 32 ; 2권 17장 참조.
*57 기원전 390년 ; 리비우스, 같은 책, 5, 37~40.

우스 카밀루스가 죽었을 때,*⁵⁸ 신들은 어디에 있었는가? 저들은 오히려 이런 질병이 걷잡을 수 없이 퍼지던 때, 로마인들의 신체가 아닌 도덕성에 치명적인 병균을 옮기는 연극이라는 새로운 질병을 들여와 더욱 커다란 위험을 불러오지 않았던가?*⁵⁹

그 어떤 질병보다도 끔찍한, 곧 믿을 수 없을 만큼 많은 로마 귀부인들이 만든 독약이 로마에 찾아들었을 때,*⁶⁰ 신들은 어디에 있었던 말인가? 군대를 이끌던 두 집정관이 카우디네(Caudine)협곡에서 삼니움인들에게 포위당해 굴욕적인 조약을 맺고, 로마 기사 600명이 인질로 잡혀갔으며, 무장 해제당한 군대는 옷 한 벌만 걸친 채 개구멍을 기어가게 되었을 때는?*⁶¹ 시민들은 이루 말할 수 없는 참혹한 질병으로 고생하고 번개가 로마군영에 내리쳐서 많은 사람이 죽었을 때는 어떠했는가?*⁶² 그토록 오랜 동안 카피톨 신전의 주인이자 만물의 왕이었던 유피테르는 아마도 젊은 시절 방탕한 생활 때문에 의학을 연구할 시간이 없었던 모양이다. 엄청난 질병이 돌았을 때, 로마인들이 치유의 신인 아이스쿨라피우스(Aesculapius)를 부르러 에피다우루스로 사람을 보냈으니 말이다. 또는 루카니아인들, 브루티아인들, 삼니움인들, 투스카니아인들, 갈리아인 등의 적들이 동시에 공모해 로마에 반기를 든 일을 보자. 그들은 먼저 사절단을 살해한 뒤에 법무관이 이끌던 군대를 무찌르고는 지휘관과 7명의 호민관말고도 1만 3000명의 군인을 죽였다. 그때 신들은 어디에 있었는가?*⁶³ 오랜 기간에 걸친 격렬한 반란이 일어난 뒤에 이윽고 평민들의 민심이 떠나고 야니쿨루스로 물러나 엄청난 위험을 안겨다 주었을 때에는?*⁶⁴ 이런 극도의 위기 순간에 사람들이 독재관으로 뽑아 믿고 기댔던 호르텐시우스(Hortensius)는 평민들을 다시 불러들여 왔지만 임기를 마치기도 전에 죽었다. 이런 일은 이전 어느 독재관에게도 찾아볼 수 없는 사건으로 아이스쿨라피우스를 포함한 신들에게는 너무도 수치스런 일이 아니었던가?

---

*58 기원전 365년; 리비우스, 같은 책, 7, 1.
*59 1권 32장 참조.
*60 리비우스, 같은 책, 8, 18.
*61 기원전 321년; 리비우스, 같은 책, 9, 3~6.
*62 리비우스, 같은 책, 10, 31.
*63 기원전 283년; 리비우스 《로마사 요약서》 12.
*64 마지막 "철수"는 기원전 286년에 있었다. 리비우스 《로마사 요약서》 11.

그 무렵에는 헤아릴 수 없이 많은 전쟁이 곳곳에서 일어나 병사가 부족하게 되자, 너무 가난해서 군장비를 조달할 수도 없고 자손 번영에만 전념했기 때문에 프롤레타리(Proletarii)라 불렸던 하층민들마저 군인명부에 등록되었다. 그 시대에 명성을 떨쳤던 그리스 왕 피루스(Pyrrhus)는 타렌툼의 요청으로 로마와 적이 되었다. 출정 결과에 대해 자문받았던 아폴로에게 어떤 일이 일어나든지 자신을 예언자로 생각하도록 모호한 신탁*65을 내린 치밀함을 보여준 사람이 바로 피루스였다. 로마인들 손에 피루스가 정복당하든, 로마인들이 피루스에게 정복당하게 되든 어떤 상황이더라도 아폴로가 신으로 받들어지게 하기 위함이었다. 하지만 이 전쟁동안 두 군대에 얼마나 끔찍한 학살이 일어났던가! 만일 그 다음 전쟁*66에서 로마가 승기를 잡지 못했더라면 피루스는 그 신탁을 이해했던 대로 아폴로를 참된 예언자로 널리 알릴 수 있었으리라.

이러한 파멸적인 전쟁이 이어지는 동안 여인들에게는 끔찍한 전염병이 돌아 임신부들은 아이를 낳기도 전에 죽어갔다. 짐작하건대 아이스쿨라피우스는 이 사태에 대해 자신은 의사의 우두머리이지 산파는 아니라고 둘러댔으리라. 가축들 또한 이처럼 죽었기에 모든 동물이 멸종될 것만 같았다.

실제로 믿을 수 없을 만큼 혹독한 추위가 밀어닥치고, 40일 동안 눈이 내렸다. 광장에는 끔찍할 만큼 두껍게 눈이 쌓이고 티베르 강조차 얼어붙었다. 그 잊을 수 없는 겨울에 대해 내가 무슨 말을 할 수 있겠는가? 그런 일들이 만일 우리 시대에 일어난다면, 우리는 이교도들로부터 어떤 비난을 받았을까? 이토록 오랫동안 기세를 떨치며 수많은 사람들의 목숨을 앗아간 역병에 대해 무슨 말을 할 것인가? 아이스쿨라피우스가 만든 온갖 약은 아무런 효험도 드러내

---

*65 프롤레타리. 키케로《국가론》2, 23)은 세르비우스 툴리우스의 제도를 그려낼 때 그 어원을 설명해준다. "재산이 1500이 되지 않는 사람을 프롤레타리라고 불렀다. 그들에게 기대할 수 있는 것이라고는 자손을 낳는 일뿐이었다." 그 단어는 기원전 450년의 12표법(2권 9장 주석 참조) 제1표에 나온다. 에피루스의 왕이었던 피루스는 기원전 280년 로마인들에 대항하여 타렌툼을 돕기 위해 왔다. 키케로《예언에 대하여》2, 56, 116)는 aio te Aiacita Romanos vincere posse라는 신탁의 운율적 형태를 인용하고 있는데, 이 말에서는 대격으로 나와 있는 te와 Romanos 가운데 어느 것도 vincere의 주어 또는 목적어가 될 수 있기 때문에 뜻이 애매하다. 키케로는 (1) 아폴로가 라틴어를 말할 수 없고, (2) 이 신탁이 그리스인들에게 알려지지 않았고, (3) 3세기에는 신탁이 더 이상 운문으로 쓰여지지 않는다고 이야기하고 있다. 그러나 그리스어로 된 산문 판에서도 애매한 점이 남아 있을 것이다.

*66 기원전 275년에 베네벤툼에서 벌어진 전쟁이다.

지 못했다. 이듬해에 질병이 더욱 악화되자 사람들은 이윽고 시빌(Sibyl)의 신탁 집에 도움을 요청해야 했다. 이런 신탁은 키케로가 《예언에 대하여》*67에서 말했듯이, 애매한 일에 대해 능력껏 추측을 하던 해석자들이 자기가 원하는대로 의미를 내렸다. 따라서 전염병이 일어난 까닭은 많은 신전들이 이런저런 사람들의 개인 집으로 전락했기 때문이라는 말이 나왔던 것이다.

이 때문에 아이스쿨라피우스는 게으르다거나 의술이 부족하다는 비난을 피할 수 있었다. 하지만 오랫동안 많은 신들에게 아무리 간절히 빌어도 아무 소용이 없으므로 숭배자들은 차츰 성스런 장소를 버렸으며 마침내 아무도 찾아오지 않게 되었기에 어떤 제지도 받지 않고 사람들이 신전을 차지할 수 있었던 게 아니겠는가? 그 무렵 질병을 가라앉히기 위해 열심히 새로 지어진 신전들은 시간이 지나자 또 다시 쓰이지 않게 되어, 이전처럼 사람들이 쓰도록 내맡겨졌다. 신전들이 그렇게 망각 속으로 빠져들지 않았던 것은 순전히 바로가 《거룩한 건축물들》*68을 쓴 덕분이다. 이는 그가 위대한 학자라는 증거이다. 여하튼 이런 신탁들은 질병을 고치지 못했고, 그저 신들에게 그럴듯한 변명거리를 주었을 뿐이었다.

제18장 포에니 전쟁의 피해
포에니 전쟁이 일어난 뒤 두 나라 사이는 오랜 세월 승패가 가려지지 않았다. 이 강력한 두 민족이 온 힘을 다해 가지고 있는 모든 물자를 쏟아부어 싸우는 사이 얼마나 많은 작은 나라들이 사라지게 되었으며, 얼마나 많은 도시들이 무너졌는가. 또 얼마나 많은 나라가 피해를 입고 역사 속으로 사라졌으며, 얼마나 많은 지역과 농토가 황폐해졌는가! 두 나라 사이에 승자와 패자가 얼마나 자주 바뀌었던가! 전투에 참여한 사람이든 그렇지 않은 민간인이든, 얼마나 많은 사람들이 죽었는가? 얼마나 많은 함선들이 전투에서 파괴되고, 이곳저곳에서 불어오는 폭풍우로 가라앉았던가! 우리가 이런 일들을 설명하거나 기록하면, 우리도 역사가가 되고 말리라.

이루 말할 수 없는 혼란에 빠진 로마가 아무런 이득이 없고 어리석고 기만한 방책에 기대게 된 것은 바로 그때였다. 시빌의 책에 바탕을 두고 백 년 전에

---

*67 *De Divinatione*, 2, 54, 110f.
*68 고대 이야기에 나오는 "신들의 일들"이 한 부분이다.

상연되었다가 평화로운 시대가 되자 잊혔던 세속적인 연극이 다시 무대 위에 올랐다.*[69] 저급한 신들을 위해 만든 종교연극도 마찬가지로 폐지되었다가 대신관(大神官)들이 부활시켰다. 연극이 다시 무대에 올려지자 죽은 사람들 숫자가 크게 늘어서 많아진 저급한 신들은 매우 기뻐하며 연극에 정신을 빼앗겼다. 또한 여기저기서 피를 흘리는 흉폭한 전쟁과 참담한 전투는 인간들에게는 더할 나위 없는 재앙이었지만 저급한 신들에게는 좋은 구경거리이자 풍성한 연회가 되었다. 실제로 1차 포에니 전쟁에서 가장 비극적인 사건은 로마군이 져서 그 유명한 레굴루스가 사로잡힌*[70] 일이다.

앞서 제1권(15·24장)과 제2권(23장)에서 레굴루스에 대해 말했지만, 그는 참으로 훌륭한 영웅이다. 처음에는 카르타고인들에게서 승리를 거두고 그들을 굴복시켰다. 만일 그가 포상과 영예를 얻으려는 지나친 욕심 때문에 카르타고인들이 참을 수 없을 만큼 가혹한 조건을 내걸지 않았더라면, 제1차 포에니 전쟁을 승리로 끝냈으리라. 하지만 레굴루스는 생각지도 못한 포로가 되고 노예가 되어 성실히 그 계약을 지키다가 끝내 비참한 죽음을 맞이했다. 이 모습을 보고 신들의 얼굴이 붉어지지 않았다면, 그들은 공기처럼 피도 눈물도 없음이 틀림없다.

그즈음 로마에서도 피해를 입었다. 티베르 강이 유례없이 크게 흘러넘쳐 지대가 낮은 지역이 많이 무너졌다.*[71] 건물들은 세차게 몰아 닥치는 격류에 떠내려갔으며, 그렇지 않은 건물들은 홍수가 끝난 뒤에도 빠지지 않고 남은 물에 오랫동안 잠겨 있던 탓에 무너져내렸다. 그 뒤 이보다 한결 더 무서운 화재가 일어나 광장 주위 높은 건물들을 불태웠는데, 불의 신(神) 베스타의 신전 또한 무사하지는 못했다. 그 신전에서는 명예로운 일이 아니라 형벌로 선택된 처녀들이 불에 영원한 생명을 불어넣기 위해 끊임없이 장작을 던져 넣고 있었다. 그러나 화재가 일어난 날에 신전에 타오른 불길은 그저 밝은 불이 아니라 미친 듯이 거세게 휘몰아쳤다.

---

*69 세속적인 연극. 성 아우구스티누스는 기원전 249년에 공연된 이 연극에 대해 언급하고 있다. 이것은 불규칙적인 간격으로 공연되었다. 기원전 463(또는 449), 363, 263, 249, 146, 17, 그리고 기원후 88, 204.

*70 1권 15장 참조.

*71 기원전 242년.

맹렬한 불길에 겁을 먹은 처녀들은 예전에 보관되었던 불길한 신상(神像)*72들을 불 속에서 꺼낼 수 없었다. 이 신상들은 세 도시*73에서 이미 파멸을 맛보았던 것들이었다. 신관 제관 메텔루스(Metellus)는 자신의 안전은 생각하지 않은 채 불길로 뛰어들어 몸이 반이나 타오르는 데도 아랑곳하지 않고 그 신상을 구해냈다.*74 불이 메텔루스가 대신관이라는 사실을 몰랐던가 아니면 그 신전에 불의 신령이 자리를 비웠을 것이다. 만일 불의 신령이 있었다면 메테루스는 그렇게 달아날 필요가 없었기 때문이다. 이로써 베스타에 모신 신상이 사람을 돕기보다, 오히려 사람이 신상에게 도움을 줬다. 신들이 스스로 불길을 피할 수 없다면, 그들을 수호신으로 여기는 나라가 화재나 홍수를 입었을 때, 누가 도울 수 있겠는가? 신상이 아무런 힘이 없음은 이런 사실로 드러났다.

만일 신상들이 세상의 제물을 지키기 위해서가 아니라 영원한 것을 나타내기 위해 놓여졌고, 물질적이고 눈에 보이는 물건들처럼 사라지더라도 처음 만들었을 때와 같은 목적으로 다시 만들 수 있다고 한다면, 우리의 이런 반박은 효력이 없다. 하지만 놀랍게도 저들은 무분별하게 언젠가는 사라질 이런 성물 따위로, 국가의 영원한 안녕과 번영이 지켜지리라 여긴다. 그러므로 신상이 무사할 때에도 행복과 번영이 무너질 수 있다는 사실이 밝혀진 오늘날에도 더 이상 지킬 수 없는 신념을 바꾸기를 낯뜨거워한다.

제19장 칸나이 패전

제2차 포에니 전쟁에서 입은 두 나라 시민들의 피해를 빠짐없이 설명하자면 매우 길어진다. 오랜 세월 드넓은 지역에 걸쳐 펼쳐진 이 전쟁은 로마의 지배를 크게 찬양했던 저술가들조차 이 전쟁에서 승리한 쪽이나 패배한 쪽이나 그리 다를 바 없다고 인정했다.*75 한니발(Hannibal)은 스페인에서 피레네 산맥을 넘

---

*72 유피테르가 다르다누스(또는 일루스)에게 보낸 팔라스의 신상인 팔라디움은 아마 아이네이아스가 트로이로 옮긴 것인 듯하다. 그 신상은 베스타의 신전에 보관되어 불결한 눈은 볼 수 없도록 숨겨 두었다. 신상의 안전은 부유한 나라의 안전을 보장해준다고 알려졌다. "팔라디움은 사실상 우리의 안전 및 우리 제국의 안전을 보장한다. 그러므로 베스타에 보관했다." 키케로(*Pro Scauro*, 48.) 참조.

*73 트로이, 라비니움, 알바이다.

*74 기원전 241년. 오비디우스 《달력》 6, 437~54 ; 리비우스 《로마사 요약서》 19.

*75 플로루스 《로마사(*Epitome*)》 2, 6 참조. ("정복한 국가는 패배당한 민족과 더 비슷했다.") ; 리

어 갈리아를 지나 알프스 산맥을 뚫고 나아갔다. 그리고 이렇게 며칠을 돌아오는 동안 약탈과 정복으로 군사력을 키워 급류처럼 이탈리아를 덮쳤다. 이 전쟁으로 로마인은 얼마나 많은 피를 흘리고 또 얼마나 많은 패배를 겪었는가! 얼마나 많은 도시가 한니발 손아귀에 넘어갔으며, 점령당하고 무릎 꿇었던가! 얼마나 참혹한 전투가 벌어졌는가! 전쟁으로 입은 로마의 피해는 곧 한니발의 명예가 되었다. 잔혹한 인물이던 한니발조차도 너무나 비참한 적의 피에 싫증나서 이제 살려주라는 명령을 내렸던, 칸나이(Cannae)에서 일어난 처참한 전쟁에 대해서는 차마 글로 쓰기 어려울 정도이다.

한니발은 이 전장에서 카르타고에 3모디우스(modius)의 금반지를 보냈는데 *76 이는 그날 아주 많은 로마 귀족이 죽었기 때문에 죽은 사람의 수를 반지 개수로 헤아리기보다 모디우스 단위로 세는 편이 쉽다는 뜻이었다. 하지만 반지로도 확인되지 않은 낮은 신분의 일반 병사들 전사자 수는 정확하게 세기 어려울 만큼 많아서 차라리 짐작하는 편이 나았다. 이 전투로 군인이 크게 부족해진 로마는 범죄자들에게 죄를 용서해 주겠다는 약속을 하고, 노예들에게는 자유를 줌으로써 병사들을 모집했다. 이들은 정식 병사라기보단 모양만 갖춘 군대였다. 하지만 이들 노예들, 아니 그들을 모욕하지 않기 위해 명칭을 내리자면 로마를 위해 전쟁에 참여하려 병사가 된 이 자유민들은 무기조차 없었다. 그래서 마치 스스로 신들에게 "당신들이 오랫동안 아무 쓸모없이 지니고 있는 무기들을 우리에게 주시오. 당신들이 사용하지 않은 무기를 우리 노예들이 잘 쓸 수 있을 테니 말이오" 말하듯이 신전에서 무기를 빼내왔다.

또한 그때는 군인들에게 줄 급료마저 부족해서 공공용도를 위해 개인 재물까지 써야만 했다. 사람들은 자기들이 가진 금 장신구나*77 계급을 드러내는 쓸데없는 반지 같은 것을 아낌없이 내어놓았다. 원로원 의원조차 금장신구를 지니지 못했으니 하물며 다른 계급이나 부족 구성원들은 더 말할 나위가 없었다. 만일 오늘날 저들처럼 가난한 상태에 빠지게 된다면, 누가 이교도들을 참을 수 있겠는가? 그때 군대에 냈던 것보다 더 많은 돈이 오늘날 불필요한 쾌락을 위해 배우들에게 낭비되고 있는데도 말이다.

비우스 《로마사》 21, 1("정복한 사람들은 재앙에 좀더 가까웠다.")

*76 리비우스, 같은 책, 23, 22.

*77 불라이(Bullae)는 귀족 태생 아이들의 황금제 장신구이다.

제20장 사군툼 궤멸

하지만 2차 포에니 전쟁에서 일어난 온갖 재앙 가운데 사군툼인들의 운명보다 더 애처로우면서도 연민을 부르는 사건은 없다. 누구보다 로마에 우호적이었던 이스파니아가 로마인들에게 신의를 지키려다가 파멸당했기 때문이다. 한니발이 로마인들과 맺은 조약을 어기고 전쟁을 일으킬 구실을 찾으려 사군툼을 몇 겹으로 에워쌌다.[78] 이 소식이 전해지자 로마는 포위를 풀어달라 요청했다. 그러나 한니발이 이를 무시하자, 사절단은 곧장 카르타고로 가서 계약위반이라며 항의했지만 아무런 성과를 얻지 못한 채 로마로 돌아왔다. 이렇게 우물쭈물하는 동안 로마의 충성스러운 동맹이었으며 풍요로운 삶을 누렸던 이도시는 8, 9개월 만에 점령당했다. 그때의 일을 쓰는 것은 물론 읽는 것마저 무섭다. 하지만 이것은 우리에게 중요한 문제이기에, 나는 그 일을 짧게 기술하고자 한다. 먼저 사군툼인들은 기근 때문에 이루 말할 수 없이 고통받은 나머지, 기록된 바에 따르면 인육(人肉)마저 먹기에 이르렀다. 그 뒤 사군툼인들은 탈진해서 모든 기운이 사라지자 적어도 한니발 손에 포로로 잡히는 치욕만은 피하려고 광장에 장작을 높이 쌓아올려 불을 붙인 뒤 자기 가족을 칼로 찌르고는 스스로 불길 가운데로 몸을 내던졌다.

제물로 바쳐졌던 동물 기름을 먹고 거짓 예언으로 사람들을 속이던 신(神)들, 게걸스럽게 먹기만 좋아하고 어떤 능력도 없던 신들이 무엇을 할 수 있었는가? 로마인들과 가장 가까운 동맹을 맺은 도시를 구하기 위해, 또 신의를 지키려 무너져가는 나라를 위해 그 어떤 일도 할 수 없었던가?

사군툼과 로마는 이 신들 앞에서 동맹을 맺었는데 말이다. 그러나 이들은 동맹을 굳게 이행하겠노라는 약속을 지키려다가, 조약을 깨뜨린 한니발에게 둘러싸여 공격받다가 끝내 무너졌다. 나중에 한니발이 로마 성벽에 다가갔을 때 번개와 폭풍우로 그를 겁주어 멀리 쫓아버린 게 바로 그 신들이었다면, 왜 그전에는 어떤 일도 하지 않았단 말인가? 한니발의 공격에 충분히 맞서 싸울 준비를 한 로마인보다 아무런 힘도 없고 로마인들과 맺은 신의를 깨뜨리지 않기 위해 위험에 빠진 로마의 동맹국을 지키려 폭풍우를 일으켜서 적에게 겁을 주는 편이 한결 더 명예로운 일이 아니겠는가?

---

[78] 2차 포에니 전쟁이 시작된 기원전 218년.

신들이 로마의 번영과 영예의 수호자였다면, 그들은 사군툼을 멸망이라는 불행으로부터 지켜줌으로써 그 영광을 이어갈 수 있었으리라. 그러니 로마와 맺은 동맹에 충성을 다하기 위해 스러져 가는 나라조차 구하지 못한 신들의 보호 덕분에, 로마가 한니발 손에 무너지지 않았다고 믿는 것은 얼마나 어리석은가! 사군툼 사람들이 그리스도인이었고 그리스도인의 신앙 때문에 그런 고난을 겪었다면 불과 칼로 제 목숨을 끊지는 않았으리라. 하지만 만일 그리스도인의 신앙 때문에 멸망했다면 그들은 그리스도를 믿는 희망 때문에 그런 일을 당한 것이다. 그 희망은 겨우 짧은 시간동안 주어지는 보답이 아니라 영원히 이어지는 보답을 말한다. 그 신들은 이토록 빠르고 덧없는 현세에서 번영을 약속해 주기에 떳떳하게 받들고 기도를 올린 게 아니었던가? 죽어간 사군툼인들을 비롯해 레굴루스의 죽음에 대해서 어떤 주장을 내세울 것인가? 물론 레굴루스는 한 사람이고 사군툼은 국가라는 차이는 있지만, 둘 모두 맹세한 서약을 지키기 위해 파멸당했다. 레굴루스가 기꺼이 적에게로 돌아간 일이나, 사군툼인들이 적에게 포로로 잡히지 않으려 한 것도 바로 그런 까닭 때문이었다.

그렇다면 믿음을 지킨 게 신들의 분노를 자극한 일인가? 아니면 개인뿐만 아니라 사회 모두가 신들의 사랑을 받아도 무너질 수 있다는 말인가? 이 두 의견 가운데 하나가 마음에 든다면 어느 쪽이든 고르라. 만일 신들이 신의를 지켜서 화가 났다면, 신들은 믿음이 없는 섬김을 바란다는 말이 된다. 만일 개인과 국가가 신들에게 사랑을 받는데도, 무시무시하고 끔찍스런 재앙을 만나 고통받을 수 있으며 마침내 패망하고 만다면, 신들을 섬겨도 행복해질 수 없는 게 아닌가. 따라서 자신들이 신에게 제물을 바치지 않아서 불행해졌다고 여기는 사람들은 그만 화를 풀어야 한다. 왜냐하면 신들이 함께 있을 뿐만 아니라 그들로부터 아낌을 받는다 해도 오히려 불행한 운명을 한탄해야 하거나 더욱이 레굴루스와 사군툼인들처럼 이루 말할 수 없는 고통을 겪다가 파멸당할 수도 있기 때문이다.

제21장 로마를 구해낸 스키피오에 대한 로마의 배은망덕과 그 뒤 도덕적 타락

이제 나는 이 책에서 계획했던 범위를 생각해 많은 것들을 줄이겠다. 살루스티우스에 따르면 로마인들이 참으로 도덕적이고 조화롭게 살았다는 2차 포에니 전쟁과 마지막 포에니 전쟁 사이에 대해 다루려 한다.*79 하지만 이런 도덕적이며 순조롭던 때에도 로마와 이탈리아를 해방한 스키피오는 적들의 탄핵을 받아 자신이 구하고 해방시켰던 나라를 떠나야만 했다. 그는 놀라운 능력으로 한니발을 물리치고 카르타고를 굴복시켜서 끔찍하고 모든 것을 파괴했으며 위험했던 2차 포에니 전쟁을 끝냈다. 우리는 그가 젊을 때부터 신들에게 충성을 다했으며, 신전에서 자랐다는 사실을 알고 있다.*80 하지만 스키피오는 놀라운 승리를 거둔 뒤에 로마를 떠나 리테르눔(Liternum)에서 그의 남은 삶을 보내야만 했다. 망명지에서 돌아오라는 요청에도 아무런 응답을 하지 않은 그는 자신의 유해조차 그 배은망덕한 로마로 옮기지 말라는 유언을 남겼다고 한다.*81

그즈음 갈라디아인들*82과의 전쟁을 승리로 이끈 지방총독 만리우스(Cn. Manlius)가 온갖 적들을 다 합한 것보다 한결 파괴적인 아시아의 사치스런 풍습을 로마로 들여온 것도 바로 이 무렵이었다. 청동으로 만든 침대와 값비싼 양탄자가 첫 선을 보였으며, 연회장에 거문고 타는 여인이 모습을 드러내는 등 사람들을 타락으로 내모는 관습이 들어온 것도 이때였다.

내가 강조하고 싶은 것은 사람들이 기쁨에 겨워 적극적으로 받아들인 게 아니라 어쩔 수 없이 받아들여야만 했다는 점이다. 앞서 말했듯이 자신을 적대시한 사람들에게 굴복해 자신이 구해준 나라를 떠나 망명지에서 죽은 스키피오가 오늘 다루는 문제와 깊은 관련이 있다. 스키피오는 한니발로부터 로마 신전을 구해냈지만 현세에서 행복을 준다는 이유로 숭배받았던 로마 신들에게 어떤 보답도 받지 못했기 때문이다. 하지만 그 시기 로마가 어느 때보다 도덕적이었다고 공언한 살루스티우스의 말이, 도덕성이 더 타락하고 싸움이 드셌던 다른 시기와 비교해서 한 말에 지나지 않았음을 이해하기 위해 아시아의 사치스런 풍습을 꺼내야만 한다고 생각했다.

2차와 마지막 포에니 전쟁 사이에 여성을, 심지어 아들이 없어도 상속자로 삼지 못하도록 금지시킨 보코니아 법(Lex Voconia)*83이 통과되었다. 나는 그 법

---

*79 살루스티우스 《역사》 1, 11 ; 2권 18장 참조.
*80 겔리우스 《아티카 야화》 7, 1 참조.
*81 리비우스 《로마사》 39, 6, 7.
*82 기원전 189년에 전쟁했던 갈라디아인들이다.
*83 기원전 169년.

보다 더 정당치 못한 법이 존재할 수 있는지 상상조차 할 수 없다. 이 두 포에니 전쟁 사이에는 그나마 덜 불행했다. 나라 밖에서는 전쟁 때문에 국력이 소모되었으나 승리로써 위로받았고, 나라 안에서는 다른 때처럼 소란이 일어나지 않았다. 하지만 아프리카누스라 불리던 다른 스키피오*84가 로마의 경쟁자인 카르타고를 짧은 기간에 무너뜨린 뒤 철저히 파괴해 마지막 포에니 전쟁을 끝냈을 때, 로마는 번영과 안정으로 생겨난 타락한 풍습의 어마어마한 해악에 압도당했다. 카르타고의 파멸로 비롯된 소용돌이는 오랫동안 적대관계가 이어졌던 시대보다 더 심각한 해악을 로마에 끼쳤다.

그 뒤로 아우구스투스 카이사르 시대를 살펴보자. 로마인들 스스로도 자신들이 가진 자유는 더는 명예스럽지 않았고 오히려 싸움과 파멸을 가져왔으며 눈에 띄게 무기력하며 약해져만 갔다. 그런데 아우구스투스 카이사르는 로마인들에게서 그 자유마저 남김없이 빼앗았다. 그리고 모든 일을 왕처럼 다스림으로써, 오래도록 병들어 쇠약해 질대로 쇠약해진 공화국에 새로운 생명을 불어넣었다. 그가 새로운 정치체제를 출범하기까지의 무수한 군사적 재앙이 온갖 이유로 되풀이되었지만, 나는 여기서는 그 일을 쓰지 않고 넘어가기로 한다. 다만 이때 로마에 매우 큰 불명예를 안겨준 누만티아(Numantia)와의 협정에 대해 이야기하고자 한다.*85 사람들은 닭들이 닭장에서 달아난 일을 두고 집정관 만키누스(Mancinus)에게 나쁜 일이 일어날 징조라 말했다. 누만티아라는 작은 도시가 오랜 세월 로마군대의 포위에 맞서며 공화국에 두려움의 대상이 되기 시작할 즈음이었다. 뒷날 다른 징조를 본 다른 장군들이 그 도시를 공격했다.

제22장 미트리다테스 왕의 명령으로 로마인 살육

이때의 일들에 대해 나는 더는 다른 말없이 넘어가겠다. 하지만, 아시아의 왕 미트리다테스가 어느 날 아시아에 사는 로마인은 물론 여행 온 로마인까지 모조리 죽이라는 명령을 내렸고*86 실제로 이 일이 시행된 데 대해서는 결코

---

*84 147년에 지휘관으로 임명되어 기원전 146년에 카르타고를 빼앗고 파괴했던 소 아프리카누스이다.

*85 누만티아. 3만의 병력을 거느렸던 호스틸리우스 만키누스는 138년에 4천 명의 누만티아인들에게 패배당했다. 그가 승리자들과 맺었던 조약은 원로원에 의하여 기각당했다 (리비우스 《로마사 요약서》 55 ; 키케로 《웅변에 대하여》 1, 40, 180).

*86 기원전 88년 리비우스 《로마사 요약서》 78 ; 아피아누스(Appianus)《De Bello Mithridatico》 22.

지나칠 수 없다. 많은 로마인들이 아시아에서 죽임을 당하는 처참한 광경이 눈 앞에서 벌어졌다! 밭이든, 길이든, 도시든, 자기 집이든, 거리든, 광장이든, 신전이든, 침대이든, 식탁이든, 로마인은 눈에 띄는 대로 가차없이 살해당했다. 죽어가는 사람들의 신음소리, 그 모습을 지켜볼 수밖에 없는 사람들의 눈물을 생각해 보라. 검을 휘두른 사람들도 마찬가지였으리라. 집주인은 자기 집에서 말로 표현하지 못할 처참한 살인을 묵묵히 바라봐야 했을 뿐만 아니라 더욱이 그런 일을 하도록 강요받기까지 했다. 정중하고 친절했던 얼굴을 느닷없이 바꾸고 적이 되어 사람을 죽여야만 했다. 그들은 모두 상처를 입었다. 칼에 찔린 사람은 몸에 상처를, 찌른 사람은 마음에 상처를 입었다.

이렇게 학살된 희생자들이 모두 점(占)에서 이미 예견된 징조를 그리 대수롭지 않게 여겼다는 말인가? 그들이 자기 집을 떠나서 다시는 돌아오지 못할 여행을 갈 때, 공공의 신이든 집 안의 신이든 어떤 신에게든지 묻지 않았다는 말인가? 그렇게 하지 않았더라면, 우리는 지금 이 문제를 그리스도인들에게 불평할 이유가 없다. 왜냐하면 오래전에 로마인들도 점괘로 나온 징조를 쓸데없다며 무시했기 때문이다. 만약 그들이 징조를 잘 살폈더라면, 그런 행동이 적어도 인간이 만든 법으로 허락되었을 때 점괘로 나온 징조가 어떤 도움을 주었는지 물어보고 싶다.

제23장 내전 바로 전에 일어난 이상한 일

로마 시민들 사이에서 일어난 일 때문에 한결 더 괴로움을 안겨주었던 온갖 재앙들을 할 수 있는 한 짧게 이야기하고 싶다. 시민끼리의 싸움, 아니 오히려 반시민적인 싸움이 있다. 그것은 더는 단순한 반란이 아니라 시가전 양상을 띠면서 많은 피를 흘렸다. 또 당쟁심에 서로 맞서 언쟁이나 논쟁이 아닌 물리적인 충돌과 무력으로 서로 싸웠다. 동맹국끼리의 전쟁, 노예 전쟁, 내전이 이탈리아를 얼마나 파괴하고 황폐하게 만들었으며 로마인들이 얼마나 많은 피를 흘려야만 했던가! 동맹국이던 라틴이 로마에 반란을 일으키기 전에는,*87 인간의

미트리다테스(기원전 63년 사망)는 폰티우스 왕으로서, 소아시아의 상당 부분을 내어놓으라고 협박하면서 그리스에도 침입해 들어왔다. 술라는 그를 그리스로부터 내몰았고, 루쿨루스와 폼페이우스는 아시아에서 그를 굴복시켰다.

*87 기원전 90년.

이득을 위해 키우던 개와 말, 당나귀, 소 등 고분고분하던 이런저런 동물들이 갑자기 사나워지더니 온순한 성질을 잊어버리고 우리에서 뛰쳐나와 제 멋대로 돌아다니면서 낯선 사람뿐만 아니라 주인조차 다가가지 못하게 되었다.[88] 만일 이 일이 징조라 한다면 참으로 끔찍스러운 재앙이 내릴 예고요, 그렇지 않다고 할지라도 그 자체만으로도 말할 수 없이 무서운 재앙이었다! 만일 그런 일이 오늘날 일어났다면 그 무렵 동물들이 사람에게 끼친 피해보다 더 이교도들에게 거칠고 사나운 피해를 입었으리라.

제24장 그라쿠스 형제의 반란

내란은 토지균등법 때문에 일어난 그라쿠스 형제의 반란으로 시작되었다. 그들은 귀족들이 정당하지 않게 소유한 농지를 시민들에게 나눠주려 했으나 오래전부터 내려온 관행을 뿌리뽑는 일은 위험함을 넘어서 파멸적인 결과를 불러오기 마련이다. 형 티베리우스 그라쿠스가 죽임 당했을 때 얼마나 많은 살육이 벌어졌는가! 또 얼마 뒤 동생 가이우스 그라쿠스가 살해당했을 때도 마찬가지였다. 귀족이든 평민이든 법으로 내린 결정이나 정당한 절차없이 무장한 군중과 폭도에게 무차별적으로 학살당했다. 동생 그라쿠스가 죽었을 때 그 전부터 그라쿠스 형제에게 맞서기 위해 도시 안에 군대를 움직여 그라쿠스와 그의 동료들을 잡아서 죽이고 수많은 시민도 학살했던 집정관 루키우스 오피미우스(Lucius Opimius)는 남은 그라쿠스 형제 세력을 찾아내 법률적 조사를 마친 뒤, 3000이나 되는 많은 사람들을 사형했다고 한다. 법적 절차를 따라 드러난 사실만으로도 그처럼 많은 사람들이 죽었는데, 무장한 폭도들이 일으킨 혼란과 싸움으로 얼마나 더 많은 사람들이 희생되었겠는가! 그라쿠스를 암살한 사람은 먼저 맺은 계약에 따라 같은 무게의 금을 받고 집정관에게 희생자의 머리를 팔았다. 이런 사태 속에 총독 마르쿠스 풀비우스(Marcus Fulvius)와 그의 자녀들은 함께 죽임 당하고 말았다.[89]

---

*88 오로시우스 《이교도 대항사》 5, 18, 9.

*89 티베리우스 그라쿠스는 기원전 133년에 호민관으로 있을 때, 토지개혁을 위한 여러 가지 제안을 했다. 그는 다시 호민관으로 선출되려 시도하다가 폭동 가운데 살해당했다. 그의 동생 가이우스는 125년과 122년에 호민관이 되어 자기 형의 제안을 다시 법률로 제기하면서 자유주의적 조치들을 진척시키고자 하였다. 그는 국가 방위에 관한 원로원 의결(senatus consultum ultimum)이 그와 그의 지지자들에 의하여 통과된 뒤 121년에 살해당했다. 121년

제25장 콘코르디아 신전 건설 문제

비극적인 폭동이 일어나 온갖 계급 시민들이 죽어 쓰러진 곳에 콘코르디아 (Concordia : 조화) 신전*[90]을 짓도록 한 원로원의 결의는 매우 훌륭했다. 그 신전은 그라쿠스 형제가 받은 형벌의 증거로 사람들 눈에 띄는 곳에 세워져 민중들에게 연설하는 사람들의 시선을 끌고 기억을 불러 일으키려 했다. 하지만 여신이 로마에 있었다면, 그처럼 내란으로 분열되지는 않았으리라. 그런데도 여신에게 신전을 세워주는 것은 오히려 신들을 비웃는 일이 아닌가? 아니면 콘코르디아 여신은 시민들의 생명을 버린 죄로 그 책임을 지기 위해 감옥에 갇히듯 신전에 유폐된 것일까?

하지만 만일 로마인들이 자신들이 저지른 일에 어울리는 행동을 하고자 했다면, 왜 똑같은 곳에 디스콘코르디아(Disconcordia : 부조화) 신전을 세우지 않았는가? 아니면 디스콘코르디아라는 여신이 아니고 콘코르디아는 여신이라는 말인가? 로마에 "건강 신" 신전과 "열병 신"*[91] 신전이 세워진 것을 보고 라베오가 생각해낸 구별에 따르면 한 쪽은 착한 신이고 다른 한 쪽은 나쁜 신이란 것인가? 그렇다면 마찬가지로 콘코르디아 신전 뿐만 아니라 디스콘코르디아 신전도 세워야 한다.

로마인들이 그런 사악한 여신을 화나게 하면서도 그 여신의 보호를 받으려 하거나 트로이의 멸망이 바로 이 여신의 분노 때문이라는 사실을 잊어버린 것은 위험한 일이었다. 왜냐하면 그녀는 다른 여신들과 함께 펠레우스와 테티스의 결혼식에 초대받지 못한 것에 화가 나 황금사과를 보내서 세 여신 사이에 분란을 일으켰기 때문이다. 그 일로 신들끼리 다투어 베누스가 승리했으며 헬레나가 약탈당했고 트로이가 무너졌다. 그러므로 그녀가 만일 로마에 다른 신들의 신전은 있는데 자신의 신전을 만들어 주지 않았다고 화를 내 많은 소동

에 집정관이었던 오피미우스는 가이우스 그라쿠스에 대항한 반대파의 지도자 중 한 사람이었다. 그는 120년에 많은 시민을 학살했다고 고소당했으나, 방면되었다(키케로 《웅변에 대하여》 2, 25, 106). 그라쿠스는 사실 충실한 노예였던 필로크라테스에게 살해당했다. 플루타르크에 따르면 그의 머리는 셉티물레이우스라는 사람이 오피미우스에게 팔았다고 했다. 125년에 집정관이었던 풀비우스는 그라쿠스 형제의 친구였다.

*90 로마에는 여러 개소의 콘코르디아 신전이 있었다. 오피미우스에 의한 신전 봉헌은 아피아누스에 의해 입증되었다.

*91 2권 14장 참조.

을 일으켜 나라를 혼란에 빠뜨렸다면, 학살 장소, 달리 말해 자기가 만든 곳에 자기를 적대시하는 여신의 신전이 서 있는 모습을 보고 얼마나 더 크게 화를 냈겠는가!

우리가 이런 어리석은 행동을 비웃으면 지혜롭고 학식 있는 현자들은 크게 불쾌해 한다. 하지만 그들이 착한 신과 나쁜 신을 함께 섬기는 한, 콘코르디아와 디스콘코르디아의 대립과 관련한 문제에서 절대 벗어날 수 없다. 그들은 이두 여신을 소홀히 대하고 예부터 성소가 세워졌던 페베르와 벨로나를 더 존중했다. 아니면 이 두 여신을 숭배하면서 그 신들까지도 모두 섬겼지만, 콘코르디아가 자신들을 버리는 바람에 디스콘코르디아가 매우 거칠고 사납게 날뛰며 그들을 내란으로 몰아갔다고 주장해도 달라질 것은 없다.

제26장 콘코르디아 신전을 지은 뒤 일어난 많은 전쟁

그들은 그라쿠스 형제의 죽음과 희생 증거인 콘코르디아 신전을 민중에게 연설하는 사람 눈앞에 세우고 반란을 막는 효과적인 방법을 마련했다고 여겼다. 하지만 이 방지책이 얼마나 효과가 있었는지는 그 뒤에 일어난 훨씬 더 처참한 전쟁들이 보여준다. 연설자들은 그라쿠스 형제의 비극을 피하려 들기는 커녕, 도리어 그들의 계획을 뛰어넘으려고 애썼기 때문이다. 민중의 호민관 루키우스 사투르니누스(Lucius Saturninus), 법무관 카이우스 세르빌리우스(Caius Servilius),[92] 그 뒤에는[93] 마르쿠스 드루수스(Marcus Drusus)[94] 모두 처음에는 혼란을 일으켜 잔혹한 유혈사태를 만든 뒤 나중에 동맹국끼리 전쟁을 치르도록 함으로써 끔찍한 재앙을 불러오고 이탈리아를 처참하리만큼 황폐한 상태로 몰아넣었다. 그리고 노예전쟁과 내란이 잇따라 일어났다.[95]

---

[92] 기원전 103년과 100년에 호민관이었던 사투르니누스와 100년에 법무관이었던 세르빌리우스는 극단적인 마리우스 지지자였다. 원로원에서는 그들을 공적으로 선포하고 기원전 100년 10월에 처형했다.

[93] 단지 9년 뒤였다. 이 구절은 아마도 "머지않아"라고 읽혀야 할 것이다.

[94] 기원전 91년에 호민관으로 있던 리비우스 드루수스는 이탈리아의 동맹들에게도 시민권을 주자고 제안했다. 그는 암살당했다. 그의 제안이 거절당하고 그가 살해된 사건은 기원전 90년에 동맹시 전쟁으로 이어진다.

[95] 내란은 기원전 88~82년에 마리우스와 술라 간의 전쟁으로 시작되었다. 스파르타쿠스 영도하에 검투사들이 주도한 한 노예전쟁은 기원전 73~71년 있었다. 시칠리아에서는 기원전 135~132년과 103~101년 노예전쟁이 있었다.

그 전쟁이 얼마나 처절했으며, 얼마나 격렬하고 광폭했던가! 많은 피를 흘린 끝에 로마군을 도왔던 이탈리아 거의 모든 민족이 야만인처럼 대접받았다. 노예전쟁은 70명도 되지 않는 아주 적은 검투사들로부터 시작되었다. 그 전쟁에 과격하고 잔인한 사람들이 얼마나 많이 참여했는지, 얼마나 많은 로마 장군들이 이들에게 졌는지, 이들이 얼마나 많은 지역과 도시를 폐허로 만들었는지는 역사가들조차도 제대로 설명하지 못한다. 게다가 노예전쟁은 한 번으로 끝나지 않았다. 마케도니아 속주, 시리아와 해안지방 또한 노예집단 때문에 이루 말할 수 없이 황폐해졌다. 처음에는 끔찍한 약탈행위를 하고, 뒤에는 해적이 되어 로마를 상대로 벌인 전쟁에 대해 그 누가 똑똑히 설명할 수 있겠는가?*96

제27장 마리우스와 술라의 내전

시민들에게 피를 흘리게 하고 많은 반대파 사람들을 쓰러뜨린 잔인한 마리우스가 패배하고 달아난 뒤 로마는 잠시나마 숨을 돌릴 수 있었다. 키케로 말을 빌리자면 다음과 같다.

> 킨나가 마리우스에게 힘을 더해서 술라를 이겼다. 하지만 명망 있는 사람들이 죽임 당해서 나라의 불빛이 꺼져버렸다. 나중에 술라가 이런 잔혹한 승리에 앙갚음을 했지만 그 일 때문에 얼마나 많은 사람들의 목숨이 빼앗겼고, 얼마나 많은 재앙을 입었는지는 말할 필요조차 없다.*97

이 복수 때문에 생긴 죄로 뒤에 벌을 받지만 만일 벌을 받지 않았다면 술라의 복수는 더욱 잔인하게 남았으리라. 복수에 대해 루카누스(Lucanus)는 이렇게 말했다.

> 치료약이 지나치게 잘 들어 질병을 심하게 다루었다. 해를 끼치는 원인은 사라졌으나 이제 범죄자들만 살아남았다.*98

마리우스와 술라의 전쟁이 일어났을 때 도시 밖 전장에서도 많은 사람들이 죽었지만 도심에 있는 도로와 광장, 극장과 신전 또한 시체로 가득 찼다. 사실, 승리한 자들이 승리하기 전에 많은 사람을 죽였는지, 아니면 승리 뒤에 승자라는 이유로 많은 사람을 죽였는지는 판단하기 어렵다. 마리우스가 망명지에

---

*96 해적들은 결국 기원전 67년에 폼페이우스에 의해 뿌리 뽑혔다.
*97 키케로 《카틸리나 탄핵》 3, 10.
*98 루카누스 《파르살리아》 2, 142~4.

서 돌아오자마자 곳곳에서 학살이 벌어졌으며, 집정관 옥타비우스의 목이 광장 연설단에 내걸렸고 카이사르는 자신의 집에서 핌브리아에게 죽임 당했다. 크라수스 부자는 서로 마주본 채 학살되었으며, 베비우스와 누미토리우스는 갈고리로 끌려가다가 내장이 터져 죽었다. 카툴루스는 적에게 붙잡히지 않으려고 독약을 마셨으며, 유피테르의 신관 메룰라(Merula)는 혈관을 잘라 신에게 자신의 피까지 바쳤다. 뿐만 아니라, 인사를 했는데 마리우스가 오른손을 내밀어 답하지 않으면 누구든지 그 앞에서 바로 죽였다.*99

제28장 술라의 복수로 일어난 살육

그 뒤 이른바 마리우스의 잔학행위에 앙갚음하겠다던 술라가 승리했다.*100 하지만 그의 승리는 많은 시민들이 피를 흘리고서야 이루어졌을 뿐만 아니라, 전쟁이 끝난 뒤에도 살아 남은 사람들 사이의 적대감이 사라지지 않았으며, 평화가 찾아오자 전보다 더욱 잔혹한 행위가 이어졌다. 이보다 앞서, 같은 파당에 속해 있던 동생 마리우스 카르보(Carbo)*101는 형 마리우스가 저지른 학살에 더욱 잔혹한 행위를 더했다. 그들은 술라가 차츰 가까이 오자 승리는커녕 자신들의 목숨도 안전하지 못하리라 여겨 친구와 적을 가리지 않고 무차별적으로 죽였다. 로마 곳곳을 피로 물들이고도 만족하지 못해서 원로원을 둘러싼 뒤에 의원들을 마치 감옥에서 죄수를 끌고 나오듯이 의회에서 끌어내 처형했다.

---

*99 기원전 88년 미트리다테스 전쟁 지휘권이 원로원 뜻으로 술라에게 주어졌다. 그러나 마리우스 무리는 명령 권한을 마리우스에게 넘겼다. 술라는 로마로 행진해 들어갔고, 마리우스는 도망쳤다. 술라가 동방으로 떠나자 마리우스가 기원전 87년 킨나와 함께 돌아와서 반대자들을 죽이기에 이르렀다. 기원전 87년 집정관이었던 옥타비우스는 첫 번째로 희생된 사람들 중 한 사람이었다. 기원전 90년 집정관이었던 카이사르와 그의 형제이자 유명한 웅변가 카이사르 스트라보도 죽었다. 3인 집정관의 아버지였던 크라수스는 자기 아들 중 한 사람이 학살된 뒤 같은 해 자살했다. 바이비우스와 누미토리우스는 술라 무리였다. 투타티우스 카툴루스는 목탄화로에서 일산화탄소를 흡입하여 자살했다고 알려져 있고, 메룰라는 유피테르의 카피톨 신전에서 자살했다. 죄인으로 선고받은 사람들은 가끔 갈고리로 질질 끌려가서 티베르 강으로 내던져졌다. 키케로(Orationes Philippicae, 1, 2, 5 ; Pro Rabirio, 5, 16) 그리고 플루타르코스(Vitae Paralleoae, Sulla 30~33) 참조.

*100 기원전 82년.

*101 보다 젊은 마리우스 파피리우스 카르보는 기원전 82년 집정관으로 있던 사람이다. 카르보는 기원전 84년 킨나가 사망한 뒤에 마리우스파를 이끈다.

로마인들이 으뜸으로 신성한 장소라고 생각하던 베스타 제단에서 꼼짝 않고 붙어 있던 대신관, 무키우스 스카이볼라(Mucius Scaevola)*102는 끝내 그곳에서 살해되었다. 그가 흘린 피로 처녀들이 꾸준히 보살펴서 언제나 타오르던 불길마저 꺼질 뻔했다. 승리자로서 로마에 온 술라는 무기를 버리고 항복한 7000의 포로들을, 전쟁이 벌어진 상황에서가 아니라 광포한 평화 속에서 단지 명령만으로 죽여 버렸다. 게다가 술라의 부하들이 온 도시를 돌아다니면서 마음 내키는 대로 사람을 죽였으므로, 사망자가 얼마나 되는지 셀 수조차 없었다. 승리자들이 명령을 내리면 이를 행동으로 옮길 사람이 있어야 하니 얼마쯤 사람들을 살려두어야 한다는 의견이 술라에게 전달되기까지 했다.

이런 무차별적이고 광란적인 학살행위가 금지된 뒤에도 원로원과 기사라는 두 명예로운 계급에서 사형당하거나 쫓겨날 2000사람의 명단이 아주 큰 박수갈채 속에서 발표되었다. 죽어야 하는 사람이 많다는 사실에 시민들은 몹시 슬퍼했지만, 다행히도 한계가 있다는 점이 그나마 위안이 되었다. 죽음을 앞둔 많은 사람들을 슬퍼하기보다 나머지 사람들에게는 이제 안전하다는 기쁨이 더 컸다. 명단에 이름이 올라 죽게 된 사람들에게는 혹시나 살 수 있지 않을까 하는 희망마저 잔혹했다. 그들은 어떤 방법으로 사형될지 극심한 두려움에 떨어야 했는데, 실제로 술라 파 사람들은 칼을 쓰지 않고 맨손으로 사형을 집행했다. 어떤 사람은 사형집행인들 손에 갈기갈기 찢겨졌는데, 맹수가 먹이를 찢어버리는 것보다 더 야만적인 방법으로 산 사람을 다루었다. 두 눈이 후벼파인 채, 손발이 하나씩 잘려나가는 무시무시한 고통 속에서 오랜 시간 동안 살아가도록, 아니 죽어가도록 강요받았다.

몇몇 이름난 도시는 마치 농장처럼 경매에 부쳐졌으며 또 어떤 도시는 마치 범죄자 하나에게 사형선고를 내리듯 도시 시민 모두에게 사형 선고가 내려지기도 했다. 이런 일들은 전쟁이 끝난 뒤 평화로운 때, 그것도 승리를 더 빨리 이루기 위해서가 아니라, 이미 얻은 승리가 가벼이 여겨지지 않도록 하기 위해서 저지른 일이었다. 평화와 전쟁 가운데 어느 쪽이 더 잔인한가를 묻는다면 단연 평화이리라. 전쟁은 무장한 군사들만 쓰러뜨렸지만, 평화는 무장하지 않

---

*102 95년에 집정관이던 무키우스 스카이볼라. 18권으로 된 시민법에 관한 방대한 저술을 지은 저자이자 위대한 법률가인 그는 키케로에 의해 크게 칭찬받고 있다《웅변에 대하여》1, 39, 180).

은 사람들마저 처참히 죽였기 때문이다. 게다가 전쟁에서는 공격당한 사람이 반격할 수 있었지만 평화에서는 도망쳐도 살아남을 수 없었고 저항할 기회조차 없이 죽음을 맞이해야만 했다.

제29장 마리우스와 술라는 야만족보다 잔혹했다

외국 민족의 그 어떤 약탈이나 야만인들의 그 어떤 잔인한 짓도 시민의 시민에 대한 이런 승리와는 비교될 수 없다. 로마에 이보다 더 흉폭하며 잔혹한 일이 또 있을까? 최근에는 고트족*[103]의 침입, 과거로 보자면 갈리아인들의 침입*[104]인가? 아니면 자신들의 손발이나 다름없는 사람들에게 저지른 마리우스와 술라 그리고 그 무리가 범한 잔혹한 행동인가? 하긴 갈리아인들도 그 무렵 원로원 의원들을 유일하게 지킬 수 있던 카피톨 신전 말고 시내에서 그들이 눈에 띄면 무자비하게 죽였다. 하지만 그들은 카피톨로 숨어 들어간 사람들은 비록 칼이 있더라도 목숨을 빼앗을 수 없었다. 서서히 에워싸서 공격할 수도 있었지만 그렇게 하지 않았으며 그 언덕으로 달아난 사람들은 돈을 내놓으면 목숨을 살려 주었다. 또한 고트인들은 많은 원로원 의원들을 살려주었는데, 그들이 몇몇 의원을 죽였다는 일이 오히려 더 놀라운 사실이었다.

하지만 술라는 마리우스가 아직 살아 있는 동안 승리자가 되어 갈리아인들조차 침입하지 않았던 카피톨 신전을 차지하고는 그곳에서 끔찍한 사형을 집행했다. 그리고 달아난 마리우스가 나중에 돌아오면 이전보다 더 잔학하고 무자비한 유혈사태를 일으키리라는 사실을 알았음에도 술라는 카피톨 신전에서 원로원의 결의까지 이용해서 많은 로마인들의 생명과 재산을 빼앗았다. 술라가 떠난 뒤 마리우스 무리가 손대지 않은 성물이 무언가 남아 있었을까? 로마 시민이며 원로원 의원인 대신관 무키우스는 로마 운명이 걸려 있다고 전해지는 제단을 안타깝게 붙잡고 있는데도 목숨을 빼앗지 않았던가? 셀 수 없이 많은 다른 학살사건은 줄이더라도 술라가 내민 마지막 명단은 고트족이 살해한 것보다 더 많은 원로원 의원들의 목숨을 빼앗았다.

---

*103 기원후 410년.
*104 기원전 390년.

제30장 술라에서 아우구스투스까지 일어난 내전

그럼에도 그들은 이런 재앙을 자신들 신에게 그 책임을 돌리지 않고, 오늘날 그 환란을 얼마나 파렴치하고 뻔뻔스러우며 거만하고 어리석은 태도로 우리 그리스도의 탓으로 돌리는가! 역사가들도 인정했듯, 이웃 나라와의 전쟁보다 비참했으며 로마에게 커다란 재앙이었을 뿐만 아니라 완전히 멸망했다고도 말할 수 있는 이 내란은 그리스도가 이 땅에 오시기 훨씬 전에 일어난 일이다. 이 범죄의 인과는 마리우스와 술라의 싸움에서 시작돼 세르토리우스*105와 카틸리나*106에게로 이어졌는데, 술라는 세르토리우스를 쫓아냈으며 카틸리나를 키웠다. 그 뒤 레피두스와 카틀루스*107의 전쟁으로 이어졌다. 레피두스는 술라가 만든 법령들을 어떻게든 파괴하려 했고 카틀루스는 법령을 애써 지키고자 했다. 그리고 폼페이우스와 카이사르 사이의 전쟁으로 이어진다. 레피두스는 술라의 부하였지만 차츰 그의 권력과 비슷한 힘을 갖게 되고 나아가 그를 더욱 넘어서는 권력을 장악했다. 카이사르는 자기가 그런 권력을 갖지 못했다는 이유로 폼페이우스의 권력을 비난했는데, 폼페이우스가 끝내 패배해 죽임당한 뒤에는 그의 권력을 앞지르게 되었다. 이런 내전의 고리는 뒷날 아우구스투스라고 불리는 제2의 카이사르에게로 이어졌는데, 그가 다스리던 때에 그리스도가 탄생했다.

아우구스투스도 무수한 내란을 치렀는데, 그 속에서 훌륭한 인물들이 많이 살해되었다. 그 가운데는 뛰어난 웅변으로 국정에 참여하던 키케로도 있었다. 폼페이우스에게 이긴 가이우스 카이사르는 내란에서 이긴 뒤에 너그러운 태도로 적을 살려주고 명예까지 지켜줬다. 그러나 왕권을 노린다는 이유로 국가 자유를 수호하는 회의가 열린 회의장에서 지체높은 원로원 의원들에게 암살당

---

*105 세르토리우스는 술라가 승리한 뒤 민중파 지도자였다. 그는 기원전 80년 반란을 일으킨 루지타니아인들을 지휘하도록 초청받은 뒤 스페인 군대를 만들어 원로원 세력에 맞서다 72년 살해당했다.

*106 가난한 귀족이던 세르기우스 카틸리나는 많은 학살과 혁명을 위해 기원전 65년 일군의 극단적인 인물들을 모았다. 이런 음모가 실패하자 그는 집정관직을 위해 싸웠으나 64년 패했다. 63년에는 카틸리나의 "제2 음모사건"을 모의했다가 집정관 키케로에 의하여 와해되었다. 카틸리나는 패하여 도망친 뒤 전쟁터에서 살해당했다.

*107 기원전 78년 집정관이던 아이밀리우스 레피두스는 술라의 제반조치를 무효로 만들고자 군사쿠데타를 시도했다. 그러나 그는 원로원 귀족의 지도자이자 또다른 집정관인 투타티우스 카틀루스의 군대와 야니쿨룸 언덕 근처에서 전투를 벌이다가 패했다.

했다. 그 뒤, 카이사르와는 매우 다른 성품으로 온갖 악덕에 물들고 부패한 안토니우스가 권력을 탐냈다. 안토니우스는 키케로에게 국가의 자유를 지킨다는 이유로 집요한 저항을 받았다.

그런 가운데에 가이우스의 양아들이며 앞에서 말했듯이 뒷날 아우구스투스라 불리는 뛰어난 재능을 가진 제2의 카이사르가 모습을 드러냈다. 이 젊은 카이사르는 안토니우스 세력과 맞서려던 키케로의 지원을 받았다. 키케로는 그가 안토니우스의 권력을 무너뜨리고 국가 자유를 되찾을 수 있으리라 기대했지만 무분별해서 앞을 내다보지 못했다. 자신이 키우고 힘을 실어 준 바로 이 젊은이가 안토니우스와의 협약을 위해 키케로를 살해하도록 허락했으며, 키케로가 그렇게도 외쳤던 국가의 자유를 자기 아래 종속하고 말았다.

제31장 이교도들의 비난은 부당하다

이토록 많은 은혜를 받았으면서 그리스도에게 감사할 줄 모르는 이들은 이런 엄청난 재난을 불러온 자신들의 신을 비난해야만 한다. 실제로 이런 일들이 일어났을 때, 신들의 제단에는 밝은 불꽃이 피어올랐으며 "아라비아 향료와 신선한 화환"[108] 향기로 그윽히 넘쳤다. 신관들은 존경 받았고 성소는 이루 말할 수 없이 호화롭게 꾸며졌다. 신전마다 제물이 바쳐지고 연극도 공연되었으며, 사람들은 미쳐서 날뛰었다. 그런데 바로 그때 신들의 제단 밖은 물론이고 그 안에서도 시민들의 피가 어마어마하게 흘러내렸다. 이전에 무키우스(28장 참조)가 신전으로 달아났음에도 살아남지 못한 탓에 키케로는 신전을 도피처로 삼지 않았다. 그런데도 그리스도에게 바친 곳으로 도망쳐 오거나 살기 위해 야만족에게 끌려온 사람들이 그리스도교 시대를 모함하는 것은 참으로 마땅치 않은 일이다(1권 1장 참조).

내가 앞서 말한 많은 일들을 되풀이하지 않아도, 또 이야기하면 너무 길어질까 걱정되어 다루지 않은 수많은 사건들을 덧붙이지 않더라도 나는 한 가지 사실을 확신한다. 편견없이 판단하는 사람이라면 누구나 이 점을 인정하리라. 만일 포에니 전쟁 이전에 사람들이 그리스도교를 받아들였으며 유럽과 아프리카에서 일어난 끔찍한 재앙이 그 다음으로 일어났다면, 오늘날 우리를 비난하

---

* 108 베르길리우스 《아이네이스》 1, 416.

는 이교도들 모두 그 원인이 그리스도교에 있다고 생각했으리라. 그리스도교가 갈리아인들이 침입하기 전이나 로마를 황폐하게 만든 홍수와 화재가 일어나기 전, 아니면 무엇보다도 끔찍했던 내란 이전에 받아들여지고 널리 퍼졌다면 로마인들의 비난을 우리는 더욱더 참아내기 어려웠으리라!

그리고 믿을 수 없이 기이해 이상하다 여겨지던 다른 온갖 재앙들이 만일 그리스도교 시대에 일어났더라면, 그들은 그 까닭을 그리스도인들 말고 누구의 탓으로 돌렸겠는가? 물론 해를 끼쳤다기보다는 오히려 기괴하다고 해야만 하는 일들, 그러니까 소가 사람처럼 말을 했다든가, 아직 태어나지도 않은 아이가 엄마 뱃속에서 무언가 외쳤다든가, 뱀이 날아다닌다든가, 암탉이 수탉으로, 여인이 남성으로 바뀌는, 이런 이상한 현상들에 대해서는 이야기하지 않겠다. 역사책에 기록되어 있는 이런 일들은 사실이든 거짓이든 사람들에게 놀라움을 줄 뿐 나쁜 영향을 끼치지는 않는다.

하지만 흙이 하늘에서 떨어지거나 우박, 아니면 돌멩이가 하늘에서 쏟아졌다면, 그들은 이 일로 우리를 심하게 비난했으리라. 우리는 그들의 책에서 에트나(Etna) 불길이 산 꼭대기에서 가까운 바닷가로 흘러내려 바닷물이 뜨거워지고 암석이 타버렸으며 배에 칠한 역청이 녹았다는 이야기를 읽을 수 있다. 믿을 수 없을 만큼 놀라운 현상이긴 하지만 어쨌든 엄청난 피해를 입혔다. 또한 기록에 따르면 같은 시기에 화산 분화로 시칠리아 하늘은 화산재로 가득했으며 카티나(Catina) 마을의 집들은 부서져 버렸다. 이런 재앙을 가엾이 여긴 로마인들은 그 해에 내야 할 공물을 면제해 주기도 했다.*109

아프리카가 로마의 속국이 되었을 무렵 헤아릴 수 없이 많은 메뚜기 떼가 들이닥쳤다는 기록을 볼 수 있다.*110 메뚜기들은 곡식과 나뭇잎을 몽땅 갉아먹은 뒤에, 그 끝을 알 수 없을 만큼 거대한 구름이 되어 바다에 빠져죽었다고 전해진다. 그렇게 바다에 빠진 메뚜기 시체들이 해안으로 밀려올라와 공기가 오염되면서 무시무시한 질병을 일으켰다. 이 일로 마시니사(Masinissa) 왕국*111에서만 80만이 넘게 죽었고, 가까운 해안 지역에서는 이보다 많은 희생자가 나왔다고 한다. 이때 우티카(Utica)에는 3만의 병사가 있었는데 살아남은 것은 고

---

*109 오로시우스는 10년 동안 공물이 면제되었다고 말한다. 오로시우스 《이교도 대항사》 5, 15.
*110 리비우스 《로마사 요약서》 40.
*111 누미디아.

작 1만뿐이었다.

만일 이런 재앙들이 오늘날 일어났다면, 그 원인을 그리스도교에 돌리지 않는 사람이 있을까? 그런데도 그들은 자기네 신들에게는 그 어떤 비난조차 하지 않는다. 예전에는 재앙에서 벗어나기 위해 신들을 섬기면서도 심한 재앙에 시달렸는데 오늘날 한결 가벼운 재앙을 피하기 위해 그 신들을 다시 받들자고 요구하는 것이다.

제4권

로마는 신들 덕분에 성장하고 발전을 이룬 게 아니다. 신들 하나하나에 대한
비판적 생각. 키케로와 바로의 종교관.

제1장 제1권 요약

나는 하느님 나라 이야기를 시작할 때, 이 세상에서의 쾌락만을 좇으며 덧없
음으로 달려가다가 그 안에서 겪게 되는 온갖 불행한 일들—이런 일들은 그
들의 죄를 묻고 벌하려는 하느님의 엄격함에서 비롯된 것이 아니라, 용서하고
주의를 주려는 하느님의 자비에 의한 것이므로—에 대해, 오로지 유일하고 참
된 구원의 종교인 그리스도교에 비난을 퍼붓는 반대자들에게 응답해야 한다
고 생각했다. 그들 가운데는 도무지 학식이 없는 자들도 여럿 있는데, 그들은
학자들의 권위로써 우리에 대한 분노와 증오를 북돋을 수 있다고 여긴다. 미련
하고 사나운 그들은 자기들 시대에 일어난 일이 마치 과거에는 없었던 특별하
고도 이상한 일이라고 상상한다. 이런 생각이 억지임을 알면서도 우리에 대해
불평하는 마땅한 이유가 있는 체하기 위해, 자신들의 얕은 학식을 감추며 그
릇된 생각에 따르는 것이다.

때문에 나는 후세대 사람들이 알 수 있도록 그 저술가들이 지나간 역사를
기록해 펴낸 책들로 알려진 사실들이 잘못되었음을 밝히려고 한다. 그와 함께
그들이 드러내 놓고 섬겼으며 여전히 몰래 받들어 모시는 거짓 신들은 참으로
불결한 영들이다. 그들은 아주 사악하고 기만적인 악마들로 사실이든 거짓이
든 자신들이 저지른 죄를 기뻐하며, 신적인 권위로 사람들이 자신들의 악행을
따르라게 했다. 또한 나약한 인간들을 그러한 범죄로부터 벗어나지 못하도록
하기 위해 악행을 드러낼 수 있는 축제를 보란듯이 베풀고 있는데, 나는 이를
밝힐 의무가 있다.

우리는 이러한 일을 밝힐 때 오직 짐작으로만 하지 않고, 우리 자신의 눈으

로 그런 신들을 섬겨 펼치는 공연물(2권 4장 참조)을 보았기에 생생히 남아 있는 기억을 되살려, 어느 면에서는 신들에게 모욕을 주기 위해서가 아니라 받들기 위해 이런 일들을 기록으로 남겨둔 사람들의 책을 통해 증명한다. 그리하여 그들 가운데 누구보다 학식이 풍부하고 권위 있는 철학자 바로(3권 4장 참조)는, "인간에 관계된 문제"와 "신들에 관계된 문제"를 가려서 책을 만들 때, 저마다 특별한 뜻에 따라 어떤 일들은 인간들에게, 어떤 일들은 신들에게 나눠두었고, 극장 공연물은 인간의 일이 아닌 신의 일로 놓아두었다. 만일 나라에 선히고 바른 사람들만 있다면, 인간에 대한 연극은 틀림없이 허락되지 않았으리라. 바로가 자기 마음대로 이런 결정을 내린 것은 아니다. 그렇게 한 까닭은 그가 로마에서 태어나서 자랐기에 연극을 신적인 일들에서 발견했기 때문이다.

1권 끝 부분에서 우리는 앞으로 이야기하고자 하는 점에 대해 짧게 언급했는데, 2권에서 그 가운데 일부를 마무리 지었다. 그러므로 이제 우리는 독자들 기대에 따라 어떤 문제를 다루어야 하는지 알고 있다.

제2장 제2권과 3권 요약

우리는 로마 공화국이 겪은 온갖 재난을 우리 종교 탓으로 떠넘기는 사람들에게 반박해야만 한다. 또한 우리는 그들의 희생 제사가 금지되기 전에 그 도시나 나라에 속한 속주들이 겪었던 재앙을 우리가 기억하거나 충분하다고 판단 내릴 만큼 많이 설명하리라고 약속했다. 만일 그런 일이 일어나기 전에 우리 종교가 그들에게 드러났거나 그들의 신성모독적인 의식을 막았더라면, 틀림없이 그 모든 원인을 우리에게 돌렸으리라.

나는 이런 문제를 2권과 3권에서 충분히 다루었다고 생각한다. 우리는 2권에서는 유일한 악행이거나 가장 나쁜 악행이라 여겨지는 도덕적 악행에 대해서, 3권에서는 바보들만이 경험하기를 두려워하는 일, 곧 선한 사람들 거의가 당하는 육체적이거나 외부적 재앙에 대해서 이야기했다. 저들은 윤리적 악을 받아들여 스스로 악인이 되어가고 있다. 그리고 나는 한 나라와 그 도시가 저지른 악행들 가운데 아주 적은 부분만을 말하고 있다. 아직 카이사르 아우구스투스 시대까지도 내려가 보지 못했다. 만일 내가 전쟁에서 비롯되는 황폐와 무지막지한 파괴처럼 인간들이 서로에게 가하는 재난이 아니라, 세계 구성요소로부터 땅 위 사물에 일어나는 재난을 하나하나 들고 강조하기로 마음먹었다면 어땠을까? 이런 재난을 아풀레이우스(Apuleius)*1는 자신의 책 《세계에 대하여》(De Mundo)의 한 구절에서, 모든 땅 위 사물은 변화하고 뒤집히며 무너질 수밖에 없다고 짧게 말한다. 그의 말을 그대로 옮기면 다음과 같다.

엄청난 지진으로 대지가 갈라져서 도시들은 시민과 함께 완전히 삼켜졌다. 느닷없는 폭우로 온 지역이 씻겨 내려가고, 이전에 대륙이었던 땅덩이는 거칠고 낯선 모습으로 밀어닥친 파도에 부딪쳐서 남김없이 쓸려가 버렸다. 사람이 걸어다닐 수 있던 온 육지가 바다 밑으로 가라앉아 버렸고, 도시들은 바람과 폭풍으로 무너졌다. 동방에서는 구름 사이에서 불이 뿜어져 나와 모든 지역을 화염으로 멸망시켰으며, 서방 해안에서는 호우와 홍수로 똑같은 피해가 일어났다. 예전에 에트나 산 꼭대기에 있는 분화구에서는 신들이 붙인 불덩이가 강을 이루면서 비탈을 따라 흘러내렸다.*2

만일 내가 전해오는 모든 역사로부터 이런 비슷한 실례들을 모으고자 했다라면, 참된 구원에 도움이 되지 않거나 해가 되는 우상들이 그리스도의 이름으로 압도당하기 전에 일어난 일조차 어디에서 끝마칠 수 있을 것인가?

나는 또한 모든 왕국을 그 권세 아래 두신 참된 하느님이 저들의 어떤 도덕성과 어떤 목적을 위해 몸소 제국의 확장을 도와주셨는지, 또 저들이 신이라고 받드는 자들이 어떻게 저들에게 해악을 주며, 오히려 도의를 악화하는지 밝혀 보이겠다고 말한 적이 있다(1권 36장). 이제 여기에서 이런 일들, 거의 로마의 성장에 대해서 이야기해야 할 때가 온 것 같다. 그 까닭은 내가 그들이 신으로 섬기는 악마들의 나쁜 술책이 로마인의 도덕성에 끼친 많은 해악에 대해서 이미 여러 번, 무엇보다 2권에서 자주 논했기 때문이다. 이미 완성된 3권 전체에서 전쟁의 관행을 뛰어넘어 야만인들이 그토록 존경하는 그리스도의 이름으로 하느님이 "악한 사람에게나 선한 사람에게나 똑같이 햇빛을 주시고 옳은 사람에게나 옳지 못한 사람에게나 똑같이 비를 내려주신다"(마태 5 : 45) 하신 말

---

*1 아풀레이우스(기원후 150년쯤 활약)는 누미디아에서 태어났다. 가장 유명한 그의 작품은 일반적으로 황금 당나귀로 알려진 풍자소설인 《변신이야기》(Metamorphoses)이다. 그러나 그는 수사학과 철학의 교사이기도 했다. 그는 플라톤주의적(또는 신플라톤주의적) 신과 악마들과 하위의 초자연적인 세력들에 대해서 다루는 논문들, 곧 '플라톤의 학설에 대해서'(De Dogmate Platonic)와 '소크라테스의 신에 대해서'(De Deo Socratis)를 썼다. 그중 후자는 성 아우구스티누스에 의하여 《하느님 나라》에서 널리 인용되며 논의되어 있다.
*2 아풀레이우스 《세계에 대하여》 34. 부정확한 인용이다.

씀처럼, 선인과 악인에게 얼마나 많은 도움을 베푸셨는지 밝혔다.

제3장 정복으로 과연 행복해질 수 있는가

이제 로마가 어떻게 그토록 크게 영토를 넓히고 오래 이어질 수 있었는지 그 까닭을 알아보자, 그들은 저속하고 비열한 인간들이 외설적인 행태와 봉사로 적절하게 섬겼기 때문이라고 주장한다. 하지만 나는 먼저 다음처럼 간단한 질문을 던지고 싶다. 만일 당신이, 외란이든 내란이든 언제나 사람들의 피가 흐르는 전쟁의 끔찍한 상황에서, 공포의 그림자와 잔인한 욕심 아래에서 살아가면서 기쁨을 얻었다고 한들, 쉽사리 깨지는 화려한 유리잔처럼 갑작스럽게 산산조각이 나지나 않을까 불안에 떠는 삶을 행복이라 말할 수 없다면, 나라가 확대되고 위대해졌다고 자랑하는 일이 참으로 이성적이며 신중한 자세일까?

우리는 좀 더 분별력을 갖기 위해서 헛된 자랑으로 어리석어지지 말아야 하며, '국민' '왕국' '속주' 같은 거창한 단어들로 주의력을 무디게 하지 않아야 한다. 눈앞에 두 사람이 있다고 생각해보자. 이때 둘은 문장 안에 있는 글자처럼 저마다 그 구성요소가 된다. 마찬가지로 아무리 많은 땅을 가진 도시나 제국이라도 그 안에는 구성요소가 되는 한 개인이 있다. 이 둘 가운데 하나는 가난하고, 다른 하나는 아주 넉넉하다고 생각해보자. 하지만 부자는 두려움에 떨며 불안해하고, 불만족하여 초췌한 모습을 보이며, 탐욕 때문에 늘 속을 태우거나, 언제나 불안한 생각으로 가득 차 있으며, 적대자와 끊임없이 싸우느라 끝없이 숨을 헐떡이고 있다. 그가 재산을 늘린 것은 사실이지만, 그것은 이런 말할 수 없는 비참함을 통해서이며, 재물이 늘어남과 함께 그보다 더 많은 걱정을 쌓아간다. 하지만 평범한 다른 사람은 적고 소박한 재산에 만족하고, 가족들로부터 사랑받으며, 이웃, 친구들과도 사이좋게 따뜻한 정을 나눈다. 또한 깊은 신앙심과 자애로운 마음씨를 지녔으며, 건강하고 소박한 생활을 하고, 꾸밈없는 진실한 태도와 바른 양심을 지녔다. 이 둘 가운데 어느 쪽을 택할까 망설이는 바보는 없으리라.

그렇듯 두 가족이나 두 민족, 두 제국 사이에도 평화로움의 기준은 똑같다. 아무런 편견없이 조심스럽게 그 기준을 적용해 보면, 한쪽에는 그저 겉으로 보이는 양적인 행복만이 있고 또 다른 쪽에는 더할 나위 없는 참된 행복이 있음을 누구라도 쉽게 알아볼 수 있다. 그러므로 참된 하느님을 섬기며 올바른 의식을 갖고 참된 선행으로 그분을 받드는 사람들이라면, 오랫동안 널리, 그리고 멀리 지배영역을 넓히는 것이 바람직하다. 사실 이런 일은 그들 자신에게 이롭다기보다는 그들이 다스리는 사람들에게 더 이롭다. 통치자 편에서 보면, 하느님의 큰 은사인 경건하고 고결한 성품이 현세에서는 참되고 행복한 삶, 다음 삶에서는 영원한 생명을 가져오기 때문이다. 따라서 이 세상에서 선한 사람들의 다스림은 자신에게보다는 사회 전체에 도움이 된다.

하지만 악인들의 지배는 거의 통치자인 그들 스스로에게 나쁜 영향을 끼친다. 그들은 자신들이 가진 세력으로 악행을 저지름으로써 스스로의 영혼을 망가뜨린다. 하지만 지배받는 사람들은 자신들의 불의 때문에 상처를 입을 따름이다. 의로운 사람에게는 정의롭지 못한 지배자가 끼치는 모든 해악들이 죄에 대한 처벌이 아니라 덕성에 대한 기준이다. 때문에 선인은 비록 노예라 할지라도 자유롭다. 하지만 악인은 지배권을 갖고 있다 할지라도 노예, 그것도 한 사람이 아니라 더 슬프게도 자기가 저지른 악행의 수만큼 많은 주인을 둔 노예이다.*3 이러한 악덕과 관련해 성경은 "정복을 당한 사람은 누구든지 정복자의 종이 되는 것입니다"(2베드 2 : 19) 말한다.

제4장 정의가 없는 왕국은 큰 강도떼나 다름없다

정의가 없는 왕국은 강도떼가 아니고 무엇인가? 강도떼 또한 하나의 작은 왕국이지 않은가? 강도떼도 사람들로 이루어져 있다. 그 무리는 두목의 권력으로 다스려지고, 결합체의 규약으로 조직되며, 약탈물은 일정한 원칙에 따라 나눠진다.

만일 어느 악당 패거리가 어떤 지역을 침범하고 주거지로 삼고자 도시를 소유한 뒤 사람들을 억누른다면, 왕국이라는 이름을 아주 쉽게 얻을 것이다. 탐욕을 없앰으로써가 아니라 어떤 징벌도 받지 않음으로써, 왕국이라는 이름에 명백히 실체를 주었기 때문이다. 알렉산더 대왕에 붙잡힌 어떤 해적이 그에게

---

*3 악의 노예 : 스토아주의 감정을 드러낸 용어이다. (세네카《도덕에 대한 서간》47, 17) "그는 노예이다. 그 때문에 그가 더 나쁜가? 노예가 아닌 사람이 있으면 나에게 보여달라! 한 사람은 욕망의 노예이고, 다른 사람은 탐욕의 노예이고, 또 다른 사람은 야망의 노예이다. 그리고 모든 사람들은 두려움의 노예이다. ……그리고 스스로에 의하여 부과된 것이 가장 비천한 노예상태이다."

준 답이 바로 이와 같았다. 그가 해적에게 무슨 뜻으로 바다에서 남을 괴롭히는 짓을 하느냐고 물었을 때, 그는 거침없이 이렇게 말했다. "그것은 당신이 온 세상을 괴롭히는 뜻과 같습니다. 다만 저는 작은 배를 타고 그런 일을 하므로 해적이라고 불리고, 당신은 큰 함선을 타고 그런 짓을 하므로 황제라고 불리는 차이가 있을 뿐입니다."[4]

제5장 검투사 집단은 큰 위협이었다

나는 로물루스가 어떤 갈래의 사람들을 끌어모았는지는 이야기하지 않을 것이다. 로물루스는 예전의 생활태도를 버리고 도시 구성원으로 받아들여진 사람들이 자신들이 받아야 할 형벌이 두려워서 더 큰 범죄를 저지르지 않도록 대비를 했다. 그래서 그들은 사회 구성원으로서 다른 사람들과 평화롭게 지낼 수 있게 되었다.

하지만 나는 그 일을 말하고자 하는 바가 아니다. 로마가 이미 많은 나라를 굴복시켜 큰 나라가 되었고 다른 모든 나라의 두려움의 대상이 되었을 무렵, 캄파니아 양성소로부터 도망친 적은 수의 검투사들(3권 26장)이 대군을 모으고 3명의 장군[5]을 정해 이탈리아 여러 곳을 잔인하게 짓밟았다는 사실이 있다. 이에 크게 놀란 로마는 두려워하여 파멸을 피하기 위해 크게 걱정했다. 도대체 어떤 신이 저들을 도왔기에 한낱 작고 비열한 강도떼에서 왕국으로 발전해 그토록 큰 위세와 온갖 요새를 갖춘 로마인들조차 무서워할 형편이 되었던 것인가? 혹시 저들의 반란이 오래 가지 못했다는 이유로[6] 신들에게서 도움을 받지 않았다고 말할 셈인가? 그들은 어느 누구의 인생도 그리 길지 않음을 모르는가!

인간은 모두 죽기에, 신들은 그 누구도 지배자의 자리까지 오르도록 놔두지 않는다. 으뜸권력이란 아주 짧은 동안만 주어지며, 한낱 개인은 마치 희미한 연기처럼 사라져가는 것을 두고 은혜라고 여겨서는 안 된다. 로물루스 아래서 신들을 섬기던 오래전에 죽은 사람들을 볼 때, 그들이 세상 권력 앞에서 자기주장을 하는 동안 로마가 그토록 위대해졌다고 한들 이제 와 그것이 무슨 소용

---

[4] 키케로 《국가론》 3, 14, 24.

[5] 스파르타쿠스, 오이노마우스, 크릭수스.

[6] 기원전 73~71년.

이 있는가? 그들의 주장이 선하든 악하든 우리가 맞닥뜨린 문제와는 어떤 상관도 없다. 이 점은 비록 오랜 기간에 걸쳐 끊임없이 세대를 이어 제국의 지위를 가져다준다 할지라도, 짧은 인생 동안 재빠르게, 그리고 덧없이 무대를 거쳐 내려가야만 하는 것임을, 버거운 짐을 진 모든 사람들이 똑같이 이해해야만 할 일이다.

하지만 만일 아주 짧은 기간만 이어진 은총이라 할지라도 신들이 도왔다고 한다면, 이들 검투사들은 참으로 많은 도움을 받은 셈이다. 그들은 노예 신분을 던져버리고 달아났으며, 수령의 의지와 명령에 따라 대부분 로마인들이 크게 두려워했던 막강한 대군을 모았다. 또 몇몇 로마 장군들에게도 진압되지 않을 만큼 드넓은 지역을 차지했으며, 꽤 많은 승리를 거둔 뒤 자기들이 바라는 모든 쾌락을 누렸고, 거침없이 행동했다. 마침내 로마인들이 이루 말할 수 없을 만큼 어려움을 겪으면서 진압할 때까지 검투사들은 거만하고 위풍당당한 삶을 살았던 것이다.

그러나 이제부터는 이보다 더 중요한 문제를 살펴보기로 한다.

제6장 아시리아왕 니누스의 정복욕

트로구스 폼페이우스를 따라 그리스 역사, 그보다는 라틴어로 된 외국 역사를 썼던 유스티누스(Justinus)는 다음 같이 자신의 저술을 간략히 시작한다.

민족과 나라의 역사가 시작할 때, 손 안에 모든 지배권을 갖게 되는 왕들은 민중의 지지로 뽑히는 것이 아니라 선인들이 지닌 자제력을 알아봄으로써 높은 지위에 오를 수 있었다. 그때 민중은 어떤 법에도 얽매이지 않았는데, 군주의 의지가 곧 법률이었다. 지배영역을 넓히기보다는 막는 것이 관습이었으며, 왕국은 통치자 저마다의 고유한 영토의 범위 안에 제한되었다. 처음으로 아시리아의 니누스(Ninus) 왕이 그의 지배욕 때문에 예부터 내려오던 관습을 바꾸었는데 이는 그때로서는 매우 새로운 현상이었다. 그는 이웃 나라와 최초로 전쟁을 벌였으며 저항하는 법을 모르는 여러 민족을 넘어 저 멀리 리비아 국경까지 지배권을 넓혀 나갔다.

그는 이어서 말한다.

니누스는 끊임없는 정복활동으로 이미 빼앗은 지역에서 막강한 권력을 세워나갔다. 그는 주변 국가를 차지한 뒤에 얻은 자원으로 힘을 키워 다른 지역으로 나아갔으며, 늘 새롭게 얻는 승리를 다음 번 정복을 위한 도구로 삼아 동방 모든 국가를 복종하여 따르게 했다.*7

유스티누스나 트로구스의 이야기가 사실에 바탕을 두었을 때 어느 만큼 충실하였든—왜냐하면 믿을 만한 자료라 하더라도 때때로 그들의 기술이 부정확하다는 사실이 밝혀졌기 때문이다—역사가들은 일반적으로 니누스 왕이 아시리아 왕국을 드넓혔다는 데 뜻을 함께 한다. 그 왕국은 매우 오랫동안 이어져 로마도 그 연대에는 미치지 못한다. 연대기를 연구한 사람들에 따르면, 그 왕국은 니누스가 다스리기 시작한 첫 해부터 미디아인에게로 지배권이 넘어갈 때*8까지 1240년이나 이어졌다.*9

이웃 나라를 쳐들어가고 그 침략을 바탕으로 삼아 또다른 지역으로 나아가, 자신에게 아무런 피해를 입히지 않은 이웃 민족을, 오직 자기 탐욕을 채우기 위해 강제로 빼앗고 무릎 꿇리는 게 무자비한 강탈 행위가 아니면 무엇이란 말인가?

제7장 아시리아 신들은 아시리아 멸망을 막지 못했다

아시리아 왕국이 신들의 도움을 받지 않고도 그토록 넓혀지고 이어졌다면, 로마의 영토가 드넓어지고 오랜 기간 이어진 것은 로마 신들 덕분이라고 말하는 까닭은 무엇인가? 아시리아처럼, 로마도 똑같은 원리가 미쳤기 때문이다. 하지만 저들이 만일 아시리아의 번영이 신들의 도움으로 가능했다고 내세운다면, 나는 어떤 신들의 도움을 받았는지 묻고 싶다. 니누스가 정벌한 나라들도 다른 신들을 섬겼던 것은 아니다. 또는 아시리아인들이 그 제국을 세우고 지켜나가는 데 더 뛰어난 사람들을 가지고 있었다면, 그들이 제국을 잃었을 때에는 그 신들이 모두 죽었다는 말인가? 아니면 그들이 보수를 받지 못했다거나 오히려 더 많은 보수를 약속하는 미디아인에게로 넘어갔으며, 거기서 다시 키

---

*7 유스티누스(기원전 2~3세기)는 니느웨 건립으로부터 시작해 당대까지를 범위로 하는 트로구스 폼페이우스(아우구스투스 때 활동)의 보편사를 요약했다. 아시리아 역사를 위한 그의 정보원은 4세기 초반 페르시아 궁정에 그리스 의사였던 스테시아스이다. 니누스는 전설적인데, 그의 연대는 기원전 2000년으로 짐작된다. 바빌론 건립은 그의 과부인 세미라미스의 공로로 돌아갔다. 아시리아는 사실 1500년쯤에 세력이 왕성하게 일어나기 시작했다.

*8 B.C. 612년 니느웨 함락.

*9 Euseb-Hier., *Chronic.*, (Helm ed.) p. 1, 83.

루스가 한결 더 좋은 조건을 내세웠기에 페르시아인들 편에 서기라도 했단 말인가?*10

이 나라는 땅이 넓었던 만큼 존속기간이 짧았던 마케도니아 알렉산더 왕국(기원전 336~323) 뒤로도 자신의 제국을 지켜왔으며, 오늘날에도 동방에서 많은 땅을 차지하고 있다. 이것이 사실이라면, 자기 민족을 버리고 적에게로 넘어간 신들은 참되지 못하다. 인간에 지나지 않은 카밀루스(2권 17장 및 3권 17장 참조)조차 이런 짓은 하지 않았다. 그는 로마에게 가장 강력했던 적의 도시를 공격해 빼앗았으며, 자기가 그토록 많은 애를 써준 로마로부터 배신당했음에도 자신이 받은 피해를 잊어버리고 끝내 자기 고국만을 마음에 새겼다. 그리고 또다시 갈리아인들에게서 로마를 해방시켜주었지만 그 신들처럼 굴지는 않았다. 신들이 무책임했던 게 아니라면, 그들은 신답지 않게 인간들의 전술이나 군사력을 물리칠 수 없을 만큼 몹시 약했다는 이야기가 된다. 또는 신들이 인간들에게 정복당한 것이 아니라 자기들끼리 전쟁을 벌이고 다른 도시가 독차지한 신들에게 패했다고 한다면, 남달리 인간들 편을 들면서 지지하는 신들 사이에 서로 적대감이 있었다는 결론이 나온다.

마침내는 신들이 편을 바꾸었든, 달아났거나 거처를 옮겼든, 아니면 전투에서 졌거나 다른 어떠한 경우이든, 이런 왕국들이 전쟁에서 아주 커다란 파멸을 당함으로써 멸망하고 통치권을 빼앗겼을 때까지도 그곳에 그리스도 이름이 알려지지 않았다. 만일 1200년이 지난 뒤 아시리아 왕국이 사그라들 무렵 그리스도교가 이미 또다른 영원한 왕국을 전파하고 거짓신들을 향한 불결한 숭배 행위를 멈추도록 했었다면, 그 나라 어리석은 사람들은 그토록 오랫동안 지켜오던 왕국이 망한 까닭이 자기들 신을 버리고 그리스도 신앙을 받아들였기 때문이라고 말하지 않았겠는가?

그처럼 어리석은 말 속에서 우리 반대자들과 닮은 점을 찾아보도록 하자. 그들 또한 같은 불평을 하는데, 마음속에 수치심을 지녔다면, 부끄러운 줄 알리라. 로마는 다른 나라로 바뀐 게 아니라 고통당했을 뿐이며, 이러한 일들은 그리스도 이름이 전해지기 전에도 일어났다. 로마가 그토록 커다란 고통을 겪은 뒤 본디 상태를 되찾은 것을 보면, 우리는 이번 일로 그들이 다시는 일어설

---

*10 B.C. 538년에 있었던 키루스에 의한 바빌론 함락.

수 없으리라고 희망을 놓아서는 안 된다. 이 문제에 대한 하느님의 깊은 뜻을 그 누가 알 수 있겠는가?

제8장 신들은 저마다 맡은 일이 바빠서 나라 전체를 위해 일할 수 없었다

이제 그들이 허락한다면, 로마인들은 자신들이 섬기는 그토록 다양하고 많은 신들*11 가운데 특별히 어떤 신들이 제국을 보다 더 드넓게 만들고 보존했다고 믿는지 물어보도록 하자. 틀림없이 저들은 아주 고귀하고 품위 있는 이 일에 대해 클로아키나(Cloacina) 여신이나, "쾌락"에서 이름을 얻은 볼루피아(Volupia), "정욕"으로부터 나온 리벤티나(Libentina)나, 아이들의 울음소리를 도맡는 바티카누스(Vaticanus), 그리고 아이들의 요람을 돌보는 쿠니나(Cunina)에게는 감히 그런 역할을 맡기지 않으리라. 하지만 로마인들이 낱낱의 일들에 대해 신들에게 준 직능은 아주 많은 책으로도 엮지 못하는 형편인데, 이 책 한 부분에서 그 모든 남신들이나 여신들을 이야기하는 일이 어떻게 가능하겠는가?

그들은 땅을 돌보는 일조차도 어느 한 신에게만 위임해야 한다고 생각하지 않는다. 그래서 농장은 루시나(Rusina)에게, 산등성이는 유가티누스(Jugatinus)에게, 구릉은 콜라티나(Collatina) 여신에게, 계곡은 발로니아(Vallonia)에게 맡겼다. 또한 그들은 세게티아(Segetia) 여신이 모든 작물을 보살필 수 있다고 생각하지 않았다. 그래서 씨앗이 땅 밑에 있는 동안에는 세이아(Seia) 여신이 그것을 돌보도록 하고, 싹이 나서 열매를 맺을 때까지는 세게티아에게, 그리고 곡물을 수확하고 저장할 때에는 투틸리나(Tutilina) 여신에게 안전하게 보관하도록 맡겼다. 이런 상황인데 어느 누가 곡식에 푸른 싹이 돋아나고 열매가 제대로 마를 때까지 세게티아만으로 충분하리라 생각하겠는가?

그런데 너무나 많은 신들을 사랑하기에 오직 한 분이신 하느님을 정결하게 품지 않고 악마 무리에게 자신을 내던진 불쌍한 영혼들은 그 여신이 홀로 이 모든 일을 할 수 있다고 생각하지 않았다. 그러므로 프로세르피나(Proserpina)

---

*11 이들 "작은 신들"의 대부분은 여러 가지 특수한 기능들을 위한 "능력"으로 모호하게 생각되었다. 그중 단지 몇몇만이 숭배 의식과 비슷한 무언가를 누렸다. 몇몇은 단지 우리에게 이름만 알려졌는데, 의심할 바 없이 아우구스티누스 시대 이교도들에게도 비슷한 형편이었을 것이다. 아우구스티누스가 정교한 역설을 사용한 목적은 지난날 이교신앙에 대한 그리움을 물리치기 위함이었다.

에게는 싹을 틔우는 일을, 노도투스(Nodotus)에게는 줄기가 이어져 마디가 맺히게 하는 일을, 볼룬티나(Voluntina) 여신에게는 이삭을 펴는 일을 맡겼다. 덧붙여 이삭이 패서 깍지가 열리는 데에는 파텔라나(Patelana)에게, 곡물이 새로운 이삭과 키가 나란히 같아질 때는 옛날 사람들이 이것을 호스티레(hostire)라 불렀으므로 호스틸리나(Hostilina)여신에게, 곡물에 꽃이 필 때는 플로라(Flora) 여신에게, 유액으로 가득찰 때는 락투르누스(Lacturnus) 남신에게, 무르익을 때는 마투타(Matuta) 여신에게, 곡물을 땅에서 뽑을 때는 룬키나(Runcina)에게 그 책임을 맡겼다.

나는 그것들을 모두 늘어놓을 수도 없다. 그들에게는 아무렇지 않게 여겨질지 모르지만, 나는 이 모든 일이 불쾌하다. 하지만 내가 이렇게 아주 일부분만 입에 올린 이유는, 너무나 뚜렷하게 특수한 자기들 영역에 한정되어 있으므로 그들 누구에게도 일반적인 책임이 돌아갈 수 없는 그런 신들이 로마 제국을 세우고 넓혀 왔으며 지켜왔다고 내세울 만큼 이교도들이 뻔뻔스럽지는 않다는 사실을 똑똑히 밝히고 싶어서이다. 그러므로 곡물이나 나무, 그 어느 것도 오롯이 책임지고 빠짐없이 돌보도록 허락받지 못한 세게티아가 어떻게 그 드넓은 제국을 돌볼 수 있었겠는가? 아기 요람을 넘어선 곳은 주의 깊게 살펴볼 수 없는 쿠니나가 전쟁에 대해 무엇을 결정내릴 수 있었겠는가? 노보투스는 열매를 맺는 데는 관계가 없이, 오직 줄기의 마디에만 관계가 있는데 도대체 전쟁과 무슨 상관이 있단 말인가?

모든 사람은 자기 집을 지키도록 문지기를 세워놓는다. 하지만 로마인들은 문가에 신을 셋씩이나 세워 둔다. 문짝을 지키도록 포르쿨루스(Forculus)를, 돌쩌귀를 지키도록 카르데아(Cardea)를, 문지방을 지키도록 리멘티누스(Limentinus)를 세워 놓았다. 그처럼 포르쿨루스는 돌쩌귀와 문지방을 나란히 지킬 수 없다.

제9장 신들의 왕 유피테르

때문에 우리는 조그마한 신들의 무리를 빼버리든지, 아니면 한동안 무시하면서 적어도 로마가 그토록 드넓은 땅을 차지하고 수많은 민족을 지배하도록 만들어준 위대한 신들이 한 일을 헤아려 보아야 한다. 의심할 바 없이 이것은 유피테르*[12]에 대한 일이 될 것이다. 로마인들은 유피테르야말로 모든 남신과 여신의 왕이라고 내세우는데, 왕의 홀과 높은 언덕에 있는 카피톨 신전*[13]이 이를 보여준다. "만물은 유피테르로 가득 차 있다"*[14]이 말이 어떤 시인의 노래인지 모르지만, 로마인들은 이 말을 그 신에게 가장 알맞은 정의로 쓴다. 바로 (Varro)는 그 어느 우상도 섬기지 않고 유일한 하느님만 받드는 사람들조차도 비록 다른 이름을 쓰기는 하지만 이 신을 숭배한다고 믿는다(4권 31장 참조). 하지만 이 말이 사실이라면, 유피테르는 왜 자신을 위해 우상을 만들어 로마나 다른 나라들에게서 그토록 형편없는 대우를 받았는가? 바로도 이 일을 크게 못마땅하게 여겼다. 그래서 그는 비록 그렇게 큰 도시가 잘못된 관습에 꼼짝 못하기는 했지만 전혀 망설이지 않고 사람들에게 우상숭배를 가르치는 잘못을 더했다고 말하기도 하고 글로 남기기도 했다.

제10장 신들은 우주의 모든 영역을 나눠서 맡았다

"자매이자 배우자" 유노(Juno)*[15]는 무슨 까닭으로 유피테르와 짝을 이루었는가? 사람들은 유피테르를 에테르*[16] 안에 있는 것, 유노를 공기 가운데 있는 것이라 여기며 이 두 요소가 결합되어 있기는 하지만 저마다 위아래에 있다고 여겼다. 그러나 만일 유노도 어떤 한 부분을 가득 채운다면, "만물은 유피테르로 가득 차 있다"는 말이 그 유피테르에게만 들어맞을 수는 없다. 이 두 신은 저마다 자신의 영역을 차지하면서, 이 원소 양쪽에 있기도 하고 동시에 각 원소에 있기도 한 것인가? 그렇다면 무슨 이유로 에테르는 유피테르에게, 공기는 유노에게 주어지는가? 그 점 말고도 이 둘은 중요한 결점이 있다. 바다가 넵튠 (Neptune)에게, 땅이 플루토(Pluto)에게 주어진 까닭은 무엇인가? 그리고 이들 또한 아내가 없어서는 안 되기 때문에, 넵튠은 살라키아(Salacia, 7권 22장 참조)를, 플루토는 프로세르피나(Proserpina)를 아내로 두었다. 사람들은 유노가 하늘

---

*12 Jupiter. 영어로는 주피터. 로마 신화에 나오는 최고의 신. 그리스 신화의 제우스에 해당.

*13 유피테르 카피톨리누스의 신전을 말한다.

*14 베르길리우스 《전원시》 3, 60.

*15 베르길리우스 《아이네이스》 1, 47.

*16 에테르에 있는 유피테르. 에우리피데스의 두 단편에서는 제우스와 공기 상층(aether)이 동일시되어 나타난다 : "하늘 높이 끝없이 펼쳐진 에테르, 이것이 유피테르이다"(Fragmenta. 941) ; "에테르, 사람들은 그것을 유피테르라고 부른다"(Fragmenta. 877).

의 아랫부분 곧 공기를 다스리듯이, 살라키아는 바다의 아랫부분을 차지하고, 프로세르피나는 땅의 아랫부분을 차지한다고 말하기 때문이다.

그들은 이 이야기를 어떻게 꾸며 맞출지 애쓰고 있으나, 여전히 아무런 방법도 찾아내지 못하고 있다. 이런 이야기가 사실이라면, 그들의 옛 현자들은 신들의 세 부부가 저마다 다른 원소를 나누어 갖게 하기 위해 세계의 주원소는 넷이 아니라 셋이라고 이야기했으리라. 그들도 에테르와 공기는 서로 관련이 없다고 강력히 말했다. 물은 위에 있든지 아래에 있든지, 틀림없이 물일 뿐이다. 위아래 있는 물이 서로 다르다 할지라도, 그 차이가 더는 물이 아니게 만들 만큼 클 수 있는가? 또한 아주 깊은 곳에 있는 땅은 너무 큰 차이가 나서 뚜렷이 구별된다 하더라도 땅 말고 다른 어떤 게 있을 수 있을까?

게다가 모든 물질적인 세계가 셋이든 넷이든 이런 원소들로 이루어진다고 생각하면, 여신 미네르바(Minerva)는 어디에 존재하는가? 그녀는 무엇을 가져야 하며, 무엇을 가득 채워야 하는가? 그녀는 유피테르와 유노 사이에 태어난 딸이 아닌데도 그 둘과 나란히 카피톨 신전에 세워져 있으니 말이다. 시인들이 꾸며내듯이 그녀가 유피테르 머리에서 비롯되었다고 해서 에테르보다 높은 곳을 다스린다고 이야기한다면, 그녀는 유피테르보다 뛰어난데도 왜 신들의 여왕이라 불리지 않는가? 딸을 아버지보다도 위에 올려놓는 것이 이치에 맞지 않다고 여겨서 그런가? 그렇다면 유피테르와 사투르누스(Saturnus)와의 관계에서는 법칙이 바르게 지켜지지 않았다는 것인가? 그 이유는 사투르누스가 패배했기 때문인가? 그렇다면 그들은 싸웠는가? 사람들은 "전혀 그렇지 않다. 그것은 누군가가 만들어낸 터무니없는 이야기이다" 이렇게 말한다. 그렇다. 우리는 그런 지어낸 이야기를 믿지 말고, 신들에 대해 한결 가치 있는 생각을 해보자.

그들은 무슨 까닭으로 유피테르의 아버지에게, 비록 그보다 높은 자리는 아닐지언정 똑같은 명예의 자리마저 주지 않았던가? 사람들은 사투르누스가 시간의 길이를 뜻하기 때문이라고 말한다.[*17] 그래서 사투르누스를 우러러 보는 사람들은 시간을 떠받든다. 여기서 신들의 왕인 유피테르는 시간으로부터 태어났음을 짐작할 수 있다. 사실 하늘도 땅도 모두 만들어진 것이므로 유피테르가 하늘이고 유노가 땅이라 생각하면, 이 둘을 시간의 자녀라 이야기해도 결

---

* 17 7권 19장 참조. 사투르누스는 그 이름이 "시간"(chronos)에서 비롯되었다고 생각하는 그리스의 신 크로노스와 같다(키케로 《신의 본성에 대하여》 2, 25, 64).

코 틀리지 않으리라. 학자들과 현인들도 이 점을 저마다 제 저서에 기록하고 있다. 베르길리우스는 시적 상상이 아니라, 철학자들의 저술에 바탕을 두고 다음처럼 말한다.

그때 전능한 아버지인 에테르는 풍요로운 비를 거느리고

사랑하는 아내의 반기는 품 안으로 내려와 그곳을 기름지게 만들어준다.[18]

즉 이는 에테르가 아내인 텔루스나 테라의 품 안으로 내려왔다는 것을 뜻한다. 그들은 여기에서도 어떤 구별짓기를 원하며 대지도 그 부분에 따라 테라와 텔루스와 텔루모(7권 23장 참조)가 서로 다르다고 생각했기 때문이다. 그들은 이 모든 신들을 저마다 역할로 나누고 신전과 의식으로 섬겼다. 그들은 이 똑같은 땅을 신들의 어머니라고 부른다. 유노가 유피테르의 자매와 아내일 뿐만 아니라 그의 어머니라는 이야기가 로마인들의 시적 허구 속에서 이루어진 게 아니라 성스러운 저술에서 읽혀졌기에, 시인들의 허구는 얼마쯤 받아들여질 만하다. 그들은 같은 땅을 케레스[19]로도, 그리고 베스타[20]로도 섬긴다. 그러면서도 그들은 베스타가 도시의 존립에 반드시 있어야 하며 화로 속에서 타오르는 불처럼 다른 것은 절대 될 수 없다고 주장한다. 이 화로가 없으면 국가는 절대 존재할 수 없기도 하지만, 처녀들이 하루의 많은 시간을 화로 앞에서 보내는 까닭은 불도, 처녀도 아무것도 낳지 않기 때문이라는 것이다. 하지만 이 모든 터무니없는 이야기들은 처녀에게서 나신 분(그리스도)에 의해 남김없이 사라졌어야 했다.

그들은 불에게 그토록 많은 명예, 순결을 내려주면서도 때때로 베스타를 베누스라고 부름으로써 그녀들의 명예로운 처녀성을 없애 버리고도 얼굴을 붉히지 않는다. 이에 대해 어느 누가 참을 수 있겠는가? 만일 베스타가 베누스라면, 처녀들이 베누스의 행동을 자제시키면서도 어떻게 제대로 베스타를 섬길 수 있겠는가? 베누스가 둘이라서, 하나는 처녀이고 다른 하나는 처녀가 아니란 말인가? 아니라면 베누스가 셋이라서 하나는 베스타라고도 불리는 처녀들

---

* 18 베르길리우스 《농경시》 2, 325ff.
* 19 Ceres : 로마에서 채소 성장을 주관하는 토속신으로 축제(Cerealia)가 있었다.
* 20 Vesta : 화덕의 여신. 로마 신전에는 성화(聖火)를 보존하는 여제관들(Vestales)이 있었다. 바로 《농업론》 3, 1, 5 참조.

의 여신이고, 다른 하나는 기혼녀들의 여신이며, 나머지 하나는 창부들의 여신이란 말인가? 페니키아인들은 제 딸을 남편에게 보내기 전에 매춘을 시킴으로써 얻은 황금을 그 여신에게 선물로 바치곤 했다. 이들 가운데 어느 누가 불카누스의 아내인가? 그녀는 남편이 있기에 틀림없이 처녀는 아니다. 우리는 유노의 아들이자 미네르바의 조력자인 불카누스를 모욕하면 안 되기에 그녀가 창부라는 말은 절대로 할 수 없으므로 그녀는 기혼자였다고 이해할 수 있다. 하지만 그녀가 마르스와 저지른 간통을 결혼한 이들이 따라하지 않기를 바란다. 그들은 "당신은 다시 이야기로 돌아가라" 말한다. 그러나 우리가 그들의 신들에 대해 이런 이야기를 했다고 분통을 터뜨리면서도, 극장에서 신들의 범죄행위를 보며 즐기는 이들에게 화를 내지 않는 태도가 참으로 정당하다고 할 수 있을까? 신들의 범죄행위가 극장에서 상연되는 일이 이같은 신들에게 영예를 돌리기 위해 시작되었다는 사실은 또렷하게 증명되지는 않았지만 전혀 믿을 수 없는 일이다.

제11장 많은 신들의 역할과 유피테르 예배의 관계

사람들은 자연학적인 이론과 논의에서 벗어나지만 않는다면 바라는 만큼 많은 주장을 하는 게 좋다. 예를 들어, 유피테르가 이 물질계의 한 존재로서 네 개의 원소, 또는 그들이 좋은 만큼의 원소로 이루어지고 또다른 한 편으로는 압축되어 만들어져 커다란 전체를 채우고 그것들을 움직이는 것처럼.*21 그리고 그가 가진 물질계의 다른 부분을 자기 자매와 형제에게 넘겨준 것처럼. 이제 그로 하여금 아래쪽에 퍼진 공기인 유노를 위쪽으로부터 품을 수 있는 에테르가 되어라. 또한 그가 공기와 함께 온 우주가 되게 하여 풍요로운 비와 종자를 가지고 제 아내인 동시에 어머니—이런 일이 신들 사이에는 수치스러운 일이 아니다—인 대지를 잉태하게 하라. 또다시 그가—우리는 그 모든 것을 이야기할 필요가 없다—많은 이들이 생각하는 신(神)이 되도록 하여라. 수많은 사람들이 그를 생각하다 고귀한 시인이 되어 다음처럼 말했다.

왜냐하면 신은 만물에 가득 차 있기 때문이다. 온 대지에도,

---

*21 베르길리우스 《전원시》 3, 60(위 9장)과 《아이네이스》 6, 727 참조. 이 책 7권 6장 참조.

드넓은 바다에도, 저 하늘 깊은 곳에도*²² 존재하는

이 하나의 신이 에테르에 있는 유피테르이자, 공기에 있는 유노이자, 바다의 넵튠이자, 바다 아래쪽 살라키아(7권 22장 참조)이자, 땅에 있는 플루토이자, 땅 아래 프로세르피나이자, 가정의 화로에 있는 베스타이자, 대장장이의 화덕에 있는 불카누스이자, 하늘의 해와 달과 별이자, 점술가들 사이에 있는 아폴로이자, 상업활동에 있는 머큐리이자, 창시자인 야누스*²³이자, 종결자인 테르미누스이자, 시간의 사투르누스이자, 전쟁에 있는 마르스와 벨로나이자, 포도원의 리베르이자, 곡물 사이에 있는 케레스이자, 삼림에 있는 디아나이자, 학문 활동에 있는 미네르바이도록 하라.

마지막으로 유피테르가, 보통 사람의 신들 사이에도 있도록 하라. 즉 리베르라는 이름으로 남성의 종자를 돌보도록 하고, 리베라(23장과 6권 9장, 7권 2장 참조)라는 이름으로 여인들의 종자를 관리하도록 하라. 태어난 자들에게 해의 눈을 보게 하는 디에스파테르가 되게 하고, 여인들의 월경을 감독하는 여신 메나가 되도록 하며, 출산의 아픔에 괴로워하는 여인들이 외치며 부르는 루키나(7권 2장 참조)가 되게 하라. 태어난 아이들을 대지의 무릎 위에 앉혀 놓고 도움을 주도록 하여 오피스로 불리도록 하라. 또 우는 아이의 입을 벌려 소리를 내게끔 하고 바티카누스라 부르게 하라. 아이를 땅으로부터 들어올려 여신 레바나라고 불리도록 하고, 요람을 지켜보도록 하여 여신인 쿠니나(4권 8장 참조)로 불리게 하며, 갓 태어난 아기의 운명을 노래하는 카르멘테스 안에 머물도록 하라. 우연히 일어나는 사건들을 맡아 주체적으로 처리하게 하여 포르투나라고 불리게 하라. 옛 사람들이 유방을 루마(ruma)라고 불렀기에 어린 아이를 가슴에 안고 젖을 주게 하여 여신인 루미나가 되게 하며, 마실 것을 도맡도록 하여 여신인 포티나가 되게 하고, 먹을 것을 공급해 여신인 에투카가 되게 하라. 유아들의 두려움으로부터 파벤티아로 불리게 하며, 앞으로의 소망으로부터 베닐리아(7권 22장 참조), 쾌락으로부터는 볼루피아(4권 8장 참조), 행동으로부터 아게노르라고 이름 붙여라. 사람들이 지나친 행동을 하도록 자극하므로 여신인 스티물라라고 불리게 하며, 사람들을 활동적으로 만들므로 스트레니아(4권 16장 참조)라 불리게 하라. 사람들에게 수를 가르치므로 누메리아라고 불

＊22 베르길리우스 《농경시》 4, 221f.

＊23 야누스와 그 다음에 나오는 작은 신들에 대해서는 4권 14장의 주석 참조.

리게 하며, 노래를 가르치기에 카메나로 불리게 하며, 충고를 받을 수 있으니 남신인 콘수스가 되게 하면서 감정을 불러 일으키는 센티아가 되게 하라. 소년기의 옷을 벗어던진 뒤, 청년기의 시작을 맡는 여신인 유벤타스(4권 23장 참조)가 되게 하며, 젊은이들에게 수염을 나게 하는 포르투나 바르바타(4권 19장 참조)가 되도록 하라(이교도들은 그 종류가 무엇이든지 포르투나가 수염을 달고 있으므로 그 신을 포르투나가 아니라 포르투니우스라고 하든지, 노두스로부터 노도투스라고 한 것처럼 바르바(barba)로부터 바르바투스라고 불리게 하여 젊은이들에게 경의를 표하지 않았다).

또한 그가 유가티누스(6권 9장 참조)라는 신이 되도록 하여 남녀를 결혼시키고, 첫 잠자리에 들어 신부의 허리띠가 풀릴 때 여신인 비르기니엔시스로서 기원받도록 하라. 그를 무투누스 또는 투테르누스가 되도록 하라. 이는, 그리스인들 사이에서는 프리아푸스와 같은 뜻이다. 저들이 부끄러워하지 않는다면, 내가 이름을 말한 모든 이들, 내가 이름을 부르지 않았던 이들. 이 모든 남신과 여신들*[24]을 하나의 유피테르가 되도록 하라. 물론 모든 이들을 다 이야기할 수는 있지만, 그것은 마땅하지 않다고 생각했다. 어떤 사람들이 바라는 대로 이 모든 신들이 유피테르의 부분들, 또는 그의 힘이라고 해두자. 이렇게 알고 있는 사람들은 유피테르가 우주영혼이라고 말하는데, 그것은 아주 학식이 높은 사람들의 의견이다.

나는 이런 일들이 얼마나 나쁜지 묻지 않겠지만 혹시 사실이라고 하더라도 저들이 지혜롭게 하느님을 받든다면, 잃을 게 대체 무엇인가? 그가 몸소 숭배를 받는다면, 그의 어떤 부분이 가벼이 여겨질 수 있다는 말인가? 만약 저들이 유피테르의 어떤 부분이 무시되거나 소홀히 다뤄져 분노하지 않을까 두려워한다면, 그들이 말하듯이 그 능력과 지체 또는 부분으로서 모든 신들을 포함하는 하나의 살아 있는 존재로서의 생명은 없는 셈이다. 하지만 어떤 한 부분이 다른 부분보다 더 많이 분노하거나 한 부분이 참고 있음에도 다른 부분이 버럭 화를 낸다면 저마다의 부분들이 다른 부분으로부터 떨어져나간 생명

---

*24 야누스, 테르미누스, 벨로나, 리베르, 디에스피터, 메나, 루키나, 오피스, 레바나, 카르멘테스, 포르투나, 루미나, 에두카, 베닐리아, 스티물라, 스트레니아, 누메리아, 카메나, 콘수스, 유벤타스, 무투누스 또는 투투누스, 파벤티아, 아게노리아, 세티아, 유가티누스, 비르기넨시스, 포르투나 바르바타 등을 말한다.

을 갖고 있다는 사실을 짐작할 수 있다. 만일 전체 유피테르의 모든 부분들 하나하나가 숭배받지 못한다고 해서 감정을 상할 수 있다고 한다면, 이런 주장은 어리석다.

사실 모든 부분을 지닌 신 하나가 섬김받는다면, 그 부분들 가운데 어떤 것도 무시당해서는 안 된다. 저들은 모든 별들이 유피테르의 부분이요 모두 생명과 이성적인 영혼을 지녔으며, 따라서 의심할 바 없이 그가 신*25이라고 말한다. 하지만 그들은 자기들이 얼마나 많은 별들을 숭배하지 않는지조차 말할 수 없다. 왜냐하면 그토록 많은 별들을 위해 신전을 세우거나 제단을 만들지 않고, 매우 적은 별들의 신전과 제단을 만들고 제사를 지내기 때문이다. 그래서 따로 섬김받지 못하는 별들이 기분 나쁜 생각을 가지고 있다면, 그들은 오직 소수만이 위안을 얻을 뿐, 온 우주가 분노하는 무시무시한 상황 속에서 살아가는 게 두렵지 않겠는가?

그러나 저들이 섬기는 유피테르 안에 모든 별들이 들어 있기에 그 모두를 받들어 모심을 주장한다면, 그들은 단순한 방법으로 유피테르에서만 기도할 수 있고 어느 누구도 화내지 않으리라. 이렇게 하는 편이 몇몇 신들을 받들고도 무시당한 한결 더 많은 신들, 특히 하늘 높은 곳에서 빛을 비춰주면서도 음란하게 벌거벗은 채 벌렁 드러누워 있는 프리아프스를 보아도 알 수 있듯이 무시당한 신들에게 분노할 마땅한 이유를 주는 것보다 나을 것이다.

제12장 신을 우주영혼이라 생각하는 것은 불합리하다

이게 대체 무슨 말인가? 윗글을 읽으면 지성을 가진 사람들조차도 흔들리지 않을 수 있겠는가? 이런 작업을 하는 데에 뛰어난 능력이 필요하지는 않다. 그러므로 사람들은 논쟁을 일삼는 것을 그만두고 다음 이야기를 깊이 생각해 봐야 할 것이다. 신은 곧 우주의 영혼이며 우주는 그의 몸이라고 한다면, 그는 영혼과 몸을 이루는 하나의 살아 있는 존재여야만 한다.

그리고 이 신은 자연의 품속에 있는 것처럼 만물을 자신 안에 포함하므로 우주 전체를 살아 숨 쉬게 하는 신의 영혼으로서 생명과 영혼이 저마다 탄

---

*25 별들 : 고대에는 별이 신이라는 믿음이 일반화되었다. 그것은 신플라톤주의에서 발견되며, 또한 스토아주의자들이 신과 빛을 똑같이 다룬 점에서도 일치한다. 아우구스티누스 자신은 천체에 지각과 지성이 있다는 것을 부인할 준비가 되어 있지 않았다. 8권 16장 참조.

생의 운명에 따라 태어난다면 그때는 신의 일부가 아닌 것이 하나도 남지 않게 된다. 이 말이 사실이라면, 너무나 많은 불경이나 불신이 비롯되리라는 것을 그 누가 예상치 못할 것인가? 다시 말해 사람이 무엇을 하찮게 보든 그것은 곧 신을 하찮게 보는 것이며, 산 생명체를 죽일 때 신의 일부를 죽이는 것과 다름없다. 누가 생각해도 부끄러운 이런 일들을 하나하나 늘어놓지는 않겠다.

제13장 로마 종교에 따르면 유피테르가 나라를 발전시킨 게 된다

만일 저들이 인간처럼 이성을 갖춘 동물만 신의 일부라고 이야기한다면, 온 우주가 신인데, 어떻게 짐승을 신의 일부에서 분리시킬 수 있을까? 하지만 이 문제에 대해 말다툼할 필요가 있겠는가? 이성적인 동물, 즉 인간을 생각해 보더라도 어린아이가 회초리로 매를 맞을 때 신의 일부가 매를 맞는다고 생각하는 것보다 더 불행한 일이 어디 있을까? 정신나간 사람이 아니라면, 신의 일부가 색을 좋아하며 정의롭지 못하고 불경건하며 저주받을 만하다는 생각을 어찌 품을 수 있겠는가? 간단히 말해 이런 불경을 저지르는 자들 또한 신의 일부라고 한다면, 신은 자신을 섬기지 않는 자들에게 왜 화를 내는가?

때문에 그들에게 남겨진 주장은, 모든 신들은 제 생명을 가지고 저마다 자신을 위해 살아있으며 그들 안의 모든 것들은 다른 이들의 일부가 아니지만 그 수가 참으로 많기에 모든 신들을 하나하나 알 수는 없을지라도 숭배받을 수 있는 신들은 모두 섬겨야 한다는 것이다.

나도 로마인들처럼 유피테르가 모든 신들의 왕으로서 다스리고 있으므로 그가 로마제국을 세우고 드넓혔다 생각한다. 모든 신들이 제 직책과 직무에 매달려 있어 너무도 바쁠 뿐 아니라, 다른 영역에는 참여할 수 없는 형편인데 유피테르가 아닌 다른 어떤 신이 그런 엄청난 일을 할 수 있었겠는가? 그리고 로마인들이 어찌 그것을 믿지 않을 수 있겠는가? 이런 까닭으로 인간들의 왕국은 크게 성장하고 발전할 수 있었다.

제14장 빅토리아가 있다면 유피테르의 도움은 필요 없다

이쯤에서 나는 어째서 로마 그 자체가 신이 아닌지, 먼저 그 이유를 묻고 싶다. 빅토리아[*26]가 여신이라면 로마 또한 그렇지 않을까? 또는 빅토리아가 승리를 바라는 이들에게 좋은 마음으로 자비를 베풀며 언제나 그들 편에 선다면, 이 일에 유피테르가 무슨 필요가 있는가? 유피테르가 아무런 일도 하지 않거나 다른 일에 몰두할 때는 어떤 민족이 정복되는 일 없이 이어질 수 있었는가? 어떤 나라가 멸망하지 않았는가? 하지만 아마도 몹시 사악한 동기로 전쟁을 벌인다든지, 지배영역을 넓힐 욕심으로 평화롭게 서로 아무 해를 입히지 않으며 사이좋게 지내는 이웃 나라를 제멋대로 쳐들어가는 일은 선한 사람들이 보기에는 매우 기분 나쁠 수밖에 없다. 만일 그렇게 느끼는 사람이 있다면, 나는 오롯이 동의하며 찬사를 보내는 바이다.

제15장 로마 발전에는 부정도 한몫했다

따라서 선한 사람들은 어떤 나라의 땅을 넓히는 일에 대해 그저 기뻐하기만 하는 게 과연 올바른지 아닌지를 생각해봐야 한다. 제국의 성장이 오히려 정당한 전쟁의 대상이 되어야 하는 자들의 악의로 이루어졌다. 이웃 민족들이 평화를 지키고 언제나 정의롭게 행동하며 결코 악으로써 전쟁을 부르지 않았더라면, 사실 로마는 작은 나라로 남았으리라. 만일 모든 왕국이 소규모이고 이웃과 순조롭게 기쁨을 나누었더라면, 인간사는 한결 행복했으리라. 또한 한 도시에 참으로 많은 집이 있듯이, 세상에도 무수히 많은 민족국가가 존재했으리라. 그러므로 전쟁을 벌인 뒤 이웃을 완전히 굴복하게 해서 한 민족을 지배하며 영토를 넓히는 일은 악인들에게는 기쁨으로 보이지만, 선인들에게는 어쩔 수 없는 일이다. 하지만 정의롭지 못한 사람이 의로운 이를 다스리는 게 한결 더 나쁘기에, 어쩔 수 없는 한 선인의 지배가 행복이라 불려도 부당하지는 않다.

그러나 전쟁을 일으킴으로써 악한 이웃을 정복하는 일보다 선한 이웃과 평화를 이루며 사는 편이 더 큰 행복임은 의심할 여지가 없다. 만일 당신이 미워

[*26] 294년 팔라틴 언덕에 빅토리아를 위한 신전이 세워졌다. 기원전 204년 이곳에 퀴벨레 신상이 만들어졌다(1권 30장 참조). 빅토리아 신상은 4월 4일 거행되던 퀴벨레 축제인 메갈렌시아에서 행렬을 이끌었다. 성 아우구스티누스 시대 그라티아누스 황제가 원로원 의사당의 빅토리아 신상을 없애버리자, 심마쿠스의 선도로 이교도들이 이에 크게 반발했다(2권 3장 이하 참조).

하거나 두려워하는 나라를 차지하기 위해 전쟁을 일으킨다면, 그것은 옳지 않은 소망이다.

때문에 로마인들이 합법적인 전쟁을 일으킬 상대가 있고 그로써 제국을 드넓힐 수 있었다면, 그들은 이웃 나라 사람들의 "부정"을 여신처럼 숭배해야 하지 않겠는가? 왜냐하면 "불의"가 외국을 부정하게 만듦으로써 정의로운 전쟁을 치르는 명분을 주었으며, 로마세력이 자랄 수 있도록 함으로써 제국 확장에 큰 공을 세웠다는 사실을 우리는 알기 때문이다. "공포", "걱정", "열병"(23장 ; 2권 14장, 36장 ; 6권 10장 참조)이 로마의 신이 될 자격을 지녔다면, "부정"도 다른 민족의 여신이 될 수 있지 않겠는가? 그렇기에 비록 유피테르가 빈둥거리고 있었을지라도, 이 두 신, 즉 다른 나라의 "부정"이 전쟁의 명분을 만들고, 그와 함께 빅토리아가 전쟁을 로마에 이롭게 끝냄으로써 로마제국이 클 수 있었던 것이다.

사실, 유피테르의 은혜라고 여겨진 것들 자체가 신들이라 믿고 신이라 부르며 섬기는 그 역할에 따라 기원된 것인데 유피테르는 어떤 역할을 맡아서 할 수 있었겠는가? 하지만 만일 유피테르가 빅토리아 여신과 마찬가지로 지배권으로 불린다면, 그는 할 일을 찾을 수 있으리라. 하지만 지배권이 유피테르의 선물이라고 한다면, 왜 승리 또한 그의 선물이라고 생각하지 않는가? 로마인들이 카피톨 신전에 있는 돌(2권 29장, 79장 참조)이 아니라 진정으로 "모든 왕의 왕, 모든 군주의 군주"(묵시 19 : 16)를 인정하고 섬겼더라면, 빅토리아는 틀림없이 선물로 여겨졌으리라.

제16장 왜 로마인은 여신 콰이에스에게 공공의 제사를 올리지 않는가

내가 이상히 여기는 점은 다음과 같다. 로마인들은 신들 하나하나에게 고유한 영역과 개별적인 역할을 맡긴다. 그들은 사람들에게 어떤 행동을 촉발하기 위해서는 여신인 아게노리아(Agenoria)를, 특별한 행동을 하도록 자극하기 위해서는 여신인 스티물라(Stimula, 제4권 제11장 참조)를, 사람들을 이상할 만큼 정지시키기 위해서는, 폼포니우스(Pomponius)*27가 말한 대로 아주 무기력하고 꼼

---

*27 폼포니우스 : 아마도 애호가가 연기하는 광대극인 fabulae Atellanae의 지은이 루키우스 폼포니우스(기원후 90년쯤 활동)일 것이다. 이 극은 기원후 1세기에 문학의 형태를 얻었고, 전통적인 전속극단 배우들을 보유하며, 직업인들에 의해 연기되었다.

짝 못하게 한다는 여신인 무르키아(Murcia)[*28]를, 사람들을 활동적으로 만들기 위해서는 여신인 스트레누아(Strenua)를 부른다. 그들은 이 모든 남신과 여신에게 엄숙하면서도 공개적인 숭배행위를 한다. 그런데 그들은 사람들을 평안하게 해준다는 이유로 콰이에스(Quies)[*29]라는 이름을 얻은 여신을 받아들여 콜리나 문 외곽에 그녀의 신전을 세웠지만 이 신전을 국가 제단으로 채택하기는 거절했다. 이는 그들의 마음이 불안하다는 증거일까? 아니면 신들이 아니라 악마 무리를 섬기겠다는 사람은 평안을 누릴 수 없음을 뜻할까? 참된 의사는 사람들의 평안을 위해, "나는 마음이 온유하고 겸손하니 나에게 모든 것을 배워라. 그러면 너희들의 영혼은 안식을 얻으리라"(마태 11 : 29) 이렇게 말씀하신다.

제17장 빅토리아가 유피테르의 신하에 지나지 않았다면 왜 빅토리아를 섬기는가

그들은 아마 다음처럼 말하리라. '유피테르가 여신 빅토리아를 보냈고 그녀는 신들의 왕 유피테르를 따르면서, 그가 명령 내리는 사람들에게 가서 그들 편을 든 것이다.' 이런 말은 사람들이 그 생각에 따라 신들의 왕으로서 꾸며내는 유피테르를 이야기할 때는 진실이 아니지만, 오히려 그 세계의 참된 왕, 그리스도에게는 어울린다. 이 왕은 실체가 없는 빅토리아 대신 천사를 보내 선택하신 자에게 승리를 안겨주었기 때문이다.

빅토리아가 여신이라면, "승리"(Triumph) 또한 신이 되어 남편이나 형제 또는 아들로서 그녀와 결합하지 않는 까닭은 무엇인가? 확실히 신들에 대한 그들의 상상을 우리가 비웃는다면, 그들은 '시인들이 지어낸 이야기는 우스갯소리일 뿐이고 신의 영혼들에게 돌아갈 수 있을 리가 없다' 이렇게 말했으리라. 하지만 그들은 시인들의 이야기를 읽을 때가 아니라, 신전에서 어리석고 터무니없는 신들을 섬길 때 웃었다. 그렇다면 그들은 모든 일에 대해 유피테르에게만 바라

＊28 무르키아 : 그녀 제단에 대해서는 리비우스《로마사》1, 33)가 다루었다. 이 여신은 아마도 도금양과 관계있기 때문에 무르키아, 뒤르키아, 또는 뮈르테아라는 다른 이름의 베누스와 동일시되었다(오비디우스《달력》4, 141ff. ; 플리니우스《박물지》15, 121).

＊29 콰이에스는 비아 라티카나에 신전을 가지고 있었다(리비우스《로마사》4, 41). 콜리나 문밖에 있는 제단은 다른 데에 언급되어 있지 않다.

며, 청해야 한다. 빅토리아가 여신이고 유피테르 왕 아래에 있는 한, 함부로 그의 뜻을 어겨 제 뜻을 펼칠 수는 없기 때문이다.

제18장 왜 펠리치타스(행복)와 포르투나(행운)를 구별하는가

펠리치타스(Felicitas)*30도 여신이라는 것은 대체 무슨 말일까? 그녀는 신전을 받았고, 제단을 얻었으며, 알맞은 의식 또한 그녀에게 바쳐지고 있다. 그렇다면 그녀는 숭배되어야 한다. 그녀가 있는 곳이라면, 어찌 선한 일이 없을 수 있겠는가? 그런데 저들이 포르투나(Fortuna, 4권 11장 참조) 또한 여신으로 여기면서 떠받드는 것을 그녀는 어떻게 생각할까? 펠리치타스(행복)와 포르투나(행운)는 서로 다른 것인가? 포르투나는 나쁠 수 있지만, 펠리치타스가 나쁘다면 그것은 이미 펠리치타스가 아니다. 만약 신들이 성(性)을 가지고 있다면, 남신이든 여신이든 모든 신들이 선하기만 하다고 생각해야 한다. 플라톤*31을 비롯한 철학자들과 로마와 다른 민족들의 뛰어난 지도자들도 그렇게 이야기했다. 그렇다면 여신 포르투나는 어떻게 때에 따라 선하기도 하고, 악하기도 할 수 있는가? 그녀가 나쁠 때에는 여신의 모습은 사라지고 급작스럽게 사악한 악마로 바뀌어 버린단 말인가? 그렇다면 포르투나 여신은 대체 몇 명인가? 틀림없이 운이 있는 사람들, 즉 행운을 간직한 사람들 수만큼 있으리라. 그러나 이와 함께 불운을 겪는 사람들도 있기에, 그녀는 포르투나이기도 하면서 어떤 사람에게는 행운이고 또 어떤 사람에게는 불운일 수 있다. 그녀는 여신 포르투나이기에 언제나 선한가? 그렇다면 그녀는 펠리치타스와 같다고 할 수 있다. 그렇다면 어째서 그녀에게 서로 다른 이름이 붙었을까?

그러나 이것은 넓은 마음으로 받아들여야 한다. 습관적으로 한 가지 대상이 두 이름으로 불리기 때문이다. 그렇다면 신전과 제단, 의식이 달라야 하는 까닭은 무엇인가? 그들이 말하기를, 펠리치타스는 예전에 했던 공덕의 결과를 누리지만, 포르투나는 어떤 공덕의 시험 없이도 난데없이 선인에게나 악인에게나 똑같이 미치므로 그런 이름을 얻었다고 한다. 그렇다면 정의로움에 대한 판단력도 없이 선인이나, 악인 모두를 찾아가는 포르투나가 어찌 선할 수 있는가?

---

*30 행복 : 후기의 신앙이다. 첫 번째 신전은 기원전 74년에 벨라브룸에서 집정관인 리키니우스 루쿨루스가 세웠다. 이 여신은 가끔 동전에 새겨졌다.
*31 플라톤 《국가》 2, 379 B.

이성을 잃어버린 채 어디든 상관없이 앞만 보고 달려가느라 자신을 받드는 사람들을 그냥 지나치거나 자기를 경멸하는 사람한테조차 매달리는 그녀를 받드는 이유가 무엇인가? 대체 무엇을 위해 섬기는가? 만일 이 여신을 모시는 사람이 그녀에게 인정과 사랑을 받아서 무언가를 이뤄낼 수 있었다면 그녀는 그들의 공적에 딸려 오는 것이지 우연히 오는 게 아니다.

그렇다면 포르투나의 정의는 무엇인가? 그녀가 우연적 사건에서 바로 그런 이름을 얻었다는 의견은 어찌되는가? 그녀가 참된 행운이라면, 그녀를 섬기는 것은 아무런 이득이 되지 않는다. 하지만 그녀가 만일 은혜를 받기 위해 자신을 섬기는 이들만을 골라낸다면, 그녀는 이미 포르투나가 아니다. 아니면 유피테르가 자신이 바라는 곳으로 그녀를 보내는가? 그렇다면 유피테르 홀로 숭배받도록 하라. 왜냐하면 포르투나는 그가 명할 때 맞서지 못하고, 그가 바라는 곳으로 가야 하기 때문이다. 그렇지 않다면 적어도 여신 펠리치타스를 초대할 수 있는 공덕을 인정하지 않는 악인들에게 포르투나를 숭배하도록 하라.

제19장 여신 포르투나 이야기

사람들은 자신들이 포르투나라 부르는 이 상상의 신에게 온갖 영예를 돌리기 위해 다음과 같은 이야기를 뒷세대에 전한다. 그 때문에 로마 기혼녀들이 바친 포르투나 물리에브리스[32]라 불리는 여신의 상이 입을 열어[33] 기혼녀들이 충성심으로 자신을 기쁘게 했다고 한 번이 아니라 몇 번이나 되풀이해서 말했다는 전설이 있다.

하지만 이 말이 진실이라도 우리는 놀라선 안 된다. 나쁜 악마들에게 인간들을 속이는 것쯤은 그리 어려운 일이 아니다. 그리고 입을 연 여신은 우연적으로 나타나는 신이지 공덕에 대한 보상으로 다가오는 신이 아니기에 로마인들은 악마의 속임수와 꾀에 주의해야 한다. 포르투나는 말이 많은데, 펠리치타스는 말이 없기 때문이다. 이렇다할 선한 공적 없이도 사람들에게 행운을 주는 포르투나의 마음에 들기만 하면 사람들은 바르게 살아갈 필요가 없다는 것 말고 달리 뭐가 있겠는가? 그리고 포르투나가 말을 한다면, 적어도 여

---

*32 Fortuna Muliebris : 전설에 따르면, 포르투나 물리에브리스를 위한 신전이 콜리올라누스가 볼룸니아와 베투리아의 간구에 몸을 돌린 장소에 기원전 488년 세워졌다고 한다.
*33 발레리우스 막시무스 《기억할 만한 공적과 격언에 대한 9권의 책》 1, 8, 4.

자 목소리가 아니라 남자 목소리(4권 11장 참조)로 말해야 하리라. 그 신상을
바친 여자들의 수다가 그런 엄청난 기적을 불러왔다고 생각하지 않도록 말
이다.

제20장 비르투스(덕)와 피데스(믿음)는 신전이 있는데 왜 다른 덕에는 신전이 없는가

또한 그들은 비르투스(덕)*34을 여신으로 만들었다. 실제로 덕이 여신이라면
다른 많은 신들보다 앞세워야 했으리라. 그러나 오늘에 이르러 볼 때 그것은 여
신이 아니라 하느님의 선물이므로 사람들은 그것을 줄 수 있는 오직 한 분께
기도로써 그것을 구해야 하며 모든 거짓 신들을 사라지도록 해야 한다. 그러
나 무슨 까닭으로 피데스(믿음)*35을 여신으로 받들며 신전과 제단을 만들었는
가? 믿음이 무엇인지 깨닫는 지혜를 지닌 사람은 누구든 자신을 믿음의 거처
로 만든다. 참된 하느님을 믿는 일이 믿음의 가장 첫째 본분임을 안다면, 저들
이 과연 믿음이 무엇인지 어찌 알 수 있을까? 왜 덕 하나로는 만족하지 못했을
까? 그 안에 믿음을 포함하지 않는가? 저들은 덕을 지혜, 정의, 용기, 절제 넷
으로 나누었다. 그런데 이들 부분은 저마다의 덕을 지녔는데 믿음은 정의에 속
하며 그리스도인들에게는 주요한 위치를 차지한다. 이는 "오직 의인은 믿음으
로 말미암아 살리라" (하바 2 : 4, 로마 1 : 17, 갈라 3 : 11, 히브리서 10 : 38)이 말
이 무엇을 뜻하는지 우리들이 알기 때문이다.

만일 믿음이 여신이라면, 그토록 많은 신들을 열정적으로 사랑하는 저들이
소외된 많은 신들에게는 신전과 제단을 바치지 않음으로써 그 여신에게 불의
를 저지르는 것일까? 몇몇 로마 지도자들이 절제로 적지 않은 영예를 얻었음
에도 그 절제는 여신이 될 자격이 없는 것일까? 또한 무키우스*36가 오른손을

---

*34 德 : 비르투스(Virtus)의 번역. 기원전 212년 시라쿠사가 정복된 뒤로 마르켈루스는 로마에
  서 명예와 덕을 숭배하는 신전을 바쳤다.

*35 피데스(Fides)의 번역. 본디 누마가 카피톨 언덕(키케로 《신의 본성에 대하여》 3, 24, 104)에 믿
  음의 신전을 세웠다고 하는데, 이것은 기원전 3세기에 다시 지어졌다. 3명의 사제(2권 15장
  참조)가 그녀의 의식을 맡았다(리비우스 《로마사》 1, 21, 4). 가끔 동전에서 그녀의 신상을 볼
  수 있다.

*36 무키우스 스카이볼라는 놀라운 인내력으로 라르스 포르센나를 매우 감동시킴으로써 이
  에트루리아인은 로마와 평화조약을 맺게 되었다(리비우스 《로마사》 2, 12).

불꽃 속으로 내밀었을 때에나, 쿠르티우스*37가 조국을 위해 갈라진 땅 속으로 몸을 던졌을 때, 데키우스 부자(父子)*38가 군대를 위해 헌신했을 때 돕던 그 용기는 무슨 까닭으로 여신이 될 수 없단 말인가?

이 사람들이 참된 용기를 가지고 있었는지는 묻지 않겠다. 신중함과 지혜는 왜 신들 사이에 자리잡을 자격이 없는 것일까? 이 모두가 덕이라는 일반적인 이름으로 숭배받기 때문일까? 그렇다면 저들은 같은 이유로 모든 다른 신들을 자신의 일부분으로 포함한다고 생각되는 참된 하느님을 섬길 수 있으리라. 믿음과 순결*39은 덕의 다른 이름으로 풀이할 수 있지만, 덕과는 달리 특별한 신전과 제단을 얻을 자격이 있다고 여겨졌다.

제21장 많은 신들의 역할은 비르투스와 펠리치타스로 돌아간다

이런 여신들을 만든 것은 진실이 아니라 공상이다. 이것들은 참된 하느님의 선물이며 그 자체로 신이 될 수는 없기 때문이다. 덕과 행복이 있는 곳에서 무엇을 따로 찾겠는가? 덕과 행복이 만족시켜 주지 못한다면 다른 무엇이 만족을 줄 수 있을까? 덕은 우리가 행할 필요가 있는 모든 것을 포함하며, 행복은 우리가 바라는 모든 것을 담는다. 이 둘을 얻기 위해 유피테르를 섬긴다면—제국의 확장과 유지 또한 선한 무엇, 곧 이런 행복에 속한다면—이것들은 여신이 아니라 하느님이 주신 선물임을 왜 깨닫지 못했을까? 하지만 이 둘을 여신으로 생각했더라도, 적어도 다른 많은 신들을 좇아서는 안 된다. 그러나 사람들이 공상으로 만들어낸 온갖 신들과 여신들*40에게 준 모든 사명에 맞게, 저들로 하여금 할 수 있다면 덕과 행복을 지닌 사람에게 어떤 신이 무엇을 베

---

*37 마르쿠스 쿠르티우스는 무장한 채 말을 타고 광장의 갈라진 틈 속으로 몸을 날렸다. 왜냐하면 점성가들이 예언하기를, 로마의 중심 세력이 그 안에 던져져야만 틈이 없어진다고 말했기 때문이다. 로마의 중심 세력은 용기와 무기에 있었다(리비우스《로마사》7, 6 ; 발레리우스 막시무스, 앞의 책, 5, 6)고 말했다.

*38 기원전 340년 집정관 데키우스 무스는 라틴 전쟁에서 자기 자신과 적을 동시에 죽음에 빠뜨림으로써 로마에 승리를 안겨 주었다. 같은 이름을 가진 그의 아들도 295년 3차 삼니움 전쟁에서 되풀이해 그러한 무공을 세웠다. 이들 가족의 공적은 280년 피루스에 맞선 전쟁에서 그의 손자가 지켰다(리비우스《로마사》8, 9 ; 발레리우스 막시무스, 앞의 책, 5, 6).

*39 보아리움 광장에는 푸디치티아 파트리치아 제단이 있었다(리비우스, 앞의 책, 10, 23). 그러나 여기선 그곳 포르투나 신전의 감추어진 신상과 혼동한 것으로 생각된다.

*40 카투스, 카티우스, 오피스 : 4권 11장 참조.

풀어 줄 수 있는지 찾아보게 하라. 덕 안에 이미 모든 것이 갖추어져 있는데, 머큐리(Mercury)나 미네르바로부터 어떤 가르침을 얻을 수 있단 말인가?

고대인들은 덕을 선하고 바르게 사는 예술로 정의했다. 덕은 그리스어로 아레테(Arete)로 불리기 때문에, 라틴어인 ars(예술, art)가 여기서 비롯되었다고 여겼다.*41 하지만 덕이 지혜로운 사람에게만 있다면 사람들을 신중하고 예민하게 만드는 아버지같은 남신 카티우스는, 펠리치타스가 이런 성질을 내려주는 동안에는 무슨 소용이 있겠는가? 지혜롭게 태어난다는 것은 행복에 속하기 때문이다. 여신인 펠리치타스는 아직 태어나지도 않은 아이에게 섬김받을 수는 없겠지만, 그 숭배자들에게 지혜로운 아이들이 태어나도록 이런 호의를 베풀어줄 수는 있으리라. 그런데 산모가 펠리치타스를 곁에 두고 있다면 순산할 뿐만 아니라 뛰어난 자녀를 얻게 될 텐데 굳이 루키나(Lucina)를 부를 이유가 있을까?

갓 태어난 아이를 여신 오피스(Opis)에게, 우는 아이를 남신 바티카누스(Vaticanus)에게, 요람에 누운 아이를 여신 쿠니나(Cunina)에게, 젖 먹는 아이를 여신 루미나(Rumina, 4권 11장 참조)에게, 집에 들어오면 여신 아데오나(Adeona)에게, 나가면 아베오나(Abeona, 7권 3장 참조)에게 굳이 맡길 필요가 있었을까? 또 착한 마음씨를 갖게 해달라고 여신 멘스(Mens)에게, 좋은 것들을 소망하게 해달라고 남신 볼루누스(Volunus)와 여신 볼룸나(Volumna)*42에게, 좋은 결혼 상대를 만나게 해달라고 결혼의 신들*43에게, 풍성한 수확을 하게 해달라고 농촌의 신들, 특히 여신 프룩테스카(Fructesca)*44에게, 전쟁을 잘 치르게 해달라고 마르스(Mars)와 벨로나(Bellona)에게, 승리를 빌며 여신 빅토리아에게, 명예를 바라며 남신 호노르(Honor)*45에게, 부자가 되게 해달라고 페쿠니아(Pecunia)*46에

---

*41 아르스 아레테. 두 단어는 사실 "적합한"을 뜻하는 인도유럽어족 어근 ar에서 파생되었다.
*42 볼룸누스와 볼룸나는 볼툼누스, 볼툼니아를 잘못 표기한 것일 수 있다. 왜냐하면 볼툼누스는 농업신 베르툼누스(보르툼누스)의 초기 형태이기 때문이다. 7권 3장 참조.
*43 플루타르크는 이에 속한 신으로 유피테르, 유노, 베누스, 미네르바를 말한다. 그러나 아마도 이곳에서는 6권 9장에서 그려낸 "작은 신들"을 가리키는 것으로 보인다.
*44 프룩테사, 아이스쿨라누스, 아르겐티누스, 페소나, 펠로니아, 스피니엔시스에 대해서는 알려진 사실이 없다.
*45 명예와 미덕의 신전에 대해서는 4권 20장 주석 참조.
*46 기원후 2세기에 유베날리스는 다음과 같이 말하고 있다. "그러나 저주받을 돈(페쿠니아)은 신전에 살지 않는다. 우리는 평화, 믿음, 승리, 미덕, 조화 위에 신전을 세웠듯이 현금 위에

게, 동전과 은전을 갖게 해달라고 남신 아이스쿨라누스(Aesculanus)와 그의 아들 아르겐티누스(Argentinus)에게 아이를 맡길 필요가 있을까?

저들은 동전이 은화보다 먼저 쓰였다는 이유로 아이스쿨라누스를 아르겐티누스의 아버지로 불렀다. 하지만 그 뒤에 금화(aurum)가 나왔을 때 어째서 아르겐티누스가 아우리누스(Aurinus)라는 아들을 낳았다고 하지 않았는지 궁금하다. 그들이 금화에 속하는 아우리누스라는 신을 가졌더라면, 마치 유피테르를 사투르누스보다 우위에 둔 것처럼 아우리누스를 ㄱ의 아버지 아르겐티누스와 그의 할아버지 아이스쿨라누스보다 위에 두었으리라.

따라서 영혼의 선이든 육체의 선이든 이러한 외적인 선들을 구하기 위해 이토록 온갖 신들을 섬기며 불러낼 필요가 있었을까? 나는 저들의 신들을 모두 늘어놓지 않았고, 사람들 또한 인간의 모든 선을 하나하나 나누어 저마다 서로 다른 신들에게 구하지는 못했으리라. 이러한 선들은 하나같이 크고 쉽게 뭉뚱그려 펠리치타스 여신 홀로 베풀어 줄 수 있다. 따라서 선을 얻거나, 악을 물리치기 위해 굳이 다른 신을 찾을 필요가 없다.

그렇다면 저들이 지친 사람들을 위해 여신 페소니아(Fessonia)를, 적을 쫓아내기 위해 여신 펠로니아(Pellonia)를, 병자들을 위한 의사로서 아폴로(Apollo)나 아이스쿨라피우스(Aesculapius)를, 병이 깊을 때는 이들 둘을 모두 불러야 할 이유가 있을까? 또한 들판에서 가시나무를 없애 달라고 남신 스피니엔시스(Spiniensis)에게, 흰곰팡이가 피지 않게 해달라고 여신 로비고(Robigo)*47에게 빌어야 할 까닭이 있을까? 펠리치타스가 있다면 어떤 해악도 일어나지 않았을 것이며, 또 일어나더라도 쉽게 물리칠 수 있었으리라.

마지막으로 두 여신 비르투스(덕)와 펠리치타스(행복)에 대해 생각해보자. 펠리치타스가 덕에 대한 보상이라면 그것은 여신이 아니라 하느님의 선물이다. 하지만 펠리치타스가 여신이라면, 그녀는 왜 비르투스(덕)도 베풀어 준다고 이야기해서는 안 되는가? 실제로 덕을 얻는 일은 커다란 행복인데도 말이다.

제단을 세우지 않았다.”(《풍자시집》 1, 113ff)

*47 로비갈리아 축제(4월 21일) 때 양과 붉은 색 강아지를 희생제물로 바치어, 자라나는 곡식들이 노균병(robigo)에 걸리는 것을 방지하기 위해서였다(오비디우스 《달력》 9, 907~32 ; 바로 《농업론》 1, 1, 6 ; 플리니우스, 앞의 책, 18, 285).

제22장 바로가 자만하며 가르친 신들의 역할

바로는 로마인들이 섬겨야 할 신들을 늘어놓았을 뿐만 아니라 그들 나름의 특수한 역할이 무엇인지 이야기했기에, 동료 시민들에게 아주 좋은 일을 했다고 자랑했다. 그가 그렇게 말하는 근거는 무엇인가? 바로는 "어떤 사람이 의사라는 사실을 알지 못한다면 그의 이름과 얼굴을 안다 해도 아무런 소용이 없듯이, 이스클라피우스가 신이라는 사실을 잘 안다고 해도 이 신이 건강이라는 선물을 준다는 것을 모르거나, 그에게 빌어야 하는 까닭을 알지 못한다면 아무 소용이 없다" 말한다. 그는 이 사실을 밝히기 위해 또 다른 비유를 들면서 "만일 어떤 사람이 대장장이가 누구이고 제빵업자가 누구이며, 재단사가 누구인지, 필요한 것을 얻기 위해서는 어디로 가야 하며, 누구를 따르며 도움과 가르침을 얻어야 하는지 알지 못한다면, 제대로 살아갈 수 없음은 물론 더욱이 목숨을 지킬 수도 없다" 말한다.

이처럼 우리가 저마다 영역에 있는 신들의 능력과 권능과 그 힘을 안다면 신들에 대한 지식이 이롭게 쓰인다는 것이다. 그는 계속 이야기한다. "따라서 우리는 어떤 신에게 어떤 목적으로 빌어야 하는지 알 수 있을 것이다. 우리는 많은 사람들이 그렇듯이 마치 희극배우처럼 리베르(liber)에게서 물을 찾거나 림프에게서 포도주를 찾거나 해서는 안 된다."

이는 매우 쓸모있는 말이다. 만일 바로가 사람들에게 진리를 보여줄 수 있으며 사람들에게 선의 바탕이 되시는 한 분 참된 하느님을 섬겨야 한다고 가르쳐 줄 수 있다면, 누가 그에게 감사하지 않겠는가?

제23장 로마인은 펠리치타스만을 숭배해야 했다

하지만 로마인들의 책 속 줄거리와 그들의 의식이 사실이고 펠리치타스가 참된 여신이라면, 그 여신이 모든 것들을 내려주며 쉽게 사람들을 행복하게 만들 수 있었음에도 어떻게 하나뿐인 숭배 대상으로 정해지지 않은 것일까? 어느 누가 행복해지는 것 말고 다른 희망이 있겠는가? 그렇다면 이처럼 위대한 여신에게 왜 그렇게 늦게, 그렇게 많은 통치자가 지나간 뒤에, 루쿨루스(18장과 56장 참조)에 이르러서야 비로소 신전을 바치게 되었단 말인가? 행복한 도시를 세우려는 야망을 품었던 로물루스는 어째서 다른 모든 신들에 앞서 이 여신을 위한 신전을 먼저 짓지 않았는가? 이 여신이 그와 함께라면 어떤 것도 부족하지 않았을 터인데, 그는 왜 다른 신들에게서 구했던 것일까? 만일 이 여신이 보살펴 주지 않았더라면, 그 자신도 처음에는 왕이 되었다가 나중에 신이 되지는 못했으리라.

어째서 로물루스는 야누스, 유피테르, 마르스, 피쿠스, 파우누스, 티베르누스, 헤르클레스[48] 같은 다른 신들을 로마인들이 섬길 신으로 세웠을까? 티투스 타티우스[49]는 여기에 사투르누스, 옵스, 해, 달, 불카누스, 빛 같은 신들과, 심지어 클루아키나[50] 여신도 포함하면서 펠리치타스는 왜 무시해 버렸을까? 누마는 그토록 많은 남신과 여신을 지정하면서도 왜 이 여신을 빠뜨렸을까? 너무나 많은 신들의 무리 속에서 그녀를 찾아내지 못한 것일까? 호스틸리우스 왕이 만일 이 여신을 알거나 섬겼다면, 새 신으로 굳이 파보르(공포)와 팔로르(전율)[51]를 받들지 않아도 되었으리라. 펠리치타스 앞에서는, 파보르와 팔로르는 신으로 섬겨지기는커녕 쫓기어 도망가고 말았을 것이다.

어느 누구도 펠리치타스를 우러러보지 않았음에도 로마제국이 어떻게 그 세력을 넓힐 수 있었는지 나는 묻고 싶다. 제국은 행복해지기보다는 오로지 커지기만 했단 말인가? 참된 신심(信心)이 없는 곳에, 어떻게 참된 행복이 가능했겠는가? 신심은 진정한 하느님께 대한 경배일 때만 참된 것이며, 거짓 신들이나 많은 악마들을 섬기는 것은 아니다. 그러나 뒷날 펠리치타스가 신들의 반열에 오른 뒤에도 내란이라는 이루 말할 수 없는 불행이 뒤따랐다. 아마도 펠리치타스가 지나치게 늦게 초청받은 데다 그것도 자기를 영예롭게 하기 위해서가 아

---

*48 피쿠스 : 사투르누스의 가공의 왕이다. 아마도 딱따구리(picus) 숭배를 설명하기 위해 꾸며진 것 같다. 파우누스 : 피쿠스의 아들로서 때때로 판과 동일시되는 농업의 신이다. 오비디우스에 따르면(《달력》 2267), 그는 루페르칼리아(1월 15일)의 신이었다. 피쿠스를 위한 신전은 기원전 194년 티베르 강에 있는 섬 위에 세워졌다(오비디우스 《달력》 *Fast.*, 2193 ; 리비우스 《로마사》 33, 42, 10). 티베리누스(티베르의 아버지)는 신관들의 기도서와 복점관의 기도에서 언급되는 것으로 보아 고대 신앙의 대상이었다(키케로 《신의 본성에 대하여》 3, 20, 52). 그는 티베르 강의 한 섬에 성역을 가지고 있었고, 그를 기념하는 경기가 6월에 마르티우스 언덕에서 열렸다(오비디우스, 위의 책, 6, 237).

*49 티투스 타티우스 : 사비니의 전설적 왕으로 사비니 처녀들을 강제로 빼앗아갔다. 또 로마인들과 사비니인들과의 합병 뒤로 로물루스와 공동 통치자가 되었다. 마르쿠스 바로는 《라틴어 문법론》(5, 74)에서 빛 말고도 여러 신들을 소개하고 있다.

*50 Cloacina : 베누스 여신의 별명. ←cloaca(하수구).

*51 15장 참조.

니라, 프리아푸스(남근), 클로아키나(하수구), 파보르(공포), 팔로르(전율), 페브리스(열병, 2권 14, 36장 참조)를 섬기는 자들의 죄를 비난받기 위해 초대된 것에 화가 났기 때문일까?

끝으로, 그토록 훌륭한 여신이 매우 가치없는 신들과 나란히 숭배되어야 한다고 생각했더라도, 어째서 그녀는 나머지 신들보다 더 영예로운 방식으로 섬김받지 않았을까? 펠리치타스가 유피테르의 회의에 참석해야 한다고 이야기하는 콘센테스*52나 "선택된 신들"이라 이름 붙인 신들 사이에 들지 못했으니, 이를 보고 참을 수 있었을까? 비록 그녀에게 높은 곳에 위엄 있는 훌륭한 신전을 지어 주었을는지 모른다. 하지만 어째서 유피테르를 위해 세운 것보다 나은 신전을 그 여신에게 바치지 않았는가? 유피테르에게조차 그 왕국을 부여해준 이는 펠리치타스 아니면 누구였겠는가?

유피테르는 다스리는 동안 스스로 행복을 느꼈으리라. 그러나 틀림없이 펠리치타스, 곧 행복은 왕국보다 더 소중하다. 자신이 왕이 되는 게 두렵다는 사람을 찾기는 오히려 쉬울 수도 있으나 행복해지고 싶지 않다는 사람은 단 한 명도 없기 때문이다. 그러므로 점이나 다른 방법으로 의견을 구할 수 있다면, 신들 스스로 펠리치타스에게 자리를 내어줄 수 있는지 서로 물어보았어야 했다. 그녀에게 한결 위대하고 품위 있는 신전이 세워질 수 있는 장소를 이미 다른 신들이 차지하고 있었다면, 펠리치타스에게 카피톨 신전이 있는 언덕 꼭대기를 심지어 유피테르 자신이 양보하려 했으리라. 불행하기를 바라지 않는다면 그 누구도 펠리치타스에게 맞서려고 하지 않을 것이기 때문이다.

자신이 자문을 받았더라면, 유피테르는 자기들보다 훌륭한 왕에게 양보하기를 완강히 거절했던 마르스, 테르미누스, 유벤타스*53처럼 굴지는 않았으리라. 로마인들의 책은 타르퀴니우스 왕이 카피톨 신전을 세우려 할 때 자신이 생각하기에 그 어느 곳보다 귀하고 알맞은 장소를 다른 신들이 이미 차지하고 있음을 보고, 감히 그들의 기분을 언짢게 할 행동은 할 수 없었으나 그들이 가장

---

*52 Consentes : 올림푸스의 회의에 참석하는 12주신을 말한다. 유노, 베스타, 미네르바, 케레스, 디아나, 베누스, 마르스, 메르쿠리우스, 이오비, 넵투누스, 불카누스, 아폴로 등(아르노비우스 《이교도를 논박함》 3, 40).

*53 어떤 권위도 마르스를 테르미누스 또는 유벤타스와 관련짓지 않는다. 유벤타스의 제단은 미네르바의 새 신전에 남아 있도록 허락받았다. 유피테르의 신전 신상 가까이에는 테르미누스의 돌이 있었다(오비디우스 《달력》 2, 667~79 ; 리비우스, 앞의 책, 1, 55).

위대한 자기들의 주인인 신에게 기꺼이 자리를 양보하리라 확신했다고 기록했다. 카피톨이 세워질 장소에는 많은 신들이 이미 자리잡았으므로, 그는 점(占)으로 그들이 유피테르에게 양보할 것인지 물어보았다. 앞서 말한 마르스, 테르미누스, 유벤타스 말고는 모든 신들이 유피테르에게 양보하겠다고 답했다.

이 때문에 카피톨*54이 세워질 때 이들 세 신이 포함되었으나, 그 신상들에 붙은 푯말이 너무나 분명치 않아서 학식이 깊은 사람들도 거의 알아보지 못했다. 유피테르는 이렇듯 늘 자신이 테르미누스, 마르스, 유벤타스에게 멸시받았기에 그 자신은 펠리치타스를 절대로 경멸하지 않았으리라. 또 유피테르에게 양보하지 않았던 세 신들마저도 유피테르를 자기들 왕으로 세워준 펠리치타스에게 자리를 양보했을 것이다. 또한 그들이 양보하지 않았다 하더라도 펠리치타스를 업신여겨서가 아니라 그녀 없는 다른 자리에서 이름을 알리기보다는 그녀가 머무르는 행복한 곳에서 눈에 띄지 않게 머물기를 선택했기 때문일 것이다.

그렇게 여신 펠리치타스가 더 넓고 위엄 있는 자리에 세워졌다면, 시민들은 온갖 착한 소망들을 어디에서 구해야 할지 알았으리라. 그래서 사람들은 그 많은 신들을 버리고 자연스럽게 펠리치타스만 섬기게 되었을 것이다. 행복을 바라는 시민들은 이 여신에게만 기도하며, 이 여신의 신전만 자주 찾게 되었을 터이고, 따라서 행복은 다른 신들이 아닌 펠리치타스에게서 추구되었으리라. 어떤 신에게서든지 행복 말고 다른 것을 얻고 싶어하는 사람이 어디 있겠는가? 펠리치타스가 여신이라면 자신과 함께 하기를 바라는 사람을 고를 수 있는 능력을 지녔다면, 그녀에게 구하여 얻을 수 있는 행복을 다른 신에게서 찾을 어리석은 사람이 어디에 있겠는가!

그러므로 로마인들은 그 위엄을 생각해서라도 이 여신에게 다른 신들보다 한결 더 많은 명예를 주어야만 했다. 로마 문헌에 따르면, 고대 로마인들은 낮의 번개를 주관하는 유피테르보다 밤의 번개를 주관하는 숨마누스(Summanus)*55 신에게 더 큰 영예를 주었다. 하지만 이름나고 훌륭한 신전이 유

---

*54 유피테르 카피톨리누스의 신전.

*55 숨마누스는 때로 명각(銘刻)에서는 유피테르 숨마누스로 되어 있다. 그는 키케로(《예언에 대하여》 1, 10, 16)와 리비우스(앞의 책, 32, 69)에서 언급되고 있다. 플리니우스(《박물지》 2, 52, 138)는 그의 기능에 대해 성 아우구스티누스와 생각을 같이하지만, 오비디우스는 이에

피테르에게 바쳐진 뒤, 그 건물의 장엄함에 이끌려 수많은 사람들이 그리로 몰려들었기 때문에 숨마누스라는 이름을 기억하는 사람은 거의 찾아볼 수 없게 되었다. 이제는 누구도 그 이름을 입에 담지 않는다.

하지만 펠리치타스가 여신이 아니라면—실제로 행복은 하느님의 선물이므로—우리는 그것을 베풀어 줄 수 있는 하느님을 찾고, 어리석은 인간들이나 헛되이 좋는 해로운 거짓 신들은 버려야 한다. 그런 어리석은 이들은 하느님 선물을 신으로 만들어 섬기며, 오만한 생각들을 고집함으로써 그런 선물들을 주시는 하느님을 상심케 한다. 펠리치타스를 여신으로 받들면서도 정작 행복을 주시는 하느님을 저버리는 사람은 불행에서 벗어날 수 없기 때문이다. 이는 그림 속 빵덩이를 핥으면서 빵을 가진 사람에게서 그것을 사지 않는 사람은 결코 굶주림에서 벗어날 수 없는 것과 같다.

제24장 신들 이름의 어원

우리는 이교도들이 내보이는 이유를 생각해 볼 수 있다. 그들은 "우리 조상들이 이런 것들은 신의 선물이며 신 자체는 아니라는 사실을 알지 못할 만큼 어리석었던 것일까?" 이렇게 말한다. 그들은 조상들이 이런 선물들이 어느 너그러운 신으로부터 나온다는 사실을 알았다고 말한다. 그런데 관련된 신들의 이름을 찾지 못했으므로, 자기들이 부여받았다고 느낀 선물 이름으로 신들을 불렀다는 것이다. 때로는 이름을 조금 바꾸기도 했다. 그들은 전쟁을 뜻하는 벨룸에서 벨로나(Bellona)를, 요람을 뜻하는 쿠나이에서 쿠니나(Cunina)를, 베지 않은 작물이라는 뜻인 세게스에서 세게티아(Segetia)를, 사과를 뜻하는 포뭄에서 포모나(Pomona : 과실의 여신)를, 소를 뜻하는 보스에서 부보나(Bubona)라는 이름을 끌어와 붙였다. 어떤 이름들은 바꾸지 않고 그대로 불렀는데 예를 들어 돈 자체는 여신으로 생각되지 않았으나 돈을 주는 여신은 페쿠니아, 덕을 베푸는 신은 비르투스, 명예를 주는 신은 호노르, 승리를 불러오는 여신은 빅토리아라고 불렀다. 따라서 펠리치타스를 여신으로서 부를 때에는, 주어진 행복 자체가 아닌 행복을 준 신을 뜻한다고 말한다.

대해 의구심을 갖는다(《달력》 731 f. "누구인지 잘 알려져 있지 않은 숨마누스에게 신전이 바쳐졌다고 전한다"). 기원전 278년 세워진 그의 신전은 막시무스 원형경기장 가까이 있었다.

제25장 유피테르는 행복을 주는 참된 신이 아니다

이런 명분이 보여진 이상, 마음이 지나치게 고집스럽지 않은 사람들이라면 우리가 바라는 대로 좀더 쉽게 설득할 수 있으리라. 행복이 어떤 신으로부터 주어지는지를 인간의 나약함이 일찍 깨달았다면, 유피테르를 우두머리로 많은 신들을 섬기는 사람들도 이 사실을 알게 되었으리라. 그렇다면 행복을 주는 신의 이름을 알지는 못했어도 그분이 주었다고 믿었던 바로 그 어떤 이름으로 신을 부르는 데 의견을 같이 하며, 행복은 지기들이 이미 숭배했던 유피테르 신에게서가 아니라 틀림없이 펠리치타스, 즉 '행복'이라는 이름으로 받드는 것이 옳다고 말한 신이 준다고 여겼으리라.

나는 그들이 자신도 알지 못하는 어떤 신에 의해 행복이 주어진다고 믿었다는 사실을 인정한다. 그렇다면 그들이 그분을 찾아내어 섬기도록 하는 것으로 충분하다. 셀 수 없이 많은 악마들과 관계를 끊고 하느님의 선물로 모든 사람들을 만족케 하라. 되풀이해 말하지만, 경배받으며 행복을 주시는 하느님께 만족할 수 없는 사람은 행복을 얻고도 만족하지 못하는 사람이다. 어떤 사람이 행복에 만족한다면—실제로 사람은 그 이상 바랄 게 아무것도 없다—그로 하여금 행복을 주시는 오직 한 분 하느님을 섬기게 하라. 이 하느님은 그들이 유피테르라 부르는 신이 아니다. 유피테르가 행복을 가져다준다고 생각했더라면, 그들은 펠리치타스라는 이름으로 행복을 주는 다른 남신 또는 여신을 찾지도 않았을 터이며, 그토록 뻔뻔한 속성을 지닌 유피테르가 섬김받도록 그냥 보아 넘기지도 않았으리라. 유피테르는 다른 사람의 아내들을 간통하는 자로,[56] 부끄러운 줄도 모르고 미소년을 유혹하고 납치하는 자로 그려진다.[57]

제26장 신들은 외설적인 연극 재개를 강하게 요구했다

키케로는 "그러나 이런 이야기들은 인간의 결점을 신들 탓으로 돌렸던 호메로스가 꾸며낸 것이다. 나는 그가 신에 대한 이야기들을 차라리 우리 인간들의 이야기로 돌리기를 바란다"[58] 말한다. 시인 호메로스가 그런 죄악들을 신들 탓으로 돌린 것에 대해, 성품 진지한 키케로가 불쾌함을 느끼는 것은 마땅

---

[56] 예를 들어 알크메나이다.
[57] 가니메데.
[58] 키케로 《투스쿨룸에서의 논쟁》 1, 26, 65.

하다. 그렇다면 왜 이런 죄악이 습관적으로 이야기되고 공연되며, 지식이 깊은 이들 사이에 신성한 것으로 여겨지는 것일까? 여기서 키케로는 시인들의 창작에 대해서가 아니라, 조상들의 관례에 맞서 목소리를 높였어야 했다. 아니면 그의 조상들은 이에 대한 답으로 이렇게 스스로 외쳤어야 하리라.

> 우리가 무슨 일을 했다는 말인가? 신들 스스로 자기들 명예를 위해 이런 공연들이 열리도록 큰소리로 요구하고 강요하며 그렇지 않으면 파멸시키겠다고 위협했지. 실제로 그렇게 하지 않으면 아주 가혹한 보복을 하고 공연이 다시 열리면 기쁨을 표시했다.

그들이 기적처럼 능력을 보여준 데 대해서는 이런 이야기가 있다.*59 로마의 농부이며 가장인 티투스 라티니우스가 어느 날 꿈을 꾸었는데, 원로원에 찾아가서 축제를 다시 시작하도록 알리라는 명령을 받았다. 축제 첫날에 사람들이 보는 앞에서 어떤 범죄자가 처형되어 연극을 즐기려던 신들을 기분 나쁘게 했다는 것이다. 이런 지시를 받은 농부는 함부로 용기가 나지 않아 다음 날 원로원에 그 명령을 전달하지 않았는데, 둘째 날 밤 꿈에 더 엄격한 말투로 같은 명령이 내려졌다. 그는 이를 또 무시했고 이 때문에 마침내 아들을 잃었다. 셋째날 밤 그는 만일 계속해서 따르지 않는다면, 더 무서운 벌을 내리겠다는 경고를 받았다. 그런데도 그가 감히 명령을 따르지 않았더니 끝내 끔찍한 병에 걸리고 말았다. 그제야 그는 친구들의 충고를 받아들여 정무관들에게 알린 뒤 들것에 실려 원로원으로 갔는데, 꿈 이야기를 하자마자 곧바로 병이 나아 스스로 걸어나왔다. 이런 큰 기적에 놀란 원로원은 전보다 네 배나 비용을 더 들여 축제를 다시 시작하기로 했다.

올바른 생각을 하는 사람이라면 우리 주 예수 그리스도를 통한 하느님의 은총 말고는 그 사악한 악마들로부터 벗어날 수 없는 사람들이, 바르게 판단한다면 부끄러워하며 정죄해야 할 연극을 그런 신들에게 어쩔 수 없이 공연했다는 사실을 누가 모르겠는가? 이런 연극에서 신들의 죄악을 시로써 기념하는 것은 사실이지만, 그것은 신들의 강요로 다시 열리게 된 연극이다. 이런 연극에서 부끄러움을 모르는 배우들이 유피테르를 정절을 무너뜨리는 자로 노래하고 연기함으로써 그를 기쁘게 해주었다. 만일 그 내용이 지어낸 것이었다면 그는 분노

---

*59 키케로 《예언에 대하여》 1, 26, 55 ; 리비우스, 앞의 책, 2, 36 ; 발레리우스 막시무스, 앞의 책, 1, 7, 4.

했으리라. 하지만 꾸며낸 이야기라 하더라도 자기 죄악이 드러나는 모습을 보고 그가 기뻐했다면, 그를 우러르는 행위는 악마를 떠받드는 짓이 아니고 무엇이란 말인가?

제27장 신들의 세 구분

지식이 깊은 제사장 스카이볼라(3권 28장 참조)는 신들의 종류가 셋으로,[60] 그 하나는 시인들에 의해, 둘째는 철학자들에 의해, 셋째는 통치자들에 의해 전해졌다고 한다. 그는 시인들이 신들에 대해 온당치 못하게 꾸며냈기에 첫 번째 신들을 쓸모없는 부류라고 선언한다. 두 번째 신들은 쓸데없는 것들, 민중이 알면 해가 되는 것들을 담고 있기에 국가에 알맞지 못하다. 법률가들은 흔히 "쓸데없는 것들은 해가 되지 않는다" 말하므로 쓸데없는 것들은 그리 큰 문제가 되지는 않는다. 하지만 수많은 사람들 앞에 알려졌을 때 해가 되는 요소들은 무엇인가? 스카이볼라는 이렇게 말한다. "그것은 헤라클레스, 이스쿨라피우스, 카스토르, 그리고 폴룩스가 신이 아니라는 것이다. 학식 있는 사람들은 이들이 인간일 따름이며, 죽음이라는 평범한 인간들의 운명에 굴복했다[61]고 선언했기 때문이다." 세 번째 부류의 신들은 어떠한가? "참된 신은 성(性)도, 나이도, 특정한 몸도 없기 때문에, 정확한 신상을 갖고 있지 않다." 제사장은 민중들이 이런 내용들을 알기를 바라지 않았는데, 이런 말들이 거짓이라고 생각하지 않았기 때문이다. 그는 종교 문제에 있어서는 국가가 속을 필요가 있다고 여겼다. 바로(Marcus Varro)는 그의 책에서 신적인 일들에 대해 망설임 없이 말했다. 구원이 필요한 약자들이 도움을 구하러 달려가는 종교는 얼마나 훌륭한가! 어떤 이가 구원받기 위해 진리를 찾고 있다면, 속는 것도 유익하다고 믿어 볼 만하다.

로마 문헌을 보면, 스카이볼라가 왜 시인들이 말한 신들을 밀어냈는지 똑똑히 드러난다. 시인들은 신들의 모습을 왜곡하기 때문에 그런 신들은 선한 사람

---

*60 세 종류의 신. 이 이론은 로마에서 얼마간 가르쳤던 로도스의 스토아 철학자 파나이티우스(기원전 180~110)로부터 비롯되었을 것이다.

*61 "그들은 인간이었다." 신들은 신격화된 인간이라는 이론은 엔니우스가 라틴어로 옮겼던 '히에라 아나그라페'에서 기원전 300년쯤 이를 주장한 시칠리의 유헤메루스의 이름을 따서 유헤메리즘이라 부른다. 아우구스티누스는 6권 7장과 7권 27장에서 이 이름을 들고 있다.

조차도 비교할 수 없을 정도이다. 어떤 신은 도둑으로, 또 어떤 신은 간통을 저지른 자 따위로 그려진다. 세 여신이 누가 아름다운지 겨루다가 베누스가 승리하자 패배한 다른 두 신은 트로이를 멸망해 버린다는 등, 말과 행동에서 온갖 추악함과 어리석음이 드러난다. 유피테르는 여자들(유로파와 레다)과 동침하기 위해 소나 백조로 몸을 바꾼다. 어떤 여신은 인간과 결혼하고, 사투르누스는 그의 아이들을 삼켜버린다. 거기에서는 비록 신들의 성질과 다르면서도, 상상할 수 있는 모든 나쁘고 기적같은 일들을 모조리 볼 수 있다.

오, 대제사장인 스카이볼라여, 당신이 할 수 있거든 연극을 폐지하라. 사람들에게 자기 마음대로 신들의 죄악에 찬사를 보낼 수 있고, 할 수 있다면 바라는 대로 흉내낼 수 있는 연극에서 불멸의 신들에게 그런 영예를 주지 않도록 훈계하라. 하지만 사람들이 "대제사장이여, 우리 사이에 이것을 들여온 사람이 바로 당신이오" 대꾸한다면, 신들에게 이런 공연을 요구하지 말라고 부탁하라. 당신이 연극 공연을 명령한 까닭은 그들의 부추김이 있었기 때문이다. 그런 이야기들이 악하고, 신들의 위엄에 비추어 절대로 믿을 수 없다고 한다면, 그런 거짓이 어떤 벌도 받지 않으므로 신들에게 가하는 해로움은 더욱 심각한 것이다.

그러나 스카이볼라여, 그 신들은 당신 말을 도무지 귀담아 듣지 않으리라. 그들은 악마이므로 나쁜 행동들을 가르치며, 더러운 것들로부터 즐거움을 얻는다. 그들은 자기들에 대한 그런 거짓이 발표되는 것을 자기들에 대한 모욕이라고 여기지 않을 뿐만 아니라, 그것이 제전 중에 공연되지 않는 것이야말로 그들에게 참을 수 없는 권한 침해가 된다. 그러나 만일 당신이 어떤 다른 신보다 유피테르의 죄악이 연극에서 더 많이 상연된다는 이유로 신들에 맞서 유피테르에게 호소하고자 한다면, 비록 당신이 그 신을 온 세계를 다스리고 통치하는 유피테르라 부를지라도 당신이 큰 모욕을 주는 대상은 바로 그가 아니겠는가? 당신은 악마들과 함께 그를 섬겨야 한다고 생각하면서, 그를 그들의 왕이라 부르고 있기 때문이다.

제28장 로마제국이 커진 것은 신들 덕분이 아니다

때문에 그런 명예로 달래야 했거나, 비록 진실이라 하더라도 오히려 거짓된 내용을 보고 기뻐하는 것이 더 큰 범죄라는 사실 때문에, 고소당해야 마땅할 그런 신들은 로마제국을 키우거나 지킬 수 없었다. 정말로 그들이 그런 능력을 지녔더라면, 그런 엄청난 선물을 오히려 그리스인들에게 주었으리라. 그리스인들은 이런 신적인 일들, 즉 연극물에서 더 존중받을 만하고 가치 있는 숭배행위를 했기 때문이다. 그들은 시인들이 신들을 조각조각 찢는 모습을 보고도 그런 험담을 거부하지 않았으며, 도리어 원하는 시인이라면 누구든지 매도할 수 있는 자유를 주었다. 배우들을 뻔뻔하다고 정죄하지도 않았으며 오히려 최상의 명예를 누릴 만하다고 생각했으니 말이다(2권 11장 참조).

하지만 로마인들이 금(Aurinus)을 신으로 섬기지 않고도 금화를 가질 수 있었던 것처럼 은화와 동화를 쓰면서도 마르겐티누스와 그의 아버지인 아이스클라누스를 섬기지 않을 수도 있었다. 그 나머지에 대해 내가 자세히 말을 한다면, 매우 번거로운 일이 될 것이다. 그러므로 로마인들은 하느님의 뜻이 아니라면, 결코 그런 드넓은 영토를 차지할 수 없다는 결론이 나온다. 또한 이런 수많은 거짓 신들이 알려지지 않았거나 정죄받았더라면, 그리고 그분만이 알려지고 신실한 믿음과 덕성으로 경배되었더라면, 로마인들은 그 크기가 어떠하든지 이곳에서 더 나은 나라를 가졌을 터이고, 어디서든지 영원한 나라를 부여받으리라.

제29장 신화에서 말하는 로마제국이 지지 않는다는 예언은 어긋났다

무엇보다도 그들이 무엇보다 훌륭하다고 선포했던 점(占), 곧 내가 조금 전 23장에서 말했듯이 마르스와 테르미누스와 유벤타스가 신들의 왕인 유피테르에게마저 자리를 양보하지 않았던 일은 어떤 종류의 점인가? 마르스에게 바쳐진 국가인 로마는 한번 차지한 지역을 어느 누구에게도 내어주지 않고, 남신인 테르미누스로 인해 어느 누구도 로마 국경을 어지럽힐 수 없으며, 유벤타스 여신 덕분에 로마 젊은이들은 어느 누구에게도 무릎 꿇지 않는다고 말한다. 때문에 이런 점(占)이 유피테르를 적으로 올려놓고 그에게 양보하지 않는 것을 명예롭다고 여기고 있음에도, 어떻게 저들이 그를 신들의 왕이요, 그들의 지배권을 준 자로 주장하는지 알아보게 하라. 이런 일들이 사실이라면 사람들이 두려워할 것은 전혀 없는 셈이다. 왜냐하면 저들은 유피테르에게 양보하지 않던 신들이 그리스도에게 굴복했다고 인정하려 들지 않을 것이기 때문이다.

예수 그리스도는 제국의 영역을 침범하지 않고도 스스로 그 신들을, 신전에서뿐만이 아니라 숭배자들 마음에서 지웠다. 하지만 그리스도께서 육체로 오시기 전에, 우리가 저들 책에서 인용했던 이런 일들이 기록되기 전에, 그리고 타르퀴니우스 왕 아래에서 그런 점괘가 나온 뒤에도 로마 군대는 여러 번 패해 흩어지거나 달아남으로써 그 점이 거짓임을 보여주었다. 그 점괘에서는 유벤타스 여신이 유피테르에게 굴복하지 않았는데도 말이다. 그리고 마르스에게 바쳐진 민족인 로마는 위세를 떨치며 침략했던 갈리아인들에게 도시 안에서 짓밟혔으며, 많은 도시들을 한니발에게 빼앗김으로써 제국 경계선이 좁은 영역 안으로 제한되었다. 그래서 그 점괘는 헛일이 되었으며, 신들, 아니 악마들이 유피테르에 맞서 불복종했다는 사실만 남게 되었다. 양보하지 않았다는 사실과 양보했던 것을 되찾은 일은 다른 문제이기 때문이다.

그 말고도 뒷날 동방지역에서 로마제국 국경은 하드리아누스 황제*62의 의지로 바뀌었다. 그는 세 곳의 중요한 속주인 아르메니아, 메소포타미아, 아시리아를 페르시아에 넘겨주었다. 그러므로 로마인들에 따르면, 국경을 지키고 그 훌륭한 점(占)에 따라 유피테르에게 자리를 양보하지 않았던 남신인 테르미누스는 신들의 왕보다 사람들의 왕인 하드리아누스를 더 두려워했던 것으로 보인다. 앞서 말한 속주들은 나중에 다시 되찾게 되었지만, 그 뒤 우리 시대에 와서도 테르미누스는 또다른 양보를 했다. 이런 일은 율리스 황제가 신탁에 굴복해 식량운반선을 불태워버리라는 명령을 내렸을 때 일어났다.*63 그로써 군대가 보급을 받지 못하게 된 형편에 황제마저 적에게 입은 상처로 죽자, 군대는 매우 큰 어려움에 놓이게 되었다. 지휘관을 잃어버린 군대는 엄청난 위기를 맞닥뜨렸으며, 아마 제국 국경을 오늘날 상태대로 확정한 평화조약이 이루어지지 않았더라면, 어느 누구도 목숨을 건지지 못했으리라. 그것은 하드리아누스가 잃은 손실에 비해 그렇게 엄청나지는 않았으나, 적지 않은 희생이었다.

테르미누스가 하드리아누스의 의지와 율리아누스의 성급함, 또 요비아누스*64의 가난에도 굴복한 것을 보면, 유피테르에게 무릎 꿇지 않았다는 것은 거

---

*62 기원후 117년에 제위를 이은 하드리아누스는 정복당한 토지를 포기하고 유프라테스를 로마제국의 경계로 회복시키고는, 114년에 트라야누스 황제가 시작한 파르티아인들과의 전쟁을 종결지었다.

*63 5권 21장 참조. 이 이야기는 암미아누스 마르켈리누스에 기록되었다(《역사》 24, 7, 4).

*64 기원후 363년 율리아누스가 죽은 뒤 군대에 의해 선출되었다.

짓된 점(占)이다. 한결 지적이고 신중한 로마인들은 이런 사실을 알고 있었으나, 악마들의 의식에 사로잡혀 있던 국가 관습에 맞설 힘이 거의 없었다. 그들 자신은 비록 그런 의식이 필요없음을 알면서도, 종교적인 섬김은 자연 질서에 따라야 한다고 믿었기 때문이다. 하지만 자연은 하느님의 다스림과 지배 아래 있으므로 그런 경배는 그 하느님께 올려져야만 마땅하다. 그래서 사도는 로마인들에게 "사람들은 하느님의 진리를 거짓과 바꾸고 창조주 대신에 피조물을 예배하고 섬겼습니다. 그러나 영원히 찬양을 받으실 분은 창조주이십니다"(로마 1 : 25) 말했다. 오직 필요한 것은 거짓 종교가 살아 있는 사람들에게 처음부터 접근 못하게 할 목적으로 참된 종교를 위해 기꺼이 목숨을 내놓는 경건하고도 헌신적인 사람들을 보내시는 하느님의 도움이다.

제30장 키케로의 미신과 종교 구별은 아무런 이득이 없었다

점술가이기도 했던 키케로는 점을 비웃으면서,*[65] 까마귀와 갈가마귀의 울음소리로 인생계획을 맞춰 나가는 사람들을 비난한다.*[66] 그러나 온갖 일들이 불확실하다고 주장하는 아카데미 학파*[67] 철학자인 키케로는 이런 문제에서 권위자로 인정받을 자격이 없다. 그는 자신의 책 《신의 본성에 대하여》*[68] 2권에서, 물질적이고 철학적인 미신들이 진리에 바탕을 두고 있음을 보여준 뒤에 퀸투스 루킬리우스 발부스*[69]로 하여금 신상 건립과 신화 이야기에 대한 분노를 표현하도록 하면서 이렇게 말한다.

당신은 인간의 이성이 자연에 대한 참되고 이로운 발견에서 허구적이고 상상적인 신들에게로 잘못 이끌려 들어가는 것을 알지 못하는가? 이로

---

*[65] "키케로는 복점을 보고 웃는다." 기원전 53년에 복점관으로 선출된 키케로는 한 복점이 다른 복점을 충족시킬 수 없을 때마다 웃음을 터뜨리지 않을 수 없었다고 하여 놀랐다던 감찰관 카토의 말을 인용하고 있다.

*[66] 키케로 《예언에 대하여》 2, 36~8.

*[67] 아카데미학파 철학자들. 플라톤과 그의 후계자들은 아테네 근처의 아카데미 정원에서 가르쳤다. 피타나의 아르케실라우스(315~240쯤)는 제2(또는 신) 아카데미로 알려지게 된 가르침에다가 엘리스의 피론(365~275쯤)의 회의주의를 도입했다. 확실한 지식의 가능성을 부인하는 태도는 스토아주의자들과의 논쟁으로 이끌었다. 사실 키케로는 철학에서 완전한 절충주의자였다.

*[68] De Natura Deorum 2, 28, 70.

*[69] 스토아철학자.

써 잘못된 억측과 뒤죽박죽이 된 오류와 거의 옛날 할머니 이야기같은 미신이 비롯된다. 사실 우리는 신들의 모습이나 나이, 옷도 장신구도 잘 알고 있다. 또한 족보와 결혼과 혈연관계처럼 그들에 대한 모든 것은 인간의 약점과 비슷할 만큼 천박하다. 더욱이 신들은 어지러운 정신 상태로 무대에 나오는데, 우리는 그들의 욕정, 조바심, 그리고 분노에 대한 설명을 통해 그것을 알 수 있다. 또한 신화에 따르면 신들은 자기들끼리 전쟁도 하고 투쟁도 벌인다. 호메로스의 작품*70에서 볼 수 있듯이, 신들은 인간들이 양편으로 나누어 싸우고 있을 때 저마다 편을 들기도 하며, 타이탄족이나 거인족처럼 자신들이 전쟁을 벌이기도 한다. 그런 일들은 말하거나 믿기에 너무나 터무니없다. 매우 가벼우며 근거가 없는 것이다.

자, 이교 신들을 변호하는 자들이 어떤 점을 인정하는지 보라. 키케로는 그 뒤 이어서 이런 것들은 미신에 속하며 스토아주의자들에 따르면 나중의 경우가 가르치기에 좋다고 말한다. 그는 "철학자들만이 아니라, 우리 선조들도 미신과 종교를 구분했다. 왜냐하면 자신보다도 아들이 오래 살라고(siprstites essent) 모든 시간을 기도하는 데 보내며 제물을 바치는 사람들은 '미신적' (superstitous)*71이라고 불렸기 때문이다" 말한다. 그는 대중들의 관습을 두려워하여 선조들의 종교를 칭찬했고, 그것을 미신과 떼어놓으려고 노력하지만 방법을 찾아내지 못했다. 제물을 바치고 온 하루 기도하는 사람들을 조상들이 미신을 믿는 사람들이라 불렀다면, (그 자신이 비난하듯이) 온갖 의상을 입힌 이런저런 연령의 신상을 세우고 신들의 족보와 혼인관계와 인척관계를 꾸며내는 자들도 그렇게 부를 수 있다. 따라서 이런 일들이 미신적이라고 비난받는다면, 그런 신상을 만들고 섬긴 그의 조상들이야말로 그 비난의 대상이 되리라. 나아가 그는 여러 말들로 그런 비난에서 벗어나 자유의 몸이 되려 하지만, 이런 우상들을 존중할 필요가 있음을 넌지시 드러내고 있다. 또 그는 자기 저서에서는 매우 뚜렷하게 밝힌 내용들을 공공집회에서는 섣불리 입밖에도 내지 못했다.

때문에 우리 그리스도교인들은 이 철학자가 이야기하는 하늘과 땅에 감사할 것이 아니라, 하늘과 땅을 만드신 우리 주 하느님께 감사드리자. 발부스 (Balbus)가 더듬거리며 비난에 실패했던 이런 미신들을 그분은 낮게 오신 그리

---

*70 《일리아드》 20, 31 ff.
*71 이것은 적당한 어원론이 아니지만, 참된 기원은 불확실하다.

스도의 겸손과 사도들의 설교로써, 진리를 위해 죽고 진리와 더불어 살아가는 순교자들의 신앙을 통해, 믿는 자들의 마음속에서 뿐만 아니라 미신을 섬기는 자들의 신전에서도 물리침으로써 강제가 아닌 자유로운 섬김으로 사람들을 이끌었기 때문이다.

제31장 바로는 미신을 멀리했지만 오로지 하나뿐인 진정한 신을 믿는 데까지는 이르지 못했다

비록 스스로 내린 판단이 아니더라도, 바로(Varro)가 축제 연극을 신들을 위한 행사에 포함시켰다는 사실은 매우 유감스럽다. 종교적인 사람으로서 그가 많은 구절에서 신들을 섬기도록 사람들에게 권하면서 지적했듯이, 이는 자기 스스로 내린 판단이 아니며 로마가 만든 관습을 따를 뿐임을 인정한다. 그는 자신이 새로운 나라를 세웠더라면, 오히려 신들과 그 이름을 자연 법칙에 따라 붙여 놓았으리라고 망설임 없이 말한다. 하지만 그는 이미 세워진 나라에 태어났으므로 전통적인 신들의 이름과 성, 그리고 그 역사를 받아들일 수밖에 없었다. 자신이 그것들을 기록하고 연구한 것도 사람들이 신들을 경멸하도록 하기 위해서가 아니라 섬기도록 하기 위함이라고 말한다. 이로써 그는 매우 지혜로운 사람답게, 자신이 보기에 경멸할 만할 것들을, 그대로 아무 말 없이 넘어가리라고 말한 셈이다. 그러지 않으면 사람들에게 모욕감을 불러일으킬 것이므로, 모든 것을 빠짐없이 발표하지는 않으리라는 것이다.

만일 바로가 다른 구절에서 종교에 대해 이야기하면서, 일반 사람들이 알게 되면 이롭지 않을 많은 것들이 있을 뿐만 아니라, 사람들이 사실이라고 믿는 것들 가운데에도 거짓이 많으며, 그 까닭은 그리스인들이 종교적 의식과 신비들을 침묵과 벽 안에 가두어 놓았기 때문이라고 말하지 않았더라면, 내가 이런 말을 단지 짐작한 것이라고 여길 수도 있으리라. 여기서 그는 의심할 바 없이 국가와 민족을 다스리는 이른바 현자들의 뜻을 드러내어 말하고 있다. 그러나 우리 주 예수 그리스도를 통한 하느님의 은총이 아니고서는 사람들을 구해 낼 수 없도록 지배하는 악령들은, 이런 교묘한 꾀로 속이는 자와 속는 자를 함께 손아귀에 넣고 뛸 듯이 기뻐한다.

또한 날카롭고 박학한 이 지은이는 하느님이 운동과 이성으로 세계를 다스리는 어떤 영혼이라고 믿는 사람들만이 그분이 어떤 존재인지 깨달은 사람이라고 말한다. 참된 하느님은 영혼이 아니라 영혼의 창조자임을 생각한다면 그가 진리에 다다르지는 못했다. 그러나 만일 관습이 지닌 편견에 기꺼이 맞설 수만 있었다면, 오직 하느님 한 분만을 경배해야 한다고 스스로 받아들이고 다른 사람들에게도 알려줄 수 있었으리라. 따라서 이 문제에서는 그가 하느님을 영혼의 창조자가 아닌 영혼으로 불렀다는 점만 논의거리로 남는다.

바로는 또 로마의 조상들은 우상 없이 170여 년 동안 신들을 섬겨왔다고 말한다. 그는 "만일 이런 관습이 오늘날까지 남아 있었다면, 신들은 좀 더 순결하게 숭배되었으리라" 이야기한다. 그는 자신의 견해를 지지하는 증거로서 유대 민족을 예로 든다. 또 처음 사람들을 위해 우상을 세운 자들이 동료 시민들에게서 종교적 경외심을 빼앗고 오류를 늘였다고 망설임없이 말함으로써 그 문장을 끝맺는다. 그는 지혜롭게도 신들이 우상이라는 생명 없는 모습을 띠게 되면 자칫 경멸 당하리라 여겼던 것이다. 그러나 바로는 그들이 오류를 불러왔다고 말하지 않고 늘였다고 말했으므로, 우상이 없었을 때에도 이미 오류가 있었음을 깨우쳐 주고 싶어하는 것으로 보인다. 때문에 하느님이 세계를 다스리는 영혼이라고 믿는 사람만이 그분이 누구인지 안다고 말했을 때, 그리고 우상이 존재하지 않을 때 종교의식이 한결 순결하게 지켜지리라고 생각할 때, 그가 진리에 얼마나 가까이 다가갔는지 알 수 있다. 그가 만일 뿌리 박힌 오류에 맞서기 위해 무언가를 할 능력이 있었다면, 그는 틀림없이 우주를 다스리는 영혼이라고 자신이 믿었던 유일신이 숭배되어야 함은 물론, 그분이 우상 없이 섬겨져야 한다는 의견을 내놓았으리라. 아마도 그는 진리에 무척 가까이 다가갔기에, 쉽게 영혼의 무상함을 깨닫고서 참된 하느님이 영혼 자체를 만든 불변하는 자연적 존재임을 깨달을 수 있을 것이다.

사실이 이러하므로 바로와 같은 사람들이 후대에 전해질 자기 책에서 많은 신들을 비웃었다 하더라도, 그들은 사람들을 설득하기보다는 하느님의 비밀스런 뜻에 따라 그렇게 하지 않을 수 없었다. 그의 책에서 이런 증거들을 이끌어 낼 때, 우리는 우리 자신을 위해 흘린 성스러운 피에 담긴 놀라운 희생과 성령이라는 선물로 우리가 벗어날 수 있었던 저 악령의 사악한 힘을 물리치는 자들에게 반박할 의도를 갖게 된다.

제32장 지배자들은 종교로 사람들을 속여서 복종시켰다

바로는 또 신들의 계보를 말하는데, 이에 따르면 일반 사람들은 자연철학자들에게보다는 시인들에게 더 귀를 기울였기에 그들의 조상인 옛 로마인들은 신들의 성별과 탄생 내력을 믿고서 자신들의 결혼을 확정지었다고 했다.

종교문제에서 사람들을 기만하고 속이기를 열망하는 악령들을 따르는 것이 뛰어나고 지혜로운 사람들이 할 일이었다. 그들은 이러한 생각으로 백성들이 이런 악령들을 섬기고 닮도록 부추겼다. 악령들이 사기가 속이는 사람들만 소유할 수 있듯이, 공정하지 않으며 악마같은 통치자들도 스스로 거짓임을 알고 있는 그런 것들을 종교라는 이름으로 믿도록 사람들을 설득해왔기 때문이다. 그들은 실제로 이렇게 해서 사람들을 시민 사회에 얽어매고 그들을 신민(臣民)으로 소유하려 했다. 국가 통치자들과 악령들이 손을 잡고 이처럼 인간을 속이려 하는데, 나약하고 무지한 사람들이 이 속임수로부터 빠져나갈 수 있었겠는가?

제33장 신은 시간의 질서에 따라 지배자들에게 정치적 권위를 주었다

행복을 빚고 베풀어 주시는 하느님은 땅 위 왕국들을 선인에게도 악인에게도 주신다. 그분은 아무 때에나 우연에 의해서가 아니라, 우리에게는 숨겨진 그분만이 알고 있는 사물과 시간의 질서에 따라 다스리신다. 하지만 시간의 질서에 묶여 있는 것은 아니며, 주인으로서 다스리고 통치자로서 명령하신다. 그분은 오직 선한 사람에게만 행복을 베푼다. 예속된 자나 군림하는 자나 누구든지 행복을 지닐 수도, 가지지 못할 수도 있다. 그러나 행복을 오롯이 누리는 것은 왕도 신하도 없는 삶 안에서 가능하다. 따라서 하느님이 지상 왕국을 선인에게도 악인에게도 주신 까닭은 여전히 어린아이처럼 나약한 영혼의 단계에 있는 숭배자들이 이런 선물을 마치 대단한 것처럼 탐내어 구하지 않도록 하기 위함이다.

이는 바로 신약을 감추고 있는 구약의 신비로움을 말해준다. 구약에는 지상의 약속과 선물 이야기가 나오는데 이때에도 영적인 이해력을 가진 사람들은 비록 모든 사람에게 알리지는 않았지만, 현세적인 것들에 따라 영원성이 보여지며 참된 행복이 하느님의 어떤 선물 안에 있는지도 알 수 있었다.

제34장 유대인은 이교도 신들의 도움 없이 발전했다

따라서 더 나은 것들을 알지 못하는 사람들이 숨가쁘게 좇는 세상의 선이, 전에 로마인들이 섬긴 수많은 거짓 신들이 아닌 유일신의 능력 안에 있다는 사실을 전하기 위해, 그분은 이집트에 있는 당신의 백성들을 아주 적은 수에서 많아지도록 하셨으며, 놀라운 기적으로 그들을 구출해내셨다. 그들의 자손이 많이 태어날 때, 유대 여인들은 출산을 돕는다는 루키나 여신을 부르지도 않았다. 그리고 믿을 수 없을 만큼 민족 수가 불어났을 때, 하느님께서는 그들을 박해하며 모든 어린아이들을 죽이려는 이집트인들의 손으로부터 그들을 지켜 주셨다. 유대 어린이들은 루미나 여신이 없이도 젖을 빨았고, 쿠니나 여신 없이도 요람에 들었으며, 에두카와 포티나(4권 11장 참조) 없이도 먹을 것과 마실 것을 얻었다. 그들은 아이를 지키는 신들 없이 교육받았으며, 결혼을 도맡는 신들 없이 결혼했고, 프리아푸스를 섬기지 않고도 부부관계를 맺었다. 넵튠을 부르지 않아도 바다가 둘로 갈라져 길을 열어 주었으며 파도가 다시 돌아와 뒤쫓는 적들을 덮쳤다. 그들은 하늘로부터 만나를 받아 먹었지만 만니아라는 여신을 받들지도 않았고, 지팡이로 내리치자 목마른 그들 앞에 바위가 물을 뿜어낼 때 님프와 림프를 받들지도 않았다. 그들은 마르스와 벨로나에 대한 광적인 의식 없이도 전쟁을 치렀으며, 전쟁에서 이겼을 때 이를 여신이 해낸 게 아니라 하느님의 선물이라고 생각했다. 그들은 세게티아 없이도 풍족한 곡식을 얻었으며, 부보나 없이 소를, 멜로나 없이 벌꿀을, 포모나 없이 사과를 얻었다.[72]

그들은 로마인들이 수많은 거짓 신들에게 하나하나 구해서 얻어야 한다고 여긴 모든 것을 오로지 하느님 한 분으로부터 한결 더 행복하게 받아 누릴 수 있었다. 그리고 만일 그들이 불경한 호기심으로 마술같은 것에 미혹되어 이상한 신들과 우상들에게 빠져들며 마침내 그리스도를 죽음에 이르게 함으로써 하느님께 죄를 짓지 않았더라면, 비록 로마보다 더 넓지는 않지만 그들보다 더 행복하게, 자신들의 왕국에 머무르며 살았으리라. 오늘날 그들은 거의 온 땅과 모든 민족 사이에 흩어져 사는데 이 또한 하느님의 섭리이다. 거짓 신들의 우상과 제단과 성스러운 정원과 신전이 곳곳에서 무너지고 그 희생제사가 금지되

---

[72] 24장 참조(멜로나에 대한 기록은 고전에 남아 있지 않다).

리라는 예언은 매우 오래전부터 유대인 경전에도 기록되어 왔는데, 이는 똑같은 내용을 성경에서 읽더라도 그리스도인들이 지어낸 이야기가 아님을 보여주시려함이다.

이 문제에 대해서는 다음 권에서 살펴보기로 하고, 지나치게 길어진 이야기를 여기서 끝맺기로 한다.

제5권

점성술로 운명을 예측할 수 없다. 자유의지와 하느님의 섭리에 대해. 로마인은 영토를 키웠지만 이는 그들의 명예욕과 지배욕 때문이었다. 그리스도교 황제에게 주어진 참된 행복과 의무에 대해서.

머리글

행복은 여신이 아닌 하느님의 선물이다. 따라서 행복은 모든 사람이 얻고자 하는 완전한 기쁨이다. 사람들은 자신들을 행복하게 해줄 수 있는 신이 아니라면 섬기지 않는다. 만일 펠리치타스가 여신이라면, 그녀만이 하나뿐인 숭배 대상이라고 마땅히 주장할 수 있으리라. 하지만 선하지 않은 사람들까지도 받아누릴 수 있는 축복은 오로지 하느님만이 베풀어주신다. 따라서 이제 우리는 하느님께서 로마가 그토록 드넓어지고 그렇게 이어지기를 바랐는지 그 까닭에 대해 생각해보기로 하자. 이미 우리는 이런 일이 로마인들에게 떠받들여졌던 많은 거짓 신들 때문에 이루어지지 않았음을 어느 쯤 이야기했지만, 알맞은 때에 더 많은 증거를 밝힐 것이다.

제1장 운명은 별의 위치에 따라 결정되는가?

어떤 합리적 질서에서 비롯하지 않은 원인을 지닌 것들을 '우연'이라 하고, 하느님이나 인간의 의지가 아니라 어떤 필연으로 일어나는 것들을 '운명'이라 부르는 사람들의 견해나 판단에 따르면, 로마가 강대해진 까닭은 우연도 아니고 운명도 아니다. 물론 인간의 지배권은 하느님의 섭리로 세워졌다. 하지만 만일 당신이 하느님의 의지나 능력을 운명이라 부르고 그 운명이 인간을 쥐락펴락하는 것으로 돌린다면, 자신의 견해를 유지해도 좋지만 말은 바꾸기 바란다. 어째서 나중에 어떤 사람에게 '운명'이란 무슨 뜻이냐고 질문을 받았을 때 할 말을 처음부터 하지 않았는가? 사람들은 '운명'이라는 말을 일상적인 어법으로 들음으로써, 어떤 사람이 태어나거나 잉태되는 일이 별들의 특정 위치에서 생긴 영향력이라 이해할 뿐, 다른 것은 생각지도 않는다.

어떤 사람들은 이러한 영향력이 하느님의 의지와 아무런 관련이 없다고 보기도 하고, 그것 또한 그분의 의지에 달려 있다고 주장하는 사람도 있다. 그러나 하느님의 의지와는 상관 없이 우리가 무엇을 했을 때 어떤 좋은 일들이 생기거나 어떤 해악을 겪게 될 것인가를 별들이 결정한다는 견해를 가지고 있는 사람들이 있다. 이들은 참된 신앙을 가진 사람들뿐만 아니라, 어떤 신들이든지, 심지어 거짓 신들을 섬기려는 사람들 말조차 귀기울이지 않는다. 이런 견해는 어떠한 신이든지 숭배나 기도받는 대상이 되어서는 안 된다는 결론이 확고하다! 하지만 우리는 오늘 그런 사람들을 상대로 논의하려는 것이 아니다. 자기들이 신이라고 믿는 자들을 감싸려고 그리스도교를 반대하는 자들을 상대로 반박하고 있는 것이다.

그런데 별들의 위치가 사람들이 저마다 어떤 성격을 지니고 저마다 어떠한 선악이 주어지는가를 결정한다고 주장하면서 이것을 종속시키려는 하느님의 의지에 사람들이 있다. 만일 이 별들이 전능한 하느님의 능력으로부터 모든 것을 자신들의 의지대로 결정할 수 있는 힘을 받았다고 생각한다면 그것은 매우 커다란 착각이다. 그들은 어느 지상 왕국이 그렇게 규정한다면 모든 인류의 결정으로 마땅한 벌을 받아야 할 그런 악독한 행동들 또한 하늘에서 눈부시게 빛나고 있는 별들이 결정한다고 가정하기 때문이다. 이러한 악의 행동이 천체의 필연성에 바탕을 둔다면, 별들과 인간들의 주인이신 하느님은 인간의 행동에 대해 어떠한 판결을 내리신단 말인가?

또는 비록 별들이 최고주권자이신 하느님으로부터 그러한 능력을 받았음에도 자신의 의지로 결정을 내리는 것이 아니라, 오직 하느님의 명령으로 필연의 결과를 적용한다면, 우리는 별들의 의지에 대해 생각할 때 이런 가치 없는 방식으로 하느님을 생각해야 하는가? 별들은 이런 일들을 불러온다기보다 그들의 위치로써 앞날의 징조를 나타내는 예시적인 언어일 뿐, 직접 실행하는 것은 아니라는 말이 나올 수 있다. 많은 지식을 갖춘 학자들은 이런 견해를 밝혀 왔지만, 점성가들은 이를 인정하지 않았다. 예컨대 그들은 화성이 그 자리에 있는 것은 살인의 징조가 아니라, 살인을 불러온다 주장했다.

그러나 그들이 자기들 생각을 적절히 나타내지 못한다는 점과 그들이 별들의 위치에서 발견한다고 믿는 것들을 예언하기 위해서는 철학자들로부터 정당한 표현방법을 빌려야 한다는 점을 인정한다고 치자. 하지만 쌍둥이들은 춘생시에 조금 시차가 있을 뿐 한 번의 성관계로써 나란히 잉태된 것임에도, 그들의 삶과 행동, 일상과 직업, 기술과 명예 따위처럼 인생에 관련된 모든 일들 그리고 죽음조차도 너무나 큰 차이를 보인다. 이와 같이 그들이 서로 닮았다기보다는 전혀 다른 사람을 떠올리게 하는 까닭을 그들이 설명해내지 못하는 건 어떻게 보아야 할 것인가?

제2장 점성술은 쌍둥이의 서로 다른 건강상태를 설명할 수 없다

키케로에 따르면 저명한 의사 히포크라테스(기원전 460~357)는 어떤 형제가 함께 병이 들었다가 동시에 병세가 위기로 치달은 다음 진정되었을 때 그들을 쌍둥이라 보았다는 기록을 남겼다. 점성술에 깊이 빠진 스토아주의자인 포시도니우스*1는 그들이 똑같은 별자리 아래에서 잉태되고 태어났다고 늘 주장했다. 이처럼 히포크라테스는 의사로서 비슷한 체질과 관련이 있다 보았으며, 점성가이자 철학자인 포시도니우스는 그들이 잉태되고 태어날 때 별들의 위치와 그 영향에 이유를 두었다. 이런 문제에서는 의사의 추측이 한결 이해가 잘 되며, 더욱 믿을 만하다. 쌍둥이가 잉태될 때 부모의 몸 상태가 태아의 초기상태에 영향을 끼치기 때문이다. 쌍둥이는 어머니 몸 속에서 함께 성장하며 같은 체질을 지니고 태어난다. 태어난 뒤에도 한집에서 자라면서 똑같은 음식을 먹고, 같은 공기를 호흡하며, 같은 물을 마신다.

의학은 이런 요인들이 신체 형성에 좋고 나쁜 영향을 크게 미친다는 사실을 증명했다. 그들이 같은 신체운동을 함으로써 체질이 비슷하게 형성되므로 병도 같은 원인으로 걸리며, 똑같은 증상이 나타나게 된다는 것이다. 이와 달리 다양한 현상과 운명을 지닌 많은 사람들이 한하늘 아래에서 같은 시간에 태어난다고 한다면, 쌍둥이가 잉태되고 태어날 때 존재하던 별들의 위치가 그들이 함께 병을 앓게 되는 원인이 되었다고 하는 것은 엄청난 미신에 찬 교만을 드러낸다고 할 수 있다.

---

*1 포시도니우스 : 아파메아 출신(기원전 135~51년)으로 로도스섬에서 스토아 학파의 지도자로 활약함. 그는 역사가, 과학자, 철학자, 점성가였음. 바로와 키케로는 그의 학생으로 있었으며 그의 작품은 현존하지 않음.

하지만 우리는 쌍둥이라 하더라도 아주 다르게 행동하거나 전혀 다른 곳으로 여행하기도 하며 서로 다른 병에 걸리는 일도 곧잘 본다. 내가 보기에 히포크라테스는 이에 대해서 매우 간단 명료하게 설명했는데 체질이 아니라 정신적인 자유로운 결정으로 고른 음식과 육체적 훈련의 차이 때문에 건강이 저마다 다른 상태에 놓이게 되었다는 것이다.

포시도니우스를 비롯한 별들의 운명적인 힘을 주장하는 사람들은 자신들도 똑똑히 설명할 수 없는 일들로 전혀 알지 못하는 사람들을 속이려 들지 않았다면, 이 문제에 대해 넉넉히 대답할 수 있는 방법을 찾았으리라. 그들은 이 문제에 대해 쌍둥이가 태어나는 아주 작은 시간 차이에 주의를 기울이면서 자신들이 '천궁도'라 부르는 하늘의 작은 시간점에 대해 말한다. 이와 관련해 두 가지 가능성을 이야기하겠다. 먼저 이런 시차는 쌍둥이의 의지와 행동과 습성 그리고 운명에서 나타나는 다양성에 비하면 근거로서 충분하지 않다는 것이고, 다른 하나는 신분이 비천하든 고귀하든 쌍둥이가 태어날 때의 같은 신분을 타고난다는 것은 매우 중요하다. 왜냐하면 천궁도에 같은 점이 이어져 있을 만큼 쌍둥이가 잇따라 빠르게 태어난다면, 그 둘은 모든 부분에서 같을 터이다. 그러나 어떤 쌍둥이에게도 이런 일이 발견되지는 않는다. 또한 두 번째 아이 출생이 늦어지면서 천궁도에 변화가 생긴다면 그들의 부모가 달라야 하지만, 쌍둥이의 경우 이런 일은 있을 수 없다.

제3장 물레 이야기는 점성술의 증명이 되지 못한다

이러한 문제를 곤혹스럽게 여기던 니기디우스[*2]는 물레에 비유해 '토기장이'라는 별명을 얻었지만 이는 목적에 전혀 들어맞지 않는다. 토기장이의 물레를 온 힘을 다해 돌린 다음 빠르게 먹물로 두 개의 점을 찍었을 때, 그의 눈에는 점이 같은 곳에 찍힌 것처럼 보였다. 하지만 물레의 회전이 끝나고 보니 그가 찍은 점은 조금의 거리를 두고 떨어진 가장자리에서 발견되었다. 그래서 그는 천체가 매우 놀라운 속도로 회전한다는 사실을 고려해, 자신이 녹로에 찍은 점 사이의 간격만큼이나 짧은 순간에 쌍둥이가 잇따라 태어난다하더라도, 그 짧은 시차는 천체에 있어서는 커다란 차이를 만들어 낸다고 주장했다. 그

─────────────

[*2] 니기디우스 : 점성가이자 피타고라스 학파의 철학자. 로마에서 바로 다음으로 학식 있는 인물이었음.

는 쌍둥이의 습성과 운명에 나타나는 차이점을 이 비유로 설명했다.

하지만 이런 주장은 물레로 만들어지는 토기보다도 훨씬 깨지기 쉽다. 별자리를 관찰하는 것만으로는 이해할 수 없는 커다란 뜻이 천체에 있기 때문이다. 쌍둥이 가운데 한 사람은 유산을 받고 다른 한 사람은 유산을 받을 수 없을 만큼이라면, 점성가들은 어떻게 감히 쌍둥이가 아닌 다른 사람들의 별자리를 보고는 이해할 수 없는 이 신비한 일들을 예언하며 사람들의 정확한 탄생시간과 관련시키려고 한단 말인가? 아마도 쌍둥이가 아닌 사람들은 좀 더 긴 시간차가 있기 때문에 출생시간과 관련해 어떤 말도 할 수 있기 때문이리라. 이와 달리 쌍둥이가 태어나는 짧은 시간차는 보통은 점성가들에게 상담받지 않는 하찮은 문제들과 관련이 있다고 생각된다. 언제 자리에 앉고 언제 외출하며 언제 무엇을 먹어야 하는지를 그들에게 상담할 사람이 어디 있겠는가? 이처럼 우리는 쌍둥이의 습성과 일, 그리고 운명에 대해서 온갖 다양함을 지적해낼 수 있는데도 이를 별자리로써 설명한다면 어찌 그 정당성을 얻을 수 있단 말인가?

제4장 야곱과 에서는 쌍둥이이지만 성품과 행동은 전혀 달랐다

잘 알려진 사례를 하나 들어 보자. 옛 조상들 시대에 두 번째 아이가 첫 번째 아이의 발꿈치를 잡을 만큼 잇따라 태어난 쌍둥이 형제가 있었다. 그런데 그 둘의 생활과 습성은 무척 달랐고, 행동도 전혀 비슷하지 않았으며 그들 저마다에 대한 부모의 사랑도 매우 달랐다. 바로 이러한 차이점 때문에 형제는 서로에게 적대적인 감정을 가지게 되었다. 그들의 서로 다른점은, 한 사람은 걸어갈 때 다른 사람은 자리에 앉고, 한 사람은 자고 있을 때 다른 사람은 깨어 있다는 것을 뜻하는 것일까? 점성술적 상담을 위해, 어떤 사람이 태어날 때 존재하던 별들의 위치를 주목하는 사람들조차도 이해할 수 없는 공간상의 아주 작은 차이라고 치자. 그런데 그 쌍둥이 가운데 하나는 임금을 받는 노동자였고, 다른 한 사람은 일을 하지 않았다. 둘 가운데 한 사람은 어머니의 사랑을 충분히 받았으나 다른 한 사람은 그렇지 못했다. 그들 가운데 한 사람은 자기 민족들 사이에서 그토록 존중되던 명예를 잃었고, 다른 한 사람은 그것을 얻었다. 그렇다면 우리는 그들의 부인, 그들의 자녀, 그들의 소유물에 대해서 무슨 말을 할 수 있겠는가?

이 모든 점에서 볼 때 그들은 얼마나 다르단 말인가! 만일 이러한 차이들이 쌍둥이가 잇따라 태어나는 그 짧은 시차와 관련될 뿐 별자리로서는 알 수 없다고 한다면, 그들은 어째서 쌍둥이가 아닌 사람들의 탄생 별자리를 조사한 뒤에 예언을 하는가? 만일 이런 일들이 아주 작고 이해할 수 없는 순간이 아니라 관찰할 수 있고 기록할 수 있는 시간 차이와 관계되므로 예언할 수 있다고 말한다면, 토기장이라는 별명을 얻었던 사람의 물레는 점성가의 말이 얼마나 황당무계한지 알아채지 못하도록 하기 위해 점토와도 같은 마음을 가진 사람들을 빙글빙글 돌리는 것 말고 달리 무슨 쓰임이 있겠는가?

제5장 점성술은 성립하지 않는다

의사 히포크라테스는 어느 두 사람의 질병이 나란히 심해졌다가 다시 한꺼번에 가라앉는 것을 의학적 시선으로 보고서, 그들을 쌍둥이라 의심했다는 예를 앞서 5권 2장에서 이미 말했다. 이런 예는 체질의 유사성에서 비롯되는 것으로, 별들의 영향력으로 돌리고 싶어하는 사람들에게 충분한 반론이 되리라. 그들은 동시에 태어나지 않았는데 어째서 태어난 순서대로 차례차례 병들지 않고 함께 병에 걸렸는가? 또한 그들이 다른 시기에 태어났다는 사실이 필연적으로 그들이 다른 시기에 병에 걸려야 한다는 것을 뜻하지 않는다면, 점성가들은 무슨 까닭으로 출생시기의 차이가 다른 차이의 원인이라 주장하는가? 그들이 다른 시기에 태어났다는 이유로 다른 날에 여행을 할 수 있으며, 다른 때 결혼할 수도 있고, 또 서로 달리 아이를 낳을 수도 있으며 다른 때에 그밖의 많은 일들을 할 수 있는데, 어째서 다른 시기에 병은 들 수 없다는 말인가?

출생 시간의 차이가 천궁도를 변경시키고 다른 것들도 바꾸었다면, 동시에 잉태된 영향력은 무슨 이유로 질병에 걸릴 때에만 영향을 끼친단 말인가? 게다가 건강 문제는 잉태 시간에 따라 결정되지만 다른 문제는 탄생 시간과 연관된다고 주장한다면, 별자리를 조사할 수 있는 정확한 잉태 시간이 알려지지 않은 상황에서 그들의 출생 시간에 나타난 별자리로 건강에 대한 어떤 점도 예언하지 말아야 한다. 하지만 그들이 어쩌다 병에 걸리는 것은 출생시간에 좌우되기 때문에 잉태할 때 천궁도를 살펴보지 않고도 질병을 예언할 수 있다고 말한다면, 태어날 때 똑같은 천궁도를 가지고 있는 쌍둥이 가운데 한 사람이 형제와 함께 병에 걸렸는데도, 출생 시간의 천궁도를 보고 둘 가운데 어느 누가 언제

병에 걸릴 것인지 말할 수 있다는 말인가? 같은 별자리를 가지고 있지 않은 사람들도 함께 병에 걸릴 수도 있는데 말이다.

이와 관련해 또다른 문제가 있다. 우리는 쌍둥이가 태어난 시간적 차이가 꽤 크기 때문에 그들에게 적용되는 별자리가 다를 수밖에 없다는 이야기를 이따금 듣는다. 이때에 천궁도가 다를 뿐 아니라 그들의 운명도 달라지게 된다는 것이다. 그러나 잉태 시간이 똑같은데 어떻게 이런 일이 일어날 수 있단 말인가.

또는 함께 수태된 두 사람이 태어나면서 다른 운명을 가질 수 있다면, 어떠한 이유로 함께 태어난 두 사람이 삶과 죽음에서 다른 운명을 가질 수 있는가? 두 사람이 함께 수태되었음에도 한쪽이 먼저 태어나고 다른 쪽이 뒤따라 태어났다면, 두 사람이 동시에 태어났다고 하더라도 한쪽이 먼저 죽고 다른 하나는 나중에 죽을 수도 있지 않을까? 쌍둥이가 함께 잉태되더라도 어머니의 자궁 내에서 다른 운명을 가질 수 있었다면, 나란히 태어난 두 사람은 어찌하여 세상에서 다른 운명을 살아서는 안 되는가? 이와 같은 의문이 풀리지 않는 이상, 모든 점성술, 아니 이러한 허구들은 없어져야 마땅하다. 동시에, 아니 똑같은 순간 같은 별들의 위치 아래에서 잉태된 두 아이가 다른 운명을 지니고 시차를 두어 태어나는데, 서로 다른 두 어머니에게서 같은 순간에 같은 별들 아래에서 태어난 두 아이는 다른 운명을 가지며 필연적으로 다른 삶과 다른 죽음을 맞는다면, 이 얼마나 진기한 상황인가? 태어날 때에만 운명이 결정되기에, 수태될 때에는 아직 운명이 결정되지 않는단 말인가? 그러면 잉태시간이 밝혀지면 이런 점성가들이 많은 것들을 예언할 수 있다는 저들의 말은 무슨 뜻이란 말인가? 어느 현인은 훌륭한 아들을 낳기 위해 부인과 동침할 시간을 잘 가린다는 이야기도 곧잘 듣는데 말이다.

위대한 점성가이자 철학자이기도 했던 포시도니우스(5권 2장 참조)가 나란히 병에 걸린 쌍둥이 형제에 대해 내린 답변, 곧 "그들에게 이런 일이 일어난 것은 그들이 같은 시각에 수태되었고, 같은 시각에 탄생했기 때문이다" 말한 것도 그런 생각에서 비롯되었다. 그는 그들이 동시에 태어날 수 없다는 반박을 당하지 않기 위해 '수태'라는 말을 덧붙였다. 동시에 수태되었다는 주장에는 달리 논할 말이 없다는 사실을 알고 있었기 때문이다. 그는 그들이 비슷하게, 그리고 함께 질병의 공격을 받은 사실을 체질의 유사성이라는 그럴듯한 원인으로 돌리지 않고, 건강의 유사성에서조차 그들이 별들의 위치에 따라서 서로 이어져 있다고 주장했다. 따라서 잉태 시간이 운명의 유사성을 결정하는 능력을 가지고 있다 한다면, 이렇게 정해진 운명은 출생에 따라서 바뀔 수 없다. 또는 쌍둥이의 운명이 다른 시기에 태어났기 때문에 바뀐다고 한다면, 우리는 무슨 까닭으로 그들이 다른 시각에 태어나도록 운명이 이미 바뀌었다고 미루어 말해야 하는가? 수태되었을 때의 운명으로 인해, 출생 순서가 바뀐다고 한다면, 출생시 운명 또한 이 세상을 살아가는 사람들 의지로 바꿀 수 있지 않을까?

제6장 남녀 쌍둥이의 논증

같은 순간에 수태되어 같은 별자리의 운명을 지닌 쌍둥이조차 한 아이는 아들이고 다른 아이는 딸인 경우가 가끔 있다. 나는 서로 다른 성을 가진 쌍둥이를 알고 있는데, 둘 모두 건강하게 살아 있다. 그들은 성의 차이가 허락하는 한 서로 육체적으로 닮았지만, 생활의 범위와 목적에서는 크게 차이가 난다. 남녀가 살아가면서 필연적으로 존재하는 차이점을 헤아려 본다 하더라도 남자 쌍둥이는 장관직을 맡아 거의 늘 외국으로 여행을 가면서 집을 떠나 있고, 여자 쌍둥이는 자기 고향을 결코 떠나본 적이 없다. 더구나 남자는 결혼했으나 그의 쌍둥이 누이는 순결한 처녀로 남아 있다. 한 명은 수많은 자녀를 낳았지만 다른 한 명은 심지어 결혼조차 하지 않았다. 이런 일은 별자리에 따라 운명이 결정된다고 믿는 사람에게는 믿기지 않겠지만, 인간의 의지와 하느님의 선물을 생각하는 사람들에게는 결코 놀랄 만한 일이 아니다.

그런데도 천궁도의 위력이 대단하다 할 수 있는가? 나는 그것이 터무니없다는 사실을 증명하기 위해 충분히 설명했다고 생각한다. 그러나 점성가들은 다른 문제에서는 천궁도의 위력이 어떠하든 출생과 관련해서는 확실히 중요하다고 말한다. 그렇다면 성행위와 함께 이루어지는 수태와 관계해서는 어찌 그렇지 않다는 말인가? 자연의 힘은 대단한 것이어서 여성이 일단 수태한 상태에서는 또다시 수태할 가능성은 없어지게 되므로 쌍둥이는 정확하게 같은 순간에 수태된다는 결론이 나온다. 그런데도 천궁도에 차이가 나는 것 때문에 한 아이는 남자로, 다른 아이는 여자로 바뀌었다고 말하는 것인가?

별들의 영향력이 신체상에 차이점을 야기한다는 주장이 모두 터무니 없는 것은 아니다. 이를테면 우리는 해가 가까워지거나 멀어짐에 따라 사계절이 바꿰고, 달이 기울고 참에 따라 바다의 조수가 변화되고 성게나 굴과 같은 생물이 크거나 작아진다는 사실을 잘 알고 있기 때문이다. 하지만 이런 현상이 인간의 의지가 별들의 위치에 따라 종속된다는 결론을 뒷받침하지는 않는다. 그럼에도 우리 행동을 별자리에 속박시키기를 바라는 점성가들은 이러한 생각을 신체적 변화에까지 시종일관 주입하고 있다. 그렇다면 성의 차이보다 더욱 신체와 관련이 깊은 것이 있을 수 있겠는가? 같은 별자리에서도 성이 다른 쌍둥이가 수태될 수 있다. 따라서 수태될 때 같았던 별들의 위치가 쌍둥이로 하여금 서로 다른 성을 갖는 것을 막을 수 없었는데도, 출생 때 존재했던 별들의 위치가 한 아이는 결혼하게 하고 다른 아이는 순결한 처녀로 남게 하는 큰 차이를 불러올 수 있다고 주장하거나 믿는 것만큼 터무니 없는 일이 또 어디 있겠는가?

제7장 날을 고르는 것 또한 헛된 일이다

어떤 특별한 날을 선택하느냐에 따라서 새로운 운명이 비롯된다는 이런 어리석은 주장을 누가 믿을 수 있겠는가? 이 주장에 따른다면, 앞에서 말한 현인은 똑똑한 아들이 아니라 쓸모없는 자식을 갖도록 태어난 셈이 된다. 그런 까닭에 그 학자는 아내와 동침하는 시간을 선택함으로써 전에 갖지 못했던 운명을 개척해, 자신이 태어날 때의 운명에 포함되어 있지 않던 무언가를 자신의 운명으로 만들기 시작했다. 아, 이 얼마나 기막히도록 어리석은 노릇인가! 내가 믿기에, 사람들은 결혼 날짜가 불길한 날과 마주쳐 불행하게 될까봐 크게 걱정하며 날짜를 잡는다. 그렇다면 출생시에 별들이 이미 정한 운명은 어떻게 된단 말인가? 우리는 이미 자신에게 결정되어 있는 것을, 날을 선택함으로써 바꿀 수 있단 말인가? 그렇다면 이런 선택으로 결정된 사항이 다른 힘으로 인해 뒤집힐 수는 없는 것인가?

또한 하늘 아래 있는 모든 것이 아니라 인간만이 별들의 지배를 받는다면 포도나무나 다른 식물을 심는다거나 파종하기에 알맞은 날을 고르고, 가축을 길들이거나 암소와 암말이 새끼를 배도록 하기 위한 짝짓기를 하는 따위의 일을 위해 알맞은 다른 날을 선택하는 이유가 무엇인가? 시차에 따라 다른 별자리가 생물이든 무생물이든 지구상 모든 만물을 통제하기에, 어느 선택된 날이 이런 일들에 영향을 미친다고 가정해 보자. 얼마나 수많은 존재가 같은 순간에 태어나고 생겨나며, 시작되는 일이 참으로 여러 시기를 이루고 있는지 생각해 본다면, 특별한 날을 선택하는 일이 엉터리라는 것은 어린아이라 할지라도 알 수 있으리라. 모든 나무와 풀과 짐승과 뱀과 새와 물고기와 벌레가 저마다 다른 탄생의 순간을 가진다고 쉽사리 주장할 만큼 우직한 사람이 어디 있을까?

그런데도 사람들은 이 말 못하는 동물들의 출생을 자기 집에서 정성스럽게 지켜보았다가 그때의 별자리를 점성가들에게 가지고 감으로써 그 능력을 시험하는 경향이 있다. 그리고 별자리를 진단하고 난 뒤, 그것이 사람이 아닌 동물의 출산을 의미한다고 선언한 점성가들을 다른 사람보다 높이 친다. 게다가 그들은 그것이 어떤 동물인지, 양모 생산을 위한 동물인지, 짐을 나르는 데 알맞은 동물인지, 경작이나 집 지키기에 좋은 동물인지 억지로 끼워 맞추려고 한다. 점성가들은 개들의 운명에 대해서조차도 시험당하는 것이다. 그들은 사람들에게 이런 답을 해주고 박수갈채를 받는다. 그러다보니 우둔한 자들은 사람이 태어나는 시간에는 다른 모든 생물체의 출생이 멈추며 심지어 파리 한 마리도 같은 구역 아래에서는 태어나지 않는다고 믿을 정도이다. 파리에 대해서까지 이런 말을 하는 점성가들의 추론은 거기에서 그치지 않고 한 걸음 더 나아가 낙타와 코끼리로까지 비약하게 된다.

파종할 날이 선택되면 매우 많은 낟알이 한꺼번에 땅에 떨어진다. 그리하여 나란히 발아하고, 함께 자라나며, 동시에 무르익어 열매를 맺지만, 같은 때에 속한 모든 이삭 가운데서도 어떤 것은 곰팡이가 펴서 말라죽고 어떤 것은 새들이 먹어버리며 어떤 것은 사람들 입으로 들어간다는 사실은 신경을 쓰지 않는다. 이들은 열매가 이렇게 서로 다른 끝을 맞이하는 것을 보고서도 어찌하여 별자리가 다르기 때문이라고 말할 수 있는 것인가? 아니면 이러한 일을 위한 날을 택하는 것은 어리석다 여기며 천체의 결정과는 아무런 관련이 없다고 털어놓을 것인가? 이 세상에서 하느님이 자유의지를 준 유일한 존재인 인간만이 별들의 영향을 받는다고 볼 것인가?

이 모든 일들을 생각해 볼 때, 점성가들이 매우 놀라운 방법으로 많은 일을 알아맞히는 까닭은 실제로 존재하지도 않는 어떤 기술에 따라 천궁도를 관찰하고 조사하기 때문이 아니다. 그들은 별들의 운명에 미치는 영향력에 대해 거짓되고 나쁜 견해를 사람들 몸 속에 단단히 심어 확신시키고 싶어하는 악한 영들의 은밀한 계획에 있다고 믿는다.

제8장 스토아철학의 운명론

운명이라는 단어를 하나하나의 생명이 어머니 뱃속에 깃들다 태어나 삶을 시작할 때 존재하는 별들의 위치라고 말하지 않고, 존재가 생겨 이루어지게 하는 모든 원인이 이어지는 길이라 부르는 사람들이 있는데, 그들과는 논쟁을 하려 애쓰며 맞설 필요가 없다. 그들은 이른바 원인들의 질서와 결합을 가장 높으신 하느님에게 돌리기 때문이다. 신은 만물이 생겨나기 이전에 모든 일을 아셨을 뿐만 아니라, 그 어떤 것도 무질서하게 내버리시지 않는다고 착하고 올곧은 마음으로 믿고 있기 때문이다. 비록 모든 사람의 의지가 신에 의해 존재하지 않을지라도 모든 권능은 신으로부터 비롯된다. 그리하여 저들이 운명이라 부르는 것이 인간의 힘으로는 도저히 이겨낼 수 없는 권능이 만물을 꿰뚫고 지나가는 하느님의 의지라는 사실은 다음 시 구절로도 입증된다. 내가 잘못 알고 있지 않다면 이것은 세네카[3]의 작품일 것이다.

> 아버지, 하늘의 지배자시여
> 당신이 바라시는 대로 저를 이끄소서.
> 저는 조금도 머뭇거리지 않고 따르겠나이다.
> 당신의 명령이 제가 하고자 하는 뜻과 맞지 않더라도
> 신음을 흘릴지언정 뒤따라가겠나이다.
> 제게 비록 어리석지만 선한 사람이 될 수 있도록
> 당신께서 주신 일을 아주 기쁜 마음으로
> 견디겠나이다.
> 운명은 기꺼이 따르며 나아가는 자는 인도하지만, 마지못해 하는 자는 질질 끌고 가옵니다.[4]

키케로가 라틴어로 옮긴 호메로스의 다음 시도 이런 견해를 뒷받침한다.

> 인간의 마음은 아버지인 유피테르 자신이 풍요로운 지상에
> 내리쬐는 빛과도 같은 것이로다.[5]

---

[3] 안나이우스 세네카(기원전 4년~기원후 65년) : 스토아 도덕주의자·수필가·시인. 이 시는 스토아학파 우두머리로서 제노의 후계자인 클레안테스가 의역한 것. 본디 그리스어는 에픽테투스《편람》 77)에 의해 주어진 것임.

[4] 《도덕에 대한 서간》 107.

[5] 《오디세이》 18, 136f.

이러한 문제에서 시인들의 의견이 권위를 지닌 것은 아니지만, 키케로는 스토아학파가 운명의 강한 힘을 주장할 때면 호메로스의 이 시구를 늘 인용했으므로, 시인 호메로스의 견해는 문제가 되지 않지만 인용하는 철학자들의 생각은 문제가 된다고 했다. 철학자들이 운명을 이야기할 때 빌리는 시구에는 운명에 대한 그들의 생각이 매우 뚜렷하게 드러나 있다. 그들은 자기들이 최고의 신이라고 여기는 존재에게 유피테르라는 이름을 붙이고는, 유피테르에게 운명의 모든 사슬이 매달려 있다고 말한다.

제9장 하느님의 예지를 부정하는 키케로를 비판

스토아학파의 주장을 논박하려고 애쓴 키케로 또한, 먼저 점(占)을 없애지 않고서는 그 어떤 효과도 거둘 수 없다고 생각했음을 알 수 있다. 그는 미래에 대한 지식을 부정했다. 또한 하느님에게나 사람에게나 미래는 결코 존재하지 않으며 세상 일을 예언하는 일은 불가능하다고 온 힘을 다해 굳세게 주장한다.[*6] 그래서 키케로는 하느님의 예지능력을 부인함과 동시에, 공허한 논의를 통해서 햇빛보다 더 밝은 모든 예언을 없애려고 노력한다. 쉽게 논박할 수 있는 신탁을 다루면서도 완벽하게 해내지 못했지만 말이다. 그러나 점성가들의 추측은 반박당할 만하기에 이에 대한 키케로의 논박은 얼마쯤 성공적이다. 하지만 미래에 대한 예지능력을 말살하려드는 사람들보다 별을 통해 운명을 판단하는 사람들이 훨씬 더 용납될 수 있으리라. 하느님이 계신다고 인정하면서도, 그분이 앞날에 대한 예지능력을 지니고 있지 않다고 주장하는 것은 몹시 어리석은 일이기 때문이다.

그러나 우리는 철학자들의 논의가 아무리 이리저리 뒤섞여 어지럽다해도, 참으로 높고 진실하신 하느님을 고백할 뿐 아니라 그분의 능력과 예지력을 고백한다. 예지에 결코 오류가 없으신 하느님은 우리가 어떤 일을 하리라고 미리 알고 계시므로, 우리는 우리가 하는 일이 자신의 의지로 행하는 일이 맞을까 두려워할 필요가 없다. 그러나 키케로는 바로 이 점을 두려워해 예지능력을 공격했다. 스토아주의자들 또한 모든 일이 운명에 따라 이루어진다고 주장하기는 했지만, 그렇다고 모든 일이 필연적으로 이루어지지는 않는다고 말했던 것

---

*6 《예언에 대하여》 2, 56.

이다.

그렇다면 키케로는 무엇 때문에 미래에 대한 예지를 두려워했으며, 그토록 험악하게 논의함으로써 예지를 파멸하려 애를 썼던가? 그 까닭은 의심할 여지가 없다. 만일 앞으로 어떤 일이 일어날지 모두 안다면, 모든 일은 미리 알려진 대로 일어날 것이다. 만사가 이렇게 진행된다면, 하느님의 예지 속에서 그 질서가 결정될 것이고 만물의 질서가 이미 결정되어 있다면, 무언가를 움직이게 하는 원인이 먼저 있지 않은 한 어떤 일도 일어날 수 없으므로 인과적인 질서가 존재하게 될 것이다. 그러나 모든 일이 생겨나는 인과적인 질서 또한 정해져 있다면, 만사는 운명에 의해 정해진다. 그래서 키케로는 다음처럼 말한다. 만일 이것이 사실이라면 우리 자신의 능력은 아무 소용없게 되고, 의지의 자유 같은 것도 존재하지 않게 된다고 말이다. 만일 우리가 이 점을 용인한다면, 인간의 생활 자체는 뒤집히고 말 것이라고 키케로는 말한다. 법률이 만들어져 널리 알려진다 해도 소용이 없으며, 비난이나 칭찬이나 질책이나 권고 또한 마찬가지이다. 착한 사람에게 보상을 주고, 악인에게 징벌을 내리는 정의도 존재하지 않게 된다.*7

키케로가 미래에 대한 예지력을 받아들이지 않은 까닭은 그러한 부적절하며, 어리석고 위험한 결과를 피하기 위해서였다. 그는 종교심을 가진 사람마저도 궁지에 몰아넣으면서, 우리 의지의 지배 안에 어떤 영역이 있는지, 또는 미래에 대한 예지가 존재하는지 둘 가운데 어느 하나를 선택하도록 강요한다. 그 둘은 나란히 존재할 수 없으며, 하나가 인정되면 다른 하나는 부인된다. 따라서 키케로는 진실로 뛰어난 학자이자 풍부한 인생 경험을 지닌 지도자로서, 미래에 대한 예지를 부인하고 의지의 자유를 선택했다. 그런데 그는 이를 확고하게 하고자 미래에 대한 예지를 모두 부정한 데다 인간들을 자유롭게 만들기를 바란 나머지 인간으로 하여금 신을 모독하도록 이끌고 말았다. 그러나 진실된 종교심을 지닌 사람은 둘 모두를 선택하고 인정하며, 경건한 믿음으로 둘 다 주장한다. 키케로는 "그런 일이 가능할까?" 묻는다. 미래를 내다볼 수 있다면, 인과적으로 우리 자신이 의지할 수 있는 일은 아무것도 없다는 말이 된다.

그렇지 않고 만일 우리 의지 속에 어떤 것이 존재한다면, 우리는 마찬가지로

---

*7 《De Fato》 17, 40.

논리적인 추론을 따라 미래를 예지할 수 없다는 결론에 다른다. 이런 모든 과정을 거슬러 올라가면 다음과 같이 된다. 즉 자유 의지가 효력을 드러낸다면, 모든 일은 운명에 따라 일어나는 것이 아니다. 만약 모든 일이 운명에 따라 일어나는 것이 아니라면, 어떤 인과적인 질서도 있을 수 없으며, 어떤 인과적인 질서가 세워지지 않으면, 하느님이 예지하신 어떤 사물의 질서도 있을 수 없다. 사물을 움지이게 하는 원인이 먼저 있지 않다면, 아무런 일도 일어날 수 없기 때문이다. 그러나 하느님이 예지하시는 사물의 질서가 존재하지 않는다면, 하느님이 예지하신 대로 모든 일이 일어난다고 할 수 없다. 나아가 모든 일이 하느님이 미리 정하신 대로 일어나는 것이 아니라면, 하느님 안에는 미래에 대한 예지력이 없다고 키케로는 말한다.[*8]

이제 우리는 이런 경건치 못하고 신성모독적인 무례한 주장에 반대해, 하느님은 온갖 일이 일어나기 전에 그것을 아시며, 우리가 원한다고 알고 느끼는 일을 했다면, 그것이 무엇이든지 의지로 행한 것이라고 이야기한다. 그러나 우리는 모든 일이 운명에 따라 이루어진다고는 말하지 않는다. 아니, 우리는 결코 어떤 일도 운명에 따라 일어나지 않는다고 주장한다. 어머니 뱃속에서 잉태되었을 때나, 세상 밖으로 나올 때 별들의 위치를 따져가며 말하는 점술가들이 쓰는 운명이라는 단어가 아무 의미가 없다는 것을 알려주기 때문이다. 우리는 하느님의 의지가 지배하는 인과적인 질서를 부인하지 않지만, 운명이라고 부르지도 않는다. 만약 운명(fatum)을 (fari) 곧 '말하기'에서 파생되었다는 의미[*9]로 이해하지 않는다면 성서에 있는 다음과 같은 하느님 말씀을 부정할 수 없기 때문이다. "하느님께서 한 번 말씀하신 것, 두 번 말씀하신 것, 나는 들었사옵니다. 권능은 하느님께 속한다는 것을. 주여, 인자함은 주께 속하오니, 주께서 각 사람이 행한 대로 갚으신다는 것을."(시편 62 : 11~12) 여기서 '한두 번 말씀하신 것'이라는 표현은 '단호하다', 곧 신은 앞으로 일어날 일들과 당신께서 하실 모든 일들을 바꿀 수 없다는 것을 알고 계시다는 뜻으로 받아들일 수 있다. 따라서 우리가 '운명(fatum)'을 그러고 싶지 않으면서도 자기도 모르게 마음이 향한다는 의미로서 풀이하지 않는다면, 우리는 그 단어를 '말하기'에서 비롯된 말로 쓸 수도 있으리라.

[*8] 《De Fato》 10, 20ff.
[*9] 여기에 나오는 어원은 옳다.

그러나 하느님에게서 모든 확정된 질서가 나온다 하더라도, 우리 자신의 의지로는 그 어떤 것도 자유롭게 선택할 수 없다는 결론은 나오지 않는다. 인간의 의지는 행동의 원인이 되기도 하므로, 우리의 의지 또한 하느님은 틀림없이 알고 계시며, 하느님의 예지 안에 들어있는 원인의 질서에 속해 있다. 만물의 모든 원인을 미리 알고 계신 신이 그 원인들 가운데 하나인 우리의 의지에 대해 결코 모를 리가 없다.

현상을 일으키는 원인이 먼저 존재하지 않고서는 어떤 결과도 일어나지 않는다고 키케로 자신이 인정한 말도,*10 이 문제로 그에게 반론을 펴기에 충분하다. 그는 어떤 일도 원인 없이는 일어나지 않지만, 모든 원인이 운명적인 것은 아니라고 말했다. 하지만 우연적 원인, 자연적 원인, 의지적 원인이 있기에 모든 원인이 운명적이지는 않다는 말은 아무런 소용이 없으며, 오직 모든 사건에는 원인이 선행되어야 함을 그가 인정했다는 것만으로 충분하다. 우리는 '우연적 원인'이라 부르지만 그 안에 어떠한 원인도 존재하지 않는다고는 주장하지 않는다. 다만 은밀한 원인이 있다고 말하는데, 그런 원인이 참된 하느님의 의지나 영들의 의지에서 비롯된다고 보고 있기 때문이다. 또한 자연적 원인을 결코 모든 자연의 창시자이자 창조자인 신의 의지와 분리시키지 않는다. 그러나 만일 이성이 없는 생명체의 운동, 즉 어떤 것들을 원하거나 피하는 이성이 없는 동물들의 본성에 따른 행동을 의지라고 부를 수 있다면, 의지적 원인은 신, 천사, 인간, 동물에게서도 찾아볼 수 있다. 하지만 내가 천사들의 의지라고 말할 때는 우리가 하느님의 천사라고 부르는 착한 천사들의 의지와 우리가 악마, 또는 악령이라고 부르는 사악한 천사들의 의지를 모두 포함한다. 마찬가지로 사람의 의지 또한 선인이나 악인의 의지를 모두 포함한다.

이 말은 모든 일을 일으키는 원인이 의지적이라는 것, 곧 '생명의 영혼'인 그 존재에서 나온다는 것을 뜻한다. '영혼'이라는 말은 바람이나 공기에도 적용되지만, 물질적이기 때문에 '생명의 영혼'일 수는 없다. 따라서 만물에 생명을 주고 모든 물질과 모든 영혼을 지닌 피조물의 창조자인 '생명의 영혼'은 만들어지지 않은 영혼인 하느님 자신이다. 하느님의 의지 속에는 이루 말할 수 없이 높은 권능이 있는데, 그 권능이 피조물의 선한 의지를 북돋아주고 나쁜 의지를

---

*10 《De Fato》 숙명에 대해 10f.

심판해 만물을 조화롭게 한다. 또한 어떤 이들에게는 권능을 주며 다른 이들에게는 권능을 주지 않는다. 그분은 세상에 존재하는 모든 것의 창조자인만큼 모든 권능을 부여할 수 있지만, 그렇다고 모든 의지를 주는 것은 아니다. 악한 의지는 신에게서 나온 본성과 적대적이므로 신에게서 나온 것이 아니기 때문이다. 물체는 의지에 복종하는데, 어떤 물체는 죽을 운명을 지닌 피조물의 의지를 뜻하는 우리의 의지, 다시 말해 동물의 의지라기보다는 인간들의 의지에 복종하며, 어떤 물체는 천사의 의지에 복종한다. 그러나 만물은 그 무엇보다도 하느님의 의지에 복종하며, 모든 의지 또한 복종한다. 모든 의지는 신이 허락하지 않는 한 어떠한 권능도 가질 수 없기 때문이다.

그러므로 창조는 하더라도 창조되지 않은 만물의 원인은 하느님이다. 그밖의 모든 다른 원인은 만들기도 하고 만들어지기도 한다. 모든 만들어진 영들, 특히 이성적인 영들이 그렇다. 따라서 창조한다기보다는 창조되어졌다고 말할수 있는 물적인 원인들은 현상을 일으키는 원인에 속할 수 없다. 그런 원인은 영적 존재의 의지가 물체적 원인을 통해 행하는 데 지나지 않기 때문이다. 우리의 의지도 여러 원인의 질서 속에서 매우 중요한 역할을 한다. 그런데 어떻게 하느님이 예지하신 확실한 원인의 질서가 있다고 해 우리 의지로는 아무것도 생겨나지 않는다고 하겠는가? 그렇다면 키케로는 이런 원인의 질서를 운명적이라고 부르거나, 운명이라고 이름붙인 사람들과 논쟁하는 셈이다. 사람들은 운명이라는 단어를 늘 사실과 맞지 않는 의미로 받아들이기 때문에, 우리는 그 말에 거부감을 느낀다.

그러나 키케로가 모든 원인의 질서가 확실하고 하느님의 예지 속에서 또렷하다는 것을 부인하는 한, 우리는 스토아주의자들보다 더 그를 혐오한다. 그는 저서 《신의 본성에 대하여》에서 다른 사람 이름을 빌려 하느님의 존재하심을 부정하려 애썼다. 만일 신이 존재하더라도 신이 미래를 예지한다는 것은 부정했기에 "어리석은 자들은 제 마음속으로 하느님은 없다. 말했다"(시편 14 : 1) 이렇게 이야기하는 셈이 아닌가? 모든 미래의 일들을 알지 못하는 존재라면 그것은 하느님이 아니기 때문이다.

그러므로 우리 의지도 하느님이 뜻하고 예지하는 만큼만 행할 수 있다. 예지하시는 내용에 그릇됨이 없는 하느님은 우리 의지가 앞으로 가질 능력과 우리가 미래에 할 일을 내다보신다. 우리 의지가 무엇이든 미래에 완전하게 이루어지리라. 따라서 내가 운명이라는 단어를 어떤 일에 적용하려고 한다면, 일반적 용어법이 아니라 스토아주의자들이 자기들 식으로 이름 붙인 '운명'이라 불리는 원인의 질서에 의해 우리 의지의 자유로운 선택이 없어진다기보다는, 운명은 약한 자의 것이지만 의지는 운명을 지배하는 강한 자의 것이라고 기꺼이 말하려 한다.

제10장 인간의 의지는 필연성에 의해 좌우되는가?

스토아주의자들은 필연성을 두려워한 나머지 고심해서 사물의 모든 원인을 구분하고 어떤 원인들을 필연성에서 떼어내어 다른 원인들을 거기에 종속시켰으나, 그런 필연성은 두려움의 대상이 아니다. 스토아주의자들은 필연성 아래에 종속시키고 싶지 않은 모든 원인 속에 우리 의지를 자리잡게 했다. 만일 필연성에 종속된다면 우리 의지가 자유롭지 못하게 되리라고 여겼기 때문이다. 예컨대 죽음의 필연성처럼 우리의 지배 아래에 있지 않지만, 우리가 원치 않는다 해도 이런 것들을 실현하는 데 '필연성'이라는 말을 쓴다고 해 보자. 우리가 정의롭게 또는 올바르지 못하게 살아가도록 하는 우리 의지는 그런 필연성 아래에 있지 않다는 것은 틀림없다. 우리는 원하지 않는다면 분명히 하지 말아야 할 많은 일들을 하고 있기 때문이다. 이 말은 의지 자체에 적용된다. 우리가 의욕을 바라지 않는다면, 의욕은 존재하지 않는다. 우리가 그것을 원하지 않는다면 바라지 않을 것이기 때문이다.

그런데 어떤 것이 현존하거나, 곧바로 만들어내야 하는 것으로 여기고 필연성을 정의한다면, 왜 그런 필연성이 우리 의지의 자유를 빼앗지 않을까 두려워해야 하는지 알 수 없다. 우리가 하느님이 영원히 사시며 모든 것을 아는 것을 필연적이라고 말한다 하더라도, 하느님의 생명이나 하느님의 예지를 필연성 아래에 둘 수 없기 때문이다. 마찬가지로 우리가 하느님이 죽을 수 없다거나 그릇된 일을 할 리가 없다고 이야기할 때도, 하느님의 권능이 훼손되지는 않는다. 이런 일은 하느님에게 있을 수 없으며, 만일 그렇게 할 수 있다면 하느님의 능력이 확실히 줄어들 것이기 때문이다. 그러나 하느님이 죽을 수도 없고 그릇된 일을 할 수도 없는 데도 분명히 전능하다고 말하는 것은 마땅하다. 하느님은 하고자 하지 않는 것을 감수하기 때문이 아니라 하고자 하는 일을 행함으로 전능하다고 불리기 때문이다. 하고자 하지 않은 일을 감수한다면 하느님은 결코 전능하지 않으리라.

그러므로 하느님이 전능하시기에, 할 수 없는 일 또한 존재한다. 우리는 자신이 하고자 할 때 자유로운 의지로 의도하는 것을 '필연적'이라고 말한다. 이때 우리는 의문의 여지가 없는 진실을 말하지만, 그렇다고 자유선택을 가져다가 자유를 부인하는 필연성 아래에 종속시키지는 않는다. 그러므로 우리 의지는 현재에 의지로서 존재하며, 우리는 바라는 일은 무엇이든지 한다. 만약 우리가 바라지 않았더라면, 그런 일은 일어나지 않으리라. 어떤 사람이 의지가 없는데도 다른 사람 의지에 따라 어떤 일을 한다고 해보자. 이때, 인간의 의지가 거기에 있으므로 의지는 힘을 드러낸다. 다만 그때의 의지력은 하느님의 능력이다. 어떤 의지가 단순히 존재만 하고 뜻하는 바를 이룰 수 없다면, 그것은 좀더 강한 의지에 압도당했을 터이기 때문이다. 따라서 비록 의지를 현실로 이루지 못했다고 할지라도, 하고자 했던 사람의 의지는 존재했다. 그러므로 사람에게 그 자신의 의지에 맞서는 어떤 일이 일어난다 하더라도, 그 원인은 사람들이나 천사들의 의지나 어떤 영혼이 있는 피조물의 의지가 아니라 의지를 지닐 수 있도록 능력을 내려주신 그분의 의지로 돌려야 한다.

따라서 우리가 미래에 무엇을 할지 하느님이 알고 계신다고 해서, 우리 의지가 허무하다는 것은 아니다. 이를 아시는 하느님이 아무것도 없음(허무)을 예지하지 않으셨기 때문이다. 또 우리의 의지 안에 무엇이 있는지 모두 아시는 분이 어떤 무언가를 내다보셨다면, 우리 의지 안에는 무언가 있다는 이야기가 된다. 따라서 우리는 하느님의 예지를 감싸기 위해 불경하게도 신이 미래를 안다는 사실을 부인할 필요가 없다. 오히려 우리는 그들을 마음 깊숙이 받아들여서, 신앙과 진실로 인정한다. 신의 예지 능력을 인정함은 올바르게 신을 믿기 위함이고, 의지의 자유로운 선택을 인정하는 일은 우리가 바르게 살기 위해서이다. 만일 하느님을 올바르게 믿지 못한다면 그릇된 삶을 사는 것이다. 그러므로 우리는 자유롭게 살기 위해서라도 결코 하느님의 예지력을 부정하지 않는다. 우리는 신의 은총으로 오늘 자유로우며, 앞으로도 자유롭게 살아가리라.

따라서 법률, 비난, 훈계, 칭찬, 질책 이 모든 것들은 무의미하지 않다. 신이 이것들을 앞으로 쓸모가 있으리라고 예지한 만큼, 크게 도움이 될 것이기 때문이다. 하느님은 기도를 들어주시는 분이기에, 그분이 예지하는 것을 얻는 데 기도는 무엇보다 효과적이다. 그리고 착한 일에는 상을 주고, 죄악에는 징벌을 내리는 게 마땅하다. 사람이 죄를 진 것은 사람이 앞으로 죄를 지으리라고 하느님이 예지하셨기 때문이 아니다. 예지함에 착오가 없으신 하느님이 운명도 운도 다른 무엇도 아닌, 그 사람 자신이 죄를 저지르리라고 예지하셨으므로, 죄를 범한 사람이 바로 그 당사자임은 의심할 여지가 없다. 사람이 죄를 짓기로 마음먹지 않는다면 죄를 짓는 일은 없으며, 그가 죄짓지 않고자 마음먹었다면, 하느님은 그런 사실 또한 예지했으리라.

제11장 모든 것은 하느님의 섭리 안에 있다

따라서 가장 높고 진실하신 하느님은 그 말씀과 성령으로 하나가 되는 분이다. 그분은 영혼과 모든 육체의 유일한 창조자이신 전능하신 하느님이다. 그러므로, 신에게 자신을 맡김으로써 거짓이 아니라 진실된 행복을 얻을 수 있다. 신은 사람을 영혼과 육체로 이루어진 이성적인 동물로 만드시고, 사람이 죄를 지으면 그냥 지나치지 못하고 반드시 벌하시며 또한, 자비를 베풀어 보살피셨다. 하느님은 선인에게나 악인에게나 돌과 같은 존재를, 나무와 같은 번식력이 있는 생명을, 짐승과 같은 감각 있는 생명을, 오직 천사들만 가지고 있는 이성을 선물해 주셨다. 하느님으로부터 모든 존재와 형상과 모든 질서가 나오고, 하느님에게서 척도와 수량과 무게가 나온다. 또 하느님으로부터 종류가 어떠하든 가치가 어떠하든 자연에 존재하는 모든 것이 나오며, 형상의 씨앗(가능성)과 씨앗의 형상(현실태), 그리고 씨앗 및 형상(가능태에서 현실태로의) 둘 모두의 운동이 비롯된다.

하느님은 육체에 그 탄생과 아름다움과 건강과 풍성한 번식력과 정렬한 지체와 여러 부분의 건전한 조화를 내려주셨다. 비이성적인 영혼에도 기억, 감각, 욕구를 주셨으며, 이성적인 영혼에는 이에 덧붙여 정신과 지성과 의지를 주셨다. 하느님은 하늘과 땅, 천사와 인간은 말할 것도 없고 심지어 매우 작고 보잘 것없는 동물들의 내장이나 새의 솜털이나 산과 들에 멋대로 자라나는 식물의 작은 꽃잎이나 나무의 잎새들에도 구성요소들의 조화와 조화에서 비롯되는 평화를 선물하셨다. 이런 하느님이 인간 왕국의 지배와 예속을, 당신 섭리의 법칙 밖으로 내던져 버렸다고는 절대로 믿을 수 없다.

제12장 참된 하느님의 섭리 안에서 옛 로마인은 어떤 덕으로 나라를 크게 만들었는가

따라서 지상 왕국 또한 자신의 권능 아래 두고 계신 참된 하느님이 로마인들에게 어떤 덕성이 있어서, 그리고 무슨 까닭으로 몸소 그들을 도와서 제국을 넓히게 했는지 알아보도록 하자.

이 문제를 좀 더 칠지하게 토의하기 위해 우리는 앞의 책들을 씀으로써 저들이 그토록 하잘것없는 의식으로 숭배해야 한다고 여겼던 신들의 권능이 이 문제와 아무런 관련이 없음을 밝혔다. 더불어 우리는 이제껏 써왔던 책의 앞 장들을 통해 운명에 대해 논하면서, 운명이 사라져야 한다고 줄곧 설득해 왔다. 그것은 로마제국이 확장 존속된 것이 그들의 신들을 섬겼기 때문이 아니라는 점을 믿게 된 사람이, 그 까닭을 저 높으신 하느님의 강력한 의지가 아니라 어떤 운명 탓으로 돌리지 않도록 하기 위함이다.

역사가들에 따르면, 초기의 고대 로마인들은 히브리인들을 제외한 다른 민족과 마찬가지로 거짓 신들을 섬기면서, 하느님이 아니라 악령들에게 희생제사를 바쳤다. 그런데도 그들은 "칭찬받기를 끊임없이 갈망했고, 돈에 너그러웠으며, 명예롭게 얻을 수 있는 부를 원했다."[11] 그들은 명예를 지나치게 사랑해 명예를 위해 살기를 바랐고 명예를 위해 죽음도 서슴지 않았다. 그 하나를 위한 열정이 이루 말할 수 없이 강해, 모든 다른 욕망들은 억눌러야만 했다. 마침내 그들은 조국이 다른 나라에 예속되는 것을 불명예로 여기고, 조국이 다른 나라를 다스리는 것을 명예로 여겨 처음에는 자기들 나라의 자유를, 다음에는 지배자가 되기를 열망했다.

바로 그 때문에 그들은 왕정을 견뎌내지 못하고 '협의한다'에서 비롯[12]된 집정관이라 불리는 두 명의 지도자에게 1년 동안 국정을 맡겼다. 그들은 통치하거나 왕 또는 지배자라고 불리지 않았다. 하지만 '왕'(reges)은 '지배하다'(regere)에서 비롯되었다고 보는 게 마땅할 것이다. 따라서 '왕국'(regnum)은 '왕'(regres)에서, '왕'(reges)은 '지배하다'에서 나온 것이다. 하지만 '왕의 거만'은 지도자의 엄격한 지시나 집정관의 다정한 충고가 아니라, 폭군의 오만함으로 여겨진다. 그러한 이유로 타르퀴니우스 왕이 쫓겨나고 집정관 제도가 제정된 뒤에 역사가인

---

*11 살루스티우스 《카틸리나 음모》 7, 6.

*12 이 설명은 옳지 않은 것 같다.

살루스티우스가 로마인들을 칭찬해 말했듯이 "로마가 자유를 얻자 놀라운 속도로 성장했으며, 사람들이 걷잡을 수 없는 명예욕에 사로잡힌"[13] 시기가 이어졌다. 그리고 이와 같이 칭찬받길 바라는 갈망과 명예에 대한 욕구가 놀라운 업적을 이루었다. 남들의 평가에 주의를 기울여 행동하면 반드시 칭찬받고 명예를 얻을 수 있기 때문이다.

살루스티우스는 그 시대의 유명한 위인인 마르쿠스 카토와 가이우스 카이사르[14]를 칭찬했다. 살루스티우스는 공화국에 덕이 뛰어난 사람이 오랫동안 아무도 없었는데, 이 둘은 성품은 매우 다르지만 모두 덕성이 훌륭하다고 말하고 있다.[15] 살루스티우스는 카이사르에 대한 온갖 칭송 가운데 그가 자신의 천재성과 능력을 드러낼 수 있는 영역을 확보하기 위해 강대한 권력과 군대와 새로운 전쟁을 갈망한 점을 들었다. 그래서 전쟁의 여신 벨로나가 여러 민족들을 전쟁으로 내몰고 피에 물든 채찍[16]으로 그들을 내쫓아 주길 바랐다. 칭송받기를 갈망하고 명예욕에 대한 열정의 결과는 참으로 이러했다. 그러므로 그들은 처음에는 자유를 바라는 욕망으로, 다음에는 지배욕 및 칭찬과 명예에 대한 욕망을 통해 많은 위대한 일들을 해냈다. 저들의 뛰어난 시인 베르길리우스는 다음처럼 이 두 동기를 뚜렷하게 밝히고 증언한다.

포르센나(Porsenna)는 추방당한 타르퀴니우스의 복위를 명하고는
도시를 물샐틈없이 포위해 로마에 압박을 가해 왔다.
그러자 아이네이아스의 용감한 후예들은 자유를 위해
검을 들었다[17]

그 무렵 그들에게 용감하게 싸우다 죽느냐, 아니면 자유롭게 사느냐 하는 문제는 말할 수 없이 중요했다. 하지만 그들은 한 번 자유를 얻게 되자 걷잡을 수 없는 명예욕에 사로잡혀 지배를 좇지 않고는 만족할 수 없게 되었다. 그들의 야망은, 같은 시인인 유피테르의 입을 빌려 다음과 같이 표현된다.

오늘 땅과 바다와 하늘을 두려움에 떨게 하는 거친 유노는

---

*13 살루스티우스, 위의 책 7, 3.
*14 우티카의 카토와 율리우스 카이사르.
*15 살루스티우스, 위의 책 53f.
*16 베르길리우스 《아이네이스》 8, 703.
*17 베르길리우스 《아이네이스》 8, 646ff.

그 마음을 돌려, 나와 함께 역사의 지배자인

토가를 입은 로마인을 돕도록 하라.

이것이 나의 뜻이다. 세월이 흘러

아사라코스의 후손들이 명성 높은 미케네와 프티아를

노예로 삼고

마르고스를 정복해 지배하는 날이 오리라.[*18]

베르길리우스는 유피테르의 입을 벌려 이런 것들을 미래의 일처럼 예언하게 했으나, 그 자신은 이미 이루어진 일들을 마음에 그리며 오늘날 상황을 보고 있었다. 그러나 내가 이런 구절을 인용한 까닭은 로마인들이 자유를 얻은 뒤에 지배를 위대한 공적으로 매우 높게 평가했음을 보여주기 위함이다. 따라서 시인은 여러 민족들을 통치하고 지배하고 복종시키고 정복하는 것이야말로 로마 고유의 기술이라고 말하면서, 다음처럼 노래한다.

다른 사람들은 좀 더 부드러운 솜씨도

보이는 청동상을 만들어내며

대리석으로 살아 있는 얼굴을 조각해 내리라

사리에 맞게 사건을 변론하며

천측기로 천체의 운행을 기록하여

온갖 별들의 위치를 예언하리라

로마인들이여, 기억하라!

그대들은 다른 민족들 위에서 군림할지어다(이것이 그대들의 남다른 재능이니).

평화로운 규범을 만들라.

복종하는 자들은 용서하고 교만한 자들은 처단할지어다.[*19]

로마인들은 쾌락에 몸을 내맡기지 않고 재물을 탐내고 늘리면서 몸과 마음이 무기력해지지 않았을 때, 타락한 도덕성으로 가엾은 시민들의 재산을 빼앗지 않았을 때, 음란한 배우들의 주머니가 두둑해지지 않았을 때, 더 능숙하게 이런 기술을 부릴 수 있었다. 그러나 살루스티우스가 글을 쓰고 베르길리우스가 이런 구절을 노래할 즈음에는 도덕적으로 타락한 사람이 넘쳐 나서 베르길

*18 베르길리우스, 위의 책 279~85.

*19 베르길리우스, 위의 책 6, 847~853.

리우스가 말한 '남다른 재능'으로써가 아니라, 음모와 남을 속이는 수단으로써 명예와 영광을 얻으려고 애썼다. 살루스티우스는 우리에게 이렇게 말한다.

처음에 사람들 마음을 움직인 것은 탐욕이라기보다는 야망이었다. 이것은 악덕이지만 덕에 가까웠다. 명예와 영광과 권력은 착한 사람이나 비열한 사람 모두 바라 마지않기 때문이다. 하지만 착한 사람은 올바른 방법으로 그것들을 좇는 반면, 선한 기술을 알지 못하는 비열한 사람은 음모와 책략으로 그것들을 얻으려고 애쓴다.[20]

여기서 영광과 명예와 권력을 얻고자 할 때 기만적 야망이 아니라, 덕으로 그것들을 얻어 내는 것이 바로 선한 기술이다. 착한 사람과 비열한 사람 모두 이런 것들을 바라지만 착한 사람은 참된 방법으로 그것들을 얻으려고 애쓴다. 이 참된 방법이 바로 덕이다. 이 덕으로 착한 사람은 갖고자 하는 목표, 오로지 명예와 영광과 권력으로 곧장 나아간다. 이러한 덕성이 로마인의 정신에 뿌리박혀 있음은 그들이 세운 신전을 봐도 알 수 있다. 그들은 비르투스(덕)와 호노르(명예)[21] 신전을 매우 가까이 세워 놓고는 하느님이 주신 선물들을 신으로 섬기고 있기 때문이다. 우리는 여기에서 선한 사람들이 덕의 목적을 무엇이라 생각하고, 덕을 궁극적으로 무엇에 연관짓는지 이해할 수 있는데, 그것은 곧 명예이다. 악인들도 명예를 간절히 바라지만, 음모와 기만으로써 그것을 얻고자 하며 결코 가질 수 없기 때문이다.

살루스티우스는 "그가 명예를 덜 바랄수록 명예가 그를 뒤따라 왔다" 말하며[22] 카토를 크게 칭찬했다. 로마인들이 열렬히 바라는 영광이란 올바르게 생각할 줄 아는 사람들에게 호의적 판단을 얻는 것이기 때문이다. 자기 양심 말고는 어떤 인간의 판단에도 만족하지 않는 덕이 더욱 뛰어나다고 볼 수 있다. 따라서 사도는 "우리의 자랑거리는 우리 양심이 증언하는 바입니다"(2고린 1 : 12) 말한다. 그는 또 다른 구절에서 "저마다 자기가 한 일을 살펴봅시다. 잘한 일이 있다면 그것은 자기 혼자 자랑스럽게 생각할 일이지 남에게까지 자랑할 게 못 됩니다"(갈라 6 : 4) 했다.

그러므로 로마인들이 바라고, 착한 사람들이 올바른 기술로써 얻으려고 좇

---

*20 살루스티우스, 위의 책 11, 1ff.

*21 4권 20장 참조.

*22 살루스티우스, 위의 책 54, 6.

는 그 영광과 명예와 권력을 덕이 뒤쫓아서는 안 되며 반대로 그것들이 덕을 뒤쫓아야 한다. 참된 덕은 반드시 그보다 더할 수 없는 최상의 선이 자리잡고 있는 목표를 지향하며, 그게 아니라면 참된 덕이 아니기 때문이다. 따라서 카토는 자신이 바랐던 명예마저 바라지 말았어야 했다. 오히려 명예를 바라지 않는 그에게 그 덕으로 국가가 명예를 주어야 했다. 하지만 그 무렵 위대한 두 로마인 가운데에서 참된 덕에 누구보다 가까운 덕을 지닌 사람은 카토였다. 그러므로 카토가 그 시대와 그 이전의 상태에 대해 어떻게 여겼는지 알아보자.

　나는 우리 선조들이 작은 나라를 크게 키운 게 무력 때문이라고 생각하지 않는다. 만일 무력 때문이었다면 오늘날 공화국은 선조들 때보다 더욱 훌륭한 나라가 되었으리라. 우리는 선조들보다 한결 더 많은 동맹국과 시민, 특히 무기와 말을 가지고 있으니 말이다. 그러나 선조들을 위대하게 만든 것은 오늘날 우리에게 없는 다른 요인들이다. 그것은 대내적인 근면과 대외적인 공명 통치, 죄악이나 욕망에 굴하지 않고 자유롭게 서로 의견을 나누는 정신이었다. 그러나 우리는 이런 것들 대신 사치와 탐욕에 물들었다. 또 우리는 개인적으로는 부를 집중시키지만 국가적으로는 가난하다. 우리는 재물을 떠받들고 게으르게 살길 바란다. 착한 사람과 나쁜 사람 사이에 아무런 구분도 없고 덕으로써 얻어야 할 모든 보상을 음모로써 얻는다. 저마다 자기 이익만 좇고 집에서는 정욕의 노예가 되고 원로원에서는 돈과 특혜의 노예가 되는 것도 놀랄 만한 일이 못 된다. 아무런 준비가 되어 있지 않은 공화국에 대해 공격이 쏟아진다고 하더라도 전혀 이상한 일이 아니다.[23]

카토나 살루스티우스의 이런 말을 듣는 사람들은 거의 고대 로마인들에게 쏟아졌던 칭송들이 그들 모두, 적어도 그들 다수에게 쓰일 수 있다고 생각할지 모른다. 하지만 사실은 그렇지 않다. 만일 그러했다면 카토가 쓴 내용과 내가 이 책 2권 18장에서 인용한 내용은 사실이 아니게 된다. 살루스티우스[24]는 공화국 초기에 권력자들이 의롭지 못했기 때문에 평민과 귀족과의 분열과 그밖의 대립이 이미 있었으며, 공정하고 온건한 법이 다스리던 시기는 왕들을 쫓아낸 뒤에 타르퀴니우스 때문에 로마가 벌였던 에트루리아와의 가혹한 전쟁이 끝날 때까지, 곧 타르퀴니우스에게서 오는 공포만이 있을 때뿐이라고 우리에게

---

*23 살루스티우스, 위의 책 52, 19ff.
*24 살루스티우스 《역사》 1, 11. 본문은 2권 18장에서 문자 그대로 인용한 것이다.

말한다. 그 뒤에 귀족은 평민을 노예처럼 억눌렀다. 폭군이 그랬듯이 채찍을 휘둘러 그들을 농지로부터 쫓아내고, 다른 모든 사람들을 밀어내며, 오직 자기들 손에만 정권을 움켜쥐었다. 귀족은 통치하려 하고 평민은 노예가 되지 않으려 다 전쟁이 일어났고, 이는 2차 포에니 전쟁에 이르러서야 끝이 났다. 이루 말할 수 없는 공포감이 다시 한 번 그들의 불안한 마음에 퍼져 나가기 시작하자, 이 보다 더 큰 근심이 혼란한 마음을 억눌러, 내적인 화합을 이루도록 했기 때문 이다.

그러나 그때 이룩한 훌륭한 일들은 선한 길을 걸었던 몇몇 사람들이 중요한 문제를 처리했기에 가능했다. 나라 안팎 해악을 참아내고 줄여 공화국이 차츰 성장한 것도 이런 몇몇 선량한 사람의 선견지명 덕분이었다.[25] 살루스티우스 도 평화 시와 전쟁 시, 그리고 육지와 바다에서 이루어 낸 로마인들의 빛나는 업적을 읽고 들으면서 이런 위대한 업적을 이루게 한 것이 무엇이었는지 살피 게 되었다고 한다. 살루스티우스는 때때로 로마인들이 많지 않은 병력으로 대 규모의 적과 싸웠으며, 턱없이 모자란 군비만으로도 부유한 왕들과 전쟁을 치 렀음을 알고 있었기 때문이다. 그래서 살루스티우스는 그 문제를 곰곰이 생각 한 뒤 몇몇 시민의 뛰어난 덕이 모든 것을 이루었으며, 그로써 빈곤이 부를, 소 수가 엄청난 다수를 극복했다고 믿게 되었다. 그러나 살루스티우스는 공화국 이 사치와 게으름에 젖어 부패하게 된 뒤에는 반대로 국가가 그 위대함 때문 에, 정무관들과 장군들의 악덕을 지지하고 말았다고 덧붙였다.

따라서 참된 방법, 곧 덕으로 명예와 영광과 권력을 얻고자 노력했던 몇몇 은 카토에게 칭송받았다. 이것이야말로 카토가 말하는 개인적 근면성의 원천 이었다. 이것은 비록 그 결과가 개인의 빈곤으로 나타난다고 할지라도 국고를 부유하게 하고자 했다. 그래서 카토는 도덕이 썩으면서 악이 생겨난다고 말 할 때, 표현을 바꾸어 "국가적으로는 빈곤하고 개인에게 부가 집중된다"[26] 말 했다.

제13장 명예욕은 악덕이지만 다른 악덕을 억제하기도 한다
동방 여러 왕국들이 오랫동안 명성을 떨쳤을 때, 하느님께서는 시기적으로

---

*25 살루스티우스, 위의 책 53, 2~5.

*26 살루스티우스 《카틸리나 음모》 52, 21f.

는 비록 늦었다고 할지라도 지배영역과 위대성에서는 뛰어난 왕국이 서방에서도 일어나기를 바라셨다. 하느님께서는 여러 민족 사이에 존재하는 지독한 악을 제압하기 위해, 명예와 칭찬과 영광으로 자기 나라를 섬기고, 나라의 영광에서 자신의 영광을 추구하며, 자신의 안전보다 나라의 안전을 서슴지 않고 앞세우고, 칭찬받을 욕심으로 재물에 대한 욕망과 다른 수많은 악행을 억제했다. 사실 건전한 판단을 하는 사람이라면, 칭찬받을 욕심도 악덕이라는 것을 깨닫게 된다. 시인 호라티우스는 그 점을 놓치지 않고 이렇게 썼다.

그대는 칭찬받고 싶어 견딜 수 없는가? 그렇다면 내 말을 들으라.

그대가 이 책을 진실된 마음으로 세 번 읽는다면 마음이 가라앉으리라.[*27]

호라티우스는 한 서정시에서 욕망을 다스리라면서 이렇게 노래하기도 했다.

탐욕스런 마음을 다스리라. 그러면 그대는 머나먼 가데스(에스파냐의 남해 안에 있는 마을)에 리비아를 합한 것보다 더 크나큰 왕국을 얻을 것이고 모든 카르타고인들을 손아귀에 넣게 되리라.[*28]

하지만 경건한 믿음으로 얻은 성스러운 영(靈)과 지성적 미[*29]에 대한 사랑으로 비열한 욕망을 억누르는 것이 아니라, 기껏해야 사람들로부터 칭송받고 싶은 마음에 비열한 욕망을 억제한 사람들은 사실 거룩하지는 않지만 비겁한 정도는 덜한 셈이다. 툴리우스 키케로도 이 사실을 숨길 수 없었다. 그는 《국가론》[*30]에서 국가의 지도자 교육에 대해 설명할 때, 지도자는 명예를 소중히 여기도록 가르쳐야 한다고 말하면서, 이어서 로마 선조들은 명예에 대한 갈망으로 놀랍고 뛰어난 일들을 많이 이루어냈다고 말했다. 그러므로 사람들은 이 악덕이 공화국을 이롭게 했다고 여겨 그것에 맞서기는커녕, 오히려 그것이 자극되고 활활 불타오르게 해야 한다고 생각했다. 키케로는 철학에 대한 자신의 책에서조차 이런 해로운 견해를 감추려 들지 않고, 대낮의 햇빛보다 더 또렷하게 밝히고 있다. 키케로는 다른 사람의 칭찬을 얻으려는 허영심이 아니라 진정한 선을 목적으로 삼아 추구해야 할 연구들에 대해 말하면서, 다음과 같은 보편

---

*27 호라티우스 《서간집》 1, 1, 36f.

*28 호라티우스 《송가》 2, 2, 9f.

*29 지적인 아름다움. 감각이 아닌, 지성에 의해 파악된 플라톤의 아름다움의 "이데아"임.

*30 키케로 《국가론》 5, 7, 9.

적이고 일반적인 진술을 제시한다.[*31]

　명예가 학문과 예술을 낳고 기른다. 모든 사람들은 명예욕으로 학문을 연구하도록 자극받는다. 그리하여 일반적으로 사람들 사이에서 인정받지 못하는 연구는 언제나 배척당한다.

제14장 로마인의 덕과 그리스도인의 덕

　그러므로 이런 욕망에 굴복하는 것보다는 저항하는 편이 더 낫다는 점은 의심할 여지가 없다. 이런 더러움으로부터 벗어나 깨끗하면 깨끗할수록 그 사람은 더 하느님을 닮아 가기 때문이다. 바른 길을 가는 사람의 마음조차 유혹을 쉽게 떨쳐내지 못하므로, 이런 악덕이 사람 마음으로부터 철저히 뿌리 뽑히지는 않는다해도 적어도 정의를 사랑하는 마음으로 명예욕을 이겨내야 한다. 어떤 곳에서 "사람들에게 인정받지 못하고 배척당하는 것들"이 있다 해도 만일 그것이 옳고 마땅하다면, 사람들에게 칭찬을 받으려는 욕망은 부끄러움을 알고 진리에 대한 사랑에 굴복해야 하리라. 하느님에 대한 두려움이나 사랑보다 명예욕이 마음속에 더 크게 자리잡고 있다면, 이 악덕이 경건한 믿음에 해가 되므로 주님께서 "너희는 서로 영광을 주고받으면서도 오직 한 분이신 하느님께서 주시는 영광은 바라지 않으니 어떻게 나를 믿을 수가 있겠느냐?"(요한 5 : 44) 말씀하셨기 때문이다. 하느님을 믿지만 그 사실을 드러내놓고 고백하기를 두려워하는 사람들에게 복음서는 이렇게 말한다. "그들은 하느님께서 주시는 영광보다도 인간이 주는 영광을 더 사랑하는 사람들이었다." (요한 12 : 43)

　거룩한 사도들은 "사람들의 인정을 받지 못하므로 배척당한다"는 키케로의 말대로 인정받지 못했을 뿐만 아니라, 더할 수 없을 만큼 배척당했지만 그리스도 이름을 널리 퍼뜨릴 때는 그렇게 행동하지 않았다. 그들은 그리스도의 이름을 아주 혐오하던 곳에서도 마음의 의사이자 선한 스승이 되는 분에게 들었던 말씀 곧 "그러나 누구든지 사람들 앞에서 나를 모른다고 하면 나도 하늘에 계신 내 아버지 앞에서 그를 모른다고 하겠다"(마태 10 : 33 ; 루가 12 : 9)는 말씀을 잊지 않았다. 거룩한 사도들은 저주와 모욕은 물론 말로 다할 수 없는 가혹한 박해와 잔인한 형벌을 받으면서도, 굴복하지 않고 인간 구원을 설교하기를

[*31] 키케로 《투스쿨룸에서의 논쟁》 1, 2, 4.

멈추지 않았다. 그들은 하느님의 뜻을 행하고 말하며, 경건한 삶을 살고, 사람들의 비뚤어지고 고집센 마음을 허물고, 그리스도 교회 안에서 정의로운 평화를 실천해 큰 영광을 이루었다. 하지만 그들은 그 영광이 마치 그들 자신의 덕의 목표인 듯이 그 안에 안주하지 않고 하느님께 모든 영광을 돌렸다. 그들은 하느님의 은총으로 그와 같은 인간이 되었으며, 그들이 도움의 손길을 건넨 사람들도 하느님에 대한 사랑으로 활활 불타오르게 만들었다. 그들의 스승은 세속적인 영광을 얻고자 선한 사람이 되지 말라 하시며 "너희는 일부러 남들이 보는 앞에서 선행을 하는 일이 없도록 하여라. 그렇지 않으면 하늘에 계신 아버지에게 아무런 상도 받지 못하느니라"(마태 6 : 1) 말씀했기 때문이다. 그런데 이 구절을 잘못 풀이한 사람들은 혹 다른 이들 마음에 들까 두려워한 나머지 선한 행동을 숨겨 다른 사람을 돕지 못했다. 주님께서는 어떤 목적으로 선행을 알려야 하는지에 대해 이렇게 설명하셨다. "너희도 이와 같이 너희의 빛을 사람들 앞에 비추어 그들이 너희의 착한 행실을 보고 하늘에 계신 아버지를 찬양하게 하여라" (마태 5 : 16). 당신은 자신의 힘으로 대단한 일을 이룬 것이 아니니 사람들에게 주목받으려고 하지 말고, 사람들이 하늘에 계신 너희 아버지를 찬양하도록 하며, 그들이 하느님 품에 돌아와 당신과 같은 사람이 되도록 하라는 것이다.

순교자들도 이런 사도들의 뒤를 따랐다. 그들은 진정한 덕성에서 스카이볼라와 쿠르티우스와 데키우스 부자(4권 20장 참조)를 앞섰다. 그들은 자신에게 형벌을 가하는 게 아니라 자신에게 내려진 형벌을 참고 견뎌냄으로써 참된 경건함을 지녔으며, 그 수도 더 많았기 때문이다. 그러나 로마인들은 지상에 있는 나라에 살며, 나라를 위한 모든 의무가 목표로 삼은 것은 나라의 안전, 곧 하늘에 있지 않고 지상에 있으며, 영원한 생명의 영역에 있지 않고 죽은 자들에서 죽어갈 자들이 이어지는 왕국의 안전이다. 하지만 죽은 뒤에도 칭찬하는 사람들의 입 속에서 살기를 바라는 마음이라면 명예 말고 다른 무엇을 사랑할 수 있었겠는가?

제15장 하느님은 로마인에게 그 덕에 어울리는 보답을 주셨다
하느님은 천국의 성스러운 천사에게 주신 영원한 생명을 로마인에겐 주려하지 않으셨다. 로마인들은 천국에 들어가려고 그리스인들이 라트레이아라고 부르는 종교적인 예배(10권 1장 참조)를 참된 유일신이신 하느님께만 드렸다. 그런데도 그분이 그들에게 가장 뛰어난 제국이라는 영예를 주시지 않았다면, 그들은 자신들의 선한 기술, 곧 그토록 큰 영예를 얻기 위해 좇았던 덕성에 대해 아무런 보상을 받지 못한 셈이다. 사람들에게 영예를 얻기 위해 선행을 하는 이들에 대해 주님께서는 이렇게 말씀하셨기 때문이다. "나는 분명히 말한다. 그들은 이미 받을 상을 다 받았다"(마태 6 : 2) 이런 사람들은 대의를 위해 자신들의 사사로운 문제를 하찮게 여겼고, 공공의 재산을 위해 개인적인 욕심을 버렸다. 또 그들은 국가적인 선을 위해 스스로 헌신했으며, 그들의 법을 지키며 죄를 짓거나 육체적인 욕정에 빠지지도 않았다. 그들은 참된 길이라고 생각한 이 모든 행동에 따라 명예와 권력과 영예를 얻으려고 나아갔다. 그들은 대부분 민족에게서 영예를 얻었으며, 제국의 법으로 많은 민족들을 다스렸다. 그리고 오늘날까지도 문학과 역사 분야에서 거의 모든 나라로부터 영예를 얻고 있다. 그러므로 "그들은 이미 받을 상을 다 받았다"(마태 6 : 2)라는, 더할 수 없이 높고 참되신 하느님의 판결에 그들이 불평할 이유는 하나도 없다.

제16장 로마제국의 발전은 하느님 나라 백성에게도 교훈을 준다

이 세상에 더 애착을 갖는 사람들은 하느님의 나라를 싫어한다. 하지만 그 나라를 위해 현세에서의 비난을 달게 받고 있는 성도들이 받을 보상은 로마인들과 크게 다르다. 하느님의 나라는 영원하다. 그 나라에서는 죽음을 맞이하는 이가 없으므로, 태어나는 이도 없다. 그곳에는 여신이 아니라 하느님의 선물인 참되고 오롯한 행복만이 존재한다. 우리는 순례길에서 그 아름다움에 경탄하는 동안 이미 하느님에게서 믿음의 서약을 받는다. 그곳에서는 해가 선한 이와 악한 이에게 모두 떠오르지 않고, 의로운 해(말라 4 : 2)가 오직 선한 이만 보호한다. 그곳에는 진리의 보물이 모두에게 나눠지므로, 개인적 빈곤을 참아가며 공공 재산을 늘리려 수고하지 않아도 된다.

그러므로 로마인들의 제국과 영광이 그토록 두드러지게 드넓혀졌던 것은 로마인들에게 보상을 해주기 위해서만은 아니었다. 로마인들이 인간적인 영예를 얻기 위해 그 나라를 그리 사랑했다면, 끝없는 나라의 백성들은 이곳에서의 순례길에서 로마인들의 예를 열심히, 그리고 침착하게 생각해 보고 영원한 삶을 위해 저 하늘 나라에 얼마나 많은 사랑의 빚을 지고 있는지 깨닫게 하려는 뜻도 있었다.

제17장 로마인이 땅 위의 영예를 위해 치른 희생은 그리스도인에게 기운을 북돋아 준다

겨우 며칠이면 끝나는 삶, 언젠간 죽기 마련인 이 삶에서, 지배자들이 불경하고 부당한 행동만 강요하지 않는다면 곧 죽을 사람이 누구의 지배 아래 있든 무슨 상관이가? 로마인들은 다른 민족들을 굴복시키고 그들을 자기들의 법으로 다스렸을 때 전쟁을 통한 대량 살육으로 그 일을 이루었다는 것 말고 그 민족들에게 다른 어떤 해를 끼쳤는가? 그 일이 평화적인 합의로 이루어졌다면 더 성공적이었겠지만, 정복자로서의 영광은 없었으리라. 로마인들도 그들이 다른 민족에게 부과한 똑같은 법률 아래에서 생활했기 때문이다. 이 일에 마르스와 벨로나가 개입하지 않았더라면 승리하는 지역도 없고 누구도 다투지 않아 정복하는 사람도 없었으리라. 그랬더라면, 로마인들과 다른 민족들은 똑같이 살지 않겠는가? 특히 로마 제국에 속한 모든 사람에게 로마 시민의 권리가 허락되고, 토지 없는 계층에게 공공기금을 지급한 인간적이고도 만족스러운 일이 이루어졌으며, 이전에는 소수만 누리던 특권을 모든 사람들이 누리게 되었는데, 이것이 좀 더 일찍 이루어졌다면 좋았을 것이다. 그리고 하층민을 도울 기금을 정복당한 민족들에게서 강제로 뺏지 않고 평화적인 협약을 맺은 뒤 공정한 행정가의 손을 거쳐 자발적으로 제공하는 형태가 되었더라면, 더 은혜로울 수도 있었으리라.

나는 누구는 정복자가 되고 또 누구는 정복당했다는 것이, 그들의 안전이나 선한 풍습 그리고 품위에 어떤 영향을 미치는지 전혀 모른다. 오직 그것을 얻기 위해 사람들이 매우 열망에 불타 매우 세차게 전쟁을 치른 뒤 "이미 상을 받았다"는 말처럼 인간적 영광에 매우 교만한 마음을 가지게 되었음은 안다. 그런 이들의 농토가 과세대상에서 제외되기라도 했는가? 다른 민족은 배우지 못한 무언가를 그들만 알고 있는가? 로마를 알지도, 가보지도 못한 다른 나라에도 원로원 의원들이 있지 않은가? 겉으로 보이는 그런 구경거리는 집어치우라. 인간이 인간이 아니면 무엇이란 말인가? 세상의 그릇된 기준으로 좀 더 나은 자들이 다른 사람들보다 더 큰 명예를 얻을 수 있다 할지라도, 인간적인 명예를 위해 값비싼 대가를 치러서는 안 된다. 그것은 무게가 없는 연기와도 같기 때문이다.

하지만 이런 문제에서도 하느님의 보살핌으로부터 이로움을 얻도록 하자. 로마인들이 인간적인 명예를 얻기 위해 얼마나 많이 중요한 것들을 하찮게 여겼고, 또 얼마나 많이 참아냈으며, 얼마나 많이 욕구들을 억눌렀는지 생각해 보자. 사실 그들은 이런 미덕에 대한 보상으로 그런 영광을 얻을 만했다. 그러니 적어도 우리 안의 교만한 마음을 누그러뜨리는 데 쓸모 있도록 하자. 우리가 다스리기로 약속받은 그 나라는 이 세상 나라와는 하늘과 땅만큼이나, 영원한 생명과 순간적인 기쁨만큼이나, 확실한 영예와 공허한 칭찬만큼이나, 천사들의 사회와 인간 사회만큼이나, 태양과 달을 창조하신 분의 영광과 태양과 달의 빛만큼이나 커다란 차이가 있다. 로마인들이 그들이 이미 소유한 나라를 위해 그토록 많은 일들을 하고 그렇게 많은 일들을 참아냈다. 이처럼 위대한 하늘 나라 백성들도 그 나라를 얻기 위해 선한 일을 하고 고난을 참아냈다 하더라도 훌륭한 일을 했다고 여겨서는 안 된다. 백성들을 천상의 나라로 들어가게 하는 구원의 약속이 로물루스의 피난처와도 비슷하기에,*32 이 모든 일들은 다시 생각해 보아야 한다. 로물루스도 온갖 범죄로부터 죄를 용서받게 된다는 이야기로 무리를 모아 로마를 건설했으니 말이다.

제18장 그리스도인은 하느님 나라를 위해 희생해도 자랑하지 않는다

브루투스가 지상의 나라를 위해 자기 아들을 죽일 만큼 희생(3권 16장 참조)할 수 있었다면, 영원한 천상의 나라를 위해 아무리 즐거운 이 세상 일이라도 하찮게 여기는 것이 그토록 대단한 일인가? 물론 하늘 나라에서는 아무도 자식을 죽이라는 그런 강요는 하지 않을 것이다. 그러나 자식을 죽이는 일은 하늘 나라를 위해 필요한 일들을 하는 것, 예를 들어 자식들을 위해 모은 재산을 가난한 사람들에게 베풀거나, 정의와 신앙을 위해 가진 것을 잃는 것보다는 더 어려울 것이 틀림없다. 우리나 우리 자식들을 행복하게 하는 것은 지상의 부가 아니기 때문이다. 그것은 우리가 사는 동안에 잃을 수도 있으며, 우리가 죽은 뒤 모르는 사람이 가져갈 수도 있고, 우리가 바라지 않는 엉뚱한 사람이 소유할 수도 있다. 그러므로 참된 영혼의 부이자 우리를 행복하게 만드는 분은

---

*32 1권 34장 참조. 리비우스, 앞의 책, 1, 8.

바로 하느님이시다.

브루투스를 칭찬한 시인마저도 그가 자식을 죽인 것이 그에게 얼마나 불행한 일이었는지 이렇게 이야기한다.

> 그는 위협받고 있는 자유를 위해, 반란을 일으킨 자식에게
> 피를 흘리도록 했네.
> 시간이 흐른 뒤에 그의 행동이 어떤 심판을 받든
> 그는 가여운 아버지로다!

그러나 시인은 다음 구절에서 그 가여운 사람을 이렇게 위로한다.

> 조국에 대한 사랑과 끝없는 명예심이, 모든 것을 이기게 했네.*33

로마인들이 감탄할 만한 행동을 하도록 자극한 것은, 자유와 칭찬을 받고자 하는 인간의 욕망이었다. 따라서 죽음으로 가는 사람들의 자유를 위해, 또 죽을 수밖에 없는 존재로부터 칭찬받기 위해 이 아버지는 자식까지 죽였다. 그렇다면 우리를 죄와 악마의 지배로부터 벗어나게 할 참된 자유를 위해, 자식들을 죽이라고 하는 것도 아니고 겨우 우리 자식들을 그리스도의 가난한 백성 가운데에 넣었다해 그것이 그토록 대단한 일이란 말인가? 그것이 인간적인 칭송을 바라서가 아니며 타르퀴니우스 왕이 아닌 악마들과 악마들의 우두머리로부터 사람들을 자유롭게 하려는 진심어린 소망 때문임에도 말이다.

토르콰투스라는 성을 가진 로마의 또다른 장군도 아들을 죽였다. 그의 아들이 반역을 저지르지는 않았지만, 적의 도전을 받자 젊은 충동을 이기지 못하고 장군인 아버지의 명령을 거역해 싸웠다는 죄목이었다.(1권 23장 참조) 아들이 이겼음에도 그가 아들을 죽인 까닭은, 적을 죽인 영광보다 장군의 명령을 어긴 불복종의 해악이 더 클까 두려웠기 때문이다. 토르콰투스 장군이 그렇게 했다면, 하늘의 법을 위해 아들보다 훨씬 못한 세상의 것들을 하찮게 본다는 사실이 뭐 그리 자랑할 일이겠는가?

푸리우스 카밀루스(2권 17장 참조)는 로마인들의 목덜미를 짓누르던 베이족의 멍에를 벗겨놓았지만, 그 뒤 시기하는 사람들에게 문책을 당했다. 그런데 자신보다 나은 인물이 없었기에 그는 은혜도 모르는 조국을 갈리아인에게서 다시 해방시켰다. 카밀루스가 그렇게 행동했다면, 어떤 사람이 예를 들어 교회

---

*33 베르길리우스 《아이네이스》 6, 820ff.

안에서 육신의 적들에게 지독히 불명예스러운 해를 입었을 때, 이단적인 적에게로 넘어간다든지, 스스로 교회에 맞서 이단을 조직하지 않고 오히려 할 수 있는 한 이단의 사악한 행위로부터 교회를 보호하는 어떤 일을 했다고 해서 어찌 그것을 대단한 일인양 뽐낸단 말인가? 그가 그렇게 한 까닭은 명예로운 생활을 위해서가 아니라 단지 영원한 생명을 얻을 수 있는 다른 교회를 찾을 수 없었기 때문이 아니겠는가?

무키우스[34]는 가혹한 전쟁으로 로마인들을 압박하던 포르센나 왕을 죽이려다 실패하고 실수로 다른 사람을 살해했다. 그 자리에서 붙잡힌 무키우스는 포르센나 왕이 전쟁을 그만두도록 할 생각으로 벌겋게 단 제단 위에 자기 오른손을 힘껏 집어넣었다. 포르센나는 무키우스의 용기와 그와 같은 사람들이 힘을 합쳤다는 이야기에 겁을 먹고 곧바로 모든 전투를 멈추도록 하고는 평화조약을 맺었다. 무키우스가 이렇게 했다면, 하늘 왕국을 위해 한 손이 아니라 온 몸을 불꽃 가운데 던졌다 하더라도 자발적인 행위가 아니라 다른 사람에게 박해를 받아서였다면 어떻게 스스로 하늘 왕국에 들어갈 만한 공적이 있다고 주장할 수 있겠는가?

쿠르티우스(4권 20장 참조)는 신탁을 받들어 완전무장한 채 말에 박차를 가하고는 대지의 갈라진 절벽 사이로 몸을 던졌다. 신탁은 로마인들이 가진 것 가운데서 가장 좋은 것을 절벽 틈새로 내던지라고 명령했는데, 병력을 무엇보다 최고로 치던 로마인들은 무장한 군인이 그런 죽음으로 곤두박질쳐야 한다고 여겼다. 그러니 만일 그리스도 교인 가운데 어떤 이가 스스로 죽음으로 자신을 내던진 것이 아니고 특히, 자신의 주님이시며 하늘나라의 왕이신 분으로부터 "육신은 죽여도 영혼은 죽일 수 없는 자들을 두려워 말라."(마태 10 : 28)는 틀림없는 명령을 받고서 신앙의 적들인 이교도들에게 죽임을 당했다면, 이를 놓고 어찌 영원한 나라를 위해 큰 일을 했다 할 수 있겠는가?

데키우스 집안 사람들[35]은 로마군대를 구출하기 위해 주문을 외며 자신들의 피로써 신들의 노여움을 가라앉혔다. 그들이 이렇게 했다면, 거룩한 순교자들은 비록 피를 흘리는 형제들만이 아니라, 계명에 따라 자신들을 피흘리게 하는 적들까지도 사랑하면서 사랑의 믿음과 믿음의 사랑으로 서로 아끼며 싸

---

[34] 푸블리우스 무키우스 스카이볼라. 4권 20장 참조.
[35] 리비우스 《로마사》 2, 8.

웠더라도, 영원한 생명과 행복이 있는 나라로 갈 만큼 크게 가치 있는 일을 한 듯이 스스로 뽐내지 말라.

유피테르와 유노와 미네르바 신전에서 제를 올리고 있던 마르쿠스 풀빌루스는 아들이 죽었다는 소식을 들었다. 하지만 이것은 그의 마음을 흔들어 제를 다른 이가 올리도록 할 의도로 그를 시기하던 사람들이 한 거짓말이었다. 그러나 그는 이런 보고를 받고도 아무렇지 않게 제를 계속 올렸다. 마르쿠스 풀빌루스는 무심하게도 아들을 묻지 말고 내던지라고 시켜 명예를 소중히 하는 마음으로 가슴속 자식을 잃은 슬픔을 이겨냈다. 그렇다면, 복음을 설교해 백성들이 온갖 악행과 방황에서 벗어날 수 있도록 하며 하늘나라로 이끈 사람이 있다한들 뭐 그리 큰 일을 했다 할 것인가? "죽은 자들의 장례는 죽은 자들에게 맡겨두고 너는 나를 따르라."(마태 8 : 22)

마르쿠스 레굴루스(1권 15장 참조)는 잔인한 적들과 맺은 맹세를 지키기 위해 그를 붙잡아두고자 했던 로마인들을 떠나 스스로 적에게 돌아갔다. 자신은 이미 아프리카인들의 노예가 되어 명예로운 로마시민의 품위를 유지할 수 없다는 게 그 이유였다 한다. 하지만 카르타고인들은 레굴루스가 원로원에서 자신들에게 이롭지 않은 발언을 했다는 이유로 끔찍한 형벌을 가해 죽이고 말았다. 레굴루스가 그렇게 했다면, 지복한 믿음으로만 갈 수 있는 하늘나라의 선한 믿음을 위해서라면 어떤 형벌인들 가벼이 여겨야 하지 않겠는가? 또 레굴루스가 무자비한 적들과의 약속을 지키기 위해 죽임 당했듯이 사람은 하느님과 맺은 맹약, 주님이 그에게 주시고 그가 주님에게 갚아야할 충성스러운 믿음을 위해 과연 무엇을 줄 수 있는가? 여호와께서 베푸신 그 크신 은혜, 내가 무엇으로 갚으리오!(시편 116 : 12)

그리고 집정관 재직 중에 죽은 루키우스 발레리우스*[36]는 너무도 가난해서 사람들이 돈을 모아 장례를 치렀다고 한다. 이 이야기를 듣고도 하느님이 몸소 진정한 재산이 되어주시는 나라로 가기 위해 세상이라는 순례길을 걸을 때, 가볍게 갈 수 있도록 스스로 가난을 택한 그리스도인이 어떻게 자신을 자랑하겠는가? 또 퀸티우스 킨키나투스*[37]는 고작 농토 네 마지기(iugerum)를 가지고

---

*36 P. Valerius Publicola : 리비우스《로마사》3, 26~9 ; 발레리우스 막시무스, 앞의 책, 4, 4, 1.
*37 기원전 458년에 독재관이었다. 리비우스《로마사》3, 26~9 ; 발레리우스 막시무스, 앞의 책, 4, 4, 1.

자기 손으로 직접 농사짓다가, 쟁기를 놓고 집정관보다 더 명예로운 직책인 독재관이 되어 적을 정복함으로써 엄청난 명예를 얻었다. 그럼에도 청빈한 생활을 이어 가려고 힘썼다는 이야기를 들을 때, 그리스도인이 어떻게 자신을 자랑할 수 있겠는가? 또 파브리키우스*38는 에피루스인들의 왕인 피루스에게서 왕국의 4분의 1을 줄테니 로마와의 관계를 끊으라는 제안을 받았으나 평범한 국민으로서 가난하게 살기를 바랐다. 이 이야기를 들을 때, 그리스도인이 천상의 영원한 나라와 관계를 끊으면 이 세상에서 보상을 해주겠다는 유혹에 넘어가지 않았다 해서 어찌 대단한 일을 했다고 자랑할 수 있겠는가?

로마인들은 민중의 재산이며 국가 공공 재산인 공화국이 최고로 번영하고 부유했을 때에도 그들 저마다의 가정은 너무나 가난했다. 이미 집정관을 두 번이나 지냈던 사람*39이 10파운드의 은그릇을 갖고 있다 감찰관에게 들켜 원로원에서 쫓겨날 정도였다. 전쟁에서 승리해 국고가 넉넉함에도 그들은 그토록 가난한 생활을 했다. 그런데 사도행전에 따르면(사도 2 : 45) 그리스인들은 더 숭고한 목적으로 재산을 공동 소유로 했으며 저마다 필요한 만큼은 나누어 주었으나 자기 것을 주장하지는 않았다. 로마인들이 자신들의 영광을 지키기 위해 이렇게 했다면 천사들과 사귀기 위해 그런 일을 한 그리스도인들이 어찌 자랑할 수 있겠는가?

그토록 먼 곳까지 세력을 넓힌 로마 제국이 어마어마한 승리를 거두며 위대해지지 않았더라면, 이런 예들과 로마사에서 발견되는 다른 많은 일들이 어찌 널리 알려지며 이런 큰 명예를 얻을 수 있었겠는가? 때문에 그토록 드넓고 오래 이어졌으며 뛰어난 인물들 덕에 그렇게 찬란한 광채와 영예를 얻었던 그 제국을 로마인들은 스스로 열망하며 추구했던 보상으로 받은 것이다. 이런 로마인의 사례는 우리에게 귀감이 되는데, 로마인이 그들 나라의 영광을 위해 굳게 지켜온 미덕과 비슷한 덕성을, 우리 그리스도인은 참으로 영광스러운 하느님의 나라를 위해서 굳게 지키지 않았음을 아프게 깨달아야 한다. 그리고 우리가 그런 덕성을 지녔다 하더라도 오만해져서는 안 된다. 사도가 말한 대로 "지금

＊38 플루타르코스《Vitae Parallelae, Pyrrhus》20 ; 유트로피우스《Breviarium ab Urbe Candita》2, 12.

＊39 기원전 275년의 코넬리우스 루피누스이다. 발레리우스 막시무스, 앞의 책, 2, 9, 4 ; 겔리우스, 앞의 책, 4, 8.

우리가 받는 고통은 앞으로 나타날 영광에 비할 바가 아니다"(로마 8 : 18) 그러나 고대 로마인들의 삶은 인간이 이룬 현세적인 영광이라는 면에서 충분히 가치 있다고 생각된다.

구약에서는 감춰져 있다 신약에서 드러난 진리가 있는데, 오직 참 하느님을 섬기는 이유는, 착한이나 악한 이를 나누지 않고 베풀어 주시는 하느님의 섭리로 세속적이고도 현세적인 축복을 받으려함이 아니라, 영원한 생명, 변치않는 선물인 하늘 나라에 들어가기 위함이다. 로마인들에게 희생된 유대인들의 영광을 드높인 것은 마땅하다 할 수 있는데, 로마인들은 덕성으로 세속적인 영광을 좇았기에 참된 영광과 영원한 나라를 주신 분을 죽이고 배척한 유대인을 정복할 수 있었다.

제19장 명예욕과 지배욕의 차이

인간적 영광에 대한 갈망과 지배하려는 욕망 사이에는 커다란 차이가 있다. 지나치게 인간적 영광을 좇는 사람들은 남을 지배하려는 열망도 강한 편이다. 하지만 참된 인간적 칭찬을 바라는 사람들은 자신들을 정확하게 보아주는 사람들을 불쾌하게 만들지 않으려 애쓴다. 사실 선한 도덕적 자질들이 많으며, 많은 이가 이런 자질을 갖고 있지는 않더라도 판단은 할 수 있다. 진정한 인간적 영광을 바라는 이들은 이런 도덕적 자질들로 영광과 명예와 지배를 얻으려 노력한다. 이를 두고 살루스티우스는 말한다. "선한 이는 올바른 방법으로 추구한다." 그러나 자신의 행동을 평가하는 사람들을 불쾌하게 만들지 않을까 하는 걱정조차 하지 않고 지배권과 힘을 가지려는 사람은 때로는 드러내 놓고 죄를 짓더라도 자기가 바라는 것을 얻으려 한다.

그래서 영예를 좇는 사람은 올바른 방법을 택하든지, 아니면 겉으로만 올바른 듯 보이는 속임수와 계략을 택하게 된다. 따라서 덕을 갖춘 사람이 영예를 중시하지 않는 것은 선이라 할 수 있다. 영예를 하찮게 여기는 행동은 사람들의 눈에는 드러나지 않으며, 오직 하느님만 보시기 때문이다. 어떤 사람이 다른 이들 앞에서 자신이 영예를 하찮게 여기는 사람으로 보이려고 하면, 사람들은 그가 좀 더 큰 칭찬, 한결 더 큰 영예를 얻기 위해 그렇게 행동하고 있다고 의심한다. 하지만 그렇다고 해서 자신을 의심하는 사람들에게 진심을 보여줄 방법이 없다. 그러나 칭찬하는 사람들의 판단에 신경 쓰지 않는 사람이라면, 그들의 성급함 또한 마음에 두지 않는다.

그러나 참으로 선량한 사람이라면 그런 자들의 구원을 가볍게 여기지는 않으리라. 하느님의 영으로부터 자신의 덕을 받은 사람은 매우 의롭기에 자신의 적들조차 사랑한다. 또한 그들을 너무나 사랑하는 나머지, 자신을 싫어하고 비방하는 자들까지도 의롭게 되어 지상 나라가 아니라 하늘 나라에서 자신의 동료가 되기를 바란다. 자신을 칭송하는 사람들의 말에는 그리 의미를 두지 않지만, 그들의 애정을 가벼이 여기지도 않는다. 또한 그들의 애정을 잃지 않으려고 그들의 칭찬을 피하려고도 하지 않는다. 따라서 그는 모든 사람이 무엇이든 칭찬받을 만한 것을 갖게 해 주신 바로 그분 하느님에게로 그들의 칭찬이 돌아가도록 온 힘을 기울여 노력한다.

영예를 대수롭지 않게 보고 오로지 지배에만 욕심을 내는 사람은 잔인함과 방탕에 있어서 짐승보다 더 하다. 어떤 로마인들은 남의 평판은 도무지 신경 쓰지 않은 채 지배욕에만 사로잡혀 있었다. 그런 자들이 이미 많았다는 사실은 역사를 통해 알 수 있는데 이런 악덕의 정점에 이른 첫 번째 인물이 바로 네로 황제였다. 네로의 사치스러움은 이루 말할 수 없이 심했으며, 두려워할 만한 남자다운 면이 하나도 없다 할 정도였다. 네로는 잔인하기로는 악명 높아서 그를 모르는 사람이라면 그의 성품 안에 그런 여성적인 요소가 있다고는 어느 누구도 상상하지 못했으리라.[40] 그런데도 그런 자들에게 권력과 지배가 주어진 것은 하느님의 섭리 때문이다. 하느님은 인간들이 그런 군주들에게 통치받는 것이 알맞다고 보셨다. 이 문제에 대해 하느님은 지혜로서 "임금들이 옳게 다스리고 고관들이 바른 명령을 내리려면 나의 도움을 받아야 한다."(잠언 8 : 15) 하셨다. 그러나 여기서 나온 전제군주는 사악하고 불경한 군주가 아니라 베르길리우스가 말한 고대 용법에 따라 '용감한 자'라는 뜻이었다.

내가 군주의 손을 잡았던 것은 평화를 갈망함이니[41]

하느님은 다른 곳에서 매우 또렷하게 "불경스런 자를 백성의 통치자로 세우셨다면 그것은 사람들이 사악해서가 아니겠소?"(욥기 34 : 30) 말씀하셨다.

유일하시고 참되며 공정하신 하느님께서 왜 지상의 기준으로만 선한 로마인들에게 그토록 위대한 제국을 이루도록 하셨는지 할 수 있는 한 밝혔다. 그러

＊40 수에토니우스《Nero》34 ; 타키투스《연대기》15, 37.
＊41 베르길리우스《아이네이스》7, 266.

나 인간들의 공덕은 참으로 다양하기에, 우리는 모르고 하느님만 아시는 다른 까닭이 있을지도 모른다. 참으로 신실한 사람들은 진정한 독실함, 곧 참된 하느님에 대한 참된 경배 없이는 어느 누구도 진정한 덕을 가질 수 없으며, 인간적 칭찬에만 이바지하는 덕은 참되지 않다고 생각한다. 그러나 성경에서 하느님 나라라 불리는 영원한 나라의 백성이 아닌 지상 나라의 사람들은 그런 덕성이라도 가지고 있는 편이 지상 나라에 한결 더 이롭다.

하지만 하느님의 자비로 진정 경건한 삶을 살아가는 사람이 다른 자들을 다스리는 기술을 갖추고 권력을 갖는 경우가 인간사에서 가장 다행스러운 일이라 할 수 있다. 이런 사람들은 이승에서 아무리 큰 덕을 가졌다 할지라도 그것은 순전히 자신들이 소망하고 믿고, 간절히 구한 것에 대해 하느님이 내려주신 큰 은총이라고 여긴다. 동시에 그들은 완전한 정의, 스스로 꼭 맞으려고 애쓰는 성스러운 천사들의 사회에 존재하는 그런 정의에 그들이 얼마나 모자라는지도 잘 알고 있다. 그러나 참된 경건함 없이 인간적인 영예에만 이바지 하는 그런 덕은 아무리 칭찬과 인정을 받는다 해도 진정한 하느님의 은혜와 자비에 소망을 두고 있는 성도들이 지닌 덕의 미약한 첫머리에도 견주어 질 수 없다.

제20장 참된 덕은 쾌락의 시녀도 명예의 시녀도 아니다

덕을 인정은 하지만 모든 덕을 육체적 쾌락이라는 목적과 관련해서 살피며, 또 이런 쾌락이 그 자체로 추구되어야 하고, 덕을 좇는 목적은 쾌락이어야 한다고 생각하는 철학자들*42이 있다. 이와 달리 인간을 위한 최고의 선을 덕 안에서 찾은 철학자들*43은 쾌락을 따르는 철학자들에게 수치심을 불러일으키기 위해, 이따금 말로 그림을 하나 그린다.*44 그 그림 안에서 쾌락은 사치스런 여왕처럼 왕좌에 앉아 있고, 모든 덕은 쾌락의 시녀로서 그녀의 고개만 쳐다보면서 명령이 떨어지길 기다린다. 그녀는 '분별'에게 명해 자신이 어떻게 통치하는지 문제가 생기지 않도록 주의해서 보라고 한다. 또 '정의'에게는 육체적 쾌락에 필요한 우정을 얻기 위해 할 수 있는 걸 모두 하도록 하고, 누구에게도 법을 위반하며 불의를 행하지 않도록, 그래서 쾌락이 편안히 살아갈 수 있도록 하라

---

*42 에피쿠로스주의자들이다.
*43 스토아주의자들이다.
*44 키케로 《최고선에 대하여》 2, 21, 69.

고 명령한다.

'인내'에게는 그녀의 육신에 죽음을 불러일으키지 않는 한, 고통이 오더라도 지나간 즐거움을 떠올리면서 현재 겪고 있는 고통을 덜 수 있도록 여주인인 쾌락을 용감하게 마음 속에 품고 있도록 명령한다. 에피쿠로스학파의 쾌락은 거의 육신의 건강을 중시하는데, '절제'에게, 그녀는 좋아하는 음식이라도 정도가 지나치면 건강을 해치므로 '절제'에게 쾌락이 손상되지 않도록 적정량만을 섭취하도록 명령한다. 그래서 덕은 그들의 모든 영예와 품위를 가지고 있으면서도 여주인, 쾌락의 시녀노릇을 하게 된다. 철학자들은 이 그림보다 더 수치스럽고 추악한 것은 없으며, 선한 이들은 보기만 해도 그것을 참아낼 수 없다고 이야기한다. 맞는 말이다.

그러나 나는 이 그림에서 비록 여러 덕목들이 인간적인 영예에 이바지하는 시녀로 묘사되었다 할지라도, 충분히 마땅하다고는 생각하지 않는다. 그런 영예는 비록 사치스런 여인이 아니라도 숨을 헐떡일 만큼 크나큰 허영을 그 안에 갖고 있기 때문이다. 따라서 여러 덕목들이 착실하고 굳건하게 영예를 섬기는 모습은 합당하지 못하다. 왜냐하면 사람들이 기쁨을 얻고 헛된 영예심을 채울 목적이 아니라면, '분별'은 아무것도 생각하지 않고, '정의'는 어떤 것도 나누어 주지 않으며, '인내'는 어느 것도 참아내지 않고, '절제'는 어느 것도 삼가지 않을 것이기 때문이다.

그러나 영예를 하찮게 보고 다른 사람들 판단에 신경 쓰지 않는 사람이라 해도 스스로를 지혜롭다 생각하며 만족해 한다면 그런 부끄러운 비난으로부터 자신을 지켜낼 수는 없으리라. 왜냐하면 그들의 덕도 끝내는 인간의 칭찬과 관련되어 있기 때문이다. 달리 말하면 그가 만족시키고자 하는 자신 스스로도 인간이기 때문이다. 그러나 진정으로 독실하게 하느님을 사랑하고, 믿고 그분께 소망을 품는 사람이라면 자기 마음에 드는 그런 덕성이 있다 하더라도 그보다는 마음에 들지 않는 부족한 부분에 더 주의를 기울이고, 자신이 만족해 하기보다는 진리를 채우는데 애써야 한다. 그리고 자신 안에 기쁨을 주는 무엇이 있다 해도 하느님의 마음에 들지 않을까 두려워하면서 모든 것을 하느님의 자비 덕으로 돌리고, 치유받은 부분은 그분께 감사드리며, 아직 치유되지 않은 것에 대해서는 간절히 기도드릴 것이다.

제21장 하나뿐인 전능한 하느님이 땅 위 모든 나라를 주셨다

그렇다면 왕국과 제국에 주어지는 힘은 오직 참된 하느님에게서만 나온다. 하느님은 하늘 나라에서는 경건한 이들에게만 복을 주시지만, 지상의 나라에서는 당신이 마음에 드시는 대로 경건한 이들과 그렇지 않은 이들 모두에게 베풀어 주신다. 물론 바르지 않은 것이 하느님 마음에 드는 일은 없다. 우리는 하느님께서 우리에게 분명하게 드러나기를 바라신 것에 대해 이미 어느 정도 이야기했다. 그러나 인간들의 마음속 일을 이야기하거나 여러 왕국의 가치를 명백하게 조사해서 판단하는 일은, 우리에겐 힘에 부친다. 하느님은 공정하게 판단하시고 보살핌을 주시는 분으로 원하는 때에 바라는 만큼 로마인들에게 왕국을 주셨다.

하느님은 아시리아인들과 페르시아인들에게도 왕국을 주셨다. 페르시아인들의 기록에 따르면 그들은 두 신만을 섬겼는데 하나는 선하고 다른 하나는 악했다. 히브리 백성에 대해서는 이미 충분히 이야기했는데, 그들은 왕국을 가지고 있을 때에도 하느님 한 분 말고는 누구도 섬기지 않았다.

하느님은 페르시아인들이 세게티이 여신을 섬기지 않았는데도 수확을 주셨다. 로마인들이 저마다 여러 가지를 주재한다고 여기는 많은 신들을 이들 페르시아인들은 섬기지 않았는데도 지상의 축복을 내려주셨다. 로마인들은 모든 사물에 신을 따로 나누어 정했고, 한 사물에 여러 신을 배정하기도 했다. 로마인들이 자신들의 제국을 만들어 주었다고 믿는 그런 신들을 페르시아인들은 하나도 섬기지 않았는데도 하느님은 그들에게 지배권을 주셨다.

이 점은 국가뿐 아니라 개인에 있어서도 똑같다. 마리우스에게 권력을 준 그분이 또한 가이우스 카이사르에게도 권력을 주셨다. 아우구스투스에게 권력을 준 분이 네로에게도 그것을 주셨다. 너그러운 황제였던 베스파시아누스 부자(티투스)에게 권력을 준 분이 그것을 잔악한 도미티아누스에게도 허락하셨다. 하나하나 모두 살펴볼 필요는 없겠지만 마지막으로 그리스도인인 콘스탄티누스에게 권력을 주신 분이 믿음을 저버린 율리아누스에게도 그것을 주신 것이다. 율리아누스는 재능 있는 인물이었지만, 신성모독적이고 혐오스런 호기심에 굴복되고 권력욕에 불탔다. 그가 승리를 믿고서 양식을 실은 배들을 불태운 일은 호기심으로 헛된 신탁에 빠졌기 때문이었다. 율리아누스는 경솔하고도 무모한 모험에 뛰어들었으며 끝내 그 대가로 죽임을 당했다. 그로 인해 그의 군대는 보급품도 없이 적지에 버려진 꼴이 되었다(4권 29장 참조). 그의 군대는 엄청난 곤경에 빠져 만약 앞의 책에서 말했던 대로 테르미누스 신의 예언을 깨고 로마제국의 국경을 바꾸지 않았더라면(4권 23장 참조), 끝내 그 상황에서 벗어나지 못했으리라. 유피테르에게 굴하지 않았던 남신 테르미누스도 절박한 상황에서는 굴복하고 말았다.

이런 일들은 하느님의 기뻐하심에 따라 다스려지는 것이 명백하다. 하느님께서 우리가 모르도록 숨기신 까닭이 있다고 해서 이것이 부당하단 말인가?

제22장 전쟁 기간과 그 끝을 결정하는 것은 하느님의 마음이다

전쟁 기간 또한 정의로운 심판으로 사람들에게 고통을 안겨줄 것인지 또는 자비로 사람들을 위로할 것인지 판단하는 분은 하느님이시다. 그 때문에 어떤 전쟁은 더 오래 걸리고 또 어떤 전쟁은 비교적 빨리 끝난다. 해적들과의 전쟁은 폼페이우스에 의해, 3차 포에니 전쟁은 스키피오에 의해(3권 26장 참조) 믿을 수 없을 만큼 빨리 끝났다. 달아난 검투사들과의 전쟁은 비록 그 동안에 많은 로마 장군들과 집정관들이 패했으며 이탈리아가 끔찍스럽게 파괴되고 황폐해지는 등 많은 손실을 내긴 했지만 3년 만에 끝났다. 피켄테스인, 마르시인, 펠리그니인은 같은 이탈리아 민족임에도 로마의 오랜 지배 아래에서 충성을 다하다가 많은 국가들이 로마 제국에 복속되고, 카르타고가 멸망한 뒤에야 독립하고자 했다. 이렇게 시작된 이탈리아 전쟁에서 로마인들은 곧잘 패했으며, 다른 고위 원로원 의원뿐만 아니라 두 명의 집정관까지 잃었다. 그래도 이 전쟁은 오랫동안 이어지지 않고 5년 만에 끝을 맺었다.

이와 달리 2차 포에니 전쟁은 18년 동안이나 이어졌으며 공화국에 엄청난 재난과 손실을 가져왔다. 이로써 로마 국력은 약화되고 로마인들의 힘은 완전히 소진되었다. 두 번의 전투*[45]에서 약 7만이나 되는 로마인들이 죽었다. 1차 포에니 전쟁은 32년이나 끈 뒤에야 끝났고, 미트리다테스 전쟁은 40년 동안이나 이어졌다. 로마인들이 초기에는 더 용감했고, 전쟁을 더 빨리 끝낼 수 있었다고 판단하지 말기 바란다. 갖은 칭송을 받는 상고 시대에도 삼니움 전쟁은 거의 50년 동안이나 끌었다. 이 전쟁에서 로마인들은 크게 패해 멍에문 아래로 지나가기까지 했다.*[46]

─────────────────

*45 기원전 217년의 트라시메네 호수 전투와 기원전 216년의 칸네에서의 전투.
*46 폼페이우스는 기원전 67년에 6개월 만에 해적들을 소탕한다. 스키피오 아이밀리아누스는

하지만 그들은 정의 때문에 영예를 사랑했던 것이 아니라, 영예 때문에 정의를 사랑했으므로 체결되었던 평화조약까지 깨뜨려 버렸다.

내가 이런 일들을 말하는 까닭은, 많은 이들이 과거의 일을 모르며, 알면서도 모르는 척하는 사람들이 그리스도교 시대에 예상보다 조금 전쟁이 더 오래 계속된다 싶으면, 곧장 우리 종교에 사납고 무례한 공격을 하기 때문이다. 그들은 그리스도교가 없었더라면 고대 의식에 따라 여전히 신들에게 제를 올리며 빌었을 것이고, 그렇게 되면 마르스와 벨로나의 도움으로 그런 큰 전쟁을 재빠르게 끝낸 용감한 로마인들이 이번 전쟁 또한 빨리 끝냈으리라고 말한다.

역사를 읽은 사람이라면 옛 로마인들이 얼마나 오랫동안 전쟁들을 치러냈는지를 돌이켜 보라. 얼마나 많은 사건들과 비참한 살육을 겪으며 전쟁을 치러왔는지를! 온 세상이 폭풍우가 몰아치는 대양처럼 악으로 휘몰아치는 것이 늘 일어나는 일상사인 듯 말이다.

그러니 사람들은 받아들이기 싫어도 인정해야 하고, 하느님에 대해 허황되게 입을 놀려 스스로를 파멸시키지도 말 것이며 무지한 사람을 속이지도 말라.

제23장 라다가이수스의 기적적인 패배

우리가 기억하기로도 저들은 하느님이 최근에 놀랍고도 자비롭게 베푸신 일에 대해 감사하기는커녕 오히려 그것을 사람들의 기억에서 지우기 위해 애쓴다. 하지만 우리가 이런 일들에 침묵한다면, 우리 또한 은혜를 모르는 사람이 되는 것이다.

고트족 왕인 라다가이수스*47는 막강한 군대를 이끌고 로마 가까이에 주둔

기원전 146년에 명령을 받은 지 2년 뒤 카르타고를 격파했다. 기원전 73~72년에 검투사들의 노예전쟁이 있었으며 기원전 220~202년에는 2차 포에니 전쟁이 있었다. 미트리다테스는 기원전 104년에 공격을 시작했는데 그는 결국 기원전 63년에 폼페이우스에게 패했다. 1차 삼니움 전쟁은 기원전 343년에 있었고, 4차 삼니움 전쟁은 기원전 272년에 끝났다. 아우구스티누스는 마지막 전쟁을 무시한 것 같다. 3차례의 전쟁은 기원전 342~290년까지 이어졌다. 로마 군대가 "멍에문 아래로 기어가야" 했던 카우디네 분기점에서의 에피소드는 기원전 321년에 있었다.

*47 라다가이수스는 405년 말, 주로 동고트족으로 구성된 도나우 지역의 한 야만 부족인데 라다가이수스 지휘로 이탈리아를 침입했다. 그들은 이교도였다. 그들은 6개월 이상이나 북부 이탈리아를 짓밟았고, 마침내는 피렌체에 이르렀다. 피렌체에서 그들은 서로마 황제인 호노리우스 휘하의 반달족 장군인 스틸리코에 의해 피에솔레에서 제지당하고 패배했다. 라

하면서 로마인들을 크게 위협했으나 오직 하루 만에 너무도 빨리 그리고 완전히 참패했다. 이때 로마군 쪽에서는 단 한 사람도 부상하거나 죽지 않았지만, 라다가이수스 군대는 10만 명 이상이나 다쳤고, 그와 아들도 포로로 잡혀 죽임을 당했다.

불경한 사람이 그토록 막강하고 무도한 무리를 이끌고 도시에 들어왔더라면, 어느 누구를 살려주었겠는가? 그가 어느 순교자들의 무덤을 그냥 놔두었겠는가?[*48] 그가 누구를 대할 때 하느님에 대한 두려움을 가졌겠는가? 누구의 피를 흘리는데 그가 자제력을 드러내겠는가? 그가 누구의 정절을 다치지 않게 지켜주었겠는가? 라다가이수스가 승리했더라면, 저들이 얼마나 시끄럽게 그들의 신을 찬양했겠는가! 그리스도교 때문에 로마인들에게 금지된 제사를 저들은 날마다 지냄으로써 신들을 달래고 설득해 그런 위대한 일을 이룰 수 있었노라고 무례하게 떠벌리지 않았겠는가! 라다가이수스가 높으신 그분의 명령으로 멸망할 바로 그곳으로 다가가고 있을 때 그의 소문은 여기저기에 퍼졌다. 카르타고에 있는 이방인들이 이런 이야기를 믿고 떠들며 좋아했는데 우리 귀에까지 들릴 정도였다. 라다가이수스는 날마다 자기 신들에게 제물을 바치는데, 그 제물을 받는 신들이 그를 보호해 주어서, 자신들의 신들에게 아무것도 바치지 않는 로마인들은 그에게 이길 수가 없다는 말이었다.

그러고도 이 가엾은 자들은, 하느님의 자비에 감사할 줄을 모른다. 하느님은 이자들이 야만족의 침입보다도 더 중한 벌을 받아야 한다고 생각하셨지만 대단한 자비심으로 화를 누그러뜨리셨다. 먼저 매우 놀라운 방식으로 고트족의 왕이 패배하도록 하셨다. 이것은 그가 제물을 바치는 악령들에게 영광이 돌아가지 않게 하여 어리석은 자들이 현혹되지 않게 하려함이었다. 그렇게 하신 뒤 하느님은 다른 야만인들이 로마를 차지하도록 하셨다.[*49] 그 야만인들은 이전과는 다르게 그리스도교를 숭배해 성스러운 장소로 피신한 사람들을 보호해 주었으며, 라다가이수스가 섬기던 악령들과 불경스러운 제사의식을 어찌나 싫어했던지 그들이 사람들이 아니라 오히려 악령들과 격렬한 전쟁을 치르고 있는 것처럼 보일 정도였다.

다가이수스는 체포된 뒤 처형됐다.
*48 알라리크의 행동에 대해서는 1권 1장 참조.
*49 기원후 410년 알라리크와 서고트족.

그리하여 참된 주님이자 만물을 지배하시는 분은 로마인들을 자비롭게 채찍질하기도 했고, 악령 숭배자들의 믿을 수 없는 패배를 통해 현세의 안녕을 위해 그런 제물이 필요하지 않다는 뜻을 똑똑히 보여주었다. 고집스런 자기주장에 사로잡혀 있지 않고 일을 분별 있게 생각하는 사람이라면 오늘날 긴박한 상황 때문에 참된 종교를 포기하는 것이 아니라, 영원한 삶이라는 기대에 확신을 가지면서 신앙이 더욱 견고해질 것이다.

제24장 그리스도인 황제의 바른 모습

우리는 그리스도교 황제들이 오랜 기간 통치했다든가, 평화로운 죽음을 맞으며 제국을 아들들에게 물려주었다든가, 국가의 적을 물리쳤다든가, 자신에게 맞서 봉기한 적대적인 백성들에 맞서 진압시켰다 하여 행복하다 말하지는 않는다. 비탄스러운 이 세상의 이런저런 선물과 위안은 하느님 나라에 속하지 않은 악령 숭배자들조차도 받을 만한 것들이다. 이는 자신을 믿는 사람들이 그런 일들을 최고의 선으로 생각하지 않기를 바라시는 하느님의 자비 때문이다.

통치자들이 바르게 다스린다면, 우리는 그들이 행복하다고 말할 수 있다. 그들이 자신들에게 최고의 명예로 찬사를 보내며 지나치게 굽실거리는 사람들의 아첨을 듣고도 우쭐대지 않고 자신들 또한 인간임을 잊지 않고 만일 그들이 자신들의 능력을 최대한 하느님에 대한 경배를 단단히 하는 데 쓰며 그분의 위엄을 섬기는 일에 그것을 쓴다면 말이다. 또한 통치자들이 하느님을 두려워하고 사랑하며 섬기고, 동료들이 차지할까 겁내지 않아도 될 하늘 왕국을 지상 왕국보다 더 사랑하며 벌을 주는 데는 느리고 용서하는 데 빠르다면, 또한 그들이 단순히 자신들의 적대감을 만족시키기 위해서가 아니라 국가방어와 통치를 위해 징벌이 필요하다고 생각하고 불의를 보고도 벌하지 않기를 바라서가 아니라 죄지은 자가 자신의 행위를 고치기를 바라는 마음으로 용서해 주며, 가혹한 결정을 내려야 할 때에 대신 자비롭고 넓은 아량을 베풀고, 그들의 사치스런 욕망을 더 이상은 안 될 만큼 참는다면, 타민족보다 부패한 자신의 욕망을 다스리기를 좋아하며 공허한 영예를 원해서가 아니라 영원한 행복을 사랑함으로써 이런 모든 일을 실행하고 자기들의 참된 하느님께 죄를 용서받고 겸손과 참회와 기도를 소홀히 하지 않는다면, 우리는 비로소 그들을 행복하다고 할 수 있다.

이런 그리스도인 황제들이야말로, 오늘날 그런 희망으로 행복하며 우리가 기다리는 것이 나타날 그때는 참으로 행복하리라고 말하겠다.

제25장 그리스도인 여러 황제들의 삶

선하신 하느님께서는 영원한 삶을 위해 당신을 섬겨야 한다고 믿는 사람들이, 이 세상의 최고지위와 지상 왕국에 대한 권한을 악령들이 가지고 있다고 여기며, 악령을 섬겨야만 그런 것들을 얻을 수 있다고 생각하지 않기를 바라셨다. 그래서 그분은 악령을 섬기지 않고 참된 하느님을 섬긴 콘스탄티누스 황제에게 어느 누구도 감히 바라지도 못할 만큼 가득 선물을 채워 주셨다. 그분은 또한 그가 로마제국과 쌍이 될 또 다른 도시국가를 세우게 하셨다. 즉 로마의 자매 나라로서 악령들의 신전이나 우상이 없는 나라를 짓는 영예를 내려주신 것이다. 콘스탄티누스는 오랜 동안 유일한 황제(306~337년)로서 독자적으로 로마제국을 지켜나갔다. 그는 전쟁을 해 나가는 동안 눈부신 승리를 거두었으며, 제위를 노리는 자들*50을 매우 성공적으로 제거했다. 콘스탄티누스는 장수를 누리다가 노환으로 숨을 거두었는데 그 아들들*51이 그 뒤를 이어 제위에 올랐다.

모든 사람은 영원한 삶을 위해 그리스도인이 되어야 하며, 어떤 황제든 콘스탄티누스와 같은 복을 받으려고 그리스도인이 되어서는 안 된다. 하느님은 율리아누스*52보다 한결 빨리 요비아누스(363~364년)를 데려가셨고 그라티아누스*53가 찬탈자의 칼에 죽도록 하셨다. 그러나 그라티아누스의 경우는 대 폼페이우스가 당한 것보다 그리 심하지 않았다. 폼페이우스가 사실상 자신이 내란의 후계자로 세웠던 카토*54는 복수를 해주지 못했기 때문이다. 경건한 마음을

---

*50 막센티우스와 리키누스.

*51 콘스탄틴, 콘스탄티우스, 콘스탄스.

*52 재위 361~363년.

*53 서로마의 황제이자 성 암브로시우스의 친구인 그라티아누스는 367년에 그의 아버지 발렌티누스와 정제(正帝)로서 공동통치하다가 발렌티누스가 죽자 실제적으로 유일한 황제가 되었다. 그런데 막시무스가 접근하자 그의 군대는 탈주해버리고 그는 383년에 살해당했다. 그 이전인 379년에 그라티아누스는 테오도시우스를 동로마 황제로 임명했었다.

*54 기원전 46년에 탑수스 전투 뒤 자살한 인물이다. 1권 23장 참조.

가진 그라티아누스는 그런 위안을 구하지는 않았겠지만, 동생이 있었음에도 공동통치자로 삼았던 테오도시우스가 자신의 원수를 갚아 주었다. 그는 지나친 권력 대신 믿을 만한 동반자를 찾는 데 더 관심이 있었던 것이다.

제26장 테오도시우스 황제의 신앙과 업적

이처럼 테오도시우스는 그라티아누스가 살아 있는 동안에 마땅히 가져야 할 신의를 지켰을 뿐만 아니라, 그가 죽은 뒤에도 참된 그리스도인처럼 그라티아누스를 죽인 막시무스가 쫓아낸 그라티아누스의 동생 발렌티니아누스를 보호해 공동 황제로 세웠다. 만약 자비를 베풀려는 마음보다 드넓은 제국 건설에 대한 욕망이 더 강했더라면, 그는 매우 손쉽게 발렌티니아누스에게서 모든 것을 빼앗고 그를 없애버릴 수 있었으리라. 그런데도 아버지와 같은 애정으로 그를 돌보아 주고, 황제의 지위를 유지시켜 주었으며, 남달리 친절한 호의를 베풀면서 그를 위로해 주었다. 그렇게 발렌티니아누스에게 승계시킨 테오도시우스는 막시무스를 두려워해야 할 처지가 되었지만 신성모독적이고 불법적인 호기심에 끌리지 않고 이집트 사막에 머물던 요한에게 사신을 보냈다. 테오도시우스는 다른 나라까지 이름이 알려진 이 하느님의 종이 예언의 은혜를 받았다는 사실을 알았으므로 그에게서 승리의 확신을 받아냈던 것이다.

그 바로 뒤 테오도시우스는 찬탈자인 막시무스(기원후 388년)를 죽이고 깊은 동정심과 경의로 어린 발렌티니아누스를 제위에 복위시켰다. 발렌티니아누스가 음모 때문인지 아니면 다른 우연 때문인지 곧 살해당했을 때, 테오도시우스는 다시 그 예언자에게서 받은 응답을 굳게 믿었다. 비합법적인 방법으로 황제로 뽑혔던 찬탈자 유게니우스를 상대로 무기가 아니라 기도로써 그의 강력한 군대와 싸운 것이다. 싸움터에 있던 어떤 이들은 그들이 던진 모든 투창이 테오도시우스 진영에서 적군으로 불어온 엄청난 바람 때문에 손에서 빠져나갔다고 내게 말해주었다. 바람은 무서운 속도로 그들을 향한 단창을 몰아냈을 뿐만 아니라, 적의 몸쪽으로 방향을 바꾸기까지 했다. 시인 클라우디아누스는 비록 그리스도 이름과는 관련 없는 사람이지만, 테오도시우스를 찬양하여 이렇게 말했다.

오 하느님의 사랑을 받은 자여, 하늘이 당신 편에 서서 싸우도다.

동맹을 맺은 바람은 그 나팔소리에 맞추어 나오도다.*⁵⁵

  승리를 거둔 뒤 그는 믿고 예언한 대로 어떤 예식인지는 알 수 없으나 그를 적대하는 의식에 따라 봉헌되어 알프스 산 가운데 세워진 유피테르 신상을 없 앴다. 그 신상은 황금으로 만들어진 번개의 화살을 지니고 있었는데, 황제의 전령들이 승리의 기쁨에 들떠 그 무기를 이런 번개에 맞는다면 무척 행복할 것 이라고 농담을 주고 받았다. 이에 테오도시우스는 기뻐하면서 그들에게 번개 화살을 선물로 나누어 주었다.

  테오도시우스의 명령 때문이 아니라 전쟁의 혼란 속에 놓인 적들의 아들들 은, 비록 그리스도인이 아니었지만 교회로 몸을 피했다. 황제는 그 기회에 그들 이 그리스도인이 되기를 바라면서 그리스도인의 사랑으로써 그들을 대우해 주 었다. 그들의 재산을 빼앗지 않고 명예를 더해 주기까지 했으며, 전쟁이 끝난 뒤에도 사사로운 원한관계로 앙갚음하는 일을 허락지 않았다. 내란이 끝났을 때에도 내란을 종결시키기를 원치 않았던 킨나, 마리우스, 술라들과는 달리, 그는 그런 분쟁이 일어났던 사실 자체를 슬퍼했으며, 내란이 끝난 뒤에는 어느 누구에게도 해를 주지 않았다. 이런 소용돌이 속에서도 황제는 즉위 초기부터 아리우스주의자들만을 감쌌던 이단자 발렌스(Valens)*⁵⁶가 교회에 아주 타격을 입히자 공정하고 자애로운 법률로써 불경건한 자들에 맞서며 교회를 돕는 데 소홀히 하지 않았다. 사실 그는 지상의 군주이기보다는 교회의 일원이 되는 것 에 더 만족했다. 그는 지상의 선물조차도 악마의 권세 아래가 아니라 하느님께 있다는 사실을 잘 알고 있었으므로, 곳곳에 널린 이교도들의 우상을 무너뜨리 라고 명령했다.

  그러나 어떤 일도 데살로니가인들이 저질렀던 개탄스런 범죄*⁵⁷ 뒤에, 그가 보인 종교적인 겸손보다 더욱 경탄할 만한 일은 없었다. 그 무렵 그는 감독들의 중재로 사면을 약속했으나, 몇몇 지지자들의 강력한 요구 때문에 범죄행위 에 대해 보복하지 않을 수 없었다. 그러나 황제가 교회의 규율에 따르며 참회

---

*55 클라우디아누스 《De Tertio Consulatu Onorii Augusti Panegyricus》 96~98.

*56 364~378년에 동로마 황제였다.

*57 데살로니가인의 범죄. 390년에 대중들은 인기 있는 전차 기수가 투옥된 뒤 폭동을 일으켜 총독인 보테리스와 다른 관리들을 살해했다. 테오도시우스는 자기 군대로 학살함으로써 보복했다. 이 때문에 황제는 암브로시우스 주재 아래 열린 밀라노에서의 종교회의에 의해 참회하도록 선고받았다.

했을 때, 그에게 탄원하던 데살로니가인들은 황제라는 높은 자리에 있는 사람이 무릎 꿇는 모습을 보고, 자기들의 범죄행위로 비롯된 황제의 분노에 대한 두려움보다도 더 강렬한 감정을 느껴 눈물을 흘렸다. 테오도시우스는 너무 많아서 하나하나 늘어놓을 수도 없는 이런저런 비슷한 선행들을 이 세상을 살아가면서 몸에 지닌 듯이 행했다. 그에게 이 세상에서의 최고 권력과 존엄은 잠깐 나타났다가 사라져버리는 안개에 지나지 않는다(야고보서 4 : 14). 이런 행동에 대한 보상은 하느님이 진정으로 경건한 자들에게만 베푸는 영원한 행복이다. 하지만 그분은 세상 자체와 빛, 공기, 땅, 물, 열매, 그리고 인간 자신의 영혼, 육신, 감각, 정신, 생명과 같은 이 세상의 모든 축복과 특권은 선인에게나 악인에게나 똑같이 너그럽게 주신다. 크기가 어떠하든지 그분이 다양한 시기에 섭리에 따라 정해지는 제국의 소유도 이런 축복 속에 포함될 수 있다.

이제 온갖 수많은 거짓 신들이 어리석은 자들에게 유일한 소망의 대상이 되는 현세적인 행복을 얻는 데 아무 도움이 되지 않음을 보여주는 움직일 수 없는 증거로 반대자들은 반박을 받았으며 마침내 그들의 생각이 잘못되었음이 확실히 증명되었다. 그러나 나는 이 세상에서의 이익이 아니라, 죽음 뒤에 올 저 세상 이로움을 위해 신들을 섬겨야 한다고 주장하는 사람들에게 답변할 때가 되었음을 깨닫는다.

나는 이 세상을 사랑하기 때문에 헛된 것들을 숭배하려고 하며, 유치한 사고력을 가지고 있으면서도 슬퍼하지 않는 사람들에 대해, 이 다섯 권의 책으로 이미 충분한 답변을 했다고 믿는다. 그 가운데 세 권이 출간되어 많은 사람들 손에 들어가기 시작했을 때, 나는 몇몇 사람들이 그에 대해 이런저런 반론을 쓰려고 준비하고 있다는 소식을 들었다. 그 뒤 그들이 이미 반론을 썼으며, 안심하고 그것을 출판할 수 있는 때를 기다리고 있다는 이야기도 들었다. 나는 그런 사람들에게 아무 도움이 되지 않는 일을 하지 말라고 충고하고 싶다. 어떤 사람이 침묵을 지키고 싶지 않을 때, 반론을 폈다고 상상하기는 쉬운 일이다. 어리석은 이야기보다 더 말이 많은 것은 무엇일까? 하지만 어리석은 이야기로 진실보다 더 큰 소리를 지를 수 있다고 하더라도 진실보다 더 세지는 않다.

사람들에게 우리가 말한 모든 것들을 주의깊게 생각하도록 하라. 만일 그들이 치우침없이 사물을 판단한다면, 풍자적이고 모방적인 변덕과도 같은 경솔한 수다로 공격할 수는 있으나 반박할 수 없는 주장이 있다는 것을 똑똑히 알게 되리라. 그들로 하여금 터무니없는 일들을 멈추게 하고, 어리석은 사람들에게 칭찬받기보다는 지혜로운 자들에게 잘못을 교정받는 편을 선택하게 하라. 만약 그들이 진리를 말할 자유가 아니라 비방할 수 있는 기회를 기다리고 있다면, 키케로가 어떤 사람에 대해 "아, 죄를 저지를 사람은 얼마나 불행한가!"*58라고 말한 그런 기회가 그들에게 찾아오지 않기를 바란다. 비방할 허락을 얻어서 스스로 행복하다고 여기는 사람은, 누구나 그렇게 허락받지 못하는 것이 한결 더 행복할 것이다. 그런 사람은 공허한 자만심을 떨친 뒤 견해가 다른 사람들과 더불어 자유로이 대화해 언제라도 반론할 수 있으며, 그가 묻는 사람들이 정중하고 진지하고 솔직한 답변을 들려주기 위해 최선을 다할 때, 귀기울여 들을 수도 있기 때문이다.

---

*58 키케로 《투스쿨룸에서의 논쟁》 5, 19, 55.

제6권

바로의 《인간과 신의 역사》에 대한 비판으로 신학에 나오거나 국가가 인정한 이교도들의 신들은 영원한 생명을 주지 못한다는 것을 살펴본다.

머리글

나는 앞서 다섯 권에서 많은 거짓의 신들—그들이 아무런 도움이 되지 않는 우상이고, 부정한 영혼과 해로운 악령이며, 하나의 피조물로서 창조주가 아님은 그리스도교 진리가 증명하지만—이 유한한 삶과 속세의 편익을 위해, 그리스어로 라트레이아*1라 불리며, 오직 한 분이신 진실한 신에게만 바쳐야 할 의식과 봉사에 따라 숭배되어야 한다고 생각하는 사람들을 충분히 반박했다고 여긴다. 그들의 끔찍한 어리석음과 고집스러움에 대처하려면 다섯 권이 아니라 더 많은 책을 써도 충분하지 않다는 사실을 모르는 사람이 누가 있겠는가? 진리의 어떤 힘에도 따르지 않고, 참으로 극심한 악덕에 지배받는 사람이 파멸하고 마는 것은 바로 허망한 명예 때문이다. 의사가 제 아무리 치료하려고 애를 써도 병이 낫지 않는 일이 있는데, 그것은 의사의 잘못이 아니라 불치병에 걸린 환자 탓이다.

하지만 오랫동안 굳어진 완고한 오류에 사로잡히지 않고 자신들이 읽은 내용을 잘 이해하며 철저하게 곱씹어 보는 사람들이라면, 다섯 권에서 문제 자체의 필요성이 바라는 것보다 적기는커녕 오히려 더 많이 이야기했다고 기꺼이 판단하리라. 또한 무지한 자는 현세의 재난과 파멸, 변동 때문에 그리스도교를 욕하고, 학식 있는 자는 신성모독적인 광기에 사로잡혀 이 문제를 외면할 뿐만 아니라 자기 양심을 어기고 그것을 부채질까지 하며 증오한다. 온건한 사람들이라면 이런 자들에게는 올바른 반성과 이해가 없으며, 가장 경박하고 대담무

---

*1 라트레이아에 대해서는 이 책 제5권 15장 및 제10권 1장 참조.

쌍하며 가장 파멸적인 적의로 가득 차 있음을 의심하지 않을 것이다.

제1장 땅 위에서조차 아무런 힘이 없는 신들에게 영원한 생명을 바라는 어리석음

이제 약속한 순서에 따라 이 세상 삶이 아니라 저 세상에서의 삶을 위해 그리스도교가 깨뜨려 버린 이방인의 신들을 섬겨야 한다고 이야기하는 사람들을 반박하고 깨우쳐 주어야 한다. 이를 위해 거룩한 시편의 진실한 말씀을 내 논의의 출발점으로 삼고자 한다. "복되어라, 허수아비 우상에 속지 않고 여호와 믿는 사람이여"(시편 40 : 4) 온갖 허영심과 허위의 광기를 통해, 민중의 이런 견해와 오류를 반박하는 철학자들의 말에 더욱 마음을 열고 귀를 기울여야 한다. 그 민중은 신들을 위해 우상을 만들었을 뿐만 아니라 자기들이 불멸의 신이라 부르는 존재에 대해, 수많은 허위로 무가치한 이야기들을 지어내거나 이미 꾸며진 것을 믿어 그 내용으로 예배와 종교의식을 채웠다. 철학자들은 드러내놓고 떠들지는 않더라도, 그것에 대해 논의할 때 입속으로 중얼거림으로써 그런 것들을 인정하지 않는다는 입장을 보여준다. 그러므로 그들과 함께 다음과 같은 문제를 논하는 게 그리 이상한 일이 아니리라. 즉 죽음 뒤의 삶을 위해 모든 영적 및 물질적 피조물을 만든 유일한 자를 섬겨야 하는 것이 아니라, 그 철학자들 가운데 누구보다 훌륭하고 저명한 사람[*2]이 생각하듯이, 그 유일신에 의해 만들어진 수많은 신들을 숭배해야 하는가 하는 문제이다.

하지만 내가 제4권에서 다룬 것처럼, 저마다 시시콜콜한 역할이 주어져 있는 신들이 사람들에게 영원한 삶을 준다고 말하거나 주장하는 것을 누가 곧이 듣겠는가. 그런데, 누구보다 박학하고 가장 예리하다는 사람들은, 무엇 때문에 그런 신들을 받들어야 하며 또 어느 신에게 무엇을 구해야 하는지를 알리기 위한 책을 쓴 사실을 인류에 대한 크나큰 은혜라도 베푼 듯이 자랑한다. 희극에서 가끔 웃음을 자아내듯이, 가장 수치스러운 모순으로 리베르[*3]에게 물을 청하고 림파[*4]에게 포도주를 구하게 되지 않도록 가르쳤다면서 말이다. 그렇다면 어떤 사람이 불멸의 신들에게 무엇을 빌 때, 이를테면 그 사람이 림파에게

---

*2 플라톤을 가리키는 듯(플라톤 《티마이오스》 39e–41a)
*3 리베르(생산과 풍요의 신)에 대해서는 제4권 11장 참조.
*4 림파(물의 요정)에 대해서는 이 책 제4권 22장 참조.

포도주를 청했다가 "우리에게는 포도주가 없으니 리베르에게 달라고 하라." 이런 대답을 들었을 때, "포도주가 없다면 영원한 생명이라도 주구려." 이렇게 이야기할 수 있을 것인가? 이보다 더 불합리하고 기괴한 일이 어디 있겠는가? 그렇지 않아도 잘 웃는 림파들은 까르르 웃으면서, 만일 악령들처럼 인간을 속이려고 마음먹지 않는다면 탄원하는 자에게 이렇게 말할 것이다. "오, 인간이여, 그대는 포도주조차 갖고 있지 않은 우리가 영원한 생명을 줄 수 있는 힘을 지녔다고 생각하나요?" 그러니 그런 신들에게서 끝없는 생명을 바라는 것은 더없이 무례하고 어리석은 짓이리라. 이 고난에 찬 짧은 삶에서 그들이 현생의 생명을 돕고 관장해준다 하더라도 오직 작은 영역에서만 보살펴줄 따름이다. 그러므로 어떤 신의 보호와 권능에 속하는 것을 다른 신에게서 바란다면 희극에서의 우스꽝스런 장면처럼 부적절하고 이치에 어긋나는 일이 된다. 자기들이 무엇을 하는지 알고 있는 배우들이 그것을 연기할 때는 마땅히 극장 안에 한바탕 웃음이 터져 나오지만, 어리석은 사람들이 무지 때문에 그런 짓을 하고 있으니 온 세상의 비웃음거리가 되는 것이다.

국가가 정한 신들 가운데 어떤 남신이나 여신에게 무엇을 간청해야 하는지, 이를테면 리베르에게는 어떤 일을 청하고, 림파들에게는 어떤 일을 호소하며, 불카누스에게는 어떤 일을 기도해야 하는지, 내가 4권에서 이야기했던 모든 신들과, 그냥 넘어가는 것이 좋겠다고 여겼던 몇몇 신들에게는 어떤 일을 요청해야 하는지를 유식한 사람들은 교묘하게 머리를 짜내서 전한다. 그러나 케레스에게 포도주를, 리베르에게 빵을, 불카누스에게 물을, 림파들에게 불을 구하는 것이 잘못이라면, 그 가운데 누구에게 영원한 생명을 달라는 것은 그 얼마나 엉뚱하고 우스꽝스러운 일이란 말인가?

따라서 앞에서 우리가, 인간에게 지상의 왕국을 줄 수 있는 것은 어느 신, 또는 여신이라고 믿어야 하는지 물었을 때, 모든 것을 검토한 끝에, 그러한 많은 거짓 신들 가운데 누군가가 지상의 왕국도 세웠다는 것이 진리와 완전히 동떨어진 생각임이 드러났다. 그렇다면 의심하거나 비교할 것도 없이 모든 땅 위 왕국보다 뛰어나다고 여길 만한 영원한 생명을 이 신들 가운데 하나가 줄 수 있다고 믿는 것은 가장 어리석으면서도 불경스러운 일이 아니고 무엇일까? 그런 신들이 지상 왕국조차 줄 수 없는 까닭은, 지상 왕국이 작고 비천한 데 비해 신들은 매우 위대하고 숭고한 몸이어서 그런 하찮은 일을 배려하고 싶지 않아서가 아니다. 인간들의 나약함을 헤아려 지상 왕국의 무너지기 쉬운 높은 탑을 얕잡아보기 때문도 아니다. 이들 신들은 자기들에게 떠맡겨진 것들조차 지킬 능력이 없다. 따라서, 이 문제를 다룬 바로 앞 두 권에서 충분히 가르친 대로, 평범한 신이든 고귀한 신이든, 저 무리의 어떤 신도 유한한 인간들에게 한계가 있는 왕국을 줄만한 힘이 없다. 하물며 유한한 존재를 불멸의 존재로 만들어줄 능력은 더더욱 있을 리가 없지 않은가.

이제 논의하는 사람들의 의견에 따라, 우리가 신들을 섬겨야 한다고 믿는 것은 이 현생을 위해서가 아니라 다음 삶을 위함이라고 한다면, 확실히 그 신들은 진리의 근거가 아니라 허황한 추측으로 그들에게 나누어 주어진 특별한 권능 때문에 숭배되어서는 안 된다. 그것은 내가 앞의 다섯 권에서 말한 대로, 신들에 대한 숭배가 이 유한한 생명을 위해 필요하다고 주장하는 이들은 그런 신들을 섬겨야 한다고 믿는다. 그러나 유벤타스 여신(청춘의 신)*5을 섬기는 사람들이 건강하고 혈기 왕성한 데 비해, 그 여신을 무시하는 사람들이 젊은 나이에 죽거나 나이가 젊은데도 늙은이처럼 무기력하다면, 또 수염 난 포르투나(농경과 다산의 신)*6가 자신을 우러르는 자들의 뺨에는 다른 이들보다 더 멋있고 우아한 수염이 돋게 하고, 자신을 무시하는 자들에게는 수염이 전혀 나지 않거나 나더라도 흉하게 나도록 한다 하더라도, 우리는 끄떡없이 이렇게 말해야 한다. 즉 비록 여신들이 저마다의 직무에 따라 제한된 능력을 지녔다고 해서 수염이 돋아나도록 할 수 없는 유벤타스에게 영원한 생명을 구해선 안 되며, 또 현재의 삶에서 수염이 자라는 나이로 만들어주지도 못하는 포르투나에게 이 세상 삶 그 뒤의 어떠한 것도 기대해서는 안 된다. 또한 그러한 여신들에게 속하기 위해서도 숭배할 필요는 없다. 유벤타스를 섬기는 많은 사람들은 젊은 나이에도 활력이 전혀 없었고, 유벤타스를 떠받들지 않는 많은 사람들은 젊음의 활력을 누렸기 때문이다. 또 포르투나에게 기도하는 많은 이들은 수염이 전혀 나지 않거나 나더라도 보기 흉한 수염이 났기 때문이다. 또 수염을 얻기 위해 그 여신을 받드는 사람이 있다면 그런 사람들은 그 여신을 무시하는, 수염이 나지 않은 이들에게 놀림감이 되었다. 인간의 마음은 이들 신들이 지배한다는 현세적이면서, 머지않아 사라져버릴 재능을 떠받드는 일이 얼마나 허무맹

---

*5 유벤타스(청춘의 신)에 대해서는 4권 11장 참조.
*6 포르투나(농경과 다산의 신)에 대해서는 4권 11장 참조.

랑하고 우스꽝스러운 일인지 잘 알면서도 그것이 영원한 생명을 위해 효과가 있다고 믿을 만큼 어리석단 말인가? 무지한 무리들이 받들도록 신들에게 현세적인 일을 떠맡겼던 자들은, 지나치게 많은 신들이 하는 일 없이 빈둥거리지 않도록 시시콜콜하게 온갖 임무를 나누어 주었다. 하지만 그런 사람들조차 그 신들이 영원한 생명을 줄 수 있다는 말은 감히 하지 못했다.

제2장 신에 대한 바로의 저서에서 보이는 애매함

이 문제에 대해 마르쿠스 바로*[7]보다 더 세심하게 탐구한 사람이 또 있을까? 누가 그보다 더 학자답게 연구하며 누가 더 주의 깊게 살펴봤을까? 누가 더 예리하게 구별했을까? 누가 더 열심히, 더욱 완전히 기록했을까? 바로는 웅변에서는 그리 매력적이지 않았지만, 학식과 식견이 드넓은 인물이다. 그는 우리가 세속적이라 부르고 세상 사람들이 교양이라 부르는 분야에서, 키케로가 언어를 연구하는 이들에게 만족을 준 것에 뒤지지 않을 만큼 호사가들에게 많은 정보를 주었다. 게다가 키케로 자신도 마르쿠스 바로와 벌였던 논쟁을 기록한 《아카데미학파》에서, 바로가 '모든 사람 가운데 누구보다 날카롭고 가장 박식한 인물이라는 점은 의심할 여지가 없다' 말했다. 하지만 키케로는 그가 누구보다 웅변이 뛰어나다거나 유창하다고는 말하지 않았다. 실제로 바로는 그런 능력은 많이 모자랐다. 그러나 키케로는 바로를 '모든 사람 가운데 누구보다 날카로운 사람'이라고 말했다. 또한 《아카데미학파》에서 모든 것을 의심해야 한다고 이야기하면서도 바로에 대해서는 '의심할 바 없이 가장 박식한 인물'이라 덧붙였다. 그는 실제로 그 점에 대해 오롯이 확신하고 있었으므로 모든 일을 빠짐없이 의심해 보던 그의 습관을 옆으로 제쳐두었다. 키케로는 아카데미학파의 회의(懷疑)에 대해 동의하려고 했을 때에도 이 한 가지 문제에 대해서만은 자기가 아카데미학파의 한 사람임을 잊은 듯했다.

키케로는 그 첫 권에서 마르쿠스 바로의 문학 저술을 이렇게 칭송했다.

"우리가 우리 자신의 나라에서 마치 이방인처럼 길을 잃고 헤맬 때, 당신의 책이 우리를 집으로 이끌어주고, 우리가 누구이며 어디에 있는지 깨닫게 해주었다. 당신이 우리나라의 연대를, 당신이 시대의 역사를, 당신이 제사장의 규

---

*7 3권 4장 참조.

칙을, 당신이 가정의 규율과 공공의 규율을, 당신이 종교의식을 올려야 할 장소를, 당신이 신과 인간에 대한 모든 사물의 이름과 의무와 원인을 밝혀주었다."[8]

그러므로 테렌티아누스 마우루스[9]도 가장 뛰어난 시구(詩句)에서 '어느 누구보다도 박식한 바로'라고 부를 만큼 빼어나고 해박한 사람,[10] 그토록 많은 것을 읽었기에 그가 무언가를 쓸 시간이 있었을까 의심스러우며, 또 그토록 많은 것을 썼기에 누가 그 많은 책들을 모두 읽었을지 거의 믿을 수 없는 사람, 거듭 말하지만, 그토록 뛰어난 재능과 풍부한 학식을 지녔던 이 사람이, 만일 자신의 책마다 다뤘던, 이른바 신에 대한 문제들을 반대하고 무너뜨리려 했거나 또 그런 일들이 종교가 아니라 미신에 속한다고 주장했다 해도, 신에 대한 사항에 대해 그토록 우스꽝스럽고 경멸받아야 마땅한 혐오스러운 많은 것들을 썼는지 의심스럽다. 하지만 그는 곧 그런 신들을 너무나 숭배하고 또 섬겨야 할 존재로 여겼기에, 자신이 쓴 책에서 그 신들이 적의 공격이 아니라 시민의 게으름 때문에 사라지리라고 걱정했다. 그래서 게으름이라는 폐허에서 신들을 구제하고, 그런 책으로써 신들을 선한 사람들의 기억 속에 보존하는 것이라고 주장한다. 그리고 그 배려는 메텔루스가 불길 속에서 베스타 신상을 구해내고, 아이네이아스가 불타는 트로이에서 수호신을 구해낸 것보다 더 이롭다고 말했다. 게다가 지혜로운 자들에게도 어리석은 자들에게도 배척당해야 마땅하고, 종교 진리에 대해 가장 적대적이라고 평가받아 마땅한 내용을 후세 사람들이 읽을 수 있게 남긴다면, 우리는 누구보다 날카롭고 박식하지만 성령으로 자유로움을 얻지는 못한 사람이 자기 나라 관습과 법률에 패배해, 자기가 감동 받은 일들을 종교를 장려한다는 구실 아래 묵인했다 생각할 수밖에 없다. 그렇지 않다면 도대체 어찌 생각해야 한단 말인가.

제3장 바로의 《인간과 신의 역사》 구성
마르쿠스 바로는 고대 관습에 대해 마흔한 권의 책을 썼는데, 이를 인간에

---

[8] 《키케로 《후기 아카데미학파》 1, 3, 9)

[9] 테렌티아누스 마우루스는 3세기 무렵의 문법가, 음률시인. 그는 음률법의 입문서 《음률법론》을 썼다.

[10] 테렌티아누스 《음률법론》 제4권 2846행

대한 사항과 신에 대한 사항으로 나눴다. 인간에 대한 사항에 스물다섯 권을, 신에 대한 사항에 열여섯 권을 배정하고, 그 분류에서 다음과 같은 계획, 즉 인간에 대한 사항의 네 부분에 여섯 권씩을 배분할 계획을 세웠다. 즉 그는 누가, 어디서, 언제, 무엇을 하는지에 대해 관심을 쏟았던 것이다. 그래서 처음 여섯 권에는 인간에 대해, 그 다음 여섯 권에는 장소, 세 번째 여섯 권에는 시대에 대해, 마지막 여섯 권에는 사물에 대해 기록했다. 그리하여 여섯 권씩 4부, 즉 스물네 권이 되는데, 바로는 먼저 전체 개요를 다루는 한 권을 첫머리에 따로 마련했다.

신에 대한 사항에서도, 또 신들을 위해 올리는 의식에 대해서도 이와 똑같은 분류 방식이 적용되었다. 제사는 인간에 의해 일정한 시간과 장소에서 이루어지기 때문이다. 여기에 언급된 네 가지 일들은 저마다 세 권의 책에 담겨 있다. 첫 번째 세 권은 인간, 그 다음 세 권은 장소, 세 번째 세 권은 시기, 네 번째 세 권은 제사에 대해 쓰고, 이 경우에도 누가, 어디서, 언제, 무엇을 하는지 매우 상세하게 나눠 전해준다. 그러나 누구를 위한 것인지—이점이 바로 사람들이 가장 기대하는 부분이었다—설명해야 했기에 그는 신들에 대해 마지막 세 권을 썼다. 그리하여 세 권씩 5부, 모두 열다섯 권이 되었다. 모두 열여섯 권인 까닭은, 앞에서도 말했듯이 이 책들 앞에 전체에 대해 설명하는 한 권을 따로 두었기 때문이다.

바로는 이 첫 권이 끝난 뒤, 위에 말한 다섯 부분 가운데 인간에 대한 마지막 세 권을 자세히 나눠, 1권은 사제에 대해, 2권은 점술사, 3권은 제사를 도맡는 15인[11]에 대해 썼다. 그 뒤 장소에 대한 제2의 세 권을 나눠 그 가운데 1권에서 제단에 대해, 2권에서 신전, 3권에서 성소(聖所)에 대해 썼다. 그리고 그 뒤를 이어 시간, 즉 축제일에 대한 세 권을 갈라 나눠, 1권은 제삿날에 대해, 2권은 경기(競技)에 대해, 3권은 연극에 대해 다루고, 제4의 제사에 대한 세 권 가운데 1권에는 봉헌을, 2권은 개인적인 종교의식을, 마지막 권은 공적인 종교의식을 배분했다. 이 호화로운 행렬 뒤에, 나머지 세 권에서는 이 모든 일들의 대상이 되는 신들이 마지막으로 나오는데, 첫 권에서는 확실한 신들, 다음 권에서

---

* 11 이 15인은 '시빌라의 서'를 보관하는 자로, 타르퀴니우스 수페르부스가 만든 집단으로 알려져 있다. 처음에는 두 사람이었지만(디오니시우스의 《고대 로마사》 4의 62) 나중에 늘어나 15인이 되었다. 그들은 신탁서의 해석자이기도 했다.

는 불확실한 신들,*12 세 번째이자 마지막 권에서는 선택받은 중요한 신들*13을 다루었다.

제4장 바로는 인간과 신의 관계를 어떻게 생각했는가

더할 나위 없이 치밀한 배열과 구분이 담긴 이 책에서 영원한 생명을 추구하거나 바라는 것이 가장 어리석은 일임은, 내가 이미 말하고 또 앞으로 말할 것들을 통해 이야기했다. 고집스럽고 스스로 자신을 적대시하는 사람이 아니라면 누구나 쉽게 이해할 수 있으리라. 그런 제도들은 인간이 만든 것이거나, 정령들, 그것도 선한 정령이 아니라 노골적으로 말해 부정하고 의심할 바 없이 악의를 가진 영들이 만든 것이기 때문이다. 그들은 인간의 영혼이 갈수록 황폐해져서 불변하고 영원한 진리에 다가갈 수 없도록 만드는 나쁜 견해를 놀랍도록 교활하고 은밀한 방법으로 불경한 자들의 생각 속에 심어준다. 또 때로는 드러내놓고 그들의 생각에 좋지 못한 사상을 그들이 할 수 있는 한 기만적인 증명으로 굳게 다져 넣는다. 바로가 먼저 인간에 대한 사항을 놓은 뒤 신에 대한 사항을 쓴 까닭은 국가가 먼저 존재하고 이어서 신에 대한 사항이 국가에 따라 만들어졌기 때문이라고 한다. 그러나 참된 종교는 지상에 존재하는 하나의 국가가 제정하는 것이 아니며, 진정한 종교가 천상의 국가를 세운 것이다. 그 참 종교는 진실한 숭배자들에게 영원한 생명을 주는 참된 하느님이 영감을 주고 가르친 것이다.

바로가 먼저 인간에 대해, 그 뒤 신에 대해 기술한 것은, 그런 신들에 대한 사항을 인간이 만들었기 때문이라고 고백했는데, 그 까닭은 이렇다. "화가가 그림보다 먼저 존재하고 건축가가 건축물보다 먼저 있듯이 국가 또한 그에 따라 만들어진 것들보다 먼저 있는 것이다." 그리고 그는 자기가 만일 신들의 모든 본성에 대해 쓸 수 있었다면, 먼저 신에 대해서 쓰고 뒤에 인간에 대해 썼으리라고 말했다. 그 말에 따르면, 그는 신들의 어떤 본성에 대해─모든 본성에 대해서가 아니라─썼을 따름이라는 뜻이고, 비록 어느 한 부분의 본성은 썼지만 신들의 모든 본성이 아닌 만큼 인간 본성보다 앞에 두어서는 안 된다는 뜻이다. 그렇다면 그가 이 마지막 세 권에서, 확실한 신들과 불확실한 신들, 그리

---

*12 3권 12장 참조.
*13 7권 2장 참조.

고 선택받은 신들을 자세하게 설명하며, 신들의 어떤 본성도 그냥 지나치지 않은 것처럼 보이는 까닭은 무엇일까? 또 그가 만일 신과 인간의 모든 본성을 쓴다면, 인간에 대한 사항을 다루기 전에 신에 대한 사항을 먼저 완성했으리라고 말한 것은 무슨 까닭에서일까? 그것은 그가 신들의 모든 본성에 대해 쓰거나, 그 일부분을 쓰거나, 아니면 아무것도 쓰지 않았기 때문이다. 만약 모든 본성에 대해 썼다면 틀림없이 그것은 인간에 대한 사항보다 앞에 놓여야 한다. 또 어떤 부분만 썼다면 왜 그 부분은 인간에 대한 사항보다 앞설 수 없는가? 신들의 어떤 부분은 인간 본성보다 중시할 가치가 없는 것인가? 하지만 신에 대한 부분이 인간에 대한 전체보다 앞서는 것이 지나치다 해도, 적어도 로마인들보다는 중요하게 여길 가치가 있다. 실제로 그가 쓴 인간에 대한 사항은, 온 세계에 대해서가 아니라 오직 로마뿐이었지만, 그럼에도 그는 저술 순서상, 신들에 대한 사항보다 앞에 둔 것은 마땅한 일이며, 그것은 화가가 그림보다, 건축가가 건물보다 앞서는 것과 같다하고, 그림이나 건물과 마찬가지로 그러한 신들에 대한 사항도 인간에 의해 만들어진 것이라고 공개적으로 밝혔다. 따라서 신들의 어떤 본성에 대해서도 노골적으로 쓰지 않았다. 이해력 있는 사람들의 판단에 맡겼다고 풀이하는 수밖에 없다. '전부는 아니다' 이렇게 말할 때 우리는 곧잘 '일부'라고 알아듣지만, '아무것도 없다'고 풀이할 수도 있기 때문이다. 아무것도 아니라는 것은, 전부도 아니고 일부도 아니다. 즉 바로 자신이 말했듯이 그가 쓴 것이 신들의 모든 본성에 대해서라면 그것은 책을 쓴 순서상 인간에 대한 사항 앞에 놓여야 한다. 그러나 신들의 모든 본성이 아니라도, 적어도 어떤 부분은 틀림없이 로마인에 대한 사항보다는 앞서 놓여야 하는데 바로는 아무 말 없이 그것을 뒤에 놓았다. 따라서 신들의 본성이 전혀 아닌 셈이다. 그는 신적인 사항보다 먼저 인간적인 사항을 앞세우려고 함이 아니라, 참보다 거짓을 앞세우기를 바라지 않았던 것이다. 이는 그가 인간적인 사항에 대해 쓴 모든 내용은 사실 기록에 따랐지만, 그가 신적이라 부르는 것에 대해서는 허황한 일들에 대한 단순한 짐작만을 따랐기 때문이다. 그는 이렇게 의심할 바 없이 미묘한 의미를 부여했다. 다시 말해 간단히 인간적인 사항 뒤에 신적인 사항을 씀으로써가 아니라 왜 그렇게 했는지 이유를 밝힘으로써 그 사실을 암시하고자 한 것이다. 그가 까닭을 말하지 않았다 해도 다른 사람들은 이런저런 방법으로 그의 행동을 변호했으리라. 하지만 그는 이유를 드러냄으로써 사람들이 자의적으로 추측할 수 있는 어떤 것도 남기지 않았으며, 또 그가 신의 본성보다 인간의 본성을 중시하지 않는 것을 충분히 증명한 셈이다. 그리하여 그는 신적인 사항을 다룬 책에서는, 자연에 속하는 진리를 적은 것이 아니라, 오류에 속하는 허위를 썼음을 고백한 것이다. 내가 4권*14에서 말했듯이, 바로는 다른 데서, 만일 새로운 국가를 세운다면 자연의 순서에 따라 썼지만 이미 옛 국가가 나타났기에 그 국가 관습에 따르는 수밖에 없었다고 더욱 공개적으로 말했다.

제5장 바로로 볼 수 있는 세 가지 신학의 분류

바로가 세 가지 신학,*15 즉 신들에 대해 적는 합리적 설명―그 가운데 첫째는 신화적, 둘째는 자연적, 셋째는 시민적이라 불린다―이 있다고 말했는데 그것은 무엇을 뜻할까. 그가 맨 처음에 둔 것은, 관습에 따른다면 라틴어로 신화라 일컫는 것이지만, 신화적이라고 부르기로 하자. 실제로 그리스어로 신화적이란 신화에서 따온 말로, 신화를 그리스어로 뮈토스(μῦθος)라 하기 때문이다. 다음에 두 번째가 자연적이라 불리는 것은 이미 관용어법도 인정하고 있다. 세 번째는 바로 또한 라틴어로 '시민적'이라고 표현했다.

이어서 그는 이렇게 말했다. "시인들이 주로 사용하는 것은 신화적이라 하고, 철학자들이 사용하는 것은 자연적이라 하며, 시민이 사용하는 것은 시민적이라고 부른다." 바로가 말한 바로는, 위에 든 첫 번째에는 불멸하는 존재의 위엄과 본성에 거스르는 많은 허구가 있다. 그 안에서 어떤 것은 신이 머리에서,*16 넓적다리에서,*17 또는 핏방울에서 태어났다*18 하고, 또 신들이 도둑질했다거나,*19 간음했다거나,*20 인간의 노예가 되었다거나,*21 요컨대 평범한 인간뿐만 아니라 가장 경멸해야 마땅할 인간이 저지를 만한 온갖 짓들을 신들에게 돌리

---

*14 4권 1장.
*15 앞에서는 제사장 스카이볼라가 신들을 세 종류로 구분했다(4권 27장).
*16 미네르바.
*17 바쿠스.
*18 페가수스.
*19 이를테면 메르쿠리우스.
*20 이를테면 유피테르.
*21 이를테면 아폴로.

고 있다. 틀림없이 이 경우, 바로는 그렇게 할 수 있고, 또 그런 짓을 과감히 실행했으며, 그렇게 해도 처벌받지 않는다고 여겼을 때, 그 거짓된 우화가 신들의 본성에 얼마나 큰 해를 끼치는지를 한 점의 모호함도 없이 또렷하게 밝히려 한 것이다. 왜냐하면 그가 문제로 삼은 것은 자연적 신학이나 시민적 신학이 아니라, 자유롭게 비판할 수 있다고 생각한 신화적 신학이었기 때문이다.

그가 두 번째 신학에 대해 어떻게 이야기했는지 살펴보자. "내가 설명한 두 번째 신학에 대해 철학자들은 많은 저서를 남겼는데, 그 안에는 어떤 신들이 있는지, 어디에 있는지, 어떤 종류이며 어떤 성격을 지녔는지, 언제부터 존재했는지, 영원한 옛날부터 있었는지, 또 헤라클레이토스가 믿었듯이 불에서 생겨났는지,*22 피타고라스가 생각했듯이 수(數)에서 시작되었는지,*23 아니면 에피쿠로스가 말했듯이 원자에서 생겨났는지*24 같은, 공개적인 광장보다는 성벽 안 학교에서 더 귀에 들어가기 쉬운 문제가 다뤄진다."

바로는 그가 자연적이라고 부르는, 철학자들에게 속하는 이런 신학에 대해서는, 철학자들 사이의 논쟁으로 인해 의견이 다른 수많은 학파가 일어난 것을 말했을 뿐 어떤 비난도 하지 않았다. 하지만 그는 이런 신학을 광장, 곧 민중으로부터 멀리 떼어내어 학교와 그 건물 안에 가두어 놓았다. 하지만 첫 번째의 가장 거짓되고 천박한 신학을 민중으로부터 떼어놓지는 않았다. 오, 민중의 귀! 게다가 그 안에는 로마 사람들의 귀도 있었다. 불멸의 신들에 대해 철학자들이 논하는 것을 견디지 못하면서도, 시인들이 노래하고 배우들이 연기하는 것을, 또 불멸의 존재의 위엄과 본성에 어긋나게 꾸며낸 것—왜냐하면 그것은 평범한 인간뿐만 아니라 가장 경멸받아야 할 인간에게도 일어날 수 있는 일이기 때문에—을 참아낼 뿐만 아니라 기꺼이 귀를 기울인다. 그뿐만이 아니라 그들은 그런 일들이 신들을 기쁘게 하며 그러한 일로써 신들의 비위를 맞춰야 한다고 생각한다.

---

*22 헤라이클레이토스(기원전 6~5세기)의 철학에서는, 세계의 기원은 영원히 살아있는 불이라고 주장했다. 그런 점에서 조로아스터교에 가까운 사상이라고 할 수 있다.

*23 피타고라스(기원전 6세기)에게 수는 세계의 원리일 뿐만 아니라 존재하는 사물의 현실이었다.

*24 에피쿠로스에 대해서는 앞에 쾌락주의자로 설명되어 있지만(5권 20장), 여기서는 데모크리토스, 루크레티우스와 나란히 원자론의 주창자로 다루고 있다. 에피쿠로스는 신들이 끝없이 미세한 아톰으로 되어 있다고 생각했다.

어쩌면 이렇게 말하는 사람도 있을지 모른다. 신화적이고 자연적인, 다시 말해 우화적이면서 자연적인 두 신학을, 우리가 오늘 문제 삼는 이 시민적 신학으로부터—앞의 두 가지는 바로 자신이 구별했지만—구분지어, 이제부터 그가 시민적인 신학 자체를 어떻게 설명하는지 살펴보자는 것이다. 우화와 구별되어야 하는 까닭은, 그것이 거짓이고 추악하며 옳지 않기 때문이다. 그런데 자연적 신학을 시민적 신학과 구별하려는 까닭은, 시민적 신학 또한 기만적인 것임을 고백하는 게 아니고 무엇이겠는가. 시민적 신학이 자연적이라면, 그것이 배제되어야 마땅할 만큼 비난받아야 할 점이 있는 것일까? 그런데 시민적이라고 불리는 것이 자연적이지 않다면 그것이 용인되어 마땅한 어떤 장점을 지닌 것일까? 사실 이 점이야말로 바로가 먼저 인간에 대한 것을 쓰고, 다음에 신에 대한 사항을 쓴 이유이다. 그는 신적인 사항을 다루면서 신들의 자연적 본성에 따른 것이 아니라 인간이 만든 제도에 따랐기 때문이다.

그렇다면 시민적 신학에 대해 알아보자. 바로가 말한 세 번째 신학은 국가의 시민, 특히 사제가 알고 맡아야 하는 것이다. 거기서는 사람들이 저마다 어떤 신들을 거리낌 없이 섬기고 어떤 종교의식과 희생을 바쳐야 하는지를 가르친다. 그 다음에 나오는 글귀에 주의를 기울여보자. "첫 번째 신학은 극장에, 두 번째 신학은 세계에, 세 번째 신학은 도시에 가장 알맞다." 그가 어느 신학에 손을 들어주었는지 모를 사람이 누가 있을까? 두말할 것 없이 그가 앞에서 철학자들의 신학이라고 부른 두 번째 신학이다. 이 신학은 그가 증언했듯이, 철학자들이 그보다 나은 것은 없다고 생각하는 세계에 속하기 때문이다. 그런데 이 두 신학, 첫 번째와 세 번째 신학, 즉 극장의 신학과 도시의 신학을 그는 구분한 것인가, 아니면 결합한 것인가? 우리는 도시가 세계 안에 있음을 알고 있지만, 그렇다고 도시에 속하는 것이 세계에도 속하는 것은 아니라는 점도 안다. 그것은 세계의 안에도 밖에도 전혀 존재하지 않는 것들이 잘못된 견해에 따라 도시에서 숭배되거나 신앙의 대상이 될 수 있기 때문이다. 그런데 극장은 도시 말고 어디에 존재할 수 있겠는가? 국가 말고 누가 나서서 극장을 세우겠는가? 국가는 또 연극 말고 무엇을 위해 그것을 짓겠는가? 그리고 연극은 바로의 책에 그토록 잘 기술되어 있는 신들에 대한 사항이 아니면 무엇에 대해 연기할 수 있겠는가?

제6장 바로의 신화적, 국가적 신학 구별은 알맞지 않다

오, 마르쿠스 바로여! 그대는 모든 사람 가운데 가장 예리하고 의심할 바 없이 박식한 사람이지만, 그럼에도 사람이지 하느님은 아니며, 또한 하느님의 영에 따라 신적인 것을 보고 알릴 만큼 진리와 자유에 이르지는 못했다. 그렇기에 그대는 신에 대한 사항을 인간의 허망과 허위로부터 구별하는 것이 얼마나 필요한 일인지는 인식하지만, 민중의 매우 부패한 사상과 거리낌 없이 미신을 따르는 관습을 거스르기를 두려워하고 있다. 모든 면에서 살펴 볼 때, 그러한 억측과 관습은, 신들의 본성과 또는 인간의 나약한 정신이 이 세계의 원소 안에 존재한다고 상상하는 신들의 본성과도 전혀 어울리지 않음을 느끼고 있으며, 그것이 그대의 모든 문학 속에 나타나 있다. 그럴 때 인간의 가장 뛰어난 재능이라 한들 여기서 무슨 힘이 되겠는가? 이런 혼란 속에서 인간의 학문이 제 아무리 깊고 다양한들 무슨 도움을 줄 수 있겠는가? 그대는 자연의 신들을 섬기기를 바라면서 어쩔 수 없이 국가의 신들을 숭배하고 있다. 그대는 그것과는 다른 신들, 즉 우화의 신들을 찾아내어 그것을 향해 그대가 느끼는 바를 마음껏 털어놓지만, 국가의 신들에게도 그대가 바라든 바라지 않든 공격의 화살을 던지고 있다. 그대는 우화의 신들은 극장에, 자연의 신들은 세계에, 국가의 신들은 국가에 저마다 어울린다고 말하지만, 세계는 신이 창조한 것인데 비해 국가와 극장은 인간이 만든 것이고, 극장에서 비웃음당하는 신들은 신전에서 받드는 신들과 다르지 않으며, 또 연극 무대에 오르는 신들은 그대가 제물을 바치는 신들과 다르지 않다. 그대가 구별한 것보다, 신들에 대한 사항을 다음처럼 구분해 이렇게 말하는 편이 얼마나 정직하고 치밀할 것인가. 즉 신들은 자연의 신과 인간이 만든 신 두 종류가 있다. 인간이 만든 신들에 대해 시인들이 쓰는 것과 사제들이 기술하는 것은 서로 다르지만, 어느 쪽 모두 거짓이라는 점에서는 같으며, 양쪽 모두 진리의 가르침의 적인 정령들이 좋아하는 것이다.

그런 까닭에 자연 신학이라 불리는 것은 잠시 제쳐두고, 뒤에 논하기로 하자. 시인이 상연하기 위해 쓰고 배우가 무대에서 연기하는 신들에게 영원한 생명을 구하고 바라는 일이 참으로 가능한 일일까? 그런 일은 결코 있어서는 안 된다. 아, 참된 하느님이 그토록 극악무도하고 신성모독적인 광기를 막아주시기를! 자신들의 죄를 재연하는 데서 기쁨을 얻고, 그런 데서 위안을 얻는 신들에게 어찌 영원한 생명을 바랄 수 있단 말인가? 내가 생각하기에 그 무엇보다 흉포하고 가장 불경스러운 극단에 빠질 만큼 제정신을 잃은 자는 아무도 없으리라. 따라서 우화 신학으로도, 또 국가 신학으로도 영원한 생명을 얻을 수 있는 자는 아무도 없다. 전자는 신들에 대해 수치스러운 일들의 씨앗을 거짓으로 꾸며 뿌리고 후자는 그것을 소중히 키워 열매를 거두며, 전자는 거짓의 씨앗을 뿌리고 후자는 그것을 주워 담았다. 또한 한쪽은 신들에 대한 이야기를 꾸며내어 모독하고 다른 한쪽은 신들에 대한 인간의 불경한 허구를 노래로 널리 퍼뜨리며, 한쪽은 신들의 죄를 연기하는 연극을 신들을 받드는 행사로 꾸미고 한쪽은 그것을 신들 자신의 제례에 봉헌했다. 전자는 신들의 범행과 수치스러운 죄악을 노래하고 후자는 그것을 즐기고 폭로하거나 거짓으로 꾸며내면서 그것이 참이라고 증명하거나 그것이 허위임을 즐긴다. 둘 모두 추악하고 가증스럽기 짝이 없다. 하지만 전자, 즉 극장의 신학은 수치스러운 면을 거리낌 없이 보여주고, 후자, 즉 도시의 신학은 그런 부끄러운 면으로 자신을 꾸민다. 이런 짧고 순간적인 삶이 그렇게 타락하는 데서 영원한 생명을 기대할 수 있을까? 아니면, 악인들과 사귐으로써 그들이 서서히 우리의 동의를 얻어 우리의 삶을 타락시킨다면, 자신들의 범죄행위로 숭배받는 정령들과의 교제는 삶을 더럽히지 않는 것인가? 그런 범죄가 사실이라면 얼마나 사악한 정령들인가! 또 그것이 거짓이라면 얼마나 사악한 숭배행위란 말인가!

내가 이렇게 말할 때, 이에 대해 아무것도 모르는 사람은, 그런 신들을 이렇게 생각할지도 모른다. 시인들이 노래하고 무대에서 상연되는 연극만이 신의 위엄에 걸맞지 않은 혐오스럽고 우스꽝스러운 것이고, 배우가 연기하는 것이 아니라 사제가 주관하는 성스러운 행사는 모든 더러움이 씻겨져 그런 것과는 거리가 멀다고 말이다. 하지만 이것이 사실이라면, 극장의 부끄러운 공연물이 신들의 명예를 위해 상연되어야 한다고 생각하는 사람은 누구도 없을 터이고, 또 신들 또한 결코 자신들을 위해 그런 연기를 하도록 명령하지 않으리라. 그럼에도 사람들은 신들의 비위를 맞추려고 그 추악함을 극장에서 연기하는 일을 조금도 부끄러워하지 않는데, 신전에서도 똑같은 일들이 벌어지기 때문이다.

요컨대, 앞에 그 이름을 든 저자가 국가 신학을 우화 신학과 자연 신학에서, 이른바 제3의 독자적인 것으로서 구분지어 보려고 시도할 때, 그는 국가 신학을 다른 신학과 다른 것이라기보다는 둘의 혼합물로 이해시키려 했다. 바로는 시인들이 쓴 것들은 민중이 그것을 모범으로 지키기에는 부족한 데 비해, 철학자들이 쓴 것은 민중이 좇아 얻기에는 지나치다고 말했기 때문이다. 그는 이렇게 말한다. "이 두 신학은 나란히 할 수 없지만 양쪽으로부터 국가적 신학의 논거로 채택된 것이 적지 않다. 그러므로 우리는 시민적 신학을 다룰 때, 양쪽에 공통되는 것을 특유한 것과 함께, 즉 시민적 신학에 속하는 것과 나란히 쓰겠지만, 그래도 우리는 시인들보다는 철학자들과 교섭을 가져야 할 것이다." 그렇다고 해서 시민적 신학은 시인들과 어떤 교섭도 가지지 않는 것은 아니다.

그럼에도 바로는 다른 곳에서 신들의 계보를 다루면서, 민중은 자연철학자들보다 시인들에게 더 귀를 기울인다고 말했다. 앞에 인용한 대목에서는 마땅히 그러해야 하는 모습에 대해 말했다면 다른 곳에서는 실제의 모습을 말한 것이다. 그는 철학자들이 쓴 것은 유용성을 위함이고, 시인들이 쓴 것은 쾌락을 위함이라고 말했다. 따라서 시인들이 쓴 것을 민중이 좇아서는 안 되는데, 이는 신들이 저지른 범죄의 이야기이기 때문이다. 그럼에도 그러한 신들의 죄가 민중은 물론 신들도 기쁘게 하고 있음은 틀림없다. 바로의 말처럼 시인들이 쓰는 것은 쾌락을 위해서이고 효용을 위함은 아니지만, 신들이 바라고, 민중이 행동으로 보여주는 것들이다.

제7장 신화적 신학과 국가적 신학, 이 둘은 닮았다

배우가 무대에서 연기해 위엄을 떨어뜨리고, 수치스러운 것들로 가득한 우화적인 신학은 국가적 신학의 영역 안에 끌려 들어간다. 그리고 비난받고 배척당해야 한다고 판정받는 것이 마땅한 이 신학(우화의 신학) 전체는, 숭배받고 보호받을 가치가 있다고 여겨지는 이 신학(국가의 신학)의 부분에 속한다. 그리고 부분이라는 것은, 내가 증명하려고 시도했듯이, 완전히 알맞지 않은, 그리고 신체와 상관없이 부적절하게 매달린 부분이 아니라, 꼭 걸맞은, 마치 같은 신체의 지체(肢體)처럼 가장 튼튼하게 이어진 부분이다.

신전에 모셔진 신들의 우상과, 형상, 나이와 성별과 옷이 나타내는 것은, 무대 위에서 보는 것과는 다른 것일까? 유피테르에게 수염을 그려 넣고, 미네르바에게는 수염을 그려 넣지 않는 것은 시인들뿐이고, 사제는 그렇게 하지 않는

단 말인가? 프리아푸스*25에게는 배우들만 끔찍한 모욕을 줄 뿐이고, 사제들은 그렇게 하지 않았단 말인가? 신성한 장소에서 예배의 대상으로 서 있는 프리아푸스와, 무대에서 놀림거리로 나오는 프리아푸스는 다른 것일까? 사투르누스가 늙은 모습이고 아폴로가 젊은 모습인 까닭은, 오로지 배우가 연기하는 역할에서만 그렇고 신전의 입상은 그렇지 않단 말인가? 무엇 때문에 문을 맡는 포르쿨루스와 문지방을 책임지는 리멘티누스는 남신인데, 그 가운데에 있는, 돌쩌귀를 관장하는 카르데아는 여신인가?*26 진지한 시인들이 자기들 시에 어울리지 않는다고 생각한 사항을, 신들을 다룬 책에서는 찾아볼 수 없는 것인가? 무대의 디아나*27는 무기를 지녔는데, 도시에서 섬김받는 디아나는 단지 처녀일 뿐이지 않은가? 배우가 연기하는 아폴로는 리라를 연주하지만, 델피에서 숭배되는 아폴로는 아예 리라를 켤 줄 모르지 않는가! 하지만 이런 일들은 이보다 더욱 추악한 일들에 비하면 그리 비천한 것도 아니다. 유피테르의 유모를 카피톨 신전에 둔 사람들은 유피테르에 대해 어떻게 생각했을까? 그들은 우화적인 쓸데없는 이야기가 아니라 역사적인 주의를 기울여, 그런 신들은 모두 인간이고 죽음을 맞이할 존재였다고 썼던 유혜메로스*28의 이론을 수긍하지 않았던가? 그리고 유피테르의 신관들은 미식가인 신들도 유피테르의 식탁에 앉혔는데, 그것은 바로 제사를 희극으로 만들려고 한 것이 아니고 무엇인가. 유피테르의 식객들이 그 연회에 불려갔다고 말하는 희극배우가 있었다면, 그 배우는 틀림없이 웃기려 드는 것으로 보이리라. 그런데 바로가 그 말을 한 것이다. 게다가 신들을 비웃는 것이 아니라 신들을 찬양하면서 한 말이다. 인간에 대한 책이 아니라 신들에 대한 책이 그것을 증언한다. 그것도 연극을 소개하는 대목이 아니라, 카피톨 신전의 법을 설명하는 부분에서 말이다. 마침내 바로는 그렇게 말함으로써, 사람들이 신들을 인간의 형태로 만들었듯이 신들은 인간적인 쾌락을 즐긴다고 믿고 있음을 밝힌 것이다.

　실제로 사악한 영도 그 일을 할 때, 인간의 마음을 우롱함으로써 이러한 좋지 않은 견해를 확고하게 심어주었다. 그리고 거기서 이런 허위도 일어났다. 즉,

---

*25 2권 14장 참조.
*26 이 세 신에 대해서는 4권 8장 참조.
*27 3권 11장 참조.
*28 4권 27장 참조.

헤라클레스 신전의 파수꾼은 휴일에는 하루 내내 할 일이 없어서 홀로 앉아 주사위놀이를 했다고 한다. 그는 한 손은 헤라클레스의 손, 다른 한손은 자신의 손으로 하여 주사위를 던졌다. 그리하여 자기가 이기면 신전의 기부금으로 자기가 먹을 식사를 준비하고 여자를 사겠다 하고, 헤라클레스가 이기면 자기 주머니를 열어 헤라클레스를 위해 똑같은 일을 해 즐겁게 해주리라고 정했다. 그리하여 그는 헤라클레스 대신 주사위를 던져서 자기가 지자, 약속한 대로 식사와 함께 가장 유명한 창녀 라렌티나를 헤라클레스에게 바쳤다. 신전 안에서 잠이 든 라렌티나는, 헤라클레스가 자신과 동침하고는 그녀가 신전에서 나가 가장 먼저 만나는 젊은이에게서 보수를 받을 것이며, 그 돈은 헤라클레스가 그녀에게 지불하는 것임을 믿어야 한다고 말하는 꿈을 꾸었다. 라렌티나가 밖으로 나가 첫 번째로 만난 젊은이는 큰 부자인 타르티우스였다. 타르티우스는 라렌티나를 사랑하게 되어 오랫동안 자신의 정부로 삼았으며 죽을 때는 그녀에게 자기 유산을 물려주었다. 그리하여 어마어마한 부를 얻었지만, 신의 보수에 대해 은혜도 모른다는 말을 듣게 될까봐 걱정한 그녀는 신들에게 가장 바람직한 일이라고 생각한 대로, 로마 국민을 자신의 상속자로 지명했다. 그녀가 자취를 감춘 뒤에 그 유언장이 발견되었고 라렌티나는 그런 공적으로 신의 영예를 얻었다고 전해진다.[29]

만일 이러한 이야기가 시인이 지어낸 것이고 배우들이 연기한 것이라면, 그 것은 의심할 바 없이 우화 신학에 속하고, 국가 신학의 위엄과는 관계가 없다고 판정될 것이 틀림없다. 그런데 이러한 수치스러운 이야기—시인이 아니라 민중의 것이고, 배우가 하는 것이 아니라 성스러운 의식의 것이며, 극장이 아니라 신전의 것이다. 즉 우화 신학에 속하는 것이 아니라 국가 신학에 속하는 것이다—를 그토록 위대한 학자 바로가 이야기했으니, 배우들이 신들의 부끄럽기 짝이 없는 추행을 흉내낸 연기는 결코 헛된 일은 아니었다. 하지만 신관들이 제사로써 실제로 존재하지 않는 신들의 성스러움을 연기해 보여주려고 하는 것은 참으로 헛짓이 아닐 수 없다.

유노 제전은 유노가 유피테르와 결혼한 섬 사모스에서 치러진다.[30] 케레스 제전 때 케레스 여신은 플루토에게 빼앗긴 프로세르피나를 찾아 헤맨다. 베누

---

*29 플루타르코스 《영웅전》 '로물루스' 5 참조.
*30 베르길리우스 《아이네이스》 1의 15-6.

스 제전에서는, 베누스가 사랑하는 아도니스가 멧돼지에게 물려 죽자 그 사랑스런 젊은이가 사라진 것을 슬퍼한다. 신들의 어머니 키벨레 제전 때, 이 여신의 사랑을 받았으나 여인의 질투심 때문에 거세당한*31 아름다운 청년 아티스를, 갈리라고 불리는 똑같이 거세당한 불행한 남자들이 애도한다. 이런 제사는 극장의 모든 혐오스러운 연극보다 더 추악한데, 왜 사람들은 고귀하고 위엄 있는 것에서 비천하고 가치 없는 것을 떼어놓듯이, 신들에 대한 시인들의 우화적인 허구, 곧 극장에 속하는 것을, 도시에 속하게 하려는 국가의 신학으로부터 떼어놓으려 하는 것일까? 오히려 우리는 관객의 눈을 생각해 신전 벽에 가려져 보이지 않는 모든 것들을 연극으로 폭로하지 않는 배우들에게 감사해야 할지도 모른다. 모습을 드러낸 그 일들만 보아도 그토록 혐오스러울진대, 어둠 속에서 남몰래 벌어지는 종교 의식에 대해 그 어떤 좋은 생각을 할 수 있으랴. 사실 사람들이 거세자와 음탕한 자들을 시켜 무슨 일을 벌이고 있는지는 그들 자신이 더 잘 알고 있으리라. 하지만 우리의 논적들은, 불행하게 거세당하고 수치스럽게 타락한 사람들을 감추는 데 성공하지 못했다. 할 수 있다면 왜 그러한 자들에 의해 신성한 일들이 이루어지고 있다고 설득해 보라. 우리는 추잡한 자들에 의해 어떤 일이 벌어지고 있는지는 알 수 없지만, 그들에 의해 그런 일이 벌어지고 있는지는 안다. 우리는 무대에서 무슨 일이 일어나는지 알고 있다. 창녀들의 합창단에조차 거세자와 성도착자가 참여하는 일은 없지만, 그럼에도 무대 위에서 연기하는 것은 비루하고 파렴치한 배우들임에 틀림없다. 왜냐하면 그것은 품위 있는 사람들이 도저히 할 수 있는 일이 아니기 때문이다. 그렇다면 극장의 외설스러움도 인정하지 않았던 저 따위 인간들을, 그 신성성(神聖性)이 특별히 선택해 하도록 하는 종교의식은 도대체 어떤 것일까?

제8장 세 가지 신학이 왜 구별되었는가

어떤 사람들은 이 모든 일들은 이른바 자연학적 해석, 다시 말해 자연적 근거에 따라 설명해야 한다고 말한다. 마치 우리가 이 논의에서 신학—자연에 대한 이론이 아니라 하느님에 대한 논의—을 연구하는 것이 아니라 자연학을 탐

---

*31 아티스는 여신 키벨레의 사랑을 받고 있었는데, 그가 다른 여자와 결혼하려고 하자 키벨레의 질투심을 사서 벌을 받는다(오비디우스의 《달력》 4의 223-30).

구하는 것처럼. 진정한 하느님은 짐작에 의한 것이 아니라 자연에 의하지만, 모든 자연이 하느님인 것은 아니다. 의심할 여지없이 인간에게도, 짐승에게도, 나무에도, 돌에도 자연은 있지만 그 가운데 어느 것도 하느님은 아니기 때문이다. 신들의 어머니인 키벨레의 제전이 문제가 될 때, 그런 설명의 중요한 핵심은 신들의 어머니가 대지라는 점이다. 그런데 우리가 더 무엇을 탐구하고 무엇을 따르겠는가? 이보다 또렷하게, 그 모든 신들이 한때 인간이었다는 사람들의 주장을 지지하는 것이 또 있을까? 대지가 그 신들의 어머니라면 그 신들은 대지에서 태어난 셈이다. 그런데 참된 신학에서는 대지는 신이 만든 것이므로 어머니가 아니다. 따라서 신들의 어머니에 대한 종교의식을 어떻게 풀이하고 자연과 어떻게 연결짓든, 남자가 여자처럼 다뤄지는 것은 자연에 따르지 않고 자연을 거스르는 짓이다. 이러한 인간의 악덕으로 가득한 풍속 안에서도 질병과 이러한 범죄, 이런 치욕을 고백할 때는 고통을 느끼지 않을 수 없을 텐데, 그 종교의식에서는 거리낌 없이 인정받는다. 또 무대 위의 불쾌한 연극보다 더욱 혐오스러운 것임이 증명된 그런 종교의식에도 나름대로 설명할 길이 있어서, 자연을 상징한다는 말로 변명되고 정당화된다면, 왜 시적(詩的)인 신화도 마찬가지로 해명되고 정당화되지 않는가. 사실 많은 해석자들이 같은 방식으로 시적인 신화를 풀이했다. 그들이 가장 야만적이어서 입에 올리기조차 꺼리는 것, 즉 사투르누스가 자기 아들을 먹었다는 이야기도 어떤 해석자들은 사투르누스라는 이름이 뜻하는 시간의 긴 지속*32이 자신이 낳는 것은 무엇이든 없애버림을 상징한다거나, 바로의 생각처럼 사투르누스는 자신이 일어선 땅으로 다시 떨어지는 씨앗과 관계가 있다고 여긴다.*33 사람들은 저마다 다른 해석을 내리는데, 또 다른 신화에 있어서도 마찬가지이다.

하지만 그것은 우화 신학이라 불리면서, 그것에 속한 이런 모든 해석과 함께 비난받고 배척당해 인정받지 못했다. 게다가 그것은 철학자들의 자연신학에서뿐만 아니라, 도시와 시민들에게 속한다고 주장되는, 오늘 우리가 다루는 국가

---

*32 농경신 사투르누스는 그리스의 크로노스와 동일시되는데, 이 크로노스는 그리스어로 '시간'과 헷갈린다.

*33 사투르누스(Saturnus)는 라틴어로 '씨앗'을 뜻하는 satus와 관련이 있다고 생각했다(바로《라틴어 문법론》5, 64).

신학에서도, 신들에게 걸맞지 않은 것을 생각해냈다는 이유로 마땅히 부정되어야 할 것으로서 분류된다. 그것이 의도하는 바는 의심할 여지없이 다음과 같다. 이 주제에 대해 책을 쓴 가장 예리하고 박식한 사람들은 양쪽 모두, 즉 우화 신학도 국가 신학도 부인해야 한다는 것을 알고 있다. 그러면서도 전자는 그렇게 하지만 후자에 대해서는 감히 부인하지 못해, 전자는 비난해야 할 것으로 제시하고, 후자는 그것과 비슷해 견주어 볼 만한 것으로 설명했다. 그것은 전자를 버리고 후자를 선택하고자 한 것이 아니라, 후자도 전자와 함께 냉대해야 할 것임을 이해시키려고 한 것이다. 그리하여 그들은 국가 신학을 비난하기를 두려워하는 사람들이 위험에 빠지는 일 없이, 양쪽, 즉 우화 신학과 국가 신학이 함께 업신여김 당하고, 그들이 자연의 신학이라 부르는 것이 뛰어난 정신을 가진 사람들에게 지지받게 하려는 것이다. 국가 신학도 우화 신학도 모두 우화적이고 국가적이며, 두 신학의 공허함과 외설성을 신중하게 검토하는 사람이라면 둘 모두 우화적임을 곧 알게 되고, 또 국가의 신들에 대한 제전과 여러 도시의 신적인 의식에서 우화 신학에 속하는 연극을 보는 사람이라면 그 둘 다 국가적임을 깨닫게 될 것이기 때문이다. 그러니 어떻게 그러한 신들에게 영원한 생명을 주는 능력이 있을 수 있겠는가? 그 신들이 모습과 나이, 성별, 옷, 부부관계, 출생관계, 종교의식까지 공개적으로 비난받고 있는 우화적 신들과 똑같이 닮은 것은, 그 우상과 종교의식이 설명한다. 그리고 닮은 모든 점을 통해 그들이 본디 인간이었음을 이해하고 저마다 신들의 삶과 죽음에서 제사와 의식이 제정되었다. 이러한 과오는 정령들이 부추기고 군힌 것이지만, 어쨌든 적어도 부정한 영이 인간의 마음을 어지럽힐 기회를 잡아 몰래 들어온 것으로 생각된다.

제9장 바로가 말하는 본성이든 활동이든 확정된 신들의 실체

모든 것은 아니라도 이미 많은 내용을 이야기했다. 그러나 너무나 비열하고 지나치게 세분되어 있어서 사람들이 저마다의 특유한 역할에 맞춰 기도해야 한다고 한 바로 그 신들의 역할은, 신의 위엄보다는 희극배우의 익살에 더 어울리는 게 아닐까? 어떤 엄마가 아기를 위해 유모 둘을 고용, 한쪽은 아기에게 먹을 것만 주게 하고 다른 한쪽은 마실 것만 주도록 한다면, 그 엄마는 자기 집에서 익살극을 펼치는 어리석은 사람으로 보이리라. 하지만 로마인들은 실제로 이 두 가지 목적을 위해 두 여신, 즉 에두카와 포티나[*34]를 찾는다. 리베르라는 이름은 리베라멘툼에서 온 것으로, 남성들이 성교할 때 이 리베르 덕분에 정액을 발산해 자유로워지기 때문이라고 주장하는데, 여성의 경우에는 같은 일을—그들이 베누스와 똑같다고 여기는 리베라[*35]가 한다고 하며, 여성 또한 정액을 발산한다고 한다. 그래서 그들은 신전에서 리베르를 위해 남자의 정액을 바치고, 리베라를 위해서는 여자의 정액을 바친다고 말한다. 게다가 욕정을 자극하기 위해 리베르에게는 여인과 포도주까지 주어진다. 이처럼 바쿠스 축제는 최고의 광란 상태에서 열리는데, 바로 자신도 고백했듯이 바쿠스 축제를 치르는 일은 광란 상태가 아니고는 불가능했다. 그 뒤 이런 행사는 분별력 있는 어느 원로원 의원을 불쾌하게 만들어 원로원 명령에 따라 폐지되었다.[*36] 적어도 그 시대 사람들은 그제야 부정한 영들이 신이라고 잘못 여겨질 때, 그것이 사람 마음에 얼마나 큰 해악을 끼치는지 깨달았으리라. 틀림없이 극장 안에서는 그런 일이 벌어지지 않았다. 거기서는 놀이에 빠지기는 해도 광란으로 치닫는 일은 없었다. 그런 놀이에서 즐거움을 느끼는 신들을 받드는 일도 미친 짓이나 다름없지만.

그러나 바로가 신앙심 깊은 사람들과 미신가들을 다음과 같은 점에서 구별한 것은 어찌된 일일까. 그에 따르면 미신가는 신들을 두려워하는 데 비해, 신앙심 깊은 이는 그저 신을 자신의 부모처럼 공경하지 적을 대하듯 두려워하진 않는다. 바로는 신들이 더할 수 없이 선하며, 죄 없는 사람을 해치기보다는 죄지은 사람을 기꺼이 용서한다고 말한다. 하지만 그는 실바누스 신[*37]이 어둠을 틈타 들어와서 여인을 괴롭히지 못하도록, 임신한 여자가 출산한 뒤 세 수호신을 둔다고 말했다. 이 신들의 수호를 상징하는 세 남자가 밤에 그 집 문지방 주위를 걸으면서, 첫 번째 남자는 도끼로 문지방을 내리찍고, 두 번째 남자는 절굿공이로 내리치며, 세 번째 남자는 마당비로 쓴다고 하는데, 이러한 농업의 상징을 나타냄으로써 실바누스 신의 침입을 막으려는 것이다. 그 까닭은, 나무

---

*34 4권 11장 참조.
*35 7권 2장 참조.
*36 기원전 186년(리비우스 《로마사》 39, 18).
*37 실바누스는 황무지와 숲의 무시무시한 신인데, 판(목동과 가축의 신) 등의 산야의 신과 동일시된다.

는 도끼가 없으면 벨 수 없고, 밀은 절굿공이가 없으면 빻을 수 없으며, 곡식은 마당비가 없으면 쓸어 모을 수 없기 때문인데, 이 세 가지 행위에서 저마다 세 신의 이름이 붙여졌다. 도끼로 찍는 것은 인테르키도나, 절굿공이는 필룸누스, 마당비로 쓰는 것에서 데베르라라 불리는데,*38 이 세 신의 수호에 따라 임산부가 실바누스 신의 폭력으로부터 보호받는다는 것이다. 이처럼 해로운 신의 용맹한 힘을 막는 데는 선량한 신들의 힘만으로는 모자라서, 한 신에 맞서기 위해 여러 신들이 힘을 합치거나, 숲에 사는 거칠고 야만적인 남신들에 대해서는 그와 반대되는 농업의 상징으로 맞선다. 그러나 과연, 그런 일들이 신이 죄가 없다는 증거가 될까? 이것이 참으로 신들의 화합인가? 이들이 도시의 안전을 지키는 신들이라니, 무대 위의 연극보다 더 웃기는 일이 아닌가?

남자와 여자가 결혼할 때 결혼의 신인 유가티누스*39가 그 자리에 불려나오는데, 이쯤은 그런대로 참을 만하다. 하지만 신부를 집으로 데려갈 때는 남신인 도미두쿠스*40가 불려오고, 그녀를 집에 붙잡아두기 위해 도미티우스 신이 필요하다. 남편과 함께 살도록 하기 위해서는 만투르나 여신*41이 불려온다. 또 그 밖에 무엇이 필요할까? 그래도 인간의 수줍은 마음은 남겨두어야 한다. 그 수치심의 비밀을 지켜 살과 피의 욕망에 맡겨두기를! 신랑신부의 들러리까지 물러난 신방에 수많은 신들이 우글거려야 하는 까닭은 무엇인가? 그것은 신방이 신들로 가득 차 있다는 생각으로 부끄러움을 더 느끼게 하기 위해서가 아니라, 그 신들의 도움으로, 나면서부터 연약해 낯선 환경 때문에 겁을 먹은 여성으로부터 쉽게 그 처녀성을 빼앗기 위함이다. 다시 말해 거기에는 여신 비르기넨시스*42와 대부(代父)인 수비구스와 대모인 프레마*43와 여신 페르툰다*44와 베누스와 프리아푸스

---

*38 인테르키도나는 라틴어의 intercidere(절단하다)에서, 필룸누스는 pilum(절굿공이)에서, 데베르라는 verrere(쓸다)에서 따왔다고 한다.

*39 4권 11장 참조.

*40 도미두쿠스에 대해서는 5세기의 작가 마르티아누스 카펠라의 저서 《메르쿨리우스와 필롤로기아의 결혼》 2, 149에 설명되어 있다.

*41 도미티우스 신과 만투르나 여신에 대해서는 자세히 알려져 있지 않다.

*42 4권 11장.

*43 수비구스 신과 프레마 여신에 대해서는 자세히 알려져 있지 않다. 다만 프레마 신은 테르투리아누스의 《이교도론》 2, 11에 나온다.

*44 페르툰다 여신에 대해서는 자세히 알려져 있지 않다. 다만 아르노비우스의 《이교도를 논박한다》 3, 10에 나올 뿐이다.

*[45]가 있다. 이는 어떤 의미일까? 일반적으로 남자가 이런 일을 할 때 신들의 도움이 필요하다면, 한 신, 또는 한 여신으로 충분하지 않을까? 베누스만으로는 부족하단 말인가. 베누스는 그 힘을 빌리지 않으면 여자가 처녀성을 잃지 않는다는 점에서 그렇게 불리는 게 아닌가. 만일 신들에게는 없는 수치심이 사람들에게 남아 있다면, 그토록 많은 남신과 여신들이 신방에서 행위를 재촉한다고 믿는다면, 신랑은 갈수록 흥분이 식고 신부는 차츰 더 그 행위를 거부하게 되지는 않을까? 어쨌거나 신부의 허리끈을 풀어 주기 위해 비르기넨시스 여신이 있고, 신부가 신랑 아래에 있도록 수비구스 신이 있으며, 신랑 아래쪽에 누운 신부가 몸을 움직이지 않도록 하기 위해 프레마 여신이 있다면, 페르툰다 여신은 그때 무엇을 할 것인가? 이 여신은 부끄러움을 느끼고 물러가야 한다. 그리고 신랑도 뭔가 하게 해야 한다. 그 여신이 페르툰다라는 이름을 얻은 그 일을 남편이 아닌 다른 누군가가 하는 것은 옳지 않다. 남신이 아니라 여신이기에 어쩌면 허락될지도 모르지만, 만일 남신으로 생각되어 페르툰두스라 불린다면, 신랑은 이 남신으로부터 자기 아내의 정절을 지키기 위해, 임산부가 실바누스에게 그랬던 것 이상의 도움을 필요로 하리라. 하지만 이런 말을 굳이 할 필요가 있을까? 거기에는 너무나 남성적인 신 프리아푸스도 있지 않은가. 신부는 귀부인이 지켜야 할 가장 명예롭고 경건한 관습에 따라, 이 신의, 도저히 인간의 것으로는 생각할 수 없는, 입에 담기조차 부끄러운 물건(남근) 위에 걸터앉도록 명령 받는 것이다.

그러나 사람들이 계속해서 국가 신학과 우화 신학을, 도시와 극장을, 신전과 무대를, 제사장의 제사와 시인의 노래를—마치 명예로움과 비천함을, 정중함과 가벼움을, 진지함과 우스꽝스러움을, 바람직한 것과 몰아내야 할 것을 구분하듯이—최대한 낱낱이 구분하도록 내버려 두자. 우리는 그들이 무슨 일을 하려는지 안다. 그들은 그 극장에서 연기해 보여주는 우화 신학이 이 국가 신학에 바탕을 두고 있고, 시인들의 노래를 거울로 삼아 그것에 비춘다. 따라서 그들은 국가 신학을 비난하지는 못하지만, 그 내용을 폭로한 뒤, 거울에 비친 모습을 거리낌 없이 공격하고 비평하는데, 그것은 그들의 의도를 아는 사람들에게 거기에 비친 것의 실체를 혐오하도록 하기 위함이다. 그러나 신들 자신은

---

*45 둘 다 2권 14장 참조.

그 참 모습, 국가 신학을—그 거울 속에 있는 자신들의 모습을 바라보고—매우 사랑해, 신들이 무엇이고 또 어떠한 것인지, 양쪽에 대해, 참 모습과 거울에 비친 모습, 즉 국가 신학과 우화에서 한결 잘 볼 수 있다. 그러므로 신들은 그 숭배자들에게 끔찍한 명령을 내려 우화 신학의 깨끗하지 않은 것들을 자신에게 바치도록 강요하고, 그들을 받드는 의식에 포함된 깨끗잖은 것을 신적인 것이라고 믿게 한다. 그리하여 신은 자신들이 가장 부정한 영임을 더욱 똑똑히 드러내고, 이 배척받고 비난받은 극장의 신학을, 선택받고 인정받은 도시적 신학의 지체(肢體)와 부분으로 만들었다. 그렇게 전체가 불명예스럽고 기만적이며 허구적인 신들로 가득 차있는데, 그 일부는 사제들의 책 속에, 다른 부분은 시인들의 작품 속에서 찾아볼 수 있다. 그밖에 다른 부분이 있는지 어떤지는 또 다른 문제이다. 현재로서는 바로의 분류에 따라 도시 신학과 극장 신학이 유일한 국가 신학에 속해 있음을 충분히 보여주었다고 나는 생각한다. 이 두 신학은 똑같은 오욕과 부조리와 불명예와 거짓으로 차 있으므로 진실로 경건한 사람이라면 그 어느 것에서도 결코 영원한 생명을 기대해서는 안 될 것이다.

바로 그 자신도 인간이 잉태되는 순간부터 신들의 이름을 들먹이는데, 그 첫 번째가 야누스*⁴⁶로, 그 신들의 계열은 인간이 늙어서 죽을 때까지 이어지며 노인의 장례식 때 노래하는 여신 네니아*⁴⁷로 끝맺는다. 그런 뒤 인간과 관계된 것이 아니라 인간에게 속하는 것—이를테면 음식과 의복, 그밖에 이 세상의 삶에 필요한 모든 것—과 관계가 있는 다른 신들에 대해 설명한다. 그리고 저마다 신의 직분이 무엇인지, 무엇을 위해 그 신들에게 저마다 기원해야 하는지 밝힌다. 하지만 바로는 그 모든 세심한 기술을 통해서 영원한 생명을 간절히 구해야 할 어떠한 신도 증명하지 않았고 그런 신의 이름에 대해 말하지조차 않았다. 우리가 그리스도인이 된 까닭은 바로 이 영원한 생명을 위해서인데도 말이다. 그러므로 바로가 국가 신학을 그토록 자세하게 설명하고 그것이 그 불명예스럽고 비난 받아야 할 우화 신학과 닮았음을 증명하며, 또한 국가 신학의 일부분인 것을 충분히 가르쳐 줌으로써, 그가 오로지 철학자들의 관심사에 속하는 자연적 신학을 위해, 그것을 사람들 마음속에 심어주려고 애쓰고 있음

---

*46 야누스 신에 대해서는 3권 9장 참조. 이 로마의 오래된 신은 '신 중의 신'으로 불리며, 천지의 수호신으로서 숭배받았다.
*47 네니아는 라틴어 nenia(만가 挽歌)에서 따온 것이리라.

을 깨닫지 못할 만큼 어리석은 사람이 누가 있으랴. 바로는 감히 국가적 신학은 비판하지 못하고 신화적 신학만 비난하며 그 참된 모습을 밝힘으로써, 그것이 비난받아 마땅한 것임을 교묘하게 보여준다. 그리하여 이 두 신학은 올바른 이해력을 지닌 사람들의 판단에 따라 인정받지 못하고, 오직 자연 신학만이 선택대상이 되게 하려 한다. 이 자연적 신학에 대해서는 알맞은 기회에 진정한 하느님의 도움을 받아 좀 더 철저히 논의해야 할 것이다.

제10장 세네카의 국가적 신학 비판

바로는 극장 신학을 비난한 것처럼 그것과 꼭 닮은 도시 신학을 비난할 만큼 자유로운 태도는 지니지 못했다. 물론 전면적이지는 않지만, 우리 사도들의 시대에 크게 활약했음을 보여주는 몇몇 증거가 남아 있는 안나이우스 세네카*48는 얼마쯤 자유로운 태도를 보여주었다. 그의 자유로운 태도는 저작 속에는 드러났지만 생활에는 나타나지 않았다. 미신을 비난하기 위해 쓴 책*49에서 세네카는, 바로가 극장과 우화의 신학을 비난한 것 이상으로 자세하면서도 거세게 국가와 도시의 신학을 비난했다. 실제로 그는 우상을 논하며 "그들은 비천하고 생명이 없는 것으로, 신성불가침하고 불멸인 존재를 만들어 그것에 인간과 짐승, 어류의 겉모습을 부여하고, 어떤 것은 양성(兩性) 및 잡다한 신체를 가졌다. 그것을 신이라고 부르기는 하지만, 만일 그것들이 갑자기 생명을 얻는다면 괴물이라고 여길 것이다." 말했다. 얼마 지나지 않아 그는 자연 신학을 찬양하면서 몇몇 철학자들의 견해를 밝힌 뒤, 묻고 스스로 대답했다. "어떤 사람은 '하늘과 땅이 신이고 어떤 신들은 달 위에 있으며 어떤 신은 그 아래에 있다고 믿어야 하는가? 나는 신은 몸뚱이가 없다고 한 플라톤을 참아내고, 신은 영혼이 없다고 한 소요학파의 스트라톤*50을 참아내야 하는가?" 그리고 스스로 이

---

*48 안나이우스 세네카(Lucius Annaeus Seneca): 기원전 4년쯤~기원후 65년. 로마 철학자. 스페인 코르도바 출생. 원로원의원이 되었으나 정치적 음모로 코르시카 섬에 유배된다. 나중에 소환되어 네로의 가정교사가 되었다가 네로가 황제에 오르자 집정관이 되어 정치적 힘을 얻었다. 그러나 네로에 대한 음모에 가담했다는 혐의로 사형을 선고 받고, 스스로 혈관을 끊어서 죽는다. 《행복한 생활에 대하여》등 스토아철학 경향의 작품을 남겼다.
*49 세네카는 《미신에 대하여》라는 책을 썼는데, 지금은 없어져 버리고 말았다. 그는 그 책에서 이교신학에서 볼 수 있는 신들의 의인화 경향을 공격한 것으로 추정된다.
*50 스트라톤은 태어난 해가 분명하지 않으며, 기원전 270년 무렵에 죽은 것으로 알려져 있다.

렇게 대답한다. "자네에게는 티투스 타티우스(3권 13장 참조)나 로물루스(2권 17장 참조), 툴루스 호스틸리우스(3권 15장 참조)의 몽상이 진리인 것처럼 보이는가? 타티우스는 클로아키나(4권 8장 참조)를 여신으로 하고, 로물루스는 피쿠스와 티베리누스(4권 23장 참조)를 남신으로 삼았으며, 호스틸리우스는 인간에게 가장 불쾌한 정념인 공포와 창백함(4권 15장 참조)을 신이라 불렀다. 전자는 두려움에 떠는 마음의 움직임이고, 후자는 신체의 질병이 아니라 얼굴에 드러난 빛깔이다. 자네는 이런 것들을 신이라고 믿으며 하늘 높이 받들 수 있는가?"

하지만 잔인하고 수치스러운 의식에 대해 세네카는 얼마나 거리낌 없이 책에 썼던가. 그는 이렇게 말했다. "어떤 사람은 스스로 남성의 상징을 잘랐고, 어떤 사람은 자기 팔을 과감히 베어낸다. 그렇게 하여 신의 가호를 얻는 자는 신의 분노를 두려워할 때에는 무슨 짓을 할 것인가? 그러나 신들이 그런 일을 바란다면 어떤 방식으로든 숭배받을 자격이 없다. 착란에 빠져 미쳐 날뛰는 광기가 얼마나 심하면, 사람들 입에 오르내릴 만큼 가장 혐오스럽고 잔인한 인간의 광포함을 다스리는 방법으로 신들을 무마시키려는 것일까? 폭군은 다른 사람의 사지를 잡아 찢지만, 어느 누구에게도 스스로 온몸을 찢으라고 명령하지는 않았다. 왕의 욕구를 만족시키기 위해 거세당한 사람은 있지만, 어느 누구도 군주의 명령에 따라 남성성을 없애기 위해 스스로 몸에 손을 대는 자는 없다. 그러나 사람들은 신전에서 자기 몸에 칼을 대어 그 피를 바치며 간절히 바란다. 어떤 사람이, 그들이 하는 행동과 당하는 일들을 지켜볼 기회를 얻는다면, 정직한 자에게는 전혀 어울리지 않고, 자유인에게는 너무나 무가치하며, 건전한 자는 꿈도 꾸지 못할 일들을 많이 보게 될 것이며, 만일 그런 사람들이 소수라면 어느 누구도 그들이 미쳤음을 믿어 의심치 않으리라. 그러나 지금은 불건전한 사람들이 수적으로 매우 많기 때문에 오히려 정상이라고 불린다."

그는 카피톨 신전에서 늘 벌어지는 일들에 대해 말을 이어 가면서, 그런 행동들은 비웃음이나 정신 나간 짓을 일삼는 자들의 짓이라고 믿지 않는 사람이 어디 있겠느냐며 망설임 없이 공언했다. 세네카는 또 이집트 종교의식에서 오

그리스 철학자로서 테오프라스투스에게 배운 뒤 소요학파의 학두(學頭 : 교장)가 되었다. 그는 특히 자연학에서 뛰어난 철학자로, 플라톤의 영혼불멸설에 반대하고 데모크리토스의 연속체로서의 공허한 공간을 부정했다.

시리스*⁵¹가 행방불명되어 슬퍼하다가 나중에 찾아내고 크게 기뻐하는 모습을 비웃었다. 오시리스가 사라지고 다시 되찾는 것은 모두 허구인데 비해, 아무것도 잃지 않고 아무것도 되찾지 않은 사람들의 슬픔과 기쁨은 진실하기 때문이다. 세네카는 이렇게 덧붙였다. "그러나 이런 광기에는 정해진 시기가 있어서, 일 년에 한 번쯤 미친 짓을 한다면 이해할 수 있다. 하지만 카피톨 신전에 가보라. 정신 나간 미친 짓들이 날마다 버젓이 벌어지고 있고, 헛된 광기가 어떠한 직무의 이름 아래 벌어지고 있는지 참으로 낯부끄러운 일이 아닐 수 없다. 어떤 사람은 신을 찾아오는 손님의 이름을 알리고, 어떤 사람은 유피테르에게 시간을 알려준다. 또 어떤 사람은 몸을 씻어주고 어떤 사람은 허공에서 그에게 기름을 발라주는 시늉을 한다. 또 여인들은 그 우상뿐만 아니라 심지어 신전에서 멀리 떨어진 지점에서 미용사처럼 손가락을 움직여 유노와 미네르바의 머리를 빗겨준다. 어떤 여인들은 거울을 들고 있다. 어떤 이들은 재판정에서 신들을 자기 보증인으로 불러내려 하고, 어떤 이들은 신들에게 문서를 보여주면서 자기 주장을 밝힌다. 늙어서 기력이 딸리는 똑똑하고 유명한 희극배우는, 이제는 사람들조차 관심을 기울이지 않는 자신을 신들이 기꺼이 보고 있기라도 한 듯이 카피톨 신전에서 날마다 연기를 펼친다. 또 그곳에는 불멸의 신들을 위해 일하려고 기다리는 온갖 장인(匠人)들이 하는 일 없이 하루하루 세월을 보낸다." 세네카는 그 뒤에 또 이렇게도 말했다. "이들은 신들에게 쓸데없는 봉사를 바치고 있기는 하지만 수치스럽다거나 염치없는 짓을 하지는 않는다. 카피톨에 자기 몸을 붙이고 유피테르에게 사랑받고 있다고 믿는 여인들도 있는데, 시인들 말에 따르면 그들은 유노의 분노로 불타는 눈길에도 겁을 먹지 않는다고 한다."*⁵²

바로는 이러한 자유로운 태도를 지니지 못했다. 그가 비난한 것은 오직 시인들의 신학이었고, 세네카가 난도질한 국가적 신학을 비난할 만큼 대담하지는 못했다. 그러나 사실 이런 일들이 이루어지는 신전은 헛된 짓을 연기하는 극장

─────────────
*51 오시리스는 이집트의 명계(冥界)의 신. 그는 이집트 왕으로서 선정을 펼쳤지만, 형제인 세트에게 살해되어 시신이 난도질당해 나일 강에 버려졌다. 오시리스의 아내는 아들 호루스와 함께 오랜 시간을 들여 남편의 사신을 거두어 장사지낸 뒤 왕국을 빼앗은 세트에게 복수한다.

*52 이 인용들은 모두 세네카의 《미신에 대하여》에서일 것이다.

보다 더욱 비천한 곳이다. 따라서 세네카는 이런 국가적 신학의 의식에 대해, 지혜로운 사람은 그런 의식을 그저 존중하는 척하고 진심으로 믿지 말 것을 권했다. 또한 "지혜로운 사람은 법률에 정해진 것은 모두 지키지만, 신들에게 기쁨을 주는 일은 하지 않는다." 말했다. 세네카는 이런 말도 했다. "이건 또 무슨 일인가. 우리는 신들의 결혼을 중매하는데 이는 사실 매우 불경한 행위이다. 왜냐하면 근친결혼이기 때문이다. 우리는 벨로나를 마르스와, 베누스를 불카누스와, 살라키아를 넵튠과 결혼시킨다.*53 그러나 우리는 그들 가운데 일부를 마치 짝이 없는 듯이 결혼시키지 않고 남겨둔다. 포풀로니아*54와 풀고라,*55 루미나*56 여신처럼 독신인 자가 있는데 그 여신들에게 구혼자가 없었다고 해서 놀랄 것은 없다. 우리는 오랜 세월에 걸쳐 미신으로 쌓인 이런 모든 변변찮은 신의 무리를 존경해 왔으나, 그 숭배가 진실에 속하는 것이 아니라 관습에 속해 있음을 늘 염두에 두고 있어야 한다." 그러므로 그의 법과 관습은 국가 신학 속에서 신들에게 즐거움을 주는 것이나 진실이라고 정한 것은 아니다. 하지만 세네카는 철학자들에 의해 자유로워졌음에도 로마인이자 유명한 원로원 의원이었기에 자기가 비난한 것을 숭배하고 자신이 인정하지 않은 것을 실행했으며, 스스로 질책한 것을 예배했다. 실제로 철학을 통해 이 세계를 이해할 때 미신에 사로잡혀서는 안 된다는 것을 배웠으나, 또한 시민의 법률과 인간의 관습에 따라 극장에서 허구를 연기하지는 않았더라도 신전에서는 그것을 흉내 내었다. 그의 이런 태도와 그 거짓된 행동을 사람들이 진심으로 받아들였으므로 더욱 지탄받아 마땅하다. 그와 달리 배우들은 거짓된 꾸밈으로 사람들을 속이기보다는 연기로 사람들에게 기쁨을 준 정도에 지나지 않는다.

제11장 세네카의 유대인관

세네카는 국가적 미신의 하나로서 유대인의 제례, 특히 안식일을 비난했다. 거기에 따르면 유대인이 그런 일을 하는 것은 무익한데, 그들은 7일마다 안식

---

*53 4권 11장 참조.
*54 포풀로니아는 유노의 호칭으로 가끔 쓰이는데(마크로비우스 《사투르날리아》 3의 11) 여기서는 명백하게 유노와는 다른 여신(거센 폭풍으로부터 재산을 지켜주는 여신)으로 다뤄지고 있다.
*55 풀고라는 번개로부터 지켜주는 여신이다.
*56 4권 11장 참조.

일을 지키려고 인생의 7분의 1을 아무 일도 하지 않으면서, 시간적으로 급한 일을 뒤로 미루어 손해를 본다는 것이다. 하지만 그 무렵 유대인들에게 이미 누구보다 심하게 적대감을 보이던 그리스도인들에 대해서는 중립적인 태도를 보이며 어떤 언급도 하지 않았다. 그리스도인을 칭찬하면 자기 나라의 옛 관습을 부정하게 되고, 그렇다고 그들을 비난하자니 자신의 의지에 어긋나는 일이 되기 때문이었다. 어쨌든 그는 유대인들을 이렇게 말했다. "이 저주받을 민족의 관습이 큰 세력을 얻어 어느새 온 세상에 뿌리를 내리게 되었다. 피정복자가 정복자에게 법률을 정하였다." 그는 이런 말로 놀라움을 나타내면서, 하느님이 역사하는 방법에 대한 자신의 무지를 드러내고, 유대인들의 종교제도의 성격에 대해 자신이 어떻게 생각하는지 뚜렷하게 나타냈다. "그러나 유대인들은 적어도 자신들이 지키는 의식에 대해 잘 알고 있지만, 많은 로마인들은 자기들이 왜 그런 행동을 하는지 까닭을 알지 못한다." 유대인의 종교의식에 대한 문제들, 곧 그런 것들이 무슨 까닭으로 어느 정도까지 신적인 권위에 따라 제정되었으며, 나중에 영생을 약속받은 하느님의 백성에게서 적절한 때에 똑같은 권위에 따라 박탈되었는지에 대한 문제들은 이미 다른 기회에, 특히 마니교도를 반박했을 때 썼지만,*57 이 책에서도 알맞은 기회에 또 다루기로 하겠다.

제12장 국가적 신학에서 볼 수 있는 신들은 현세, 내세 어느 것을 목적으로 하든 숭배되어서는 안 된다

그리스도인들이 신화적, 자연적, 정치적이라 부르고 라틴어로는 우화적, 자연적, 시민적이라고도 하는 세 종류 신학에 대해, 많은 거짓 신들을 섬기는 사람들조차 거리낌 없이 비난하는 우화 신학으로부터도, 또 우화 신학이 그 일부분인 것이 증명되고, 우화 신학과 가장 비슷하거나 그보다 열등한 국가 신학으로부터도 영원한 생명을 기대할 수 없다는 것은 이미 이 책에서 설명했다. 만일 그것으로 충분하지 않은 사람이 있다면, 앞 권, 특히 4권에서 행복을 주는 하느님에 대해 자세히 이야기한 부분을 참조하기 바란다. 실제로 펠리치타스*58가 여신이라면 인간은 영원한 생명을 얻기 위해 펠리치타스 말고 다른 무엇에 자신을 바쳐야 할까! 하지만 행복은 여신이 아니라 하느님의 선물이기 때문

*57 《마니교도 파우스투스 논박》(400년)이 이에 더욱 잘 해당하는 것으로 생각된다
*58 4권 18장 참조.

에 진실하고 오롯한 행복이 있는 영원한 생명을 경건하게 사랑하는 우리는 행복을 주시는 하느님 말고 그 누구에게 몸을 바칠 수 있으랴? 나는 그토록 치욕스럽게 숭배받고, 또 그렇게 숭배받지 않으면 더욱 부끄러운 방법으로 격노해 스스로 추악한 영혼임을 고백하는, 앞서 언급한 신들이 그 누구도 행복을 주는 자가 아니라는 사실은 아무도 의심하지 못하리라고 생각한다. 더욱이 행복조차 주지 못하는 자가 어떻게 영원한 생명을 줄 수 있겠는가? 우리가 말하는 영원한 생명이란 무한한 행복을 누리는 삶을 뜻한다. 만일 영혼이 끝없는 형벌 속에서 살아간다면, 그로 인해 부정한 영혼 자신도 고통을 겪을 터인데, 그것은 영원한 생명이라기보다는 차라리 영원한 죽음이리라. 실제로 죽지 않는 죽음보다 더 고통스럽고 고약한 죽음은 없다. 하지만 영혼의 본성은 불멸하도록 창조되었으며 생명 없이는 존재할 수 없기에, 영혼에게 가장 무서운 죽음은 영원한 형벌인 하느님으로부터의 소외이다. 따라서 영원한 생명, 다시 말해 무한한 행복을 누리는 생명은 참된 행복을 줄 수 있는 자에 의해서만 주어진다. 이 영원한 행복을, 국가 신학이 떠받드는 그런 신들이 줄 수 없다는 것은 이미 증명되었기에, 우리가 앞의 다섯 권에서 이야기했듯이, 오직 그 소멸적인 지상의 것을 위해서만이 아니라, 죽은 뒤의 영원한 생명을 위해서도 숭배되어서는 안 된다. 그러나 오랜 관습의 힘이 깊숙하게 뿌리내리고 있어서, 만일 이 국가 신학을 몰아내고 멀리해야 할 필요성을 설명하는 내 논의가 충분하지 않다고 생각하는 사람이 있다면, 하느님의 도움을 받아 이 다음 권에 주목하기 바란다.

제7권

마르쿠스 바로의 《인간과 신의 역사》 제16권에서 말하는 '선택받은 신들'이라도 영원한 생명을 주지 못한다.

머리글

나는 신앙의 진리에 맞서는 적으로서, 오랜 세월 인류의 고질적 과오로 인해 무지한 인간의 마음속에 달라붙어 해악을 끼쳐온 온갖 사악한 사상들을 뿌리째 없애기 위해 최선의 노력을 기울여 왔다. 유일하게 이 계획을 이룰 수 있는 참된 하느님의 은총으로 나는 그분의 도움에 의지한다. 이 일에 전력 기울이기에, 총명하고 뛰어난 이해력을 갖춘 사람들은 맞닥뜨린 문제에 대해서는 앞선 나의 책만으로도 충분하겠지만, 내가 말하는 바를 인내심을 가지고 자제하면서 참아줄 것을 바란다. 또한 그들에게는 필요하지 않다고 느끼는 것이라도 다른 사람들에게까지 쓸데없다고 생각지 않기를 바란다. 지금 다뤄지는 문제는 매우 중대한 것으로, 진실하고 참된 거룩한 신성—우리는 이 신성으로부터 지금 살고 있는 취약한 삶에 필요한 도움도 받고 있다—은 소멸하는 인생의 덧없는 무상함이 아니라, 영원한 생명의 다른 이름인 복된 삶을 위해서도 추구되고 경배 받아야 한다.

제1장 마르쿠스 바로의 저서에서 볼 수 있는 신들 사이의 선택은 어떻게 이해해야 하는가

이 신성은 디비니타스, 또는 이렇게 불러도 된다면 데이타스(그리스인이 테오테스라고 부르는데, 그리스어에서 더욱 분명하게 라틴어로 옮기기 위해, 이 데이타스라는 말도 쓰는 것을 라틴 작가도 망설이지 않을 것이기에[*1]—그러므로 신

[*1] 그리스어의 테오테스(θεότης)도 라틴어의 데이타스(deitas)도 고전작가의 책에서는 볼 수 없다. 그러나 디비니타스(divinitas)는 고전적 라틴어이다. 그리스도교 저술가들은 deitas와

성, 즉 디비니타스 또는 데이터스는 바로가 16권의 책에서 설명한 국가 신학에 속하지 않는다. 즉 국가에 의해 어떻게 섬김받아야 하는지를 정한 신들의 숭배에 의해서는, 영원한 생명의 행복에 이를 수 없다는 것을, 방금 끝낸 제6권에서도 확신을 얻지 못한 사람은, 아마 이 7권을 읽는다면 더는 이 문제에 대해 설명을 필요로 하는 일은 없을 것이다. 바로가 자신의 마지막 책에서 이야기했듯이 우리가 아직 충분히 설명하지 않은 신들을 영원한 생명인 행복한 삶을 위해 숭배해야 한다고 생각하는 사람이 있을지 모른다. 이 문제에 대해 나는 테르툴리아누스가 진실하게보다는 재치 있게 한 말까지 인용하고 싶지는 않다.*2 그에 따르면, 만일 신들을 양파 고르듯 고를 수 있다면, 선택되지 않은 나머지 신들은 아무 가치가 없다고 여겨 배척당하게 될 것이다. 하지만 나는 그런 말은 하지 않겠다. 사실 선택받은 소수 사이에서도 어떤 것은 조금 더 중요하고 뛰어난 역할을 위해 선택받는다는 사실을 알고 있기 때문이다. 그것은 마치 군대에서 신병을 뽑고 나서 더욱 중요한 군사작전을 수행하기 위해 그들 가운데 정예부대를 다시 선발하는 것과 같다. 또 교회에서 수장을 뽑더라도 모든 선량한 신자는 마땅히 선택받은 자라고 불리므로 나머지가 버림받는 것은 아니다. 집을 지을 때도 하나의 머릿돌을 선택하지만(시편 118 : 22), 그렇다고 건물의 다른 부분을 이루는 다른 돌들이 인정받지 못하는 것은 아니다. 또한 식탁에서 먹을 포도를 골라 놓지만, 포도주를 담그기 위해 남겨두는 나머지 포도가 버려지는 것은 아니다. 더 말할 필요도 없이 답이 뚜렷하게 나와 있으므로 많은 예를 하나하나 들 필요는 없다. 이처럼 여러 신들 가운데 어떤 신들이 선택받았다고 해서 그것에 대해 기록한 사람이나 그 신들을 숭배하는 사람, 그리고 그 신들을 질책해서는 안 되며, 오히려 우리는 그들이 어떤 신들이며 무슨 목적을 위해 선택되었는지 주의를 기울여 살펴보아야 한다.

제2장 바로가 말하는 선택받은 신들의 실태

바로는 이렇게 선택받은 신들을 책 한 권으로 간추려 놓았다. 그들은 야누스, 유피테르, 사투르누스, 게니우스, 메르쿠리우스, 아폴로, 마르스, 불카누스,

---

divinitas를 뚜렷하게 구분하지 않았지만, deitas는 신의 존재의 절대성을 강조해 신의 본성 그 자체를, Divinitas는 신에 속하는 모든 특질의 신성을 뜻하는 것으로 쓰는 경향이 있었다.
*2 테르툴리아누스 《이교도론》 2.

넵투누스, 솔, 오르쿠스, 아버지인 리베르, 텔루스, 케레스, 유노, 루나, 디아나, 미네르바, 베누스, 베스타 이렇게 20명으로, 이 가운데 12명은 남신이고, 8명은 여신이다.[3] 이러한 신들이 선택받았다고 불리는 까닭은 이들이 세계에서 위대한 책임을 지고 있기 때문일까? 아니면 다른 신보다 사람들에게 널리 알려져서 한결 많은 숭배를 받고 있기 때문일까? 그들이 세상에서 해내는 역할이 좀더 뛰어나기 때문이라면, 우리는 자질구레한 일들을 책임지는 신들, 이른바 평민적 집단[4] 속에서 그들을 찾으려고 해서는 안 될 것이다.

그런데 세부적으로 나눠진 많은 신들에게 세세하게 맡겨진 모든 일들의 출발점이라고 할 수 있는 태아 수태 때, 야누스는 정자를 받아들이는 통로를 열어 주고, 사투르누스는 오로지 정자를 위해 그 자리에 있다. 또 정자를 방출함으로써 남자를 자유롭게 해주는 리베르도 있으며, 베누스와 동일시되는 리베라도 있어서 여성을 위해 똑같은 은혜를 베풀어, 정자가 방출된 뒤 여자를 자유롭게 해준다. 이들은 모두 선택받은 신들에게 속한다. 월경을 담당하는 여신 메나도 있는데, 이 여신은 유피테르의 딸이지만 고귀한 신은 아니다. 마르쿠스 바로는 선택받은 신들을 이야기할 때, 그 신들 가운데서도 여왕인 유노에게 이 월경의 영역을 맡긴다. 그때 루키나는 유노의 이름으로 의붓딸 메나와 함께 월경을 관장한다. 또한 비툼누스와 센티누스라는 정체를 알 수 없는 비천한 두 신도 있는데, 한쪽은 태아에게 생명을 주고 다른 쪽은 감각을 나눠준다. 이 두 신은 비록 신분은 가장 보잘것없지만, 고귀하고 선택받은 다른 많은 신들보다 한결 중요한 임무를 맡고 있는 게 틀림없다. 여인의 자궁 속에 들어 있는 태아에게 생명과 감각이 없다면 어떻게 되겠는가? 그것은 뭔가 정체를 알 수 없는 가장 하찮은 한 움큼의 진흙이나 먼지와 다름없는 것이 아닐까?

제3장 신들이 선택되는 기준의 애매함

그렇다면 이토록 많은 신들이 일을 하는데, 이름도 없는 비툼누스와 센티누스에게 가장 중요한 생명과 감각을 주는 까닭은 무엇일까? 선택받은 야누스는 입구, 곧 정자를 받아 들이도록 문을 열어주고, 선택받은 사투르누스는 정자를 관장한다. 선택받은 리베르는 남자에게 정자를 방출하게 하고 케레스 또는 베

---

[3] 선택받은 신들에 대해서는 제4권 11장, 6권 9장 참조.
[4] 4권 11장.

누스라고도 할 리베라는 여자들에게 똑같은 일을 시킨다. 선택받은 유노는 혼자가 아니라 유피테르의 딸 메나와 함께 태아가 자랄 수 있도록 월경을 보살피고 수태된 태아의 성장을 맡는다. 그런데 이름 없고 비천한 비툼누스는 생명을 맡고, 마찬가지로 이름 없고 보잘것없는 센티누스는 감각을 부여하는 일을 맡는다. 이 두 가지, 곧 생명과 감각은 이성과 지성보다는 뒤떨어지지만 다른 것들보다는 뛰어나다. 추측하고 이해하는 존재가, 짐승처럼 지성도 이성도 없이 오직 생명과 감각만을 지닌 자보다 앞선 것은 틀림없는 사실이다. 그렇다면 생명과 감각을 부여받은 존재는 그렇지 않은 존재보다 마땅히 높은 자리에 놓여야 한다. 따라서 정자를 들여보내는 야누스와 정자를 주거나 뿌리는 사투르누스, 그리고 정자가 움직이게 하고 방출시키는 리베르 및 리베라보다는 오히려 생명을 주는 비툼누스와 감각을 주는 센티누스가 선택받은 신들에게 속해야 마땅하다. 만일 생명과 감각을 얻지 못하면 정자 따위는 생각해 볼 가치도 없는 것이 되어버리기 때문이다. 그렇지만 생명과 감각이라는 선택받은 선물은 선택받은 신들이 주는 것이 아니라, 그들의 위엄에 묻혀 알려지지 않은 이름 없는 신들에 의해 주어진다. 그러나 모든 것을 시작하는 힘은 야누스가 갖고 있으므로, 그가 잉태의 길을 여는 것은 마땅하다. 또 모든 종자를 지배하는 힘은 사투르누스가 가지고 있으므로, 인간의 수정 또한 사투르누스로부터 떼어놓을 수 없다. 모든 정자를 방출하는 역할은 리베르와 리베라가 도맡으므로, 인간의 출생과 관련된 정자도 이 두 신이 관장한다. 모든 정화(淨化)와 출산에 대한 일은 유노가 주관하므로 임부의 정화와 인간의 분만 또한 유노가 관리해야 한다고 말한다면 비툼누스와 센티누스에 대해서는 어떻게 대답해야 할지 생각해 보아야 할 것이다. 그들에게도 똑같이 생명과 감각을 지닌 모든 것을 지배하는 힘을 주기를 바라는가. 만일 그것을 인정한다면, 그 두 신을 얼마나 높은 곳에 올려놓을지도 생각해 보아야 한다. 종자에서 태어난다는 것은 땅에서 태어난다는 것인데, 그들은 생명과 감각을 천상 신들*5의 특질이라고 여긴다. 그러나 또 한편으로 그들이 비툼누스와 센티누스는 육신 안에서 감각으로 지탱되는 존재만 책임진다고 말한다면, 모든 생명과 감각을 만드는 하느님이 그 만물에 골고루 작용함으로써 태아에게도 생명을 주는데 어떻게 육신에

---

*5 천상의 신들에 대해서는 제7권 6장 참조.

는 생명과 감각을 부여하지 않겠는가? 그렇다면 비툼누스와 센티누스가 무슨 필요가 있단 말인가? 하지만 보편적으로 모든 생명과 감각을 지배하는 그분에게서 그의 종인 이런 신들에게 그 육신과 관련된 극도로 낮은 것이 위임되었다고 한다면, 그 선택받은 신들은 부릴 수 있는 종이 없기에, 그 고귀성으로 선택되었음에도 비천한 신들과 함께 그 일들을 몸소 하는 수밖에 없다는 말인가? 유노는 선택받은 여신이고 신들의 여왕이며, 유피테르의 자매요 아내이다. 그러면서도 소년들을 돌보는 이테르두카*[6]이며, 가장 비천한 여신인 아베오나*[7] 및 아데오나와 함께 일을 한다. 소년들을 돌보는 신 가운데, 좋은 머리를 만들어 주는 여신 멘스*[8]가 있다. 이 여신은 마치 인간에게 좋은 머리보다 더 중요한 선물을 줄 수 있기라도 한 듯이 선택받은 신들에게 속하지 않는다. 그런데 머리가 좋지 않아도 여행을 하거나 집으로 돌아오는 일이 더 이로운 일인 것처럼, 이테르두카이자 도미두카인 유노는 선택받은 신들 가운데 들어가 있다. 신들을 선택하는 사람들은, 좋은 머리를 주는 여신을 선택받은 신들 속에 결코 넣으려고 하지 않는다. 이 여신은 이토록 세부적인 작업을 할 때 아이들의 기억을 담당하는 미네르바보다 더 우선되어야 함에도 사람들이 선택한 신들 가운데 들지는 못한 것이다. 기억력이 아무리 좋아도 그보다는 머리가 좋은 쪽이 낫다는 사실을 의심할 사람이 누가 있겠는가? 착한 마음을 지닌 사람치고 사악한 사람은 없지만, 극악무도한 사람도 놀라운 기억력을 가진 자가 있으며, 그들은 그 좋지 않은 생각을 잊을 수가 없기에 더욱 악해지는 법이다. 그런데 미네르바는 선택받은 신들에게 속해 있는 것과 달리, 멘스는 비천한 신들의 무리 속에 숨어 있다. 비르투스에 대해서는 또 어떻게 말하는 것이 좋을까? 펠리치타스에 대해서는 어떻게 말해야 할까? 그들에 대해서는 이미 4권 21, 23장에서 자세히 설명한 바 있다. 사람들은 이들을 여신이라고 여기면서도 선택받은 신들 가운데 포함시키지 않았다. 그러면서도 죽음을 불러오는 마르스와 죽은 시신을 받아들이는 오르쿠스에게는 선택받은 신의 지위를 인정했다. 심지어 선택받은 신들도 많은 신들이 나누어 맡는 세부적인 활동을 수행할 때, 원로원

---

*6 이테르두카와, 바로 뒤에 나오는 도미두카는 결혼의 여신인 유노의 별명으로 쓰인다(마르티아누스 카펠라 《메르쿠리우스와 피롤로기아의 결혼》 2, 149.
*7 아베오나와 아데오나에 대해서는 4권 21장 참조.
*8 4권 21장 참조.

이 민중들과 함께 일하듯이 다른 신들과 힘을 합쳐 일하는 모습을 볼 수 있다. 그리고 조금 더 중요하고 좋은 일들은 선택받은 신들이 하는 것이 아니라 선택받을 자격이 없다고 여긴 신들이 도맡고 있음을 발견한다. 따라서 그들이 선택받은 신이나 뛰어난 신으로 불리는 까닭은, 이 세상에서 좀 더 뛰어난 일을 맡았기 때문이 아니라 어쩌다가 사람들에게 더 잘 알려졌기 때문이라고 생각하는 수밖에 없다. 마르쿠스 바로 자신도 말했듯이, 어떤 아버지 신들과 어머니 신들은 인간 세상에서도 언제나 그렇듯 자식들은 유명해졌지만 그들은 이름 없이 묻혀 버린 것이다. 따라서 만약 펠리치타스가 공적에 의해서가 아니라 우연히 그 명성을 얻었기에 선택받은 신들에 속해서는 안 된다면, 적어도 포르투나는 그 선택받은 신들 가운데 포함되거나 오히려 그들보다 먼저 자리를 차지하고 있어야 하리라. 이 여신은 합리적인 계획에 의해서가 아니라, 우연히 되는 대로 사람들에게 선물을 준다고 한다. 이 여신은 선택받은 신들 가운데 최고의 지위를 차지했어야 하는데, 그 까닭은 그러한 신들에게 자신의 능력을 더할 나위 없이 잘 보여주기 때문이다. 실제로 선택받은 신들은 그 뛰어난 특성이나 합리적인 행복 때문이 아니라, 포르투나 여신의 막강한 힘에 의해 선택되었음을 우리는 알기 때문이다. 즉 가장 뛰어난 웅변가 살루스티우스도 "그러나 진실로 행운(포르투나)이야말로 모든 것을 지배한다. 행운은 모든 것을 진실보다는 마음 내키는 대로 유명하게도 만들고 또 이름없이 남아 있게도 한다."*9 이렇게 말한 것은, 이런 신들을 염두에 두었기 때문이다. 그래서 베누스와 비르투스의 신성은 사람들에게 인정받고 있지만 그 공적은 도저히 비교할 수 없는데도, 베누스는 유명해지고 비르투스는 무명으로 남아 있는 까닭을 도저히 찾아낼 수가 없기 때문이다. 또한 베누스가 사람들이 많이 찾기 때문에 명성을 얻을 만하다면—많은 사람들이 비르투스보다는 베누스를 찾는 것은 사실이다—어째서 미네르바는 널리 알려지고 추앙을 받는데 여신 페쿠니아는 전혀 알려지지 않았단 말인가?*10 인류를 통해 보더라도 학문보다는 탐욕이 더 많은 사람들을 유혹하며 뛰어난 예술가나 학자들 사이에서도 금전적 대가를 받고 자신의 재능을 팔지 않는 사람을 찾아보기 어려운데 말이다. 또한 목적은 언제

---

*9 살루스티우스 《카틸리나 음모》 8.

*10 페쿠니아는 많은 숭배자가 있었지만 자신의 신전을 갖지 않았다(유베날리스 《풍자시》 1. 112-4).

나 수단보다 더 높게 평가받게 마련이다. 그렇듯 어리석은 대중의 판단에 따라 신들이 선택되었다면, 많은 사람들이 돈을 목적으로 예술을 하는데 무엇 때문에 여신 페쿠니아가 미네르바보다 상위에 있지 않았을까? 반대로 몇몇 지혜로운 이들이 신들을 구분했다면, 이성은 비르투스를 더 상위에 두는데도, 무엇 때문에 비르투스는 베누스 위에 놓여 있지 않은 것인가? 앞서도 말했듯이 포르투나는, 큰 영향력이 있다고 여기는 이들의 견해처럼, 모든 것을 지배하며 진리보다는 변덕에 따라 널리 알려지게도 만들고 이름 없이 남겨두기도 한다. 만약 포르투나가 분별없는 판단에 따라 제멋대로 신들을 유명해지게도 하고 무명으로 남겨 두기도 할 만큼 세력을 가지고 있다면, 포르투나는 신들에 대해서도 절대적인 권력을 행사하기 때문에 선택받은 신들 사이에서도 특별히 높은 지위를 차지하고 있어야 할 것이다. 그러나 그러한 지위를 차지할 수 없다면 포르투나 자신은 불운했다고밖에는 생각할 수 없는 것인가. 왜냐하면 다른 신들을 유명하게 만들어주고도 자신은 유명해지지 않았기 때문이다.

제4장 선택받은 신들일수록 오점이 많다

명성과 영예를 좇는 사람이라면, 선택받은 신들에게 찬사를 보내고 그 신들이 운이 좋다고 말할 것이다. 그러나 그런 사람은 그 신들이 선택받은 일은 명예가 되기는커녕 오히려 해가 된다는 사실을 깨닫지 못한다. 낮은 지위에 있는 신들은 비천하고 이름이 알려지지 않았기에 오히려 불명예스런 일로 비난받지 않고 보호받는다. 실제로 우리는 그런 신들이 오직 인간들의 허구에 따라, 마치 숙련된 한 사람의 은세공사가 완성할 수 있는데도 많은 사람의 손을 거쳐 하나의 제품을 완성하는 은세공 작업장의 일꾼들이나 세금을 세세한 항목별로 청구하는 사람들처럼, 특별한 임무를 나눠받은 것을 보고 웃음을 금치 못한다. 그러나 이는 많은 일꾼들을 전체 기술의 숙련가로 만들기까지 걸리는 길고 고통스런 과정을 줄이기 위해 저마다 신속하고 쉽게 해낼 수 있는 여러 부분의 기술을 익히게 하는데 그 뜻이 있을 것이다. 하지만 선택받지 않은 신들 가운데 범죄행위를 저질러 명예롭지 못한 명성을 얻은 신은 거의 찾아볼 수 없는 것에 비해, 선택받은 신들 가운데서는 크나큰 치욕의 낙인이 찍히지 않은 신들을 찾아내기가 쉽지 않다. 선택받은 신들은 선택받지 못한 신들이 하는 하찮은 일을 맡을 만큼 낮은 자리로 내려갔지만, 선택받지 못한 신들은 선택받은 신들의 숭고한 범죄에는 이르지 못한다. 실제로 야누스에 대해서는 치욕이 될 만한 일을 쉽게 떠올릴 수가 없다. 아마도 야누스는 비교적 죄를 저지르지 않고, 악행과 부정한 행위로부터 멀리 떨어져 있었기 때문이리라. 그는 도피 중이던 사투르누스를 후하게 대접하고 자신의 왕국을 그 손님에게 나누어주어 야니쿨룸과 사투르니아라는 도시를 세웠다.*[11] 신들을 숭배하면서 그 속에서 온갖 추악함을 좇던 로마인들은 야누스의 생활에서 특별히 부정한 일을 찾아내지 못하자, 그가 두 얼굴을 가졌다고도 하고 때로는 쌍둥이라서 네 얼굴을 가졌다고 함으로써 괴물 같은 기형적인 형상이라고 하며 그에게 불명예를 안겨주었다. 그들은 많은 선택받은 신들이 수치스러운 죄를 저질러 체통을 잃었기에, 야누스에게 죄가 없으면 없을수록 더 많은 얼굴로 나타나게 했던 것이 아닐까?

제5장 자연적 신학의 깊은 뜻

하지만 그보다도 매우 하찮고 천박한 오류를 심오한 가르침인 것처럼 덧칠하려고 애쓰는 그들의 자연적 해석에 귀를 기울여 보자. 마르쿠스 바로는 이러한 해석을 전면적으로 지지하며 이렇게 말한다. 고대인들이 신들의 우상과 상징물과 장식을 만든 까닭은 신비로운 가르침을 전해 받은 사람들이 그것을 육안으로 바라봄으로써 세계의 영혼과 여러 부분들, 곧 참된 신들을 마음의 눈으로 볼 수 있도록 한 것이다. 또한 그 신상들을 인간의 모습으로 만든 사람들이 뜻한 바도 이와 같으며, 인간 몸속에 있는 유한한 영혼은 불멸의 영혼과 매우 비슷하다는 것이다.*[12] 이는 그릇이 안에 담긴 내용물로서 신들이 와 있음을 알려주듯이, 리베르 신전에 놓인 포도주를 나누는 용기가 포도주를 상징하는 것에서도 알 수 있다. 즉 인간의 형상으로 합리적인 영혼을 나타내는 까닭은 인간의 형상이 그릇이기 때문이며, 그 속에 사람들이 말하는 하느님, 또는 신들의 본성이라고 주장하는 이성적인 본성이 담겨 있기 때문이다.

---

*11 야누스는 이탈리아의 왕으로 야니쿨룸이라는 도시에 살고 있었는데, 사투르누스가 그곳으로 와서 카피톨리움 언덕에 해당하는 장소에 사투르니아라고 하는 도시를 세웠다고 한다(베르길리우스 《아이네이스》 8, 355–9 참조).

*12 키케로는 인간의 영혼이 신과 꼭 닮은 것을 인정했다(키케로 《투스쿨룸에서의 논쟁》 5, 13, 29).

이것은 가장 박식한 학자가 이끌어낸 결론을 세상에 훤히 드러내기 위해 통찰한 가르침의 비밀이다. 그러나 그 누구보다 똑똑한 학자여, 당신은 그런 비밀 속에서도 건전한 견해를 갖도록 이끈 통찰력, 즉 사람들을 위해 처음으로 신상을 만든 사람들이 시민들에게서 두려움을 없애는 대신 오류를 가져왔으며, 고대 로마인들은 우상 없이도 순수하게 신들을 섬겼다는 사실을 잊었는가?*13 당신이 후대 로마인에 대해 이렇게 대담하게 이의를 주장하는 것은 바로 그런 생각들을 했기 때문이다. 다시 말해 고대 로마인들이 우상을 떠받들었디라면, 낭신은 아마 우상을 만들어서는 안 된다는 생각을—어쨌든 올바른 생각을— 두려움 때문에 입 밖에 내지 못하고, 이런 파멸적이고 공허한 허구들에 대해 그 신비로운 가르침을 길게 늘어놓으면서 소리높여 찬양했을 것이다. 그러나 그토록 학식과 재능이 넘치는 당신의 영혼은 그런 신비로운 가르침으로도 영혼의 하느님—즉 영혼이 그것과 함께 아니라 그것에 의해 만들어지고, 또 영혼이 그 부분이 아니라 제작품이며, 또한 만물의 영혼이 아니라 모든 영혼을 만든, 그리고 영혼이 그 은총을 배신하지 않을 때 그 조명을 받아 영혼이 지복에 이르는 하느님—에게 결코 이르지 못할 것이다. 바로 이 점 때문에 우리는 당신을 매우 안타깝게 여기고 있다.

그러나 이런 신비의 본성이 무엇이며 어떻게 평가되어야 하는지는 다음에 보여줄 것이다. 어쨌든 가장 학식이 풍부한 학자는, 세계의 영혼과 그 여러 부분이 진정한 신들이라고 고백한다. 따라서 그의 신학체계는, 다시 말해 바로가 가장 중요하게 본 자연적 신학은 이성적인 영혼의 본성에까지 이른다는 사실을 이해할 수 있다. 사실 그는 선택받은 신들에 대해 쓴 마지막 책에서, 자연적 신학에 대해서는 짤막하게 말했을 뿐이다. 그러나 그의 자연적 해석을 통해 인간 신학을 이 자연신학으로 환원할 수 있는지 어떤지를 보게 될 것이다. 만일 그렇게 할 수 있다면 신학은 모두 자연적인 것이 되리라.*14 그런 경우에 민간 신학을 자연적 신학과 그토록 세심하게 구분할 필요가 있었을까? 바로가 인정하는 자연 신학도 참된 신학은 아니므로(왜냐하면 영혼까지는 다다랐지만 영혼을 만든 참된 하느님에게는 이르지 못했으니까), 그런 구분이 진정한 차이에 바탕을 둔 것이라면, 주로 물질적 본성에만 관계하는 민간신학은 얼마나 보잘것

---

*13 4권 31장 참조.
*14 이 두 종류의 신학 체계에 대해서는 6권 5장에 상세히 기술되어 있다.

없고 거짓된 것인가! 사람들이 주의 깊게 조사하고 해명한 자연 신학의 풀이에 이런 점이 드러나는데, 나는 그 가운데 몇 가지를 언급하려고 한다.

제6장 바로의 우주상과 자연적 신학의 관계

마르쿠스 바로는 자연신학에 대한 머리글에서, 하느님은 세계의 영혼—그리스 인들이 코스모스라 부른—이며, 이 세계 자체가 하느님이라고 말했다. 그리고 지혜로운 사람이 육신과 정신으로 이루어져 있어도 그 정신 때문에 현인으로 불리듯이, 세계도 정신과 육체로 구성되어 있으나 그 정신 때문에 하느님이라 불린다고 했다. 여기서 바로는 유일신을 인정하는 것처럼 보이지만, 곧 수많은 신들을 만들어내기 위해 다음처럼 덧붙였다. 세계는 두 부분, 즉 하늘과 땅으로 나누어지고, 하늘은 에테르와 공기로, 땅은 물과 흙으로 나누어진다. 그 가운데 가장 높은 것은 하늘, 두 번째는 에테르, 세 번째는 물, 가장 낮은 것은 땅이며, 이 네 부분은 모두 영혼으로 채워져 있는데,[*15] 에테르와 대기에 존재하는 영혼들은 불멸이고, 물속과 땅 위에 있는 영혼들은 유한하다고 말한다. 하늘의 가장 높은 곳에 있는 달의 궤도 사이에는 에테르의 영혼, 항성과 행성들이 있는데, 그것이 천상의 신들인 것은 지성만으로도 충분히 알 수 있을 뿐만 아니라, 실제 눈으로도 볼 수 있다. 또 달의 궤도와 구름 및 바람이 있는 지역의 정점 사이에는 공기의 영혼이 있다. 이들은 육안이 아닌 정신으로 볼 수 있으며, 헤로스(半神 : Heros), 라레스(가정의 수호신 : Lares), 게니(수호신 : Genii)라는 이름으로 불린다.

이것이 자연적 신학을 간결하게 설명한 바로의 머리글 내용이다. 그의 의견에는 많은 철학자들도 동의했다. 선택받은 신들에 대해서는, 하느님의 도움을 받아 민간신학에 대해 이야기한 뒤, 좀 더 자세히 밝히고자 한다.

---

*15 자연 전체를 네 부분으로 구분하고, 그것에 여러 원소를 배치한 것은 아리스토텔레스였으나, 그 개념은 스토아학파와 피타고라스학파에 의해서도 발전되었다. 아우구스티누스가 여기서 말한 것에 따르면 바로가 아리스토텔레스가 최고의 위치에 둔 '불'을 생략하고 있는 것 같지만, 그는 아마 그것을 '에테르'와 동일시한 것 같다(아리스토텔레스 《기상론(氣象論)》 1, 3 참조).

제7장 야누스와 테르미누스를 두 신으로 나누는 게 마땅한가?

그렇다면 바로가 출발점으로 삼는 야누스는 참으로 어떤 신일까? 야누스는 곧 세계이다라고 대답할 수 있다. 매우 짧고 뚜렷한 대답이다. 그렇다면 어째서 사물의 시작은 야누스에 속하고, 마지막은 테르미누스라 불리는 다른 신에게 속하는 것일까? 그것은 사물의 시작과 끝이기 때문에, 3월부터 시작되어 12월에 이르는 열 달 말고*¹⁶ 이 두 신에게 두 달—야누스에게는 1월, 테르미누스에게는 2월—이 바친다. 따라서 테르미누스 축제는 페브룸(Februum)이라고 하며, 그 이름을 딴 2월에 열린다. 그렇다면 사물의 시작은 야누스 신과 동일시되는 세계에 속하지만, 마지막은 속하지 않기에 다른 신이 그것을 주관하는 것인가? 사람들은 이 세상에서 시작된 만물이 이 세상에서 끝맺는 것을 인정하지 않는가? 우상에서는 야누스에게 두 얼굴을 부여하면서도 그 직무능력은 반밖에 주지 않다니, 이 얼마나 어리석은 사람들인가!

야누스와 테르미누스는 똑같은 신으로, 그 한 얼굴은 시작을 가리키고 다른 한 얼굴은 끝맺음을 가리킨다고 말하는 편이 오히려 야누스의 두 얼굴에 대한 좀 더 우아하고 그럴듯한 표현이 아닐까! 일하는 자는 늘 양쪽에 눈길을 주어야 하기 때문이다. 모든 활동 하나하나를 통해 시작을 돌아보지 않는 자는 끝을 내다볼 수 없다. 따라서 예견적인 의도는 회고적인 기억과 이어져야 한다. 어떤 사람이 자기가 시작한 일이 무엇인지 전혀 기억하지 못한다면 어떻게 그 일을 마무리지을 수 있겠는가? 그러나 복된 삶은 이 세상에서 시작되어 저 세상에서 완성되며, 그 때문에 야누스, 곧 세계가 시작하는 능력만 지녔다면, 사람들은 야누스보다는 테르미누스를 앞에 두어야 하고, 선택받은 신들에게서 그를 제외하지 말았어야 한다. 어쨌거나 현세의 소멸적인 일들의 시작과 마지막을 이 두 신으로 상징한다면, 오히려 테르미누스에게 좀 더 많은 명예가 주어지는 것이 마땅하다. 어떤 일이든 그것이 완성될 때의 기쁨은 크지만, 시작된 일은 그 목적을 이룰 때까지 많은 근심을 불러일으키기 때문이다. 무언가를 시작하는 사람이 무엇보다 바라고 목적으로 추구하며 기대하고 열망하는 것은 그 완성이며, 아무리 시작했다 하더라도 기대한 만큼의 결과를 얻지 못한다면 결코 기쁨을 얻을 수 없다.

─────────

＊16 옛날의 로마력에는 열 달밖에 없었다. 누마 폼피리우스가 1월과 2월을 추가했다고 전해진다(플루타르코스 《영웅전》 '누마' 19).

제8장 야누스 우상은 어떻게 풀이되는가

이제 두 개의 얼굴을 가지고 있는 신상에 대한 풀이를 검토해 보기로 하자. 이 야누스 신은 앞뒤로 얼굴을 갖고 있다는데, 그 까닭으로 우리가 입을 열었을 때 구강 모양이 세계의 형상과 비슷하다는 것이다. 바로는 그리스인들이 입천장을 그리스어로 우라노스라 하며 하늘을 뜻한다고 했다.*17 로마 시인들 가운데는 하늘을 입천장을 뜻하는 라틴어로 팔라툼이라고 부르는 까닭도 그 때문이라고 했다.*18 그는 덧붙여 구강에는 치아 쪽으로 출구가 있고 목구멍 방향으로는 입구가 있다고 설명했다. 하지만 그리스인과 시인들에게서 볼 수 있는, 입천장을 나타내는 말에 따른 이러한 언어유희 때문에 세계가 어떤 지경에 이르렀는지 한번 생각해 보라. 그런 일들이 영혼이나 영원한 생명과 참으로 무슨 관계가 있다는 것인가? 그렇다면 이 신은 오로지 타액 때문에 섬김받아야 한다는 말인가? 아무튼 하늘처럼 둥그런 입천장 밑에는, 침을 삼키든 뱉든 어느 쪽으로든 '입(야누아)'이 열려 있지 않은가. 이토록 터무니없는 이야기가 또 어디 있단 말인가. 실제 이 세계에는 뭔가를 안에 받아들이거나 밖으로 내보낼 수 있도록 마주한 위치에 나 있는 두 개의 문(야누아)은 어디에서도 찾아볼 수 없다. 게다가 세계는 인간의 입이나 목과는 어떤 비슷한 점이 없는데도, 입천장과 하늘의 형상이 닮았다는 까닭으로, 입천장과는 전혀 닮지 않은 야누스 상을 양면으로 만들고, 그것을 세계의 상징으로 삼으려 하는 것이다.

또 네 얼굴을 가진 야누스상을 만들고 그것을 '쌍둥이 야누스'라 부르는데, 이 신이 네 얼굴로 밖의 사방과 마주하듯이 세계도 바깥쪽 네 방위를 바라본다고 풀이하고 있다. 그렇다면, 만일 야누스가 세계이고, 이 세계가 네 방위로 이루어져 있다면, 두 얼굴의 야누스상은 올바르지 않은 것이 된다. 하지만 서쪽과 동쪽이라는 말로 온 세계를 표현하는 것이 일반적인 예이므로 야누스 얼굴이 두 개여도 가능하다면 나는 이렇게 묻고 싶다. 우리가 세계의 다른 두 명칭을 북쪽과 남쪽이라고 부르는데, (동과 서 이외의 세계의) 그렇다면 네 얼굴의 야누스를 쌍둥이라 부르듯이 사방을 두는 세계를 쌍둥이라고 말할 것인가? 두

---

*17 우라노스는 '하늘'을 뜻하며 '입천장'의 뜻으로 쓰인 예로는 아리스토텔레스 《동물부분론》 1, 17 참조.

*18 키케로는 시인 엔니우스로부터 '하늘의 입천장'(caeli palatum)이라는 표현을 인용했다(키케로 《신의 본성에 대하여》 2, 18, 49).

얼굴을 지닌 야누스의 경우에는 인간의 '입'에서 이 신의 상징을 찾을 수 있지만, 네 얼굴을 가진 야누스는 그것을 세계의 상징으로 증명하는, 드나들기 위해 뚫린 네 개의 문이라 할 만한 게 전혀 없다. 혹시 바다의 신 넵튠이 나타나 입과 목 말고 좌우 아가미에 구멍이 뚫려 있는 물고기를 들먹이기라도 한다면 이야기는 달라질지도 모른다. 그러나 영혼은 성서에서 볼 수 있는 "나는 문이다"(요한 10 : 9)라는, 진리의 말씀에 귀를 기울이는 영혼이 아니라면, 그 많은 문으로 들어오는 무의미한 것에서 벗어날 수 없다.

제9장 우주를 둘러싼 유피테르와 야누스의 기묘한 관계

그리고 유피테르라고도 불리는 신 요비스에 대해, 이교도들은 어떻게 이해하는지 알아볼 일이다. 먼저 그들의 풀이를 살펴보자.[19] 그들이 설명하는 바에 따르면, "이 세계에 있는 모든 것은 원인에서 비롯되는데, 이 신은 그러한 모든 원인을 다스린다." 그런 힘을 가지는 것이 그들에서 얼마나 위대한지는, "만물의 원인을 알고 있는 자는 행복하다."고 말한, 베르길리우스의 유명한 말로도 알 수 있다.[20] 그런데 왜 〈바로의 선택받은 신들 목록에서는〉 야누스를 유피테르보다 앞에 놓은 것일까?[21] 혜안에서나 학식에 있어서 특별히 뛰어난 이 인물에 따르면, 그 까닭은 다음과 같다.

"야누스가 장악한 것은 (사물의) '시초(프리마)'인 데 비해, (사물의) '궁극(숨마 : 달성)'은 유피테르가 쥐고 있기 때문이다. 따라서 유피테르를 만물의 왕으로 여기는 일은 지극히 당연하다. 그것은 (사물의) 궁극이 시초보다 뛰어나기 때문이며, 그것은 바로 시초가 시간적으로는 확실히 앞서지만, 궁극은 가치에 있어서 시초를 뛰어넘기 때문이다."

그의 이러한 주장은, 사물이 이루어지는 과정에서 시초와 궁극을 구별하는 한 정당하다고 할 수 있다. 확실히 시초란 어떤 일에 들어감을 뜻하고, (사물의) 궁극은 달성(도달)을 뜻한다. 이를테면 학업에 착수하는 것은 시초이고, 배운 사항의 이해에 다다르는 것은 그 궁극이다. 이렇게 무슨 일에서든 가장 먼저 오는 것이 시초이고, 궁극에 위치하는 것은 종국이다. 그러나 이 시초와 종

---

*19 4권 9, 11장, 이 책 3, 13장 참조.
*20 베르길리우스 《농경시》 2, 490.
*21 이 책 2장의 머리글에서 볼 수 있는, 선택받은 신들의 리스트 참조.

국은 야누스와 테르미누스의 직무로서 이미 나뉜 것이다.

한편 유피테르에게 있다고 여겨지는 원인이란, 어디까지나 스스로 작용하는 원인이지 다른 것에서 작용을 받은 결과는 아니다. 게다가 시간적인 앞뒤로 보아 이런 원인이 일어난 사물이나, 사물이 완성되기 시작하는 시초가 원인보다 앞서는 일은 있을 수 없다. 작용은 작용을 받아 태어난 것보다도 늘 선행하기 때문이다. 그러므로 야누스는 사물이 완성되어 가는 시초를 주관하기는 하지만, 그것이 유피테르에게 있다고 여겨지는 온갖 작용 원인에 앞선 것은 아니다. 선행하는 원인이 없으면 아무것도 생겨나지 않으며 어떠한 일도 시작되지 않기 때문이다.

그러나 이교도들은 유피테르라고 불리는 이 신에게 자연계에서 만들어진 모든 사물뿐만 아니라 자연적인 일들에 이르기까지 모든 원인을 돌리고 섬기면서도, (그것을 야누스 뒤에 놓는) 심한 모욕을 가하고 파렴치하게 이 신에게 (모든 원인을 돌림으로써) 모든 죄를 덧씌운다. 그리하여 그들은 끔찍하기 짝이 없는 독신(瀆神)으로 스스로 나아가 거기에 빠져버렸으니, 그에 비하면 차라리 유피테르를 신이라고 인정하지 않는 편이 더 낫다고 할 수 있을 정도이다. 무엇보다 이교도들은 유피테르를 신이라 부르며 천둥을 울리게 하는가 하면 간통을 하게 하고, 또 온 세계의 지배자로 내세우는가 하면 음란의 극치에 이르게 한다. 요컨대 유피테르를 자연과 자연계의 모든 일에 대한 궁극의 원인으로 여기면서도, 이 신의 품행에 대해서는 악의를 가지고 바라보는 것이다. 그럴 바에는 차라리 그렇게 파렴치하고 수치스러운 온갖 소행으로 명성을 얻기에 걸맞은 다른 신을 유피테르라 부르고, 아들(유피테르)을 삼키려고 하는 사투르누스에게 (그의 아내가) 돌기둥을 바쳐서 그것을 자기 자식 대신에 삼키게 한 일을 본보기로 삼아, 얼마든지 모독해도 무방한 가짜 우상으로 대신하는 편이 훨씬 나을 것이다.

그런데 (이교도들의 말처럼) 야누스가 세계라면, 이 유피테르는 신들 가운데 어떤 위치를 차지하는 것일까? 바로는, 참된 신들은 세계의 영혼이면서 그 모든 부분이라고 규정한다. 그러므로 이 규정을 벗어나는 신은 참된 신이 아니다. 그렇다면 그들은, 유피테르는 세계의 영혼이고, 야누스는 세계의 몸, 즉 눈에 보이는 세계라고 말할 셈인가. 하지만 그렇다면 처음부터 야누스를 신이라고 주장하는 것은 불가능해지고 만다. 왜냐하면 앞에서 본 이교도들의 신에 대한 규정으로는 세계의 몸이 아니라 세계의 영혼에 의해 신이 되기 때문이다. 실제로 바로는 신은 세계의 영혼이며, 나아가서는 이 세계 자체를 신으로 생각한다고 분명히 말하지 않았던가. 더욱이 지혜로운 사람은 영혼과 육체로 이루어져 있는데도 현자라 불리는 까닭은 그 영혼 때문인 것과 마찬가지로, 세계 또한 영혼과 몸으로 구성되어 있으면서도 그 영혼 때문에 신이라 불린다고 했다.[22] 따라서 세계의 신체만을 생각한다면 그것은 신이 아니며, 그 영혼만 또는 영혼과 몸이 하나가 된 전체(세계)가 곧 신이다. 이렇듯 야누스가 세계이고 신이라면, 유피테르는 (세계인) 야누스의 영혼, 즉 일부분이므로 신이 될 수 없지 않은가? 하지만 '만물은 유피테르로 가득 차 있다'[23] 말한다.

온 세계를 유피테르에게 속하게 하는 것이 오히려 (이교도들 사이에서 볼 수 있는) 통례이다. 그러므로 이교도들이 유피테르를 신, 게다가 특히 신들의 왕으로서 다른 신들 위에 군림시키려 한다면, 유피테르의 세계일 수밖에 없게 된다. 마르쿠스 바로도 신들의 숭배에 대해 설명한 다른 책에서, (그의 친구) 발레리우스 소라누스는 '전능한 유피테르, 모든 왕, 모든 사물, 모든 신의 아버지, 또한 모든 신의 어머니, 하나인 신이자 또한 모든 신들' 유피테르를 찬양한 이 시를 이런 뜻(유피테르=세계)으로 풀이한다. 그는 이 시에 대해 앞의 저서에서 다음처럼 해석했다. 그에 따르면 남성은 사정하는(씨앗을 뿌리는) 자, 여성은 그것을 받아들이는 자이다. 그러나 유피테르는 세계이므로, 만물의 정자(씨앗)를 스스로 내보내는 동시에 자기 안에 받아들이기도 한다.

"소라누스가 유피테르를 아버지인 동시에 어머니라고 덧붙인 것은 이런 이유에서이며, 또 유피테르가 하나인 동시에 전체인 것은 우주는 하나이고, 만물이 존재하는 것은 그곳 말고는 없기 때문"이라고 말했다.[24]

---

[22] 이 책 6장 참조.

[23] 베르길리우스 《전원시》 3, 60. 또한 이 문장은 이 책 4권 9, 10장, 그리고 《복음서 기자의 일치》 1, 2, 3의 31에서도 볼 수 있는데, 아우구스티누스의 인용 방법에 문제가 없는 것은 아니다. 이 점에 대해서는 J. Pépin, Mythe et Allégorie ; Les Origines grecques et les Contestations Judéo Chretiennes, p. 338 참조. 페팡의 이 책은 아우구스티누스의 이 책 6–7권에 기술되어 있는 바로의 자연 신학의 사상적 배경과 그 영향을 살펴보는 데 없어서는 안 되는 문헌이다.

[24] 바로의 다른 저서란 《Logistoricus curio de cultu deorum》을 가리킨다(카르다노스 편 《인간과 신에 대한 고사내력(故事來歷)》 신에 대한 단편집 35쪽 참조). 이 인용은 발레리우스 소라누스 단편 4(W. Morel, Fragmenta Poetarum Latinorum epicorum et lyricorum). 이 책 11, 13, 16장 참

제10장 유피테르와 야누스 두 신을 구별하는 근거의 애매함

따라서 야누스와 유피테르가 모두 세계라고 한다. 그러나 세계는 하나뿐인데, 야누스와 유피테르는 왜 별개의 두 신인 것일까? 이 두 신들이 저마다 다른 신전과 제단을 가지고 있고, 종교적 의례도 신상도 다른 까닭은 대체 무엇때문인가. 만일 시초의 힘과 원인의 힘이 따로따로이며, 전자가 야누스라 불리고 후자가 유피테르라 불리기 때문이라면, 이를테면 똑같은 사람이 다른 영역에서—저마다 힘은 다른 것이므로—두 능력과 두 기술을 가진 경우, 그것 때문에 그는 두 사람의 재판관이나 두 사람의 장인이라고 불러야 하는 것일까?

마찬가지로 같은 신이 맨 처음 힘과 원인의 힘을 함께 지닌 경우, 처음과 원인이 다르다고 해서 그 신을 둘로 보아야만 할까? 만일 그렇게 보는 것이 옳다면, 유피테르는 그가 지닌 여러 능력 때문에 다른 이름으로 불리므로, 유피테르라는 그 이름 수만큼의 신들로 불러도 될 것이다. 그 다른 이름이 주어진 수많은 사항들이 모두 서로 다르기 때문이다. 다음에 그 가운데 몇 가지에 대해 살펴보기로 하자.

제11장 유피테르의 여러 이름들에서 보이는 모순

유피테르는 '빅토르', '인빅투스', '오피툴루스', '임풀소르', '스타토르.' '켄툼페다', '수피날리스', '티길루스', '알무스' '루미누스', 그 밖에도 하나하나 늘어놓기가 번거로울 만큼 많은 이름으로 불려왔다.[*25] 단, 이러한 온갖 호칭은 다양한 역할과 능력에 따라 오직 유피테르라는 하나의 신에게 주어진 것이고, 그가 도맡은 사항이 여러 방면에 걸쳐 있다고 해서 그가 관장하는 사항과 같은 수만큼 신으로 만든 것은 아니다. 즉 '빅토르'는 이 신이 모든 것을 정복하는 데서, '인빅투스'는 누구에게도 지는 일이 없는 데서, '오피툴루스'는 곤경에 빠진 자를 구

조. 최고신을 이렇게 양성신으로 보는 관점은, 생성에서는 양성의 존재가 불가결하다고 보는 오르피즘의 전통에 따른 것이다. (락탄티우스 《신학체계》 4, 8, 4-5, 디루스 편 《그리스 학설지집》 549B=피로데모스 《경건에 대하여》 16, 6-9 참조).

[*25] 스타토르에 대해서는 3권 13장, 루미누스에 대해서는 7권 14, 24장 참조. 이 호칭 가운데 임풀소르, 켄툼페다, 수피날리스, 티길루스는 아우구스티누스의 이 부분에서만 전해지고 있다(로셔의 《그리스 로마 신화사전》 2, 618이하 참조). 단, 한 신이 많은 별칭을 가지고 있는 것은 유피테르뿐만이 아니며, 예를 들면 유노에게도 이테르두카, 도미두카라는 호칭이 있다는 것이 7권 3, 24장에 언급되어 있다.

해주는 데서, '임풀소르'는 일을 밀고 나아가는 힘을 지닌 데서, '스타토르'는 달 아나는 군대를 멈추게 하는 데서, '겐툼페다'는 백 개의 다리를 가지고 있는 것 처럼 단단하게 고정하는 힘을 지닌 데서, '수피날리스'는 파괴력을 가진 데서, '티길루스'는 들보처럼 세계를 하나로 받치고 지탱하는 데서, '알무스'는 모든 것을 양육하는 데서, '루미누스'는 '루마' 즉 유방으로 생명이 있는 것을 키우는 데서 저마다 비롯된 이름이다. 이러한 온갖 능력 가운데에는, 우리도 알 만큼 중요한 것과 하찮은 것이 섞여 있는데, 모두 유피테르라는 하나의 신이 修行하 는 일이나. 세계를 유지하는 것과 살아 있는 생명에게 젖을 먹이는 일보다도 사물의 시초와 원인 사이가 더욱 가깝게 연관되어 있는 듯이 생각되지만, 이교 도들은, 원인과 시초에 저마다 유피테르와 야누스를 (따로따로) 적용했다. 그뿐 만 아니라 그것을 구실로 하나인 세계를 이 두 신들과 동일시한 것이다. 이에 비해 (세계를 유지하는 것과 생명에게 젖을 먹이는 것), 이 두 일은 힘이나 가치 에 있어서나 서로 동떨어져 있는데도, 그들은 이 두 가지 일에 저마다 다른 신 을 적용하는 것은 생각도 하지 않은 채, 유피테르가 한쪽 일을 책임지는 일로 서는 '티길루스'로, 또 한쪽 일을 주관하는 일로서는 '루미누스'라고 아무렇지 도 않게 나누어 불리는 것이다.

나는 포유동물에게 젖을 먹이는 일에 있어서 유피테르보다 유노 쪽이 마땅 히 어울린다고 생각한다. 그 일에는 루미나라는 여신이 있어서 유피테르를 도 와주고 보좌할 수 있을 테니 말이다. 그러나 내가 그렇게 말한다면 다음과 같 은 대답이 돌아올 것이다. 발레리우스 소라누스의 '왕들과 사물들과 신들을 지 배하는 유피테르, 신들의 아버지이자 어머니'라는 시구를 보면, 유노는 바로 유 피테르라는 것을 알 수 있기 때문이다. 그렇다면 루미누스라 불린 까닭은 무엇 일까? 하나의 곡식 이삭에서 어느 한 신이 마디를, 다른 한 신이 껍질을 돌보 아야 한다는 것은 신들의 위엄에 어울리지 않다고 본다.*26 이런 판단이 맞는 다면, 동물에게 젖을 먹이는 일처럼 보잘것없는 일을 만물의 왕인 유피테르가 자기 아내도 아닌 루미나라는 이름 없는 여신의 도움을 받아 처리한다는 것은 얼마나 가치 없는 일인가! 그런데 이 유피테르 자신이 바로 루미나이다. 남성에 게 젖을 먹일 때에는 루미누스이고, 여성이라면 루미나이리라. 유피테르가 이

---

*26 4권 8장 참조.

시구에서 '아버지이자 어머니'라 부르지 않았더라면, 그리고 내가 이미 4권 21, 24장에서 말했듯이 우리가 하찮은 신들 사이에서 발견한 페쿠니아(금전)라는 이름을 그의 별칭 가운데에서 읽지 않았더라면, 나는 그들이 유피테르에게 여성적인 이름을 적용하지 않았다고 단정했으리라. 남성과 여성이 모두 돈을 가지고 있는데 어째서 유피테르는 페쿠니아나 페쿠니우스라 불리지 않는가? 그들은 그 까닭을 설명해야 하지 않을까!

제12장 유피테르가 페쿠니아로도 불린다

그들은 페쿠니아라는 이름에 대해 얼마나 고상하게 설명했는가! 바로는 '유피테르가 페쿠니아라 불리는 까닭을 모든 만물이 그에게 속해 있기 때문'이라고 말했다. 아, 신의 이름에 대해 이보다 더 원대한 이유를 댈 수 있을까! 이처럼 만물을 소유하는 그가 참으로 품위 없는 페쿠니아라는 이름으로 불리고 있다니! 하늘과 땅으로 둘러싸인 만물에 비하면, 돈이라는 이름으로 사람들이 소유한 재산을 모두 합친들 얼마나 하찮겠는가? 말할 것도 없이 유피테르에게 이런 이름을 붙인 것은 바로 탐욕 때문이었다. 그렇기에 돈을 사랑하는 자는, 평범한 다른 신은 그 누구도 사랑하지 않고 만물의 지배자인 왕을 사랑한다고 믿었다.

그러나 유피테르가 부(富)라고 불렸다면 이야기는 달라진다. 부와 돈은 서로 다르기 때문이다. 실제로 우리는 돈이 전혀 없거나 매우 적게 가졌다 해도, 현자나, 정의로운 사람, 또는 덕을 지닌 사람을 풍요로운 사람이라고 말한다. 그들은 덕을 지님으로써 물질적으로는 곤궁하더라도 자신들이 가진 것에 만족하므로 진정한 의미에서는 부유하기 때문이다. 그와 달리 우리는 끊임없이 부족하다고 느끼고 끝없이 요구하는 탐욕적인 자들을 가난한 사람이라고 부른다. 그들은 많은 돈을 갖고 있어도 만족할 줄을 몰라 언제나 모자란다고 여긴다. 그래서 우리는 하느님을 부유하다고 말하는데, 그가 물질적으로 넉넉해서가 아니라 전능하기 때문이다. 그러므로 많은 돈을 가진 사람을 곧잘 부유하다고 말하지만, 만일 그들에게 끝없는 금전욕이 있다면 가난한 것과 다름없다. 마찬가지로 돈이 없는 사람은 보통 가난하다고 말하지만, 만일 그가 현자라면

실제로는 부유하다.*27

따라서 지혜로운 사람이라면, 신들의 왕인 유피테르가 '현자라면 어느 누구
도 결코 원하지 않는' 이름으로 불리는 이러한 신학*28을 어떻게 평가할까? 이
학설로써 영원한 생명과 관계되는 어떤 건전한 가르침을 받았다면, 세계의 지
배자를 페쿠니아(돈)라고 부르지 않고 사피엔티아(지혜)라 불렀으리라. 지혜에
대한 사랑이야말로, 더러운 탐욕, 곧 돈에 대한 사랑 때문에 생기는 탐욕에서
건져 정화시켜 주기 때문이다.*29

제13장 사투르누스, 게니우스 두 신은 유피테르와 똑같다

그러나 이렇게 되면 다른 신들은 더는 유피테르에게 얽매일 필요가 없으며,
나아가서는 많은 신들의 존재를 믿는 것이 무의미해진다. 유피테르 이외의 신
들은 이 신의 부분들이거나 그의 권능으로 여겨지기 때문이다. 또는 (바로와
그러한 관점을 함께 하는 사람들에 따르면) 세계 영혼의 힘은, 눈에 보이는 드넓
은 세계를 이루는 요소들과 자연계의 다양한 작용이 되어 세계 곳곳에 구석구
석 스며들어 있다고 생각된다. 그러나 신들의 호칭이 이른바 그 작용으로써 붙
여졌다 해도, 신들은 모두 이 유피테르 오직 한 신을 일컫는 것이 된다.*30

이를테면 사투르누스는 어떤 신일까? 바로는 사투르누스가 주요한 신들에
속하며, 모든 파종(播種)을 지배하는 신이라고 말했다.*31 그러나 (앞에서 본) 발
레리우스 소라누스의 시구와 마찬가지로 그의 풀이를 보면,*32 유피테르는 세
계이며, 나아가 모든 종자를 스스로 내보내는 동시에 자신 안에 받아들이는
자이므로, 그야말로 모든 파종을 지배하는 신이다.

---

*27 이런 생각을 '스토아의 파라독스'라고 한다. 호라티우스 《서간집》 1, 1, 106, 세네카의 《도덕
　　서간집》 73, 12 등 참조.
*28 살루스티우스 《카틸리나 음모》 11, 3 참조.
*29 누가 12 : 33~34 및 18 : 22 참조.
*30 키케로 《신의 본성에 대하여》 2, 71, 및 7권 9장 참조.
*31 7권 15, 18, 19장 참조. 또한 이 신의 그리스 이름인 '크로노스'에서 지성(누스)으로 '채워진
　　자'(코로스)로 보는 이색적인 해석도 있다(키케로 《신의 본성에 대하여》 2, 64, 아우구스티누
　　스 《복음서 기자의 일치》 1, 23, 35, 플로티노스 《엔네아데스》 5, 1, 4, 9~10). 또 플라톤의 《크라
　　틸로스》 396B도 참조. '코로스'를 '순수한'이라는 의미로 해석해, 이 신은 순수한 지성을 나
　　타내는 존재로 본다.
*32 7권 9, 11장 참조.

그럼 게니우스는 어떤 신일까? 바로는 '게니우스는 생성하는 모든 사물을 관장하는 동시에, (사물을) 생성시키는 힘도 가진 신'이라고 말했다. 그렇다면, '아버지이자 어머니인 유피테르'라 불리는 이 세계에서, 이러한 힘을 가진 신이 (유피테르) 말고 또 누가 있겠는가? 바로는 다른 부분에서도 다음처럼 말했다. "게니우스는 인간 저마다가 지닌 이성적 영혼이다. 따라서 사람은 저마다 따로 따로의 게니우스를 지니고 있으며, 나아가서 유피테르 신도 세계가 가진 이러한 (이성적) 영혼이다."*33 어쨌든 이 경우에도 세계의 영혼 자체를, 보편적인 게니우스로 여겨야 한다고 하므로, 바로는 똑같은 말을 되풀이하고 있을 뿐이며, 게니우스는 사람들이 유피테르라 부르는 신인 것이다. 다시 말해 모든 게니우스가 신이며, 나아가서 저마다 가진 (이성적) 영혼이 게니우스라면, 마땅히 저마다가 지닌 (이성적) 영혼은 신이라는 이야기가 된다. 이교도들도 이 추론이 너무나도 터무니없어서 도저히 인정할 수 없다고 해도, 그들이 특별하고도 뛰어난 의미로 신이라 부르는 게니우스는 세계의 영혼, 즉 유피테르 신으로밖에 생각할 수 없는 것이다.

제14장 메르쿠리우스와 마르스

그러나 이교도들은 메르쿠리우스와 마르스를 세계의 어떤 부분으로 관련을 지어야 될지 몰랐고, 하느님의 어떤 행위와도 연결시킬 수 있는 방법을 찾을 수 없었다. 때문에 사람들은 어쩔 수 없이 이 두 신에게 저마다 언어와 전쟁 수행이라는 인간의 행위를 관장하게 했다.*34 하지만 메르쿠리우스의 (언어에 대한) 능력이 신들에게까지 미치고 신들의 왕조차 그 지배 아래 있어서, 유피테르도 이 신의 뜻에 따라 말하고 이 신으로부터 언어 능력을 얻었다는 것은 참으로 터무니없는 일이 아닐 수 없다. 그와 달리 이 신의 능력이, 알려진 것처럼 인간의 언어에만 한정되어 있다 해도 (이 신은 그 능력에 있어서 만능인 유피테르와 경쟁하게 되는데), 유피테르가 유아뿐만 아니라 짐승에 이르기까지 젖을 먹이는 일도 만족해—거기서 앞에서 본 루미누스라는 유피테르의 별칭이 비롯되었지만—인간을 짐승보다 뛰어난 존재로 보는 근거가 되는 언어를 자신의 직무로 생각하지 않았다는 것은 믿을 수 없다. 따라서 유피테르와 메르쿠리우

---

*33 7권 13, 23장 참조.
*34 7권 30장 참조.

스는 또한 같은 신이 된다.

그런데 이교도들의 이 신에 대한 해석에서 엿볼 수 있듯이, 언어 자체가 메르쿠리우스라 불리고 있다면, 그 경우 어떻게 될까. 즉 메르쿠리우스라는 이름은 '달리면서 사이를 중개하는 자'(메디우스 크루렌스)에서 왔다고 하는데, 그것은 언어가 사람들 사이를 달리면서 중개하기 때문이다. 이 신은 그리스어로 '헤르메스'라 불리는데, 그것은 언어 작용인 담론이나 해석이 그리스어로 '헤르메네이아'라 불리기 때문이다.*35 또한 이 신은 상인들을 관장하는 것으로 일러졌는데, 이는 언어가 판매자와 매수자 사이를 오가기 때문이다. 또 이 신이 머리와 발에 날개를 갖고 있는 까닭은 언어가 공중을 (새처럼) 재빨리 날아다니는 모습을 나타내는 것이기 때문이다. 이 신은 '사자(使者)'라고도 불리는데, 그것은 모든 사상이 언어로 표현되기 때문이다. 따라서 만약 (이교도들의 이러한 설명대로) 메르쿠리우스가 언어 그 자체라면, 그들은 스스로 메르쿠리우스가 신이 아님을 시인한 셈이 된다. 정령도 채 못되는 존재를 신으로 숭배하면서 부정한 영들에게 기도함으로써 신이 아니라 나쁜 정령의 포로가 되고 마는 것이다.

마르스도 메르쿠리우스의 경우와 같다. 그들은 이 신에게 자연의 활동을 수행할 수 있는 세상의 어떤 요소나 부분을 찾아줄 수 없었기에 전쟁이라는 그리 바람직하지 않은 인간의 행위를 떠넘겨 전쟁의 신으로 내세웠다. 따라서 여신 펠리치타스가 영원한 평화를 보장한다면 이 신은 아무것도 할 일이 없게 된다. 그러므로 메르쿠리우스가 언어인 것처럼 마르스가 전쟁이라면, 마르스는 신이 아니기를 바란다. 전쟁이 있어서는 안 되듯이, 거짓으로 신격화하는 일도 이제 없기를 나는 소망한다.

제15장 별의 신격화에서 보이는 모순

혹시 이런 신들이 별들에 그 이름을 붙여서 부르는 것일지도 모르겠다. 사

---

*35 플라톤 《크라틸로스》 408E, 아르님 편 《고(古) 스토아 철학 단편집》 3, 90(필로데모스 《음악론》)에 전해지고 있는 바빌론의 디오게네스의 견해, 거짓 헤라클레이토스(기원후 1세기의 스토아) 《호메로스의 신들의 우의적 해석에 관한 문제들》 51, 55, J Pépin, Mythe et Allégorie, p. 159, 166, 345 참조. 메르쿠리우스의 경우든, 마르스의 경우든 아우구스티누스는 '언어'나 '전쟁'을 우의화한 것이 아니라, 이른바 동일성의 술어로 해석하고 비판을 가하고 있는 점에 주목할 필요가 있다.

실 별 가운데에는 메르쿠리우스라 불리는 것도 있고, 마르스라는 이름의 별도 있다. 그뿐만이 아니라, 이교도들은 유피테르를 세계라고 하면서 한 별을 그의 이름으로 부른다. 또 그들은 사투르누스에게 모든 종자들을 관장하는 중요한 권능을 이 신의 본령으로 삼으면서, 이 신의 이름을 붙인 별도 두었다.*36

또 별들 가운데서도 특별히 빛나는 금성에는 베누스라는 이름을 붙였는데, (바로의 《신사(神事)》 제16권에 적혀 있듯이) 사람들은 베누스를 달이라 주장하기도 한다.*37 이교도들은 반짝반짝 빛나는 별을 둘러싸고, 황금 사과를 차지하기 위해 유노와 베누스를 싸우도록 한 것처럼, 이 두 신들 또한 서로 다투게 했다. 샛별(루키페르)을 베누스에 속한다는 사람과 유노에 속한다는 사람이 있다. 하지만 사과에 대한 옛이야기의 경우와 마찬가지로, 여기서도 승리를 거둔 것은 베누스쪽이다. 이 별이 베누스에 속한다고 말하는 사람들이 압도적으로 많기에 이와 다른 의견을 가진 사람은 거의 찾아볼 수 없다.*38

그런데 이교도들은 유피테르를 모든 신의 왕이라 부르면서, 그의 별이 베누스보다 훨씬 빛나지 않는다면 이를 보고 웃지 않을 사람이 누가 있겠는가? 유피테르의 힘이 다른 신들보다 뛰어나다면, 이 신에게 주어진 별은 거기에 걸맞게 다른 별보다 한결 밝게 빛나야 한다. 그러나 이렇게 말하면, 그것은 겉보기일 뿐, 이 별이 더욱 높은 곳에 있어서 대지에서 그만큼 멀리 떨어졌기에 덜 밝아 보이는 것이라고 반박할지도 모른다. 하지만 다른 것보다 높은 지위가 주어진 것이 그만큼 높은 위치에 있다면, 사투르누스(토성)가 유피테르(목성)보다 높이 있는 것은 어찌된 일인가? 유피테르를 신들의 왕으로 숭배한다는 아무런 근거도 없이 꾸며낸 이야기가 별에까지는 이르지 못한 것이 아닌가? 그래서 사투르누스는 비록 카피톨리누스 언덕에 세운 왕국(사투르니아)을 유지할 만한 힘은 없었지만, 가까스로 하늘에서는 그 지위를 이어나가도록 허락받았다

---

*36 메르쿠리우스는 수성, 마르스는 화성, 유피테르는 목성, 사투르누스는 토성을 저마다 가리킨다.

*37 마크로비우스 《사투르날리아》(3, 8, 3, 기원전 3세기 후반의 그리스 역사가 필로코로스의 《아티스》에서 볼 수 있는 설명 소개 참조).

*38 포르피리오스 《신상론(神像論)》 단편 9. 에우세비오스 《복음의 준비》 3, 11, 22는 '새벽의 명성(明星)'(헤스페로스 아스테르)을 아프로디테(=베누스)에 배치하고 있다. 또 아우구스티누스 《그리스도교 가르침》 2, 21, 32, 및 페광의 전게서 360-361쪽 참조.

고 설명할 셈인가.*39

그런데 어째서 야누스에게는 별이 주어지지 않았는가? 야누스가 세계이고, 따라서 모든 별을 그 속에 품기 때문이라면, 유피테르는 세계이면서도 어째서 별을 가지고 있는 것인가? 아니면, 이 신은 할 수 있는 한 잘 타협해, 별자리 속에서는 별을 차지하지 못한 대신 땅 위에서는 그 만큼 얼굴을 많이 갖기로 한 것이란 말인가?

이교도들이 메르쿠리우스와 마르스를 세계의 한 부분으로 여기고, 나아가서 그것을 신격화할 수 있었다고 하자. 그러나 언어와 전쟁은 틀림없이 세계의 부분이 아니라 인간의 행위이므로, 이 두 신이 별이라는 사실에 따른다면 아래의 경우는 어떻게 생각해야 할까? 즉 왜 산양자리, 황소자리, 게자리, 전갈자리 등 이러한 별자리에는 제단, 의식, 신전 등 아무것도 바치지 않았을까? 이런 별자리는 하늘의 (12황도) 궁(宮) 안에 나열되며, 게다가 혼자가 아니라 저마다 많은 별들로 이루어져 있다. 전해오는 이야기에 따르면, 이러한 별자리는 신격화된 행성보다 높은 하늘에 놓이고, 또 하늘의 움직임이 더욱 규칙적이기 때문에 절대로 궤도를 벗어나는 일이 없다. 그렇다면 이교도들은 이러한 별자리를 선택받은 신들 속에 넣지는 않더라도, 하다못해 그들이 하급신으로 여기는 것에도 넣으려고 하지 않았을까?

제16장 그 밖의 선택된 신들의 위치에서 보이는 모순

이교도들은 아폴론을 예언자, 의사로 내세우는 한편, 세계 어떤 부분에 이 신의 지위를 정하기 위해 아폴론이 태양이기도 하다고 주장했다. 그뿐만 아니라, 이 신의 쌍둥이 누이인 디아나는 달인 동시에 길의 수호신이라고 말했다. 그들이 디아나를 처녀로 생각한 까닭은, 길은 아무것도 생산하지 않기 때문이다. 이 두 신들이 모두 화살을 지니고 있다는 것도, 태양과 달이 하늘에서 땅 위로 빛을 내려 보내기 때문이다.*40 또 그들은 불카누스와 넵투누스가 저마

---

*39 7권 4장 주석 참조.

*40 아폴론을 태양신으로 여기는 것에 대해서는 7권 30장, 바로의 《라틴어》 5, 68, 마크로비우스의 《사투르날리아》 1, 17, 8=클레안테스의 설로 소개=《고 스토아철학 단편집》 1, 540. 길의 수호신인 디아나에 대해서는 바로의 《라틴어》 7016=엔니우스의 설, 마크로비우스의 《사투르날리아》 1, 9, 6=니기디우스 피굴루스−기원전 1세기, 피타고라스를 신봉한 백과전서파 지식인−의 설, 광선의 해석이 그리스 기원인 것에 대해서는 스토아파의 신화해석을

다 이 세계에 있는 모든 불과 물이라고 보고,*41 디스 파테르, 즉 오르쿠스는 대지, 특히 그 깊은 바닥의 영역이라고 주장했다.*42

리베르와 케레스를 저마다 남자와 여자의 정자를 관장하는 신으로 여기고, 전자는 정자의 습기 찬 요소, 후자는 그 건조한 요소를 떠맡는다고 생각했다. 그리고 둘 모두 세계, 나아가서는 그것과 동일시되는 유피테르에게 돌아가게 된다. 즉 유피테르는 모든 종자를 자기 밖에 내보내는 동시에 그것을 자기 안으로 받아들이는 자로 여겨져 한 몸이면서 '아버지이자 어머니'로 불린다. 그리고 경우에 따라서는, 이와 같은 케레스가 대지 그 자체인 '대지모신(大地母神)'과 똑같이 여겨지기도 한다. 이 대지는 그들의 전승에 따르면 유노라고도 주장되며,*43 이 여신에게 사물의 보조적인 원인들이 귀속되는 것도 이 때문이다. 물론 어떻게 말하든 그들의 관점에서 보면, 전 세계가 유피테르의 것이므로 '신들의 아버지이자 어머니'라는 호칭은 결국 유피테르를 가리키게 되는 것이다.

미네르바는 인간이 하는 온갖 예술을 관장한다. 그러나 이 여신에게 어울리는 별을 찾아낼 수 없었기에, 그들은 이 여신을 에테르의 최상부라고 말하거나 달이라고까지 주장한다.*44 베스타에 대해서도 마찬가지여서, 이 여신은 대지이므로 여신 가운데 가장 뛰어나다고 생각했다. 그런가 하면 세계에 있는 불, 그것도 불카누스에게 맡겨진 거친 불이 아니라, 인간이 곧바로 사용할 수 있는 온화한 불은 베스타의 고유한 것이 되어야 한다고 생각했다.

따라서 그들의 주장을 듣자면, 이러한 선택받은 신들은 그 어느 것을 보아도 세계이며, 그 가운데 몇몇 신들은 세계 전체를, 다른 몇몇 신들은 그 여러 부분을 나타낸다고 이야기한다. 즉 유피테르처럼 전 세계와 동일시되는 신이 있는가 하면, 게니우스, 대지모신, 또 아폴론과 디아나처럼 태양과 달처럼 세계의 어떤 부분으로 여겨지는 신들도 있다. 한 신이 다른 많은 일을 맡을 때도 있으

한데 묶은 코르누토스(네로 황제 시대에 활약) 《그리스 신학의 전통 체계》 편(編) 32 참조.
*41 4권 10–11장 참조.
*42 4권 10장, 7권 3, 23장, 바로 《라틴어》 5, 66, 키케로 《신의 본성에 대하여》 2, 66 참조.
*43 7권 28, 30장 참조.
*44 4권 10장, 7권 28, 30장, 및 아르님 편 《고 스토아철학 단편집》 3, 3=바빌론의 디오게네스 《아테나에 대하여》 34=키케로 《신의 본성에 대하여》 1, 41 참조. 또 미네르바를 달로 보는 견해에 대해서는 플루타르코스 《달의 궤도에서 볼 수 있는 양상에 대하여》 922A=《고 스토아철학 단편집》 2, 673, 93B, 아르노비우스 《대(對) 이교도 논박》 3, 31 참조.

며, 여러 신들이 같은 일을 주관할 때도 있다. 여러 일들이 한 신과 동일시되는 좋은 예로는 유피테르를 들 수 있는데, 온 세계가 유피테르로 여겨지거나 하늘만 똑같이 생각되기도 하고, 하나의 행성(목성)이 유피테르의 이름으로 불리기도 한다. 유노도 이와 마찬가지이다. 이 여신은 보조적인 원인들을 다스리는 여왕인 동시에 공기와 흙만으로 여겨지기도 한다. 나아가서 만일 유노가 베누스에게 승리했더라면 (새벽의) 명성도 유노라는 이름으로 불렸으리라.*45 미네르바에 대해서도 마찬가지로, 이 여신은 에테르 계의 최상부로 여겨지는 동시에 에테르계의 맨 아래에 있다고 생각되는 달과도 동일시된다. 이에 비해 하나의 일을 여러 신으로 만드는 예는 다음과 같다. 유피테르와 야누스, 두 신은 함께 세계라고 보기도 하고, 유노뿐만 아니라 대지모신과 케레스도 대지라고 말한다.

제17장 바로는 자신의 이야기가 억측임을 스스로 인정했다

내가 이제까지 예를 들기 위해 설명했던 그들의 주장 또한 똑같이 적용할 수 있다. 그들은 이 문제를 명백하게 설명하기는커녕 오히려 혼란에 빠뜨렸다. 그들은 불안정한 견해의 충동에 사로잡혀 이리저리 비약했는데, 바로 자신도 어떤 것을 확신하기보다 모든 것을 의심하는 쪽을 선택한 듯이 보인다. 그는 마지막 세 권의 책 가운데 첫 번째 권에서 확실한 신들에 대해 논했고, 다음 권에서는 불확실한 신들에 대해 이렇게 말했다.

"내가 이 책에서 신들에 대해 의심스런 견해를 말한다고 해도 그 때문에 비난받아서는 안 될 것이다. 왜냐하면 나의 의견에 귀를 기울인 뒤, 더욱 확실한 판단이 필요하며 또한 그렇게 할 수 있다고 여기는 사람은 누구든지 스스로 그렇게 하면 되기 때문이다. 나는 이 책에서 어떤 확실한 결론을 내리기보다는 첫 번째 책에서 내가 말한 것에 대해 좀 더 쉽게 의문을 제기하도록 이끌 것이다."*46

때문에 그는 불확실한 신들에 대한 책뿐만이 아니라 확실한 신들에 대한 책까지 불확실하게 만들고 말았다. 또한 선택받은 신들에 대한 제3권에서도, 자연 신학에 대해 생각한 것을 먼저 말한 뒤, 이 민간신학의 공허함과 불건전한

---

*45 7권 15장, 21권 8장 참조.
*46 6권 2장 참조.

기만을 이야기했다. 그러나 그는 사물의 진리가 이끄는 대로 따라가지 않았을 뿐만 아니라, 조상 이래 내려온 전통과 권위의 중압감에 짓눌려 있었다.

"내가 이 책에 기록하려는 것은 로마 시민이 공인한 신들에 대해서이다. 로마 시민은 이 신들에게 신전을 바치고, 온갖 신상을 세워 찬양하면서 특별하게 다뤄왔다. 하지만 내가 이제부터 기술하는 것은 확신을 가지고 주장하는 것이 아니라 콜로폰의 크세노파네스가 말했듯이, 아마도 그럴 것이라고 내가 생각하는 것이다. 이러한 사항에 대해 인간이 할 수 있는 것은 억측일 뿐, 확실한 지식은 오직 신의 것이기 때문이다."*47

그가 이렇게 이제부터 말하려는 것은 인위적으로 만들어진 것이고, 확실하게 파악되지도 않았으며, 확고하게 믿어지고 있지도 않은 억측, 나아가서는 의심할 필요가 있는 사항에 대한 터무니없는 논의임을 소심하게 예고한 것이다. 그는 세계의 존재, 하늘과 땅의 존재, 하늘이 별들로 빛나고, 땅이 결실을 맺도록 하는 것, 그리고 그 밖의 이러한 사항에 대해서는 알고 있었다. 또 마찬가지로, 이 세계라는 거대한 덩어리의 구석구석, 나아가서는 모든 자연이, 어떤 눈에 보이지 않는 지배적인 힘에 의해 다스려지고 인도되고 있다는 점에 확신을 가지고 있었다. 하지만 그는 야누스 신이 곧 세계라고 확신하지 못했으며, 또 사투르누스 신이 유피테르의 아버지이면서도 어째서 그 지배 아래 복종하게 되었는지, 그리고 그 밖의 사항에 대해서도 확증하지 못했다.

제18장 인간을 신격화한 이교도의 신들

이교도들은 다음과 같은 견해를 주장하는 경우가 있는데, 그것은 이러한 사항에 대해 꽤 이해할 만한 설명이 될 것이다. 즉 신들은 처음에는 인간이었지만, 이들의 비위를 맞추려고 한 사람들이 그들을 신이라고 주장하며, 그들에게 그 재능과 성격, 역할, 운명을 바탕으로 종교의식과 제전을 정했다는 것이다.*48 이런 종교의식과 제전은 온갖 정령들과 비슷한 영혼을 가지고, 오락거리를 찾아다니는 사람들 속에 서서히 스며들어 멀리, 그리고 널리 퍼졌다. 시인들은 거짓말로 이러한 종교의식과 제전을 꾸며냈으며, 사악한 영들은 사람들을 속이고 유혹했다. 왜냐하면 젊은 유피테르가 불효한 아들이었다 해도, 또 무도한

---

*47 디루스 크란츠 편 《소크라테스 전의 철학자 단편집》
*48 에우헤메로스의 견해를 가리킨다. 6권 7장, 7권 27장 참조.

아버지에게 살해당하지 않을까 두려웠다 해도, 지배욕 때문에 아버지를 왕좌에서 몰아냈다고 보는 편이, 바로의 다음과 같은 해석보다도 한결 더 그럴듯하기 때문이다. 바로는 유피테르에게 속하는 원인이 사투르누스에게 속하는 종자보다 앞서기에, 아버지인 사투르누스가 아들 유피테르에게 정복당했다고 보았다.

그의 말 대로라면, 사투르누스는 먼저 존재할 수 없으며 따라서 결코 유피테르의 아버지가 될 수 없다. 그의 주장에 따르면 늘 원인은 종자에 앞서며 그것이 종자에서 태어나는 일은 절대로 없기 때문이다. 그러나 아무리 혜안을 지닌 인물이라 해도, 완전히 근거도 없이 지어낸 이야기이든, 인간의 실제 행위이든, 그것을 자연학적으로 풀이해 숭배하려고 할 때 곧잘 이런 곤경에 빠지게 된다. 그 결과 우리는 그들의 그 허위를 탄식하지 않을 수 없는 것이다.

제19장 사투르누스

바로는 "사투르누스가 아들을 삼키는 버릇이 있었던 것은, 종자는 자기가 태어난 본디의 장소로 되돌아가기 때문이다. 그리고 사투르누스에게 어린 유피테르 대신 흙덩이를 던져 그것을 삼키도록 한 까닭은 쟁기로 땅을 가는 기술이 발견되기 이전에는, 곡물의 열매는 먼저 인간의 손으로 뿌려져 흙에 묻혔음을 나타낸다."[49]

그렇다면 사투르누스는 종자가 아니라 바로 흙이라고 말해야 하리라. 종자는 흙에서 나고 다시 흙으로 돌아가 그곳에 받아들여지므로, 흙이야말로 생산한 것을 다시 삼키기 때문이다. 그리고 이 신은 유피테르 대신 흙덩이를 제공받았다고 하는데, 이 일과 종자가 옛날에는 사람 손에 의해 흙속에 묻혔다는 것 사이에는 어떤 관계가 있는 것인가. 흙으로 덮이지 않은 종자는 달리 삼켜지지 않는다는 말인가. 즉 이 풀이에 따르면, 종자는 흙으로 덮여 더욱 완벽하게 흙속에 삼켜지는 것이 아니라, 오히려 흙이 주어짐으로써 유피테르가 사투르누스에게서 분리된 것이다. 이것은 흙을 갖다 둔 사람이 종자를 가져가 버렸음이 암시되어 있는 것이다. 그렇다면 유피테르는 앞에서 이따금 언급된 종자의 원인이 아니라 종자라는 말이 된다. 이렇게 어리석게 풀이하면서 지혜로운

---

[49] 6권 8장, 7권 9장(거기서 제시된 것은 '흙덩어리'가 아니라 '돌'이다), 26장 및 헤시오도스의 《신통기》 485-491 참조.

판단을 내리지 못할 때는 도대체 어찌 해야 하는 것인가.

바로는 "사투르누스가 갈고리를 지닌 까닭은 농사일 때문"이라고 말했다. 그러나 사투르누스가 다스리던 시대에는 아직 농업이 시작되지 않았다. 사투르누스의 시대를 원시시대라고 하는데, 바로 자신도 그 신화를 풀이했듯이 원시시대 사람들은 땅에서 자연적으로 생긴 씨앗을 먹고 살았기 때문이다. 사투르누스에게 갈고리가 주어진 것은 아마도 왕위를 잃어버린 뒤인 듯하다. 그렇다면 그는 초기에는 왕으로서 편안히 살았지만, 아들에게 왕위를 빼앗긴 뒤로는 힘겹게 일하는 노동자가 되어버렸다는 것인가?

이어서 바로는 모든 종자 가운데 인류의 종자가 가장 뛰어나다고 말한다. 그러므로 어떤 민족들, 예컨대 카르타고인은 사투르누스에게 소년을 제물로 바쳤고, 갈리아인은 노인까지도 제물로 바쳤다고 한다. 이 잔인하고 광기어린 짓에 대해 무슨 말을 더 하겠는가! 오히려 우리는 다음과 같은 사실에 유의하며 마음에 새겨넣어야 하리라. 이런 해석들은 생명을 가지고, 형상은 없으며, 불변하는 분으로서 영원하고 복된 생명을 줄 수 있는 참된 하느님과는 아무런 관련이 없으며, 오직 물체적이고, 사멸하며, 가변적이고, 유한한 것들의 영역에 속한다는 사실이다.

바로의 말에 따르면, 사투르누스가 자기 아버지인 켈루스(하늘)를 거세했다는 신화 이야기는, 신의 종자가 켈루스가 아닌 사투르누스의 손 안에 있음을 뜻한다. 하늘에서는 그 어떤 것도 종자에서 생겨나지 않기 때문이다. 하지만 사투르누스가 켈루스의 아들이라면 유피테르의 아들이 되기도 한다. 그들은 수없이, 유피테르가 하늘이라고 강력하게 주장했기 때문이다. 이처럼 진리에서 나오지 않은 교묘한 말은 대부분 누군가가 타격을 주지 않아도 서로 충돌해 저절로 자멸하게 마련이다.

바로는 사투르누스가 크로노스라고도 불린다고 말했다. 크로노스는 시간을 뜻하는 그리스어이며, 종자가 풍부한 결실을 맺으려면 시간이 필요하기 때문이라는 것이다.*50 사투르누스에 대해서는 이밖에도 많은 이야기가 있지만 모두 종자와 관련된 것뿐이다. 그러나 사투르누스는 적어도 그만한 능력을 지녔으므로 종자에는 그 하나만으로 충분하리라. 그렇다면 무엇 때문에 씨앗을 위해

---

*50 4권 10장 참조.

다른 신들, 특히 리베르와 리베라, 즉 케레스가 필요하단 말인가? 바로는 이 종자에 관련된 신들에 대해 말할 때는, 마치 사투르누스에 대해서는 아무 이야기도 하지 않은 듯이 종자에 대한 많은 말을 늘어놓았다.

제20장 케레스

케레스를 섬기는 많은 의식 가운데 아테네인들 사이에서 이름 높았던 엘레우시스의 의식*51이 널리 알려져 있다. 바로는 이러한 비밀스러운 종교 의식에 대해 오로시 케레스가 발견한 곡물과, 그녀가 명부의 신인 오르쿠스에게 빼앗긴 딸 프로세르피나와 관련된 것만 설명한다.*52 그는 프로세르피나가 종자가 풍부하게 맺는 결실을 상징한다고 말했다. 즉 옛날 어느 시대에 풍요로움이 사라져 대지가 불모 상태가 되었는데, 그 풍요로움을 상징하는 케레스의 딸을 오르쿠스가 유괴해 지하 명계에 감금해버렸다는 이야기이다. 케레스의 딸은 '프로세르페레(서서히 발아하다)'라는 말에서 나온 프로세르피나라 불리게 되었다. 이 사건이 공식적으로 해결되고 나자 다시 풍요로움이 되살아났다. 사람들은 그 일을 프로세르피나의 귀환이라며 기뻐했고, 그리하여 케레스를 숭배하는 제의가 정해진 것이라고 그는 설명한다. 이어서 그는, 이 케레스 여신과 관련된 의식에 대해서는 그밖에도 많은 이야기들이 전해져 오고 있지만, 모두 농작물의 발견에 대한 것뿐이라는 점을 말했다.

제21장 리베르

리베르는 액상의 씨앗, 즉 제1순위를 차지하는 와인을 대표로 하는 과실의 액즙뿐만 아니라, 동물의 정액까지 도맡았다. 이 신에 대한 제의가 얼마나 파렴치한 것인지를 말하자면 끝이 없을 듯해서 차라리 시작도 하고 싶지 않지만, 그런 일을 하는 자들의 오만함과 우매함을 생각하면 이야기하지 않을 수가 없다.

이 제의는 그 수가 너무 많아서 어쩔 수 없이 어느 정도 줄이기로 한다. 바로의 말에 의하면, 이탈리아 지방 네거리마다 리베르를 위한 제사를 지내는데,

---

*51 엘레우시스는 아티카의 데메테르 여신(곡물의 여신—케레스와 동일시된다)을 숭배하는 밀교의 중심지로, 아테네 북서쪽 해안에 있으며, 초가을에 성대한 축제가 열렸다.

*52 4권 8, 10장, 7권 16, 24장 및 키케로의 《신의 본성에 대하여》 2, 66 및 67 참조.

남근에 대해 제사를 지내는 것으로, 말할 수 없이 외설적이라는 것이다. 게다가 조금이라도 수치스러움을 느끼고 비밀스럽게 진행하는 것도 아니고, 음란함을 온 세상에 드러내며 행해진다는 것이다. 신체의 외설스러운 부분을 리베르 제의 기간에 작은 수레에 싣고 시골 네거리에서 도시로 옮겼다. 또 바로의 말에 따르면 라비니움 시에서는*53 한 달 내내 이 신체 부분이 광장을 가로질러 옮겨져 리베르 신전에 놓일 때까지, 사람들은 외설스럽기 짝이 없는 말을 서로 주고받았다고 한다. 그리고 이 민망한 신체 부위에, 가장 명문 집안의 유부녀가 대중이 보는 앞에서 화관을 걸어주는 관습까지 있다고 한다.*54 다시 말해, 종자가 풍요로운 결실을 맺도록 밭에서 저주를 몰아내기 위해 리베르 신을 달래주어야 했다. 그 때문에 관중 가운데 명문 집안 부인이 있을 때면 이를테면 창녀라도 절대 못할 짓을, 유부녀에게 이렇게 공개적으로 하도록 강요했던 것이다.

이렇듯 사투르누스의 힘만으로는 종자를 관장하기에 충분하지 않다고 생각한 것은, 부정한 영이 신의 수를 늘릴 기회를 노렸기 때문이다. 이러한 영혼은 그 부정함 때문에 마땅히 참된 유일신에게 버림받은 뒤, 부정함을 더욱 탐하면서 많은 거짓 신들을 떠받들며 이와 같은 신성모독을 종교의식이라 부르며 한 무리의 음란한 악령들에게 모욕당하고 오염되기 위해 자기를 내맡긴 셈이다.

제22장 넵투누스, 살라키아, 베닐리아

이교도들 주장에 따르면 우주의 물인 넵투누스에게는, 바다 속 깊은 곳에 있는 물의 여신 살라키아라는 아내가 있었다. 그런데도 베닐리아가 넵투누스와 결혼한 것은 도대체 어찌된 일일까.*55 그것은 종교의식의 필요성 때문이 아니라, 오로지 더 많은 악령들을 불러들이려는, 부패한 영혼의 욕정에서 나온 것으로밖에 생각할 수 없다.

그러나 어쨌든 변명을 통해 우리의 비난을 막으려고 하는, 저 유명한 신학이

---

*53 3권 11, 14장 참조.
*54 7권 24장 참조.
*55 4권 10-11장 참조. 넵투누스는 7권 16장에서도 볼 수 있듯이, 세계의 모든 물을 관장하는 것으로 되어 있는데, 포르피리오스는 《신상론(神像論)》 단편 8=에우세비오스 《복음의 준비》 3, 11, 22) 바닷물만 이 신(포세이돈=넵투누스)에게 맡기고, 강물은 다른 신 아케로오스에게 맡기고 있다.

풀이하는 바를 먼저 제시하고자 한다. 바로는 '베닐리아는 해안에 밀려오는 파도이고, 살라키아는 바다로 돌아가는 파도'라고 설명했다.[56]

그러나 밀려왔다가 돌아가는 것은 똑같은 물인데 여신이 둘인 까닭은 어찌된 일일까? 아무리 생각해도 이것은 끓어오르는 욕정에서 나온 것임에 틀림없으리라. 물이 흘러왔다가 다시 돌아간다고 해서 두 배가 되지 않는데도, 이러한 허위를 구실로 두 정령들을 불러들여, 더욱 오염시키기 위함이 아닐까?

바로여, 아니 오히려 이렇게 학식 있는 사람들이 쓴 그러한 책을 읽고, 거기서 대단한 것을 배웠다고 의기양양해 하는 이교도들이여, 부디 여신이 짝을 짓고 있는 것에 대해 설명해 주지 않겠는가? 나는 굳이 유일신인, 영원하고 불변하는 본성에 근거를 두고 설명해 달라는 것이 아니다. 그대들이 참된 신으로여기는 세계의 영혼과 그 부분에 꼭 들어맞게 이야기해 달라는 것이다.[57] 그대들이 바다 구석구석 스며든 세계혼의 일부를 넵투누스 신으로 삼은 것이 잘못이라 해도 그런대로 용납할 만하다. 그러나 바닷가에 밀려왔다가 다시 바다로 돌아가는 파도는, 세계의 다른 두 부분인가, 아니면 세계혼의 다른 두 부분인가, 도대체 어느 쪽이 진실인가? 설마 이러한 일이 의미를 가진다고 생각할만큼 어리석은 사람은 그대들 가운데는 없으리라. 그렇다면 왜 밀려왔다가 돌아가는 파도가 그대들에게는 두 여신이 되었을까. 그대들의 지혜로운 조상들이, 그대들을 많은 신들의 지배 아래 두어 이러한 허위와 허영심을 즐기는 많은 정령들이 하나라도 더 많이 그대들의 마음을 차지하도록 한 것이 아닐까? 그리고 살라키아는 바다의 깊은 부분이고, 그 자리에서 남편의 지배를 받고 있지만, 이런 풀이를 적용하면 그 위치를 잃어버리게 되는데, 그것은 무슨 까닭인가? 왜냐하면 그대들이 조금 전에 살라키아는 돌아가는 파도라고 했을 때, 이 여신을 바다 표면으로 옮긴 셈이기 때문이다. 그게 아니면, 남편이 베닐리아를 아내로 맞이한 일에 화가 난 살라키아가 자기 남편을 바다에서 내쫓아버렸다는 것인가?

---

[56] 베닐리아에 대해 4권 11장에 전하고 있듯이《인간과 신에 대한 고사내력》신에 대한 제14권), 바로는 '다가올 희망'이라는, 여기와는 다른 해석을 내리고 있다.

[57] 7권 9장에서 볼 수 있듯이, '참된 신(들)'이란 세계의 영혼과 그 부분이라고 보는 바로의 관점 참조.

제23장 대지의 여신으로 보는 신격화의 모순

틀림없이 대지는 오직 하나이고, 우리가 뚜렷하게 눈으로 보는 것처럼 그것은 고유한 생명들로 가득 차 있다. 또 대지는 여러 원소들 가운데 거대한 덩어리를 이루고 있음에도,[*58] 세계의 가장 낮은 부분을 이루고 있다. 그런데 왜 이 대지를 이교도들은 여신이라고 주장하는 것일까? 대지가 풍요로운 결실을 가져오기 때문일까? 만일 그렇다면, 거기에 쟁기질을 하고 정성들여 경작해 더욱 풍요롭게 가꾸는 인간들이 오히려 더 신성한 존재가 되어야 마땅하지 않을까? 하지만 이교도들은 세계 혼이 대지에 구석구석 스며들어 있기에 대지는 곧 여신이라고 말한다. 그렇다면 인간 안에 영혼이 있다는 것이 더 확실하지 않은가? 인간에게 영혼이 있는 것은 틀림없는 사실이지만 그런데도 그들은 인간을 신으로 여기지 않는다. 게다가 참으로 슬픈 일이지만 그들은 놀랍고도 안타까운 오류에 빠져, 실제로는 신이 아니라 영혼을 가지고 있는 인간들이 그들에게 복종하고 예배하고 떠받들어야 한다고 말한다.

바로는 선택받은 신들에 대한 책에서, 세계를 모두 통틀어 영혼에 세 단계가 있음을 똑똑히 주장했다. 그의 말에 따르면, 첫 번째 단계는 실제로 생명을 가지고 있는 신체의 모든 부분에 깃들어 있지만 감각은 없으며, 오직 살아가는 데 필수적인 힘만 지닌 영혼이다. 그 힘은 우리의 신체에서는 뼈와 손발톱과 머리카락에 들어 있다. 마찬가지로 땅 위에 있는 나무도 감각을 느끼지는 않지만, 양분을 빨아들여 성장하면서 나름대로의 방법으로 살아간다. 영혼의 제2단계에는 감각이 있으며, 이 힘은 눈, 귀, 코, 뼈, 촉각에 들어 있다. 세 번째는 영혼의 최고 단계로 정신이라 불리며, 그것을 지배하는 것은 지성이다. 바로는 피조물들 가운데 오직 인간만이 이 정신을 가졌다고 말한다.

그는 세계혼의 제3단계를 이루는 이 부분을 신이라고 부르는 한편, 인간에게는 게니우스라고 부른다. 세계에는 우리가 눈으로 볼 수 있는 돌과 흙이 있는데, 그것에는 감각이 미치지 않으며, 말하자면 신의 뼈와 손발톱 같은 것이라고 그는 말한다. 이에 비해 우리의 감각이 느끼는 태양과 달과 별을, 바로는 신의 감관이라고 말했다. 신은 그것을 이용해 감각을 느낀다는 것이다. 그의 말에 따르면 에테르는 신의 정신이고, 신의 이 힘은 모든 천체에 미치며, 그것 또

[*58] 플라톤의 《에피노미스》 981B 참조.

한 신들을 이룬다. 그리고 이 힘이 여러 천체를 거쳐 내려와서 대지에 스며들면 여신 텔루스가 되고, 그것이 대지에서 바다와 대양으로 퍼져간 것은 넵투누스 신이다.*[59]

그러나 바로는 그가 자연 신학이라 부르는 이러한 사항에서 민간신학으로 돌려보내기로 하자.*[60] 그는 민간신학에서 볼 수 있는 심한 억지와 탈선에 지쳐서, 말하자면 잠시 숨을 돌리기 위해 자연신학으로 빠져버렸다. 거듭 말하지만, 그를 민간신학으로 돌려세워야 한다. 그러나 그를 잠시만 더 붙잡아 두고, 자연신학에 대해 내가 아직 다루지 않은 여러 점들을 검토해 보기로 하자. 만일 대지와 돌이 신의 뼈와 손발톱이라면, 그것은 우리의 뼈와 손발톱과 마찬가지로 감각이 없고, 지성도 갖지 않는다. 그러나 우리의 뼈와 손발톱은 지성을 가진 인간에 속해 있다. 만일 그것이 지성을 가진다 하더라도 대지와 돌이 우주의 안에 있으므로 신이라고 주장하는 자는, 뼈와 손발톱이 우리 인간의 내부에 있으므로 인간이 될 수 있다는 이야기처럼 어리석은 것이다.*[61] 그러나 이런 사항은 철학자들을 상대로 논의해야 하므로, 한동안 나는 바로를, 철학자보다는 정치와 관련된 신학자로 상대할 생각이다. 왜냐하면 그는 자연신학의 이른바 자유로운 공기 속으로 잠시 머리를 쳐들려고 한 것처럼 보이지만, 실상은 오히려 다음과 같았을 것이기 때문이다. 즉 그렇게 해보기는 했지만 이 책의 목적과 자신이 정치와 관련된 일을 맡고 있음을 아울러 생각하고,*[62] 또한 민간신학의 관점에서 이 책 내용을 다시 헤아려 봐서, 자신의 조상 또는 다른 국민들이 텔루스와 넵투누스를 아무 이유도 없이 숭배했다고 생각하는 일이 없도록 그런 말을 했을지도 모른다.

하지만 그렇다 해도 나는 이렇게 말하고 싶다. 하나인 대지에 널리 퍼져 있는 세계혼의 부분을 그는 왜 텔루스라 부르는 여신 하나로 만족하지 않았을까? 만약 그렇다면, 유피테르와 넵투누스의 형제이고, 이교도들이 디스 파테르

---

*59 7권 2, 3, 6장의 주석 및 바로의 《라틴어》 5, 102, 키케로의 《신의 본성에 대하여》 2, 33, 34 참조. 또한 키케로의 경우에는 식물–동물–인간(라티오)–신(=세계)의 4단계로 되어 있으며, 바로에게서 볼 수 있는 '아니마'와 '아니무스'의 구별은 없다. 또한 아우구스티누스의 저작에는 영혼이 하는 이런 종류의 여러 단계에 대한 언급을 자주 볼 수 있다.

*60 6권 2, 6, 9장 및 7권 5장 참조.

*61 7권 5장에서 볼 수 있는 전체와 부분의 비교에서 비롯된 세계의 신격화 발상 참조.

*62 6권 2장에서 볼 수 있는 바로의 내용 참조.

라고 부르는 오르쿠스가 있을 곳은 어디인가. 또 오르쿠스의 아내 프로세르피나가 있을 곳은 어디인가. 게다가 바로의 같은 책에 나와 있는 다른 견해에 따르면, 프로세르피나는 대지의 풍요로움이 아니라 그보다 더 낮은 부분, 즉 지하로 불린다.*[63] 세계혼의 어떤 부분이 대지 위쪽에 스며들면 남신 디스 파테르가 되고, 그보다 낮은 부분에 퍼지면 여신 프로세르피나가 된다고 주장한다면, 여신 텔루스는 어떻게 되는 것인가? 그것은 본디 텔루스의 영역이었던 대지가 이렇게 두 부분과 두 신으로 완전히 나누어지는 바람에 정작 그 여신의 본성은 어떻고, 또 어디에 있는지조차 알 수 없게 되었다. 즉 오르쿠스와 프로세르피나 두 신들이 하나가 된 것을 여신 텔루스라고 보지 않으면 설명이 되지 않는다. 그러나 실제로는 이 세 신의 이름이 불리고 있고, 세 신이 모두 있다고 여기며 저마다 고유의 제단과 신전과 종교의식, 신관들에 의해 숭배되고, 저마다 고유의 악령들을 이용해 영혼을 어지럽히고 변절시키며 완전히 타락시키고 있다.

또 세계혼의 일부가 대지의 도대체 어느 부분에 깃들면 남신 텔루모가 되는 것인지 여기서 대답을 듣고 싶지만, 바로는 그렇지 않다고 하며 다음처럼 말한다.

"하나의 대지가 종자를 생산하는 남성적인 힘과 종자를 받아들여 키우는 여성적인 힘, 즉 두 힘을 모두 가지고 있고, 따라서 텔루모와 텔루스는 같은 대지의 남성적이며 여성적 힘을 뜻한다."

그런데 바로가 지적한 대로, 신관들은 이 밖에도 두 신을 더하여 텔루스, 텔루모, 알토르, 루소르, 네 신에게 희생을 바치는데, 이것은 어찌 된 일일까? 텔루스와 텔루모에 대해서는 이미 언급이 되어 있다. 그렇다면 왜 알토르를 추가해 그에게도 희생을 바치는 것일까?*[64] 바로의 말에 따르면, 태어난 것은 모두 대지에서 양분을 취해 자라기 때문이라고 말했다. 그럼 루소르는 왜 숭배하고 제사를 바치는 걸까? 바로는 태어난 모든 것은 다시 같은 대지로 돌아가기 때문이라고 말한다.

---

*63 4권 10장 참조.
*64 텔루스에 대해서는 4권 10장, 7권 24장 참조. '알토르'와 '루소르' 두 신은 아우구스티누스의 이 대목에서만 볼 수 있다.

제24장 텔루스

따라서 대지는 하나이지만 이러한 네 힘으로 네 개의 다른 이름을 갖게 되었다. 그러나 그렇다고 해도 네 신으로 여겨져서는 안 되는 것이다. 그것은 바로 유피테르와 유노가 그토록 많은 이름으로 불리고 있지만, 그 호칭은 한 남신과 여신에게 다양한 힘이 깃들어 있고 귀속해 있음을 나타내는 것뿐, 이런저런 다른 이름이 있다고 해서 그만큼 많은 신들이 있는 것은 아닌 것과 같다. 그러나 천박하기 짝이 없는 여자라도 사악한 욕망에 따라 어울리던 남자들에게 언젠가는 싫증을 느끼고 후회하는 일이 이따금 있는 것과 마찬가지로, 타락하고 부정한 영혼들에 의해 변절한 영혼도, 자신을 굴복시키고 오염시킬 신들의 수를 늘리는 데 열중한 일을 언젠가는 부끄럽게 여기게 마련이다. 그것은 마치 신들의 수가 지나치게 많은 것에 질렸듯이, 바로 자신도 텔루스를 단 하나의 여신으로 보는 다음과 같은 주장을 했기 때문이다.

"텔루스는 대지모신으로도 불린다. 이 여신은 평평한 원형의 대지이기도 한데, 그것을 드러내기 위해 작은 북을 지니고 있다. 또 지상의 도시를 나타내기 위해 머리 위에 탑을 얹고 있다. 이 여신의 모습이 앉아 있는 것은, 만물이 곳곳에서 움직이고 있지만 이 여신 자체(대지)는 전혀 움직이지 않음을 뜻한다. 거세당한 갈루스라 불리는 신관들이 이 여신의 시중을 들게 된 까닭은, 종(정)자가 없는 자는 대지에 발을 딛고 살아야 함을 나타내고 있다. 그것은 대지에서 모든 종자가 발견되기 때문이다. 갈루스들은 이 여신 상 아래에서 움직이며 돌아다니는데, 그것은 대지를 일구는 자는 앉아 있어서는 안 된다는 것을 나타낸다. 대지를 경작하는 자에게는 끊임없이 할 일이 있기 때문이다. 이 여신의 행렬에서 울리는 요발(鐃鈸) 소리는 농기구를 세게 부딪치는 소리, 나아가서는 농경할 때 액막이를 위해 내는 손뼉소리, 구리 농기구가 내는 리드미컬한 소리를 나타내고, 그 요발이 청동으로 만들어진 까닭은 철이 발견되기 전의 고대인들은 청동 농기구로 대지를 경작했기 때문이다. 또 그가 말한 바에 따르면 이 여신 곁에는 묶어두지 않은, 길들여진 사자 한 마리가 지키고 있는데, 그것은 아무리 척박한 두메라 해도 개간하고 농사지을 수 있음을 보여주기 위함이다."[*65]

[*65] 이 대목은 텍스트에 파손이 있어서 몇 가지 문제가 있지만, 세비야의 이시도루스《어원》8, 2, 16에서 볼 수 있는, 여기와 내용상 같은 주장을 한 서술을 토대로 하고 있다. 루크레티

이어서 바로는 어머니인 텔루스(대지)는 수많은 이름과 별칭으로 불리고 있으므로, 그 수 만큼 많은 신으로 여겨졌다고 말하며, 다음처럼 주장했다.

"텔루스는 오푸스로 일을 해서 땅이 더 좋아지리라는 의미이다. 많은 것을 낳기 때문에 모신(母神 : 마테르)으로 여겨지며, 음식을 생산하기에 대여신(大女神 : 마그나)으로 통하고, 거기서 농작물이 서서히 발아하므로 여신 프로세르피나로 여겨지며, 초목으로 뒤덮여 있어서 여신 베스타로도 생각된다."

텔루스는(사실대로 말한다면 본디 여신도 아니지만) 바로의 말대로 한 여신이라면, 어째서 잇따라 여러 여신이 된 것일까. 그 호칭의 수만큼 많은 여신을 만들고 싶었던 것은 아니고, 이렇게 흩어진 신의 위엄을 (오직 텔루스) 한 신에게 속하도록 하고 싶었을지도 모른다. 그러나 이런 견해를 말한 뒤, 바로는 오류에 빠진 조상의 권위에 중압감을 느끼고 흔들리고 말았다. 그래서 뒤이어, "이제까지 한 여신들에 대한 이야기는 그것이 많은 수로 존재한다고 하며 한 조상의 견해와 모순되는 것은 아니다." 이렇게 주장했다. 그러나 어째서 모순되지 않는다는 말인가? 한 여신이 여러 이름을 가진 것과 많은 여신이 존재하는 것은, 서로 매우 다른 것이 아닌가. "그러나 어떤 하나가 통일성을 가지는 동시에, 그 안에 다양함을 지니는 것 또한 가능하다." 이렇게 그는 말했다. 나는 한 인간 안에 다양함이 존재하는 것은 인정한다. 하지만 그렇다고 해도 많은 인간이 한 인간 안에 동시에 존재할 수 있을까? 마찬가지로, 한 여신 안에 다양함이 있다고 해서 어떻게 많은 여신이 그 한 여신 안에 존재한다고 할 수 있겠는가? 그러나 어쨌든 분리해 보고 결합해 보거나, 늘려보고 줄여보고 뒤섞어 보면서 하는 데까지 해보아야 한다.

이것이 텔루스, 나아가서는 대지모신의 잘 알려진 비밀스런 종교의식이다. 거기서는 모든 의식이 죽음을 피할 수 없는 종자와, 실제 농작업과 관련되어 있다. 그렇다면, 이 종교 의식과 관련해 그것을 목적으로 하는 것들, 즉 작은 북, 탑, 신관인 갈루스들, 팔다리의 열광적인 움직임, 요발이 내는 리드미컬한 소리와 사자의 등장은, 참으로 누구에게나 영원한 생명을 약속하는 것일까. 거세당한 갈루스들이 이 대지모신을 섬기는 까닭은, 종(정)자가 없는 자는 대지에 달라붙어 살아야함을 나타내기 위함이라고 하는데, 정말 그런 것일까? 그

우스《사물의 본성에 대하여》2, 600, 624, 오비디우스《변신 이야기》10, 681 참조.

것은 마치 갈루스들이 정자가 없는 까닭이 이 여신 때문인 것처럼 여겨지지 않은가. 그렇다면, 갈루스들은 정자가 없기 때문에 이 여신에게 봉사해 종자를 얻으려 하는 것인가, 아니면 오히려 정자를 지녔으나 이 여신에게 봉사하면서 스스로 종자마저 잃게 된 것인가? 이런 일을 이야기하는 까닭은 비밀스런 종교의식을 설명하고자 하는 것인가, 아니면 비난하고자 하는 것인가. 게다가 사악한 악령들이, 이러한 종교의식에서 은혜는 조금도 약속하지 않고도 그토록 잔혹한 일을 강요할 힘을 갖게 되었는데도, 그 악령들이 우위를 차지해 버린 것을 전혀 생각지 못하고 있다.

만일 대지가 여신이 아니었다면, 사람들은 자신에게 자해를 가해 결과적으로 대지를 위해 종(정)자를 잃는 짓은 하지 않고, 대지에 손을 내밀어 가꿈으로써 수고를 통해 종자를 얻으려 했을 것이다. 대지를 손질하면 기름져지며, 만일 대지가 여신이 아니었다면, 그것 때문에 인간이 자기 손으로 열매 맺는 능력을 없애도록 강요당하는 일도 없었을 것이다. 물론 리베르 신의 종교의식에서, 정숙한 유부녀가 사람들이 보는 앞에서 남근을 본뜬 것에 장식할 때, 혹시 그 자리에 함께 남편이 있거나 그녀에게 최소한의 수치심이 남아 있다면 얼굴이 붉어지고 식은땀을 흘릴 것이다. 또 혼례 때, 신부가 프리아포스의 남근 위에 걸터앉아야 하는 부끄러운 관행도 있었다.*66 그러나 이러한 관습들도 갈루스들이 스스로 거세하는 잔혹하기 짝이 없는 파렴치, 또는 파렴치의 극을 다한 잔혹함에 비하면 아무것도 아니다. (리베르 신의 혼례의 경우) 사악한 영들의 종교의식으로 남성과 여성의 체면이 손상되지만, 그렇다고 해서 어느 쪽도 자기 몸에 상처를 내는 것이 아니므로 실제로 훼손되는 일은 없다. 이에 비해 텔루스 신의 종교의식에서는 남근을 자르는 것을 두려워하지 않는다. 혼례의 경우에는 신부는 수치심을 느끼기는 해도 수태력이나 처녀성을 빼앗기는 것은 아니다. 그러나 텔루스 신의 의식의 경우에는 남성의 생식력이 사라진다. 그렇다고 해서 갈루스들이 여성으로 바뀌지도 않고 남자로 남아 있는 것도 아니다.

제25장 아티스

갈루스는 대지모신의 애인인 아티스의 사랑을 그리며 스스로 거세했는데도,

---

*66 6권 9장, 7권 21장 참조.

바로는 이 아티스에 대해 어떤 이야기나 설명조차도 하지 않는다. 하지만 학식과 지혜를 겸비한 그리스인들이 그토록 신성시하고 널리 알려진 아티스에 대해 입을 다물고 있을 리가 없으니, 저명한 철학자 포르피리오스는 다음처럼 말했다.*[67] 그에 따르면, 다른 계절에 비해 봄에 대지가 아름다우므로 아티스는 꽃을 나타내며, 아티스가 스스로 거세한 까닭은 꽃은 열매를 맺기 전에 떨어지기 때문이라는 것이다. 그렇다면 꽃이 나타내는 것은 아티스라는 남자의 존재가 아니라 그의 남근이라는 이야기가 된다. 떨어진 것은 남근뿐이고, 아티스는 여전히 살아 있었기 때문이다. 하지만 실제로 남근은 (꽃의 경우와는 달리) 아래로 떨어지거나 꺾인 것이 아니고, 명백하게 말하면 잘라낸 것이다. 그리고 꽃에 비유된 남근이 사라지고 나면, 그 뒤에 열매를 맺을 리가 없고, 오히려 불모의 상태가 된다. 그렇다면 남겨진 아티스는 무엇인가? 거세한 뒤에 도대체 무엇이 남았을까? 그것으로 무엇이 표현되었다는 것인가? 그것을 무엇과 관련지으려는 것인가? 거기서 어떠한 해석을 이끌어내려고 하는가? 아니면, 이 교도들은 이런 의문에 대답하려고 노력하지만 마침내 아무것도 찾아내지 못하고, 거세한 인물에 대해 떠들며 문서에 기록된 이야기만을 무조건 믿어야 한다고 우기려는 셈인가? 어쨌든 바로가 아티스를 무시하고 그에 대해 어떤 말도 하지 않은 것은 그런 일에 적대감을 갖고 있기에 이야기하고 싶지 않았을 것이다. 그토록 학식이 풍부한 인물이 아티스에 대해 몰랐을 리가 없기 때문이다.

제26장 갈루스

마찬가지로 바로는, 남성과 여성이 지닌 수치심을 모두 내팽개치고 대지모신에게 몸을 바친 사람들에 대해서도 아무 말도 하지 않았다. 나 또한 어디에서도 그들에 대해 읽은 기억이 없다.*[68] 그들은 바로 얼마 전까지도 머리카락에 잔뜩 기름을 바르고, 얼굴에는 짙은 화장을 하고, 정숙하지 않은 차림으로 여

---

*67 포르피리오스의 《신상론》 단편 7(유세비우스 《복음의 준비》 3, 11, 12). 또 폐팡의 전게서 342, 385페이지, P. Courcelle, Les Lettres grecques en Occident, P. 172 참조. 또한 포르피리오스의 같은 책에서의 인용으로 생각되는 것을 이 책 10권 21장에서도 볼 수 있다.

*68 바로가 갈루스에 대해 전혀 언급하지 않은 것은 아니며, 7권 24장(《신과 인간에 대한 고사 내력》의 신사(神事) 부분인 16권 카르다노스 단편 267에 해당)에서 볼 수 있듯이, 텔루스의 의식에 대해 이야기하는 과정에서 간접적으로 설명했다. 로셔의 《그리스 로마 신화사전》 키벨레 항의 1658 참조.

자처럼 걸으면서 카르타고 광장과 그 주변을 돌아 다닐 뿐만 아니라, 자신들의 수치스러운 목숨을 이어나가기 위한 양식을 얻고자 노점에서 곧잘 구걸을 하기도 했다. 이런 자들에 대해서는 이해할 수 없으며, 생각만 해도 얼굴이 붉어지고 말문이 막힐 뿐이다.

대지모신은 자신이 낳은 자식인 모든 신들을 뛰어넘었으나, 그것은 신격(神格)의 힘에 의해서가 아니라, 저지른 죄의 크기에 따라서였다. 야누스의 기괴함조차 대지모신이라는 이 괴물과는 비교할 수 없다. 야누스는 오직 그 우상에서 나타난 겉모습이 추할 뿐이었지만, 대지모신의 추함은 그 잔혹한 종교의식에 드러난다. 야누스는 돌로 만들어진 또 다른 몸을 가지고 있지만, 대지모신은 살아있는 인간에게서 신체 일부를 없애 버렸다. 그토록 다양하고 끔찍한 유피테르의 음란한 행동조차 이런 추행을 넘어서지는 못한다. 유피테르는 많은 여성들을 유혹했지만, 천상의 세계를 욕보인 것은 가니메데스를 데려다 놓은 일뿐이었다.*[69] 하지만 대지모신은 그토록 많은 자들을 거리낌없이 거세함으로써 대지를 오염시키고 천상 세계를 모독했다. 이런 잔인함에서 대지모신에게 맞설 만하거나 뛰어넘는 자는 자기 아버지를 거세한 사투르누스밖에 없으리라. 그러나 사투르누스 축제에서는, 자기 손으로 거세한 것이 아니라 다른 사람들 손에 목숨을 잃게 된 것이다.

시인들 말에 따르면 사투르누스는 자기 아들을 삼켰다는데, 자연신학자들은 이 말에 대해 자기들 입맛대로 풀이했다. 역사는 사투르누스가 자기 아들들을 살해했다고 말하지만, 로마인들은 카르타고인들이 아들을 사투르누스에게 제물로 바치는 관습을 받아들이지 않았다.*[70] 이에 비해 신들의 대모인 이 여신은 로마인 신전까지 환관들을 끌어들여 남성들의 성기를 제거하면 로마인들의 힘이 커진다고 믿도록 하며 이 야만적인 관행을 지켜왔다.*[71]

이런 잔혹함에 비하면, 메르쿠리우스가 저지른 절도와 베누스의 난행, 그리고 무대에서 일상적으로 노래하거나 춤을 추지는 않지만 책에서 얼마든지 사례를 들 수 있는 다른 신들의 방탕과 파렴치한 행위는 대수롭지 않은 것이다. 어쨌든 이만한 잔혹한 짓들을 두고 누가 감히 대지모신과 겨루겠는가. 물론 그

---

*69 호메로스 《일리아스》 5, 640 ; 오비디우스 《변신 이야기》 10, 155–161 참조.

*70 7권 9장 참조.

*71 virilia(성기)와 vires(힘)의 신소리.

것은 시인들이 꾸며낸 이야기이기는 하나, 어디까지나 신들을 기쁘게 하기 위함이었으리라. 만일 그것이 시인들의 뻔뻔스러움 때문이라 인정한다고 해도, 그 이야기는 노래되고 이야기되는 해당 신격들의 명령과 강요로 제사와 제물을 바치는 의식에 속해 있으며, 이 경우 신들에게 그 책임이 있는 것이다. 아니 오히려, 이런 신들의 정체가 실은 사악한 정령들이고, 가련한 인간을 속이고 있음을 보여주는 것이나 다름없다. 어쨌든 시인들의 상상으로 신들의 어머니인 신을 숭배하고, 그 여신에게 거세자들의 봉납이 어울린다고 여긴 것은 결코 아니다. 시인들이 그러한 것을 쓴 것은 사람들이 노래하기보다는 오히려 그 잔인함에 두려워하기를 바랐던 것이리라.

이런 선택받은 신들에게 일단 몸을 바치면 그 혐오스러운 미신의 지배 아래 놓여, 부정한 정령들에게 몸을 맡기게 되고 현세에서도 깨끗하게 살아가는 일이 불가능해진다. 그렇다면 죽은 뒤에 복된 삶을 보내려는 사람이라면 어떻게 이러한 신들에게 몸을 바치겠는가. 바로는 "이 모든 것은 세계와 관련되어 있다" 말했다.*72 하지만 그것은 부정한 세계와 관련되어 있다고 생각하는 편이 낫다. 게다가 세계에 틀림없이 있다고 알려진 것 가운데 세계와 관련을 갖지 않은 것이 있을까? 이에 비해, 우리(그리스도교도)가 좇는 것은 참된 종교에 근거를 두고 이 세계를 신으로 숭배하는 것이 아니라, 하느님의 행위로서 이 세계를 신의 창조물로 찬양하는 영혼이다. 즉 우리가 따르고자 하는 것은, 현세의 오염에서 정화되고 맑고 깨끗해져서 세계의 창조자인 신에게 닿고자 하는 영혼이다.

제27장 국가적 신학과 마귀의 관계

우리가 보기에 선택받은 신들은, 다른 신들보다 더욱 이름이 알려져 있다. 하지만 그렇다고 해서 특별히 이 신들의 명예가 높아진 것이 아니며 오히려 온갖 수치가 드러나게 된다. 그러므로 시인들의 저작뿐만 아니라 역사상의 문서에도 전해 내려온 것처럼, 이 신들이 옛날에는 인간이었다고 보는 편이 더욱 설득력이 있다. 예를 들면 베르길리우스는,

"천상의 올림포스에서 가장 먼저

---

*72 6권 5, 6장 참조.

사투르누스가,

유피테르의 무기를 피해 자신의 왕국에서 쫓겨 왔다."

이렇게 말했고[73] 그 뒤로 이에 얽힌 일들이 이어진다. 신들이 옛날에 인간이었다는 점에 대해서는 유헤메로스가 유감없이 폭로했으며, 엔니우스가 그것을 라틴어로 옮겼다.[74] 그러나 나보다도 먼저, 이런 오류에 대한 논박을 그리스어나 라틴어로 저술한 사람들이 많이 있기에 그 점에 대해서 더는 이야기하지 않기로 한다.

자연적 해석에서도, 학식과 통찰력을 두루 갖춘 사람들이 그것에 따라 인간사를 신에 대한 이야기로 바꾸어 보려고 애썼다. 하지만 그러한 해석을 검토해 보면, 거기서 나오는 모든 것이 내가 본 바로는 덧없는 지상에서의 산물이고, 나아가서는 그 본성도 물체로 되돌아가 버리는 것이다. 경우에 따라서 그 본성이 눈에 보이지는 않아도 불변하는 것은 아니며, 결코 참된 하느님이 아니다. 그리고 이러한 해석이 비유적 수법으로 진행되어 경건함과 어긋나지 않는 경우에도, 신화와 이야기에서 볼 수 있는 추악하고 파렴치한 일들이 벌어지거나 종교의식에서 요구되지는 않으므로 그 점은 어느 쯤 참을 수 있다고 해도, 거기서 참된 하느님이 알려지고 찬미되지 않는 것은 유감으로 여기지 않을 수 없다. 그러나 본디 영혼은 오직 유일한 신이 그곳에 깃들어야만 행복해지며, 물질적인 것이든 비물질적인 것이든 참된 하느님이 아닌 만들어진 그 어떤 신령을 섬기는 일은 죄가 된다. 게다가 숭배하는 자의 신체와 영혼은 물론 인간적인 명예도 얻을 수 없는 방법으로 그것을 떠받든다면, 이는 더욱 신을 모독하는 일이 된다.

따라서 세계를 이루는 어떤 원소, 또는 어떤 피조물적인 영이, 그것이 특별히 부정하고 사악한 영이 아니라 해도 참된 하느님에게 바쳐야 하는 성전과 성직자, 제물로써 대신 떠받들어진다면 죄가 된다. 그 까닭은, 제사 때 쓰이는 수단들이 올바르지 않아서가 아니라, 오히려 그런 제사와 예배는 본디 바쳐져야 하는 참된 하느님을 숭배할 때만 드려야 하기 때문이다.

이와 달리 천박하고 기괴한 우상, 인신공양, 남근 장식, 매음, 신체 일부의 절단, 거세, 성 도착자의 봉납, 그리고 불순하고 외설적인 축제흥행으로 오직 하

---

*73 베르길리우스 《아이네이스》 8, 319 이하. 또한 7권 15장 참조.
*74 6권 7장 참조.

나뿐이면서 참된 신, 즉 모든 영혼 및 물체의 창조자를 받들고 있다고 주장하는 자가 있다면, 그자는 숭배해서는 안 되는 것을 받들고 있어서 죄를 짓는 것이 아니라, 섬겨야 할 것을 마땅한 방법으로 받들고 있지 않기 때문에 죄를 짓는 것이다. 그러나 이 파렴치하고 혐오스러운 수단이 참된 하느님, 즉 영혼과 물체의 창조자가 아니라, 영혼이든, 물체이든, 또는 그 양쪽이든, 그 자체는 무해한 것이지만 피조물을 숭배하는 데 쓰인다면, 그것은 하느님에 대해 이중의 죄를 저지르는 것이다. 첫 번째 죄는 창조자인 하느님을 대신해 다른 것을 섬기고 있기 때문이며, 하느님이든 하느님이 아니든 이런 수단으로 떠받들여져서는 안 된다.

이교도들이 얼마나 파렴치하고 불경건하게 제사를 지내왔는지는 이미 명백하게 드러났다. 하지만 그들이 숭배한 것은 무엇이고, 또 어떤 인물들을 신으로서 받들어 왔는지, 추악하고 파렴치함을 그들도 인정하는 그러한 종교의식 자체가 신격화된 것들의 협박과 강요로써 바쳐진 것임을, 그것에 얽힌 이야기가 증명해 주지 않았더라면 여전히 흐릿한 상태로 남아 있었을 것이다. 이렇게 많은 의문점이 밝혀진 이상 민간신학이 불러들인 것은 혐오스럽고 부정하기 짝이 없는 악령들이며, 그들이 추악한 우상 안에 도사리고 그것을 수단으로 어리석은 사람들의 마음을 휘어잡으려고 한 것이다.

제28장 선택된 신들의 대한 바로의 해석은 한결같지 않다

그렇다면 매우 박식하고 날카로운 눈을 가진 바로가, 정교한 논의를 펼쳐, 그 모든 신들을 하늘과 대지로 되돌리는 동시에 그것과 관련 지으려고 몹시 애쓴 목적은 무엇일까? 그러나 그런 시도는 성공하지 못했다. 신들은 그의 손에서 넘쳐흐르고 튀어나와서 비틀거리다 쓰러졌다. 그는 여신들에 대해서 이렇게 말했다.

"내가 신들의 제사 장소에 대해 쓴 제1권에서 이미 말했듯이 신들에게는 하늘과 대지, 두 가지 기원이 있음이 인정되고 있다. 따라서 어떤 신들은 하늘의 신이라 불리고, 또 어떤 신들은 대지의 신이라 불린다. 나는 앞선 책에서 어떤 이들은 하늘로 보고 다른 이들은 세계로 보았던 야누스를 이야기할 때, 먼저 하늘에서 시작했다. 이제 나는 텔루스를 시작으로 여신들에 대해 살펴보려고 한다."*75

나는 그토록 뛰어난 지성의 소유자가 얼마나 당혹감을 느꼈을지 실감할 수 있다. 바로는 그럴듯한 논리로, 하늘은 어떤 작용을 가하고 대지는 그 작용을 받는 것으로 파악했듯이, 전자에는 남성적 힘이 후자에는 여성적 힘이 있다고 여겼다. 그러나 바로는 하늘과 대지를 만든 분이 그 두 영역에 작용하고 있음을 깨닫지 못했다. 또한 그는 널리 알려진 사모트라키아인들의 종교의식을 다룰 때에도 이러한 원리에 바탕을 두고 풀이했다.*76 그래서 매우 엄숙하게 자신이 사모트라키아인들조차 알지 못하는 이런 의식을 글로 풀이해 그 뜻을 가르쳐주겠노라고 약속했다. 또 그는 사모트라키아에 있는 많은 증거들을 연구한 결과 그 우상들 가운데 어떤 것은 하늘을, 어떤 것은 대지를, 또 다른 것은 플라톤이 이데아라고 부른 사물의 원형을 나타낸다는 결론에 이르렀다고 말하고, 하늘은 유피테르, 대지는 유노, 이데아는 미네르바를 뜻한다고 주장했다. 하늘은 그 작용에 따라 태어나는 것을 뜻하고, 대지는 생물이 탄생하는 재료이며, 이데아는 그것을 본떠 창조하는 원형이라는 것이다.*77

이와 관련해 플라톤이 이데아에 대해서 말하기를, 하늘이 그것을 본떠 사물을 만든 것이 아니라, 하늘 자체가 그것을 따라서 만들어졌다고 할 만큼 위대한 힘이 있다고 한 사실에 대해서 나는 굳이 말하고 싶지 않다.*78 그러나 다음에 대해서는 지적해 두고자 한다. 바로는 앞 권(제15장)에서는, (사모트라케의 종교의식에 대한 해석이 보여주듯이) 이러한 세 신들에 의해 만물을 받아들였지만, 선택받은 신들에 대한 이 권에서는 그 관점을 잃어버리고 있다. 이를테면 (이 제16장에서는) 하늘은 모든 남신에게, 대지는 모든 여신에게 주어졌다. 그런데 앞 권에서는 미네르바가 하늘마저 넘어선 위치를 내려 받았음에도 본 권

---

*75 7권 2장의 선택받은 신들의 리스트 참조.

*76 여기서 문제시되고 있는 '선택받은 중한 신들'에 대해 이야기되어 있는《인간과 신에 대한 고사내력》16권보다 앞서는, 본성과 작용을 알 수 없는 신들에 대해 쓴 같은 책 제15권 참조.

*77 카피톨리누스 언덕에 모셔져 있는 '페나테스' 즉 유피테르, 유노, 미네르바 세 신들에 대한 어떤 우의적인 해석.

*78 플라톤《티마이오스》29A 이하 참조. 단, 아우구스티누스는 바로의 경우 '하늘'이란, 여기서는 유피테르와 동일시되고 있는 것에서 알 수 있듯이, '천체'가 아니라 작용인으로서의 우주의 창조자(플라톤이 말하는 '데미우르고스')를 시사하고 있음을 잊고 있다.

에서는 여신들 가운데 하나일 뿐이다. 넵투누스는 남신인데도, 하늘보다는 대지에 속한다고 되어 있다. 마지막으로, 그리스어로 플루톤(Πλουτων)이라 불리는 남신 디스 파테르는 유피테르와 넵투누스의 형제로 전해지는데도, 여기서는 대지의 윗부분을 다스리고 그의 아내 프로세르피나가 아래에 있다고 주장했다. 그렇다면 그는 어떻게 남신들은 하늘과, 또 여신들은 대지와 관련을 지으려고 시도한 것일까? 그의 이러한 논의에서 성실성과 일관성, 사려와 명확함을 인정할 수 있을까?

여신들의 원조는 텔루스, 즉 대지모신이다. 하지만 이 여신에게는 성도착자와 거세자들, 그리고 스스로 신체 일부를 자르고 미친 듯이 춤을 추는 파렴치하고 광기어린 소란이 뒤따라다닌다. 그렇다면, 남신의 우두머리가 야누스이고, 여신의 우두머리가 텔루스라고 한 것은 어찌 된 영문인가. 그리고 야누스는 착오로 머리가 하나 더 만들어졌으며, 텔루스는 광기 때문에 머리가 정상이 아니다. 이러한 것들을 세계와 연결지으려 해도 아무 소용없는 일인데, 왜 이교도들은 기를 쓰고 시도하는 것일까? 만일 그들이 그렇게 할 수 있다고 해도, 경건한 사람이라면 하느님 대신 결코 세계를 숭배하지 않을 것이다. 하지만 그들이 그렇게 할 수 없다는 것은 명백한 진리가 증명한다. 그들은 오히려 죽은 사람들이나 극악한 악령들에게 (신들을) 연관시키는 편이 나으리라. 그러면 아무런 문제도 남지 않을 것이다.

제29장 선택된 신들의 모든 권능은 모두 참된 하느님의 창조와 관계있다

이교도들이 선택받은 신들에 대한 신학적 근거로서—사실은 자연학상의 그럴듯한 이유에서이지만—세계와 관련된다고 여겨지는 모든 것은, 세계를 창조하고 모든 영혼과 신체를 만든 하느님에게 돌려져야 한다. 그렇게 하면 신을 모독하는 일에 대한 걱정과 두려움을 품을 일이 없어질 것이다. 그 까닭은 다음처럼 생각할 수 있다. 우리가 숭배하는 것은 하느님이지, 이 세계를 이루는 하늘과 대지가 아니다. 그리고 우리가 섬기고 있는 것은 단일한 영혼도 아니고, 살아 있는 모든 것에 깃들어 있는 영혼도 아니며, 하늘과 대지 및 그 사이에 존재하는 모든 것의 창조자인 하느님이다. 우리가 숭배하는 것은 모든 영혼, 즉 감각과 이성은 없지만 생명을 지닌 것, 그리고 살아 있을 뿐만 아니라 감각도 지닌 것, 또 그와 아울러 지성을 활용하고 있는 자, 이 모든 것의 창조자이다.

제30장 참된 하느님은 어떤 신인가

그래서 나는 이제 유일하고 참된 하느님이 하신 일들을 하나하나 살펴보고 자 한다. 이교도들은 경건함을 거짓으로 꾸며 더 없이 파렴치하고 끔찍한 종교 의식의 풀이에 몹시 애쓰면서, 실은 (참된) 하느님의 행위를 이용해 수많은 거 짓 신들을 날조했다. 우리가 섬기는 하느님은 스스로 창조한 존재들에게, 존속 하고 활동하는 처음과 끝을 정해 주었다. 그분은 사물의 원인을 모두 이해하 고, 알고, 또한 배려한다. 하느님은 모든 종자들에게 활력을 주었다. 또한 생명 이 있는 것 가운데서도 자신이 선택한 자들에게 정신(아니무스)이라고 하는 이 성적인 영혼을 내리고,*79 언어 능력을 주고 사용할 수 있도록 해주었다. 그분 은 자신이 원하는 얼마간의 영적 존재에게 미래를 예언할 수 있는 능력을 내려 줬으며, 실제로 자신이 원하는 이들을 통해 미래를 예언하고, 그들을 통해 질 병을 몰아내고 있다. 또 하느님은 인류가 전쟁으로써 고쳐지고 벌 받아야 할 필요가 있는 경우, 전쟁의 발단과 경과와 종결을 맡고 있다. 또한 끝없이 드넓 은 자연계의 균형을 지키기 위해 매우 강력하고 더없이 과격한 우주의 불을 창 조해 지배한다. 하느님은 모든 물의 창조자인 동시에 그것을 통치하고 있다. 그 분은 빛을 내는 모든 물체 가운데 가장 빛나는 태양을 창조하고, 그에 알맞은 힘과 운동력을 내려주었다. 하느님은 사자(死者)들의 세계에 대해서도 그 지배 권과 권위의 손길을 거두지 않았다. 뿐만 아니라 하느님은 유한한 자들에게 모 든 종자와 양식을, 저마다 본성에 따라 고체상 및 액상으로 나누어 공급했다. 또한 대지를 다져 기름지게 만든다. 하느님은 대지의 결실을 동물과 인간들에 게 아낌없이 베풀어 준다. 그분은 근원적인 원인뿐만 아니라 부차적인 원인도 알고, 또한 정한다. 하느님은 달이 차고 기우는 것을 정했으며, 하늘에서도 대 지에서도 위치를 이동하기 위한 길을 만들었다. 하느님은 인간이 재능을 타고 나도록 창조했을 뿐만 아니라, 거기에 생명과 본성을 이루기 위해 다양한 학예 의 지적 능력을 내려주었다. 하느님은 자손이 끊어지지 않도록 남녀의 결합을 제도화했다. 하느님은 지상의 불이라는 선물을, 인간들이 삶을 꾸려 나가는 가 정에서 난로와 조명으로써 아무런 불편함 없이 사용할 수 있도록 배려했다.

비할 데 없는 혜안과 학식의 소유자인 바로가, 어딘가 다른 곳에서 얻은 것

---

*79 7권 5장 참조.

인지 아니면 스스로 헤아려 생각한 것인지는 모르겠지만, 자연학적이라고 부르는 해석에 따른 것으로 선택받은 신들에게 나눠주려고 고심한 것은 바로 이런 일들이었다. 그러나 유일하고 참된 하느님은, 이 모든 것을 다음과 같은 그 본연의 상태에 어울리도록 창조하셨다. 하느님은 어디에 있어도 전체이고, 어떤 장소에서도 한정되지 않으며, 무엇에도 속박되지 않고, 어떤 부분으로도 나눠지지 않으며, 모든 점에서 불변하고, 하늘과 대지를 아우르는 힘과 아무것도 모자람이 없는 본성으로 채워져 있다. 그러므로 하느님은 자신이 창조한 만물을, 그것들이 고유한 운동을 자유로이 시작하고 지속할 수 있도록 다스리신다. 다시 말해, 하느님이 없으면 피조물 또한 하나도 존재할 수 없으며, 하느님과 똑같은 피조물은 이 세계 안에 아무것도 없다. 또 하느님은 천사를 통해 많은 일들을 하고 계시며, 천사들의 행복의 밑바탕은 하느님 자신 말고는 없다. 하느님은 어떤 의도를 가지고 이렇게 천사들을 인간에게 보내지만, 인간은 천사를 통해 행복해지는 것이 아니라, 바로 하느님을 통해 행복해진다. 우리가 영원한 생명을 바라는 것은 이 유일하고 참된 하느님으로부터이다.

제31장 하느님은 인간에게 넘치는 은혜를 주신다

우리는 앞에서 열거한 몇 가지 혜택들은 하느님에게서 받은 것이지만 이것들은 모두 자연계의 지배에 따라, 선인에게도 악인에게도 아낌없이 주어지는 것이다. 그런데 이 은혜 말고도, 오직 선인만이 느낄 수 있는 하느님의 위대한 사랑에 대한 놀라운 증거를 가지고 있다. 우리가 존재하고, 생활하고, 하늘과 대지를 내다보면서, 이 모든 것을 창조하신 하느님을 탐구할 수 있는 정신과 이성을 가진 것은 그 어떤 감사의 말로도 갚지 못할 은혜이다. 그럼에도 하느님은 죄의 중압감에 짓눌려 하느님의 빛을 외면하고 어둠, 즉 부정(不正)에 대한 사랑에 눈이 멀어버린 우리를 결코 저버린 적이 없었다. 오히려 하느님은 우리에게 자신의 말씀을 보내주셨다.

하느님의 독생자는 우리를 위해 인간의 육신을 취함으로써 태어났고 고난받았다. 그것은 하느님이 얼마나 인간을 소중하게 생각하는지를 우리로 하여금 깨닫게 하고, 독생자의 그 유일무이한 희생으로써 우리의 모든 죄를 씻어주며, 하느님의 성령을 통해 우리의 마음에 사랑이 퍼져나가(로마 5 : 5), 모든 어려움을 극복하고 영원한 안식에 이르고 하느님의 관조가 가져다주는 이루 말로 할 수 없는 기쁨에 이를 수 있게 하기 위해서였다. 그러나 아무리 마음을 다하고 찬사의 말을 늘어놓는다 한들, 참으로 하느님의 이러한 은혜에 충분히 감사를 드렸다고 장담할 수 있을까?

제32장 그리스도의 비밀의식은 이미 훨씬 이전에 예시되었다

영원한 생명의 이 신비는 인류가 나타난 이래, 시대마다 들어맞는 어떤 상징이나 종교의식, 천사들을 통해 그것을 받아야 할 사람들에게 미리 알려졌다.[80] 이어서 히브리 민족은 이 의식을 수행하기 위해 하나의 국가로 모아졌다. 거기에는 스스로 깨닫는 사람과 그렇지 않은 사람도 있었으나, 그리스도의 재림으로부터 오늘까지, 그리고 그 뒤에 일어날 일들이 예언되었다. 또 이 민족은 그리스도 안에 있는 다가올 영원한 구원이 예언되어 있는 성경을 입증하기 위해 이교도들 사이로 흩어져 갔다. 예언이란 반드시 말씀으로 이루어지거나 성서에 담긴, 덕성과 경건함을 이루게 하는 생활상의 계율뿐만은 아니기 때문이다. 그밖에도 제례와 성직자, 성소, 제단, 희생, 제전, 축일과 그리스어에서도 '라트레이아(λατρεια)'라는 온당한 표현으로 불리는, 하느님에게 바쳐져야 할 모든 예배와 관련된 사항은 예고된 것이다. 또한 그리스도를 믿는 자들의 영원한 생명을 위해 이미 실현되었음을 우리가 믿고, 또 실제로 이루어지고 있음을 우리가 보고, 미래에 마땅히 실현할 것이라고 믿는 것이다.

제33장 그리스도교의 이교도 신들 정체 폭로

그리하여 이 유일하고 참된 종교로써 이교도들이 믿는 신들의 정체는 부정하기 짝이 없는 정령들이라는 것이 폭로되었다. 사악한 정령들은 신으로 불리기를 갈망해, 죽은 사람의 영혼을 이용하거나 세상에 살아있는 생물의 모습으로 꾸미기도 했다. 그들은 불결하고도 불손하게, 그 끔찍하고도 파렴치한 죄악을 마치 신적 영예인 듯이 기뻐하고, 나아가서 사람들의 영혼이 참된 하느님에게로 나아가는 것을 시기했다.[81] 인간은 악령들을 타락시킨 교만에 맞설 만한

---

[80] 갈라 3 : 9, 사도 7 : 38, 53, 히브리서 9 : 2, 아우구스티누스 《창세기 축어주해》 9 : 34-36 참조. 또한 여기서 일단 '신비'라고 번역한 '새크라멘토'의 다양한 의미에 대해서는 4권 33장 참조.

[81] 7권 16, 35장, 8권 23장 이하, 10권 10장 참조.

겸손의 모범을 보임으로써 인간을 구원하고자 부활한 그분(그리스도)을 믿었을 때, 비로소 악령들의 잔인하고 불경한 지배로부터 벗어날 수 있는 것이다.

우리가 앞에서 자주 이야기했던 신들뿐만 아니라, 다른 민족과 다른 지역에 속한 많은 신들은 물론 앞으로 다룰, 마치 신들의 원로원처럼 선택받은 신들도 모두 이 범위에 속한다. 물론 그 선택받은 신들은 존엄성 때문이 아니라 그들이 저지른 범죄행위 때문에 선택되었다. 바로는 그들의 종교의식을 자연적 이유와 연관지으려고 시도하면서 추악한 일들을 위엄 있는 것으로 바꾸려고 애썼다. 하지만 그는 이러한 종교의식과 자연적인 해석을 일치시키고 조화하는 방법을 끝내 찾아내지 못했다. 자연적인 근거는, 그가 생각하거나 또는 사람들이 그렇게 생각하도록 만들려는 것처럼, 그러한 제례의 이유가 되지 못하기 때문이다.

실제로 그들이 주장한 이유뿐만 아니라 그것과 비슷한 이유가 정당하다면, 비록 그것들이 참된 신이나 그리스도교 안에서 따라야 하는 영원한 생명과는 아무런 관계가 없다 해도, 어쨌든 무언가 자연계의 사물과 현상을 바탕으로 한 명분을 세울 수 있다면, 이러한 종교의식 속에 있는 정체를 알 수 없는 추악함과 비열함이 자아내는 불쾌감은 조금이나마 누그려뜨렸을 것이다.

그는 극장에서 공연되는 우화와 신전에서 거행되는 종교의식에 대해서도 똑같은 것을 시도했다. 그러나 이 경우에도 극장에서 상연되는 것을 정당화하기 위해 신전에서 거행되는 것과 비교했으나 성공하지 못하고, 오히려 양쪽이 비슷하다는 점에서 신전에서 일어나는 일까지도 지탄받았다. 그러나 그는 그 종교의식에 따라 생겨나는 극도의 혐오감을 이른바 자연학적인 설명으로 누그러뜨려 보려고 했다.

제34장 누마 왕의 진정한 운명과 제사의 의심스러운 부분

우리는 비할 데 없는 학식을 지닌 이 인물의 보고에서, 누마 폼필리우스의 책에 적힌 종교의식 기원은 로마인들조차 결코 용납할 수 없었다는 것을 알고 있다. 경건한 사람들이 그것을 읽고 그 내용을 이해하기는커녕, 문자로 기록된 채 암흑 속에 감춰져 있던 것도 온당하지 않은 일이었음을 잘 알고 있다. 그래서 나는 앞서 이 책의 제3권(9장)에서 알맞은 기회에 다루리라 약속해 둔 것을 이제 설명하고자 한다. 바로의 종교의식에 대한 저작에 다음과 같은 내용이 있

다.*82

"테렌티우스라는 사람이 야니쿨룸 언덕 기슭에 농지를 가지고 있었다. 이 사람의 소작인이 누마 폼필리우스 무덤 근처에서 쟁기질을 하다가, 땅속에서 종교의식과 여러 제도의 기원이 적혀 있는 누마 왕의 책을 발견했다. 테렌티우스는 그 책을 로마 집정관에게 가져갔다. 집정관은 그 책의 첫머리만 훑어보고도 사안이 너무나 중대함을 알고 그것을 원로원에 맡겼다. 이 종교의식 하나하나가 왜 만들어졌는지 선명한 그 기원을 몇 가지 읽은 원로원 의원들은 그것이 이미 세상을 떠난 누마 왕의 글이라는 것은 인정했으나, 믿음이 깊은 사람들이 었는지 집정관에게 이 책들을 모두 불태워버리라고 명령했다."

믿고 안 믿는 것은 저마다 자신이 생각하는 대로 할 일이다. 오히려 이만한 불경마저 감싸려고 할 만큼 비범한 사람이 있다면 그 맹목적인 투쟁심이 시키는 대로 말하면 된다. 나는 다음과 같은 점을 지적하면 그것으로 충분하다. 누마 폼필리우스 왕은 로마 사람들의 종교의식을 제정했다. 그러나 이 왕이 기록한 기원은 민중에게도, 원로원에도, 신관들에게도 알려져서는 안 되는 것이었다. 누마 폼필리우스 자신도 이치에 맞지 않는 호기심에 사로잡혀 온갖 정령들의 그 비밀을 파헤치게 되었고 기억을 불러일으킬 수 있는 단서를 지니려 그것을 직접 기록했다. 하지만 그는 왕이었기에 아무도 두려워할 필요가 없었지만, 기록한 것을 누군가에게 밝히거나, 없애거나, 아니면 무언가의 방법으로 깨끗이 지우거나 파기하려고는 하지 않았던 모양이다.

그래서 그는 사람들이 그 불법적인 일을 배우게 될까봐 누구에게도 알리지 않았고, 또 그 내용이 왜곡되어 정령들의 분노를 사게 될까봐 훼손하지도 못한 채, 자신이 안전하다고 생각하는 장소에 그것을 묻었다. 그때 그는 쟁기가 자신의 무덤까지 다가오는 일이 생길 줄은 꿈에도 생각지 않았으리라. 한편 원로원은 조상 이래의 신앙을 비난하게 되는 일이 두려워서 누마의 사적을 인정하지 않을 수 없었다. 그러나 원로원은 그 책이 매우 위험하다고 판단했다. 그래서 한번 공개되었으니 인간의 호기심은 더욱 커져서 그것을 찾으려고 애쓸 것이므로, 그런 일이 일어나지 않도록 그 불길한 기록을 다시 묻어버리는 것이 아니라 아예 불태워버리라고 명령한 것이다. 무슨 일이 있어도 종교의식은 이

---

*82 누마의 책에 대해서는 플루타르코스의 《누마》 22 참조. 또 리비우스의 《로마사》 40, 29, 플리니우스의 《박물지(博物誌)》 13, 84-87 참조.

어져야 하며, 사람들이 추악한 종교의식의 기원을 알게 되어 국가가 혼란에 빠지는 것보다는, 그것에 대해 아예 모르는 채 오류에 빠져 있는 편이 한결 견딜 만하다고 여긴 것이다.

제35장 누마 왕과 마귀들의 관계

누마 왕에게는 하느님의 어느 예언자나 신성한 천사가 보내진 적이 한 번도 없었기에, 어쩔 수 없이 수점(물로 보는 점)에 의지해야 했다. 실상은 정령들이 만들어내는 환영이지만, 물속에 비친 신들의 모습을 보고, 거기서 종교의식에 대해 무엇을 만들고 따라야 하는지 알아내려 한 것이다.

바로는 이런 점술이 페르시아인들에 의해 들어왔다고 말하고, 누마와 철학자 피타고라스도 그것을 이용했다고 기록했다. 또 물 대신 피를 사용하면 내세의 주민에게도 예언을 물을 수 있다고 전하고, 그것을 그리스어로 '네크로만티아(νεκρομαντείαν)'라 부른다고 말했다. 그러나 이름이 히드로만티아이든 네크로만티아이든 똑같이 죽은 사람의 예언으로 여겨진다. 그때 어떤 수단을 써야 예언이 이루어지는지는 죽은 사람밖에 알 수 없으며, 우리가 알 바도 아니다. 실제로 이러한 예언술의 실행은, 우리의 구세주가 강림하기 이전에도 이교도들 나라에서조차 금지되어 있어서, 그것을 실행했다가는 매우 엄격한 처벌을 받았다는 것에 대해 굳이 이야기할 생각은 없다. 내가 그렇게 하지 않는 까닭은, 이러한 예언술이 누마의 치세 그 무렵에는 아마 허용되었을 것이기 때문이다. 어쨌든 폼필리우스는 이러한 술법으로 그 종교의식에 대해 배우고, 그 거행을 널리 알렸는데, 그 자신조차 그 기원이라 배운 내용에 두려움을 느껴 묻어버렸으며, 그러한 종교의식의 기원이 적힌 책이 발견되자 원로원도 이를 모두 불태워버린 것이다.*83

그렇다면, 바로가 종교의식의 기원을 자연학적 이유라고 하는 무언가 다른 해석을 우리에게 제시한 까닭은 무엇일까? 나는 그것을 이해할 수 없다. 만일 누마의 책에 그런 해석이 들어 있다면 원로원은 그것을 불태워버리지 않았을

---

*83 누마와 피타고라스파의 관계에 대해서는 플루타르코스의 《누마》 8 참조. '네크로만티아'에 대해서는 호메로스의 《오디세이아》 11, 90 이하, 헤로도토스의 《역사》 5, 92, 키케로의 《복점》 1, 132 참조. '히드로만티아'와 '네크로만티아'의 페르시아 기원에 대해서는 스트라보의 《지지(地誌)》 16, 2, 39, 플리니우스의 《박물지》 37, 192 참조.

터이고, 만약 그렇지 않다면 대신관인 카이사르에게 헌정하기 위해 저술된 바로의 이 책은*84 불태워졌으리라. 바로의 앞의 책에 나왔듯이, 누마는 물을 도성 밖으로 퍼내고 물점을 치고 샘의 요정 에게리아와 결혼했다고 전해지는 것은 이런 사실 때문이다. 실제로 일어난 역사적 사실이 꾸며낸 이야기로 변질되는 것은, 보통 이렇게 아무 근거도 없는 일과 뒤섞인 결과이다. 따라서 호기심이 강한 로마의 왕이 신관들이 문서로 기록하고 보존한 종교의식과, 그가 자기 말고는 누구에게두 알리려고 하지 않았던 종교의식의 기원을 배운 것은, 이 물점을 통해서였다. 그런 까닭에, 이 왕은 모든 종교의식의 기원에 대해서는 사람들이 알지 못하도록 영원히 묻어버리고자 자기와 죽음을 함께 하려고 별도로 기록해 둔 것이다.

그러므로 누마의 책에는 종교의식 가운데 그토록 많은 외설적인 일들을 받아들인 자들에게조차 민간 신학의 모든 것이 혐오스럽게 비칠 만큼, 마귀들의 비열하고 불결한 욕망들이 생생하게 기록되어 있었거나, 아니면 이교도들의 거의 모든 민족들이 오랜 옛날부터 불멸의 신들이라고 믿은 것들이 망령이라고 폭로되어 있었으리라. 정령들은 그러한 종교의식에 기쁨을 느끼고 더욱 숭배받으려는 욕심에서 거짓으로 기적을 꾸며, 이제까지 사람들에게 신이라고 믿게 해온 망령들을 대신한 것이다.

그러나 하느님의 헤아릴 수 없는 섭리의 작용과 허락에 따른 것이기는 하지만, 마귀들은 물점을 비롯한 온갖 수단으로써 누마와 친구가 되어 자신들의 비밀스러운 일들을 완전히 밝히게 된 것이다. 그렇지만 마귀들은 누마에게 죽기 전에 그 책을 묻는 것보다는 불태워버릴 것을 권하는 것까지는 하느님에게 허락 받지는 못했다. 또 마귀들은 이런 책들이 사람들에게 알려지는 일을 막기 위해 그것을 찾아내는 쟁기질을 방해할 수도, 또한 이러한 사건이 우리의 기억에까지 전해지는 원인이 된 바로의 붓을 멈추게 할 수도 없었다. 마귀들은 허락되지 않은 일은 그 어떤 것도 할 수 없었기 때문이다. 그 허락은 최고신의 깊고 정당한 심판에 따라 내려진다. 하느님은 마귀들에게, 사람들이 지은 죄에 따라 마땅한 처우를 허락하시며, 이에 따라 어떤 자는 마귀들의 시련을 받게 하는 데 그치고, 또 어떤 자는 마귀들에게 굴복시켜 더욱 미혹에 빠뜨리는 것

---

*84 락탄티우스의 《신학체계》 1, 6, 7 참조.

이다.

누마의 이 책이 얼마나 해롭고, 참된 신에 대한 예배와 얼마나 거리가 먼 것이었는지는, 원로원이 폼필리우스가 숨겨 둔 책을, 그가 꺼리며 감히 하지 못했던 것처럼 두려워하기보다는 과감히 불태워버린 일에서도 알 수 있다. 그래서 누구든 아직도 경건한 삶을 바라지 않는 자는 이러한 종교의식에서 영원한 생명을 좇도록 내버려두면 된다. 그러나 마귀들과의 교제를 원치 않는 사람은, 마귀들을 숭배하는 위험한 미신을 두려워하지 말고, 이런 마귀들의 정체를 폭로하고 정복하는 참된 종교를 인정할 것을 나는 간절히 바란다.

제8권

플라톤주의자들의 신을 보는 관점에 내한 비판을 아풀레이우스의 '정령(디이몬)'론 검토를 통해서 이야기한다.

제1장 자연철학의 문제는 뛰어난 철학자들과 이야기해야 한다

이제 우리에게는 지금까지 다룬 여러 문제들의 해결과 설명에 요구된 것보다 한결 더 진지하고 높은 정신적 집중력이 필요하다. 그들이 '자연적'이라고 부르는 신학에 대해서는*1, 어떤 사람과도 구별 없이 논의하는 것이 아니라(그것은 신화적 신학도 국가적 신학도 아니기 때문이다. 다시 말해 극장의 신학도 도시의 신학도 아니기 때문이다. 전자는 신들의 죄과를 늘어놓고, 후자는 신들의 더욱 비난해야 할 야심과 야망을 들춰냄으로써, 그것이 신들의 야심야망이 아니라 악덕으로 가득한 정령*2의 야심야망인 것을 폭로하기 때문이다), 철학자들―그들을 나타내는 이 말 자체는 라틴어로 번역하면 지혜에 대한 사랑이라는 뜻이다*3―과 논의해야 한다.

그리고 신적 권위와 진리가 보여주듯이, 만물을 창조하신 하느님이 지혜라면*4, 참된 철학자(즉 지혜를 사랑하는 자)는 하느님을 사랑하는 자라는 뜻이

---

*1 아우구스티누스는 스토아의 자연학과 플라톤의 우주론을 자연적 신학(theologia naturalis)이라는 명칭으로 파악하고 있다. 이 자연적 신학이라는 호칭은 말할 것도 없이 현대신학에서 사용하고 있는 용법과는 다르다.

*2 8권, 9권에서 아우구스티누스는 정령의 실체와 위치에 대해 집중적으로 논의하고, 9권에서는 특히 정령의 중개자 역할을 생각하는 것이 얼마나 불합리한 것인지를 반론한다. 복수로 이야기되어 있지만 이하 '정령'으로 했다.

*3 '철학'이라고 옮기고 있는 philosophia는 '사랑하다'(philo)와 '지혜'(sophia)의 합성어이다. 키케로는 피타고라스가 7현인처럼 지혜자(소포스)라 불리는 것을 싫어하여, 자신을 '지혜를 사랑하는 자'(philosophos)라고 불렀다고 전해진다. 《투스쿨룸에서의 논쟁》 5, 3, 8-9, 《웅변가》 1, 49. 212, 및 이 책 8권 2장 참조.

*4 하느님이 지혜라는 사상은 히브리 사상의 특징이다. '잠언' '솔로몬의 지혜' 등의 지혜문학

다*5. 그러나 철학자라는 명칭에 걸맞은 내용 자체가, 그러한 명칭을 자랑하는 모든 이들에게 깃들어 있는 것은 아니다(즉, 철학자로 불린다고 해서 누구나 참된 지혜(하느님)를 사랑하는 사람이라고는 할 수 없다). 그러므로 우리는 책으로 그 생각을 알 수 있는 모든 사람들 가운데, 이런 문제를 함께 논하기에 알맞은 사람들(철학자들)을 선택해야 한다.

따라서 나는 여기서 온 철학자들의 오류로 가득한 모든 견해를 빠짐없이 반박할 생각은 없다. 다만 신학─이 그리스어로, 우리는 성스러운 존재(하느님)에 대한 이론 내지 학설을 의미하는 것으로 이해하고 있다─에 대한 그릇된 견해만 반박하고자 한다. 또 나는 모든 철학자들의 신학에 대한 잘못된 견해를 하나하나 반박할 생각은 없다. 다만 성스러운 것이 존재한다는 사실과, 그것이 인간에 대해 배려하는*6 것에는 동의하지만, 유일하고 영원한 신에 대한 예배가 (현세에서는 물론) 죽은 뒤에도 복된 삶에 이르기 위한 바탕이라고 생각하지 않고, 그러한 복된 삶을 얻기 위해서는 유일한 신에 의해 창조되고 질서가 주어진 수많은 신들을 예배해야 한다고 생각하는 철학자들의 그릇된 견해를 반박하려는 것이다.

확실히 그러한 철학자들은, 이미 바로의 견해마저 넘어서서 진리에 다가가 있다. 왜냐하면, 물론 바로는 자연적 신학 전체(의 틀)를 이 (눈에 보이는) 세계, 내지 이 세계의 영혼(세계의 영혼)에까지 확대할 수 있었으나*7 (그 이상은 아니며), 이에 비해 철학자들은*8 영혼의 모든 본성을 넘어선 하느님, 이따금 하늘과 대지라는 이름으로 불리는 눈에 보이는 세계뿐만 아니라, 모든 영혼을 창조한 하느님을 인정하고, 또 이성적이면서 지성적인 영혼─인간의 영혼은 그런 종류에 속한다─에 자신의 불변하고 비형체적인 빛을 비춰줌으로써 축복을 내리는 하느님을 인정하기 때문이다. 이러한 일에 대해 겉으로밖에 듣지 못한 이라

참조. 하느님의 창조에 대해서는 창세 1장, 요한 1 : 3, 히브리서 1 : 2─3.

*5 히브리 사상의 특징을 나타내는 하느님을 지혜로 보는 사상과, 그리스 철학 내지 철학자의 이념이 이 짧은 글에 결합되어 있다.

*6 아우구스티누스는 인간의 사항과 관련이 없는 하느님은 생각하지 않는다. 이를테면, 에피쿠로스의 신에 대해서는 호라티우스의 《풍자시》 1, 6, 101─103 참조.

*7 이에 관한 바로의 생각에 대해서는 7권 6장 참조.

*8 플라톤 및 플라톤학파 철학자들을 가리킨다. 아우구스티누스는 그들이 그리스도교의 가르침에 가장 가깝다고 생각했다. 《참된 종교에 대하여》 4, 7, 《고백록》 7, 20, 26 참조.

도, 그 명칭이 스승 플라톤에게서 비롯되었기에 플라톤학파라 불리는 이 철학자들에 대해 모르는 이는 한 사람도 없다. 그래서 나는 현재의 문제에 필요하다고 판단되는 한, 플라톤에 대해 짧게 말하고자 한다. 그 전에 같은 저술 분야에서 시대적으로 그에 앞섰던 선구자에 대해 먼저 이야기할 것이다.

제2장 이탈리아, 이오니아 두 가지 철학파

그리스어가 이교도의 다른 언어보다 훨씬 뛰어난 것으로 인정받고 있는[*9] 그리스 문학에 관한 한, 철학자들의 두 가지 기원이 전해진다. 하나는 일찍이 마그나그라이키아라고 불렸던 이탈리아의 한 지역에서 파생한 이탈리아학파이다. 또 하나는 오늘날 그리스로 불리고 있는 지역에 기원을 둔 이오니아학파이다.

이탈리아학파의 창시자는 사모스의 피타고라스[*10]이다. 철학(필로소피아)이라는 이름 자체도 피타고라스에 기원을 둔다. 그것은 피타고라스 시대 이전, 칭찬받을 만한 생활태도로 다른 사람들보다 뛰어나다고 인정받고 있었던 사람들이 지혜로운 이(사피엔스)라고 불리고 있었을 때, 그는 "당신은 무엇을 전문으로 하고 있는가?"라는 질문을 받고, "나는 철학자(필로소포스)이다." 이렇게 대답한 데서 비롯된다. 즉, '지혜(사피엔티아)를 탐구하는 자'이고 '지혜를 사랑하는 자'라고 대답한 것이다. 그 이유는 지혜로운 사람임을 자칭하는 것은 매우 거만하게 생각되었기 때문이다[*11].

이오니아학파의 창시자는 밀레토스의 탈레스[*12]였다. 그는 지혜로운 이라 불리고 있는 7현인[*13] 가운데 한 사람이다. 다른 여섯 사람은 삶의 방식에서, 또 선한 삶에 걸맞은 생활규범에서 뛰어난 사람들이었다. 그러나 이 탈레스는 후

---

*9 8권 10장, 18권 37장 참조.

*10 기원전 6세기 철학자. 사모스에서 태어났지만 생애의 대부분을 남이탈리아에서 보냈다. 수(數)를 아르케로 보고, 수적 구성으로 모든 것을 설명하고자 했다.

*11 키케로의 《투스쿨룸에서의 논쟁》 5, 8−9 참조.

*12 기원전 624년 무렵 태어났다. 일식과 월식을 예고하여 자연과학의 아버지라 불린다. 키케로의 《신의 본성에 대하여》 1, 10 참조.

*13 플라톤의 《프로타고라스》 343E. 7현인으로서 밀레토스의 탈레스, 미틸레네의 피타코스, 프리에네의 비아스, 아테네의 솔론, 린도스의 클레오불로스, 코린토스의 페리안드로스, 스파르타의 킬론이 열거되고 있다(7현인의 이름에 대해서는 이밖에도 다양한 전승이 있다).

계자를 양성하기 위해, 자연의 사물과 현상을 탐구하고 그 연구성과를 책으로 발표해 널리 알려졌다. 가장 찬탄할 만한 것은, 천문학에 대한 수(또는 수적 법칙)를 깨달아 일식과 월식을 예고한, 매우 뛰어난 인물이었다. 그는 모든 사물의 원질(프린키피움)*14은 물이라고 생각했다. 그리고 물에서 세계의 모든 원소(엘레멘트)가, 그리고 세계 자체가, 또 그 세계 안에 생성되는 모든 것이 발생했다고 생각했다. 하지만 그는, 우리가 이 세계를 생각할 때, 그토록 놀라고 감탄해 마지 않는 생성 작용에 대해서는, 어떠한 신적 정신(멘스 : 이성)의 작용도 인정하지 않았다.

이 탈레스를 이어받은 것이 제자 아낙시만드로스였다. 아낙시만드로스는 사물의 본성에 대한 (탈레스의) 견해를 수정했다. 그는 탈레스가 (모든 사물은) 액체(물)에서 생겨났다고 여긴 것처럼 단일한 것에서 나왔다고 생각지 않고, 사물은 저마다의 고유한 원질에서 탄생했다고 생각했다*15. 그는 각각의 사물의 원질은 무한하며, 그러한 모든 원질이 무수한 세계를 낳고, 또 세계 안에 일어나는 모든 것을 낳는다고 믿었다. 그는 또, 그러한 세계는 저마다의 수명에 따라 이어질 수 있는 한 소멸과 생성을 되풀이한다고 보았다. 하지만 그 또한 그런 사물의 운동에 신적 지성이 작용할 가능성을 인정하지 않았다.

아낙시만드로스는 제자 아낙시메네스*16를 후계자로 남겼다. 아낙시메네스는 만물의 원인을 무한정한 공기로 보았다. 그는 신들에 대해 부정도, 침묵도 하지 않았다. 그러나 그는 공기가 신들에 의해 만들어졌다고는 여기지 않고, 오히려 신들이 공기에서 생겨났다고 믿었다. 이에 비해 아낙시메네스의 제자였던 아낙사고라스는 우리가 보는 모든 것의 창시자는 신적 영혼(디비누스 아니무스)이라고 여기고, 만물의 모든 종류는 저마다 나름의 기준과 형태에 따라, 서로 비슷한 분자들로 이루어진 한없는 질료에서 만들어지며*17, 게다가 신적 영

---

*14 그리스 자연철학에서 세계생성의 원리로 보는 아르케(원질, 시원, 원리 등의 뜻)를 가리킨다.
*15 이것은 아우구스티누스의 오해이다. 이렇게 설명한 것은 스페르마타(종자)설을 제창한 아낙사고라스이다. 아낙시만드로스는 원질(아르케)을 토아페이론(무제한이라는 뜻)이라고 설명했다. 원질을 물 같은 물질로 생각하는 한정성에 대해 무한정적인 사고를 한 점에서, 자연철학의 세계설명에 진면목을 열었다.
*16 키케로《신의 본성에 대하여》1, 10 참조.
*17 키케로《아카데미아》2, 37, 118 참조. 아낙사고라스의 우주생성론은 '서로 비슷한 소부분으

혼에 의해 만들어졌다고 말했다.

마찬가지로 아낙시메네스의 제자였던 디오게네스[18]는, 공기가 만물의 질료이고, 그것에서 모든 것이 만들어졌다고 이야기했다. 하지만 그 공기는 신적 이성(누스)의 지배를 받고 있고, 신적 이성 없이는 공기에서 아무것도 만들어질 수 없다고 주장했다. 아낙사고라스를 뒤이은 것은 그의 제자 아르켈라오스였다. 아르켈라오스도 만물은 서로 비슷한 작은 부분—저마다 개체는 그것들로 만들어졌다—으로 이루어진다고 생각하고, 게다가 영원한 물체들, 즉 그 여러 부분을 결합하고 분리해 모든 것을 생성하는 (신적) 정신이 그 작은 부분들 속에 있다고 주장했다. 플라톤의 스승 소크라테스는 이 아르켈라오스의 제자였던 것으로 전해진다. 바로 이 플라톤에 이르기 위해 나는 이제까지 이러한 학파들의 역사를 아주 간략하게 살펴본 것이다.

제3장 소크라테스의 가르침

소크라테스는 모든 철학을 도덕의 개선과 완성으로 돌린 최초의 인물로 기억되고 있다[19]. 소크라테스 이전의 모든 철학자들은 피시스, 즉 나투라(자연)의 모든 것을 탐구하는 데 가장 큰 노력을 기울였기 때문이다. 하지만 소크라테스가 그렇게 한 것은, 그가 모호하고 불확실한 것들에 싫증이 나서, 복된 삶을 얻고자 필요한 뚜렷하고도 확실한 것을 탐구하고자 했기 때문인지—확실히 행복이라는 단 하나의 목적을 위해 모든 철학자들이 그토록 노력과 수고를 기울였다고 생각되지만—아니면 그 반대로, 소크라테스에게 더 큰 호의를 품고 있는 사람들이 짐작하듯이, 소크라테스는 세속적인 욕망으

로 이루어지기'(constaret similibus inter se particulis)보다, 한없이 다양한 종자로 이루어진다는 학설이라는 점에서, 텍스트를 similibus에서 dissimilibus로 바꿔 읽는 학자도 있다. 그러나 여기서는 아우구스티누스가 생성적 근원요소의 다양성을 강조하는 것이 아니라, 세계생성에 신적 영혼이 연관되어 있다는 점을 강조하는 것으로 보는 학자의 견해를 채택해 미뉴판에 따랐다.

*18 아폴로니아의 디오게네스. 키케로의 《신의 본성에 대하여》 1, 12 및 13 참조. 키케로에게 비판받았다.

*19 이러한 견해는 키케로가 한 유명한 말 "소크라테스는 철학을 천상에서 끌어내려 도시(인간의 사항) 속에 앉히고……삶과 도덕, 선악의 문제를 탐구하에 이끌었다."(《투스쿨룸에서의 논쟁》 5, 4, 10)의 주지이다. 소크라테스는 철학을 자연철학에서 인간의 철학, 즉 윤리학으로 방향을 바꾼 키케로를 따르고 있다.

로 더럽혀진 영혼을 하느님의 영역으로까지 연장하려는 시도를 바라지 않았기 때문인지, 그러한 일에 대해 확실하게 결론 내릴 수 있다고는 나는 생각하지 않는다.

그러나 적어도 소크라테스는, 그들(자연철학자들)이 사물의 원인에 대해 탐구하는 것을 알고, 첫째로 최고의 원인은 유일하고 최고인 하느님의 의지 말고는 없다고 믿었다. 그리고 사물의 원인은 오직 정화된 정신만이 이해할 수 있다고 생각했다. 따라서 소크라테스는 영혼이 정욕에 의한 억압으로부터 해방되어, 영혼 스스로를 타고난 활력에 따라 영원한 것으로 높이고, 또 그곳에서 만들어진 자연의 모든 원인들이 언제나 숨쉬고 있는 무정형이며 불변하는 빛의 본질을 맑은 지성의 눈으로 보기 위해서는, 선한 행위로써 삶을 정화하는 것이 무엇보다 먼저라고 여겼다[20]. 그러나 소크라테스는 그 자신이 모든 심혈을 기울였다고 생각되는 도덕상의 문제에 있어서도, 스스로 지식이 있다고 여기는 무지한 망상가들의 어리석음을, 놀랍도록 명쾌한 표현과 날카로운 풍자로 (소크라테스) 자신의 무지를 자백하거나 자신의 지식을 숨김으로써 추궁하고 폭로했다고 전해진다.

그 때문에 소크라테스는 적대자들의 원한을 사서, 끝내 중상모략으로써 단죄되어 사형선고를 받게 된다. 그러나 국가라는 이름 아래 단죄한 자들, 즉 아테네 시민 자신들이, 뒷날 그를 국가라는 이름 아래 찬양했던 것이다. 특히 아테네 시민들의 적의가 거꾸로 그를 고발했던 두 사람에게 향해져, 한 사람[21]은 민중의 폭력에 희생되고, 또 한 사람[22]은 스스로 조국을 떠나 망명함으로써 가까스로 사형을 피했다.

그래서 뛰어난 삶의 방식과 죽음으로써 더 유명해진 소크라테스는 자신의 철학을 따르는 많은 후계자를 남겼다. 그 제자들의 열정적인 탐구는, 인간이 그것(을 소유함)으로 행복해질 수 있는 최고선에 대한 문제를 다루는 도덕문제를 향해 앞다투어 달려갔다. 소크라테스는 모든 문제를 뒤흔들어 사람들을 불

---

*20 플라톤적 이데아 사상의 반영을 엿볼 수 있다. 《파이돈》 65E−66A. 《국가》 7, 508B 참조. 《참된 종교》 3, 3 참조.
*21 멜레토스를 가리킨다.
*22 아니토스를 가리킨다.

안에 빠뜨리거나*²³, 감싸고 논파했지만, 최고선의 본성이 무엇인가*²⁴ 하는 문제에 대해서는, 소크라테스의 논의에서는 뚜렷하게 드러나지 않았기에, 소크라테스 후계자들은 소크라테스의 논의에서 저마다 좋아하는 내용을 이어받아, 각자에게 그럴 듯하게 보이는 방법으로 궁극적인 선을 이뤘다.

궁극적 선이라고 불리는 것은, 모두가 거기에 이르렀을 때 그것으로 인해 행복해지는 것을 말한다. 그런데 (한 사람의 교사의 추종자들이 그렇게 서로 다른 생각을 취힐 수 있다는 것은 거의 믿을 수 없는 일이지만), 아리스티포스*²⁵ 같은 사람은 쾌락이 최고선이라고 말하고, 안티스테네스*²⁶ 같은 사람들은 덕이 최고선이라고 이야기하는 등, 소크라테스 제자들은 궁극의 선에 대해 이렇게 서로 다른 견해를 가지고 있었다. 이처럼, 그들은 저마다 다양한 견해를 가졌지만 그것에 대해 (여기서 하나하나) 모두 열거하는 것은 참으로 지루한 일일 것이다.

제4장 소크라테스의 소중한 제자 플라톤 그리고 철학의 세 부문

그러나 소크라테스의 제자 가운데, 마땅한 일이지만 누구보다 두드러진 명예로 빛난 것은 플라톤이었다.

플라톤은 아테네 사람으로, 그들 가운데서는 고귀한 집안 출신이었다*²⁷. 그는 또 재능에 있어서 다른 학우들을 훨씬 넘어섰지만, 그 자신의 능력과 소크라테스의 학문만으로는 철학을 완성하는 데 충분하지 않다고 보고, 가능

---

*23 소크라테스가 교묘한 질문을 던져, 모르면서 안다고 생각하는 무지를 자각하게 하는 토론, 대화술을 가리킨다. 무지를 고백하게 하는 것을 최종목적으로 하고 있고, 반드시 덕이란 무언가에 대해 적극적으로 정의하는 것에 토론의 목적을 두고 있지는 않은 것으로 생각되는 면도 있다. 이러한 사정이 다음에 일어날 적극적인 정의와 탐구의 출발점을 준비하게 하고, 후계자들의 다양한 해석과 입장을 낳는 원인이 되었다고 생각된다.

*24 텍스트의 quod는 앞 문장의 summum bonum(최고선)을 가리킨다고 해석한다.

*25 키레네학파의 창시자. 행위의 목적은 오직 직접적 쾌락에 있다고 주장했다. 그러나 쾌락에는 다양한 성질과 구별이 있고 어떤 쾌락은 고통도 부른다. 따라서 쾌락을 선별해야 한다고 하는, 에피쿠로스의 생각에 가까운 주장으로 볼 수도 있다. 14권 2장, 18권 41장 참조.

*26 키니코스학파의 창시자. 아우구스티누스는 여기서 아리스티포스와 비교해 설명하고 있다. 덕을 행위의 목적으로 삼고, 욕망과 쾌락으로부터의 자유를 주장했다. 양쪽의 비교대상은 그밖에 18권 41장 참조.

*27 아버지는 코드로스의 후예이고 어머니는 솔론의 후손이며, 30인 전제정치의 지도자였던 크리티아스와 인척관계에 있었다..

한 한 멀리, 그리고 널리 여행하면서, 어떤 사람이 뛰어난 지식을 가지고 있다는 소문을 들으면 그곳이 어디든 달려갔다. 그리하여 플라톤은 이집트에서 사람들이 중요하다고 여기고 (보존하면서) 가르쳐 온 것은 무엇이든 배우고, 그곳에서 피타고라스파의 명성이 널리 알려졌던 이탈리아 지방*28으로 여행, 그 무렵 융성을 자랑했던 이탈리아 철학의 모든 것에 대해, 원숙한 교사들의 뛰어난 강의를 듣고 아주 쉽사리 깨달았다. 또 스승인 소크라테스에게 특별한 애정을 가졌던 그는, 그의 거의 모든 대화편에서, 자신이 다른 사람들로부터 배운 것과, 온 힘을 다해 자기 자신의 지성으로써 깨우친 것을 소크라테스 입을 빌려 말함으로써 소크라테스의 기지 및 도덕상의 논의와 연결지었다.

그런데, 지혜의 연구는 행위와 관상(觀想)*29으로 이루어지는데, 그 때문에 전자는 실천적 부문으로 불리고, 후자는 관상적 부문으로 불리고 있으며(그중 실천적 부문은 행동하는 삶을 위한 것과 관련된다. 즉, 덕의 교화형성과도 연관된다. 관상적 부문은 자연의 원인에 대한 인식, 가장 순수한 진리의 인식과 관련이 있다), 소크라테스는 실천적 부문에서 빼어났고, 지성의 힘을 따라 그것에 다가갈 수 있었던 피타고라스는 관상적 부문에서 뛰어났다고 전해진다.*30

플라톤은 이 양쪽을 종합함으로써 철학을 완성했다는 찬사를 받는다. 그는 그렇게 이룩한 철학을 세 부문으로 나눴다. 첫째는 주로 실천적 문제를 다루는 윤리학 부문이다. 두 번째는 관상에 맡겨지는 자연학 부문이다. 세 번째는 참된 것을 거짓으로부터 구별하는 논리학 부문이다.*31 논리학은 양쪽, 즉 실천적 부문과 관상적 부문 모두에 필요하지만, 진리를 인식하는 것은 주로 관상적 부문(자연학)이다. 그리하여 이 세 가지 구분은 지혜에 대한 모든 연구는 행위와 관상으로 이루어진다고 생각하는 구분과 모순되는 것은 아니다. 그러나 저

---

*28 마그나그라이키아라 불린 남이탈리아와 시칠리아.

*29 행위와 관상(내지 이론)의 대비적 생각에 대해서는 아리스토텔레스의 《니코마코스 윤리학》 1, 5 참조.

*30 아우구스티누스의 《복음서 기자의 일치》 1, 11 참조.

*31 이 책 제11권 25장, 《편지》 118, 19 참조. 세 구분에 대해 플라톤이 분명하게 이야기한 것은 아니다. 실제로는 플라톤이 다양한 철학적 문제를 다루고 있는 대화편 전체에서 암암리에 엿볼 수 있다고 할 수 있다. 키케로는 플라톤의 3분류라고 인정했으나(《아카데미아》 1, 5, 19–21 참조), 아우구스티누스의 연구가들은 아우구스티누스의 오해로 보고 있다. 일반적으로 스토아파의 분류로 생각된다.

마다의 부문에 따라, 또는 부문 내부에서 플라톤이 어떤 생각을 하고 있었는지, 다시 말해 모든 행위의 목적이 어디에 있고, 모든 자연의 원인이 어디에 있으며, 모든 이성의 빛이 어디에 있다고 인정하고 믿었는지에 대해 논술하기에는 매우 긴 시간이 필요하다. 또 그것은 섣불리 단언할 수 없는 문제이기도 하다. 왜냐하면, 플라톤은 그의 책 속에서 (중요한) 대화자로 삼은 스승 소크라테스의 무척 유명한 방법, 즉 자신이 가지고 있는 지식과 견해를 숨기는 방법을 지키려고 애썼고, 플라톤 자신도 그 방법을 마음에 들어했으므로, 중대한 많은 문제에 대해서도 플라톤 자신의 견해를 (거기서) 쉽게 알아낼 수 없는 사태가 일어나기 때문이다.

그러나 플라톤이 이야기한 것이든, 다른 사람들이 한 말을 그가 전한 것이든, 그의 책 속에 이야기되어 있고 그도 공감했다고 생각되는 의견 가운데, 우리의 신앙이 지지하고 옹호하는 참된 종교에 대해 플라톤이 호의를 나타냈다고 생각되는 점, 또 반대한다고 여겨지는 점을―죽음 뒤에 올 진정으로 복된 삶을 위해 유일신이 존재하는가, 다수의 신들이 존재하는가 하는 논의에 관한 한―우리는 이 책 속에서 설명하고 써야 한다.

아마 플라톤을 이교의 다른 어떤 철학자들보다도 두드러지게 뛰어난 철학자임을 명민하고도 진정으로 이해했고 그를 따랐다는, 높은 명성을 얻은 사람들(플라톤학파 사람들)은, 하느님에 대해 다음과 같은 사실을 알고 있을 것이다. 즉, 그들은 하느님 안에 존재의 원인, 지성 인식의 근거, 생활의 질서를 발견할 수 있다는 것, 그리고 이 세 가지 가운데 첫 번째(존재의 원인)는 자연학 부문에 속하고, 두 번째(지성 인식의 근거)는 논리학에 속하며, 세 번째(생활의 질서)는 도덕학에 속한다는 점도 알고 있으리라. 따라서 만일 인간이 자기에게서 탁월한 것(이성)으로써, 모든 것을 초월한 존재, 즉 유일한 진리이자 최고선인 하느님에게―그 하느님이 존재하지 않으면 어떤 존재자도 있을 수 없고, 어떠한 가르침도 교도의 역할을 할 수 없으며, 어떠한 행위도 불가능한 하느님에게―이르도록 창조되었다고 한다면, 우리 인간은 거기서 모든 것이 우리와 연관되어 있는 그분(하느님)을 탐구해야 하고, 거기서 모든 것이 우리 인간에게 확실한 것이 되는 그분(하느님)을 인식해야 하며, 거기서 모든 것이 우리에게 진실인 그분(하느님)을 사랑해야 하리라.

제5장 신학에 대해서는 플라톤학파 철학자들과 이야기해야 한다

따라서 플라톤이, 지혜로운 이란 그러한 하느님을 본받고, 인식하고, 그런 하느님을 사랑하는 사람, 그리고 그분의 축복으로써 더없는 행복을 얻은 사람을 가리킨다고 말했다면, 왜 우리가 다른 철학자들의 말을 음미할 필요가 있겠는가. 플라톤학파 사람들만큼 우리와 가까운 것은 없었다.

신들을 비난하고 근거 없는 말로 헐뜯어 그 명예를 떨어뜨림으로써 불경한 자들의 영혼을 기쁘게 하는 저 신화적 신학은, 플라톤학파 사람들에게 그 자리를 내주어야 한다. 국가적 신학 또한 플라톤학파 사람들에게 자리를 내주어야 한다. 그 국가적 신학에서는, 부정한 정령들이 신들의 이름 아래 지상적인 기쁨을 열심히 좇는 사람들을 유혹하고, 또는 그들을 예배하기 위해 그들의 악행을 연기하는 연극을 보도록 불결한 열성을 기울여 숭배자들을 충동질하고, 그들 자신은 연극을 구경하는 사람들로부터 더욱 재미있는 연극을 보면서, 인간이 저지르는 오류를 자신들의 신성함을 찬양하는 재료로 삼으려고 한다 (거기에서는, 신전에서 열리는 기품 있는 제전은 극장의 부끄러운 공연과 연결됨으로써 오염되고, 또 극장에서 공연되는 추잡한 짓들은 신전에 대한 혐오에서 그와 비교되고 찬양받는다).

또한 바로는 그러한 종교의식이 하늘과 대지, 유한한 종자(원인)와 운동과 관계가 있다고 설명했는데, 그런 그의 설명도 플라톤학파 사람들에게 자리를 내주어야 한다(왜냐하면, 그러한 종교 의식으로는 바로가 전하고자 하는 의미를 나타낼 수 없으며, 따라서 그가 아무리 애써도 실제로는 진실이 아니기 때문이다. 또 만일 그렇다 하더라도, 이성적 정신은 자연 질서에 따라 자기보다 낮은 위치에 있는 것을 자신의 신으로 예배해서는 안 되며, 또 유일한 신이 자신을 그것보다도 높은 위치에 둔 것을 (즉 유일신보다 하위에 있는 것을) 신으로서 상위에 두어서는 안 되기 때문이다). 누마 폼필리우스*32는 그런 종류의 종교의식에 대한 저술을 자신과 함께 영원히 (땅속에) 묻어버리려고 했지만, (뒷날)쟁기로 발굴되어 원로원이 불태우도록 명령한 그 책자 또한, 플라톤파 사람들에게 자리를 내주어야 한다. (누마에 대해 온건하게 헤아려 본다면, 마케도니아의 알렉산드로스가 자기 어머니에게 보낸 편지에서 이집트 대제사장 레오를 통해 자신에게 알려

---

*32 7권 34-35장 참조.

졌다고 말한 것도 그런 종류의 것에 속한다*33. 그 편지에는 피쿠스, 파우누스, 아이네이아스, 로물루스, 헤라클레스도, 또 아스클레피오스, 세멜레의 아들 리베르, 틴다레오스의 쌍둥이형제, 그밖에 유한한 인간 가운데 신으로 여긴 자들뿐만 아니라, 키케로가 《투스쿨룸에서의 논쟁》*34에서 이름은 말하지 않고 언급한 것으로 생각되는 '위대한 민족의 신들*35', 곧 유피테르, 유노, 사투르누스, 불카누스, 베스타도, 그밖에 바로가 세계의 일부분 또는 세계의 원소로 해석하려고 했던 많은 신들까지, 결국은 인간에 지나지 않는다고 밝혀져 있다. 그런데, 제사장(레오)은 (누마처럼) 그 종교의식이 드러나는 것을 두려워하여, 알렉산드로스에게, 그가 어머니에게 그 뜻을 적어 보낸 편지를 받으면 곧 불태워 버리도록 (그의 어머니에게) 부탁하라고 간청했다.)

그래서 신화적 신학, 국가적 신학, 이 두 가지 신학은 참된 신은 만물을 창조하는 자, 진리를 비춰주는 자, 축복을 내리는 자라는 플라톤학파 철학자들에게 그 자리를 내주어야 한다. 뿐만 아니라, 정신을 신체에 종속시키고 물질적인 것이 자연의 원질(제1원리)이라고 믿는 다른 철학자들도—이를테면 만물의 원인과 원질은 물이라고 한 탈레스, 공기라고 한 아낙시메네스, 불이라고 한 스토아학파, 원자, 즉 나눌 수도 지각할 수도 없는, 궁극까지 세분된 미소체(微小體)라고 주장한 에피쿠로스*36도, 또 만물의 원인과 원질은 단일한 물질이든 복합적인 물질이든, 생명이 없든 있든, 어쨌든 물질적인 것이라고 말한, 헤아릴 필요조차 없는 그 밖의 모든 철학자들도—위대한 신 하느님을 인정한 그 훌륭한 사람들(플라톤과 철학자들)에게 그 자리를 내주어야 한다.

그들 가운데 어떤 자들은, 에피쿠로스학파처럼 생명이 없는 것에서 생명이 있는 것이 발생한다고 믿고, 또 어떤 자들은 무생물체에서 생물체가 만들어질 수 있다고 믿었다. 그럼에도 그들은 물질적인 것에서 물질적인 것이 생겨난다고 믿었다. 왜냐하면, 스토아학파 사람들은 불을, 즉 이 가시적인 세계가 생겨난 그 4원소 가운데 하나의 물질인 불을 살아 있는 것, 지혜가 있는 것으로 여

---

*33 8권 27장, 12권 11장 참조. 더욱 상세하게 설명되어 있다. 또 키프리아누스의 《우상론》 4 및 플루타르코스의 《알렉산드로스》 27, 5, 미누키우스 펠릭스의 《옥타비아누스》 21, 3 참조.

*34 같은 책 1, 13, 29.

*35 키케로 《국가론》 20 참조.

*36 에피쿠로스(기원전 341–270). 레우키포스, 데모크리스토스의 원자론을 이어받고 수정했다.

기고, 세계 자체의 창조자, 이 세계 속에 존재하는 모든 사물의 창조자라고 생각했으며, 불이야말로 신이라고 여겼기 때문이다*37. 이러한 사람들을 비롯해 그들과 비슷한 생각을 가진 다른 사람들은, 그들처럼 육적인 감각에 사로잡힌 마음*38에 따라 신화적으로 만들어지는 것만을 생각할 수 있을 뿐이다. 확실히 그들은 그들이 보지 않은 것을 그들 자신의 마음속에 지니고 있었다. 또 그들은 보지 않고 오직 (사유로써) 생각한 것에 지나지 않았던 경우에도, 외부에서 본 것을 (마음) 속에서 상상했다. 하지만 그런 사유 속에서 보는 것은 이미 물질 자체가 아니라 물질과 비슷한 심상이다. 그러나 그 물질과 비슷한 심상을 마음속에서 볼 수 있도록 하는 것은 물질 자신이 아니고, 물질과 닮은 심상도 아니다. 어떤 것이 아름다운지 추한지 판단하는 자는 판단되는 대상보다 틀림없이 우월하다. 그렇게 하는 것은 인간의 정신이고 이성적 영혼의 본성이다. 그리고 만일 물체와 비슷한 심상―그것은 사유하는 영혼 속에서 음미되고 판단되는 것이므로―이 더 이상 물질이 아니라고 하면, 그러한 이성적 영혼의 본성은 적어도 물질은 아닌 것이다. 따라서 이성적 영혼은 흙, 물, 공기, 불―우리는 이 물적 세계는 4원소라 불리는 그러한 네 가지 물질로 이루어져 있다고 생각한다―이 아니다. 우리의 영혼이 물질이 아닌데, 정신의 창조주 하느님이 어떻게 물체가 되겠는가.

그러므로 이미 말했듯이 이런 철학자들은 플라톤학파 철학자들에게 그 자리를 내주어야 한다. 부끄러운 줄도 모르고 하느님이 물체라고 말하고, 게다가 우리의 영혼도 하느님과 같은 본성을 지닌다고 여기는 사람들도, 플라톤학파 철학자들에게 그 자리를 내주어야 한다. 왜냐하면, 그들은 인간의 영혼이 매우 가변적인 것이라는 점을 고려하지 않기 때문이며, 그러한 가변성을 하느님의 본성으로 돌리는 것은 하느님에 대한 모독이기 때문이다. 그들은 다음처럼 말할지도 모른다. "영혼의 본성이 변화하는 것은 육체에 따른 것이며, 영혼은 그 자체(로서는) 불변하는 것이기 때문이다." 그렇게 말하는 사람들은 차라리 이렇게 말할 수도 있으리라. "육체가 상처받는 것은 외적인 물체에 의해서이다. 왜

---

*37 키케로의 《신의 본성에 대하여》 2, 22, 《아카데미아》 1, 10, 39. 키케로는 스토아학파 창시자 제논에 대해 설명했다. 여기서 아우구스티누스는 불을 살아있는 것, 지혜(지성)이 있는 것이라고 말했다.

*38 이 경우의 cor(마음)은 오히려 정신, 지성이다.

냐하면, 육체는 그 자체로는 상처를 입을 수 없기 때문이다." 정확하게 말하면, 변화할 수 없는 것은 어떤 것으로도 변화할 수 없음을 말한다. 따라서 육체에 의해 변화하는 것은 무언가에 의해서도 변화될 수 있다는 뜻이므로, 그것은 정확한 의미에서 불변적인 것이라고 할 수는 없다.

제6장 자연학이라 불리는 철학 부문에 대한 플라톤학파의 견해

따라서 평가와 명성에 있어서 다른 철학자들을 훨씬 넘어선다고 우리가 생각하는 그 철학자들은, 하느님이 결코 물체가 아님을 깨달았다. 그러므로 그들은 모든 물체적인 것을 뛰어넘어 하느님을 좇았다. 그들은 또, 어떠한 가변적인 것도 최고신이 아니라는 것을 알고 있었다. 그래서 모든 혼, 모든 가변적인 영을 넘어 최고신을 따른 것이다. 그리고 그들은 가변적인 모든 것의 형체는, 그것이 무엇이든, 어떤 방법으로 존재하든, 어떤 본성이든, 존재하는 한 불변적으로 있기에 진정으로 존재하는 신을 통해서만 실존할 수 있음을 알았다.

따라서 세계의 모든 물체, 즉, 그 형체와 질, 질서정연한 운행, 하늘에서 대지에 이르기까지 정연하게 나누어진 모든 원소, 그리고 그 속에 존재하는 모든 물체 또는 모든 생명, 식물처럼 양분을 흡수해 (존재를) 유지하는 것, 동물처럼 그 위에 감각을 지닌 것, 인간처럼 또 그 위에 지성으로써 인식하는 것, 천사처럼 양분의 공급은 필요하지 않지만 (존재를) 유지하고, 느끼고, 지성으로 인식하는 것—그러한 모든 것은 순수하게 존재하는 하느님이 없이는 있을 수 없다. 왜냐하면 하느님에게는, 생명이 없이도 실존할 수 있듯이 그 존재와 생명이 저마다의 것이 아니고, 또 지성으로써 인식하지 않고도 살아 있는 것이 가능하듯이 생명과 지성을 통한 인식이 별개의 것이 아니며, 또 지복의 상태가 아니고도 지성을 통해 인식할 수 있듯이 지성으로 인식하는 것과 지복한 상태는 별개의 것이 아니라, 하느님에게 있어서 존재하는 것이란, 생명을 지니고, 지성으로 인식하며, 지복한 상태이기 때문이다.

플라톤학파 철학자들이 하느님은 그런 만물의 창조자이고, 또 하느님 자신은 그 무엇에 의해서도 창조될 수 있는 분이 아님을 깨달은 것은, 이러한 (하느님의) 불변성과 순일성 때문이다. 존재하는 것은 물체나 생명, 이 둘 가운데 하나이고, 생명은 물질보다 뛰어나며, 물질의 형체는 감각으로 느낄 수 있고, 생명의 형체는 지성으로 파악할 수 있다고 그들은 여겼다. 따라서 그들은 지성을 통해 파악할 수 있는 형체를 감각으로 느낄 수 있는 형체보다 더 위에 두었다. 감각으로 느낄 수 있는 것이란, 시각과 촉각으로써 느낄 수 있는 것이고, 지성으로써 파악할 수 있는 것이란 정신의 집중으로 알 수 있는 것을 말한다. 그러므로 어떠한 형체적인 아름다움도, 이를테면 외형 같은 신체의 정적인 아름다움이든, 음악 같은 동적인 아름다움이든, 반드시 영혼이 판단한다. 만일 영혼 속에 부피도, 목소리의 울림도, 공간과 시간의 확대도 없는 뛰어난 (아름다움의) 형체가 존재하지 않는다면, 그런 판단은 모두 불가능하다. 하지만 만일 그러한 (아름다움의) 형체가 영혼 속에 변하지 않고 존재한다면, 한 사람이 다른 사람보다 더 감각적인 (아름다움의) 형체에 대해 더욱 뛰어난 판단을 내리는 것은 있을 수 없는 일이다. 남다른 재능을 지닌 사람은 어리석은 자보다, 성숙한 자는 미숙한 자보다, 숙련된 사람은 경험이 부족한 사람보다, 한결 뛰어난 판단을 내린다. 그리고 똑같은 사람이라도 진보했을 때는 확실히 예전보다 나중에 더욱 뛰어난 판단을 내린다.

그러나 늘거나 줄어드는 것이 가변적인 것은 의심할 여지가 없다. 이 사실에서, 이러한 사항(철학) 속에서 훈련된, 재능이 풍부하고 학식이 뛰어난 사람들은, 가변적이라고 확신할 수 있는 것 속에는 근원적인 (아름다움의) 형체가 존재하지 않는다는 결론을 내렸다. 그러므로 그들의 견해에 따르면, 신체와 영혼도 크든 작든 (아름다운) 형태를 지녔다. 따라서 만일 그것이 형체가 전혀 없다면, 그것은 완전히 존재하지 않게 된다. 그리하여 그것은 변함없고, 따라서 다른 것과 비교할 수 없는 근원적인 형체가 그 안에 들어 있는 어떤 존재가 있음을 알고 있었다. 그리고 그들이 그곳에야말로, 그 자신은 창조되지 않고 오히려 그것으로써 모든 것이 창조된 만물의 근원이 존재한다고 믿은 것은 매우 마땅한 일이었다. 이와 같이 하느님에 대해 알려진 것은 하느님 자신이 그들에게 보여준 것으로, 그것은 하느님의 보이지 않는 성질, 즉 하느님의 영원한 능력과 신성(神性)이 천지창조 이래의 피조물에게 틀림없이 보여서 알게 되기 때문이다. 이 하느님을 통해서 눈에 보이는 것, 시간적인 것, 그러한 모든 것이 만들어졌다.

이제까지 우리는 그들 (플라톤학파 철학자들)이 피시카, 즉 자연철학으로 불리고 있는 부문에 대해 살펴보았다.

제7장 플라톤학파 사람들은 다른 철학자보다 논리학이 뛰어나다

그러나 플라톤학파에 의해 로기카, 즉 이성에 대한 학문(논리학)으로 불리고 있는 (철학의) 제2부문이 다루는 가르침에 관한 한, 그들(플라톤학파)은 진리 판단(의 규준)을 신체적 감각에 두기도 하고, 우리가 배우는 모든 내용은 그러한 (신체감각의) 믿을 수 없는 기만적인 규준에 따라 판단해야 한다고 생각하는 자들과 결코 견주어서는 안 된다. 그러한 자들이란, 에피쿠로스학파 및 그와 비슷한 모든 다른 철학자들을 말하며, 스토아학파도 예외가 아니다. 그들은 자신들이 변증론이라고 이름 붙인 교묘한 토론 기술을 열렬히 사랑했지만, 결국 그것은 신체적 감각에서 이끌려 나와야 한다고 여겼다. 그리고 그들은 그러한 감각에서, 자신들이 '에노이아이라 부르는 사물의 개념—그것을 그들은 정의(定義)를 내려 설명한다—을 잉태하는 것이라고 주장하고, 또 그런 감각에서 모든 학습과 교육 이론이 발전되고 결합된다고 주장했다.

여기서 내가 늘 이상하게 생각하는 점은, 그들(스토아학파 철학자들)이 지혜만이 아름다움이라고 말할 때, 그들은 어떤 신체적 감각으로 그 아름다움을 보고, 어떠한 육안으로 지혜의 형상과 우아함을 인식하는가 하는 것이다.

이에 비해, 정당하게도 우리가 다른 사람들보다 뛰어나다고 보는 플라톤학파 철학자들은, 감각 능력을 감각에서 없애지 않고, 또 능력 이상의 것을 감각에 돌리지도 않으며(감각을 올바르게 평가하여) 정신으로 인식하는 것과 감각을 통해 느낄 수 있는 것을 구별한다. 그리고 그들은 만물을 창조한 하느님 자체가, 모든 것을 배우기 위한 정신의 빛이라고 주장했다.

제8장 플라톤학파 사람들은 도덕철학도 뛰어나다

이제 그들이 그리스어로 에티카라 부르는 도덕에 대한 부문이 남았다. 여기서는 최고선에 대해 탐구한다. 우리는 그것을 본보기로 삼아 우리가 하는 모든 행위를 판단하고, 그것을 다른 것을 위해서가 아니라 그 자신을 위해서 추구하며, 그것을 소유하면 행복해지기 때문에 그것 말고 어떤 것도 좇지 않는다. 그러므로 그것은 목적이라고 불린다. 왜냐하면, 우리는 그것을 위해 다른 (모든) 것을 좇고, 그것 자체를 위해서만 그 자체를 추구하기 때문이다.

따라서 어떤 자들은, 인간은 이 더없이 행복한 선(善)을 신체에서 얻는다고 말하고, 어떤 자들은 그것을 영혼에서 얻는다고 말하며, 또 어떤 자들은 (신체와 영혼) 그 모두에서 얻는 것이라고 말했다. 물론 그들은 인간 자체가 영혼과 신체로 이루어져 있음을 알고 있었다. 그래서 그들은 그 두 가지 가운데 어느 한쪽에 따라서 또는 둘 다에 의해 무언가의 궁극적인 선—즉 그것으로 그들이 행복해지고, 그것을 통해 그들이 하는 모든 행위가 판단되며, 판단의 기준을 그것 이외의 것에서는 구할 수 없는, 그러한 궁극적 선—에 정당하게 이를 수 있다고 믿었다.

따라서 외적인 것이라고 불리는 세 번째 선, 이를테면 영광, 돈, 그리고 그와 비슷한 것을 추가했다고 알려진 그들은, 그러한 것들을 궁극적으로 존재하는 것(최고선)으로서, 즉 그 자신을 위해 좇아야 하는 것으로서 덧붙인 게 아니라, 다른 것을 위해 (추구되어야 하는 것으로서) 더한 것이었다. 왜냐하면 이런 종류의 선은 선인에게는 선이지만, 악인에게는 악이라고 생각했기 때문이다. 그러므로 그들은 인간의 선을 영혼에서 따르든 육체에서 좇든, 영혼과 신체 양쪽에서 뒤따르든, 모두 인간 안에서만 추구해야 한다고 생각했다. 인간의 선을 신체에서 추종하는 자는 인간의 뒤떨어진 부분에서 그것을 좇는 것이고, 반대로 영혼에서 추구하는 자는 인간의 뛰어난 부분에서 그것을 따르는 것이다. 그러나 (영혼과 신체) 양쪽에서 구하는 자는 인간 전체에 그것을 추구한다. 그러므로 그것을 인간의 일부분에서 잇든 인간 전체에서 따르든, 인간 이외의 것에서 그것을 추구하는 것은 아니다.

이런 견해 차이는 그 차이가 셋이어서 세 철학파를 일으킨 게 아니라, 의견이 다른 수많은 철학자들과 학파를 일으켰다. 그것은 신체의 선, 영혼의 선, 그리고 양자의 선에 대해 저마다 다르게 생각했기 때문이다.

그래서 이런 모든 학파는, 더없이 행복한 사람이란 육체와 영혼을 누리는 사람이 아니라 하느님을 누리는 사람이라고 한 그 플라톤 철학자들에게 모두 자리를 내 주어야 한다. 그러한 하느님의 향유란, 영혼이 신체를 누리거나 영혼이 영혼 자신을 만끽하거나, 또 친구가 친구를 누리는 것이 아니라, 눈이 빛을 누리는—둘 사이에 어떤 유사성이 있다면—것이다. 그것이 어떤 종류인지는, 만일 하느님이 도와주신다면, 우리에게 가능한 한 어딘가 다른 곳에서 밝혀질 것이다. 그러나 오늘은 다음과 같은 것을 떠올리는 것으로 만족해야 한다. 즉, 플라톤이 궁극적 선이란 덕에 따라 사는 삶이라고 정의한 것, 그리고 그것은 하느님을 알고 하느님을 닮고자 하는 사람에게만 일어나는 것, 그 말고의 원인으로는 최고 행복에 이르지 못한다는 것, 그러한 점을 상기하는 것으로 만족해야 한다. 그러므로 플라톤은 철학한다는 것은 그 본성이 비형체적인 하느님을 사랑하는 것임을 믿어 의심치 않았다. 물론 여기서 지혜를 열심히 탐구하는 자(즉 철학자)는 하느님을 누림으로써 비로소 최고 행복에 이른다고 결론지을 수 있다.

  사랑하는 것을 즐기는 사람이 언제나 최고 행복에 이른다고는 할 수 없지만(왜냐하면, 대부분의 사람들은 사랑해서는 안 되는 것을 사랑함으로써 비참해지고, 또 그것을 누릴 때 더욱 참담해지기 때문이다), 그럼에도 사랑하는 것을 누리지 않는 사람은 어느 누구도 최고 행복에 이르지는 않는다. 왜냐하면, 사랑해서는 안 되는 것을 사랑하는 사람조차도, 그것을 사랑함으로써 자신이 최고 행복에 이른다고는 생각하지 않으며, 그것을 즐김으로써 최고 행복에 이른다고 여기고 있기 때문이다.

  따라서 자신이 사랑하는 것을 누리고, 참된 최고선을 사랑하는 사람은 누구나 최고 행복에 이른다는 것을, 가장 비참한 자 말고 그 누가 부정할 수 있겠는가. 그래서 플라톤은 참된 최고선 자체가 하느님이라고 말했다. 그 점에서 플라톤은 철학자(지혜를 사랑하는 자)란 하느님을 사랑하는 자라고 주장했다. 따라서 철학은 복된 삶으로 이끌기에, 하느님을 사랑하는 사람은 하느님을 누림으로써 복된 삶에 이른다.

제9장 그리스도교 신앙 진리에 가까운 철학

  그러므로 누구든, 가장 참된 신에 대해 다음처럼 생각하는 철학자들―즉, 하느님을 피조물의 창조자, 모든 인식의 빛, 모든 행위의 (궁극적) 선으로 생각하고, 하느님에 따라서 우리가 자연의 원리와 가르침의 진리, 그리고 삶의 행복을 누리게 된다고 생각하는 철학자들―그러한 철학자가 더욱 적절하게 플라톤학파라고 불리든, 그들이 자신들의 학파에 다른 이름을 붙이든, 이오니아학파 가운데 플라톤과 같은 생각으로 플라톤을 잘 이해한 아주 뛰어난 사람들도, 또 만일 그 지역에서 같은 생각을 가지고 있는 사람이 달리 있다면 아마 그런 사람들도, 또 지혜로운 사람, 철학자로 생각되는 다른 모든 민족, 이를테면 아틀란티스의 리비아인, 이집트인, 인도인, 페르시아인, 칼데아인, 스키티아인, 갈리아인, 히스파니아인 가운데, 이 가르침을 깨닫고 그것을 가르치는 사람들이 발견된다면—우리는 그들 모두를 다른 철학자들보다 더 나은 위치에 두고, 우리에게 가까이 다가선 사람들임을 인정하는 바이다.

제10장 철학과 그리스도교. 철학적 문제 속에서 얼마나 그리스도교는 뛰어난가

오직 교회 문서(성서)를 통해서만 교육 받은 그리스도교도라도, 플라톤학파의 이름도 모르고, 이오니아학파와 이탈리아학파라고 하는, 그리스어를 하는 두 철학 사조가 존재했던 사실을 모를 수는 있어도, 철학자란 지혜를 탐구하고, 또 지혜를 사랑하는 이들임을 자칭하는 사람들이라는 것을 모를 만큼 인간(세상)에 대해 무지하지는 않다. 하지만 그는 이 세상의 원소에 따라 철학을 하고, 세계를 창조한 하느님에 따라 철학하지 않는 사람들을 경계한다. 왜냐하면, 그는 사도의 교훈으로써 경고받고, "누군가가 이 세상의 원소에 바탕을 둔 철학과, 헛된 가르침의 유혹으로 그대들을 속이는 것을 경계하라." 한 사도의 말에 충실하게 귀를 기울이기 때문이다. 하지만 그는 또, 모든 철학자들이 그렇게 생각하지는 않는다는 것도, 같은 사도가 어떤 이들에 대해 다음처럼 말한 것도 알고 있다. "사람들이 하느님에 대해서 알 만한 것은 하느님께서 밝혀 보여주셨습니다. 하느님께서는 세상을 창조하신 때부터 창조물을 통해 당신의 영원하신 능력과 신성과 같은 특성을 만물 속에 나타내 보이셔서 인간이 보고 깨달을 수 있도록 하셨습니다." 또 사도는 아테네 사람들에게 말하기를, "우리는 그분 안에서 숨 쉬고 움직이며 살아간다"고, 아주 소수의 사람들만 이해할 수 있는 하느님에 대한 위대한 사실(진리)을 말한 뒤, "그대들의 어떤 시인은 '우리도 그의 자녀' 하고 말하지 않았습니까?" 덧붙였다.

물론 사도는 그들(철학자들)에게 잘못이 있을 때에는 그들을 경계해야 한다는 것을 알고 있었다. 왜냐하면, 그는 하느님은 지성으로써 자신의 보이지 않는 성질이 인식되듯이, 창조된 피조물을 통해 그들에게 밝혀 보여졌다고 말한 그 대목에서, 그들이 하느님 자체를 올바르게 섬기지 않은 것, 오직 하느님에게만 바쳐져야 하는 신적 영예를 그것을 바쳐서는 안 되는 다른 것에 주었음을 말하고 있기 때문이다. 즉, 사도는 "인간은 하느님을 알면서도 하느님으로 받들어 섬기거나 감사하기는커녕 오히려 생각이 허황해져서 그들의 어리석은 마음이 어두워지게 되었습니다. 인간은 스스로 똑똑한 체하지만 실상은 어리석습니다.

그래서 불멸의 하느님을 섬기는 대신에 썩어 없어질 인간이나 새나 짐승이나 뱀 따위의 우상을 섬기고 있습니다." 이렇게 말했다. 여기서 사도는 지혜의 높은 명성을 자랑하고 있었던 로마인, 그리스인, 이집트인들에 대해 우리를 이해시키려 하고 있다.

하지만 그것에 대해서는, 그 철학자들과 뒤에 논의하기로 하자. 그러나 전 우주의 창조자인 유일한 신―즉, 비형체적인 것으로서 모든 물체적인 것을 넘어 있을 뿐만 아니라, 불멸 불후의 존재, 우리의 원천, 우리의 빛, 우리의 선이자 영혼도 뛰어넘은 하느님―이라는 점에서, 그들이 우리와 일치하는 한, 우리는 그들을 다른 사람들보다 뛰어난 자로 생각한다.

만일 철학자들의 저술을 몰랐던 그리스도교도가, 아직 배우지 않은 언어를 토론에서 사용하지 않고, 그 결과 자연 탐구에 대해 논하는 철학의 부분을 라틴어로 자연학, 그리스어로 피시카라 부르지 않는다고 가정해보자. 또 어떠한 방법으로 진리가 발견되는지를 탐구하는 철학의 부문을 논리학 내지 로지카라 부르지 않으며, 도덕을 논하고 궁극적 선을 따르며 악을 피하는 철학의 부문을 도덕학 내지 에티카라 부르지 않는다고도 가정해보자. 그렇다고 그리스도교도가 우리 인간이 하느님의 형상을 본떠서 창조된 본성과 우리가 하느님과 우리 자신을 알게 된 가르침, 우리가 하느님에게 기대어 더없는 행복을 얻게 되는 은혜―즉 그러한 본성과 가르침과 은혜를 유일하고 참되며 최고선인 하느님으로부터 얻고 있다는 사실을 모르는 것은 아니다.

바로 거기에 우리가 플라톤학파를 그 밖의 다른 철학자들보다 뛰어나다고 생각하는 이유가 있다. 그것은, 다른 철학자들이 자신들의 재능과 열성적인 탐구심을 사물의 원인 탐구에 써버리고, 어떠한 인식과 삶이 있는지 그 방법의 탐구에 헛되이 쓰는 데 비해, 플라톤학파는 하느님을 앎으로써 만유성립의 원인, 진리를 인식하기 위한 빛, 행복을 마시는 샘이 어디에 있는지를 발견했기 때문이다. 따라서 그러한 플라톤학파 철학자들이든, 어떠한 민족의 어떤 철학자들이든, 하느님에 대해 그렇게 생각하는 철학자들은 우리와 생각을 함께 한다. 그러나 우리가 이 문제를 특별히 플라톤학파와 논하고자 하는 까닭은 그들의 책이 더 잘 알려졌기 때문이다. 여러 민족 가운데 더욱 뛰어난 언어를 가진 그리스인들도 그들의 책을 크게 칭찬하고, 그 책들의 훌륭한 내용과 명성에 자극을 받은 라틴인들 또한 즐겨 그들의 책을 연구해 우리의 언어(라틴어)로 옮김으로써 더 높은 평판과 명예를 안겨주었기 때문이다.

제11장 플라톤은 어째서 그리스도교에 가까운 이해력을 가질 수 있었는가

하지만 그리스도의 은총으로 우리와 함께 한 어떤 사람들은, 플라톤이 하느님에 대해 많은 점에서 우리 종교(그리스도교)의 진리와 매우 같은 방법으로 생각하고 있음을 듣거나 읽고 틀림없이 놀랄 것이다. 그런 점에서 어떤 사람들은, 플라톤이 이집트를 여행했을 때 예언자 예레미야의 말을 들었거나, 예언서를 읽었으리라 생각했다. 나 또한 그러한 사람들의 견해를 내 책에서 쓴 적이 있다. 하지만 연대순 역사를 바탕으로 하여 빈틈없이 계산된 시대 산정은, 플라톤이 태어난 때는 예레미야가 예언한 시대로부터 거의 백년이나 지난 뒤였음을 가르쳐준다. 게다가 플라톤은 81년 동안 살았는데, 그가 죽은 해부터 이집트 왕 프톨레마이오스가 히브리 민족의 예언서를 유대지방에서 가져오도록 해, 그리스어를 잘 아는 70명의 히브리 학자들에게 그리스어로 옮겨 보존하라고 명령한 시대까지 거의 60년이 지났음을 알 수 있다.

그러므로 플라톤이 이집트를 여행했을 때는, 예레미야가 이미 오래 전에 죽은 뒤였기 때문에 예레미야를 만날 수도 없었고, 또 그 예언서도 아직 플라톤이 썼던 그리스어로 옮겨지기 전이었으므로 그가 읽을 수도 없었다. 물론 이러한 일도 만에 하나 다음 같은 일이 없었을 경우에 한이다. 즉 플라톤은 학문 연구에 뜨거운 사람이었으므로 그가 이집트 문헌을 통역을 통해 공부했듯이, 예언서도 통역으로 공부하지 않았다는 전제 아래서다. 다시 말해, 번역해서 갖고 돌아가지 않은 것은 물론이고(그런 일은, 지배 권력을 이용해 위협할 수 있었던 프톨레마이오스조차도 절대적인 선행에 대한 대가로서만 가능했다고 전해진다), 대화로써 그 책 내용을 그가 이해할 수 있는 한 배운 적이 없었다면 말이다.

이러한 생각을 가능케 하는 것은 그 (창세기의) 언급이 설득력을 갖기 때문이다. 창세기는 "맨 처음에 하느님께서 하늘과 땅을 지어내셨다. 땅은 아직 모양을 갖추지 않고 아무것도 생기지 않았는데, 어둠이 깊은 물 위에 뒤덮여 있었고 그 물 위에 하느님의 기운이 휘돌고 있었다." 이런 말로 시작된다. 그런데, 세계의 창조에 대해 서술한 책《티마이오스》에서 플라톤은, 하느님은 그 (창조의) 작업에서 처음에 대지와 불을 결합시켰다고 말했는데, 이로써 분명한 사실은 불에다 하늘의 위치를 부여했으리라는 것이다. 따라서 (플라톤의) 이 생각은 "맨 처음에 하느님께서 하늘과 땅을 지어내셨다." 한 것과 어떤 닮은 점을 가지고 있다. 그리고 플라톤은, 그 두 가지 사이에 둠으로써 이러한 대지와 불의 양극이 서로 이어지는 두 개의 매개적인 원소, 즉 물과 공기에 대해 말했다. 이 점에서 플라톤은 성서에 "그 물 위에 하느님의 기운이 휘돌고 있었다." 한 것을 그렇게 이해했다고 여길 수 있다. 게다가 공기는 영이라고 말하는 것에서 보아, 플라톤은 성서가 '하느님이 영'이라 부를 때 어떤 뜻으로 쓰는 관습이 있는지 충분히 주의를 기울이지 않고, 그 대목에서는 네 가지 원소가 이야기되어 있다고 생각한 것이 틀림없다. 또한 플라톤은 철학자란 하느님을 사랑하는 사람을 가리킨다고 말했는데, 성서 속에서 이토록 빛나는 언어가 또 있을까. (많은 사항들이 플라톤은 그러한 문서(성서)를 몰랐을 리가 없다는 의견에 동의하도록 나를 이끌지만) 그 가운데에서도 가장 주목해야 할 것은 다음과 같다. 즉, 경건한 모세가 천사를 통해 하느님 말씀을 전해듣고, 이집트에서 히브리 민족을 해방할 계획을 세우도록 명령한 그분의 이름을 물었을 때, "나는 곧 나다……너는, 나를 너희에게 보내신 분은 '나다' 말씀하시는 그분이라고 이스라엘 백성에게 일러라." 이런 대답을 들은 일이다. 그 의미는, 불변하기에 참으로 존재하는 분에 비하면, 가변적이요 창조받은 것은 '참으로' 존재하는 것이 아니라는 뜻이다. 플라톤은 이런 진리를 강하게 지지하며 매우 열심히 가르쳤다. 그리고 이런 진리는 "나는 곧 나다……너는, 나를 너희에게 보내신 분은 '나다' 하고 말씀하시는 그분이라고 이스라엘 백성에게 일러라." 말한 이 (성서의) 대목 말고, 플라톤 이전 사람들이 쓴 책의 어디에서 발견할 수 있을지 나는 모른다.

제12장 플라톤학파 사람들은 하나뿐이고 참된 신을 바르게 생각했음에도 많은 신들을 섬겼다

하지만 플라톤이 그러한 가르침을 어디서 배웠든, ―플라톤 이전에 기록된 조상들의 책에서이든, 또 사도가 말했듯이 "하느님께서는 세상을 창조하신 때부터 창조물을 통해 당신의 영원하신 능력과 신성과 같은 보이지 않는 특성을 나타내 보이셔서 인간이 보고 깨달을 수 있게 하셨습니다." 이렇게 말한 이유에서이든, ―우리가 오늘 다루는 문제, 즉 죽음 뒤에 올 행복을 위해 유일신을 예배해야 하는가, 아니면 많은 신들을 섬겨야 하는가 하는 문제와 관련해 자연적 신학(의 문제점)을 논하기 위해 내가 플라톤학파 철학자들을 선택한 것은 결코 부당하지 않다는 사실을 충분히 설명했다고 생각한다.

실제로 나는 그들을 가장 뛰어난 철학자들로서 선택했다. 그 까닭은 그들이 하늘과 대지를 창조한 유일신에 대해, 다른 사람들보다 한결 많은 지식을 가졌기 때문이고, 그만큼 그들은 다른 철학자들보다 더욱 명성이 높고 훌륭하다고 생각되기 때문이다. 그들은 후세 사람들이 판단할 때도 다른 철학자들보다 뛰어난 자들로 여겨졌다. 즉, 플라톤의 제자였던 아리스토텔레스는 빼어난 재능의 소유자로서, 문학적 형식에서는 비록 플라톤과 나란히 서지 못했지만, 다른 많은 이들을 가볍게 넘어섰고, 산책하면서 (철학적) 토론을 즐긴 소요학파를 창설했다. 그는 높은 명성을 떨치며, 스승 플라톤이 살아 있는 동안 자신의 학파에 많은 제자들을 모았다. 한편, 플라톤이 죽은 뒤 플라톤의 조카인 스페우시포스와 그의 아끼는 제자 크세노크라테스가 플라톤의 학교 아카데메이아를 이어나갔다. 그 일에서 그들 및 그들의 후계자들은 아카데미학파라고 불렸다. 그러나 플라톤의 학설을 따르기로 한 최근의 가장 뛰어난 철학자들은, 페리파테티키(소요학파)나 아카데미학파로 불리는 것을 달갑게 여기지 않고, 플라토니키(플라톤학파)라 불리는 것을 선택했다.

그들 가운데 매우 저명한 사람은, 그리스인이었던 플로티노스, 이암블리코스, 포르피리오스이고, 그리스어와 라틴어 양쪽 언어를 말하는 사람들 가운데 아프리카의 아풀레이우스가 있다.

하지만 그들과, 또 그들과 같은 생각을 하는 다른 사람들, 그리고 플라톤 자신까지도 많은 신들에게 희생(예배)을 바쳐야 한다고 여겼다.

제13장 모든 신들은 선하고 덕을 사랑한다고 정의한 플라톤의 생각

그러므로 플라톤학파 철학자들은 그 밖에도 많은 중요한 점에서 우리와 다르지만, 특히 조금 전 내가 말한 점, 즉 신들의 예배에 대한 문제는 결코 보잘것없는 문제가 아니기에 가장 먼저 그에 대해 그들에게 묻고자 한다. 그들은 어떤 신들에게 예배를 올려야 한다고 생각할까? 선한 신들인가, 아니면 악한 신들인가, 또는 선한 동시에 악한 신들인가? 하지만 우리는 모든 신들은 선하며 악한 신은 전혀 존재하지 않는다는 플라톤의 생각을 알고 있다. 그러므로 희생(예배)은 선한 존재에게 바쳐져야 한다고 생각하고 있음을 알 수 있다. 더욱이 이 경우에는 신들을 대상으로 한다. 선하지 않으면 신이 아니기 때문이다.

만일 그렇다면(신들에 대해 그 이 외에 어떻게 생각하는 것이 가능하단 말인가), 악한 신들에 대해서는 그들이 위해를 가하지 않도록 그들에게 희생을 바치며 달래야 하고, 선한 신들에게는 도움을 달라고 호소해야 한다는 많은 사람들의 의견은 처음부터 그 의미를 잃고 만다. 그 이유는, 악한 신은 존재하지 않기 때문이고, 그들도 말했듯이 희생(봉사)의 영예는 그럴 자격이 있는 선한 신들에게 주어져야 하기 때문이다.

스스로 극장의 연극을 좋아하는 신들, 그 연극을 신성한 의식에 넣기를 우기고 자신의 명예를 뽐내기를 요구하는 신들은 어떤 신들일까? 그러한 신들의 힘은 그들이 무(無)가 아닌(존재하고 있는) 것을 나타낸다. 하지만 물론 그런 간절한 바람은 곧 그들이 악한 신들이라는 사실을 보여준다. 극장의 연극에 대해 플라톤이 어떻게 평가하고 있는지는 널리 알려져 있다. 플라톤은 시인들이 신들의 위엄과 선한 본질에 전혀 어울리지 않은 노래를 지어 불렀기에 그들을 조국에서 쫓아내야 한다고 생각했다.

그렇다면 그러한 극장의 연극을 둘러싸고 플라톤과 싸우는 신들은 도대체 어떤 신들일까? 물론 플라톤은 신들이 거짓된 비방과 모함으로 체면이 깎이는 것을 용납하지 않았다. 하지만 신들은 그런 중상으로 자신들의 명성을 높여줄 것을 바라고 있다. 요컨대, 신들은 그런 연극의 시작을 명령했을 때, 수치스러운 행동뿐만 아니라 사악한 행위도 요구했고, 티투스 라티니우스가 그들(신들)의 명령에 따르지 않았을 때는 그에게서 아들을 빼앗아가거나 병에 걸리게 하고, 라티니우스가 그들의 명령을 이뤄냈을 때는 병을 낫게 해주면서 악의에 찬 행동을 보여주었다.

하지만 플라톤은 그런 신들의 악을 두려워할 존재로 여기지 않았다. 그는 한결같은 태도로 자신의 확고한 신념을 지키고, 시인들의 모든 모독적인 행동을—그러한 신들은 불순한 자들과의 교제에서 위안을 찾는데—질서가 잡힌 시민들로부터 없애는 것을 망설이지 않았다.

그러나 이미 이 책 2권에서 말했듯이, 라베오는 바로 이 플라톤을 반신(숭배해야 할 인물)들 속에 위치를 부여했다. 라베오는 악한 신들은 피가 뚝뚝 떨어지는 잔인한 희생과 그러한 감사제로써 위로받는다고 생각하는 한편, 선한 신들은 연극이나, 즐거움을 주는 것으로 위로받는다고 생각했다. 그렇다면 반신인 플라톤이 반신이 아니라 신들을, 게다가 이 선한 신들조차도, 감히 오락에서—플라톤은 그것을 부도덕하다고 생각하고 있었으므로—끊임없이 몰아내려고 한 것은 어째서일까? 이런 신들은 확실히 라베오의 생각을 여지없이 부정한다. 왜냐하면, 라티니우스의 경우, 신들은 변덕스럽고 못된 장난을 좋아할 뿐만 아니라, 잔인하고 무서운 것임을 가르치고 있기 때문이다.

그러므로 플라톤학파는 이러한 일들을 우리에게 해명해야 할 것이다. 왜냐하면, 플라톤학파는 그들 학파의 창시자를 따라, 모든 신들은 선하고 성실하며, 지혜로운 사람의 덕에 호의를 가진다고 보고, 어느 신에 대해서도 그렇지 않다고 생각하는 것은 옳지 않다고 여겼기 때문이다.

"우리가 그것을 설명하겠다." 그들은 말한다. 그러니 우리는 주의 깊게 그들에게 귀를 기울이기로 하자.

제14장 세 가지 이성적 혼이 존재한다고 말하는 사람들의 견해

그들에 따르면, 이성적 혼을 지닌 모든 생명은 세 종류, 즉 신, 인간, 그리고 정령으로 분류된다고 한다. 신들이 가장 높은 위치를 차지하고, 인간이 가장 낮은 위치이며, 정령은 그 중간에 위치한다. 즉, 신의 자리는 하늘에 있고, 인간의 자리는 지상에 있으며, 정령의 자리는 공중에 있다. 그들에게 장소의 가치가 다른 듯이, 존재의 가치도 다르다. 따라서 신들은 인간과 정령보다 한결 뛰어나고, 반대로 인간은 원소들의 질서에 있어서, 또 가치 차이에 있어서도, 신들과 정령의 아래에 있다. 그러므로 정령은 중간적인 존재자이다. 그들은 신들보다 낮은 곳에 살고 있기에 신들보다 뒤에 그 위치가 와야 한다. 또 그들은 인간보다 뛰어난 곳에 살고 있기에, 인간보다 상위에 있어야 한다. 그들은 신들처럼 신체의 불멸을 공유하지만, 인간처럼 혼의 열정도 공유한다.

그래서 그들은 말한다. 신은 인간의 감정을 넘어서고, 모든 점에서 인간의 감정과는 관련이 없지만, 그러한 신들이 인간의 감정에 사로잡힐 때, 혹 정령들이 외설적이고 야비한 연극이나 시인들의 허구적 창작을 즐긴다 해도 놀랄 일이 아니라고. 따라서 여기서 플라톤이 시 짓기를 기피하고 허구적인 창작을 금함으로써, 연극의 환락에서 없애려고 한 것은, 모든 것이 선하고도 뛰어난 신들이 아니라 정령이었다는 결론이 나온다.

그래서, 만일 그것이 사실이라면, (이러한 생각은 또 다른 데서도 발견할 수 있다. 이를테면 마다우라의 플라톤학파 아풀레이우스가 이 문제에 대해 책을 썼는데 그 제목은 《소크라테스의 신에 대하여》이다. 그는 이 책에서 소크라테스가 어떤 종류의 신령과 결속되었으며, 우정에 따른 친한 교제를 얻고 있었는지, 또 그가 하고자 했던 행위가 미래의 번영을 가져올 가능성이 없을 때는 그런 행위를 멈추도록, 그 신령으로부터 언제나 경고를 주고 있었다는 것을 설명하고 있다. 아풀레이우스는 신들의 숭고함, 인간의 비천함, 정령의 중간성에 대한 플라톤의 생각을 빈틈없이 검토하면서, 신령은 신이 아니라 정령임을 분명하게 말하고, 매우 자세히 주장했다)―따라서 그것이 사실이라면, 왜 플라톤은 시인들을 도시에서 몰아냄으로써, 만일 그가 인간적인 모든 더러움에서 떼어놓고 생각하고 있었던 신들로부터가 아니라 해도, 적어도 정령 자체로부터 극장의 오락을 감히 빼앗아 버렸을까. 그 이유는 바로, 빛나는 품위를 위해 악령의 야비한 명령을 경멸하도록, 또 그들의 불결함을 물리치도록 인간의 정신에―그것은 아직도 죽어야 하는 지체 속에 있기는 하지만―경고를 주기 위함이었다. 왜냐하면, 만일 플라톤이 이런 오락을 더없이 성실하게 논의한 뒤에 금지했더라면, 그러한 오락을 요구하고 명령한 것은 정령에게는 매우 수치스러운 (부도덕한) 일이었기 때문이다.

그러므로 아풀레이우스의 말이 틀렸고, 소크라테스는 그런 종류의 신령을 친구로서 두고 있지 않았거나, 그렇지 않으면 플라톤이 모순되는 생각을 품어서, 어느 때에는 정령을 칭찬하고, 또 어느 때에는 기품 있는 도시에서 정령의 즐거움인 향락을 추방해야 한다고 생각했거나, 또는 정령과의 우정은 소크라테스에게는 기뻐해야 할 일이 아니었을 것이다. 그런 점에서, 아풀레이우스 자신이 당황해 이 책에 《소크라테스의 신에 대하여》라는 제목을 붙였다. 신과 정령을 낱낱이 구별하는 그 자신의 논리에 따르면, 그것은 《소크라테스의 신에 대하여》라는 제목이 아니라, 《소크라테스의 정령에 대하여》라는 제목이었어야 한다. 하지만 그는 이 표현을 책의 표제로 붙이기보다는 (이 책에 대한) 논의 자체 속에서 쓰기를 선택했다. 왜냐하면, 인간세계를 비추는 건전한 가르침에 따라, 모든 사람 또는 대부분의 사람들이 정령이라는 이름을 두려워하고 있었기에, 그 결과 《소크라테스의 정령에 대하여》라는 책의 표제를 읽는 사람은 누구나 정령의 위엄(가치)을 칭찬한 아풀레이우스의 이 논술을 읽기 전에, 소크라테스는 건전한 인간이 아니었다고 생각해 버릴 것이기 때문이다.

그러나 아풀레이우스조차, 정령의 신체의 정교함과 강건함, 그들이 사는 높은 장소 말고, 정령 속에서 어떤 칭찬할 만한 점을 발견했을까? 왜냐하면, 모든 정령에 대해 개괄적으로 이야기할 경우, 아풀레이우스는 그들의 행위에 대해 좋은 말은 하지 않고 오히려 나쁜 말을 많이 했기 때문이다. 마지막으로, 실제로 그 책을 읽었을 때, 정령들이 추악하고 부끄러운 연극까지 성스러운 종교 의식에 넣기를 바란다 해도, 또 자신들이 신들로 생각되기를 원하며, 신들의 죄악 행위에 기쁨을 느낀다 해도, 또 그들의 종교적 의식에서 그 야비한 의식 관습과 수치스러운 잔인함 때문에 웃음거리나 공포의 대상이 되는 모든 일들이 그들의 취향과 맞아 떨어진다 해도, 이미 그런 일에는 누구도 놀라지 않을 것이다.

제15장 정령이 공기로 된 육체를 가지고 높은 곳에 살기에 인간보다 뛰어난 게 아니다

바라건대, 이런 점에서 참으로 종교적인 정신, 참된 하느님을 따르는 정신을 지닌 사람은, 정령이 더 나은 신체를 지니고 있기 때문에 자신들보다 뛰어났다는 생각에 빠지지 않기를. 그렇지 않으면 인간의 혼은 수많은 동물을 자기보다 상위에 두어야만 한다. 왜냐하면 동물은 감각의 예민함과 운동의 용이성, 재빠른 동작, 신체의 역량, 장수의 확실성 등에서 우리를 넘어서고 있기 때문이다. 어떤 인간이 시력에서 독수리나 매와 같을 수 있을까. 누가 후각에서 개와 같을 수 있을까. 경쾌함에 있어서도 누가 토끼, 사슴, 모든 새와 같을 수 있을까. 힘에서 누가 사자와 코끼리와 같을 수 있을까. 어떤 인간이 오래도록 사는 데 있어서 허물을 벗어버림으로써 노년을 버리고 젊음으로 돌아간다고 알려진 뱀과 같을 수 있을까.

그러나 추리와 지성을 지닌 점에서 우리 인간이 그 모든 것보다 뛰어나듯이, 선량하고 정직하게 살고 있다는 점에서도 우리 인간이 정령보다 앞서지 않으면 안 된다. 그것과는 반대로, 하느님의 섭리는 우리보다 못한 동물에게 더욱 우월한 신체기능을 선물로 주었는데, 그 이유는 그렇게 함으로써 우리가 신체를 발전시키는 것보다는, 동물보다 뛰어난 것(지성적 능력)을 더욱 갈고 닦고 성실하게 교화 완성하도록, 우리를 북돋기 위해서였다. 그리고 우리가 정령이 가지고 있는 것을 알고 있는 뛰어난 신체를, 선한 삶의 방식—그것으로써 우리는 동물보다 뛰어나다―에 비해 경멸하는 것을 배우고, 우리 또한 신체의 불멸을, 즉 영원한 형벌로 고통 겪는 신체의 불멸이 아니라 영혼의 정화를 촉진하는 신체의 불멸을 소유하는 법을 배우기 위해서였다.

그래서 정령들은 공중에 살고 우리 인간은 지상에 산다는 이유로 정령들이 우리보다 우월하다고 생각하는 것은 참 우스운 노릇이다. 왜냐하면, 그런 식으로 생각하면 날아다니는 모든 것이 우리보다 뛰어난 것이 되기 때문이다. 그러니 이에 대해 반대자들은, 날개가 달린 것은 나는 데 지치거나 먹이로 신체에 활기를 주기 위해 땅에 내려와 휴식 장소를 찾고 먹이를 구하지만, 정령들은 그렇게 하지 않는다고 말한다. 따라서 그들은 날개로 나는 것은 우리 인간보다 낫고, 정령은 날개로 나는 것보다 낫다고 말할 수 있는가. 만일 이러한 것들이 매우 어리석은 생각으로 여겨진다면, 우리는 정령들이 더 높은 원소 속에서 살고 있다고 해서 정령들이 우리 인간보다 뛰어나다고 생각하거나, 종교적 경건함으로 그것에 복종해야 하는 이유는 아무것도 없는 것이다.

왜냐하면 허공을 나는 것은 지상의 우리보다 뛰어나지 않을 뿐만 아니라, 오히려 우리 속에 있는 이성적 정신 때문에 그들 쪽이 우리에게 복종한다고 말할 수 있다. 그와 같이, 정령들이 혹 더 높은 공중에 산다고 해도, 공중이 땅보다 높다고 해서 그들이 땅 위에 사는 우리보다 뛰어난 것은 아니다. 오히려 반대로, 경건한 인간의 희망은 정령들의 절망과는 비교도 할 수 없으므로, 인간이 정령들보다 우수하다고 할 수 있다.

그런데 플라톤의 이론은―그 이론에 따르면, 그는 가장 잘 (변화하고) 움직이는 불과 움직이지 않는 흙, 이 두 가지 궁극적인 원소에 공기와 물이라는 매개적인 원소 두 가지를 덧붙임으로써, 네 원소를 조화롭게 결합시키고 질서를 부여해, 공기가 물보다 위에 있고 불이 공기보다 위에 있듯이, 물은 대지보다 높은 위치에 있다고 했지만―, 그러한 원소의 단계에 따라 생명체의 가치를 평가해서는 안 된다고 우리에게 충분히 경고한다. 사실 아풀레이우스 자신도 다른 일반인들과 마찬가지로, 인간은 지상적 동물이라고 말했다. 그러나 플라톤이 흙보다 물을 위에 둔 것에 비해, 아풀레이우스는 수중의 동물보다 (지상의) 인간을 한결 상위에 두었다. 따라서 우리는, 동물의 가치를 이야기할 때, 물체의 단계에 존재하고 있다고 생각되는 질서를 그대로 따라서는 안 되며, 또 뛰어난 영혼이 그보다 못한 신체에 깃드는 일도 있고, 뒤떨어지는 영혼이 뛰어난 신체에 깃드는 일도 있을 수 있다는 사실을 잘 알 수 있다.

제16장 아풀레이우스가 설명하는 정령들의 성격과 행동

아풀레이우스는 정령들의 행실에 대해 말하면서 그들도 인간과 마찬가지로 정신의 동요를 겪는다고 했다. 곧 모욕을 받으면 화를 내고, 아첨과 선물을 좋아하고, 찬양을 기뻐하며, 이런저런 종교의식을 즐거워하고, 무시당하면 불쾌해한다는 것이다. 그는 또 새(鳥)로 보는 점과 창자로 보는 점, 예언과 꿈의 계시가 정령들에게 달려 있으며, 마술사들의 기적 또한 그들로부터 비롯된다고 말했다. 하지만 그는 정령들을 더욱 간단하게 정의하여, 정령들은 종류로는 생명적 존재이고, 영혼은 감정적이며, 정신은 이성적이고, 신체는 공기로 이루어졌으며, 시간적으로는 영원하다고 했다. 이 다섯 가지 성질 가운데, 처음의 세 가지는 정령들과 우리 인간에게 공통되는 점이고, 네 번째는 정령들만의 고유한 것이며, 다섯 번째는 정령들과 신에게 공통되는 점이라고 말했다.

그러나 정령들은 우리 인간과 공통으로 지닌 위의 세 가지 성질 가운데 두 개의 성질을 신들과도 공유한다고 나는 생각한다. 아풀레이우스는 신들도 생명이 있는 존재라고 말하고, 저마다의 원소를 각각의 존재에게 배분하여, 우리 인간을, 땅 위에 살면서 감각을 가진 다른 존재와 함께 지상에 사는 생명 있는 존재 속에 두고, 물고기와 그 밖에 헤엄치는 것들을 물속에 사는 생명을 지닌 존재 속에, 정령들을 공중에 사는 생명적 존재 속에, 그리고 신들을 에테르적인 생명적 존재 안에 두고 있다. 그래서 정령들이 종류에 있어서 생명이 있는 존재라면, 그들은 인간과 공통될 뿐만 아니라 신들을 비롯해 짐승들과도 공통적이다. 정신이 이성적인 것은 신들 및 인간과 같고, 시간적으로 영원한 것은 신들과만 공통되며, 혼이 감정적인 것은 인간과 통하며, 신체가 공기인 것은 정령들만의 고유한 존재방식이다.

그러므로 종류에 있어서 정령들이 생명적 존재라는 것은 중요한 구별이 아니다. 그것은 짐승도 마찬가지이기 때문이다. 또 정신이 이성적인 것도 우리를 넘어서는 이유가 되지 않는다. 우리도 이성적이기 때문이다. 시간적으로 영원하다는 점도, 만일 그들이 축복을 받지 못한다면 (그들에게) 영원한 시간이 뭐 그리 좋겠는가. 왜냐하면 불행한 영원보다는 짧지만 행복하게 사는 편이 더 낫기 때문이다. 혼이 감정적이라는 점도—우리 또한 감정적이지만, 우리는 불행하지 않은 한 감정적이지 않으므로—어떻게 정령들이 우리 인간보다 뛰어난 이유가 될 수 있겠는가. 신체가 공기로 이루어졌다는 것에 대해서도 (마찬가지여서), 거기에 얼마만한 가치가 있단 말인가? 어떤 성질의 혼이든 어떤 성질의 신체보다 중시되어야 한다. 따라서 혼의 일인 종교적 예배는 혼보다 열등한 것에 바쳐져서는 안 된다.

그리고, 만일 아풀레이우스가 정령들이란 이런 것이라고 정의 내려 말하고 있는 것 가운데 덕과 지혜, 행복 같은 성질을 꼽았더라면, 또 아풀레이우스가 정령들은 그런 성질을 신들과 함께 영원히 공유한다고 말했다면, 그는 정령에게는 뭔가 바람직한 것이 있고, 크게 평가해야 하는 것이 있다고 말하고자 했음이 틀림없다.

하지만 그렇다고 해서 우리는 정령들을 신처럼 섬겨서는 안 되며, 오히려 정령들에게 그러한 성질을 내려준 것을 알고 있는 하느님을 숭배해야 한다. 그러나 공기적인 생명체가, 이성적이지만 비참해질 가능성을 지녔고, 감정적이고 실제로 비참하며, 영원한 존재여서 자신의 비참함을 (끝내) 종결할 수 없다면, 그들은 어떻게 신의 명예를 가질 자격이 있을 것인가.

제17장 인간은 정령들의 악덕에서 해방되어야 한다

다른 것은 제쳐두고, 아풀레이우스는, 정령들은 우리와 공통된 것, 즉 혼의 감정을 지녔다고 말했는데, 여기서는 오로지 그 한 가지만을 살펴보기로 하자. 만일 네 원소가 모두 저마다에 어울리는 생명 있는 존재 속에 살고, 불과 공기는 불멸의 생명 있는 존재에, 물과 흙은 소멸해야 하는 생명 있는 존재에 산다면, 나는 다음처럼 묻고 싶다. 정령들의 혼은 왜 감정의 혼란과 폭풍에 흔들리는가. (라틴어의) 페르투르바티오(격정, 정념)는 그리스어로 파토스라고 한다. 여기서 아풀레이우스는 정령들을 혼이라는 점에서 '수동적인 것(감정을 따르는 것)'이라 부르기를 원했다. 왜냐하면 파토스라는 말을 옮긴 파시오라는 말은 '이성에 반대 되는 혼의 격동'을 뜻하기 때문이다. 그렇다면 왜 짐승 속에 없는 것이 정령들의 혼 속에 있는 것일까? 그 까닭은 만약 짐승에게 그와 비슷한 것이 인정된다 해도 짐승은 이성이 없고, 따라서 그것은 이성에 어긋난 혼의 흔들림이 아니고 격동도 아니기 때문이다. 하지만 인간의 경우에는, 그러한 격정은 우매함과 비참함에서 생겨난다. 왜냐하면, 우리는 죽음에서 해방되었을 때

마지막에 주어지는 지혜의 완성 속에서 아직 축복을 얻지 못했기 때문이다.

이와 달리, 신들은 그러한 격정을 겪지 않는다고 알려져 있다. 왜냐하면 신들은 영원할 뿐만 아니라 더없이 행복한 상태에 있기 때문이다. 실제로는 신들 또한 같은 이성적 혼을 갖고 있다고 하지만, 그들은 모든 고통과 비참함에서 완전히 정화되어 있기 때문이다. 그래서 만일 신은 최고 행복의 생명적 존재이고 비참한 생명적 존재가 아니기 때문에 그러한 격정으로 흔들리는 일이 없다면, 또 만일 짐승이 더없이 행복한 상태일 수도 비참할 수도 없는 생명적 존재이기 때문에 격정에 술렁이는 일이 없다면, 정령들은 가장 행복하지는 않고 비참한 생명적 존재이므로, 인간과 마찬가지로 격정 때문에 심하게 동요한다는 결론이 남게 된다.

그러므로 악덕—그 때문에 우리는 정령들과 닮은 것이 된다—에서 자유로워지는 것이 참된 종교 덕분이라면, 어떤 종교에 따라 우리가 정령들에게 복종하는 것은 얼마나 어리석고 정신나간 일인가. 그것은, 아풀레이우스 같은 사람조차 정령들에 대해 매우 관대한 입장을 취하며 정령이 신적 명예를 얻을 가치가 있다고 평가했지만, 그럼에도 그는 정령이 분노에 휘둘린다는 점을 고백하지 않을 수 없었기 때문이다. 하지만 참된 종교는 우리가 분노에 휘둘리지 않고, 오히려 그것에 맞서도록 우리에게 명령한다. 정령들은 선물로 향응을 받지만, 참된 종교는 선물을 받음으로써 사람에게 호의를 표시하는 일이 없도록 우리에게 가르친다. 정령들은 명예로 기분이 좋아지지만, 참된 종교는 그런 것에 따라 결코 흔들려서는 안 된다고 우리에게 가르친다. 정령들은 사려 깊은 냉정한 판단에 의해서가 아니라, 격정적이라 불리는 혼으로 어떤 사람은 미워하고, 또 어떤 사람을 사랑하지만, 참된 종교는 적도 사랑하라고 우리에게 명령한다.

마지막으로, 참된 종교는 마음의 온갖 격정, 정신의 불안, 혼의 모든 혼란과 폭풍—아풀레이우스는 정령들이 이러한 것에 따라 움직이고 흔들린다고 말하지만—그러한 것들을 내버리라고 우리에게 명령한다. 그러므로 당신이 삶 속에서 닮지 않기를 간절히 바라는 존재에 대해 외경심을 갖고 겸허한 마음을 다하는 것은, 또 숭배하는 존재를 본받는 자가 되는 것이 종교의 가장 높은 본질임에도, 당신이 본받으려고 하지 않는 존재를 종교의 이름으로 섬기는 것은, 우매함과 경멸스러운 잘못 때문이 아니라면 도대체 어떠한 원인에 따른 것이란 말인가?

제18장 인간이 좋은 신들에게 추천받기 위해 정령들의 도움을 받아야 한다고 가르치는 종교

따라서 아풀레이우스와 그와 같은 생각을 가진 사람들은, 정령들의 중간성을, 천상의 하늘과 대지 사이에 있는 공중에 위치시키고, 정령들에게 그 명예를 주었는데, 그것은 전혀 근거가 없는 일이다. 그러한 사람들은 플라톤이 말했다고 전해지듯이, 어떤 신도 인간과 교류할 수 없으므로, 정령들이 인간의 소망을 신들에게 전하고, 신들로부터 인간에게 그 요구가 이루어진 것을 가져다준다고 여겼다. 그렇게 믿는 사람들은, 인간이 신들과 상대하고 신들이 인간과 상대하는 것은 적절한 일이 아니라고 생각하지만, 정령들이 신들과 인간 양쪽과 상대하는 것은 온당한 일이라고 생각하고 있다. 그들은, 정령들은 인간이 바라는 것을 인간으로부터 (신들에게) 전하고, 그곳으로 가져가서 승인받은 것을 신들로부터 (인간에게) 가지고 돌아간다고 생각했다. 따라서, 마음이 정결하고 양심적인 인간, 마술적 사악한 행위를 한 적이 없는 인간도 마땅히 정령들의 도움을 받지 않으면 안 된다. 인간은 그런 나쁜 행위를 사랑하지 않음으로써 더욱 그 가치가 높아지고, 신들은 그런 인간의 목소리를 보다 기꺼이 들어주어야 함에도, 사악한 행위를 사랑하는 정령들을 통해 인간의 소망을 듣는 것이다.

정령들은 사려 깊은 인간은 결코 좋아하지 않는 그 연극의 부도덕한 행위를 사랑한다. 그들은 마술사가 악을 행할 때 사용하고, 마음이 정결한 사람은 사랑하지 않는 '천 가지 사악한 술수'를 아낀다. 그래서 사려 깊은 사람과 마음이 맑은 사람이 신들에게 소원을 빌 때, 그는 자기 자신의 가치로써는 이룰 수가 없고, 자신에게 적대하는 자들(정령)을 중개자로 삼아야 한다. 아풀레이우스는 그러한 시적인 허상과 극장의 익살을 변호하고 정당화할 필요가 전혀 없다. 인간의 수치심이 자신을 배신하고, 다만 파렴치한 일을 사랑할 뿐만 아니라, 그것이 신을 기쁘게 한다고 여기는 일이 있다면, 그러한 것에 반대하는 자이자 그들 학파의 스승으로서 그들 앞에 서있는 매우 존중하는 스승 플라톤이 있는 것이다.

제19장 정령들의 도움에 기대는 마술의 죄

더없이 불행하고 더없이 불경한 일부 인간들이 칭찬받는 마술에 대해 여론의 눈 자체를 증인으로 세우기로 하자. 만약 그들의 마술적인 행위가 신들을 섬기는 행위라면, 왜 엄격한 법률로 그토록 가혹한 벌을 받는 것일까? 아니면 마술이 처벌하는 그 법률을 정한 것은 그리스도교도였단 말인가? 다음의 시를 노래한 유명한 시인은, 이러한 악행이 인류에게 의심할 바없이 해롭다는 사실을 보여주려는 것 말고 도대체 무엇을 말하려는 것일까?

"사랑하는 자매여
나는 맹세하노라
하느님과 당신과
당신의 매력적인 머리에 걸고
마술을 부리는 것은
나의 의지에 반하는 것임을"

다른 대목에서 이 마술에 대해 그는 이렇게도 말했다.

"이따금 영혼은
깊은 무덤에서 나왔고
나는 또 보았노라
밭에서 거둔 것을 다른 곳으로
모두 옮겨놓는 것을"

이 유해한 범죄적 가르침에 따르면, 타인의 밭에서 거두어들인 것을 다른 사람의 밭으로 옮길 수 있다고 했는데, 로마에서 가장 오래된 법률인 12표법 속에, 이러한 악행을 한 사람에 대해 정해진 형벌이 적혀 있음을 키케로가 우리에게 알려주고 있지 않은가.

그리고 아풀레이우스 자신이 마술을 한 혐의로 탄핵을 받았던 것은 그리스도교도 재판관 앞에서였던가? 어쨌든 만일 그가 그러한 마술적 행위는 신성하고 경건한 행위이고, 신성한 힘을 지닌 능력과 들어맞는다고 생각했다면, 그는 그것을 승인할 뿐만 아니라 그것을 선언해야 하고, 칭찬과 존경할 가치가 있는 마술을 금지하고 탄핵한다고 한 법률을 비난했어야 한다. 그렇게 함으로써 그는 자신이 주장하는 방향으로 재판관을 설득할 수 있었을지도 모르기 때문이다. 또는 재판관이 부정한 마음으로 법을 해석하여, 마술을 선전하고 찬양한 혐의로 그를 사형에 처한다 해도, 정령들은 그 신성한 마술을 선전하며 목숨을 잃는 것조차 두려워하지 않았던 혼에 대해, 알맞은 보답을 함으로써 보상을 했으리라. 그리스도교 신앙이 범죄로서 비난을 받았을 때, 우리의 순교자들도 마찬가지였다. 그들은 자신들이 영원히 구원받고 끝없는 축복을 받을 것을 알고 있었기에, 자기 신앙을 부정함으로써 이 세상의 벌을 피하는 것을 반기지 않고, 오히려 신앙을 고백하고, 선전하고, 널리 알리고, 모든 환난에 충실하고도 용감하게 선디면서 검건한 신념을 품고 죽었고, 그렇게 힘으로써 그리스도교 신앙을 금지하는 법이 부끄러운 것이라고 비난하여 마침내 그 법률을 취소도록 만들었다.

그러나 이 플라톤학파 철학자(아풀레이우스)의 매우 상세하고 웅변적인 변설이 눈에 띈다. 그 안에서 그는, 마술을 행하는 것에 대한 비난은 자신과는 아무 관계도 없다고 스스로 변호하고, 결백한 사람은 절대로 하지 않는 마술을 부정함으로써, 자신이 결백함을 보여주고자 했다. 그러나 마술의 모든 기적—비난받아야 한다고 아풀레이우스는 생각했지만—은 정령들의 가르침과 능력에 의해 일어나고 있다. 그렇다면 아풀레이우스는 그러한 정령들을 자신이 왜 섬겨야 하는 것으로 보는지 음미해볼 필요가 있다. 왜냐하면, 우리의 기도가 신에게 이르기를 바란다면 오히려 우리는 정령들의 활동을 피해야 하는데, 아풀레이우스는 우리의 기도를 신들에게 전하기 위해 정령들이 필요하다고 주장하기 때문이다.

그래서 나는 아풀레이우스에게 묻고자 한다. 인간의 어떤 소원(기도)이 정령들을 통해 선한 신들에게 전해진다고 생각하는가? 주술적 기도에 의해서인가, 아니면 정당한 기도에 따라서인가? 만약 주술적 기도에 의해서라면, 신들은 그러한 기도를 바라지 않는다. 만약 정당한 기도에 따라서라면, 신들은 그러한 사자를 통해 (받는 것을) 원치 않을 것이다. 그러나 만일 죄인이 회개하고 진심으로 기도를 바친다면, 그리고 특히 마술의 죄악을 인정한다면, 그는 그 유혹과 부추김으로 자신을 죄악 속에 던져 넣은 그 마술의 중개에 따른 면죄의 호의를 받으려 할 것인가? 아니면, 정령들이 그들을 속였으므로, 회개한 자가 사면받을 수 있도록 정령들 자신이 먼저 뉘우쳐야 할 것인가? 이제까지 누구도 그러한 것을 정령들에 대해 물은 자는 없었다. 그 이유는, 만일 그렇다 해도 사면의 은총에 이르기 위해서는 회개하지 않으면 안 되므로, 정령들은 굳이 자기 자신을 위해 신적 영예를 구할 필요가 결코 없었을 것이기 때문이다. 전자(중개자로서의 정령들)에게는 혐오해야 할 오만함이 있고, 후자(회개하는 정령들)에게는 동정해야 할 겸손이 있다.

제20장 좋은 신들은 인간보다 정령들과 가까이 지내는 것을 기뻐할까

그러나 어쩔 수 없는 절박한 이유가 정령들에게 신들과 인간 사이를 중개하도록 강요하고, 그로써 정령들은 인간의 소원을 신들에게 전하고, 신들로부터 그 충족된 소원을 인간에게 가져다 준다. 그렇다면 도대체 그 이유란 무엇일까? 또한 거기에는 어떤 필연성이 있을까? 그들은 어떠한 신도 인간과 직접적으로 상대하는 일이 없기 때문이라고 대답한다.

신의 거룩한 신성이여! 그 신은 탄원하는 인간과는 상대하지 않고 오만불손한 정령들과 상대한다. 회개한 인간과는 상대하지 않고 기만적인 정령들과 상대한다. 성스러운 것에서 은신처를 구하는 인간과 상대하지 않고 성스러운 것을 꾸미는 정령들과 상대한다. 용서를 구하는 인간과 상대하지 않고, 나쁜 욕망을 부추기는 정령들과 상대한다. 철학서적에 따라 질서가 자리잡은 국가에서 시인을 추방하는 인간과는 상대하지 않고, 국가 지배자와 사제들에게 시인들의 연극을 통해 조롱거리를 요구하는 정령들과 상대한다. 신들의 범죄를 날조하는 것을 금하는 인간과는 상대하지 않고, 신들의 범죄를 거짓으로 꾸며내는 데서 기쁨을 느끼는 정령들과 상대한다. 마술의 범죄를 정당한 법으로 처벌하는 인간과는 상대하지 않고, 마술을 가르쳐 그것을 실행하도록 하는 정령들과 교류한다. 정령들을 따르는 것을 피하는 인간과는 상대하지 않고, 인간을 속이려고 기회를 엿보는 정령들과 상대한다.

제21장 신들은 정령들을 신하로 삼았는가

그러나 물론 그러한 불합리와 불명예에는 어쩔 수 없는 필연성이 있다. 그것은, 물론 천상의 신들은 인간을 배려하지만, 지상의 인간이 무엇을 하는지는 공기 속에 사는 정령들이 전하지 않는 한 도무지 알 수 없기 때문이다. 천상은 지상에서 아득히 먼 곳에 있고, 또 높이 떠다니고 있는 데 비해, 공중은 천상과 대지 양쪽과 맞닿아 있기 때문이다.

오, 얼마나 경탄할 만한 지혜인가! 신들을 모두 가장 선한 존재로 생각하는 사람들은, 신들이 숭배할 가치가 없는 것으로 보이지 않기 위해서도, 신들은 인간을 배려하지만, 동시에 원소 사이의 거리 때문에 인간에 대해 모르는 것이라고 생각한다. 따라서 신들은 인간세계에서 무슨 일이 일어나고 있는지, 또 언제 인간을 도와주어야 하는지를 정령들을 통해서만 알 수 있기 때문에 아무래도 정령들이 필요하고, 그 때문에 정령들 자신도 숭배받아야 한다고 생각하는 것이다.

만일 그렇다면, 그 선한 신들에게 더욱 잘 알려진 것은, 선한 혼에 따라 그것과 가까운 인간보다 물질적으로 가까운 정령들인 것이다. 오, 이 얼마나 통탄할 필연성인가! 신들이 허식이 아니라고 말하기 위한, 이 얼마나 비웃어주고 혐오해 마땅한 헛소리인가! 만일 신들이 신체의 제약을 받지 않고 우리의 혼을 볼 수만 있다면 굳이 사자로서 정령들을 필요로 하지는 않을 것이다. 그러나 또한, 만일 초 현세적인 신들이 혼의 신체적 표현을—그것은 말이나 표정, 몸짓 같은 종류의 것이다—그들의 신체로써 느끼고, 그것으로 정령들이 전하는 것까지 이해할 수 있다면, 신들은 정령들의 거짓말에 속을 가능성도 있다. 한편, 만약 신들의 신성이 정령들에 의해 기만당하는 일이 없다면, 그 신성으로써 우리가 하는 일이 알려지지 않을 이유도 없는 것이다.

하지만 나는 플라톤학파 철학자들에게 다음과 같은 것을 묻고 싶다. 즉 플라톤이 신들의 범죄에 대한 시적 허구를 좋아하지 않았다는 것을 정령들이 신들에게 전하면서, 자신이 그것을 기뻐하는 것을 숨겼는지, 아니면 정령들은 그 두 가지를 모두 숨기고 신이 그것을 모르도록 한 것인지, 그리고 이 모든 것도, 다시 말해 신들에 대한 플라톤의 경건한 심려와 신들에 대한 정령들의 모욕적인 충동, 이 양쪽을 알렸는지, 또는 날조된 범죄자로서 신들이 매도되는 것을 바라지 않았던 플라톤의 생각을 신들에게 숨기면서도, 연극을 사랑하고 그것으로 신들의 명예를 손상한 것을 기념하는 자신의 사악한 욕망이 드러나는 것을 (수치로 여기고) 정령들이 얼굴을 붉히거나 두려워하지 않았는지.

내가 의문으로 던진 이런 네 가지 질문 가운데, 플라톤학파 사람들은 그 어느 것을 선택해도 괜찮다. 그 어느 질문을 고르든지, 그들이 선한 신들에 대해 얼마나 나쁜 견해를 가지고 있는지 깨달으리라. 만일 그들이 최초의 질문을 고른다면, 플라톤은 신들에 대한 모욕을 금하고 있었으므로, 선한 신들은 선한 플라톤과 함께 사는 것이 허락되지 않았음을 그들은 인정하지 않으면 안 될 것이다. 그러나 또, 정령들은 신들에 대한 모욕을 기뻐했으므로, 신들이 나쁜 정령들과 함께 산 것도 인정하지 않으면 안 된다. 왜냐하면, 선한 신들은, 신들과 가깝지만 잘 알 수 없었던 나쁜 정령들의 중개가 없이는, 아득히 먼 곳에 있는 선한 인간을 알 수 없었을 것이기 때문이다.

하지만 만일 그들이 두 번째 질문을 골라, (앞에 말한) 둘 다 정령들이 숨겼기 때문에 신들이 플라톤의 경건한 법률도 정령들의 모독적인 기쁨도 전혀 알지 못한다면, 신들은—신들 자신이 나쁜 정령들에 반대하고 선한 신들의 명예를 지키기 위해 선한 인간의 종교로 어떠한 것들이 제정되었는지를 모르는데도—정령들이라는 중개자를 통해 인간세계에 대해 무엇을 효과적으로 알 수 있겠는가?

그래서 만약 그들이 세 번째 질문을 뽑아, 신들에 대한 모욕을 금한 플라톤의 생각뿐만 아니라 신들에 대한 모욕을 두고 좋아서 어쩔 줄 모르는 정령들의 사악함도 같은 정령들이라는 사자로써 신들에게 알려지고 있다고 그들이 대답한다면, 이게 신들에게 행하는 보고인가, 아니면 모욕하는 것인가. 또 신들은 양쪽을 듣고 둘 모두 알고 있기 때문에, 신들의 존엄과 플라톤의 모욕적 경건에 어긋나는 일들을 바라거나 행하는 나쁜 정령들이 자신에게 접근하는 것을 허락할 뿐만 아니라, 그 나쁜 이웃(정령들)을 통해 멀리 떨어져 있는 선한 플라톤에게 선물을 주는 것일까? 왜냐하면, 신들이 자신들을 비난하는 것과는 결합할 수 있지만 자신들을 감싸는 것과는 결합할 수 없는 만큼, 이른바 원소들의 연쇄사슬이 그들을 하나가 되게 하기 때문이다. 즉 신들은 양쪽을 알고는 있지만, 공기와 흙의 중력을 교환할 능력은 없다.

이제 남은 질문, 즉 네 번째 질문을 고른다면, 사태는 더욱 나빠진다. 만약 정령들이, 불멸하는 신들에 대해 이야기한 그 시인들의 허구적인 범행과 부당한 오락 연극, 또 이 모든 것에 대한 그들 자신의 매우 열렬한 욕구와 감미로운 의욕을 신들에게 알린다면, 또 플라톤이 그 모든 것을 철학의 힘으로 질서가 잡힌 국가에서 쫓아내야 한다고 생각하는 것을 숨긴다면, 그리고 그 결과, 선한 신들이 마땅히 그러한 사자(정령들)를 통해 다른 것의 악행이 아니라 그 사자 자신의 극도의 악행을 모를 수가 없고, 게다가 그에 반대하는 철학자들의 선한 행위를 아는 것은 허락되지 않는다면—더욱이 전자(시인, 정령들)는 신들을 모욕하고 있고 후자(철학자들)는 신들에게 경의를 표하는 경우—도대체 누가 이런 일을 참고 견딜 수 있겠는가.

제22장 정령들의 예배는 폐기되어야 한다

그러므로 이 네 가지 질문 가운데 어느 것을 뽑아 신에 대해 나쁘게 생각하지 않도록, 우리는 이 네 가지 가운데 어느 것도 골라서는 안 된다. 따라서 아풀레이우스와, 누구든 그와 같은 생각을 가진 철학자들이 설득하려고 애쓰는 것을 믿어서는 절대로 안 된다는 선택이 남아 있다. 그들은 정령들을, 지상에서는 우리 인간의 소원을 전하고, 천상에서는 신들의 원조를 가져다주는 신과 인간 사이의 중간 사절이나 통역자라고 여긴다. 하지만 우리는, 다른 것을 해치는 것이 가장 큰 소망이고, 정의와는 철저하게 담을 쌓고 있으며, 시기심으로 얼굴이 핼쑥하고, 철저하게 속이는, 오만하고 교활한 영을 떠올린다. 이러한 영은 돌이킬 수 없는 죄악에 대한 대가로서 숭고한 천계에서 떨어져, 그들에게 어울리는 이 감옥과 연결되어 있으므로, 이러한 공기 속에 사는 것이다. 그러나 (그들이 살고 있는) 공기가 대지와 물 위에 위치한다고 해서 그것 때문에 그들 자신이 가치면에서 인간보다 뛰어난 것은 아니다. 왜냐하면, 인간은 지상에서, 신체에 의해서가 아니라 참된 신을 조력자로 삼는 경건한 정신으로써 그들을 쉽게 넘어설 수 있기 때문이다.

그러나 정령들은 참된 종교에 참여할 가치가 뚜렷하게 없는 많은 사람들을 마치 포로나 예속자를 대하듯이 지배하면서, 그 대부분의 사람들을 놀랍도록 기만에 찬 표시로써—행동에 따른 징표 또는 예언에 의한 표시를 통해—자기들을 신처럼 믿도록 한다. 하지만 정령들은, 그들의 악덕을 더욱 주의 깊게 열심히 관찰하는 사람들에게는 자신들이 신이라고 설득할 수 없었다. 그래서 그들은, 자신들이 신과 인간 사이의 사자 또는 이익을 가져다주는 간원자라는 생각을 궁리해냈다. 게다가 정령들은 신이 아니라고 믿던 사람들은, 그러한 명예조차도 정령들에게 돌려서는 안 된다고 생각했다. 왜냐하면 사람들은 (정령들의) 악행을 알고 있고, 신들이 모두 선하기를 바랐기 때문이다. 하지만 그러한 사람들은 정령들이 신적 명예를 얻을 가치가 전혀 없다고는 감히 입밖에 내지 않았다. 그것은 일반 사람들(국민)을 아주 불쾌하게 만들지 않기 위해서였다. 왜냐하면 그들은 일반 사람들이, 오래된 미신 때문이기는 하지만 그토록 많은 종교의식과 신전으로써 정령들에게 봉사하고 있음을 알고 있었기 때문이다.

제23장 헤르메스 트리스메기스투스의 우상숭배에 대한 생각

이에 비해, 트리스메기스투스라고 불리는 이집트인 헤르메스는, 정령들에 대해 다른 의견으로 쓰고 있다. 사실 아풀레이우스는 정령들이 신들이라는 것을 부인한다. 하지만 그가 그들을 인간과 신들 사이의 어떤 중개자로 여기고, 따라서 그들은 신들에게 가까이 다가가기 위해 인간에게 필요불가결한 존재라고 말할 때, 그는 정령들 숭배를 초월적인 신들에 대한 경건(종교)과 구별하지 않고 있다. 하지만 이 이집트인은 한쪽은 최고신이 창조한 신들이고, 다른 한쪽은 인간들이 만들어낸 신들이라고 말하며 구별한다.

지금 내가 한 말에 귀를 기울이는 사람은, 헤르메스는 우상에 대해 이야기한 것이라고 생각할 것이다. 왜냐하면, 그 신들은 인간의 손으로 만들어진 것이기 때문이다. 그러나 헤르메스는 눈에 보이고 손으로 만질 수 있는 우상은 말하자면 신들의 몸체라고 주장하고, 거기에는 다른 것을 해치는 힘이 있거나, 그들에게 성스러운 명예와 순종적인 종교의식을 바치는 사람들의 소원을 이루는 능력을 가진 어떤 영이 초대되어 그 안에 담겼다고 주장한다. 그러므로 그러한 보이지 않는 영을 무언가의 방법으로 물질적 몸체라는 눈에 보이는 것과 연결 짓는 것—그 결합의 결과, 그 영에 바쳐지고 그것에 복종한 우상이 이른바 생명적 몸체가 되는 것—이 '신들을 만든다'는 일이고, 인간은 신들을 만드는 그러한 놀라운 능력을 부여받았다는 것이다.

이 이집트 사람의 말을 나는 우리말(라틴어)로 옮겨 인용해 보겠다.

"우리의 논의는 인간과 신들의 관계, 협력관계에 대해 밝히는 것이므로, 아스클레피오스여, 인간의 능력과 힘을 알라! 주 또는 아버지요 최고의 존재자인 하느님은 천계 신들의 창조자이듯이, 그와 마찬가지로 인간은 신전 안에서 인간들 가까이 있는 것에 만족하는 신들의 제조자이다."

그 뒤에 그는 또 이렇게 말했다.

"언제나 자신의 본성과 기원을 기억하는 인간성은, 어디까지나 신성을 따라, 아버지요 주(인 하느님)가 영원한 신들을 자신과 비슷해지도록 만든 것처럼, 자신의 신들을 자신과 비슷하게 만들었다."

헤르메스가 거의 묻고 있는 상대인 아스클레피오스는 헤르메스에게 이렇게 되물었다. "트리스메기스투스여, 그대가 말하는 것은 조상(彫像)에 대한 것이오?" 그러자 헤르메스가 대답했다.

"그렇소, 조상을 말하는 것이오. 아스클레피오스여! 그대는 그대 자신이 얼마나 불경한지 아시오? 생명을 지녔고, 감각과 혼령으로 가득하며, 그토록 많은 위대한 일들을 이루는 조상 말이오. 미래를 예지하고, 점괘와 꿈, 그 밖의 많은 방법으로 예언하는 조상 말이오. 또 인간에게 병을 가져다주고, 공덕에 따라 슬픔과 기쁨을 주는 조상 말이오. 아스클레피오스여, 이집트가 하늘의 모형인 것을 모르시오? 그리고 더욱 진실을 말하면, 우리의 대지는 온 우주의 신전이오. 그러나 지혜로운 이라면 미래 전체를 예지하는 능력이 있어야 할 터이니, 그대들은 이 사실에 대해 마땅히 무지해서는 안 될 것이오. 즉, 이집트인들이 경건한 정신과 신에 대한 열렬한 숭배로 신을 섬긴 일이 모두 무익했다는 사실이 밝혀질 때가 오리라는 것을.

헤르메스는 매우 긴 설명을 이 문제에 덧붙이고 있다. 그에 따르면, 헤르메스는, 더 진실하고 더욱 신성할수록 보다 더 열렬한 신앙과 자유를 약속하는 그리스도교가 모든 기만적인 허구를 뒤집고, 마침내 가장 진실한 구세주의 은혜가, 인간을 인간이 만든 신들로부터 해방하고, 인간을 창조한 신에게 복종하도록 하는 날이 올 것을 내다봤던 것으로 보인다. 하지만 헤르메스는 그러한 말을 할 때, 정령들의 그와 같은 조롱에 동조하는 듯이 말하고, 그리스도교의 이름을 뚜렷하게 말하지는 않았다. 그러나 그는 이집트에 천계와 닮은 모습이 유지되고 있다는 견해가 이미 사라지고 파괴되고 있는 것처럼, 어떤 의미에서 슬픈 예언을 하는 것을 탄식하면서 그렇게 예언했다. 왜냐하면, 그는 사도가 다음처럼 말한 사람들의 한 사람이었기 때문이다. "인간은 하느님을 알면서도 하느님으로 받들어 섬기거나 감사하기는커녕 오히려 생각이 터무니없어져서 그들의 어리석은 마음이 어둠으로 가득 차게 되었습니다. 인간은 똑똑한 체하지만 실상은 바보가 되었습니다. 그래서 불멸의 하느님을 섬기는 대신에 썩어 없어질 인간이나 새나 짐승이나 뱀 따위의 우상을 섬기고 있습니다." 그러나 여기서 그 모두를 옮기면 이야기가 아주 길어진다.

확실히 헤르메스는 세계의 창조자인 유일하고 참된 신에 대해 진리와 일치하는 말을 많이 하고 있다. 하지만 어떻게 그런 그가 '어두운 마음'으로 그 자신이 인간에 의해 만들어진 것임을 인정한 신들에게, 오히려 인간이 계속해서 복종하기를 바라게 되었는지, 또 마치 자신이 만든 것에 지배당하는 인간보다 훨씬 더 불행한 인간이 있는 것처럼 생각하고 그들이 이윽고 소멸하는 것을 슬퍼하게 되었는지 나는 알지 못한다. 그러나 인간은 인간이 만든 것을 인간이 예배함으로써 쉽게 신들로 만들 수 있는 데 비해, 그 자신이 만든 것을 예배함으로서 쉽게 인간 이하의 존재가 되고 만다. 왜냐하면, 하느님과 닮은 형상으로 만들어진 하느님의 피조물, 즉 인간 자신보다 인간이 만든 것이 뛰어난 것보다, 명예로운 지위에 있는 인간이 지성이 없기 때문에 짐승에 비유되는 편이 더욱 흔한 일이기 때문이다. 그러므로 인간이 자신이 만든 것을 자신보다 앞세움으로써 인간은 자기를 만든 분으로부터 소외당하게 된다.

이집트인 헤르메스는 이러한 허망하고 기만적이며 파멸적이고 신성모독적인 일을—이런 것들이 폐지될 때가 오리라는 것을 알고 있었기 때문에—탄식하고 슬퍼한 것이다. 하지만 그것을 미리 안 것이 경솔했던 만큼 그것을 탄식하는 것 또한 경솔했다. 왜냐하면, 그에게 그것들을 계시한 것은 성스러운 예언자들에게 계시한 성령이 아니었기 때문이다. 예언자들은 그러한 것들을 예견했을 때 크게 기뻐하면서 이렇게 말했다. "사람이 어찌 신을 만들 수 있겠습니까? 사람이 만든 것이 어찌 신이 되겠습니까?" 또 다른 대목에서는, "그날이 오면, 만군의 여호와가 말한다. 나는 온 세상에서 우상을 없애 그런 것은 기억조차 못하게 하리라." 말했다. 성스러운 이사야는 이 문제에 대해, 특히 이집트인에 대해, "이집트의 우상들은 그 앞에서 벌벌 떨고 이집트 사람들의 간장은 녹아내린다." 예언했다.

이러한 예언자들 가운데 다음과 같은 사람들이 있었다. 그들이 언젠가 올 것을 알고 있었던 자가 온 것을 보고 기뻐한 사람들이다. 예수가 탄생하자 곧바로 예수를 알아본 시므온과 안나 같은 예언자들이다. 성령에 따라 잉태한 것을 인정한 엘리사벳, 또 아버지(이신 하느님)로부터 계시를 받아 "선생님은 살아 계신 하느님의 아들 그리스도이십니다" 말한 베드로 같은 사람이다. 그러나 이 이집트인 헤르메스에게 이집트가 파멸할 때가 오리라는 것을 알린 까닭은, 육신을 취한 주님 앞에서 두려움에 떨며, "때가 되기도 전에 우리를 괴롭히려고 여기 오셨습니까?" 이렇게 소리쳤던 영들이었다. 그들(영)이 그렇게 물은 것은, 언젠가 오리라는 것은 알고 있었지만, 천천히, 더 늦게 오리라 생각하고 있었는데 갑자기 그들에게 임했기 때문이거나, 아니면 그들의 정체가 드러나서 경멸당하게 되는 것 자체가 그들의 파멸을 뜻했기 때문이다. 그리고 그 일은 '때가 되기도 전에' 일어났다. 즉, 그것은 심판의 날—그들이 그들의 동료와 연루된 모든 사람들과 함께 영원한 형벌을 받을 심판의 날—전에 일어난 것이다. 이는 기만하지도 않고 기만당하지도 않는 참된 종교가 선언했듯이, "사람들을 잘못에 빠뜨리는 교설의 풍랑에 흔들리는" 헤르메스의 가르침과는 다르며, 진실을 거짓과 혼합하여 뒷날 스스로 오류임을 인정한 종교가 멸망하는 것을 탄식한 그의 가르침과도 다른 것이다.

제24장 헤르메스는 이집트 종교의 실수를 어떻게 인정했는가

다양한 이야기를 한 뒤, 헤르메스는 본디의 문제로 돌아가서, 인간이 만든 신들에 대해 다음처럼 말했다.

"이 문제에 대해서는 이미 충분히 이야기했다. 이제 인간과 이성(理性)의 문제—그 성스러운 선물 덕분에 인간이 이성적인 동물이라 불리는 이성 문제—로 다시 돌아가기로 하자. 인간에 대해 말한 내용은 물론 놀랍기는 하지만, 그보다 더욱 경이로운 것이 있다. 모든 놀라운 일 가운데 특별히 놀랍고도 신기한 것은, 인간이 신들의 본성을 발견하고 그것에 생명을 부여할 수 있었다는 사실이다. 불경건한 우리의 조상이 신들의 예배와 종교를 가벼이 여기고, 신들의 관념에 대해 중대한 잘못을 저질렀기 때문에 온갖 재료로 신들을 만드는 기술을 생각해낸 것이다. 그리고 그 기술을 창안한 뒤, 그들은 세계의 본성에서 일어나는 힘을 결합시켜, 그것을 혼합했다. 그들은 혼을 만들 수는 없었으므로, 주문을 외워 정령들 또는 천사의 혼을 불러내고는, 그것을 신들의 형상과 신의 은총을 나타내는 행사와 성사 속에 주입했다. 그리하여 우상은 선과 악을 행하는 능력을 가질 수 있었다."

정령들 자신이 증언을 요구받고, 헤르메스가 고백했듯이 "경건하지 못한 우리 조상이 신들의 예배와 종교를 소홀히 넘기고, 신들의 관념에 대해 중대한 잘못을 저질렀으므로 신들을 만드는 기술을 생각해 낸 것이다." 고백했는지 어떤지는 나는 알 수 없다. 어쩌면 헤르메스는 적어도 그들이 작은 실수를 저질렀고, 그 결과 신들을 만드는 기술을 창안했다고 말하려 했던 것일까? 아니면 '그들은 중대한 실수를 저질렀다'고 해야 할 것을, '중대한'이라는 말을 붙이지 않고 그저 '그들은 실수를 저질렀다'고만 말하고 만족했던 것일까? 신들의 예배와 종교에 미처 마음을 돌리지 않았던 중대한 오류와 불신이 신들을 만드는 기술을 생각해낸 것이다. 게다가 인간이 기술로써 신들을 만들어낸다는 커다란 잘못과 불신이 만들어낸 것, 성스러운 예배와 종교에서 등을 돌리는 마음이 만든 것이, 언젠가 다가올 결정적인 때에 폐기되는 것을, 이 현자는 마치 성스러운 종교가 폐기되기라도 하는 것처럼 탄식하고 있다. 그가 신적인 힘에 의해 조상의 지난날 잘못을 폭로하면서, 한편으로 악마적인 힘에 따라 정령들이 미래에 받을 벌을 탄식하도록 강요당한 것은 아닐까 생각해 보기 바란다. 만일 그들의 조상이 불신과 성스러운 예배와 신앙에서 등을 돌린 탓에 신들의 관념에 커다란 잘못을 일으켜, 신들을 만드는 기술을 궁리한 것이라면, 진리가 잘못을 바로잡고, 신앙이 불신을 비난하고, (신에 대한) 회심이 (신으로부터의) 배반을 꾸짖을 때, 성스러운 종교를 배반하는 이 혐오스러운 (신들을 창안하고 만드는) 기술이 성스러운 종교에 의해 없어져 버린다고 해도 뭐 그리 놀랄 필요가 있을까.

그래서 헤르메스가 그 이유를 밝히지 않고, 다만 그들의 조상이 신들을 만드는 기술을 창안했다고만 말했다면, 그리고 만일 우리가 올바르고 경건한 것에 대한 통찰력을 지니고 있다면, 인간은—그들이 진리에서 등 돌리지 않고, 하느님에게 걸맞은 것을 믿고, 경건한 예배와 종교로 그들의 마음을 기울이기만 했다면—결코 신들을 만드는 기술을 생각해내는 일은 없었을 것임을 그들에게 일깨우고 이해시키는 일은 틀림없이 우리의 의무이다. 하지만 우리가 이러한 기술의 원인이 인간의 중대한 오류와 불신에 있고, 그러한 혼의 잘못과 불경건에 따른 경건한 종교로부터의 이반에 있다고 주장한다면, 우리는 어쨌든 진리를 거스르는 자의 뻔뻔스럽고 어리석은 행위를 참아내지 않으면 안 된다.

사람들이 신을 만드는 것이 허락된 그러한 기술의 힘을 인간의 다른 무엇보다도 찬양하고, 또 인간이 만들어낸 신들에 대한 모든 거짓을 법률에 따라 폐기하라는 명령을 받을 때가 오리라는 것을 슬퍼하는 헤르메스 자신이—그들의 조상이 중대한 잘못을 저지르고 믿지 못했으므로, 또 성스러운 예배와 신앙에 등을 돌렸기 때문에, 신을 만드는 기술을 창안하고 말았노라고 말하면서—이런 종류의 기술을 내놓는 쪽으로 인간을 유혹하는 원인을 고백하고 설명할 때, 우리는 이러한 허구를, 그것을 만든 것과는 반대되는 이유로 폐기한 우리의 주 하느님에게 최대한의 감사를 바치는 것 말고 무슨 말을 하고, 무슨 일을 하겠는가. 왜냐하면, 많은 오류가 만들어낸 것을 진리의 길이 없애고, 불신이 만들어낸 것을 신앙이 폐기하고, 성스러운 종교의 예배로부터의 이반이 만들어낸 것을 유일하고 진실하며 성스러운 하느님에 대한 회개가 폐기하기 때문이다.

　헤르메스에 있어서는 정령들의 영은 오직 이집트에 대해서만 슬퍼하고 있지만, 이러한 변회는 오직 이집트 땅에서만 일어난 것이 아니라, 참으로 신성한 문서와 참된 예언서가 예언했듯이, '새 노래로 여호와를 노래하는' 모든 지역에서 일어났다. 그 예언에는, "새 노래로 여호와를 노래하여라. 온 세상아, 여호와를 노래하여라." 기록되어 있다. 물론 그 '시편'의 표제는 '유수(幽囚) 이후 집이 세워질 때'로 되어 있다. 왜냐하면, 그 집은 주를 믿는 사람들에 의해 이른바 '살아 있는 돌'로 지어지는데, 그런 사람들을 정령들이 포로로 잡은 그 유수 뒤에 이 집, 즉 성스러운 교회인 하느님의 나라가 주에 의해 온 세상에 지어졌기 때문이다. 인간이 신들을 만든 바로 그 일에 의해, 인간은 자신이 만든 신들에게 (거꾸로) 자기 자신이 소유당한 것이다. 인간은 신들을 만든 그때, 그것을 섬김으로써 신들과의 교류에 끌려들어갔기 때문이다. 여기서 '교류'라고 한 것은 어리석은 우상과의 교류를 뜻하는 것이 아니라, 교활한 정령들과의 결탁을 말한다. 같은 책이 "입이 있어도 말을 못하고 눈이 있어도 보지 못하고" 말한 것 말고, 물질에서 그렇게 정교하게 만들어졌음에도 생명과 감각이 없다고 하는 것 말고 어떠한 우상이 있는 것일까. 하지만 그러한 신성모독적인 기술로써 우상과 결합한 불결한 영들은, 자신들을 예배하는 혼을 자신들과의 교류 속으로 억지로 끌어들여, 비참한 방법으로 포로로 잡아버렸다. 그러므로 사도는 이렇게 말했다. "세상에 있는 우상은 아무것도 아니고 또 하느님은 한 분밖에 안 계십니다. 이교도들이 바치는 제물이 하느님께 드리는 것이 아니라 정령들에게 바치는 것이라는 말을 하려는 것입니다. 나는 여러분이 정령들과 어울리는 자가 되지 않기를 바랍니다." 따라서 하느님의 집이 온 세상에 세워진 것은 사악한 정령들이 인간을 포로로 붙잡은 감금 뒤의 일이다. 그래서 그 '시편'의 표제가 주어진 것이다. 거기서는 이렇게 말하고 있다. "새 노래로 여호와를 노래하여라. 온 세상아, 여호와를 노래하여라. 여호와를 노래하고 그 이름을 찬양하여라. 우리를 구원하셨다. 그 기쁜 소식 날마다 전하여라. 놀라운 일을 이루시어 이름을 떨치셨으니 뭇 민족, 만백성에게 이를 알리어라. 높으신 여호와를 어찌다 찬양하랴. 신이 많다지만 여호와만큼 두려운 신이 있으랴. 뭇 족속이 섬기는 신은 모두 헛것이지만 여호와께서는 하늘을 만드셨다."

그러므로 우상 숭배가 사라지고 우상에 절을 하는 자에 대한 정령들의 지배가 없어질 때가 곧 올 것을 슬퍼한 헤르메스는, 나쁜 영들에게 부추김 당해 "유수가 끝난 뒤에 온 땅에 주님의 집이 세워질 것"이라고 '시편'에서 노래했던 그 감금 상태가 계속 이어지기를 원했다. 헤르메스는 슬픔으로 그런 일들을 예고했으나, 예언자는 기쁨으로 예언했다. 성령은 그런 일들을 성스러운 예언자들을 통해 노래한 승리자이기 때문에, 헤르메스조차도 자신이 폐기되는 것을 바라지 않았고, 또 폐기되는 것을 슬퍼한 우상 자체가 깊은 사려와 독실한 믿음과 경건한 외경심으로 만들어진 것이 아니라, 오류와 불신에 따라 만들어졌고, 성스러운 종교의 예배에 등을 돌리고 만들어진 것임을 놀라운 방법으로 고백하지 않을 수 없었다. 헤르메스는 그러한 우상들을 신이라고 불렀지만, 그가 그러한 우상은 우리가 결코 닮아서는 안 되는 (불경한) 종류의 사람들에 의해 만들어졌다고 말할 때, 그는 원하든 원하지 않든, 그것을 만든 이를 닮지 않은 사람, 즉 사려 깊고, 믿음 깊으며, 경건한 사람들은 그 우상들을 섬겨서는 안 된다는 것을 분명히 했다. 동시에 그 우상을 만든 인간 자신은 신이 아닌 것을 신으로 생각하는 오류를 불렀다는 것도 똑똑히 밝혔다. 그것은 그야말로 예언자가 "사람이 어찌 신을 만들 수 있겠습니까? 사람이 만든 것이 어찌 신이 되겠습니까?" 말한 그대로이다.

따라서 그러한 신들, 그러한 사람들의 신들, 그러한 사람들이 기술에 의해 만든 신들(헤르메스가 그렇게 불렀다 치고), 즉 그들의 무엇인지 알 수 없는 어떤 욕망의 (신비로운) 기술을 통해 우상과 결부되어 있는 정령들을, 헤르메스가 '인간에 의해 만들어진 신들'이라 불렀을 때, 그는 플라톤파 아풀레이우스의 견해(그것에 대해 나는 이미 이야기할 만큼 했고, 그것이 얼마나 일관성이 없고 불합리한지 밝혀 두었지만), 즉 정령들은 하느님이 만든 신들과, 같은 하느님이 만든 인간 사이의 통역자이고, 중개자이며, 이쪽(인간)으로부터는 기원을 전하고, 저쪽(신들)으로부터는 선물을 가지고 돌아온다는 견해를 인정하지 않았다. 왜냐하면, 인간이 만든 신들이 하느님이 만든 신들에 대해, 같은 하느님이 만든 인간의 위력보다 더 큰 영향력을 지녔다고 믿는 것은 어처구니없을 만큼 어리석은 일이기 때문이다.

정령들은 실제로 불경건한 기술에 우상과 묶여 있고, 인간이 만들어낸 신이다. 하지만 그들에게는 신이지만, 모든 사람들에게 신은 아니다. 그렇다면 올바르지 않은 인간이 아니면 만들 수 없는 신, 참된 신을 배반하는 불경한 인간이 아니면 만들 수 없는 신은 과연 어떤 신일까. 그리고 만약 정령들—성스러운 예배와 종교에서 멀어졌을 때 어떤 신비한 술수로 그들을 신으로 만든 사람들에 의해, 눈에 보이는 우상인 성스러운 조각상 안에 살게 된 정령들—이 부패하고 타락한 성격 때문에(신들과 인간의 중개자가 아니고), 인간도 비록 오류가 많고 불경하며 성스러운 예배와 종교를 배반하고 있다고 해도, 자신들이 신으로 만든 것보다 의심할 여지없이 뛰어나기 때문에 인간과 신들 사이의 중개자가 아니고 통역자도 아니라면, 다음과 같은 결론이 나온다. 정령들의 능력은 오직 정령들만이 가진 능력이라는 것이다. 그것은 은혜를 약속한다고 속이고는 큰 해를 끼치고, 보란듯이 악행을 저질러 해를 끼치는(그러나 하느님의 깊고 심오한 섭리에 따라 허락받은 경우가 아니면 어떠한 것도 이룰 수 없다) 힘이다. 그러나 마치 인간과 신들 사이의 중개자로서 신들과의 교류로 인간에게 큰 힘을 미치는 것은 아니다. 왜냐하면, 정령들은 우리가 성스러운 천사라 부르고, 천상의 성스러운 집에서 살고 있는 이성적인 피조물이라 부르며, 또 '왕권' '세력' '주권' '권세'라고 부르는 선한 신들과 친구가 되는 것은 오롯이 불가능하기 때문이다. 악덕이 덕성과는 거리가 멀고, 악의가 선의에서 멀리 떨어져 있듯이, 정령들은 혼의 성질에 있어서 선한 신들로부터 아득히 멀리 있다.

제25장 거룩한 천사와 인간은 공존할 수 있다

따라서 우리는 신들의, 아니 그보다는 선한 천사들의 호의와 은덕을 구하기 위해 정령들의 중개에 기댈 필요는 없다. 오히려 우리는 그들의 선한 의지를 본받음으로써 호의나 은덕을 구해야 한다. 그리하여 우리는 천사들과 함께 있고, 그들과 함께 살며, 그들이 예배하는 하느님을 그들과 함께 섬긴다—비록 그들을 육체의 눈으로는 볼 수 없다고 해도. 그러나 한편, 우리가 그들의 선한 의지를 닮지 않고, 나약하고 부서지기 쉽기 때문에 불행한 만큼 우리는 그들로부터 멀리 떨어져 있다. 다만 육체가 있는 장소라는 의미에서 (공간적으로) 먼 것이 아니라, 생명의 가치라는 점에서 먼 것이다. 실제로 우리는, 육체의 상태로

이 땅에 살고 있기 때문이 아니라, 부정한 마음으로 지상의 것을 생각하기 때문에 천사들과 교류를 맺을 수 없다. 그러나 우리가 치유되어 천사처럼 될 때, 우리는 (이 세상에서) 신앙으로써 그들에게 다가가게 된다. 물론 천사들을 더없는 행복에 이르게 하는 그분(하느님)에 의해 우리 또한 최고 행복에 이른다는 것을, 천사들의 도움을 받아 믿는다면 말이다.

제26장 이교도의 모든 종교는 죽은 사람과 이어져 있다

우리는, 많은 점에서 잘못을 저지르는 사람들과 믿음 없는 사람들에 의해, 또 성스러운 종교의 예배를 거스르는 사람들에 의해 만들어진 것으로 인정되는 것들(우상예배, 성소와 신전)이 이집트에서 사라질 날이 언젠가 오는 것을 슬퍼하며 이 이집트인(헤르메스 트리스메기스투스)이 특히 다음처럼 말한 것에 주목해야 한다. 그는 '그때는 성소와 신전의 가장 신성한 장소인 이 땅은 무덤과 죽은 사람으로 가득 차게 될 것'이라고 말했다. 마치 그것이 폐기되지 않으면 사람들이 죽는 일도 없다는 듯이! 또 땅 속 말고 어딘가 죽은 사람을 묻을 수 있는 장소가 있다는 듯이! 게다가 날이 가면 갈수록 죽은 사람의 수와 함께 무덤의 수도 똑같이 늘어나지는 않는다는 듯이!

그러나 헤르메스는 우리(그리스도교도)의 순교자들의 기념예배당이 그들의 신전과 성소를 대신하고, 그것을 잇는 것을 슬퍼하는 것으로 생각된다. 그리고 틀림없이 그들은, 우리(그리스도교도)에게 반대하는 마음을 가지고 쓴 책을 읽는 사람들이, 신전에서는 이교도에 의해 신들이 예배 받아야 하고, 무덤에서는 우리(그리스도교도)에 의해 죽은 사람이 예배 받아야 한다고 생각하기를 바라고 있다. 불경건한 사람들은 매우 맹목적이므로, 산에 부딪쳐도 무엇이 자신의 눈을 파고드는지 보려고 들지 않기 때문이다. 그 결과, 그들은 모든 이교도의 문서에서는, 본디 인간이었던 것이 죽은 뒤에 신적인 명예가 주어지지 않은 신들은 찾아보기 힘들다는 것, 또는 아예 없다는 것을 깨닫지 못한다. 바로는, 이교도들은 모든 죽은 자들을 마네스의 신(지하의 신)으로 생각했다고 말하고, 그것을 거의 모든 사자들을 위해 치러진 종교의식의 예를 들어 증명했다. 거기서 그는, 장례식의 유희는 신성한 것의 존엄을 찬양할 때만 열리는 관습이 있으므로, 그것이 마치 신성한 것의 가장 큰 증거인 듯이 말했지만, 그것에 대해서는 줄이기로 한다.

오늘 우리가 논하는 헤르메스는 같은 책 속에서—그 책에서 그는 미래를 예언하고 매우 슬퍼하면서, "그때는 성소와 신전의 가장 신성한 장소인 이 땅은 무덤과 죽은 사람으로 가득 차게 될 것"이라고 말했다—이집트의 신들은 죽은 사람이라고 증언했다. 그는 자신의 조상들은 불신 때문에 신의 관념에 대해 잘못 알고 성스러운 예배와 종교를 생각하지 못한 채 신들을 만드는 기술을 생각해냈다고 말한 뒤에 이렇게 덧붙였다.

"그들은 그러한 기술을 궁리한 자에게 우주의 본성에서 이끌어낸 힘을 불어넣어 그 기술과 뒤섞었다. 그들은 혼을 만들 수 없었기 때문에, 주문을 외워 정령들 또는 천사의 혼을 불러내고는, 그것을 성상과 성사 속에 주입했다. 그럼으로써 우상은 선과 악을 행하는 능력을 가질 수 있었다."

그리고 그는 이를 밝히겠다는 듯이 예를 들며 다음과 같이 말을 이었다.

"오, 아스클레피오스여, 의술을 최초로 발견한 그대의 조부—그 사람에 대해 크로코딜루스 해안 근처 리비아의 산에 신전이 세워져 있고, 그 신전 속에 그의 이 세상에서의 인간, 즉 그의 육체가 안치되어 있는데, 그의 나머지 부분, 또는 만약 인간 전체가 생명과 감각이라면 그의 전체는 천상으로 돌아가 더 나은 상태에 있으며, 오늘도 연약한 사람들에게 이전에 의술로 제공했던 모든 도움을 신성(神性)에 의해 주고 있다."

보라! 여기서 헤르메스는, 무덤이 있는 그 장소에서 사자는 신으로 숭배되고 있다고 말해 놓고, '사자는 천상으로 돌아가 있다'는 말도 했으니, 스스로 속고 있거나 남을 속이고 있는 것이다.

이와 아울러 헤르메스는 이렇게도 덧붙였다. "이름이 나와 같은 나의 조부 헤르메스는, 같은 이름으로 불리는 고향에서 살며, 곳곳에서 찾아오는 모든 죽어가는 사람들을 돕고 지켜주지 않았는가." 트리스메기스투스가 자신의 조상이라고 말하는 이 조부 헤르메스, 즉 메르쿠리우스는, 헤르모폴리스라고 하는 자신과 같은 이름의 도시에서 살았던 것으로 전해진다. 보라! 그는 두 신, 아스클레피오스와 메르쿠리우스가 본디 인간이라고 말했다. 그러나 아스클레피오스에 대해서는 그리스인과 라틴인은 같은 견해를 가지고 있다. 그런데 많은 사람들은 메르쿠리우스를 사멸할 인간이었다고 생각하지 않는데도, 헤르메스는 메르쿠리우스를 자신의 조부라고 증언한다. 그러나 비록 같은 이름으로 불리고 있어도, 신 헤르메스는 헤르메스의 조부(메르쿠리우스)와는 다른 사람이다.

그러나 나는 신 헤르메스와 조부(메르쿠리우스)가 다른 사람인지 아닌지, 여기서는 더 논하지 않으려고 한다. 사실, 그들(국민) 가운데 위대한 인물인 메르쿠리우스의 손자 트리스메기스투스의 증언에 따르면, 메르쿠리우스는 아스클레오피스와 마찬가지로 인간에서 신이 된 자이다.

그리고 헤르메스는 이렇게 덧붙였다. "오시리스의 아내 이시스가 호의를 가지고 있을 때는 우리에게 얼마나 큰 자비를 베풀고, 분노할 때는 또 얼마나 끔찍한 위해를 가하는지 우리는 알고 있다!" 그리고 인간이 그 기술에 따라 만든 신들은 이러한 종류의 것임을 밝히기 위해(그렇게 함으로써 그는 정령들이 본디 죽은 사람의 혼이라는 그의 견해를 우리에게 이해시키려 하고 있다. 그리고 정령들은 불신, 불경건한 인간들이 매우 그릇되게 만들어낸 기술로써 우상 속에 불어넣었다. 그것은, 그 신들을 만든 불경건한 자들은 물론 혼을 만들 수는 없었기 때문이다), 그는 이시스에 대해 내가 앞에서 말했듯이, "분노할 때는 또 얼마나 끔찍한 위해를 가하는지 우리는 알고 있다!" 말한 뒤에, 이어서 "확실히 지상의 신들, 이 세상의 신들은, 인간에 의해 두 개의 본성에서 만들어져 혼합된 것이므로 쉽게 화를 낸다." 덧붙였다. '두 개의 본성'이란 혼과 육체를 가리킨다. 영혼 대신에 정령이 들어서고 육신 대신에 우상이 들어선다는 뜻이다. 그는 말한다, "그러한 것이 이집트인들에게 성스러운 동물이라 불리며, 그들의 혼은 저마다의 나라에서 숭배된다. 그리고 아직 살아있는 동안 그들의 신으로 신격화되고, 이집트인들은 그 신들의 법에 따라 생활하며 그 신들의 이름으로 불리는데, 그 이유가 여기에 있는 것이다."

그런데 성소와 신전의 가장 성스러운 장소인 이집트 땅이 미래에 무덤과 죽은 사람으로 넘친다고 하는, 그 비탄에 찬 탄식은 어떻게 된 것일까? 물론 그런 말을 하도록 헤르메스를 부추긴 기만적인 영이, 헤르메스의 입을 통해, 이미 그때 대지는 이집트인들이 신으로 받드는 무덤과 죽은 사람으로 가득 차 있었음을 고백한 것이다. 정령들의 탄식이 그의 입을 빌려 나온 것이다. 정령들은 미래의 형벌이, (그리스도교도의) 성스러운 순교자들의 기념당에서 자신들의 머리 위에 내려지는 것을 탄식했다. 왜냐하면 정령들은 그러한 많은 장소에서 고문당하고 고백을 강요당한 끝에 그들이 사로잡고 있던 인간의 육체에서 쫓겨나기 때문이다.

제27장 그리스도 신자는 순교자들에게 어떤 영예를 주었는가

하지만 우리는 그러한 순교자들을 위해 신전을 세우거나 성직자와 종교의식을 정하고 희생 제물을 바치지는 않는다. 왜냐하면, 우리에게는 그들이 신이 아니고, 그들의 신이 우리의 신이기 때문이다. 물론 우리는 잘못된 허구의 신념을 지닌 자에게 참된 종교를 알리기 위해, 육체의 죽음에 이르도록 진리를 위해 싸운 그들의 유업(遺業)을 하느님의 경건한 사람의 것으로서 찬양한다. 그 이신에도 그런 생각을 가진 사람들이 있었지만, 그들은 두려움 때문에 그렇게 하지 않았기 때문이다.

그러나 비록 순교자의 성스러운 육체 위에 세워졌다고 해도, 신의 영광을 찬양하고 하느님을 예배하기 위해 지어진 제단 앞에 서서 그리스도교의 사제가, 기도 속에서 "베드로, 바울, 키프리아누스여, 나는 당신들에게 희생을 바칩니다." 이렇게 말하는 것을 들은 사람이 누가 있는가? 순교자들을 기념해 예배를 올리는 것은 하느님에 대해서이다. 그리고 그 하느님이 그들을 인간으로 만들고, 순교자가 되도록 하고, 하늘의 영광 속에 성스러운 천사와 교류하게 하는 것이다. 바로 그렇기 때문에, 우리는 그러한 영예 속에서 그들의 승리에 대해 참된 하느님에게 감사를 드린다. 하느님은 우리가 하느님에게 도움을 구하고 순교자들의 기억을 새롭게 함으로써, 그 같은 영예의 관과 승리를 얻고 순교자들을 본받도록 우리를 북돋는다. 그러므로 신앙인들이 순교자들의 무덤 앞에 어떤 공경을 바치든, 그것은 그들에 대한 기억을 꾸미기 위한 것이지, 그들이 신에게 하듯이 죽은 사람들에게 종교의식을 올리거나 제물을 바치는 것은 아니다.

자신들이 먹을 것을 순교자들의 무덤으로 가지고 가는 사람들은—훌륭한 그리스도 신자는 그런 일을 하지 않고, 세계의 대부분 지역에는 그런 풍습이 아예 없지만, 그들은 그것을 바치고 기도를 올린 뒤, 그것을 가지고 돌아가 자기들이 먹거나, 가난한 사람들에게 나눠주면서, 순교자들의 공덕으로 인해 순교자들의 (우두머리인) 주의 이름으로 음식이 거룩해지기를 원한다. 그러나 (다른 데서는 물론) 그 무덤 앞에서도 바치는 그리스도 신자의 유일한 제물을 알고 있는 사람은, 그러한 음식이 순교자들에게 바치는 제물이 아니라는 사실을 알고 있다.

그리하여 우리는, 그들(이교도)이 그들의 신을 섬기듯이, 우리의 순교자들을 성스러운 명예 때문에 숭배하는 것이 아니고, 인간적인 죄악 때문에 받드는 것도 아니다. 우리는 그들에게 제물을 바치지도 않고, 그들의 수치스러운 행위를 그들을 숭배하는 종교적 의식으로 둔갑시키지도 않는다.

즉 오시리스의 아내이자 이집트의 여신인 이시스에 대해, 또 그들 모두가 왕이었다고 기록된 그들의 조상들에 대해(이시스가 조상들에게 제물을 바쳤을 때 보리낟알을 발견하고, 그 이삭을 주워 왕인 남편과 자신의 조언자였던 메르쿠리우스에게 보여주었다. 그 일에서 그들은 그녀를 곡물의 신 케레스라고 정했다) 얼마나 끔찍한 악행들이, 시인들이 아니라—사제 레오를 통해 알려져 알렉산드로스가 어머니 올림피아스에게 편지를 쓴 것처럼—이집트인들의 비밀문서로서 기억에 새겨져 있는 것인가. 그것을 읽고 싶은 사람, 읽을 줄 아는 사람은 읽어보면 알 수 있다. 그리고 읽은 사람은 그것을 떠올려 보기 바란다. 그리하여 어떠한 사람들이 죽으면, 또는 죽은 사람들의 어떠한 행위에 대해, 신으로서의 종교적 제의가 바쳐지는 것인지 알면 된다. 그들이 그러한 사람들을 신으로 여기고 있다 해도, 그런 사람들과, 우리가 신으로 여기지 않는 우리의 순교자들을 어떠한 점에서도 비교하게 해서는 안 된다. 그래서 우리는 (그들을 예배하기 위해) 사제직을 정하지도 않고, 우리의 순교자들에게 제물을 바치지도 않는다. 그런 일은 이치에 맞지 않고, 필요도 없고, 불법적이기 때문이다. 그런 것은 유일신에게만 바쳐져야 한다. 따라서 우리는 (이교도처럼) 그들(죽은 사람인 신들) 자신의 죄악이나 수치스러운 연극으로 그들을 기쁘게 하는 일을 하지 않는데, 이교도가 그 연극에서 칭찬하는 그들의 신들의 추행은, 그 신들이 인간이었다면 실제로 저지른 것이고, 그들이 인간이 아니었다면 해로운 정령들을 기쁘게 하기 위해 만든 허구이다.

소크라테스가 신을 가지고 있었다면, 소크라테스의 신은 그런 종류의 정령들은 아니었을 것이다. 아마도 신을 만드는 기술에서 뛰어나기를 바라는 사람들이, (소크라테스처럼) 신을 만드는 기술과는 무관하고 고결한 사람에게 그러한 신을 옮겨 들였을 것이다.

그러니 더 무엇을 말하겠는가. 평범한 사려가 있는 사람이라면, 죽음 뒤의 미래에 올 복된 삶을 위해 영을 숭배해서는 안 된다는 것을 누구도 의심하지 않을 것이다. 그러나 아마도 그들은 신들은 모두 선하지만, 정령들의 어떤 것은 선하고 어떤 것은 악하다고 말해야 할 것이다. 또 그들은 우리가 예배를 드려야 하는 것은, 우리를 영원하고 복된 삶으로 이끄는 분, 선으로 생각되는 분임을 인정해야 할 것이다.

그러한 견해가 어떠한 것인지는 다음 권에서 살펴보기로 한다.

제9권

이교도들의 정령들을 그리스도교의 천사와 비교하며 정령들이 신과 인간의 참
된 중개자가 될 수 없음을 이야기한다.

제1장 이제까지 한 이야기와 앞으로 생각해야 할 문제

어떤 사람들은 선한 신과 악한 신이 있다고 여긴다. 또 신에 대해 얼마 쯤 알
고 있는 사람들은 신들을 좀더 존중하며 그 어떤 신도 나쁘지 않다고 생각하
고 찬미와 칭송을 바쳤다. 그러나 선한 신과 악한 신이 있다고 말하는 사람들
*¹은 정령들을 신의 이름으로 부르고 때로는 신을 정령으로 부르기도 한다. 그
들은 다른 모든 것의 임금이며 지배자라 믿는 유피테르를 호메로스가 정령(다
이몬)이라고 부르는 것을 인정했다.*²

좋은 신만 존재하며, 착한 사람들보다 한결 더 뛰어나다고 주장하는 사람들
은, 정령들의 행동에 휘둘리고 만다. 그들은 모든 신들은 선하기에 결코 그런
행동을 하지 않는다고 생각했으므로 신과 정령은 서로 다르다고 구별하게 되
는 것이다. 그리고 눈에 보이지 않는 영들이 자신의 힘을 뽐내는 나쁜 행동이
나 감정 속에서 그들 마음에 들지 않는 것이 무엇이든 그 원인은 신이 아닌 정
령들 때문이라고 믿었다. 그러나 그들은 어떠한 신도 인간과 직접 접촉할 수 없
으므로,*³ 정령들은 신들에게 사람들의 소원을 전하고 신이 주시는 선물을 받
아오는 중개자 역할을 한다고 여겼다.

철학자들 가운데 누구보다 뛰어나고 널리 이름 알려진 플라톤학파 사람들

---

*1 락탄티우스 《신의 교훈》, 2, 14, 6 ; 4, 27, 14 참조.
*2 호메로스 《일리아드》 1, 22. 그러나 그리스어 다이몬은 일반적으로 '신적인 능력'을 뜻하므로
　 신이나 반신(半神)을 가리키는 말로도 쓰였다. '다이몬'에 경멸적인 의미를 담기 시작한 사람
　 은 그리스도교 저술가들이다.
*3 아풀레이우스 《소크라테스의 신에 대하여》 4(플라톤 《향연》, 203 A 참조).

이 바로 이런 생각을 갖고 있었다. '많은 신들에게 예배를 올리는 것이 죽음 뒤에 찾아올 행복한 생을 위해 도움이 되는가?' 이 문제를 논의할 상대로 가장 뛰어난 철학자인 그들을 선택하고자 한다. 바로 앞 권에서는 선하고 지혜로운 사람들이 싫어하고 미워하는 일들, 그러니까 사람이 아니라 신들에 대해서 시인들이 쓴 모독적이며 부도덕한 수치스러운 일 가운데, 또는 마술에 담긴 사악하고 엄한 벌을 받아야 할 일 속에서 즐거움을 찾아내는 정령들이 어찌하여 좋은 신들에게 인간보다 더 가까우며 더욱 우호적인 중개지로 선한 인간들과 선한 신들 사이를 이어줄 수 있는지를 살펴보았다. 그리고 그런 중개자 역할을 정령들이 한다는 것은 절대로 불가능한 일이다.

제2장 신들보다 뒤떨어진 정령 속에 인간의 혼을 구해 참된 행복을 가져다 주는 선한 부분이 있는가

앞 권 마지막 장에서 약속한 대로 9권에서는 플라톤학파 사람들이 모두 선하다고 주장한 신들의 차이(그런 것이 있다고 한다면)가 아닌, 또 신들과 정령들의 차이에 대해서도 아닌 것을 이야기하고자 한다. 신들은 인간들로부터 멀리 떨어졌고, 정령들은 신들과 인간 사이에 위치한다. 오히려 눈앞에 관계된 정령들의 서로 다른 점을 다루어야 한다. 왜냐하면 보통 사람들 사이에서는 어떤 정령들은 악하고 또 어떤 정령들은 선하다고 믿기 때문이다. 이러한 생각이 플라톤학파 사람들의 것이든 다른 학파의 것이든 우리는 이 문제를 무시하고 넘어갈 수 없다. 선량한 정령들을 따라야만 그러한 정령들의 중개로써 선한 신들과 가까워져 죽음 뒤 영원한 행복을 얻을 수 있다고 생각해 노력하는 동안, 사악한 정령들의 함정에 빠져 참된 하느님으로부터 멀리 떨어져 방황하는 일이 없어야 하기 때문이다. 그러나 이 참된 하느님과 함께 있을 때, 그 하느님 안에서만 인간의 혼, 곧 이성적이며 지성적인 혼은 행복해진다.

제3장 아풀레이우스는 정령들이 이성을 가졌다고는 했지만 덕을 지녔다고는 하지 않았다

그렇다면 선한 정령과 악한 정령의 차이는 무엇일까? 플라톤학파 사람 아풀레이우스는 공기로 이루어진 정령의 몸에 대해서는 많은 설명을 하면서도, 선한 정령이라면 틀림없이 했을 좋은 행동에 대해서는 한 마디도 않는다. 그는 행복의 원인에 대해서 침묵했지만, 불행하다는 증거를 밝히지 않을 수는 없었다. 그가 정신을 지녔기에 이성적인 존재라고 여기는 정령들의 정신이 비이성적인 감정에 저항하는 좋은 행동으로 강조되기는커녕, 오히려 폭풍처럼 난폭한 감정에 휘둘려 어리석은 인간들의 정신과 비슷한 수준이라고 인정했다. 이 문제를 그는 이렇게 말했다.

"시인들은 일반적으로 이런 정령들이 어떤 특정한 인간들을 좋아하거나 싫어하며, 어떤 사람들을 번영시키거나 고귀하게 만들고 반대로 다른 사람들을 파멸로 이끄는 신들을 두드러지게 진리에서 벗어나지 않는다고 생각한다. 이처럼 정령들은 인간과 마찬가지로 동정, 분노, 고민, 기쁨을 느끼며, 인간의 혼이 가진 모든 성질을 겪으며 인간처럼 폭풍 치는 바다 같은 충동과 동요로 흔들린다. 하지만 이런 모든 혼란은 천상 신들의 평온함과는 거리가 멀다."[4]

아풀레이우스가 폭풍 치는 바다와 같은 격정으로 흔들린다고 하는 것은 혼의 낮은 부분이 아니라 오히려 그들이 이성적 존재임을 증명하는 정신 그 자체를 말한다. 그렇다면 정령은 지혜를 가진 인간과 견주어서는 안된다. 인간의 나약함은 피할 수 없는 혼의 이런 혼란에 평정심을 유지하여 맞서고 지혜의 길과 정의로운 법에서 어긋나도록 만드는 것을 자신에게 허락하지 않는다. 정령은 끝내 죽어야만 하는 정의롭지 못하고 어리석은 인간과 닮았다. 게다가 정의롭지 못한 곳에서 자라 벌을 받아도 고쳐지지 않기에 한결 나쁘다. 아풀레이우스 말을 빌리자면, 정령의 지성은 격정적이며 타락한 감정에 맞설 진실과 덕성도 갖지 못한 채 세차게 흔들리는 바다일 뿐이다.

제4장 소요학파와 스토아학파의 혼에게 일어나는 정욕에 대한 견해

그리스인들은 이런 정신적 감정을 파테라고 부르고, 키케로 같은 사람이나 라틴 작가들은 격정(perturbatio)이라 부르며(8권 17장 참조), 어떤 이들은 감정(affectus)이라 부르고, 또 아풀레이우스처럼 그리스어를 그대로 옮겨서 정념(passio)이라고 부른다. 이런 혼의 움직임에 대해 철학자들 사이에 두 가지 견해가 존재한다. 어떤 철학자들은 이런 격정은 지혜로운 이들도 가지고 있지만 이성으로 조절하며 통제한다고 말한다. 그 결과 정신의 지배가 여러 방법으로 법

---

*4 아풀레이우스 《소크라테스의 신에 대하여》 12.

을 감정에게 부여해 그 법에 따라 감정은 필요한 만큼 제약을 받는다. 플라톤 학파와 아리스토텔레스학파의 생각도 이와 같다. 소요학파를 만든 아리스토텔 레스는 플라톤 제자였기 때문이다. 그러나 다른 철학자들, 즉 스토아학파는 지 혜로운 이들에게 이런 격정이 없다고 주장했다.

키케로의 저서 《최고선과 최고악에 대하여》에서 스토아학파는 그 문제 자체 보다 용어 때문에 플라톤학파와 소요학파가 논쟁을 벌였다고 증언한다. 스토 아학파 철학자들은 잘 살아가는 기술 말고는 그 어떤 것도 선이 아니며 이것 은 혼 속에만 존재한다고 생각하기 때문에, 외적이면서 신체적인 편안함을 '선' 이라 부르지 않는다.

그러나 다른 철학자들은 그런 편안함을 단순하고 일반적인 언어 습관에 따 라 '선'이라 부른다. 우리 삶을 바른 길로 이끄는 좋은 행동과 견주면 작은 선이 라 할 수 있다.

그러므로 이런 신체적이고 외적인 일들은 '선' 또는 '편안함'이라고 하든 똑같 은 가치를 지니며, 이 문제에서 스토아학파 사람들은 새로운 용어를 쓰는 것에 만족했을 뿐이다. 그렇다면 지혜로운 이에게 혼의 감정이 일어나느냐 아니면 현자는 그런 감정에서 완전히 자유로우냐 하는 문제에서 논란이 되는 점은 내 용과 관련이 있다기보다는 단어를 둘러싼 논쟁처럼 보인다. 단순한 언어의 느 낌이 아니라 그 내용을 고려한다면, 스토아학파가 주장하는 것은 플라톤학파 나 소요학파와 똑같다는 것이다.

이야기가 길어지지 않기 위해 이를 설명하는 다른 증거는 줄이고 가장 분명 한 사례 하나만 말하겠다. 여러 곳에서 이야기를 모아 풍부한 지식을 가졌으며 누구보다 우아하게 말하는 아울루스 겔리우스(Aulus Gellius)[5]는 저서 《아티카 야화》에서, 저명한 스토아 철학자 한 사람과 함께 배를 타고 여행했다고 썼다 (19권 1장 참조). 긴 이야기이지만 여기서는 간단히 줄이겠다. 배가 폭풍우를 만 나 심하게 흔들리며 매우 위험한 상황에 빠졌을 때 그 철학자는 공포에 질려 낮빛이 새파래졌다고 한다. 배에 탄 모든 이들이 그 모습을 지켜보았다고 한다. 사람들은 죽음이 눈앞까지 닥쳤을 때 철학자도 다른 이들처럼 마음이 흐트러

---

*5 로마의 문법가(약 123~165년). 유년시절을 로마에서 보내고 140년 무렵 아테네로 가서 철학 을 공부했다. 간단한 수필과 잡다한 정보를 모은 일종의 비망록 《아티카 야화(Noctes Atticae)》를 편찬했다.

지는지 호기심으로 바라보았던 것이다. 폭풍우가 물러가고 머지않아 사람들은 이야기를 나눌 만큼 안정을 되찾았다. 그 가운데 값비싼 옷을 입은 돈 많은 아시아인이 자신은 위험이 눈앞에 다가와도 겁먹은 적이 없었는데 저 철학자는 두려움으로 얼굴이 새파래졌다며 비웃었다.

그러나 그 철학자는 소크라테스 제자 아리스티포스(8권 3장 참조)가 같은 상황에서 비슷한 성격의 사람에게 이런 비난 당했던 일을 떠올리며 이렇게 맞받아쳤다. "아무 짝에도 쓸모없는 사람의 목숨을 걱정하지 않는 것은 마땅한 일이지만, 나는 아리스티포스가 목숨을 잃지나 않을까 너무 걱정되었소."

아시아인은 이 말에 물러갔지만 아울루스 겔리우스는 그 철학자를 비난하기 위해서가 아니라 배우려는 마음에서 그가 두려워한 참된 이유가 무엇인지 물었다. 그러자 철학자는 그처럼 열심히 배움을 좇는 사람에게 도움을 주기 위해 자기 짐에서 스토아학파 에픽테투스[6]의 책을 꺼냈다. 거기에는 스토아학파를 만든 제노와 크리시포스[7] 가르침과 비슷한 내용이 쓰여 있었다.

아울루스 겔리우스는 이 책에서, 스토아학파가 환영(phantasiae)이라 부르는 정신현상이 있으며 그것이 일어난다면 언제 발생하는지 결정내리는 것은 우리의 정신력 밖에 있다는 것이다. 따라서 이런 환상들이 놀랍고도 가공할 만한 대상들에 따라 일어날 때에는 지혜로운 이의 정신마저도 흔들어 두려움에 떨거나 고통받게 되는 것은 필연적이다. 그러나 이 일로 정신에 망상이 생기거나 그것을 인정하고 동의했다는 뜻은 아니다. 왜냐하면 스토아학파는 인정하고 동의하는 능력이 인간 내부에 있다고 여겼기 때문이다. 그리고 지혜로운 이의 혼과 어리석은 자의 혼 사이에는 차이가 있다. 어리석은 사람의 혼은 이런 감정에 무릎 꿇고 정신의 판단을 감정에 맡겨 버리지만, 현자의 혼은 비록 그런 감정을 어쩔 수 없이 받아들이더라도 흔들리지 않고, 이성적으로 좇거나 피해야 하는 일은 굳센 정신으로 참된 확신을 유지한다는 것이다.

이렇듯 아울루스 겔리우스는 스토아학파 원리에 바탕을 두고 쓴 에픽테투스의 책을 읽고 그 내용을 인용하며 설명했다. 나는 겔리우스만큼 잘 설명하지

---

*6 Epictetus(약 60~140년). 그의 가르침은 아리아누스가 Diatribae와 Enchiridion에서 기록했다.

*7 키티움의 제노(제논, 기원전 300년 무렵 활동)는 스토아학파 창시자. 14권 주석 참조. 크리시포스(약 기원전 280~204년)는 스토아학파의 세 번째 우두머리. 스토아학파의 가르침을 완성하고 체계화시켰다.

는 못하지만 되도록 짧고 명료하게 이야기했다. 만일 그렇다면, 스토아학파의 견해와 혼의 감정이나 격정에 대한 다른 철학자들의 견해 사이에 차이점이 거의 없거나 전혀 없는 셈이 된다. 둘 모두 현자의 정신과 이성을 감정의 지배로부터 지키기 때문이다. 스토아학파 철학자들은 감정이나 흐트러진 마음이 현자에게 영향을 미치지 못한다고 주장하는 것이다. 현자의 지혜가 실수 때문에 흐려지거나 잘못된 계산으로 훼손될 수 없다는 것이다. 그런 감정은 현재의 혼에서 일어나지만 평온함을 깨뜨릴 수는 없다 그 이유는 현생의 선과 악 또는 그들의 표현을 빌리자면 편의와 불편이 만드는 현상들 때문이다. 왜냐하면 철학자가 배가 뒤집혀 잃게 될 생명과 육체적 안전을 가치 없다고 여겼다면, 그는 얼굴이 새파래져서 위험을 두려워하지도 않았을 것이다. 게다가 그는 이런 충격을 견뎠을 뿐만 아니라 거센 폭풍우에 위협을 느낀 생명과 육체의 안전이 '정의'가 정의를 가진 사람을 더욱 정의롭게 만들 듯, 그것들을 가진 사람은 선으로 하는 선은 아니라는 확고한 신념 또한 가질 수 있었다.

이것은 '선'이 아니라 '편의'라 불러야 한다고 스토아학파가 주장할 때 이는 용어상의 논쟁일 뿐, 내용이 쟁점은 아니라고 생각한다. 만약 생명과 신체적 안전이 위험에 빠지게 된다면 스토아학파도 소요학파처럼 새파랗게 질리거나 당황할 것인데 그런 경우, 선과 편의 가운데 어떻게 말하는 것이 더 나은지 그것이 중요하단 말인가? 두 학파 모두 이런 선이나 편의를 위협받아서 어떤 부도덕한 일이나 범죄를 저지르도록 강요받는다면, 정의롭지 못한 일을 하기보다는 오히려 육체적 건강과 안전을 보장하는 것들을 잃는 편이 낫다고 말한다.

이런 생각을 굳게 유지하는 정신은 어떤 격한 감정이 영혼의 가장 깊숙한 부분에서 일어날지라도 지성은 스스로 이성에 맞서 일어나지 못하게 한다. 뿐만 아니라 지성은 격한 감정까지 지배하고 격정을 함께 따르려하지 않으며 오히려 저항함으로써 덕의 영역을 세운다. 베르길리우스는 〈아이네이스〉에서 그런 품성이 있다고 말했다.

정신은 움직이지 않지만
눈물은 끊임없이 흐른다.*8

*8 베르길리우스 《아이네이스》 4, 449. 디도의 눈물을 말한다.

제5장 그리스도 신자의 혼을 움직이는 감정은 악덕이 아니라 덕을 실현한다

그리스도인들 교육의 기초인 성경이 이런 감정을 어떻게 가르치는지 자세히 이야기할 필요는 없다. 성경의 가르침은 하느님이 인간 정신을 다스리고 도와줄 수 있도록 정신 그 자체를 하느님에게 복종시키며, 모든 감정은 정의를 위해 쓸 수 있도록 이끌며 억누른다. 따라서 이 문제는 우리 그리스도교 윤리에서 경건한 정신이 화를 내는지 또는 참는지 묻는 게 아니라 분노하거나 슬퍼하는 원인이 무엇인지, 어떤 것을 두려워하는지가 중요하다.

악한 행동을 하는 사람을 바로잡기 위해 화를 내고, 고통받는 사람을 위해 슬퍼하며, 위험에 빠진 사람을 죽음으로부터 구해내기 위해 두려워하는 것을, 바른 생각을 지닌 사람이라면 비난할 수 없을 것이다. 사실 스토아학파는 자신들의 동정심조차 비난한다.[*9] 그러나 앞서 말한 스토아학파는 배가 뒤집힌다는 두려움 때문에 마음이 흐트러진 게 아니라 좋은 친구가 목숨을 잃을까 걱정했다. 이런 태도는 존경받아 마땅하지 않은가! 키케로가 카이사르를 찬양하며 "당신의 덕목 가운데 동정심만큼 칭찬받아 마땅하고 매력적인 것은 없다"[*10] 말한 것은 더욱 믿을 만하고 자비로우며, 경건한 감정에 어울린다. 동정심이란 다른 이의 곤경을 이해하고, 힘닿는 데까지 기꺼이 그를 돕고자 하는 감정이 아닌가? 하지만 가난한 사람에게 무언가를 나눠줄 때나 뉘우친 사람을 용서할 때나 정의가 지켜지는 방법으로 동정한다면 이런 감정은 늘 이성을 따른다.

뛰어난 웅변가 키케로는 스토아학파 철학자들이 악덕이라고 부르기를 망설이지 않은 동정심을 거리낌없이 덕목이라 불렀다. 하지만 스토아학파를 창시한 제노(제논)와 크리시포스의 가르침을 따른 유명한 스토아학파 철학자 에픽테투스의 저서에서 설명하듯, 지혜로운 사람의 마음은 온갖 악덕으로부터 자유롭다고 말하면서도 그 마음에 동정심이 일어난다는 사실을 인정한다. 따라서 이런 감정이 정신력이나 이성에 맞선 행동을 하지 않는다면 스토아학파는 악덕이라 여기지 않는다는 결론이 나온다. 또 스토아학파는 소요학파, 플라톤학파와도 같은 생각을 했다. 키케로가 말했듯이, 말뿐인 논쟁은 이미 오랜 세월 진리보다 말다툼에 열정을 쏟아내기 좋아하는 가련한 그리스인들을 괴롭혔다.[*11]

[*9] 세네카 《관용에 대하여》 2, 5 참조. "동정심은 연약한 혼의 악덕이다."

[*10] 키케로 《리가리우스를 위한 연설》 12, 37.

[*11] 키케로 《웅변에 대하여》 1, 11, 47.

그러나 우리가 이런 감정을 따르는 일이 저마다 착한 일을 할 때마저 이 세상 삶의 약한 부분에 속하는 게 아닐까 하는 질문이 나온다. 왜냐하면 거룩한 천사들은 하느님의 영원한 법에 따라 벌을 내리라 명령받고 사람들에게 벌을 내릴 때 화를 내지 않기 때문이다. 곤경에 처한 사람들을 도와주면서도 그들을 불쌍히 여기지 않으며, 위험에 빠진 사람들을 도와주면서 어떤 두려움도 느끼지 않는다. 그럼에도 천사들의 감정을 표현하는 명사는 인간의 언어 습관에 따라 만들어졌다. 그것은 천사들의 행동이 인간과 닮았기 때문이지 약한 감정을 따르기 때문은 아니다. 성경에서 하느님이 화를 낸다고 표현해도 감정 때문에 마음이 흐트러진 것이 아닌 것과 같다. 왜냐하면 '화를 낸다'는 말은 하느님 마음이 흐트러졌다는 뜻이 아니라 벌의 효과를 뜻하는 말이기 때문이다.

제6장 정령들을 휘두르는 권력

거룩한 천사들 문제는 미뤄두고, 신들과 인간들 사이에 있는 정령(악령)들이 정염에 흔들린다는 플라톤학파의 말이 무슨 뜻인지 살펴 보자. 정령들의 정신이 감정에서 자유로우며 또한 감정을 지배한다면, 아풀레이우스가 "정령은 인간과 마찬가지로 마음의 충동과 정신의 동요 때문에 감정의 파도를 생각 속에 담는다"고 말할 수 없었으리라(9권 3장 참조). 따라서 플라톤학파 의견대로라면, 그들의 마음, 곧 정령의 정신이 혼의 뛰어난 부분이며 그 때문에 이성적이며 실제로 그것을 가진 경우에만 덕성과 지혜가 혼의 뒤떨어지는 부분의 감정을 올바른 길로 이끌어 지배한다. 그러므로 정령들의 마음은 두려움과 분노와 정욕 및 온갖 감정으로 흐트러진다. 때문에 만일 정령의 정신이 악덕을 따르고 그것에 지배받아 이성이 지닌 것을 속이려 심하게 유혹하고 해를 주는 욕망이 더욱 강하게 정신을 지배한다면, 정령들의 어떤 부분이 신들에게 호감을 주며 인간들을 바른 삶으로 오롯이 이끌 지혜를 가졌다고 할 수 있다는 말인가?

제7장 플라톤학파 사람들은 시인들이 지은 신들을 모함하는 시는 정령을 다뤄야 한다고 말한다

시인들은 사악한 정령들이 사람들을 사랑하거나 미워하는 것처럼 표현하는데 이것은 진실에서 완전히 어긋나는 말은 아니다. 아풀레이우스는 정령들이 감정의 파도를 생각 속에 담고 있다고 말했다. 이 말을 우리는 어떻게 이해하는 게 좋을까. 아풀레이우스가 오로지 사악한 정령들뿐만 아니라 공기로 만들어진 신체로 인해 신들과의 사이를 중개하는 모든 정령들을 말했다면 우리는 그런 반박을 어떻게 이해해야 좋을까?

아풀레이우스는 시인들이 신들을 이렇게 허구로 만들었다고 말한다. 사악한 정령으로 신들을 거짓으로 꾸며내고 신들의 이름을 내려주었으며, 나아가 마음대로 거짓 표현을 써서 어떤 정령은 인간의 친구로 삼고 어떤 정령은 적으로 삼았다는 것이다. 반대로 아풀레이우스는 신들은 천상에 머무르며 더없이 행복한 상태에 있으므로 이러한 정령들과는 아주 다르다고 말한다. 그러므로 신이 아닌 존재를 신이라고 부르며, 신의 이름을 가진 정령들이 저마다 좋아하거나 미워하는 사람들을 위해 싸운다는 이야기는 시인들이 지어낸 허구일 뿐이다.

아풀레이우스는 정령들이 신이라는 이름으로 불리고는 있지만 그들은 있는 그대로의 정령으로 그려지기 때문에, 이런 시인들의 허구가 진실과 아주 멀지는 않다고 말한다. 호메로스의 미네르바가 "아킬레스의 분노를 억누르기 위해 그리스인들 집회에 뛰어들었다"*12는 것은 이런 부류에 속하기 때문이라고 말한다. 그렇기에 아풀레이우스는 그 사람이 미네르바였다는 시인들의 말은 거짓이라고 주장한다. 왜냐하면 아풀레이우스는 미네르바를 여신이라고 생각했으며, 신들은 인간들과 멀리 떨어진 높은 천상에 있으며, 아주 선하고 행복한 신들과 같다고 믿기 때문이다.

하지만 어떤 정령들은 그리스인들을 좋아하며 트로이인들에게는 적대적이지만, 어떤 정령은 반대로 그리스인을 싫어해서 트로이인들에게 도움의 손길을 내민다. 그 정령들의 이름은 바로 베누스와 마르스라고 했다. 아풀레이우스는 이 신들이 천상에 살며 아무런 일을 하지 않는 신과 같다고 말한다. 이러한 정령들은 자기들이 좋아하는 사람들 편을 들고 싫어하는 이들과 맞서 싸웠다. 아풀레이우스는 시인들이 진실에 가까운 말을 했다고 고백했다.

물론 시인들은 "인간과 마찬가지로 마음의 충동과 정신의 동요 때문에 감정의 파도를 생각 속에 담은" 존재라고 말한다. 그렇기에 정의를 위해 사랑하거나 미워하는 게 아니라 전차경주나 사냥을 할 때 당파심과 기호에 따라 편을

---

*12 아풀레이우스 《소크라테스의 신에 대하여》 10 ; 호메로스 《일리아드》 1, 193 참조.

들거나 반감을 갖는 관객들과 똑같다고 말한다. 플라톤학파 철학자 아풀레이우스는 시인들이 읊은 이러한 일을, 중개자 역할의 정령들이 아닌 날조된 신의 이름을 얻은 신들이 저질렀다고 믿는 일에 마음 아파했다.

제8장 하늘의 신들, 그 아래 정령, 땅 위 인간에 대한 아풀레이우스의 정의

그런데 아풀레이우스가 정령들에 대해 내린 정의를 가벼이 여길 수 있을까? (거기에는 모든 정령들이 포함되어 있다) 그는 "정령들의 본성은 동물이며 혼은 감정을 따르고 정신은 이성적이고, 육체는 공기와 같으며, 시간적으로 영원하다" 말했다.[*13] 이 다섯 성격 가운데 악한 사람 속에서 찾아낼 수 없는 것을 정령과 선한 인간들이 공유한다고 짐작되는 것에 대해서 어떤 말도 하지 않았다. 아풀레이우스는 처음에 천상에 사는 신들을 설명한 다음 가장 낮은 땅 위에 사는 인간을 매우 넓은 범위에 걸쳐 말한 뒤, 가장 높고 가장 낮은 두 부분을 이야기하고서야 그 중간에 머무는 정령들을 이야기했다. 그는 다음처럼 말했다.

"따라서 이성을 자랑스러워하며 언어 능력을 지닌 인간의 혼은 죽지 않지만 육체는 죽어 사라진다. 정신은 불안정하고 슬픔을 가졌으며 신체는 무거운 악습인 죄를 짊어졌고 성격은 서로 다르지만 비슷한 잘못을 저지른다. 단호한 용기, 굳은 희망을 가졌지만, 그들의 노력은 헛되게도 늘 운명에 휩쓸려 언젠간 죽고 만다. 하지만 세대가 끊임없이 바뀌어 인류는 영원히 이어진다. 시간은 빠르게 흘러가고, 지혜는 느리고 둔하며, 죽음이 순식간에 들이닥쳐 땅 위의 생애는 슬픔으로 보낸다."

그는 많은 인간들이 가진 여러 성격을 설명할 때, 지혜가 느리며 둔하다고 말하면서 그가 단지 소수의 인간들만 지녔다고 밝힌 성격에 대해서는 말하지 않은 것일까. 만일 이 사실을 생략했다면 인류의 한계를 정성들여 이야기한 보람이 없었으리라. 또한 아풀레이우스가 신들의 우수성을 강조할 때, 인간들이 지혜로 이루고자 하는 행복을 신들은 가장 높은 수준으로 가졌다고 주장했다.

거기서 만일 아풀레이우스가 어떤 정령들은 선하다고 우리가 믿기를 바랐다면, 정령들이 신들과 행복을 어느 쯤 나누거나 인간들과 얼마 정도 지혜를

[*13] 《소크라테스의 신에 대하여》 13 및 이 책 18권 17장 참조.

공유한다고 생각될 수 있는 내용을 서술에 포함했을 것이다. 그러나 실제로는 선악을 구별하는 선한 성질이 정령 속에 있다고는 이야기하지 않았다. 정령들이 아니라 자신의 글을 읽는 정령숭배자들을 불쾌하게 만들지 않으려고 정령들의 사악함을 자유로이 드러내지도 않았다. 그럼에도 분별력 있는 독자들에게는 정령들을 어떻게 생각해야 하는지 똑똑히 밝혔다. 그러니까 모든 신이 선하며 행복하다는 것을 바랐으며 그런 신들을 정령의 감정이라든지 그가 말한 파도에서 오롯이 떨어뜨려 육체의 영원성만 정령과 비슷하고 혼은 매우 다르며 오히려 인간과 닮았다고 덧붙였다.

게다가 이러한 비슷함은 그들이 지혜가 있어서가 아니라, 정염의 소란에 쉽게 흔들리기 때문이다. 그것은 어리석고 사악한 자들을 지배하지만 현자나 선한 자들은 그런 감정을 통제할 수 있기 때문이다. 정령들이 육체가 아닌 혼의 영구성에서 신들과 닮았다고 주장했다면, 플라톤학파인 그는 마땅히 인간의 혼은 영원하므로 틀림없이 어떤 경우에도 공유성에서 인간을 제외하지 않았을 것이다. 그렇기 때문에 그는 인간의 혼은 영원하다고 여겼다. 그리고 혼은 죽지 않으나 육체는 사라져야 한다고 말했던 것이다. 따라서 인간들이 죽어 없어지는 육체를 지녔기 때문에 신들과 영원을 나누지 못한다면, 정령들은 그 육체가 죽지 않기 때문에 신들과 영원을 함께 한다는 결론이 나온다.

제9장 인간은 정령의 중개로 신들과 관계를 가질 수 있는가

그렇다면 인간과 신들 사이에서 인간이 신과 가까워질 수 있도록 도와주는 중개자는 어떤 존재일까? 중개자는 모든 살아 있는 생명체 가운데 좀더 나은 부분인 혼에서는 인간들과 마찬가지로 결함을 지녔으면서, 좀더 낮은 부분인 육체만 신과 닮은 존재이다. 생명을 가진 동물은 혼과 육체로 이루어진다. 이 두 부분 가운데 물론 혼이 육체보다 뛰어나다. 결함 많고 약할지라도, 혼은 건강한 육체보다 앞선다. 왜냐하면 혼은 그 본성이 육체보다 뛰어나며 악덕이라는 오점을 가져도 육체보다 뒤떨어진다고 여기지 않기 때문이다. 마치 더러운 황금이 깨끗한 은이나 납보다 더 가치 있는 것과 비슷하다. 또 그런 것들 개입으로 인간은 신들과 이어진다. 신들과 인간 사이 중개자들은 육체는 신처럼 영원하지만, 혼은 인간과 마찬가지로 사악하다. 이른바 정령으로 신들과 인간이 이어지기를 바라는 종교는 혼이 아니라 육체에 있는 것처럼 말이다.

신과 인간 사이의 중개자들은 동물의 뒤떨어지는 부분인 육체를 더욱 뛰어난 신들과 공유하고, 좀더 우월한 부분인 혼을 뒤떨어진 인간들과 공유하며 복종하는 부분인 신체는 천상의 신들과 이어져 지배하는 혼은 땅 위 비참한 인간과 이어져 있는데, 대체 어떤 사악한 벌이 이런 거짓 중개자들을 거꾸로 매달아 두었단 말인가. 살루스티우스가 말했듯이, 육체는 종이다. 살루스티우스는 "우리는 혼이 지배하고 육체는 따른다"*14 그리고 "우리는 한쪽은 신들과, 다른 한쪽은 짐승들과 공유한다" 덧붙였다.

인간이 짐승들과 마찬가지로 죽어 사라지는 육체를 가졌기 때문이다. 하지만 철학자들이 신과 인간의 중개자라고 말했던 정령들은, 혼과 육체로 보면 한 요소를 신들과, 다른 요소를 짐승들과 나눈다고 말할 수 있다. 그러나 내가 말했듯이 그들은 사실상 머리를 아래로 향한 채 거꾸로 묶여 있으므로 종인 육체를 신들과, 주인인 혼은 비참한 인간들과 이어져 있다. 그러므로 정령들은 땅 위 동물처럼 죽음으로 혼과 육체가 나누어지지 않으므로 신들처럼 영원하다고 여기는 사람이 있다면, 그들의 육체는 영광스런 승리로 달리는 영원의 운반 자라기보다는 오히려 죄를 나르는 영원한 사슬로 생각해야 한다.

제10장 플로티노스는 죽어없어지는 육체를 가진 인간은 영원한 육체를 가진 정령보다 비참하지 않다고 말했다

요즘 시대를 산 플로티노스는 다른 어느 제자들보다 플라톤을 잘 이해했다고 여겨진다. 그는 인간 혼을 이야기할 때 "자비로우신 아버지는 그들을 위해서 죽어 사라지는 족쇄를 만들었다."*15 말했다. 그는 사멸될 육체를 지닌 인간이 비참한 현생에 영원히 속박되지 않도록 한 것은 하느님 아버지의 자비라고 생각했다. 하지만 정령들은 사악해서 이러한 자비를 받을 자격이 없다. 또 감정이 따르는 영혼의 비참함과 함께 인간처럼 죽는 게 아니라 영원한 육체를 내려받았다. 만일 그들이 인간처럼 죽어 사라질 육체를 지녔으며 신들과 마찬가지로 행복한 혼을 가졌다면 물론 인간보다 행복했으리라.

그리고 비참한 혼과 더불어 적어도 인간들처럼 죽어 없어질 육체를 받을 자격이 있고 죽음으로 고통에서 벗어나도록 조금이라도 신앙을 바랐다면 인간과

---

*14 《카틸리나 음모》, 1, 2.
*15 《엔네아데스》, 4, 3, 12.

똑같았을 것이다. 그러나 그들은 비참한 혼을 지녔으므로 인간보다 더 불행할 뿐만 아니라, 육체가 영원한 사슬로 묶여 있기 때문에 인간보다 더 비참하다. 왜냐하면 플로티노스는 정령들이 지혜와 신앙 훈련으로 성장해서 신이 된다고 사람들이 생각하길 바라지 않기 때문이다. 그들은 정령은 영원히 정령이라고 정확하게 말한다.

제11장 인간 혼은 육체에서 떨어진 뒤 정령이 된다는 플라톤학파의 견해

아풀레이우스는 인간 혼을 정령이라 말했다.[16] 선행을 많이 하면 죽은 뒤 라레스(Lares)가 되고, 악행을 많이 하면 레무레스(Lemures)나 라르바이(Larvae)가 되며, 만일 선과 악 어느 쪽인지 뚜렷하지 않은 경우에는 마네스(Manes)가 된다고 했다. 그러나 조금만 주의해서 보면, 이 생각 안에 파멸적인 생활방식으로 이끄는 커다란 심연이 숨어 있음을 깨닫지 못할 사람이 어디 있겠는가? 제아무리 사악한 사람이라도 죽은 뒤 라르바이나 마네스가 될 것으로 생각한다면 자신에게도 제물을 바치리라 믿어 나쁜짓을 저지르고 그럴수록 더 사악해진다. 아풀레이우스는 라르바이는 예전에 인간이었던 사악한 정령이라고 말한다. 그런데 여기서 다른 문제가 발생한다. 아풀레이우스는 축복받은 사람들은 선한 정령이기 때문에 그리스어로 유다이모네스[17]라 불린다고 말했다. 그야말로 인간 혼이 정령(악령)이라는 것을 밝힌 셈이 되었다.

제12장 플라톤학파의 인간의 본성과 정령의 본성 구별

그러나 오늘 우리는 아풀레이우스가 그 신들과 인간 사이를 중개자라면서 그 본성을 묘사하여 종류는 동물이며 정신은 이성적이며, 혼은 감정의 영향을 받고 육체는 공기이며 시간적으로 영원한 존재들에 대해 이야기하고 있다(9권 8장 참조). 그는 먼저 가장 높은 하늘에 신을 두고 가장 낮은 땅 위에 인간을 두어 장소를 나누어 본성의 가치로 구별하며 다음과 같은 결론을 내렸다.

"당신은 신과 인간이라는 두 종류의 동물을 가졌다. 신들은 존재하는 장소의 숭고함과 생명의 영원함, 본성의 완전함이라는 면에서 인간들과 틀림없이 구별된다. 신들이 사는 곳과 인간들이 사는 곳은 아주 멀리 떨어져 있

---

[16] 아풀레이우스 《소크라테스의 신에 대하여》 15.
[17] 아풀레이우스 같은 책, 22.

어 서로 가깝게 교류하지 않는다. 그 뿐만아니라 신들의 생명력은 영원한 데 비해, 인간의 생명력은 덧없고 불안정하다. 신들의 본성은 행복한 상태로 찬양받는 반면, 인간들의 본성은 비참한 상태에 빠져 있다."[18]

우리는 여기서 가장 높은 존재와 가장 낮은 존재의 세 가지 대조적인 성질을 발견할 수 있다. 아풀레이우스는 신들을 찬양해야 하는 세 가지 성질을 말한 뒤, 그 성질과 완전히 반대되는 세 가지 성질을 인간에게 적용하기 위해 같은 성질을 다른 말로 반복했다. 그가 밀한 신의 세 가지 성질은 "시는 장소의 숭고함, 생명의 영원함 그리고 본성의 완전함"이다. 그는 또 인간 상태를 나타내는 반대 성질을 대립하기 위해 다른 말로 한 번 더 이야기했다. 앞에서는 "커다란 단절이 가장 높은 곳과 낮은 곳을 분리했다"고 말했지만 이는 존재하는 장소의 숭고함을 드러내기 위해서이다. "신들의 생명력은 영원한 데 비해, 인간의 생명력은 덧없고 불안정하다" 말한 까닭은 생명의 영구성을 나타내기 위해서이다. 그리고 마지막으로 "신들의 본성은 행복한 상태로 찬양받는 반면, 인간의 본성은 비참한 상태에 빠져 있다" 했다. 이는 본성의 완전성을 말하기 위함이다. 요컨대 신들이 숭고한 곳에 살고 영원하며 행복한 상태에 있다고 설명하면서, 인간은 그와 반대로 가장 낮은 장소에 살며, 죽어 없어지고, 비참한 상태에 놓여 있다고 이야기했다.

제13장 정령이 신처럼 행복하지 않고 또 인간처럼 비참하지 않다면 어떻게 그런 정령이 신과 인간 사이를 이어줄 수 있는가

아풀레이우스는 신들과 인간의 세 성질을 대조하면서 정령들을 그 중간에 놓았는데, 그 위치에는 아무런 문제가 없다. 가장 높은 곳과 가장 낮은 곳 사이에는 중간이 존재하며 그렇게 말하는 것은 적절해 보이기 때문이다. 그런데 다른 두 가지 성질이 아직 남았는데, 우리는 이 점들을 좀더 주의깊게 생각해야 한다. 그런데 그런 성질들이 정령들과 전혀 관계 없는 성질이라 할 수 있는지, 또 정령들이 중간적이어야 한다고 생각되는 성질이 있는지 생각해 본다.

그러나 이 두 성질들은 정령들과 관계 없을 수는 없다. 이성적인 생명체인 정령들이 가장 높지도 가장 낮지도 않은 중간에 자리한다고 말할 수는 있지만,

---

[18] 《소크라테스의 신에 대하여》 4.

감각과 이성이 없는 식물처럼 행복하지도 않고 비참하지도 않다는 것은 옳지 않기 때문이다. 정령들은 이성적인 존재이므로 비참하거나 행복해야 한다. 마찬가지로 정령들이 죽지도 않고 영원하지도 않다는 것은 옳지 않다. 모든 생명체는 영원히 살든지, 죽음으로 삶을 끝내야 하기 때문이다. 하지만 아풀레이우스는 정령들은 시간적으로 영원하다고 이미 말했다.

그렇다면 중개자인 정령들은 남은 두 성질 가운데 한 가지는 신들과 같으며 다른 한 가지는 인간과 같다고 말할 수 있다. 만일 정령들이 신들의 두 성질을 다 갖거나 인간의 두 성질을 모두 지녔다면, 그들은 중개자가 아니라 신들 쪽으로 올라가든지 아니면 인간들 쪽으로 내려가야 한다. 그러므로 정령들은 이 두 성질을 나눠 갖고 있어야 하므로, 신들과 인간으로부터 한 가지씩 성질을 닮아 중간적 존재가 될 수 있는 것이다. 따라서 아래에는 영원함이 존재하지 않으므로, 정령들은 인간의 성질에서 영원함을 받을 수는 없다. 그러므로 영원함은 위로부터 얻어야 한다. 그리고 아래에서 한 가지 성질을 받아야 하므로 인간들로부터 비참함을 받아들여 중간적인 입장을 완성해야 한다.

플라톤학파의 말에 따르면, 가장 높은 곳의 신들은 '영원한 행복' 또는 '행복의 영원'을 가진다. 그에 비해 가장 낮은 곳의 인간들은 '죽음의 비참함' 혹은 '비참한 죽음'이다. 그러므로 중간에 있는 정령들은 '비참한 영원' 또는 '영원한 비참함'을 지니게 된다. 정령들을 정의하기 위해 제시한 다섯 가지 성질(9권 8장 참조)은 아풀레이우스가 약속한 만큼 정령들의 중간성을 보여주지 못했다. 그는 동물이며 정신은 이성적, 혼은 감정의 영향을 받는다는 세 가지 점을 정령과 인간이 공유한다고 말했다. 영원함은 신들과 공유했으며 공기 같은 신체를 가졌다는 점만 독자적이라고 이야기했다. 그렇다면 정령들은 가장 낮은 존재인 인간과는 세 가지 공통점을 가졌지만 가장 높은 존재인 신과는 공통점이 하나밖에 없는데 어떻게 중개자가 될 수 있는가? 그런 정령들은 중간성을 버리고 가장 낮은 쪽으로 기울어지는 것을 누가 모르겠는가?

그러나 신들은 에테르적 신체를 가지고 인간들은 흙에서 만들어진 신체를 가졌듯 가장 높고 낮은 존재들이 고유의 성질을 갖는 반면, 정령들은 '공기로 된 신체'를 가진다는 성질 하나 때문에, 그리고 인간들은 물론 신들과 공유한 정령들의 두 가지 성질, 생명을 가진 존재이며 정신이 이성적이라는 점 때문에 그들은 중개자로 알려졌다. 아풀레이우스도 신들과 인간들을 이야기할 때 "당신들은 두 가지 생명적 존재를 가지고 있다" 했다. 그리고 플라톤학파 사람들은 신들은 이성적인 정신을 지닌 존재라 말한다.

그렇다면 혼이 감정의 영향을 받는다는 점과 시간적으로는 영원하다는 두 성질만 남게 된다. 그래서 하나는 인간들과, 다른 하나는 신들과 공유한다. 그래서 정령들은 균형을 이루어 맨 위로 올라가지도 않고 맨 아래로 떨어지지도 않는다. 그러나 이것이야말로 정령들의 '영원한 비참함' 또는 '비참한 영원함'이다. 그들 혼이 감정에 영향을 받기 쉽다고 말한 철학자가 정령 숭배자들의 눈치를 살피지만 않았더라면 틀림없이 그들이 비참하다고 덧붙였을 것이다. 게다가 플라톤학파 철학자가 인정했듯 세상은 우연에 따라서가 아니라 가장 높은 신의 섭리로 다스려지므로, 정령들이 매우 사악하지 않다면 그 비참함도 결코 영원하지 않다.

그러므로 올바른 의미로 행복한 자들이 유다이모네스(9권 11장 참조)라고 불린다면, 신들과 인간들 사이를 중개하는 정령들은 유다이모네스가 아니다. 그렇다면 인간보다는 위에 있으나 신들보다는 아래에 있고, 인간을 돕고 신들을 모시는 '선한 정령들'의 자리는 도대체 어디란 말인가? 만일 정령들이 선하고 영원하다면 그들은 완전하며 행복하다. 그러나 영원한 행복은 중개자에게는 불가능하다. 왜냐하면 정령들을 신들과 지나치게 비슷하게 만들면 인간들과는 너무 멀리 떨어져버리기 때문이다. 따라서 플라톤학파는 선한 정령들이 영원하고 행복하다면, 죽지 않고 행복한 신들과, 비참하고 사멸되어 버리는 인간들 사이에서 어떻게 중개자가 될 수 있는지 설명하려 했지만 헛수고였다. 정령들이 신들과 죽지 않는 행복함을 함께 나누며, 비참하고 사멸되어 버리는 인간들과는 그 어느 것도 공유하지 않는다면, 그들은 둘 사이를 중개하는 역할에서 벗어나 오히려 인간에게서 멀어져 신들과 이어지려 하지 않을까?

정령들이 두 성질을 지녔다면 어느 한쪽과 공유하지 않고 저마다 하나씩 공유할 때 처음으로 중간 존재일 수 있다. 더욱이 인간은 짐승과 천사 사이에 있다. 천사는 이성적이고 죽지 않지만, 짐승은 이성적이지 못하고 마침내 죽게 된다. 인간은 천사보다 뒤떨어지고 짐승보다 뛰어나므로 중간에 있다. 인간은 짐승들과는 죽는 특성을, 천사들과는 이성을 공유하므로 이성적이며 죽는 동물이다. 따라서 우리는 행복한 영원의 존재와 비참하고 죽게 되는 존재 사이에서 중개자가 되려면 죽으면서 행복하거나 영원하며 비참한 존재여야 한다.

제14장 인간은 죽어야 하면서 행복할 수 있는가

인간은 반드시 죽어 없어지는 존재이면서도 어떻게 행복할 수 있는지 그것은 매우 큰 문제이다. 어떤 사람들은 인간 조건을 겸허하게 관찰해서 인간이 죽게 되는 삶을 사는 한 행복할 수 없다고 말한다. 또 어떤 사람들은[*19] 인간을 기리고 칭찬하여 비록 죽는 존재이지만 행복할 수 있다고 말한다. 정말로 그렇다면, 왜 지혜를 가진 인간들이 어째서 비참하고 죽는 존재와 행복하고 영원한 존재 사이에서 중개자 역할을 하지 않는 것일까? 그들은 후자와는 행복함을, 전자와는 죽음을 나누고 있지 않은가? 그들이 참으로 행복하다면 어느 누구도 질투하지 않고(질투보다 더 비참한 일이 있을까) 온 힘을 다해 비참하며 죽는 존재를 도와 행복하게 되도록 만들 것이다. 그래서 죽은 뒤 사라지지 않는 존재가 되어 행복하고 죽지 않는 천사들과 결합할 수 있으리라.

제15장 사람이 된 예수 그리스도가 신과 인간을 중개한다

모든 사람들이 반드시 죽음을 맞기에 비참할 수밖에 없다는 주장은 믿을 만하고 있을 수 있는 일이다. 그렇다면 우리는 인간이면서 신이기도 한 중개자를 찾아야 한다. 중개자의 행복한 죽음이 중개자의 행동에 따라 인간들을 죽어야 하는 비참함에서 행복한 영원으로 이끌게 된다. 그러기 위해서는 중개자가 죽어야 하지만 그 죽음은 영원해서는 안 된다. 중개자는 말씀의 신성이 약해져서 죽는 게 아니라 육체의 약함을 받아들였기에 죽음을 맞는다. 그러나 육체는 죽음 상태로 머물지 않고, 죽음에서 부활했다. 따라서 인간을 해방하기 위해 중개자가 된 육체는 영원한 죽음 안에 머물지 않는다. 우리와 하느님 사이의 중개자(예수 그리스도)는 죽음을 맞이하면서 영원한 행복을 얻었고 잠시 머무는 것으로써 죽을 운명을 지닌 존재들과 자신을 하나로 만들고, 그들을 죽음에서 영원한 상태로 이끌었다.

그러기에 선한 천사들은 행복하며 죽지 않기 때문에, 비참하고 죽을 존재들과 행복하고 영원한 존재들 사이를 중개할 수 없다. 하지만 악한 천사들은 신들처럼 죽지 않으며 인간처럼 비참하기 때문에 중개자가 될 수 있다. 그런데 악한 천사들의 영원함과 비참함과는 다르게 일정한 기간 동안만 죽음을 선택하

---

*19 스토아주의자들.

고 영원히 성안에서는 행복한 존재인 선한 중개자는 이런 악한 천사들과 대조된다. 선한 중개자는, 정령들이 자기들의 불멸성을 자랑하여 사람들을 타락시키지 않도록 죽음으로 증명한 겸손과 행복한 자비를 통해, 또 믿음으로써 사람들 마음을 깨끗하게 만들어 정령들의 더러운 지배로부터 벗어나게 하고 오만한 영원함과 해로운 비참함을 파괴했다.

영원하고 행복한 존재들과 아주 멀리 떨어진 인간은 끝없는 행복을 이루기 위해 어떤 중개자를 선택해야 하는가? 정령들은 영원함으로 사람들을 유혹하지만 사실은 그저 비참한 상태일 뿐이다. 그리스도의 죽음은 비참한 것이 아니다. 정령들과 함께하면 끝없는 비참함을 두려워해야 하지만, 그리스도와 함께하면 죽음은 영원하지 않으므로 두려움의 대상이 되지 않으며 그지없는 행복으로 이어질 것이 틀림없다. 영속하지만 비참한 중개자는 비참함을 가졌기에 인간이 행복한 영원함으로 넘어가는 것을 막고자 중개 역할을 할 뿐이다. 반대로 죽지만 행복한 중개자는, 죽음을 완성함으로써 죽을 존재들을 무한한 것으로 만들기 위해 스스로 부활함으로써 증명했다. 또 비참한 존재를 행복한 존재로 바꾸기 위하여 중개자가 되었다.

그래서 가까운 사람들 사이를 멀어지게 만드는 사악한 중개자와 서로 상극인 사이를 화해시키는 선한 중개자가 있다는 말이 된다. 그러나 친근한 사이를 서먹하게 만드는 자들의 수가 많은데, 그 이유는 많은 행복한 사람들이 하나뿐인 하느님 편에 서서 행복해졌기 때문이다. 악한 천사들은 하나뿐인 하느님 편에 서지 못해 비참하게 되었다. 그들은 우리가 행복을 얻도록 하기보다는 오히려 방해하고 간섭하려 중개자가 되었다. 그리고 그들은 많은 악한 중개자들을 내세워 하나뿐인 행복하고도 참된 선에 우리가 이르지 못하도록 막는다. 하지만 우리는 하나뿐인 그분께 닿기 위해 이런저런 중개자가 이끄는 것을 좇는 게 아니라 오직 한 중개자만 따르면 된다. 의지하면 행복하게 해 주시는 그분을 통해 모든 것이 창조되었다. 그러나 그분은 말씀이기 때문에 중개자는 아니다. 왜냐하면 더없이 복된 그 말씀은 비참한 인간들과 완전히 멀리 떨어져 있기 때문이다. 오히려 그분은 인간이기 때문에 중개자이다. 그러므로 우리에게 다음 같은 사실, 곧 우리가 행복뿐만 아니라 다른 이들도 행복하게 하는 선을 얻기 위해서 다른 중개자는 바라지 말아야 함을 똑똑히 보여준다. 왜냐하면 그 자체로 복되고 다른 이들도 복되게 하는 하느님이, 인간의 모습으로 나타나

시어 그분의 신성함에 이를 수 있는 지름길을 보이셨기 때문이다.

그 분은 우리를 죽음과 비참함으로부터 자유롭게 한다고 하여 죽지 않고 행복한 천사들에게로 이끈 게 아니라 오직 삼위일체로 우리를 이끌어준다. 천사들도 삼위일체에 기댐으로써 행복해지기 때문이다. 그러므로 그분은 중개자가 되기 위하여 "종의 신분을 취하셔서"(필립 2 : 7) 천사보다 낮은 것이 되기를 선택했을 때 하느님 모습으로 천사들 위에 머무셨다. 천상에서 생명이었던 분은 마찬가지로 낮은 곳에서도 생명의 길이 된 것이다.

제16장 플라톤학파는 하늘의 신들이 땅 위 인간과 교류하는 것을 부정했다

플라톤이 "어떠한 신도 인간과 접촉하지 않는다" 말했다고[20] 플라톤학파 아풀레이우스가 주장하지만, 이는 사실이 아니다. 또한 아풀레이우스는 인간들과 맞닿아 신들이 더럽혀지는 일이 없으므로 이것이 곧 그들이 높은 곳에 있다는 증거라 말한다. 그렇다면 정령들은 인간들과의 접촉으로 더럽혀졌다고 스스로 인정한 셈이다. 따라서 정령들은 자기들을 더럽힌 자들은 정화할 수 없다. 정령들은 인간과 만나고 인간은 정령들을 섬겨서 똑같이 더럽혀진다. 만약 정령들이 인간과 접촉하고 직접 교류해도 더럽혀지지 않는다고 한다면, 정령은 신들보다 뛰어난 존재라고 할 수 있다. 그것은 신들이 인간과 직접 교류하면 더럽혀지기 때문이다. 물론 인간과의 접촉이 먼 행복한 곳에 있는 신들을 더럽히지 못한다는 점, 그리고 이것이 신들의 가장 중요한 특징이라고 할 수 있다.

아풀레이우스는 우리가 참된 하느님이라고 부르는 세상 모든 것의 창조자인 가장 높은 신을, 플라톤이 인간의 보잘것없는 언어로는 오롯이 묘사할 수 없는 하나뿐인 존재라고 말했다.[21]고 주장한다. 그러나 그것은 현자들이 혼의 활력으로 가능한 한 멀리 육체에서 벗어났을 때 마치 칠흑 같은 어둠을 순식간에 밝히는 하얀 섬광이 번쩍이듯 겨우 하느님에 대한 인식이 빛난 것에 지나지 않다.[22]

그렇기에 만일 모든 것을 뛰어넘은 가장 높은 신이, 비록 아주 잠깐 번쩍 빛났다 사라지는 섬광 같다고 하더라도 현자들이 육체에서 멀리 떨어져 지적이

---

*20 아풀레이우스 《소크라테스의 신에 대하여》 4(플라톤 《향연》 203 A 참조).

*21 플라톤 《티마이오스》 28 C 참조.

*22 아풀레이우스 《소크라테스의 신에 대하여》 3.

며 표현하기 어려운 방법으로 그들의 정신을 바란다면, 또 가장 높은 신이 지혜로운 이들 때문에 더럽혀지는 일이 없다고 한다면 인간과 접촉해 더럽혀지지 않기 위해 멀리 떨어져 있을 이유가 있는가? 눈을 들어 땅이 필요로 하는 찬란한 빛을 뿌려주는 천상적 천체를 바라보기만 해도 충분하지 않은가? 나아가 아풀레이우스가 눈으로 볼 수 있는 신들이라 부르는 모든 별들[23]이 인간이 바라보아도 더럽혀지지 않는다면, 정령들 또한 인간들이 아주 가까이에서 바라본다 해도 오염되지 않을 것이다.

아니면 날카로운 눈빛으로도 더럽힐 수 없는 신들을 인간의 목소리로 취하게 만들 수 있다는 말인가? 그래서 신들은 더럽혀질까 봐 먼 곳에 있으면서 정령들에게 인간의 말을 가져오라고 중개자로 임명한 것일까? 그 밖에 다른 감각에 대해서도 내가 지금 이야기해야 하는가? 예를 들어 정령들이 바치는 수많은 제물에서 나오는 악취로 오염되지 않는다면, 정령들이 인간과 함께 지내며 살아 있는 인간 몸에서 나는 악취를 들이마신다고 해도 더럽혀지지 않듯이 신들도 냄새로 더럽혀지지 않을 것이다. 하지만 미각에 대해 말하자면, 신들은 죽게 되는 육체에 기운을 불어넣을 필요가 없으므로 굶주림에 허덕여 인간들로부터 음식을 바라지 않을 것이다. 이와는 달리 촉각은 신들의 통제 아래 있다. 우리가 접촉할 때 특별히 마음속에 품고 있는 것에 접하듯이 보일지라도, 신들은 바라기만 하면 보고, 보이기도 하며 듣고, 들리기도 하는 정도까지 인간들과 만날 수 있기 때문이다. 그런데 신들이 인간과 접촉할 필요성이 어디 있는가? 인간들은 신들이나 선한 정령들을 보거나 대화를 즐길 수 있다면 감히 그들과 접촉하고자 바라지는 않는다. 지나친 호기심으로 접촉하기를 바라더라도 새를 잡지 못하면 만질 수 없듯이, 자신의 의지와 달리 신이나 정령과 맞닿는 사람이 누가 있다는 말인가.

여기서 보는 것으로 또 보이도록 자신을 드러내거나 말하고 들음으로써 신들은 인간과 신체적으로 접촉할 수 있다. 그런데 앞서 말했듯이 정령들은 인간과의 접촉으로도 더럽혀지지 않는데 신들이 접촉해서 오염된다면, 정령들이 신들보다 더 강하다는 말이 된다. 반대로 정령들이 더럽혀진다면 인간들을 정화하여 정령들이 어떻게 인간이 죽음 뒤에 축복을 얻도록 도와줄 수 있겠는가?

---

*23 아풀레이우스, 같은 책, 3, 33.

그리고 정령들이 도움을 주지 못한다면, 호의로 가득찬 중개가 인간에게 무슨 소용이 있겠는가? 그렇다면 인간이 죽은 뒤 정령의 중개로 신들에게 이르는 게 아니라 그들과 함께 추악해진 상태에 머물며 행복을 얻지 못하고 살아가게 되는 것일까.

누군가는 정령들이 해면동물처럼 주위의 더러움을 빨아들이며, 인간이 정령들 덕분에 깨끗해질수록 정령들이 스스로 더러워진다고 말할지도 모른다. 만일 그렇다면 오염될까 두려워 인간과 만남을 피하는 신들은 한결 더 더러운 정령들과 교류하는 것이 된다. 아니면 스스로를 더럽히지 않고는 인간을 정화하지 못하는 신들이 정령들에게는 더럽혀지지 않으며, 인간과 접해 오염된 정령들을 깨끗하게 씻어낼 수 있다는 말인가? 정령들의 속임수에 넘어간 사람이 아니라면, 어느 누가 그런 어리석은 생각을 하겠는가? 보고 보이는 것이 더럽혀지는 이유라면 아풀레이우스가 '볼 수 있는 것'[24] 그러니까 '세상에서 가장 밝은 빛'[25]이라 부르는 신들인 별은 인간들 눈에 보이고, 보이지 않는 정령들이 신보다 더 더러움으로부터 안전하다는 말인데 이것은 어찌 생각해야 하는가?

보여지는 게 아니라 보는 것으로 더럽혀진다면, 플라톤학파가 신들이라 말하는 '세상에서 가장 밝은 빛'이 땅위에 닿을 때 그 빛으로 인간이 보이는 것을 부정해야 한다. 그러나 그 빛은 아무리 더럽고 불결한 것을 비춰도 더럽혀지지 않는다. 신들이 인간을 도우려면 어쩔 수 없이 인간과 접촉해야만 하는 데 신들이 그 만남으로 더럽혀질까? 태양과 달빛은 땅과 맞닿지만 그렇다고 땅이 빛들을 오염하지는 않는다.

제17장 그리스도만이 행복한 삶으로 이르게 해주는 중개자이다

물질적이고 감각적인 것들이 비물질적이고 지성적인 것들보다 열등하다고 판단하는 학식 있는 사람들이 행복한 삶을 말할 때 육체적 접촉을 이야기하는 것은 이상하다. 플로티노스가 한 말은 어디로 갔단 말인가? "우리는 가장 사랑하는 조국으로 돌아가야만 한다. 그곳에는 아버지 신이 계시며 모든 것이 존재한다. 그러기 위해서는 어디에 배가 있으며 어떻게 탈출하느냐 묻는다. 하

---

*24 아풀레이우스 《소크라테스의 신에 대하여》 2.
*25 베르길리우스 《농경시》 1, 5f.

느님처럼 되는 것이다".*26 하느님을 닮으면 닮을수록 그분께 가까이 있다는 뜻이고, 닮지 않을수록 그분으로부터 멀리 떨어져 있다는 말이다. 이 세상에 언젠가 변하고 마는 것을 바라면 바랄수록 인간 혼은 비물체적이고 영원불변한 존재와는 멀어지게 된다.

가장 아래에 존재하는 죽음을 맞이할 불순한 존재들은 가장 위에 존재하는 죽지 않고 순수한 존재와 직접 만날 수 없으므로, 이런 어려움을 이겨내기 위해 참된 중개자가 필요하다. 하지만 죽지 않는 육체를 지녔으며 가장 높은 존재와 닮았으나 병든 혼을 가져 가장 낮은 존재를 닮은 중개자는 우리가 극복하도록 도와주기보다는 오히려 정화되는 것을 싫어하기에 결코 참된 중개자가 될 수 없다. 우리는 죽어야 하는 육체를 지녀 가장 아래의 우리와 이어져 있으면서도 혼에 영원한 성령을 지녀, 우리에게 진정한 신적 도움을 주어 우리의 더러움을 씻기고 자유롭게 해줄 중개자를 바란다.

그런 중개자는 이 땅 위에 있어도 신과 매우 닮아 높은 곳에 사는 것과 다름없다. 오염되지 않는 하느님은 그분이 지닌 인간성 때문에 함께 지낸 사람들로부터 더럽혀질까 두려워하지 않았다. 그분의 성육신(成肉身 : 신적인 존재가 육체 안으로 들어와서 인간 가운데 머무는 것) 때문에 오염될까 꺼려하지도 않았다. 신성은 육체 때문에 더럽혀지지 않으며 그러므로 정령들이 육체를 가지고 있지 않기에 우리보다 뛰어나다고 여길 수 없다는 가장 중요한 두 가지 사실이 뚜렷하게 드러난다. 성경에서 말하듯이 "하느님과 사람 사이의 중개자로 오신 그리스도 예수"(1디모2 : 5)이다. 그분의 신성은 성부(聖父)와 같고, 인성은 우리와 닮았다. 그러나 오늘은 이 문제를 다루기에는 적절치 않다.

제18장 진리로 가는 길을 방해하는 정령의 거짓

정령들은 거짓되고 속임수에 뛰어난 중개자이다. 부정한 영이 가져온 수많은 결과로 보아 비참하고 사악한 존재라는 사실이 틀림없다. 정령들은 물체적, 공간적 거리나 공기 같은 육체가 가진 가벼움으로 우리 혼이 앞으로 나아감을 막고 샛길로 엇나가도록 하여 영적인 성장을 막기 위해 온갖 노력을 한다. 그들은 우리가 하느님으로 가는 길에 도움이 되기는커녕 오히려 그분께 이르지 못

---

*26 플로티노스《엔네아데스》1, 6, 8 및 1, 2, 3.

하도록 방해한다. 물체적, 육체적인 길은 정의에 이르는 길이 아니다. 왜냐하면 우리는 물질적인 발전으로 신에게 다가가는 게 아니라 영적인 향상, 곧 비물질적인 진보로 하느님께 다가가야 하기 때문이다. 공기적인 정령들이 천상적 신들과 지상 인간들 가운데 자리하는 것에서 보듯, 물질적인 길은 정령들이 원소의 비중에 따라 질서를 정한 방법이다. 따라서 철학자들은 신들이 이런 공간적인 거리 덕분에 인간과의 접촉으로 일어나는 오염을 피하는 특권을 가진다고 여겼다. 그래서 인간이 정령들의 도움으로 정화되기보다는 오히려 정령들이 인간 때문에 더럽혀지며, 신들 또한 멀리 떨어져 보호받지 않는다면 오염된다고 믿었다.

그런데 인간들이 더럽히고 정령들이 더러워져서 신들 또한 오염될 수도 있는 길을 지나 자신이 정화된다고 믿는 사람이 과연 있을까? 반대로 더러운 정령들을 피하고, 깨끗한 천사들과 교류하기 위해 더럽혀질 수 없는 하느님이 인간을 더러움으로부터 정화해주는 길을 선택하는 것이 낫지 않겠는가? 그럼으로써 더럽혀지지 않은 천사들과 함께 연관을 맺는 것이 좋지 않겠는가?

제19장 정령이라는 용어는 더 이상 좋은 의미로 쓰이지 않는다

라베오(Labeo, 2권 11장 참조)를 포함해 정령숭배자라 표현하고 싶은 사람들 가운데 꽤 많은 사람이 '정령(다이몬·마귀·악령)'을 다른 사람들이 '천사'라 부르는 것과 똑같이 여긴다. 나는 우리가 단지 용어 논쟁을 벌인다는 오해를 사고 싶지 않으므로, 선한 천사들에 대해 몇 가지 말해두고자 한다. 플라톤학파 사람들은 선한 천사들의 존재를 부인하지 않지만, 그들을 '천사'라 부르지 않고 '착한 정령'라 부르기를 좋아한다.

그런데 성경에 따르면, 착한 천사와 악한 천사는 있지만 선한 정령들 이야기는 없다. 성경에서는 이런 용어를 오로지 사악한 영들에게만 썼다.

더욱이 어디에서나 사람들은 이런 언어 사용과 관용을 따른다. 그래서 많은 신들과 정령들을 섬겨야 한다고 주장하는 이교도들조차, 학식이나 배움의 정도와 상관없이 자기의 노예한테도 "너는 다이몬(악령)을 지니고 있다"라고 말하는 사람은 없다. 그리고 누가 이렇게 말하고자 한다면 그가 험담을 한다고 생각할 것이 틀림없다. 따라서 거의 모든 사람이 나쁜 의미로 여기는 '정령'이라는 용어를 사용하여, 듣는 이들 귀를 불쾌하게 만들고 우리가 앞에서 말한 내용을 다시 설명해야 할 이유가 있겠는가? 천사라는 용어를 쓰면 이런 설명을 피할 수 있을 것인데 말이다.

제20장 정령을 교만하게 만드는 지식의 종류

그러나 정령이라는 단어의 유래를 성경에서 찾는다면 생각해 볼 만한 문제를 알게 된다. 정령(다이몬)이라는 이름은 지식을 뜻하는 그리스어 '다이몬'에서 왔다.[*27] 사도 바울은 성령으로 이렇게 말한다. "지식은 사람을 교만하게 만들고 사랑은 사람을 성장하게 한다."(1고린 8 : 1) 이 구절의 바른 의미는 사랑이 없으면 지식은 도움이 되지 않으며 사람들을 우쭐하게 만들거나 헛된 망상에 빠져 오만하게 만들 뿐이다. 따라서 정령들 안에는 사랑없는 지식이 있다. 그래서 정령들은 아주 우쭐거리며 오만해져서 그들은 참된 하느님만 받아야 함을 알면서도 신성한 영예와 종교적인 봉사를 자신들에게 달라 요구한다. 나아가 자기들이 할 수 있는 한 모든 이들에게 이런 일들을 강요한다. 인간은 정령들의 교만에 사로잡혀 벌을 받아야 했지만, 그리스도가 보여준 하느님의 겸손함이 매우 큰 영향력을 끼쳤다. 인간은 지식이 아니라 정령들의 교만함을 닮았으며 교만함이 가진 더러움에 물들어 그분이 얼마나 큰 힘을 가졌는지 깨닫지 못했다.

제21장 주님은 어디까지 정령에게 알려지기를 바랐는가

정령들은 이런 일을 잘 알고 있었기에 주님이 육체의 연약함을 두르고 오셨을 때 그분에게 이렇게 말했다. "나사렛 예수님, 어찌하여 우리를 간섭하시려는 것입니까? 우리를 없애려고 오셨습니까?"(마르 1 : 24) 이 말로 볼 때, 정령들은 상당한 지식을 가졌으나 사랑이 없음을 알 수 있다. 정령들은 벌받는 일을 두려워했지만 예수가 오신 정의를 사랑하지 않았다. 예수는 스스로 바라는 만큼 정령들에게 자신을 알렸고, 필요한 만큼 알리기를 원했다. 그러나 주님은 거룩한 천사들에게 알려진 만큼 정령들에게는 널리 알리지 않았다. 천사들은 그분이 하느님 말씀이라는 사실을 알고 주님을 따라 영원함에 자신을 맡기기를 기뻐했다. 정령들에게 주님은 공포를 불러일으키도록 알려야 했다. 왜냐하면 주

─────────

*27 플라톤 《크라틸로스》 398 B 참조.

님은 언제나 진실한 사람들, 진실로 영원한 왕국과 영광을 위해 예정된 사람들을 자신의 힘으로 정령들의 지배로부터 벗어나게 하려 했기 때문이다.

그러므로 예수는 정령들에게 믿음 깊은 사람들을 비춰주는 변하지 않는 빛과 영원한 생명으로 알리지 않았다. 그리스도를 믿으므로 빛을 보고 그 빛으로 사람들은 깨끗해진다. 오히려 그분은 나약한 인간의 감각보다는 천사의 감각, 더욱이 사악한 영을 가진 천사의 감각으로 더 쉽게 구별되는 증거, 몇몇 순간적인 능력 행사와 은밀한 존재의 증거로 정령들에게 알려졌다. 때문에 예수는 그런 힘의 증거를 보여주는 일은 되도록 줄여야 한다고 판단해 많은 부분을 깊은 곳에 감췄다. 정령들의 왕은 그분이 그리스도가 아닐까 의심하며 그분을 시험해서 확인하려고 애썼다. 더욱이 그것은 주님이 스스로 취하신 인간성을 우리가 본받도록 모범을 보이기 위해 시험에 당하도록 허락하셨기에 가능했다. 하지만 그 시험 뒤 성경에서 이르듯 "마침내 악마는 물러가고 천사들이 와서 예수께 시중들었다."(마태 4 : 3, 11) 불결한 영들에게 공포심을 안겨준 천사들의 시중으로 그분은 더 또렷하게 정령들에게 당신이 얼마나 위대한지를 드러내보였다. 그래서 그분의 육체가 정령들에게 아무리 허약하고 비천하게 보인다 할지라도 감히 어느 누구도 그분의 권위에 맞서지 못했다.

제22장 선한 천사들과 정령들의 지식 차이

이 선한 천사들에게는 정령들이 그토록 오만하게 자랑하는 물질적이고 일시적인 온갖 지식이 아무런 가치가 없었다. 그 까닭은 천사들에게는 자신들을 성스럽게 하는 하느님의 사랑만이 고귀하기 때문이다. 또 그들은 가슴속에 불타고 있는 거룩한 사랑으로 비물질적일 뿐 아니라 변함 없으며 말로 표현할 수 없는 하느님의 아름다움에 불타고 있다. 그러므로 그보다 아래에 있는 모든 것, 그런 낮은 것 속에 포함된 자신마저도 경멸한다. 그것은 선한 모든 선 속에 선의 원천인 선 그 자체를 누리기 위함이다. 그래서 거룩한 천사들은 세상을 만든 하느님 말씀 안에서 시간적이고 변하는 일들의 원리와 원인을 보기 때문에, 더 확실한 지식을 가진다. 바로 그런 원인들에 따라 어떤 것은 받아들이고 또 어떤 것은 거부하여 만물의 질서가 잡히는 것이다.

이와 달리 정령들은 시간적인 일들이 영원한 원인, 그러니까 사실상 기본적인 지혜를 하느님 안에서 보지 않는다. 정령들은 인간들에게 감추어진 지식의 징표를 많이 겪었다는 이유로 인간들보다 더 먼 미래를 내다본다. 그 뿐만 아니라 때때로 자신의 의도를 내다보기도 한다. 그리고 천사들은 결코 실수하지 않는 데 정령들은 이따금 실수를 한다. 왜냐하면 그러한 일들의 도움을 받아 그러한 일을 추측하고 자신의 의지와 능력을 시간적이면서 변하는 기준을 도입하는 일, 하느님 지혜 안에 살아 있는 영원불변한 법 안에서 시간이 가져오는 변화를 미리 내다보고 하느님의 영에 기댐으로써 모든 것 속에서 가장 확실하며 강력한 하느님 의지를 아는 일은 서로 다르기 때문이다. 이것은 정령들에게도 얼마 쯤 허락되는 일이지만, 또 다른 것은 올바른 분별에 따라 거룩한 천사들에게 주어지는 일이다. 따라서 거룩한 천사들은 영원할 뿐만 아니라 행복하다. 그리고 그들을 행복하게 만드는 선은 그들을 창조한 하느님이다. 실제로 그들은 변함없이 그분을 바라보고 참여하는 기쁨을 누린다.

제23장 신들의 이름은 이교도들이 잘못 쓰고 있다

만일 플라톤학파 사람들이 그런 천사들을 정령이라 부르기보다 신이라 부르며, 학파 창시자요 스승인 플라톤이 주장하듯[28] "신들은 가장 높은 신이 창조했다" 생각한다면 그들이 바라는 대로 내버려두면 된다. 용어 문제로 다투며 고생할 필요가 없기 때문이다. 그리고 만일 플라톤학파가 선한 천사들은 영원하지만 가장 높은 신이 만들었으며 자신의 힘으로 행복해지는 게 아니라 창조주에게 가까이 있어야만 행복하다고 말한다면, 그들이 이런 존재를 어떤 이름으로 부르든 우리와 같은 말을 하는 것이다. 그리고 이것이 모든 플라톤학파, 그 가운데서도 아주 뛰어난 이들의 견해라는 사실을 그들이 쓴 책에서 확인할 수 있다. 그들은 영원하며 행복한 피조물을 신들이라 부르기에 그 이름 자체에는 아무런 불만이 없다. 왜냐하면 우리 성경에도 "신 중의 신, 전능하신 주님께서 말씀하셨다"(시편 50 : 1), "모든 신들의 신께 감사 노래 불러라"(시편 136 : 2), "모든 신들을 거느리시는 높으신 왕"(시편 95 : 3) 이런 구절이 나오기 때문이다.

"하느님은 모든 신들보다 두려워해야 한다"(시편 96 : 4) 이런 구절도 있는데 그 이유는 바로 뒤에 밝혀진다. "백성들이 섬기는 신은 모두 허무하지만 하느님은 모든 신들을 만드셨다."(시편 96 : 5) 시편에는 '모든 신보다'로 노래했지만, '백

---

*28   플라톤 《티마이오스》 40A.

성들'이라 덧붙여 곧 여러 백성들이 섬기는 신을 뜻한다. 모든 백성들이 섬기는 신들을 정령보다 두려워해야 한다는 것은 정령들이 "우리를 없애려고 오셨습니까?"(마르 1 : 24) 하며 부르짖을 때처럼 두려워한다는 말이다. "모든 신들의 신"을 정령들의 신으로 여길 수는 없다. 또한 "모든 신들을 거느리시는 높으신 왕"이라는 말이 모든 정령들을 거느리시는 높으신 왕을 뜻하지 않는다. 오히려 같은 성경에서는 "너희가 신이요 모두 지극히 높으신 분의 아들들이다"(시편 82 : 6) 말했듯이, 하느님의 백성인 사람들을 신이라 부른다. 따라서 하느님을 "모든 신들의 신"이라고 하는 것이며, "모든 신들을 거느리시는 높으신 왕"이라는 말 또한 마찬가지이다.

그럼에도 이렇게 말하는 이들이 있을지 모르겠다. "하느님이, 인간이나 천사를 통해 말씀하신다. 그런 하느님의 백성에 들어가므로 인간이 신들이라 불린다면, 하느님을 섬김으로써 사람들이 얻고자 애쓰는 행복을 이미 누리는 영원한 존재들인 천사들이 더더욱 그 이름을 가질 자격이 있는 것이 아닌가?" 이렇게 대답하는 것 말고 또 다른 말이 있을까? 성경에서 인간은 영원하고 행복한 천사들, 우리도 때가 오면 부활해 그런 천사들과 똑같은 자격을 누린다고 약속받은 인간들보다 더 분명하게 신들이라 말해지는 것은 근거 없는 이야기가 아니다. 그 까닭은 그들이 뛰어나다고 해서 신앙의 약함이 그들 속에 있는 이를 우리들에게 신이라 일부러 만드는 일이 없기 때문이다. 인간의 경우 이런 위험을 피하기 쉽다. 따라서 하느님 백성에 속한 사람들은 "모든 신들의 신"이라고 불리는 그분이 자신들의 하느님임을 분명히 하기 위해 '신'이라 불려야 했다. 왜냐하면 하늘에 있는 영원하고 행복한 천사들은 비록 신이라고 불려도, 신들 중의 신이라 불리지는 않기 때문이다. 다시 말해 그들이, "내가 이르건대. 너희가 신들이요, 모두 지극히 높으신 분의 아들들이다"(시편 82 : 6) 일컬어지는 사람들을 일부러 신이라 부르지는 않는다. 사도 바울은 이렇게 말했다.

"신들도 많고 주님도 많아서 이른바 신이라는 존재들이 하늘에도 있고 땅에도 있다고들 하지만, 우리에게는 아버지이신 하느님 한 분이 계실 뿐이다. 그분은 만물을 창조하셨으며 우리는 그분으로 돌아간다. 또 주님은 예수 그리스도 한 분이 계실 뿐이다. 만물이 그분으로 말미암아 존재하고 우리도 그분으로 말미암아 존재한다"(1고린 8 : 5, 6).

이것은 의심할 바 없이 틀림없는 사실이므로 우리는 이름 때문에 힘들여 다툴 필요가 없다. 그런데 우리는 영원하고 행복한 많은 존재들 가운데 인간에게 하느님 뜻을 전하기 위해 보내진 이들을 '천사'라 부르는데, 플라톤학파는 이를 인정하지 않는다. 왜냐하면 그들은 이런 일이 '신들', 즉 영원하고 행복한 존재들이 아니라, 영원할 뿐 행복하지 않은 정령들에 의해서 이루어진다고 믿기 때문이다. 만일 정령들이 무한하고 행복하다고 할지라도, 그들은 인간과 접하지 않는 아주 먼 하늘에 사는 신들이 아니라 선한 정령일 뿐이다. 이름을 둘러싼 단순한 말다툼에 지나지 않는 듯이 보일지라도, '정령(다이몬)'이라는 이류는 혐오해야 하기 때문에 우리는 어떤 방법으로든지 그 이름을 거룩한 천사들에게 쓰는 것을 피해야 한다.

그러므로 창조된 영원하면서도 행복한 존재가 어떻게 불리든지, 그들이 비참하고 죽어야 하는 존재를 끝없는 행복으로 이끄는 중개자가 아니라는 사실을 우리는 알고 있다. 이런 사실을 확인하면서 이번 권을 마무리 짓기로 한다. 그들은 이중의 차이점에서 비참하고 죽어야 할 존재와 분리된다. 영원함을 높은 곳의 존재와 함께 나누고, 비참함을 낮은 곳의 존재들과 공유해서 중개자가 된 이들은 행복을 주기보다 자신들이 갖지 못한 행복을 질투한다. 그들은 사악함에 대한 벌로 비참하기 때문이다. 따라서 정령숭배자들은 오히려 속이기에 피해야 하는 정령들을 왜 우리가 조력자로서 섬겨야 하는지 마땅한 근거를 보이지 못하는 것이다.

선한 정령들은 바로 그 선함 때문에 영원할 뿐만 아니라 행복한 영들을 플라톤학파는 '신'이라고 부른다. 그리고 우리가 죽고 난 뒤 행복한 삶을 누리기 위해 종교의식과 제물을 올려야 한다고 생각한다. 하지만 그들은 그 영들의 본성이 어떠하며 어떤 이름이 어울리는지, 그분에 따라서만 복을 받는 유일한 하느님만을 종교적으로 섬기기를 바란다. 우리는 하느님의 도우심을 받아 다음 권에서 더 자세히 논하도록 한다.

제10권

구제받는 것을 중심으로 삼는 그리스도교와 플라톤주의 비교, 그리고 《혼의 귀천》에서 볼 수 있는 포르피리오스의 그리스도교 비판에 대한 반론

제1장 플라톤학파는 참된 신을 섬겼는가

이성을 가진 사람이라면 누구나 모든 사람들이 행복해지기를 바란다. 하지만 '누가 행복하며, 어떻게 행복해지는지' 문제는 언젠가 죽을 운명인 인간의 나약함 때문에 끝없이 열띤 논쟁을 불러일으킨다. 철학자들은 이런 논쟁으로 자신들의 힘과 여가 시간을 모두 써 버린다. 여기서 이러한 논쟁을 가져와 반박하는 일은 시간도 오래 걸릴 뿐만 아니라 필요 없는 일이다. 우리는 이미 8권(제5장)에서, 죽은 뒤 행복한 삶에 이르려면 모든 신들의 창조자인 유일한 하느님에게 신적인 영광을 돌려야 하는가 아니면 많은 신들을 섬겨야 하는가, 이 문제에 대해 어울리는 철학자들을 뽑아 논의했다. 따라서 비록 자세한 내용은 잊어버렸다고 할지라도, 다시 읽음으로써 기억을 되살릴 수 있을 터이고, 만일 앞서 말한 주장을 기억하고 있다면 되풀이하길 바라지는 않을 것이다.

우리는 철학자들 가운데 가장 고상하다고 존중받는 플라톤학파를 선택했다. 그들은 인간의 영혼은 죽지 않고 이성적이며 지성적이지만 영혼 자체와 세상을 만든 하느님의 빛에 참여하지 않고는 행복해질 수 없다는 사실을 깨닫고 있기 때문이다. 또한 모든 사람이 바라는 행복한 생활은 순수하고 성스러운 사랑으로 변함 없는 유일한 최고선인 하느님에게 충실할 때만 얻을 수 있다고 주장했기 때문이다. 그런데도 그들은 사람들의 허망함과 오류에 굴복한 것인지 사도 바울의 말처럼 "오히려 생각이 허황해져서"(로마 1 : 21) 그런 것인지, 많은 신을 숭배해야 한다고 믿거나 모두 그렇게 생각하기를 바랐다. 어떤 플라톤학자는 정령들에게까지 제사와 희생을 통해 신적인 영광을 바쳐야 한다고 여겼다. 이런 사람들에게 우리는 이미 적지 않은 시간을 들여 반박했다.

이제 우리는 하느님의 도움 안에서 다음 문제를 토론해 보아야 한다. 천상에 살며 주권과 지배와 권세를 누리는 불멸하고 행복한 존재, 즉 플라톤학파가 '신'이라고 부르고 그 일부를 '선한 정령'이라고 부르며, 우리가 '천사'라고 부르는 존재가 우리의 경건한 예배와 신앙을 어떻게 생각하는지 알아보는 것이다. 다시 말하자면, 그들이 자신들에게 희생과 제사를 올리고 우리가 가진 것과 더욱이 우리 자신까지도 바치기를 원하는지, 아니면 그들과 우리의 유일한 하느님만을 섬기기를 바라는지 알아보아야 한다.

여기서 지금 말하고 있는 것은 신성(神性), 좀 더 정확하게 말하면 신격(神格)에 바쳐야 하는 숭배이다. 이 숭배를 한 단어로 표현할 알맞은 라틴어가 떠오르지 않기 때문에, 나는 그것을 필요할 때 그리스어를 넣어 정확하게 표현하고자 한다. 성경에서는 '라트레이아'라는 말이 나올 때마다 라틴어로 '봉사(servitus)'라 번역한다. 그렇지만 바울 사도가 "노예 여러분, 그리스도께 순종하듯이, 두려워하고 떨면서 순수한 마음으로 현세의 주인에게 순종하십시오"(에페 6 : 5)라 썼듯이, 사람들에게 알맞은 봉사는 보통 다른 그리스어로도 불렸다. 하지만 하느님 말씀을 보존하는 이들의 관례에 따르면, 하느님에게 예배를 올리는 봉사는 언제나 또는 거의 대부분 '라트레이아'라고 한다.

그러므로 숭배, 즉 '쿨투스(cultus)'라는 말이 오직 하느님에게만 바쳐야 하는 것은 아니다. 그 말은 우리 인간들이 무엇을 기억하고 있거나 사람들에게 존경과 우러름을 표현할 때에도 쓰이기 때문이다. 또한 경건한 겸손의 정신 속에서 우리보다 위에 있다고 여기는 사물들뿐 아니라 하물며 우리 아래에 있는 사물에 대해서도 쓰인다. 그 말에서 '농민', '이민', '주민' 같은 말도 생겨났다. 그리하여 신들까지 단지 '하늘'에 '숭경' 한다는 이유로 그들의 신들을 '카엘리콜라이(caelicolae)'라고 부르는데, 물론 이것은 신들을 숭배해서가 아니라 하늘에 거주하기 때문이다. 여기서 말하는 콜로니는 토지소유자 밑에서 땅을 경작할 의무가 있는 소작인을 가리키는 것이 아니라, 라틴어 문학의 위대한 거장이 이렇게 말한 것과 같은 의미이다.

티루스의 소작인들이 이민과 영유하던 옛 도시가 있었네.[1]

그는 그들이 경작이 아니라 그곳에 거주했으므로 그렇게 불렀다. 그리고 비

---

[1] 베르길리우스《아이네이스》1, 12.

교적 큰 도시에서 온 사람들에 의해 세워진 도시들은 콜로니아, 즉 식민지라 불렸다. 따라서 '쿨투스'가 특별한 뜻으로 사용될 때는 하느님에게만 적용되지만, 그 말은 다른 여러 일들에도 쓰이기 때문에 하느님께 바치는 예배를 라틴어인 이 말만으로 나타낼 수는 없다.

종교, 즉 렐리기오는 하느님에게만 알맞은 예배를 좀 더 뚜렷하게 나타내는 듯이 보인다. 그러므로 우리 학자들은 그리스어 '트레스케이아'를 이 단어로 옮겼다. 하지만 교육받지 못한 사람들뿐 아니라 가장 높은 학식을 갖춘 사람들도 '종교'라는 단어를 혈연이나 인척 및 친구 그리고 모든 인간 상호관계를 나타낼 때도 관례적으로 사용하기 때문에, 하느님에 대한 숭배를 논할 때 이 말을 사용하면 애매하지 않을 수 없다. 이처럼 종교라는 단어가 오로지 하느님에 대한 숭배를 뜻한다고 말하면, 이 단어를 사람들의 친근 관계에 적용하는 일상 용법과 반드시 모순을 일으키게 된다.

'경건' 즉 라틴어로 '피에타스'도 고유 의미로는 그리스어 '에우세베이아'에 어울려 하느님께 숭배로 알맞은 말이라 여긴다. 또한 부모에게 해야 할 도리로도 말하며 일반 사람들에게는 자선의 뜻으로도 쓰인다. 자선은 하느님이 그렇게 명하셨고 제사나 또는 제사 이상으로 좋아하며 기뻐할 것이라 말씀하셨기 때문일 것이다. 그래서 하느님이 자비롭다(pius)고 말하기도 하지만 그리스인들은 에우세베이아를 일반인들에 의한 자선행위에 쓰면서도 하느님을 '에우세베스'라고 부르지는 않는다. 따라서 성경의 어떤 구절들에서는 그 구분을 나타내기 위해 좀 더 일반적인 말인 에우세베이아 대신, 글자 그대로 하느님에 대한 숭배를 뜻하는 '데오세베이아'를 쓴다(호세 6 : 6 ; 마태 9 : 13 참조). 하지만 이런 그리스어 단어들을 표현할 수 있는 라틴어는 하나도 없다.

그렇다면 그리스어로 '라트레이아'이고, 라틴어로는 '세르비투스(servitus)'는 오직 하느님을 섬기는 것을 말한다. 또 그리스어로 '드레스케이아'는 라틴어로는 '렐리기오(religio)'라고 하는데 이것은 우리에게 있어서 하느님과의 관계를 뜻한다. 그리스인들은 '데오세베이아'라고 부르지만, 우리는 한 마디로 표현하지 않고 오로지 하느님에 대한, 숭배 두 글자로 표현한다. 이 말은 오직 참된 하느님을 숭배하는 자들을 신들로 만드는(시편 82 : 6) 그 하느님에게만 속한다. 그러므로 불멸하고 행복한 천상 거주자들이 그 누구이건 우리를 사랑하지 않고 우리가 복 받기를 바라지 않는다면 그런 존재는 섬기지 말아야 한다. 그러나 우리를 사랑하고 우리의 행복을 바란다면, 그들도 스스로 누리는 것처럼 우리가 행복해지기를 바랄 것이다. 그렇지 않다면 그들이 어떻게 우리와 자기들이 행복을 얻는 근원이 다르다고 생각할 수 있겠는가?

제2장 플로티노스의 빛이론과 요한복음서의 닮은 점

그러나 이 문제에 대해서는 저 존경할 만한 철학자들과 의견이 다르지 않다. 그들은 이런 영들이 우리와 똑같은 행복의 근원을 가지고 있음을 알았으며, 그런 내용에 대해 자기네 글로 아주 다양한 관점에서 풍부하게 밝혔기 때문이다. 그 근원은 그들 하느님이면서 그들과는 다른 존재의 지성적인 빛을 받고 더 나아가 빛에 참여함으로써 완전한 행복을 누릴 수 있는 것이다.

플로티노스는 플라톤 사상을 설명하며 플라톤학파가 세계 혼이라고 믿는 혼은 결코 다른 원천에서 복을 이끌어내는 게 아니라고 한다. 원천은 혼과 다르며 오히려 창조자인 빛이며, 세계 혼은 지성적인 빛을 받고 스스로도 지성적인 빛을 뿜어낸다는 것이다. 플로티노스는 또한 그러한 영적인 존재들을 눈에 잘 보이는 거대한 천체에 비유한다. 즉 신은 태양과 같고 세계 혼은 달과 같다는 것이다. 달은 태양에 반사되어 빛을 낸다고 생각하기 때문이다.

따라서 그 위대한 플라톤학파는 이성 혼, 또는 정확히는 지성 혼—그는 하늘에 머무는 축복받은 불멸의 혼들을 이 부류에 포함한다—은 우주와 영혼을 창조한 하느님 말고는 자기보다 위에 놓지 않으며, 이런 천상의 영들은 우리와 똑같은 근원으로부터 복된 삶과 진리의 빛을 부여받았다고 말한다. 이 사실은 성서와도 다르지 않은데, 그것을 읽어보면 이렇다.

"하느님께서 보내신 사람이 있었는데 그의 이름은 요한이었다. 그는 증언하러 왔다. 빛을 증언하여 자기를 통해 모든 사람이 믿게 하려는 것이었다. 그 사람은 빛이 아니라 빛을 증언하러 왔을 따름이다. 모든 사람을 비추는 참빛이 세상에 왔다"(요한 1 : 6~9). 이런 구분은 세례자 요한에게 깃들어 있는 이성 혼 또는 지성 혼이 스스로 빛이 될 수 없으며, 참된 빛이신 다른 존재로부터 광명을 받아야 비로소 빛을 낼 수 있음을 뚜렷하게 보여준다. 요한 스스로도 "그분의 충만함에서 우리 모두 은총에 은총을 받았다"(요한 1 : 16) 말하며 이 점을 고백했다.

제3장 천사도 우리들도 행복의 근원은 하느님에게 있다

그렇다면 플라톤학파나 그들과 생각이 같은 사람들이 만일 하느님을 알고 하느님께 영광을 올리고 감사를 드렸더라면, 또 자기만의 생각에 빠지지 않았더라면, 그들이 속세에 널리 퍼진 잘못을 지르는 장본인이 되거나 저항하지 못하는 행실을 보이지 않았을 것이다. 또한 복된 불멸적 존재들뿐 아니라 우리처럼 가련하고 사멸적인 존재들이 우리 모두의 하느님이요 모든 신들 가운데 유일한 하느님께 경배드리지 않으면 행복한 상태에 이르지 못한다는 사실을 인정할 것이다.

우리는 외적으로든지 내적으로든지 그리스어로 '라트레이아'라고 부르는 예배를 하느님께 드려야 한다. 우리는 저마다 하느님의 성전이면서도 우리 모두가 다 함께 하느님의 성전이다. 하느님은 각 개인과 조화로운 전체에 친히 오셔서 그 안에 머무시기 때문이다. 하지만 하느님의 위대함은 개인이든 전체이든 변함이 없다. 하느님은 크기가 커지거나 나뉘어 작아진다거나 하지 않기 때문이다. 우리 마음이 그분에게로 향할 때 그분의 제단이 되며, 그분의 아들, 예수 그리스도를 사제로 모시고 하느님과 만난다.

우리는 피 흘리며(히브리서 12 : 4) 하느님의 진리를 위해 싸울 때, 우리 자신의 피의 희생을 그분께 바치는 것이다. 그리고 우리가 거룩하고 경건한 사랑으로 불타는 마음을 지니고 그분 앞에 나아가 아주 감미로운 향을 살라 신에게 바친다. 또 그분께서 우리에게 주신 것과 우리 자신을 그분께 바치고 헌신한다. 그리고 오랜 시간을 배은망덕한 망각 속에 보내는 일이 없도록 정해진 날에 엄숙한 축제를 열어 그분의 은혜를 기리고 헌신한다. 또 우리 마음의 제단에 뜨거운 사랑의 불길로 타오르는 겸손과 찬양의 제물을 그분께 바친다.

우리가 모든 죄악의 더러움과 악한 욕망으로부터 정결해지며 그분의 이름으로 축성(祝聖)하는 것은 언젠가 그분을 뵙고 그분과 결합하기 위함이다. 왜냐하면 그분은 우리 행복의 원천이며 모든 소원의 목적이기 때문이다. 우리는 그분을 선택함으로써, 또는 다시 선택함으로써,[*2]—우리는 그분으로부터 스스로 떨어져 나와 그분을 놓치고 말았기 때문이다—그분 안에서 안식하고자 사랑(dilectio)을 품고 그분께 향하며, 그 목적을 이룩함으로써 더없는 행복에 이르

[*2] 아우구스티누스 《재론고》 2, 13, 19 참조. 여기서 아우구스티누스는 religare에서 '묶다'라는 파생어를 이끌어냈다. 10권 1장 참조.

게 된다. 무엇이 최고선이냐에 대해 철학자들 사이에서 열띤 논쟁이 있었지만 우리의 선은 오로지 하느님과 하나 되는 것일 따름이다. 즉 그분을 영적으로 끌어안음으로써 지성 혼이 참된 덕목을 얻고 가득차기 때문이다.

우리는 온 마음으로, 온 영혼으로, 온 정신으로 이러한 선을 사랑하도록 명령받았다. 우리는 우리를 사랑하는 이들을 통해 이러한 선으로 이끌리며 또 우리가 사랑하는 그들을 선으로 이끌어야 한다. 그러므로 온 율법과 예언자의 강령은 "네 마음을 다하고 네 목숨을 다하고 네 정신을 다하여 너희 하느님이신 주님을 사랑해야 한다" 그리고 "네 이웃을 너 자신처럼 사랑하여라"(마태 22 : 37~39) 말한 것이다. 사람이 자기를 올바르게 사랑하는 방법을 알 수 있도록 그의 모든 행동과 관련하여 최고 행복에 이르게 하는 목적이 정해져 있기 때문이다. 자기를 사랑하는 자는 행복 말고 다른 것은 바라지 않는다. 그리고 그 목적은 "하느님께 가까이 있는 것"(시편 73 : 28)이다. 그러므로 어떤 사람이 정말로 자신을 사랑하는 방법을 안다면, 이웃을 사랑하라는 계명은 이웃이 하느님을 사랑하도록 이끄는, 하느님께 대한 경배요 참되고 진실된 종교요 올바른 경건이며, 오로지 하느님에게만 온당한 봉사이다.

그렇다면 어떤 불멸한 능력을 가진 세력이 위대한 덕목을 갖추었고 자신처럼 우리를 사랑한다면, 그는 스스로 순종함으로써 행복을 얻을 뿐만 아니라 그분께 우리도 순종하게 하여 행복을 찾도록 바라야 한다. 만일 그가 하느님을 섬기지 않는다면, 그는 하느님을 잃게 되므로 비참해진다. 하지만 그가 하느님께 경배를 드린다면 하느님 대신 숭배받기를 바라지 않을 것이다. 한편 이처럼 능력 있는 존재들은 "주님 말고 다른 신들에게 제사를 드리는 자는 처형되어야 한다"(출애 22 : 19)는 하느님 뜻을 진심으로 받아들일 것이다.

제4장 희생에만 제물을 바쳐야 한다
신을 경배하는 종교의식이 여럿 있지만 하느님이 아닌 다른 신에게 제사를 바치는 게 마땅하다고 말하는 이는 아무도 없을 것이다. 사실 하느님에게만 바쳐져야 할 숭배가 지나친 자기비하 또는 불쾌감을 줄 만큼의 아첨을 통하거나 인간들에게 경의를 나타내는 일에 사용된다. 그러나 이런 일이 행해지는 동안 숭배와 존경을 받고 더욱이 숭앙받는 사람들은 여전히 인간으로 여겨지고 있다. 어느 누가 하느님으로 알거나, 또 여기거나 상상하는 분이 아닌 다른 이에게 제사를 올리는 일을 옳다고 생각하겠는가? 게다가 하느님께 드리는 제사가 얼마나 오래되었는가? 하느님이 형의 제사는 거부하였고 동생의 제사는 기꺼이 허락했던 카인과 아벨의 경우로도 충분히 알 수 있다.

제5장 구약성서의 성찬의식 제물 규정

제사에 바쳐지는 것들을 하느님이 자신의 이익을 위해 요구한다고 생각할 만큼 어리석은 사람이 있겠는가? 성경의 여러 곳에서 이런 생각은 어리석다고 분명히 증명하고 있다. 이야기가 길어지지 않도록 시편의 짧은 구절을 인용한다. "주님께 아뢰옵니다. 당신은 나의 주님, 당신만이 나의 행복이십니다."(시편 16 : 2) 따라서 하느님께 제물로 바치는 짐승이나 어떤 다른 세속적이고 물질적인 것뿐만 아니라 심지어 인간의 정의조차 필요로 하지 않으며, 하느님에게 바치는 모든 올바른 숭배는 그분이 아니라 인간에게 이롭다는 사실을 믿어야 한다. 어느 누구도 물을 마심으로써 샘물을 이롭게 했다거나, 빛을 바라봄으로써 빛을 이롭게 했다고 말하는 사람은 없기 때문이다.

그리고 옛 조상들이 가축으로 제사를 드린 사실을 하느님의 백성은 글로 읽어서 알고 있지만, 오늘날은 그렇게 하지 않는다. 이는 우리가 하느님께 가까이 가며 우리의 이웃도 하느님에게로 이끌 목적으로 행하는 일들을 상징한다. 그러므로 제사는 눈에 보이는 성사이거나 눈에 보이지 않는 거룩한 상징이다. 시편에서 참회하는 자—또는 예언자(시인) 자신일 수도 있다—는 하느님에게 자신의 죄악에 대해 자비를 베풀어달라고 간청하며 이렇게 노래한다. "당신은 제사를 즐기지 아니하시기에 제가 번제를 드려도 당신 마음에 들지 않으시리이다. 하느님께 맞갖은 제물은 부서진 영이요, 부서지고 꺾인 마음을 하느님, 당신께서는 업신여기지 않으십니다"(시편 51 : 18~19).

하느님이 제사를 바라지 않으신다고 표현한 바로 뒤에 하느님이 제사를 요구하신다는 사실을 나타내 보인 것에 주목하라. 하느님은 죽임당한 짐승을 제물로 원하지 않고 부서지고 꺾인 마음을 제물로 원하신다. 그러므로 하느님이 바라지 않는 제사 다음에 하느님이 바라는 제사가 이어지는 것이다. 하느님은 어리석은 사람들이 생각하듯, 스스로의 즐거움을 충족하기 위한 제사는 바라지 않으셨다. 예를 들어 비탄에 젖어 한껏 움츠러들고 꺾인 마음과 같이 그분이 요구하시는 제사가 스스로의 기쁨을 위하여 바란다고 생각되던 제사로서 상징되기를 그분이 바라지 않았더라면, 율법으로 그런 제사를 지키도록 명령하지도 않았을 것이다.

그리고 사람들이 제사가 뜻하는 것보다 제사 자체가 기쁨이라거나 만족스럽다고 생각하지 않도록, 알맞은 기회가 오면 바뀌도록 정해져 있었다. 이것은 시편의 다른 구절에 나타나 있다. "나 비록 배고프다 하여도 네게 말하지 않으리니 누리와 그를 채운 것들이 나의 것이기 때문이다. 내가 황소의 고기를 먹고 숫염소의 피를 마시기라도 한단 말이냐?"(시편 50 : 12~13). 여기서 하느님은 만일 그런 것들이 당신께 필요할지라도 당신이 현재 생각한 그대로 지니고 계신 것을 위해 사람들에게 요구하지는 않는다고 말씀하신 것이다. 그리고 계속해서 제사가 상징하는 바를 말씀하신다. "하느님에게 찬양 제물을 바치고 지극히 높으신 분에게 네 서원을 채워 드려라"(시편 50 : 14~15).

다른 예언서에는 다음과 같이 나타나 있다.

"내가 무엇을 가지고 주님 앞에 나아가고 무엇을 가지고 높으신 하느님께 예배드려야 합니까? 번제물을 가지고 일 년 된 송아지를 가지고 나아가야 합니까? 수천 마리 숫양이면, 수만 개의 기름 강이면 주님께서 기뻐하시겠습니까? 내 죄를 벗으려면 내 맏아들을, 내 죄악을 갚으려면 이 몸의 소생을 내놓아야 합니까? 사람아, 무엇이 착한 일이고 주님께서 너에게 요구하시는 것이 무엇인지 그분께서 너에게 이미 말씀하셨다. 공정을 실천하고 신의를 사랑하며 겸손하게 네 하느님과 함께 걷는 것이 아니냐?"(미가 6 : 6~8)

이 예언서에는 두 가지 사실, 즉 하느님이 제사 그 자체를 바라지는 않는 것과 이런 제사는 하느님이 바라는 바로 그 제사를 뜻한다는 점을 설명하고 있다. 히브리인에게 보낸 편지에도 이렇게 나와 있다. "선행과 나눔을 소홀히 하지 마십시오. 이런 것들이 하느님 마음에 드는 제물입니다"(히브리서 13 : 16). 그리고 "정녕 내가 반기는 것은 희생제물이 아니라 신의다. 번제물이 아니라 하느님을 아는 예지다"(호세 6 : 6). 이 말은 어떤 희생을 다른 희생보다 선호하신다는 사실을 말하고 있을 따름이다. 일반적으로 제사라 불리는 것은 참된 희생의 상징에 지나지 않기 때문이다. 참된 희생은 자비이다. 그래서 앞에서도 "하느님께서는 이런 제사를 기쁘게 받아주십니다" 말씀하신 것이다.

그러므로 우리는 성소나 성전의 제사에 대한 모든 하느님 명령이 하느님 및 우리 이웃에 대한 사랑을 나타내고 있음을 알아야 한다. 왜냐하면 성경에 "온 율법과 예언서의 정신이 이 두 계명에 달려 있다"(마태 22 : 40)고 씌어 있기 때문이다.

제6장 그리스도교 신자의 참된 제사란 무엇인가

참된 제사는 우리가 거룩한 공동체 안에서 하느님과 하나 되기 위하여 행해지며, 우리가 진실로 복 받을 수 있는 최고선을 목적으로 하는 모든 일이다. 그러므로 오로지 신만을 위할 뿐 인간을 구원하려 들지 않는다면 그것은 제사가 아니다. 또한 우리가 인간들에게 보이는 자비도 하느님을 위한 것이 아니면 제사가 아니다. 왜냐하면 제사가 비록 인간이 올리고 바치는 행위라 할지라도, 그것은 사람들이 말했듯이 신적 행위이기 때문이다. 그러므로 하느님 이름으로 축성되고 헌신한 사람 스스로가 하느님을 위해 살고자 목숨을 끊는 것은 희생이다(로마 6 : 11 참조). 왜냐하면 "근심을 네게서 멀리 던져 버려라"(집회 30 : 23) 기록된 것처럼, 이런 행위는 스스로를 위한 자비의 일부분이기 때문이다.

우리가 하느님을 위해 "여러분의 지체를 불의의 도구로 넘기지 마십시오. 오히려 죽은 이들 가운데에서 살아난 사람으로서 자신을 하느님께 바치고, 자기 자체를 의로움의 도구로 하느님께 바치십시오"(로마 6 : 13) 한다면, 우리 신체를 절제하여 정결하게 하는 것도 제사이다. 사도는 이런 제사를 권유하면서 다음처럼 말한다. "그러므로 형제 여러분, 내가 하느님의 자비에 힘입어 여러분에게 권고합니다. 여러분 몸을 하느님 마음에 드는 거룩한 산 제물로 바치십시오. 그것이 여러분이 드릴 진정한 예배입니다"(로마 12 : 1). 그러므로 영혼이 하느님에 대한 사랑의 불길에 타올라, 그분의 아름다움을 받아들이고 그분께 복종하여 세속적인 욕망을 버리고 불변의 형상으로 다시 태어나 그분께 바쳐진다면 그야말로 제사에 꼭 알맞지 않겠는가? 사도는 덧붙여서 말했다. "여러분은 현세에 동화되지 말고 정신을 새롭게 하여 여러분 자신이 변화되게 하십시오. 이리하여 무엇이 하느님의 뜻인지, 무엇이 선하고 무엇이 하느님을 기쁘게 하며 무엇이 완전한 것인지를 분별하도록 하십시오"(로마 12 : 2).

따라서 참된 제사는 우리 자신에게나 이웃 사람들에게나 하느님께 돌려지는 자비 행위이다. 자비는 오로지 우리를 불행에서 구하고 행복에 이르게 하기 위한 행위이다. 그리고 "하느님 가까이 있는 것이 저에게는 좋사오니"(시편

73 : 28), 이러한 복을 떠난 행복은 있을 수 없다. 따라서 구제된 나라 전체, 즉 성도들의 공동체는 우리가 이 영광스런 머리의 몸이 되도록(로마 12 : 4~5 ; 에페 4 : 15~16 참조), 종의 모습으로(필립 2 : 7) 고난을 받으시고 우리를 위해 자신을 하느님께 바친 대사제 그리스도를 통한 희생으로써 하느님께 바쳐졌기 때문이다. 왜냐하면 그분이 바쳐진 것은 바로 종의 모습이요, 그 모습으로 제물로 바쳐졌기 때문이다. 그분이 중개자가 된 것도 이런 모습 때문이다. 따라서 사도는 우리에게 무엇이 하느님의 의지이고 또 무엇이 선인지, 무엇이 하느님을 기쁘게 하는지 깨닫게 하기 위하여 이 세상을 본받지 말고 오직 마음을 새롭게 하고 변화를 받아들여 우리 몸을 산 제물, 즉 참된 제물로 바치라고 권하며 이렇게 말한다.

하느님께서 나에게 베푸신 은총에 힘입어 여러분 모두에게 말합니다. 자신에 대하여 마땅히 생각해야 하는 것 이상으로 분수에 넘치는 생각을 하지 마십시오. 저마다 하느님께서 나누어 주신 믿음 만큼에 따라 지혜롭게 생각하십시오. 우리가 한 몸 안에 많은 부분을 가지고 있지만 그 부분이 모두 같은 기능을 하지 않듯이, 우리도 여럿이 그리스도 안에 한 몸을 이루면서 서로가 서로의 부분이 됩니다. 우리는 저마다 하느님께서 베푸신 은총에 따라 서로 다른 은사를 가지고 있습니다(로마 12 : 3~6).

여럿이 그리스도 안에서 한 몸이 되는 게 그리스도인들의 제사이다. 또한 믿는 자들에게만 알려진 제단의 성사에서 신도들이 끊임없이 기리는 제사이다. 거기에서 교회는 하느님께 드리는 제사에서 스스로 바쳐진다는 것을 나타내고 있다.

제7장 천사는 어떤 제물도 바라지 않는다

하늘나라에 거처하고 있는 불멸의 복된 존재들은 그들 창조주의 풍요로움 안에서 기뻐하고, 영원성 안에서 끝없이 존재하고, 진리 안에서 믿음을 얻으며 창조주의 은혜 안에서 거룩함을 내려받는다. 그들은 마침내 죽을 수밖에 없는 비참한 우리 존재를 가엾이 여기고 사랑하여 영원토록 행복하게 살기를 바라므로, 우리가 그들에게 제사 드리기를 바라지 않는다. 그들은 우리와 마찬가지로 자신들도 하느님에게 바쳐지는 제사임을 잘 알고 있으므로 우리가 하느님에게 제사 드리기를 바란다. "하느님의 나라여! 너를 두고 영광스럽다 말하는구나"(시편 87 : 3) 이 구절처럼 그들은 우리와 함께 하느님의 나라를 이루고 있기 때문이다. 하느님의 나라 안에서 우리들은 순례길을 걸어가고 있고, 천사들은 우리를 보살핀다.

하느님 뜻이 그대로 지성적이고 불변하는 법률이 되는 천상, 곧 천상궁전—그곳에서 우리에 대한 보살핌이 이루어진다—에서, 성경이 천사들의 봉사를 통해 우리에게 전해졌다. 우리는 그 성경에서 "주님 말고 다른 신들에게 제사를 지내는 자는 처형되어야 한다"(출애 22 : 19)는 구절을 읽을 수 있다. 이 성경, 율법, 계율들은 여러 기적으로 입증되었으므로 우리도 자기들처럼 불멸하고 복받기를 바라는 이들(천사)이 우리가 누구에게 제사 드리기를 원하는지 분명히 알 수 있다.

제8장 구약성서에서 볼 수 있는 기적의 의식

하느님께서 수천 년 전에 아브라함에게 "아브라함은 반드시 크고 강한 민족이 되고, 세상 모든 민족들이 그를 통하여 복을 받을 것이다"(창세 18 : 18) 말씀하신 약속의 진실성을 입증하면서 일으키신 기적들을 모조리 늘어놓는다면 몹시 지루해질 것이다. 그러나 아이를 많이 낳았던 여자라도 나이가 들면 더 이상 아이를 낳을 수 없는 법인데, 줄곧 아이를 낳지 못하던 아브라함의 아내가 그토록 늙어서 아들을 낳은 일에 어느 누가 감탄하지 않겠는가? 또 아브라함이 제사를 바칠 때 하늘에서 내려온 불꽃이 갈라놓은 제물들의 틈 사이로 지나간 일을 보고 누가 탄복하지 않겠는가?*3 사람 모습으로 아브라함을 찾아온 천사들이 극진한 대접을 받고 그에게 아들이 있으리라는 하느님 약속을 전해주었고, 또 하늘에서 쏟아지는 불로 소돔이 멸망하리라고 예언했으며, 불이 쏟아져 내릴 때 아브라함의 조카 롯이 그 천사들에 의해 소돔에서 구원받았다. 하지만 그의 아내는 달려가다가 뒤를 돌아보는 바람에 그 자리에서 소금기둥이 되어 버리고 말았다. 구원의 길에 선 사람은 과거를 그리워하지 말아야 한다고 우리에게 경고하는 이 신비로운 일들을 두고 누가 놀라지 않겠는가?(창세 21 : 1~2 및 19 : 15~26 등에 나오는 아브라함 생애의 일화들 참조)

이집트에서 노예살이의 멍에를 지고 사는 하느님의 백성을 해방하기 위해

---

*3 《재론고》, 2, 69, 3 참조. 아우구스티누스는 나중에, 이것은 아브라함이 본 환상이지 기적은 아니라고 바로잡았다.

모세를 통해 행하신 기적들 또한 얼마나 놀라웠던가? 그때 백성을 억누르던 이집트 왕 파라오의 마술사들도 몇몇 기적을 행했지만, 그들은 마침내 한결 뛰어난 기적들에 제압되고 말았다. 그들은 악한 천사들인 악령의 마술과 주문에 빠져 이런 일들을 했으나, 의로운 모세는 강력한 능력과 천사들의 도움을 받아 천지를 창조하신 하느님 이름으로 그들을 손쉽게 물리칠 수 있었다(출애 6~7장 참조). 마술사들은 세 번째 재앙에 굴복했지만 하느님이 안배하신 심오한 의미를 감추고 있는 열 가지 재앙이 모세를 통해 순차적으로 내려지자 파라오 및 이집트인들은 고집을 꺾고 마침내 하느님의 백성들을 풀어준다. 하지만 이집트인들은 곧 후회하며 추격에 나선다. 그러나 히브리인들은 바다가 둘로 갈라져 마른 땅을 밟고 건너갔지만, 이집트인들은 다시 밀려오는 물결에 뒤덮여 바닷속으로 가라앉고 말았다(출애 7:14~12:34 참조).

그 백성이 황야를 가로질러 가는 동안 그토록 자주 보여주신 하느님의 놀라운 능력에 내가 무슨 말을 더 하겠는가? 예를 들어 마실 수 없는 물에 하느님의 지시대로 나무를 던지자 쓴맛이 사라져서 사람들의 목마름을 채워 주었고, 굶주린 사람들에게 하늘에서 신비로운 양식인 만나(manna)가 내리기도 했다. 만나는 정해진 양 이상을 모았을 때에는 벌레가 생기고 썩었지만 안식일 전날에는 정해진 양 두 배를 모으더라도─안식일에는 식량을 모으는 일이 금지되어 있었다─신선한 채로 남아 있었다. 뿐만 아니라 그들이 고기를 먹고 싶어 했을 때, 그 많은 백성을 만족시키는 일이 불가능하게만 보였건만 갑자기 새떼가 진영으로 날아들어 그 많은 사람들의 식욕을 채우고도 남을 정도였다. 또 적들이 무기를 들고 이스라엘 백성의 앞길을 가로막았을 때, 모세가 십자가 모양으로 두 팔을 벌리고 기도하자 히브리인은 단 한 사람도 쓰러지지 않았고 적들은 그를 피해 달아나 버렸다. 하느님의 백성 가운데 하느님 뜻으로 마련된 공동체에 맞선 선동적인 사람들은 눈에 보이지 않는 죄에 대한 눈에 보이는 형벌로써 땅이 갈라져 산 채로 땅속에 묻혀 버렸다. 게다가 모세가 지팡이로 바위를 때리자 그토록 많은 사람들이 마시고도 남을 만큼 넉넉한 물이 뿜어져 나왔다. 어떤 이는 뱀에 물려 죽음에 이르기도 했으나, 그것은 죄에 대한 마땅한 징벌이었다. 뱀에 물린 사람들은 모세가 내건 장대 위에 달린 구리뱀을 보기만 해도 저절로 나았다. 그것은 고통 받던 사람들에 대한 구원일 뿐 아니라 죽음을 죽음으로 멸망시키는 것, 즉 십자가에 못 박힌 죽음을 뜻한다. 이 뱀은 기적을 기리기 위해 간직되었는데, 뒷날 어떤 백성들은 이것을 우상처럼 숭배하는 잘못을 저질렀다. 경건하게 하느님을 섬기는 일에 권력을 행사한 히스기야 왕은 이 우상을 부수어 크게 칭송 받았다.

제9장 신을 부르는 주술에 대한 포르피리오스의 견해에서 보이는 모순

이와 비슷한 여러 기적들을 낱낱이 열거한다면 너무나 지루할 것이다. 이러한 기적은 유일하고 참된 하느님의 숭배를 권장하고 다수의 거짓 신들의 숭배를 금지할 목적에서 이루어졌다. 그런 기적들은 올곧은 믿음과 경건한 확신으로 생긴 것이지, 신을 두려워하지 않는 호기심에서 나온 범죄적인 마술의 장난이나 주문으로 이루어진 것이 아니다. 사람들은 그런 기술을 신비적 주술이라고 부르거나, 좀더 혐오스런 명칭으로는 요술이라 하고, 조금 경의를 표해 접신술(theurgia)*4이라고 부른다. 사람들은 요술이라는 불법적인 기술에 빠져 저주받은 사람들과, 또 접신술을 행한다는 이유로 칭찬받을 자격이 있다고 보는 사람들로 구분한다. 그러나 사실 그들은 모두 천사라는 이름을 사칭하는 마귀들이 늘 쓰는 기만적 수법에 농락당하고 있을 뿐이다.

심지어는 플라톤학파의 포르피리오스조차도 접신술을 통한 혼의 정화를 약속하고 있다. 하지만 그는 머뭇거리고 부끄러워하면서, 어느 누구라도 이런 신비적 주술로 하느님 곁으로 돌아가는 길을 열 수는 없다고 인정한다. 그 결과 그는 호기심이라는 신성모독적인 악덕과 철학자의 전문적 의견 사이에서 흔들리고 있다는 평가를 받는다. 왜냐하면 한때 그는 우리에게 그 주술이 사람을 속이며 그것을 행하는 자들에게 위험하여 법으로 금지하는 것이라고 경고하다가도, 어떤 때는 마치 그 옹호자들에게 존경심을 나타내기라도 하듯*5 그것이 영혼의 한 부분을 정화하는 데 쓸모가 있다고 주장했기 때문이다. 영혼의 한 부분은 물질적인 실체와는 전혀 다르며 지성만으로 진리를 파악하는 지성적인 요소가 아니라, 사물의 물질적인 영상을 인식하는 영적인 부분을 말한다.

---

*4 황홀경 속에서 환상을 일으키거나 마술을 통해 신성(神性)을 불러내어 사람과 신성을 접촉하게 하는 행위.

*5 마술은 어떤 물질적인 대상이나 황홀경 속의 매개체를 통해서 신성이 나타난 간접적인 계시를 보장한다. 강령술은 신성이 그 안에 있지 않고 물질적인 사물을 사용함으로써 간접적인 계시를 보장한다. A.J. *Festugière, La Révélation d'Hermès Trismégiste, Paris*, 1950, I, p. 283 이하 참조.

포르피리오스에 따르면 '텔레테'라 불리는 어떤 접신적인 현신이나 비의의 도움을 받아 정령들이나 천사들을 맞이하여 신을 보기에 알맞은 몸이 되어야 신을 볼 수 있다는 것이다. 하지만 그는 이런 접신적인 종교의식이 영혼의 지성적 부분을 정화하는 데까지는 이르지 못하며, 진실로 존재하는 사물을 인식하는 데 알맞다고는 인정하지 않는다. 우리는 그의 이러한 입장에서, 이들이 어떤 종류의 신들이며 접신 의례로써 어떤 종류의 환상이 전달되는지 알 수 있다. 비록 그 환상이 참된 실재를 보여주는 것은 아닐지라도 말이다. 또한 그는 이성 혼—그는 지성 혼이라고 즐겨 불렀다—은 영적인 부분을 접신술로 정화하지 않아도 하늘로 올라갈 수 있으나, 이런 주술이 영적인 부분을 불멸과 영원성 영역까지 이끌어가지는 않는다고 말한다.

그러므로 그는 천사들과 악령들을 구분하여 악령들의 거주지는 대기권에 있고, 천사들의 거주지는 에테르 또는 화권(火圈)에 있다고 주장한다. 또한 우리가 죽은 뒤 적어도 지상보다는 조금 높게 들어줄 수 있는 악령들과의 우호관계도 어느 정도는 돈독히 하라고 충고한다. 그러면서도 그는 우리가 하늘에 있는 천사들의 세계에 이르려면 다른 길을 통해서라고 말한다. 더욱이 그는 우리에게 악령들과 친분을 쌓을 때는 경계가 필요하다면서, 죽은 뒤에 속죄 받는 혼이 자신을 괴롭히는 악령 숭배를 몹시 싫어하게 된다고 말한다. 그리고 그는 접신술 자체는 천사들과 신들을 중개하는 것으로 추천하기는 하지만, 그것이 영혼의 순결성을 시기하거나 다른 자들의 술책에 도움을 주는 세력들과 관계되어 있음을 부인하지 않는다.

포르피리오스는 이 점을 한 칼데아인의 말을 통해 이렇게 호소한다. "칼데아에 있는 어떤 착한 사람은 자기 혼을 깨끗하게 하려고 열심히 애썼으나 결국 좌절하고 말았다. 왜냐하면 그와 같은 능력을 갖추었으며 그의 정결함을 시기하던 다른 사람이 저주를 걸어 그의 기도에 귀 기울이지 말도록 막고 있었기 때문이다." 포르피리오스는 여기에 이렇게 덧붙였다. "그러므로 한 사람은 묶었고 다른 사람은 그것을 풀지 못했도다."

이것을 근거로 포르피리오스는, 접신술은 신들과 인간 사이에서 선과 악 어느 것도 해낼 수 있는 술책이라고 말한다. 또한 그는 신들이 에테르 속의 숭고한 위치에 머문다는 이유로 신과 악령을 나누어 놓고 이런 구별을 옹호하기 위해 플라톤의 가르침을 인용한다고 할지라도, 아풀레이우스가 악령과 인간에게만 동요와 불안이 해당된다 했을지라도 신들은 인간과 마찬가지로 동요와 불안에 속박된다고 주장했다.

제10장 악마들의 속임수 신을 부르는 주술의 정체

이제까지 보는 바와 같이, 또 다른 플라톤학파인 포르피리오스는 아풀레이우스보다 학식이 더 풍부하다고 하지만, 무슨 술수를 부리면 신들 또한 동요와 불안에 속박된다고 말한다. 신들은 성스런 주문으로 불려나와 혼이 정결해지지 못하도록 방해받을 수도 있기 때문이다. 다시 말해 신들은 못된 행동을 요구하는 청원자에게 겁을 먹어, 선을 베풀어 달라고 요청하는 다른 사람들에게 은혜를 베풀 만큼 자유롭지도 못하다.

악령들의 가엾은 노예이거나 참된 해방자의 은혜를 모르는 사람이 아니라면, 이러한 모든 일들이 거짓된 악령들의 계책이라는 것을 어느 누가 모르겠는가? 그 칼데아인이 선한 신들을 상대하고 있었다면, 자기 혼을 깨끗이 하고자 바라는 선한 사람이 이런 일을 방해하려는 악한 사람보다 반드시 우위를 차지할 것이기 때문이다. 또한 신들이 어떤 것에도 사로잡히지 않는 공정한 판단으로 그 사람이 정화되기에 알맞지 않다고 생각했다면, 그들은 시기심 많은 사람에게 겁먹지 말았어야 했고, 포르피리오스가 말하듯 더욱 강한 신을 두려워해서도 안 되었다. 오히려 그들은 자기들의 자유로운 판단에 따라 단지 정결함을 부여하는 은혜를 부인했을 것이다.

더욱 놀라운 일은, 주술로 영혼을 정화하고자 한 선한 칼데아인이 겁먹은 신들을 한층 더 협박해 은혜를 베풀도록 강요하거나, 그들의 두려움을 진정시켜서 강요받지 않고도 선을 마음껏 행하게 할 수 있게 하는 더 높은 신을 찾지 못한 것이다. 아니면 선한 접신술사가 자기 혼을 깨끗하게 하기 위하여 불러낸 신들에게서 두려움의 흔적을 없애는 의식을 행하지 않았다는 말인가? 열등한 신들을 겁주는 신은 있으나 그들을 두려움에서 벗어나게 하는 신은 없다는 것인가? 시기심 많은 사람의 소원을 듣고 신들에게 두려움을 주어 선을 행하지 못하게 하는 신은 보이는데, 착한 마음을 지닌 사람의 소원을 듣고서 선을 행하도록 신들의 두려움을 없애주는 신은 보이지 않는다는 말인가?

이 얼마나 놀라운 접신술인가! 영혼을 깨끗하게 하기 위한 얼마나 감탄스러운 방법인가! 접신술에서는 부정한 시기심이 순결한 선행보다 더 큰 힘을 떨친다. 차라리 우리는 그런 사악한 악령들의 속임수를 경계하고 피하며, 구원의 가르침에만 귀를 기울여야 한다. 포르피리오스가 말했듯이 신성모독적인 의식으로 이런 불결한 정결의식을 행하는 자들은, 천사들과 신들의 놀랍도록 사랑스러운 모습을 본다고 한다. 그것도 마치 정화된 영들을 보는 것처럼 느끼는 것이다. 이에 대해 사도는 이렇게 말했다. "그러나 놀랄 일이 아닙니다. 사탄도 빛의 천사로 위장합니다"(2고린 11 : 14). 이들은 기만적인 의식으로 불행한 영혼들을 속여서 거짓된 신들을 받들게 하고, 참된 하느님께 경배 드리는 그들을 등지게 만드는 환영을 보여준다. 인간은 하느님을 통해서만 깨끗해지고 치유되는데도 말이다. 베르길리우스가 프로테우스에 대해 한 말이 바로 이것이다.

"그는 온갖 모양으로 자신을 변화시키는구나."*6

악령은 때로는 적의에 가득 차 우리를 공격하고 때로는 거짓으로 구원의 손을 내밀기도 하지만, 어느 경우에나 마찬가지로 인간에게 해를 끼친다.

제11장 포르피리오스가 아네보에게 보낸 편지

포르피리오스가 이집트인 아네보*7에게 보낸 편지를 보면 그는 이 점을 아주 잘 알고 있었던 듯싶다. 그는 그 편지에서 겉으로는 아네보에게 질문하거나 가르침을 구하는 듯이 거짓으로 꾸미고서 신성을 더럽히는 술수들을 파헤쳐 낱낱이 밝혔다. 그는 그 글에서 모든 악령들을 비난하면서, 악령들이 너무나 어리석어 제물의 연기에 이끌리므로 에테르(영계)에까지 올라가지 못하고 달 아래 대기권이나 달 안에 자리 잡고 있다고 말한다. 하지만 그는 그의 분노를 불러일으키는 온갖 사악하고 어리석은 원인을 모든 악령들의 탓으로 돌릴 만큼 대담하지는 못했다. 악령들의 어리석음을 인정하면서도 다른 사람들의 견해에 따라 그 가운데 일부를 선한 악령이라고 말했기 때문이다.

또한 포르피리오스는 신들이 희생 제의에 마음이 움직일 뿐만 아니라 인간이 마음먹은 대로 강제당하고 강요당한다는 사실에 의심을 품는다. 그리고 신들이 그 비물체성으로 악령들과 구분된다면, 태양과 달이나 눈에 보이는 천체들이―이것들은 모두 물체적이다―어떻게 신들로 여겨지며, 그들이 신이라면

---

*6 베르길리우스 《농경시》, 4, 411.

*7 아네보는 이집트의 사제로서 유세비우스도 그에 대해 말한 적이 있다(*Praeparatio Evangelica* 5, 7). 포르피리오스에 대한 답변(*De Mysteriis*)은 이암블리쿠스의 작품으로 보인다.

어째서 어떤 신은 인간에게 자비롭고 또 어떤 신은 사악하단 말인가? 또한 그들이 물체적 존재이면서 어떻게 영적인 존재와 하나가 될 수 있다는 말인가?

계속해서 포르피리우스는 점치는 자들과 기적을 행하는 자들이 특별한 영혼의 소유자인지, 아니면 이런 일들을 행하는 능력이 바깥에 있는 영들로부터 전달되었는지에 대해 문제를 제기한다. 이 문제에 대해 그는 그들이 돌과 약초를 사용하여 사람들을 동여매는 주문을 걸기도 하고 닫힌 문을 열며 이와 비슷한 여러 기적들을 행한다는 이유로 그 능력이 바깥에 있는 영들로부터 전달되었으리라 짐작한다. 또한 그는, 어떤 이들은 사람들의 말을 잘 들어주는 영들이 있다고 말했다. 이 존재들은 속이기를 잘하고 모략에 가득 차 있으며, 온갖 모습으로 바꾸면서 신들과 악령들과 죽은 사람들의 흉내를 낸다. 선이나 악의 모습을 한 모든 일들을 저지르지만, 실제로 선한 일로는 우리를 도와주지 못하고 사실 그에 대해 잘 알지도 못하며, 악한 쪽으로만 도움을 주어 마침내 사람을 해치고 만다. 왜냐하면 그들은 못된 일은 쉽게 하면서도 덕을 열심히 따르는 사람들을 속이고 훼방 놓기 때문이다.

또한 그들의 영혼은 자만심과 성급함으로 가득 차 있고, 희생을 바치는 제사 때 풍기는 악취를 즐기며 아첨하는 말에 빠져든다. 포르피리오스는 사람들이 잠들었거나 깨어 있을 때 인간들 혼 속으로 숨어 들어와 그들의 감각을 속이는 사악하고 거짓된 영들의 여러 특징을 그려내고 있지만, 그것을 강하게 주장하는 것은 아니다. '그러지 않을까?' 추측하는 투로 조심조심 말하며, 그것도 자신의 생각이 아니라 다른 사람의 생각을 인용하는 듯이 말하고 있을 뿐이다.

우리는 이 위대한 철학자가 모든 악령 무리를 알고 확신에 차 공격할 때 겪은 어려움에 공감을 표시할 수 있다. 만약 그리스도인이라면 비록 하잘것없는 백발의 할머니라 하더라도 조금도 머뭇거리지 않고 아주 솔직하게 악령에 대해 혐오감을 드러낼 것이다. 하지만 포르피리오스는 이런 제사에 있어 뛰어난 사제(司祭)요 자신이 편지를 보낸 아네보의 감정을 상하게 하는 일은 피하려 했던 것이다. 그렇지 않다면 신적인 활동으로 여기고 놀라워하며 신들을 숭배하는 일과 밀접하게 연관되었다며 찬양해 마지않던 추종자들의 감정을 상하게 할까봐 피하려 했는지도 모른다.

그러나 포르피리오스는 이런 의문을 제기하면서 질문자 입장에 서서, 건전한 판단력을 지닌 사람이라면 사악하고 기만적인 세력들에게 원인을 돌릴 수밖에 없는 어떤 일들에 대해 말한다. 뛰어나다고 불려나온 영들이 어째서 악한 영들에게 지배를 받아 인간의 부정한 명령을 수행하는가. 그들은 사람들을 유혹하여 근친상간과 간음을 저지르게 하는 데는 조금도 망설이지 않으면서, 무슨 까닭으로 한 여인과의 포옹을 뒤로 하고 막 떠난 사람의 간절한 기도에는 귀 기울이지 않는가? 그들 자신은 자극적인 연기와 제물의 악취에 매력을 느끼면서도, 왜 사제들에게는 살에서 뿜어 나오는 가운에 더럽혀지지 않도록 육고기를 삼가도록 하는가? 동물 시체를 가지고 지내는 그들의 제사에서, 초심자들은 왜 시체를 만지지 못하도록 금지하는 것인가? 게다가 어떤 악에 빠져 있는 사람이 악령이나 죽은 이의 망령뿐 아니라 태양과 달과 또 다른 천체까지 위협하여, 그들로부터 참된 진리를 빼앗기 위해 거짓 협박을 가하며 진실을 왜곡하는 것은 어찌된 일인가? 그 사람들이 하늘을 부수어버린다는 따위의 말도 되지 않는 거짓 위협을 해서 신들이 겁에 질려 마치 어리석기 짝이 없는 어린아이들처럼 명령받은 일을 하도록 협박하기 때문이다.

포르피리오스는 카에레몬*8이라는 사람이 쓴 내용도 말한다. 그는 유명한 이집트의 이시스와 그녀 남편인 오시리스의 신성모독적인 의식에 매우 정통한 사람이다. 그는 신들이 자기 명령을 듣지 않으면 오시리스의 온몸을 찢어발길 것이라고 위협적인 목소리로 협박하며 명령한 대로 수행하도록 신들에게 강요할 만큼 아주 큰 영향력을 끼쳤다고 한다.

포르피리오스는 어떤 사람이 신들에게, 그것도 그저 그런 신들이 아니라 천상 신들을, 성좌의 광채로 빛나는 신들을 그토록 난폭하고 황당하게 협박한다는 것과 이러한 협박이 효력을 드러낼 만큼의 힘을 가지고 그들을 강요하고 놀라게 해 그의 소원을 이루려고 하는 점을 이상하게 여긴 것도 매우 당연한 일이다. 또 그는 이런 놀라운 일들의 원인을 연구하는 입장에서 마치 다른 사람들의 주장을 인용하는 것처럼, 자신이 전에 그려낸 영들에 의해 이루어졌다고 이해시키려 하고 있다. 이런 영들은 그 본성이 아니라 악덕으로 인해 사람을 속이고 신을 흉내 내고 악령 행세를 하는 것이다. 그리고 포르피리오스가 말했듯이 그들은 사실 악령이므로 악령을 흉내 내는 것이 아니다.

---

*8 기원후 1세기 스토아학파 저술가. 그의 저작은 현재 전해지지 않는다.

또 포르피리오스는 풀과 나무와 돌과 동물과 어떤 주문을 동반한 음향과 그림이나 형상을 사용하거나, 때로는 하늘의 운행에 따른 성좌의 움직임을 살펴 온갖 목적을 이루는 데 알맞은 염력을 지상에 가져오려는 것은 인간의 망상이라 여긴다. 그러나 이 모든 일들은 악령들이 그들의 목적을 위해 자기들에게 예속된 영들을 홀리고 속이는 행위에 지나지 않는다. 또한 악령들은 인간이 온갖 죄를 짓는 것을 보고 웃음거리로 삼아 즐긴다.

따라서 포르피리오스는 진지하게 의심과 질문을 제기하는 것은, 이런 행위들이 우리에게 생명을 얻도록 도와주는 게 아니라 사람을 속이는 악령들의 활동임을 입증하기 위한 목적이었을 것이다. 이 철학자를 좀 더 호의적으로 보자면, 포르피리오스는 이런 오류에 빠져 있을 뿐만 아니라 대단한 자부심을 갖고 있는 이집트인의 화를 돋우거나 공공연하게 공격함으로써 분개하게 하지 않으려고 배우고 싶어 하는 겸손한 태도를 취한다. 그것은 이집트인의 관심을 이런 문제들로 향하게 하여 그것들이 얼마나 부끄럽고 경멸스러운 일인지를 보여주려고 했던 것이다.

그는 편지 마지막에서 아네보에게 이집트인의 지혜가 의미하는 축복에 이르는 길이 무엇인지 가르쳐달라고 말한다. 그리고 도망친 노예를 찾기 위해서나 토지를 얻기 위해서만 또 결혼이나 상업 문제로 신들을 성가시게 구는 자들은 아무리 지혜를 갈고 닦아도 그 모든 것이 헛되다고 말했다. 게다가 그는 이런 자들이 믿는 신들이 다른 점에서는 비록 사실대로 말할지라도 행복에 대해서는 양식 있고 쓸모 있는 도움말을 하나도 주지 못했다. 그렇기 때문에 그들은 신들도 아니고 또한 선한 악령들도 아니며, 기만하는 자라고 불리는 영이거나 단지 인간이 상상으로 꾸며낸 허구에 지나지 않는다고 덧붙였다.

제12장 하느님의 기적은 천사들을 통해 나타난다

이런 술책으로 할 수 있는 일은 규모로 보나 내용으로 보나 인간이 모든 능력으로도 할 수 없기에 나쁜 마귀들이 사람을 가지고 놀려는 함정이라는 것을 잘 꿰뚫어 보는 것 말고는 없다. 다시 말하면 너무나 기적적이라 신의 일처럼 보이지만 하나뿐인 하느님께 경배를 드리는 데 아무 도움되지 않는 이런 예언과 사건들은, 참으로 독실하게 믿는 자들을 꾀어내어 방해하려고 애쓰는 악한 악령들의 장난이 아니고 무엇이겠는가? 플라톤학파 사람들도 인정했으며 많은 증언으로 드러났듯이 모든 축복은 하느님께 의지해야 인간이 행복하게 된다. 그와 반대로 천사들이나 다른 어떤 수단으로든 하나뿐인 하느님께만 경배드리고 믿을 것을 촉구하기 위해 이루어지는 기적들은, 그것이 무엇이든 우리를 사랑하는 존재들에 의해 이루어지거나, 또 그들을 통해 하느님께서 직접 이루신다고 믿어야 한다. 그리고 우리는 눈에 보이지 않는 하느님이 눈에 보이는 기적을 일으킬 수 없다고 생각하는 사람들의 말에는 귀 기울일 필요가 없다.

세나가 사실은 그들마저 이 세상을 하느님이 창조하셨다는 견해를 가졌으며 우주가 분명히 보인다는 것은 부정할 수 없다. 그래서 이 우주에서 일어나는 어떠한 기적도 하느님이 만드신 세상, 하늘과 땅, 그곳에 있는 모든 것보다 경이롭지 않다. 그렇지만 창조자가 인간에게는 보이지 않고 이해될 수 없듯이, 창조 방식 또한 그러하다. 그러므로 눈앞의 자연은 여러 기적을 실제로 보여주는데 늘 보아 익숙하기에 대단하게 느껴지지 않지만 이 기적을 자세히 들여다보면 다른 신기하고 드문 기적보다 한결 더 위대하다는 사실을 알 수 있다. 그리고 그 어떠한 기적보다도 가장 놀라운 기적은 인간이다.

그러므로 눈에 보이는 세상을 창조하신 하느님은 하늘과 땅 사이에서 눈에 보이는 기적을 보이는 것을 좋지 않다고 여겨서 하지 않으시는 게 아니라 이런 기적을 일으키는 것보다 보이는 것에 집착하는 영혼을 보이지 않는 신에 경배하도록 환기시키는 것이다. 그러나 이러한 기적들이 언제 어디서 일어나는지는 하느님의 변하지 않는 의지 속에 숨어 있으며, 그 안에서는 미래의 시간도 이미 정해져 있다. 왜냐하면 그분은 사물들이 시간 속에서 움직이면서도 스스로는 시간 안에서 움직이지 않기 때문이다. 하느님은 앞으로 일어날 일들과 이미 일어난 일들을 서로 다르게 인식하지 않는다. 또한 신을 의지해 기도하는 사람들의 소원을 듣는 것과 같은 방법으로 앞으로 기도할 사람을 보고 계신다. 왜냐하면 하느님의 천사들이 우리 기도를 들을 때, 신은 땅 위의 기독교인들 속에 계시듯, 그리고 진정한 손으로 만들지 않은 교회 안에 계시듯, 신이 천사들 안에 있으며 나아가 그분의 여러 명령은 시간이 흘러 이루어지긴 하지만 신의 영원한 법에 따라 정해져 있다.

제13장 구약성서에서 볼 수 있는 하느님의 모습
비록 우리는 하느님을 직접 볼 수 없지만 거룩한 조상들에게는 가끔 눈앞에 나타났다고 쓰인 구약성서를 보고 놀랄 필요는 없다. 왜냐하면 지성이 침묵 속에서 한 생각은 소리로 귓속에 들어와도 그 소리가 생각 자체는 아니듯이, 보이지 않는 본성을 가진 하느님이 눈에 비친 모습은 하느님 자신이 아니기 때문이다. 하지만 말은 그렇게 해도 생각 자체가 귀에 들어오는 목소리라는 소리인 것과 마찬가지로, 보이지 않는 신도 물체적인 형상으로 조상들에게 보인 것이다.

그리고 조상들은 하느님이 볼 수 없으며 자신들이 본 물체적 형상인 신이 하느님 자신이 아니라는 사실도 알았다. 모세는 하느님과 직접 대화를 나누면서 이렇게 말했다. "만일 내가 당신의 의지에 어울리는 사람이라면 내가 보고 알 수 있도록 부디 당신을 내게 보여 주십시오"(출애 33 : 13).

그렇다면 신의 율법은 사람들이 두려워하는 상황에서 천사들이 알려야 했고 오직 한 사람 또는 몇몇 현자들이 아니라 민족 전체 많은 백성들에게 전해져야 했으므로 시나이 산 위에서 경이로운 일들이 백성들 바로 앞에서 일어났다. 법률은 많은 사람들이 모여 앞으로 일어날 일을 두려워하고 전율해야 한다며 지켜보는 가운데 한 중재자의 중개로 공포되었습니다(사도 7 : 53 ; 갈라 3 : 19 참조). 이스라엘 백성은 스파르타인이 리쿠르고스*[9]가 새로 만든 법은 유피테르 또는 아폴로 신으로부터 받았다고 말했기 때문에 믿은 것처럼은 모세를 믿지 않았다. 이 율법에는 하나뿐인 하느님을 경배하라 했을 뿐이지만 백성에게 전달되었을 때 하느님이 좋다고 생각하는 만큼 모든 사람들의 눈앞에 놀라운 징조와 변화가 나타났다. 이는 당신의 율법을 널리 펴기 위해 창조의 힘을 사용하실 수 있는 분은 오직 창조자 한 분뿐임을 그들에게 알리기 위해서였다.

제14장 예수와 플로티노스의 비슷한 섭리관

사람을 가르칠 때는 그 나이에 맞게 해야 하듯 인류의 참된 교육도 하느님 백성에게 마찬가지로 나이처럼 시대별로 구분해서 맞춰야 한다. 시간적인 일들에서 영원한 것들을, 시각적인 일들에서 보이지 않는 것들을 파악하도록 올라가야 한다. 그렇지만 그 과정에서 실제로 볼 수 있는 하느님의 현세적 보상이

---

*9 기원전 9세기 무렵 스파르타 국왕. 그는 법을 새로 만들어 스파르타의 성격을 개혁시켰다.

약속된 때라 하더라도 인류는 하나뿐인 하느님을 경배하도록 명령받았다. 인류가 현세의 세속적인 복을 얻으려 하더라도 인간 영혼의 참된 창조자이며 주인이신 그분 말고는 누구에게도 마음을 굴복당하면 안 된다. 천사를 통해서든 인간을 통해서든 우리가 받을 수 있는 모든 일들은 오로지 한분뿐인 전능한 신의 말씀 안에 있다는 것은 말할 필요도 없다.

플라톤학파 플로티노스는 섭리를 알맞게 표현했다.[10] 연약한 꽃송이와 잎새의 아름다움처럼 섭리는 보이지 않고 말로 표현하기 어려운 아름다움을 지니신 가장 높은 하느님에게서 나와 이 땅 위의 가장 낮은 곳 아주 작은 것에까지 두루 그 섭리가 미침을 증명한다. 그리고 이 연약하고 죽는 것들이 보이지도 변하지도 않는 아름다움을 세상 만물에 끊임없이 스며들게 하시는 하느님의 손으로 만들지 않으셨다면 그토록 정교한 아름다움[11]을 지닐 수 없었으리라 말한다. 주 예수께서도 이렇게 말씀하셨다.

"너희가 어찌 의복을 위하여 염려하느냐. 들꽃이 어떻게 자라는가 살펴보아라. 수고도 아니하고 길쌈도 아니 하느니라. 그러나 내가 너희에게 말하노니 솔로몬의 모든 영광으로도 입은 것이 이 꽃 하나만 같지 못하였느니라. 오늘 피었다가 내일 아궁이에 던져지는 들꽃도 하느님이 이렇게 입히시거든 하물며 너희일까 보냐. 믿음이 적은 자들아!"(마태 6 : 28~30)

인간의 혼은 나약하고 여전히 세속적인 일들을 바란다. 따라서 가장 좋은 방법은 허무한 이 세상에서 없으면 안 되는 것도 죽은 뒤 받을 영원한 선물에 비하면 너무나 가볍고 땅 위 하등한 여러 제물을 바랄 때에도 오직 하나뿐인 신에게만 기대해야 한다. 인간의 혼이 그렇게 되면 제물을 바라고 기도하더라도 하나뿐인 하느님 숭배에서 멀어지지 않고 나아가 그런 것을 경멸하며 하나뿐인 하느님께 이르게 된다.

제15장 율법을 알리는 일과 천사

이렇게 시대는 하느님의 섭리를 따르려 움직이고 내가 앞에서도 말했고 사도행전에도 나오듯(사도 7 : 53 참조), 오직 하나뿐인 하느님께 경배를 드리라 명령하는 율법을 천사들에게 주어 널리 알리도록 했다. 이때 하느님은 물론 죽은

---

*10 플로티노스 《엔네아데스》 3, 2, 13.

*11 플라톤의 '이데아'를 말한다.

눈에는 언제나 보이지 않는 그 본성이 아니라 창조주를 따르는 피조물을 매개로 확실한 증거로써 스스로의 위엄을 나타냈다. 또한 시간의 흐름에 따라 간격을 두면서 인간의 언어로 말씀하셨다. 비록 그 본성은 물체적이지 않고 영적이며 감각적이지 않고 지성적이다. 그리고 시간적이지 않고 말하자면 영속적인 존재여서 시작도 끝도 없다. 하느님이 하시는 말씀은 변하지 않는 진리를 누리며 영원토록 행복한 존재로 그분을 따르는 천사들이 전달한다. 그들은 주님 곁에서 육신의 귀가 아닌 영적인 귀로, 완전히 성실한 마음으로 하느님 말씀을 듣는다. 그리고 천사는 하느님 말씀을 말로 표현할 수 없는 방법으로 들은 뒤 아무런 어려움 없이 감각적·가시적인 이 세상에서 실행한다.

이 율법은 시대에 어울리게 차례차례 주어졌다. 앞서 말했듯이 이 세상의 행복을 보장하는 약속으로 받아들여졌지만 이 약속으로 실은 영원한 행복이 약속되어 있음을 알게 하셨다. 많은 사람들이 그것을 눈에 보이는 거룩한 의식으로 축하했지만, 그 뜻을 이해하는 사람은 몇 안 되었다. 그래도 그 율법의 언어나 내용을 들어 꽤 정확히 수많은 신들 가운데 한 신이 아니라 온 세상과 다른 모든 혼, 그리고 영을 창조하신 오직 하나뿐인 하느님에게 경배드릴 것을 명령한다. 그분은 이 세상을 만드셨고, 다른 모든 것은 그분에 의해 창조되었다. 그리하여 온갖 만물이 행복하게 존재하고 또한 창조자인 그분을 필요로 한다.

제16장 좋은 천사와 악한 마귀의 차이

이 행복하고 영원한 삶에 대한 문제에서 우리는 어떤 천사들을 믿어야 할까? 스스로가 종교적 의식으로 숭배받기를 원하며 인간이 제사나 제물을 바치길 강요하는 이들인가? 아니면 이런 모든 경배는 창조자인 오직 하나뿐인 하느님에게 드려야 한다고 말하면서 진심으로 섬기는 마음을 가지고 하나뿐인 하느님을 경배하라 명령하는 천사를 믿어야 하는가? 후자의 천사들은 하나뿐인 하느님을 곁에서 보아 행복한 존재가 됐으며 우리도 그렇게 되리라 약속한다. 하느님을 마주하는 것은 그 무엇과도 견줄 수 없이 뛰어난 아름다움을 보는 일이며 참으로 행복한 일이다. 그래서 플로티노스는 다른 모든 축복을 가득 받더라도 이것을 받지 못한 사람은 더없이 불행한 인간이라고 말했다.*12

---

*12 플로티노스 《엔네아데스》 1, 6, 7.

어떤 천사들은 우리에게 하느님을 숭배하라 알리기 위해 기적을 일으키고, 또 다른 천사들은 자신을 숭배하라 알리기 위해 기적을 일으킨다. 전자는 천사를 받드는 행위를 금지하지만, 후자는 우리가 하느님께 예배드리는 일을 막지 않는다. 그렇다면 우리는 어느 쪽 천사를 믿어야 할까? 플라톤학파 사람들에게 물어보자. 철학자라면 누구든 좋으니까 대답해 보라. 주술사들이여, 당신들의 주술은 모두 거짓이니 차라리 사기꾼들이라 부르는 게 마땅할 그대들도 말해 보라. 어쨌든 자신이 이성적 존재로 만들어진 본성을 조금이라도 지닌 사람들이여, 말해 보라. 자신들에게 제물을 바치라 명령하는 신들이나 천사들에게 정말 제사를 드려야 하는지, 아니면 자기 자신이나 다른 천사들에 대한 숭배를 금지시킨 천사들이 제사를 허락한 하나뿐인 분에게 제사를 올려야 하는지 말해 보라.

만일 천사들이 기적을 일으키지 않고 한쪽은 자기들에게만 제물을 바치라 요구하고 다른 쪽은 이를 못하게 막으며 하느님에게 제사를 드리라고 명령한다면 믿음이 두텁고 성실한 사람은 어떤 명령이 오만한 태도에서 나왔는지, 또 어떤 명령이 참된 믿음에서 나온 것인지를 쉽게 구분할 수 있을 것이다. 간단하게 말하면 이런 뜻이다. 자신들을 위한 제물을 요구하며 기적을 보여 주는 천사들과 달리 이런 일을 금지하며 하나뿐인 하느님에게만 제물을 바치도록 명령하는 천사들이 눈에 보이는 기적을 삼가는 경우 눈과 이성을 지닌 사람들이라면 후자의 천사를 믿어야 한다고 생각하리라.

하느님은 우리에게 진리의 말씀을 전하시기 위해 자신들에게 제물을 바치라 바라는 천사가 신앙심 약한 사람들의 오감을 놀랍게 하는 기적에 쉽게 잘못된 종교로 빠져들지 않도록 그분의 위엄을 알리는 죽지 않는 천사들을 통해 대단히 숭고하고 확실하며 특별한 기적을 행하셨다. 그렇다면 진리가 거짓보다 훨씬 더 놀라운 기적으로 전해지는데도 진리를 선택하지도 따르지도 않을 만큼 분별없는 사람이 어디 있겠는가?

전설에는 이교도 신들이 보여준 신비한 기적들이 많이 담겨 있다. 이를테면 동물의 기형적 출생이나 비정상적인 기상 현상처럼 다만 사람을 놀라게 하거나 해를 끼치는 일이며 가끔씩 알려지지 않은 자연적 원인으로 일어나는 일들이다. 사람들은 이런 현상을 마귀들과 교류하거나 그들의 속임수가 담긴 술수로써 나타나기도 하고 사라지기도 한다고 잘못 믿어 왔다. 내가 말하려 하는 것은 신의 섭리에 따라 질서 잡힌 세상에서 우주가 담고 있는 알려지지 않은 원인으로 때때로 일어나는 현상이 아니라, 마귀들이 위력과 권세로 일으키는 일들이다. 예컨대 아이네이아스가 트로이에서 도망칠 때 가지고 나온 수호신 우상이 홀로 이곳저곳 옮겨 다녔다는 이야기,*13 타르퀴누스가 면도칼로 숫돌을 잘랐다는 이야기,*14 아이스쿨라피우스가 배를 타고 로마로 갈 때 에피다우루스의 뱀이 떨어지지 않고 함께 갔다는 이야기,*15 프리기우스 땅의 여신 신상을 옮기던 배가 남자들과 황소들이 아무리 잡아끌어도 꼼짝 않다가 한 소녀가 정절의 증거로 허리띠를 배에 묶어 당기자 움직였다는 이야기,*16 순결을 의심받는 한 처녀가 티베르 강에서 구멍이 뚫린 체로 물을 가득 퍼 올려 의심을 풀었다는 이야기*17 따위들이다. 이런 이야기들은 웅장함이나 위력에서 볼 때 성서에 쓰인 하느님 백성에게 일어나는 기적과는 결코 비교 대상이 될 수 없다.

그렇다면 이교도인들마저 법률로 금지시키고 처벌해야 한다고 여기는 마법과 주술은 하느님 백성들에게 일어난 기적에 비할 수 없다. 그리고 이런 마법이나 주술로 일어난 일은 보기만 해도 인간의 감각을 유혹한다. 루카누스는 달 크기가 작아지는 원인을 이렇게 말했다.*18

"달을 기울게 함으로써 식물들에게 큰 영향을 미치게 한다."

그러한 마법과 마술은 감각을 자극하는 환상일 뿐이다. 그 일부가 믿음이 깊은 자들이 행한 것과 결과상 비슷하게 보인다 하더라도 그 목적은 저마다 다르며, 그 목적으로 인해 우리 그리스도교 기적이 비교할 수 없을 만큼 뛰어나다는 사실이 밝혀진다. 왜냐하면 앞에서 말했듯이 많은 신들은 기적의 대가로 제물을 요구하지만, 우리에게서 아무런 제물을 요구하지 않는 하나뿐인 하느님이 기적으로 뚜렷하게 실체를 드러내기 때문이다. 또한 하느님은 성경에서 이교도들처럼 제물을 바치는 제사들을 거절하셨다.

따라서 만일 어떤 천사들이 자신들에게 제물을 바치라고 요구한다 해도, 우

---

*13 발레리우스 막시무스 《기억할 만한 공적과 격언에 대한 9권의 책》 1, 8, 7.
*14 리비우스 《로마사》 1, 36.
*15 발레리우스 막시무스, 앞의 책, 1, 8, 2.
*16 오비디우스 《달력》 4, 305 이하.
*17 발레리우스 막시무스, 앞의 책, 8, 1, 5.
*18 루카누스 《파르살리아》 6, 506 참조.

리는 그들을 위해서가 아니라 천사들이 받드는 세상의 창조주 하느님을 위해 제사를 올리도록 바라는 천사들을 선택해야 한다. 왜냐하면 그 천사들은 제사로 그들 자신이 아니라 결코 떨어져 본 적이 없는 하느님께로 우리를 이끄려 하기 때문이다. 또한 어떤 천사들이 하나뿐인 신이 아니라 자기들이 섬기는 여러 신들에게 우리가 제사 드리기를 바란다 할지라도, 우리는 다른 어떤 신도 섬기지 않고 그분께만 경배 드리라 명하는 천사들을 선택해야 한다.

더욱이 오만함과 거짓으로 드러나듯, 만일 그들이 선한 천사도 아니고, 자신들에게 제물을 바치길 바라는 사악한 악령들이라면, 선한 천사들은 우리 스스로 산 제물이 되어 하나뿐인 하느님을 따르라 한다. 이런 천사를 선택하는 것 말고 어떤 더 좋은 방법이 있겠는가?

제17장 구약성서에서 볼 수 있는 '증표의 궤짝'

신들 가운데 하나뿐인 진정한 하느님만이 거룩한 경배를 받아야 한다고 명령한 하느님 율법은 천사들이 전해 주었다. 언약 궤짝이라고 불리는 상자 안에 놓여 있었다(출애 25 : 10~16). 하느님의 응답이나 인간이 감각으로 느끼는 상징이 궤짝 안에 느껴진다 해도, 모든 의식을 통해 숭배받는 하느님이 궤짝 안에 갇혔거나 있는 것이 아니라 그분의 의지 증표가 거기에서 나타남을 의미한다. 율법 또한 하느님 손으로 석판에 새겨져 앞에서 말한 것처럼 제사장들이 넓은 벌판을 돌아다니다가, 똑같이 언약의 천막이라고 불리는 천막과 함께 합당한 예우를 갖추어 옮겨온 상자 속에 놓여졌다. 그리고 돌아다니는 동안 낮에는 구름으로 밤에는 불처럼 비추는 조짐이 나타났다. 구름이 움직일 때마다 천막을 거둬서 구름이 멈추는 곳에 설치했다(출애 13 : 21, 40 : 34 이하 참조).

이 율법에는 내가 앞에서 말한 것과, 계약의 궤짝이 있던 장소에서 들려온 목소리 말고도 여러 큰 기적이 일어나 증거가 되었다. 신의 백성이 약속의 땅으로 들어갈 때 계약의 궤짝이 요단강을 가로질러 운반될 때 강 상류에서는 물이 멈추고 하류에서는 빠르게 흘러내려 계약의 궤짝뿐만 아니라 사람들도 마른 땅 위를 지나갈 수 있었다(여호 3 : 15 이하 참조). 그리고 이교도들의 풍습으로 많은 신들에게 기도하는 마을이 첫 적대자로 나타났지만 그 마을 둘레를 계약의 궤짝이 일곱 바퀴 돌자 공격하거나 철퇴로 내려치지 않았는데 마을 벽이 갑자기 무너져 내렸다(여호 6 : 15 이하 참조). 나중에 신의 백성이 약속의 땅에 살 때 그 백성들이 저지른 죄에 대한 징벌로 계약의 궤짝을 적들에게 빼앗겼다. 그것을 빼앗은 적들은 계약의 궤짝을 자기들이 섬기는 신의 신전 안에 두고 문을 잠갔다. 그러나 다음 날 신전 문을 열었을 때, 자기들이 섬기던 신의 우상이 땅에 쓰러져 볼품없게도 부서져 있었다. 그리고 이번에는 적들 페르시아인이 많은 재앙에 괴로워하다가 훨씬 부끄러워해야 할 징벌을 받고 나서야 계약의 궤짝을 본디 주인에게 돌려주었다. 그런데 그들이 계약의 궤짝을 돌려준 방법은 이러했다. 계약의 궤짝을 수레에 실어 암소 2마리가 끌도록 하고 그 소들이 키우던 어린 송아지들은 가둔 뒤 신의 힘을 시험하고자 소들 마음대로 가게 했다. 그런데 소들은 누가 끌거나 방향을 가르쳐주지 않았는데도 헤브라이인이 있는 곳으로 가서 언약 궤짝을 섬기는 자들에게 가져 왔다.

이러한 기적은 하느님에게는 별것 아니었지만 사람들을 두렵게 하고 건전한 가르침을 베푸는 데 충분한 힘을 지녔다. 앞에서 말한 것처럼 철학자들, 특히 플라톤학파 철학자들은 이런 세속적인 일과 가치 없는 일까지 모두 신의 섭리에 따라 다스려진다고 가르치면서 동물의 몸뿐 아니라 식물과 잡초에서도 볼 수 있는 균형 잡힌 여러 아름다움을 증거로 들었기 때문에 다른 철학자들보다 뛰어난 통찰력을 가졌다고 존경받는다. 그렇다면 하늘과 땅과 땅밑 세계에 있는 어떤 존재에게도 제물을 바치지 못하도록 해야 한다. 또 우리가 사랑하고, 우리를 사랑하면서 행복하게 하시는 하느님에게만 제사를 올리도록 명령하는 종교를 권장하는 예언된 시기에 일어나는 이런 일들이 얼마나 뚜렷하게 신성의 존재를 입증하고 있는가?

하느님은 제물을 바쳐야 할 때를 지정하고, 또 제물이 좀 더 나은 제사장 예수 그리스도를 통해 한결 나은 곳으로 가리라는 예언을 하셨다. 그분은 제물을 바라서가 아니라 그 제물로써 더 중요한 다른 것이라 암시하셨다는 것을 증명했다. 이 모든 일은 하느님이 찬양을 받기 위해서가 아니라, 하느님의 사랑의 불길로 우리가 그분을 섬기고 또 그분께 의지함으로써 그분보다는 오히려 우리 자신에게 도움이 되도록 하기 위해서다.

제18장 구약성서에서 말하는 기적은 절대적 신빙성을 지닌다

이교도들 가운데 누군가 구약성서에 쓰인 기적들은 일어난 적도 없으며, 기록도 거짓이라 말할지도 모른다. 누구든 이렇게 말하면서 기적에 대해 쓰인 어떠한 기록도 믿을 수 없다고 주장하고 나아가 이교도 신들은 누구도 이 세상 인간을 걱정하지 않는다고 주장할는지 모른다. 하지만 실제로는 제사를 올리라고 이런 신들이 사람들에게 강요한 것은 다른 것이 아니라 기적을 보여서이며 이교도 역사가 이를 입증한다. 이교도 신들은 자신들이 놀라운 존재라 과시는 하지만 무슨 도움이 되는지는 알리지 않았다. 따라서 이 책을 10권까지 쓰면서 어떠한 신적 능력도 없다고 주장하거나 신적 능력이 인간 생활에 관계치 않는다고 말하는 이들*19을 공박하지 않았다.

이런 이들은 우리 하느님이 보이지도 변하지도 않으며 이 세상의 창조주이고 나아가 행복한 생명의 원천은 피조물이 아니라 신 자신이며 하느님이야말로 아낌없이 주시는 분이라는 사실을 모른다. 하느님의 예언자는 이렇게 말했다. "하느님께 가까이 있는 것이 내게는 복이니 내가 주 여호와를 나의 피난처로 삼아 주의 모든 행사를 전파하리이다"(시편 73 : 28). 가장 높은 선 문제는 철학자들 가운데 논쟁이 계속되고 있으며 의무에 어울리는 여러 행동은 그것을 이루기 위해서가 아니면 안 된다.

그러나 이 예언자는 "재물을 많이 소유한다거나 왕의 용포를 입거나 왕관을 쓰는 게 복이다" 말하지 않았다. 몇몇 철학자들*20은 부끄러운 줄도 모르고 육체적인 쾌락을 즐기는 게 복이라 말하지만 좀 더 나은 철학자들*21처럼 "나의 혼이 뛰어난 것이 복이다" 말하지도 않았다. 그는 "하느님께 돌아가는 것이 나에게는 선이다" 말했다. 그는 거룩한 천사들이 우리에게 기적을 증거로 내세우며 하나뿐인 신에게 제물을 바쳐야 한다는 그분에게 이 사실을 배웠다. 그러므로 그는 스스로 하느님 제물이 되었고, 하느님의 영적 사랑이 그를 불태웠으며 성스러운 기도로써 이루 말할 수 없는 영적 포용으로 나아갔다.

그러나 많은 신들을 섬기는 사람들은 그 신들의 성격을 어떻게 파악하든 기적을 신들이 일으켰다고 믿는다. 나라 역사나 마술책 또는 그들의 관점에서 좀 더 품위 있는 접신술 책에 기록된 사실을 믿는다. 그렇다면 구약성서에서 우리에게 경배 드리라고 가르치는 그분이야말로 모든 신들보다 위대하시니 믿을 수밖에 없는데 성서에 기록된 기적들을 믿는 것만을 거부하는 이유는 무엇

---

*19 에피쿠로스학파.
*20 키레네학파.
*21 스토아학파.

인가?

제19장 보이는 희생은 보이지 않는 희생의 조짐이다

이런 보이는 제물을 다른 신들에게는 바쳐도 좋지만, 다른 모든 신들보다 위대하고 훌륭하며 보이지 않는 하나뿐인 하느님에게는 그에 걸맞게 더욱 위대하고 뛰어나며 보이지 않는 제물, 그러니까 순수한 마음과 선한 의지를 바치는 게 좋다고 말한다. 하지만 그들은 소리 나는 언어가 사물을 표현하듯이 이런 눈에 보이는 제물이 보이지 않는 제물의 상징이란 사실을 모른다. 그러므로 우리는 기도하고 찬미할 때 우리 마음속에서 우러나는 감정을 하느님께 드리는 것처럼 뜻있는 언어를 하느님께 바친다. 이처럼 제사를 올리면서 우리 마음속에서 보이지 않는 제물로 우리를 바쳐야 하는 그분에게만 보이는 제사를 올린다는 사실을 이해해야 한다. 바로 그때 선함과 경건함으로써 더욱 강력한 능력을 가진(시편 103 : 20) 천사들, 그러니까 모든 초능력적인 권세들이 기쁜 마음으로 우리를 바라보고 우리와 더불어 기뻐하며 힘닿는 한 우리를 돕는다.

그렇지만 천사들에게 이런 제물을 바치려 해도 그들은 받지 않는다. 처음부터 그들이 인간들 앞에 나타날 때 제물을 받는 일이 금지돼 있다. 성경에 그것을 나타내는 몇몇 실례가 나와 있다. 어떤 사람들은 하느님에게 기도를 올리거나 제물을 바치듯, 천사들에게도 똑같이 해야 한다고 생각했다. 그러나 천사들은 그렇게 하지 못하도록 막았으며 그런 일이 하나뿐인 하느님에게만 드려야 한다는 것을 알기에 사람들에게 그렇게 하도록 명령했다(판관 13 : 16 ; 묵시 19 : 10). 제물은 하나뿐인 하느님에게만 올려야 한다는 것을 알고 있었다.

하느님의 거룩한 사람들은 거룩한 천사들의 이런 점을 본받았다. 바울과 바나바는 루스드라에서 아픈 사람을 치료하는 기적을 일으켰다. 그러자 루스드라 사람들은 그들을 신으로 여기며 제물을 바치려 했다. 그러나 두 사람은 겸손하고 경건한 마음으로 거절하며 오히려 신을 믿으라 가르쳐 주었다(사도 14 : 7 이하).

그런데 자신에게 제물을 바치라 강요하는 거짓된 천사들은 그것이 하나뿐인 하느님에게만 허락된 일임을 알았기에 그렇게 하도록 요구했다. 왜냐하면 포르피리오스나 이교도들이 말했듯이(제10권 11장 참조), 거짓 천사들은 제물의 시체 냄새가 아니라, 오히려 신적인 영예를 받기 좋아하는 것이기 때문이다.

그들은 이곳저곳에서 온갖 나쁜 냄새를 받으므로 바란다면 얼마든지 구할 수 있다. 그러므로 신령의 몸으로 제물을 요구하는 이들은 시체에서 풍기는 나쁜 냄새가 아니라, 속아서 자신들을 따르는 사람들의 혼을 바라는 것이다. 신이 아닌 다른 존재에게 인간이 제물을 바치면 하느님에게 스스로를 바칠 수 없게 되므로, 참된 하느님에게로 나아가는 길이 막혀버린다.

제20장 가장 고귀하고 참된 희생을 한 예수 그리스도

참된 중개자는 그래서 종의 모습(필립 2 : 7)을 취하시고 하느님과 인간들의 중개자(1디모 2 : 5)가 되었다. 인간 예수 그리스도는 하나뿐인 하느님 모습으로 성부와 함께 제물을 받으신다. 그러나 그분은 제물을 받기보다는 종의 신분으로 제사에서 제물이 되기를 바란다. 그렇게 해서 사람이 피조물에게 제사를 올려야 한다는 생각을 갖지 못하도록 했다. 예수 그리스도는 이렇게 해서 제사를 올리는 제사장이면서 자신이 신에게 바쳐지는 제물이 되기도 한다. 중개자는 언제나 교회에서 바치는 제물이 진실을 나타내는 것이어야만 하고 나아가서 교회는 그를 머리로 삼은 몸이기에 그분을 통하여 교회가 스스로를 바치는 법을 배운다. 기독교인들이 과거에 올린 제사들은 이런 참된 제사의 다채롭고도 다양한 상징이었다. 한 가지 일이라도 질리지 않으려면 이런저런 방법으로 표현해야 되는 것처럼, 제사도 온갖 모습으로 나타났다. 그리고 예수 그리스도라는 참된 제물 앞에서 모든 거짓된 제사들은 의미를 잃어버리고 만다.

제21장 순교자에 의한 악령의 정복

시간이 한정되고 신의 의지에 따라 언제 일어날지도 미리 정해졌지만 마귀들이 다음과 같은 권세를 마음대로 휘두른 일이 있었다. 그것은 마귀들이 하느님 나라에 맞서 폭군처럼 아래 사람들을 부채질하여 그 나라에 대한 적대감을 불러일으키도록 내버려두기 위해서였다. 또 스스로 제물을 올리는 사람들에게 제물을 받을 뿐만 아니라 싫어하는 사람들에게도 끈질기게 강요하여 제물을 받을 권한을 위임받았다. 하지만 그러한 권한은 미리 정해진 제한된 기간 안에서만 이루어진다. 이 권한은 교회에게 나쁜 영향을 미치지 않을뿐더러, 오히려 순교자들의 수를 채워주어(묵시 6 : 11 참조) 교회에 이롭다. 하느님 나라는 순교자들이 신을 두려워하지 않는 죄에 맞서 피 흘리며(히브리서 12 : 4 참조) 싸울수록 이들을 영광스럽고 명예로운 시민으로 대우해 준다.

만일 교회의 관습적 언어에 어긋나지 않는다면, 우리는 이런 순교자들을 한 결 고귀한 의미에서 '영웅'이라 부를 것이다. 영웅이라는 단어는 그리스어로 헤라라고 불리는 유노에서 비롯되었기 때문이다. 그리스 신화에 따르면 그 여신의 아들 가운데 한 명이 헤로스라고 불렸다.[*22] 이 신화는 유노가 마귀와 헤로스 하늘과 땅 사이에서 지낸다는 뜻을 나타낸다. 여기에서 영웅이란 헤로스는 무언가 공로를 세운 뒤 죽은 자의 영혼을 말한다.

앞에서 말했듯이 만일 교회 언어 관습이 허락한다면, 우리는 정반대 이유로 순교자들을 영웅이라고 부르려 한다. 그것은 순교자들이 공중에서 마귀들과 오랫동안 살기에 그렇게 부르는 것이 아니라, 이런 마귀 또는 공중의 권세 잡은 자들(에페 2 : 2 참조)과 거기에 있는 유노를 포함한 세력을 정복했기 때문이다. 유노라는 이름이 무엇을 뜻하든 문제가 아니다. 시인들은 곧잘 유노를 덕성과는 원수지간이며, 하늘에 오르려고 애쓰는 용감한 사람들을 시기하는 여신으로 그려낸다. 그런데 베르길리우스는 반대로 불행하게도 여신에게 머리를 숙이며 복종했다. 그는 유노에게 "나는 아이네이아스에게 정복당하고 마는구나."[*23] 말하게 했으면서도, 헬레누스가 아이네이아스에게 이렇게 종교적인 충고를 하게 한다.

"유노에게 마음을 담아 성스러운 약속을 바쳐라. 간절한 마음의 공물을 바쳐 여왕의 마음을 사로잡아라."[*24]

포르피리오스는, 자기 의견이라기보다는 다른 사람의 의견이라 말했지만 선한 신이나 선한 영혼이 인간을 찾아오려면 반드시 먼저 악한 영혼을 진정시켜야 한다고 말했다. 이것은 앞에서 말한 헬레누스의 충고와 같은 근거를 가진 것으로 이교도 철학에서는 악한 신령의 능력이 선한 신령의 능력보다 더 크다는 말이다. 다시 말하면, 악한 신령들을 진정시켜 자리를 양보하도록 하기 전에는 선한 신들이 아무런 도움도 주지 못한다는 의미이다. 악령들이 저항하면 선한 신들은 어쩔 도리가 없지만, 악령들은 선한 신들에게서 맞설 힘이 있기에

[*22] '영웅'과 헤라(Hera)는 관련이 없고 헤로스는 정체불명이다. 아우구스티누스는 분명하게 헤라를 aer(공기)와 연관시켰다.

[*23] 베르길리우스 《아이네이스》 7, 310.

[*24] 같은 책, 3, 418 이하.

얼마든지 우리에게 해를 끼칠 수 있다.

그러나 이것은 진실로 참되고 거룩한 종교가 아니다. 우리 순교자들은 유노, 곧 경건한 사람들의 덕을 시샘하는 공기 중의 권력자를 이긴 것은 이런 방식이 아니다. 관용적으로 이렇게 불러도 괜찮다면 우리 영웅들이 혜라를 정복할 수 있었던 까닭은 간절한 바람을 담은 제물을 바친 게 아니라 신성한 덕목이 있었기 때문이다. 스키피오는 무예와 용맹으로 아프리카를 정복했기에 아프리카누스라는 별명으로 불린다. 만일 그가 제물로 적을 달래 그들의 자비를 얻었다면 그런 이름에 어울리지 않았을 것이다.

제22장 악령의 정복과 참된 구원으로 가는 길

하느님을 믿는 사람들이 경건함을 적대시하며 대항하는 공중 세력을 물리친 것은 참된 경건함 때문이다. 그리고 백성들은 그들을 달래지 않고 물리쳤다. 사람들은 적들의 적의로 가득 찬 공격에 맞서 자신들이 굳게 믿는 하느님에게 기도함으로써 무찌른다. 왜냐하면 공중 세력(마귀)은 죄를 지은 사람이 아니면 어느 누구라도 이기거나 복종하여 따르게 할 수 없기 때문이다. 그러므로 사람의 모습을 가졌으며 죄를 짓지 않고 살아 온 예수 그리스도에게 그 세력이 정복되었다. 제사장이자 제물인 그분에게서 죄를 용서받게 하셨다. "하느님과 사람의 중재자도 한 분뿐이신데 그분이 바로 사람으로 오셨던 그리스도 예수"(1디모 2 : 5)를 통하여 속죄가 효력을 얻었다. 우리는 죄가 씻겨지고 하느님과 화해하게 되었다. 인간은 오로지 죄 때문에 하느님과 떨어지게 되었다. 이 세상에서 우리가 많은 죄로부터 정화되는 것은 우리 덕목과 능력 때문이 아니라 하느님의 자비와 관용 덕분이다. 왜냐하면 우리가 가진 것은 아무리 사소한 것이라도 하느님께서 자비심으로 우리에게 주셨기 때문이다. 우리는 우리 영혼이 육신을 떠나는 그날까지 끊임없이 신의 용서 아래서 사는 게 아니면 이 세상에서 육체를 지니고 사는 동안 자신의 힘을 과신하고 오만함에 빠질 것이다. 그래서 중개자 그리스도를 통하여 이 은혜가 우리에게 허락됐으며 죄지은 육신에 더럽혀진 우리가 똑같이 죄지은 육신(로마 8 : 3)으로 정화된다. 우리는 하느님이 당신의 크나큰 사랑을 보이신 이 은총을 통해 현세의 삶에서는 믿음으로 다스려지고, 다음에 올 세상에서는 변하지 않는 진리의 형상에 힘입어 온전한 완성으로 인도된다.

제23장 혼의 정화에 대한 포르피리오스의 견해

포르피리오스는 태양이나 달에 아무리 기도를 해도 혼이 정화되지 않는 사실이 신탁으로 확인되었다고 주장한다. 포르피리오스가 이런 말을 한 목적은, 우리가 아무 신들에게 제물을 바친다고 혼이 깨끗해질 수 없다는 점을 뚜렷이 하기 위해서라고 한다. 그러면 하늘 신들 가운데 가장 존중받는 태양과 달에게 아무리 기도해도 인간을 정화하지 못한다면 누구에게 기도를 해야 우리가 정화될 수 있는가? 포르피리오스는 우주를 지배하는 '여러 원리'가 정화해 준다고 말한다. 이것은 태양과 달에 아무리 기도를 드린다고 정화될 수 없다 하더라도, 다른 신들에게 제물을 바치면 깨끗해질 수 있을지도 모른다는 생각을 없애기 위해서이다.

포르피리오스처럼 플라톤 학자들이 말하는 '여러 원리'*25가 무엇을 뜻하는지 우리는 알고 있다. 그는 성부 하느님 그리고 그가 그리스어로 성부의 지성 또는 정신이라고 부르는 성자 예수 그리스도를 말한다. 하지만 성령에 대해서는 명확하게 말하지 않았다. 포르피리오스가 성부와 성자의 중간에 위치하는 지금 하나 있는 존재에 대해 말하는데 그것이 무엇을 뜻하는지 나는 모르겠다. 왜냐하면 그가 세 가지 원리적인 존재들*26에 대해 논의하는 엔네아데스 1편에서 플로티노스가 말한 것과 같은 관점을 그도 가졌으며 우리에게 이 세 번째가 영혼 본성과 비슷하다고 이해하기를 원했다면, 그는 성부와 성자의 중간 자리를 이야기하지는 않았을 것이다. 플로티노스는 영혼 본성을 성부의 지성 다음에 두고*27 그와는 반대로 포르피리오스는 중간이라 말했으니 성부와 성자의 뒤가 아닌, 그 가운데에 자리하게 된다. 의심할 바 없이 그는 자신이 가진 모든 힘을 다해 아니면 처음부터 의도했는지에 상관없이 우리가 성령이라고 부르는 것, 곧 성부나 성자뿐만 아니라 이 둘 모두 영이라 말한 게 된다. 실제로 철학자들은 이렇게 멋대로 말하면서 아주 어려운 문제들까지도 믿음을 가진 이들의 귀에 거슬리거나 상처 입히는 것은 관여하지 않는다. 그러나 우리

＊25 원리들 또는 시작(그리스어로는 archai). 알렉산드리아의 키릴은 신플라톤주의의 삼위일체를 이렇게 설명한다. "플라톤은 신의 본질이 세 종류의 실체로 흘러나온다고 말했다. 곧 최고 신은 선한 존재이고, 두 번째로 창조주가 있고, 세 번째로는 세상의 혼이 있다."

＊26 플로티노스 《엔네아데스》 45, 1.

＊27 플로티노스 《엔네아데스》 45, 6.

그리스도인들은 그에 대한 문제들에 대하여 경건치 못한 견해를 낳지 않도록 정해진 규범에 따라 말해야 한다.

제24장 인간의 몸으로 나타난 말씀이야말로 우리들을 정화한다

따라서 신에 대해 말할 때 철학자들과는 다르게 우리는 둘 또는 셋, 신이 있을 수는 없기에 둘이건 셋이건 복수의 원리가 존재한다 말하지 않는다. 더욱이 삼위일체 저마다의 위치에 대해 말할 때 사벨리우스파의 이단론*28이 말하는 것처럼 성부가 성자와 하나라든가 성령이 성부 및 성자와 같다고 말하지 않는다. 성부는 성자의 성부이고, 성자는 성부의 성자이며, 성부와 성자의 성령은 성부도 아니요 성자도 아니기 때문이다. 그러므로 플라톤학파 철학자들은 여러 원리를 말하여 잘못에 빠졌다. 오직 하나의 근원으로 정화된다는 주장이야말로 진리이다.

그러나 포르피리오스는 부끄러워하면서도 뚜렷하게 반론하지 못한 채 이런 시기심 많은 악령들 힘에 굴복하고 그리스도가 인간의 모습으로 내려와 우리를 정화시켜 주는 단 하나의 원리임을 인정하지 않았다. 뿐만 아니라 인간의 모습으로 오신 그리스도를 경멸했다. 하지만 그 육체야말로 우리를 정화해 주기 위한 제물이다. 물론 포르피리오스가 이런 위대함을 이해하지 못했던 것은 그의 교만 때문이다. 우리의 참되고 자비로운 중개자는 죽어야 하는 인간들 앞에 그들과 같은 모습으로 자신을 스스로 드러내는 겸손함으로 이런 교만을 뒤엎었다.

거짓되고 사악한 중개자들이 영원한 존재로 죽음과 거리가 멀기에 죽어야 하는 존재들을 돕겠다고 거짓 약속을 해서 비참한 인간들을 속이고 자기들의 우월함을 뽐내려 했다. 따라서 선하고 참된 중개자는 죄가 악할 뿐 육신의 존재나 본성은 악하지 않다고 몸소 보이셨다. 육신은 인간의 영혼과 함께 아무 죄 없이 창조되고 유지되며, 죽음과 함께 버려지지만, 부활을 통해 좀 더 나은 것으로 바뀌기도 한다. 또한 그분의 죽음은 스스로 죄가 없음에도 우리를 위해 입으신 죄로 인한 형벌이다. 그분은 죄를 무겁게 만들면서 피하지 말고, 끝까지 의를 위하여 인내해야 하는 것임을 직접 보이셨다. 그분이 죽음으로써 우

---

*28 3세기 초기 하느님을 단일하고 눈에 보이지 않는 위격으로 설명하려던 로마의 이단론. 이들은 삼위(三位)를 신적 행동의 연속적 양식으로 설명했다.

리가 지은 죄를 용서 받을 수 있었던 까닭은 그분 죽음이 단순한 죄에 대한 형벌이 아니기 때문이다.

그런데 플라톤 학자 포르피리오스는 그리스도가 근원이라는 사실을 미처 깨닫지 못했다. 왜냐하면 깨달았다면 그는 그리스도를 정화의 모든 것으로 인정했어야 한다. 사실 근원은 그리스도의 육신도 아니고 인간의 혼도 아니며, 오직 세상 모든 것이 생겨난 말씀이다. 따라서 그리스도의 육신은 그 자체로 우리를 씻기는 게 아니라 "말씀이 육신이 되어 우리와 함께 계셨는데"(요한 1 : 14)라고 할 때 말씀이 갖는 그 덕성으로 정화된다. 그리스도께서 자기 살을 먹으라고 말씀하시자 미처 그 숨겨진 뜻을 이해하지 못한 사람들은 충격을 받아 "이렇게 말씀이 어려워서야 누가 알아들을 수 있겠는가?"(요한 6 : 60) 말하고 눈살을 찌푸리며 떠나가자, 그분은 남아 있는 사람들에게 "살게 하는 것은 영이며 육신은 아무런 도움이 되지 않는다"(요한 6 : 63) 대답했다.

따라서 인간의 영혼과 육신을 지닌 바탕인 그리스도는 믿는 자들의 영혼과 육신을 정화한다. 유대인들이 그분에게 "당신은 누구시오?" 묻자 그분은 "나는 근원이니라"[*29](우리말 번역은 "처음부터 너희에게 말하여 온 자이니라.") 대답했다. 육체를 둘러쓰고 나약한 우리 인간은 죄를 저지르기 쉽고 무지의 어둠에 에워싸여 있으므로 우리의 본디 모습과 본디가 아닌 모습을 수단으로 그분에게 정화되고 치유되지 않았다면, 이것을 이해할 수도 없었으리라. 인간의 몸으로 오신 그리스도 안에는 인간 본성이 있었으나 의롭고 죄가 없었던 반면, 우리는 인간으로서 결코 의롭지 않았다. 이것은 타락하고 의지할 데 없는 자들에게 손을 내미는 매개체이다. 또한 이것은 "천사들을 통해 마련된"(사도 7 : 53) 자손이었다. 그들의 중재로 하나뿐인 하느님을 섬기도록 명령하며 이 중개자가 온다고 약속한 율법이 주어졌다.

---

*29 "당신은 누구시오?"라는 물음에 그리스도가 답변하는 요한 8 : 25의 그리스어 번역어는 그 뜻이 모호하다. 이 말은 "내가 너희들에게 처음에 말한 것"을 의미할 수도 있고, "내가 도대체 어째서 너희에게 말하는가?"라는 뜻일 수도 있다. 라틴어판 성서에서는 아우구스티누스와 마찬가지로 principium(ten archen을 "처음으로" 또는 "at all"로 옮김)을 주어로 보고 "나는 근원이다"라고 옮김으로써 또 다른 모호함을 남겼다.

제25장 시편 73의 의의

히브리인들에게 율법이 주어지기 전이나(그때도 하느님과 천사들은 가르침을 베풀었다) 율법 시대에서도 의롭고 경건한 삶으로써 정화된 사람은 이런 사실을 믿었기 때문이다. 또한 율법은 영적인 일을 예시하는 것인데 육체의 이익을 약속한다고 생각했으며 그 때문에 이제는 구약이라 불린다.

그 시절에도 천사들의 중개로 전해진 약속을 말한 예언자들은 있었다. 그 가운데 내가 앞에서 말했듯이 "하느님 곁에 가까이 있는 것이 나에게 복이다"(시편 73 : 28)*30 구절대로 인간이 바라야 하는 가장 높은 선에 대한 훌륭하고 숭고한 주장을 한 사람도 있었다.

시편에서 보이는 이 구절에는 다음에서 말하는 지은이의 말에서 알 수 있듯 구약과 신약의 구분이 명확하게 드러난다. 시편의 지은이는 육체와 관계있으며 나아가선 이 세상 이익의 약속이 경건하지 못한 이들에게 넘치도록 주어진 것을 눈앞에서 보고 감히 신을 무시하려 하는 이들이 자신이 신에게 바란 행복으로 가득 찬 것을 접하고 스스로 신을 따른 건 헛수고였다는 생각이 들어 "내 다리가 잘못하면 휘청거려 잘못된 길에 들어설 뻔했다"(시편 73 : 2) 이렇게 말했다. 그는 왜 그러했는지 그 까닭을 납득하려고 애썼다. 이 문제를 살펴보며 노력을 기울이다가 마침내 하느님의 성소에 들어서기까지 했다. 그곳에서 행복하게만 보이던 자들의 끝을 깨달았다고 말한다.

그즈음 그는 시편에서 볼 수 있듯 그들은 으스대던 자만 때문에 스스로 파멸했고, 그들의 악행 때문에 스스로 황폐해지고 멸망했다. 사람이 잠에서 깨어나 꿈속에서 보았던 모든 즐거움이 허황된 꿈이었다는 사실을 깨달았으며 현세적인 번영이 모두 꿈같다는 사실을 깨달았으리라. 그리고 그들은 땅 위나 땅위 왕국에서 스스로 매우 위대한 사람처럼 보였을 것이다. 그래서 "주님, 당신은 그들을 미끄러운 언덕에 세우셨고 파멸하게 하셨습니다" 말한다.

또한 그는 이 세상의 복마저 모든 것을 다스리는 권능을 가지신 참되고 하나뿐인 하느님에게 바라는 것이 올바르다고 생각했다. "저는 당신 앞에서 한 마리 짐승이었습니다. 그래도 저는 당신 곁을 떠나지 않았나이다" 말했다. 여기서 그가 자신은 '짐승'이었다고 말한 것은 자신이 어리석었다는 뜻이다. 그는

---

*30 아우구스티누스는 시편 17~28절 구절을 계속해서 알기 쉽게 풀이한다.

이렇게 말한다.

"저는 불경스런 자들과 함께 가질 수 없는 것들을 당신에게서 구하고자 했어야 합니다. 그러나 저는 불경스런 자들이 이런 재물을 풍족하게 누리는 모습을 보고는 당신을 섬긴 일이 헛수고였다는 생각이 들었습니다. 그럼에도 저는 늘 당신과 함께 있었나이다. 왜냐하면 저는 그들이 누리는 물질을 탐하면서도 다른 신들을 찾지는 않았으니 말입니다."

시편은 계속해서 이렇게 말한다. "내가 항상 당신과 함께 하니 당신께서는 나의 오른손을 잡아 주셨나이다. 당신의 교훈으로 나를 이끌어 주시고 후에는 영광으로 나를 받아들여 주시리다"(시편 73 : 23~24).

그는 불경스런 자들이 세속적인 이익을 누리는 모습을 보고 그만 좌절할 뻔했다. 이 세상의 부가 그의 왼손에 있는 축복인 것처럼 시사한다. 그리고 "하늘에서는 당신밖에 누가 나에게 있겠습니까. 땅에서도 당신밖에 나의 사모할 분 없나이다"(시편 73 : 25) 말했다. 그는 자신을 꾸짖고 나아가서는 자기혐오에 빠진다. 왜냐하면 하늘에서는 위대한 선을 얻게 될 텐데 나중에 그가 깨달은 것처럼 이 세상에서 신의 품안에 들어가지 못하게 하는 위험한 것, 더럽혀질 대로 더럽혀진 행복을 좇았기 때문이다. 그는 "내 마음의 신이여 내 육신과 마음은 몹시 약해졌다" 말했다. 약해졌다는 말은 이 세상의 하등한 일을 버리고 하늘에 있는 높은 것으로 가려는 좋은 약함을 말한다. 그러므로 다른 시편을 보면 "내 영혼이 야훼의 궁정을 사모하여 쇠약해짐이여"(시편 84 : 2), "나의 영혼이 당신의 구원을 사모하기에 피곤하오나 나는 오히려 당신의 말씀을 바라나이다"(시편 119 : 81) 말한다. 그러나 그는 앞에서 보았듯이 자신의 육체와 마음이 매우 약해진다고 말하며 "내 마음과 육체의 하느님"이라 하지 않고 "내 마음의 하느님"이라 덧붙였다. 왜냐하면 육신은 마음을 통해 정화되기 때문이다. 따라서 주님께서는 "너는 먼저 안을 깨끗이 하라. 그리하면 겉도 깨끗하리라"(마태 23 : 26) 말씀하셨다.

이어서 시편의 지은이는 하느님에게서 무언가가 나오는 것이 아니라 "하느님은 내 마음의 반석이시오 영원한 몫이시라"(시편 73 : 26) 하면서 하느님을 '자기 몫'이라고 말한다. 인간이 선택에 맡겨진 여러 것 가운데 하느님을 선택해야 한다고 정했기 때문이며 "당신을 멀리 하는 자는 망하리니, 당신을 버리고 떠난 자를 당신께서 멸하셨나이다"(시편 73 : 27) 말한다. 여기서 떠난 사람은 많은 신들을 섬기는 사람을 말한다. 그래서 이런 구절이 나온다. "하느님께 가는 것이 나에게는 선이다." 이 말은 하느님을 멀리하지 말고, 다른 신들을 받드는 일은 선이 아니라는 뜻이다. 내가 이 시편에 다른 구절을 언급한 이유는 바로 이 말을 하기 위해서이다. 그리고 신에게 간다는 말은 속박당하지 말아야 할 것에서 해방되었을 때 처음으로 완전한 것이 된다는 뜻이다.

그러나 우리는 현재 시편의 지은이가 말하는 대로 "우리 소망을 하느님 안에" 두어야 한다. 그런데 사도 바울은 이렇게 말했다. "눈에 보이는 것을 희망하는 것은 소망이 아니니 눈에 보이는 것을 누가 바라리요? 만일 우리가 보지 못하는 것을 바라면 참음으로 기다릴 따름입니다"(로마 8 : 24~25).

이제 우리는 이 소망에 마음을 맡겼으니 시편에서 지은이가 한 말을 실행에 옮겨 하느님 뜻을 널리 전하고 그분의 영광과 감사를 찬양해야 한다. 그리하여 "우리 소망을 하느님께 두나이다" 말한 뒤, 계속하여 "내가 시온의 딸의 성문 앞에서 당신을 향한 모든 찬미를 내가 선포하리라"(70인역 참조) 그가 덧붙였다. 딸 시온이란 바로 가장 영광스러운 하느님의 나라이며 거기서 하나뿐인 하느님을 믿고 숭배한다. 그 나라는 거룩한 천사들이 이미 알렸으며 우리가 이 나라의 시민이 되기를 바랐다. 우리가 천사들을 신인 줄 알고 섬기는 것은 천사가 의도한 바가 아니며, 그들의 하느님이자 우리의 하느님인 하나뿐인 신께 다 함께 숭배드리기를 바란다.

천사들은 우리가 자기들에게 제물을 바치길 원하는 게 아니라, 우리가 천사들과 함께 하느님 제물이 되기를 바란다. 따라서 악의적인 고집을 버리고 이런 사정을 생각해본 사람이라면 누구든지 의심할 리가 없다. 천사들은 우리를 시기하지 않고 오히려 사랑하며 우리가 자기들처럼 복되기를 바란다. 또한 모든 행복하고 영원한 영들, 천사들이 우리를 시기한다면 그들에게 행복은 없다는 뜻이 된다. 우리가 자기들에게 제물을 바치고 숭배하는 것보다 그들과 함께 성부와 성자와 성령이신 하나뿐인 하느님을 섬길 때 천사들은 우리를 지켜주고 더 큰 도움을 준다.

제26장 포르피리오스는 참된 신과 마귀 사이에서 흔들리고 있다

어째서 그랬는지 잘 모르겠지만, 포르피리오스는 주술을 쓰는 친구들을 부끄럽게 여겼다. 그는 내가 앞에서 말한 하나뿐인 신 숭배를 잘 이해하고 있었지만 그 생각으로 많은 신들을 받드는 것은 옳지 못하다는 데까지 이르지 않았으니 말이다. 실제로 포르피리오스는 신의 일을 예언하는 천사들이 땅 위로 내려와 주술사에게 신적인 진리를 전달하고, 다른 부류 천사들은 하느님 아버지의 높음과 깊음에 대해 널리 알린다고 하였다.

그렇다면 참된 덕목이나 참된 하느님 은혜에 적대적인 권세가들을 상대로 자유롭게 말하지 못하는 이유가 무엇인가? 이상한 술수를 쓰는 주술사를 찾아가는 이들과, 하느님의 뜻을 널리 알리는 천사들이 어떻게 다른지 구분했다. 그런데 무슨 까닭으로 주술사에게 신적 진리를 알리는 명예를 주었는가? 그들이 성부의 뜻을 널리 알리지 않는다면 어떠한 신적 계시로 내릴 수 있겠는가? 그들은 다른 이들의 영혼이 정화되지 못하도록 질투심 많은 사람의 기도를 들어주는 마귀들이 아닌가?(10권 9장 참조) 정화되기를 바라는 착한 사람도 그들의 굴레를 벗어던지게 할 수 없으며 그들에게 자유도 주지 못한다. 여전히 사악한 의식으로 유혹하며 아주 큰 호의라도 베푸는 것처럼 이런 비정상적인 피해를 주는 마법을 보이는 주술사들이 기분 나쁘게 하지 않으려고 아무것도 모르는 체하고 있는가? 뻔뻔스럽게도 이 질투심 많은 권력자들, 아니 마치 전염병 같은 것들, 당신의 판단대로 주인이라기보다는 종이라고 해야 더 알맞은 것들을 하늘 꼭대기까지 올려놓으려 하는가? 그리고 이들을 별에 머무는 신들 사이에 두어 별자리에까지 모욕을 주는 게 부끄럽지도 않은가?

제27장 포르피리오스의 불경함은 아풀레이우스의 오류를 뛰어넘었다

아풀레이우스는 포르피리오스의 동료로 열렬한 플라톤학파이지만 이 사람이 저지른 오류는 그래도 인간적이고 참을 만한 수준이었다. 아풀레이우스는 좋건 싫건 마귀들이 병든 정념과 정신의 혼란으로 움직인다고 하지만 그 마귀들이란 달에서 나와 달 아래 머문다. 틀림없이 그는 마귀들을 숭배한다. 하지만 에테르계에 머무는 한결 높은 신들, 해나 달 그 영역에 있는 별처럼 밝은 빛을 내뿜는 게 보이는 신들이건 있다고 일컬어지는 보이지 않는 신들이건 이 신들은 그러한 감정의 오점에서 면제시키려고 노력했다.

인간의 악덕을 에테르 공간 및 천상 높은 곳에까지 끌어올리고, 그렇게 함으로써 주술사들이 신에게서 신적 계시를 받도록 가르친 그대의 스승은 플라톤이 아니라 칼데아인 선생들이다. 그러나 그대는 그대의 지적 생활 때문에 신적 계시에 버금가는 지혜를 가졌다고 생각한다. 자신이 철학자이니 주술을 쓸 필요가 없다고 느낀다. 그러나 그대는 스승들에게 은혜를 갚기 위해 다른 사람들에게 정화 의식을 권한다. 그대는 철학자가 되지 못한 이들을 속여서 높은 차원의 지식을 가진 그대에게는 필요 없다고 말하는 일들에 그들이 빠져들게 만들었다. 그러므로 너무나 어렵다는 이유로 철학적 소양을 지니지 못한 대중들은 그대의 권위가 지시하는 대로, 지적인 부분이 아니라 그보다 떨어지는 영적 부분에서 정화하려 주술사들에게 기대도록 만들었다.

또한 철학 연구를 싫어하는 사람들이 비할 수 없을 만큼 많기 때문에, 더 많은 사람들을 플라톤 학교로 보낸 게 아니라 오히려 은밀하고 불법적인 선생들에게 배우도록 보냈다. 당신은 에테르의 신들이라고 행세하는 불결한 마귀들을 선전하는 사자가 되었다. 그들은 당신에게 이렇게 약속했다. 주술로 혼이 영적으로 정화된 사람은 하느님 아버지께 갈 수는 없어도 공기보다 높은 곳에 있는 에테르 신들과 함께 살리라 약속했다.

그리스도는 마귀에게 지배당하는 수많은 사람들을 풀어 주기 위해 땅 위로 오셨다. 그 사람들은 이런 가르침에 귀를 기울이지 않는다. 왜냐하면 그들은 그리스도 안에서 정신과 영과 육신이 은혜로운 정화를 찾았기 때문이다. 그리스도는 죄라는 질병으로부터 모든 사람을 회복시키기 위해 죄가 없음에도 불구하고 인간의 모든 본성을 두르셨다. 그대가 만일 그분을 알았다면, 그대가 병을 낫기 위해 나약하고 불완전한 인간 덕목이나 해롭고 괴이한 술수에 기대기보다 그분께 자신을 맡겼더라면 좋았을 것이다. 결코 그분은 그대를 속이지는 않는다. 당신 스스로 보여주듯이, 그대의 신탁들도 그분의 거룩함과 영원함을 인정했으니 말이다.

가장 유명한 시인도 시로 그분에 대해 말했다. 베르길리우스가 이렇게 노래했다. "당신께서 우리의 향도가 되실 때 우리가 지은 모든 죄의 흔적이 사라지리라. 그리고 이 세상은 영원한 두려움에서 벗어나리라."[31]

그 의미는 분명 덕성과 정의에서 크게 진보를 이룬 사람도 죄 자체는 아니더라도 죄의 흔적은 땅 위 생명의 연약함 때문에 남아 있다. 그리고 그 흔적은 이 시가 확실히 나타내는 구세주에게 의지하지 않으면 안 낫는다. 베르길리우

---

*31 베르길리우스《전원시》4, 13~14.

스는 이런 일을 자신의 힘으로 말한 게 아니다. 그 점은 같은 시집 네 번째 행을 보면 알 수 있다.

"쿠마이 시가에서 예언한 마지막 시대가 이미 찾아왔느니라."

이로 미루어 보아 그것이 쿠마이 신탁*32에서 나왔음이 틀림없다. 하지만 그러한 주술사들 아니 오히려 신들의 모습으로 꾸민 마귀들은 인간 혼을 정화시키지 않는다. 반대로 환영을 보여주며 인간을 속이고 거짓 형상을 만들어 인간을 홀리며 더럽힌다. 왜냐하면 이미 더럽혀진 영을 가진 마귀들이 어떻게 인간의 영혼을 정화시킬 수 있겠는가? 만일 그들의 영혼이 깨끗하다면, 간사한 인간의 주문에 절대로 걸리지 않을 것이며 그들에게 받으리라 기대하는 헛된 은혜를 심한 두려움 때문에 억제하거나 자신과 닮은 이를 질투해서 거절하지 않았으리라.

우리들은 주술사의 정화로는 지성적 혼, 곧 우리 정신은 주술로 깨끗해질 수 없다. 그대가 우리 혼의 영적인 부분이나 열등한 부분이 주술로 깨끗해진다고 주장하더라도 그런 방법으로는 영원하고 죽지 않을 수 없다는 사실을 인정만 하면 그것으로 충분하다.

그리스도는 영원한 생명을 약속했다. 따라서 그대가 크게 분노하고 당황하더라도, 세상 사람들은 그리스도에게로 몰려든다. 하지만 그대는 사람들이 주술로 길을 잃고, 많은 사람들이 어리석고 터무니없는 가르침에 속았다는 것뿐만 아니라 모든 잘못된 행위 가운데 무엇보다 두드러진 간절한 바람과 제물을 바쳐 천사들과 권력자들에게 의지하는 일임을 부인하지 못했다. 그래서 당신은 그런 주술에 시간을 투자하는 게 결코 헛된 일이 아니라고 속여서 사람들을 주술사들에게 보내 지성적 혼을 따라 살지 않는 사람들의 혼을 주술로 정화시킬 수 있는 것처럼 보이도록 한 일은 무슨 이득이 있는가?

제28장 포르피리오스는 그리스도의 참된 지혜에 맹목적이었다

포르피리오스 당신은 사람들을 아주 뚜렷한 잘못 속으로 밀어 넣으면서도 그 눈에 띄는 악행을 부끄러워하지 않았다. 당신은 지혜와 덕을 사랑하는 사람이라고 공개적으로 말했다. 만일 당신이 정말로 진실된 마음으로 그것들을 사

---

*32 쿠마이 신탁은 이 책 18권 23장 주석 참조.

랑한다면, "메시아시며 하느님의 힘이며 하느님의 지혜"(1고린 1 : 24)인 그리스도를 인정했을 것이고, 헛된 지식을 자랑하며 그분의 겸손한 구원에 맞서지도 않았을 것이다.*[33] 그럼에도 당신은 헛되게도 고생하면서 배운 주술이나 의식의 도움 없이도 금욕의 덕을 취한다면 영혼도 정화할 수 있다고 공언했다.

그 뿐만 아니라 당신은 때때로 이런 의식이 죽은 뒤 혼을 위로 끌어올리는 게 아니라 그것은 당신이 영적이라 부르는 영혼의 부분에조차 이 세상에서의 삶이 끝난 뒤 아무런 이득도 주지 않는다. 그럼에도 이런저런 수단을 동원해 의식에 대해 말하며 내가 보기에는 그것이 하나뿐인 대상이라며 계속해서 관계된다. 그것은 오로지 불법적인 술수에 호기심을 보이는 사람들을 보고 재미있어 하거나, 그들이 이런 술수에 더욱 빠져들도록 부추기기 위해서임이 분명하다. 하지만 당신이 이런 술수를 금하는 법령(제7권 35장 참조)이건 그러한 행위에 포함된 위험성 때문이건, 어쨌든 그것을 경계해야 한다고 말해야 한다. 나는 그 술수를 믿는 배우지 못하고 능력 없는 사람들이 적어도 이 경고를 듣고 완전히 빠져들지 않도록 물러서고 앞으로 접근조차 하지 않기를 바란다!

분명 당신 말은 무지와 무지에서 비롯된 많은 악덕은 어떤 의식을 해도 정화되지 않고 오직 파트리코스 누스, 곧 하느님 아버지의 의지를 가진 아버지 하느님의 정신이나 지성으로만 정화된다. 하지만 당신은 그것이 바로 그리스도라는 사실을 믿지 않는다. 당신은 오히려 그분이 한 여인에게서 받은 육체를 가졌기에, 십자가에서 수치를 당했기에, 그분을 비웃지만 당신은 모든 낮은 것을 업신여기고 물리치며 더 높은 곳에서 오는 숭고한 지혜를 붙잡는 힘이 있는 사람이 되려 한다. 그렇지만 그리스도는 거룩한 예언자들이 예언한 것들을 모두 이루셨다. "나는 지혜롭다는 자들의 지혜를 없애버리고 똑똑하다는 자들의 식견을 물리치리라"(이사 29 : 14, 1고린 1 : 19 인용). 그분이 없애버리고 허무하게 만든 지식이란 그분이 그들에게 받은 것이 아니라 그들이 그리스도로부터 받지 않았는데 자신들 것이라 말하는 그것이다. 그래서 사도는 그 예언자의 증언을 인용하면서 이렇게 덧붙였다.

그러니 이제 지혜로운 이가 어디 있고 학자가 어디 있습니까? 또 이 세상의 이론가는 어디 있습니까? 하느님께서 이 세상의 지혜가 얼마나 어리석은지 보

---

*[33] 옛 전승에 따르면, 포르피리오스는 그리스도인이었다가 배반한 사람이었다.

여주시지 않았습니까? 이 세상은 자기 지혜만으로는 하느님을 알 수 없습니다. 이것이 바로 하느님의 지혜입니다. 그래서 하느님께서는 전도의 어리석음으로 당신을 믿는 사람들을 구원하시기로 기꺼이 마음먹으셨습니다. 유대인들은 기적을 바라고 그리스인들은 지혜를 찾지만 우리는 십자가에 달리신 그리스도를 베풀고 전할 따름입니다. 그리스도가 십자가에 못 박혔다는 것은 유대인들에게는 꺼려지고 그리스인들에게는 어리석게 보이는 일입니다. 그러나 유대인이나 그리스인이나 할 것 없이 하느님 부르심을 받은 사람들에게는 그가 바로 메시아이시며 하느님의 지혜입니다. 왜냐하면 하느님께서 하시는 일이 사람들 눈에는 참으로 어리석어 보이지만 사람들이 하는 일보다 훨씬 지혜롭고, 하느님 힘이 사람 눈에는 약하게만 보이지만 사실은 사람보다 강하기 때문입니다(1고린 1:20~25). 스스로의 힘으로 지혜롭고 강하다 생각하는 사람들은 연약하고 어리석어 보인다며 업신여겼다. 그렇지만 이것은 교만하게 제 복을 자랑하지 않고 오히려 진정한 비참함을 겸손하고 진실되게 인정하는 약한 자들을 낮게 해주는 은혜이다.

제29장 인간의 몸으로 나타난 그리스도는 플라톤학파가 경건하지 못함을 부끄럽게 만들었다

당신의 주장에 따르면 하느님 그리고 당신이 하느님의 지성 또는 정신이라고 부르는 그분의 아들, 그리고 이 둘 사이에 있는 분, 당신은 이것을 성령이라 말한다. 이들은 당신들 관습대로 세 신이라 불린다(제10권 24장 참조). 여기서 당신은 미숙한 용어를 사용하지만, 어쨌든 어느 정도, 빈약한 상상의 그림자를 따라 이뤄야 할 목표를 보는 게 된다. 그러나 우리가 믿고 또는 아무리 작아도 이해하는 것들에 이르러 구원을 바라는 변치 않는 하느님 아들이 사람의 모습으로 이 땅에 오셨다는 사실을 알려고도 않는다. 따라서 당신들은 아주 멀리 떨어진 곳에서 흐려진 눈으로 우리가 이르러야 할 하느님 아버지의 나라를 보고 있지만 그곳에 이르는 길 위에 있지는 않다.

그럼에도 당신은 어쨌든 지성의 힘으로 하느님께 이르는 일이 소수에게만 허락된 일이라 했으니, 분명 은혜의 존재를 부정하지 않았다. 당신의 주장은 "몇몇 사람들이 그것을 바랐다" 하지 않고, "허락된다" 말했으므로, 인간 능력만으로 넉넉히 해낼 수 있다고 주장한 게 아니라 하느님 은혜를 나타내려는 것이다. 뿐만 아니라 당신은 플라톤 가르침을 따라*³⁴ 당신 자신마저 아무런 의심 없이 지금 이 세상에서 인간은 완전한 지혜에 이를 수 없지만 하느님 섭리와 은혜에 기대면 지성적으로 살아가는 사람들은 죽은 뒤 모든 부족한 것들이 채워진다고 생각했기에 점점 더 명확하게 '은혜'라는 단어를 사용하게 된다.

아, 당신이 만일 우리 주 예수 그리스도를 통해 하느님 은혜를 알았더라면, 그리고 그리스도가 인간 혼과 육신을 받아 이 땅에 오신 은혜의 가장 높은 증표임을 알 수 있었다면! 나는 어떻게 해야 좋단 말인가? 나는 죽은 사람에게 이야기 해봐야 소용없음을 알고 있지만 그것은 당신에게만 소용이 없을 뿐, 당신이 결코 배우지 말았어야 했을 술수에 대한 호기심 때문에 또는 지혜에 대한 사랑 때문에 당신을 존경하고 좋아하는 사람들에게는 헛된 일이 아닐 것이다. 다시 말해, 내가 당신에게 '이제는 없다', '비난을 담아서' 말하는 상대는 이런 사람들이다. 하느님 은혜는 하느님의 하나뿐인 아들 스스로 변하지 않는 존재에 머물면서 인간성을 입고 인간의 모습으로 중개자가 된 일로 인간들에게 사랑의 영혼을 스며들게 하여 우리에게 권했고 그보다 큰 은혜로운 모습은 어디에도 없다. 그러한 사랑으로 인간에게 그분께 이르는 길이 주어졌다. 또한 우리는 죽을 목숨에서 영원한 생명을 가진 존재로, 변하는 존재에서 변하지 않는 존재로, 의롭지 못한 존재에서 의로운 존재로, 비참한 존재에서 행복한 존재로 나아갈 수 있다.

하지만 그는 창조에 따라 우리 속에 행복과 영원한 존재가 되려하는 마음이 생기게 했다. 그분 스스로는 행복한 분이시면서도 우리들이 사랑하고 바라는 것을 주기 위해 죽음의 성질을 받아들여 그 괴로움을 견디며 우리가 두려워하는 것을 멸시해야 한다고 가르치셨다.

그러나 당신이 이 진리를 받아들이려면 반드시 겸손해야 한다. 그리고 겸손이야말로 당신들, 철학자들의 고집을 꺾기가 매우 어렵다. 그렇다고 신이 인간의 영혼과 신체를 받아들였다는 명제를 왜 못 믿는 것인가? 특히 이미 인식한 일을 믿도록 스스로를 다독이는 게 마땅한 당신들이 왜 믿기 어려운가? 적어도 플라톤학파인 당신들은 인간의 혼이나 다름없는 지성적 혼에 커다란 가치를 두며 그것이 아버지 하느님의 정신, 당신들이 성자라 부르는 그분과 본질이

---

*34 예를 들어 플라톤 《파이돈》 66~7B 참조.

같을 수 있다고 주장한다.

그렇다면 그리스도가 지성적 혼 하나로 많은 사람들을 구하기 위해 말로 표현하기 어려운 방법으로 받아들였다는 것은 왜 믿지 못한단 말인가? 하지만 육신이 혼과 하나가 되어 전체로 완전한 인간이 된다는 사실은 우리 본성 자체가 증거로 알려진 일이다. 이런 현상이 잘못된 일이라면, 분명 너무나 믿기 어려울 것이다. 인간과 신의, 변하는 것과 변하지 않는 것 사이마저 영과 영의 연결을 생각하는 편이 또는 당신들 용어에 따르면 신체와 비신체적인 것이 서로 결합된다고 믿는 게 훨씬 더 쉽기 때문이다.

아니면 당신들을 머뭇거리게 만드는 것은 처녀에게서 태어났다는 일 때문인가? 그러나 당신들은 이러한 사실에 당황해서는 안 된다. 오히려 신비한 분이 신비로운 방법으로 태어났다는 사실을 믿고 우리의 신앙을 받아들여야 한다. 아니면 당신들은 그 육체를 죽음으로 버리고 부활해서 더 뛰어난 모습으로 변해 썩지 않고 죽는 일 없이 천상으로 옮겨간 사실을 믿기 어려운 것인가? 당신들은 아마 이 신앙을 거부할 것이다. 왜냐하면 내가 이미 많이 인용했다. 혼이 하늘나라로 돌아가는 것에 대해 쓰인 책 속에서 포르피리오스가 거듭 말했던 것, 그러니까 혼이 행복해져서 신과 함께 하기 위해서는 인간은 모든 육신으로부터 달아나야 한다고 말했다는 것을 당신들은 잘 알고 있기 때문이다. 그러나 고쳐야 하는 것은 오히려 그런 견해를 가진 사람들이다. 특히 이 눈에 보이는 세상이자 거대한 물질 덩어리에 속한 혼에 대해서 너무나 믿기 어려운 일을 당신들이 그와 함께 생각하는 것을 보면 말이다. 당신들은 플라톤의 권위에 의지하여*[35] 이 보이는 세상은 살아 있으며 행복한 생물이라 말하고 나아가 당신들은 영원하다고 말한다. 만일 혼이 행복해지기 위해 모든 육신으로부터 도망쳐야 하는 게 진실이라면, 육신으로부터 해방될 수 없는 세상이 어찌 행복을 누릴 수 있겠는가? 또한 당신들은 그 책 속에서 보이는 태양과 다른 별들도 물체이며, 모든 사람들이 당신들과 더불어 그 점을 아무 망설임 없이 인정하며 증명한다고 말했다. 뿐만 아니라 당신들이 더욱 깊은 지식이라 여기는 것을 바탕으로 태양과 별들은 가장 행복하며 그 물체 그대로 영원한 생명이라 일컫는다.

---

*35 플라톤 《티마이오스》 30 이하.

그렇다면 시대가 변해 그리스도교 신앙이 당신들을 설득하면 이제까지 논의하며 이야기해왔던 것을 잊고 또는 아무것도 모르는 것처럼 행동하는 이유는 무엇인가? 당신들 스스로가 모순이라 느끼면서도 그 견해들 때문에 그리스도인이 되기를 거부하는 까닭이 무엇인가? 그리스도가 천한 모습으로 오셨기에 당신들이 거만하게 굴었다고 생각할 수밖에 없다. 부활할 때 기독교인들의 육신은 어떻게 되는가는 그리스도교 성물, 성서에 정통한 사람들 사이에서 열심히 논의되는 대상이지만 우리는 육체가 영원히 썩지 않으며 그 성질은 그리스도 스스로 부활해서 보여준 본성을 따른다는 점을 조금도 의심치 않는다.

하지만 그것의 성질이 어떻든 부활한 육체는 결코 썩지 않고 죽지 않으며 하느님과 이어지는 혼의 관조적 태도를 방해하는 게 없다고 주장할 수 있다. 당신들은 천계에는 죽지 않는 육체가 존재하며 그것은 행복하다고 말한다. 그렇다면 당신들은 무슨 이유로 행복하려면 모든 육체적인 것에서 벗어나야 한다고 말하면서 그것이 그리스도교 신앙을 이성적으로 거부하는 근거라 생각하는가? 다시 말해 그리스도는 겸손하고 당신들이 교만한 게 아니라면, 당신들은 어찌하여 그리스도교 신앙으로부터 도망치기 위해 그럴듯한 이유를 찾고 있는가?

아니면 당신들은 잘못을 바로잡기 부끄러운가? 하지만 그것은 오만한 사람이 아니라면 나쁘다 여기지 않는다. 하긴 학식 있는 사람들은 플라톤의 제자이기를 버리고 그리스도의 제자가 되는 것을 부끄럽게 여긴다. 그리스도는 성령을 가지고 어부 한 사람에게 지혜를 가르치며 다음처럼 말하도록 가르치셨다.

"태초에 천지가 창조되기 전부터 말씀이 계셨다. 말씀은 하느님과 함께 계셨고 하느님 그 자체셨다. 말씀은 태초에 천지가 창조되기 전부터 하느님과 함께 계셨다. 모든 것은 말씀을 통하여 생겨났고 이 말씀 없이 생겨난 것은 이 세상 어디에도 없다. 생겨난 모든 것이 그에게서 생명을 얻었으며 그 생명은 사람들의 빛이었다. 그 빛이 어둠 속을 비추고 있다. 그러나 어둠이 빛을 이겨본 적은 없다"(요한 1 : 1~5).

이는 '요한의(According to John)'라고 불리는 성복음서 앞부분이다. 나는 한때 성직자였다가 이제는 밀라노 성당 주교가 된 심플리키아누스에게서 곧잘 들

었는데 그 말에 따르면*36 어떤 플라톤학파 사람이 금문자로 써서 이 복음서
를 모든 교회에 높은 단에 걸어두어야 한다고 늘 말했다고 한다. 그러나 그 위
대한 신은 "말씀이 사람이 되셔서 우리 안에 계셨는데"(요한 1 : 14)라는 이유로
거만한 사람들 눈에는 가치 없는 게 되어버렸다. 그 결과 비참한 피조물들은
자기들이 병에 걸렸다고 말하는 것만으로는 만족하지 못하고 오히려 그 질병
을 뽐내며 병을 낫게 할 수 있는 인간적 방법인 의술을 부끄러워해야 한다. 왜
냐하면 그 의술은 사람들을 정상적인 상태로 회복시키는 것이 아니라 오히려
더욱 큰 괴로움과 아픔을 주기 때문이다.

제30장 포르피리오스는 플라톤의 가르침을 거부하거나 고쳤다

플라톤의 후계자가 스승의 가르침은 어느 것 하나 고칠 게 없다 이야기했는
데도, 포르피리오스는 어찌하여 적지 않게 수정을 한데다가 중요치 않은 부분
을 바꾼 건 무슨 이유인가? 플라톤이 인간의 혼이 죽은 뒤, 땅으로 돌아가 동
물 신체 속으로까지 들어간다고 쓴 것은 틀림없는 사실이다. 포르피리오스의
스승 플로티노스*37도 이 견해를 지지했다. 하지만 포르피리오스는 그것을 정
당하게도 반박했다(13권 19장 참조). 그는 인간의 혼은 죽은 뒤 돌아오지만 그
것은 인간 육체 속이며 자신이 떠났던 육체가 아니라 다른 새로운 육체 속으
로 들어간다고 주장했다. 그는 아무래도 플라톤의 가르침을 신봉하는 것은 부
끄러워했는지 어머니가 노새가 되어서 돌아와 아들을 등에 태우면 곤란해진
다는 이유를 말했다. 그러나 어머니가 소녀로 돌아와 제 아들과 결혼할지도 모
른다는 가르침을 신봉하는 것은 부끄러워하지 않았다.

성스럽고 진실한 천사들이 가리킨 것은 얼마나 바른 가르침으로서 믿을 것
인가? 이는 하느님의 영에 이끌린 예언자들이 말했으며, 먼저 보내진 사신들이
구세주가 오시리라 예언한 그분과 그분이 보내 복음으로 온 세상을 가득 채운
사도들이 말한 것이다. 나는 말한다. 죽은 뒤에 혼이 단 한 번만 자신의 육체로

---

*36 Simplicianus. 기원후 400년 사망. 그는 373년 암브로시우스의 세례를 준비했다. 그리고 아우
구스티누스가 신플라톤학파 빅토리누스의 개심 이야기를 하는 부분에서 말한 바대로(《고
백록》 8, 2, 3~4 참조) 아우구스티누스의 회심에 직접적인 영향력을 끼친 인물이다. 그는
397년 밀라노의 주교가 되었다.

*37 플라톤 《파이돈》 81E ; 《국가》 10, 619D — 620B ; 《티마이오스》 42C ; 플로티노스 《엔네아
데스》 3, 4, 2.

돌아간다는 가르침은 몇 번이나 다른 육체로 돌아간다는 가르침보다도 얼마나 바르다고 믿을 수 있겠는가? 그럼에도 내가 앞서 말했듯이, 포르피리오스는 이 문제에 대해 인간의 혼은 인간 안으로만 들어간다고 생각해 동물의 육체는 감옥이라는 견해를 피하는 것에 망설임이 없었던 점은 상당 부분 더 옳았다.

포르피리오스는 또 신(神)이 혼을 이 세상 속에 준 것은, 혼이 물질계의 악을 알고 하느님 아버지께로 되돌아가 두 번 다시 그런 것을 접해서 더러워진 채로 머물지 않기 위함이라고 말한다. 그의 생각은 여기서 어느 정도 사실과 다른 부분이 있다. 혼이 신체에 주어진 것은 선을 이루기 위함이며 그것을 이루지 않는다면 악도 알 수 없기 때문이다. 그러나 그는 다음 점이 다른 플라톤 학파의 견해를 바꾼 것이며 그것은 중요하지 않은 게 아니었다. 왜냐하면 혼이 모든 악으로부터 정화되어 하느님 아버지가 계신 곳으로 이르렀다면 다시는 이 세상 악을 겪을 일은 없다고 인정했기 때문이다. 이렇게 생각함으로써 죽은 사람이 살아 있는 사람으로부터 생겨나듯 살아 있는 사람도 죽은 사람으로부터 생겨난다는 주장[38]은 플라톤주의의 가장 주된 주장을 완전히 뒤엎어버렸다. 그리고 베르길리우스가 플라톤을 따라 말했다고 여겨지는 다음 말이 잘못되었다고 했다. 정화된 뒤 행복한 사람들의 환희를 뜻하는 시적인 표현 엘리시움으로 보내진 혼은 과거를 잊기 위해 레테의 강으로 불려가는 데 그 이유는

"기억을 잃어버린 혼들은 다시 한 번 육체로 돌아가기를 바라며 하늘의 천장을 가만가만 바라보리라."[39] 이렇게 되어 있다.

포르피리오스가 이런 가르침을 거부한 것은 참으로 옳은 일이다. 완전히 확실하게 영원히 살지 않는다면 진정으로 행복할 수 없다. 삶을 버리고 혼이 한 번 더 죽어가는 육체로 더럽혀지길 바라며 마치 가장 높은 정화란 오욕을 바라는 것이라는 듯 그곳을 떠나 이 육체로 돌아오는 일은 믿기에 너무 어리석다. 완전히 정화된 결과 모든 악을 잊어버리고 그 망각의 결과로 다시 한 번 악에 물든 육체를 바라게 된다면 최고의 행복은 불행의 원인이 되고 지혜 완성은 어리석음의 원인이 되어, 가장 순결한 깨끗함이 더러움의 원인이 되고 말리라. 또한 혼의 행복이 아무리 오랫동안 지속된다 할지라도 행복해지기 위해 속아야만 한다면 진리 위에서는 행복할 수 없다. 왜냐하면 편안함이 없는 곳에

＊38 플라톤 《파이돈》 70C 이하 참조.
＊39 베르길리우스 《아이네이스》 6, 750 이하.

행복이 존재하지 않는데, 편안하기 위해서는 행복이 영원히 이어지리라는 거짓된 생각을 가져야만 하기 때문이다. 그 생각은 언젠가 불행도 될 수 있다.

하지만 그렇다면 기쁨의 이유가 거짓인 사람에게 어떻게 진리를 바탕으로 한 기쁨이 있을까? 포르피리오스도 이런 사실을 알고 있었다. 그래서 그는 혼이 용서를 받고 아버지 곁으로 돌아가 두 번 다시 악과 접촉하여 오염되지 않는다고 말했다. 따라서 같은 것에서 나와 같은 것으로 돌아가는 순환을 피할 수 없다는 일부 플라톤학파 견해는 거짓이다. 만일 그게 사실일지라도 우리가 알아서 어떤 이점이 생기는가? 아마도 그들은 자신들이 완전히 정화되어 오롯이 지혜를 얻은 뒤에 더 좋은 삶속에서 얻는 어리석음, 즉 거짓을 믿음으로써 행복해진다는 무지함을 우리는 이미 이 세상에서 얻었다.

이런 말을 하는 것이 아주 터무니없고 어리석다면, 포르피리오스의 가르침 쪽이 행복과 불행을 끊임없이 교차하는 것을 바탕으로 혼이 순환한다는 주장보다 더 뛰어나다고 봐야 한다. 그렇다고 한다면, 이처럼 한 플라톤학파가 플라톤에서 멀어진 것은 참으로 다행이다. 그는 플라톤이 보지 못한 것을 알았다. 그는 아주 뛰어나고 권위 있는 스승의 제자이면서, 사람보다는 진리를 선호했기 때문에 스승의 오류를 수정하는 일도 마다하지 않았다.[40]

제31장 인간의 혼은 신처럼 영원하다는 플라톤학파의 논의

인간의 힘만으로는 탐구해서 밝혀낼 수 없는 문제가 있는데 우리는 그것에 대해서 왜 오히려 신의 힘을 믿지 않는가? 혼 자체도 다른 피조물들처럼 하느님과 함께 영원하지 않고, 한때는 존재하지 않았던 피조물들은 하느님의 힘으로 창조되었다. 플라톤학파는 이를 믿으려 들지 않았다. 그 이유는 과거에도 늘 존재하지 않았던 것은 앞으로도 영원하지 않다고 생각했기 때문이다. 그렇지만 플라톤은 우주에 대해 이야기하며 하느님께서 만드신 우주의 신들을 이야기할 때 그는 신들에게 존재하기 시작했다는 것, 그리고 처음을 가졌음을 확실히 주장했다. 하지만 그는 그것이 끝을 가졌다고 말하지 않고 오히려 창조자의 전능한 의지에 따라 영원히 이어진다고 생각했다.[41]

---

[40] "플라톤도 나의 친구이지만, 진리는 더욱 친한 친구이다." 키케로 《투스쿨룸에서의 논쟁》 1, 17, 39.

[41] 플라톤 《티마이오스》 41B.

그러나 그들은 도망칠 길을 찾아 이 말은 시간의 시작이 아닌 기원의 뜻으로 시작을 의미한다고 풀이했다. 그들은 말한다. "발이 영원에 이르기 전부터 땅을 밟고 있었다면, 그 밑에는 언제나 발자국이 남겨져 있었을 것이다. 그러나 어느 누구도 이 발자국이 발의 주인에 의해 만들어진 것을 의심하거나, 발자국이 발의 누르는 힘으로 만들어졌다고 할지라도 어느 한 쪽이 다른 쪽보다 앞서지 않았음을 의심하지는 않을 것이다." 또 그들은 이렇게 말한다. "우주와 그 안에서 만들어진 신들은 그들의 창조사와 함께 이미 존재했기 때문에 그 전부터 늘 존재했던 것이고 만들어진 것이기도 하다."

그러면, 혼이 늘 존재했다면 그 비참함도 언제나 존재했다고 말해야 하는가? 하지만 그렇지 않고 영원하지 않던 무언가가 언젠가 혼속에서 존재하기 시작했다면, 왜 전에는 없었던 혼 자체가 갑자기 존재하는 것이 불가능한가? 나아가 포르피리오스가 인정했듯이, 혼의 행복 또한 여러 악을 겪은 뒤에 한결 굳세어지고 끝없이 이어지리라. 그러면 혼의 행복은 어느 순간 시작해 이전에는 행복하지 않았다 할지라도 앞으로는 행복할 것이다.

이처럼 시간의 시작점을 가지지 않는 것 말고는 어느 것도 영원하지 않다고 생각하는 주장들은 근거를 잃게 된다. 왜냐하면 혼의 행복은 시작이 있지만 끝이 없다는 사실이 뚜렷해지기 때문이다. 그러므로 인간의 나약함은 하느님 권위 앞에 무릎 꿇어야 한다. 그리고 우리는 참된 종교에 대해 저 행복하고 죽지 않는 혼들을 믿어야 한다. 그들은 자신들을 위해 영예를 바라지 않았지만 그 영예는 그들 하느님이자 우리 하느님인 분께 돌려야 한다는 것을 알았다. 그들은 또 오직 그분께만 제물을 바치도록 권한다. 우리들도 그들과 함께 신에게 바칠 제물이 되지 않으면 안 된다. 내가 이미 여러 번 말해왔으며 앞으로도 거듭 이야기하겠지만, 우리들 모두 제사장이 바쳐야 하는 제물이다. 그리스도는 인간을 받아들여 인간인 동시에 제사장으로서 죽으면서까지 우리를 위해 제물이 되기로 결의하셨다.

제32장 포르피리오스는 모든 사람이 구원받는 길을 찾아내지 못했다

이 종교는 영혼을 구원하기 위한 보편적인 길을 가졌다. 무슨 말이냐면 이 길 말고는 어떠한 영혼도 구원으로 가지 못하기 때문이다. 이 길을 왕의 길이라 부르는 게 좋으리라. 실제 그것은 잠시 위용을 떨치다 흔들리는 게 아니라 오히려 영원히 단단하게 서 있는 왕국으로 이끄는 오직 하나의 길이다.

그런데 포르피리오스는 《혼의 귀천》 제1권 끝에서도 이야기했지만, 혼 구원의 보편적인 길을 가진 가르침은 이제까지 어떠한 학파에서도 정설로 인정받지 못했다고 한다. 그것은 가장 참된 의미의 철학으로도 또는 인도인들의 도덕이나 학문, 칼데아인들의 마법에서도 심지어 다른 어떠한 방법으로도 만들지 못했다. 그 길이 역사적 탐구를 바탕으로 한 지식으로 성립한 적도 없었다고 한다. 따라서 그는 몇 가지 길은 있어도 자신은 아직 모른다고 말한 게 된다.

그렇기 때문에 그는 혼의 구원을 아무리 많이 열심히 배워도 자신이야말로, 아니 오히려 다른 사람이야말로 그것을 알며 가지고 있다고 생각되어도 만족하지 않았다. 왜냐하면 그는 이런 중대한 문제에 따라야만 어떤 행복의 권위가 자신에게는 없다고 느꼈기 때문이다. 실제로 그는 혼 구원의 보편적 길을 제시하는 학파와 철학을 만나지 못했다. 아무리 진정한 철학을 믿고 받드는 학파라도 그렇다 말하니 내가 보기에는 그들의 철학은 참된 게 아니거나 그 속에 구원의 길이 존재하지 않는다는 것을 그는 충분히 분명히 밝혔다. 그런데 이런 길을 가지지 않는 철학이 어떻게 참될 수 있는가? 혼을 구원하는 보편적 길이란, 그곳으로 지나가면 모든 혼들이 구원받고 그곳을 지나지 않으면 어떤 혼도 구원받지 못하는 길이 아닌가? 그리고 그는 여기에 덧붙여 "인도인들의 도덕과 학문으로도, 칼데아인들의 마법도, 그 밖에 어떠한 수단도" 이렇게 말했기에 그 혼을 구원하는 보편적인 길은 그가 배운 인도인의 가르침 속에도 칼데아인의 가르침 속에도 들어 있지 않다고 아주 분명하게 밝혔다. 특히 그는 자신이 늘 말해오던 신탁을 칼데아인에게서 빌려왔다고 말하는 것을 참지 못했다.

처음부터 포르피리오스는 영혼을 구원하는 보편적인 길을 무엇이라 생각했을까? 그는 그것이 어떤 참된 철학이나 신적인 위대한 권위를 가진 온갖 나라들의 가르침으로는 얻을 수 없다고 말한다. 그 이유는 이런 나라들이 역사적 탐구에 기초를 둔 지식을 성립시킨 것이 아니라 여러 천사들을 섬기며 간절히 바라고 미신적인 것에 호기심을 가졌기 때문이다. 한 나라에만 특별하게 주어진 것이 아니라 모두에게 공통되며 신적으로 주어진 길이 아니라면, 포르피리오스가 자신의 무지함을 인정한 보편적인 길이란 무엇인가? 범상치 않은 재능을 지닌 포르피리오스는 그러한 길이 있다는 사실만은 의심하지 않았다. 왜냐하면 그는 그 길이 없다고 말한 게 아니라 다만 신적인 섭리가 인간들에게 영혼을 구원하는 보편적인 길을 알려주지 않았을 리가 없다고 믿었기 때문이다. 그는 이런 길이 존재하지 않는다 말하지 않고, 이런 위대한 선과 도움이 아직 발견되지 않았으며 아직 그의 지식 속으로 들어오지 않았다고 말했다.

이것은 마땅한 일이다. 포르피리오스가 살았던 시대는 이런 혼 구원의 보편적인 길, 그리스도교가 우상숭배자와 마귀숭배자에게 박해받던 시대였기 때문이다.[*42] 그 박해는 섭리로 인정되어 있었다. 그리고 순교자들, 진리의 증인들 수를 일정하게 유지하기 위해, 그리고 그로 인해 모든 육체적 불행은 경건한 신앙과 진리의 가치를 위해 참아야만 한다고 세상에 알려야 했다. 포르피리오스는 이런 박해가 이어진다면 이 길이 머지않아 사라질 것이며, 영혼 구원을 위한 보편적인 길이 아니게 된다고 생각했다. 그러므로 그는 자신을 동요시켰으며 그가 그리스도인이 되지 못하도록 방해한 박해가 우리 종교를 확고하게 했으며 더욱 강력하게 북돋는 데 기여했다는 사실을 깨닫지 못했다.

그렇다면 혼을 구원하는 보편적인 길, 다시 말해 하느님의 숭고하신 자비로 여러 나라에 보편적으로 주어졌다. 그런데 이 길에 대한 지식이 이미 주어진 사람들 아니면 나중에 주어질 사람들은 "왜 이렇게 일찍 왔느냐", "왜 이렇게 늦었느냐" 물어서도, 물으려 해도 안 된다. 그것을 주신 분의 뜻은 인간의 이해력으로 도저히 헤아릴 수 없기 때문이다. 포르피리오스는 하느님의 이 선물을 아직 받지 못했으며, 자신의 지식이 되지도 않았다고 말했는데 그도 이 사실을 알고 있었다. 왜냐하면 아직 자신의 신앙으로 받아들이지 않은, 또는 아직 지식이 되지 않았다고 진리가 아니라 판단하는 일은 없기 때문이다.

나는 이렇게 말한다. 믿는 자들의 혼을 구원하는 보편적인 길이다. 신앙심 깊은 아브라함은 "세상 모든 사람들이 네 후손의 덕을 입고 축복받을 것이다"(창세 22 : 18) 하느님의 통지를 받았다. 아브라함은 칼데아인으로 태어났지만 이 약속의 말을 받아, "천사들을 통하여 중재자의 손을 거쳐 제정된"(갈라 3 : 19 참조) 후손이 그로부터 시작되기 위해 그 땅을 떠나 가족과 아버지의 집을 떠나라는 명령을 받았다. 영혼구원의 보편적인 길, 곧 모든 사람에게 주어진 길은 중개자, 그리스도 안에서 찾아야 했다. 이렇게 아브라함은 칼데아인들의 미신에서 구해져 하나뿐인 참된 하느님을 따르고 경배 드린 첫 인간이 되었다.

[*42] 포르피리오스는 233~301년 살았는데, 데키우스 박해는 249~51년, 발레리아누스 박해는 257~60년 일어났다.

그는 이 약속의 신을 믿었다. 다음은 거룩한 예언으로 말씀한 보편적 길이다. "하느님, 부디 우리를 어여삐 보시고, 축복을 내리소서. 웃는 얼굴을 우리들 위에서 비추어 주소서. 세상이 당신 길을 알게 하시고 모든 국민이 당신의 구원을 깨닫게 하소서"(시편 67 : 1, 2) 여기서 아주 오랜 뒤 주님이 아브라함 후손으로부터 육신을 받으셨을 때 스스로 "나는 길이요 진리요 생명이다"(요한 14 : 6) 말씀하셨다.

그리고 다음은 구세주가 오기 훨씬 오래전에 예언된 보편적인 길이다.

"장차 마지막 날에 야훼의 산이 모든 멧부리 위에 우뚝 서고 모든 언덕 위에 드높이 솟아 오르리라. 그때 모든 민족이 모여와서 말하리라. 자, 다 함께 올라가자, 야훼의 산으로, 야곱의 하느님께서 계신 성전으로! 그에게서 길을 배우고 그 길을 따라가자. 율법은 시온에서 나오고, 야훼 말씀은 예루살렘에서 나오느니"(이사 2 : 2~3).

그러므로 이 길은 한 나라만이 아니라 모든 나라의 것이다. 주님 말씀과 율법은 시온과 예루살렘 안에만 머무르지 않고, 거기에서 흘러나와 온 세계로 퍼져 나아간다. 그래서 중개자 스스로 부활하신 뒤 두려워하는 제자들에게 이렇게 말씀하셨다.

"율법과 예언서와 시편에 나를 두고 한 말씀은 반드시 다 이루어져야 한다. 나는 성서의 의미를 깨닫게 해주기 위해 그들의 마음을 듣고, 그들을 바라보며 이렇게 말했다. '성서의 기록을 보면 그리스도는 고통을 받아들여 죽었다가 사흘 만에 다시 살아난다고 하였다. 그리고 그리스도의 이름으로 회개하면 죄를 용서받을 수 있다는 기쁜 소식이 예루살렘에서 시작되어 모든 민족에게 전파된다고 하였다'"(루가 24 : 44~47).

또 다음은 성스러운 천사들과 거룩한 예언자들이 일찍이 말한 영혼 구원의 보편적 길이다. 그들은 이전 시대에 신의 은혜를 발견하여 기뻐하던 사람들, 특히 히브리민족에게 이렇게 말했다. 이 민족의 나라는 뒷날 모든 국민들이 모이게 될 하느님 나라를 예고하기 위해 어떤 방법으로 성별(聖別)되었다. 따라서 천사들과 예언자들은 천막과 성전과 사제직과 제물로 그 증표를 주며 나아가 분명한 말과 신비한 상징적 언어로 앞서 외쳤다. 그러나 이제는 스스로 육신 안에서 현존하는 구원자와 행복한 사도들이 새로운 계약의 은혜를 계시하고 이전 시대에는 가려진 장막 너머로 어렴풋이 암시된 것을 뚜렷하게 드러내

주었다.

이것은 신의 지혜가 질서 잡히는 것을 좋다고 한 곳에 따라 신의 기적(10권 8장 참조) 증표의 증거로 인류의 모든 시대에 주어진 섭리에 따른다. 그렇기에 천사들이 나타나 분명히 하고 천상의 사역자들이 말로 퍼트릴 뿐만 아니라 하느님의 사람들도 단순한 신앙의 말로 인간 육체와 마음에서 더러운 영들을 쫓아냈다. 그리고 그 말로 장애가 있거나 병든 자들을 낫게 했다. 땅 위와 물속에 사는 짐승들과 하늘의 날짐승들, 초목과 원소들, 별자리들도 하느님의 명령에 따랐고, 지옥의 세력들도 그들 앞에 무릎 꿇었으며, 죽은 자들은 되살아났다. 주님의 특별하고 고유한 기적들 가운데서도 특히 그분의 탄생과 부활에 대해서 이야기한다면 전자는 오로지 처녀를 어머니로 하는 신비한 일을 나타내지만 후자는 동시에 마지막 날에 되살아나는 사람들의 선례를 보이셨다.

이 길은 인간 전체를 정화하고, 인간을 이루는 모든 부분에서 죽어야 하는 인간을 죽지 않도록 준비하는 길이다. 우리는 포르피리오스가 지성적인 혼이라 부르고, 다른 사람이 영적인 혼이라 부르며, 또 다른 이는 육체 자체라 부르는 부분의 정화를 바라면 안 된다. 그런 일이 없도록 전능하고 진실한 주님이자 정화하는 분은 구원자로 인간 모두를 받아들이셨다. 이 길은 미래에 일어나리라고 예고되거나 아니면 이미 일어난 사건들로 알려져 있으며 결코 인간들 사이에서 사라지지 않는다. 그렇기에 이 길을 지나지 않고는 그 누구도 구원받지 못했고 누구도 구원받지 못하며 구원받을 일이 없을 것이다.

그럼에도 포르피리오스는 혼 구원의 보편적 길은 자신에게 아직 역사적 탐구를 바탕으로 한 지식이 되지 못한다고 말한다. 하지만 그토록 뛰어난 권위를 갖고서 온 세계를 장악한 역사 기록보다 더 뚜렷하고 확실한 것이 어디 있겠는가? 또는 그 기록은 지난 사건들을 미래의 예언인 것처럼 이야기하지만 이보다 믿을 만한 것이 어디 있겠는가? 포르피리오스든 다른 플라톤학파든 자신들은 땅 위에 일들이나 죽을 수 있는 현재 생활에만 관심이 있다고 이 길에서 개시되고 예언된 일을 가볍게 여기는 것이 용서되지 않는다. 그들은 다른 학파가 여러 수단 방법으로 하는 점이나 예언술을 마땅하게 경시하지만 말이다. 그런 예언들은 마치 의사가 몇 가지 징후들을 보고 질병 경과가 어떻게 될지 예측하듯 부차적인 원인들을 내다본 것이다. 아니면 더러워진 마귀들이 자신들의 의도에 따라 예언함으로써 권위로써 사악한 자들의 생각과 욕망에 영향을 미치고 인간적인 나약함을 자극하여 자신들의 불순한 행동을 본받게끔 하기 위함이다. 그 둘 중 하나이다.

그러나 보편적인 길을 걸어가는 기독교인들은 이런 것을 무언가 훌륭한 일이라 여겨 예언한 것이 아니다. 그들은 이 일을 피할 수 없었고 인간의 감각으로 알 수 없는 것이나 바로 경험으로 확인할 수 없는 일에 대해 그것을 믿을 수 있도록 예언했다. 하지만 중요하고 참된 하느님과 관련된 문제들은 이것들과 다르며 그들이 하느님의 뜻에 따라 주어진 지식을 바탕으로 예언했다. 그리스도가 육신으로 오리라는 것과 그분 안에서 틀림없이 이루어져 그분의 이름으로 행해진 그처럼 눈부신 기적, 예를 들면 인간들이 회개하여 자기들의 뜻을 하느님께 돌린 일, 죄를 용서하고 의를 베푸는 은총, 경건한 사람들의 신앙과 세상 모든 지역에서 많은 이들이 참된 신을 믿은 일, 우상숭배나 마귀숭배의 거부, 시련으로 모든 악에서 정화되고 벗어나는 일, 심판의 날과 죽은 자들의 부활, 불의를 저지른 사람에 대한 영원한 단죄, 그리고 하느님을 보아도 죽지 않고 기뻐하는 사람 안에 있는 영광이 흘러넘치는 신의 나라의 영원한 지배에 있다. 이 보편적인 길은 성경에 예언되고 약속되어 있다.

우리는 이미 이 가운데 많은 일들이 이루어졌음을 보았기에 바른 신앙으로 나머지 것들도 이루어지리라 생각해야만 한다. 이것은 하느님을 바라보며 그분과 영원토록 하나가 되기 위한 올바른 길이며 성서가 그 진리를 알리고 증명한다. 이 사실을 믿지 않고 이해하지 못하는 자들이 공격하더라도 우리를 이기지 못한다. 따라서 나는 이제까지 10권의 책에서 먼저 우리가 말하려 계획한 거룩한 나라에 대해 경건치 못하게도 자신들의 신들이 더 높다 생각하는 사람들의 항의를 피하려 노력했다. 많은 사람들의 기대를 채우지는 못했을지언정, 참된 하느님이자 주님이 베푸신 도움으로 그 사람들 열의에 대답했다.

이 10권 가운데 앞의 5권은 이 세상의 좋은 것을 얻기 위하여 신들을 숭배해야 한다고 생각하는 자들에게 반박한 것이고, 뒤의 5권은 죽은 뒤 세상의 삶을 위하여 신들을 섬겨야 한다고 생각하는 자들을 반박했다. 이제 나는 제1권에서 약속한 대로 이 세상에서 서로 복잡하게 얽혀 있는 두 나라의 기원과 전개와 그에 알맞은 종말에 대하여 하느님의 도우심에 힘입어 살펴보고자 한다.

제11권

두 나라의 참된 기원은 하느님이 이 세상을 만드실 때 창조한 천사들의 순종과 반항 속에서 찾을 수 있다.

제1장 《신국론》 제2부의 주제

우리가 말하는 하느님 나라는 성경에 나온다. 성경은 인간의 마음에 떠오른 우연으로 쓰인 게 아니라 오히려 뚜렷하게 온갖 종족의 많은 언어를 다스리는 높은 섭리에 따라 만들어졌으며 신의 권위로 높아져 여러 인간의 재능이 따르는 것이다. 성경에 "너, 하느님 나라여, 영광스럽게도 너를 들어 말씀하셨다"(시편 87 : 3) 이런 말씀이 있으며, 또 다른 시편에는 "하느님의 거룩한 산, 그 나라에서 그지없는 찬미를 받으실 분, 크시고 크시어라 야훼여", "우리 하느님의 나라, 만군의 주 야훼의 나라에 와 보니 참으로 듣던 그대로 하느님께서 이 성을 영원하도록 굳히셨사옵니다"(시편 48 : 1, 8) 한다. 또 다른 시편에서는 "강물의 줄기들이 하느님의 나라를, 지존의 거룩한 처소를 즐겁게 한다. 그 한가운데에 하느님이 계시므로 전혀 흔들림이 없으리라"(시편 46 : 4~5) 말한다. 이와 비슷한 증언들을 모조리 늘어놓으면 너무 지루하고 복잡해진다. 어쨌든 여기서 우리가 알 수 있는 것은 하느님 나라가 있으며, 그 나라를 만드신 분이 우리에게 불어넣은 사랑으로 그 나라의 시민이 되고 싶은 간절한 바람이 생긴다는 것이다.

그런데 땅 위 나라 시민들은 이 거룩한 나라 창조자를 선택하기보다 자기네 신들을 택했다. 그것은 거룩한 나라의 창조자가 신들의 신임을 모르기 때문이다. 신은 물론 불경스럽고 오만한 거짓 신들이 아니다. 거짓된 신들은 모든 것을 공평하게 비추는 하느님의 변함없는 빛을 빼앗겨 아무런 힘이 없어졌지만 빼앗긴 힘을 되찾으려 그들에게 속아 지배받는 사람들에게 신적인 영예를 달라고 요구한다. 그러나 우리들이 말하는 신들은 경건하고 거룩한 신들이다.[*1] 이 신들은 많은 사람들이 자기들에게 따르기보다 오히려 자신들이 하나뿐인 신을 따르는 것이며 하느님 대신 자신들이 경배 받는 게 아니라 자신들이 신을 섬기는 일을 기뻐한다.

우리는 앞의 10권으로 우리의 주(主)이시며 왕이신 분이 주시는 능력과 도움으로 이 성스러운 나라의 적들에게 대답했다. 이제 사람들이 바라는 것을 생각하고 내게 주어진 과제를 잊지 않도록 이 일을 계속해야 한다. 두 나라, 그러니까 하늘 위 나라와 땅 위 나라의 기원과 발전과 정해진 종말에 대해 설명하겠다. 이미 말한 대로,[*2] 두 세계는 오늘날 세상에서 서로 복잡하게 뒤섞여 있다. 먼저 이 두 나라가 어떻게 천사들의 차이로 시작됐는지 이야기하겠다.

제2장 하느님은 중개자를 통해서만 드러낸다

사람이 만일 물체적인 것과 비물체적인 모든 피조물에 대해 생각하고 그것이 모두 변한다는 사실을 확실히 안 뒤에, 정신의 지향작용으로 그것을 넘어서 하느님의 변하지 않는 성질에 이르러 거기서 하느님과 다른 것으로 존재하는 모든 것은 신 말고는 누구도 만들지 않았음을 신에게 배워 알았다면 그런 지식은 위대하면서도 매우 드문 일이다. 하느님은 사람에게 말씀하실 때 어떤 물체적 피조물도 사용하지 않는다. 신의 목소리를 내는 사람과 소리를 듣는 사람 사이에 펼쳐진 공기로 채워진 공간을 움직여서 귀에 들리도록 하시지 않는다. 또한 꿈이나 그와 비슷한 현상에서 보는 것처럼 형체가 있는 어떤 영적 대리자도 쓰지 않는다.[*3] 이것은 신체를 매개로 말씀하시는 것과 다름없기 때문이다. 물체를 수단으로 삼아 말씀하시며 그 사이에 물질적인 공간이 있는 것 같으며, 상상으로 보이는 것도 물체 또는 신체와 매우 비슷하다. 그러나 사람이 몸의 감관이 아닌 지성으로 하느님 말씀을 들으려고 한다면, 하느님은 진리 자체로 말씀하시리라. 하느님은 인간의 정신에 말씀하시며, 그것은 인간을 이루는 그 어떤 것보다도 한결 뛰어나며, 그보다 빼어난 것은 하느님 말고는 없다.

그런데 하느님의 형상을 본떠 인간을 만들었다는 진리는(창세 1 : 26) 완전히

[*1] 곧 선한 천사들, 9권 23장 참조.
[*2] 1권 머리글과 10권 32장의 맨 끝.
[*3] 아우구스티누스 《De Genesi ad Litteram》 12, 4~8.

올바르게 이해했다면, 그럴 수 없다하더라도 적어도 믿을 수는 있다면 인간이 동물들처럼 가진 하위 부분보다 한결 높은 부분 그것보다 높으신 하느님께 가까이하는 것이 마땅하다. 하지만 이성과 지성을 태어날 때부터 가진 정신 자체가 이것을 어둡게 만드는 오래된 상처로 힘이 사라졌기 때문에 변함없는 빛을 반기며 즐기지 못할 뿐만 아니라 받아들일 수도 없게 되었다. 그래서 인간은 날마다 새롭게 하며 치유되어 더할 나위없는 행복을 받아들일 수 있는 힘을 길러야 한다. 먼저 신앙으로써 그 빛에 익숙해지고 정화되어야 한다.

인간이 그 믿음 안에서 신앙을 가지고 진리를 목표로 나아갈 수 있도록, 진리 자체이며 하느님이자 하느님의 아들이신 그분은 하느님의 신성을 간직한 채 인성을 받아들여 신앙을 시작시키고 그 토대를 만들었다. 그 신앙은 인간들이 하느님께로 가는 길이다. 그래서 "하느님은 한 분뿐이시고 하느님과 인간 사이의 중재자도 한 분뿐이신데, 그분이 바로 사람으로 오셨던 그리스도 예수이십니다"(1디모 2 : 5).

예수께서는 "나는 길이요 진리요 생명이다. 나를 거치지 않고서는 아무도 아버지께 갈 수 없다"(요한 14 : 6) 말씀하셨다. 목표를 향해 나아가려고 애쓰는 사람과 목표로 갈 수 있는 길이 있다면 목표에 이를 수 있다는 희망이 있다. 하지만 그런 길이 없거나 길을 모른다면, 어디로 가야 할지 안들 무슨 소용이 있겠는가? 하지만 사람이면서 신인 분, 곧 신으로서 목표, 사랑으로서 걸어갈 길인 그분만이 많은 오류들에서 우리를 지켜주는 가장 안전한 길이다.

제3장 성서의 권위와 개시

이 중개자는 처음에 예언자들이, 그 다음에는 그가 직접, 그 뒤에는 사도들을 통해 충분하다고 생각한 만큼 스스로 판단한 일을 사람들에게 말씀하셨다. 기준(경전)이라 불리는 가장 높은 권위를 가진 책을 세상에 주셨다. 그리고 우리는 그것을 모르면 자유로워질 수 없고 우리들은 스스로 알 수 없기에 이 권위를 믿어야만 한다. 우리의 내적 감각이든 외적 감각이든 감각에서 멀리 떨어지지 않은 일을 아는 것은 우리가 그 증인이기 때문이다. 그래서 그것들이 우리 앞에 있다고 말한다. 눈앞에 있기에 현존한다고 하듯이, 그것들이 우리 감각에 보여진다고 우리는 말한다.

그러나 감각에서 멀리 떨어진 것은 우리가 알거나 보증할 수 없다. 그래서 우리는 다른 증인을 찾으며, 그 사람을 믿는다. 그러므로 우리가 보지 못했어도 본 사람들을 믿는 것처럼, 또는 다른 신체적 기관에 대해서도 마찬가지로 혼이나 정신이 느끼는 것들에 대해서도—느낌(sensus)이라는 말에서 생각(sententia)이라는 말이 나왔으므로, 여기서 '느낌'이라고 말하는 것은 옳다—그러니까 우리 내적 감각으로부터 멀리 떨어져 보이지 않는 것들에 대해 그것들이 저 비물체적인 빛으로 나타나서 알게 된 사람들이나, 그것들을 계속적으로 보는 사람들을 우리는 믿어야 한다.

제4장 우주는 창조되었다. 창조에 대한 플라톤설의 비판

눈에 보이는 사물들 가운데 가장 큰 것은 우주이며, 보이지 않는 것 가운데 하느님이 가장 위대하시다. 우주의 존재는 눈으로 볼 수 있으나, 하느님 존재는 신앙으로 믿어야 한다. 그러나 하느님이 세계를 만드셨다는 사실은 하느님 말씀을 믿는 것 말고는 방법이 없다. 우리는 하느님 말씀을 어디서 들었는가? 하느님이 예언자를 통해서 "처음에 하느님께서 하늘과 땅을 지어내셨다"(창세 1 : 1) 말씀한 거룩한 성서가 아니라면 들을 수 없다. 그러면 하느님이 하늘과 땅을 만드셨을 때 그 예언자는 그 자리에 있었을까? 그럴 리 없다. 거기에 있던 것은 모든 것을 만든 하느님 지혜였으며(잠언 8 : 27), 그 지혜는 거룩한 영혼들 속으로 들어가서 그들을 하느님의 친구와 예언자로 만들며(지혜 7 : 27), 소리 없이 그들에게 하느님의 업적을 알려주었다. 하늘에 계신 아버지의 얼굴을 늘 보며(마태 18 : 10) 온당한 사람들에게 하느님 뜻을 알리는 하느님 천사들도 거룩한 영혼들에게 말한다. 이런 영혼들 가운데 하나였던 예언자가 "처음에 하느님께서 하늘과 땅을 지어내셨다"(창세 1 : 1) 말하며, 글로 썼다. 그는 우리가 하느님을 믿도록 설득하기에 알맞은 증인이다. 그는 하느님께 계시 받은 것을 인식해 앞으로 일어날 우리들의 신앙을 오래전에 예언했다. 이것은 모두 같은 영이 한 일이다.

그러나 영원한 하느님은 그 이전에 창조하시지 않았던 하늘과 땅을 무슨 까닭으로 그때 만들기로 결정하셨을까? 만일 이렇게 묻는 사람들이[*4] 우주는 영원하며, 어떤 의미로든 시작이 없고 따라서 하느님께서 지어내신 것이 아니라

---

*4 에피쿠로스학파와 마니교 신자들.

고 주장한다면, 그들은 진리로부터 등을 돌렸으며 신을 두려워하지 않는 치명적인 병에 걸린 것이다. 비록 예언자의 목소리를 듣지 못했더라도 우주 자체는 침묵 속에서 끊임없는 변화와 운동, 그리고 보이는 모든 아름다운 모양으로 자신은 만들어졌다고 외친다. 보이지는 않고 말로 표현할 수 없이 위대하시며, 아름다우신 하느님이 아니면 이 우주를 창조할 수 없었으리라고 말한다.

그러나 어떤 사람들은[*5] 하느님께서 우주를 만드셨다는 것은 인정하면서 그것이 시간의 시작을 가진다고 인정하지 않으며 오히려 이해되지 않지만 영원한 창조라는 의미로 피조물의 시작을 가진다고 주장하는 사람들이 있다. 그들은 이렇게 이야기함으로써 하느님이 충동적으로 행동하셨다는 비난을 막을 수 있다고 생각한다.

세계를 지어내실 생각이 없으셨던 하느님이 갑자기 그런 생각을 하셨다거나, 모든 점에서 변함이 없으신 하느님에게 갑자기 새로운 의지가 생겼다고 믿으면 안 된다는 마음에서 그랬다. 하지만 우리는 그런 설명이 신이 아닌 것 특히 영혼을 생각해 본다면 그들의 이 이론을 지지하리라고 생각할 수 없다. 만일 그들이 영혼을 하느님처럼 끝없다고 주장한다면, 전에는 영원에 걸쳐 생기지 않았던 비참함이 그 영혼에 새롭게 생겼다는 것은 설명할 수 없으리라. 예를 들어 영혼의 비참함과 행복이 끊임없이 교차된다고 주장한다면, 그들은 이 변화 또한 영원히 이어지리라고 말해야 한다.

그렇게 되면 영혼이 앞으로 비참하고 더럽혀질 것을 내다본다면 그 영혼이 행복하더라도 예견된 그 순간 행복이 사라지기 때문이다. 만일 그런 일을 예견하지 못하고 영원한 행복을 기대한다면 그것은 잘못된 생각에서 왔으므로 행복한 것이며, 이보다 더 어리석은 말은 있을 수 없다(12권 19장 참조). 하지만 영혼은 지나간 많은 시대를 통해 비참함과 행복의 교차를 겪지만 지금은 비참함에서 해방된 이상 앞으로는 비참함에 빠지지 않을 것이라고 여긴다면, 그들 또한 영혼이 전에는 참으로 행복했던 적이 없고, 이제부터 환상이 아닌 새 행복을 얻으리라고 생각한다는 비난을 피할 수 없다. 그래서 그들은 어떤 새로운 일이 영혼에 일어난다고 고백하게 될 것이다. 지나간 시대에는 한 번도 없었던 위대하고 눈부신 변화가 생겼다고 인정하는 것이다.

[*5] 특히 신플라톤학파. 10권 31장의 처음 부분 참조.

그런데 만일 그들이 하느님은 이 새로운 경험에 대한 원인을 영원한 계획 속에 가지셨다는 것을 인정하지 않는다면, 그들은 동시에 하느님이 영혼의 행복을 만든 분이 아니라고 말하게 될 것이다. 이는 참으로 불경스러운 일이다. 또 만일 그들이 하느님이 새로운 계획이 떠올라 영혼을 비참함에 영원히 행복하게 만들기로 결정하셨다고 한다면, 그들은 하느님이 변하지 않는다는 사실을 어떻게 증명하겠는가?

그렇기에 만일 영혼이 만들어진 때가 있다면 마치 숫자에 시작은 있어도 끝이 없듯이 한 번 비참함에서 벗어난 영혼은 앞으로 결코 비참해지지 않으리라 인정한다면, 그들은 하느님 계획이 변하지 않는 것이기에 그런 일이 일어났다고 조금도 의심할 수 없다. 그러면 우주가 어느 순간 만들어졌다는 것, 하지만 그 때문에 하느님이 영원의 계획과 의도를 바꾸지 않았다는 것을 믿어야 한다.

제5장 우주 이전의 시간과 우주 밖 공간을 생각하는 오류

그들은 하느님이 이 세상의 창조주이심을 인정하면서도, 우주의 시간에 대해 물으며 우리가 어찌 답할지 기다린다. 무엇이라 답할지 생각해보자. 무슨 까닭에 우주는 그때 만들어졌고 그 전에는 만들어지지 않았느냐 그들이 묻지만 그렇다면 마찬가지로 무슨 까닭으로 우주는 다른 곳이 아니라 바로 이곳에서 만들어졌으며 곳곳에 존재하지 않고 또 다른 곳에는 없는가 물을 수 있다.

만일 그들이 세상이 존재하기 전 시간은 무한하고 하느님은 그 무한 속에서 아무 일도 하시지 않았을 리가 없다고 생각한다면, 마찬가지로 이 세상 밖 공간이 무한하며 전능하신 분이 그곳을 비워두지 않으리라 생각할 수 있을 것이다. 그러면 그들은 에피쿠로스와 함께 우주는 무수히 존재한다는 몽상을 강요받아 마땅하다. 하지만 에피쿠로스는 우주가 원자들의 우연한 움직임으로 생겨났다가 해체된다고 주장하고, 플라톤학파는 하느님이 우주를 만들었다고 말한다. 이 우주 주위에 곳곳으로 펼쳐진 끝없이 많은 공간을 하느님은 비워두지 않으리라 주장하면서 그 우주는 아무런 원인 없이 해체될 수 없다고 한다면 끝없이 많은 세계가 이어진다고 볼 수 있으리라.

그런데 여기서 문제는 하느님은 비물체적이며, 자신 말고 모든 것을 만들어내셨다고 믿으면서 이런 종교문제에 그렇지 않은 사람들을 끌어들이는 것은 어울리지 않는다. 그 이유는 다른 신들을 섬겨야 한다고 주장하는 철학자들보

다 명망과 권위가 뛰어나며, 비록 진리에서 멀리 벗어났지만 다른 사람들보다는 가깝다.*6

이 사람들은 하느님의 실체를 어느 한 공간에 가두거나 한정하거나 또는 분산하지 않는다. 오히려 신을 신에게 걸맞은 방법으로 생각해 그 전체가 모든 곳에 비물체적으로 존재한다고 믿는다. 아니면 이 사람들은 하느님이 우주 밖 끝없는 공간이 아니라 무한의 크기에 비해 아주 작은 공간에서만 일하신다고 말하는가? 나는 그들이 그렇게까지 헛된 말은 하지 않으리라 생각한다.

그들은 하나의 우주가 물질적이며 유한하며, 그 위치도 한계가 있어서 하느님이 만드신 것이라 주장한다. 그러면 하느님은 왜 우주 밖 끝없이 넓은 공간에서 일을 하시지 않느냐 물으면 그들은 뭐라 대답을 할까? 우주 창조 이전 무한한 시간 속에서 하느님은 일을 하시지 않았느냐는 질문과 마찬가지 아닌가. 그렇다고 해서 하느님이 다른 곳이 아닌 이제야 우주를 만드신 까닭은 신적인 이유 때문에서라기보다 함부로 하신 일이라는 생각은 논리적이지 않다. 다만 무슨 까닭에 오늘의 공간에 우주를 두셨는지를 사람의 이성으로는 이해할 수 없으며, 수없이 많은 다른 공간들보다 지금의 공간이 선택될 만한 어떤 장점이 있었던 것도 아니다.

그처럼 하느님이 그때 우주를 만드시고 그 이전에 만드시지 않은 것은 갑자기 그런 생각이 들어서라고 생각해야 한다는 것 또한 논리적이지 않다. 무한히 펼쳐진 이전의 시간은 모두 똑같이 그때 먼저 지나갔으며, 다른 때보다 어느 한 때를 택해야 할 차이점도 없었다는 것이 옳은 생각이다. 그렇기에 우주 말고는 어떤 공간도 없으므로 사람들이 끝없는 공간을 생각하는 것은 헛된 일이라 말해야 한다. 이와 마찬가지로 우주를 만들기 전에는 시간도 없으므로 하느님이 일을 하시지 않은 과거의 시간을 생각하는 것도 쓸데없는 일이라고 우리는 말할 수 있다.

제6장 우주는 시간과 함께 만들어졌다
시간은 운동변화 없이 존재할 수 없지만 영원 속에는 어떤 변화도 없다.*7

---

*6 8권 6장 참조. 아우구스티누스 《참된 종교에 대하여》 4, 7.
*7 시간의 본성 및 시간과 영원과의 관계에 대해서는 10권 31장 및 12권 15장, 아우구스티누스 《고백록》 11, 14, 17 ; 아우구스티누스 《설교집》 117, 10, 7 참조.

시간과 영원을 이렇게 구별하는 게 틀렸다면 어떤 피조물이 생겨 운동을 해서 변화를 일으키지 않았다면 시간도 없었으리라는 것을 누가 깨닫지 못하겠는가?[*8] 운동 변화의 여러 부분은 함께 존재할 수 없기에 한 운동이 끝나야 다른 운동이 잇따르며, 그렇게 해서 시간은 계속되는 부분 사이의 길거나 짧은 기간이 바탕이 된다. 그래서 하느님의 영원성에서는 어떤 변화도 없으며, 시간의 창조자요 질서를 만드신 분이기에 어떻게 시간이 지난 뒤 우주를 창조하셨다고 말할 수 있는지 나는 모르겠다. 만일 그렇다면 우주를 만들기 이전에는 어떤 피조물이 있었으며, 그것의 운동으로 시간이 흘렀다고 말해야 한다.

거룩하고 매우 진실한 성서는 "처음에 하느님께서 하늘과 땅을 만들어내셨다"(창세 1 : 1) 말하며, 하느님은 그 이전에는 아무것도 만들어내시지 않았다고 해석해야 한다. 왜냐하면 그것을 처음에 만들어내셨다는 말은 이전에 무언가를 만들었다 하더라도 그것도 모두 포함하는 의미이기 때문이다. 그러므로 틀림없이 시간 속에서 우주를 만들어내신 게 아니라 시간과 함께 우주를 만들어내셨다. 시간 속에서 일어난 일들은 어떤 시간의 뒤와 이전에 생긴다. 지나간 시간 뒤이며, 앞으로 올 시간 앞이다. 하지만 그때는 과거가 존재할 수 없었다. 그때는 피조물이 없었으므로 그 운동으로 시간의 길이를 잴 수 없었다. 그러나 변화와 운동의 창조도 천지창조에 포함되었다면 우주는 시간과 동시에 만들어졌다. 이것은 처음 6일간 또는 7일 간 순서를 보면 확실하다. 이 며칠 동안 아침과 저녁이 있었고, 하느님은 모든 것을 6일째에 완성해 7일째에 하느님 안식이 신비롭고 숭엄하게 언급되었다(11권 8장과 31장 참조). 그날들이 어떤 의미를 가지는지, 우리는 설명은커녕 생각하는 일조차 불가능하며 말로 표현하기도 어려우리라.

제7장 창조한 날에 대해서

우리가 이미 경험으로 알듯이 하루는 해넘이가 없으면 저녁이 없고, 해돋이가 없으면 아침이 없다. 그런데 성서에서 말하는 첫 사흘 동안은 태양 없이 흘러갔고, 태양은 넷째 날 만들어졌다. 하느님께서 빛이 생겨라 하시자 빛이 탄생했다. 그리고 하느님께서는 빛과 어둠을 나누어 빛을 낮이라, 어둠을 밤이라

[*8] 아우구스티누스 《고백록》 11, 24, 31 및 아우구스티누스 《De Genesi ad Litteram》 참조.

부르셨다고 성경이 전한다(창세 1 : 3~4). 그렇다면 그 빛은 어떤 성격이었으며, 어떤 주기적 운동으로 어떤 성질의 저녁과 아침이 생겼을까. 이는 우리 감각과 너무 멀리 떨어져 있다.

우리는 지성으로 그 일을 이해할 수는 없지만, 망설임 없이 믿을 수는 있다. 물리적인 빛은 우리가 볼 수 없는 우주 높은 곳에 있지만 나중에 태양에 그 빛이 불을 붙였다. 빛이라는 이름은 천사들과 축복된 영들로 이루어진 거룩한 세계를 뜻한다. 여기에 대해서 사도는 "그러나 하늘의 예루살렘은 자유이며 우리 어머니입니다"(갈라 4 : 26) 말하며, 다른 곳에서도 "여러분은 모두 빛의 자녀이며 대낮의 자녀입니다. 우리는 밤이나 어둠에 속한 사람이 아닙니다"(1데살 5 : 5) 말한다. 여기서 문제는 이날 저녁과 아침에서 어떤 의미를 찾아낼 수 있느냐는 것이다.

창조주가 아시는 지식에 비해 피조물이 아는 지식은 황혼과 같으며, 피조물이 창조주를 찬양하며 사랑하게 될 때 빛이 늘어나 아침이 된다. 그리고 창조주를 버리고 피조물을 사랑하는 일이 없는 한 밤이 되지 않는다. 성서에 날을 순서대로 기록했을 때 밤이라는 말을 한 번도 쓰지 않았다. 결코 "밤이 되며" 하지 않고, "빛을 낮이라, 어둠을 밤이라 부르셨다. 이렇게 첫날이 밤, 낮 하루가 지났다"(창세 1 : 5) 했다. 둘째 날과 그 뒤의 날들도 마찬가지이다. 피조물을 창조주의 지혜에 비추어, 다시 말해 그것을 창조하신 설계에 따라(11권 29장 참조) 볼 때 찬란한 지식과 비교하면, 피조물들은 광체를 잃었다고 말해야 한다. 그러므로 밤이라기보다는 저녁이라고 하는 것이 더 알맞다.

그러나 앞에서 말했듯이, 피조물이 다시 창조주를 찬양하며 사랑하게 되면 아침이 돌아온다. 그리고 피조물이 이것을 깨달아서 할 때 저녁과 아침을 맞으면 그것이 첫째 날이다. 윗물과 아랫물 사이에 하늘이라는 공간을 인식하며 저녁과 아침을 맞으면 둘째 날이다. 땅과 바다와 땅에 뿌리 내린 모든 식물을 느껴서 저녁과 아침을 맞으면 셋째 날이다. 크고 작은 빛과 모든 별들을 인식하며 저녁과 아침을 맞으면 넷째 날이다. 물에서 헤엄치거나 공중을 날아다니는 모든 동물을 알고 저녁과 아침을 맞으면 다섯째 날이다. 땅 위에 사는 모든 동물과 인간 자신을 깨쳐서 저녁과 아침을 맞으면 여섯째 날이다.

제8장 7일째 날 하느님의 휴식에 대해서

하느님은 모든 일을 끝낸 뒤 일곱째 날에 쉬시면서 이날을 거룩한 날로 정했다. 이 일은 하느님께서 일하는 것을 그만두셨다는 어리석은 의미로 받아들여서는 안 된다. "한마디 말씀에 모든 것이 생기고, 한마디 명령에 제자리를 굳혔다"(시편 33 : 9, 148 : 5) 말한다. 이 말은 지성적이며 영구적이다. 그리고 귀에 들려왔다가 사라져버리는 시간적인 게 아니다. 하느님의 안식은 하느님 안에서 쉬는 사람들의 안식을 뜻한다(히브리서 4 : 4~11).

마치 한 집의 기쁨이 그 집 안에서 즐거워하는 사람들을 말하는 것과 같다. 집 자체가 그들에게 기쁨을 주는 게 아니라 집 안에 있는 다른 것이 즐겁게 만든다. 만일 그 집 자체가 아름다워서 그 안에 사는 사람들을 기쁘게 한다면, 이 표현은 한결 적절하다.

극장이 갈채를 보낸다는 말은 극장에 있는 사람들이 박수를 친다는 말이고, 목장이 운다는 말은 목장에 있는 소들이 운다는 말이다. 작용하는 원인을 작용을 받은 결과로 나타내는 표현법이다. 예컨대 반가운 편지라는 말은 그 편지를 읽은 사람의 기쁨을 뜻한다. 그러므로 예언자 권위[*9]가 하느님이 쉬셨다고 말한 것은 하느님 안에 있는 사람들이 쉬며, 하느님이 그들을 쉬게 만드셨다는 뜻으로 풀이해야 한다.

예언자는 휴식을 사람들에게 알리며 그들을 위해 기록하면서 이런 약속을 했다. 하느님이 그들 가운데에서 그들을 통해 선한 일을 하신 뒤, 그들이 이 세상에 머물 때에도 첫째로 믿음을 가지고 하느님께 나아간다면, 그들은 하느님 안에서 영원한 안식을 누리리라 약속한다. 하느님께서 고대의 백성들에게도 안식일을 율법으로 명한 것은 이 일을 상징한 것이다. 이 점에 대해서는 다음에 더 자세히 논의하도록 하겠다(22권 30장 참조).

제9장 천사의 창조에 대하여

나는 거룩한 세계의 기원을 다루고자 하며, 그래서 먼저 거룩한 천사들에 대해 말하려 한다. 천사들은 이 나라의 큰 부분을 이룰 뿐만 아니라 하느님 나라에서 한 번도 벗어난 적이 없으므로 커다란 축복을 받은 이들이다. 나는 이

[*9] 곧 창세기의 지은이.

논의를 위해서, 하느님 은혜를 받아 설명하고 싶다. 천지창조에 대한 성서 기록에는 천사들이 창조되었는지, 또는 어떤 순서로 만들어졌는지 정확히 쓰여 있지 않다. 그러나 천사 이야기가 생략되지 않았다면 "처음에 하느님께서 하늘과 땅을 지어내셨다"(창세 1 : 1) 이런 말씀에서 하늘이라는 이름으로 암시되었거나, 앞에서 말한 빛에 포함되어 있을 것이다.

하느님이 일곱 번째 날 모든 일을 끝내고 쉬셨다고 쓰여 있는데 이것을 "처음에 하느님께서 하늘과 땅을 지어내셨다" 말과 함께 생각해 보면 하늘과 땅 이전에는 아무것도 만드시지 않았던 것을 뜻하며 천사 이야기를 생략했다고 여겨지지 않는다. 하느님은 하늘과 땅을 가장 처음 지어내셨다. 성서에서 이렇게 말하듯이, 그 맨 처음 만들어내신 땅은 보이지 않으며 형태도 없었다. 그곳에는 빛이 아직 만들어지지 않았으므로 어둠이 심연 위를 덮고 있었다. 심연이란 땅과 물이 마구 뒤섞인 혼합물이다. 빛이 없었으니 어둠이 있을 수밖에 없다. 그 뒤 모든 것이 하느님의 창조 활동에 따라 정리되었으며 6일 동안 이루어졌다. 천사들은 하느님이 7일에 모든 일을 끝내고 쉬셨다고 할 때, 그 하신 일에 천사들이 포함되지 않은 듯이 생략하는 일이 있었겠는가?

하느님이 천사들을 만들어내셨다는 사실은 생략되지 않았지만 뚜렷이 말씀하신 것도 아니다. 그런데 성서는 다른 곳에서 확실한 증언을 남겼다. 난로 속에 던져진 세 젊은이가 부른 찬송에 "주님께서 만드신 만물이여, 주님을 찬미하여라" 쓰여 있다. 그러니까 모든 일 속에는 천사들도 들어 있다(다니(외) 3 : 57~58, 세 젊은이의 찬송가). 또한 시편에는 다음 같은 찬송이 있다. "할렐루야, 하늘에서 야훼를 찬양하여라. 그 높은 데서 찬양하여라. 그의 천사들 모두 찬양하여라. 그의 군대들 모두 찬양하여라. 해와 달아, 찬양하고 반짝이는 별들아, 모두 찬양하여라. 하늘 위의 하늘들, 하늘 위에 있는 물들아, 찬양하여라. 야훼의 명령으로 생겨났으니, 그의 이름 찬양하여라"(시편 148 : 1~5).

여기서도 천사들은 하느님이 만들었다는 것을 영감을 얻은 사람이 분명하게 말했다. 시인은 천상의 존재들을 말하면서 그 가운데 천사들을 언급하며, 그 전체에 대해서 "야훼의 명령으로 생겨났으니" 덧붙였기 때문이다. 누가 엿새 동안 모든 피조물들을 만드신 뒤에 천사들을 만들어내셨다고, 말할 것인가? 그렇게 어리석은 사람이 있을지라도 똑같은 권위를 지닌 성서야말로 그 어리석음을 꾸짖는다.

거기서 하느님이 말씀하시기를, "그때 새벽별들이 떨쳐 나와 노래를 부르고 모든 하늘의 천사들이 나와서 합창을 불렀는데"(욥기 38 : 7) 별들이 생겨났을 때는 이미 천사들이 있었다. 그런데 별들은 넷째 날 생겨났다. 그러면 천사들은 셋째 날 만들어졌다고 해야 하는가? 그렇지 않다. 그날 무엇이 만들어졌는지 기록되어 있다. 땅과 물이 나뉘어 두 원소는 저마다 고유한 형태를 가졌고, 땅은 거기에 뿌리를 내린 온갖 것들을 낳았다. 그러면 천사는 둘째 날에 만들어졌는가? 그것도 아니다. 그때는 윗물과 아랫물 사이에 창공이 만들어졌고, 그것은 하늘이라고 불렀다. 이 창공에 넷째 날 별들이 만들어졌다.

그러면 엿새 동안 하느님이 만드신 것 가운데 천사들이 들어 있다면 그들은 틀림없이 낮이라는 이름을 얻은 빛이다. 그리고 그날을 강조하기 위해서 "첫째 날"이라고 하지 않고, 그저 "하루"(창세 1 : 5)*[10]라 했다. 둘째 날과 셋째 날과 그 다음 날도 이것과 다른 날이 아니고, 같은 "하루"다. "하루"라는 표현을 되풀이해서 여섯 또는 일곱이라는 수를 채웠으며, 우리에게 일곱 번을 나타냈다. 그러니까 하느님이 일하신 것을 여섯 번, 쉬신 것을 한 번 인식한 것이다. 하느님이 "빛이 있으라" 하셔서 빛이 있었으며, 이 빛 안에 천사들이 있었다. 천사들은 영원한 빛과 함께 하는 존재로 만들어졌다. 그 영원한 빛은 하느님의 변함없는 지혜이며 온갖 사물은 그 지혜로 만들었다. 우리는 그 지혜를 하느님의 아들이라 부른다(요한 1 : 9, 14 ; 8 : 12 ; 12 : 46).

천사들은 그들을 창조한 빛을 받아 빛이 되었고 변하지 않는 빛과 날에게 의지해 "낮"이라는 이름을 갖게 되었다. 그것은 하느님의 말씀이며 천사들과 온갖 사물들은 하느님 말씀으로 생겨났다. "말씀이 곧 참 빛이었다. 그 빛이 이 세상에 와서 모든 사람을 비추고 있었다"(요한 1 : 9). 이 빛은 모든 순결한 천사를 비추어 천사는 자신 속에서가 아니라 하느님 안에서 빛이 되지만 만일 천사가 하느님을 버리면, 더 이상 순결할 수 없는 "더러운 영"이라 불리는 다른 천사들처럼 영원한 빛을 잃기에 이제 하느님의 빛이 아니라 자기 자신 속에 어둠이 된 것이다. 악은 어떤 본성도 없다. 선을 잃어버려 악이라고 불린

---

*10 '첫째 날'은 '한 날' 즉 '하루'라고 옮길 수 있다. 우주의 모든 부분을 동시에 창조하셨으나, 창세기에서 설명을 여섯 번이나 일곱 번하는 것에 대해서는 제11권 30~31장을 참조. 또한 아우구스티누스《마니교도들에 반대하는 창세기론》1, 23, 35 및《De Genesi ad Litteram》4, 1 ; 7, 28 참조.

것이다.[11]

제10장 삼위일체에게 실체와 성질은 다르지 않다[12]

따라서 단순하기에 변하지 않는 선(善)이 바로 하느님이다. 이 선에 따라 모든 선이 만들어졌으나 그것들은 단순하지 않으며 그렇기에 변화한다. 나는 그것을 창조되었다고 말하는데 선은 틀림없이 창조되었다. 다시 말하면 만들어진 것이지 태어난 게 아니다. 단순한 선에서 태어난 자는 단순하며, 태어난 자는 낳은 자와 같은 본성을 지닌다. 이 두 가지, 곧 낳으신 분과 태어난 분을 우리는 아버지(성부)와 성자라고 부르며, 두 분은 그 영과 함께 하나뿐인 하느님이시다. 성부와 성자의 영을 성서에서는 특별한 의미로 성령이라고 부른다.

그런데 성령은 성부와 성자가 아닌 다른 분이시다. 성부도 아니요 성자도 아니기 때문이다. 하지만 앞에서 말했듯이 성령은 다른 분이지 다른 것이 아니다. 성령은 성부·성자처럼 단순하며 변하지 않는 선이시고, 하느님과 함께 영원하기 때문이다. 이 세 분이 하나뿐인 하느님이시며 삼위일체이다. 세 분이시기에 단순함이 사라지지는 않는다. 우리가 이 선한 본성을 단순하다고 부르는 것은 거기에 성부만 계시기 때문이 아니며, 성자나 성령만 계시기 때문도 아니다. 또 사벨리우스(Sabellius)[13]를 따르는 이단자가 생각하듯 이름만 삼위일체가 위격(位格)의 존재를 가지지 않은 허울뿐인 존재도 아니다. 그 본성이 단순하다고 하는 이유는 오히려 세 분 저마다 상호관계에 있어서 위격이라 불리는 것을 빼면 세 분 모두 같은 것을 가졌기 때문이다. 그러니까 관계에 따라 말하자면 아버지는 아들이 있으나 그 자신이 아들은 아니며, 아들에게는 아버지가 있으나 그 자신이 아버지는 아니다. 하지만 상호관계에 있어서가 아니라 그 자체에 대해 말할 경우 같다는 뜻이다. 예를 들어 그 자신이 생명을 지녔으므로 그는 살았다고 하며, 그 자신이 생명이다.

따라서 어떤 것이 단순한 본성이라 불릴 때 잃어버릴 수도 있는 것을 가지는 일은 없고 또 그런 것과 그것을 가진 이는 다를 수 없다. 예를 들어 병에는

---

* 11 9권 22장과 11권 22장 참조. 아우구스티누스 《참된 종교에 대하여》 13, 26 참조.
* 12 이 장은 11권 24장과 함께 아우구스티누스의 삼위일체론을 훌륭하게 간추린 것으로 유명하다.
* 13 3세기 아프리카 신학자. 10권 24장 참조.

액체를, 육체에는 색채를, 공기는 빛과 열을, 영혼은 지혜를 가졌다. 이런 속성들은 그 속성을 가진 이들의 본성이 아니다. 병은 액체가 아니고, 육체는 색채가 아니며, 공기는 빛이나 열이 아니고, 영혼은 지혜가 아니다. 따라서 이런 속성들은 언젠가는 사라질 수 있으며 다른 상태나 성질로 바뀔 수 있다.

그러니까 병은 안에 담긴 액체를 잃어버리고 육체는 빛깔을 잃으며, 공기는 어둡고 차갑게 바뀔 수 있고, 영혼은 지혜를 잃어버릴 수 있다. 또 기독교인들이 부활하면 썩지 않는 몸을 받으리라는 약속이 되어 있는 것은 사실이며, 이 몸은 사라지지 않는다는 속성을 잃어버리지 않는다고 해도 몸으로서의 본질이 사라지지 않는 속성과 똑같은 것은 아니다. 이 속성은 신체의 어느 부분에도 전체적으로 존재하며, 어느 부분에서는 더 많이 어느 부분에서는 더 조금 있지 않다. 또 어느 부분이 다른 부분보다 뛰어나서 죽지 않는 것은 아니다. 하지만 육체 자체는 전체가 부분보다 크고 어떤 부분은 더 강하며 어떤 부분은 약하다. 그럼에도 더 강한 부분이 약한 부분보다 덜 썩는 것은 아니다. 따라서 몸은 어느 부분도 전체로 존재하는 썩지 않는 속성과 다르다. 썩지 않는 신체는 어떤 부분도 다른 부분과 같지 않아도 다른 부분과 똑같이 썩지 않는다.

손가락은 손보다 작지만 그렇다고 해서 손이 손가락보다 덜 썩는 것은 아니다. 손과 손가락이 같지 않아도 썩지 않는 성질은 다르지 않다. 따라서 죽지 않는 성질과 죽음이 분리되지 않아도 몸을 몸이라고 부르게 하는 본질과 죽지 않는 속성은 다르다. 그러므로 성질을 가진 이가 존재하는 것과 같지 않다.

영혼도 영원히 자유로워진 때처럼 늘 지혜를 가지지만, 그것은 영원한 지혜에 의지함으로써 지혜로운 존재가 되는 것이지 영혼 자체의 존재와는 다르다. 공기 중에 가득한 빛을 빼앗기는 일은 없겠지만, 그렇다고 해서 공기와 그것을 비추는 빛이 서로 같다는 뜻은 아니다. 내가 이렇게 말하는 까닭은 영혼을 공기라 비유했지만 비물체적인 본성을 생각할 수 없는 사람들이나*14 떠올릴 일을 말한 게 아니다. 영혼과 공기는 서로 다르지만 비슷한 점도 있어서 마치 공기라는 물체가 물체적인 빛으로 비춰지듯 비물체적인 영혼이 비물체적인 빛, 하느님의 단순한 지혜로 비추어진다고 말해도 전혀 잘못된 것은 아니다. 물체계에서 어둠은 공기에서 빛을 뺀 것이므로, 이 빛이 사라져버리면 공기가 어두

*14 아낙시메네스(Anaximenes)와 아폴로니아(Apollonia)의 디오게네스(Diogenes)와 일부 스토아 학파.

워지듯이 지혜의 빛을 빼앗기면 영혼도 어두워지게 된다.

따라서 본질적으로 신적인 존재들을 우리는 단순하다고 말한다. 그들은 본질과 속성이 다르지 않고 자신 말고 다른 것에 기댐으로써 신적이며 지혜롭고 행복한 것이 아니다. 그런데 성서에서는 지혜의 영을 다양하다고 표현한다(지혜 7 : 22). 지혜는 많은 성질을 가졌다는데 영이 가진 것과 영의 존재는 같으며 그것을 가진 모두가 한 분이다. 지혜는 많은 게 아니라 하나이며, 그 지혜 안에 지적 실재들의 무수한 보물이 있다.

그러나 지혜 쪽에서 보면 그 보물은 유한하다. 이런 실재들 가운데는 변화하며 보이는 것의 보이지 않으며 변하지 않는 이념(이데아)들, 지혜 자체가 만든 것이다. 하느님이 모르고 만드신 것은 없으며, 이 점은 장인(匠人)들 또한 마찬가지이다. 그렇기에 하느님이 모든 것을 알고 만드셨다면 하느님은 이미 아는 것을 만든 게 틀림없다. 인간 정신으로는 이상해 보이지만 틀림없는 진리이다. 우주가 존재하지 않으면 우리는 알 수 없지만 하느님께는 알지 못하면 존재할 수 없다.

제11장 하느님의 빛에 반항하는 나쁜 천사들

앞에서 이야기한 말이 옳다면 우리가 천사라고 일컫는 영들은 어떤 방법으로도 어떤 순간에도 어둠이었던 적이 없다. 만들어진 순간부터 빛이 되었다(12권 9장 참조). 하지만 그들이 만들어진 것은 그저 존재하기 위해 살기 위해서가 아니라, 빛을 받아 현명하고 행복하게 살기 위해 만들어졌다. 어느 천사들은 이 빛에게 등을 돌려서 지혜롭고 행복한 삶을 얻을 수는 없었다. 지혜롭지는 못해도 이성적인 생명을 가져 그것을 잃으려야 잃을 수 없다. 천사들이 죄를 짓기 전에 얼마나 지혜로웠는지 똑똑히 말할 수 있는 사람이 있을까? 착한 천사들은 행복함과 영원함을 한 번도 의심하지 않았기에 참으로 충실한 행복을 누렸지만 나쁜 천사들은 지혜에 의지해 그들과 마찬가지로 행복했다고 주장할 수 있겠는가? 이 천사들이 똑같이 지혜를 가졌다면 그들 또한 공평하게 그것에 대한 확신 때문에 영원한 행복 속에 머물렀으리라. 생명이 아무리 오래 간다 하더라도 끝이 있다면, 그것은 영원한 생명이라고 할 수 없다. 영원한 것이 반드시 행복하다고 할 수 없지만 지옥의 불도 끝이 없기에 따라서 영원하지 않은 생명은 참되고 완전한 행복을 누릴 수 없다면, 그들은 영원한 생명을 즐긴 것이 아니다. 생명이 무한하지 않는 한 오롯이 행복할 수 없기 때문이다.

그들은 이 사실을 알았거나, 모르고 다른 생각을 했을지도 모른다. 알았다면 공포심 때문에, 몰랐다면 오류가 행복하지 못하도록 방해했을 것이다. 만일 그들이 무지하기 때문에 그릇된 또는 불확실한 것을 믿지 않았더라도, 자기들의 선함이 영원할 것인가 또는 언젠가는 마지막을 맞이할 운명인가에 대해서 아무런 확신 없이 움직였다면 우리들이 거룩한 천사 안에 있다고 믿는 영원한 삶의 충실함은 커다란 행복에 대한 망설임 때문에 그들에게 주어지지 않았을 것이다. 물론 우리는 행복한 생명이라는 말뜻을 좁게 풀이하여 하느님만이 행복하다고 말하는 게 아니다. 물론 하느님께서는 행복하며 그보다 더 큰 행복은 없다. 천사들은 자신 속에 그것이 있는 한 행복하다. 하지만 이는 하느님의 행복에 비하면 그 크기가 얼마쯤이고 어떤 성질이겠는가?

제12장 처음 인간의 행복과 그 뒤 인간의 행복 차이

우리는 이성과 지성을 가진 피조물 가운데 천사만을 행복하다고 불러야 한다고 생각하지 않는다. 왜냐하면 죄를 저지르기 전 낙원에 있던 최초의 인간들도 행복했다는 사실을 부정하는 사람이 없기 때문이다. 그들은 자신들의 행복이 언제까지 이어질 것인지, 또는 그것이 영원할 것인지를 몰랐다. 죄를 짓지 않았더라면 영원했을지도 모른다. 그럼에도 우리가 망설임 없이 그들이 행복했다고 말하는 까닭은 오늘도 앞으로도 영생을 믿으며 정의롭고 경건하게 사는 사람을 보고 누가 행복하다 말하지 않겠는가. 이런 사람들은 양심의 가책을 받을 일도 없고 자신의 약함에서 저지른 죄 때문에 나서서 하느님에게 용서를 빈다. 끝까지 굳게 참고 견디면 상을 받으리라 믿지만, 그 인내를 확신할 수 있지는 않다. 어떤 사람이 의를 실천하며 정의 속에서 나아가 끝까지 견뎌내리라는 것을 그 누가 알 수 있겠는가? 의롭고 숨겨진 판단을 가지고 적은 사람을 이끌며 누구도 속이지 않는 분이 계시해 주지 않으면 아무도 모른다.

현재의 생을 즐긴다는 점에서 본다면, 낙원에 살던 최초 인간에 비해 어떤 의인도 약함과 죽음을 피하지 못하기에 불행하다. 하지만 앞날에 대한 희망에서 본다면, 지금 아무리 심한 신체적 고통을 겪는 인간일지라도 낙원의 인간보다 한결 행복하다. 그는 자신이 천사들과 함께 아무런 방해 없이 교제하며, 가장 높으신 하느님께 가게 되리라고 여길 뿐 아니라, 그것이 막연한 생각이 아니라 확실한 진리라 알기 때문이다. 최초의 인간은 낙원 속에서 큰 행복을 누리면서도 자신의 운명에 대해서는 불확실했다.*15

제13장 천사는 자신의 미래 모습을 예지했는가

이성적 존재가 바른 목표로 바라는 행복을 위해서는 두 가지 조건이 필요하다는 사실을 누구나 알고 있다. 하나는 하느님이라는 변하지 않는 선을 아무런 어려움 없이 누리는 것이다. 또 하나는 자신이 영원히 이 선 속에서 머무르리라 확신하면서 어떤 잘못된 꾐에도 속지 않는 것이다. 우리는 빛의 천사들에게 이런 행복 속에 있음을 경건하게 믿어야 한다. 죄를 저지른 천사들은 자기 잘못으로 빛을 잃겠지만 죄에 물들기 전에는 이런 행복을 누리지 못했으리라고 우리는 이성적인 추론으로 짐작한다. 다만 그들이 죄를 짓기 전에도 살아 있었다면 자기들 앞날을 알지 못했기에 조금은 행복을 누렸다고 믿어야 한다.

그런데 천사들이 만들어졌을 때, 어떤 천사들은 자기들이 굳게 견딜 것인가 또는 타락할 것인가를 알 수 없도록 만들어졌고 어떤 천사들은 자기들의 행복이 영원하리라는 것을 알았다는 점, 그리고 처음에는 모든 천사들이 똑같이 행복한 상태에서 만들어졌지만 오늘날 나빠진 천사들이 자기 의지로 신의 선한 빛에서 멀어져 떨어질 때까지 그 상태였다는 것은 믿기 어렵다. 뿐만 아니라 거룩한 천사들이 영원한 행복을 확신하지 못했으며 그들에 대해 우리가 성경에서 배울 수 있는 것을 그들이 알 수 없다고 생각하는 것은 참으로 이해하기 힘든 일이다. 모든 그리스도인들이 앞으로 선한 천사들 사이에서 악한 천사가 나타나거나 악한 마귀가 다시 선한 천사들 곁으로 돌아가는 일이 있으리라 생각하는 사람이 있을까? 성도들과 신자들은 하늘에 있는 천사들과 똑같은 지위를 주리라 진리이신 분이 복음서에서 약속(마태 22 : 30)하셨다. 그뿐 아니라 영원한 생명으로 들어갈 것이라는 약속도 받았다(마태 25 : 46).

우리가 영원한 행복에서 벗어나지 않으리라고 믿고 천사들은 그런 확신이 없다면, 우리는 천사들보다 나은 존재가 되고 만다. 그러나 진리는 결코 속이지 않기에 우리가 천사들과 같아진다고 하므로 천사들도 자신들이 끝없이 행복하리라고 굳게 믿으리라. 하지만 나쁜 천사들은 그렇지 않다. 그들은 끝을

---

*15 아우구스티누스 《De Genesi ad Litteram》 11, 18, 22~24 참조.

가졌으며 그러므로 우리는 천사들 사이에 등급이 있었다고 결론 내려야 한다. 만일 그들이 모두 똑같았다면, 죄를 지은 천사들이 타락한 뒤에야 선한 천사들은 영원한 행복을 확실히 알았다는 말이 된다.

그러나 주님은 복음서에서 악마에 대해 이렇게 말씀하셨다. "악마는 처음부터 살인자였고 진리 쪽에 서 본 적이 없다. 악마에게는 진리가 없기 때문이다"(요한 8 : 44). 사람들은 이렇게 해석해야 한다고 말하리라. 악마는 처음부터 즉 인류의 시작과 저마다 만들어진 처음부터 살인자였다. 그리고 악마는 창조된 때부터 진리 안에 머무르지 않았고, 그 때문에 거룩한 천사들과 함께 행복을 누리지 못한 채 창조주를 따르길 거부하고, 오만하게도 자신의 힘으로 서 있다고 생각해 무력한 힘을 즐겼다. 그 결과 악마는 스스로도 속고 또 남까지 속였다. 전능하신 분의 힘을 벗어날 수 있는 사람은 아무도 없다. 악마는 경건하게 공경심을 진실로 받아들이려 하지 않고 오히려 거만하게 있지도 않은 것을 존재하는 듯 보이기를 좋아했다. "사실 죄는 처음부터 악마의 짓입니다"(1요한 3 : 8). 사도 요한의 말씀도 이런 뜻이라고 볼 수 있다. 다시 말해 악마는 창조된 순간부터 정의를 거부했는데 의지는 하느님께 순종하는 경건함이 없으면 바르지 않다.

이런 해석을 인정하는 사람은 마니교[16] 이단자들과 그것과 비슷한 더럽혀진 생각을 가진 사람들과 함께 생각하지 않는다. 악마는 신에게 반대하는 어떤 원리에서 나쁜 본성을 받았다고 주장한다. 그들은 매우 어리석어서, 복음서에 쓰인 말씀의 권위를 우리처럼 인정하면서도 주님 말씀이 "악마는 진리 속에 없었다"이지 "악마는 진리에서 멀어졌다"는 게 아님을 이해하지 못한다. 주님 말씀 뜻은 악마가 진리 속에 있었다면, 그것에 기대어 거룩한 천사들과 더불어 가장 높은 행복에 이르렀을 것이다.

제14장 악마가 진리 속에 없었던 이유

주님께서는 마치 우리의 질문에 답하시듯 악마가 왜 진리 속에 없었는지 그 이유를 나타내는 징표를 우리에게 주셨다. 그것은 복음서에 있는 말씀이다. "악마에게는 진리가 없기 때문이다"(요한 8 : 44). 따라서 악마가 진리 속에 있었

---

*16 마니교는 페르시아 출신 마네스(Manes, 215~275년쯤)가 창시한 종교로 선악과 명암이라는 두 궁극적 실재를 주장하는 극단적 이원론이었다.

다면 진리는 악마 속에 있지만, 이 말은 일반적인 말씀이 아니다.

"진리가 그 속에 없으므로 그는 진리 속에 없었다" 이 말은, 진리가 그 속에 없다는 일이 그가 진리 속에 없는 원인이며 진리 속에 없다는 사실이 진리가 그의 속에 없었던 원인이다. 같은 어법이 시편에도 나온다. "하느님이여, 주께서 내게 응답하실 줄 알고 내가 주를 부릅니다"(시편 17 : 6), 이것은 "하느님이여 내가 주를 불렀사오니 내게 응답해주소서"처럼 들린다. 하지만 "내가 불렀나이다" 말한 것은 왜 내가 불렀는가라는 질문에 답을 한 것처럼 보인다. 분명 이 문상은 하느님이 응답하신다는 결과를 보이며 얼마나 열심히 불렀는지 나타낸다. 따라서 "당신이 내게 응답했다는 사실로 내가 불렀음이 확인된다."

이런 것과 같다.

제15장 '악마는 처음부터 죄를 저질렀다' 는 말의 의미

요한은 악마에 대해 "악마는 처음부터 죄를 저질렀다."(1요한 3 : 8)

이렇게 말하는데 어떤 사람들은(마니교 신자들) 만일 이것이 악마의 본성이라면 그것은 죄가 아니라는 것을 이해하지 못한다. 그들은 예언자들의 증언에 어떻게 답할 것인가? 이사야가 바빌론의 군주를 악마로 보며 상징적으로 말했다. "웬일이냐, 너 새벽 여신의 샛별아, 네가 하늘에서 떨어지다니! 민족들을 짓밟던 네가 찍혀서 땅에 넘어지나니"(이사 14 : 12), 또 에스겔은 "너는 하느님의 동산 에덴에 있었으며, 홍옥수, 황옥, 백수정, 감람석, 얼룩마노, 백옥, 청옥, 홍옥, 취옥 등의 온갖 보석들로 단장했었다. 네가 생겨나던 날, 이미 금패물과 보석이 마련되어 있었다" 말한다(에제 28 : 13).

이것은 악마에게 죄가 없었음을 알 수 있다. 조금 뒤에 더 뚜렷하게 보인다. "너는 생겨나던 날부터 하는 일이 모두 완전하였다. 그러나 마침내 너에게서 죄악이 드러났다"(에제 28 : 15). 만일 이 구절을 이렇게 해석하는 것 말고 도리가 없다면, "그가 진리 속에 없었다"는 진리 안에 있었음에도 그곳에 머물지 않았다는 뜻으로 풀이해야 하며, 또 "악마는 처음부터 죄를 지었느니라" 이 말씀은 창조된 처음부터 죄를 지었다는 뜻이 아니라, 오히려 악마의 오만 때문에 죄가 처음으로 생겨났다는 이유로 '처음으로'를 썼다고 생각해야 한다.

하지만 욥기에는 악마에 대해 이렇게 말했다. "하느님이 맨 처음에 보인 솜씨다. 다른 짐승들을 거느리라고 만든 것이다."(욥기 40 : 19).*¹⁷ 마찬가지로 같은 의미의 말씀이 시편에도 나온다. "배들이 이리 오고 저리 가고 손수 빚으신 레비아단(Leviathan)이 있지만 그것은 당신의 장난감입니다"(시편 104 : 26)*¹⁸. 그러나 이 말씀은 악마가 처음부터 천사들의 웃음거리가 되도록 만들어졌다는 뜻으로 풀이하면 안 되고, 악마가 죄를 지은 뒤 벌로 웃음거리가 되었다고 받아들여야 한다. 그러므로 악마는 주님의 창조물로 시작했다. 아무리 쓸모없고 보잘것없는 동물일지라도 하느님이 만들어내시지 않은 것은 하나도 없다. 어떤 분량이나 형태나 유형이든 모두 하느님으로부터 비롯하며, 하느님이 만들어내신 것이 아니면 어떤 질량이나 생김새나 유형도 존재하지 않으며, 존재한다고 생각할 수도 없다. 그리고 천사라는 피조물은 하느님이 창조한 다른 모든 피조물을 고귀한 본성으로 넘어선다.

제16장 피조물의 가치 기준

하느님이 만드신 피조물은 하느님처럼 존재하는 게 아니라 저마다 주어진 것에 따라 존재하는데 피조물 속에 생명을 가진 것은 생명을 갖지 못한 것보다 뛰어나다. 생식능력이나 의욕을 가진 것은 이런 능력이 없는 것보다 뛰어나다. 또 생명을 가진 것들 가운데 감각이 있는 것이 그렇지 못한 것보다 앞선다. 그래서 동물이 나무보다 위다. 또 감각이 있는 것들 가운데서 지성을 갖춘 것이 지성이 없는 것보다 높다. 그래서 사람은 짐승보다 앞선다. 또 지성이 있는 것들 가운데서 죽지 않는 것이 죽는 것보다 높다. 그래서 천사들은 사람들보다 높은 것이다.

이것은 자연본성의 질서에 따른 등급이며 다른 가치기준도 있다. 그것은 저마다의 효용가치에 따라 기준을 두며, 이 관점에서는 감각이 없는 것이 감각있는 것보다 위에 선다. 그 결과 우리에게 힘이 있다면 그 감각을 가진 것들이 자연계에서 어떤 위치에 있는지 모르고 또는 알더라도 얼마나 유익한가 하는 관점에서 뒤떨어진다고 생각해 제거하려 한다. 사람은 집 안에 쥐보다 빵을, 벼룩보다 돈을 더 두고 싶지 않겠는가? 하지만 우리는 이에 놀랄 필요가 없다. 인간은 본성이 가장 위대하기에 인간 자신을 가치 기준으로 생각한다. 노예보다

---

*17 하마에 대한 이야기지만, 지은이는 악마의 상징이라고 풀이한다.
*18 악어를 마귀로 풀이한다.

말이 더 비싸며, 여자 노예보다 보석이 더 비싸기도 한다.

이처럼 사용가치에 따라 자유롭게 판단하는 사람과 필요에 따라 요구하고 욕심에 따라 손에 넣으려는 사람은 그 근거에 큰 차이가 있다. 앞의 사람은 사물을 그 자체의 존재에 따라 자연 질서 속에 놓지만 뒤의 사람은 필요에 따라 사물을 평가한다. 이성은 정신의 빛에 비추어 진정하다고 생각되는 것을 바라지만 욕망은 육체의 감각을 유혹하는 기쁨을 바란다. 그러나 이성적 피조물들은 의지와 사랑의 무게로 기준을 삼아 천사들의 본성이 사람보다 위에 있지만, 정외로운 법에 따라 선한 인간들이 악한 천사들보다 위에 선다고 판단한다.

제17장 악은 피조물의 본성에서 비롯되지 않는다

그러므로 "이것은 하느님 능력의 처음이다" 이 말은 악마의 사악함을 말하는 게 아니라 자연본성을 뜻한다고 해석해야 옳다. 그 사악함이 악마의 결함에서 생겼어도 그 앞에는 반드시 자연본성이 있으며 악으로 인해 없어진 상태는 아니기 때문이다. 하지만 결함은 자연본성과 반대되는 것으로 자연본성에 해를 준다. 따라서 신에게서 멀어지면 피조물에게 결함이 생기고 신과 함께 하는 것이 피조물에게 가장 마땅한 일이지만 만일 그렇지 않다면 신으로부터 멀어져도 자연본성이 손상되지는 않는다. 그러므로 악한 본성이 자연본성이 선하다는 것을 보여주는 증거가 된다.

그러나 선한 자연본성들의 창조주이신 하느님이 가장 선하신 것처럼, 모든 악한 의지들을 가장 정의롭게 질서 잡으신다. 악한 의지는 선한 자연본성을 나쁘게 쓰지만 하느님은 그런 악한 의지들마저 바르게 쓰신다. 악마는 하느님이 만드셨을 때는 선했는데 자기 의지로 악하게 되어 더 낮은 지위로 떨어져, 하느님의 천사들에게 비웃음을 받았다. 다시 말해 악마가 기독교인들을 유혹해서 해를 끼치려고 해도 오히려 그 유혹이 기독교인들에게 이득이 되었다.

악마를 만들어내실 때 하느님은 앞으로 사악해질 것을 모르지 않았으며, 그 사악함마저 선한 것을 스스로 만들어 내리라는 것을 미리 내다보셨기 때문에, 시편에서 이렇게 말한다. "손수 빚으신 레비아단이 있지만 그것은 당신의 장난감입니다"(시편 104 : 26). 하느님은 악마를 만드실 때 악마는 신의 선한 본성으로 선한 존재였지만, 하느님의 예지에 따라 악하게 된 뒤에도 악마를 선하게 쓰실 길을 마련해 놓으셨다. 우리는 이 구절에서 이런 내용을 읽어내야 한다.

제18장 하느님의 섭리가 가져오는 세계사의 아름다움

하느님은 인간이 앞으로 악하게 될 것을 아셨으면서도 악한 인간을 어떻게 쓰면 이로워지는지 알기에 세기의 질서를 훌륭한 대조로 이루어진 아름다운 시처럼 꾸밀 방법을 모르셨다면 하느님은 사람은 물론이고 천사도 만드시지 않았으리라. 대조란 문장을 아름답게 꾸미는 방식 중의 하나이다. 라틴어로는 '옵포시타'(opposite) 또는 더 정확하게 '콘트라포시타'(contraposita)라고 부른다.

우리는 이 말에 익숙하지 않으나 이 말은 라틴어 문장뿐만 아니라 여러 민족 언어에서 볼 수 있는 꾸밈법이다. 고린도후서에서 사도 바울은 이 대조법을 써서 훌륭하게 표현했다. "오른손과 왼손에 의로움의 무기를 들고 영광을 받거나 수치를 당하거나 비난을 받거나 칭찬을 받거나 언제든지 하느님의 일꾼답게 살아갑니다. 우리는 속이는 자 같으나 진실하고, 이름 없는 자 같으나 유명하고, 죽은 것 같으나 이렇게 살아 있습니다. 또 아무리 심한 벌을 받아도 죽지 않으며"(2고린 6 : 7∼10).

이처럼 반대말에 반대말을 대비시킴으로써 그 표현이 아름다우면서도 풍부하게 된다. 마찬가지로 이렇게 말로 하는 수사법이 아니라 사물로 하는 수사법, 곧 반대현상의 대비를 씀으로써 세기의 아름다움을 만들었다. 이 점은 집회서에서 이렇게 뚜렷히 표현했다. "악의 반대편에는 선이 있고 죽음의 반대편에는 생명이 있듯이, 죄인의 반대편에는 경건한 사람들이 있다. 지극히 높으신 분의 모든 업적을 살펴보아라. 모든 것은 서로 반대되는 것끼리 짝을 이루고 있다"(집회 33 : 14∼15).

제19장 빛과 어둠의 분리에 대해서

영감으로 만들어진 성서의 말은 의미가 또렷해 보이지 않아도 오히려 그 점으로 진리에 대해 많은 생각을 하게 되고 그것들을 깨달음의 빛 속으로 가져와 사람 저마다가 자신만의 방법으로 이해한다. 물론 모호한 구절에 대한 풀이는 틀림없는 사실 증언에 따르거나 의문이 적은 부분을 따르거나 해서 확인해야 한다. 거기서 우리는 많은 해석과 검토로써 글을 쓴 사람이 생각한 의미를 이해할 수도 있고, 그 뜻이 분명하지 않다고 하여도 모호한 구절을 논의함으로써 다른 진리를 밝혀내는 기회를 얻을 수도 있다.

성서는 이처럼 여러 뜻으로 해석되어도 하느님이 빛을 처음 만드셨으며 천사들도 만들어졌다고 풀이해 나아가(11권 9장 참조), "그 빛이 하느님 보시기에 좋았다. 하느님께서는 빛과 어둠을 나누시고 빛을 낮이라 어둠을 밤이라 부르셨다"(창세 1 : 4~5) 이 구절에서 거룩한 천사들과 타락한 천사들로 나뉘셨다고 풀이하는 것은 하느님이 하신 일에 어울리지 않는 해석이라 생각하지 않는다.

물론 하느님만이 이렇게 나누실 수 있다. 하느님만이 어느 천사가 타락할 것인가, 다시 말해서 어느 천사가 진리의 빛을 잃어버리고 오만으로 가득한 어둠 속에 머무를 것인가를 일어나기 전에 미리 보실 수 있었기 때문이다. 한편 하느님께서는 우리 감각에 익숙한 하늘의 빛에게 낮과 밤, 즉 빛과 어둠으로 나뉘라 명령하셨다.

"하늘 창공에 빛나는 것들이 생겨 밤과 낮을 갈라놓고 절기와 나날과 해를 나타내는 표가 되어라! 또 하늘 창공에서 땅을 환히 비추어라!"(창세 1 : 14, 15). 조금 뒤에 또 이런 말씀을 하셨다. "하느님께서는 이렇게 만드신 두 큰 빛 가운데서 더 큰 빛은 낮을 다스리게 하시고, 작은 빛은 밤을 다스리게 하셨다. 또 별들도 만드셨다. 하느님께서는 이 빛나는 것들을 하늘 창공에 걸어놓고 땅을 비추게 하셨다. 이리하여 밝음과 어둠을 갈라놓으시고 낮과 밤을 다스리게 하셨다. 하느님께서 보시니 참 좋았다"(창세 1 : 16~18). 한쪽은 천사들의 거룩한 공동체인 빛이며 그들은 진리의 조명을 받아 이성적으로 반짝이지만 다른 쪽은 대립된 어둠으로 정의의 빛에게 등 돌린 나쁜 천사들의 더러운 생각이다. 하느님은 이 두 가지를 나누셨지만 그것은 본성이 아니라 의지 때문에 앞으로 생길 악덕이었으며, 하느님에게 숨길 수 있거나 불확실한 것이 아니었다.

제20장 하느님이 피조물을 좋다고 여긴 일

그러고 나서 "하느님께서 '빛이 생겨라!' 하시자 빛이 생겨났다" 말씀에 이어서 "그 빛이 하느님 보시기에 좋았다"(창세 1 : 3~4)는 말씀이 더해졌다. 그런데 이 말씀을 그냥 지나쳐서는 안 된다. 이 말은 하느님께서는 빛과 어둠을 나누시고, 빛을 낮이라 어둠을 밤이라 부르신 뒤에 하신 것이 아니다. 만일 그랬다면 하느님이 빛을 좋게 보심과 마찬가지로 어둠도 좋게 보셨다는 말씀이 되기 때문이다. 하지만 어둠이라도 죄가 없을 때에는, 하느님은 어둠과 우리 눈에 보이는 빛을 천체의 빛으로 나누셨지만 이는 "하느님 보시기에 좋았다"는 말씀의 뒤가 아니라 앞에 일어난 일이다.

성서에는 다음처럼 쓰여 있다. "하느님께서는 이 빛나는 것들을 하늘 창공에 걸어놓고 땅을 비추게 하셨다. 이리하여 밝음과 어둠을 갈라놓으시고 낮과 밤을 다스리게 하셨다. 하느님께서 보시니 참 좋았다(창세 1 : 17~18). 하느님께서 둘 모두 좋게 보신 것은 둘 다 죄가 없기 때문이다. 하지만 "빛이 생겨라 하시자 빛이 생겨났다. 그 빛이 하느님 보시기에 좋았다" 이 말이 이어지지만 그 뒤에 "하느님께서는 빛과 어둠을 나누시고 빛을 낮이라, 어둠을 밤이라 부르셨다" 이 말에 하느님 보시기에 좋았다는 말씀이 더해지지 않았다. 왜냐하면 그 가운데 하나는 자연본성을 따르지 않고 고유의 결함으로 악이 되었기에 둘 다 좋은 것이라 불러선 안 되기 때문이다. 그래서 그때 빛만이 창조주의 기뻐하심을 받았으며 천사들의 마음속에 있었던 어둠은 하느님께서 질서 속에 두시기는 했지만 좋은 것이라 부르지 않았다.

제21장 창조 속 하느님의 변하지 않는 지혜

"하느님 보시기에 좋았다"(창세 1 : 4, 10, 12, 18, 21, 25, 31)는 말씀은 모든 피조물에게 하셨다. 하느님 지혜로 만들어진 것을 인정하셨다는 뜻이 아니고 무엇인가? 그러나 하느님은 창조를 끝마친 뒤 만들어진 것을 보고서 좋다는 것을 알았다는 말이 아니다. 피조물 가운데 어느 하나도 하느님께서 미리 알지 못했던 것은 없기 때문이다. 그래서 하느님이 그것이 만들어지기 전에 알지 못했다면 그것은 생겨나지 못했고 마찬가지로 하느님이 좋다고 하신 것은 나중에 깨달은 게 아니라 오히려 그렇게 가르치는 것이다.

플라톤도 대담하게 하느님은 우주가 완성되자 기쁨으로 황홀해 하셨다고 했다.*19 물론 플라톤은 하느님이 당신의 새로운 업적을 보시고 행복해지셨다고 생각할 만큼 어리석은 사람이 아니다.

그가 말하려 했던 것은 하느님은 이미 아는 지혜로 만들어지면 기뻐할 것이 실제로 완성한 뒤에도 보고 기뻐했다는 뜻이다. 하느님의 지식은 아직 없는 것과 지금 있는 것, 이미 과거에 존재했던 것에 따라 주는 저마다의 것으로 변화하지 않는다. 하느님은 우리처럼 앞날을 내다보시고 현재 있는 것을 바라보시며, 지나간 것을 되돌아보시지 않는다. 하느님이 보시는 방법은 우리의 사고

---

*19 플라톤 《티마이오스》 37 C.

를 뛰어넘음은 전혀 다른 방법이다. 하느님은 사고 대상을 여기서 저기로 옮기지 않고 변화 없이 보신다. 시간에 따라 일어나는 일이 미래의 일이면 아직 존재하지 않고, 현재 일이면 지금 존재하며, 과거 일이면 이미 존재했는데 하느님은 이 모든 것을 변함없이 영원한 지금으로 유지하고 보신다.

그래서 눈으로 보시는 것과 마음으로 보시는 것이 다르지 않다. 하느님은 정신과 몸의 복합체가 아니시기 때문이다. 또 오늘과 지난날과 앞날의 차이가 없다. 하느님 지식은 우리와 달라서 현재·과거·미래라는 세 시제에 따라 달라지지 않는다. "하느님 아버지는 변함도 없으시고, 우리를 외면하심으로써 그늘 속에 버려두시는 일도 없으십니다"(야고보서 1 : 17).

하느님의 지향성은 하나의 사고 대상에서 다른 사고 대상으로 옮겨가지 않는다. 하느님이 알고 계신 모든 것은 비물체적 직관작용 아래서 나란히 존재한다. 스스로는 시간적으로 움직이지 않으시면서 시간 속 물건들을 움직이듯이, 시간 속에서 인식활동을 하지 않고도 그 안의 사건들을 모두 아신다. 따라서 하느님이 어떤 것을 만들기 전에 좋다고 보신 것과, 만든 뒤에 좋다고 보신 데에는 차이가 없다. 만드신 것을 보심으로써 그에 대한 지식이 더 커지거나 새로 생겨나지 않는다는 말이다. 하느님의 지식이 창조 뒤에 조금이라도 변화가 생겨 완전하지 않다면, 창조주이신 하느님도 완전무결하다고 할 수 없다.

만일 누가 빛을 만들었는가라는 물음에 우리가 꼭 답을 해야 한다면, 하느님께서 빛을 만드셨다는 말만으로 충분하다. 또한 어떻게 만들었는지도 묻는다면, "하느님께서 '빛이 생겨라!' 하시자 빛이 생겨났다"(창세 1 : 3) 이렇게 대답하는 것만으로 족하다. 즉 하느님이 빛을 만드시고, 하느님 말씀을 통해 만들었음을 뜻한다. 그러나 피조물에 대해서 우리가 특히 알아야 할 중요한 부분은 누가 만들었는가, 어떻게 만들었는가, 그리고 무슨 까닭으로 만들었는가, 바로 이 세 가지이다. 이 물음에 대한 답은 성서에 나와 있다. "하느님께서 '빛이 생겨라!' 하시자 빛이 생겨났다. 그 빛이 하느님 보시기에 좋았다." 그래서 누가 만들었는지 물으면, 대답은 "하느님께서", 어떻게 만들었냐고 물으면 "'빛이 생겨라!' 하시자 빛이 생겨났다", 무슨 까닭으로 만드셨는지 묻는다면, 대답은 "하느님 보시기에 빛이 좋았기 때문에" 이렇게 말하면 된다.

하느님보다 더 훌륭한 창조주는 없으며, 하느님 말씀보다 뛰어난 제작 기술은 없다. 그리고 선하신 하느님에 의해 선한 것이 창조되는 일보다 더 좋은 목적은 없다. 플라톤도 이것이 우주창조의 가장 올바른 원인이라 말한다. 선한 신의 선한 기술로 만들어졌다는 것이다. 어쩌면 그가 성경을 읽었거나, 혹은 읽은 사람에게서 들었을지도 모른다. 아니면 아주 예리한 통찰력으로 하느님의 창조세계를 이해하고 하느님의 보이지 않는 진리를 보았을지도 모른다(로마 1 : 20). 그것도 아니면 그 사실을 미리 본 사람들을 통해 이 진리를 배웠으리라 (8권 11장 참조).

제22장 언뜻 나쁘게 보이는 것에 대한 마니교 신자들의 오류

하느님의 선한 본성이 선한 것을 창조하게 한 바르고도 알맞은 원인이다. 이 원인을 신중하게 또 믿음을 갖고 생각한다면, 세계의 근원을 따지는 사람들과의 많은 논쟁은 모두 사라진다. 그럼에도 이단자들은 이 원인을 모른다. 왜냐하면 피조물 세계에서는 불과 추위, 들짐승처럼 그 밖에 많은 것들이 하느님의 정의로운 벌에서 생겨난 죽어야 할 육체의 연약함으로는 견딜 수 없고 해를 끼칠 뿐이기 때문이다. 그들은 이런 것들이 고유의 영역과 자연본성에서 어떤 가치를 가지고 아름다운 질서 속에 어떻게 배치되었는지 보려 하지 않으며 저마다 알맞게 주어진 아름다움으로 모든 사람이 공유하는 국가공동체처럼 우주 전체에 얼마나 많은 공헌을 하는가는 생각지 않는다. 그들은 또 우리가 그것들에게 어울리며 지식에 걸맞은 방법으로 사용할 때 얼마나 우리에게 이득이 되는지 보려 하지 않는다.

독초는 함부로 사용하면 해롭지만 올바른 방법으로 쓰면 치료에 도움 되는 약으로 변한다. 하지만 반대로 우리를 즐겁게 만드는 음식과 햇빛 같은 것도 양과 때를 잘못 택하면 도리어 몸에 좋지 않다. 이처럼 하느님 섭리는 이런 사례들로 우리가 사물을 어리석게 비난할 것이 아니라, 오히려 어떻게 쓰면 이로울지 신중히 찾아보라고 가르친다. 우리의 탐구 재능이 부족할 때에는 이용할 만한 가치가 아직 숨어 있음을 믿어야 한다. 실제로 이제까지 우리들이 어렵게 발견한 많은 것들이 있다. 이용가치가 숨어 있으면 그것은 우리의 겸손을 북돋우며 자만심을 깎아 내리는 데 도움이 된다. 어떤 자연본성도 결코 나쁘지 않고, 악에는 선이 없기 때문이다(11권 9장 참조).

하지만 땅 위 사물에서 천상 사물에 이르기까지 또 보이는 것에서 보이지 않는 것에 이르기까지 선에는 여러 단계가 있으며 서로 비교했을 때 달라야 한다. 하느님께서는 훌륭한 사물들을 만드신 위대한 기술자이시지만, 그렇다고 보잘것없는 사물을 만드시면 하찮은 기술자라는 뜻이 아니다. 이런 작은 사물은 크기로 판단할 게 아니라 만든 이의 지혜로 평가해야 한다. 예를 들어 사람의 눈썹은 신체 전체에서 봤을 때 없는 것이나 마찬가지지만 그것을 깎아 버리면 몸의 아름다움을 생각할 때에는 커다란 손실이 된다. 아름다움은 크기가 아니라 전체를 이루는 부분들 사이의 조화와 균형에 달렸기 때문이다.

어떤 사람들이 우주 창조의 원인은 선하신 하느님이 선한 세계를 만들려는 의지였다고 인정치 않고 오히려 어떤 반대 원리가 있어서 그것이 자연본성 속에 악을 만들었고 늘렸다고 여기는데 그리 이상한 일은 아니다. 하느님이 자신과 싸우는 악을 쫓아내기 위해 이 세계를 만들도록 강요받았고 그 선한 본성에서 떨어져 정복 받아야 하는 악을 섞었다고 그들은 믿는다. 그리고 선한 본성이 너무나 수치를 당해 더럽혀지고 잔혹한 방법으로 잡혀서 피해를 받으면 하느님은 많은 노력을 기울여 간신히 그것을 정화하고 해방시킨다고 말한다. 하지만 그 경우에도 완전히 벗어나지는 못한다. 이따금 정화시키지 못한 부분은 붙잡은 적을 가두는 감옥과 사슬이 된다고 한다.

그러나 마니교 신자들도 하느님 본성은 변하거나 죽지 않으며 그 무엇도 망가뜨릴 수 없다는 것을 믿는다면, 이런 어리석고 정신 나간 생각은 하지 않을 것이다. 또 건전한 그리스도교의 가르침에 따르면 영혼은 그 의지 때문에 악으로 바뀌고, 죄로 손상됐으며, 따라서 영원한 진리의 빛을 잃었다. 이런 영혼은 하느님의 일부이거나 하느님과 똑같은 자연본성을 지닌 것이 아니며 창조주와 멀리 떨어진 것으로 만들어졌다.

제23장 오리게네스의 오류

그런데 이보다 한결 놀라운 일은 만물의 근원은 하나이며, 하느님이 아닌 모든 자연본성은 창조주 하느님이 만드신 것이라고 믿는 사람들마저도, 세계를 창조한 원인이 선하고 단순하다는 사실을 바르고 순수한 신앙으로 믿으려 하지 않는 사람이 있다는 것이다. 피조물들은 하느님과 본질이 다르며 하느님과 동등하지 않지만, 선하신 하느님이 만드셨기 때문에 선하다는 사실을 믿으려 들지 않는다.

그들이 말하기를, 영혼은 하느님의 피조물이지만 죄를 지어 하느님으로부터 멀어져 그 죄의 무게에 따라 하늘에서 땅까지 여러 단계를 지나 감옥으로 여러 신체를 받는다고 한다. 이것이 곧 세계이며 창조의 원인이다. 또한 세계는 선한 것들을 만들기 위해서가 아니라 악을 가두기 위해 존재한다고 한다.

오리게네스가 이런 견해를 가졌다고 비난받은 것은 마땅하다. 그의 저서 《페리 아르콘》(*Peri Archon*), 곧 《원리론》에 이런 생각과 설명이 나온다.[20] 그처럼 학식이 풍부하고 교회문헌을 잘 아는 사람이 누구보다 먼저 이런 생각이 권위 높은 성서의 뜻과 반대된다는 사실을 알지 못했다는 일이 무척 놀랍다. 성서는 하느님 능력을 말하며 "하느님이 보시기에 좋았더라" 덧붙이고, 모든 일을 끝내신 때에는 "이렇게 만드신 모든 것을 하느님께서 보시니 참 좋았다"(창세 1 : 31) 이런 말을 넣었다. 이는 선하신 하느님이 선한 피조물들을 만드셨다는 것이 창조의 원인이라는 뜻이 아닌가?

만일 누구도 죄를 짓지 않았다면 이 세계는 오로지 선한 피조물들로 채워져 아름다웠으리라. 또 인간 때문에 죄가 생겼더라도 선한 천사들이 만들어진 자연본성을 지키는 한 온 우주가 죄로 채워지지 않는다. 악한 의지는 그 본성을 유지하지 못했지만, 우주의 모든 것을 선하게 질서 잡으시는 바른 하느님의 법이 사라지지는 않는다. 검은색을 어울리는 곳에 칠하면 그림을 더 돋보이게 만들듯이 죄인들 자체는 떼어놓고 보면 추하고 혐오스럽지만 우주 전체로 보면 아름답게 보인다.

오리게네스와 그를 따르는 이들은 우주창조의 목적이 영혼들 저마다 죗값에 따라 감옥으로서 육체를 받았으며 죄가 가벼운 이는 높은 곳에 머무는 가벼운 육체가, 죄가 무거운 이는 낮은 곳에 머무는 무거운 육체가 주어진다. 만일 이 주장이 옳다면 마귀들이 무엇보다 악하므로 가장 낮고 무거운 신체를 받아야 한다.

그러나 우리는 영혼의 가치가 그것이 가진 육체의 성질에 따라 정해지는 게

---

* 20 오리게네스 《원리론》(De Principiis) 1, 6 참조. 오리게네스(origenes)의 영어이름은 오리겐(Origen)이다. 185년 무렵 이집트에서 태어나 알렉산드리아의 클레멘트에게서 신학을 공부하고, 나중에 신플라톤학파의 암모니우스 사카스에게서 철학을 배웠다. 250년 로마 황제데키우스의 대규모 박해 때 투옥되어 고문을 받고 얼마 되지 않아 죽었다. 그의 저서는 널리 영향을 주었으나 그의 삼위일체론과 잘못된 영혼관, 영혼윤회설과 성서는 은유에 불과하다는 생각들이 이단으로 평가, 543년 제2차 콘스탄티노플공의회에서 그 죄가 결정되었다.

아님을 알아야 한다. 악한 마귀가 그 공기와 같은 육체를 가졌고 인간이 제아무리 악하더라도 마귀의 사악함을 따를 수 없는데 사람은 죄를 짓기 전부터 흙으로 만든 육체를 받았기 때문이다.

하지만 오직 하나뿐인 이 우주에 태양이 하나밖에 없는 데 창조주 하느님은 이로써 우주를 아름답게 꾸미고 또 육체를 지닌 것에 건강함을 주기 위해 만드신 것이 아니라, 오히려 하나의 영혼이 죄를 저지르고 받은 육체라 말하는 것만큼 어리석은 일이 또 있을까? 이 주장이 옳다면, 같은 죄를 지은 영혼이 하나 또는 둘이 아니라 100개가 있다면 우리가 사는 세계에는 태양이 100개 있어야 한다. 그러나 실제로는 이렇게 되지 않았으니 이는 그들의 생각을 따르면 육체를 가진 건강과 아름다움을 위해 창조주의 놀라운 지혜로 태양을 하나만 만들려 하신 게 아니라, 한 영혼이 죄를 저지르고 헤매던 끝에 이런 육체를 받은 것이 된다. 그들은 자기도 모르는 말을 하고 있는 것이 틀림없지만, 이렇게 말할 경우 진리로부터 떨어져 헤매는 것은 그 영혼이 아니라 오히려 그런 생각을 한 사람들이며 그들의 망설임이야말로 해결해야 된다.

따라서 우리가 앞에서 말한 "피조물을 누가 만들었는가? 어떤 방법으로 만들었는가? 왜 만들었는가?" 이런 세 가지 질문을 받으면 "하느님이, 말씀으로, 그리고 그것이 선하기 때문에 만드셨다" 대답해야 한다. 거기서 우리는 어떤 깊고 신비한 방법으로 삼위일체 성부와 성자와 성령에 대한 암시를 받았는지, 또한 성경 말씀을 이렇게 풀이하는데 반대가 있을 수 있는가 하는 문제에 많은 논의가 필요하다. 그러나 이 모든 문제들을 한 권으로 설명하라고 강요받지는 않는다.

제24장 창조의 삼위일체론적 근거*21

우리는 성부가 말씀을 낳으셨고, 이 말씀이 모든 것을 만든 지혜이다. 그리고 독생자시며, 성부와 같이 하나뿐인 분이시며, 성부처럼 영원하시고 더할 나위 없이 선하시다. 또 성령은 성부의 영이자 성자의 영이시며, 두 분과 실체를 나란히 하고 마찬가지로 영원하시다고 믿는다. 그리고 이 셋은 그 위격들의 고유함 때문에 삼위일체시며, 그 나눌 수 없는 신성으로 하나뿐인 하느님이시다.

＊21 모든 피조물에 삼위일체의 흔적이 있다는 시각은 아우구스티누스의 다른 저서에도 나타난다. 예컨대 《고백록》 13, 11, 12 및 《참된 종교에 대하여》 7, 13 ; 《서간집》 11, 3 등이다.

만일 저마다에 대해 물으면 그 한 분 한 분이 하느님이시며 전능하다고 말해야 한다. 또 삼위일체를 이야기할 때에는 세 하느님이나 세 전능자가 아니라, 전능하신 하나뿐인 하느님이시라고 답해야 한다. 이처럼 세 분의 나눌 수 없는 통일성은 위대하기 때문에 이렇게 통일성으로 하느님은 한분이라 말한다.

성령은 선하신 성부와 성자에 공통된 영이시므로 성령을 성부와 성자의 선하심이라고 부르는 것이 마땅한지 나는 성급히 판단하지 않는다. 그러나 성령이 성부와 성자의 거룩하심이라고 굳이 말하는 까닭은, 성령을 성부, 성자의 성질에 지나지 않는다고 말하는 뜻이 아니라, 성령 자신이 실체이며 삼위일체 하느님의 제3위격이라는 의미이다. 내가 큰 확신으로 이런 생각을 하게 된 것은 성부도 영이시고 성자도 영이시며, 두 분 모두 거룩하시지만, 성령이 고유한 거룩함이라 불리는 것은 스스로 실체로써의 거룩함이며 두 분과 같은 실체이기 때문이다.

그러나 만일 하느님의 선하심이 하느님의 거룩하심과 다름이 없다면, 하느님께서 선함으로 만드실 때 그 안에 같은 삼위일체가 암시되어 있다고 우리가 이해하는 것은 분명 이성의 열정에서 나온 것이지 결코 멋대로 추측한 게 아니다. 이것은 삼위일체 하느님을 암시하지만 탐구심을 자극하기 위해 비밀스러운 말로 표현했다. 다시 말해 "있으라" 하신 것은 그가 말씀 속에 있다는 말이다. 성부가 말씀하셨을 때 피조물이 만들어졌으니 확실히 말씀에 따라 만들어졌다. 그리고 "하느님이 보시기에 좋았다" 한 것은 하느님은 필요해서도 아니고 부족해서도 아니라 오로지 선하심으로, 모든 것을 창조하셨음을 알 수 있다. 즉 그것은 좋기 때문에 만들었다.

그리고 만들어진 것이 창조의 목적인 선함에 어울린다는 것을 알리기 위해서이다. 이 선하심이 곧 성령이라는 우리 해석이 맞다면, 삼위일체 하느님 모두가 창조 역사 속에 암시되어 있다. 거룩한 천사들 속에 있는 거룩한 세계의 기원과 형성 그리고 행복도 이 삼위일체에 있다. 그 세계가 어디서 왔느냐고 물으면 대답은 하느님이 지으셨다는 것이다. 그 나라에는 밤이 없어서 등불이나 햇빛이 필요 없습니다. 주 하느님께서 그들에게 빛을 주실 것이기 때문입니다. 그들은 영원무궁토록 다스릴 것입니다(묵시 22 : 5). 어디서 그 행복이 오느냐고 물으면 하느님은 그 즐거움이라고 대답하신다. 그 나라는 하느님 안에 존재함으로써 형태를 지녔으며, 하느님을 봄으로써 빛을 얻으며, 하느님 안에 머무름으로써 기쁨을 얻는다. 그 나라는 존재하며 바라보며 행복해진다. 하느님의 영원 안에서 그 힘을 얻으며, 하느님 진리 안에서 빛나며, 하느님 선하심에서 기쁨을 느낀다.

제25장 삼위일체와 철학의 세 부문

내가 이해한 바에 따르면 철학자들이 지혜 연구를 세 가지로 나누려고 한 까닭도 여기에 비롯된다. 아니 오히려 지혜가 세 부분으로 나뉜다는 것을 이로 인해 깨달았다. 그들은 삼분법을 스스로 발명한 게 아니라 이미 있던 것을 찾아냈을 뿐이다. 그들은 학문을 자연학, 논리학, 윤리학으로 나누었다. 여기에 해당하는 라틴어는 '자연철학'(naturalis) '이성철학'(rationalis) '도덕철학'(moralis)으로 이미 많은 사람들의 글에 자주 사용되었다. 나는 제8권(제4장)에서 이 문제를 짧게 다루었다. 플라톤이 처음으로 삼분법을 발견해 널리 알렸다고 한다. 플라톤은, 하느님만이 모든 자연적 존재의 창조자이며 지성을 주시고 사람이 선하고 행복한 생활을 하기 위한 사랑을 주실 오직 하나뿐인 존재이다.

철학자들은 세계와 진리탐구법과 우리의 모든 행동이 이뤄야 하는 선한 목적, 많은 사람의 생각이 서로 다를지라도 이 세 분야에 모든 관심을 기울이고 있다. 철학자들은 이 세 문제에 대해 자신의 의견을 주장하려 노력하기 때문에 비록 의견은 저마다 다르지만, 자연에 원인이 있다는 것과 인식 방법이 있다는 것, 또 삶에 목표가 있음을 의심하는 철학자는 없다.

작품을 만들어 내려는 예술가에게서도 본성과 가르침 그리고 효용 이 세 가지를 볼 수 있다. 본성은 그의 재능으로, 가르침은 지식으로, 효용은 결과로 판단할 수 있다. 이 결과는 본디 라틴어에서 '즐기다'라는 말과 같은 말로 얻는다는 뜻이며, 효용은 사용하는 사람의 활동이라는 뜻이다. 이 두 말 사이에는 차이가 있다. 즐긴다는 것은 다른 목적과 관계없이 그 자체만으로서 기쁘게 하는 것이며, 효용은 어떤 다른 목적을 위해서 필요하다는 뜻이다. 그러므로 우리는 시간적인 것을 즐기지 말고 오히려 써야 하며, 그래야만 영원한 것들을 즐길 자격을 얻게 된다.

부정을 저지른 인간들은 돈을 즐기고 하느님을 이용하려 한다. 이런 사람들은 하느님을 위해서 돈을 쓰지 않고, 돈을 위해서 하느님을 섬긴다. 그러나 일상용어에서는 즐거운 것을 이용하며 쓸모 있는 것을 즐긴다고 한다. 즐긴다는 말은 본디 밭에서 나온 생산물을 말하며 사람들은 시간적인 생명을 기르기 위해 쓰기 때문이다.

나는 이런 방식으로 인간에게서 관찰할 만한 세 가지, 본성과 가르침, 그리고 효용을 관용적인 의미로 말했다. 철학자들은 이 점을 바탕으로 행복한 생활을 얻도록 하는 철학 연구의 3분법을 얻었다. 자연철학은 자연본성에 대한 것이며, 이성철학은 가르침을 목표로 한다. 그리고 도덕철학은 효용에 대한 것이다. 만일 우리의 자연본성을 우리 스스로 만들었다면, 우리는 우리의 지혜도 만들었을 터이며, 가르침으로 다른 곳에서 구하려 하지 않았으리라.

우리 사랑도 우리 자신으로부터 시작해 우리 자신에게 돌아올 때 그것은 삶을 행복하게 만들 것이며, 즐기기 위해 다른 것을 찾을 필요가 없으리라. 그러나 우리의 본성은 하느님이 지어내셨으므로 우리는 지혜를 얻기 위해 하느님을 스승으로 모셔야 하며, 우리가 가장 높은 행복에 이르려면 하느님으로부터 내면적인 즐거움을 받아야 한다.

제26장 인간정신 속에 담긴 삼위일체의 형상—존재·지식·사랑

우리는 우리 자신 안에서 하느님 형상, 즉 행복한 삼위일체가 있음을 안다. 물론 그 생김새는 하느님과 같지 않고 오히려 크게 다르다. 그리고 하느님처럼 영원하지 않다. 한 마디로 하느님과 똑같은 실체가 아니다. 그러나 하느님 피조물 가운데 어느 것보다도 하느님께 가깝고, 아직도 새롭게 변해서 완성되려할 때 더욱 하느님과 비슷한 존재가 된다.

우리는 존재하며, 존재한다는 사실을 알고, 이 존재와 존재에 대한 지식을 사랑한다. 내가 말한 세 가지 실재 존재, 지식, 사랑에 대해 진리의 가면을 쓴 허위 때문에 우리는 혼란을 일으키지는 않는다. 우리는 신체적 감각으로 이 일들과 접촉하는 것이 아니라 외부에 있는 것들을 느낄 때 시각으로 빛을, 청각으로 소리를, 후각으로 냄새를, 미각으로 맛을, 촉각으로 단단하고 부드러운 것을 안다. 이렇게 느껴지는 지각대상과는 다르지만 우리가 마음으로 알고 기억하는 것, 또는 우리로 하여금 그것들을 바라보도록 자극하는 것은 그 물체들 자체가 아니라 그것들과 아주 비슷한 모습들이다. 하지만 내가 존재하고 그것을 알며 사랑한다는 것은 이런 실재적인 형상이나 비실재적인 형상을 바탕으로 착각이나 환각의 속임수도 없다.

이런 진리 앞에서 나는 아카데미학파의[22] 논리를 조금도 두려워하지 않는다. "만일 네가 속았다면 어떻게 할 테냐?" 그들은 이렇게 묻지만, 만일 내가 속았다면 그것은 내가 존재하기 때문이다. 존재하지 않은 사람은 속을 수도 없지 않은가. 그래서 내가 속았다면 속았다는 사실이 바로 내가 존재한다는 증거이다. 내가 속았다면 나는 존재하는 것이니, 내가 존재한다고 믿는 일이 어떻게 속은 것이 되겠는가? 내가 속았을 때 내가 존재함이 뚜렷해지기 때문이다. 그러므로 내가 실제로 속았다 해도 속은 내가 존재하기 때문에, 내가 존재함을 아는 점에서 나는 속은 것이 아니다. 따라서 내가 존재함을 안다고 말하는 점에서도 나는 속지 않았다.

내가 아는 것을 내가 안다는 점에서도 나는 속지 않았다. 그러므로 내가 존재하는 것을 알듯이 내가 안다는 것도 안다. 이 존재와 지식을 내가 사랑할 때 사랑과 같은 가치를 지닌 셋째 일을 보탠다. 내가 사랑하는 그 일들에게 나는 속지 않았으며, 그 일들이 거짓이라 하더라도 나는 그 거짓된 일들을 사랑함이 사실이기 때문이다. 만일 내가 그것들을 사랑했다는 게 사실이 아니라면, 나는 그 거짓된 일들을 사랑했다는 비난을 듣거나, 사랑하지 말라는 명령을 받을 것이다. 하지만 그 일들이 확실하고 진실한 것이기 때문에, 그것들을 사랑하는 그 사람도 진실함을 그 누가 의심할 것인가? 뿐만 아니라 행복하기를 바라지 않는 사람이 하나도 없듯이 존재하지 않기를 바라는 사람 또한 없다.[23] 살아 숨 쉬지 않는다면 어찌 행복할 수 있겠는가?

제27장 삼위일체의 흔적은 여러 피조물 속에서 볼 수 있다

어떤 자연적 본능에서인지는 몰라도 존재 그 자체는 매우 기쁘게 느껴지며, 비참한 사람이 죽음을 싫어하는 것도 바로 이 이유이다. 자신이 비참하다는 것을 알면서 세상에서 사라지기를 바라지 않고, 오히려 비참함이 자기에게서 없어지기를 바란다.[24] 자신이 이 세상에서 누구보다 비참하다고 여기며 실제로 그런 사람들이 있다고 하자. 그들을 지혜로운 사람들이 보기에는 어리석고 가련하게 여겨질 뿐 아니라, 스스로 행복하다고 여기는 사람들이 보기에도 굶

---

*22 회의적인 신아카데미학파.
*23 아우구스티누스 《고백록》 10, 21, 31 및 《삼위일체론》 13, 20, 25.
*24 아우구스티누스 《자유의지론》 3, 6, 18~8, 22 ; 세네카 《서간집》 101.

주림과 가난 때문에 불쌍한 사람들이라 생각된다고 하자. 이런 사람들에게 누가 영생을 약속하지만 비참해야 한다고 말한다고 가정하자. 그리고 만일 비참한 영생을 거절하면 그들은 완전히 사라져, 이 세상 어디에도 존재하지 않는다고 해 보자. 그러면 그들은 곧바로 기쁘게, 아니 기꺼이 비참하더라도 존재하는 쪽을 택할 게 틀림없다.

누구나가 알고 있는 그들의 느끼는 법이 이것을 증명한다. 그들은 죽음을 두려워하며 죽음으로써 불행이 끝나기보다 불행 속에서라도 이 세상에 살고 싶어 한다. 이를 보면, 우리의 본성이 얼마나 사라지기를 두려워하는지 분명하지 않은가? 따라서 언젠가 죽는다는 사실을 알면서 조금이라도 이 비참한 상태 속에서 살아가며 차츰 죽어가도록 사람이 깊은 배려를 하는 일을 큰 자비와 은혜라고 여긴다. 이처럼 그들은 끝없는 가난함을 겪게 되더라도 매우 감사하는 마음으로 영생을 받아들일 게 틀림없다.

이성이 없어 이런 헤아림을 할 줄 모르는 생명체들조차, 커다란 뱀에서 자그마한 벌레에 이르기까지 모두가 자신이 존재하기를 바라며, 온 힘을 다해 죽음을 피하려 한다. 보이는 움직임으로 죽음을 피할 수 없는 풀과 나무들도 저마다 생명을 이어가려고 애쓴다. 땅속으로 뿌리를 더 깊이 뻗어 영양분을 빨아들이며, 하늘로 건강한 가지를 들어 올린다. 감각뿐만 아니라 생명의 씨마저 없는 물체들도 공중으로 올라가거나 깊이 가라앉거나 또는 중간 자리에 머무르면서, 자연본성이 주는 힘에 따라 자기 존재를 지키려 한다.[*25]

하지만 지식이 얼마나 강하게 사랑받는지 또 인간 본성이 얼마나 속기 싫어하는지는 누구나 미쳐서 기뻐하기보다 오히려 온전한 정신으로 슬퍼하기를 더 바라는 점에서 알 수 있다. 그리고 이 위대하고 놀라운 본능은 사람에게만 있다. 물론 어떤 동물은 세상을 비추는 빛 속에서는 우리보다 시력이 더 뛰어나지만, 우리 마음을 비춰서 온갖 사물에 대한 올바른 판단을 하도록 하는 그 지성적인 빛을 받지 못한다. 우리의 판단력은 이 빛을 얼마나 받느냐에 따라 다르다.

그러나 이성이 없는 동물의 감각 속에 지식은 없지만 지식과 비슷한 것이 존

[*25] 불이 위로 올라가고 돌이 아래로 떨어지며 물속에 부은 기름이 물 위로 떠오르듯, 모든 물체는 그 본디 무게에 따라 세계 속의 고유한 자리로 끌려간다고 아우구스티누스는 자주 설명한다. 아우구스티누스 《고백록》 13, 9, 10 및 《서간집》 55, 10, 18 참조.

재한다. 뿐만 아니라 다른 물체들이 감각적이라 불리는 이유는 그것들에게 감각기관이 있기 때문이 아니라 감각의 대상이 되기 때문이다. 식물은 영양분을 빨아들이며 번식하는 점에서 감각과 닮았다. 어쨌든 모든 식물과 무생물들은 그 자연본성에 원인이 숨어 있고, 우리가 감각기관으로 느낄 수 있도록 그 형태를 보이며, 우리가 보는 세계의 구조를 더 아름답게 만들어 그들은 깨닫지 못해도 우리의 주의를 끌어 우리에게 인식되기를 바라는 듯이 보인다.[26] 우리는 몸의 감각기관으로 식물이나 무생물을 느끼지만 신체의 감각으로 그것들을 판단하지는 않는다.

우리에게는 이보다 더 뛰어난 인간의 내면적 감각을 갖고 있으며, 이로써 무엇이 옳고 그른가를 안다. 마음의 눈에 보이는 형태 즉, "관념"(intelligibilis species)[27]이 있는 것은 옳고, 없는 것은 옳지 않다.[28] 이 감각이 움직이기 위해 시각, 청각, 후각, 미각, 촉각도 필요 없다. 내면의 감각으로 내가 존재한다는 사실과, 이 사실을 인식한다는 것을 확신하며 또 나는 이 두 가지 확실성을 사랑한다. 그리고 내가 그것을 사랑한다는 사실을 믿게 된다.

제28장 삼위일체 형상 속 사랑의 역할

우리는 존재와 인식에 대해서, 이 저서가 허락하는 범위 안에서 충분히 다루었다. 이 일들을 우리가 얼마나 사랑하는지, 우리 인간보다 낮은 다른 생물체들에게도 이와 다르면서 비슷한 사랑이 있는지 이야기했다. 하지만 저 두 가지를 사랑하는 사랑, 사랑 그 자체도 사랑을 받아야 하는지는 아직 말하지 않았다. 이 사랑도 확실히 사랑 받을 만하다. 우리는 이 일을 바르게 사랑 받는 인간에게 사랑 받는 것은 사랑 그 자체라는 점으로 증명할 수 있다. 선함이 무엇인지 아는 사람이 선한 사람이 아니라, 선함을 사랑하는 사람이 선한 사람이기 때문이다. 그렇기에 우리는 사랑으로 우리가 사랑하는 모든 것을 사랑하는데 이 사랑 자체도 우리 자신 속에서 사랑하는 사실을 아는 게 아닐까?

사랑해서는 안 될 것을 사랑하는 사랑도 있다. 이런 사랑은 마땅히 사랑해야 할 것을 사랑하는 사람을 미워한다. 이 두 가지 사랑은 한 인간 속에 존재

---

*26 아우구스티누스 《고백록》 3, 6, 10 참조.

*27 여기서 말하는 "intelligibilis species"는 플라톤이 말한 eidas 또는 idea와 같은 것이다.

*28 이 설명은 아우구스티누스 《삼위일체론》 9, 3, 3 참조.

한다. 그리고 우리를 선하게 살도록 이끄는 사랑이 커지고 악하게 살게 하는 사랑이 줄어들면, 우리 생활 모두가 완전히 치료된다는 것은 인간에게 주어진 특권이다. 만일 우리가 짐승이라면 육체적 삶을 사랑하고 육체의 감각이 기뻐하는 것을 사랑하며 그것으로 만족하리라. 그로써 만족한다면 그것 말고 다른 것은 바라지도 않을 것이다. 마찬가지로 우리가 나무라면 감각적인 운동으로 무언가를 사랑할 수 없을 테지만, 더욱 풍성하게 결실을 맺으려 간절히 바랄 것이다.

만일 우리가 돌이나 물살이나 바람이나 불꽃처럼 감각이나 생명도 없다하더라도 우리는 본디 있어야 할 곳과 질서를 바라며 어떤 노력을 할 것이다. 물체는 자신의 무게로 아래로 내려가거나 가벼운 것은 위로 올라가려고 애쓴다. 물체의 무게는 말하자면 사랑이다. 영혼이 사랑에 이끌려 움직이듯 물체는 무게에 따라 움직인다.[29]

우리는 우리 창조주의 형상을 본떠 만들어진 인간이며 창조주는 끝없이 진실하시며, 진리는 영원하고 참되다. 그리고 창조주는 영원하고 진실하며 사랑스러운 삼위일체로, 어떤 혼동이나 나뉨이 없다. 그리고 그분이 지어내신 온갖 사물을 살펴볼 때, 우리는 낮은 것에서 그의 발자취라고 여길 만한 것을 찾을 수 있다. 그것은 희미하거나 분명하다(12권 2장 참조). 만일 더없이 존귀하고 더없이 선하며 더없이 지혜로운 분이 그것들을 만들지 않았다면 그것들은 존재할 수도 없었으며, 어떤 형태도 지닐 수 없을 것이다. 그리고 자연 질서 속의 어떤 자리를 차지하거나 지킬 수도 없으리라. 오직 우리 자신 안에서 창조주의 모습을 봄으로, 우리는 복음서에 나오는 작은 아들처럼(루가 15 : 17~18) 정신을 차리고 일어나 창조주에게로 돌아가야 한다. 우리가 죄를 짓고 그에게서 떠나왔기 때문이다.

창조주에게로 돌아가면 우리에게는 죽음이 없고 우리 지식에는 오류가 없을 것이며, 우리 사랑을 미워하는 이가 없을 것이다. 우리는 오늘 이 세 분을 다른 사람들의 증언으로 믿는 게 아니라 그것들의 존재를 느끼고, 우리 자신의 내면의 직관이 가장 진실한 증거가 되어 그것들을 본다. 하지만 우리 스스로는 그것들이 얼마나 오랫동안 이어질 것인지, 아니면 결코 소멸되지 않는지, 그것들

---

[29] 아우구스티누스 《고백록》 13, 9, 10 ; 《서간집》 55, 10, 18 및 157, 25 참조.

을 잘 다루거나 또는 잘못 다룰 때 어떤 끝이 나게 될지를 알 수 없으므로, 깨닫지 못한 사람은 다른 사람들에게서 배우려고 한다. 우리는 이런 증인들을 의심 없이 믿어야 한다. 여기에 대한 자세한 논의는 다음에서 설명하겠다.

이 책에서 죽어야만 하는 땅 위 나라가 아니라 영원한 하늘 위에 있는 하느님 나라를 설명하고자 한다. 이를테면 앞서 말한 바와 같이(11권 13장 참조) 타락한 적이 없으며 앞으로도 타락하지 않을 천사들, 곧 하느님께 끊임없이 충성했던 거룩한 천사들에 대해서 말이다. 하느님께서는 태초의 천사들과 악한 천사들, 곧 영원한 빛을 저버리고 어둠이 된 천사들을 맨 처음 갈라 놓으셨다.

제29장 천사의 삼위일체 인식

이 거룩한 천사들은 귀에 들리는 말소리로 하느님을 아는 게 아니라, 변하지 않는 진리의 현존 그 자체로 알게 된다. 진리란 하느님의 말씀이며 독생자를 뜻한다. 말씀과 말씀의 성부와 두 성령이다. 천사들은 삼위일체가 나누어질 수 없음을 알며 삼위일체가 하나의 본질임과, 세 하느님이 아니라 한 하느님임을 안다(앞의 11권 24장 참조). 그리고 그들이 이 진리들을 깨우치는 지식은 우리가 스스로를 아는 지식보다 더 틀림없다.

그들은 피조물을 피조물 자신에게 있어서보다 모든 것을 만든 지혜로서의 하느님 지혜를 더 잘 알았다. 이를테면 창조된 것보다 창조의 설계로 아는 것이다. 따라서 그들은 자신들에 대해서도 자신들을 봄으로써 알기도 하지만, 하느님 안에서 더 잘 깨달을 수 있다. 그들은 피조물이며, 창조주와는 다르기 때문이다. 그러므로 앞에서 말했듯이 말씀을 보아서는 한낮과 똑같은 지식을 얻으며, 자신들로 보아서는 저녁과 같은 흐릿한 지식을 얻는다(11권 7장 참조).

사실 창조된 근원으로 아는 것과 사물 그 자체로 아는 것에는 커다란 차이가 있다. 예를 들면 직선이나 도형을 마음에 그려서 깨닫는 지성인식과 모래에 그려서 알게 되는 것은 서로 다르다. 변함없는 진리에 머무는 정의와 올바른 영혼 속에 나타나는 정의는 서로 다르다. 모든 피조물도 마찬가지이다. 윗물과 아랫물을 나누어 그 사이를 하늘이라 부르는 공간이 있다. 아랫물을 모아서 말린 땅이 나타나고 풀과 나무를 자라게 했다. 해와 달과 별을 만들어냈다. 물에서는 온갖 생물들이 태어나 물고기와 새와 짐승들이 되었다. 땅 위를 걷거나 기어 다니는 것들이 만들어졌다. 그리고 만물의 영장인 사람이 만들어졌다.

이 모든 것들을 천사들은 하느님 말씀*30 안에서 깨닫는다. 다시 말해 그것들을 만들어낸 변하지 않는 원인과 이유를 안다.

그들의 지식은 여기서는 뚜렷하지만 자신에 있어서는 아득하다. 마치 만드는 기술과 작품의 관계 같다. 그렇더라도 이 피조물들은 창조주에게 찬미와 숭배를 바칠 때 그것들을 보는 사람의 마음에는 새벽이 동트는 듯 밝아진다.

제30장 창조의 여섯 번째 날은 하느님의 능력이 완전하다는 것을 나타낸다

6이라는 숫자가 완전함을 나타내기 때문에 천지창조가 6일에 모두 이루어졌으며 같은 형식으로 하루가 여섯 번 반복된다. 그렇다고 해서 하느님에게 긴 시간이 필요하지는 않다. 하느님은 동시에 모든 것을 만들어낸 뒤에 그것들의 움직임에 따라 시간 경과를 나타내실 수 있다. 하지만 그보다는 6이라는 숫자가 신의 창조 능력의 오롯함을 뜻하는 완전수이기 때문이다. 6은 약수인 1과 2와 3을 합하면 6이 된다.*31

6의 약수인 1, 2, 3 그러니까 6분의 1, 6분의 2, 6분의 3을 더하면 6 즉 6분의 6이 된다. 이처럼 수의 계산에서 약수란 2분의 1, 3분의 1, 4분의 1 그 밖의 분수로 나타낼 때 분자를 말한다. 이를테면 4는 9의 한 부분이지만, 9의 약수는 아니다. 그러나 1은 9분의 1이므로 9의 약수이고, 3은 3분의 1이므로 9의 약수이다. 하지만 이 두 부분 1과 3을 더하더라도 9가 되지 않는다. 10이라는 숫자에서 4는 한 부분이지만, 약수는 아니다. 그러나 1은 10분의 1이므로 약수이다. 10의 5분의 1은 2이며, 2분의 1은 5이다.

이 세 부분 곧 10분의 1인 1과, 5분의 1인 2와, 2분의 1인 5를 더하면 8이 되지 10은 되지 않는다. 12라는 숫자의 약수들을 합하면 12보다 더 많다. 즉 12분의 1인 1과, 6분의 1인 2와, 4분의 1인 3과, 3분의 1인 4와, 2분의 1인 6을 합하면 12보다 많은 16이 된다.

---

*30 여기서 하느님 말씀은 로고스를 뜻한다. 곧 하느님의 지혜와 동기 또는 이유를 뜻한다. 스토아철학에서는 하느님 안에 있는 로고스와 창조자의 로고스를 구별했다. 교부들은 부분적으로 스토아사상의 영향을 받아 외면화한 로고스를 삼위일체의 둘째 위격이라고 하며, 하느님에 안에 있는 로고스는 위격의 로고스로, 또는 하느님의 한 속성으로 여겼다.

*31 피타고라스학파와 신플라톤학파의 영향으로 아우구스티누스는 수의 상징적 형이상학의 의미를 자주 사용한다. 아우구스티누스 《음악론(De Musica)》 5, 8, 16~10, 20 및 《De Genesi ad Litteram》 4, 2, 2~6.

6이 완전수임을 설명하고자 이렇게 많은 이야기를 했다. 6은 그 약수를 합하면 그 자신이 되는 가장 첫 숫자이고, 하느님이 창조를 마치신 날의 숫자가 바로 6이었다. 그러므로 우리는 숫자 이론을 가볍게 여겨서는 안 된다. 성서에는 수에 대한 지식이 주의 깊은 해석을 위해서 큰 도움이 되는 구절이 많다. 그래서 다음처럼 하느님을 찬양하였다.

"주님은 모든 것을 잘 재고, 헤아리고 달아서 처리하셨다"(지혜 11 : 20).*32

제31장 일곱째 날, 7 또한 완전수를 뜻한다

일곱째 날, 즉 같은 날을 일곱 번 되풀이한 날 하느님은 쉬었다고 한다. 하느님의 휴식은 첫 성화를 나타내는데 이 7 또한 다른 이유로 완전수이다. 하느님이 이날을 정화하신 방법은 해가 지지 않는 하느님의 휴식이다. 이 휴식은 피조물이 아니다. 만일 피조물이었다면 우리가 낮의 지식이라 부르는 하느님 말씀 안에서의 인식과 저녁의 지식이라고 부르는 그 자체를 보고 아는 인식과는 다르다(앞의 11권 7장 참조).

7의 완전성에 대해서는 할 이야기가 많다. 하지만 이 권은 이미 너무 길어져서 우리는 지식을 전할 기회가 있어도 그것이 독자에게 도움이 되지 않고 오히려 허무한 결과를 가져온다고 생각되는 게 두렵다. 나는 지나치게 숫자에 집착해서 무게와 부피를 무시한다는 비난을 피하기 위해서 겸손하고 정중하게 설명하고자 한다.

3은 첫 홀수 4는 첫 짝수이며, 이 두 수를 합하면 7이 된다. 때문에 7로 모든 수를 대표하는 때가 많다. "나쁜 사람은 재난을 만나 망하지만 착한 사람은 일곱 번 넘어져도 다시 일어난다."(잠언 24 : 16) 이 말은 여러 번 넘어질지라도 망하지 않는다는 뜻을 나타낸다. 사람이 죄를 짓는 것을 말하는 게 아니라, 고난을 당해서 겸손해진다는 뜻이다. 또 "하루에도 일곱 번씩 하느님을 찬양합니다"(시편 119 : 164) 다른 데서도 같은 뜻을 찾을 수 있다. "나 언제나 주님을 찬미하리라. 내 입에 늘 그분에 대한 찬양이 있으리라"(시편 34 : 1). 이런 예는 성경에 많으며, 앞서 말했듯이, 일곱이라는 숫자는 전체나 어떤 것의 완전함을 드러내기 위해서 곧잘 쓰인다. 주님께서는 성령들에 대해 이렇게 말씀하셨다.

---

*32 숫자 의미에 대해서는 15권 22장, 17권 4장, 20권 5장과 7장 참조.

"너희를 이끌어 진리를 온전히 깨닫게 하여 주실 것이다"(요한 16 : 13). 이 숫자는 하느님 안식을 나타내며, 우리는 그 휴식이 있기에 하느님 안에서 안식을 얻는다.

안식은 전체 속에, 다시 말하면 가득 찬 완전함 속에 있으며 부분 안에는 수고가 있다. 따라서 우리는 부분만 알 때는 수고롭지만 "그러나 완전한 것이 불완전한 것은 사라집니다"(1고린 13 : 10) 말한다. 성경 연구가 어려운 까닭은 바로 이 때문이다. 우리는 고생으로 가득한 생활 속에서 거룩한 천사들과 함께하기를 바라지만, 그 천사들은 더할 나위 없는 행복한 안식과 쉬운 인식을 가지고 있다. 그러므로 천사들은 우리를 쉽사리 도울 수 있다. 그들의 영적 활동은 순수하고 자유로워서 힘들지 않기 때문이다.

제32장 천사는 우주보다 먼저 만들어졌는가

한편 우리 의견에 반대하는 사람들은, "하느님께서 빛이 있으라 하시자 빛이 있었다"(창세 1 : 3) 말씀이 거룩한 천사들을 나타내는 것이 아니라 처음에 만든 물질적인 빛을 뜻하며 처음에 만들어진 천사들은 물과 물 사이에 생긴 공간을 하늘이라고 부르기 전에 창조되었을 뿐 아니라, "처음에 하느님께서 하늘과 땅을 지어내셨다"(창세 1 : 1) 이 말씀이 뜻하는 때보다도 먼저 만들어졌다고 이야기할지도 모른다. 그들의 해석을 따르면 "처음에"라는 말은 창조를 시작한 처음이 아니라 천사들이 이미 만들어져 있었으므로 하느님은 모든 것을 지혜로 빚으셨다는 뜻이 된다. 이 지혜란 하느님의 말씀과 같으며 성서가 처음이라 부르기에 나는 이 주장을 피하고 싶지 않다. 복음서에서 유대인들이 "그러면 당신은 누구요?" 묻자 예수께서 이렇게 대답하셨다. "처음부터 내가 누구라는 것을 말하지 않았느냐?"(요한 8 : 25)*33

그 이유는 특히 창세기의 첫머리에서 삼위일체에 대한 찬양을 발견하게 되므로 매우 만족스럽기 때문이다.*34 "하느님께서 하늘과 땅을 지어내셨다" 이

---

*33 10권 24장의 끝 구절. 요한 8 : 25의 번역은 개역성경에서는 다르게 되어 있다. 그러나 묵시 3 : 14에서는 그리스도를 '하느님 창조의 시작이신 분'이라고 부르며, 이 '창조'와 '시작'의 원어는 헬라어에서나 라틴어에서 같은 단어로 쓰고 있다.

*34 성경 구절의 해석이 하나 이상이 되어도 좋다는 생각은 아우구스티누스 《그리스도교 가르침》 3, 27, 38 및 《고백록》 12, 18, 27 ; 그리고 위의 11권 19장 참조.

말씀은 하느님이 성자로 온 세계를 지으셨다고 해석해야 하며 시편에서도 "야훼여, 손수 만드신 것이 참으로 많사오나 어느 것 하나 오묘하지 않은 것이 없고 땅은 온통 당신 것으로 풍요합니다"(시편 104 : 24) 이렇게 말한다.[35] 그리고 창세기에 성령에 대해 참으로 알맞게 말씀하셨다. 먼저 "땅은 아직 모양을 갖추지 않고 아무것도 생기지 않았는데, 어둠이 깊은 물 위에 뒤덮여 있었고 그 물 위에 하느님의 기운이 휘돌고 있었다"(창세 1 : 2).[36] 이 말씀으로 하느님이 어떤 땅을 만드셨는가 하는 것을 아니 오히려 나중에 하늘이라 불릴 우주를 이루는 혼과 물질을 만드셨다고 쓴 부분에서 어떤 재료를 준비하셨는가를 우리에게 가르친다. 그 다음에 삼위일체에 대한 말을 완성하기 위해 "하느님의 영이 휘돌고 있었다" 말한다.

우리는 저마다의 생각에 따라 풀이하면 된다. 이 구절은 매우 깊은 내용을 담은 부분이므로 많은 해석을 할 수 있어서 신앙의 규칙에서 멀어지지 않는 한 독자들에게 훈련이 될 것이다. 물론 높은 하늘에 사는 거룩한 천사들이 하느님과 영원히 똑같은 존재는 아니더라도 끝없이 참된 행복으로 안전하고 확실하게 존재한다는 사실을 의심해서는 안 된다. 주님의 어린이들이 천사 무리에 속한다는 가르침을 내렸다. 어린이들은 하늘의 천사들과 같다(마태 22 : 30)하셨을 뿐 아니라, 천사들이 즐기는 하느님 직관을 나타내 "너희는 이 보잘것없는 사람들 가운데 누구 하나라도 업신여기는 일이 없도록 조심하여라. 내가 너희에게 말한다. 하늘에 있는 그들의 천사들이 하늘에 계신 내 아버지를 항상 모시고 있다"(마태 18 : 10) 이렇게 말씀하신다.

제33장 두 무리의 천사에 대해서

어떤 천사들은 죄를 짓고 이 세상 가장 낮은 곳으로 쫓겨나 그것이 감옥이 되어 언젠가 올 심판의 마지막 판결을 기다린다. 사도 베드로는 이를 똑똑히 가리키며 "하느님께서는 죄를 지은 천사들을 그냥 보아 넘기지 않으시고, 어둠의 사슬로 지옥에 가두시어 심판을 받을 때까지 갇혀 있게 하셨습니다"(2베드 2 : 4) 이렇게 말했다. 죄를 지은 천사들과 거룩한 천사들을 하느님께서 예지나

---

[35] 아우구스티누스는 '처음으로'나 '지혜로'의 '으로'를(라틴어에서는 'in'을) '수단으로 삼아'라는 뜻으로 풀이한다.

[36] 아우구스티누스 《De Genesi ad Litteram》 1, 6, 12 참조.

창조의 능력으로 나누셨다는 것을 의심할 사람은 없으리라. 또 거룩한 천사들을 빛이라고 부른다 해도 그 누가 반대할 것인가?

오늘 우리는 신앙으로 살지만 저 거룩한 천사들과 같아지기를 바라며 이룰 수 없다 하더라도 빛이라 불린다. "여러분은 한때 어둠이었지만 지금은 주님 안에 있는 빛입니다. 빛의 자녀답게 살아가십시오"(에페 5 : 8). 하느님에게 등 돌린 이들은 어둠으로 부르는 게 가장 어울리는 일이라는 것을 그들이 믿지 않는 자들보다 더 나쁘다는 것을 알거나 그렇게 믿는 사람들은 잘 안다.

그러므로 창세기 "하느님께서 말씀하시기를 '빛이 생겨라!' 하시자 빛이 생겨났다"(창세 1 : 3)는 말씀이나, "하느님께서는 빛과 어둠을 나누시고"(창세 1 : 4) 빛과 어둠을 다르게 해석할 수 있더라도 우리는 앞에서 말한 이유로 여기에 천사들의 두 가지 사회가 말씀되어 있다고 생각한다. 다시 말해 한쪽은 하느님을 기뻐하고 다른 쪽은 교만으로 부풀어 있다. 전자에게 "주님의 모든 천사들아, 주님을 찬양하여라"(시편 148 : 2) 하시지만, 후자의 두목은 예수에게 "당신이 땅에 엎드려 나에게 경배하면 저 모든 것을 당신에게 주겠소"(마태 4 : 9) 말했다. 한쪽은 하느님께 대한 거룩한 사랑으로 불타며, 다른 한 쪽은 자기를 높이려는 욕심으로 더러운 사랑의 악취를 내뿜는다.

"하느님께서는 교만한 자들을 대적하시고 겸손한 이들에게는 은총을 베푸신다"(야고보서 4 : 6 ; 1베드 5 : 5) 이 말씀처럼 한쪽은 가장 높은 하늘에 살고, 다른 한쪽은 가장 낮은 공중으로 쫓겨나서(8권 11장 참조) 날뛰며, 한쪽은 빛나는 경건한 마음으로 평온하고, 다른 한쪽은 어두운 욕망으로 어둠 속에서 떠든다. 한쪽은 하느님의 기쁘신 뜻에 따라 인자하게 도우며 공정하게 갚고, 다른 한쪽은 자신의 오만으로 정복하고 해치려는 욕망이 끓어오른다. 한쪽은 마음껏 하느님 사랑을 사람들에게 전하고, 다른 한쪽은 하느님 권능으로써 남을 해하지 못하도록 억제된다. 선한 천사들은 나쁜 천사들을 비웃지만(욥기 40 : 14 및 이 책 11권 15장 참조), 이는 선한 천사들이 바라지 않아도 그렇게 되는 것이다. 나쁜 천사들은 선한 천사들이 순례자들을 모으는 것을 시기한다. 그래서 이 두 천사 사회는 서로 나뉘었으며 대립한다. 한쪽은 본성이 선하고 의지가 바르며, 다른 한쪽은 본성은 선하지만 의지가 비뚤어졌다는 것을 성경의 많은 증언들이 뚜렷하게 밝혔다. 그러므로 창세기에서 빛과 어둠이라는 단어는 그들을 뜻한다고 생각한다.

만일 창세기를 기록한 사람이 다른 뜻을 생각했다고 하더라도, 이 모호한 말을 이렇게 탐구하는 것은 시간낭비가 아니다. 우리는 글쓴이의 정확한 의도를 확인할 수는 없지만, 같은 권위로 쓰여진 다른 부분에서도 믿는 사람은 반드시 알게 되는 신앙의 규칙을 어기지 않았다.

여기서 말하는 것은 물질적 피조물들이지만, 그것은 확실히 영적 피조물과 닮았다. 사도 바울은 이렇게 말한다. "여러분은 모두 빛의 자녀이며 낮의 자녀입니다. 우리는 밤이나 어둠에 속한 사람이 아닙니다"(1데살 5 : 5). 만일 창세기를 기록한 이가 이런 비유를 생각했다면 우리의 탐구는 오늘의 논의를 더욱 만족할 만한 결과로 이끌어 준다. 다시 말해서 뛰어나고 거룩한 지혜를 가진 하느님의 사람이 여섯 번째 날에 완성된 하느님 역사를 글로 써서 기록할 때 천사들을 빠뜨렸을 리가 없다는 것이다.

"처음에 하느님께서 하늘과 땅을 지어내셨다"는 말씀에서 "처음에"라는 표현은, 맨 처음에 천사들을 만들어내셨기 때문인지 또는 이쪽이 더 알맞은 풀이로 생각되지만 독생자인 말씀으로(11권 32장 참조) 만들어내셨다는 뜻이다. 어쨌든 하늘과 땅이라는 두 이름으로 영적 피조물과 물질적 피조물을 포함한 피조물 모두가 나타나 있다. 이 해석은 참으로 믿음이 간다. 하지만 또 온 세상을 두 개의 큰 영역으로 나누고 거기에 모든 피조물을 포함시켰다. 그래서 먼저 우주 전체를 말한 뒤 그 부분들을 6일이라는 신비한 숫자에 따라 늘어놓은 것이다.

제34장 '물'은 천사를 뜻하는가

어떤 사람들은 물이라는 말이 천사들을 뜻한다고 생각한다. "물 한가운데 하늘이 생겨 물과 물 사이를 갈라놓아라"(창세 1 : 6) 말씀하신 것은 하늘 위에 물은 천사들이며 아래의 물은 눈에 보이는 세상의 물이거나 악한 천사들 무리거나 모든 인간의 민족을 나타낸다고 풀이한다.[37] 만일 이 생각이 옳다면 여기에는 천사들이 언제 만들어졌는지는 분명히 드러나지 않고, 언제 나뉘었는지만 쓰여 있다. "하느님이 물이 있으라 하셨다" 이 말씀이 어디에도 보이지 않으므로, 물은 하느님이 만드시지 않았다고 부정하는 어리석고 비뚤어진 허무

---

[37] 아우구스티누스도 한때 이 두 물을 영적인 것으로 생각했다(《고백록》 13, 32, 47). 그러나 나중에 취소하였다(《재론고》 2, 6, 2).

한 말을 퍼트린다. 그들은 땅에 대해서도 이런 어리석은 말을 했다.

"하느님이 땅이 있으라 하시매 땅이 있으니라" 이 말씀도 성경에 나오지 않는다. 그럼에도 "처음에 하느님께서 하늘과 땅을 지어내셨다" 이 말씀은 부정하지 않는다. 그렇다면 여기에는 물도 포함되어 있다고 해석해야 한다. 왜냐하면 땅이라는 단어에 땅과 물 두 가지가 속해 있기 때문이다. 시편에서는 "바다도 그분 것, 몸소 만드시었네. 마른 땅도 그분 손수 빚으시었네"(시편 95 : 5) 이렇게 말한다.

그러나 하늘 위에 물을 천사들이라고 풀이하려는 사람들은 물질의 원소 비중을 생각해 물은 흐르며 무게가 있기에 우주 위에 둘 수 없다고 여긴다. 만일 그들이 인간을 만든다면 이 원칙을 바탕으로 사람 속에 점액 즉, 그리스인들이 "플레그마"(phlegma)라고 부르는 것을 머리에 집어넣지 않을 것이다. 이 액체는 우리 몸을 이루는 원소들 사이에서 물과 같은 구실을 한다. 그러나 하느님이 만드신 인간은 머리에 점액이 있으며, 그들의 생각대로 만든다면 불가능한 일이 되어버리고 만다. 만일 우리가 이 사실을 모른 채 인체의 가장 높은 부분에 하느님이 차갑고 무거운 액체를 두셨다는 기록만 읽는다면, 원소들의 무게를 재는 사람들은 절대로 믿지 않으리라. 그럼에도 성경의 권위에 따른다면 다른 뜻으로 풀이해야 한다고 생각할 것이다.

천지창조에 대한 성경의 기록 내용을 세부까지 주의 깊게 연구 분석하면, 더욱 많은 이야기를 해야 된다. 그렇게 되면 이 책의 저술 계획에서 완전히 벗어나게 되리라. 나는 천사들이 서로 다르고 어긋나는 두 집단에 대해서 이미 필요한 만큼 논의했다. 그 두 집단은 인간 역사에서 두 세계의 기원이 되었다. 나는 다음 권에서 이것들을 이야기하려고 한다. 그러므로 11권은 여기서 끝내겠다.

제12권

잘 따르는 천사는 행복해지고 반항하는 천사는 비참해진다. 이들의 운명은 바뀌거나 순환하지 않는다.

제1장 착한 천사도 악한 천사도 자연본성을 보면 선하다.

앞 권에서(11권 9~15장) 천사들 사이에 두 나라의 기원이 어떻게 만들어졌는지에 대해 이미 다루었다. 여기서 이성적이고 사멸하는 존재인 인간들의 세계에 대해 이야기하기 전에, 천사들과 사람들을 포함한 사회를 말하는 일이 부적절하거나 부당한 게 아님을 할 수 있는 증명해 보일 것이다. 그 사회는 천사, 인간으로 나누어져 저마다 따로따로 있는 게 아니다. 우리들은 오히려 두 나라, 두 사회가 존재한다고 말해야 하리라. 즉 둘 모두 착한 천사들과 착한 인간들이 모여 나라를 이루고 악한 자들이 모여 또 다른 나라가 만들어진다.

선한 천사든 악한 천사든 모든 존재들은 선한 창조주 하느님이 만드셨으므로, 그들이 서로 다른 욕구를 보이는 것은 그들의 본성과 근본이 다르기 때문이 아니라 그들의 자유 의지와 욕망이 다르기 때문임을 의심하지 않을 수 없다. 착한 천사들은 온갖 일의 공통된 선, 곧 하느님 안에 꾸준히 머물러서 그의 영원성과 진리와 사랑을 받아 행복해하는데, 악한 천사들은 마치 제 자신이 선인 것처럼 자기 힘을 몹시 기뻐하며, 만물이 행복해질 수 있는 저 높은 선을 버리고 사사로운 자신만의 선으로 떨어졌다. 그들은 존귀한 영원성보다는 오만한 허영을 좋아하며, 확실한 진리 대신에 교활한 허사를 좋아하고, 사랑 대신에 당파성을 좋아하여 기만하는 것은 물론 속이며 시기하는 존재들이 되었다.

선한 천사들이 행복한 까닭은 하느님께 의지함으로써 행복을 얻기 때문이다. 그와 달리 악한 천사들의 불행은 하느님께 의지하지 않은 데 그 원인이 있다고 이해해야 한다. 따라서 선한 천사들이 행복한 것은 그들이 하느님께 기대기 때문이라는 게 옳은 말이다. 또 악한 천사들이 불행한 까닭은 그들이 하느님께 기대지 않기 때문이라는 것이 옳은 말이다. 이성적 혹은 지성적 존재를 행복하게 만들 수 있는 유일한 선은 하느님이시다.

물론 세상 모든 종류의 피조물이 모두 행복해지는 것은 아니다. 짐승이나 나무, 돌 따위는 이 행복이라는 선물을 손에 넣을 수 없다. 그러나 행복해질 수 있는 피조물도 본디 무(無)에서 창조된 것이므로 자기에게서 행복을 얻어낼 수는 없고, 자기를 지어내신 창조주로부터 얻어야 한다. 그래서 이 선(善)을 얻으면 행복해지고 이 선을 잃으면 불행하고 비참해지게 된다. 그러므로 남의 선이 아니라 선한 자기에게서 행복을 얻는 이는 불행해질 수 없다. 자신을 잃어버릴 일은 없기 때문이다.

그러므로 우리가 주장하려는 바는, 유일하고 진실하며 축복받으신 하느님 말고는 변함없는 선이 없다는 것이며, 또 그분이 만드신 것들은 그분이 지으셨으므로 선한 게 사실이지만, 또한 그분에게서 나온 것으로 만드신 게 아니라 무(無)에서 태어나도록 하셨기 때문에 가변적이라는 것이다. 따라서 하느님이 더 뛰어난 선이시기 때문에 피조물들은 변함없는 선이신 하느님께 의지해서 행복을 얻을 수 있으므로, 가변적 선들도 불변적 선에 기대어 행복해질 수 있을 만큼 매우 뛰어나다. 그리고 하느님은 그들보다 큰 선이기 때문에 하느님이 계시지 않으면 그들은 불행해질 수밖에 없다.

그런 이유로 창조된 세상 안에는 불행해질 수 없는 것들이 있지만, 그렇다고 해서 그것들이 더 좋다고 말할 수는 없다. 눈이 멀어버릴 수도 있다고 해서 그렇지 않은 다른 것들이 더 좋다고 말할 수 없는 것과 같은 이치이다. 감각 있는 존재는 고통을 느끼더라도 고통을 전혀 느낄 수 없는 돌보다는 훨씬 낫다. 이처럼 이성도 감성도 갖지 못해서 불행에 빠질 일이 처음부터 없는 것보다는 불행해질 수 있더라도 이성을 가진 존재가 훨씬 좋은 것이다. 그러니 이성적 존재는 높은 수준으로 만들어져, 스스로는 변할 수 있으면서도 변함 없는 선이신 위대한 하느님께 의지해서 행복에 이를 수 있다. 그는 최고의 행복에 이르지 않고는 결코 만족할 수 없으며, 하느님만이 이 바람을 만족시킬 수 있다. 그러므로 하느님께 기대지 못한다는 것은 이성적 존재로서는 확실한 하나의 결함이 된다. 온갖 결함은 모든 자연본성을 손상하고 그에 따라 자연본성과 어긋나게 된다. 그러므로 하느님께 기대지 않는 피조물이 의지하는 피조물들과 다른 것은 자연본성 때문이 아니라 결함 때문이다. 물론 이 결함은 그 자연본성이 위대하시고 드높이 찬양받아 마땅한 것임을(시편 145 : 3) 증명한다. 어떤 피조물의 결함을 비난하는 것이 옳다면, 그것은 틀림없이 그 자연본성을 아무런 의심 없이 칭송한다는 뜻이다. 칭송할 만한 피조물이 결함으로 인해서 손상되므로 그 결함을 비난하는 것이 옳다.

예컨대 눈에 결함이 있어 눈이 보이지 않는다면 시력이 눈의 자연본성이라는 뜻이며, 귀에 결함이 있어 소리가 들리지 않는 것은 청력이 귀의 자연본성이라는 것이다. 이와 마찬가지로 천사로 창조된 자가 하느님께 의지하지 않는 것을 결함이라고 이런 피조물의 자연본성은 하느님께 기대는 일이라고 아주 뚜렷하게 드러내는 것이다. 하느님께 의지하는 것이 얼마나 칭찬할 만한 일인가는 누구도 올바로 헤아리거나 이야기할 수 없다. 그것은 하느님을 위하여 살며, 하느님에게서 지혜를 얻고, 하느님 안에서 기쁨을 얻으며, 하느님의 위대한 선을 즐기면서도 죽음이나 잘못, 슬픔이 없다는 뜻이다. 이 얼마나 칭송받아 마땅한 일인가! 이처럼 온갖 결함은 자연본성을 해치는 것이다. 따라서 악한 천사들이 하느님을 의지하지 않는 게 그들의 결함이라고 하는 것은, 하느님이 그들의 자연본성을 매우 선하게 창조하셨다는 것을 뜻한다. 이로써 그들이 하느님에게서 멀리 떨어져 있게 되면 자연본성이 손상된다는 사실이 충분히 증명된다.

제2장 하느님은 가장 높은 존재이다.

우리가 이런 말을 하는 이유는, 누군가가 신에게서 등돌린 천사들에 대해 이야기할 때, 그 천사들을 창조하신 것이 하느님이 아니며 마치 다른 본성을 지닌 것처럼 생각하지 않게 하려는 것이다. 하느님이 모세를 이스라엘 자손에게 보내셨을 때 천사를 시켜 전하신 말씀 즉 "나는 곧 나다"(출애 3 : 14) 이 말뜻을 깨달은 사람일수록, 이 불경하기 그지없는 죄를 그만큼 쉽고 빠르게 버릴 수 있으리라.

하느님은 늘 최고로 존재하는 분, 다시 말하면 으뜸으로 존재하는 분이시다. 그래서 그분은 바뀔 수 없으므로 무(無)에서 지어내신 사물들에게 존재를 주셨다. 그러나 당신이 존재하듯 최고의 존재를 주신 것은 아니다. 또 그분은 어떤 것들에게는 더 큰 존재를 주시고 어떤 것들에게는 더 작은 존재를 주셔서,

존재 등급에 따라 존재들의 자연본성을 질서있게 해 놓으셨다. "사페레"(sapere, 현명하다)에서 "사피엔티아"(sapientia, 지혜)라는 말이 나온 것과 같이, "에세"(esse, 있다)에서 "에센티아"(essentia, 존재)라는 말이 비롯되었다. 이는 고대 라틴어 작가들이 쓰지 않던 신조어지만, 우리 시대에 와서 사용하게 되었다. 그렇지 않았다면 그리스인들이 사용하는 "우시아"(ousia, 존재)에 해당하는 우리말도 없었을 것이다. "우시아"를 직역하면 "에센티아"가 된다. 그리고 최고의 존재이면서 온갖 다른 존재들을 창조한 자연본성에 대해, 존재하지 않는 것 말고는 서로 반대되는 자연본성은 없다. 존재의 반대는 존재하지 않음이다. 그러므로 최고의 존재시며 모든 존재들의 창조주이신 하느님께 대립하는 존재는 없다.

제3장 하느님의 적이라 불리는 것

성경에서는 하느님의 지배에 맞서는 자들을 하느님의 적이라고 일컫는다.*1 그들은 자연본성으로 맞서는 것이 아니라, 그들에게 있는 악덕이라는 결함 때문에 맞선다. 하지만 그들은 결코 하느님을 해치지 못하고 오히려 자신들을 해칠 뿐이다. 그들이 적이 된 것은 하느님을 해칠 본성의 힘이 있기 때문이 아니라, 하느님을 거스르겠다는 의지 때문이다. 하느님은 절대 변하지 않으시며, 아주 견고하셔서 전혀 해를 받으시지 않으신다. 그러므로 적들은 제 결함 때문에 하느님께 맞서지만 그것은 오히려 그들 자신에게만 악이 된다. 또 그들에게 악이 되는 것도 오로지 그들의 선한 본성을 부패시키기 때문이다. 그러므로 하느님께 맞서는 것은 자연본성이 아니라 결함이며, 그 결함은 악이므로 곧 선의 반대이다.

하느님이 최고의 선이라는 것을 그 누가 부정할 수 있겠는가? 따라서 결함은 선에 반대되는 동시에 하느님께도 반대된다. 뿐만 아니라 해를 받는 본성도 선하므로, 결함은 이 선과도 반대일 것이다. 그러나 결함은 하느님에 대해서는 선의 반대이기 때문에 반대되지만, 자연본성에 반대되는 이유는 악하기 때문일 뿐 아니라 해롭기 때문이다. 어떤 악한 것이라도 하느님께는 해를 끼치지 못하지만 가변적이고 없애버릴 수 있는, 그러나 여전히 선한 자연본성을 지닌 존재들에게는 해를 끼칠 수 있다. 이 점은 결함들도 증명한다. 그 존재들이 본디

---

*1 하느님의 원수에 대해서는 루가 10 : 18~19 및 사도 5 : 39, 로마 5 : 10, 골로 1 : 21 참조.

선하지 않았다면, 결함이 그것들에게 해를 끼치지는 못할 것이다.

결함은 자연본성을 해침으로써 무엇을 얻어낼 수 있는가? 자연본성의 완전함, 아름다움, 건강함, 덕성을 비롯한 온갖 것들이 악덕으로 빼앗기는 게 아닌가? 그런 것들은 결함 때문에 없어지거나 줄어드는 게 아닐까? 그러나 선한 것을 모두 잃어버렸다면 빼앗길 것도 없고, 자연본성을 해칠 일도 없을 터이며 결함도 없으리라. 아무 해가 없는 결함은 있을 수 없다. 따라서 결함은 변하지 않는 선을 해치지 못하지만, 피해가 없는 곳에는 결함도 존재할 수 없으므로, 그것은 선한 것만을 해칠 수 있다. 다시 말하면, 최고선에는 결함이 있을 수 없으며 어떤 선함 속에서가 아니면 결함이 존재할 수 없다.

따라서 오로지 선하기만 한 사물은 어딘가에는 분명 존재할 수 있지만, 오로지 악하기만 한 사물은 어디에서도 존재할 수 없다.[*2] 악한 의지가 원인이 되어 결함이 생긴 자연본성일지라도 결함이 많으면 많을수록 악하지만, 그 자연본성만은 선하다. 그리고 상처 입은 존재가 벌을 받는 경우에도 그 자연본성은 선하기 때문에 벌을 받지 않을 수 없다는 점에서도 또한 선이다. 벌을 받는다는 점에서는 의로운 것이며, 그 의로운 것은 또한 선함 때문이다.[*3] 물론 인간이 벌을 받는다는 것은 자연적 결함 때문이 아니라 의지적 결함, 악덕 때문이라고 할 수 있다. 습관이나 오래되어 습성이 된 결함일지라도 그것은 자유의지에서 태어난다. 우리들은 지금, 자연본성의 결함에 대해 이야기하고 있지만 그 자연본성 안에는 올바른 것과 올바르지 않은 것을 구별해내는 지성적 빛으로 휩싸인 정신이 존재한다.

제4장 지나가는 모든 것의 질서와 그 본성의 효과

짐승이나 풀과 나무, 그 밖에 가변적인 사물들, 지성이나 감각이나 생명이 없는 이런 피조물들에게는 결함이 있는데, 그런 결함 때문에 그들의 멸하는 본성이 손상되면 그 결함을 비난하는 것은 어리석은 짓이다. 이런 피조물들은 창조주 뜻에 따라 그들에게 알맞은 자연본성을 받았으며 서로 번갈아 나타나면서 시간의 아름다움을 연출하고 이것은 그대로 이 세계의 필수적인 부분이

---

*2 아우구스티누스《Contra Iulianum Haeresis Pelagianae》1, 8, 36~37 참조.
*3 공정한 벌의 가치에 대해서는 아우구스티누스《선의 본성에 대하여》9, 9 ;《재론고》1, 26, 22 참고.

기 때문이다. 지상 존재와 하늘나라 존재가 동등해야 하는 것이 아니며, 비록 땅 위 사물이 하늘나라 사물보다 훌륭하지 않더라도 우주에서 아주 사라져야 하는 것도 아니다. 그러므로 이 피조물들이 함께 존재하려 하는 이 영역에서는 수도 없이 만들어지고 없어지면서 작은 것은 큰 것을 따르고 패배한 것은 승리한 것의 성질을 따라 변한다. 이것이 끝없이 변하는 사물들의 정해진 질서이다.[*4] 그런데 우리는 이 질서의 아름다움을 깨닫지 못한다.

죽음은 예정된 일이다. 그렇기 때문에 우주 전체는 조그만 부분들이 모여 아름답게 꾸며져 있는데도 우리는 그것을 만족하지 못하고 전체를 알지도 못하기에 질서의 아름다움을 기뻐하지 못한다. 그러므로 창조주의 지혜를 잘 알지 못하는 우리로서는 그 지혜를 믿으라는 명령을 받는 것이 매우 마땅한 일이다. 인간적인 허영과 경솔함 때문에 위대한 창조주의 역사를 감히 비난하는 일은 참으로 어리석은 것이다.

지상 사물에게 있는 결함들도 의지나 처벌의 결과가 아닌 경우에는, 자세히 관찰하고 생각해 본다면 하느님이 창조하신 그 자연본성들이 훌륭하다는 것을 나타내는 것만 같다. 우리가 불만스럽게 생각하는 것은 그 자연본성이 결함으로 제거되어 버리기 때문이다. 사람들은 자신들에게 나쁘다는 이유로 그 자연본성을 싫어하지만, 그것은 자연본성을 있는 그대로 평가하지 않고 그 이용 가치를 생각하기 때문이다. 어떤 동물들의 숫자가 엄청나게 많아져 이집트 사람들의 오만에 경고를 내린 경우와 같다(출애 7~10장). 그러나 이런 식으로 평가를 한다면, 사람들은 태양까지도 비난할는지 모른다. 예를 들어 어떤 범죄자나 채무자에게 뙤약볕 아래 세워 놓게 하는 판결을 내리는 재판관들도 있다.

그러므로 피조물들이 제대로 된 역할을 하느냐에 상관없이 창조주에게 영광을 돌리는 것은 우리 이익이나 불이익 때문이 아니라, 자연본성 그 자체 때문이다. 죄인들에게 벌이 될 영원한 불까지도 그 자연본성은 칭찬할 만하다는 것은 마땅하다. 훨훨 타오르면서 빛을 내는 불보다 더 아름다운 것이 어디 있겠는가? 따뜻하게 해주고, 건강하게 해 주는 것은 물론, 음식을 익혀 주기까지 하는 불보다 더 이로운 것이 무엇이란 말인가? 불은 어떤 경우에서는 파멸을 가져오지만, 알맞게 사용하면 큰 도움이 된다. 전우주적으로 볼 때 불이 주는

[*4] 이에 대해서는 루크레티우스 《만물의 본성에 대하여》 1, 262~264 참조.

가치를 어느 누가 충분히 설명할 수 있겠는가?

불에서 나오는 빛을 칭송하면서도 거기서 나오는 열기에 대해서 비난하는 사람들의 말은 듣지 말아야 한다. 그들은 불의 자연본성을 보고 판단하는 게 아니라, 자신들의 이익이나 불이익을 잣대로 삼는다. 그들은 불을 보길 원하지만 불에 데이는 것은 바라지 않는다. 그러나 그들에게 기쁨을 주는 바로 그 빛이 시력을 약하게 한다는 사실은 모르는 것이다. 또한 그들이 싫어하는 그 열기가 어떤 동물들에게는 건강하게 살아갈 수 있는 가장 알맞은 조건이 된다 (21권 4장 참조).

제5장 자연본성은 모두 하느님을 찬양한다.

이렇듯 모든 자연본성은 그 나름대로 독특한 등급과 형상, 하나의 내면적 평화를*5 가지고 있으므로 확실히 '선'이라 할 수 있다. 이러한 자연본성들은 본성의 질서에 따라 마땅히 있어야 할 장소에 있을 때 받은 존재를 지킨다. 영원한 존재를 받지 못한 것들은 더 좋게 변하거나 더 나쁘게 변해서, 창조주가 정한 법에 따라 필요와 운동에 적응한다. 이처럼 모든 자연본성은 우주를 다스리는 하느님의 이성에 의해 둘러싸여져 있다. 무상한 것, 부패한 것들이 완전히 사라질 때에도, 존재하지 않으면 안 되는 사물이 만들어지지 못한다는 결론에는 닿지 못한다. 그러므로 피조물들의 결함 때문에 하느님을 비난해서는 안 된다. 하느님은 비할데 없이 최고의 존재이며, 최고 존재가 아닌 모든 것 또한 그분이 만들어 내신 것이다. 무(無)에서 생겨난 것들이 창조주와 똑같을 리 없으며, 그가 만들어내지 않았다면 그것들은 영원히 존재할 수 없었으리라. 따라서 하느님이 지어내신 그 피조물들의 자연본성을 보아서도 그분을 찬양하는 게 마땅한 일이다.

제6장 착한 천사의 행복과 나쁜 천사가 비참한 원인

착한 천사들이 축복받은 이유는 최고 존재이신 하느님을 충실하며 따르기 때문이다. 그리고 나쁜 천사들이 말할 수 없이 불행한 이유를 묻는다면, 그들이 최고의 존재에게서 등을 돌린 채 그러한 존재가 못 되는 자기 자신에게만

*5 평화에 대해서는 19권 12~13장 참조.

집중하고 있기 때문이라 할 수 있다. 이러한 악을 오만이라고 부르지 않는다면 대체 무엇이라고 불러야 할 것인가? 오만은 죄의 시작이다(집회 10:13). 그들은 자신들의 힘을 하느님을 바라보며 간직하기를 거부했다. 최고 존재를 가지신 분에게 충실했다면 더 풍요로운 존재를 가지게 되었으련만, 그들은 위대하신 하느님보다 자신을 택함으로써 그 존재 가치를 떨어뜨렸다.

여기에 바로 첫 실패와 약점이 있으며, 창조된 자연본성의 첫 결함이 생기는 것이다. 그는 최고로 존재하지 못하는 자연본성이었지만 행복하기 위해서 최고의 존재를 가지신 분 안에서 즐거워할 수는 있게 만들어졌다. 하지만 그런 하느님을 외면함으로써 모든 존재를 잃어버린 것은 아니지만, 존재가 작아지고 불행해졌다. 뿐만 아니라 그들의 이 악한 의지 작용인(作用因)*6이 무엇이냐고 물으면 그것을 찾을 수 없어 제대로 답할 수 없다.

행위를 악하게 만드는 것은 의지 자체인데, 무엇이 그 의지를 악하게 만든다고 하겠는가? 그러므로 악한 행위의 원인은 악한 의지지만, 악한 의지에는 원인이 없다. 어떤 사물이 존재한다면 의지를 가졌거나 또는 가지지 않았을 것이다. 만일 의지를 가졌다면 그 의지는 반드시 선하거나 악할 것이다. 선한 의지를 지녔다면, 선한 의지가 악한 의지를 만든다고 할 사람은 없을 것이다. 그렇게 된다면 선한 의지가 죄의 원인이 될 것이며 그 만큼 커다란 모순도 없으리라.

그와 반대로, 자유의지를 나쁘게 만들어 악한 의지를 가지게 되었다면, 그렇게 만든 원인이 무엇이냐고 묻겠다. 또한 이 질문을 끝내기 위해서 그 첫 악한 의지의 원인도 묻겠다. 악한 의지로 만들어낸 그 악한 의지는 첫 악한 의지가 아니다. 이제까지 아무것도 만들어 내지 않은 그런 의지가 있다면, 그 의지야말로 첫 악한 의지인 셈이다.

어떤 악한 의지 앞에 나타나서 그 의지를 악하게 만들었다면, 그 의지는 첫째 악한 의지이다. 그 악한 의지를 만든 것은 없고, 그것은 언제나 악한 상태로 존재했다고 대답하는 사람이 있다면, 나는 그 악한 의지가 어떤 자연본성 안에 있었느냐고 묻겠다. 어떤 자연본성 안에도 없었다면 그것은 처음부터 존재하지 않았던 것이다. 그러나 만일 어떤 자연본성 안에 있었다면 그것은 자연

---

*6 어떤 일이 일어나고 사물이 생기는 경우, 그 생성·변화·운동을 일으키는 힘, 즉 동력인(動力因)이 되는 것을 뜻함.

본성을 부패시키고 악화시켰을 것이며 선을 빼앗을 것이리라.

그러므로 악한 자유의지는 악한 자연본성 속에 존재할 수 없고, 선하면서도 가변적인 자연본성 속에 있었던 것이다. 악한 의지로 인한 부패는 선한 자유의지를 망가뜨리는 것이다. 해를 입히지 않았다면 부패하지도 않았을 것이며, 따라서 악한 의지도 존재하지 않았어야 한다. 뿐만 아니라 정말로 해를 입혔다면, 그것은 물론 거기 있던 선을 작아지게 했기 때문이다. 따라서 악한 의지가 영구적으로 존재자 속에 있었을 리가 없다. 왜냐하면 존재자 안에는 자연적 선이 본디 존재해서 악한 의지가 그것을 손상하면 선은 곧 사라져버릴 수 있기 때문이다.

그래서 악한 의지가 영구적으로 있었던 것이 아니라면, 누가 그것을 만들었는지 묻고 싶다. 한 가지 남은 가능성은 악한 의지를 만든 것 안에는 어떠한 의지도 없다는 것이다. 그렇다면 이런 것들은 악한 의지들보다 훌륭하며 높은 등급에 위치한단 말인가? 만일 윗등급이라면 틀림없이 더 선할 것이며, 그럴 경우에 그것은 어찌 의지가 없겠으며, 선한 의지를 갖지 못했겠는가? 같은 경우에도 같은 똑같은 논리가 적용된다. 똑같이 선한 의지를 가진 두 존재가 있는 동안에는, 한쪽이 다른 쪽 안에 악한 의지를 만들 수 없다. 그러므로 마침내 남는 것은, 의지가 없는 어떤 낮은 존재가 천사의 자연본성 안에 악한 의지를 만들어 처음으로 죄를 저지르게 한 셈이다.

그러나 이것이 무엇이든 간에, 그 자체는 가장 깊은 땅속보다 더 낮은 곳에 존재하더라도 자연본성과 존재의 본질을 가지고 있기만 한다면 분명 선할 것이며 저마다의 종류와 질서에 따라 등급과 형상을 지닌다. 그렇다면 선한 것이 어떻게 악한 의지를 발생시키는 원인이 되고 선이 어떻게 악의 원인일 수 있겠는가? 그것은 의지가 높은 곳을 버리고 낮은 곳으로 향할 때에 악한 의지가 되기 때문이다. 즉 자유의지가 향하는 대상이 악하기 때문이 아니라 그 방향 자체가 잘못되었기 때문이다. 따라서 자신보다 뒤떨어지는 것이 악한 의지를 만드는 게 아니라 오히려 하느님이 만드신 제 의지가 사악하고 무질서한 방법으로 낮은 것을 좇는다.

정신적으로도 신체적으로도, 서로 너무나 똑같은 두 사람이 어떤 아름다운 여성의 육체를 바라본다고 가정해보자. 그것을 보고 한 사람은 부정한 환락에 이끌리고, 다른 한 사람은 깨끗한 마음과 의지로 꾸준히 버틴다면, 한 사람의 의지는 악하게 되고 다른 사람은 그렇지 않은 원인이 무엇이라고 생각하는가? 무엇이 그 악한 의지에 영향을 받게 만든 것인가? 단지 그것이 육체의 아름다움 때문은 아닐 것이다. 왜냐하면 그것이 두 사람 눈에 똑같이 보였기 때문이다. 육체가 원인이라고 한다면 어째서 다른 사람의 육체는 원인이 되지 않았단 말인가? 악해진 사람의 정신이 원인이라고 생각한다면, 어째서 두 사람의 정신이 모두 바뀌지 않았을까? 처음에 우리는 두 사람의 신체와 정신이 똑같다고 가정했다. 그리고 그 두 사람의 눈에 똑같은 아름다움이 비쳤고 똑같이 은밀한 유혹에 맞닥트렸다. 한 사람은 그 비밀스런 속삭임에 넘어갔고 한 사람은 흔들리지 않았다. 그런데 그 사람은 시험을 받았다고 할 것인가? 그런 선동이나 그 밖의 영향에 자신의 자유의지로 동의한 것은 아니라는 뜻인가? 만일 그 사람 자신이 그 악한 의지를 만들어냈다고 판단한다면 그 자신은 악한 의지에 앞장서서 존재하고 그 자연본성은 변하지 않는 선, 창조주 하느님에 의해 만들어졌다고 할 수 있다.

우리가 연구하는 목적은 이 유혹에 넘어간 그 한 사람의 마음에 만들어진 것이 무엇인가를 알아내는 것이다. 다시 말해 그에게 이 악한 의지를 준 것은 무엇이냐는 것이다. 그런데 우리는 이 헛점도 우리 연구에서 없애버리기 위해, 두 사람이 똑같은 유혹을 경험하지만 한 사람은 그 시험에 굴복하였으며, 다른 사람은 이전과 같은 상태를 여전히 지켜낸다고 가정하겠다. 그럴 때 한 사람은 정절을 잃기를 바라지 않았고, 또 한 사람은 그 일을 선택한 것이 확실하다. 물론 유혹에 넘어간 사람도 악한 의지가 일어나기 전까지는 선했다. 그렇다면 두 사람의 신체와 정신이 똑같았을 경우, 이런 결과는 그들 자신의 자유의지에서 나올 수밖에 없다. 두 사람의 눈에 비친 아름다움은 같은 것이었고, 두 사람을 공격한 비밀스런 유혹도 같은 것이었다. 따라서 그 가운데 한 사람의 자유의지를 나쁘게 변화시킨 것이 무엇인가를 알고자 하는 사람들은 아무리 세심하게 연구하더라도 갈피를 잡을 수 없으리라.

그가 하나의 창조된 자연본성이기 때문인가, 아니면 무에서 창조되었기 때문인가? 만일 후자라면 그 악한 의지는 그가 창조된 자연본성의 하나로서 온 것이 아니라, 그가 무에서 창조된 존재의 하나라는 사실에서 왔다는 것을 알게 될 것이다. 창조된 존재가 악한 자유의지의 원인이라고 한다면, 우리는 선에서 악이 만들어지고 선이 악의 원인이라고 결론짓지 않을 수 없지 않겠는가?

그런 가정 아래서는 선하게 창조된 존재가 자유의지를 악하게 만들기 때문이다. 하지만 이런 일은 어떻게 가능할까? 악한 의지를 갖게 되기 전에는 비록 바뀌기는 할지라도 선한 피조물인데, 그것이 악한 것을, 즉 의지 자체를 악하게 만든다는 게 어떻게 가능하다는 것인가?

제7장 나쁜 의지의 적극적 원인은 찾을 수 없다.

그러므로 아무도 악한 자유의지를 만드는 원인을 찾아서는 안 된다. 왜냐하면 악한 의지의 원인은 소극적이기 때문이다. 최고 존재자이신 분을 떠나서 더 낮은 존재로 떨어지는 게 악한 의지를 가지게 되는 시작이다. 뿐만 아니라 이런 타락의 원인은 적극적이지 않으므로, 그 뒤를 쫓는 것은 마치 어둠을 보고 싶어하면서도 침묵을 들으려 하는 것과 다름없다. 물론 우리는 이 둘을 모두 알며 하나는 눈으로만 알고 다른 하나는 귀로만 알지만, 어떤 현상으로 아는 게 아니라 결핍을 통해 아는 것이다. 그러니까 내가 스스로 모른다 알고 있는 것을 아무도 나에게서 알려고 하지 말라. 우리가 알지 못하는 모든 것과 알고 있는 모든 것을 모른 채 지내는 법을 배우려 한다면, 그것은 다른 문제다.

어떠한 현상으로서가 아니라 현상의 결핍으로서 알게 되는 것들의 경우, 안다는 것은 말하자면 모른다는 것이며 모르는 것이 아는 것이다. 눈으로 시력이 닿지 않는 어둠 속을 바라볼 때, 아무것도 보이지 않는 곳에서만 암흑을 느낀다. 마찬가지로 침묵을 느끼는 것은 다른 어떤 감각기관이 아니라 귀일 뿐이다. 그리고 아무것도 들리지 않아야만 침묵을 감지할 수 있다. 또한 우리의 정신도 지성적 형상을 지성의 힘으로 바라본다. 그러나 거기에 무언가가 결핍된 경우에는 그것을 인식하지 못한다. 그러나 형상으로써 마음 안에서 알아차리게 된다. "뉘 있어 제 허물을 다 알리이까?"(시편 19 : 12) 하듯이.

제8장 의지의 타락에 대해서

내가 아는 바로는, 하느님의 자연본성은 언제 어디라도 타락할 리가 없으나 무로부터 생긴 것들은 결함이 생길 수 있다. 그러나 이 피조물들이 더욱 큰 존재를 얻고 더 많은 선을 행할 때(뭔가 행하는) 그것들은 무엇인가 행하는 것이 있으므로 자체 안에 더 적극적인 발생원인(작용인)을 갖는다. 그와 반대로 그것들이 타락하고 많은 악을 저질렀을 때(헛된 것이 아니면 무엇이든) 자체 안에 소극적 원인이 생긴다. 또한 내가 아는 바에 따르면, 의지가 악해질 때에는, 의지가 없었으면 나타나지 않았을 일이 생긴다는 것이다. 그래서 결함은 필연적인 것이 아니라 자발적인 것이므로, 그 결함에 따른 벌은 정당하다는 것이다. 악한 것으로 타락하기 때문에 결함이 나쁜 게 아니라 타락 자체가 나쁘다는 것이다. 다시 말하자면, 타락이란 악한 본성에게도 향하는 것이 아니다. 타락이 악하기 때문에 자연본성의 질서를 거스르면서 최고 존재를 버리고 더 못한 존재로 떨어져 버린다.

탐욕은 금전 자체에 생긴 결함이 아니라 사람에게 생긴 결함이다. 그는 비뚤어진 생각으로 금전을 사랑하고 정의를 저버렸다. 그러한 정의는 금전보다 끝없이 귀하게 여겨야 할 가치가 있다. 방탕은 아름다운 육체에 생긴 결함이 아니라 절도를 허물어뜨리며 육체적 쾌락을 탐닉하는 영혼에 생긴 결함이다. 비뚤어진 생각으로 영혼이 육체적 쾌락을 사랑해서 절제의 덕을 버린 것이다. 절제를 지켜야만 우리는 더 위대한 정신적 아름다움과 더 영원한 기쁨, 조화를 이룰 수 있다. "우리의 양심도 증언하듯이 우리가 자랑하는 바는 이렇습니다. 곧 우리가 이 세상에서, 특히 여러분을 상대로 처신할 때, 하느님께서 주신 순수함과 성실함에 따라, 또 나약한 인간의 지혜가 아니라 하느님의 은총에 따라 처신하였다는 것입니다"(2고린 1 : 12).

오만은 권력을 주는 사람이나 권력 자체의 결함이 아니라, 영혼의 결함이다. 영혼이 비뚤어진 생각으로 더 높은 권력자의 정의로운 권력을 멸시하면서 자체의 권력을 사랑하기 때문이다. 따라서 비뚤어진 생각으로 어떤 자연본성의 선을 사랑하는 사람은 그것을 얻게 되더라도, 그 자신이 선을 악하게 만들어 더 높은 선을 잃어버림으로써 비참해지게 된다.

제9장 하느님은 거룩한 천사의 착한 의지를 만들었다

그러므로 악한 의지의 원인(동력인)이 되는 본성은 없다. 또는 이렇게 말해도 된다면 그런 본질적 원인은 없다고 하겠다. 실제로 변하는 영적 존재에서 악은 악한 의지로부터 비롯되며, 그 악으로 자연본성의 선이 작아지거나 더럽혀진다. 이런 의지 타락이 만들어낸 것이다. 이런 결함의 원인은 전혀 없다. 이와 반대로 선한 의지에도 적극적 원인이 없다고 말한다면, 우리는 선한 천사들의 선한 의지는 창조된 것이 아니라 하느님과 더불어 영원하다고 믿는다는 것이니

조심해야 한다.

천사들은 창조된 것인데 어떻게 그들의 선한 의지가 만들어지지 않았다고 말할 수 있을까? 또 그 선한 의지가 창조된 것이라면, 문제는 그것이 천사들과 함께 창조되었는가 아니면 그 의지가 생기기 전에 천사들이 먼저 존재했는가 하는 것이다. 그 의지가 천사들과 더불어 만들어졌다면, 천사들을 창조하신 분께서 그 또한 만드신 것이 분명하다. 천사들은 창조되자마자 자기들 안에 창조된 사랑으로 하느님과 하나가 되었다. 그리고 천사들이 그들의 사회에서 갈라져 나가버린 것은, 선한 천사들은 그들의 선한 의지를 꾸준히 지켜냈지만 악한 천사들은 그 선한 의지를 버리고 변해버려 타락했기 때문이다. 선한 의지를 버렸기 때문에 그들의 의지가 악해진 게 틀림없다. 또 그들이 진심으로 선한 의지를 버리려 하지 않았다면 그렇게 타락해버리지는 않았으리라.

다시 말하면 선한 천사들은 처음에 선한 의지 없이 존재했으므로 하느님 도움 없이 스스로 그것을 창조했다면, 그들을 창조한 하느님이 만드신 것보다 더 훌륭하게 제 힘으로 만들어냈으리라. 그러나 이는 있을 수 없는 일이다. 선한 의지가 없다면 그들은 악한 천사가 아니고 무엇이겠는가? 그들에게는 아직 선한 의지가 없고 그것을 버린 것도 아니므로 그들 안에는 악한 의지 또한 없고 그들은 타락하지 않았다고 해보자. 그렇더라도 그들은 아직 선한 의지를 가지게 된 때처럼 그렇게 선하지는 않았을 것이다. 그러나 하느님이 하신 일을 하느님보다 더 만들 존재가 없는 것은 물론 그들도 하느님이 창조한 자신들을 다시 만들어낼 수 없다면, 창조주의 협력과 도움 없이는 스스로를 다시 창조할 만한 선한 의지를 지니는 것은 불가능했으리라.

그리고 천사들의 선한 의지가 힘을 드러내 작은 존재인 제 자신에게가 아니라 최고 존재이신 하느님만을 바라보고 그를 따른다면 그들은 곧 위대해지고 지혜로워져 행복 가운데 살 수 있다. 그러나 그 의지가 아무리 선하더라도 창조주가 채워주시지 않았다면 소원만 가진 채 여전히 궁핍한 상태였으리라는 뜻이 아니고 무엇이겠는가? 하느님은 그를 기쁘게 해주는 착한 존재를 무(無)에서 창조하여 가장 먼저 하느님에게로 가는 사랑을 주고 창조물을 사랑으로 가득 채워 마침내 선을 이루는 것이다. 그들은 하느님의 힘이 아니면 어느 선한 의지라도 원망으로 그칠 뿐, 어떤 것도 이룰 수 없음을 더욱 분명하게 했다.

우리가 다루어야 할 점이 하나 더 있다. 선한 천사들 안에 선한 의지를 창조하는 게 선한 천사들만이 한 일이라고 가정한다면, 그 일을 했을 때 그들에게는 자유의지가 있었을까, 아니면 없었을까? 만일 그런 의지가 없었다면 그들에게는 어떤 일도 일어나지 않을 것이다. 또한 그들에게 자유의지가 있었다면 그것은 선했을까 또는 악했을까? 만일 악했다면 악한 의지가 어떻게 선한 의지를 만들어낼 수 있었겠는가? 또 선했다면 천사들에게는 이미 그 선한 의지가 있었다는 말이 된다. 그렇다면 이러한 의지를 창조하신 분은, 선한 의지를 가지고 창조했다고 할 수 있다. 하느님의 선한 의지는 순수한 사랑이고 천사들은 이로써 하느님을 따르게 된 것이다. 그리고 하느님께서는 그들에게 본성을 줌과 동시에 흘러넘치는 은혜를 주셨다. 그러므로 하느님의 사랑인 착한 의지가 없었다면 거룩한 천사들은 존재하지 못했으리라.

그러나 선하게 창조되었으면서도 이제는 악한 천사들은 자기 의지로 그리된 것이다. 이 자유의지는 그들의 선한 본성이 만든 게 아니라, 그들 스스로 선을 떠나 버렸기 때문이다. 악의 원인은 선이 아니라 선으로부터의 타락이다. 이 악한 천사들은 하느님 사랑 안에 꾸준히 머무른 선한 천사들보다 그 은혜를 적게 받았던지, 또는 똑같이 선하게 만들어졌다면 악한 천사들은 자유의지가 악해서 타락하고 선한 천사들은 하느님의 도움을 더 많이 받아 충만한 행복을 누리게 되었으리라. 이 점은 내가 이미 앞권에서 다루었다.

성경에 나오는 "이 희망은 우리를 부끄럽게 하지 않습니다. 우리가 받은 성령을 통하여 하느님의 사랑이 우리 마음에 부어졌기 때문입니다"(로마 5 : 5). 이 말씀은 거룩한 사람들에 대해서만 한 말이 아니라 그 무엇보다도 천사들의 선에 대해 이야기한 것이다. 선은 사람에게만 있는 게 아니라 오히려 무엇보다도 먼저 천사들에게 속한 것이다. 이 선을 함께 한 자들은 외국인도 아니고 나그네도 아니다. 성도들과 같은 한 시민이며 하느님 나라에 사는 한 가족이다. 이것은 또한 하느님 마음에 드는 거룩한 산 제물(로마 12 : 1 및 이 책 10권 16장 참조)이 되며 하느님의 거룩한 성전이 된다(에페 2 : 19~22).

이 나라 한편에는 죽은 인간들이 모이게 되는데, 그들은 죽지 않는 천사들과 하나가 되기는 해도 마침내 죽게 되는 운명이다. 이 나라는 오늘도 지상에서 순례의 길을 가고 있거나, 이미 죽은 사람들은 영혼들의 비밀스레 숨겨진 곳이나 영원한 거처에 도달한 사람들 사이에서 쉬고 있다.*⁷ 내가 조금 전에 천사들에 대해 말한 것처럼, 이제 이 부분 기원에 대해서도 말해야 할 것 같다. 전세계 모든 민족 사이에서 놀랍고 당연한 권위가 있는 성경이(마르 14 : 9) 가르치는 믿음과 같이, 인류는 하느님이 최초로 창조하신 인간으로부터 출발했다. 성경의 참된 말씀 가운데에는 민족들이 당연히 이 사실을 믿으리라는 하느님의 예언도 들어있다(12권 11장 참조).

제10장 우주와 인류의 시작에 대한 상상

인류의 본성과 기원에 대해 아무것도 모르는 사람들의 억측은 여기에서는 생략하기로 하자. 어떤 사람들은 우주가 늘 존재했다고 하면서(11권 4장 참조), 인류에 대해서도 같은 생각을 한다. 그래서 아풀레이우스는 인류에 대해서 이렇게 말한다. "인간들 하나하나는 죽을 운명이지만 인류 전체로 보면 모든 이들이 영원하다."*⁸ 만일 인류가 늘 존재했던 것이라면, 그들의 역사기록이 옳다는 것을 어떻게 변호할 것인가?

역사에서 누가 처음으로 무엇을 발명했으며, 누가 처음으로 문학이나 예술이나 다른 기술을 개척했으며, 이 지방 저 지방에 또는 이 섬과 저 섬에 처음으로 정착한 사람은 누구였느냐고 물었을 때, 제대로 대답할 수 있겠냐 하면, 그들은 아마도 이렇게 대답할지 모른다. 지구상의 많은 지역들이 주기적으로 일어나는 홍수와 화재 때문에 황폐해졌고, 인간들 숫자도 차츰 줄어 들었다가, 그 남은 인간들에게서 다시 인구가 늘어나 처음과 같은 숫자를 회복되곤 했을 것이다.*⁹ 그리고 이렇게 일정한 거리를 두고 새로 출발하며, 큰 재난으로 억눌리며 파괴되었던 것이 다시 회복되어, 처음으로 만들어지는 듯한 인상을 주었다고 한다. 그리고 인간은 먼저 있었던 인간에게서만 날 수 있었다고 한다. 그러나 그들은 자신이 상상한 것을 말할 뿐, 제대로 된 지식이나 진실을 말하는 게 아니다.

---

*7 아우구스티누스 《신앙 핸드북》 9, 29 ; 29, 109 및 《설교집》 280, 5 참조. 이 책 13권 8장 참조.
*8 아풀레이우스 《소크라테스의 신에 대하여》, 4.
*9 플라톤 《티마이오스》 22C 23C 및 키케로 《신의 본성에 대하여》 2, 118.

제11장 이집트인의 기록과 그리스인의 기록

이런 상상이 가득 기록된 몇몇 문서들이 그들을 속인다. 그런 문서들은 수천 년에 걸쳐 기록되어 왔지만, 성경을 바탕으로 계산해보면 아직 6000년도 지나지 않았다.[*10] 그들 문서에는 수천 년 동안 담겨진 이야기들이 있으나, 타당한 근거가 없다. 그 점을 폭로하며 증명하는 데 많은 이야기를 할 필요는 없다. 나는 오로지 알렉산더 대왕이 어머니 올림피아스에게 보낸 편지를(8권 5장·27장 참조) 예로 들겠다. 알렉산더 대왕은 이 편지 속에서 어떤 이집트 제사장의 이야기를 인용한다.

그것은 이집트인들 사이에서 신성하다고 일컬어지는 문서에서 얻었다 하며, 일부는 그리스인들이 쓴 역사에도 나오는 왕국의 이름이 그곳에 기록되어 있다. 알렉산더의 편지를 보면 아시리아 왕국 역사는 무려 5000년이 넘는다. 그런데 저 이집트 제사장도 아시리아의 초대왕이라고 기록된 벨루스의 시대로부터 계산하더라도 1300년밖에 되지 않는다고[*11] 그리스 역사가들은 쓰고 있다. 이집트인의 기록에 따르면 페르시아와 알렉산더 자신에 이르기까지의 마케도니아 역사에는 8000년으로 계산했다. 이것도 그리스 사람들은 알렉산더가 죽기까지의 마케도니아 역사는 485년이요,[*12] 페르시아 역사는 알렉산더에게 정복되기까지 233년이었다고[*13] 계산한다. 이처럼 그리스 역사는 이집트보다 훨씬 적은 셈이다. 이 숫자를 3배로 하더라도 그리스 쪽 연대기는 여전히 짧을 것이다.

아마도 이집트인들은 한때 4개월을 1년으로 계산했을 터이므로(15권 12장 참조), 오늘날 그들과 우리의 공통된 계산법으로 하자면 그들의 3년은 우리 1년과 같다. 그러나 이미 말한 것처럼 이렇게 계산하더라도 그리스 역사와 이집트 역사의 연대계산은 맞지 않는다. 따라서 우리가 그리스 역사를 진실에 가깝다 생각해야 하는 이유는 우리들 마음속 성서나 문서에 기록된 연수를 넘어서지 않고 올바르게 썼기 때문이다.

[*10] 지은이는 히에로니무스(제롬)가 옮기고 보충한 유세비우스의 연대기(Chronica)에 따른 것으로 보인다. 거기서는 창조로부터 고트족의 로마약탈까지를 5611년이라고 계산함

[*11] 4권 6장(벨루스의 아들 니누스로부터 1240년) 및 18권 21장(벨루스로부터 1305년) 참조.

[*12] 벨레이우스 파테르쿨루스 《로마사》 1, 6에는 924년이라고 함.

[*13] 쿠르티우스 루푸스 《알렉산더대왕 전기》 4, 14, 20 및 히에로니무스 《Commentarium in Danierem》 9에서는 230년.

이 유명한 알렉산더의 편지도 믿을 수 있는 역사서들과 그 연대기록이 많이 다르다면, 저 황당한 이야기로 가득 찬 문서들을 어떻게 믿을 수 있겠는가? 사람들은 그것으로 성경 권위에 맞서려 하지만 성경은 온 세계가 성경을 믿게 되리라 예언했고, 또 예언대로 그렇게 되었다(12권 9장 참조). 성경이 예언한 미래 사건들이 정확하게 실현되었으므로 과거를 이야기하는 그 서술도 분명히 옳은 것이다.

제12장 우주의 주기적 소멸·재생설

어떤 사람들은 이 세계가 영원하리라고는 생각하지 않는다. 그들은 세계는 하나뿐이 아니고 끝없이 많다 생각하거나,[14] 그렇지 않으면 세계가 일정한 시간적 간격을 두고 소멸되었다가 다시 만들어지기를 끝없이 되풀이한다고 여긴다.[15] 이에 대해 누군가는 한 우주만이 그런다 생각하고 또 다른 누군가는 무수히 많은 우주에게 일어나는 일이라 생각한다. 그래서 그들은 사람들이 태어나기 전에 인류가 이미 있었다고 인정하지 않을 수 없다. 그것은 홍수나 화재가 온 세계를 모두 뒤덮어 온 우주가 황폐해진다 하더라도 소수의 인류는 살아 남으리라 생각하므로, 그 후손에게서 인구가 다시 불어난다고 해도 이치에는 맞는다. 그러나 이 사람들의 경우에는 세계가 사라질 때 인간의 일부가 살아남는다고는 생각할 수 없다. 다만 그들은 세계가 그 자체에서 다시 생성된다고 믿으므로 인류도 세계의 원소들에서 거듭 생성되며, 그 뒤 다른 동물들과 마찬가지로 인간의 후손들도 그 부모로부터 번식했다고 생각한다.[16]

제13장 인류가 6000년전 창조됐음을 반론하는 이에게 주는 답변

어떤 사람들은 다음의 의문을 던진다. 인간이 창조되기 전에 끝없이 긴 세월이 지나가버린 것은 왜일까, 또한 성서 말씀대로라면 인간이 창조된 지 6000년이 채 되지 않았는데 창조주께서는 왜 그리 늦게 등장하셨을까. 그들에게 도움이 되고자 내가 하려던 대답은, 세계의 기원에 대해 그것은 영구하지 않으며

---

*14 8권 5장 및 18권 41장 및 락탄티우스 《신의 교훈》 2, 9 참조. 아낙시만드로스와 데모크리투스와 에피쿠로스파의 이론 참조.
*15 헤라클레이토스와 스토아학파의 이론 참조.
*16 디오게네스 라에르티오스 《위대한 철학자들의 생애와 사상》 9, 1, 8 참조.

시작이 있었다는 사실을 믿지 않으려는 사람들에게 말했던 대답과 같다.

어떤 사람들은*[17] 플라톤이 말한 것과 실제로 생각한 것과는 많이 다르다고 하지만, 플라톤은 이에 상관없이 세계에 시작이 있었다고 아주 확실하게 선언했다.*[18] 인간이 창조된 지 얼마 되지 않았고 성경 말씀대로 사람이 사는 햇수도 적은 게 그들 마음에 들지 않는다면 그들은 오히려 다음 사실들을 유념해야 한다. 어떤 한계를 갖는 것은 절대로 오래 이어지지 않으며, 또한 모든 유한한 세월은 영원에 비해서는 적다기보다 오히려 없다고 하는 게 맞다. 따라서 인간이 처음 생겨난 지 5000년이 지났을 뿐 아니라, 6만 년이나 60만 년, 또는 그 60배, 600배, 60만 배, 또는 이것을 여러 번 곱해서 그 숫자를 표현할 수 없을 만큼 엄청나게 오랜 세월이 흘러갔다고 하더라도 여전히 같은 질문, 즉 "왜 그 전에 창조되지 않았느냐?" 할 것이다.

하느님이 아직 인간을 창조하시지 않으셨던 과거는 아주 오래되었기에, 아무리 오래된 시대들과 견주어보더라도 이 뒤에 끝이 있었다면, 그것은 가장 작은 물방울을 온 세계에 펼쳐진 바다와 겨누어 보는 것과도 같지는 않을 것이다. 물방울은 참으로 매우 작고, 바다는 어느 것과도 비교할 수 없을 만큼 드넓지만 결국에는 그 둘 다 한계가 있기 때문이다. 어떤 시작점에서 출발하여 끝나는 점까지 아무리 시간이 오래 걸린다 하더라도 시작이 없는 시대와 견준다면, 아주 하찮다고 할 것인지 또는 전혀 없다고 할 것인지조차 모를 정도이다.

만일 이 유한한 시간을, 시작부터 끝까지 아주 작은 부분으로 하나씩 줄여 나간다면—어떤 사람의 수명도 현재의 날짜에서 출발하여 하루씩 차근차근 줄여 간다면 나중에는 그의 첫 생일까지 거슬러 올라가게 될 것이다—, 이렇게 거슬러 올라가면서 줄이는 순간의 숫자가 끝없이 많다고 하더라도 마침내는 그 시작점에 도달할 때가 꼭 있을 것이다. 그러나 시작도 없는 시간에서 줄여 나간다면, 순간이나 시간, 날이나 달이나 여러 해씩을 줄여 나가는 것이 아니라 가장 유명한 수학자도 이름을 붙일 수 없을 만큼 햇수를 뭉텅뭉텅 잘라낸다면, 게다가 그것을 한두 번 하는 게 아니라 늘 되풀이한다면 어떤 결과가 생기는가? 당신은 절대 처음으로 다다를 수 없을 것이다.

그러므로 5천 년 남짓한 시대에 있는 오늘의 우리가 묻고 있는 물음을 우

---

*17 플로티노스와 기타 신플라톤학파.
*18 플라톤 《티마이오스》, 28 B.

리 후손들 또한 60만년 뒤에도 똑같은 호기심을 갖고 물어볼 것이다. 태어나서 사라지고 마는 인간들의 운명, 연약하고 어리석은 이 운명이 계속되는 한 그 럴 것이다. 또한 이 땅 위에 사람이 태어난 지 오래되지 않았을 때 우리 선조들도 같은 질문을 했을는지 모른다. 세상에 처음 태어난 인간마저도 창조된 다음 날, 아니 창조된 그날, 무슨 까닭으로 더 일찍이 창조되지 않았느냐고 물었을는지 모른다. 인간이 만들어진 시기가 어느 옛적이었든 간에, 세계 역사 시작에 대한 논쟁은 예나 지금이나 똑같이 벌어졌으며, 앞으로도 계속 이어질 것이다.

제14장 시대의 주기적 순환설

철학자들은 이 문제를 해결할 수 있는 방법으로 시대순환을 끌어 들여, 자연 질서가 계속 새로 생겨나며 되풀이되어야 한다는 것을 생각해냈다.[19] 우주 전체가 이 순환 속에서 늘 같은 모습으로 새로이 만들어짐을 반복하고 쉴없이 흘러가 시대의 회전이 계속된다며 주장한 것이다. 한 영구한 세계가 그 모든 주기를 지나간다는 것인지, 또는 세계가 일정한 시간적 거리를 두고 소멸되었다가 다시 생성되는 현상들을 되풀이해서 보이는 것인지, 다시 말해 이미 있는 현상과 앞으로 있을 일들이 일치하는 것인지에 대해서는 그들의 생각이 똑같지는 않았다. 그리고 그들은 지혜를 얻은 불사의 영혼조차 이 거짓 행복과 진정한 불행 사이에서 벗어나지 못하고 끊임없이 순환한다고 한다.

그러나 행복 속에 있으면서도 불행이 찾아올까 두려워한다든지, 닥쳐오는 불행을 보지 못한다면, 그것을 어떻게 참된 행복이라고 말할 수 있겠는가? 하지만 그 영혼이 불행에서 행복으로 옮겨가고 더는 불행으로 되돌아오지 않는다면, 시간이 영원히 끝나지 않을 새로운 일이 생길 것이다. 그렇다면 세계 자체는 무슨 까닭으로 그렇게 되지 못할 것인가? 그리고 세계 속에서 만들어진 인간 또한 그렇게 되지 못할 이유가 어디 있겠는가? 이처럼 건전한 교리의 곧은 길을 따름으로써 우리는 거짓 지식인들이나 공상가들이 생각해 낸 거짓 순환의 길을 벗어날 수 있다.

---

*19 저자는 플라톤이 말한 '큰 해'도 생각했을는지 모른다. 이런 해에는 행성들의 상대적 위치가 동시에 다시 같게 된다. 플라톤 《티마이오스》 39 D 및 키케로 《신의 본성에 대하여》 2, 51~52 참조.

어떤 사람들은 솔로몬의 전도서에 나오는 순환 주기가 반복된다는 문장을 인용할지 모른다. "이미 있던 것은 후에 다시 있겠고, 이미 한 일은 후에 다시 할지라 해도 아래는 새 것이 없다. '보아라, 여기 새로운 것이 있구나!' 하더라도 믿지 마라. 그런 일은 우리가 나기 오래전에 이미 있었던 일이다"(전도 1 : 9~10). 그래서 이전과 같은 상태로 돌아가, 모든 것을 같은 모습으로 돌이키게 하는 순환을 이야기했다 생각하여 이를 인용했다. 그러나 전도서의 지은이는 사라졌다가 나타난 여러 시대와 태양과 통하는 길, 그리고 빠르게 흘러가는 강물, 태어났다가 죽은 모든 피조물에 대해서 그렇게 말한 것이다.

우리 전에도 많은 사람들이 먼저 있었고, 오늘도 우리와 함께 있고, 우리 다음에도 사람들이 있을 것이기 때문이다. 모든 동물과 풀, 나무들도 마찬가지다. 비정상적으로 태어나는 기형들도 그렇다. 기형들은 저마다 다르지만 유례가 없다고 하는 것도 대체로 비슷하다. 곧 그것들이 기적 또는 기형이라는 점에서는 비슷하며, 이런 의미에서 그것은 이미 있었고 앞으로도 있을 것이며, 태양 아래에서는 새로이 생겨나는 것은 없다. 그러나 어떤 사람들은 솔로몬의 말에 대해서, 하느님의 예정에는 모든 것이 이미 존재했으며, 따라서 태양 아래 새로운 것은 아무것도 없다는 뜻으로 이해하고자 한다.

하지만 솔로몬이 그런 뜻으로 말했다고 하더라도 참된 신도라면 그대로 믿어서는 안 된다. 그는 철학자들처럼 일정한 주기가 있어서 같은 세대와 시간에서 같은 사건들이 되풀이된다고 생각한 것은 아니다. 예를 들면, 기원전 4세기에 철학자 플라톤이 아테네 도시의 아카데미라고 불리는 학교에서 제자들을 가르쳤다. 그런데 무수한 세기 전에, 그러나 수없는 세기의 간격을 두고 철학자 플라톤이 같은 나라, 같은 학교와 같은 학생들과 함께 있었으며, 앞으로도 수많은 주기를 통해서 그와 같은 일이 되풀이되리라고 하는 것과 같다. 우리는 결코 이것을 믿어서는 안 된다.

"그리스도께서 죽은 이들 가운데서 되살아나시어 다시는 돌아가시지 않으리라는 것을 압니다. 죽음은 더 이상 그분 위에 군림하지 못합니다(로마 6 : 9), 우리 자신도 부활한 뒤 "우리는 늘 주님과 함께 있을 것이며"(1데살 4 : 17), 우리는 지금 주를 향해서 시편 지은이와 같이 "주님, 당신께서 저희를 지켜주시고 이 더러운 세상에서 우리를 끝까지 보살피소서"(시편 12 : 7) 외친다. 이어서 나오는 "주위에는 악인들이 우글거립니다. 더러운 자들이 판을 칩니다"(시편 12 : 8)라는 구절도 그 사람들에게 딱 들어맞는 말씀이다. 이 철학자들이 상상한 것처럼 그들의 삶이 주기적으로 다시 돌아오는 순환 속에 있는 것이 아니라, 오늘 그들이 걷는 잘못된 길, 곧 그들의 잘못되고 거짓된 학설이 순환의 쳇 바퀴를 돈다는 뜻이다.

제15장 시간 속에서 인간의 창조

사람들이 이런 순환 주기에 갇혀 입구도 출구도 찾아내지 못하는 것은 이상한 일인가? 그들은 인류와 우리가 죽게 될 운명이 언제 시작했으며 언제 끝나리라는 것을 전혀 알지 못한다. 하느님의 높으심을 헤아릴 수 없기 때문이다. 하느님은 영원하며 시작이 없으시지만, 시간에 시작이 있게 하셨다. 그리고 이전에는 만들지 않았던 인간을 시간 속에서 만들어내셨다. 우연히 생각해내신 것이 아니라 변함없는 영원한 계획을 따라 만드신 것이다.

찾을 수 없고 잴 수 없는 그 높으심을 어느 누가 찾으며 잴 수 있겠는가? 하느님은 그 높으심과 변함없는 깊은 뜻으로 인간을 시간 속에서 창조해내셨다. 그 이전에 있었던 일이 없는 사람들에게 시간 속에서 존재를 주시고 하나하나 보살피시어 인류를 증가시키셨다. 시편 지은이는 먼저 "주님, 당신께서 저희를 지켜주시고 이 더러운 세상에서 우리를 끝까지 보살피소서"(시편 12 : 7) 예언한 다음에, 영혼의 영원한 자유와 행복을 인정하지 못하는, 어리석고 불경스런 사상을 따르는 사람들을 반박해서 곧바로 "주위에는 악인들이 우글거립니다. 더러운 자들이 판을 칩니다" 이렇게 덧붙인다(시편 12 : 8).[20] 그런 뒤, 시편을 지은이는 마치 다음 질문을 받은 듯하다. "그러면 그대는 무엇을 믿고 알며 이해하는가? 하느님이 지나가버린 영원 속에서는 만드신 일이 없었던 인간을 그때의 기분에 따라 우연히 창조하셨다고 믿으라는 말인가? 하느님께서는 새로운 일이 없으며 늘 변함없으시거늘." 이 질문에 대답하듯 시편을 지은이는 하느님께 말한다. "주의 높으심에 따라 아이들이 점점 더 많아지도록 하셨나이다."[21]

---

[20] '곧바로 덧붙인다고 하는 것은 이 문구가 원문에서는 8절 처음에 있기 때문이다.
[21] '높으심'에 해당하는 라틴어 'altitudo'는 '깊으심' 또는 '깊으신 뜻'이라고 풀이해도 좋다. 아래에서 보면 높고, 위에서 보면 깊게 보이기 때문이다. 1고린 2 : 10의 "하느님의 깊은 것"과 로마 11 : 33의 '깊도다'에 이 말이 사용되었다. 그러나 거기서는 헬라어도 '깊음'(bathos)이지만, 여기서는 70인역의 헬라어가 '높음'(hupsos)이다.

그는 마치 다음처럼 말하는 듯하다. "사람들은 마음대로 상상하며, 저들 좋을 대로 생각해낸 것을 주장하고 토론합니다. 그러나 주께서는 아무도 깨달을 수 없는 깊은 뜻에 따라 사람의 아이들이 많아지게 하셨나이다." 참으로 하느님은 언제나 존재하시며 만든 일이 없었던 인간을 시간 속에서 처음 만들어내시기로 결정하셨다. 그렇다고 해서 당신의 계획과 의지를 바꾸시지는 않으셨다. 이것이 바로 하느님의 깊은 뜻이리라.

제16장 신은 언제나 주님이다.

나는 물론 하느님이 어느 시점에서는 하늘의 주권자가 아니시던 때가 있었다고 감히 말할 수 없다. 이와 마찬가지로 나는 사람이 그 이전에는 존재하지 않았다가 어느 시간 속에서 처음 창조되었다는 것을 절대 의심치 않는다. 그러나 피조물이 언제나 존재했던 것이 아니라면, 하느님은 무엇의 주권자셨을까 하는 문제에 대해 고민할 때, 나는 내 뜻을 주장하는 게 두려워진다. 내 자신을 들여다보며, 성경 말씀을 떠올리기 때문이다.

"그 어떤 인간의 자손이 하느님 뜻을 알 수 있겠습니까? 그 누가 주님께서 바라시는 것을 헤아릴 수 있겠습니까? 죽어야 할 인간의 생각은 보잘것없이 작고 저희 속마음은 변덕스러우며 불확실합니다. 썩어 없어져버릴 육신이 영혼을 무겁게 짓누르고 땅 위에 사는 사람들은 수없이 많은 생각을 하며 마음을 무겁게 먹습니다"(지혜 9 : 13~15). 이렇게 지상에 삶의 터전을 두고 사는 한, 내 마음은 혼란스럽다. 누군가가 왜 그렇게도 많은 생각을 하느냐고 묻는다면, 내 마음속에서 생각지도 못한 것들이 자라났으며 끝내는 하나의 진실을 찾아내지 못했기 때문이라고 하겠다. 늘 주권자이었고 주권자 아닌 적이 없던 분을 위해 언제나 피조물은 있었으나, 그것은 똑같은 피조물이 아니라, 다른 시간에는 다른 피조물이 있다고 해두자―어떤 피조물이든지 위대하신 창조주처럼 영원하다고 말하면 안 되기 때문이다. 이런 생각은 신앙과 함께하는 건전한 이성도 배척하는 바이다―.

그러나 우리는 어리석고 무지한 잘못에 빠지지 않도록 조심해야 한다. 즉 어떤 죽을 운명을 지닌 피조물들이 늘 있어서 한 피조물이 물러가고 다른 피조물이 뒤를 이으면서 쭉 변화해 왔다고 생각하며 우리 세기에 와서는 천사들이 창조되기까지 영생불사하는 피조물은 있지도 않았다고 주장하면 안 된다는 것이다. 가장 먼저 창조된 빛은 천사들을 상징한다는 우리 생각은 옳다. "처음에 하느님께서 하늘과 땅을 지어내셨다."(창세 1 : 1)에서 하늘은 천사들을 상징한다(11권 9장 참조). 천사들은 만들어지기 전에 존재할 수 없었기 때문이다. 만일 천사들이 늘 있었다고 말한다면 그들은 영생불사하는 존재이므로, 우리는 그들을 하느님과 더불어 영원하다고 하는 것이나 다름없다.

그러나 천사들은 시간 속에서 창조되지 않았고 오히려 모든 시간들 이전에 존재했으며, 늘 주권자이신 하느님의 지배를 받았다고 한다면 이렇게 묻는 사람도 틀림없이 있을 것이다. "만일 천사들이 모든 시간들 이전에 창조되었다면, 그들 또한 피조물로서 늘 존재할 수 있었던 것인가?" 여기에서 나는 이렇게 대답할 수 있으리라. "그렇다. 천사들은 늘 존재했다. 모든 시간 속에 존재하는 것은 언제나 존재하기 때문이다."

그런데 이 천사들은 모든 시간에 존재했으므로, 그들은 시간 이전에 창조되었다고 할 수 있다. 그 시간들이 하늘과 함께 시작된 게 아니라 그 이전에 있었다고 해 보자. 내가 말하는 시간은 몇 시각, 몇 날, 몇 달, 몇 해와 같은 단위로 구성되는 것이 아니다. 이렇게 세는 시간의 넓이는 훨씬 평범한 의미로 시간이라 불리며 그것은 분명 별의 운행과 함께 존재하기 시작했다. 그래서 하느님이 천체들을 만드셨을 때, "하늘 창공에 빛나는 것들이 생겨, 낮과 밤을 가르고, 절기와 나날과 해를 나타내는 표가 되어라!"(창세 1 : 14) 이렇게 말씀하셨다.*22 그러나 내가 말하는 시간은 어떤 운동 변화 안에 있는 것으로 앞뒤로 연이어 지나간다. 그러므로 만일 하늘이 있기 전 천사들의 운동에*23 이런 현상이 있었다면, 그래서 시간이 이미 있었고 천사들은 창조된 순간부터 시간 속에서 움직이게 된 것이라면, 시간들이 하늘과 함께 존재하게 된 뒤로 그들은 모든 시간에 존재했다는 말이 된다. 그러면 모든 시간 안에 존재한 것이 늘 존재해 왔던 게 아니라고 어느 누가 말할 것인가?

그렇게 대답하는 나에게 또다른 질문이 있을 것이다. "만일 천사들도 하느님과 더불어 늘 존재했다면, 어째서 그들은 하느님처럼 영원하지 않은 것인가? 뿐만 아니라 천사들이 늘 존재했다고 생각한다면, 어떻게 그들이 창조되었다고 말할 수 있겠는가?"

---

*22 아우구스티누스 《고백록》 11, 23, 29~30.
*23 아우구스티누스 《De Genesi ad Litteram》 8, 20, 39.

우리는 이 물음에 무엇이라 대답할 것인가? "시간과 더불어 창조된, 또는 시간과 동시에 창조된 천사들은 모든 시간에 존재했으므로 그들이 늘 존재한 것은 사실이지만 그들 또한 창조되었다." 시간이 모든 시간에 존재했다는 것을 의심하는 사람은 없지만, 그 시간도 창조되었다는 것을 부정하지는 않기 때문이다.

　만일 시간이 모든 때에 존재한 것이 아니라면 아무런 시간이 없었을 때도 대략적인 시간은 있었을 것이다. 그러나 제아무리 어리석은 사람일지라도 누가 그처럼 말하겠는가? 그러므로 우리는 "로마가 없었던 때도 시간은 존재했다" 분명히 말할 수 있다. 또는 "예루살렘이 없었던 때도 시간은 존재했다. 또 아브라함이 없었을 때도 시간은 존재했고, 인간이 존재하지 않을 때도 시간은 존재했다" 이렇게 말할 수 있다. 게다가 만일 시간이 처음 시작되어 우주가 아직 존재하지 않고 나중에 어느 때가 와서 생겨났다고 한다면, 우주가 존재하지 않았던 때가 있었다고 말할 수 있다.

　그러나 시간이 없었을 때가 있었다고 말한다면, 사람이 존재하지 않았을 때 이 사람은 있었다, 또는 이 세계가 존재하지 않을 때 이 세계는 있었다고 말하는 것처럼 이치에 어긋난다. 이러한 것도 사람들 하나하나를 생각해보면, 이 사람이 존재하지 않았던 때에 다른 사람은 존재했다 할 수 있고 그와 동시에 이 시간이 존재하지 않았던 때에는 다른 시간이 존재할 수 있었다 말해도 틀린 말은 아닌 것이다. 하지만 아무리 어리석은 사람이라도 시간이 존재하지 않았던 때에 그때가 있었다는 말은 하지 않을 것이다.

　그러므로 시간은 피조물로서 모든 시간에 늘 존재했다고 할 수 있다. 그러나 그런 시간이 창조되었다고 말한다면, 천사들이 늘 존재했고 피조물로서 창조되지 않았다는 것은 아니다. 따라서 우리는 다음과 같이 말할 수 있다. 천사들은 모든 시간에 있었으므로 늘 존재한 것이며, 천사들 없이는 시간도 존재할수 없었으므로 그들은 모든 시간에 존재했다고 말할 수 있다.

　왜냐하면 어떤 피조물도 존재하지 못한 채 그 변화하는 운동으로 시간이 지나가지 않으면, 맨 처음부터 시간이라는 것은 절대 존재할 수 없기 때문이다. 그러므로 천사들은 늘 존재했다 하더라도 창조되었으며, 언제나 존재했다는 사실이 창조주와 더불어 영원하다고 결론지을 수는 없을 것이다. 창조주는 불변하는 영원 속에서 언제나 존재하셨지만, 천사들은 만들어졌기 때문이다. 그들은 모든 시간에 존재했으므로 우리는 그들이 언제나 존재했다고 말한다. 그들이 없었다면 시간은 존재할 수 없었기 때문이다.

시간은 계속 변화하면서 지나가기 때문에, 불변하는 영원.*24과 다름없이 영원할 수는 없다. 따라서 천사들의 영생불사는 시간 속에서 지나가는 것은 아니지만—지금은 없어진 과거나 아직 오지 않은 미래인 것은 아니지만—천사들의 운동은 시간의 경과를 낳고 미래에서 과거로 옮겨가기 때문에 그들은 창조주와 더불어 영원할 수 없다. 우리는 창조주의 운동에서 있던 것이 이제는 없다거나 아직 없는 게 앞으로 있으리라고 말할 수는 없다.

그러므로 하느님이 언제나 주권자이셨다면 당신의 주권에 복종하는 피조물이 늘 있었을 것이다. 다만 그 피조물은 하느님에게서 난 것이 아니라 그가 무에서 창조하셨으며 그분과 더불어 영원하지 않다. 하느님은 그 피조물이 만들어지기 전부터 계셨으나 그 피조물이 없었던 어떤 때가 아니었으며, 그보다 먼저 계셨다고 하지만 시간적 간격이 있었던 게 아니라 언제나 존재하셨다.*25 그러나 곧 복종하는 피조물이 언제나 존재했던 게 아니라면 하느님은 어떻게 늘 창조주와 주권자이셨을까? 또는 어떤 피조물이 늘 존재했다면 그것은 어떤 피조물이며 왜 창조주와 똑같이 영원하지 않은 것일까? 이렇게 묻는 사람들에게 내가 위에서 말했듯이 대답을 한다면, 사람들은 내가 아는 것을 가르치는 게 아니라 내가 잘 알지도 못하는 것을 주장한다고 여기지 않을까 싶어 조금은 두렵다.

그래서 나는 우리 창조주께서 우리에게 알려주고 싶어했던 그 가르침으로 돌아가겠다. 이 세상에서 좀 더 특별한 지식인들만 알도록 그가 허락하셨거나, 다음 세상에 완전하게 된 사람들이 알도록 보존해 두신 일들에는 나의 이해력이 미치지 못한다는 것을 고백한다. 그러나 내가 그런 문제들에 대해서 적극적인 주장을 하지 않으면서도 거론하기로 한 이유는 독자들을 건드리지 말아야 하는 위험한 문제들이 무엇인가를 알리고 싶었기 때문이다. 독자들은 모든 문제의 위험성에 대해 판단하고 처리할 능력이 있다 생각할 게 아니라, 사도의 건전한 가르침을 따라야 한다는 것을 꼭 이해해 주기 바란다. 사도는 이렇게 말한다. "하느님께서 나에게 베푸신 은총에 힘입어 여러분 모두에게 말합니다. 자

＊24 영원과 시간과의 차이에 대해서는 11권 6장 참조.
＊25 하느님의 영원성이 시간에 앞서는데 대해서는 아우구스티누스 《고백록》 11, 13, 16 참조.

신에 대하여 마땅히 생각해야 하는 것 이상으로 과대평가하지 마십시오. 저마다 하느님께서 나누어 주신 믿음에 따라 분수에 맞는 생각을 하십시오"(로마 12 : 3). 어린아이는 그 아이의 능력에 맞게 양육하면 잘 자라면서 많은 것을 받아들이지만, 그 아이가 낼 수 있는 능력보다 더 많은 것을 바라며 키우면 오히려 자라기도 전에 싫증을 느끼고 약해져 버릴 것이다.

제17장 하느님의 영원한 약속에 대해서

인류가 만들어지기 전에 얼마나 많은 시대들이 지나갔는지는 나도 모른다. 하지만 그러면서도 내가 의심하지 않는 것은 창조주와 더불어 영원한 피조물은 어디에도 없다는 점이다. 그런데 사도까지도 미래 시간이 아니라 과거의 영원한 시간에 대해 말한다. "우리 종교는 영원한 생명에 대한 희망을 가져다 줍니다. 이 영원한 생명은 거짓이 없으신 하느님께서 창조 이전에 약속하신 겁니다."(디도서 1 : 2~3) 사도는 이렇게 말한다.

그것은 과거에 영원한 시간들이 있었다는 말이지만, 이는 하느님과 함께 영원한 것은 아니다. 그분은 영원한 시간 이전부터 계셨을 뿐만 아니라 영원한 생명도 약속하셨고, 그 생명을 당신의 때, 곧 알맞은 때에 드러내셨는데 이것이 그의 말씀이 아니고 무엇이겠는가? 이 말씀이 영원한 생명이다. 그러나 하느님은 어떻게 약속하셨는가? 하느님이 인간들에게 확실한 약속을 하신 것인데, 인간들은 영원한 시간 이전에는 존재하지 않았다. 이는 하느님 자신의 영원에서 또 그분과 더불어 영원한 그 말씀 안에서 때에 이르러 있을 사건이 이미 예정되고 결정되었다는 의미가 아닌가?

제18장 하느님은 쉬면서 일하고 일하면서 쉰다

인간이 창조되기 전에는 결코 어떤 인간도 존재한 적이 없었다는 것을 나는 의심하지 않는다. 똑같은 인간이 어떤 순환 주기를 거쳤는지, 몇 번이나 되풀이되었든지, 또는 본성은 같아도 다른 모습을 한 인간이 존재한다는 것도 나는 믿지 않는다. 철학자들의 이론도 나의 이 신념을 막지 못한다. 그 가운데에서도 가장 강인하다고 생각되는 것은 다음과 같다. 무한한 것은 지식으로 없으며,*26 하느님이 만드시는 모든 유한한 것들에 대해서 그분이 마음에 간직하고 계신 개념들은 모두 유한하다는 것이다. 그러나 우리는 하느님의 선한 성품이 그 이전에 움직였으리라고 여겨서는 안 된다. 그렇다고 한다면 하느님의 일은 시간적이었다 할 수 있고 과거에 하느님은 쉬셨다는 말이 된다. 게다가 하느님이 이전에 무위상태로 계셨기에 이를 후회하시며 일을 시작했다고 생각되는 것이다.

그러므로 똑같은 사건들이 계속 이전부터 거듭되고 다시 새롭게 빈복되면서 지나가는 것이라고 그들은 말하고 있다. 세계는 이런 변화를 겪으면서 존재하거나—그럴 경우 세계는 시간적인 시작이 없으면서도 창조되었다—또한 세계의 나타남과 사라짐이 반복되는 것이다. 그렇지 않고 하느님의 일이 어떤 시점에서 처음 시작되었다고 말한다면, 하느님은 이전의 시작이 없었던 무위를 자신의 태만으로 생각하고는 태도를 바꾸신 것이라고 믿을 수 있다.

그런데 하느님께서 언제나 시간 안에서 창조일을 하셨다고 인정하더라도 하나하나 때가 다르면 지어내신 것도 달랐으므로, 전에 창조하신 일이 없었던 사람을 창조하시게 되었다고 가정해보자. 그러나 이럴 경우, 그들은 지식으로 끝없는 일들을 알지 못한다 생각하므로 하느님도 일정한 지식으로 일을 하신 게 아니라 순간적 충동으로 생각나는 대로, 또는 마음속에 우연히 떠오른 대로 계획없이 만드신 것이라는 인상을 받는다. 뿐만 아니라 우리가 이 순환주기설을 인정한다면 시간 안에서 창조된 것들이 그대로 되풀이되며 세계가 변하지 않고 이어지든지, 또는 세계도 그 자체의 탄생과 소멸의 순환을 주기와 융합시키든지 간에 시작없이 오랜 시간 계속되는 안일이나 맹목적이고 경솔한 활동을 하느님께로 돌리지 않게 된다고 그들은 주장한다. 똑같은 일들이 되풀이되는 게 아니라면, 하느님의 지식이나 예지로도 끝없이 다양하게 바뀌는 현상들을 도저히 알 수 없기 때문이다.

불경스런 자들은 이런 논리로 우리의 단순한 신앙을 바른 길에서 벗어나게 만들며, 악인들이 주위에 우글거리게.*27 (시편 12 : 8) 만들려 한다. 그러나 이성으로 이 논리들을 반박할 수 없다면, 우리는 신앙으로 비웃어 주어야 한다. 뿐만 아니라 우리들은 우리 주 하느님의 도움을 받아 공상을 낳는 이들의 논리

---

*26 예를 들면 아리스토텔레스《형이상학》 14. 또한 이 책 12권 19장 참조.
*27 12권 14장의 끝 참조.

를 뚜렷한 이성으로 무너뜨려 버릴 수 있다. 특히 이들을 이탈하게 만드는 이유, 다시 말하면 그들로 하여금 진리의 바른 길을 버리고 이곳저곳을 방황하게 만드는 원인은, 그들이 자기들의 좁고 쉽게 변하는 인간적인 마음으로 하느님의 변함없는 마음을 파악하려는 데 있다. 하느님의 마음은 아무리 끝없는 것이라도 헤아릴 수 있으며 아무리 수많은 것들이라도 셀 수 있다. 그런 때 그의 생각은 한 가지 물건에서 다른 것으로 옮겨갈 필요가 없다. 우리는 여기에서 사도의 말씀을 그들에게 적절히 전할 수 있다. "그들은 자기가 만든 척도로 저희끼리 서로 대어 보고 저희끼리 견주어보고 있으니 그것이 얼마나 어리석은 일입니까?"(2고린 10 : 12).

사람들은 어떤 새로운 일을 하려고 생각할 때는 그때마다 새로운 계획을 세운다. 그들의 마음이 쉽게 변할 수도 있기 때문이다. 그들은 하느님을 생각해내지 못하므로 하느님을 생각하지 않고 그분 대신 자신을 생각하며, 그분과 그분을 비교하는 게 아니라 자신을 자신과 견주어 생각한다. 우리는 하느님이 쉬실 때와 일하실 때의 상태가 다르다고 생각지 못한다. 마치 이전에 있지 않았던 것이 그분의 본성에서 새로 태어나는 것처럼 하느님께 '어떤 상태로 변한다' 말할 수 없기 때문이다. 어떤 상태가 되었다는 것은 변화를 받아들였다는 뜻이며, 변화를 받아들였다는 것은 모든 게 가변적이라는 뜻이다.

그러므로 우리가 하느님 일에 대해서 수고나 노력이나 근면을 생각할 수 없듯이, 그분의 무위를 두고 게으름이나 무기력이나 안일을 생각해서는 안 된다. 하느님은 쉬면서 활동하고 활동하면서 쉴 줄 아시기 때문이다. 그분은 새로운 계획이 아니라 영원한 계획을 새로운 일에 적용할 수 있으며, 하지 않던 일을 시작하는 것도 무위하게 지내던 과거를 후회하기 때문이 아니다.

인간들이 이것을 어떻게 이해할지는 모르지만, 하느님이 이전에는 아무 일도 하지 않다가 나중에 무슨 일을 하셨다고 가정해보자. 그런데 "이전에"라는 말과 "나중에"라는 말은 물론 이전에는 없었다가 나중에 있게 된 일들을 뜻하는 것이다. 그러나 그분께서는 이전에 있었던 목적을 나중 목적으로 바꾸거나 없애지 않으신다. 오히려 하느님은 영원불변의 변함없는 의지로 세상에 온갖 것들을 창조하여, 그 사물들이 이전에 존재하지 않을 때는 있지 않게 하시다가, 나중에는 존재하게 하였다. 그리하여 하느님께서는 그런 사실들을 이해할 수 있는 사람들에게 자기가 하는 일을 훌륭히 증명하려고 하였다. 즉 시작이 없는 영원 전부터 하느님은 피조물들이 없음에도 계속 최상의 행복에 머물러 계셨고 그런 사물들이 필요치도 않았지만 신비한 힘을 보이기 위해 창조했음을 알리려고 한 것 같다.

제19장 하느님의 앎은 무한하다

하느님의 지식으로도 무한한 것은 파악해내지 못한다고 말하는 또다른 이론이 있다. 이를 주장하는 그들은, 하느님이 모든 숫자를 알지 못한다고 감히 말하며, 불경의 깊은 구덩이에 뛰어드는 것뿐이다. 숫자가 무한하다는 것은 의심할 여지가 없다. 어떤 숫자로 끝을 맺으려고 생각하더라도, 그 숫자에 하나를 더할 수 있는 것은 말할 것도 없고, 아무리 숫자가 크고 그 표현하지 못할 만큼 거대하다 하더라도 두 배로 만들 수 있을 뿐 아니라, 수학과 계산의 원리에 따라 얼마든지 늘릴 수도 있다. 또한 저마다의 숫자는 그 고유한 성질로 제한되어 있어서 다른 어느 숫자와도 같지 않다. 따라서 숫자는 모두 다르다. 숫자 하나하나는 모두 유한하지만 전체 수는 무한하다. 이는 숫자들이 무한하기 때문에 하느님이 모든 숫자를 아시지 못한다는 뜻이 될까? 숫자들의 어떤 합계까지는 아시지만 더는 모른다는 말인가? 그렇더라도 어떤 정신 나간 사람이 감히 이런 말을 한단 말인가?

그들은 감히 숫자를 무시하거나, 숫자는 하느님이 알 바가 아니라고 하지는 않을 것이다. 그들 가운데서도 권위가 아주 높은 철학자 플라톤은 하느님이 숫자를 가지고 세계를 만들었다고 말했다.*28 우리 성경에도 하느님에 대해서 "당신께서는 모든 일을 재고 헤아리고 달아서 처리하셨습니다"(지혜 11 : 20)라는 말씀이 있다. 예언자도 하느님에 대해서 "힘이 세고 기력이 장사이신 그분의 부르심에 누가 빠질 수 있으랴?"(이사 40 : 26) 기록하며, 구세주께서는 복음서에서 "그분께서는 너희들 머리카락까지 다 세어두셨다"(마태 10 : 30) 말씀하신다. 실제로 시편에서는 "당신의 명성 그 찬란함, 이룩하신 놀라운 일 전하고 또 전하리이다."(시편 145 : 5) 했듯이 하느님이 모든 숫자를 안다는 것을 의심하지 말자. 따라서 무한한 숫자들의 갈래를 하나하나 세어 파악할 수는 없지만, 그분은 무한한 숫자를 모르시는 게 아니다.

---

*28 플라톤 《티마이오스》, 31 C-36 D.

그러므로 지식으로 파악되는 것이 그 지식의 이해로 한정된다면, 어떠한 무한성을 가지고 있어도 하느님 지식으로 파악되지 못하는 것이 아니므로, 그것은 분명 하느님께는 한정적이라고 할 수 있다. 따라서 숫자의 끝없음도 그것을 파악하는 하느님 지식에 대해서는 무한할 수 없다면, 연약한 인간들인 우리의 입으로 어찌 감히 하느님 지식에 한계를 정할 수 있겠는가? 또한 시간적 사물들이 시간의 순환에 따라 계속 반복되지 않는다면 하느님은 당신이 하려는 일을 미리 알지도 못하며, 한 일을 인지하지도 못한다고 하겠는가? 그분의 지혜는 단순하면서도 복합적이고 획일적이면서도 다양한 모습들을 갖고 있으며, 설명할 수 없는 이해력으로 모든 깨달을 수 없는 일들을 받아들이고 있다. 만일 후속 사물들을 앞선 사물들과 다르고 새롭게 만들고자 하였다면, 하느님은 그게 무엇이든지 예정된 계획을 벗어나서 갑작스레 만들어내지는 않는다. 또 그것을 알맞게 처리하더라도 처음 예정된 시간에 하는 게 아니라, 영원한 예지로 그 사물들을 품고 있으리라.

제20장 '여러 시대의 시대들'에 대해서

나는 감히 하느님께서 이런 일을 한다고 단정짓지는 않는다. 이른바 "여러 시대의 시대들"이라고 불리는 것도 시대들의 길이가 서로 다르면서도 질서정연하게 다양성을 띠며 흘러가고 불행에서 해방된 사람들만이 행복한 불사불멸을 끝없이 누리며 지내고 있을까? 아니면 시대들의 시대들이라고 해서 하느님의 지혜 안에 머물러 있는 세대들이 시간과 함께 지나가는 세대들을 낳는 하나의 원인이 되어 있다는 것을 알리려는 뜻일까?

나는 어느 것이 옳다고 감히 단정하고 싶지는 않다. '시대' 단수로 불리는 것과 '여러 시대들' 복수로 불리는 게 의미가 다르지 않다 생각하기 때문이다. 마치 "하늘들의 하늘들"과 "하늘의 하늘"[29]이 마찬가지인 것과 다름없다. 하느님은 물 아래 있는 창공을 "하늘"(창세 1 : 7~8)이라고 표현하셨는데, 시편에서는 "주님을 찬양하여라, 하늘 위의 하늘아, 하늘 위에 있는 물들아."(시편 148 : 4) 한다.

앞에 나오는 두 가지 풀이 가운데에서 어느 것이 바르다고 생각하는가? '시

＊29 시편 115 : 16에 '하늘의 하늘'이라는 표현이 있으며, 지은이는 이 표현을 자주 사용했다. 아우구스티누스 《고백록》 12, 2, 2 ; 8, 8 ; 11, 12 ; 15, 20 ; 21, 30 ; 13, 5, 6 ; 8, 9 참조.

대들의 시대들' 이렇게 불리는 말은 이 두 표현 말고는 이해될 수 있을지 없을지도 알기 어려울 만큼 깊은 문제다. 그러나 이러한 문제는 잠깐 내버려둬도 우리들 의논이 방해받는 일은 없을 것이다. 우리가 이 문제에 대해서 다른 결론을 내릴 수도 있고, 또 이 문제를 더욱 신중히 생각함으로써 이런 모호한 문제에 대해서 성급한 주장을 하지 않도록 더욱 조심할 수 있으니, 어느 쪽이든 이 문제를 뒤로 미뤄두는 게 좋겠다. 우리가 이제 하려는 일은 주기설을, 즉 같은 것이 일정한 주기를 지나 새로이 나타나지 않으면 안된다는 생각에 대해 논박하는 것이기 때문이다. "세대들의 세대들"에 대한 이런 의견들 가운데 어느 것이 옳든 옳지 않든 이 주기들에는 도움이 되지 않는다. "세대들의 세대들"이 같은 시대들을 반복하는 게 아니라 저마다 다른 세대들이 서로를 바라보며 앞뒤로 질서정연하게 이어지며, 구원을 받은 영혼들의 행복이 다시 불행해지는 일이 없다거나, 또는 "세대들의 세대들"은 영원하며 시간 속에서 지나가는 세대들을 지배한다거나, 어느 쪽으로 풀이하더라도 그곳에 같은 일들을 회전시키는 시간의 순환은 없을 것이다. 그것은 성인들의 영원한 행복이 이런 주기적 순환을 절대 받아들이려 하지 않기 때문이다.

제21장 영혼의 행복과 불행의 순환

경건한 사람들은 이제 할 이야기들을 듣고 참으로 견딜 수 있을까? 삶을 둘러싼 온갖 불행한 재앙들을 생각하면 사람은 살아있다기보다 죽었다고 하는 게 옳을 것이며, 그런 인생에서 벗어나는 죽음을 두려워하는 까닭은 이승에서의 죽음*30을 사랑하기 때문이다. 그리고 이렇게나 커다란 재앙과 두려움을, 참된 종교와 지혜로 이겨내 그 끝을 만들고 우리는 하느님을 바라보며 우리가 사랑하고 바라는 변함없는 그의 불사와 함께하여 그 영적인 빛을 바라보는 것만으로도 행복해진다는 것이다. 이것은 우리가 간절히 바라지만 그렇게 되기 위해서는 조건이 하나 있다고 했다. 언젠가는 그 상태에서 벗어나야 한다는 것이다. 그리고 그 상태에서 벗어나는 사람들은 영원한 삶과 진리와 행복을 버리고 죽게 될 저주 가득한 지옥의 고통 속으로 떨어져버린다. 그곳에서는 추악하고 부끄러워 마땅한 어리석음과 비참한 불행이 있는 상태, 하느님에게 버려지고

---

*30 13권 10장 참조. 또한 키케로 《국가론》 6, 14, 14 및 《투스쿨룸에서의 논쟁》 1, 31, 75 참조.

진리를 미워하며 더럽고 악의를 품은 채 더없는 행복을 좇는 상태이다.

　더구나 그런 일은 시대와 시대로 넘어가면서 결합으로 순환을 거듭하여 과거에 끝없이 일어났고 미래에도 끝없이 일어날 것이다. 그 이유는 우리들의 거짓된 행복과 참된 불행에 끊임없이 회전하면서 영원히 반복되고 그에 의해 언제나 지나가고 나타나는 일정한 주기가 이루어져 하느님이 자기가 하시는 일들을 아실 수 있게 하기 위함이다. 이러한 일에 대해 하느님이 창조작업을 계속하신다면 쉴 수도 없을뿐더러 무수히 많은 피조물들을 하나하나 아시며 보살피실 수 없으리라고 그들은 말한다.

　대체 누가 이런 말을 들을 것이며, 누가 이 말을 믿고 참아낼 수 있을까? 만일 그 말이 진실이라고 하더라도 차라리 그런 사실에 대해서 내색하지 않고 오히려 모르는 게 한결 학식이 있다고 말할 수 있을 것이다. 우리가 저 세상에서는 이런 사실들을 전혀 기억하지 못하기에 행복하리라고 한다면, 무엇 때문에 그것을 미리 알아내 불행을 더 무겁게 만든단 말인가? 그러나 만일 저 세상에서 어쩔 수 없이 알게 된다면 적어도 이 세상에서만큼은 알려고 하지 말자. 그리고 저 세상에서 최고의 선에 이르는 것보다 이 세상에서 그 선을 기다리는 게 더 행복할 것이다. 이 세상에서는 영생이 앞에 있으리라고 기대하는데, 저 세상에서는 최상으로 행복한 삶이지만 영원하지 못하고 언젠가는 잃어버리게 되리라는 것을 어차피 알기 때문이다.

　행복과 불행이 번갈아드는 이 순환을 이 세상에서 깨닫지 못하면 저 세상에서 행복을 얻지 못하리라고 그들은 말할지도 모른다. 그렇다면 나는 이렇게 묻겠다. 그들은 사람이 하느님을 사랑하면 사랑할수록 더 쉽게 행복에 이를 수 있으리라고 가르치면서 어째서 그 사랑을 식게 만드는 사상을 가르치는가? 어쩔 수 없이 사랑하는 사람을 떠나야 하며 그분의 진리와 지혜를 거부한다면, 그 사랑이 차츰 식어가다가 마침내는 무관심해지지 않을 수 있겠는가? 게다가 그 순환에 대해 충분히 아는 것은 물론 그 사람의 능력에 맞추어 행복이 완성되었다고 한다면 더욱 그렇다. 사람에 대해서도 앞으로 그가 원수가 되리라는 것을 안다면 누구도 그 친구와는 충실한 사랑을 이어갈 수 없다.[31] 그러나 만일 이 철학자들의 말이 진실이라 하더라도 참된 불행은 끝나지 않을 것이

---

*31 키케로 《우정에 대하여》 6, 59 참조.

고 오로지 거짓 행복만이 그 사이에 자주 끼어 들어오며 그 상태가 언제까지나 이어지리라고 우리를 위협하는 것은 도저히 용서할 수 없다.

참으로 그들이 말하는 행복보다 터무니없는 것은 없다. 우리는 저토록 위대한 진리의 빛 속에서도 앞으로 불행해질 것을 모르거나, 행복의 절정에서 앞으로 불행하게 될 것을 두려워한다면 이런 거짓 행복이 또 어디에 있을 수 있겠는가? 만일 우리가 다음 세상에 올 불행을 모른다면, 이곳에서 겪는 불행은 알고 지내는 불행이므로 오히려 바람직한 일이 아니겠는가. 반대로 우리가 다음 세상에서 겪게 될 불행을 우리가 똑똑히 안다면 행복한 영혼보다 불행한 영혼이 더 행복하게 지내게 될 것이다. 왜냐하면 불행한 기간이 끝나면 영혼은 행복한 상태로 올라갈 것이지만, 행복한 기간이 끝나면 다시 불행으로 떨어져버리기 때문이다. 그리하여 우리는 이 세상에서는 재앙에 괴로워하고 저 세상에서는 차츰 다가오는 불행을 두려워하기 때문에 이따금 행복을 즐기기보다는 늘 불행 속에 있는 게 더 진리에 가까워질 수 있으리라.

그러나 이런 이론이 모두 거짓이라는 사실은 경건한 신앙심이 부르짖고 진리가 증명하는 바이다. 왜냐하면 우리는 참된 행복을 약속받았으며, 그 참된 행복이야말로 불행에 의해서도 깨지는 일이 없기 때문이다. 우리는 그리스도 안에서 곧 우리를 위해 만들어진 바른 길을 따르며*32 그리스도를 우리 길잡이와 구세주로 모시면서, 우리 마음과 믿음이 불경한 자들의 망상적이고 어리석은 순환설에 끌려들지 않도록 해야 한다(12권 14장 참조). 이 주기들과 영혼의 반복되는 순환에 따른 전진과 후퇴설에 대해 플라톤학파 포르피리오스(7권 25장 참조)는 자기 학파와 견해를 달리했다.

그가 그들의 주장에 따르지 않은 것은 그 주장에 담긴 무의미함 때문에 마음에 동요가 생겼거나, 또는 그리스도교 시대에 경의를 품게 된 것이다. 제10권(30장)에서 이야기한 것과 같이 그는 영혼이 이 세상에 맡겨져 고통을 알게 됨으로써, 그 고통에서 해방되고 정화되어 아버지께 돌아간 뒤, 다시는 이런 일을 당하지 않게 하려는 것이라고 말했다. 포르피리오스가 이렇게 생각했다면, 하물며 우리야 그리스도교 신앙의 원수라 할 수 있는 영원회귀의 잘못된 사상을 멀리하고 혐오해야 하지 않겠는가?

---

*32 요한 14 : 6 참조. "나는 길이요 진리요 생명이다. 나를 거치지 않고서는 아무도 아버지께 갈 수 없다."

이 순환설이 터무니없는 주장이라는 게 밝혀진 이상, 우리들은 인류에게 시간적 시작이 없다는 것을 억지로 생각할 필요가 없다. 이러한 생각은 어떤 순환에 따른 것인지에 상관없이 과거 일도 미래 일도 어떤 일정한 시간적 간격을 두고 일어나서 다시 그 일이 일어나는 것은 물론, 새로운 일은 전혀 일어나지 않는다는 이유에서 온다. 왜냐하면 영혼이 계속 벗어나지 못했던 불행으로부터 해방되어 다시는 그곳으로 돌아가지 않는다고 한다면 이제까지는 없었던 게 영혼 속에서 생겨나기 때문이다. 이것은 참으로 위대한 일이며 결코 그치지 않을 영원한 행복인 것이다.

그런데 불사불멸하는 존재에는 어떤 주기적 순환에 의해 과거에 되풀이되었거나 앞으로도 거듭되는 일이 없으리라고 한다면, 어째서 그들은 사멸될 존재들에게는 일어날 수 없는 일이라고 억지를 쓰는가? 영혼 안에서 생기는 행복은 새로운 게 아니며, 지난날의 상태로 되돌아간 것에 지나지 않는다고 그들이 우긴다고 해보자. 그렇더라도 불행에서 벗어난 것은 분명 새로운 일이며, 새로운 경험이다. 만일 이 새로운 일들이 하느님 섭리가 다스리는 세계의 질서 속에 있는 게 아니라 우연히 일어난 일이라면 저 일정하고 규칙적인 순환들은 어디에 있다는 말인가, 거기서는 새로운 일이 아무것도 일어나지 않으며 이미 있었던 똑같은 일들이 반복된다고 하지 않는가?

만일 불행과 해방이라는 새로운 일들이 자연섭리의 질서 안에 있다고 인정된다면, 영혼이 구원되어 이런 경험을 하게 된 것이든 또는 이런 상태에 떨어진 것이든 간에,*33 예전에는 없었으나 자연 질서를 따르는 새로운 사건이 있을 수 있다. 만일 영혼의 생각없는 행동으로 하느님 섭리가 새로운 불행을 가져오고, 그의 섭리가 그마저도 질서에 포함해 영혼을 그 불행에서 해방될 수 있는 상태라고 하자. 그렇다면 우리들이 인간의 덧없음을 위해 경솔했다 하더라도 하느님의 힘이 세계를 위해 쓰여 새로운 것을 만드셨다는 것을 감히 부정할 수 있는가? 그것은 하느님께는 새롭지 않아도 세계에는 새로우며, 이전에는 행하시지 않았지만 절대 예측하시지 못한 일도 아니다.

그렇다면 해방된 영혼들은 불행으로 돌아가지 않는다고 하더라도 나중에는 어차피 해방될 것들이니, 이런 일은 세계 속에서 새롭게 생겨난 일이 아니라는

---

*33 하느님의 뜻으로 영혼과 몸이 결합된 것인지, 또는 죄에 대한 벌로써 영혼이 몸 안에 떨어진 것인지에 대해 신플라톤학파들이 논쟁했다.

주장을 철학자들이 한다고 해보자. 그러면 그들은, 새로운 영혼이 새로운 불행과 새로운 해방을 기다리는 존재로 창조되었다는 결론에 이르게 된다. 왜냐하면 새로운 영혼은 저 먼 옛날에 존재했던 옛 영혼과 함께 하루하루 새로운 인간을 생겨나게 하고 그들 자신은 인간의 신체로 들어가지만 이것이 지혜를 가진 채 살아간다면 곧 육체에서 해방되어 다시는 불행으로 되돌아가지 않는다는 것이다.[*34] 만일 그들의 주장이 맞는다면, 그 영혼들의 숫자는 무한하다고 해야 할 것이다. 그러나 영혼들의 숫자가 유한하다면 그 숫자가 아무리 크디라도 무한한 과거 시대들을 통해서 끊임없이 새로운 사람들이 생겨나며, 그 영혼들이 죽음 상태에서 영원히 벗어나 다시는 그런 상태로 되돌아가지 않게 만들기 위해서는 그 숫자가 부족할 것이다. 또 이 철학자들은 하느님이 아실 수 있으려면 유한한 일이어야 한다고 하는데, 그렇더라도 어떻게 이 세상에 무한히 많은 영혼들이 있는가에 대해서는 설명하지 못할 것이다.

영혼은 필연적으로 똑같은 불행으로 돌아간다는 주기적 순환론을 충분히 살펴보았다. 그러므로 하느님에게 있어서 경건한 신앙은 이전까지는 한 번도 만들지 않았던 것을 새로 만들면서도 한마디로 표현할 수 없는 예지가 있기 때문에 그 의지는 변함없을 거라고 믿을 수 있다. 이렇게 믿는 것은 우리 신앙심과 완전히 조화를 이룬다. 그러나 해방된 뒤 다시는 불행으로 되돌아가지 않는 영혼의 숫자가 끊임없이 증가하느냐는 문제는 아직 남아 있다. 그러나 이 문제는 무한한 사물의 범위에 대해 제한하려고 미묘한 논법을 사용하는 철학자들에게 맡겨두자.

나는 이 논의를 양도논법으로 끝내려 한다. 해방된 영혼들은 이전에는 결코 존재하지 않았던 영혼들의 숫자가 한 번만 창조되는 게 아니라 무한히 창조된다면, 전에 창조된 적이 없었던 것이 만들어질 수 있다는 것을 그들은 무슨 이유로 부정하겠는가? 그런데 그 반대로 만일 해방된 뒤 다시는 불행으로 되돌아가지 않을 영혼들 숫자가 더 늘어나게 해서는 안 된다면 그 숫자가 얼마이든 과거에는 없었으며 또 어떤 시작이 없었다면 그만한 숫자까지 늘어날 수도 없었으리라. 그러나 그들 입장에서는 이 시작이 이전에는 없었다. 따라서 이 시작을 만들기 위해서 그때까지 없던 사람이 창조되었고, 그 이전에는 어떤 인간도

---

*34 여기에 대해서는 아우구스티누스 《자유의지론》 3, 20, 56~21, 59 참조.

존재하지 않았다.

제22장 인간과 인류의 창조

영원하신 하느님이 그 영원성으로 새로운 것들을 창조하신다는, 아주 어려운 이 문제를 있는 힘껏 설명해 보았다. 이제는 하느님이 인류를 만들어내신 일에 대해서도 여러 사람들로부터 인류가 시작되었다기보다는 최초로 창조된 한 사람으로부터 인류를 증가시키는 게 훨씬 낫다는 것을 쉽게 이해할 수 있다. 하느님이 다른 동물들을 창조하셨을 때 어떤 것은 홀로 살아가도록 만드셨다. 예를 들면 수리, 솔개, 사자, 이리같은 것들이 그러하다. 그러나 어떤 것은 무리를 지어 살아가게 만드셨으니 비둘기, 찌르레기, 사슴, 노루같은 것들이 그러하다. 하느님께서는 이런 동물들을 제 종류대로 창조하지 않으시고 한꺼번에 같은 시간 속에 있도록 명령하셨다(창세 1 : 25 참조).

그러나 하느님께서는 인간의 본성을 천사들과 짐승들의 중간으로 만들어내셨다. 인간은 참된 주권자이신 창조주께 늘 복종하며 그의 계명을 경건하게 지키면 천사들과 함께 하며, 죽음을 두려워하지 않고*35 끝없이 행복한 불사불멸에 이르게 하셨다. 만일 그가 오만하고 불손하게 제 자유의지를 사용하여 주 하느님께 맞선다면, 그는 죽음에 처해져 동물처럼 살며 정욕의 종이 되어, 죽음 뒤에도 영원히 죄인으로서 벌을 받게 하셨다. 하느님은 이 인간을 한 사람만 창조했지만 이는 다른 사람들과의 교제 없이 홀로 버려두려는 뜻이 아니라 오히려 인간사회의 단결된 교제를 확보하며 화합의 결속을 더욱 두텁게 하려는 의미였다. 그래서 인간들을 자연본성의 일치뿐만 아니라 혈연의 애정으로 서로 맺어지게 하셨다(14권 1장 참조). 하느님께서는 가장 마지막으로 여자를 창조하시며, 남자와 어울리게 하려 했으나 그와 같은 방법으로 지으시지 않고 사람에게서 빼내신 갈빗대로 여자를 지으셨다(창세 2 : 22). 그것은 인류 전체가 오로지 한 사람에게서 널리 퍼지게 하시려는 것이었다.*36

---

*35 13권 1장과 3장 참조. 지은이가 펠라기우스 사상에 반대한 것. 펠라기우스는 사람은 아담이 죄를 짓지 않았어도 죽도록 창조되었다고 주장했다. 아우구스티누스의 《De Haeresibus ad Quodvultdeum》 88 참조.

*36 이 문제에 대해서는 아우구스티누스 《De Moribus Ecclesiae Catholicae》 1, 30, 63 및 《De Genesi ad Litteram》 3, 12, 20 참조.

제23장 하느님은 첫 인간의 죄와 구원을 예견했다

하느님께서는 인간이 죄를 짓고, 그로 인해 죽음을 맞이하게 된 인간들이 자신들과 똑같은 죽을 인간들을 낳으리라는 것도 모르시지 않았다. 또한 이 죽게 될 인간들이 저지르는 죄가 더욱 악랄해져 땅과 물에서 무더기로 태어나는 이성적 의지가 없는 짐승들이 인류보다—평화롭게 살기를 바라며 한 사람에게서 번식하게 하신 그 인류보다—더 안전하고 평화롭게 살리라는 것도 모르시지 않았다. 실제로 사자들이나 용들마저도 인간들처럼 자기들끼리 그런 참혹한 전쟁을 일으킨 일은 결코 없었다. 그러나 하느님께서는 또다시 신앙심을 가진 사람에게 지혜를 주고 자녀로서 받아주시어 성령으로 죄를 용서하시며 의롭게 했다. 그렇게 최후의 적인 죽음이 무너졌을 때, 성스러운(로마 8 : 15 ; 갈라 4 : 5) 천사들과 결합되어 영원한 평화를 누릴 것이라는 것도 예견하셨다. 또 많은 사람들이 하나가 되는 것을 하느님이 어찌나 좋아하시고 기뻐하시는가를(시편 133 : 1) 사람들에게 밝히려고 하느님이 한 사람에게서 인류를 지어내셨다는, 이 역사적 사실을 숙고하는 게 이로우리라는 것도 하느님은 이미 내다보셨다.

제24장 인간은 하느님과 비슷한 모습으로 만들어졌다

하느님께서는 당신과 닮은 모습으로 사람을 창조하셨다(창세 1 : 26~27).*37 하느님은 사람에게 이성과 이성을 갖춘 영혼을 주셔서, 걸어다니거나 헤엄치는 물고기나 날아다니는 새를 비롯한 모든 다른 동물보다 뛰어나도록 만들어 주셨다. 다른 동물들에게는 그런 지성이 없었다. 그런데 주 하느님께서 흙의 먼지로 사람을 빚으시고(창세 2 : 7), 그 다음에 영혼을 주셨다. 미리 만드신 영혼을 그의 안에 불어넣으셨거나,*38 숨을 불어넣음으로써 영혼을 만드신 것이다. 이를테면 그 숨이 사람 영혼이 되게 하신 것이다. 그 다음에는 남자의 갈빗대를 하나 빼내서 그 자리를 살로 메우시고 그 갈빗대로 여자를 지으시고 그를 도와 자녀를 낳게 하셨다(창세 2 : 21~22). 이 모든 일을 하느님께서 하신 것이다. 우리는 이 일을, 장인들이 숙련된 기술로 빚어내는 단순한 습관같은 작업처럼 생각해서는 안 된다. 장인들은 지상에서 얻은 재료를 가지고 예술적인 손 기술

---

*37 아우구스티누스 《삼위일체론》 14, 4, 6 참조.
*38 이것이 아우구스티누스의 생각이다. 그의 《De Genesi ad Litteram》 7, 24, 35 참조.

을 드러내 물질적인 제품을 만든다.

하느님의 손은 하느님의 능력이므로 그분께서는 보이지 않는 방법으로서 보이는 것까지도 만들어 내신다.*39 어떤 사람들은 이를 진실이 아닌 만들어낸 이야기라고 생각한다. 그러나 하느님의 지혜와 힘은 씨앗이 없는 곳에서도 씨앗을 만들 수 있다. 그런데도 그들은 이 일을 관습적, 일상적 일 같은 것으로 여긴다. 이것은 인간들이 태초에 창조된 일들을 알 수 없기 때문에 의심하는 것이며 마치 인간의 수태와 출산에 대한 일들을 경험해본 적 없는 사람들이 처음 들으면 믿지 않는 것이나 다름없다. 그러나 무엇보다도 이런 생명의 이치를 신적 지성의 움직임으로 보지 않고 자연본성의 신체적 원인으로 돌리는 사람들이 대부분이다.

제25장 천사는 창조자가 아니다

이 책에서 우리는 신의 정신이 이런 일들을 행하고 보호하신다는 사실을 믿지 않는 사람들과는 더 이상 말할 필요가 없다.*40 그러나 플라톤과 그 제자들은 세계를 창조하신 최고 신들을 만들었고, 사멸될 운명의 동물들은 모두 하느님의 허락이나 명령에 따라 최고 신보다는 낮은 신들이 만들었다는 것이다. 그 동물들 가운데 인간이 가장 중요한 지위에 있으며 신들과 혈연관계가 있다고 믿는다.*41 그러나 인간들이 신들을 자기의 창조자라고 생각해서 신성한 의례와 제사를 바치는 것을 정당화하지 않는다면, 믿음을 가질 수 없기에 이런 오류에서도 쉽게 벗어나게 될 것이다. 아무리 하찮고 머지 않아 죽어 사라질 피조물이라 하더라도 하느님이 아닌 다른 존재가 창조했다는 이해할 수 없는 이야기를 믿거나 말하는 것은 아주 잘못된 생각이다. 이 철학자들은 천사들을 거침없이 신이라고 부르는데, 만일 천사들이 하느님의 명령이나 허락을 받고 이 세계에서 창조를 한다 할지라도, 천사들을 생물의 창조자라고는 하지 않는다. 그것은 우리가 곡식과 초목을 가꾸는 농부를 창조자라고 하지 않는 것과 다름없다.

---

*39 의인적(擬人的)인 생각을 배제하는 것임. 아우구스티누스, 같은 책, 6, 12, 20 참조.
*40 에피쿠로스학파를 말함.
*41 플라톤 《티마이오스》, 41 A~D ; 69 C.

제26장 오로지 하느님만이 피조물의 본성과 형상의 창조자이다

사물을 만들어내는 데는 두 가지 형상이 존재한다. 하나는 모든 물체적 재료가 외부로부터 더해지는 형상이다. 즉 옹기장이나 대장장이, 그 밖의 장인들이 이런 형상을 쓰며 동물들의 신체와 닮은 형상을 그리거나 만든다. 또 다른 형상은 생명과 이성을 갖춘 어떤 존재에 깊숙이 숨겨진 의지 안에 작용인으로 있어서 그 결과로 나타나는 것이다. 이 형상은 물체나 신체의 자연본성적 형상뿐 아니라 생명을 가진 영혼도 아직 살아있지 않은 때에 태어나는 것이다. 앞서 말한 형상은 어디까지나 장인들에게 귀속되지만 후자의 형상은 유일한 장인, 즉 창조주이며 조물주인 하느님께만 귀속된다. 하느님은 그 어떤 세계와 천사들이 없을 때에도 세계 자체와 천사들을 만드셨다.

창조될 수 없고 오직 창조할 뿐인 신적 능력, 즉 그에 따라 우주가 만들어질 수 있다고 할 때 하늘과 태양의 둥근 모양이 그 형상을 받아들였다. 하느님의 이 능력, 만들어질 수 없고 오직 만들 수만 있는 이 능력에서 눈과 과일의 둥근 모양과 그 밖의 다른 자연 사물의 모양 또한 그 형상을 띠게 되었다. 이런 형상들은 우리가 보는 것처럼 그것들이 창조될 때 외부로부터 주어진 게 아니라, 창조주의 가장 내면적인 권능에 부여된 것이다. 하느님은 "하늘과 땅 어디를 가나 내가 없는 곳은 없다"(예레 23 : 24) 이렇게 말씀하시며, 그분의 지혜는 "세상 끝에서 끝까지 힘차게 퍼져 나아가며 만물을 훌륭히 다스린다"(지혜 8 : 1) 했다. 그러므로 가장 처음 만들어진 천사들이 그 뒤에 계속된 창조를 어떻게 도왔는지에 대해 나도 알지 못한다. 나는 천사들이 할 수 없는 일을 감히 천사들에게 돌리거나, 천사들이 할 수 있는 일을 그들에게서 빼앗아서는 안되겠다. 오로지 나는 모든 자연본성으로서의 창조와 형성을 하느님께 돌릴 것이며, 이는 천사들도 분명 찬성할 것이다. 그들이 존재하게 된 것도 하느님 덕택이며, 그 점을 그들도 알고 감사해한다.

이러한 이유로 우리는 농부들이 어떤 곡식을 내놓더라도 그들을 곡식의 창조자라고 부르지는 않는다. 왜냐하면 성경에 "심는 사람이나 물을 주는 사람은 아무것도 아닙니다. 오로지 키우고 자라게 하시는 하느님만이 계실 뿐입니다"(1고린 3 : 7) 말하고 있기 때문이다. 심지어 초목에 새순이 솟아나며 땅속에 그 뿌리가 아주 단단히 박혀 있어서 땅이 만물의 비옥한 어머니로 보이더라도, 그 땅을 창조자라고 부르지는 않는다. "그러나 하느님께서는 당신이 원하시는 대로 그 씨앗에 몸체를 주십니다. 씨앗 하나하나에 저마다 고유한 몸체를 주시는 것입니다."(1고린 15 : 38) 마찬가지로 여인을 제 자식의 창조자라고 불러서는 안 된다. "여인의 안에서 내가 너를 빚기 전에 나는 너를 알았다"(예레 1 : 5) 이렇게 말씀하신 분을 창조자라고 불러야 한다. 마치 야곱이 얼룩얼룩한 나뭇가지를 세워 놓아 양떼가 얼룩무늬 새끼를 낳게 한 것처럼(창세 30 : 37~39), 아이를 가진 여인의 마음상태가 태아에게 어떤 일정한 성격을 줄 수는 있다. 하지만 여자가 자신을 창조하지 않은 것처럼 태아의 자연본성 또한 그 여인이 창조한 게 아니다.

그러므로 천사이던 인간이던 그와 다른 동물이던, 또는 암컷과 수컷이 하나가 되어 있던 이들의 움직임에서 태어나는 존재는 무언가 물체적이지 않고 종자적 원인이 더해진다. 어미의 소원과 감정이 예민한 태아의 용모나 색깔에 영향을 준다는 것도 그리 중요하지 않다. 자연적 존재들이 어떤 영향을 받는다고 하더라도, 자연본성 그 자체를 만드는 것은 가장 높으신 하느님뿐이기 때문이다. 하느님의 숨겨진 능력은 모든 만물에 스며들어 무엇이든 존재하는 어떤 일정한 모양으로 존재하게 한다. 하느님이 만들지 않으면 모든 사물은 어떤 모양으로 존재하지 못할 뿐 아니라 아예 존재할 수도 없다.*42

그러한 까닭으로, 장인들이 만든 외부 작용의 물체적 형상에 대해 생각한다면, 로마와 알렉산드리아의 도시를 세운 것은 목수나 건축가들이 아니라, 로물루스 왕과 알렉산더 왕이라고 할 수 있다. 그들이 의지와 계획과 통치권으로 명령했기 때문이다. 그러므로 자연본성의 존재들에 대해서는 하느님만을 창조주라고 불러야 할 것이다. 하느님은 당신이 만들지 않은 어떤 재료에서 무엇을 만드는 일이 없으며, 당신께서 직접 창조하지 않은 일꾼은 쓰지도 않는다. 만일 하느님이 사물들에서 당신의 창조 능력을 거두어들이면, 그 사물들은 창조되기 전처럼 완전히 사라져버리고 말 것이다. '창조되기 전'이라고 한 것은 시간적으로 한 말이 아니라 영원을 뜻하는 것이다. 움직임으로 시간을 흘러가게 하는 창조주가 하느님이 아니면 누구이겠는가?

---

*42 아우구스티누스는 이 생각을 그의 저서 《삼위일체론》 3, 8, 13~9, 16에서 자세히 설명한다.

제27장 천사는 인간의 육체를 만들었는가

플라톤이 최고신에 의해 창조된 낮은 신들이 다른 생명체들을 만들었다고 말한 것은, 신들은 불멸하는 부분을 하느님으로부터 직접 받았고 사멸되는 부분은 낮은 신들이 만들어냈다는 의미이다. 플라톤의 의도는 낮은 신들은 우리 인간들의 영혼을 창조한 것이 아니라 오로지 육체를 만들었다는 것을 강조하는데 있었다.[43] 그런데 포르피리오스는 영혼의 정화를 위해 육체와 접촉하는 것을 피해야 된다고 하며,[44] 그와 동시에 플라톤이나 다른 플라톤학파와 더불어 방탕하고 부끄러운 생활을 한 영혼들은 벌을 받는다는 의미로 사멸되어야 한다고 주장했다. 플라톤은 인간 영혼이 짐승의 몸에도 돌아온다고 했으나 포르피리오스는 사람의 몸으로만 돌아간다고 생각했다.

그러한 까닭으로 이 철학자들은 그들이 신이라 부르는 자들을 우리의 창조주나 조상처럼 숭배해야 한다고 주장하지만 그 신들은 우리를 가두는 족쇄와 감옥을 만든 자이다. 게다가 우리의 창조주도 아닐 뿐더러 우리를 힘든 작업장에 가두며 무거운 쇠사슬로 옭아매는 자들에 지나지 않는다. 따라서 플라톤학파는 이러한 물리적인 것을 가지고 우리 영혼이 육체를 통해서 벌을 받는다는 말로 위협을 하거나 신들을 받드는 것이 마땅한 우리 의무라고 주장하는 것을 곧장 그만두어야 한다. 플라톤 학파들이 훈계하는 것은 신들이 우리에게 만들어 준 육체에서 될 수 있는 대로 도망쳐 멀리 피하라는 뜻이기 때문이다. 이것은 모두 거짓이며 위험한 주장이다.

참으로 하늘과 땅을 창조한 분 말고는 온갖 생물의 창조자는 천상천하에 누구도 없으며 영혼들은 현세의 생명으로 다시 돌아와서 이렇게 벌을 받는 것이 아니다. 만일 이 육체도 살아가는 이유가 벌을 받기 위한 것뿐이라면, 플라톤은 어떻게 이 세계에 죽지 않을 생물과 사멸될 생물이 가득하지 않고는, 최고로 아름답고 선한 세계가 될 수 없었으리라고 말할 수 있는가?[45] 그러나 만일 우리가 죽게될 존재로서 창조된 것이 하느님의 선물이라면, 이 땅 위에 육체로 되돌아 오는 것, 하느님의 은혜로 되돌아오는 게 어찌 벌이 될 수 있겠는가?

---

[43] 플라톤 《티마이오스》 41 C 참조.

[44] 포르피리오스 《De Regressu Animae》 fr. 5 참조. 또한 이 책 10권 9장, 22권 26장 참조.

[45] 플라톤 《티마이오스》 30 D ; 92 C.

또 만일 플라톤이 누차 주장했던 대로[*46] 하느님이 그 영원한 지성 안에 온 세계 형상뿐 아니라 모든 생물의 형상도 가지고 계셨다면, 어째서 그 모든 생물을 하느님께서 직접 창조하시지 않았겠는가? 그렇다면 하느님은 어떤 것들은 만들기를 원하시지 않았다는 것인가? 그분의 정신, 즉 이루 말할 수 없을 만큼 크게 찬미받아야 할 지성으로도 그것들을 만드는 데는 힘이 부족했단 말인가?

제28장 첫 인간이 인류와 두 나라의 기원을 행하다

그러므로 참다운 종교는 하느님을 온 세계의 창조주일 뿐만 아니라 모든 생명체의 창조주, 즉 육체와 영혼의 창조주로서 인정하고 널리 알린다. 인간은 지상의 생명체들 가운데서 가장 으뜸이었고, 그 인간은 단 하나만이 하느님의 형상대로 창조되었다. 거기에는 앞서 말한 이유가 있었지만 아직 발견되지 않은 더 중요한 이유도 숨겨져 있었으리라. 하느님께서는 한 사람을 만드셨지만 그를 홀로 내버려두시지는 않았다. 아마도 생명체들 가운데 인류만큼 본성이 사회적이며 다툼을 좋아하는 종류도 없을 것이다. 다툼은 생기면 안 된다는 것을 경고하며 고쳐야 함을 인간본성이 알리고 있다. 그 안에서도 가장 좋은 방법은 우리들의 첫 조상 한 사람만이 하느님으로부터 창조되어 수많은 인류가 그로부터 생겨남과 동시에 모두가 화합하여 일치를 보존해야 한다는 그분의 뜻이 있었다는 사실을 기억해야 하는 것이다. 또한 남자의 갈빗대로 여자를 만드셨다는 사실로 부부의 사랑과 화합이 얼마나 두터워야 하는지를 훌륭히 보여주셨다(창세 2 : 22~24 ; 마태 19 : 5 ; 에페 5 : 28, 31).[*47]

하느님께서 여자를 만드신 것은 처음 하신 일이었기 때문에 참으로 이례적인 일이었다. 그러나 이 일들을 믿지 않는 사람들은 어떤 기적적인 일도 믿어서는 안 된다. 이 일도 자연의 일상적인 과정으로 나타났다면 기적이라 하지 않을 것이기 때문이다. 그러나 하느님 섭리가 아주 강력하게 지배하는 곳에서 일어나는 일에 과연 목적과 이유가 없을 수 있겠는가? 그 이유가 분명하지 않을 수는 있다. 저 신성한 시편은 이렇게 말한다. "너희는 와서 보아라. 세상을 놀라게 하시며 야훼께서 이루신 이 높으신 일을!"(시편 46 : 8). 여자를 남자의 갈빗

[*46] 플라톤 《티마이오스》 30 B~D 및 《국가》 597 B~C.

[*47] 12권 22장과 23장.

대로 만드신 이유와 기적이라고 할 만한 이 업적이 과연 무엇을 의미하는지는 하느님의 커다란 도움을 받아 다음 기회에 이야기하겠다.

우리들은 최초로 창조된 것, 인간들 사이에서 분명한 사실은 아니지만 하느님의 섭리에 따라 두 사회와 두 국가의 기원이 이미 이루어졌다는 것을 알았으니 이제 본권을 끝내도록 하겠다. 아직 눈에 보인 것은 아니지만, 하느님의 예지 안에서는 이미 나타났다. 처음 한 사람에게서 인류가 일어났으며, 어떤 사람들은 악한 천사들과 더불어 벌을 받고 또 어떤 사람들은 선한 천사들과 함께 상을 받았다. 이는 하느님의 감추어진 의로운 판단에 따른 결정이었다. 성경에 "주님의 모든 길은 사랑이며 진리라네"(시편 25 : 10) 기록되어 있다. 그분의 은총이 도리에 어긋난 것일 수 없듯이 그분의 정의도 가혹한 것일 수 없다.

아우구스티누스 역사신학에 대하여
추적현

거울을 통한 수수께끼

사랑의 찬가

성서 안에는 '사랑의 찬가'임을 알 수 있는 1절이 실려 있다. 그리스도교식 결혼식에서는 자주 그 1절을 들을 수 있으니 자세한 내용까지는 몰라도 어느 정도는 귀에 익은 사람이 많으리라 여겨진다. 신랑 신부가 입장하고 찬미가 제창. 맹세의 말과 반지를 주고받기 전에 신부님과 목사님이 성서 문구를 읽는다. 그 일부나 전부가 아마 앞서 말한 1절이리라. 기원 52년 즈음 사도 바울은 시리아 안티오키아에서 출발하여 작은 아시아에서 그리스도를 돌아 예루살렘으로 귀환하는 선교여행을 5년, 모두 3회를 떠났다. 여행 도중, 3년쯤은 에페소(오늘날 터키 에게해 연안부 소도시)에 머물렀는데 그곳에서 쓴 편지에는 [사랑의 찬가] 1절이 실려 있다. 편지 속 수신인은 그리스 펠로폰네소스 반도로 들어가는 길목에 자리한 도시 코린토스에 있는 교회로, 앞선 제 2차 선교여행(49~52년 즈음) 때 바울이 제 손으로 세운 것이었다. 바울이 코린토스를 떠난 뒤에야 그 교회는 온갖 문제에 부딪혀 무너져버리고 말았다. 사람들 사이에 다툼이 일어나고 불륜사건이나 우상숭배, 모금활동에서부터 죽은 자의 부활을 둘러싼 문제까지. 일상적인 문제에서 교의문제에 이르기까지 온갖 사정으로 사람들은 나아가야 할 길을 잃은 채 싸우기만 했기에 이 사태를 바울에게 호소하며 그에게 벗어날 방법을 가르쳐달라 했다. 그 방법으로서 쓰인 게 [코린토스 신자들에게 보내는 편지]로, 성서에 남겨진 서신이며 그 제23장에 [사랑의 찬가]라 불리는 1절이 있다. 그렇게 긴 내용이 쓰인 장은 아니다. 자, 이제 그 전체 문장을 보자.

[가령, 사람들의 방언(성령을 받아 종교적 황홀상태에 빠졌을 때 생겨나는 의미를 알 수 없는 언어), 천사들의 방언을 내뱉으려 해도 사랑이 없다면 나는 시끄럽게 울려대는 징, 심벌일 뿐. 예언할 수 있는 선물을 받아 온갖 신비와 지식

을 통해 있으려 해도, 산을 옮길 수 있을 만큼 완전한 신앙을 품고 있으려 해도 사랑이 없다면 무(無)나 마찬가지다. 모든 재산을 가난한 사람들에게 나누어주려 해도, 자랑스레 우리 몸을 죽음에 이르려 해도 사랑이 없다면 어떠한 것도 받을 수 없다.

사랑은 인내심이 강하다. 사랑은 정이 깊다. 질투하지 않는다. 사랑은 자만하지 않고 우쭐거리지 않는다. 예절을 잊지 않고 제 이익만을 바라지 않으며 초조해하지 않고 앙심을 품지 않는다. 불의를 기쁨으로 바꾸고 진실을 기뻐한다. 모든 일을 여기저기 떠들지 않고 믿으며 소망하고 견뎌낸다.

사랑은 절대 사라지지 않는다. 예언은 점차 쇠퇴하고 방언은 들리지 않게 되며 지식은 소용없어진다. 우리들의 예언과 지식은 그저 일부분일 뿐이니까. 완전한 것이 오면 부분적인 것은 끝내 쓸모없어진다. 어렸을 때, 나는 아이처럼 말하고 아이처럼 마음먹으며 아이처럼 생각했었다. 어른이 된 지금, 아이였을 때의 마음은 버렸다. 우리들은 지금, 거울에 어슴푸레 비친 모습을 보고 있다. 그러나 그때는 얼굴과 얼굴을 맞대고 보게 된다. 지금은 일부분밖에 모를지라도 그때가 되면 더욱 분명하고도 잘 알 수 있게 된다. 즉 신앙과 희망, 사랑 이 셋은 언제까지나 남아있다. 그 안에서 가장 큰 것은 사랑이다.]

마음속 어느 만큼의 깊이로 위 글을 받아들여야 하는가는 따로 둔다 해도 문장 전체는 주석이 필요할 만큼 난해하지는 않을 것이다. 그저 맨 끝 단락 후반 교행, '우리들은 지금, 거울에 어슴푸레 비친 모습을 보고 있다. 그러나 그때는 얼굴과 얼굴을 맞대고 보게 된다. 지금은 일부분밖에 모를지라도 그때가 되면 더욱 분명하고도 잘 알 수 있게 된다.' 이 부분은 분명 이해할 수 없었으리라 여겨진다.

'거울에 어슴푸레 비친 것' 이건 도대체 무엇을 의미하는가. 그리고 대체 누구와 '얼굴과 얼굴을 맞대고 보는' 것인가. 나는 '일부분밖에 모르고' 누구에 의해 '더욱 분명하고도 잘' 알게 되며, 무엇을 또는 누구를 '더욱 분명하고도 잘 알게 되는' 것인가. 문장 그 자체에 목적이나 수동보어가 생략되어 있기 때문에 보자마자 이해하기는 어렵다. 게다가 조금만 자세히 전체를 곱씹어 읽어보면 답은 비교적 쉽게 추측할 수 있으리라. 맨 끝 단락 3번째 문장, '완전한 것이 왔을 때'에서 '완전한 것'이 아마 그 대답일 것이다. 그리고 글에는 없지만 [완전한 것이라 함은, 그리스도에서 말하는 '신'이 아니겠는가. 앞선 제12장에서는 그리스도가 하나의 몸 전체, 그리고 우리들 하나하나가 그리스도라 불리는 하나의 몸 안에 저마다 그릇으로서 자리하고 있다. 이 장에서는 신이라 불리는 완전한 것과 우리들 불완전한 것과의 관계와 함께 전체와 부분, 어른과 아이, 직시와 경상 세 가지 비유를 중점적으로 읽을 수가 있다. '지금은 거울에 어슴푸레 비친 것.', 그러나 '그때에는' 즉 그리스도가 재림하여 하느님의 나라가 나타난 새벽에 우리들은 '얼굴과 얼굴을 맞대고 보게 된다.' 이는 하느님의 얼굴을 의미하며 지금은 아직 우리들이 그 일부분밖에 모르지만 그럼에도 더욱 분명하게 모든 것을 아는 이는 하느님이며 그때에 '분명하게 알게 되는 것' 또한 물론 하느님을 알게 되는 것이다.

문장을 읽는 방법으로는 꽤나 괜찮을지도 모르지만 거울에 비유하여 그 속에 품고 있는 의미를 조금 더 깊이 알아내기 위해서는 잠시 동안 이 문장의 애매모호함에 갇혀볼 필요가 있다. '거울에 어슴푸레 비친 것' 이 말을 그대로 희미한 모양, '수수께끼'로서 받아들이고 싶다 생각하는 것이다. '거울에 어슴푸레 비친 것' 이 말은 축어적으로는 '거울을 통한 수수께끼' 이렇게 번역할 수가 있다.

거울을 통한 수수께끼

그렇다면 왜 하느님의 얼굴인 걸까? 거울을 들여다보면 비쳐지는 것은 늘 자신의 얼굴이 아닌가. 거울에 비친 그 얼굴이 나의 얼굴임은 신비할 것도 없으며 거울이 일그러지거나 흐려진 게 아닌 이상 '어슴푸레' 보이지 않고 뚜렷하게 보인다. 아침, 저녁마다 거울에 비쳐진 얼굴을 보면서 온갖 생각을 할 때는 많지만 그것이 자신의 얼굴임을 의심하는 일은 없다. 그러나 그것이 제 얼굴임을 의심치 않기 때문이야말로 사람에게는 그렇게 크지 않은 죄들까지 하나하나 신경 쓰이게 되어 도저히 어찌할 수 없게 된다. 그러나 거울에 비친 그 얼굴이 제 얼굴임은 한번 봐서는 분명하다 할 수 없다. 조금 더 생각해보면 무척 이상하게도 여겨진다.

거울이나 사진, 비디오를 사용하면 확실하게 제 얼굴을 볼 수 있다. 그러나 다른 사람의 얼굴을 직접적으로 보려 하면 제 얼굴을 직접 볼 수가 없다. 내가 아닌 누군가라면 그 사람이 살아있는 이상 '얼굴과 얼굴을 맞대고 볼 수 있다'는 직시의 가능성도 있지만 자신의 경우, 그 가능성은 처음부터 열려 있었다. 내가 나로 있으면서 다른 사람이 아니라면 나는 나의 얼굴을 직접 볼 수가 없다. 그럼에도 어찌하여 거울이나 사진에 비쳐진 얼굴이 제 얼굴임을 알 수가 있을까? 한 번 본 적 있는 것이라면 다음에 그것을 다시 볼 때 또는 그 영상을 보았을 때 '이것'은 '저것'임을 알 수 있다. 그러나 한 번도 본 적 없는 것, 그것과 저것, 절대 볼 수 없는 것이 그 상을 내 눈앞에 드러냈을 때 '이것'이 '저것'임을 알 수 있을까? 어제 거울에 비쳐졌던 얼굴과 오늘 거울에 비쳐진 얼굴을 비교하여 '이것'은 '저것'임을 알 수 있다고 한다면 눈앞 그곳에 비쳐져 나온 상이 절대 볼 수 없는 이곳에 있는 자신의 얼굴임을 알 수 있다는 건 대체 무슨 말인가? 수수께끼란 하느님의 얼굴이기 이전에 자신의 얼굴 그 자체이다.

하느님과 영혼

[거울을 통한 수수께끼.] 이 1절을 실마리로 두고, 이 글을 통해 깊이 파고들고 싶은 수수께끼란, 무엇보다도 내가 나로 있음을 아는 것, 자신을 아는 일에 대한 수수께끼다. 내가 나로 있음을 말할 뿐이라면 A는 A로 있다고 말하는 것과 같으며 그저 마땅한 일을 말하는 것에 지나지 않는다. 그러나 '나'란 무언가를 알려고 한 순간, 내가 나임을 알 수 없게 되어버린다. 알려고 하는 나와 알려진 내가 어딘지 미묘하게 어긋나버린다. 메우지 않은 빈틈으로 어슴푸레 보이는 것, 그것이야말로 거울의 수수께끼이며 신의 얼굴이라 불리는 것일까? 만일 그렇다면 거울을 통한 수수께끼에서 살짝 보이는 하느님의 얼굴이란 둘로 나뉘어버린 나를 하나의 나로 합쳐지게 하지만 그것이 어슴푸레 보일 뿐이면 두 개의 내가 완전히 하나가 됨을 방해한다고 생각해볼 수 있다.

[고백록]에서 아우구스티누스는 '지금은 자신이 자신에게 있어서 커다란 수수께끼가 되었다.' 이렇게 말한다. 그리고 자신의 이성과 대화하는 것처럼 쓰인 [솔리로키아(독백)]에서는 '무엇을 알고 싶은가.' 이렇게 독백하며 '신과 영혼을 알고 싶다.' 자신이 답했다. 그저 신을 알고 싶다 말하는 것도 영혼을 알고 싶다 말하는 것도 아니다. 또한 저마다 따로 생각하여 신과 영혼이라는 둘 모두를 알고 싶다 말하는 것도 아니다. 마치 거울에 비친 제 얼굴과 함께 어슴푸레 신의 얼굴이 비쳐진 것처럼 나에게 바치는 물음은 마땅히 하느님에게 바치는 물음이 되어버린다. 왜 그렇게 되는 걸까? 거울의 비유를 통해 그것을 생각해보고자 한다. 왜 나의 얼굴과 하느님의 얼굴은 겹쳐지는 걸까? 그것에 자신을 알

기 위한 수수께끼, [나]의 시작을 감싸는 수수께끼가 있다.

너 자신을 알라

그런데 자신을 아는 것에 대한 물음이라 한다면 예부터 전해 내려오는 유명한 잠언 가운데 [너 자신을 알라] 라는 말이 있다. 아우구스티누스 시대보다도 아득한 옛날, 고대 그리스 델포이 신전에는 [도를 지나치지 마라] 라는 격언과 나란히 [너 자신을 알라]고 새겨져 있었다고 한다. 본디 몸의 수준을 판별하면 절제와 경건을 하도록 만드는 말이며 조금이라도 그렇게 이해했던 것 같다. 플라톤도 이 잠언을 받아들여 그 의미를 절제하는 것으로 알고 자신을 아는 일에 대한 독자적 물음 방식에 주목하여 거울 속에서 자신을 보는 일에 대해서 말하고 있다. 알키비아데스 대화편에서 플라톤은 등장인물 소크라테스에게 다음과 같이 말했다.

'너 자신을 알라' 이 잠언은 꽤나 잘 말했지만 그 의미는 잘 이해할 수 없다. 이를 잘 이해하기 위해서는 시각에 빗대어볼 수밖에 없을 것이다. 만일 델포이의 말씀이 인간에게가 아니라 눈에 대해 '너 자신을 보라.' 이렇게 말한다면 어떻게 될까? 눈으로는 자신을 똑바로 바라볼 수 없다. 게다가 자신을 보기 위해서는 자신을 비추어주는 거울을 볼 수밖에 없지 않은가. 그러나 거울은 거울일 뿐이지, 눈 그 자체가 아니다. 그 자신도 거울에 비쳐지는 것과 똑같은 종류, 그것이야말로 눈 말고는 없다. 다른 이의 눈을 들여다보면 그 눈동자 안에 제 눈이 비추어진다. 다른 이의 눈은 눈인 이상 내 눈과 똑같으며 나의 눈이 그곳에 분명하게 비쳐지는 것이다. [눈은 눈을 바라보는 것으로, 특히 그 가운데서도 가장 소중한 부분, 그것으로 본다고 할 수 있는 부분, 그런 부분들을 눈으로 보면 자신을 보는 게 가능하다.] 또한 마음이 자신을 알기 위해서는 이미 알려진 자신과 같은 종류의 것, 게다가 그곳에 자산이 비쳐지기도 하는 것, 즉 다른 사람의 마음을 들여다보아야만 한다. 그저 단순한 마음이 아니라 마음이 그에 의해 마음일 수 있는 것, 즉 [지혜]를 들여다보지 않으면 안 된다. [마음도 자신을 알아야 한다면 마음으로 마음을 들여다본다.] 이것이 필요하며 [특히 마음의 본디 기능(덕)인 지혜가 생겨나는 마음의 장소를 들여다보아야만 한다. 그렇다면 다른 이의 마음, 그 지혜를 들여다보려면 어떻게 해야 하는가? 그 인간이 무엇을 알고 알지 못하는지를 물어보면 된다. 그리고 다른 이의 지혜란

나의 지혜가 비쳐지는 장소이기 때문에 그저 다른 이의 지혜를 물을 뿐만 아니라 나 자신의 지혜를 묻는 일이기도 하다. 소크라테스는 알키비아데스에게 말했다. [당신과 나 사이의 상호 교제는 언론을 이용하고 마음으로 마음을 대하는 교제이다.] 이렇듯 [너 자신을 알라.] 잠언은 그저 절제의 경고를 의미하면서도 타인과의 문답을 통하여 자기탐구로서의 생각을 곱씹어보는 것이다. 그리고 제 지식과 무지가 물음을 받아 더욱 분명해지며 [깊이 생각하게 되어 더욱 신에 가까워져] 미음을 들여다보는 일이 곧 신을 바라보는 일이라고 소크라테스는 말했다.

[그러고 나면 신과 닮은 것은 마음속에 있게 되어 사람은 그곳을 들여다봄으로써 신적인 것들의 전체를 알게 되고 그로 인해 자신을 더욱 잘 알게 되리라.] 그렇다면 여기서 말하는 [마음]과 [신]은 아우구스티누스의 말 [신과 영혼을 알고 싶다.]에서의 [영혼]과 [신]을 의미하는 것일까? 참으로 단순하게 보아도 알키비아데스가 말하는 신은 아우구스티누스가 생각하는 신, 그리스도교에서의 신이 아니다. 소크라테스와 플라톤 시대(기원전 5세기에서 4세기)에는 아직 그리스도교는 생겨나지 않았다. 그들과 아우구스티누스가 살았던 시대 사이에는 무려 800년이란 세월이 존재한다.

아우구스티누스가 살았던 시대

구체적으로 아우구스티누스의 저작을 보기 전에 이 장에서 먼저 시점을 바꾸어서 아우구스티누스가 살았던 시대를 들여다본다. 그저 전기적 사실이나 역사적 배경을 예비지식으로서 알고자 하는 게 아니다. 자신을 아는 일을 우리도 똑같이 과제로 삼지만 아우구스티누스와 플라톤, 소크라테스 경우는 물음을 받는 장소가 다르다. 나중에 보는 것처럼 자신을 알라고 말할 때의 그 [자신]이 다른 의미를 가지고 있다. 자신에게 묻는다는 관점에서도, 신의 얼굴이라는 관점에서도 아우구스티누스가 살아있던 시대는 한 번의 커다란 전환기를 맞았다. 그것을 윤곽이라도 살펴보고 싶다는 것이다.

아우렐리우스 아우구스티누스는 354년 11월 13일, 당시 로마 제국 속주였던 북아프리카 소도시 타가스테에서 태어났다. 오늘날의 알제리아 스크아라스이다. 북아프리카로 말하자면 지금 우리들에게는 이슬람교라는 이미지가 강해서 현재 알제리아 국세자료에 의하면 인구 99%가 이슬람교를 따르지만 4세기에는 아직 이슬람교 자체가 생겨나지 않았았다. 아라비아반도에서 이슬람교가 생겨나고 동지중해에서 북아프리카를 석권한 때는 300년 전, 7세기의 일이었다. 4세기는 후기제정기라고도 불리는 시대로서 그리스도교는 거듭되는 박해당하다가 313년에 콘스탄티누스대제에 의해 공인받게 되었다. 또한 아우구스티누스가 태어난 시대에는 아직 그리스도교가 많지 않았다. 어머니 모니카는 독실한 그리스도 교인이었지만 아버지 파트리키우스는 겨우 임종 즈음에 세례를 받을 수 있었다.

아버지 파트리키우스는 로마 시민권을 가진 중류계급으로서 어느 정도 토지를 가지고 있었지만 절대 유복하지는 않았다. 아들 아우구스티누스의 교육에 힘썼던 건 아마도 일족의 미래가 아들의 출세에 달려있었기 때문이리라. 7살 때부터 학교에서 읽고 배우는 것을 배우기 시작하여 11살이 되자 더욱 큰 마을, 마다우라로 가서 문법학과 수사학을 공부하지만 학비 때문에 16살에 고향으로 돌아갈 수밖에 없었다. 그러나 아버지가 분주하게 뛰어다닌 덕분에 독지가의 도움을 받아 제국 안에서는 제2의 도시로 불리고 있던 카르타고 학교에 수사가를 목표로 입학하게 된다. 16살에서 17살 사이에 아버지가 돌아가시고 어느 여성과 살게 되었는데 이듬해 그녀 사이에서 아데오다투스가 태어난다. 20세가 되어 고향 타가스테로 돌아가 문법교수가 되고 2년 뒤에는 다시 카르타고로 가서 수사학교수가 된다. 그러나 태도가 불량한 학생들에게 정이 뚝 떨어져서 좋은 환경으로 가기 위해 출세의 길을 택하여 29세 때 카르타고를 벗어나 로마에 이르러 이듬해에는 밀라노 국립학교 수사학 교수 지위를 손에 넣는다. 그토록 바라던 출세의 길이 커다랗게 열린 것도 잠시, 32세 때는 밀라노에서 회심. 이 '회심'에 대해서는 다음 장에서 더 자세하게 알아보기로 하고 서둘러서 그 뒤의 생애를 들여다보자면 이듬해 밀라노에서 정식으로 세례를 받아(같은 해 어머니 모니카 돌아가심) 고향에 돌아갔고 친구들과 공동생활을 시작하지만 37세 때는 당시 카르타고 뒤를 이은 북아프리카 제2도시였던 히포레기우스(현재 알제리아 보누) 사제가 되어 41세 때 교주가 된다. 그 뒤 72세 교주직을 후임에게 물려줄 때까지 날마다 설교와 교구민들 사이에서 중재를 하려 이리 뛰고 저리 뛰어다니지만 100편이 넘는 저작을 쓰면서 북아프리카 교회 실질적 지도자로서 매해 카르타고 각지를 돌아다니고 전쟁과 조정에서 분전한다. 은퇴 뒤에도 새로운 논쟁과 집필을 날마다 계속하고 429년, 반달족이 이베리아

반도에서 지브랄타르 해협을 건너 북아프리카로 왔다. 해안가 각 도시를 공격하여 430년초 여름, 갑자기 아우구스티누스가 사는 히포 마을로 쳐들어온다. 3개월 동안 마을이 포위당했고 아우구스티누스는 열병이 도져 8월 28일, 죽음에 이른다. 당시 76세. 죽은 뒤 반달족이 밀어닥쳐 히포마을은 함락 당한다. 서로마제국의 멸망이라 불리는 것은 그로부터 46년 뒤 서력 476년의 일이었다.

아우구스티누스가 태어났을 때, 그리스도교는 이미 로마제국에서 공인되었지만 국교화되지는 않았었다. 그때에는 아직 그리스도교주로서가 아니라 살아가는 길도, 마땅한 가능성으로서 열려 있었다. 그러나 아우구스티누스가 죽었을 때는 이미 그리스도교가 빠진 세계는 상상할 수도 없을 만큼 그리스도교는 이미 로마제국 전체에 퍼져 있었다. 그것이 아우구스티누스가 살았던 시대이며 아우구스티누스가 그 한 사람으로서 쌓아올린 시대였다.

그리스도교가 로마제국 전체에 퍼진 일을 그리스도교의 융성이라 한다면 그것과 딱 반비례인 것처럼 서로마제국은 쇠퇴와 붕괴의 길을 나아가고 있었다. 반달족이 히포마을을 함락시키기 20년 전 410년, 영원의 도시 로마가 알라리크가 이끄는 고트족에게 겁략 당한다. 아우구스티누스 56세 때이다. 이일은 로마 제국 전체를 불안과 공포로 빠트려 이것을 기회로 이런 사태가 된 것은 로마가 낡은 신들을 버리고 그리스도교를 선택해서라는 비판이 높아졌다. 이 비판에 대해 아우구스티누스는 이교도를 논파하고 그리스도교를 지키기 위해 대작 〈신의 나라〉 집필에 들어간다. 아우구스티누스에게 그리스도교는 마지막까지 확립된 것이 되는 일 없이 늘 쌓아올리며 싸워 지켜야할 걸이었다. 밀라노에서의 회심 뒤로 아우구스티누스는 사제로 히포 마을에서 평화로운 나날을 보내지 않았다. 젊은 시절 스스로도 귀의한 마니교에 대한 비판 〈신의 나라〉로 대표되는 고대 그리스·로마 이교도에 대한 비판, 그리고 같은 그리스도교 안에 있으면서도 입장이 다른 도나투스파, 페라기우스파와의 논쟁, 이런 싸움에 완전한 종지부를 찍는 일은 평생 어려웠다.

저무는 로마 제국

아우구스티누스는 이처럼 한편에서는 그야말로 멸망해가려는 서방 로마제국의 마지막을 살아감과 함께 다른 쪽에서는 오게 될 그리스도교 사회의 시작을 살았다. 아우구스티누스 만년에 정점을 맞이하려하는 이런 큰 시대의 파도는 물론 갑자기 밀려온 것이 아니라 이미 아우구스티누스가 태어나가 이전부터 일어나기 시작했다. 그 시작이라 보이는 곳 까지 조금 시대를 거슬러 올라가 보자.

기본이 〈로마제국쇠망사〉에서 인류가 가장 행복한 시대라 부른 오현제시대(96년~180년) 즉 네르바, 트라야누스, 하드리아누스, 안토니누스 피우스, 마르크스 아우렐리우스 안토니우스 이런 다섯 황제가 찬탈이 아니라 양자나 혼인으로 평화롭게 제위를 물려받은 1시기 동안 과연 기본이 말한 만큼 행복했는지는 모르겠지만 로마제국은 그 오랜 역사 속에서 비교적 안정기에 있으며 트라야누스황제 시대에는 제국 사상 최대의 판도를 자랑하게 된다. 하지만 다음 세기에는 3세기의 위기라 불리듯 너무 부푼 제국은 그 광대함에 저주 받듯 동란과 혼란의 시대를 맞이한다. 특히 235년에 세베루스 황제가 암살된 뒤 284년 디오크레티아누스 황제가 즉위해 제국 재건을 할 때 까지는 겨우 50년 사이에 26명의 군인황제가 어지럽게 교대하는 형편이었다.

하지만 이런 동란과 반대로 그리스도교에서 보면 이 시기는 급속한 확장과 안정의 시기였다. 몇 개의 커다란 박해가 있었지만 특히 260년에서 303년까지 군인 황제들의 머리에는 외부 적과의 싸움과 자신의 안전 밖에 없었고 그리스도교도 일 따위 상대할 시간이 없는 듯 40년에 걸쳐 박해는 사라지고 그리스도교에는 작은 평화가 찾아온다. 그리고 그 사이에 쇠퇴하고 폐허가 된 도시나 농촌에 급속히 그리스도교가 스며들어간다. 그 뒤 디오크레티아누스 황제의 치세에는 마지막으로 가장 큰 박해가 행해지지만 이제 시대의 커다란 흐름을 막을 수 없었고 앞에서 말했듯 디오크레티아누스 황제 다음 환제 콘스탄티누스 황제 아래 313년 그리스도교는 드디어 공인된다.

개인의 등장

사회의 동란과 그에 따른 도시나 농촌의 황폐화, 전통적인 삶의 기반이 빠르게 흔들리며 무너져가는 가운데 그리스도교의 침투, 그것은 또 사람들 마음 그 자체에 변화를 가져옴과 동시에 그 마음의 변화를 반영한 것이기도 했다. 이 시기에 개인의 내면에 큰 변화가 생겨나기 시작한다. 아니 오히려 피터 브라운(1935년~ 고대말기가 전문인 아일랜드 출신 역사가)에 따르면 이 시대에 처음으로 독자적인 내면세계를 가진 개인이 등장 했다고 한다. (Peter Brown, The

World of Late Antiquity, Thames and Hudson Ltd, London, 1971.)

  170년 이전 그러니까 오현제(五賢帝)시대가 끝날 무렵까지 사람들은 아직 전통적이며 예전부터 내려온 신들의 보호 아래 편안히 살 수 있었다. 그 신들은 단순이 신을 믿는 개인을 지켜줄 뿐만 아니라 그들이 사는 마을을 나아가서는 모든 사람들은 지켜주었다. 그들이 사는 세계는 뒤틀림도 구멍도 없이 긴밀하게 짜인 한 장의 천 같았다. 거기에는 자신이 있을 곳이 풀린 곳 하나 없이 짜여 있었다. 하지만 브리운에 따르면 170년 뒤로 거기에 균열이 생기기 시작한다. 〈자기 안에 무한한 가치를 지닌 무언가가 있다는 감각이 저마다의 마음속에 점점 부풀어 오르기 시작했다. 하지만 아직 그 무언가는 바깥세상과 전혀 이어지지 않은 것이었다. (중략) 그것은 마치 사람들의 내적 경험에서 바깥세상으로 부드럽게 흘러가던 흐름이 끊어진 것만 같았다. 익숙한 주변 세상에서 따스함이 사라져 갔다. 전통적인 관심은 무겁게 짓누르는 것은 아니지만 어떻게 되든 상관없는 것으로 생각되기 시작했다.〉 브라운에 따르면 이처럼 개인의 내면에 눈을 돌리고 거기에 무한한 가치를 찾아내기 위해서는 동시에 저마다가 〈오직 하나이며 그와 함께 존재하는 유일한 신〉이 필요했다. 그리고 그 신은 세계전체를 살피는 비개인적인 신이 아니라 특정한 사람에게만 관여하는 개인의 신이어야 했다. 즉, 당신은 누구인가라는 질문이나 부름에 일인칭단수로 답할 수 있는 하나로서의 인칭적인, 인격적인 신이어야 했다. 고독 속에서 바깥세상과 동떨어진 자기 자신의 내면을 깊이 들여다봄으로써 그 밑바닥에 나하고만 같이 있는 유일한 신을 바라보는 '드러난 개인'이 생겨난다. 이제 고대의 신들을 믿을 수 없고 고향의 전통적인 삶으로부터도 떨어진 뿌리 없는 풀처럼 고독한 사람들, 익숙한 마을의 사람인 시민이 아니라 돌아갈 고향을 잃어버린 세계시민 이런 사람들 속에 2세기 이후로 그리스도교가 스며든다. 그들에게 있어서 세계는 고독하며 비개인적인 장소이다. 세계는 비개인적이며 비인칭적이고 비인격적인 곳이었다.

개인·주체·자아

  세상이 비개인적인 장소가 되어가는 대신 나와 신이 개인적인 것으로 그 윤곽을 뚜렷이 한다. 브라운은 이런 지적을 바탕으로 베르낭(1914년~ 고대 그리스 역사가 전문인 프랑스 역사가)는 개인의 인식 방법에 대해 흥미로운 분류를 제시했다. 간단히 개인이라 말해도 이 단어는 여러 가지로 이해할 수 있다. 어디까지나 자의적이라 말하면서도 베르낭은 개인이라는 것의 의미를 좁은 의미로서의 개인, 주체, 자아 또는 인격이라는 세 가지로 나눌 수 있지 않을까 말한다. (장 피에르 베르낭 도시국가의 개인, 폴 베누와 〈개인에 대해서〉)

첫 번째의 좁은 의미로서의 개인이란 고대 그리스에서 말하자면 호메로스에 나오는 영웅 아킬레스나 입법가 솔론 같은 특출한 개인을 가리킨다. 지금으로 치면 에디슨이나 노구치 히데요 같은 사람이다. 그들은 탁월한 인물로 그 의미에서 평균적인 서민과는 크게 다르지만 그렇다고 사회에서 동떨어진 곳에 있는 건 아니다. 오히려 그들은 사회 그 자체에 의해 인정받아 그야말로 모범이나 이상으로 삼아야 하는 인물로 위인전이나 전기로 쓰여 사회 속에 깊이 뿌리박고 있다. 이것이 개인이라는 것이 뚜렷해져 하나로 인식되었을 때의 첫 번째 존재방법이다.

그에 비해 두 번째 주체는 조금 이해하기 어렵다. 본디 프랑스 어는 〈sujet〉(영어로는 subject)이며 주어라 해석하는 쪽이 알기 쉬울지도 모른다. 일인칭 단수로 나는 이라 말할 때의 나이다. 당신은 그렇게 느끼고 그렇게 생각할 지도 모르지만 나는 이렇게 느끼고 이렇게 생각한다. 여기에서는 다른 사람과는 다른 나라는 개인을 의식한다. 여기에서는 우리는 가운데 있는 어렴풋하고 사소한 부분, 내적인 것, 즉 개인의 주관성 부분이 분명히 있다. 하지만 그것은 결코 내 속에 갇혀있는 것이 아니다. 그것은 다른 누구라도 들여다 볼 수 없는 숨겨진 내부라기보다, 난 이렇게 생각한다고 말할 때 언어가 되어 밖으로 들어나 객관화된 내부이며 주어 뒤에 숨겨진 것은 아무것도 없고 주어로써 외부에 나타난 나이다. 앞서 나온 브라운의 말을 빌리자면 여기서는 내적 경험에서 바깥 세상으로 부드럽게 흘러가는 그 흐름은 끊어진지 않았다. 내적 경험이 없는 게 아니다. 다른 사람과는 다르게 느끼고 생각하며 행동하는 내가 분명 존재한다. 하지만 그 나는 그런 자기 자신에 눈을 돌리는 일은 없다. 여기서 자기반성은 존재하지 않는다고 베르낭은 말한다.

주체는 닫힌 내적세계를 구성하지 않는다. 본디 자신으로 돌아가거나 또는 오히려 자기 자신을 발견하기 위해 거기로 들어가지 않으면 안 되는 그런 닫힌 내적세계를 구성하지 않는다. 주체는 외향적이다. 눈이 자기 자신을 보는 일이 없는 것과 마찬가지로 개인은 자신을 파악하기 위해 밖으로 외부로 눈을 돌린다. 그의 자기의식은 반성적이지 않고 내향적이지도 않으며 내부로 숨지도 않고 자기 자신의 인격과 마주보지도 않는다. 그 자기의식은 존재하고 있다는 의식과 관계된 것이 아니라 존재 그 자체와 관련 있다. 전제가, 존재한다는 의식보다 앞에 있다. 자주 지적되듯이 코기토 에르고 숨 '나는 생각한다. 고로 나는 존재한다.'는 그리스인에게 있어서 아무런 의미도 가지지 않는다.

자신이 무언가를 지각하거나 느낀다는 의식은 물론이다. 하지만 의식은 자신이 그처럼 지각하며 느낀다는 의식 그 자체를 향할 일은 없다. 개인의 세계는 그 근원적인 독자성에 있어서 저마다의 인격을 정의하는 내적우주라는 의미의 자기의식이라는 형태를 취하지는 않는다.

세 번째 자아란 이 인용에서 '주체는…아니다' 말해지는 내용을 그대로 '자아는…이다'로 바꾸면 된다. 그것은 닫힌 내적세계이며 반성적이고 내향, 내부로 숨으며, 자기 자신의 인격과 마주보고, 무언가를 의식한다는 그 자체를 의식하는 자기의식이다. 그렇다고는 하지만 여기서 닫힌 내적세계라든지 내부로 숨는다는 말에 대해서는 약간 보류가 필요하다. 내부라든지 내적세계란 어떻게 이해해야하는가, 그리고 또 그것이 닫혔다는 건 무슨 뜻인가. 이것에 대해서는 제3장에서 다시 생각해보도록 하고 여기서는 먼저 나의 존재를 그 존재에 대해 내가 가지는 의식을 통해 생각하는 것이라는 점에 주목하는 것에서 그치도록 한다.

의식의 심연

이 삼분류 자체는 결코 시대 추세에 명확히 대응하는 것은 아니지만 적어도 세 번째 자아에 대해서는 고대 그리스(기원전 4세기 이전)에도 헬레니즘기(기원전 4세기부터 기원전 1세기 무렵)에도 찾아볼 수 없다고 베르낭은 말한다. 물론 그런 시대에도 자아나 인격에 대한 경험은 있었다. 하지만 그런 경험은 지금과는 다르게 조직되었으며 그 경험은 외부를 바라보는 것이고 내부를 바라보는 것은 아니다. 개인은 실제로 이루어진 행위나 말 뒤에 숨겨진 무언가가 아니라 그야말로 그 언동 그 자체 속에 자기 자신을 나타낸다.

베르낭의 분류가 잘못되지 않았다면 앞에서 본 델포이 신탁의 너 자신을 알라의 자신도 소크라테스가 말한 마음도 아직 자아가 아니게 된다. 〈알키비아데스〉에서 마음이라 해석된 말의 본디 그리스어는 〈프쉬케〉인데 오늘날 우리에게 마음이라는 말은 그 마음을 가진 이의 개성과 단단히 이어져있다. 따라서 베르난이 말하는 자아와 너무나 비슷하게 들린다. 그렇기에 오히려 마음이 아니라 영혼이라 해석하는 것이 좋을지도 모른다. 베르난은 말한다. '프쉬케란 소크라테스이긴하지만 그것은 소크라테스의 자아가 아니고 심리적인 소크라테스도 아니다. 프쉬케란 우리 저마다의 안에 있는 비인칭적인 또는 초개인적인 실체이다. 그것은 나의 영혼이라기보다 내 속에 있는 영혼 같은 것이다.' 만일 내 영혼과 당신의 영혼이 저마다 완전히 독자적인 것이라면 앞에서 본 〈아르키메데스〉의 눈 비유는 더 이상 성립하지 않게 되어버린다. 눈으로 눈을 본다, 마음으로 마음을 본다고 말할 때 서로를 비추는 두 개의 눈, 두 개의 마음은 기본적으로 같은 것이다. 그렇기에 상대를 보는 일이 자신을 보는 것과 같아진다. 서로는 서로의 거울이며 그곳에 수수께끼는 없다.

이것에 대해 세 번째 자아라는 의미의 개인이 등장하는 것은 브라운이 주목한 그 시기 그러니까 기원전 2세기 후반에서 4세기에 걸친 그 시대이다. '이 때, 아이덴티티의 새로운 형태가 구체화하기 시작한다. 그것은 개인을 그 가장 내밀한 사고, 비밀스런 망상, 밤의 꿈, 죄로 가득한 욕구, 그리고 마음 속 깊은 곳에 끊임없이 집요하게 우글거리는 여러 종류의 유혹에 의해 정의된다.' 그리고 바로 이 전회의 절호의 증인이 아우구스티누스라고 베르난은 말한다. '사람 의식의 심연에 대해 말하며 자신의 기억의 깊이와 한없는 다양성을 앞에 두고 자기 자신의 신비에 대해 물을 때 아우구스티누스는 그야말로 이 인격의 역사의 전회에 대한 절호의 증인이 된 것이다.' 그리고 여기에야말로 근대적인 인격과 개인의 출발점이 있다고 베르난은 본다.

그렇다면 아우구스티누스가 신과 영혼을 알고 싶다고 말했을 때의 영혼이란 이제 누구의 것이어도 상관없는 비인칭적인 초개인적인 영혼이 아니다. 그것은 다른 누구와 비교할 수도 바꿀 수도 없는 독자적인 나이며 나는 당신의 거울이 될 수 없고 당신도 또한 다를 왜곡 없이 비추는 거울이 될 수 없다. 둘도 없는 나를 있는 그대로 비추는 거울이 있다면 그것은 나와 마찬가지로 둘도 없는 것 브라운이 말하는 개인적인 신 말고는 없다. 반대로 말하면 나와 신이 서로를 비추는 것이야 말로 그러니까 내가 신을 닮은 상이 되면 그제야 나는 처음으로 나로 둘도 없는 하나로서 인식될 수 있다. 하지만 이것에 대해서는 마지막4장에서 다시 한 번 살펴보도록 하고 여기서는 시대의 조감도를 또 다른 시점으로 바라보고 싶다.

하나로서의 하나

브라운이나 베르난이 지적하는 이런 역사의 전회기는 동시에 또 격심한 논쟁 속에서 그리스도교의 기본교의기 획립되이기는 시대이기도 했다. 니키이아 공회의(325년), 콘스탄티노폴리스 공회의(381년), 카르게든 공회의(451년), 제2회 콘스탄티노폴리스 공회의(553년) 이런 공회의를 통해 삼위일체와 그리스도에 대한 기본교의가 정해져 가지만 여기서 문제가 된 것 또한 다름 아닌 하나의 개념이었다고 볼 수 있다. 〈하나의 탄생 – 그리스도교 교리를 만든 사람들〉이라는 책 안에서 저자 사카구치 후미씨는 이 4세기부터 6세기에 걸친 교리역사를 다음 시선으로 보려한다.

순수한 하나로서의 하나, 바꿀 수 없는, 한번뿐인 하나의 존엄함, 그런 것이 사상적 · 개념적으로 확립한 것은 근대에서 훨씬 오래된 이전 일이라 생각된다. 늦어도 기원전 5,6세기의 저 로마제국 말기 교의논쟁 속에서 그것은 분명한 독자적인 얼굴을 들어낸다. 중세를 지나 계속 살아온 그 얼굴을 근대는 다시금 새로운 형태로 들어 올렸다.

근대는 하나가 눈을 뜬 시대라 일컬어져 왔다. 정치적 · 사회적로는 분명 그것은 새로운 국면을 주었을지도 모른다. 하지만 사상으로서의 하나의 사상은 서구의 그대에서는 이미 말라서 변형돼 버린 것은 아니었을까. 저 로마 교의논쟁 시대에는 근대의 하나보다는 좀 망막한 그러나 아직 의식으로 완전히 환원되지 않은 그렇기에 너무나 싱싱하고 생명으로 넘치는 하나의 개념이 숨 쉬지는 않았을까. 서구의 그리스도교가 사상으로 변하는 오랜 역사 속에서 그 하나는 명확해져왔지만 본디 가졌던 싱싱한 생명력을 잊은 것 같다.

논쟁의 직접적인 무대가 된 것은 로마를 중심으로 한 서방 로마 제국이 아니라 콘스탄티노폴리스(지금의 이스탄불)을 중심으로 한 동방로마제국이며 따라서 언어는 라틴어가 아니라 그리스어가 주역이 된다. 지리적으로도 사상 풍토적으로도 교의논쟁과 아우구스티누스 사이에는 벽이 있다. 그럼에도 정도를 확 떨어트려 본다면 둘을 모두 하지만 저마다의 방법으로 같은 문제를 연구했다고 볼 수 있다.

삼위일체와 그리스도

교의 논쟁의 중심은 삼위일체론과 그리스도론에 있었다. 삼위일체라 하면 최근 우리나라에서는 마치 사자성어처럼 되어 뭐든 세 개인 것(사람)이 하나와 떨어지기 힘들게 이어져있기만 하면 그걸로 좋고 그래서 삼위일체의 개혁이라든지 삼위일체의 공격이라 쓰이기도 하지만 본디 그리스도교의 근본교리에 대한 큰 문제였다. 그리스도교는 일신교이기에 물론 신은 하나이다. 그런데 예수 그리스도는 신을 내 아버지라 부른다. 그러면 그리스도는 신의 아이가 되는데 신의 아이는 신이다 그리스도는 신이다. 거기다 성령이라는 것이 있어 어떤 방법인지는 모르지만 그 또한 신(그리스도)에게서 나온 것으로 신이라 생각된다. 그러면 상식적으로 생각해 아버지 신과 아들 신 그리고 성령신이라는 세 신이 있어야 하는데 그러면 신은 유일하고 절대적인 것이 아니게 된다. 신은 하나인가 셋인가. 만일 하나라면 그리스도나 성령은 신이 아니다. 만일 셋이라면 신은 유일하며 절대적이지 않아진다. 어떻게들 둘을 성립하게 만들려 생각하니 셋으로 하나라 말할 수밖에 없다. 하지만 그래서는 모순될 뿐이다. 그래서 실체는 하나지만 위격(페르소나)은 세 개라는 식으로 구별함으로써 최종적으로 어떻게든 정리했다. 삼위일체의 위는 위격의 위로 체는 실체의 체일 것이다.

하지만 언뜻 정리된 듯한 의논도 이번에는 예수 그리스도를 둘러싸고 다시 불붙는다. 예수는 신인가 인간인가. 삼위일체로 확인되었듯이 분명 예수 그리스도는 신이다. 그러면 역사의 어느 날 어느 곳에서 인간으로 태어나 십자가에 못 박혀 죽은 그 예수는 땅 위에 나타난 신의 잠깐의 모습에 불과했던 것일까. 그렇다면 십자가에 못 박힌 고통도 죽음도 그저 보이기 위함이었을까. 수난은 연극이란 말인가. 예수는 완전한 신이면서 완전한 사람이어야 한다. 조금의 죄도 없는 신 그자체가 인간이 되어 잠깐이 아니라 그야말로 우리와 같은 인간으로 우리의 죄를 짊어지고 십자가에 못 박혀 정말 괴로워하며 죽어 부활했기에 우리는 거기서 구원을 찾을 수 있다. 모순은 무순인 채로 최종적으로 몽땅 받아들이게 된다.

이렇게 해서 이른바 그리스도교의 전통이 만들어져 가는데 이런 설명만으로는 지금의 우리에게는 사실적은 문제로 받아들이기 힘들다. 오히려 추상적으로 이렇게 말하는 쪽이 반대로 문제를 가깝게 느낄 수 있을지도 모른다. 하나가 동시에 다수라는 것은 무슨 말인가. 같은 것이 동시에 다르다는 것은 무슨 말인가. 그리고 스스로가 동시에 다른 것이라는 것은 무슨 말인가.

하나와 다수 같은 깃과 다른 것

본디 하나인 것 무엇이든 무언가가 하나라는 것은 무슨 말인가. 그런 식으로 생각해보면 그리스도교의 교리가 어떻다는 것과는 상관없이 문제는 너무나 가까이에 있게 된다. 그리고 무척 신기한 양상을 보인다. 하나라는 것은 자명하지만 의식하기 어렵게 생각된다.

예를 들어 이 책은 책으로는 하나이다. 하지만 동시에 종이로 보면 몇 백 장으로 이루어져있다. 그 한 장 한 장에도 육백 몇십 글자가 인쇄되어있다. 그리고 그 한글자 한글자도 몇 개의 성과 몇 개의 잉크로 되어있다. 그것을 분자나 원자 레벨까지 들어가면 하나하나 속에 많은 것이 숨겨져 있다. 하나 속에는 많은 것이 있어 반대로 한권 한권의 책이 쌓여져 많은 책이 되어 그것이 또 철학의 엣센스라는 하나의 시리즈를 이루기도 한다. 하나가 없음은 다수는 없고 하나 속에도 많은 다수가 있다.

나라는 것 또한 이렇게 존재한다. 내 하나의 신체에는 두 개의 팔이 있으며 거기에는 저마다 다섯 개의 손가락이 있다. 그리고 세포레벨까지 살펴보면 신체 전체에서 약 60조가 넘는 세포가 있다고 한다. 그 세포마다 또 다수를 품고 있다. 마음속에서는 늘 여러 생각이 생겨나며 그 생각 하나하나가 모여 섬세한 감정이나 추억, 기대나 욕망을 담고 있다. 한사람의 나, 하나의 마음이라 말해도 그것을 셀 수 없을 만큼 많은 다수로 이루어져 있으며 그럼에도 한 사람의 나이다.

같음과 다름도 이렇게 설명할 수 있다. 같은 두 권의 책은 엄밀히 말하자면 결코 같지 않다. 다른 장소에 놓여있는 두 가지가 처음부터 끝까지 완전히 같을 수는 없다. 하지만 우리들은 다른 것이기에 그것들에 대해 같다든지 다르다고 말하는 것이며 문제가 된 것이 하나밖에 없다면 같다고 말할 필요도 없다. 어딘가에서 몇 가지 관점으로 다름이 있기에 어딘가에서 몇 가지 관점으로 같다고 말할 수 있다.

또는 어떤 공간적인 다름뿐만 아니라 시간적인 다름을 생각해보면 하나밖에 없을 것에 대해서 마저 같다는 말을 자연스럽게 할 수 있다. 또 거기에는 다름이 있다. 하나의 것이 전과 같거나 다르다고 말한다. 장소가 다른 두 가지가 결코 완전히 같을 수 없는 것과 마찬가지로 하나뿐인 것도 시간을 다르게 하면 결코 엄밀히 말해 하나라 할 수 없다. 어제의 나와 오늘의 나 10년 전의 나와 10년 뒤의 나 그것은 육체적으로도 정신적으로도 엄밀히 말해 결코 같을 수 없음에도 같은 한사람인 나이다 적어도 그렇게 생각한다.

자신 그리고 타인

그럼 자신과 타인에 대해서는 어떻게 될까. 하나와 다수가 서로를 포함하고 같음과 다름이 서로를 전제로 삼듯 자 또한 타와 나누기 어렵게 이어져있을까. 어제의 나와 오늘의 나, 10년 전의 나와 10년 뒤의 나, 그 많은 내가 서로 어딘가가 다르면서도 같은 하나의 나라는 것은 이상하긴 하지만 보통 삶속에서는 마땅하리만치 자연스러운 일이다. 사람은 성장하며 사람은 변한다. 그것뿐이라고 말한다면 분명 그것뿐이다. 내가 어떻게 변해도 완전히 다른 사람처럼 되어버렸다고 해도 그렇다고 다른 사람은 아니다. 자신은 자신이며 다른 사람은 아니다. 자신이 다른 사람이기도 하다면 다중인격 장애가 아닌 한 그것은 너무나 기묘한 일이다.

나는 다른 사람이 아닌 나이다. 그럼 내가 다름 아닌 나로 있다는 것을 어떻게 알 수 있는가. 이런 질문은 처음 거울의 비유로 돌아온다. 조금 돌려 말하자면 이렇게 된다. 거울에 비친 얼굴이 나 자신의 얼굴임과 동시에 신의 얼굴이기도 한다는 것, 그 어렴풋한 이중 영상을 통해 자기 자신을 아냐는 질문을 하는 일, 그것 또한 나에게로의 질문이 좋고 싫음 없이 다른 사람에게로의 질문을 포함할 수밖에 없다는 것이며 나를 다른 사람과의 관계 속에서 묻는다는 것, 나를 다른 사람과의 관계 그 자체로 묻는다는 것, 그리고 마지막으로 그런 질문 속에야말로 하나로서의 하나, 자아로서의 내가 처음으로 성립하는 게 아닐까?

하지만 그럼에도 왜 신인가. 문제로 삼는 것은 누구여도 상관없는 다른 사람이 아니라 신이라는 이른바 특별한 타인이다. 그러나 이 질문은 내버려두고 조금 다른 길로 돌아가 보자. 아우구스티누스 스스로 자신에게 한 질문의 독자적인 존재를 보기 전에 거울 비유를 계기로 자기인지를 둘러싼 문제를 보려한다. 다음 장에서는 아우구스티누스가 나오지 않는다. 아우구스티누스와 어떤 관계가 있는지 의심할지도 모르지만 아우구스티누스가 문제로 삼은 일을 지금 우리들이 스스로의 문제로 느끼기 위해서는 돌아가는 듯이 보여도 오히려 그것이 지름길이 아닐까 생각한다.

아우구스티누스가 주교(主敎)로 활약한 시대, 그리스도교는 이교와 심각한 대결에 맞닥뜨려져 있었다. 313년 콘스탄티누스 대제에 의해 그리스도교가 용인되었어도, 황제 유리아누스 배교(背敎)의 실례를 보아도 알 수 있듯이, 이교는 여전히 만만치 않은 세력을 유지하고 있었다. 이교 사회의 반감은 국가적인 재해를 만나면, 그리스도교에 대한 비판이 되어 터져 나왔다. 이러한 반감이나 비판은 아우구스티누스로 하여금 호교론(護敎論)에 대한 자각을 불러일으켜, 대작 《신국론》에서 '나라(키비타스)'의 기원과 경과, 그리고 종말로 이루어지는 대규모 역사적 연구로 이끌었다. 이런 종류의 역사적 접근은 그리스도교 관점에서 이루어졌기 때문에, 그에 의해서 '역사신학'이 창조되었다. 아우구스티누스는 자기가 속하는 시대나 국가 현실에 깊이 관여하면서도, 선지자적인 눈을 가지고 현실을 뛰어넘어서 인류의 발자취 전체를 내려다보며 역사를 해석해 나갔다. 그중에서도 나라(키비타스)의 형편을 통찰, 혼돈된 현실 속에서 신의 눈을 가지고 역사에 통일과 질서를 부여하려고 노력했다.[1] 이렇게 해서 신학적인 역사 연구가 시작된다. 그 특징은 《신국론》의 전체적인 구성에 뚜렷이 나타나 있다. 제1권부터 제10권까지는 '현대의 비판'이 이루어지고, 제11권부터 제22권까지는 '역사신학'이 전개된다.[2]

《신국론》은 서고트족이 로마시로 침입한 책임을 그리스도교로 돌린 데 대한 논박과 호교론의 책이다. 그것이 역사적 고찰에 의해 이루어졌다는 점이 중요

---

[1] 하느님의 눈을 가지고 역사를 해석하는 신학적인 이해는 가톨릭에 공통되는 입장으로, 현대에서는 막스 셰라가 이것을 계승하였으나, 만하임의 역사주의는 이와 대결했다.

[2] 이 《신국론》이라는 대작은 15년이라는 긴 세월에 걸쳐서 여러 문제를 논하고 있으므로, 전체의 구성과 각 부분의 내용은 쉽사리 이해할 수가 없다. 그래서 그 자신이 늘그막에 자기 저서를 점검한 《재론고》에 의한 구성을 참조하는 것이 바람직하다.

하다. 왜냐하면 야스퍼스도 말하듯이, "그 어떤 실재도 우리의 자기 확인에 있어 역사보다 중요한 것은 없다. 역사는 우리에게 인류의 가장 광범한 지평을 제시하고, 우리 생활의 바탕이 되어 있는 전통을 보여주고, 현재적인 것에 대한 기준을 그리고, 자기가 속한 시대에의 무의식적인 구속으로부터 우리를 해방시켜, 인간을 그 최고의 가능성과 그 불멸이 창조성에서 보는 것을 가르치기[*3] 때문이다. 역사는 이와 같은 의의를 가지고 있으며, 아우구스티누스가 고대 로마의 사상 체계를, 많은 자료를 사용 (특히 키케로나 바로나 베르길리우스를 인용하면서) 고찰했다는 것은 그리스도교도에 유용했을 뿐만 아니라, 이교도 자체에도 엄격한 반성을 촉진하는 것이 되었다. 독일 철학자 트뢸치가 말한 것처럼, 그의 풍부한 교양에 바탕을 둔 비판에 대해서 이교도들은 침묵하지 않을 수 없었다고 말할 수 있다.[*4]

먼저 아우구스티누스가 역사를 어떻게 이해하고 있었는가를 생각해 보기로 한다.

역사의 의미

아우구스티누스는 《그리스도교 가르침》에서 '역사 서술'과 '역사 자체'를 구별, 역사 자체는 시간의 창조자이자 관리자인 지혜 안에 있는 '시간 질서'에 근거를 두고 살펴봤으나, 역사 서술은 오직 인간이 일으킨 사건을 충실하게 기록하는 것으로 생각하고 있다.

"역사 서술에 의해서 인간이 과거에 정한 제도가 이야기되는데, 역사 그 자체는 인간의 제도 안에 넣을 일이 아니다. 왜냐하면 과거로 흘러가고 미완성일 수 없는 것은 시간의 질서에 속하는 것으로 생각해야 하기 때문이다. 시간의 질서를 창조하고 이끄는 것은 신이다. 일어난 일들을 이야기한다는 것은 해야

[*3] 야스퍼스 《철학입문(Einfürung in die Philosophie)》, 제2판, p. 92
[*4] 이 이교도 안에는 월시아누스가 있어서, 그는 고트족에 의한 로마 공격을 피해서 아프리카로 이주해온 귀족 중의 한 사람이었다. 브라운의 지적에 의하면, 월시아누스의 어머니는 그리스도교도의 아르비나이고, 이 집안은 아우구스티누스와 관계가 깊었다. 그러나 그는 이교 사상을 부활시키기를 원했고, 아프리카에서 활약한 키케로주의 사상이 마크로비우스를 좋아하여 교양 있는 문체를 습득한 지식인이었다. 그의 단체는 그리스도교 확대에 맞서 로마의 고급 전통을 강화하여, 그리스도교도 비판을 시도했다. 이에 대해서 아우구스티누스는 '해박한 지식과 문학적·현학적 경향'으로 《신국론》을 쓰게 되었다고 한다.

할 일의 가르침과는 별개의 일이다. 역사는 일어난 일을 충실하고 유익하게 서술한다'(《그리스도교 가르침》 2, 28, 44).

여기서는 역사 서술과 자체가 구별되어, 전자가 인간의 역사 서술이고, 후자가 '시간의 조물주이자 관리자인' 신이 '시간의 질서'에서 이념적으로 계획하고 있었던 것을 의미한다. '역사 자체'는 과거에 일어났더라도 인간 발자취로 기술된 것이 아니라, 앞으로 일어날 일에 대해서도 인간의 이해를 뛰어넘고 있다. 그러므로 '시간의 질서'에 입각해서 생기는 '역사'와, 일어난 사건 기록으로서의 '서술'이 구별되었다. 이 구별은 신적 이념과 현실 사건의 플라톤주의적 구성을 나타내고 있다.

아우구스티누스의 역사 이해는 전반적으로 많은 변화를 보이고 있다. 초기의 《참된 종교에 대하여》에서는 '신의 섭리에 대한 시간적 배려의 예언과 역사'(《참된 종교에 대하여》 7, 13)가 다루어지고 있는데, 역사와 예언은 구별되어, 역사는 과거 사건에 관여하고 예언은 앞날에 관여한다고 말한다.*5 그 뒤 '역사 기술'과 '역사 자체'가 구별되어, 신의 지혜 안에 있는 '시간 질서'와 역사 기술이 구별된다. 이 구별은 신 안에 있는 구제 계획의 이념과 현실 역사의 구별이며, 확실히 역사는 여전히 과거 사건의 서술이지만, 그것은 신의 구제 계획인 예언도 포함한 '예언적 역사'로서 특별한 의미가 주어져 있다.*6 이렇게 해서 '역사 자체'와 '역사 기술'의 플라톤주의의 종합적 이해로 확대된다. 여기에서 새로운 관점의 역사적 해석을 볼 수가 있다. 사실 《신국론》 제15권에서 제18권까지는 구약성서에 들어 있는 복음서를 통해 구제사가 구성된다. 이때 구제의 역사 기술이 서술자의 사상을 통해 해석되어 있고, 성서가 하고 있는 역사적 고찰은 '시간의 순서 따라서' 과거의 역사적 진리를 말하고 있고, 그 역사도 앞으

---

*5 초기 저작인 이 책에서 아우구스티누스는 '이 종교가 추구하고 있는 주안점은 영원한 생명으로 개혁되어 회복되어야 할 인류의 교육을 위해 신의 섭리가 시간적 배려를 하는 예언과 역사이다'(《참된 종교에 대하여》 7, 13)라고 쓰고 있다. 이 경우 역사는 과거에 일어난 일들에 관여하고 예언은 앞으로의 사건에 관련된다고 여겨지고 있다.

*6 '만약에 모든 사람에 대해서 기술한다면 그러한 기술은 매우 길어져서 예언적인 예지(豫知)라고 하느니보다는 상세한 역사의 성격을 가진 것이 된다. 이 성서 기록자가, 또는 그를 통해서 신의 영이 이러한 일(역사 기술)을 추구하는 것은 단지 과거의 일을 말하기 위한 것뿐 아니라, 미래의 일, 더욱이 하느님 나라에 관한 것을 예지하기 위한 것이다 (《신국론》 제16권 2장 참조)

로 생길 일의 예언으로서 파악된다(《신국론》 제17권 1장). 따라서 신의 지혜 안에 있던 '시간의 질서'는 역사를 뛰어넘은 시간 과정의 궁극 이념이라도 그 실현 과정이 복음서를 통해 고찰하게 된다.

그런데 이 복음서의 역사들 말고는 세속사, 로마 역사가 살루스티우스의 《카틸리나 전기》나 폼페이우스 도그로스의 《지중해 세계사》와 같은 그 무렵 문헌을 검토할 여유가 아우구스티누스에게는 없었던 것으로 보인다. 사실 《신국론》 제18권에는 세속사로서 연대기가 포함되어 있다지만 역사 서술로서는 매우 불완전하다. 그래서 그는 《신국론》 후반부를 쓰기 시작할 때, 오로시우스에게 《이교도 대항사 7권》 저술을 요청했다.

이 오로시우스는 반달족이 스페인으로 쳐들어오자 난을 피해 아우구스티누스에게로 온 소장 학자였다. 그는 세계의 창조에서 그 시대에 이르기까지 세속적 관점을 포함, 인류사적 연구를 했는데, 이 인류사적 시점은 초기 아우구스티누스 저작에서도 엿볼 수 있다. 그래서 그의 인류사적 역사 이해의 특질을 살펴보고자 한다.

인류사의 기본적 특질

이 인류사의 개념은 역사신학적 해석이 전개되는 바탕을 이루고 있다. 거기에는 다음과 같은 기초 관점이 주어져 있다.

첫째, 인류가 한 사람의 아담으로부터 시작, 그 안에 온 인류는 통일되어 있다고 여겼다. 이것은 바울이 아테네의 아레오바고스에서 연설한 말, "하느님은 한 사람으로부터 모든 민족을 만들어내어, 지상 여기저기에 살게 했다"(사도행전 17 : 26)는 말에 바탕을 두고, 인류를 생명적인 통일체로서 "마치 한 개인의 생애인 것처럼" 파악하고 있다(《참된 종교에 대하여》 27, 50). 그리고 "제1의 아담 안에 인류 전체가 이미 싹으로 포함되어 있었던 것처럼, 제2의 아담 안에 새로운 인류 전체가, 이미 선택된 것의 통일이 싹으로서 포함되어 있다"고 일컬어지고 있다. 이처럼 인류는 육신에 의하면 제1의 아담으로부터 출발하고, 영혼에 의하면 제2의 아담인 그리스도에서 새로 시작된다는 것이다.

둘째, 인류 역사는 사회 형식으로 전개되고 있고, 개인은 국가에 속해서가 아니라 시민 공동체인 키비타스(나라)에, 더욱이 육신이 지배하는 '땅의 나라'나 영혼이 지배하는 '신의 나라'에 속함으로써 역사에 참가하고 있다. 그러므로 역사는 일반 정치사와 같은 보통 이해를 넘은 나라(키비타스)의 역사가 되었다. 이것은 인간 기본적인 사교성에 바탕을 두고 있다. "신은 인간을 개별적으로 만들었으나 그것은 인간이 사회를 구성하지 않고 혼자 있기 위함이 아니다. 신의 의도는 인간이 본성의 일치 때문만이 아니라 친근한 감정에 의해서도 맺어진다면, 인간 사회의 통일과 화합 유대가 그것에 의해 더욱더 강하게 되기 위해서였다"(《신국론》 제12권 22장). 또 "이 하늘 나라는 지상에 머무는 동안, 모든 민족으로부터 그 시민을 불러내어 모든 언어 기주자로 이루어진 사회를 만들고 있다. ……이것은 신을 향수하고 신에 있어서 서로 누리는 질서가 있고, 가장 화합된 사회이다"(제19권 17장). 이 사회 형식으로 걷고 있는 역사 고찰은, 숄츠에 따르면 아리스토텔레스보다도 훨씬 뛰어난 세계사에 대한 가치 높은 공헌이다.[7]

셋째, 인류사는 신의 구제 계획에 따라 전개되는 것으로 여겨져, 구제사라고 하는 신학적인 이해가 역설되었다. 하느님 계시에 의한 구제는 계시의 최고봉인 그리스도에 집중해 있고, 이 그리스도에 의해 새로운 사회인 '신의 나라'가 실현되었다. 더욱이 이 나라 역사는 그리스도 이전에는 그것을 예시(豫示)하는 상징적 방식으로, 또 그것을 예고하는 예언적 방식으로 그리스도를 향해 있고, 그리스도 이후에는 그리스도 몸체인 교회에 참가함으로써 악의 세계로부터 구제되는 일이 나타난다. 그러므로 인류 구제 역사의 정점에 서는 그리스도는 인류사의 중추'로 그의 눈에 비쳤다.[8] 따라서 신의 인류 구제라고 하는 이념은, 두 나라의 경과와 그리스도에 의한 그 구제의 실현이라는, 이중 시점이 융합되어 이야기되고 있다.

넷째, 아우구스티누스는 유세비우스의 《교회사》와 마찬가지로 구제 역사 위에 서 있다. 《신국론》 제18권에 포함되는 세계사가 같은 연대기를 포함하고 있어도, 그의 역사신학은 역사를 기원·경과·종말이라고 하는 3단계로 나누어서 살펴보므로, 역사 전체를 그리스도교적인 구제 완성이라는 목적론적 견지에서

---

*7 H. Scholz, Glaube und Unglaube in der Weltgeschichte, Ein Kommentar zu Augustins De Civitate Dei. 1911. p. 47.

*8 야스퍼스 《역사의 기원과 시간에 대하여(Vom Ursprung und Ziel der Geschichte)》 제1부 1장 1절 참조. 야스퍼스는 인류사의 전개축을 그리스의 고전철학과 이스라엘의 선지자에게서 파악하여, 거기에서는 자연적인 인간에서 본래적인 인간으로 이끄는 '진리의 돌파'가 실현되었다고 말하고 있다.

다시 해석하고 있다. 따라서 현재도 이교의 세계를 떠돌고 있는 '신의 나라'는 역사의 종말에서 완성되는 구제론적 도식 아래에 서 있다. 이 도식은 세계 창조로부터 시작되고 있으나, 구제가가 되기 위해서는 동시에 역사의 기원에 있는 죗값이 중요한 의미를 가지고 있다.[*9] 물론 세계는 신의 의지로 창조되었다는 관점에선 선이라 할 수 있지만, '무로부터의 창조'라는 관점에서는 악으로 기우는 '가능성'을 갖추고 있다.[*10] 인간의 경우 가변성의 결함은 아담이 원죄를 일으켜 '죽음에 이르는 존재'가 되어 있다고는 하지만, 은혜에 의해서 행복하게 될 만큼 위대하다(《신국론》 제12권 11. 13장 참조).

다섯째, 이 아담의 원죄는 그 자손에 전해져, 카인과 아벨에서 시작되는 두 나라의 역사를 낳고 있다(제14권 1장). 이 역사는 창조 6일을 본떠서 여섯 시대로 나뉘고, 그리스도 재림과 최후 심판에 따라 제7의 안식 시대가 찾아옴으로써 역사는 그 종말에 이르고 '죽음에 이르는 존재'는 '영원한 생명'에까지 이른다.[*11]

역사 구분법의 문제

아우구스티누스의 역사 사상에서 본디적 역사는 기원·경과·종말이라는 3단계 가운데서 중간을 이루는 경과 부분이다. 이를 그는 전통적인 여섯 시대설을 채용해 설명한다. 그러나 성서에서 임의로 시대구분을 끌어냈다는 점에서 확고한 근거에 따른 것은 아닌 것이다. 그것은 제6 시대를 가져온 그리스도가 세계사의 중심에 놓여, 그리스도 전과 후가 역사적으로 다른 방법으로 고찰되었기 때문이다. 즉 중간의 경과 끝이 그리스도 전과 후로 나뉘고 있기 때문이다. 이와 같이 된 것은 경과 부분의 결정적 사건인 그리스도가 '경과'라고 하는 제2 단계 안에 있으면서 '종말'이라고 하는 제3 단계를 이끌어 내기 때문이다. 이렇게 해서 제3 단계의 '종말'이 '마땅한 종말'이 될 수 있는 원인이 선행단계인 '경과'에서 주어지게 된다. 이것은 제1 단계의 기원 안에도 다음 단계로 이끄는

---

*9 칸트는 "자연 역사는 선으로 시작된다. 이 역사는 신의 솜씨이기 때문이다. 그러나 자유의 역사는 악으로 시작된다. 이 역사는 인간이 하는 일이므로"라고 말하고 있다. 또 막스 셸러는 "이 세계사 처음에는 하나의 죗값이 서 있다"고 말한다.

*10 "만들어진 것은 이 신에 의해서 만들어진 한에서는 선이지만 신으로부터가 아니라 무에서 생긴 한 가변적이다. ……그러나 이 가변적인 선도 보편적인 선에 의지해서 더없는 행복이 될 수 있을 정도로 위대하다"(《신국론》 제12권 1장 참조).

*11 여기에서는 역사의 예형론적(豫型論的) 해석을 볼 수가 있다.

원인이 '무에서의 창조'에 의해서 주어지게 된 것과 같다.

그러나 논의가 너무 여러 분야에 걸쳐 있기에 중요한 역사 해석은 오히려 오해를 불러일으킬 수 있다. 예를 들어 '신의 나라'를 역사의 기원까지 거슬러 살펴봤을 뿐만 아니라, 창조 이전의 형이상학적 단계까지 포함해 살피고 있으므로, 《신국론》 독자에게 그리스도의 역사적 의의가 명확하지 못한 것이 되었다. 그러므로 아우구스티누스의 역사 해석은 숄츠에 의해 다음처럼 비판되었다.

숄츠는 《세계사에서의 신앙과 불신앙— 아우구스티누스 《신국론》의 주석》에서 이런 시각의 비판을 두 번에 걸쳐 한 뒤 다음처럼 말한다.

"아우구스티누스가 그리스도교를 세계사의 전환점으로서 평가하는 것을 그만 두고 있는 것은 오로지 역사철학적 관점에서뿐만 아니라, 신앙의 철학적인 관점으로 보아도 하나의 결함이다."[*12] 그러나 여기에서 언급되고 있는 것처럼 역사를 철학적으로 살펴본다는 것은 그리스도교에게 본디 불가능한 일이며, 역사 인식의 한계가 일반적으로 지지되고 있다.[*13] 따라서 아우구스티누스도 역사를 철학적으로 다루고 있는 것이 아니라, 오히려 역사를 신학적으로 풀이하고 있다고 생각해야 옳다. 다음에 그의 신학적인 역사 해석은, 시간이나 시대의 변천이 미리 하느님의 지혜 안에 '여러 시대의 질서'로서 있고, 그것이 역사에서 전개되었다는 관점에서 이루어지고 있음을 유의해야 할 것이다.

'시간의 질서' 란 무엇인가

그래서 이 '시간의 질서'라는 관점에서 그의 역사 해석을 살펴보고자 한다. 이 질서의 사상은 그의 《고백록》 가운데 시간론의 끝 대목에서 이야기되고 있다. 거기에서 그는 시간적 인간 존재의 모든 고난이 '그 질서를 모르는 시간 안에 내가 날아 흩어지고 있는'(《고백록》 29 : 39) 일에 따른다고 말하고, 이 시간의 질서에 대한 무지를 나타냈다. 그 뒤 이 사상은 그의 《창세기 축어(逐語) 주해》, 《삼위일체론》,《신국론》 안에서 자세하게 이야기하고 있어, 그의 역사관 확립에도 효과적 역할을 하고 있다. 여기에서는 다음 몇 가지를 더 뚜렷이 해 보고자 한다.

[*12] H. Scholz, 앞의 책, p. 174 및 p. 153 참조.

[*13] E. Brunner, Religionsphilosophie evangelischer Theologie, 제2판 p. 64. Ziegler, Die Grenzen Geschichitlichen Erkennntniss, in : Augustinus Magister III 참조.

창조된 세계와 시간의 동시성

《창세기 축어 주해》에서 '시간의 질서'는 개체 발생의 형이상학적 원리로 쓰였다. 아우구스티누스에 따르면, '시원(始源)의 창조'에는 시간의 계기가 없다. 따라서 신은 만물을 한 순간, 동시에 창조한 것이 된다. 즉 창조의 6일도 시간 순서를 나타내고 있는 것이 아니라 인식 순서 안에 있는 원인성을 나타내고 있고, 시원의 창조에서는 세계의 질료인(質料因)인 4원소와 형상인(形相因)인 종자적 이념이 가능태로서 주어져 있었다. 이것에 이어 생긴 '시간의 경과'에 따라 인간 신체를 포함한 생명체는 개체로 이루어진다. 이 생물의 종자적 이념과 개체로서의 출현 경과가 신의 '관리'에 의해 인도되어, 시간을 통한 창조 솜씨의 계속이라 일컬어진다. 이 관리의 작용은 영원한 지혜 안에 처음부터 있었던 '시간 질서'에 바탕을 두고 있다. 즉 최초의 창조 안에 생체의 발생이 예정되어 있어서, '시간의 경과'에서 그것이 현실화된 것이다. 이렇게 해서 시간은 그 근원에서 전개의 질서가 미리 주어져 있었다는 것이 된다.[14]

영원불변한 신의 계획

시간이 피조물과 동시에 창조되었다는 것은, 창조의 6일도 태양력과 같은 간격을 가지지 않고, 그 발전 전체가 '사물 안에 있는 여러 원인의 연결' 안에 '시간의 질서'로서 이미 주어져 있음을 뜻한다. 그러나 여기에서의 시간은 자연 영역의 물리적 시간으로, 인간 역사에서의 발전, 즉 문화적 시간과는 구별된다. 그런데 아우구스티누스는 《삼위일체론》에서 시간의 질서는, 시간을 뛰어넘는 영원자인 신의 지혜 안에 있으며, 때가 되어 그리스도의 몸으로 실현되고 있다고 말했다.[15] 이와 같은 시간의 질서는 《신국론》에서 말하는 시간을 세계와 함

---

[14] 그는 말한다. "땅은 탄생시키는 힘(즉 종자적 이념)을 수용하고 있었다. 나에게 말하게 한다면, 여러 시간의 근원에 있어, 시간의 경과에 의해서 장차 생겨나는 것이, 이미 분명히 땅속에 만들어져 있었다"(《창세기 축어 주해》 5, 4, 11)라고. 그러므로 "시간은 창조된 피조물의 운동에 의해 회전을 하기 시작했다"(같은 책 5, 5, 12)라고 되어 있다. 《신국론》에서도 "틀림없이 세계는 시간 속에서 만들어진 것이 아니라 오히려 시간과 함께 만들어졌다"(제11권 6장)라고 되어 있어 창조된 세계와 시간이 나란히 존재하기 시작했다는 것이 주장되었다.

[15] "신의 지혜 자체에서 그리스도는 시간 없이 존재했으나, 이 시간에서 신의 지혜는 육체를 가지고 나타나지 않으면 안 되었다. 따라서 말씀은 시간의 개시 없이 처음부터 존재했고, 말씀은 신에 속하고 신이었기 때문에, 그리스도는 시간 없이 말씀 자체 안에 있었는데, 그 시간 안에서 말씀이 육체가 되어 우리 사이에 깃들었다. …… 말씀 자체에서는 시간 없이

께 창조해 시작을 주고, 역사를 이끄는 '영원불변한 신의 계획'과 사상 내용이 모두 같다고 여겨진다(《신국론》제12권 15, 18장). 그러므로 《신국론》에서는 이 개념이 역사에 적용되었다고 말할 수 있다.

역사의 발전과정과 시간 질서

이 '시간의 질서'는 신의 지혜 안에 있는 역사를 이끄는 이념이지만, 그것이 역사 안에서 실현되는 경과도 '여러 시대의 발전과정'으로서 신의 지혜 속에 미리 존재함으로도 일컬어졌다(제4권 17, 23장). 이 '발전과정'이라는 것은 본디 '두루마리'여서, 한 권의 역사 두루마리처럼 처음부터 존재한다. 아우구스티누스는 그것을 단계적 발전을 포함하는 질서의 이념으로, 따라서 역사를 밝힐 수 있는 형이상학적 원리로 채용했다. 이렇게 해서 '시간의 질서'는 말씀의 수육(受肉)을 정점으로 하는 역사에 적용되어, 이 관점에서 역사 해석이 《신국론》에서 대규모로 전개한 것이다.

시간의 질서와 구제사

《신국론》은 "모든 시간의 창조자이자 질서자"인 영원한 신이 "영원불변한 계획"을 가지고 역사를 이끈다고 일관되게 말하고 있다. 여기서 "시간적인 것을 움직이게 하는 것은, 시간적으로는 움직여지지 않는다"(《신국론》제10권 12장)고 말하는 것처럼, 신은 시간을 넘어서서 시간과정의 전체를 지배한다. 그리고 이 지배 방법이야말로 바로 '시간의 질서'이다.[16] 그런데 이 질서는 역사와 어떻게 관련되어 있는가?

'세대의 분열'과 '시대의 분절(分節)'

이 시간의 질서는 하느님 말씀의 육신으로 구제사를 단계적으로 구성하고 있다. 거기에는 인류를 구제하기 위해 '시대의 분절'이 주어지고, 신의 나라 기

존재했던 분이 이러한 충만된 때에 태어난 것이다. 시간의 질서는 확실히 신의 영원한 지혜 안에 시간 없이 존재하고 있다"(《삼위일체론》2 : 5 : 9).

*16 지배 방법으로서는 '시간의 질서'는 다음과 같이 파악되고 있다. "신은 우리에게는 감추어져 있어도 자신에게는 매우 명확한 사물과 시간의 질서에 따라서 그것을 하고 계신다. 그러나 신은 그와 같은 시간의 질서에 노예로서 봉사하는 것이 아니라 주인처럼 그것을 지배하고 통치자로서 그것을 실현하신다"(《신국론》제4권 33장).

원·경과·종말의 3단계가 있을 뿐 아니라, 중간 경과부분이 창조의 6일로 고르게 여섯 시대로 나뉘어 있다. 이 시대구분도 '시간의 질서'라는 형이상학적 이념으로부터 도출되어 있기에, "신의 약속이 실현되는 방식은 시간의 질서로 진전하는 신의 나라가 나타날 것이다"(《신국론》 제17권 1장)라고 말하고 있다.*17

이렇게 해서 역사기술은 왕들의 사적이나 사건을 계통 질서에 따라 확인하면서, 영적으로 해석해 장래의 예언을 꺼내면, 왕들의 순서가 '세대 질서'가 되고, 획기적인 '시대의 분절'을 통해 전개한다. 이에 따라 아담으로부터 제2의 아담인 그리스도까지의 역사를 몇 가지 시대로 나누어, 그것들이 지나감에 따라 그리스도 탄생에 이르러 예언이 이루어진다. 이렇게 해서 신의 내부에 있었던 이념적 '시간의 질서'가 역사 안에 인식된다. 그러므로 역사를 이끄는 형이상학적 이념으로서의 '시간의 질서'는 이제 역사의 기술로 확인되게 되었다. 여기에서 역사의 예형론적(豫型論的) 해석이 생겨나게 된다.

역사의 예형론적 해석

역사의 예형론적 해석이 전개되는 것은, 역사상의 여러 사실(인물, 행동, 사건, 조직 등)이 "신에 의해 세워진 원형적 서술로서, 즉 앞으로 올, 더욱이 보다 더 완전하고 보다 더 위대한 사실의 유형으로서 이해되고 있는" 경우이다. 예를 들어 이스라엘의 이집트 탈출이라는 사건이 앞으로 올 구제의 모형이 되어 있다. 그것은 단순한 반복이나 순환, 상징도 아니고, 이념의 실현형식이다. 그러므로 바울이 "이 아담은 앞으로 올 원형이다"(로마서 5 : 14) 했을 때, 죽음의 지배를 생기게 한 아담이 생명의 지배를 세운 그리스도와 대치되어, 아담은 옛 인간의 원형을 이루는 모형이라고 여겨지고 있다. 이 생각을 성서의 역사해석에 적용한 것이 아우구스티누스의 예형론적 해석이며, 성서의 역사적 진실을 파악하는 역사적 해석이나 정신적 의미를 파악하는 상징적 해석과 어깨를 견주는 제3의 해석방법이 되어 있다.*18

---

*17 이 여섯 시대설이라고 하는 것은, 전체로서는 다음과 같이 구분된다. ① 아담으로부터 대홍수까지, ② 대홍수부터 아브라함까지, ③ 아브라함에서 다윗까지, ④ 다윗에서 바빌론의 포수까지, ⑤ 포수에서 그리스도의 탄생까지, ⑥ 현재 진행 중이어서 세대 수에 의해서 측정하지 못한다. 《신국론》 제22권 30장).

*18 아우구스티누스는 성서의 문학적 해석에 대해서 상징적인 해석을 암브로시우스로부터 배우고 있는데, 성서의 사실성(史實性)이나 상징성만을 주장하는 일면적인 해석을 물리치고

하나의 예로서 예루살렘을 다음과 같이 해석하고 있다. 지상의 예루살렘은 역사적 사실이지만, 그것은 천상의 예루살렘 상징이기도 하다. 이 경우 역사와 상징에 더해 그 혼합인 제3의 예형론이 시도되어 '상징적 예시'가 언급되고, '상징적 의미'만을 파악해서는 안 된다고 말하고 있다(《신국론》 제17권 32장). 이와 같은 예형론이 전개되는 사례를 더 들어보기로 한다.

먼저 카인과 아벨이 인간의 두 계열, 즉 '신의 나라'와 '지상의 나라'의 모형을 이루고 있고(제15권 5장), 카인과 로물루스가 형제를 죽인 뒤 나라를 세운 모형이다(같은 권). 아벨과 셋이 그리스도의 죽음과 부활의 유형이다(같은 권 18장). 노아의 방주가 앞으로 올 교회를 미리 암시한다(같은 권 26장). 또 제사직이 에리로부터 사무엘에게, 왕국이 사울에서 다윗에게 이중으로 전환한 일이 영원한 왕인 그리스도의 사건을 암시하고 있다(제17권 52장). 또 복음서뿐 아니라, 세속사에서도 카인과 아벨 사건이 로물루스와 레무스 이야기와 비슷한 것으로 생각해 지상국가의 창설자가 다 같이 형제를 죽인 사람이고, 카인이 '최초의 모범 또는 그리스인이 부르고 있는 원형에 그런 종류의 유사성이 있다고 해서 이상한 일은 아니다'(제15권 5장) 주장하고 있다.

또 《신국론》 제18권에서는 복음서에서 볼 수 있는 하느님 나라의 발전과 함께 그것과 맞서면서 지나온 지상 나라의 역사가 아시리아·바빌론·로마의 세속사와 동시적으로 파악되어, 역사 신학 안에 수용되고 있다. 그때 바빌론은 제1의 로마, 로마는 제2의 바빌론이라고 불린다(제17권 22장). 이와 같은 아시리아, 바빌론에서 로마에로의 세속사도 아브라함에서 바빌론 포수시대의 예언자를 거쳐 그리스도에 이르는 발전단계를 갖는 복음서와 동시에 파악되어, 두 나라 왕들 세대의 질서에 따른 발전에서 구제사가 세계사적 발전단계를 가지고 이루어진다. 그러나 예형론의 최대 시도는 '시간의 질서'에서 이루어지고 있다고 여겨진다. 창조의 6일과 역사의 여섯 시대의 관련에 대해 아우구스티누스는 말한다.

"우리가 신 안에서 평안을 얻기에 앞서, 여러 시대는 이렇게 경과하지 않으면 안 되었기에, 그 (6일이라고 하는) 날들은 이유 없이 질서가 부여된 것이 아니다." 《시편강해》 92, 1)

그리스도와 그 교회를 예시(豫示)하는 입장을 취하고 있다. 이것이 예형론적 해석이 되어 있다.

창조 6일의 성서 기록이 원형이 되어 역사의 여섯 시대가 도출된다.[19] 또 창조와 역사가 모두 신의 솜씨이고, 창조가 이미 역사의 제1보를 이루고 있기에, 창조 안에 역사적 발전이 이념으로서의 '시간의 질서'에서 주어져 있다고 해석된다.

이 질서의 내용인 '신의 인류구제 계획'에는 신의 예지와 역사의 관계가 전제되어 있다. 거기에는 첫째, 인류의 역사를 이끌고 있는 신은 시간을 뛰어넘는 초월신이라도, 인간의 주체적인 자유의사를 허용하면서 역사를 예정된 경로로 이끌고 있다.[20] 둘째, 역사를 이끄는 신은 역사에서 그리스도를 예고하고, 예수에서 구제를 실현해서, 역사에서 신의 진리를 인식하도록 했다. 이것이 '진정한 인류 교육'으로서의 역사 인식이다.[21] 신의 구제 계획 그 자체는 인간에게 감추어져 있어서 인식할 수 없으나, 역사의 계시에 의해 그것은 비로소 인식된다. 그러므로 "사람이 하는 일은 자유이다. 그러나 신은 그것을 예지하고 있고 모든 것을 자기의 세계계획 안에 넣으신다. 이러한 형이상학적 해석은 역사를 통해 명백해진다"[22]고 일컬어진다. 그렇다면 인식을 넘어선 절대적 초월신과 인식 가능한 상대적 역사의 세계, 어느 것이 아우구스티누스에 의해 강조되어 있었는가?

로이터는 이렇게 대답한다. "아우구스티누스는 절대적 규범을 즐겨 썼으나, 상대적인 것을 없는 것으로는 하지 않았다."[23]

질서의 파괴와 재건

인류구제 역사는 신의 나라 발전을 객관적으로 말한 것인데, 이 같은 역사

---

[19] 구제사는 아담의 아들에게 생긴 두 나라의 대립에서 현실적인 전개를 시작하여 창조의 6일에 해당하는 육시대를 거쳐, 7일째 하느님의 안식과 같은 우리의 안식일에 이른다. 그러나 이 여섯 시대설에서는 그리스도의 위치가 구제의 중심에 있을 수 없게 되어, 숄츠가 비판한 것이 타당성을 갖는다. 그에 의하면 전통적인 6000년의 시대구분을 아우구스티누스가 개량해도 그리스도가 역사의 전환점에 서 있다는 것이 전경(前景)에 나오지 않게 되어 아우구스티누스의 구제사상과 일치하지 않게 된다.

[20] 따라서 피지스가 강조한 것처럼 "그 누구도 아우구스티누스 이상으로 시간을 초월한 신의 실재의 가르침을 깊이 밝힌 사람은 없다."

[21] A. W. Ziegler, 앞의 책 참조.

[22] E. Salin, Civitas Dei, 1926, p. 177.

[23] Reuter, Augustinische Studien, 1967, p. 136.

를 통해 개인이 교육되고 더욱이 '시대의 분절'로 진보해, 영원적인 것의 파악에 이른다고 설명된다.*24 이 진보는 개인의 성장과 견주어 이야기된다. 예를 들면 스토아 철학의 영향을 받아 젖먹이기·유소년기·청년 전기·청년 후기·장년기·노년기의 여섯 단계로 나누어서 고찰된다. 그러나 일반적으로는 시원의 순진무구함, 죄에 빠짐, 구제의 세 단계적인 발전으로서 다음과 같이 인간학적으로 해명된다. 이 발전은 먼저 '창조와 죄에 빠짐' 이야기를 중심으로 이야기되고, 아담적인 인간의 시원상태, 죄에 빠짐과 원죄의 파급, 신의 은총에 따라 새로 태어난 본성이라는 세 단계가 연구된다.

왜냐하면 인간 존재는 시간에 의해 규정되고, 무에서 창조되었기에 가변성을 몸에 지니고, 죄로 빠져드는 가능성을 간직하고 있지만, 이것을 이겨 내는 일도 신의 섭리에 따라 갖추어져 있기 때문이다. 그때 주목할 점은 죄가 신이 정한 질서를 어겨 인간의 질서도 파괴하고, 이에 대해 신이 내리는 벌은 신의 질서를 돌이켜 보게 함으로써 '마땅한 보복'으로서 여겨지고 있다는 점이다. 이렇게 해서 인간은 죽음과 시간의 필연성에 구속되었지만, 신이 정한 '시간의 질서'는 죽음의 시간에서 인간을 해방하고, 파괴된 여러 질서의 회복을 지향하는 것이다. 따라서 역사의 발전은 단지 개인의 구제를 문제 삼을 뿐만 아니라, 개인을 산 내실(內實)로서 포함하는 '신의 나라'라고 하는 '그리스도의 몸'인 교회의 예언·성취·완성으로서 설명된다. 이렇게 해서 개인을 포함하면서 원칙적으로는 이것을 넘어서는 세계 질서의 완성을 노리는 크나큰 규모를 가진 목표가 설정된다.*25 이 평화는 인간적·사회적·우주적 완성인 것으로, 무질서의 혼란을 근본적으로 가라앉힌다. 따라서 신이 정한 '시간의 질서'는 그 궁극적인

---

*24 인류의 진정한 교육은 신의 백성에 관한 한, 개인의 그것과 매우 비슷하다. 그것은 개인이 나이를 먹어 다다르는 것처럼, 어떤 시대의 분절(分節)에 의해 진보했다. 이렇게 해서 일시적인 것으로부터 영원한 것의 파악으로, 더 나아가 보이는 것으로부터 보이지 않는 것의 파악으로 승화했다《신국론》제10권 14장).

*25 '신체의 평화는 그 부분에 질서가 부여된 조화이며, 비이성적인 영혼의 평화는 욕구의 질서 잡힌 안정이며, 이성적 혼의 평화는 인식과 행동이 질서 잡힌 합치이며, 신체와 영혼의 평화는 신상에 의해 영원한 법 아래에 질서 잡힌 순종이며, 사람들 사이의 평화는 질서 잡힌 화합이며, 나라들의 평화는 시민 사이에서 지도하는 자와 복종하는 자의 질서 잡힌 화합이며, 하늘나라의 평화는 신을 기뻐하고 신 아래에서 서로 사랑하는 완전히 질서 잡힌 화합된 교제이다. 만물의 평화는 고요한 질서이다. 질서란 각기 자리를 주는 똑같은 것과 똑같지 않은 것의 배치이다《신국론》제19권 13장).

발전에서 죄와 죽음이 지배하는 시간에서 인간을 해방하고, 인간의 여러 질서를 회복, 질서가 가져다주는 평안으로서의 평화를 이룬다. 여기에서는 시간을 매개로 한 질서의 사상이 펼쳐지고 있다.

아우구스티누스의 역사해석에서는 '시간의 질서'라고 하는 역사의 형이상학적 원리 또는 이념이 전제되고 있어도, 그것은 역사 현실과의 관련에서 언급되었다. 따라서 그것은 신의 나라와 땅의 나라 역사에서의 대립된 현실을 실제적 모습으로 파악하면서도 그것을 넘어서 신이 질서를 내려주는 작용을 말한다. 따라서 '신의 나라'와 '땅의 나라'의 대립은 격돌하는 투쟁적 모습으로 설명되어, 때로는 절대적으로 서로 허용하지 않는 이원론에 빠진 것처럼 보여도, '시간의 질서'와 '질서의 평안'으로 화해에 이른다. 이 같이 질서의 사상은 대립하는 것을 화해시킨다. 이렇게 해서 두 나라는 대립의 현실을 극복해 발전적 이해로 이끌게 된다. 따라서 역사는 신이 감독하는 커다란 드라마로 그의 눈에 비친 것이다. 다음에 이 역사관의 바탕에 있는 시간론을 살펴보기로 한다.

《신국론》의 시간론—둥근 고리 시간에서 직선의 시간으로

《신국론》에서 전개하는 시간론은 《고백론》에서 마음으로 재는 시간과 달라서, 역사에서의 객관적인 시간을 살펴본다. 영원하여 시작을 가지고 있지 않은 신이 시간에 시작을 설정해 역사에 시원을 부여한 것은 피조물을 시간과 함께 창조했기 때문이다. '세계가 시간에서가 아니라 시간과 함께 만들어졌다는 데에 의심의 여지가 없다'(《신국론》 제11권 6장). 그것은 사실 '변화하는 운동의 연속을 허용하는 피조물이 없다면, 시간은 전혀 있을 수 없기 때문이다'(《신국론》 제12권 14장). 그러나 이와 같은 창조물의 시간에의 관여는 역사 안에 그 영원 불변한 계획이 존재함을 뜻하고 있었다. 거기에는 세계의 운동과 함께 시간을 측정한다는 물리적 시간을 넘어선 뜻이 마땅히 인정된다.

이제까지 '시간의 질서'에 따라서 역사를 생각해 보았는데, '시간'과 '질서'는 본디 히브리 사상과 그리스 사상에서 저마다 나뉘어 강조되어 온 것이다. 이 둘을 결합한 데에 아우구스티누스적 사유의 특질과 문화종합의 전개가 나타나 있다. 질서는 세계를 지배하는 보편적 로고스이며, 그리스인은 이것을 퓨시스라고 부른다. 그러나 '자연만이 있는 곳에서는, 모든 개체나 시간적 변화는 보편적이고 영원한 것의 반복에 지나지 않는 것이 되리라. 더욱이 이 영원한 반복이라고 하는 사상만큼 역사의 의의를 무시한 것은 없다.' 그러므로 '시간의 질서'에 따라 그리스인은 시간이 질서를 가지고 영원히 되풀이된다고 생각했는데, 아우구스티누스는 이처럼 생각하지 않는다. 그는 신이 시간 자체를 창조하고, 생물의 개체를 완성해, 영원한 계획을 향해 지배·관리한다고 생각한다. 시간이 사물의 운동을 재는 잣대이며, 사물의 가변성과 가동성을 함께 성립하고 있다고 생각하는 한, 둥근 고리처럼 되풀이하는 시간밖에 생각할 수가 없다. 그러나 만약 사물과 시간도 신의 피조물로서 영원자의 의지와 계획에 따르고 있다고 본다면, 세계를 창조한 신과의 관계에서 시간은 이해된다. 이 관점에서는 시간을 영원히 되풀이한다고 보는 관점은 철저하게 배척된다. 따라서 아우구스티누스에게서 '질서'는 그리스인의 성스러운 코스모스(cosmos)라는 뜻을 이미 가지지 않는다. 이 코스모스는 창조 사상에 의해서 비신성화되고, 자연 법칙도 뛰어넘은 신의 계획을 표현하는 것으로 여겨졌다.

아우구스티누스에 따르면 우주의 자연운동과 인류의 역사는 영원히 되풀이되는 끝없는 과정이 아니라, 시작과 종말을 가진 경과이며, 일정한 목표로 나아가는 방향성을 인정할 수가 있다. 거기에서는 시간을 뛰어넘은 의미가, 실현하는 역사가 새겨져 있다. 시간은 그 질서에 따라 신의 지혜 안으로 도입되어, 시간과 영원의 모순적 대립은 지양되어, 순간적인 영원한 아톰화(키르케고르)를 일으켜 의미를 가진 역사가 된다.

이러한 시간의 흐름은 사계절의 교대와 순환에 따르는 둥근 고리적 시간에 대해 직선적인 시간이라고도 일컬어져 왔다. 둥근 고리의 시간을 역사에 적용하면 어떤 주기를 가지고 되풀이되는 운동이라 할 수 있다. 이 주기적 순환설을 포르피리오스도 어리석은 일이라며 배척하고 있다(《신국론》 제12권 21장 3).[26] 그렇게 되면 실제로 순환하고 있는 것은 이처럼 가르치는 사람들의 오류이자 거짓이라는 것이 된다(같은 권 14장 2). 그리고 사실, 죄에 빠짐과 함께 시작되는 인류 발자취에서는 낙원(처음의 행복)을 잃어버림으로써, 비참함과 죽음이 되풀이되는 소용돌이 속에 휩싸인다. 사실 인간은 태어나면서부터 죽음

---

*26 이 설에 의하면, 예를 들어 철학자 플라톤은 기원전 4세기에 아테네의 아카데메이아라고 불리는 학원에서 제자들을 가르쳤는데, 과거의 끝없는 세기에 걸쳐 무한한 넓이와 무한한 길이 안에서 같은 플라톤, 같은 나라, 같은 학원, 같은 제자가 차례로 나타나, 미래의 한없는 세기에서도 차례로 나타나게 된다(《신국론》 제12권 14장 참조).

으로의 길을 걷고 있다.*²⁷ 이런 의미에서 인간은 '죽음으로의 존재'이다. "사람은 거기에서는 제1의 죽음처럼, 죽음의 앞이나 뒤가 아니라 늘 죽음 안에 있다. 그래서 살아 있는 것도 아니고 죽은 것도 아닌, 끝나는 일 없이 죽어가고 있는 것이다. 사실 죽음 안에 있는 인간에게 죽음(끝)이 없는 죽음이 있는 것만큼 큰 재앙은 없을 것이다"(제13권 11장). 그러므로 죽음에 둘러싸이고 죽을 병에 걸려 있는 인간은 시간에 구속된 존재로, 죽음의 집인 감옥에 갇혀 이미 제 힘으로는 그곳에서 빠져나올 수가 없다. "이와 같이 해서 자유의지의 악용에서 하나로 이어지는 재앙이 생겼다. 뿌리가 썩은 나무처럼 그 시조부터 타락해 버린 인류는, 신의 은혜로 해방된 자를 제외하고는, 비참이라는 쇠사슬에 묶여 마침내는 끝이 없는 제2의 죽음의 파멸에 이른다"(같은 권 14장).

아우구스티누스의 눈에는 이 세계는 비참함의 이어짐 안에 있고, 신의 나라도 이에 휘말려서(제12권 24장), 비참함이 순환하고 있다고 느껴졌다. 따라서 둥근 고리의 시간은 아무런 뜻도 가지지 않는 공상의 산물에 지나지 않는다.

"우리는 주이신 하느님의 도움으로 공상이 낳은 이들 공전을 또렷한 이성을 가지고 깨뜨릴 수가 있다. 그 친구들이 이와 같이 큰 잘못을 저지르고 거짓의 둥근 고리를 헤매면서, 참되고 올바른 길을 걸으려고 하지 않는 것은, 어떠한 무한한 것도 받아들일 수가 있고, 무수한 것은 모두 사고의 변화 없이 셀 수가 있다. 전적으로 불변한 신의 마음을 좁고 변하기 쉬운 인간 마음으로 측정하려고 하기 때문이다"(같은 권 18장).

둥글게 순환하는 삶을 선택하는 것은 신에 따르지 않고, 자기 척도로 신을 생각하는 지성의 거만한 짓이다. 그러나 그 비극을 넘어 구제가 신의 손에 의해 주어지고, 이 순환에서 벗어나는 길을 그리스도에서 찾을 수 있다고 한다. 그러므로 시편 45 : 7에서 '여러 시대의 여러 시대'라는 말은, 그것은 여러 시대의 반복이라고 하는 순환설의 공상을 말하고 있는 것은 아니다.*²⁸ 신은 이 여

─────────────

* 27 "사람은 누구나 이윽고 죽을 이 신체 안에서 존재를 시작한 때부터, 단 하루도 죽음에 가까이 가지 않는 삶을 안 보내는 일은 없다. 사람은 그 가변성 때문에 지상의 삶─그것도 삶이라고 할 수 있다 치고─끊임없이 죽음으로 향해 가까이 가고 있다"(《신국론》 제13권 10장).

* 28 '왜냐하면 "여러 시대의 여러 시대"란 같은 여러 시대의 되풀이가 아니라, 하나의 시대에서 다른 시대로 향해 옮아가는 여러 시대의 질서 있는 연결을 의미하며, 비참에서 해방된 영혼은 다시 그곳으로 되돌아가는 일 없이 더 없는 행복 안에서 굳게 머물러 있거나 또는

러 시대에 질서를 부여하고 이 순환으로부터 벗어나는 길을 준비해, 영원한 생명을 주었다. 그것은 카이로스에서 실현되었다.[*29] 즉 이런 악순환에서 벗어나는 길은 그리스도에 의해서 '똑바른 길'로서 주어졌다.[*30] "따라서 우리는 그리스도가 우리를 위해 갖춘 똑바른 길을 걸어, 이 왕이시자 구세주인 분에 의해 신앙의 길과 마음의 생각을 헛되고 거짓의, 신을 두려워하지 않는 둥근 고리의 순환에서 떼어놓아야 하지 않겠는가"(제12권 21장).

시간의 창시자는 죄에 물들어 비참이 순환하는 죽음의 시간 윈환에서 인류를 구출하기 위해, 이 시간 안에 육신을 입고, 죽은 시간에서 인간을 해방, 영원한 생명으로 불러낸다. "말씀은 시간 안에 있고, 시간은 말씀에 의해 만들어진 것인데, 시간 안에서 탄생하셨다. 왜냐하면 말씀은 영원의 생명이고 시간적인 것들을 불러, 영원한 것으로 만드시기 때문이다"(《시편 강해》 101, 10). 말씀의 몸으로 생기는 시간은 둥근 고리 같은 시간에 맞서는 직선의 시간이라 일컬어지고 있다.[*31]

이 신이 이끄는 시간의 경과는 실제로 역사에서 일어나고 있고, 그것에 의해 시대의 일대 변화가 생기고 있다. 여기에 역사적 시간으로서의 '세대'의 의의가 있다. 즉 역사의 위대한 때인 카이로스는, 죄가 지배하는 세대에서 새로운 생명의 세대로의 전환을 그리스도를 통해 실현했다. 그래서 다음에는 이 세대 문제를 다루어보고자 한다.

그 아래에 있는 시간적인 여러 사물을 영원히 지배하든가, 아무튼 같은 것을 회전시키는 순환은 거기에는 장소를 가지지 않는다. 성도들의 영원한 생명은 이와 같은 것을 강력하게 거부한다"(《신국론》 제12권 20장).

[*29] 이 카이로스는 인류에게 하나의 체험으로서 주어져 있다. "확실히 신은 이 영원한 시간에 앞서서 존재했을 뿐만 아니라 때가 차서 명백히 하는 영원한 생명을 약속했지만, 그것은 신의 말 이외의 그 무엇에 어울리는가"(《신국론》 제12권 17장).

[*30] 브룬너는 이것을 다음과 같이 교묘하게 표현하고 있다. "신은 어느 시점에서 둥글게 순환하는 시간으로 들어오고, 그의 영원성의 온갖 힘을 가지고 이 둥글게 순환하는 시간을 쓰러뜨리고 선적(線的) 시간에 시작과 목표를 따라서 방향을 부여하였다."

[*31] 도손에 의하면, 이 시간에 대한 변화는 종교적인 경험에서 이미 깨닫게 되었으나, 아우구스티누스에 의해서 처음으로 철학적 분석을 보게 되었다. 그는 시간의 의미를 발견한 최초의 사람이었다.

나라와 세대와의 전환

역사의 구체적인 진전은 두 개의 키비타스(나라)의 관련에서 연구되고 있다. 따라서 두 개의 키비타스가 발전해 땅의 나라에서 신의 나라로 전환하는 사건이 '세대의 질서'로부터 주장되었다. '세대'는 '세(世)' 또는 '전 시간'이라고도 옮겨지는 말로서, '시대'와 같은 뜻으로 쓰인다. 이 '세대의 질서'는 시대의 발전을 포함하는 역사 영역을 가리키고 있고, 거기에는 역사의 여러 시대가 그 모든 발전과정을 뜻하고 있다. 또 '세대의 발전'은 자의적(字意的)으로는 시대의 발전과정을 포함하는 '두루마리 그림'을 뜻한다.*32 이것은 적어도 키비타스를 구성하는 시민의 발걸음을 가리키며, 인류의 시조들이 아이들을 낳기 시작하면서부터 그것을 그만 둘 때까지의 모든 시대를 가리키고 있다.*33 이 의미로는 '세(世)'라고 하는 말은 그리스어의 아이온에 해당하는 말이다.*34 그는 "아이오닌이란 끝이 없는 것, 또는 이 세상 끝까지 이어지는 것을 가리킨다"(《신국론》 제16권 26장 참조)라고 말한다. 그때 그는 이 세상 안에서 짧은 시간 안에 변화 소멸하는 것은 '이 세적인 것'이라고 불리기에 아이온을 '세속'으로는 번역하지 않았다고 설명하고 있다(《신국론》 제16권 26장 2). 그런데 '여러 세대의 질서'나 '여러 세대의 전개'가 여가 시간의 발전을 말하는 것이므로, '세대'의 개념 안에 '시대의 분절'과 그것에 따른 신의 영원한 계획의 실현을 받아들임으로써 '세대' 개념을 역사적으로 만들었고 역사신학을 이루었다 할 수 있을 것이다.

아이온의 전환이야말로 바울 로마서의 중심사상이라고 니그렌은 말한다.*35

---

*32 이 점에 관해서, "그들은 여러 세대의 발전적 과정을 우주의 창조자와 지배자의 지혜 자체 안에 통할 수 있을 정도로 튼튼하게 정신의 눈을 영적으로 하여 항상 불변한 영원성으로 고정하는 데에 어울리지 않는다"(《삼위일체설》 4, 17, 28)를 참조.

*33 《신국론》 제15권 처음 대목에서 다음과 같이 일컬어지고 있다. "그런데 천사들—그 수를 우리는 알 수 없지만—의, 또는 최초의 두 사람 사이의 이들 두 나라의 발단에 대해서는 충분히 이야기되었으므로, 이제는 그 진전에 대해서, 즉 그 두 사람이 아이를 낳기 시작한 때부터, 인간이 낳는 것을 그만 둘 때까지의 진전에 대해서 토론을 진행하지 않으면 안 된다고 나는 생각한다. 왜냐하면 죽은 자가 떠나고 태어나는 자가 그것을 이어받는 이 전체의 시간, 내지는 세대라고 하는 것이 우리가 논하려고 하는 두 나라 역사의 진전을 이루기 때문이다"(《신국론》 제15권 1장 1).

*34 신약 성서에서 아이온은 영원이라는 뜻과 세계나 세상의 의미를 가지고 있다. 왜냐하면 성서에서는 영원의 관념이 무시간적 성격이나 시간의 끝을 의미하는 것이 아니고, 인간의 이해를 뛰어넘어 언제까지나 이어지는 '아이오닌온(세세)'을 의미하기 때문이다.

*35 A. Nygren, Commentary on Romans, trans. by C. C. Headam, p. 115.

이것은 아우구스티누스의 사상과 관계가 있으므로, 그의 소론에 잠시 귀를 기울여보기로 한다. 그에 의하면 서양 근대문명의 세속화에 따라 오늘날 아이온은 이해할 수 없게 되었다. 바울은 이 말에 의해 서로 맞서는 두 개의 영역을 생각해, 하나는 죽음이 지배하는 세계, 또 하나는 생명이 지배하는 세계로, 전자는 죽음이 지배하는 세계, 후자는 그리스도의 세대를 지배한다.*36 이 그리스도의 출현은 새로운 아이온인 생명의 아이온을 사람들에게 준다. 그리고 "그리스도는 낡은 것을 이겨내고 새로움에 이르는 길을 비추어, 두 아이온의 경계선에 서 있다"*37고 일컬어지고 있다. 그러면 그리스도는 '이 세대'에서 '앞으로 올 세대'에 이르는 길이 되어, 세대의 전환을 이루었다 주장된다. 이와 같은 아이온의 움직임이 아우구스티누스 주장의 배경을 이룬다고 여겨진다.

아우구스티누스가 아이온에 대해 말한 것은, 약속의 아들 이삭의 탄생에 대한 서술에서이다. 거기에서는 나이가 들어 아이를 낳을 수 없어 죽은 것과 같은 사람이 된 양친에게, 신의 힘에 의해 이삭이 주어진 이야기가 인용되었다. 이 사건 안에, 자연에서 은총으로, 죽음에서 삶으로, 낡은 계약에서 새로운 계약으로의 전환과, '새로움'의 체험이 설명되었다. 그는 말한다. "이 약속의 아이는 자연본성이 아니라 은혜를 나타내는데, 그것은 그가 나이 든 남편과, 나이든 불임의 아내에게 약속된 아이이기 때문이다. 출산이라고 하는 자연본성의 경과도 신의 작용이지만, 자연본성이 손상되어 불능하게 되고, 신의 작용이 뚜렷한 경우에는, 은혜가 더 뚜렷이 알려진다. 그리고 이것은 출생을 통해서가 아니라, 신생을 통해 그렇게 되어야 한다. 낡은 계약 안에 새로운 계약이 그림자로서 숨어 있다"(《신국론》 제16권 26장 참조). 세대의 전환은 '자연적 출생'에서 은혜에 따른 '신생'에 의해서 생명의 세대로 옮아갔다는 것을 말한다.

따라서 두 개의 키비타스의 대립과 항쟁에는 세대의 전환에 따른 결정적 종지부가 이미 찍혀 있는 것이 된다.

키비타스의 역사에 이와 같은 전환점이 주어져 있는 것으로 해서, 역사의 비역사적 해석에서 역사적 해석을 거친 기초가 주어진다. 전자에서는 역사는 붕괴과정을 이루고 세계시대는 불가피하게 자기 파멸을 가져와, 구원은 거기로부터의 개인 구제에 지나지 않는다. 그러나 후자에서는 역사의 전환점에서 새

---

*36 A Nygren, 앞의 책, p. 20-21.
*37 A Nygren, 앞의 책, p. 23.

로운 창조가 생겨, "구원은 역사를 통해 역사의 나쁜 힘으로부터의 사회의 구제이다"(티리히)라고 말할 수 있을 것이다.[38] 이제까지 밝혀 왔던 아우구스티누스의 사상도 이것을 뚜렷이 나타내고 있다. 인간은 땅의 나라에서 자연의 삶을 받아 은혜에 의해 신의 나라로 옮겨지는데, 그 신생으로 키비타스의 일원이 되어 본질적으로 공동적인 사회적 인간으로서의 삶을 산다. "땅의 나라의 시민을 낳는 것은 죄에 의해서 손상된 자연본성이며, 한편 천상의 시민을 낳는 것은 죄에서 자연본성을 자유로 만드는 은혜이다"(제15권 2장)라고 되어 있는 그대로이다.

역사의 종말론적 해석

《신국론》의 구제사적 이해를 하기 위해서는, 요한계시록 20 : 1-6에 적혀 있는 '천 년 동안의 지배'라고 하는, 말하자면 천년왕국설을 아우구스티누스가 어떻게 생각하고 있었는가 하는 것이 중요하다. 천년왕국은 역사의 종말에 올 것이라고 그는 이전에 생각하고 있었다(《신국론》 제20권 7장). 그러나 지금 천년이란, 그리스도의 강탄과 재림 사이 역사의 최종기를 뜻한다(《신국론》 제20권 7장). 이 지배의 형태는 미래에 기대하는 파국의 시작을 가리키는 것이 아니라, 그리스도와 함께 신도 사이에서 이미 시작되고 있는 나라가 현실화되어 가는 과정이다.[39] 따라서 '끝'(에스카터)은 그리스도와 함께 시작되어 있고, 종말은 역사의 저세상이 아니라 이세상에서 이미 시작되고 있다. "미래에 신도는 그리스도와 함께 지배하는 것이 아니라, 미래란 다른 방식으로 이미 부분적으로 지배하고 있다"(같은 권 9장). 마찬가지로 그리스도 신도는 영에서 이미 부활하고, 왕이신 그리스도와 함께 있으나, 그 모습은 사람들의 눈에 보이지 않는다. 재생한 사람들은 그리스도의 신비한 몸으로서 교회를 이룬다. "이 시대의 전체를 통해 교회 안에 이미 교회의 성원에 대한 구세주의 도래는 늘 일어나며, 그 도래는 아직은 개인에게서 일어나고 있으나, 전체 교회가 그리스도의 몸이 됨으로써 차츰 완성된다"(같은 권 5장). 하지만 신의 나라의 최종적 완성은 최후의 심판과 신체의 부활로 생기므로, 역사 저쪽에 있다(같은 권 6장). 그러므로 하느님 나라의 완성은 순수하게 이세상에 있는 것도, 순수하게 저세상에 있는

＊38 P. Tillich, Protestannt Era. p. 16-31.

＊39 Kinder, 앞의 책, p. 2.

것도 아니다. 거기에는 현실성과 장래성의 위대한 혼합을 볼 수가 있다.[*40] 이것은 교회의 '영적' 성격에서 비롯하고 있다. 즉 신도의 영적 부활에 의해 신의 나라는 이미 현재적이지만, 동시에 그것은 부분적이어서, 전체를 향해 성장해 가고 있다. 영적 부활은 말하자면 종자이고, 신의 힘에 의해 그것은 자라 장래적으로 완성한다.

이와 같은 천년왕국설의 해석은 도나티스트(Donatist)였던 티코니우스의 학설에서 채용한 것이었다.[*41] 세계시 끝에 천 년 동안 그리스도의 지배가 도래한다고 하는 생각은 '예부터 전해 오는 조잡한 비학문적인 종말론'에 지나지 않는다. 오히려 아우구스티누스에 의해 "천년왕국은 종말론적인 것으로부터 교회사의 한 시기가 되었다."[*42] 그에 의하면 세계의 종말에 이르기까지 교회가 혼합체이어야 한다고 하면, 그 종말은 종말론적으로만 가능하다. 그러나 교회의 수는 양으로 표시되기보다는 상징적인 것이기에, 종말의 도래를 계산하는 근거는 되지 않는다. 이렇게 해서 그는 요한계시록의 전승을 비전승화하게 되었다. 그때 그는 재림을 역사의 단말에서 떼어내 일상생활 안으로 옮겼다. 이렇듯 천년왕국은 끝날 때의 사건이 아니라, 현시의 성도 지배를 뜻하는 것이 되었다. 그렇다고는 하지만, 아우구스티누스는 도나티스트들이 현시점에서 그린 교회의 이상상, 즉 겸손도 상처도 없는 그리스도의 깨끗한 신부의 모습을, 아직 실현되어 있지 않은 먼 앞날로 옮기게 되었다.[*43]

이렇게 해서 아우구스티누스는 교회와 '신의 나라'를 교회의 영적인 성격에서 동일시한 것이지, 결코 외적인 상태에서 동일시한 것은 아니다. 이 점에서 그는 유세비우스와 근본적으로 달랐다.

그런데 구제사적인 역사 이해는 그리스도를 중심으로 전후에 시대가 둘로 나뉘어, 그리스도 이전은 상징적으로 또한 예언적으로 그리스도를 가리키고, 그 뒤는 그의 왕적 지배인 교회에 참가함으로써 역사는 그 목적에 다다른다.

---

*40 Kinder, 앞의 책, p. 13.

*41 H. Scholz, 앞의 책, p. 125.

*42 Reuter, 앞의 책, p. 114.

*43 그런데 티코니우스 자신은, 교회는 보편적이어야 하지만, 그 성원은 혼합체라고 생각했다. 그렇게 되면 도나티스트의 교회관에 상처를 입힌다는 이유로 그는 380년 파문되었다. 그래서 그는 아우구스티누스가 놀랍게도, 도나투스 파로부터 가톨릭에 참가하는 쪽으로 기울어 갔다.

그러므로 '역사는 앞으로 올 것의 상징이며 이미 와 있는 것의 현실화이다' 규정할 수가 있다. 역사의 전환점이 이미 과거에 속한다고 보는 관점은 "절대적인 역사철학이 혁명에 의해 보수로 개조된 형태이다"(치리히).[44] 이 경우 '절대적'이란 초월적인 신관(神觀)에 유래하며, 보수라고 하는 것은 신의 섭리에서 비롯하고 있다. 그것은 초월신이 섭리에 의해 인류에게 작용, 그 불변의 구제계획을 역사에서 실현, 구제사를 완성했기 때문이다. 이렇게 해서 이념적인 역사 그 자체인 구제계획이 역사 과정에 따라 증명된다. 이것이 실현되는 날은 '영원한 주의 날'로 "그것은 영뿐만 아니라 신체의 영원한 안식도 암시하는 그리스도의 부활에 의해 성별(聖別)된 날이다"(《신국론》 제22권 30장 참조).

더 나아가 역사를 이끄는 섭리의 신은 전능한 신으로서 악도 이것을 사용해 선으로 만들고, 대립을 통한 더없는 아름다움 안에 모든 역사를 완성한다(제11권 8장). 키비타스는 현실적으로는 모두 맞선 투쟁 상태에 있었다. 이 공간적인 대립은 시간에의 시점을 전환, 격돌하는 키비타스는 신의 질서에 의해서 평화를 회복한다. 이 질서에 따라 대립을 통일하는 사랑은 섭리의 신의 신앙에 의해 역사 안에서 그 실현이 시작되고 있다는 것을 통찰할 수가 있었다. 자연 안에는 미적인 통일이 있는 것처럼(제5권 11장), 역사에서도 두 나라의 대립은 통일로 이끌어진다.[45]

그러나 그리스도 출현 뒤의 역사는, 유세비우스나 오로시우스가 말한 것처럼 교회를 통해 실현된다고 해도, 교회는 로마제국과 동일시되어 있지 않다. 황제 아우구스투스에 의해 세워진 로마는 교회로써 그리스도교화되었다고 해도 신의 나라가 될 수는 없다. 역사의 발전에 따라 교회와 국가가 점차적으로 동일시된다고 하는 학설은 오로시우스나 프라이진의 오토에서 볼 수 있는 낙관적 역사 해석에 지나지 않는다. 그들은 구제사의 완성은 신의 계획 안에 있으며, 인간으로서는 알기 힘들다는 아우구스티누스의 역사 불가사의론으로부터 아무것도 배우고 있지 않은 것이다.

---

*44 P. Tillich, 앞의 책, p. 36.
*45 제베르크는 말한다. "아우구스티누스가 이전에 자연철학을 통해서 발견하려고 한 현존재의 통일과 조화는 이제 역사철학에 의해서 그에 시작되었다."

추인해(秋仁海)

한신대학교 신학대학원 졸업. 장로회신학대학교 목회신학 박사과정. 연세대학교 신학대학원(목회상담학) 수학. 좋은교회 담임목사. 지은책 수상집《진리가 너를 자유케 하리라》옮긴책 밀란 밀란 쿤데라《참을 수 없는 존재의 가벼움》《농담》노먼 필《적극적 사고방식》C·M브리스톨《신념의 마술》마틴 루터《그리스도인의 자유》

추적현(秋適炫)

서울대학교 사회학과 졸업. 조선일보 편집위원 역임. 율리시스학회 동인. 휴머니스트 철학회 간사. 옮긴책 존 로크《인간지성론》스피노자《에티카》《정치론》베네딕트《국화와 칼》알랭 칼데크《천국과 지옥》아들러《행복의 철학》등이 있다.

세계사상전집053
Aurelius Augustinus
DE CIVITATE DEI
신국론 I
아우구스티누스/추인해 추적현 옮김
동서문화창업60주년특별출판
1판 1쇄 발행/2016. 11. 30
발행인 고정일
발행처 동서문화사
창업 1956. 12. 12. 등록 16-3799
서울 중구 다산로 12길 6(신당동 4층)
☎ 546-0331~6 Fax. 545-0331
www.dongsuhbook.com
*
사업자등록번호 211-87-75330
ISBN 978-89-497-1568-1 04080
ISBN 978-89-497-1514-8 (세트)

월드북(세계문학/세계사상) 목록

분류	NO.	도서명	저자/역자	쪽수	가격
사상	월드북1	소크라테스의 변명/국가/향연	플라톤/왕학수 옮김	840	15,000
사상	월드북2	니코마코스윤리학/시학/정치학	아리스토텔레스/손명현 옮김	621	12,000
사상	월드북3	형이상학	아리스토텔레스/김천운 옮김	578	9,800
사상	월드북4	세네카 인생론	세네카/김천운 옮김	963	15,000
사상	월드북5	고백록	아우구스티누스/김희보·강경애 옮김	566	9,800
사상	월드북6	솔로몬 탈무드	이희영	812	14,000
사상	월드북6-1	바빌론 탈무드	〃	810	14,000
사상	월드북6-2	카발라 탈무드	〃	810	14,000
사상	월드북7	삼국사기	김부식/신호열 역해	914	15,000
사상	월드북8	삼국유사	일연/권상로 역해	528	9,800
사상	월드북9	군주론/정략론	마키아벨리/황문수 옮김	666	12,000
사상	월드북10	인간불평등기원론/사회 계약론	루소/최석기 옮김	560	9,800
사상	월드북11	마키아벨리 로마사이야기	마키아벨리/고산 옮김	674	12,000
사상	월드북12	몽테뉴 수상록	몽테뉴/손우성 옮김	1,330	18,000
사상	월드북13	법의 정신	몽테스키외/하재홍 옮김	720	12,000
사상	월드북14	학문의 진보/베이컨 에세이	베이컨/이종구 옮김	574	9,800
사상	월드북15	방법서설/성찰/철학의원리/정념론	데카르트/소두영 옮김	692	12,000
사상	월드북16	팡세	파스칼/안응렬 옮김	546	9,800
사상	월드북17	반야심경/금강경/법화경/유마경	홍정식 역해	536	9,800
사상	월드북18	바보예찬/잠언과 성찰/인간성격론	에라스무스·라로슈푸코·라브뤼예르/정병희 옮김	520	9,800
사상	월드북19	에밀	루소/정병희 옮김	740	12,000
사상	월드북20	참회록	루소/홍승오 옮김	718	12,000
사상	월드북21	국부론	애덤 스미스/유인호 옮김	1,138	16,000
사상	월드북22	순수이성비판	칸트/정명오 옮김	770	25,000
사상	월드북23	로마제국쇠망사	에드워드 기번/강석승 옮김	528	9,800
사상	월드북24	나의 인생「시와 진실」	괴테/최은희 옮김	833	15,000
사상	월드북25	헤로도토스 역사	헤로도토스/박현태 옮김	810	15,000
사상	월드북26	역사철학강의	헤겔/권기철 옮김	562	9,800
사상	월드북27	세상을 보는 지혜	쇼펜하우어/권기철 옮김	1,024	15,000
사상	월드북27-1	의지와 표상으로서의 세계	〃	564	9,800
사상	월드북28	괴테와의 대화	에커먼/곽복록 옮김	868	15,000
사상	월드북29	자성록/언행록/성학십도/논사단칠정서	이황/고산 역해	602	12,000
사상	월드북30	성학집요/격몽요결	이이/고산 역해	620	12,000

사상	월드북31	인생이란 무엇인가	똘스또이/채수동 옮김	1,164	16,000
사상	월드북32	자조론 인격론	사무엘 스마일즈/장만기 옮김	796	14,000
사상	월드북33	불안의 개념/죽음에 이르는 병	키에르케고르/강성위 옮김	534	9,800
사상	월드북34	잠 못 이루는 밤을 위하여/행복론	카를 힐티/곽복록 옮김	937	15,000
사상	월드북35	아미엘 일기	앙리 프레데릭 아미엘/이희영 옮김	1,042	15,000
사상	월드북36	나의 참회/인생의 길	똘스또이/김근식 고산 옮김	1,008	15,000
사상	월드북37	인간적인 너무나 인간적인	니체/강두식 옮김	1,044	15,000
사상	월드북38	차라투스드라는 이렇게 밀헸다	니체/곽복독 옮심	1,030	15,000
사상	월드북39	황금가지	제임스 조지 프레저/신상웅 옮김	1,092	16,000
사상	월드북40	정신분석입문/꿈의 해석	프로이트/김양순 옮김	1,140	16,000
사상	월드북41	인생 연금술	제임스 알렌/박지은 옮김	824	12,000
사상	월드북42	유토피아/자유론/통치론	모어·밀·로크/김현욱 옮김	506	9,800
사상	월드북43	서양의 지혜/철학이란 무엇인가	러셀/정광섭 옮김	994	15,000
사상	월드북44	철학이야기	윌 듀랜트/임헌영 옮김	520	9,800
사상	월드북45	소유냐 삶이냐/사랑한다는 것	프롬/고영복 이철범 옮김	644	12,000
사상	월드북47	행복론/인간론/말의 예지	알랭/방곤 옮김	528	9,800
사상	월드북48	인간의 역사	미하일 일린/동완 옮김	720	12,000
사상	월드북49	카네기 인생철학	D. 카네기/오정환 옮김	546	9,800
사상	월드북50	무사도	니토베 이나조·미야모토 무사시/추영현 옮김	528	9,800
문학	월드북52	그리스비극	아이스킬로스·소포클레스·에우리피데스/곽복록 조우현 옮김	672	12,000
문학	월드북55	이솝우화전집	이솝/고산 옮김	736	12,000
문학	월드북56	데카메론	보카치오/한형곤 옮김	799	14,000
문학	월드북57	돈끼호테	세르반떼스/김현창 옮김	1,288	16,000
문학	월드북58	신곡	단테/허인 옮김	866	15,000
사상	월드북59	상대성이론/나의 인생관	아인슈타인/최규남 옮김	516	9,800
문학	월드북60	파우스트/젊은 베르테르의 슬픔	괴테/곽복록 옮김	900	14,000
문학	월드북61	그리스 로마 신화	토머스 불핀치/손명현 옮김	530	9,800
문학	월드북62	햄릿/오델로/리어왕/맥베드/로미오와 줄리엣	셰익스피어/신상웅 옮김	655	12,000
문학	월드북63	한여름밤의 꿈/베니스의 상인/말괄량이 길들이기	〃	655	12,000
문학	월드북65	카라마조프 형제들	도스토예프스키/채수동 옮김	1,212	16,000
문학	월드북66	죄와 벌	〃	654	9,800
사상	월드북67	대중의 반란/철학이란 무엇인가?	오르테가/김현창 옮김	508	9,800
사상	월드북68	동방견문록	마르코 폴로/채희순 옮김	478	9,800
문학	월드북69	전쟁과 평화 I	똘스또이/맹은빈 옮김	834	15,000
문학	월드북70	전쟁과 평화 II	〃	864	15,000

사상	월드북71	철학학교/비극론/철학입문/위대한 철학자들	야스퍼스/전양범 옮김	592	9,800
사상	월드북72	리바이어던	홉스/최공웅 최진원 옮김	704	12,000
문학	월드북73	사람은 무엇으로 사는가	톨스토이/김근식 고산 옮김	544	9,800
사상	월드북74	웃음/창조적 진화/도덕과 종교의 두 원천	베르그송/이희영 옮김	760	12,000
문학	월드북76	모비딕	멜빌/이가형 옮김	738	12,000
사상	월드북77	갈리아전기/내전기	카이사르/박석일 옮김	520	9,800
사상	월드북78	에티카/정치론	스피노자/추영현 옮김	542	9,800
사상	월드북79	그리스철학자열전	라에르티오스/전양범 옮김	752	12,000
문학	월드북80	보바리 부인/여자의 일생/나나	플로베르·모파상·졸라/민희식 이춘복 김인환 옮김	1,154	16,000
사상	월드북81	프로테스탄티즘의 윤리와 자본주의 정신/직업으로서의 학문/직업으로서의 정치	막스베버/김현욱 옮김	577	9,800
사상	월드북82	민주주의와 교육/철학의 개조	존 듀이/김성숙 이귀학 옮김	624	12,000
문학	월드북83	레 미제라블I	빅토르 위고/송면 옮김	1,104	16,000
문학	월드북84	레 미제라블II	〃	1,032	16,000
사상	월드북85	인간이란 무엇인가 오성/정념/도덕	데이비드 흄/김성숙 옮김	808	15,000
문학	월드북86	대지	펄벅/홍사중 옮김	1,051	15,000
사상	월드북87	종의 기원	다윈/송철용 옮김	656	12,000
사상	월드북88	존재와 무	사르트르/정소성 옮김	1,130	16,000
문학	월드북89	롤리타/위대한 개츠비	나보코프 피츠제럴드/박순녀 옮김	524	9,800
문학	월드북90	마지막 잎새/원유회	O. 헨리 맨스필드/오정환 옮김	572	9,800
문학	월드북91	아Q정전/아침 꽃을 저녁에 줍다	루쉰/이가원 옮김	538	9,800
사상	월드북92	논리철학논고/철학탐구/반철학적 단장	비트겐슈타인/김양순 옮김	730	12,000
문학	월드북93	마의 산	토마스 만/곽복록 옮김	940	15,000
문학	월드북94	채털리부인의 연인	D. H. 로렌스/유영 옮김	550	9,800
문학	월드북95	백년의 고독/호밀밭의 파수꾼	마르케스·샐린저/이가형 옮김	624	12,000
문학	월드북96	고요한 돈강I	숄로호프/맹은빈 옮김	916	15,000
문학	월드북97	고요한 돈강II	〃	1,056	15,000
사상	월드북98	경제학·철학초고/자본론/공산당선언/철학의 빈곤	마르크스/김문운 옮김	760	12,000
사상	월드북99	간디자서전	간디/박석일 옮김	606	12,000
사상	월드북100	존재와 시간	하이데거/전양범 옮김	686	12,000
사상	월드북101	영웅숭배론/의상철학	토마스 칼라일/박지은 옮김	500	9,800
사상	월드북102	월든/침묵의 봄/센스 오브 원더	소로·카슨/오정환 옮김	681	12,000
문학	월드북103	성/심판/변신	카프카/김정진·박종서 옮김	624	12,000
사상	월드북104	전쟁론	클라우제비츠/허문순 옮김	980	15,000
문학	월드북105	폭풍의 언덕	E. 브론테/박순녀 옮김	550	9,800

문학	월드북106	제인 에어	C. 브론테/박순녀 옮김	646	12,000
문학	월드북107	악령	도스또옙프스끼/채수동 옮김	869	15,000
문학	월드북108	제2의 성	시몬느 드 보부아르/이희영 옮김	1,056	15,000
문학	월드북109	처녀시절/여자 한창때	보부아르/이혜윤 옮김	1,055	16,000
문학	월드북110	백치	도스또옙스끼/채수동 옮김	788	14,000
사상	월드북111	프랑스혁명 성찰/독일 국민에게 고함	버크·피히테/박희철 옮김	586	9,800
문학	월드북112	적과 흑	스탕달/서정철 옮김	672	12,000
문학	월드북113	양철북	귄터 그라스/최은희 옮김	644	12,000
사상	월드북114	비극의 탄생/즐거운 지식	니체/곽복록 옮김	576	9,800
사상	월드북115	아우렐리우스 명상록/키케로 인생론	아우렐리우스·키케로/김성숙 옮김	543	9,800
사상	월드북116	선의 연구/퇴계 경철학	니시다 기타로·다카하시 스스무/최박광 옮김	644	12,000
사상	월드북117	제자백가	김영수 역해	604	12,000
문학	월드북118	1984년/동물농장/복수는 괴로워라	조지 오웰/박지은 옮김	436	9,800
문학	월드북119	티보네 사람들Ⅰ	로제 마르탱 뒤 가르/민희식 옮김	928	16,000
문학	월드북120	티보네 사람들Ⅱ	〃	1,152	18,000
문학	월드북121	안나까레니나	똘스또이/맹은빈 옮김	1,056	16,000
사상	월드북122	그리스도인의 자유/루터 생명의 말	마틴 루터/추인해 옮김	864	15,000
사상	월드북123	국화와 칼/사쿠라 마음	베네딕트·라프카디오 헌/추영현 옮김	410	9,800
문학	월드북124	예언자/눈물과 미소	칼릴 지브란/김유경 옮김	440	9,800
문학	월드북125	댈러웨이 부인/등대로	버지니아 울프/박지은 옮김	504	9,800
사상	월드북126	열하일기	박지원/고산 옮김	1,038	18,000
사상	월드북127	위인이란 무엇인가/자기신념의 철학	에머슨/정광섭 옮김	406	9,800
문학	월드북128	바람과 함께 사라지다Ⅰ	미첼/장왕록 옮김	644	12,000
문학	월드북129	바람과 함께 사라지다Ⅱ	〃	688	12,000
사상	월드북130	고독한 군중	데이비드 리스먼/류근일 옮김	422	9,800
문학	월드북131	파르마 수도원	스탕달/이혜윤 옮김	558	9,800
문학	월드북132	오만과 편견	제인 오스틴/김유경 옮김	422	9,800
문학	월드북133	아라비안나이트Ⅰ	리처드 버턴/고산고정일	1,120	16,000
문학	월드북134	아라비안나이트Ⅱ	〃	1,056	16,000
문학	월드북135	아라비안나이트Ⅲ	〃	1,024	16,000
문학	월드북136	아라비안나이트Ⅳ	〃	1,112	16,000
문학	월드북137	아라비안나이트Ⅴ	〃	1,024	16,000
문학	월드북138	데이비드 코퍼필드	찰스 디킨스/신상웅 옮김	1,120	16,000
문학	월드북139	음향과 분노/8월의 빛	윌리엄 포크너/오정환 옮김	816	15,000
문학	월드북140	잃어버린 시간을 찾아서Ⅰ	마르셀 프루스트/민희식 옮김	1,048	18,000

문학	월드북141	잃어버린 시간을 찾아서Ⅱ	〃	1,152	18,000
문학	월드북142	잃어버린 시간을 찾아서Ⅲ	〃	1,168	18,000
사상	월드북143	법화경	홍정식 역해	728	14,000
사상	월드북144	중세의 가을	요한 하위징아/이희승맑시아 옮김	582	12,000
사상	월드북145 146	율리시스Ⅰ Ⅱ	제임스 조이스/김성숙 옮김	704/632	각12,000
문학	월드북147	데미안/지와 사랑/싯다르타	헤르만 헤세/송영택 옮김	546	12,000
문학	월드북148 149	장 크리스토프Ⅰ Ⅱ	로맹 롤랑/손석린 옮김	890/864	각15,000
문학	월드북150	인간의 굴레	서머싯 몸/조용만 옮김	822	15,000
사상	월드북151	그리스인 조르바	니코스 카잔차키스/박석일 옮김	425	9,800
사상	월드북152	여론/환상의 대중	월터 리프먼/오정환 옮김	408	9,800
문학	월드북153	허클베리 핀의 모험/인간이란 무엇인가	마크 트웨인/양병탁 조성출 옮김	704	12,000
문학	월드북154	이방인/페스트/시지프 신화	알베르 카뮈/이혜윤 옮김	522	12,000
문학	월드북155	좁은 문/전원교향악/지상의 양식	앙드레 지드/이휘영 이춘복 옮김	459	9,800
문학	월드북156 157	몬테크리스토 백작Ⅰ Ⅱ	알렉상드르 뒤마/이희승맑시아 옮김	785/832	각16,000
문학	월드북158	죽음의 집의 기록/가난한 사람들/백야	도스토옙스키/채수동 옮김	602	12,000
문학	월드북159	북회귀선/남회귀선	헨리 밀러/오정환 옮김	690	12,000
사상	월드북160	인간지성론	존 로크/추영현 옮김	1,016	18,000
사상	월드북161	중력과 은총/철학강의/신을 기다리며	시몬 베유/이희영 옮김	666	18,000
사상	월드북162	정신현상학	G. W. F. 헤겔/김양순 옮김	572	15,000
사상	월드북163	인구론	맬서스/이서행 옮김	570	18,000
문학	월드북164	허영의 시장	W.M.새커리/최홍규 옮김	925	18,000
사상	월드북165	목민심서	정약용 지음/최박광 역해	986	18,000
문학	월드북166	분노의 포도/생쥐와 인간	스타인벡/노희엽 옮김	712	18,000
문학	월드북167	젊은 예술가의 초상/더블린 사람들	제임스 조이스/김성숙 옮김	656	18,000
문학	월드북168	테스	하디/박순녀 옮김	478	12,000
문학	월드북169	부활	톨스토이/이동현 옮김	562	14,000
문학	월드북170	악덕의 번영	마르키 드 사드/김문운 옮김	602	18,000
문학	월드북171	죽은 혼/외투/코/광인일기	고골/김학수 옮김	509	14,000
사상	월드북172	이탈리아 르네상스 이야기	부르크하르트/지봉도 옮김	565	18,000
문학	월드북173	노인과 바다/무기여 잘 있거라	헤밍웨이/양병탁 옮김	685	14,000
문학	월드북174	구토/말	사르트르/이희영 옮김	500	15,000
사상	월드북175	미학이란 무엇인가	하르트만/ 옮김	590	18,000
사상	월드북176	과학과 방법/생명이란 무엇인가?/사람몸의 지혜	푸앵카레·슈뢰딩거·캐넌/조진남 옮김	538	16,000
사상	월드북177	춘추전국열전	김영수 역해	592	18,000
문학	월드북178	톰 존스의 모험	헨리 필딩/최홍규 옮김	912	18,000

문학	월드북179	난중일기	이순신/고산고정일 역해	540	12,000
문학	월드북180	프랭클린 자서전	벤저민 프랭클린/주영일 옮김	502	12,000
문학	월드북181	즉흥시인	한스 크리스티안 안데르센/박지은 옮김	476	12,000
문학	월드북182	고리오 영감/절대의 탐구	발자크/조홍식 옮김	562	12,000
문학	월드북183	도리언 그레이 초상/살로메/즐거운 인생	오스카 와일드/한명남 옮김	466	12,000
문학	월드북184	달과 6펜스/과자와 맥주	서머싯 몸/이철범 옮김	450	12,000
문학	월드북185	마음은 외로운 사냥꾼/슬픈카페의 노래	카슨 맥컬러스/강혜숙 옮김	442	12,000
문학	월드북106	걸리버 여행기/통 이야기	조나단 스위프트/유잉 옮김	492	12,000
사상	월드북187	조선상고사/한국통사	신채호/박은식/윤재영 역해	576	15,000
문학	월드북188	인간의 조건/왕의 길	앙드레 말로/윤옥일 옮김	494	12,000
사상	월드북189	예술의 역사	반 룬/이철범 옮김	674	18,000
문학	월드북190	퀴리부인	에브 퀴리/안응렬 옮김	442	12,000
문학	월드북191	귀여운 여인/약혼녀/골짜기	체호프/동완 옮김	450	12,000
문학	월드북192	갈매기/세 자매/바냐 아저씨/벚꽃 동산	체호프/동완 옮김	412	12,000
문학	월드북193	로빈슨 크루소	다니엘 디포/유영 옮김	600	15,000
문학	월드북194	위대한 유산	찰스 디킨스/한명남 옮김	560	15,000
사상	월드북195	우파니샤드	김세현 역해	570	15,000
사상	월드북196	천로역정/예수의 생애	버니언/르낭/강경애 옮김	560	14,000
문학	월드북197	악의꽃/파리의 우울	보들레르/박철화 옮김	480	12,000
문학	월드북198	노트르담 드 파리	빅토르 위고/송면 옮김	614	15,000
문학	월드북199	위험한 관계	피에르 쇼데를로 드 라클로/윤옥일 옮김	428	12,000
문학	월드북200	주홍글자/큰바위 얼굴	N.호손/김병철 옮김	524	12,000
사상	월드북201	소돔의 120일	마르키 드 사드/김문운 옮김	426	16,000
문학	월드북202	사냥꾼의 수기/첫사랑/산문시	이반 투르게네프/김학수	590	15,000
문학	월드북203	인형의 집/유령/민중의 적/들오리	헨리크 입센/소두영 옮김	480	12,000
사상	월드북204	인간과 상징	카를 융 외/김양순 옮김	634	18,000
문학	월드북205	철가면	부아고베/김문운 옮김	755	18,000
문학	월드북206	실낙원	밀턴/이창배 옮김	538	15,000
문학	월드북207	데이지 밀러/나사의 회전	헨리 제임스/강서진 옮김	556	14,000
문학	월드북208	말테의 수기/두이노의 비가	릴케/백정승 옮김	480	14,000
문학	월드북209	캉디드/철학 콩트	볼테르/고원 옮김	470	12,000
문학	월드북211	카르멘/콜롱바	메리메/박철화 옮김	475	12,000
문학	월드북212	오네긴/대위의 딸/스페이드 여왕	알렉산드르 푸시킨/이동현 옮김	412	12,000
문학	월드북213	춘희/마농 레스코	뒤마 피스/아베 프레보/민희식 옮김	448	12,000
문학	월드북214	야성의 부르짖음/하얀 엄니	런던/박상은 옮김	434	12,000

문학	월드북215	**지킬박사와 하이드/데이비드 모험**	로버트 루이스 스티븐슨/강혜숙 옮김	526	14,000
문학	월드북216	**홍당무/박물지/르나르 일기**	쥘 르나르/이가림 윤옥일 옮김	432	12,000
문학	월드북217	**멋진 신세계/연애대위법**	올더스 헉슬리/이경직 옮김	560	14,000
문학	월드북218	**인간의 대지/야간비행/어린왕자/남방우편기**	생텍쥐페리/안응렬 옮김	448	12,000
문학	월드북219	**학대받은 사람들**	도스토옙스키/채수동 옮김	436	12,000
문학	월드북220	**켄터베리 이야기**	초서/김진만 옮김	640	18,000
문학	월드북221	**육체의 악마/도루젤 백작 무도회/클레브 공작 부인**	레몽 라디게/라파예트/윤옥일 옮김	402	12,000
문학	월드북222	**고도를 기다리며/몰로이/첫사랑**	사무엘 베게트/김문해 옮김	500	14,000
문학	월드북223	**어린시절/세상속으로/나의 대학**	막심 고리키/최홍근 옮김	800	18,000
문학	월드북224	**어머니/밑바닥/첼카쉬**	막심 고리키/최홍근 옮김	824	18,000
문학	월드북225	**사랑의 요정/양치기 처녀/마의 늪**	조르주 상드/김문해 옮김	602	15,000
문학	월드북226	**친화력/헤르만과 도로테아**	괴테/곽복록 옮김	433	14,000
문학	월드북227	**황폐한 집**	찰스 디킨스/정태륭 옮김	1,012	18,000
문학	월드북228	**하워즈 엔드**	에드워드 포스터/우진주 옮김	422	12,000
문학	월드북229	**빌헬름 마이스터 수업시대/편력시대**	괴테/곽복록 옮김	1,128	20,000
문학	월드북230	**두 도시 이야기**	찰스 디킨스/정태륭 옮김	444	14,000
문학	월드북231	**서푼짜리 오페라/살아남은 자의 슬픔**	베르톨트 브레히트/백정승 옮김	468	14,000
문학	월드북232	**작은 아씨들**	루이자 메이 올컷/우진주 옮김	1,140	20,000
문학	월드북233	**오블로모프**	곤차로프/노현우 옮김	754	18,000
문학	월드북234	**거장과 마르가리타/개의 심장**	미하일 불가코프/노현우 옮김	626	14,000
문학	월드북235	**성 프란치스코**	니코스 카잔차키스/박석일 옮김	476	12,000
사상	월드북236	**나의 투쟁**	아돌프 히틀러/황성모 옮김	1,152	20,000
문학	월드북237 238	**겐지이야기 I II**	무라사키 시키부/유정 옮김	744/720	각18,000
문학	월드북239	**플라테로와 나**	후안 라몬 히메네스/김현창 옮김	402	12,000
문학	월드북240	**마리 앙투아네트/모르는 여인의 편지**	슈테판 츠바이크/양원석 옮김	540	14,000
사상	월드북241	**성호사설**	이익/고산고정일 옮김	1,070	20,000
사상	월드북242	**오륜행실도**	단원 김홍도 그림/고산고정일 옮김	568	18,000
문학	월드북243~245	**플루타르코스 영웅전 I II III**	플루타르코스/박현태 옮김	각672	각15,000
문학	월드북246 247	**안데르센동화전집 I II**	안데르센/곽복록 옮김	각800	각18,000
문학	월드북248 249	**그림동화전집 I II**	그림형제/금은숲 옮김	각672	각16,000
사상	월드북250 251	**신국론 I II**	아우구스티누스/추인해 추적현 옮김	688/736	각18,000
문학	월드북252	**일리아스**	호메로스/이상훈 옮김	560	14,800
문학	월드북253	**오디세이아**	호메로스/이상훈 옮김	506	14,800
사상	월드북254 255	**역사의 연구 I II**	토인비/홍사중 옮김	650/520	각18,000
문학	월드북256	**이탈리아 기행**	요한 볼프강 폰 괴테/곽복록 옮김	794	19,800
문학	월드북257	**닥터지바고**	보리스 파스테르나크/이동현 옮김	680	18,000
월드북시리즈 목록은 계속 추가됩니다.					